2022
中国海关进出口货物检验检疫申报手册

进出口货物检验检疫申报手册编委会 编著

中国海关出版社有限公司
·北京·

图书在版编目（CIP）数据

2022 中国海关进出口货物检验检疫申报手册/进出口货物检验检疫申报手册编委会编著 .—北京：中国海关出版社有限公司，2022.2
ISBN 978-7-5175-0571-6

Ⅰ.①2… Ⅱ.①进… Ⅲ.①进出口商品—海关手续—中国—手册
Ⅳ.①F752.65-62

中国版本图书馆 CIP 数据核字（2022）第 031113 号

2022 中国海关进出口货物检验检疫申报手册
2022 ZHONGGUO HAIGUAN JINCHUKOU HUOWU JIANYAN JIANYI SHENBAO SHOUCE

作　　者：	进出口货物检验检疫申报手册编委会
策划编辑：	史　娜
责任编辑：	吴　婷　夏淑婷　景小卫　刘白雪
出版发行：	中国海关出版社有限公司
社　　址：	北京市朝阳区东四环南路甲 1 号　　邮政编码：100023
网　　址：	www.hgcbs.com.cn
编辑部：	01065194242-7532（电话）
发行部：	01065194221/4238/4246/4254/5127/7543（电话）
社办书店：	01065195616（电话）
	https://weidian.com/?userid=319526934（网址）
印　　刷：	北京新华印刷有限公司　　经　销：新华书店
开　　本：	889mm×1194mm　1/16
印　　张：	57.25　　字　数：1726 千字
版　　次：	2022 年 2 月第 1 版
印　　次：	2022 年 2 月第 1 次印刷
书　　号：	ISBN 978-7-5175-0571-6
定　　价：	360.00 元

海关版图书，版权所有，侵权必究
海关版图书，印装错误可随时退换

前言

自 2018 年 4 月出入境检验检疫的管理职责和队伍正式划入中国海关以来，伴随着海关检验检疫政策的不断调整，进出口货物从申报要求、资质管理、查检项目等都发生了很大变化，广大进出口企业、货运代理公司以及一线海关关员迫切需要一本能够讲清讲透检验检疫各项管理要求，准确指导申报业务办理事项的手册。为此，受中国海关出版社的邀约，编委会组织海关业务专家，历时半年编写了这本《2022 中国海关进出口货物检验检疫申报手册》。

在编写这本书之初，编委们走访了北京、上海等城市的多家进出口企业、货运代理公司以及口岸一线关员，广泛调研了从业者的真实需求，通过反复论证，科学搭建编写架构。本书在整体编排上具有以下特点：首先，以涉及检验检疫的海关商品编号为基础，由专家对每个商品编号项下产品的检验检疫要求进行分类界定。读者只需利用书中"进出口货物检验检疫要求查询表"，快速检索商品编号对应的检验检疫要求，即可获得具体检验检疫作业指导；第二，针对海关检验检疫申报工作中的常见问题，从海关业务司局管理视角出发，按照《中华人民共和国国境卫生检疫法》及其实施细则、《中华人民共和国进出境动植物检疫法》及其实施条例、《中华人民共和国食品安全法》及其实施条例、《中华人民共和国进出口商品检验法》及其实施条例以及相关法律、法规、规章的管理要求，将进出口货物检验检疫要求归纳为卫生检疫（第二章）、动植物检疫（第二章至第五章）、食品安全检验（第六章至第九章）和商品检验（第十章至第十三章）四大类，并逐一解读办理海关检验检疫手续的各项要求，给进出口报关企业的涉及检验检疫申报工作最权威、准确、快捷的指导，同时给一线海关关员的各项涉及检验检疫业务管理工作提供最全面、直接、高效的参考。

这本书的编写凝聚了编委们的心血，编委们有一个共识，希望能够给广大进出口货物从业者和管理者准确的业务指导，帮助从业者尽可能地避免因政策不清、流程不明、操作不熟而造成的诸多问题，提高口岸通关效率。

本书的各项内容基本更新至 2022 年 1 月 1 日，编委们力求确保内容的时效性、准确性。由于编委们业务局限、编写时间紧迫以及业务政策的不断更新调整，内容难免存在错漏，读者在参考本书内容的同时应以官方解读为准。编委会将及时收集和整理相关内容的调整和更新，读者可扫下面的二维码查看更新说明。在此也衷心地希望广大读者和专业人士对本书内容予以指正，我们将不胜感激并在后续版本中不断完善。

编委会
2022 年 1 月

目录

第一部分　进出口货物检验检疫要求查询表及其使用说明

进出口货物检验检疫要求查询表使用说明 ……………………………………………… 3

进出口货物检验检疫要求查询表 …………………………………………………………… 5

第二部分　检验检疫要求

第一章　进出口货物检验检疫申报通用要求和操作要点 …………………………… 237
　　第一节　进出口货物检验检疫申报的基本规定 ………………………………………… 237
　　第二节　进口货物整合申报检验检疫业务的一般申报要求 …………………………… 239
　　第三节　出口申报前监管的一般申请要求 ……………………………………………… 242
　　第四节　过境货物检验检疫申报范围及要求 …………………………………………… 243
　　第五节　进出口货物检验检疫申报录入填制规范及操作指南 ………………………… 243

第二章　特殊物品与生物材料 …………………………………………………………… 252
　　第一节　特殊物品 ………………………………………………………………………… 252
　　第二节　进境生物材料 …………………………………………………………………… 254

第三章　动物及其产品 …………………………………………………………………… 259
　　第一节　陆生动物 ………………………………………………………………………… 259
　　第二节　水生动物 ………………………………………………………………………… 265
　　第三节　进境动物遗传物质 ……………………………………………………………… 314
　　第四节　非食用动物产品 ………………………………………………………………… 315

第四章　植物及其产品 …………………………………………………………………… 327
　　第一节　植物繁殖材料 …………………………………………………………………… 327
　　第二节　粮　食 …………………………………………………………………………… 333
　　第三节　木　材 …………………………………………………………………………… 353
　　第四节　水　果 …………………………………………………………………………… 360
　　第五节　烟　草 …………………………………………………………………………… 391
　　第六节　其他植物产品 …………………………………………………………………… 393

第五章　饲料、肥料、栽培介质 ………………………………………………………… 396
　　第一节　饲料和饲料添加剂 ……………………………………………………………… 396
　　第二节　栽培介质 ………………………………………………………………………… 413

第三节　植物源性肥料 ……………………………………………………………… 414

第六章　动物源性食品 …………………………………………………………… 416
第一节　肉类产品 …………………………………………………………………… 416
第二节　食用蛋品 …………………………………………………………………… 427
第三节　乳　品 ……………………………………………………………………… 430
第四节　水产品 ……………………………………………………………………… 435
第五节　燕窝产品 …………………………………………………………………… 445
第六节　蜂产品 ……………………………………………………………………… 448
第七节　其他动物源性食品 ………………………………………………………… 451

第七章　植物源性食品 …………………………………………………………… 454
第一节　食用粮谷、豆类 …………………………………………………………… 454
第二节　大　米 ……………………………………………………………………… 456
第三节　粮食加工产品 ……………………………………………………………… 460
第四节　蔬　菜 ……………………………………………………………………… 462
第五节　食用植物油 ………………………………………………………………… 467
第六节　非种用油籽 ………………………………………………………………… 473
第七节　茶　叶 ……………………………………………………………………… 475
第八节　干（坚）果、调味香料 …………………………………………………… 478
第九节　其他植物源性食品 ………………………………………………………… 481

第八章　深加工食品 ……………………………………………………………… 484
第一节　酒类产品 …………………………………………………………………… 484
第二节　其他深加工食品 …………………………………………………………… 486

第九章　特殊食品、中药材 ……………………………………………………… 489
第一节　特殊食品 …………………………………………………………………… 489
　　参考资料1　可用于保健食品的物品名单 …………………………………… 492
　　参考资料2　禁止和限制用于保健食品的物质目录 ………………………… 493
第二节　中药材 ……………………………………………………………………… 494

第十章　食品相关产品 …………………………………………………………… 505
第一节　进出口食品添加剂（营养强化剂） ……………………………………… 505
第二节　进口食品接触产品 ………………………………………………………… 507

第十一章　化妆品 ………………………………………………………………… 509
第一节　进口化妆品 ………………………………………………………………… 509
第二节　出口化妆品 ………………………………………………………………… 511
第三节　特殊贸易化妆品 …………………………………………………………… 512

第十二章 工业产品 513
第一节 进口强制性产品认证 513
参考资料1 《强制性产品认证目录》产品与2020年商品编号对应参考表 523
参考资料2 《强制性产品认证目录》描述与界定表（2020年修订） 548
参考资料3 《强制性产品认证目录》相关技术决议（18个） 607
第二节 进口成套设备与旧机电产品 616
第三节 进口机动车辆及其零部件 625
第四节 进出口医疗器械 627
第五节 进口特种设备 630
第六节 进口普通设备（生产设备） 632
第七节 进口电气设备 635
第八节 其他机械、电子产品 640
第九节 进口棉花 642
第十节 进口轻工、纺织产品 643
第十一节 进出口烟花爆竹 645
第十二节 出口打火机、点火枪 647

第十三章 资源与化工产品 649
第一节 进出口危险化学品 649
第二节 进口涂料产品 652
第三节 进口非金属矿产品 653
第四节 进口金属矿产品 654
第五节 进口再生金属原料产品 655
第六节 进口复合橡胶 656
第七节 其他资源与化工产品 656

第三部分 资质办理指南及检验鉴定

第十四章 海关检验检疫业务相关产品资质办理指南 661
第一节 入/出境特殊物品卫生检疫审批 661
第二节 进境（过境）动物及其产品检疫审批（行政许可） 662
第三节 进境（过境）植物及其产品检疫审批（行政许可） 664
第四节 引进农业种子、苗木检疫审批（行政许可） 666
第五节 引进林草种子、苗木检疫审批（行政许可） 667
第六节 肥料登记证（行政许可） 669
第七节 进口保健食品备案 672
第八节 进口特殊医学用途配方食品注册（行政许可） 674
第九节 进口婴幼儿配方乳粉产品配方注册（行政许可） 675
第十节 进口涂料备案 677
第十一节 强制性产品认证（认证模式） 678
第十二节 强制性产品认证（自我声明模式） 679
第十三节 免于办理强制性产品认证 681

  第十四节　医疗器械注册证书（行政许可） ……………………………………………………… 683
  第十五节　中华人民共和国特种设备制造许可证（行政许可） ………………………………… 686

第十五章　海关检验检疫业务相关企业资质办理指南 ……………………………………………… 688
  第一节　进境动物产品国外生产、加工、存放单位注册登记（行政许可） …………………… 688
  第二节　进境植物产品国外生产、加工、存放单位注册登记（行政许可） …………………… 689
  第三节　出境动物及其产品、其他检疫物的生产、加工、存放单位注册登记（行政许可） … 691
  第四节　出境植物及其产品、其他检疫物的生产、加工、存放单位注册登记（行政许可） … 696
  第五节　进境动物遗传物质使用单位备案 ………………………………………………………… 702
  第六节　进境非食用动物产品生产、加工、存放过程的检疫监督 ……………………………… 703
  第七节　进境Ⅰ级风险饲料原料存放、生产、加工过程的检疫监督 …………………………… 705
  第八节　进境粮食存放、加工过程的检疫监督 …………………………………………………… 707
  第九节　进境动物指定隔离检疫场使用核准 ……………………………………………………… 710
  第十节　进境植物繁殖材料地方隔离检疫圃指定 ………………………………………………… 712
  第十一节　进口食品境外生产企业注册（行政许可） …………………………………………… 713
  第十二节　进口食品进口商备案 …………………………………………………………………… 718
  第十三节　进口食品境外出口商、代理商备案 …………………………………………………… 719
  第十四节　进境肠衣定点加工企业备案 …………………………………………………………… 720
  第十五节　进境中药材指定存放、加工企业备案 ………………………………………………… 721
  第十六节　进口毛燕指定加工企业备案 …………………………………………………………… 722
  第十七节　出口食品生产企业备案 ………………………………………………………………… 723
  第十八节　出口食品生产企业对外推荐注册 ……………………………………………………… 724
  第十九节　出口食品原料种植场备案 ……………………………………………………………… 725
  第二十节　出口食品原料养殖场备案 ……………………………………………………………… 727
  第二十一节　进口棉花境外供货企业登记 ………………………………………………………… 729
  第二十二节　出口危险货物包装生产企业登记 …………………………………………………… 730
  第二十三节　进口旧机电产品装运前检验的第三方检验机构备案 ……………………………… 731

第十六章　检验鉴定 ………………………………………………………………………………………… 733
  第一节　数重量鉴定 ………………………………………………………………………………… 733
  第二节　残损鉴定 …………………………………………………………………………………… 734
  第三节　适载检验 …………………………………………………………………………………… 735
  第四节　出口危险货物包装容器检验鉴定 ………………………………………………………… 736
  第五节　出口装运前检验 …………………………………………………………………………… 745

第四部分　附　录

附录1　海关检验检疫法律法规规章 ……………………………………………………………………… 749
  附录1-1　检验检疫法律法规 ……………………………………………………………………… 749
  附录1-2　检验检疫规章 …………………………………………………………………………… 750

附录2　相关名录及货物范围 ... 753
- 附录2-1　中华人民共和国进境动物检疫疫病名录 ... 753
- 附录2-2　中华人民共和国进境植物检疫性有害生物名录 ... 758
- 附录2-3　须向海关申请办理进境动植物检疫审批的货物范围 ... 769
- 附录2-4　禁止从动物疫病流行国家/地区输入的动物及其产品一览表 ... 770
- 附录2-5　中华人民共和国进境植物检疫禁止进境物名录 ... 784
- 附录2-6　食品安全国家标准目录 ... 786

附录3　通用代码表 ... 813
- 附录3-1　关区代码及对应的检验检疫机关代码对照表 ... 813
- 附录3-2　中国行政区划代码表 ... 835
- 附录3-3　世界国家和地区代码表 ... 889
- 附录3-4　计量单位代码表 ... 896
- 附录3-5　货币单位代码表 ... 900
- 附录3-6　集装箱规格代码表、包装种类代码表、危险货物运输包装规格表 ... 901
- 附录3-7　货物属性代码表、用途代码表 ... 903
- 附录3-8　检验检疫单证代码表 ... 904

第一部分
进出口货物检验检疫要求查询表及其使用说明

进出口货物检验检疫要求查询表使用说明

1. 本查询表按照商品编号排序编制，范围包括监管条件包含"A"或"B"的商品编号，以及法律法规规定必须实施进出口检疫、检验、验证的特殊物品、危险化学品、旧机电、强制性产品认证产品等涉及的商品编号。

2. "监管条件"栏中的"A"表示该商品编号下相关货物进口时需实施检验检疫监管，"B"表示出口时需实施检验检疫监管；部分商品编号"监管条件"栏为空，相应管理要求见"检验检疫要求"栏。

3. "检验检疫类别"栏中的"V"表示进境特殊物品卫生检疫，"W"表示出境特殊物品卫生检疫，"P"表示进境动植物检疫，"Q"表示出境动植物检疫，"R"表示进口食品安全检验，"S"表示出口食品安全检验，"M"表示进口商品检验，"N"表示出口商品检验，"L"表示进口货物可能涉及强制性产品认证验证；部分商品编号"检验检疫类别"栏为空，相应管理要求见"检验检疫要求"栏。例如，商品编号"0709300000"的检验检疫类别为"P.R/Q.S"，说明该编号下货物进口或出口时，都需要实施动植物检疫、食品安全检验。

4. "检验检疫要求"栏中的内容表示该商品编号项下货物涉及的检验检疫要求分类，如该栏有多项检验检疫要求分类，则表示该商品编号项下不同的货物适用其中一类或者几类检验检疫要求；检验检疫要求分类后括号内的数字表示该检验检疫要求的具体内容所在的章节，如"陆生动物（3.1）"表示"陆生动物"的具体检验检疫要求在本书的第三章第一节。由于能力所限，少量商品编号项下的货物，编委会未能收集到具体的检验检疫要求，对应的检验检疫要求分类后无标识章节的数字，请咨询有关部门。

5. 使用方法：已知申报的商品编号时，从本查询表中找到该商品编号，根据对应的"监管条件""检验检疫类别""检验检疫要求"栏的内容，确定是否需要实施检验检疫；如需实施检验检疫，则根据"检验检疫要求"栏的提示，确定具体检验检疫要求所在的章节。特定情况说明如下：

（1）"检验检疫要求"栏注明"特殊物品"字样时，指该商品编号项下货物可能涉及进、出口特殊物品卫生检疫监管，无论"监管条件"栏是否包含"A""B"，或"检验检疫类别"栏是否包含"V""W"；

（2）"检验检疫要求"栏注明"危险化学品"字样时，指该商品编号项下货物可能涉及进、出境危险化学品检验监管，无论"监管条件"栏是否包含"A""B"；

（3）"检验检疫要求"栏注明"进口旧机电产品"字样时，指该商品编号项下货物如为旧品，涉及进口旧机电检验监管，无论"监管条件"栏是否包含"A"或"检验检疫类别"栏是否包含"M"；

（4）"检验检疫要求"栏注明"出口医疗物资"字样时，指该商品编号项下货物根据海关总署公告2020年第53号、2020年第124号实施出口商品检验；

（5）"检验检疫要求"栏注明"进口强制性产品认证"字样时，指该商品编号项下货物可能涉及进口强制性产品认证验证监管，无论"监管条件栏"是否包含"A"，或"检验检疫类别"栏是否包含"L"；

（6）"检验检疫要求"栏注明"禁止进口""禁止出口""禁止进出口"字样时，指该商品编号项下货物禁止进口或（和）出口，应遵从相应的管理要求，该管理要求优先于监管条件或检验检疫类别。

  例如，商品编号"8443319020"监管条件为"A"，检验检疫类别为"L.M"，检验检疫要求包括"信息技术设备（12.7）、进口旧机电产品（12.2）、进口强制性产品认证（12.1）"，说明该编号下货物需按信息技术设备实施进口商品检验，且需获得强制性产品认证；如进口时为旧品，则需按照进口旧机电产品实施检验监管；相关检验检疫要求分布在第十二章第七节、第二节和第一节。

  特别要说明的是，本查询表为编委会根据相关资料及多年工作经验整理、编写而成，目的是为从业人员办理海关检验检疫业务提供检验检疫要求的快速查询；如通过查询得到的检验检疫要求及具体内容与海关实际监管要求不一致，请以海关要求为准。

进出口货物检验检疫要求查询表

商品编号	商品名称	监管条件	检验检疫类别	检验检疫要求
0101210010	改良种用濒危野马	A/B	P/Q	陆生动物（3.1）
0101210090	改良种用马（濒危野马除外）	A/B	P/Q	陆生动物（3.1）
0101290010	非改良种用濒危野马	A/B	P/Q	陆生动物（3.1）
0101290090	非改良种用其他马	A/B	P/Q	陆生动物（3.1）
0101301010	改良种用的濒危野驴	A/B	P/Q	陆生动物（3.1）
0101301090	改良种用驴（濒危野驴除外）	A/B	P/Q	陆生动物（3.1）
0101309010	非改良种用濒危野驴	A/B	P/Q	陆生动物（3.1）
0101309090	非改良种用其他驴	A/B	P/Q	陆生动物（3.1）
0101900000	骡	A/B	P/Q	陆生动物（3.1）
0102210000	改良种用家牛	A/B	P/Q	陆生动物（3.1）
0102290000	非改良种用家牛	A/B	P/Q	陆生动物（3.1）
0102310010	改良种用濒危水牛	A/B	P/Q	陆生动物（3.1）
0102310090	改良种用水牛（濒危水牛除外）	A/B	P/Q	陆生动物（3.1）
0102390010	非改良种用濒危水牛	A/B	P/Q	陆生动物（3.1）
0102390090	非改良种用其他水牛	A/B	P/Q	陆生动物（3.1）
0102901010	改良种用濒危野牛	A/B	P/Q	陆生动物（3.1）
0102901090	其他改良种用牛	A/B	P/Q	陆生动物（3.1）
0102909010	非改良种用濒危野牛	A/B	P/Q	陆生动物（3.1）
0102909090	非改良种用其他牛	A/B	P/Q	陆生动物（3.1）
0103100010	改良种用的鹿豚、姬猪	A/B	P/Q	陆生动物（3.1）
0103100090	改良种用猪（鹿豚、姬猪除外）	A/B	P/Q	陆生动物（3.1）
0103911010	重量<10千克的其他野猪（改良种用的除外）	A/B	P.R/Q	陆生动物（3.1）
0103911090	重量<10千克的其他猪（改良种用的除外）	A/B	P.R/Q	陆生动物（3.1）
0103912010	10千克≤重量<50千克的其他野猪（改良种用的除外）	A/B	P.R/Q	陆生动物（3.1）
0103912090	10千克≤重量<50千克的其他猪（改良种用的除外）	A/B	P.R/Q	陆生动物（3.1）
0103920010	重量≥50千克的其他野猪（改良种用的除外）	A/B	P.R/Q	陆生动物（3.1）
0103920090	重量≥50千克的其他猪（改良种用的除外）	A/B	P.R/Q	陆生动物（3.1）
0104101000	改良种用绵羊	A/B	P/Q	陆生动物（3.1）
0104109000	其他绵羊（改良种用的除外）	A/B	P.R/Q	陆生动物（3.1）
0104201000	改良种用山羊	A/B	P/Q	陆生动物（3.1）
0104209000	非改良种用山羊	A/B	P/Q	陆生动物（3.1）
0105111000	重量≤185克的改良种用鸡	A/B	P/Q	陆生动物（3.1）
0105119000	重量≤185克的其他鸡（改良种用的除外）	A/B	P.R/Q	陆生动物（3.1）
0105121000	重量≤185克的改良种用火鸡	A/B	P/Q	陆生动物（3.1）
0105129000	重量≤185克的其他火鸡（改良种用的除外）	A/B	P.R/Q	陆生动物（3.1）
0105131000	重量≤185克的改良种用鸭	A/B	P/Q	陆生动物（3.1）
0105139000	重量≤185克的其他鸭（改良种用的除外）	A/B	P.R/Q	陆生动物（3.1）
0105141000	重量≤185克的改良种用鹅	A/B	P/Q	陆生动物（3.1）
0105149000	重量≤185克的其他鹅（改良种用的除外）	A/B	P.R/Q	陆生动物（3.1）
0105151000	重量≤185克的改良种用珍珠鸡	A/B	P/Q	陆生动物（3.1）
0105159000	重量≤185克的其他珍珠鸡（改良种用的除外）	A/B	P.R/Q	陆生动物（3.1）
0105941000	重量>185克的改良种用鸡	A/B	P/Q	陆生动物（3.1）
0105949000	重量>185克其他鸡（改良种用的除外）	A/B	P.R/Q	陆生动物（3.1）
0105991000	重量>185克的改良种用其他家禽	A/B	P/Q	陆生动物（3.1）

商品编号	商品名称	监管条件	检验检疫类别	检验检疫要求
0105999100	重量>185克的非改良种用鸭	A/B	P/Q	陆生动物（3.1）
0105999200	重量>185克的非改良种用鹅	A/B	P/Q	陆生动物（3.1）
0105999300	重量>185克的非改良种用珍珠鸡	A/B	P/Q	陆生动物（3.1）
0105999400	重量>185克的非改良种用火鸡	A/B	P/Q	陆生动物（3.1）
0106111000	改良种用灵长目哺乳动物（包括人工驯养、繁殖的）	A/B	P/Q	陆生动物（3.1）
0106119000	其他灵长目哺乳动物（包括人工驯养、繁殖的）	A/B	P/Q	陆生动物（3.1）
0106121100	改良种用鲸、海豚及鼠海豚（鲸目哺乳动物）；改良种用海牛及儒艮（海牛目哺乳动物）（包括人工驯养、繁殖的）	A/B	P/Q	陆生动物（3.1）
0106121900	非改良种用鲸、海豚及鼠海豚（鲸目哺乳动物）；非改良种用海牛及儒艮（海牛目哺乳动物）（包括人工驯养、繁殖的）	A/B	P/Q	陆生动物（3.1）
0106122100	改良种用海豹、海狮及海象（鳍足亚目哺乳动物）（包括人工驯养、繁殖的）	A/B	P/Q	陆生动物（3.1）
0106122900	非改良种用海豹、海狮及海象（鳍足亚目哺乳动物）（包括人工驯养、繁殖的）	A/B	P/Q	陆生动物（3.1）
0106131010	改良种用濒危骆驼及其他濒危骆驼科动物（包括人工驯养、繁殖的）	A/B	P/Q	陆生动物（3.1）
0106131090	改良种用骆驼及其他骆驼科动物（濒危骆驼及其他濒危骆驼科动物除外）	A/B	P/Q	陆生动物（3.1）
0106139010	其他濒危骆驼及其他濒危骆驼科动物（包括人工驯养、繁殖的）	A/B	P.R/Q	陆生动物（3.1）
0106139090	其他骆驼及其他骆驼科动物	A/B	P.R/Q	陆生动物（3.1）
0106141010	改良种用濒危野兔（包括人工驯养、繁殖的）	A/B	P/Q	陆生动物（3.1）
0106141090	改良种用家兔及野兔（濒危除外）	A/B	P/Q	陆生动物（3.1）
0106149010	其他濒危野兔（包括人工驯养、繁殖的）	A/B	P.R/Q	陆生动物（3.1）
0106149090	其他家兔及野兔	A/B	P.R/Q	陆生动物（3.1）
0106191010	其他改良种用濒危哺乳动物（包括人工驯养、繁殖的）	A/B	P/Q	陆生动物（3.1）
0106191020	改良种用梅花鹿、马鹿、驯鹿、水貂、银狐、北极狐、貉（濒危除外）	A/B	P/Q	陆生动物（3.1）
0106191090	其他改良种用哺乳动物	A/B	P/Q	陆生动物（3.1）
0106199010	其他濒危哺乳动物（包括人工驯养、繁殖的）	A/B	P.R/Q	陆生动物（3.1）
0106199090	其他哺乳动物	A/B	P.R/Q	陆生动物（3.1）
0106201100	改良种用鳄鱼苗（包括人工驯养、繁殖的）	A/B	P/Q	水生动物（3.2）
0106201900	其他改良种用爬行动物（包括人工驯养、繁殖的）	A/B	P/Q	水生动物（3.2）
0106202010	食用蛇（包括人工驯养、繁殖的）	A/B	P.R/Q	水生动物（3.2）
0106202021	食用濒危龟鳖（包括人工驯养、繁殖的）	A/B	P.R/Q	水生动物（3.2）
0106202029	其他食用龟鳖（包括人工驯养、繁殖的）	A/B	P.R/Q	水生动物（3.2）
0106202091	其他食用濒危爬行动物（包括人工驯养、繁殖的）	A/B	P.R/Q	水生动物（3.2）
0106202099	其他食用爬行动物（包括人工驯养、繁殖的）	A/B	P.R/Q	水生动物（3.2）
0106209010	其他濒危爬行动物（包括人工驯养、繁殖的）	A/B	P.R/Q	水生动物（3.2）
0106209090	其他爬行动物（包括人工驯养、繁殖的）	A/B	P/Q	水生动物（3.2）
0106311000	改良种用猛禽（包括人工驯养、繁殖的）	A/B	P/Q	陆生动物（3.1）
0106319000	其他猛禽（包括人工驯养、繁殖的）	A/B	P/Q	陆生动物（3.1）
0106321000	改良种用鹦形目的鸟（包括人工驯养、繁殖的）	A/B	P/Q	陆生动物（3.1）
0106329000	非改良种用鹦形目的鸟（包括人工驯养、繁殖的）	A/B	P/Q	陆生动物（3.1）
0106331010	改良种用濒危鸵鸟（包括人工驯养、繁殖的）	A/B	P/Q	陆生动物（3.1）
0106331090	改良种用鸵鸟、鸸鹋（濒危鸵鸟除外）	A/B	P/Q	陆生动物（3.1）
0106339010	其他濒危鸵鸟（包括人工驯养、繁殖的）	A/B	P.R/Q	陆生动物（3.1）
0106339090	其他鸵鸟、鸸鹋	A/B	P.R/Q	陆生动物（3.1）
0106391010	其他改良种用濒危鸟（包括人工驯养、繁殖的）	A/B	P/Q	陆生动物（3.1）
0106391020	改良种用鸽、鹌鹑	A/B	P/Q	陆生动物（3.1）
0106391090	其他改良种用的鸟	A/B	P/Q	陆生动物（3.1）
0106392100	食用乳鸽	A/B	P.R/Q	陆生动物（3.1）
0106392300	食用野鸭	A/B	P.R/Q	陆生动物（3.1）
0106392910	其他食用濒危鸟（包括人工驯养、繁殖的）	A/B	P.R/Q	陆生动物（3.1）
0106392990	其他食用鸟	A/B	P.R/Q	陆生动物（3.1）

商品编号	商品名称	监管条件	检验检疫类别	检验检疫要求
0106399010	其他濒危鸟（包括人工驯养、繁殖的）	A/B	P.R/Q	陆生动物（3.1）
0106399090	其他鸟	A/B	P.R/Q	陆生动物（3.1）
0106411000	改良种用蜂	A/B	P/Q	陆生动物（3.1）
0106419000	其他蜂	A/B	P/Q	陆生动物（3.1）
0106491010	其他改良种用濒危昆虫（包括人工驯养、繁殖的）	A/B	P/Q	陆生动物（3.1）
0106491090	其他改良种用非濒危昆虫	A/B	P/Q	陆生动物（3.1）
0106499010	其他濒危昆虫（包括人工驯养、繁殖的）	A/B	P/Q	陆生动物（3.1）
0106499090	其他非濒危昆虫	A/B	P/Q	陆生动物（3.1）
0106901110	改良种用濒危蛙苗	A/B	P/Q	水生动物（3.2）
0106901190	其他改良种用蛙苗	A/B	P/Q	水生动物（3.2）
0106901910	其他改良种用濒危动物（包括人工驯养、繁殖的）	A/B	P/Q	陆生动物（3.1）
0106901990	其他改良种用动物	A/B	P/Q	陆生动物（3.1）
0106909010	其他濒危动物（包括人工驯养、繁殖的）	A/B	P/Q	陆生动物（3.1） 水生动物（3.2）
0106909090	其他动物	A/B	P/Q	陆生动物（3.1） 水生动物（3.2）
0201100010	整头及半头鲜或冷藏的野牛肉	A/B	P.R/Q.S	肉类产品（6.1）
0201100090	其他整头及半头鲜或冷藏的牛肉	A/B	P.R/Q.S	肉类产品（6.1）
0201200010	鲜或冷藏的带骨野牛肉	A/B	P.R/Q	肉类产品（6.1）
0201200090	其他鲜或冷藏的带骨牛肉	A/B	P.R/Q	肉类产品（6.1）
0201300010	鲜或冷藏的去骨野牛肉	A/B	P.R/Q.S	肉类产品（6.1）
0201300090	其他鲜或冷藏的去骨牛肉	A/B	P.R/Q.S	肉类产品（6.1）
0202100010	冻藏的整头及半头野牛肉	A/B	P.R/Q.S	肉类产品（6.1）
0202100090	其他冻藏的整头及半头牛肉	A/B	P.R/Q.S	肉类产品（6.1）
0202200010	冻藏的带骨野牛肉	A/B	P.R/Q.S	肉类产品（6.1）
0202200090	其他冻藏的带骨牛肉	A/B	P.R/Q.S	肉类产品（6.1）
0202300010	冻藏的去骨野牛肉	A/B	P.R/Q.S	肉类产品（6.1）
0202300090	其他冻藏的去骨牛肉	A/B	P.R/Q.S	肉类产品（6.1）
0203111010	鲜或冷藏整头及半头野乳猪肉	A/B	P.R/Q.S	肉类产品（6.1）
0203111090	其他鲜或冷藏的整头及半头乳猪肉	A/B	P.R/Q.S	肉类产品（6.1）
0203119010	其他鲜或冷藏的整头及半头野猪肉	A/B	P.R/Q.S	肉类产品（6.1）
0203119090	其他鲜或冷藏的整头及半头猪肉	A/B	P.R/Q.S	肉类产品（6.1）
0203120010	鲜或冷藏的带骨野猪前腿、后腿及肉块	A/B	P.R/Q.S	肉类产品（6.1）
0203120090	鲜或冷藏的带骨猪前腿、后腿及其肉块	A/B	P.R/Q.S	肉类产品（6.1）
0203190010	其他鲜或冷藏的野猪肉	A/B	P.R/Q.S	肉类产品（6.1）
0203190090	其他鲜或冷藏的猪肉	A/B	P.R/Q.S	肉类产品（6.1）
0203211010	冻整头及半头野乳猪肉	A/B	P.R/Q.S	肉类产品（6.1）
0203211090	冻整头及半头乳猪肉	A/B	P.R/Q.S	肉类产品（6.1）
0203219010	其他冻整头及半头野猪肉	A/B	P.R/Q.S	肉类产品（6.1）
0203219090	其他冻整头及半头猪肉	A/B	P.R/Q.S	肉类产品（6.1）
0203220010	冻带骨野猪前腿、后腿及肉	A/B	P.R/Q.S	肉类产品（6.1）
0203220090	冻藏的带骨猪前腿、后腿及其肉块	A/B	P.R/Q.S	肉类产品（6.1）
0203290010	冻藏野猪其他肉	A/B	P.R/Q.S	肉类产品（6.1）
0203290090	其他冻藏猪肉	A/B	P.R/Q.S	肉类产品（6.1）
0204100000	鲜或冷藏的整头及半头羔羊肉	A/B	P.R/Q.S	肉类产品（6.1）
0204210000	鲜或冷藏的整头及半头绵羊肉	A/B	P.R/Q	肉类产品（6.1）
0204220000	鲜或冷藏的带骨绵羊肉	A/B	P.R/Q.S	肉类产品（6.1）
0204230000	鲜或冷藏的去骨绵羊肉	A/B	P.R/Q.S	肉类产品（6.1）
0204300000	冻藏的整头及半头羔羊肉	A/B	P.R/Q.S	肉类产品（6.1）
0204410000	冻藏的整头及半头绵羊肉	A/B	P.R/Q.S	肉类产品（6.1）
0204420000	冻藏的其他带骨绵羊肉	A/B	P.R/Q.S	肉类产品（6.1）
0204430000	冻藏的其他去骨绵羊肉	A/B	P.R/Q.S	肉类产品（6.1）
0204500000	鲜或冷藏、冻藏的山羊肉	A/B	P.R/Q.S	肉类产品（6.1）

商品编号	商品名称	监管条件	检验检疫类别	检验检疫要求
0205000010	鲜、冷或冻的濒危野马、野驴肉	A/B	P.R/Q.S	肉类产品（6.1）
0205000090	鲜、冷或冻的马、驴、骡肉	A/B	P.R/Q.S	肉类产品（6.1）
0206100000	鲜或冷藏的牛杂碎	A/B	P.R/Q.S	肉类产品（6.1）
0206210000	冻牛舌	A/B	P.R/Q.S	肉类产品（6.1）
0206220000	冻牛肝	A/B	P.R/Q.S	肉类产品（6.1）
0206290000	其他冻牛杂碎	A/B	P.R/Q.S	肉类产品（6.1）
0206300000	鲜或冷藏的猪杂碎	A/B	P.R/Q.S	肉类产品（6.1）
0206410000	冻猪肝	A/B	P.R/Q.S	肉类产品（6.1）
0206490000	其他冻猪杂碎	A/B	P.R/Q.S	肉类产品（6.1）
0206800010	鲜或冷的羊杂碎	A/B	P.R/Q.S	肉类产品（6.1）饲料和饲料添加剂（5.1）
0206800090	鲜或冷的马、驴、骡杂碎	A/B	P.R/Q.S	肉类产品（6.1）
0206900010	冻藏的羊杂碎	A/B	P.R/Q.S	肉类产品（6.1）饲料和饲料添加剂（5.1）
0206900090	冻藏的马、驴、骡杂碎	A/B	P.R/Q.S	肉类产品（6.1）
0207110000	鲜或冷藏的整只鸡	A/B	P.R/Q.S	肉类产品（6.1）
0207120000	冻的整只鸡	A/B	P.R/Q.S	肉类产品（6.1）
0207131100	鲜或冷的带骨的鸡块	A/B	P.R/Q.S	肉类产品（6.1）
0207131900	其他鲜或冷的鸡块	A/B	P.R/Q.S	肉类产品（6.1）
0207132101	鲜或冷的鸡整翅（翼）（沿肩关节将鸡翅从整鸡上分割下来的部位）	A/B	P.R/Q.S	肉类产品（6.1）
0207132102	鲜或冷的鸡翅（翼）根（将整翅从肘关节处切开，靠近根部的部分）	A/B	P.R/Q.S	肉类产品（6.1）
0207132103	鲜或冷的鸡翅（翼）中（将整翅从肘关节和腕关节切开，中间的部分）	A/B	P.R/Q.S	肉类产品（6.1）
0207132104	鲜或冷的鸡两节翅（翼）（翅中和翅尖相连的部分，或翅根和翅中相连的部分）	A/B	P.R/Q.S	肉类产品（6.1）
0207132901	鲜或冷的鸡翅（翼）尖	A/B	P.R/Q.S	肉类产品（6.1）
0207132902	鲜或冷的鸡膝软骨（鸡膝部连接小腿和大腿的软骨）	A/B	P.R/Q.S	肉类产品（6.1）
0207132990	其他鲜或冷的鸡杂碎	A/B	P.R/Q.S	肉类产品（6.1）
0207141100	冻的带骨鸡块（包括鸡胸脯、鸡大腿等）	A/B	P.R/Q.S	肉类产品（6.1）
0207141900	冻的不带骨鸡块（包括鸡胸脯、鸡大腿等）	A/B	P.R/Q.S	肉类产品（6.1）
0207142101	冻的鸡整翅（翼）（沿肩关节将鸡翅从整鸡上分割下来的部位）	A/B	P.R/Q.S	肉类产品（6.1）
0207142102	冻的鸡翅（翼）根（将整翅从肘关节处切开，靠近根部的部分）	A/B	P.R/Q.S	肉类产品（6.1）
0207142103	冻的鸡翅（翼）中（将整翅从肘关节和腕关节处切开，中间的部分）	A/B	P.R/Q.S	肉类产品（6.1）
0207142104	冻的鸡两节翅（翼）（翅中和翅尖相连的部分，或翅根和翅中相连的部分）	A/B	P.R/Q.S	肉类产品（6.1）
0207142200	冻的鸡爪	A/B	P.R/Q.S	肉类产品（6.1）
0207142901	冻的鸡翅（翼）尖	A/B	P.R/Q.S	肉类产品（6.1）
0207142902	冻的鸡膝软骨（鸡膝部连接小腿和大腿的软骨）	A/B	P.R/Q.S	肉类产品（6.1）
0207142990	其他冻的食用鸡杂碎	A/B	P.R/Q.S	肉类产品（6.1）
0207240000	鲜或冷的整只火鸡	A/B	P.R/Q.S	肉类产品（6.1）
0207250000	冻的整只火鸡	A/B	P.R/Q.S	肉类产品（6.1）
0207260000	鲜或冷的火鸡块及杂碎（肥肝除外）	A/B	P.R/Q.S	肉类产品（6.1）
0207270000	冻的火鸡块及杂碎（肥肝除外）	A/B	P.R/Q.S	肉类产品（6.1）
0207410000	鲜或冷的整只鸭	A/B	P.R/Q.S	肉类产品（6.1）
0207420000	冻的整只鸭	A/B	P.R/Q.S	肉类产品（6.1）
0207430000	鲜或冷的鸭肥肝	A/B	P.R/Q.S	肉类产品（6.1）
0207440000	鲜或冷的鸭块及食用杂碎（肥肝除外）	A/B	P.R/Q.S	肉类产品（6.1）
0207450000	冻的鸭块及食用杂碎	A/B	P.R/Q.S	肉类产品（6.1）
0207510000	鲜或冷的整只鹅	A/B	P.R/Q.S	肉类产品（6.1）
0207520000	冻的整只鹅	A/B	P.R/Q.S	肉类产品（6.1）
0207530000	鲜或冷的鹅肥肝	A/B	P.R/Q.S	肉类产品（6.1）

商品编号	商品名称	监管条件	检验检疫类别	检验检疫要求
0207540000	鲜或冷的鹅块及食用杂碎（肥肝除外）	A/B	P.R/Q.S	肉类产品（6.1）
0207550000	冻的鹅块及食用杂碎	A/B	P.R/Q.S	肉类产品（6.1）
0207600000	鲜、冷、冻的整只珍珠鸡、珍珠鸡块及食用杂碎	A/B	P.R/Q.S	肉类产品（6.1）
0208101000	鲜或冷的家兔肉（不包括兔头）	A/B	P.R/Q.S	肉类产品（6.1）
0208102000	冻家兔肉（不包括兔头）	A/B	P.R/Q.S	肉类产品（6.1）
0208109010	鲜、冷或冻的濒危野兔肉及其食用杂碎（不包括兔头）	A/B	P.R/Q.S	肉类产品（6.1）
0208109090	鲜、冷或冻家兔食用杂碎	A/B	P.R/Q.S	肉类产品（6.1）
0208300000	鲜、冷或冻的灵长目动物肉及食用杂碎	A/B	P.R/Q.S	肉类产品（6.1）
0208400000	鲜、冷或冻的鲸、海豚及鼠海豚（鲸目哺乳动物）的；鲜、冷或冻的海牛及儒艮（海牛目哺乳动物）的；鲜、冷或冻的海豹、海狮及海象（鳍足亚目哺乳动物）的肉及食用杂碎（鲜、冷或冻的鲸、海豚、鼠海豚、海牛、儒艮、海豹、海狮及海象的肉及食用杂碎）	A/B	P.R/Q.S	水产品（6.4）
0208500000	鲜、冷或冻的爬行动物肉及食用杂碎	A/B	P.R/Q.S	水产品（6.4）
0208600010	鲜、冷或冻的濒危野生骆驼及其他濒危野生骆驼科动物的肉及食用杂碎	A/B	P.R/Q.S	肉类产品（6.1）
0208600090	其他鲜、冷或冻骆驼及其他骆驼科动物的肉及食用杂碎	A/B	P.R/Q.S	肉类产品（6.1）
0208901000	鲜、冷或冻的乳鸽肉及其杂碎	A/B	P.R/Q.S	肉类产品（6.1）
0208909010	其他鲜、冷或冻的濒危野生动物肉	A/B	P.R/Q.S	水产品（6.4） 肉类产品（6.1）
0208909090	其他鲜、冷或冻肉及食用杂碎	A/B	P.R/Q.S	水产品（6.4） 肉类产品（6.1）
0209100000	未炼制或用其他方法提取的不带瘦肉的肥猪肉、猪脂肪（包括鲜、冷、冻、干、熏、盐制的）	A/B	P.R/Q	肉类产品（6.1） 非食用动物产品（3.4） 饲料和饲料添加剂（5.1）
0209900000	未炼制或用其他方法提取的家禽脂肪（包括鲜、冷、冻、干、熏、盐制的）	A/B	P.R/Q	肉类产品（6.1） 非食用动物产品（3.4） 饲料和饲料添加剂（5.1）
0210111010	干、熏、盐制的带骨鹿豚、姬猪腿	A/B	P.R/Q.S	肉类产品（6.1）
0210111090	其他干、熏、盐制的带骨猪腿	A/B	P.R/Q.S	肉类产品（6.1）
0210119010	干、熏、盐制的带骨鹿豚、姬猪腿肉块	A/B	P.R/Q.S	肉类产品（6.1）
0210119090	其他干、熏、盐制的带骨猪腿肉	A/B	P.R/Q.S	肉类产品（6.1）
0210120010	干、熏、盐制的鹿豚、姬猪腹肉（指五花肉）	A/B	P.R/Q.S	肉类产品（6.1）
0210120090	其他干、熏、盐制的猪腹肉（指五花肉）	A/B	P.R/Q.S	肉类产品（6.1）
0210190010	干、熏、盐制的鹿豚、姬猪其他肉	A/B	P.R/Q.S	肉类产品（6.1）
0210190090	其他干、熏、盐制的其他猪肉	A/B	P.R/Q.S	肉类产品（6.1）
0210200010	干、熏、盐制的濒危野牛肉	A/B	P.R/Q.S	肉类产品（6.1）
0210200090	干、熏、盐制的其他牛肉	A/B	P.R/Q.S	肉类产品（6.1）
0210910000	干、熏、盐制的灵长目动物肉及食用杂碎	A/B	P.R/Q.S	肉类产品（6.1）
0210920000	干、熏、盐制的鲸、海豚及鼠海豚（鲸目哺乳动物）的；干、熏、盐制的海牛及儒艮（海牛目哺乳动物）的；干、熏、盐制的海豹、海狮及海象（鳍足亚目哺乳动物）的肉及食用杂碎（包括可供食用的肉或杂碎的细粉、粗粉）	A/B	P.R/Q.S	水产品（6.4）
0210930000	干、熏、盐制的爬行动物肉及食用杂碎（包括食用的肉及杂碎的细粉、粗粉）	A/B	P.R/Q.S	水产品（6.4）
0210990010	干、熏、盐制的其他濒危动物肉及杂碎（包括可供食用的肉或杂碎的细粉、粗粉）	A/B	P.R/Q.S	肉类产品（6.1）
0210990090	干、熏、盐制的其他肉及食用杂碎（包括可供食用的肉或杂碎的细粉、粗粉）	A/B	P.R/Q.S	肉类产品（6.1）
0301110010	观赏用濒危淡水鱼	A/B	P/Q	水生动物（3.2）
0301110020	淡水观赏鱼种苗（濒危除外）	A/B	P/Q	水生动物（3.2）
0301110090	观赏用其他淡水鱼（种苗除外）	A/B	P/Q	水生动物（3.2）
0301190010	观赏用濒危非淡水鱼	A/B	P/Q	水生动物（3.2）

商品编号	商品名称	监管条件	检验检疫类别	检验检疫要求
0301190020	非淡水观赏鱼种苗（濒危除外）	A/B	P/Q	水生动物（3.2）
0301190090	观赏用其他非淡水鱼（种苗除外）	A/B	P/Q	水生动物（3.2）
0301911000	鳟鱼（河鳟、虹鳟、克拉克大麻哈鱼、阿瓜大麻哈鱼、吉雨大麻哈鱼、亚利桑那大麻哈鱼、金腹大麻哈鱼）鱼苗	A/B	P/Q	水生动物（3.2）
0301919000	其他活鳟鱼（河鳟、虹鳟、克拉克大麻哈鱼、阿瓜大麻哈鱼、吉雨大麻哈鱼、亚利桑那大麻哈鱼、金腹大麻哈鱼）	A/B	P.R/Q	水生动物（3.2）
0301921010	花鳗鲡鱼苗	A/B	P/N.Q	水生动物（3.2）
0301921020	欧洲鳗鲡鱼苗	A/B	P/N.Q	水生动物（3.2）
0301921090	鳗鱼（鳗鲡属）鱼苗（濒危除外）	A/B	P/N.Q	水生动物（3.2）
0301929010	花鳗鲡	A/B	P.R/Q.S	水生动物（3.2）
0301929020	欧洲鳗鲡	A/B	P.R/Q.S	水生动物（3.2）
0301929090	其他活鳗鱼（鳗鲡属）	A/B	P.R/Q.S	水生动物（3.2）
0301931010	鲤属鱼鱼苗	A/B	P/Q	水生动物（3.2）
0301931090	其他鲤科鱼（鲫属、草鱼、鲢属、鳙属、青鱼、卡特拉鲃、野鲮属、哈氏纹唇鱼、何氏细须鲃、鲂属）鱼苗	A/B	P/Q	水生动物（3.2）
0301939000	其他鲤科鱼（鲤属、鲫属、草鱼、鲢属、鳙属、青鱼、卡特拉鲃、野鲮属、哈氏纹唇鱼、何氏细须鲃、鲂属）	A/B	P.R/Q.S	水生动物（3.2）
0301941000	大西洋及太平洋蓝鳍金枪鱼鱼苗	A/B	P/Q	水生动物（3.2）
0301949100	大西洋蓝鳍金枪鱼	A/B	P/N.Q	水生动物（3.2）
0301949200	太平洋蓝鳍金枪鱼	A/B	P/N.Q	水生动物（3.2）
0301951000	南方蓝鳍金枪鱼鱼苗（Thunnus maccoyii）	A/B	P/Q	水生动物（3.2）
0301959000	其他南方蓝鳍金枪鱼（Thunnus maccoyii）	A/B	P/N.Q	水生动物（3.2）
0301991100	鲈鱼种苗	A/B	P/Q	水生动物（3.2）
0301991200	鲟鱼种苗	A/B	P/Q	水生动物（3.2）
0301991910	其他濒危鱼苗	A/B	P/Q	水生动物（3.2）
0301991990	其他鱼苗（濒危除外）	A/B	P/Q	水生动物（3.2）动物遗传物质（3.3）
0301999100	活罗非鱼	A/B	P.R/Q.S	水生动物（3.2）
0301999200	活的鲀	A/B	P/N.Q	水生动物（3.2）
0301999310	活的濒危鲤科鱼	A/B	P/N.Q	水生动物（3.2）
0301999390	活的其他鲤科鱼［鲤科鱼（鲤属、鲫属、草鱼、鲢属、鳙属、青鱼、卡特拉鲃、野鲮属、哈氏纹唇鱼、何氏细须鲃、鲂属）除外］	A/B	P.R/Q.S	水生动物（3.2）
0301999910	其他濒危活鱼	A/B	P/N.Q	水生动物（3.2）
0301999990	其他活鱼	A/B	P.R/Q.S	水生动物（3.2）
0302110000	鲜或冷鳟鱼（河鳟、虹鳟、克拉克大麻哈鱼、阿瓜大麻哈鱼、吉雨大麻哈鱼、亚利桑那大麻哈鱼、金腹大麻哈鱼）（编号030291至030299的可食用鱼杂碎除外）	A/B	P.R/Q.S	水产品（6.4）
0302130000	鲜或冷的大麻哈鱼［红大麻哈鱼、细鳞大麻哈鱼、大麻哈鱼（种）、大鳞大麻哈鱼、银大麻哈鱼、马苏大麻哈鱼、玫瑰大麻哈鱼］（编号030291至030299的可食用鱼杂碎除外）	A/B	P.R/Q.S	水产品（6.4）
0302141000	鲜或冷大西洋鲑鱼（编号030291至030299的可食用鱼杂碎除外）	A/B	P.R/Q.S	水产品（6.4）
0302142000	鲜或冷多瑙哲罗鱼（编号030291至030299的可食用鱼杂碎除外）	A/B	P.R/Q.S	水产品（6.4）
0302190010	鲜或冷川陕哲罗鲑（编号030291至030299的可食用鱼杂碎除外）	A/B	P.R/Q.S	水产品（6.4）
0302190020	鲜或冷秦岭细鳞鲑（编号030291至030299的可食用鱼杂碎除外）	A/B	P.R/Q.S	水产品（6.4）
0302190090	其他鲜或冷鲑科鱼（编号030291至030299的可食用鱼杂碎除外）	A/B	P.R/Q.S	水产品（6.4）
0302210010	鲜或冷大西洋庸鲽（庸鲽）（编号030291至030299的可食用鱼杂碎除外）	A/B	P.R/Q.S	水产品（6.4）
0302210020	鲜或冷马舌鲽（编号030291至030299的可食用鱼杂碎除外）	A/B	P.R/Q.S	水产品（6.4）
0302210090	其他鲜或冷庸鲽鱼（编号030291至030299的可食用鱼杂碎除外）	A/B	P.R/Q.S	水产品（6.4）
0302220000	鲜或冷鲽鱼（鲽）（编号030291至030299的可食用鱼杂碎除外）	A/B	P.R/Q.S	水产品（6.4）
0302230000	鲜或冷鳎鱼（鳎属）（编号030291至030299的可食用鱼杂碎除外）	A/B	P.R/Q.S	水产品（6.4）

商品编号	商品名称	监管条件	检验检疫类别	检验检疫要求
0302240000	鲜或冷大菱鲆（瘤棘鲆）（编号030291至030299的可食用鱼杂碎除外）	A/B	P.R/Q.S	水产品（6.4）
0302290010	鲜或冷的亚洲箭齿鲽（编号030291至030299的可食用鱼杂碎除外）	A/B	P.R/Q.S	水产品（6.4）
0302290090	其他鲜或冷比目鱼（鲽科、鲆科、舌鳎科、鳒科、菱鲆科、刺鲆科）（编号030291至030299的可食用鱼杂碎除外）	A/B	P.R/Q.S	水产品（6.4）
0302310000	鲜或冷长鳍金枪鱼（编号030291至030299的可食用鱼杂碎除外）	A/B	P.R/Q.S	水产品（6.4）
0302320000	鲜或冷黄鳍金枪鱼（编号030291至030299的可食用鱼杂碎除外）	A/B	P.R/Q.S	水产品（6.4）
0302330000	鲜或冷鲣（编号030291至030299的可食用鱼杂碎除外）	A/B	P.R/Q.S	水产品（6.4）
0302340000	鲜或冷大眼金枪鱼（编号030291至030299的可食用鱼杂碎除外）	A/B	P.R/Q.S	水产品（6.4）
0302351000	鲜或冷大西洋蓝鳍金枪鱼（编号030291至030299的可食用鱼杂碎除外）	A/B	P.R/Q.S	水产品（6.4）
0302352000	鲜或冷太平洋蓝鳍金枪鱼（编号030291至030299的可食用鱼杂碎除外）	A/B	P.R/Q.S	水产品（6.4）
0302360000	鲜或冷南方金枪鱼（编号030291至030299的可食用鱼杂碎除外）	A/B	P.R/Q.S	水产品（6.4）
0302390000	其他鲜或冷金枪鱼（金枪鱼属）（编号030291至030299的可食用鱼杂碎除外）	A/B	P.R/Q.S	水产品（6.4）
0302410010	鲜或冷太平洋鲱（编号030291至030299的可食用鱼杂碎除外）	A/B	P.R/Q.S	水产品（6.4）
0302410090	鲜或冷大西洋鲱（编号030291至030299的可食用鱼杂碎除外）	A/B	P.R/Q.S	水产品（6.4）
0302420000	鲜或冷鳀鱼（鳀属）（编号030291至030299的可食用鱼杂碎除外）	A/B	P.R/Q.S	水产品（6.4） 饲料和饲料添加剂（5.1）
0302430000	鲜或冷沙丁鱼（沙丁鱼、沙瑙鱼属）、小沙丁鱼属、黍鲱或西鲱（编号030291至030299的可食用鱼杂碎除外）	A/B	P.R/Q.S	水产品（6.4） 饲料和饲料添加剂（5.1）
0302440000	鲜或冷鲭鱼［大西洋鲭、澳洲鲭（鲐）、日本鲭（鲐）］（编号030291至030299的可食用鱼杂碎除外）	A/B	P.R/Q.S	水产品（6.4） 饲料和饲料添加剂（5.1）
0302450000	鲜或冷对称竹荚鱼、新西兰竹荚鱼及竹荚鱼（竹荚鱼属）（编号030291至030299的可食用鱼杂碎除外）	A/B	P.R/Q.S	水产品（6.4） 饲料和饲料添加剂（5.1）
0302460000	鲜或冷军曹鱼（编号030291至030299的可食用鱼杂碎除外）	A/B	P.R/Q.S	水产品（6.4） 饲料和饲料添加剂（5.1）
0302470000	鲜或冷剑鱼（编号030291至030299的可食用鱼杂碎除外）	A/B	P.R/Q.S	水产品（6.4）
0302491000	鲜或冷的银鲳（鲳属）	A/B	P.R/Q.S	水产品（6.4）
0302499000	鲜或冷其他编号03024项下的鱼［印度鲭（羽鳃鲐属）、马鲛鱼（马鲛属）、鲹鱼（鲹属）、秋刀鱼、圆鲹（圆鲹属）、多春鱼（毛鳞鱼）、鲔鱼、狐鲣（狐鲣属）、枪鱼、旗鱼、四鳍旗鱼（旗鱼科），但编号030291至030299的可食用鱼杂碎除外］	A/B	P.R/Q.S	水产品（6.4）
0302510000	鲜或冷鳕鱼（大西洋鳕鱼、格陵兰鳕鱼、太平洋鳕鱼）（编号030291至030299的可食用鱼杂碎除外）	A/B	P.R/Q.S	水产品（6.4）
0302520000	鲜或冷黑线鳕鱼（黑线鳕）（编号030291至030299的可食用鱼杂碎除外）	A/B	P.R/Q.S	水产品（6.4）
0302530000	鲜或冷绿青鳕鱼（编号030291至030299的可食用鱼杂碎除外）	A/B	P.R/Q.S	水产品（6.4）
0302540000	鲜或冷狗鳕鱼（无须鳕属、长鳍鳕属）（编号030291至030299的可食用鱼杂碎除外）	A/B	P.R/Q.S	水产品（6.4） 饲料和饲料添加剂（5.1）
0302550000	鲜或冷阿拉斯加狭鳕鱼（编号030291至030299的可食用鱼杂碎除外）	A/B	P.R/Q.S	水产品（6.4） 饲料和饲料添加剂（5.1）
0302560000	鲜或冷蓝鳕鱼（小鳍鳕、南蓝鳕）（编号030291至030299的可食用鱼杂碎除外）	A/B	P.R/Q.S	水产品（6.4） 饲料和饲料添加剂（5.1）
0302590000	其他鲜或冷犀鳕科、多丝真鳕科、鳕科、长尾鳕科、黑鳕科、无须鳕科、深海鳕科及南极鳕科鱼（编号030291至030299的可食用鱼杂碎除外）	A/B	P.R/Q.S	水产品（6.4） 饲料和饲料添加剂（5.1）
0302710000	鲜或冷罗非鱼（口孵非鲫属）（编号030291至030299的可食用鱼杂碎除外）	A/B	P.R/Q.S	水产品（6.4）

商品编号	商品名称	监管条件	检验检疫类别	检验检疫要求
0302720000	鲜或冷鲶鱼（鲇鲶属、鲶属、胡鲶属、真鲷属）（编号 030291 至 030299 的可食用鱼杂碎除外）	A/B	P.R/Q.S	水产品（6.4） 饲料和饲料添加剂（5.1）
0302730000	鲜或冷鲤科鱼（鲤属、鲫属、草鱼、鲢属、鳙属、青鱼、卡特拉鲃、野鲮属、哈氏纹唇鱼、何氏细须鲃、鲂属）（编号 030291 至 030299 的可食用鱼杂碎除外）	A/B	P.R/Q.S	水产品（6.4） 饲料和饲料添加剂（5.1）
0302740010	鲜或冷花鳗鲡（编号 030291 至 030299 的可食用鱼杂碎除外）	A/B	P.R/Q.S	水产品（6.4）
0302740020	鲜或冷欧洲鳗鲡（编号 030291 至 030299 的可食用鱼杂碎除外）	A/B	P.R/Q.S	水产品（6.4）
0302740090	其他鲜或冷鳗鱼（鳗鲡属）（编号 030291 至 030299 的可食用鱼杂碎除外）	A/B	P.R/Q.S	水产品（6.4）
0302790001	鲜或冷尼罗河鲈鱼（尼罗尖吻鲈）（编号 030291 至 030299 的可食用鱼杂碎除外）	A/B	P.R/Q.S	水产品（6.4）
0302790090	鲜或冷的黑鱼（鳢属）（编号 030291 至 030299 的可食用鱼杂碎除外）	A/B	P.R/Q.S	水产品（6.4）
0302810010	鲜或冷濒危鲨鱼（编号 030291 至 030299 的可食用鱼杂碎除外）	A/B	P.R/Q.S	水产品（6.4）
0302810090	鲜或冷其他鲨鱼（编号 030291 至 030299 的可食用鱼杂碎除外）	A/B	P.R/Q.S	水产品（6.4）
0302820000	鲜或冷虹鱼及鳐鱼（鳐科）（编号 030291 至 030299 的可食用鱼杂碎除外）	A/B	P.R/Q.S	水产品（6.4） 饲料和饲料添加剂（5.1）
0302830000	鲜或冷南极犬牙鱼（南极犬牙鱼属）（编号 030291 至 030299 的可食用鱼杂碎除外）	A/B	P.R/Q.S	水产品（6.4）
0302840000	鲜或冷尖吻鲈鱼（舌齿鲈属）（编号 030291 至 030299 的可食用鱼杂碎除外）	A/B	P.R/Q.S	水产品（6.4）
0302850000	鲜或冷菱羊鲷（鲷科）（编号 030291 至 030299 的可食用鱼杂碎除外）	A/B	P.R/Q.S	水产品（6.4） 饲料和饲料添加剂（5.1）
0302891000	鲜或冷带鱼（编号 030291 至 030299 的可食用鱼杂碎除外）	A/B	P.R/Q.S	水产品（6.4）
0302892000	鲜或冷黄鱼（编号 030291 至 030299 的可食用鱼杂碎除外）	A/B	P.R/Q.S	水产品（6.4）
0302893000	鲜或冷鲳鱼（银鲳除外）（编号 030291 至 030299 的可食用鱼杂碎除外）	A/B	P.R/Q.S	水产品（6.4）
0302894000	鲜或冷的鲍（编号 030291 至 030299 的可食用鱼杂碎除外）	A/B	P.R/Q.S	水产品（6.4）
0302899001	鲜或冷的其他鲈鱼（编号 030291 至 030299 的可食用鱼杂碎除外）	A/B	P.R/Q.S	水产品（6.4）
0302899010	其他未列名濒危鲜或冷鱼（编号 030291 至 030299 的可食用鱼杂碎除外）	A/B	P.R/Q.S	水产品（6.4）
0302899020	鲜或冷的平鲉属（编号 030291 至 030299 的可食用鱼杂碎除外）	A/B	P.R/Q.S	水产品（6.4）
0302899030	鲜或冷的鲔鲉属（叶鳍鲉属）（编号 030291 至 030299 的可食用鱼杂碎除外）	A/B	P.R/Q.S	水产品（6.4）
0302899090	其他鲜或冷鱼（编号 030291 至 030299 的可食用鱼杂碎除外）	A/B	P.R/Q.S	水产品（6.4） 饲料和饲料添加剂（5.1）
0302910010	鲜或冷濒危鱼种的肝、鱼卵及鱼精	A/B	P.R/Q.S	水产品（6.4）
0302910020	鲜、冷的鱼卵（濒危除外）	A/B	P/Q	水产品（6.4）
0302910090	其他鲜或冷鱼肝及鱼精	A/B	P.R/Q.S	水产品（6.4）
0302920010	鲜或冷濒危鲨鱼翅	A/B	P.R/Q.S	水产品（6.4）
0302920090	其他鲜或冷鲨鱼翅	A/B	P.R/Q.S	水产品（6.4）
0302990010	其他鲜或冷可食用濒危鱼杂碎	A/B	P.R/Q.S	水产品（6.4）
0302990020	鲜或冷的大菱鲆、比目鱼、鲱鱼、鲭鱼、鲳鱼、带鱼、尼罗河鲈鱼、尖吻鲈鱼、其他鲈鱼的可食用其他鱼杂碎	A/B	P.R/Q.S	水产品（6.4）
0302990090	其他鲜或冷可食用其他鱼杂碎	A/B	P.R/Q.S	水产品（6.4）
0303110000	冻红大麻哈鱼（但编号 030391 至 030399 的可食用鱼杂碎除外）	A/B	P.R/Q.S	水产品（6.4）
0303120000	其他冻大麻哈鱼［细鳞大麻哈鱼、大麻哈鱼（种）、大鳞大麻哈鱼、银大麻哈鱼、马苏大麻哈鱼、玫瑰大麻哈鱼］（但编号 030391 至 030399 的可食用鱼杂碎除外）	A/B	P.R/Q.S	水产品（6.4）
0303131000	冻大西洋鲑鱼（但编号 030391 至 030399 的可食用鱼杂碎除外）	A/B	P.R/Q.S	水产品（6.4）
0303132000	冻多瑙哲罗鱼（但编号 030391 至 030399 的可食用鱼杂碎除外）	A/B	P.R/Q.S	水产品（6.4）

商品编号	商品名称	监管条件	检验检疫类别	检验检疫要求
0303140000	冻鳟鱼（河鳟、虹鳟、克拉克大麻哈鱼、阿瓜大麻哈鱼、吉雨大麻哈鱼、亚利桑那大麻哈鱼、金腹大麻哈鱼）（但编号030391至030399的可食用鱼杂碎除外）	A/B	P.R/Q.S	水产品（6.4）
0303190010	冻川陕哲罗鲑（但编号030391至030399的可食用鱼杂碎除外）	A/B	P.R/Q.S	水产品（6.4）
0303190020	冻秦岭细鳞鲑（但编号030391至030399的可食用鱼杂碎除外）	A/B	P.R/Q.S	水产品（6.4）
0303190090	其他冻鲑科鱼（但编号030391至030399的可食用鱼杂碎除外）	A/B	P.R/Q.S	水产品（6.4）
0303230000	冻罗非鱼（口孵非鲫属）（但编号030391至030399的可食用鱼杂碎除外）	A/B	P.R/Q.S	水产品（6.4）
0303240000	冻鲶鱼（鲶鲶属、鲶属、胡鲶属、真鮰属）（但编号030391至030399的可食用鱼杂碎除外）	A/B	P.R/Q.S	水产品（6.4） 饲料和饲料添加剂（5.1）
0303250000	冻鲤科鱼（鲤属、鲫属、草鱼、鲢属、鳙属、青鱼、卡特拉鲃、野鲮属、哈氏纹唇鱼、何氏细须鲃、鲂属）（但编号030391至030399的可食用鱼杂碎除外）	A/B	P.R/Q.S	水产品（6.4） 饲料和饲料添加剂（5.1）
0303260010	冻花鳗鲡（但编号030391至030399的可食用鱼杂碎除外）	A/B	P.R/Q.S	水产品（6.4）
0303260020	冻欧洲鳗鲡（但编号030391至030399的可食用鱼杂碎除外）	A/B	P.R/Q.S	水产品（6.4）
0303260090	其他冻鳗鱼（鳗鲡属）（但编号030391至030399的可食用鱼杂碎除外）	A/B	P.R/Q.S	水产品（6.4）
0303290001	冻尼罗河鲈鱼（尼罗尖吻鲈）（但编号030391至030399的可食用鱼杂碎除外）	A/B	P.R/Q.S	水产品（6.4）
0303290090	冻黑鱼（鳢属）（但编号030391至030399的可食用鱼杂碎除外）	A/B	P.R/Q.S	水产品（6.4）
0303311000	冻马舌鲽（格陵兰庸鲽鱼）（但编号030391至030399的可食用鱼杂碎除外）	A/B	P.R/Q.S	水产品（6.4）
0303319010	冻大西洋庸鲽（庸鲽）（但编号030391至030399的可食用鱼杂碎除外）	A/B	P.R/Q.S	水产品（6.4）
0303319090	其他冻庸鲽鱼（但编号030391至030399的可食用鱼杂碎除外）	A/B	P.R/Q.S	水产品（6.4）
0303320000	冻鲽鱼（鲽）（但编号030391至030399的可食用鱼杂碎除外）	A/B	P.R/Q.S	水产品（6.4）
0303330000	冻鳎鱼（鳎属）（但编号030391至030399的可食用鱼杂碎除外）	A/B	P.R/Q.S	水产品（6.4）
0303340000	冻大菱鲆（瘤棘鲆）（但编号030391至030399的可食用鱼杂碎除外）	A/B	P.R/Q.S	水产品（6.4）
0303390010	冻亚洲箭齿鲽（但编号030391至030399的可食用鱼杂碎除外）	A/B	P.R/Q.S	水产品（6.4）
0303390090	其他冻比目鱼（鲽科、鲆科、舌鳎科、鳎科、菱鲆科、刺鲆科）（但编号030391至030399的可食用鱼杂碎除外）	A/B	P.R/Q.S	水产品（6.4）
0303410000	冻长鳍金枪鱼（但编号030391至030399的可食用鱼杂碎除外）	A/B	P.R/Q.S	水产品（6.4）
0303420000	冻黄鳍金枪鱼（但编号030391至030399的可食用鱼杂碎除外）	A/B	P.R/Q.S	水产品（6.4）
0303430000	冻鲣（但编号030391至030399的可食用鱼杂碎除外）	A/B	P.R/Q.S	水产品（6.4）
0303440000	冻大眼金枪鱼（但编号030391至030399的可食用鱼杂碎除外）	A/B	P.R/Q.S	水产品（6.4）
0303451000	冻大西洋蓝鳍金枪鱼（但编号030391至030399的可食用鱼杂碎除外）	A/B	P.R/Q.S	水产品（6.4）
0303452000	冻太平洋蓝鳍金枪鱼（但编号030391至030399的可食用鱼杂碎除外）	A/B	P.R/Q.S	水产品（6.4）
0303460000	冻南方蓝鳍金枪鱼（但编号030391至030399的可食用鱼杂碎除外）	A/B	P.R/Q.S	水产品（6.4）
0303490000	其他冻金枪鱼（金枪鱼属）（但编号030391至030399的可食用鱼杂碎除外）	A/B	P.R/Q.S	水产品（6.4）
0303510010	冻太平洋鲱鱼（但编号030391至030399的可食用鱼杂碎除外）	A/B	P.R/Q.S	水产品（6.4）
0303510090	冻大西洋鲱鱼（但编号030391至030399的可食用鱼杂碎除外）	A/B	P.R/Q.S	水产品（6.4）
0303530000	冻沙丁鱼（沙丁鱼、沙瑙鱼属）、小沙丁鱼属、黍鲱或西鲱（但编号030391至030399的可食用鱼杂碎除外）	A/B	P.R/Q.S	水产品（6.4） 饲料和饲料添加剂（5.1）
0303540000	冻鲭鱼	A/B	P.R/Q.S	水产品（6.4） 饲料和饲料添加剂（5.1）
0303550000	冻对称竹荚鱼、新西兰竹荚鱼及竹荚鱼（竹荚鱼属）（但编号030391至030399的可食用鱼杂碎除外）	A/B	P.R/Q.S	水产品（6.4） 饲料和饲料添加剂（5.1）

商品编号	商品名称	监管条件	检验检疫类别	检验检疫要求
0303560000	冻军曹鱼（但编号030391至030399的可食用鱼杂碎除外）	A/B	P.R/Q.S	水产品（6.4） 饲料和饲料添加剂（5.1）
0303570000	冻剑鱼（但编号030391至030399的可食用鱼杂碎除外）	A/B	P.R/Q.S	水产品（6.4）
0303591000	冻银鲳（鲳属），但食用杂碎除外	A/B	P.R/Q.S	水产品（6.4）
0303599010	冻毛鳞鱼，但食用杂碎除外	A/B	P.R/Q.S	水产品（6.4）
0303599090	其他编号03035项下的冻鱼［鲲鱼（鲲属）、印度鲭（羽鳃鲐属）、马鲛鱼（马鲛属）、鲹鱼（鲹属）、秋刀鱼、圆鲹（圆鲹属）、鲔鱼、狐鲣（狐鲣属）、枪鱼、旗鱼、四鳍旗鱼（旗鱼科），但编号030391至030399的可食用鱼杂碎除外］	A/B	P.R/Q.S	水产品（6.4）
0303630000	冻鳕鱼（大西洋鳕鱼、格陵兰鳕鱼、太平洋鳕鱼）（但编号030391至030399的可食用鱼杂碎除外）	A/B	P.R/Q.S	水产品（6.4）
0303640000	冻黑线鳕鱼（黑线鳕）（但编号030391至030399的可食用鱼杂碎除外）	A/B	P.R/Q.S	水产品（6.4）
0303650000	冻绿青鳕鱼（但编号030391至030399的可食用鱼杂碎除外）	A/B	P.R/Q.S	水产品（6.4）
0303660000	冻狗鳕鱼（无须鳕属、长鳍鳕属）（但编号030391至030399的可食用鱼杂碎除外）	A/B	P.R/Q.S	水产品（6.4）
0303670000	冻阿拉斯加狭鳕鱼（但编号030391至030399的可食用鱼杂碎除外）	A/B	P.R/Q.S	水产品（6.4） 饲料和饲料添加剂（5.1）
0303680000	冻蓝鳕鱼（小鳍鳕、南蓝鳕）（但编号030391至030399的可食用鱼杂碎除外）	A/B	P.R/Q.S	水产品（6.4） 饲料和饲料添加剂（5.1）
0303690000	冻的其他犀鳕科、多丝真鳕科、鳕科、长尾鳕科、黑鳕科、无须鳕科、深海鳕科及南极鳕科鱼（但编号030391至030399的可食用鱼杂碎除外）	A/B	P.R/Q.S	水产品（6.4） 饲料和饲料添加剂（5.1）
0303810010	冻濒危鲨鱼（但编号030391至030399的可食用鱼杂碎除外）	A/B	P.R/Q.S	水产品（6.4）
0303810090	冻其他鲨鱼（但编号030391至030399的可食用鱼杂碎除外）	A/B	P.R/Q.S	水产品（6.4）
0303820000	冻魟鱼及鳐鱼（鳐科）（但编号030391至030399的可食用鱼杂碎除外）	A/B	P.R/Q.S	水产品（6.4） 饲料和饲料添加剂（5.1）
0303830000	冻南极犬牙鱼（南极犬牙鱼属）（但编号030391至030399的可食用鱼杂碎除外）	A/B	P.R/Q.S	水产品（6.4）
0303840000	冻尖吻鲈鱼（舌齿鲈属）（但编号030391至030399的可食用鱼杂碎除外）	A/B	P.R/Q.S	水产品（6.4）
0303891000	冻带鱼（但编号030391至030399的可食用鱼杂碎除外）	A/B	P.R/Q.S	水产品（6.4）
0303892000	冻黄鱼（但编号030391至030399的可食用鱼杂碎除外）	A/B	P.R/Q.S	水产品（6.4）
0303893000	冻鲳鱼（银鲳除外）（但编号030391至030399的可食用鱼杂碎除外）	A/B	P.R/Q.S	水产品（6.4）
0303899001	其他冻鲈鱼（但编号030391至030399的可食用鱼杂碎除外）	A/B	P.R/Q.S	水产品（6.4）
0303899010	其他未列名濒危冻鱼（但编号030391至030399的可食用鱼杂碎除外）	A/B	P.R/Q.S	水产品（6.4）
0303899020	冻平鲉属鱼（但编号030391至030399的可食用鱼杂碎除外）	A/B	P.R/Q.S	水产品（6.4）
0303899030	冻鲱鲉属（叶鳍鲉属）（但编号030391至030399的可食用鱼杂碎除外）	A/B	P.R/Q.S	水产品（6.4）
0303899090	其他未列名冻鱼（但编号030391至030399的可食用鱼杂碎除外）	A/B	P.R/Q.S	水产品（6.4） 饲料和饲料添加剂（5.1）
0303910010	冻濒危鱼种的肝、鱼卵及鱼精	A/B	P.R/Q.S	水产品（6.4）
0303910020	冻的鱼卵（濒危除外）	A/B	P.R/Q.S	水产品（6.4）
0303910090	其他冻鱼肝及鱼精	A/B	P.R/Q.S	水产品（6.4）
0303920010	冻濒危鲨鱼翅	A/B	P.R/Q.S	水产品（6.4）
0303920090	其他冻鲨鱼翅	A/B	P.R/Q.S	水产品（6.4）
0303990010	其他冻可食用濒危鱼杂碎	A/B	P.R/Q.S	水产品（6.4）
0303990020	冻的大菱鲆、比目鱼、鲱鱼、鲭鱼、鲳鱼、带鱼、尼罗河鲈鱼、尖吻鲈鱼、其他鲈鱼的可食用其他鱼杂碎	A/B	P.R/Q.S	水产品（6.4）

商品编号	商品名称	监管条件	检验检疫类别	检验检疫要求
0303990090	其他冻可食用其他鱼杂碎	A/B	P.R/Q.S	水产品（6.4）
0304310000	鲜或冷的罗非鱼（口孵非鲫属）的鱼片	A/B	P.R/Q.S	水产品（6.4）
0304320000	鲜或冷的鲶鱼（鲩鲶属、鲶属、胡鲶属、真鮰属）的鱼片	A/B	P.R/Q.S	水产品（6.4）
0304330000	鲜或冷的尼罗河鲈鱼（尼罗尖吻鲈）的鱼片	A/B	P.R/Q.S	水产品（6.4）
0304390010	鲜或冷的花鳗鲡鱼片	A/B	P.R/Q.S	水产品（6.4）
0304390020	鲜或冷的欧洲鳗鲡鱼片	A/B	P.R/Q.S	水产品（6.4）
0304390090	鲜或冷的鲤科鱼（鲤属、鲫属、草鱼、鲢属、鳙属、青鱼、卡特拉鲃、野鲮属、哈氏纹唇鱼、何氏细须鲃、鲂属）、其他鳗鱼（鳗鲡属）及黑鱼（鳢属）的鱼片	A/B	P.R/Q.S	水产品（6.4）
0304410000	鲜或冷的大麻哈鱼［红大麻哈鱼、细鳞大麻哈鱼、大麻哈鱼（种）、大鳞大麻哈鱼、银大麻哈鱼、马苏大麻哈鱼、玫瑰大麻哈鱼］、大西洋鲑鱼及多瑙哲罗鱼的鱼片	A/B	P.R/Q.S	水产品（6.4）
0304420000	鲜或冷的鳟鱼（河鳟、虹鳟、克拉克大麻哈鱼、阿瓜大麻哈鱼、吉雨大麻哈鱼、亚利桑那大麻哈鱼、金腹大麻哈鱼）的鱼片	A/B	P.R/Q.S	水产品（6.4）
0304430000	鲜或冷的比目鱼（鲽科、鲆科、舌鳎科、鳎科、菱鲆科、刺鲆科）的鱼片	A/B	P.R/Q.S	水产品（6.4）
0304440000	鲜或冷的犀鳕科、多丝真鳕科、鳕科、长尾鳕科、黑鳕科、无须鳕科、深海鳕科及南极鳕科鱼的鱼片	A/B	P.R/Q.S	水产品（6.4）
0304450000	鲜或冷的剑鱼鱼片	A/B	P.R/Q.S	水产品（6.4）
0304460000	鲜或冷的南极犬牙鱼（南极犬牙鱼属）的鱼片	A/B	P.R/Q.S	水产品（6.4）
0304470010	鲜或冷的濒危鲨鱼的鱼片	A/B	P.R/Q.S	水产品（6.4）
0304470090	鲜或冷的其他鲨鱼的鱼片	A/B	P.R/Q.S	水产品（6.4）
0304480010	鲜或冷的濒危魟鱼及鳐鱼的鱼片	A/B	P.R/Q.S	水产品（6.4）
0304480090	鲜或冷的其他魟鱼及鳐鱼的鱼片	A/B	P.R/Q.S	水产品（6.4）
0304490010	鲜或冷的其他濒危鱼的鱼片	A/B	P.R/Q.S	水产品（6.4）
0304490090	鲜或冷的其他鱼的鱼片	A/B	P.R/Q.S	水产品（6.4）
0304510010	鲜或冷的花鳗鲡的鱼肉（不论是否绞碎）	A/B	P.R/Q.S	水产品（6.4）
0304510020	鲜或冷的欧洲鳗鲡的鱼肉（不论是否绞碎）	A/B	P.R/Q.S	水产品（6.4）
0304510090	鲜或冷的罗非鱼（口孵非鲫属）、鲶鱼（鲩鲶属、鲶属、胡鲶属、真鮰属）、鲤科鱼（鲤属、鲫属、草鱼、鲢属、鳙属、青鱼、卡特拉鲃、野鲮属、哈氏纹唇鱼、何氏细须鲃、鲂属）、其他鳗鱼（鳗鲡属）、尼罗河鲈鱼（尼罗尖吻鲈）及黑鱼（鳢属）的鱼肉	A/B	P.R/Q.S	水产品（6.4）
0304520000	鲜或冷的鲑科鱼的鱼肉（不论是否绞碎）	A/B	P.R/Q.S	水产品（6.4）
0304530000	鲜或冷的犀鳕科、多丝真鳕科、鳕科、长尾鳕科、黑鳕科、无须鳕科、深海鳕科及南极鳕科鱼的鱼肉（不论是否绞碎）	A/B	P.R/Q.S	水产品（6.4）
0304540000	鲜或冷的剑鱼鱼肉（不论是否绞碎）	A/B	P.R/Q.S	水产品（6.4）
0304550000	鲜或冷的南极犬牙鱼（南极犬牙鱼属）的鱼肉（不论是否绞碎）	A/B	P.R/Q.S	水产品（6.4）
0304560010	鲜或冷的濒危鲨鱼肉（不论是否绞碎）	A/B	P.R/Q.S	水产品（6.4）
0304560090	鲜或冷的其他鲨鱼肉（不论是否绞碎）	A/B	P.R/Q.S	水产品（6.4）
0304570010	鲜或冷的濒危魟鱼及鳐鱼的鱼肉（不论是否绞碎）	A/B	P.R/Q.S	水产品（6.4）
0304570090	鲜或冷的其他魟鱼及鳐鱼的鱼肉（不论是否绞碎）	A/B	P.R/Q.S	水产品（6.4）
0304590010	鲜或冷的其他濒危鱼的鱼肉（不论是否绞碎）	A/B	P.R/Q.S	水产品（6.4）
0304590090	鲜或冷的其他鱼的鱼肉（不论是否绞碎）	A/B	P.R/Q.S	水产品（6.4）
0304610000	冻罗非鱼（口孵非鲫属）鱼片	A/B	P.R/Q.S	水产品（6.4）
0304621100	冻斑点叉尾鮰鱼鱼片（斑点叉尾鮰鱼亦称沟鲶，属于鲇形目、叉尾鮰科、叉尾鮰属）	A/B	P.R/Q.S	水产品（6.4）
0304621900	冻的其他叉尾鮰鱼片	A/B	P.R/Q.S	水产品（6.4）
0304629000	冻的其他鲶鱼（鲩鲶属、鲶属、胡鲶属、真鮰属）鱼片	A/B	P.R/Q.S	水产品（6.4）
0304630000	冻的尼罗河鲈鱼（尼罗尖吻鲈）鱼片	A/B	P.R/Q.S	水产品（6.4）
0304690010	冻的花鳗鲡鱼片	A/B	P.R/Q.S	水产品（6.4）
0304690020	冻的欧洲鳗鲡鱼片	A/B	P.R/Q.S	水产品（6.4）

商品编号	商品名称	监管条件	检验检疫类别	检验检疫要求
0304690090	冻的鲤科鱼（鲤属、鲫属、草鱼、鲢属、鳙属、青鱼、卡特拉鲃、野鲮属、哈氏纹唇鱼、何氏细须鲃、鲂属）、其他鳗鱼（鳗鲡属）及黑鱼（鳢属）的鱼片	A/B	P.R/Q.S	水产品（6.4）
0304710000	冻的鳕鱼（大西洋鳕鱼、格陵兰鳕鱼、太平洋鳕鱼）鱼片	A/B	P.R/Q.S	水产品（6.4）
0304720000	冻的黑线鳕鱼（黑线鳕）鱼片	A/B	P.R/Q.S	水产品（6.4）
0304730000	冻的绿青鳕鱼鱼片	A/B	P.R/Q.S	水产品（6.4）
0304740000	冻的狗鳕鱼（无须鳕属、长鳍鳕属）鱼片	A/B	P.R/Q.S	水产品（6.4）
0304750000	冻的阿拉斯加狭鳕鱼鱼片	A/B	P.R/Q.S	水产品（6.4）
0304790000	冻的犀鳕科、多丝真鳕科、鳕科、长尾鳕科、黑鳕科、无须鳕科、深海鳕科及南极鳕科鱼的鱼片	A/B	P.R/Q.S	水产品（6.4）
0304810000	冻的大麻哈鱼［红大麻哈鱼、细鳞大麻哈鱼、大麻哈鱼（种）、大鳞大麻哈鱼、银大麻哈鱼、马苏大麻哈鱼、玫瑰大麻哈鱼］、大西洋鲑鱼及多瑙哲罗鱼鱼片	A/B	P.R/Q.S	水产品（6.4）
0304820000	冻的鳟鱼（河鳟、虹鳟、克拉克大麻哈鱼、阿瓜大麻哈鱼、吉雨大麻哈鱼、亚利桑那大麻哈鱼、金腹大麻哈鱼）鱼片	A/B	P.R/Q.S	水产品（6.4）
0304830000	冻的比目鱼（鲽科、鲆科、舌鳎科、鳎科、菱鲆科、刺鲆科）鱼片	A/B	P.R/Q.S	水产品（6.4）
0304840000	冻剑鱼鱼片	A/B	P.R/Q.S	水产品（6.4）
0304850000	冻南极犬牙鱼（南极犬牙鱼属）鱼片	A/B	P.R/Q.S	水产品（6.4）
0304860000	冻的鲱鱼（大西洋鲱鱼、太平洋鲱鱼）鱼片	A/B	P.R/Q.S	水产品（6.4）
0304870000	冻的金枪鱼（金枪鱼属）、鲣的鱼片	A/B	P.R/Q.S	水产品（6.4）
0304880010	冻的濒危鲨鱼、魟鱼及鳐鱼的鱼片	A/B	P.R/Q.S	水产品（6.4）
0304880090	冻的其他鲨鱼、魟鱼及鳐鱼的鱼片	A/B	P.R/Q.S	水产品（6.4）
0304890010	冻的其他濒危鱼片	A/B	P.R/Q.S	水产品（6.4）
0304890090	冻的其他鱼片	A/B	P.R/Q.S	水产品（6.4）
0304910000	其他冻剑鱼肉［（Xiphias gladius）不论是否绞碎］	A/B	P.R/Q.S	水产品（6.4）
0304920000	其他冻南极犬牙鱼肉［（Toothfish，Dissostichus spp.）不论是否绞碎］	A/B	P.R/Q.S	水产品（6.4）
0304930010	冻的花鳗鲡鱼肉（不论是否绞碎）	A/B	P.R/Q.S	水产品（6.4）
0304930020	冻的欧洲鳗鲡鱼肉（不论是否绞碎）	A/B	P.R/Q.S	水产品（6.4）
0304930090	冻的罗非鱼（口孵非鲫属）、鲶鱼（鲇鲶属、鲶属、胡鲶属、真鮠属）、鲤科鱼（鲤属、鲫属、草鱼、鲢属、鳙属、青鱼、卡特拉鲃、野鲮属、哈氏纹唇鱼、何氏细须鲃、鲂属）、其他鳗鱼（鳗鲡属）、尼罗河鲈鱼（尼罗尖吻鲈）及黑鱼（鳢属）鱼肉（不论是否绞碎）	A/B	P.R/Q.S	水产品（6.4）
0304940000	冻的阿拉斯加狭鳕鱼鱼肉（不论是否绞碎）	A/B	P.R/Q.S	水产品（6.4）
0304950000	冻的犀鳕科、多丝真鳕科、鳕科、长尾鳕科、黑鳕科、无须鳕科、深海鳕科及南极鳕科鱼的鱼肉，阿拉斯加狭鳕鱼除外（不论是否绞碎）	A/B	P.R/Q.S	水产品（6.4）
0304960010	冻的濒危鲨鱼肉（不论是否绞碎）	A/B	P.R/Q.S	水产品（6.4）
0304960090	冻的其他鲨鱼肉（不论是否绞碎）	A/B	P.R/Q.S	水产品（6.4）
0304970010	冻的濒危魟鱼及鳐鱼的鱼肉（不论是否绞碎）	A/B	P.R/Q.S	水产品（6.4）
0304970090	冻的其他魟鱼及鳐鱼的鱼肉（不论是否绞碎）	A/B	P.R/Q.S	水产品（6.4）
0304990010	冻的其他濒危鱼的鱼肉（不论是否绞碎）	A/B	P.R/Q.S	水产品（6.4）
0304990090	其他冻鱼肉（不论是否绞碎）	A/B	P.R/Q.S	水产品（6.4）
0305200010	干、熏、盐制的濒危鱼种肝、卵及鱼精	A/B	P.R/Q.S	水产品（6.4）
0305200090	其他干、熏、盐制的鱼肝、鱼卵及鱼精	A/B	P.R/Q.S	水产品（6.4）
0305310010	干、盐腌或盐渍的花鳗鲡鱼片（熏制的除外）	A/B	P.R/Q.S	水产品（6.4）
0305310020	干、盐腌或盐渍的欧洲鳗鲡鱼片（熏制的除外）	A/B	P.R/Q.S	水产品（6.4）

商品编号	商品名称	监管条件	检验检疫类别	检验检疫要求
0305310090	干、盐腌或盐渍的罗非鱼（口孵非鲫属）、鲶鱼（鲑鲶属、鲶属、胡鲶属、真鮰属）、鲤科鱼（鲤属、鲫属、草鱼、鲢属、鳙属、青鱼、卡特拉鲃、野鲮属、哈氏纹唇鱼、何氏细须鲃、鲂属）、鳗鱼（鳗鲡属）、尼罗河鲈鱼（尼罗尖吻鲈）及黑鱼（鳢属）的鱼片（熏制的除外）	A/B	P.R/Q.S	水产品（6.4）
0305320000	干、盐腌或盐渍的犀鳕科、多丝真鳕科、鳕科、长尾鳕科、黑鳕科、无须鳕科、深海鳕科及南极鳕科的鱼片（熏制的除外）	A/B	P.R/Q.S	水产品（6.4）
0305390010	干、盐腌或盐渍的濒危鱼类的鱼片（熏制的除外）	A/B	P.R/Q.S	水产品（6.4）
0305390090	其他干、盐腌或盐渍的鱼片（熏制的除外）	A/B	P.R/Q.S	水产品（6.4）
0305411000	熏大西洋鲑鱼及鱼片（食用杂碎除外）	A/B	P.R/Q	水产品（6.4）
0305412000	熏大麻哈鱼、多瑙哲罗鱼及鱼片（食用杂碎除外）	A/B	P.R/Q	水产品（6.4）
0305420000	熏制鲱鱼（大西洋鲱鱼、太平洋鲱鱼）及鱼片（食用杂碎除外）	A/B	P.R/Q	水产品（6.4）
0305430000	熏制鳟鱼（河鳟、虹鳟、克拉克大麻哈鱼、阿瓜大麻哈鱼、吉雨大麻哈鱼、亚利桑那大麻哈鱼、金腹大麻哈鱼）及鱼片（食用杂碎除外）	A/B	P.R/Q.S	水产品（6.4）
0305440010	熏制花鳗鲡及鱼片（食用杂碎除外）	A/B	P.R/Q.S	水产品（6.4）
0305440020	熏制欧洲鳗鲡及鱼片（食用杂碎除外）	A/B	P.R/Q.S	水产品（6.4）
0305440090	熏制罗非鱼（口孵非鲫属）、鲶鱼（鲑鲶属、鲶属、胡鲶属、真鮰属）、鲤科鱼（鲤属、鲫属、草鱼、鲢属、鳙属、青鱼、卡特拉鲃、野鲮属、哈氏纹唇鱼、何氏细须鲃、鲂属）、鳗鱼（鳗鲡属）、尼罗河鲈鱼（尼罗尖吻鲈）及黑鱼（鳢属）（食用杂碎除外）	A/B	P.R/Q.S	水产品（6.4）
0305490020	熏制其他濒危鱼及鱼片（食用杂碎除外）	A/B	P.R/Q.S	水产品（6.4）
0305490090	其他熏鱼及鱼片（食用杂碎除外）	A/B	P.R/Q.S	水产品（6.4）
0305510000	干鳕鱼（大西洋鳕鱼、格陵兰鳕鱼、太平洋鳕鱼），食用杂碎除外（不论是否盐腌，但熏制的除外）	A/B	P.R/Q.S	水产品（6.4）
0305520000	干罗非鱼（口孵非鲫属）、鲶鱼（鲑鲶属、鲶属、胡鲶属、真鮰属）、鲤科鱼（鲤属、鲫属、草鱼、鲢属、鳙属、青鱼、卡特拉鲃、野鲮属、哈氏纹唇鱼、何氏细须鲃、鲂属）、鳗鱼（鳗鲡属）、尼罗河鲈鱼（尼罗尖吻鲈）及黑鱼（鳢属）	A/B	P.R/Q.S	水产品（6.4）
0305530000	干犀鳕科、多丝真鳕科、鳕科、长尾鳕科、黑鳕科、无须鳕科、深海鳕科及南极鳕科鱼，鳕鱼（大西洋鳕鱼、格陵兰鳕鱼、太平洋鳕鱼）除外	A/B	P.R/Q.S	水产品（6.4）
0305541000	干银鲳（鲳属）	A/B	P.R/Q.S	水产品（6.4）
0305549000	干鲱鱼（大西洋鲱鱼、太平洋鲱鱼）、鳀鱼（鳀属）、沙丁鱼（沙丁鱼、沙瑙鱼属）、小沙丁鱼属、黍鲱或西鲱、鲭鱼［大西洋鲭、澳洲鲭（鲐）、日本鲭（鲐）］［包括印度鲭（羽鳃鲐属）］、马鲛鱼（马鲛属）、对称竹荚鱼、新西兰竹荚鱼及竹荚鱼（竹荚鱼属）、鲹鱼（鲹属）、军曹鱼、秋刀鱼、圆鲹（圆鲹属）、多春鱼（毛鳞鱼）、剑鱼、鲔鱼、狐鲣（狐鲣属）、枪鱼、旗鱼、四鳍旗鱼（旗鱼科）］	A/B	P.R/Q.S	水产品（6.4）
0305591000	干海马、干海龙，食用杂碎除外（不论是否盐腌，但熏制的除外）	A/B	P.R/Q	水产品（6.4） 中药材（9.2）
0305599010	其他濒危干鱼，食用杂碎除外（不论是否盐腌，但熏制的除外）	A/B	P.R/Q.S	水产品（6.4）
0305599090	其他干鱼，食用杂碎除外（不论是否盐腌，但熏制的除外）	A/B	P.R/Q.S	水产品（6.4）
0305610000	盐腌及盐渍的鲱鱼（大西洋鲱鱼、太平洋鲱鱼），食用杂碎除外（干或熏制的除外）	A/B	P.R/Q	水产品（6.4）
0305620000	盐腌及盐渍鳕鱼（大西洋鳕鱼、格陵兰鳕鱼、太平洋鳕鱼），食用杂碎除外（干或熏制的除外）	A/B	P.R/Q.S	水产品（6.4）
0305630000	盐腌及盐渍的鳀鱼（鳀属），食用杂碎除外（干或熏制的除外）	A/B	P.R/Q	水产品（6.4）
0305640010	盐腌及盐渍的花鳗鲡，食用杂碎除外（干或熏制的除外）	A/B	P.R/Q.S	水产品（6.4）

商品编号	商品名称	监管条件	检验检疫类别	检验检疫要求
0305640020	盐腌及盐渍的欧洲鳗鲡，食用杂碎除外（干或熏制的除外）	A/B	P.R/Q.S	水产品（6.4）
0305640090	盐腌及盐渍的罗非鱼（口孵非鲫属）、鲶鱼（胡鲶属、鲶属、胡鲶属、真鲷属）、鲤科鱼（鲤属、鲫属、草鱼、鲢属、鳙属、青鱼、卡特拉鲃、野鲮属、哈氏纹唇鱼、何氏细须鲃、鲂属）、其他鳗鱼（鳗鲡属）、尼罗河鲈鱼（尼罗尖吻鲈）及黑鱼（鳢属），食用杂碎除外（干或熏制的除外）	A/B	P.R/Q.S	水产品（6.4）
0305691000	盐腌及盐渍的带鱼，食用杂碎除外（干或熏制的除外）	A/B	P.R/Q.S	水产品（6.4）
0305692000	盐腌及盐渍的黄鱼，食用杂碎除外（干或熏制的除外）	A/B	P.R/Q.S	水产品（6.4）
0305693000	盐腌及盐渍的鲳鱼（银鲳除外），食用杂碎除外（干或熏制的除外）	A/B	P.R/Q.S	水产品（6.4）
0305699010	盐腌及盐渍的其他濒危鱼，食用杂碎除外（干或熏制的除外）	A/B	P.R/Q.S	水产品（6.4）
0305699090	盐腌及盐渍的其他鱼，食用杂碎除外（干或熏制的除外）	A/B	P.R/Q.S	水产品（6.4）
0305710010	濒危鲨鱼鱼翅（不论是否干制、盐腌、盐渍和熏制）	A/B	P.R/Q.S	水产品（6.4）
0305710090	其他鲨鱼鱼翅（不论是否干制、盐腌、盐渍和熏制）	A/B	P.R/Q.S	水产品（6.4）
0305720010	濒危鱼的鱼头、鱼尾、鱼鳔（不论是否干制、盐腌、盐渍和熏制）	A/B	P.R/Q.S	水产品（6.4）
0305720090	其他鱼的鱼头、鱼尾、鱼鳔（不论是否干制、盐腌、盐渍和熏制）	A/B	P.R/Q.S	水产品（6.4）
0305790010	其他濒危可食用鱼杂碎（不论是否干制、盐腌、盐渍和熏制）	A/B	P.R/Q.S	水产品（6.4）
0305790090	其他可食用鱼杂碎（不论是否干制、盐腌、盐渍和熏制）	A/B	P.R/Q.S	水产品（6.4）
0306110000	冻岩礁虾和其他龙虾（真龙虾属、龙虾属、岩龙虾属）	A/B	P.R/Q.S	水产品（6.4）
0306120000	冻螯龙虾（螯龙虾属）	A/B	P.R/Q.S	水产品（6.4）
0306141000	冻梭子蟹	A/B	P.R/Q.S	水产品（6.4） 饲料和饲料添加剂（5.1）
0306149010	冻的金霸王蟹（帝王蟹）、毛蟹、仿石蟹（仿岩蟹）、堪察加拟石蟹、短足拟石蟹、扁足拟石蟹、雪蟹、日本雪蟹	A/B	P.R/Q.S	水产品（6.4）
0306149090	其他冻蟹	A/B	P.R/Q.S	水产品（6.4） 饲料和饲料添加剂（5.1）
0306150000	冻挪威海螯虾	A/B	P.R/Q.S	水产品（6.4）
0306163000	冻的冷水小虾及对虾（长额虾属、褐虾）虾仁	A/B	P.R/Q.S	水产品（6.4）
0306164000	冻北方长额虾（虾仁除外）	A/B	P.R/Q.S	水产品（6.4）
0306169000	其他冻的冷水小虾及对虾（长额虾属、褐虾）	A/B	P.R/Q.S	水产品（6.4）
0306173000	冻其他小虾及对虾虾仁	A/B	P.R/Q.S	水产品（6.4）
0306179010	其他冻小虾（对虾属除外）（虾仁除外）	A/B	P.R/Q.S	水产品（6.4）
0306179090	冻对虾（对虾属）（虾仁除外）	A/B	P.R/Q.S	水产品（6.4）
0306191100	冻淡水小龙虾仁	A/B	P.R/Q.S	水产品（6.4）
0306191900	冻带壳淡水小龙虾	A/B	P.R/Q.S	水产品（6.4）
0306199000	其他冻甲壳动物	A/B	P.R/Q.S	水产品（6.4）
0306311000	岩礁虾及其他龙虾种苗	A/B	P/Q	水生动物（3.2）
0306319000	活、鲜或冷的带壳或去壳岩礁虾和其他龙虾（真龙虾属、龙虾属、岩龙虾属）	A/B	P.R/Q.S	水产品（6.4） 水生动物（3.2）
0306321000	螯龙虾（螯龙虾属）种苗	A/B	P/Q	水生动物（3.2）
0306329000	活、鲜或冷的带壳或去壳螯龙虾（螯龙虾属）	A/B	P.R/Q.S	水产品（6.4） 水生动物（3.2）
0306331000	蟹种苗	A/B	P/Q	水生动物（3.2）
0306339100	活、鲜或冷的带壳或去壳中华绒螯蟹	A/B	P.R/Q.S	水产品（6.4） 水生动物（3.2）
0306339200	活、鲜或冷的带壳或去壳梭子蟹	A/B	P.R/Q.S	水产品（6.4） 水生动物（3.2） 饲料和饲料添加剂（5.1）
0306339910	活、鲜或冷的金霸王蟹（帝王蟹）、毛蟹、仿石蟹（仿岩蟹）、堪察加拟石蟹、短足拟石蟹、扁足拟石蟹、雪蟹、日本雪蟹	A/B	P.R/Q.S	水产品（6.4） 水生动物（3.2）

商品编号	商品名称	监管条件	检验检疫类别	检验检疫要求
0306339990	其他活、鲜或冷的带壳或去壳蟹	A/B	P.R/Q.S	水产品（6.4） 水生动物（3.2） 饲料和饲料添加剂（5.1）
0306341000	挪威海螯虾种苗	A/B	P/Q	水生动物（3.2）
0306349000	其他活、鲜或冷的带壳或去壳挪威海螯虾	A/B	P.R/Q.S	水产品（6.4） 水生动物（3.2）
0306351000	冷水小虾及对虾（长额虾属、褐虾）种苗	A/B	P/Q	水生动物（3.2）
0306359010	鲜、冷的冷水小虾及对虾（长额虾属、褐虾）（种苗除外）	A/B	P.R/Q.S	水产品（6.4） 饲料和饲料添加剂（5.1）
0306359090	活的冷水小虾及对虾（长额虾属、褐虾）（种苗除外）	A/B	P.R/Q.S	水生动物（3.2）
0306361000	其他小虾及对虾种苗	A/B	P/Q	水生动物（3.2）
0306369010	其他鲜、冷的小虾（对虾属除外）（种苗除外）	A/B	P.R/Q.S	水产品（6.4） 饲料和饲料添加剂（5.1）
0306369090	活、鲜或冷的对虾（对虾属）；其他活的小虾（对虾属除外）（种苗除外）	A/B	P.R/Q.S	水产品（6.4） 水生动物（3.2）
0306391000	其他甲壳动物种苗	A/B	P/Q	水生动物（3.2） 动物遗传物质（3.3）
0306399010	其他甲壳动物的卵	A/B	P.R/Q.S	水产品（6.4） 饲料和饲料添加剂（5.1）
0306399090	其他活、鲜、冷的带壳或去壳甲壳动物	A/B	P.R/Q.S	水产品（6.4） 水生动物（3.2） 饲料和饲料添加剂（5.1）
0306910000	干、盐腌或盐渍的其他岩礁虾及其他龙虾（真龙虾属、龙虾属、岩龙虾属）（包括熏制的带壳或去壳的，不论在熏制前或熏制过程中是否烹煮）	A/B	P.R/Q.S	水产品（6.4）
0306920000	干、盐腌或盐渍的其他鳌龙虾（鳌龙虾属）（包括熏制的带壳或去壳的，不论在熏制前或熏制过程中是否烹煮）	A/B	P.R/Q.S	水产品（6.4）
0306931000	干、盐腌或盐渍的其他中华绒螯蟹（包括熏制的带壳或去壳的，不论在熏制前或熏制过程中是否烹煮）	A/B	P.R/Q.S	水产品（6.4）
0306932000	干、盐腌或盐渍的其他梭子蟹（包括熏制的带壳或去壳的，不论在熏制前或熏制过程中是否烹煮）	A/B	P.R/Q.S	水产品（6.4）
0306939000	干、盐腌或盐渍的其他蟹（包括熏制的带壳或去壳的，不论在熏制前或熏制过程中是否烹煮）	A/B	P.R/Q.S	水产品（6.4）
0306940000	干、盐腌或盐渍的挪威海螯虾（包括熏制的带壳或去壳的，不论在熏制前或熏制过程中是否烹煮）	A/B	P.R/Q.S	水产品（6.4）
0306951000	干、盐腌或盐渍的冷水小虾及对虾（长额虾属、褐虾）（包括熏制的带壳或去壳的，不论在熏制前或熏制过程中是否烹煮）	A/B	P.R/Q.S	水产品（6.4）
0306959000	干、盐腌或盐渍的其他小虾及对虾（包括熏制的带壳或去壳的，不论在熏制前或熏制过程中是否烹煮）	A/B	P.R/Q.S	水产品（6.4）
0306990000	干、盐腌或盐渍的其他甲壳动物（包括熏制的带壳或去壳的，不论在熏制前或熏制过程中是否烹煮）	A/B	P.R/Q.S	水产品（6.4） 水生动物（3.2） 饲料和饲料添加剂（5.1）
0307111000	牡蛎（蚝）种苗	A/B	P/Q	饲料和饲料添加剂（5.1）
0307119000	其他活、鲜、冷的牡蛎（蚝）	A/B	P.R/Q.S	水产品（6.4） 水生动物（3.2）
0307120000	冻的牡蛎（蚝）	A/B	P.R/Q.S	水产品（6.4）
0307190000	其他干、盐腌或盐渍牡蛎（蚝）（包括熏制的带壳或去壳的，不论在熏制前或熏制过程中是否烹煮）	A/B	P.R/Q.S	水产品（6.4）
0307211000	扇贝及其他扇贝科软体动物的种苗	A/B	P/Q	水生动物（3.2）

商品编号	商品名称	监管条件	检验检疫类别	检验检疫要求
0307219100	活、鲜、冷的扇贝（扇贝属、栉孔扇贝属、巨扇贝属）（种苗除外）	A/B	P.R/Q.S	水产品（6.4） 水生动物（3.2）
0307219900	其他活、鲜、冷的扇贝科的软体动物（种苗除外）	A/B	P.R/Q.S	水产品（6.4） 水生动物（3.2）
0307221000	冻的扇贝（扇贝属、栉孔扇贝属、巨扇贝属）	A/B	P.R/Q.S	水产品（6.4）
0307229000	其他冻的扇贝科的软体动物	A/B	P.R/Q.S	水产品（6.4）
0307291000	干、盐腌或盐渍的扇贝（扇贝属、栉孔扇贝属、巨扇贝属）（包括熏制的带壳或去壳的，不论在熏制前或熏制过程中是否烹煮）	A/B	P.R/Q.S	水产品（6.4）
0307299000	其他干、盐腌或盐渍的扇贝科的软体动物（包括熏制的带壳或去壳的，不论在熏制前或熏制过程中是否烹煮）	A/B	P.R/Q.S	水产品（6.4）
0307311000	贻贝种苗	A/B	P/Q	水生动物（3.2）
0307319001	鲜、冷贻贝	A/B	P.R/Q.S	水产品（6.4） 水生动物（3.2）
0307319090	其他活贻贝	A/B	P.R/Q.S	水产品（6.4） 水生动物（3.2）
0307320000	冻贻贝	A/B	P.R/Q.S	水产品（6.4）
0307390000	其他干、盐腌或盐渍的贻贝（包括熏制的带壳或去壳的，不论在熏制前或熏制过程中是否烹煮）	A/B	P.R/Q.S	水产品（6.4）
0307421000	墨鱼及鱿鱼种苗	A/B	P/Q	水生动物（3.2）
0307429100	其他活、鲜、冷的墨鱼（乌贼属、巨粒僧头乌贼、耳乌贼属）及鱿鱼（柔鱼属、枪乌贼属、双柔鱼属、拟乌贼属）	A/B	P.R/Q.S	水产品（6.4） 水生动物（3.2） 饲料和饲料添加剂（5.1）
0307429900	其他活、鲜、冷的墨鱼及鱿鱼	A/B	P.R/Q.S	水产品（6.4） 水生动物（3.2） 饲料和饲料添加剂（5.1）
0307431000	冻的墨鱼（乌贼属、巨粒僧头乌贼、耳乌贼属）及鱿鱼（柔鱼属、枪乌贼属、双柔鱼属、拟乌贼属）	A/B	P.R/Q.S	水产品（6.4）
0307439000	其他冻的墨鱼及鱿鱼	A/B	P.R/Q.S	水产品（6.4）
0307491000	其他干、盐制的墨鱼（乌贼属、巨粒僧头乌贼、耳乌贼属）及鱿鱼（柔鱼属、枪乌贼属、双柔鱼属、拟乌贼属）（包括熏制的带壳或去壳的，不论在熏制前或熏制过程中是否烹煮）	A/B	P.R/Q.S	水产品（6.4）
0307499000	其他干、盐制的墨鱼及鱿鱼（包括熏制的带壳或去壳的，不论在熏制前或熏制过程中是否烹煮）	A/B	P.R/Q.S	水产品（6.4）
0307510000	活、鲜、冷章鱼	A/B	P.R/Q.S	水产品（6.4） 水生动物（3.2） 饲料和饲料添加剂（5.1）
0307520000	冻的章鱼	A/B	P.R/Q.S	水产品（6.4）
0307590000	其他干、盐制的章鱼（包括熏制的，不论在熏制前或熏制过程中是否烹煮）	A/B	P.R/Q.S	水产品（6.4） 饲料和饲料添加剂（5.1）
0307601010	濒危蜗牛及螺种苗，海螺除外	A/B	P/Q	水生动物（3.2）
0307601090	蜗牛及螺种苗，海螺除外（濒危除外）	A/B	P/Q	水生动物（3.2）
0307609010	其他濒危蜗牛及螺，海螺除外	A/B	P.R/Q.S	水产品（6.4） 水生动物（3.2）
0307609090	其他活、鲜、冷、冻、干、盐腌或盐渍的蜗牛及螺，海螺除外（包括熏制的带壳或去壳的，不论在熏制前或熏制过程中是否烹煮）	A/B	P.R/Q.S	水产品（6.4） 水生动物（3.2）
0307711010	砗磲的种苗	A/B	P/Q	水生动物（3.2）
0307711090	蛤、鸟蛤及舟贝种苗（濒危除外）	A/B	P/Q	水生动物（3.2）
0307719100	活、鲜、冷蛤	A/B	P.R/Q.S	水产品（6.4） 水生动物（3.2）
0307719910	活、鲜、冷砗磲	A/B	P.R/Q.S	水产品（6.4） 水生动物（3.2）

商品编号	商品名称	监管条件	检验检疫类别	检验检疫要求
0307719920	活、鲜、冷的粗饰蚶	A/B	P.R/Q.S	水产品（6.4） 水生动物（3.2）
0307719990	活、鲜、冷鸟蛤及舟贝（蚶科、北极蛤科、鸟蛤科、斧蛤科、缝栖蛤科、蛤蜊科中带蛤科、海螂科、双带蛤科、截蛏科、竹蛏科、帘蛤科）	A/B	P.R/Q.S	水产品（6.4） 水生动物（3.2）
0307720010	冻的砗磲	A/B	P.R/Q.S	水产品（6.4）
0307720020	冻的粗饰蚶	A/B	P.R/Q.S	水产品（6.4）
0307720090	冻的其他蛤、鸟蛤及舟贝（蚶科、北极蛤科、鸟蛤科、斧蛤科、缝栖蛤科、蛤蜊科、中带蛤科、海螂科、双带蛤科、截蛏科、竹蛏科、帘蛤科）	A/B	P.R/Q.S	水产品（6.4）
0307790010	干、盐渍的砗磲（包括熏制的带壳或去壳的，不论在熏制前或熏制过程中是否烹煮）	A/B	P.R/Q.S	水产品（6.4）
0307790020	干、盐制的粗饰蚶（包括熏制的带壳或去壳的，不论在熏制前或熏制过程中是否烹煮）	A/B	P.R/Q.S	水产品（6.4）
0307790090	干、盐制其他蛤、鸟蛤及舟贝（蚶科、北极蛤科、鸟蛤科、斧蛤科、缝栖蛤科、蛤蜊科、中带蛤科、海螂科、双带蛤科、截蛏科、竹蛏科、帘蛤科）（包括熏制的带壳或去壳的，不论在熏制前或熏制过程中是否烹煮）	A/B	P.R/Q.S	水产品（6.4）
0307811000	鲍鱼（鲍属）种苗	A/B	P/Q	水生动物（3.2）
0307819000	活、鲜、冷的鲍鱼（鲍属）	A/B	P.R/Q.S	水产品（6.4） 水生动物（3.2）
0307821000	凤螺（凤螺属）种苗	A/B	P/Q	水生动物（3.2）
0307829000	活、鲜或冷的其他凤螺（凤螺属）	A/B	P.R/Q.S	水产品（6.4） 水生动物（3.2）
0307830000	冻的鲍鱼（鲍属）	A/B	P.R/Q.S	水产品（6.4）
0307840000	冻的凤螺（凤螺属）	A/B	P.R/Q.S	水产品（6.4）
0307870000	干、盐腌或盐渍的鲍鱼（鲍属）（包括熏制的带壳或去壳的，不论在熏制前或熏制过程中是否烹煮）	A/B	P.R/Q.S	水产品（6.4）
0307880000	干、盐腌或盐渍的凤螺（凤螺属）（包括熏制的带壳或去壳的，不论在熏制前或熏制过程中是否烹煮）	A/B	P.R/Q.S	水产品（6.4）
0307911011	大珠母贝的种苗	A/B	P/Q	水生动物（3.2）
0307911019	其他濒危软体动物的种苗（大珠母贝除外）	A/B	P/Q	水生动物（3.2）
0307911090	其他软体动物的种苗	A/B	P/Q	水生动物（3.2）
0307919011	活、鲜、冷大珠母贝（种苗除外）	A/B	P.R/Q.S	水产品（6.4）
0307919019	活、鲜、冷的其他濒危软体动物（种苗除外）	A/B	P.R/Q.S	水产品（6.4）
0307919020	活、鲜、冷蚬属（种苗除外）	A/B	P.R/Q.S	水产品（6.4） 水生动物（3.2）
0307919090	其他活、鲜、冷的软体动物（种苗除外）	A/B	P.R/Q.S	水产品（6.4） 水生动物（3.2）
0307920011	冻的大珠母贝	A/B	P.R/Q.S	水产品（6.4）
0307920019	冻的其他濒危软体动物	A/B	P.R/Q.S	水产品（6.4）
0307920020	冻的蚬属	A/B	P.R/Q.S	水产品（6.4）
0307920090	其他冻的软体动物	A/B	P.R/Q.S	水产品（6.4）
0307990011	干、盐腌或盐渍的大珠母贝（包括熏制的带壳或去壳的，不论在熏制前或熏制过程中是否烹煮）	A/B	P.R/Q.S	水产品（6.4）
0307990019	干、盐腌或盐渍的其他濒危软体动物（包括熏制的带壳或去壳的，不论在熏制前或熏制过程中是否烹煮）	A/B	P.R/Q.S	水产品（6.4）

商品编号	商品名称	监管条件	检验检疫类别	检验检疫要求
0307990020	干、盐腌或盐渍蚬属（包括供人食用的软体动物粉、团粒，甲壳动物除外；包括熏制的带壳或去壳的，不论在熏制前或熏制过程中是否烹煮）	A/B	P.R/Q.S	水产品（6.4）
0307990090	其他干、盐腌或盐渍软体动物（包括熏制的带壳或去壳的，不论在熏制前或熏制过程中是否烹煮）	A/B	P.R/Q.S	水产品（6.4）
0308111010	暗色刺参的种苗	A/B	P/Q	水生动物（3.2）
0308111090	海参（仿刺参、海参纲）种苗（濒危除外）	A/B	P/Q	水生动物（3.2）
0308119010	活、鲜或冷的暗色刺参	A/B	P.R/Q.S	水产品（6.4）水生动物（3.2）
0308119020	活、鲜或冷的刺参	A/B	P.R/Q.S	水产品（6.4）水生动物（3.2）
0308119090	活、鲜或冷的其他海参（仿刺参、海参纲）	A/B	P.R/Q.S	水产品（6.4）水生动物（3.2）
0308120010	冻的暗色刺参	A/B	P.R/Q.S	水产品（6.4）
0308120020	冻的其他刺参	A/B	P.R/Q.S	水产品（6.4）
0308120090	冻的其他海参（仿刺参、海参纲）	A/B	P.R/Q.S	水产品（6.4）
0308190010	干、盐腌或盐渍暗色刺参（包括熏制的，不论在熏制前或熏制过程中是否烹煮）	A/B	P.R/Q.S	水产品（6.4）
0308190020	干、盐腌或盐渍的其他刺参（包括熏制的，不论在熏制前或熏制过程中是否烹煮）	A/B	P.R/Q.S	水产品（6.4）
0308190090	干、盐腌或盐渍的其他海参（仿刺参、海参纲）（包括熏制的，不论在熏制前或熏制过程中是否烹煮）	A/B	P.R/Q.S	水产品（6.4）
0308211000	海胆种苗	A/B	P/Q	水生动物（3.2）
0308219010	活、鲜或冷的食用海胆纲	A/B	P.R/Q.S	水产品（6.4）水生动物（3.2）
0308219090	其他活、鲜或冷的海胆	A/B	P.R/Q.S	水产品（6.4）水生动物（3.2）
0308220010	冻食用海胆纲	A/B	P.R/Q.S	水产品（6.4）
0308220090	其他冻海胆	A/B	P.R/Q.S	水产品（6.4）
0308290010	干、盐制食用海胆纲（包括熏制的，不论在熏制前或熏制过程中是否烹煮）	A/B	P.R/Q.S	水产品（6.4）
0308290090	其他干、盐制海胆（包括熏制的，不论在熏制前或熏制过程中是否烹煮）	A/B	P.R/Q.S	水产品（6.4）
0308301100	海蜇（海蜇属）种苗	A/B	P/Q	水生动物（3.2）
0308301900	活、鲜或冷的海蜇（海蜇属）	A/B	P.R/Q.S	水产品（6.4）水生动物（3.2）
0308309000	冻、干、盐制海蜇（海蜇属）（包括熏制的，不论在熏制前或熏制过程中是否烹煮）	A/B	P.R/Q.S	水产品（6.4）
0308901110	活、鲜或冷的其他濒危水生无脊椎动物的种苗（甲壳动物及软体动物除外）	A/B	P/Q	水生动物（3.2）
0308901190	其他水生无脊椎动物的种苗（甲壳动物及软体动物和其他濒危水生无脊椎动物除外）	A/B	P/Q	水生动物（3.2）
0308901200	活、鲜或冷的沙蚕，种苗除外	A/B	P.R/Q.S	饲料和饲料添加剂（5.1）
0308901910	活、鲜或冷的其他濒危水生无脊椎动物（甲壳动物及软体动物除外）	A/B	P.R/Q.S	水产品（6.4）
0308901990	活、鲜或冷的其他水生无脊椎动物（甲壳动物及软体动物除外）	A/B	P.R/Q.S	水产品（6.4）水生动物（3.2）
0308909010	其他冻、干、盐制濒危水生无脊椎动物（包括熏制的，不论在熏制前或熏制过程中是否烹煮）	A/B	P.R/Q.S	水产品（6.4）

商品编号	商品名称	监管条件	检验检疫类别	检验检疫要求
0308909090	其他冻、干、盐制水生无脊椎动物（包括熏制的，不论在熏制前或熏制过程中是否烹煮）	A/B	P.R/Q.S	水产品（6.4）
0309100010	适合供人食用的濒危鱼的细粉、粗粉及团粒	A/B	P.R/Q.S	水产品（6.4）
0309100090	适合供人食用的其他鱼的细粉、粗粉及团粒	A/B	P.R/Q.S	水产品（6.4）
0309900010	适合供人食用的濒危甲壳动物、软体动物和其他水生无脊椎动物的细粉、粗粉及团粒	A/B	P.R/Q.S	水产品（6.4）
0309900090	适合供人食用的其他甲壳动物、软体动物和其他水生无脊椎动物的细粉、粗粉及团粒	A/B	P.R/Q.S	水产品（6.4）
0401100000	脂肪含量≤1%未浓缩的乳及稀奶油（脂肪含量按重量计，本编号货品不得加糖和其他甜物质）	A/B	P.R/Q.S	乳品（6.3）
0401200000	1%<脂肪含量≤6%的未浓缩的乳及稀奶油（脂肪含量按重量计，本编号货品不得加糖和其他甜物质）	A/B	P.R/Q.S	乳品（6.3）
0401400000	6%<脂肪含量≤10%的未浓缩的乳及稀奶油（脂肪含量按重量计，本编号货品不得加糖和其他甜物质）	A/B	P.R/Q.S	乳品（6.3）
0401500000	脂肪含量>10%未浓缩的乳及稀奶油（脂肪含量按重量计，本编号货品不得加糖和其他甜物质）	A/B	P.R/Q.S	乳品（6.3）
0402100000	脂肪含量≤1.5%固状乳及稀奶油（指粉状、粒状或其他固体状态，浓缩、加糖或其他甜物质）	A/B	M.P.R/Q.S	乳品（6.3）
0402210000	脂肪量>1.5%未加糖固状乳及稀奶油（指粉状、粒状或其他固体状态，浓缩、加糖或其他甜物质）	A/B	M.P.R/Q.S	乳品（6.3）
0402290000	脂肪量>1.5%的加糖固状乳及稀奶油（指粉状、粒状或其他固体状态，浓缩、加糖或其他甜物质）	A/B	P.R/Q.S	乳品（6.3）
0402910000	浓缩但未加糖的非固状乳及稀奶油（未加其他甜物质）	A/B	P.R/Q.S	乳品（6.3）
0402990000	浓缩并已加糖的非固状乳及稀奶油（加其他甜物质）	A/B	P.R/Q.S	乳品（6.3）
0403201000	酸乳，不论是否浓缩，除允许添加的添加剂外，仅可含糖或其他甜味物质、香料、水果、坚果、可可	A/B	P.R/Q.S	乳品（6.3）
0403209000	其他酸乳	A/B	P.R/Q.S	乳品（6.3）
0403900000	酪乳及其他发酵或酸化的乳及稀奶油（不论是否浓缩、加糖或其他甜物质、香料、水果等）	A/B	P.R/Q	乳品（6.3）
0404100010	饲料用乳清（按重量计蛋白含量2%~7%，乳糖含量76%~88%）（不论是否浓缩、加糖或其他甜物质）	A/B	P.R/Q	饲料和饲料添加剂（5.1）
0404100090	其他乳清及改性乳清（不论是否浓缩、加糖或其他甜物质）	A/B	P.R/Q	乳品（6.3） 饲料和饲料添加剂（5.1）
0404900000	其他编号未列名的含天然乳的产品（不论是否浓缩、加糖或其他甜物质）	A/B	P.R/Q	乳品（6.3）
0405100000	黄油	A/B	P.R/Q.S	乳品（6.3）
0405200000	乳酱	A/B	P.R/Q.S	乳品（6.3）
0405900000	其他从乳中提取的脂和油	A/B	P.R/Q.S	乳品（6.3）
0406100000	鲜乳酪（未熟化或未固化的）（包括乳清乳酪；凝乳）	A/B	P.R/Q	乳品（6.3）
0406200000	各种磨碎或粉化的乳酪	A/B	P.R/Q.S	乳品（6.3）
0406300000	经加工的乳酪（但磨碎或粉化的除外）	A/B	P.R/Q	乳品（6.3）
0406400000	蓝纹乳酪和娄地青霉生产的带有纹理的其他乳酪	A/B	P.R/Q	乳品（6.3）
0406900000	其他乳酪	A/B	P.R/Q	乳品（6.3）
0407110010	孵化用受精的濒危鸡的蛋	A/B	P/Q	动物遗传物质（3.3）
0407110090	孵化用受精的鸡的蛋（濒危除外）	A/B	P/Q	动物遗传物质（3.3）
0407190010	其他孵化用受精濒危禽蛋	A/B	P/Q	动物遗传物质（3.3）
0407190090	其他孵化用受精禽蛋（濒危禽蛋除外）	A/B	P/Q	动物遗传物质（3.3）
0407210000	其他带壳的鸡的鲜蛋	A/B	P.R/Q.S	食用蛋品（6.2）
0407290010	其他鲜的带壳濒危禽蛋	A/B	P.R/Q.S	食用蛋品（6.2）
0407290090	其他鲜的带壳禽蛋	A/B	P.R/Q.S	食用蛋品（6.2）

商品编号	商品名称	监管条件	检验检疫类别	检验检疫要求
0407901000	带壳咸蛋	A/B	P.R/Q.S	食用蛋品（6.2）
0407902000	带壳皮蛋	A/B	P.R/Q.S	食用蛋品（6.2）
0407909010	其他腌制或煮过的带壳濒危野鸟蛋	A/B	P.R/Q.S	食用蛋品（6.2）
0407909090	其他腌制或煮过的带壳禽蛋	A/B	P.R/Q.S	食用蛋品（6.2）
0408110000	干蛋黄	A/B	P.R/Q.S	食用蛋品（6.2）
0408190000	其他蛋黄	A/B	P.R/Q.S	食用蛋品（6.2）
0408910000	干的其他去壳禽蛋	A/B	P.R/Q.S	食用蛋品（6.2）
0408990000	其他去壳禽蛋	A/B	P.R/Q.S	食用蛋品（6.2）
0409000000	天然蜂蜜	A/B	P.R/Q.S	蜂产品（6.6） 中药材（9.2）
0410100010	食用濒危昆虫	A/B	P.R/Q.S	陆生动物（3.1）
0410100090	其他食用昆虫	A/B	P.R/Q.S	陆生动物（3.1）
0410901000	燕窝	A/B	P.R/Q.S	燕窝产品（6.5） 特殊食品（9.1）
0410902100	鲜蜂王浆	A/B	P.R/Q.S	蜂产品（6.6）
0410902200	鲜蜂王浆粉	A/B	P.R/Q.S	蜂产品（6.6）
0410902300	蜂花粉	A/B	P.R/Q.S	蜂产品（6.6）
0410902900	其他蜂产品	A/B	P.R/Q.S	蜂产品（6.6） 中药材（9.2）
0410909010	其他编号未列名的食用濒危动物产品	A/B	P.R/Q.S	其他动物源性食品（6.7）
0410909090	其他编号未列名的食用动物产品	A/B	P.R/Q.S	水产品（6.4） 其他动物源性食品（6.7）
0501000000	未经加工的人发；废人发（不论是否洗涤）	B	V/W	禁止进口 非食用动物产品（3.4）
0502101000	猪鬃	A/B	P/Q	非食用动物产品（3.4）
0502102000	猪毛	A/B	P/Q	非食用动物产品（3.4）
0502103000	猪鬃或猪毛的废料	B	P/Q	禁止进口 非食用动物产品（3.4）
0502901100	山羊毛	A/B	P/Q	非食用动物产品（3.4）
0502901200	黄鼠狼尾毛	A/B	P/Q	非食用动物产品（3.4）
0502901910	濒危獾毛及其他制刷用濒危兽毛	A/B	P/Q	非食用动物产品（3.4）
0502901990	其他獾毛及其他制刷用兽毛	A/B	P/Q	非食用动物产品（3.4）
0502902010	濒危獾毛及其他制刷濒危兽毛废料	B	P/Q	非食用动物产品（3.4）
0502902090	其他獾毛及其他制刷用兽毛的废料	B	P/Q	禁止进口 非食用动物产品（3.4）
0504001100	整个或切块盐渍的猪肠衣（猪大肠头除外）	A/B	P.R/Q.S	肉类产品（6.1）
0504001200	整个或切块盐渍的绵羊肠衣	A/B	P.R/Q.S	肉类产品（6.1）
0504001300	整个或切块盐渍的山羊肠衣	A/B	P.R/Q.S	肉类产品（6.1）
0504001400	整个或切块盐渍的猪大肠头	A/B	P.R/Q.S	肉类产品（6.1）
0504001900	整个或切块的其他动物肠衣（包括鲜、冷、冻、干、熏、盐腌或盐渍的，鱼除外）	A/B	P.R/Q.S	肉类产品（6.1）
0504002100	冷、冻的鸡胗（即鸡胃）	A/B	P.R/Q.S	肉类产品（6.1）
0504002900	整个或切块的其他动物的胃（包括鲜、冷、冻、干、熏、盐腌或盐渍的，鱼除外）	A/B	P.R/Q.S	肉类产品（6.1）
0504009000	整个或切块的其他动物肠、膀胱（包括鲜、冷、冻、干、熏、盐腌或盐渍的，鱼除外）	A/B	P.R/Q.S	肉类产品（6.1）
0505100010	填充用濒危野生禽类羽毛、羽绒（仅经洗涤、消毒等处理，未进一步加工）	A/B	P/Q	非食用动物产品（3.4）
0505100090	其他填充用羽毛、羽绒（仅经洗涤、消毒等处理，未进一步加工）	A/B	P/Q	非食用动物产品（3.4）

商品编号	商品名称	监管条件	检验检疫类别	检验检疫要求
0505901000	羽毛或不完整羽毛的粉末及废料	A/B	P/Q	禁止进口 非食用动物产品（3.4）
0505909010	其他濒危野生禽类羽毛、羽绒（包括带有羽毛或羽绒的鸟皮及鸟体的其他部分）	A/B	P/Q	非食用动物产品（3.4）
0505909090	其他羽毛、羽绒（包括带有羽毛或羽绒的鸟皮及鸟体的其他部分）	A/B	P/Q	非食用动物产品（3.4）
0506100000	经酸处理的骨胶原及骨	A/B	P/Q	非食用动物产品（3.4）
0506901110	含牛羊成分的骨废料（未经加工或仅经脱脂等加工的）	A/B	M.P/Q	禁止进口 非食用动物产品（3.4）
0506901190	含牛羊成分的骨粉（未经加工或仅经脱脂等加工的）	A/B	M.P/Q	饲料和饲料添加剂（5.1）
0506901910	其他骨废料（未经加工或仅经脱脂等加工的）	A/B	M.P/Q	禁止进口 非食用动物产品（3.4）
0506901990	其他骨粉（未经加工或仅经脱脂等加工的）	A/B	M.P/Q	饲料和饲料添加剂（5.1）
0506909011	已脱胶的虎骨（指未经加工或经脱脂等加工的）	A/B	P/Q	禁止进出口 非食用动物产品（3.4）
0506909019	未脱胶的虎骨（指未经加工或经脱脂等加工的）	A/B	P/Q	禁止进出口 非食用动物产品（3.4）
0506909021	已脱胶的豹骨（指未经加工或经脱脂等加工的）	A/B	P/Q	非食用动物产品（3.4）
0506909029	未脱胶的豹骨（指未经加工或经脱脂等加工的）	A/B	P/Q	非食用动物产品（3.4）
0506909031	已脱胶的濒危野生动物的骨及角柱（不包括虎骨、豹骨，指未经加工或经脱脂等加工的）	A/B	P/Q	非食用动物产品（3.4）
0506909039	未脱胶的濒危野生动物的骨及角柱（不包括虎骨、豹骨，指未经加工或经脱脂等加工的）	A/B	P/Q	非食用动物产品（3.4）
0506909091	已脱胶的其他骨及角柱（不包括虎骨、豹骨，指未经加工或经脱脂等加工的）	A/B	P/Q	非食用动物产品（3.4）
0506909099	未脱胶的其他骨及角柱（不包括虎骨、豹骨，指未经加工或经脱脂等加工的）	A/B	P/Q	非食用动物产品（3.4）
0507100010	犀牛角	A/B	P/Q	禁止进出口 非食用动物产品（3.4）
0507100020	其他濒危野生兽牙、兽牙粉末及废料	A/B	P/Q	非食用动物产品（3.4）
0507100030	其他兽牙	A/B	P/Q	非食用动物产品（3.4）
0507100090	其他兽牙粉末及废料	A/B	P/Q	禁止进口 非食用动物产品（3.4）
0507901000	羚羊角及其粉末和废料	A/B	P/Q	中药材（9.2） 非食用动物产品（3.4）
0507902000	鹿茸及其粉末	A/B	P/Q	中药材（9.2） 非食用动物产品（3.4）
0507909010	龟壳、鲸须、鲸须毛、鹿角及其他濒危动物角（包括蹄、甲、爪及喙及其粉末和废料）	A/B	P/Q	中药材（9.2） 非食用动物产品（3.4）
0507909090	其他动物角（包括蹄、甲、爪及喙及其粉末和废料）	A/B	P/Q	中药材（9.2） 非食用动物产品（3.4）
0508001010	濒危珊瑚及濒危水产品的粉末、废料（包括介、贝、棘皮动物壳，不包括墨鱼骨的粉末、废料）	A/B	P/Q	饲料和饲料添加剂（5.1）
0508001090	其他水产品壳、骨的粉末及废料（包括介、贝壳，棘皮动物壳，墨鱼骨的粉末及废料）	A/B	P/Q	中药材（9.2） 饲料和饲料添加剂（5.1）
0508009010	濒危珊瑚及濒危水产品的壳、骨（包括介、贝、棘皮动物的壳，不包括墨鱼骨）	A/B	P/Q	非食用动物产品（3.4）
0508009090	其他水产品的壳、骨（包括介、贝、棘皮动物的壳，墨鱼骨）	A/B	P/Q	非食用动物产品（3.4）
0510001010	牛黄	A	P/Q	禁止出口 中药材（9.2）

商品编号	商品名称	监管条件	检验检疫类别	检验检疫要求
0510001020	猴枣	A/B	P/Q	中药材（9.2）
0510001090	其他黄药（不包括牛黄）	A/B	P/Q	中药材（9.2）
0510002010	海狸香、灵猫香	A/B	P/Q	食品添加剂（营养强化剂）（10.1）
0510002020	龙涎香	A/B	P/Q	食品添加剂（营养强化剂）（10.1）
0510003000	麝香	A	P/Q	禁止出口 中药材（9.2）
0510004000	斑蝥	A/B	P/Q	中药材（9.2）
0510009010	其他濒危野生动物胆汁及其他产品（不论是否干制；鲜、冷、冻或用其他方法暂时保藏的）	A/B	P/Q	中药材（9.2）
0510009090	胆汁，配药用腺体及其他动物产品（不论是否干制；鲜、冷、冻或用其他方法暂时保藏的）	A/B	P/Q	中药材（9.2）
0511100010	濒危野牛的精液	A/B	P/Q	动物遗传物质（3.3）
0511100090	牛的精液（濒危野牛的精液除外）	A/B	P/Q	动物遗传物质（3.3）
0511911110	濒危鱼的受精卵	A/B	P/Q	动物遗传物质（3.3）
0511911190	受精鱼卵（包括发眼卵，濒危除外）	A/B	P/Q	动物遗传物质（3.3）
0511911910	濒危鱼的非食用产品（包括鱼肚）	A/B	P/Q	动物遗传物质（3.3） 饲料和饲料添加剂（5.1）
0511911990	其他鱼的非食用产品（包括鱼肚）	A/B	P/Q	动物遗传物质（3.3） 饲料和饲料添加剂（5.1）
0511919010	濒危水生无脊椎动物产品（包括甲壳动物、软体动物、第三章死动物）	A/B	P/Q	水产品（6.4）
0511919020	丰年虫卵（丰年虾卵）	A/B	P/Q	饲料和饲料添加剂（5.1）
0511919090	其他水生无脊椎动物产品（包括甲壳动物、软体动物、第三章死动物）	A/B	P/Q	水产品（6.4） 饲料和饲料添加剂（5.1）
0511991010	濒危野生动物精液（牛的精液除外）	A/B	P/Q	动物遗传物质（3.3）
0511991090	其他动物精液（牛的精液和其他濒危动物精液除外）	A/B	P/Q	动物遗传物质（3.3）
0511992010	濒危野生动物胚胎	A/B	P/Q	动物遗传物质（3.3）
0511992020	猪、牛、山羊、绵羊胚胎（濒危除外）	A/B	P/Q	动物遗传物质（3.3）
0511992090	其他动物胚胎	A/B	P/Q	动物遗传物质（3.3）
0511993000	蚕种	A/B	P/Q	陆生动物（3.1）
0511994010	废马毛（不论是否制成有或无衬垫的毛片）	B	P/Q	禁止进口 非食用动物产品（3.4）
0511994090	其他马毛（不论是否制成有或无衬垫的毛片）	A/B	P/Q	非食用动物产品（3.4）
0511999010	其他编号未列名濒危野生动物产品（包括不适合供人食用的第一章的死动物）	A/B	P/Q	生物材料（2.2） 动物遗传物质（3.3） 非食用动物产品（3.4）
0511999090	其他编号未列名的动物产品（包括不适合供人食用的第一章的死动物）	A/B	P/Q	中药材（9.2） 生物材料（2.2） 动物遗传物质（3.3） 非食用动物产品（3.4） 饲料和饲料添加剂（5.1）
0601101000	番红花球茎	A/B	P/Q	植物繁殖材料（4.1）
0601102100	种用百合球茎	A/B	P/Q	植物繁殖材料（4.1）
0601102900	其他休眠的百合球茎	A/B	P/Q	植物繁殖材料（4.1）
0601109110	种用休眠的兰花块茎（包括球茎、根颈及根茎）	A/B	P/Q	植物繁殖材料（4.1）
0601109191	种用休眠其他濒危植物鳞茎等（包括球茎、根颈、根茎、鳞茎、块茎、块根）	A/B	P/Q	植物繁殖材料（4.1）
0601109199	种用休眠的鳞茎、块茎、块根、球茎、根颈及根茎（濒危除外）	A/B	P/Q	植物繁殖材料（4.1）

商品编号	商品名称	监管条件	检验检疫类别	检验检疫要求
0601109910	其他休眠的兰花块茎（包括球茎、根颈及根茎）	A/B	P/Q	植物繁殖材料（4.1）
0601109991	其他休眠濒危植物鳞茎等（包括球茎、根颈、鳞茎、块茎、块根）	A/B	P/Q	植物繁殖材料（4.1）
0601109999	其他休眠的其他鳞茎、块茎、块根（包括球茎、根颈及根茎）	A/B	P/Q	植物繁殖材料（4.1）
0601200010	生长或开花的兰花块茎（包括球茎、根颈及根茎）	A/B	P/Q	植物繁殖材料（4.1）
0601200020	生长或开花的仙客来鳞茎	A/B	P/Q	植物繁殖材料（4.1）
0601200091	生长或开花的其他濒危植物鳞茎等（包括球茎、根颈、根茎、鳞茎、块茎、块根、菊苣植物）	A/B	P/Q	植物繁殖材料（4.1）
0601200099	生长或开花的鳞茎、块茎、块根、球茎、根颈及根茎；菊苣植物及其根（濒危除外）（包括块茎、块根、球茎、根颈及根茎，品目1212的根除外）	A/B	P/Q	植物繁殖材料（4.1）
0602100010	濒危植物的无根插枝及接穗	A/B	P/Q	植物繁殖材料（4.1）
0602100090	无根插枝及接穗（濒危除外）	A/B	P/Q	植物繁殖材料（4.1）
0602201000	食用水果或食用坚果的种用苗木（包括食用果灌木种用苗木）	A/B	P/Q	植物繁殖材料（4.1）
0602209000	其他食用水果、坚果树及灌木（不论是否嫁接）	A/B	P/Q	植物繁殖材料（4.1）
0602301000	种用杜鹃（不论是否嫁接）	A/B	P/Q	植物繁殖材料（4.1）
0602309000	其他杜鹃（不论是否嫁接）	A/B	P/Q	植物繁殖材料（4.1）
0602401000	种用玫瑰（不论是否嫁接）	A/B	P/Q	植物繁殖材料（4.1）
0602409000	其他玫瑰（不论是否嫁接）	A/B	P/Q	植物繁殖材料（4.1）
0602901000	蘑菇菌丝	A/B	P/Q	植物繁殖材料（4.1）
0602909110	种用兰花	A/B	P/Q	植物繁殖材料（4.1）
0602909120	种用红豆杉苗木	A/B	P/Q	植物繁殖材料（4.1）
0602909191	其他濒危植物种用苗木	A/B	P/Q	植物繁殖材料（4.1）
0602909199	其他种用苗木（濒危除外）	A/B	P/Q	植物繁殖材料（4.1）
0602909200	其他兰花（种用除外）	A/B	P/Q	植物繁殖材料（4.1）
0602909300	其他菊花（种用除外）	A/B	P/Q	植物繁殖材料（4.1）
0602909410	芦荟（种用除外）	A/B	P/Q	植物繁殖材料（4.1）
0602909490	其他百合（种用除外）	A/B	P/Q	中药材（9.2） 植物繁殖材料（4.1）
0602909500	其他康乃馨（种用除外）	A/B	P/Q	植物繁殖材料（4.1）
0602909910	苏铁（铁树）类	A/B	P/Q	植物繁殖材料（4.1）
0602909920	仙人掌（包括仙人球、仙人柱、仙人指）	A/B	P/Q	植物繁殖材料（4.1）
0602909930	红豆杉（种用除外）	A/B	P/Q	植物繁殖材料（4.1）
0602909991	其他濒危活植物（种用除外）	A/B	P/Q	植物繁殖材料（4.1）
0602909999	其他活植物（种用除外）	A/B	P/Q	植物繁殖材料（4.1） 其他植物产品（4.6）
0603110000	鲜的玫瑰（制花束或装饰用的）	A/B	P/Q	其他植物产品（4.6）
0603120000	鲜的康乃馨（制花束或装饰用的）	A/B	P/Q	其他植物产品（4.6）
0603130000	鲜的兰花（制花束或装饰用的）	A/B	P/Q	其他植物产品（4.6）
0603140000	鲜的菊花（制花束或装饰用的）	A/B	P/Q	其他植物产品（4.6）
0603150000	鲜的百合花（百合属）（制花束或装饰用的）	A/B	P/Q	其他植物产品（4.6）
0603190010	鲜的濒危植物插花及花蕾（制花束或装饰用的）	A/B	P/Q	其他植物产品（4.6）
0603190090	其他鲜的插花及花蕾（制花束或装饰用的）	A/B	P/Q	其他植物产品（4.6）
0603900010	干或染色等加工濒危植物插花及花蕾（制花束或装饰用的，鲜的除外）	A/B	P/Q	其他植物产品（4.6）
0603900090	其他干或染色等加工的插花及花蕾（制花束或装饰用的，鲜的除外）	A/B	P/Q	其他植物产品（4.6）
0604201000	鲜的苔藓及地衣	A/B	P/Q	栽培介质（5.2） 植物繁殖材料（4.1）
0604209010	其他鲜濒危植物枝、叶或其他部分，草（枝、叶或其他部分是指制花束或装饰用并且不带花及花蕾）	A/B	P/Q	其他植物产品（4.6）

商品编号	商品名称	监管条件	检验检疫类别	检验检疫要求
0604209090	其他鲜植物枝、叶或其他部分，草（枝、叶或其他部分是指制花束或装饰用并且不带花及花蕾）	A/B	P/Q	植物繁殖材料（4.1） 其他植物产品（4.6）
0604901000	其他苔藓及地衣	A/B	P/Q	栽培介质（5.2） 植物繁殖材料（4.1）
0604909010	其他染色或经加工濒危植物枝、叶或其他部分，草等（枝、叶或其他部分是指制花束或装饰用并且不带花及花蕾）	A/B	P/Q	其他植物产品（4.6）
0604909090	其他染色或加工的植物枝、叶或其他部分，草（枝、叶或其他部分是指制花束或装饰用并且不带花及花蕾）	A/B	P/Q	其他植物产品（4.6）
0701100000	种用马铃薯	A/B	P/Q	植物繁殖材料（4.1）
0701900000	其他鲜或冷藏的马铃薯	A/B	P.R/Q.S	其他植物产品（4.6）
0702000000	鲜或冷藏的番茄	A/B	P.R/Q.S	蔬菜（7.4）
0703101000	鲜或冷藏的洋葱	A/B	P.R/Q.S	蔬菜（7.4）
0703102000	鲜或冷藏的青葱	A/B	P.R/Q.S	蔬菜（7.4）
0703201000	鲜或冷藏的蒜头	A/B	P.R/Q.S	蔬菜（7.4） 中药材（9.2）
0703202000	鲜或冷藏的蒜薹及蒜苗（包括青蒜）	A/B	P.R/Q.S	蔬菜（7.4）
0703209000	鲜或冷藏的其他大蒜（包括切片、切碎、切丝、捣碎、磨碎、去皮等）	A/B	P.R/Q.S	蔬菜（7.4）
0703901000	鲜或冷藏的韭葱	A/B	P.R/Q.S	蔬菜（7.4）
0703902000	鲜或冷藏的大葱	A/B	P.R/Q.S	蔬菜（7.4）
0703909000	鲜或冷藏的其他葱属蔬菜	A/B	P.R/Q.S	蔬菜（7.4）
0704101000	鲜或冷的菜花（花椰菜）	A/B	P.R/Q.S	蔬菜（7.4）
0704109010	鲜或冷的硬花甘蓝	A/B	P.R/Q.S	蔬菜（7.4）
0704109090	鲜或冷的西兰花	A/B	P.R/Q.S	蔬菜（7.4）
0704200000	鲜或冷藏的抱子甘蓝	A/B	P.R/Q.S	蔬菜（7.4）
0704901000	鲜或冷藏的卷心菜（学名结球甘蓝，又名圆白菜、洋白菜，属十字花科芸薹属甘蓝变种）	A/B	P.R/Q.S	蔬菜（7.4）
0704909001	鲜、冷其他甘蓝	A/B	P.R/Q.S	蔬菜（7.4）
0704909090	鲜或冷藏的其他食用芥菜类蔬菜	A/B	P.R/Q.S	蔬菜（7.4）
0705110000	鲜或冷藏的结球莴苣（包心生菜）	A/B	P.R/Q.S	蔬菜（7.4）
0705190000	鲜或冷藏的其他莴苣	A/B	P.R/Q.S	蔬菜（7.4）
0705210000	鲜或冷藏的维特罗夫菊苣	A/B	P.R/Q	蔬菜（7.4）
0705290000	鲜或冷藏的其他菊苣	A/B	P.R/Q	蔬菜（7.4）
0706100001	鲜、冷胡萝卜	A/B	P.R/Q.S	蔬菜（7.4）
0706100090	鲜或冷藏的芜菁	A/B	P.R/Q.S	蔬菜（7.4）
0706900000	鲜或冷藏的萝卜及类似食用根茎（包括色拉甜菜根、婆罗门参、块根芹）	A/B	P.R/Q.S	蔬菜（7.4）
0707000000	鲜或冷藏的黄瓜及小黄瓜	A/B	P.R/Q.S	蔬菜（7.4）
0708100000	鲜或冷藏的豌豆（不论是否脱荚）	A/B	P.R/Q.S	蔬菜（7.4）
0708200000	鲜或冷藏的豇豆及菜豆（不论是否脱荚）	A/B	P.R/Q.S	蔬菜（7.4）
0708900000	鲜或冷藏的其他豆类蔬菜（不论是否脱荚）	A/B	P.R/Q.S	蔬菜（7.4）
0709200000	鲜或冷藏的芦笋	A/B	P.R/Q.S	蔬菜（7.4）
0709300000	鲜或冷藏的茄子	A/B	P.R/Q.S	蔬菜（7.4）
0709400000	鲜或冷藏的芹菜（块根芹除外）	A/B	P.R/Q.S	蔬菜（7.4）
0709510000	鲜或冷藏的伞菌属蘑菇	A/B	P.R/Q.S	蔬菜（7.4）
0709520000	鲜或冷藏的牛肝菌属蘑菇	A/B	P.R/Q.S	蔬菜（7.4）
0709530000	鲜或冷藏的鸡油菌属蘑菇	A/B	P.R/Q.S	蔬菜（7.4）
0709540000	鲜或冷藏的香菇	A/B	P.R/Q.S	蔬菜（7.4）
0709550000	鲜或冷藏的松茸（松口蘑、美洲松口蘑、雪松口蘑、甜味松口蘑、欧洲松口蘑）	A/B	P.R/Q.S	蔬菜（7.4）

商品编号	商品名称	监管条件	检验检疫类别	检验检疫要求
0709560000	鲜或冷藏的块菌（松露属）	A/B	P.R/Q.S	蔬菜（7.4）
0709591000	鲜或冷藏的其他松茸	A/B	P.R/Q.S	蔬菜（7.4）
0709593000	鲜或冷藏的金针菇	A/B	P.R/Q.S	蔬菜（7.4）
0709594000	鲜或冷藏的草菇	A/B	P.R/Q.S	蔬菜（7.4）
0709595000	鲜或冷藏的口蘑	A/B	P.R/Q.S	蔬菜（7.4）
0709596000	鲜或冷藏的其他块菌	A/B	P.R/Q.S	蔬菜（7.4）
0709599000	鲜或冷藏的其他蘑菇	A/B	P.R/Q.S	蔬菜（7.4）
0709600000	鲜或冷藏的辣椒属及多香果属的果实（包括甜椒）	A/B	P.R/Q.S	蔬菜（7.4）
0709700000	鲜或冷藏的菠菜	A/B	P.R/Q.S	蔬菜（7.4）
0709910000	鲜或冷藏的洋蓟	A/B	P.R/Q.S	蔬菜（7.4）
0709920000	鲜或冷藏的油橄榄	A/B	P.R/Q.S	蔬菜（7.4）
0709930000	鲜或冷藏的南瓜、笋瓜及瓠瓜（南瓜属）	A/B	P.R/Q.S	蔬菜（7.4）
0709991010	鲜或冷藏的酸竹笋	A/B	P.R/Q.S	蔬菜（7.4）
0709991090	鲜或冷藏的其他竹笋	A/B	P.R/Q.S	蔬菜（7.4）
0709999001	鲜或冷藏的丝瓜	A/B	P.R/Q.S	蔬菜（7.4）
0709999002	鲜或冷藏的青江菜	A/B	P.R/Q.S	蔬菜（7.4）
0709999003	鲜或冷藏的小白菜	A/B	P.R/Q.S	蔬菜（7.4）
0709999004	鲜或冷藏的苦瓜	A/B	P.R/Q.S	蔬菜（7.4）
0709999005	鲜或冷藏的山葵	A/B	P.R/Q.S	蔬菜（7.4）
0709999010	鲜或冷藏的莼菜	A/B	P.R/Q.S	蔬菜（7.4）
0709999090	鲜或冷藏的其他蔬菜	A/B	P.R/Q.S	蔬菜（7.4）
0710100000	冷冻马铃薯（不论是否蒸煮）	A/B	P.R/Q.S	其他植物产品（4.6）
0710210000	冷冻豌豆（不论是否蒸煮）	A/B	P.R/Q.S	蔬菜（7.4）
0710221000	冷冻的红小豆（赤豆）（不论是否蒸煮）	A/B	P.R/Q.S	蔬菜（7.4）
0710229000	冷冻豇豆及菜豆（不论是否蒸煮）	A/B	P.R/Q.S	蔬菜（7.4）
0710290000	冷冻其他豆类蔬菜（不论是否蒸煮）	A/B	P.R/Q.S	蔬菜（7.4）
0710300000	冷冻菠菜（不论是否蒸煮）	A/B	P.R/Q.S	其他植物产品（4.6）
0710400000	冷冻甜玉米（不论是否蒸煮）	A/B	P.R/Q.S	蔬菜（7.4）
0710801000	冷冻松茸（不论是否蒸煮）	A/B	P.R/Q.S	蔬菜（7.4）
0710802000	冷冻蒜薹及蒜苗（包括青蒜）（不论是否蒸煮）	A/B	P.R/Q.S	蔬菜（7.4）
0710803000	冷冻蒜头（不论是否蒸煮）	A/B	P.R/Q.S	蔬菜（7.4）
0710804000	冷冻牛肝菌（不论是否蒸煮）	A/B	P.R/Q.S	蔬菜（7.4）
0710809010	冷冻的大蒜瓣（不论是否蒸煮）	A/B	P.R/Q.S	蔬菜（7.4）
0710809020	冷冻的香菇（不论是否蒸煮）	A/B	P.R/Q.S	蔬菜（7.4）
0710809030	冷冻莼菜（不论是否蒸煮）	A/B	P.R/Q.S	蔬菜（7.4）
0710809090	冷冻的未列名蔬菜（不论是否蒸煮）	A/B	P.R/Q.S	蔬菜（7.4）
0710900000	冷冻什锦蔬菜（不论是否蒸煮）	A/B	P.R/Q.S	蔬菜（7.4）
0711200000	暂时保藏的油橄榄（不适于直接食用的）	A/B	P.R/Q.S	蔬菜（7.4）
0711400000	暂时保藏的黄瓜及小黄瓜（不适于直接食用的）	A/B	P.R/Q.S	蔬菜（7.4）
0711511200	盐水白蘑菇（不适于直接食用的）	A/B	P.R/Q.S	蔬菜（7.4）
0711511900	盐水的其他伞菌属蘑菇（不适于直接食用的）	A/B	P.R/Q.S	蔬菜（7.4）
0711519000	暂时保藏的其他伞菌属蘑菇（不适于直接食用的）	A/B	P.R/Q.S	蔬菜（7.4）
0711591100	盐水松茸（不适于直接食用的）	A/B	P.R/Q.S	蔬菜（7.4）
0711591910	盐水的香菇（不适于直接食用的）	A/B	P.R/Q.S	蔬菜（7.4）
0711591990	盐水的其他非伞菌属蘑菇及块菌（不适于直接食用的）	A/B	P.R/Q.S	蔬菜（7.4）
0711599010	暂时保藏的香菇（不适于直接食用的）	A/B	P.R/Q.S	蔬菜（7.4）
0711599090	暂时保藏的蘑菇及块菌（不适于直接食用的）	A/B	P.R/Q.S	蔬菜（7.4）
0711903110	盐水酸竹笋（不适于直接食用的）	A/B	P.R/Q.S	蔬菜（7.4）
0711903190	其他盐水竹笋（不适于直接食用的）	A/B	P.R/Q.S	蔬菜（7.4）

商品编号	商品名称	监管条件	检验检疫类别	检验检疫要求
0711903410	盐水简单腌制的大蒜头、大蒜瓣（无论是否去皮，但不适于直接食用）	A/B	P.R/Q.S	蔬菜（7.4）
0711903490	盐水简单腌制的其他大蒜（不含蒜头、蒜瓣，无论是否去皮，但不适于直接食用）	A/B	P.R/Q.S	蔬菜（7.4）
0711903900	盐水的其他蔬菜及什锦蔬菜（不适于直接食用的）	A/B	P.R/Q.S	蔬菜（7.4）
0711909000	暂时保藏的其他蔬菜及什锦蔬菜（不适于直接食用的）	A/B	P.R/Q.S	蔬菜（7.4）
0712200000	干制洋葱（整个、切块、切片、破碎或制成粉状，但未经进一步加工的）	A/B	P.R/Q.S	蔬菜（7.4）
0712310000	干伞菌属蘑菇（整个、切块、切片、破碎或制成粉状，但未经进一步加工的）	A/B	P.R/Q.S	蔬菜（7.4）
0712320000	干木耳（整个、切块、切片、破碎或制成粉状，但未经进一步加工的）	A/B	P.R/Q.S	蔬菜（7.4）
0712330000	干银耳（白木耳）（整个、切块、切片、破碎或制成粉状，但未经进一步加工的）	A/B	P.R/Q.S	蔬菜（7.4）
0712340000	干制香菇（整个、切块、切片、破碎或制成粉状，但未经进一步加工的）	A/B	P.R/Q.S	蔬菜（7.4）
0712392000	干制金针菇（整个、切块、切片、破碎或制成粉状，但未经进一步加工的）	A/B	P.R/Q.S	蔬菜（7.4）
0712395000	干制牛肝菌（整个、切块、切片、破碎或制成粉状，但未经进一步加工的）	A/B	P.R/Q.S	蔬菜（7.4）
0712399100	干制羊肚菌（整个、切块、切片、破碎或制成粉状，但未经进一步加工的）	A/B	P.R/Q.S	蔬菜（7.4）
0712399910	干制松茸（整个、切块、切片、破碎或制成粉状，但未经进一步加工的）	A/B	P.R/Q.S	蔬菜（7.4）
0712399990	其他干制蘑菇及块菌（整个、切块、切片、破碎或制成粉状，但未经进一步加工的）	A/B	P.R/Q.S	蔬菜（7.4）
0712901010	酸竹笋干丝	A/B	P.R/Q.S	蔬菜（7.4）
0712901090	其他笋干丝	A/B	P.R/Q.S	蔬菜（7.4）
0712902000	紫萁（薇菜干）（整条、切段、破碎或制成粉状，但未经进一步加工的）	A/B	P.R/Q.S	蔬菜（7.4）
0712903000	干金针菜（黄花菜）（整条、切段、破碎或制成粉状，但未经进一步加工的）	A/B	P.R/Q.S	蔬菜（7.4）
0712904000	蕨菜干（整个、切段、破碎或制成粉状，但未经进一步加工的）	A/B	P.R/Q.S	蔬菜（7.4）
0712905010	干燥或脱水的大蒜头、大蒜瓣（无论是否去皮）	A/B	P.R/Q.S	蔬菜（7.4）
0712905090	干燥或脱水的其他大蒜（不含蒜头、蒜瓣，无论是否去皮）	A/B	P.R/Q.S	蔬菜（7.4）
0712909100	干辣根（整个、切块、切片、破碎或制成粉状，但未经进一步加工的）	A/B	P.R/Q.S	蔬菜（7.4）
0712909910	干莼菜（整个、切块、切片、破碎或制成粉状，但未经进一步加工的）	A/B	P.R/Q.S	蔬菜（7.4）
0712909990	干制的其他蔬菜及什锦蔬菜（整个、切块、切片、破碎或制成粉状，但未经进一步加工的）	A/B	P.R/Q.S	蔬菜（7.4）
0713101000	种用豌豆（干豆，不论是否去皮或分瓣）	A/B	P/N.Q	植物繁殖材料（4.1）
0713109000	其他干豌豆（不论是否去皮或分瓣）	A/B	P.R/Q.S	食用粮谷、豆类（7.1）
0713201000	种用干鹰嘴豆（不论是否去皮或分瓣）	A/B	P/N.Q	植物繁殖材料（4.1）
0713209000	其他干鹰嘴豆（不论是否去皮或分瓣）	A/B	P.R/Q.S	食用粮谷、豆类（7.1）
0713311000	种用干绿豆（不论是否去皮或分瓣）	A/B	P/N.Q	植物繁殖材料（4.1）
0713319000	其他干绿豆（不论是否去皮或分瓣）	A/B	P.R/Q.S	食用粮谷、豆类（7.1）
0713321000	种用红小豆（赤豆）（不论是否去皮或分瓣）	A/B	P/N.Q	植物繁殖材料（4.1）
0713329000	其他干赤豆（不论是否去皮或分瓣）	A/B	P.R/Q.S	中药材（9.2）食用粮谷、豆类（7.1）

商品编号	商品名称	监管条件	检验检疫类别	检验检疫要求
0713331000	种用芸豆（干豆，不论是否去皮或分瓣）	A/B	P/N.Q	植物繁殖材料（4.1）
0713339000	其他干芸豆（不论是否去皮或分瓣）	A/B	P.R/Q.S	食用粮谷、豆类（7.1）
0713340000	干巴姆巴拉豆（不论是否去皮或分瓣）	A/B	P.R/Q.S	食用粮谷、豆类（7.1）
0713350000	干牛豆（豇豆）（不论是否去皮或分瓣）	A/B	P.R/Q.S	蔬菜（7.4） 食用粮谷、豆类（7.1）
0713390000	其他干豇豆属及菜豆属（不论是否去皮或分瓣）	A/B	P.R/Q.S	蔬菜（7.4） 植物繁殖材料（4.1） 食用粮谷、豆类（7.1）
0713401000	种用干扁豆（不论是否去皮或分瓣）	A/B	P/N.Q	植物繁殖材料（4.1）
0713409000	其他干扁豆（不论是否去皮或分瓣）	A/B	P.R/Q.S	中药材（9.2） 食用粮谷、豆类（7.1）
0713501000	种用蚕豆（干豆，不论是否去皮或分瓣）	A/B	P/N.Q	植物繁殖材料（4.1）
0713509000	其他干蚕豆（不论是否去皮或分瓣）	A/B	P.R/Q.S	食用粮谷、豆类（7.1）
0713601000	种用干木豆（木豆属）（不论是否去皮或分瓣）	A/B	P/N.Q	植物繁殖材料（4.1）
0713609000	其他干木豆（木豆属）（不论是否去皮或分瓣）	A/B	P.R/Q.S	食用粮谷、豆类（7.1）
0713901000	其他种用干豆（不论是否去皮或分瓣）	A/B	P/N.Q	植物繁殖材料（4.1）
0713909000	其他干豆（不论是否去皮或分瓣）	A/B	P.R/Q.S	中药材（9.2） 食用粮谷、豆类（7.1）
0714101000	鲜木薯（不论是否切片）	A/B	P.R/Q.S	其他植物产品（4.6）
0714102000	干木薯（不论是否切片或制成团粒）	A/B	P.R/Q.S	粮食（4.2）
0714103000	冷或冻的木薯（不论是否切片或制成团粒）	A/B	P.R/Q	其他植物产品（4.6）
0714201100	鲜种用甘薯	A/B	P/Q	植物繁殖材料（4.1）
0714201900	其他非种用鲜甘薯（不论是否切片）	A/B	P.R/Q.S	蔬菜（7.4）
0714202000	干甘薯（不论是否切片或制成团粒）	A/B	P.R/Q.S	蔬菜（7.4）
0714203000	冷或冻的甘薯（不论是否切片或制成团粒）	A/B	P.R/Q.S	蔬菜（7.4）
0714300000	鲜、冷、冻或干的山药（不论是否切片或制成团粒）	A/B	P.R/Q	蔬菜（7.4） 中药材（9.2）
0714400001	鲜、冷芋头（芋属）（不论是否切片或制成团粒；芋头又称芋艿，为天南星科芋属植物。分旱芋、水芋）	A/B	P.R/Q	蔬菜（7.4）
0714400090	冻、干的芋头（芋属）（不论是否切片或制成团粒；芋头又称芋艿，为天南星科芋属植物。分旱芋、水芋）	A/B	P.R/Q	蔬菜（7.4）
0714500000	鲜、冷、冻或干的箭叶黄体芋（黄肉芋属）（不论是否切片或制成团粒，鲜、冷、冻或干的）	A/B	P.R/Q	蔬菜（7.4）
0714901000	鲜、冷、冻、干的荸荠（不论是否切片或制成团粒）	A/B	P.R/Q.S	蔬菜（7.4）
0714902100	种用藕（不论是否去皮或分瓣）	A/B	P/N.Q	植物繁殖材料（4.1）
0714902900	鲜、冷、冻、干的非种用藕（不论是否切片或制成团粒）	A/B	P.R/Q.S	蔬菜（7.4）
0714909010	鲜、冷、冻、干的兰科植物块茎	A/B	P.R/Q	植物繁殖材料（4.1）
0714909091	含高淀粉或菊粉其他濒危类似根茎（包括西谷茎髓，不论是否切片或制成团粒，鲜、冷、冻或干的）	A/B	P.R/Q	蔬菜（7.4） 植物繁殖材料（4.1）
0714909099	含有高淀粉或菊粉的其他类似根茎（包括西谷茎髓，不论是否切片或制成团粒，鲜、冷、冻或干的）	A/B	P.R/Q	蔬菜（7.4） 植物繁殖材料（4.1）
0801110000	干的椰子（不论是否去壳或去皮）	A/B	P.R/Q.S	其他深加工食品（8.2） 干坚果、调味香料（7.8）
0801120000	鲜的未去内壳（内果皮）椰子	A/B	P.R/Q.S	水果（4.4）
0801191000	种用椰子	A/B	P/Q.N	植物繁殖材料（4.1）
0801199000	其他鲜椰子	A/B	P.R/Q.S	水果（4.4）
0801210000	鲜或干的未去壳巴西果	A/B	P.R/Q	干坚果、调味香料（7.8）
0801220000	鲜或干的去壳巴西果	A/B	P.R/Q	干坚果、调味香料（7.8）
0801310000	鲜或干的未去壳腰果	A/B	P.R/Q.S	干坚果、调味香料（7.8）
0801320000	鲜或干的去壳腰果	A/B	P.R/Q.S	干坚果、调味香料（7.8）

商品编号	商品名称	监管条件	检验检疫类别	检验检疫要求
0802110000	鲜或干的未去壳扁桃核	A/B	P.R/Q.S	干坚果、调味香料（7.8）
0802120000	鲜或干的去壳扁桃仁	A/B	P.R/Q.S	其他深加工食品（8.2） 干坚果、调味香料（7.8）
0802210000	鲜或干的未去壳榛子	A/B	P.R/Q.S	干坚果、调味香料（7.8）
0802220000	鲜或干的去壳榛子	A/B	P.R/Q.S	干坚果、调味香料（7.8）
0802310000	鲜或干的未去壳核桃	A/B	P.R/Q.S	干坚果、调味香料（7.8）
0802320000	鲜或干的去壳核桃	A/B	P.R/Q.S	干坚果、调味香料（7.8）
0802411000	鲜或干的未去壳板栗	A/B	P.R/Q.S	干坚果、调味香料（7.8）
0802419000	鲜或干的未去壳其他栗子（板栗除外）	A/B	P.R/Q.S	干坚果、调味香料（7.8）
0802421000	鲜或干去壳板栗（不论是否去皮）	A/B	P.R/Q.S	干坚果、调味香料（7.8）
0802429000	鲜或干的去壳其他栗子（不论是否去皮，板栗除外）	A/B	P.R/Q.S	干坚果、调味香料（7.8）
0802510000	鲜或干的未去壳阿月浑子果（开心果）	A/B	P.R/Q.S	干坚果、调味香料（7.8）
0802520000	鲜或干的去壳阿月浑子果（开心果）	A/B	P.R/Q.S	干坚果、调味香料（7.8）
0802611000	鲜或干的种用未去壳马卡达姆坚果（夏威夷果）	A/B	P/Q	植物繁殖材料（4.1）
0802619000	鲜或干的其他未去壳马卡达姆坚果（夏威夷果）	A/B	P.R/Q.S	干坚果、调味香料（7.8）
0802620000	鲜或干的去壳马卡达姆坚果（夏威夷果）（不论是否去皮）	A/B	P.R/Q.S	干坚果、调味香料（7.8）
0802700000	鲜或干的可乐果（可乐果属）（不论是否去壳或去皮）	A/B	P.R/Q.S	干坚果、调味香料（7.8）
0802800001	鲜的槟榔果（不论是否去壳或去皮）	A/B	P.R/Q.S	水果（4.4）
0802800090	干的槟榔果（不论是否去壳或去皮）	A/B	P.R/Q.S	其他深加工食品（8.2） 干坚果、调味香料（7.8）
0802910010	鲜或干的未去壳红松子	A/B	P.R/Q.S	干坚果、调味香料（7.8）
0802910020	鲜或干的未去壳其他濒危松子	A/B	P.R/Q.S	干坚果、调味香料（7.8）
0802910090	鲜或干的未去壳其他松子	A/B	P.R/Q.S	干坚果、调味香料（7.8）
0802920010	鲜或干的去壳红松子	A/B	P.R/Q.S	干坚果、调味香料（7.8）
0802920020	鲜或干的去壳其他濒危松子	A/B	P.R/Q.S	干坚果、调味香料（7.8）
0802920090	鲜或干的去壳其他松子	A/B	P.R/Q.S	干坚果、调味香料（7.8）
0802991000	鲜或干的白果（不论是否去壳或去皮）	A/B	P.R/Q.S	中药材（9.2） 干坚果、调味香料（7.8）
0802999010	鲜或干的榧子（不论是否去壳或去皮，不包括人工培植的）	A/B	P.R/Q.S	中药材（9.2） 干坚果、调味香料（7.8）
0802999020	鲜或干的巨籽棕（海椰子）果仁	A/B	P.R/Q.S	干坚果、调味香料（7.8）
0802999030	鲜或干的碧根果（不论是否去壳或去皮）	A/B	P.R/Q.S	干坚果、调味香料（7.8）
0802999090	鲜或干的其他坚果（不论是否去壳或去皮）	A/B	P.R/Q.S	干坚果、调味香料（7.8）
0803100000	鲜或干的芭蕉	A/B	P.R/Q.S	水果（4.4） 其他深加工食品（8.2） 干坚果、调味香料（7.8）
0803900000	鲜或干的香蕉	A/B	P.R/Q.S	水果（4.4） 其他深加工食品（8.2） 干坚果、调味香料（7.8）
0804100000	鲜或干的椰枣	A/B	P.R/Q	干坚果、调味香料（7.8）
0804200000	鲜或干的无花果	A/B	P.R/Q	水果（4.4）
0804200000	鲜或干的无花果	A/B	P.R/Q	水果（4.4） 其他深加工食品（8.2） 干坚果、调味香料（7.8）
0804300001	鲜菠萝	A/B	P.R/Q.S	水果（4.4）
0804300090	干菠萝	A/B	P.R/Q.S	其他深加工食品（8.2） 干坚果、调味香料（7.8）
0804400000	鲜或干的鳄梨	A/B	P.R/Q	水果（4.4） 其他深加工食品（8.2） 干坚果、调味香料（7.8）

商品编号	商品名称	监管条件	检验检疫类别	检验检疫要求
0804501001	鲜番石榴	A/B	P.R/Q	水果（4.4）
0804501090	干番石榴	A/B	P.R/Q	其他深加工食品（8.2） 干坚果、调味香料（7.8）
0804502001	鲜芒果	A/B	P.R/Q	水果（4.4）
0804502090	干芒果	A/B	P.R/Q	其他深加工食品（8.2） 干坚果、调味香料（7.8）
0804503000	鲜或干的山竹果	A/B	P.R/Q	水果（4.4） 其他深加工食品（8.2） 干坚果、调味香料（7.8）
0805100000	鲜或干的橙	A/B	P.R/Q.S	水果（4.4） 其他深加工食品（8.2） 干坚果、调味香料（7.8）
0805211000	鲜或干的蕉柑	A/B	P.R/Q.S	水果（4.4） 干坚果、调味香料（7.8）
0805219000	鲜或干的柑橘（包括小蜜橘及萨摩蜜柑橘）	A/B	P.R/Q.S	水果（4.4） 干坚果、调味香料（7.8）
0805220000	鲜或干的克里曼丁橘	A/B	P.R/Q.S	水果（4.4） 干坚果、调味香料（7.8）
0805290000	鲜或干的韦尔金橘及其他类似的杂交柑橘	A/B	P.R/Q.S	水果（4.4） 干坚果、调味香料（7.8）
0805400010	鲜的葡萄柚及柚	A/B	P.R/Q.S	水果（4.4）
0805400090	干的葡萄柚及柚	A/B	P.R/Q.S	其他深加工食品（8.2） 干坚果、调味香料（7.8）
0805500000	鲜或干的柠檬及酸橙	A/B	P.R/Q.S	水果（4.4） 其他深加工食品（8.2） 干坚果、调味香料（7.8）
0805900000	鲜或干的其他柑橘属水果	A/B	P.R/Q.S	水果（4.4） 其他深加工食品（8.2） 干坚果、调味香料（7.8）
0806100000	鲜葡萄	A/B	P.R/Q.S	水果（4.4）
0806200000	葡萄干	A/B	P.R/Q.S	干坚果、调味香料（7.8）
0807110000	鲜西瓜	A/B	P.R/Q.S	水果（4.4）
0807191000	鲜哈密瓜	A/B	P.R/Q.S	水果（4.4）
0807192000	鲜罗马甜瓜及加勒比甜瓜	A/B	P.R/Q.S	水果（4.4）
0807199000	其他鲜甜瓜	A/B	P.R/Q.S	水果（4.4）
0807200000	鲜番木瓜	A/B	P.R/Q.S	水果（4.4）
0808100000	鲜苹果	A/B	P.R/Q.S	水果（4.4）
0808301000	鲜鸭梨及雪梨	A/B	P.R/Q.S	水果（4.4）
0808302000	鲜香梨	A/B	P.R/Q.S	水果（4.4）
0808309000	其他鲜梨	A/B	P.R/Q.S	水果（4.4）
0808400000	鲜榅桲（QUINCES）	A/B	P.R/Q	水果（4.4）
0809100010	鲜杏（梅）	A/B	P.R/Q	水果（4.4）
0809100090	其他鲜杏（杏属）	A/B	P.R/Q	水果（4.4）
0809210000	鲜欧洲酸樱桃	A/B	P.R/Q	水果（4.4）
0809290000	其他鲜樱桃	A/B	P.R/Q	水果（4.4）
0809300000	鲜桃，包括鲜油桃	A/B	P.R/Q.S	水果（4.4）
0809400010	鲜梅（樱桃李）	A/B	P.R/Q.S	水果（4.4）
0809400090	其他鲜李子及黑刺李	A/B	P.R/Q.S	水果（4.4）
0810100000	鲜草莓	A/B	P.R/Q	水果（4.4）
0810200000	鲜的木莓、黑莓、桑葚及罗甘莓	A/B	P.R/Q	水果（4.4）

商品编号	商品名称	监管条件	检验检疫类别	检验检疫要求
0810300000	鲜的黑、白或红的穗醋栗（加仑子）及醋栗	A/B	P.R/Q	水果（4.4）
0810400000	鲜蔓越橘、越橘及其他越橘属植物果实	A/B	P.R/Q	水果（4.4）
0810500000	鲜猕猴桃	A/B	P.R/Q.S	水果（4.4）
0810600000	鲜榴莲	A/B	P.R/Q	水果（4.4）
0810700000	鲜柿子	A/B	P.R/Q.S	水果（4.4）
0810901000	鲜荔枝	A/B	P.R/Q.S	水果（4.4）
0810903000	鲜龙眼	A/B	P.R/Q.S	水果（4.4）
0810904000	鲜红毛丹	A/B	P.R/Q.S	水果（4.4）
0810905000	鲜蕃荔枝	A/B	P.R/Q.S	水果（4.4）
0810906000	鲜杨桃	A/B	P.R/Q.S	水果（4.4）
0810907000	鲜莲雾	A/B	P.R/Q.S	水果（4.4）
0810908000	鲜火龙果	A/B	P.R/Q.S	水果（4.4）
0810909001	鲜枣	A/B	P.R/Q.S	水果（4.4）
0810909002	鲜枇杷	A/B	P.R/Q.S	水果（4.4）
0810909010	鲜的翅果油树果	A/B	P.R/Q.S	水果（4.4）
0810909090	其他鲜果	A/B	P.R/Q.S	水果（4.4）
0811100000	冷冻草莓	A/B	P.R/Q.S	水果（4.4）
0811200000	冷冻木莓、黑莓、桑葚、罗甘莓、黑、白或红的穗醋栗（加仑子）及醋栗	A/B	P.R/Q	水果（4.4）
0811901000	未去壳的冷冻栗子	A/B	P.R/Q.S	干坚果、调味香料（7.8）
0811909010	冷冻的白果	A/B	P.R/Q.S	干坚果、调味香料（7.8）
0811909021	冷冻的红松子（不论是否去壳或去皮）	A/B	P.R/Q.S	干坚果、调味香料（7.8）
0811909022	冷冻的其他濒危松子（不论是否去壳或去皮）	A/B	P.R/Q.S	干坚果、调味香料（7.8）
0811909030	冷冻的榧子	A/B	P.R/Q.S	干坚果、调味香料（7.8）
0811909040	冷冻的翅果油树果	A/B	P.R/Q.S	干坚果、调味香料（7.8）
0811909050	冷冻的巨籽棕（海椰子）果仁	A/B	P.R/Q.S	干坚果、调味香料（7.8）
0811909060	冷冻的鳄梨	A/B	P.R/Q.S	水果（4.4）
0811909090	其他未列名冷冻水果及坚果	A/B	P.R/Q.S	水果（4.4） 干坚果、调味香料（7.8）
0812100000	暂时保藏的樱桃（但不适于直接食用的）	A/B	P.R/Q	水果（4.4）
0812900060	暂时保存的白果、红松子、榧子、翅果油树果（不适于直接食用的，不包括人工培植的）	A/B	P.R/Q.S	干坚果、调味香料（7.8）
0812900070	暂时保存的其他濒危松子、巨籽棕（海椰子）果仁（但不适于直接食用的）	A/B	P.R/Q.S	干坚果、调味香料（7.8）
0812900090	暂时保存的其他水果及坚果（但不适于直接食用的）	A/B	P.R/Q.S	干坚果、调味香料（7.8）
0813100000	杏干（品目0801至0806的干果除外）	A/B	P.R/Q.S	其他深加工食品（8.2） 干坚果、调味香料（7.8）
0813200000	梅干及李干（品目0801至0806的干果除外）	A/B	P.R/Q.S	中药材（9.2） 其他深加工食品（8.2） 干坚果、调味香料（7.8）
0813300000	苹果干（品目0801至0806的干果除外）	A/B	P.R/Q.S	其他深加工食品（8.2）
0813401000	龙眼干、肉（品目0801至0806的干果除外）	A/B	P.R/Q.S	中药材（9.2） 其他深加工食品（8.2） 干坚果、调味香料（7.8）
0813402000	柿饼（品目0801至0806的干果除外）	A/B	P.R/Q.S	其他深加工食品（8.2） 干坚果、调味香料（7.8）
0813403000	干红枣（品目0801至0806的干果除外）	A/B	P.R/Q.S	中药材（9.2） 其他深加工食品（8.2） 干坚果、调味香料（7.8）
0813404000	荔枝干（品目0801至0806的干果除外）	A/B	P.R/Q.S	干坚果、调味香料（7.8）

商品编号	商品名称	监管条件	检验检疫类别	检验检疫要求
0813409010	翅果油树干果	A/B	P.R/Q.S	干坚果、调味香料（7.8）
0813409020	蔓越橘干	A/B	P.R/Q.S	干坚果、调味香料（7.8）
0813409090	其他干果（品目0801至0806的干果除外）	A/B	P.R/Q.S	中药材（9.2） 其他深加工食品（8.2） 食用粮谷、豆类（7.1） 干坚果、调味香料（7.8）
0813500000	本章的什锦坚果或干果（品目0801至0806的干果除外）	A/B	P.R/Q.S	其他深加工食品（8.2）
0814000000	柑橘属水果或甜瓜（包括西瓜）的果皮（仅包括鲜、冻、干或暂时保藏的）	A/B	P.R/Q.S	中药材（9.2） 其他深加工食品（8.2） 干坚果、调味香料（7.8）
0901110000	未浸除咖啡碱的未焙炒咖啡	A/B	P.R/Q.S	其他深加工食品（8.2）
0901120000	已浸除咖啡碱的未焙炒咖啡	A/B	P.R/Q.S	其他深加工食品（8.2）
0901210000	未浸除咖啡碱的已焙炒咖啡	A/B	P.R/Q.S	其他深加工食品（8.2）
0901220000	已浸除咖啡碱的已焙炒咖啡	A/B	P.R/Q.S	其他深加工食品（8.2）
0901901000	咖啡豆荚及咖啡豆皮	A/B	P.R/Q.S	其他深加工食品（8.2）
0901902000	含咖啡的咖啡代用品	A/B	P.R/Q	其他深加工食品（8.2）
0902101000	每件净重≤3千克的花茶（未发酵的，净重指内包装）	A/B	P.R/S	茶叶（7.7）
0902109000	每件净重≤3千克的其他绿茶（未发酵的，净重指内包装）	A/B	P.R/S	茶叶（7.7）
0902201000	每件净重>3千克的花茶（未发酵的，净重指内包装）	A/B	P.R/S	茶叶（7.7）
0902209000	每件净重>3千克的其他绿茶（未发酵的，净重指内包装）	A/B	P.R/S	茶叶（7.7）
0902301000	每件净重≤3千克的乌龙茶（净重指内包装）	A/B	P.R/S	茶叶（7.7）
0902303100	每件净重≤3千克的普洱茶（熟茶）（净重指内包装）	A/B	P.R/S	茶叶（7.7）
0902303900	每件净重≤3千克的其他黑茶（净重指内包装）	A/B	P.R/S	茶叶（7.7）
0902309000	红茶内包装每件净重≤3千克（包括其他部分发酵茶）	A/B	P.R/S	茶叶（7.7）
0902401000	每件净重>3千克的乌龙茶（净重指内包装）	A/B	P.R/S	茶叶（7.7）
0902403100	每件净重>3千克的普洱茶（熟茶）（净重指内包装）	A/B	P.R/S	茶叶（7.7）
0902403900	每件净重>3千克的其他黑茶（净重指内包装）	A/B	P.R/S	茶叶（7.7）
0902409000	红茶（内包装每件净重>3千克）（包括其他部分发酵茶）	A/B	P.R/S	茶叶（7.7）
0903000000	马黛茶	A/B	P.R/Q	茶叶（7.7）
0904110010	毕拨	A/B	P.R/Q.S	中药材（9.2） 干坚果、调味香料（7.8）
0904110090	未磨胡椒（毕拨除外）	A/B	P.R/Q.S	中药材（9.2） 干坚果、调味香料（7.8）
0904120000	已磨胡椒	A/B	P.R/Q.S	中药材（9.2） 干坚果、调味香料（7.8）
0904210000	干且未磨辣椒	A/B	P.R/Q.S	中药材（9.2） 干坚果、调味香料（7.8）
0904220000	已磨辣椒	A/B	P.R/Q.S	干坚果、调味香料（7.8）
0905100000	未磨的香子兰豆	A/B	P.R/Q	干坚果、调味香料（7.8）
0905200000	已磨的香子兰豆	A/B	P.R/Q	干坚果、调味香料（7.8）
0906110000	未磨锡兰肉桂	A/B	P.R/Q.S	干坚果、调味香料（7.8）
0906190000	其他未磨肉桂及肉桂花	A/B	P.R/Q.S	中药材（9.2） 干坚果、调味香料（7.8）
0906200000	已磨肉桂及肉桂花	A/B	P.R/Q.S	中药材（9.2） 干坚果、调味香料（7.8）
0907100000	未磨的丁香（母丁香、公丁香及丁香梗）	A/B	P.R/Q	中药材（9.2） 干坚果、调味香料（7.8）
0907200000	已磨的丁香（母丁香、公丁香及丁香梗）	A/B	P.R/Q	中药材（9.2） 干坚果、调味香料（7.8）

商品编号	商品名称	监管条件	检验检疫类别	检验检疫要求
0908110000	未磨的肉豆蔻	A/B	P.R/Q	中药材（9.2） 干坚果、调味香料（7.8）
0908120000	已磨的肉豆蔻	A/B	P.R/Q	中药材（9.2） 干坚果、调味香料（7.8）
0908210000	未磨的肉豆蔻衣	A/B	P.R/Q	中药材（9.2） 干坚果、调味香料（7.8）
0908220000	已磨的肉豆蔻衣	A/B	P.R/Q	中药材（9.2） 干坚果、调味香料（7.8）
0908310000	未磨的豆蔻	A/B	P.R/Q	中药材（9.2） 干坚果、调味香料（7.8）
0908320000	已磨的豆蔻	A/B	P.R/Q	中药材（9.2） 干坚果、调味香料（7.8）
0909210000	未磨的芫荽子	A/B	P.R/Q	干坚果、调味香料（7.8）
0909220000	已磨的芫荽子	A/B	P.R/Q	干坚果、调味香料（7.8）
0909310000	未磨的枯茗子	A/B	P.R/Q	干坚果、调味香料（7.8）
0909320000	已磨的枯茗子	A/B	P.R/Q	干坚果、调味香料（7.8）
0909611000	未磨的八角茴香	A/B	P.R/Q.S	中药材（9.2） 干坚果、调味香料（7.8）
0909619010	未磨的小茴香子；未磨的杜松果	A/B	P.R/Q	干坚果、调味香料（7.8）
0909619090	未磨的茴芹子；未磨的蒿蒿子	A/B	P.R/Q	干坚果、调味香料（7.8）
0909621000	已磨的八角茴香	A/B	P.R/Q.S	中药材（9.2） 干坚果、调味香料（7.8）
0909629010	已磨的小茴香子；已磨的杜松果	A/B	P.R/Q.S	干坚果、调味香料（7.8）
0909629090	已磨的茴芹子；已磨的蒿蒿子	A/B	P.R/Q	干坚果、调味香料（7.8）
0910110000	未磨的姜	A/B	P.R/Q.S	中药材（9.2） 干坚果、调味香料（7.8）
0910120000	已磨的姜	A/B	P.R/Q.S	中药材（9.2） 干坚果、调味香料（7.8）
0910200000	番红花（西红花）	A/B	P.R/Q.S	中药材（9.2） 干坚果、调味香料（7.8）
0910300000	姜黄	A/B	P.R/Q.S	中药材（9.2） 干坚果、调味香料（7.8） 食品添加剂（营养强化剂）（10.1）
0910910000	混合调味香料［本章注释一（二）所述的混合物］	A/B	P.R/Q.S	干坚果、调味香料（7.8）
0910990000	其他调味香料	A/B	P.R/Q.S	中药材（9.2） 干坚果、调味香料（7.8）
1001110001	种用硬粒小麦（配额内）	A/B	M.P/N.Q	植物繁殖材料（4.1）
1001110090	种用硬粒小麦（配额外）	A/B	M.P/N.Q	植物繁殖材料（4.1）
1001190001	其他硬粒小麦（配额内）	A/B	M.P.R/Q.S	粮食（4.2）
1001190090	其他硬粒小麦（配额外）	A/B	M.P.R/Q.S	粮食（4.2）
1001910001	其他种用小麦及混合麦（配额内）	A/B	M.P/N.Q	植物繁殖材料（4.1）
1001910090	其他种用小麦及混合麦（配额外）	A/B	M.P/N.Q	植物繁殖材料（4.1）
1001990001	其他小麦及混合麦（配额内）	A/B	M.P.R/Q.S	粮食（4.2）
1001990090	其他小麦及混合麦（配额外）	A/B	M.P.R/Q.S	粮食（4.2）
1002100000	种用黑麦	A/B	P/Q	植物繁殖材料（4.1）
1002900000	其他黑麦	A/B	P.R/Q	食用粮谷、豆类（7.1）
1003100000	种用大麦	A/B	M.P/N.Q	植物繁殖材料（4.1）
1003900000	其他大麦	A/B	M.P.R/Q.S	粮食（4.2）

商品编号	商品名称	监管条件	检验检疫类别	检验检疫要求
1004100000	种用燕麦	A/B	P/Q	植物繁殖材料（4.1）
1004900000	其他燕麦	A/B	P.R/Q	食用粮谷、豆类（7.1）
1005100001	种用玉米（配额内）	A/B	P/Q	植物繁殖材料（4.1）
1005100090	种用玉米（配额外）	A/B	P/Q	植物繁殖材料（4.1）
1005900001	其他玉米（配额内）	A/B	P.R/Q.S	粮食（4.2）
1005900090	其他玉米（配额外）	A/B	P.R/Q.S	粮食（4.2）
1006102101	种用长粒米稻谷（配额内）	A/B	P/N.Q	植物繁殖材料（4.1）
1006102190	种用长粒米稻谷（配额外）	A/B	P/N.Q	植物繁殖材料（4.1）
1006102901	其他种用稻谷（配额内）	A/B	P/N.Q	植物繁殖材料（4.1）
1006102990	其他种用稻谷（配额外）	A/B	P/N.Q	植物繁殖材料（4.1）
1006108101	其他长粒米稻谷（配额内）	A/B	P.R/Q.S	粮食（4.2）
1006108190	其他长粒米稻谷（配额外）	A/B	P.R/Q.S	粮食（4.2）
1006108901	其他稻谷（配额内）	A/B	P.R/Q.S	粮食（4.2）
1006108990	其他稻谷（配额外）	A/B	P.R/Q.S	粮食（4.2）
1006202001	长粒米糙米（配额内）	A/B	M.P.R/Q.S	大米（7.2）
1006202090	长粒米糙米（配额外）	A/B	M.P.R/Q.S	大米（7.2）
1006208001	其他糙米（配额内）	A/B	M.P.R/Q.S	大米（7.2）
1006208090	其他糙米（配额外）	A/B	M.P.R/Q.S	大米（7.2）
1006302001	长粒米精米［不论是否磨光或上光（配额内）］	A/B	M.P.R/Q.S	大米（7.2）
1006302090	长粒米精米［不论是否磨光或上光（配额外）］	A/B	M.P.R/Q.S	大米（7.2）
1006308001	其他精米［不论是否磨光或上光（配额内）］	A/B	M.P.R/Q.S	大米（7.2）
1006308090	其他精米［不论是否磨光或上光（配额外）］	A/B	M.P.R/Q.S	大米（7.2）
1006402001	长粒米碎米（配额内）	A/B	M.P.R/Q.S	大米（7.2）
1006402090	长粒米碎米（配额外）	A/B	M.P.R/Q.S	大米（7.2）
1006408001	其他碎米（配额内）	A/B	M.P.R/Q.S	大米（7.2）
1006408090	其他碎米（配额外）	A/B	M.P.R/Q.S	大米（7.2）
1007100000	种用食用高粱	A/B	P/N.Q	植物繁殖材料（4.1） 食用粮谷、豆类（7.1）
1007900000	其他食用高粱	A/B	P.R/Q.S	粮食（4.2） 食用粮谷、豆类（7.1）
1008100000	荞麦	A/B	P.R/Q.S	食用粮谷、豆类（7.1）
1008210000	种用谷子	A/B	P/Q	植物繁殖材料（4.1） 食用粮谷、豆类（7.1）
1008290000	其他谷子	A/B	P.R/Q.S	食用粮谷、豆类（7.1）
1008300000	加那利草子	A/B	P.R/Q	植物繁殖材料（4.1）
1008401000	种用直长马唐（马唐属）	A/B	P/N.Q	植物繁殖材料（4.1） 饲料和饲料添加剂（5.1）
1008409000	其他直长马唐（马唐属）	A/B	P.R/Q.S	饲料和饲料添加剂（5.1）
1008501000	种用昆诺阿藜	A/B	P/N.Q	植物繁殖材料（4.1）
1008509000	其他昆诺阿藜	A/B	P.R/Q.S	食用粮谷、豆类（7.1）
1008601000	种用黑小麦	A/B	P/N.Q	植物繁殖材料（4.1）
1008609000	其他黑小麦	A/B	P.R/Q.S	粮食（4.2）
1008901000	其他种用谷物	A/B	P/N.Q	植物繁殖材料（4.1）
1008909000	其他谷物	A/B	P.R/Q.S	粮食（4.2） 食用粮谷、豆类（7.1）
1101000001	小麦或混合麦的细粉（配额内）	A/B	P.R/Q.S	粮食加工产品（7.3）
1101000090	小麦或混合麦的细粉（配额外）	A/B	P.R/Q.S	粮食加工产品（7.3）
1102200001	玉米细粉（配额内）	A/B	P.R/Q.S	粮食加工产品（7.3）
1102200090	玉米细粉（配额外）	A/B	P.R/Q.S	粮食加工产品（7.3）
1102902101	长粒米大米细粉（配额内）	A/B	P.R/Q.S	粮食加工产品（7.3）

商品编号	商品名称	监管条件	检验检疫类别	检验检疫要求
1102902190	长粒米大米细粉（配额外）	A/B	P.R/Q.S	粮食加工产品（7.3）
1102902901	其他大米细粉（配额内）	A/B	P.R/Q.S	粮食加工产品（7.3）
1102902990	其他大米细粉（配额外）	A/B	P.R/Q.S	粮食加工产品（7.3）
1102909000	其他谷物细粉	A/B	P.R/Q.S	粮食加工产品（7.3）
1103110001	小麦粗粒及粗粉（配额内）	A/B	P.R/Q.S	粮食加工产品（7.3）
1103110090	小麦粗粒及粗粉（配额外）	A/B	P.R/Q.S	粮食加工产品（7.3）
1103130001	玉米粗粒及粗粉（配额内）	A/B	P.R/Q.S	粮食加工产品（7.3）
1103130090	玉米粗粒及粗粉（配额外）	A/B	P.R/Q.S	粮食加工产品（7.3）
1103191000	燕麦粗粒及粗粉	A/B	P.R/Q	粮食加工产品（7.3）
1103193101	长粒米大米粗粒及粗粉（配额内）	A/B	P.R/Q.S	粮食加工产品（7.3）
1103193190	长粒米大米粗粒及粗粉（配额外）	A/B	P.R/Q.S	粮食加工产品（7.3）
1103193901	其他大米粗粒及粗粉（配额内）	A/B	P.R/Q.S	粮食加工产品（7.3）
1103193990	其他大米粗粒及粗粉（配额外）	A/B	P.R/Q.S	粮食加工产品（7.3） 食用粮谷、豆类（7.1）
1103199000	其他谷物粗粒及粗粉	A/B	P.R/Q.S	粮食加工产品（7.3）
1103201001	小麦团粒（配额内）	A/B	P.R/Q	粮食加工产品（7.3）
1103201090	小麦团粒（配额外）	A/B	P.R/Q	粮食加工产品（7.3）
1103209000	其他谷物团粒	A/B	P.R/Q	粮食加工产品（7.3）
1104120000	滚压或制片的燕麦	A/B	P.R/Q	粮食加工产品（7.3）
1104191000	滚压或制片的大麦	A/B	P.R/Q	粮食加工产品（7.3）
1104199010	滚压或制片的玉米	A/B	P.R/Q	粮食加工产品（7.3）
1104199090	滚压或制片的其他谷物	A/B	P.R/Q	粮食加工产品（7.3）
1104220000	经其他加工的燕麦	A/B	P.R/Q	粮食加工产品（7.3）
1104230001	经其他加工的玉米（配额内）	A/B	P.R/Q	粮食加工产品（7.3）
1104230090	经其他加工的玉米（配额外）	A/B	P.R/Q	粮食加工产品（7.3）
1104291000	经其他加工的大麦	A/B	P.R/Q.S	粮食加工产品（7.3）
1104299000	经其他加工的其他谷物	A/B	P.R/Q.S	粮食加工产品（7.3） 食用粮谷、豆类（7.1）
1104300000	整粒或经加工的谷物胚芽（经加工是指滚压、制片或磨碎）	A/B	M.P.R/Q	粮食加工产品（7.3）
1105100000	马铃薯细粉、粗粉及粉末	A/B	P.R/Q	其他植物产品（4.6）
1105200000	马铃薯粉片、颗粒及团粒	A/B	P.R/Q	其他植物产品（4.6）
1106100000	干豆细粉、粗粉及粉末（干豆仅指品目0713所列的干豆）	A/B	P.R/Q	粮食加工产品（7.3）
1106200000	西谷茎髓粉、木薯粉及类似粉（仅包括品目0714所列货品的粉）	A/B	P.R/Q.S	粮食加工产品（7.3）
1106300000	水果及坚果的细粉、粗粉及粉末（仅包括第八章所列货品的粉）	A/B	P.R/Q.S	干坚果、调味香料（7.8）
1107100000	未焙制麦芽	A/B	P.R/Q.S	中药材（9.2） 粮食加工产品（7.3）
1107200000	已焙制麦芽	A/B	P.R/Q.S	中药材（9.2） 粮食加工产品（7.3） 其他深加工食品（8.2）
1108110000	小麦淀粉	A/B	P.R/Q.S	其他深加工食品（8.2）
1108120000	玉米淀粉	A/B	P.R/Q.S	其他深加工食品（8.2） 其他植物产品（4.6） 饲料和饲料添加剂（5.1）
1108130000	马铃薯淀粉	A/B	P.R/Q.S	其他深加工食品（8.2）
1108140000	木薯淀粉	A/B	P.R/Q.S	其他深加工食品（8.2）
1108190000	其他淀粉	A/B	P.R/Q	粮食加工产品（7.3） 其他深加工食品（8.2）
1108200000	菊粉	A/B	P.R/Q	其他深加工食品（8.2）
1109000000	面筋（不论是否干制）	A/B	P.R/Q.S	其他深加工食品（8.2）
1201100000	种用大豆	A/B	M.P/N.Q	植物繁殖材料（4.1）

商品编号	商品名称	监管条件	检验检疫类别	检验检疫要求
1201901100	非转基因黄大豆（非种用，不论是否破碎）	A/B	M.P.R/Q.S	粮食（4.2）
1201901900	转基因黄大豆（非种用，不论是否破碎）	A/B	M.P.R/Q.S	粮食（4.2）
1201902000	非种用黑大豆（不论是否破碎）	A/B	M.P.R/Q.S	粮食（4.2）
1201903000	非种用青大豆（不论是否破碎）	A/B	M.P.R/Q.S	粮食（4.2）
1201909000	非种用其他大豆（不论是否破碎）	A/B	M.P.R/Q.S	粮食（4.2）
1202300000	种用花生	A/B	P/N.Q	植物繁殖材料（4.1）
1202410000	其他未去壳花生（未焙炒或未烹煮的）	A/B	P.R/Q.S	非种用油籽（7.6）
1202420000	其他去壳花生，不论是否破碎（未焙炒或未烹煮的）	A/B	P.R/Q.S	非种用油籽（7.6）
1203000000	干椰子肉	A/B	P.R/Q	干坚果、调味香料（7.8）
1204000010	亚麻种子（不论是否破碎）	A/B	P.R/Q	非种用油籽（7.6）
1204000090	其他亚麻子（种用除外）（不论是否破碎）	A/B	P.R/Q	非种用油籽（7.6）
1205101000	种用低芥子酸油菜子	A/B	P/N.Q	植物繁殖材料（4.1）
1205109000	其他低芥子酸油菜子（不论是否破碎）	A/B	P.R/Q.S	其他植物产品（4.6）
1205901000	种用其他油菜子	A/B	P/N.Q	植物繁殖材料（4.1）
1205909000	其他油菜子（不论是否破碎）	A/B	P.R/Q.S	其他植物产品（4.6）
1206001000	种用葵花籽	A/B	P/N.Q	植物繁殖材料（4.1）
1206009000	其他葵花籽（不论是否破碎）	A/B	P.R/Q.S	非种用油籽（7.6） 其他深加工食品（8.2）
1207101010	种用濒危棕榈果及棕榈仁	A/B	P/N.Q	植物繁殖材料（4.1）
1207101090	其他种用棕榈果及棕榈仁	A/B	P/N.Q	植物繁殖材料（4.1）
1207109010	其他濒危棕榈果及棕榈仁（不论是否破碎）	A/B	P.R/Q.S	非种用油籽（7.6）
1207109090	其他棕榈果及棕榈仁（不论是否破碎）	A/B	P.R/Q.S	非种用油籽（7.6）
1207210000	种用棉子	A/B	P/N.Q	植物繁殖材料（4.1）
1207290000	其他棉子（不论是否破碎）	A/B	P.R/Q.S	非种用油籽（7.6）
1207301000	种用蓖麻子	A/B	P/N.Q	植物繁殖材料（4.1）
1207309000	其他蓖麻子（不论是否破碎）	A/B	P.R/Q.S	非种用油籽（7.6）
1207401000	种用芝麻（不论是否破碎）	A/B	P/N.Q	植物繁殖材料（4.1）
1207409000	其他芝麻（不论是否破碎）	A/B	P.R/Q.S	中药材（9.2） 非种用油籽（7.6）
1207501000	种用芥子（不论是否破碎）	A/B	P/N.Q	植物繁殖材料（4.1）
1207509000	其他芥子（不论是否破碎）	A/B	P.R/Q	非种用油籽（7.6）
1207601000	种用红花子	A/B	P/N.Q	植物繁殖材料（4.1）
1207609000	其他红花子（不论是否破碎）	A/B	P.R/Q.S	非种用油籽（7.6）
1207701000	种用甜瓜子（包括西瓜属和甜瓜属的子）	A/B	P/Q	植物繁殖材料（4.1）
1207709100	非种用黑瓜子或其他黑瓜子	A/B	P.R/Q.S	其他深加工食品（8.2） 干坚果、调味香料（7.8）
1207709200	非种用红瓜子或其他红瓜子	A/B	P.R/Q.S	干坚果、调味香料（7.8）
1207709900	其他甜瓜的子（包括西瓜属和甜瓜属的子，不论是否破碎）	A/B	P.R/Q.S	干坚果、调味香料（7.8）
1207910000	罂粟子（不论是否破碎）	A/B	P/Q	植物繁殖材料（4.1）
1207991010	大麻子	A/B	P/N.Q	植物繁殖材料（4.1）
1207991090	其他种用含油子仁及果实	A/B	P/N.Q	植物繁殖材料（4.1）
1207999100	牛油树果（不论是否破碎）	A/B	P.R/Q	非种用油籽（7.6）
1207999900	其他含油子仁及果实（不论是否破碎）	A/B	P.R/Q.S	非种用油籽（7.6）
1208100000	大豆粉	A/B	P.R/Q.S	粮食加工产品（7.3）
1208900000	其他含油子仁或果实的细粉及粗粉（芥子粉除外）	A/B	P.R/Q.S	非种用油籽（7.6）
1209100000	糖甜菜子	A/B	P/Q	植物繁殖材料（4.1）
1209210000	紫苜蓿子	A/B	P/Q	植物繁殖材料（4.1）
1209220000	三叶草子	A/B	P/Q	植物繁殖材料（4.1）
1209230000	羊茅子	A/B	P/Q	植物繁殖材料（4.1）
1209240000	草地早熟禾子	A/B	P/Q	植物繁殖材料（4.1）

商品编号	商品名称	监管条件	检验检疫类别	检验检疫要求
1209250000	黑麦草种子	A/B	P/Q	植物繁殖材料（4.1）
1209291000	甜菜子、糖甜菜子除外	A/B	P/Q	植物繁殖材料（4.1）
1209299000	其他饲料植物种子	A/B	P/Q	植物繁殖材料（4.1）
1209300010	濒危草本花卉植物种子	A/B	P/Q	植物繁殖材料（4.1）
1209300090	草本花卉植物种子（濒危除外）	A/B	P/Q	植物繁殖材料（4.1）
1209910000	蔬菜种子	A/B	P/Q	植物繁殖材料（4.1）
1209990010	其他种植用濒危种子、果实及孢子	A/B	P/Q	植物繁殖材料（4.1）
1209990020	黄麻种子、红麻种子、柴胡种子、当归种子、白芷种子、林木种子（濒危除外）	A/B	P/Q	植物繁殖材料（4.1）
1209990090	其他种植用的种子、果实及孢子	A/B	P/Q	植物繁殖材料（4.1）
1210100000	未研磨也未制成团粒的啤酒花（鲜或干的）	A/B	P.R/Q.S	酒类产品（8.1）
1210200000	已研磨或制成团粒的啤酒花（包括蛇麻腺，鲜或干的）	A/B	P.R/Q.S	酒类产品（8.1）
1211201100	鲜或干的西洋参（不论是否切割、压碎或研磨成粉）	A/B	P.R/Q.S	中药材（9.2）
1211201900	冷或冻的西洋参（不论是否切割、压碎或研磨成粉）	A/B	P.R/Q.S	中药材（9.2）
1211202110	鲜或干的野山参（仅限俄罗斯属，西洋参除外）（不论是否切割、压碎或研磨成粉）	A/B	P.R/Q.S	中药材（9.2）
1211202190	鲜或干的野山参（俄罗斯属除外，西洋参除外）（不论是否切割、压碎或研磨成粉）	A/B	P.R/Q.S	中药材（9.2）
1211202910	冷或冻的野山参（仅限俄罗斯属，西洋参除外）（不论是否切割、压碎或研磨成粉）	A/B	P.R/Q.S	中药材（9.2）
1211202990	冷或冻的野山参（俄罗斯属除外，西洋参除外）（不论是否切割、压碎或研磨成粉）	A/B	P.R/Q.S	中药材（9.2）
1211209110	其他鲜的人参（仅限俄罗斯属）（不论是否切割、压碎或研磨成粉）	A/B	P.R/Q.S	中药材（9.2）
1211209190	其他鲜的人参（俄罗斯属除外）（不论是否切割、压碎或研磨成粉）	A/B	P.R/Q.S	中药材（9.2）
1211209210	其他干的人参（仅限俄罗斯属）（不论是否切割、压碎或研磨成粉）	A/B	P.R/Q.S	中药材（9.2）
1211209290	其他干的人参（俄罗斯属除外）（不论是否切割、压碎或研磨成粉）	A/B	P.R/Q.S	中药材（9.2）
1211209910	其他冷、冻的人参（仅限俄罗斯属）（不论是否切割、压碎或研磨成粉）	A/B	P.R/Q.S	中药材（9.2）
1211209990	其他冷、冻的人参（俄罗斯属除外）（不论是否切割、压碎或研磨成粉）	A/B	P.R/Q.S	中药材（9.2）
1211300010	药用古柯叶（不论是否切割、压碎或研磨成粉）	A/B	P/Q	中药材（9.2）
1211300020	做香料用古柯叶（不论是否切割、压碎或研磨成粉）	A/B	P/Q	其他植物产品（4.6）
1211300090	杀虫杀菌用古柯叶（不论是否切割、压碎或研磨成粉）	A/B	P/Q	其他植物产品（4.6）
1211400010	药用罂粟秆（不论是否切割、压碎或研磨成粉）	A/B	P/Q	中药材（9.2）
1211400020	做香料用罂粟秆（不论是否切割、压碎或研磨成粉）	A/B	P/Q	其他植物产品（4.6）
1211400090	杀虫杀菌用罂粟秆（不论是否切割、压碎或研磨成粉）	A/B	P/Q	其他植物产品（4.6）
1211500011	药料用麻黄草粉	A/B	P/Q	中药材（9.2）
1211500012	药料用人工种植麻黄草	A/B	P/Q	中药材（9.2）
1211500019	其他药料用麻黄草	A/B	P/Q	中药材（9.2）
1211500021	香料用麻黄草粉	A/B	P.R/Q	食品添加剂（营养强化剂）（10.1）
1211500029	香料用麻黄草	A	R	禁止出口 食品添加剂（营养强化剂）（10.1）
1211500091	其他用麻黄草粉	A/B	P/Q	其他植物产品（4.6）
1211500099	其他用麻黄草	A	P/Q	禁止出口 其他植物产品（4.6）
1211600000	鲜、冷、冻或干的非洲李的树皮（不论是否切割、压碎或研磨成粉）	A/B	P/Q	中药材（9.2）
1211901100	鲜、冷、冻或干的当归（不论是否切割、压碎或研磨成粉）	A/B	P.R/Q	中药材（9.2）
1211901200	鲜、冷、冻或干的三七（田七）（不论是否切割、压碎或研磨成粉）	A/B	P.R/Q	中药材（9.2）

商品编号	商品名称	监管条件	检验检疫类别	检验检疫要求
1211901300	鲜、冷、冻或干的党参（不论是否切割、压碎或研磨成粉）	A/B	P.R/Q	中药材（9.2）
1211901400	鲜、冷、冻或干的黄连（不论是否切割、压碎或研磨成粉）	A/B	P/Q	中药材（9.2）
1211901500	鲜、冷、冻或干的菊花（不论是否切割、压碎或研磨成粉）	A/B	P.R/Q.S	中药材（9.2）
1211901600	鲜、冷、冻或干的冬虫夏草（不论是否切割、压碎或研磨成粉）	A/B	P/Q	中药材（9.2）
1211901700	鲜、冷、冻或干的贝母（不论是否切割、压碎或研磨成粉）	A/B	P.R/Q	中药材（9.2）
1211901800	鲜、冷、冻或干的川芎（不论是否切割、压碎或研磨成粉）	A/B	P.R/Q	中药材（9.2）
1211901900	鲜、冷、冻或干的半夏（不论是否切割、压碎或研磨成粉）	A/B	P/Q	中药材（9.2）
1211902100	鲜、冷、冻或干的白芍（不论是否切割、压碎或研磨成粉）	A/B	P.R/Q	中药材（9.2）
1211902200	鲜、冷、冻或干的天麻（不论是否切割、压碎或研磨成粉）	A/B	P.R/Q	中药材（9.2）
1211902300	鲜、冷、冻或干的黄芪（不论是否切割、压碎或研磨成粉）	A/B	P.R/Q	中药材（9.2）
1211902400	鲜、冷、冻或干的大黄、籽黄（不论是否切割、压碎或研磨成粉）	A/B	P.R/Q	中药材（9.2）
1211902500	鲜、冷、冻或干的白术（不论是否切割、压碎或研磨成粉）	A/B	P.R/Q	中药材（9.2）
1211902600	鲜、冷、冻或干的地黄（不论是否切割、压碎或研磨成粉）	A/B	P.R/Q	中药材（9.2）
1211902700	鲜、冷、冻或干的槐米（不论是否切割、压碎或研磨成粉）	A/B	P.R/Q.S	中药材（9.2）
1211902800	鲜、冷、冻或干的杜仲（不论是否切割、压碎或研磨成粉）	A/B	P.R/Q	中药材（9.2）
1211902900	鲜、冷、冻或干的茯苓（不论是否切割、压碎或研磨成粉）	A/B	P.R/Q.S	中药材（9.2）
1211903100	鲜、冷、冻或干的枸杞（不论是否切割、压碎或研磨成粉）	A/B	P.R/Q.S	中药材（9.2）
1211903200	鲜、冷、冻或干的大海子（不论是否切割、压碎或研磨成粉）	A/B	P.R/Q.S	中药材（9.2）
1211903300	鲜、冷、冻或干的沉香（不论是否切割、压碎或研磨成粉）	A/B	P/Q	中药材（9.2）
1211903400	鲜、冷、冻或干的沙参（不论是否切割、压碎或研磨成粉）	A/B	P.R/Q	中药材（9.2）
1211903500	鲜、冷、冻或干的青蒿（不论是否切割、压碎或研磨成粉）	A/B	P/Q	中药材（9.2）
1211903600	鲜、冷、冻或干的甘草（不论是否切割、压碎或研磨成粉）	A/B	P.R/Q.S	中药材（9.2）
1211903700	鲜、冷、冻或干的黄芩（不论是否切割、压碎或研磨成粉）	A/B	P/Q	中药材（9.2）
1211903810	海南椴、紫椴（籽椴）花及叶（不论是否切割、压碎或研磨成粉）	A/B	P/Q	其他植物产品（4.6）
1211903890	其他椴树（欧椴）花及叶	A/B	P/Q	其他植物产品（4.6）
1211903930	大麻	A/B	P/Q	其他植物产品（4.6）
1211903940	罂粟壳	A/B	P/Q	中药材（9.2）
1211903950	鲜、冷、冻或干的木香（不论是否切割、压碎或研磨成粉）	A/B	P/Q	中药材（9.2）
1211903960	鲜、冷、冻或干的黄草及枫斗（石斛）（不论是否切割、压碎或研磨成粉）	A/B	P/Q	中药材（9.2）
1211903970	鲜、冷、冻或干的苁蓉（不论是否切割、压碎或研磨成粉）	A/B	P/Q	中药材（9.2）
1211903981	鲜或干的红豆杉皮、枝叶（不论是否切割、压碎或研磨成粉）	A/B	P/Q	其他植物产品（4.6）
1211903989	冷或冻的红豆杉皮、枝叶（不论是否切割、压碎或研磨成粉）	A/B	P/Q	其他植物产品（4.6）
1211903991	其他主要用作药料鲜、冷、冻或干的濒危植物（包括其某部分，不论是否切割、压碎或研磨成粉）	A/B	P/Q	中药材（9.2）
1211903992	加纳籽、车前子壳粉、育亨宾皮（包括其某部分，不论是否切割、压碎或研磨成粉）	A/B	P/Q	其他深加工食品（8.2）
1211903993	恰特草（Catha edulis Forssk；包括其某部分，不论是否切割、压碎或研磨成粉）	A/B	P/Q	其他植物产品（4.6）
1211903999	其他主要用作药料的鲜、冷、冻或干的植物（包括其某部分，不论是否切割、压碎或研磨成粉）	A/B	P/Q	中药材（9.2）
1211905030	香料用沉香木及拟沉香木（包括其某部分，不论是否切割、压碎或研磨成粉）	A/B	P.R/Q	食品添加剂（营养强化剂）（10.1）
1211905091	其他主要用作香料的濒危植物（包括其某部分，不论是否切割、压碎或研磨成粉）	A/B	P.R/Q	其他深加工食品（8.2）
1211905099	其他主要用作香料的植物（包括其某部分，不论是否切割、压碎或研磨成粉）	A/B	M.P.R/N.Q	其他深加工食品（8.2）
1211909100	鲜、冷、冻或干的鱼藤根、除虫菊（不论是否切割、压碎或研磨成粉）	A/B	M.P/N.Q	危险化学品（13.1）

商品编号	商品名称	监管条件	检验检疫类别	检验检疫要求
1211909991	其他鲜、冷、冻或干的杀虫、杀菌用濒危植物（不论是否切割、压碎或研磨成粉）	A/B	P/Q	其他植物产品（4.6）
1211909999	其他鲜、冷、冻或干的杀虫、杀菌用植物（不论是否切割、压碎或研磨成粉）	A/B	P/Q	其他植物产品（4.6）
1212211010	不超过10厘米的海带种苗及其配子或孢子（不论是否碾磨）	A/B	P.R/Q.S	水产品（6.4）
1212211090	适合供人食用的鲜、冷、冻或干的海带（不论是否碾磨）	A/B	P.R/Q.S	水产品（6.4） 中药材（9.2）
1212212000	适合供人食用的鲜、冷、冻或干的发菜（不论是否碾磨）	A	P.R/Q.S	禁止出口 水产品（6.4）
1212213100	适合供人食用的干的裙带菜（不论是否碾磨）	A/B	P.R/Q.S	水产品（6.4）
1212213210	不超过10厘米的裙带菜种苗及其配子或孢子（不论是否碾磨）	A/B	P.R/Q.S	水产品（6.4）
1212213290	适合供人食用的鲜的裙带菜（不论是否碾磨）	A/B	P.R/Q.S	水产品（6.4）
1212213900	适合供人食用的冷、冻的裙带菜（不论是否碾磨）	A/B	P.R/Q.S	水产品（6.4）
1212214100	适合供人食用的干的紫菜（不论是否碾磨）	A/B	P.R/Q.S	水产品（6.4）
1212214210	不超过5厘米的紫菜种苗及其配子或孢子（不论是否碾磨）	A/B	P.R/Q.S	水产品（6.4）
1212214290	适合供人食用的鲜的紫菜（不论是否碾磨）	A/B	P.R/Q.S	水产品（6.4）
1212214900	适合供人食用的冷、冻紫菜（不论是否碾磨）	A/B	P.R/Q.S	水产品（6.4）
1212216100	适合供人食用的干的麒麟菜（不论是否碾磨）	A/B	P.R/Q.S	水产品（6.4）
1212216910	麒麟菜种苗及其配子或孢子（不论是否碾磨）	A/B	P.R/Q.S	水产品（6.4）
1212216990	适合供人食用的鲜、冷或冻的麒麟菜（不论是否碾磨）	A/B	P.R/Q.S	水产品（6.4）
1212217100	适合供人食用的干的江蓠（不论是否碾磨）	A/B	P.R/Q.S	水产品（6.4）
1212217910	江蓠种苗及其配子或孢子（不论是否碾磨）	A/B	P.R/Q.S	水产品（6.4）
1212217990	适合供人食用的鲜、冷或冻的江蓠（不论是否碾磨）	A/B	P.R/Q.S	水产品（6.4）
1212219010	其他适合供人食用的藻类（石花菜、羊栖菜、苔菜等）种苗及其配子或孢子（不论是否碾磨）	A/B	P.R/Q.S	水产品（6.4）
1212219090	其他适合供人食用的海草及藻类（不论是否碾磨）	A/B	P.R/Q.S	水产品（6.4）
1212291000	鲜、冷、冻或干的马尾藻（不论是否碾磨）	A/B	P/Q	饲料和饲料添加剂（5.1）
1212299000	其他不适合供人食用的鲜、冷、冻或干海草及藻类（不论是否碾磨）	A/B	P/Q	饲料和饲料添加剂（5.1）
1212910000	鲜、冷、冻或干的甜菜（不论是否碾磨）	A/B	P.R/Q	水果（4.4）
1212920000	鲜、冷、冻或干的刺槐豆（不论是否碾磨）	A/B	P.R/Q	水果（4.4）
1212930000	鲜、冷、冻或干的甘蔗（不论是否碾磨）	A/B	P.R/Q	水果（4.4）
1212940000	菊苣根（不论是否碾磨）	A/B	P.R/Q.S	中药材（9.2）
1212991100	苦杏仁	A/B	P.R/Q.S	中药材（9.2） 干坚果、调味香料（7.8）
1212991200	甜杏仁	A/B	P.R/Q.S	干坚果、调味香料（7.8）
1212991900	其他杏核，桃、梅或李的核及核仁（杏仁除外，包括油桃）	A/B	P.R/Q.S	中药材（9.2） 其他深加工食品（8.2） 干坚果、调味香料（7.8）
1212999300	白瓜子	A/B	P.R/Q.S	其他深加工食品（8.2） 干坚果、调味香料（7.8） 饲料和饲料添加剂（5.1）
1212999400	莲子	A/B	P.R/Q.S	中药材（9.2） 干坚果、调味香料（7.8）
1212999600	甜叶菊叶	A/B	P.R/Q.S	其他植物产品（4.6）
1212999910	其他供人食用濒危植物产品（包括未焙制的菊苣根，包括果核、仁等）	A/B	P.R/Q.S	干坚果、调味香料（7.8） 其他植物源性食品（7.9）
1212999990	其他供人食用果核、仁及植物产品（包括未焙制的菊苣根）	A/B	P.R/Q.S	干坚果、调味香料（7.8） 其他植物源性食品（7.9）

商品编号	商品名称	监管条件	检验检疫类别	检验检疫要求
1213000000	未经处理的谷类植物的茎、秆及谷壳（不论是否切碎、碾磨、挤压或制成团粒）	A/B	P/Q	粮食（4.2） 其他植物产品（4.6） 饲料和饲料添加剂（5.1）
1214100000	紫苜蓿粗粉及团粒	A/B	M.P/Q	饲料和饲料添加剂（5.1）
1214900001	其他紫苜蓿（粗粉及团粒除外）	A/B	M.P/Q	饲料和饲料添加剂（5.1）
1214900002	以除紫苜蓿外的禾本科和豆科为主的多种混合天然饲草	A/B	M.P/Q	饲料和饲料添加剂（5.1）
1214900090	芜菁甘蓝、饲料甜菜、其他植物饲料（包括饲料用根、干草、三叶草、驴喜豆等，不论是否制成团粒）	A/B	M.P/Q	饲料和饲料添加剂（5.1）
1301200000	阿拉伯胶	A/B	P.R/Q	饲料和饲料添加剂（5.1） 食品添加剂（营养强化剂）（10.1）
1301901000	胶黄蓍树胶	A/B	P/Q	其他植物产品（4.6）
1301902000	乳香、没药及血竭	A/B	P/Q	中药材（9.2） 其他植物产品（4.6）
1301903000	阿魏	A/B	P/Q	中药材（9.2） 其他植物产品（4.6）
1301904010	濒危松科植物的松脂	A/B	M.P/N.Q	危险化学品（13.1） 其他植物产品（4.6） 其他资源与化工产品（13.7） 食品添加剂（营养强化剂）（10.1）
1301904090	其他松脂	A/B	M.P.R/N.Q	危险化学品（13.1） 其他植物产品（4.6） 其他资源与化工产品（13.7） 食品添加剂（营养强化剂）（10.1）
1301909010	龙血树脂、大戟脂、愈疮树脂	A/B	P/Q	其他植物产品（4.6）
1301909020	大麻脂	A/B	P/Q	其他植物产品（4.6）
1301909091	其他濒危植物的天然树胶、树脂〔包括天然树胶、树脂及其他油树脂（例如香树脂）〕	A/B	P/Q	危险化学品（13.1） 其他植物产品（4.6） 食品添加剂（营养强化剂）（10.1）
1301909099	其他天然树胶、树脂〔包括天然树胶、树脂及其他油树脂（例如香树脂）〕	A/B	P/Q	中药材（9.2） 危险化学品（13.1） 其他植物产品（4.6） 食品添加剂（营养强化剂）（10.1）
1302110000	鸦片液汁及浸膏（也称阿片）	B	M.P/N.Q	禁止进口 危险化学品（13.1） 其他植物源性食品（7.9）
1302120000	甘草液汁及浸膏	A	R	其他植物源性食品（7.9） 食品添加剂（营养强化剂）（10.1）
1302130000	啤酒花液汁及浸膏	A/B	P.R/Q.S	酒类产品（8.1） 食品添加剂（营养强化剂）（10.1）
1302140011	供制农药用麻黄浸膏及浸膏粉	A/B	P/Q	其他植物产品（4.6）
1302140012	供制医药用麻黄浸膏及浸膏粉	A/B	P/Q	其他植物产品（4.6）
1302140019	其他麻黄浸膏及浸膏粉	A/B	P/Q	其他植物产品（4.6）

商品编号	商品名称	监管条件	检验检疫类别	检验检疫要求
1302140020	麻黄液汁	A/B	P/Q	其他植物产品（4.6）
1302191000	生漆	A/B	M.P/N.Q	危险化学品（13.1） 其他植物产品（4.6）
1302192000	印楝素	A/B	P/Q	其他植物产品（4.6）
1302193010	除虫菊的液汁及浸膏	A/B	M.P/N.Q	其他植物产品（4.6）
1302193090	含鱼藤酮植物根茎的液汁及浸膏	A/B	M.P/N.Q	其他植物产品（4.6）
1302194000	银杏的液汁及浸膏	A/B	P/Q	其他植物产品（4.6）
1302199001	苦参碱	A/B	P/Q	其他植物产品（4.6）
1302199013	供制农药用的濒危植物液汁及浸膏	A/B	P/Q	其他植物产品（4.6）
1302199019	供制农药用的其他植物液汁及浸膏	A/B	P.R/Q	其他植物产品（4.6）
1302199095	红豆杉液汁及浸膏	A/B	P/Q	其他植物产品（4.6） 其他植物源性食品（7.9）
1302199096	黄草汁液及浸膏	A/B	P/Q	其他植物产品（4.6） 其他植物源性食品（7.9）
1302199097	其他濒危植物液汁及浸膏	A/B	P/Q	其他植物产品（4.6） 其他植物源性食品（7.9）
1302199099	其他植物液汁及浸膏	A/B	M.P.R/N.Q.S	危险化学品（13.1） 其他资源与化工产品（13.7） 其他植物产品（4.6） 其他植物源性食品（7.9） 食品添加剂（营养强化剂）（10.1）
1302200000	果胶、果胶酸盐及果胶酸酯	A	R	食品添加剂（营养强化剂）（10.1）
1302310000	琼脂	A	R	饲料和饲料添加剂（5.1） 食品添加剂（营养强化剂）（10.1）
1302320000	刺槐豆胶液及增稠剂（从刺槐豆、刺槐豆子或瓜尔豆制得的，不论是否改性）	A	R	饲料和饲料添加剂（5.1） 食品添加剂（营养强化剂）（10.1）
1302391100	卡拉胶（不论是否改性）	A	R	食品添加剂（营养强化剂）（10.1）
1302391200	褐藻胶（不论是否改性）	A/B	P/Q	食品添加剂（营养强化剂）（10.1）
1302391900	海草及其他藻类胶液及增稠剂（不论是否改性）	A/B	P/Q	其他植物产品（4.6）
1302399010	未列名濒危植物胶液及增稠剂	A/B	P/Q	危险化学品（13.1）
1302399090	其他未列名植物胶液及增稠剂	A/B	M.P.R/Q	危险化学品（13.1） 食品添加剂（营养强化剂）（10.1）
1401100010	酸竹	A/B	P/Q	其他植物产品（4.6）
1401100090	其他竹	A/B	P/Q	其他植物产品（4.6）
1401200010	濒危藤	A/B	P/Q	其他植物产品（4.6）
1401200090	其他藤	A/B	P/Q	其他植物产品（4.6）
1401901000	谷类植物的茎秆（麦秸除外）（已净、漂白或染色的）	A/B	P/Q	其他植物产品（4.6）
1401902000	芦苇（已净、漂白或染色的）	A/B	P/Q	其他植物产品（4.6）
1401903100	蔺草（已净、漂白或染色的）	A/B	P/Q	其他植物产品（4.6）
1401903900	其他灯芯草属植物材料（已净、漂白或染色的）	A/B	P/Q	其他植物产品（4.6）
1401909000	未列名主要用作编结用的植物材料（已净、漂白或染色的）	A/B	P/Q	其他植物产品（4.6）
1404200000	棉短绒	A/B	P/Q	其他植物产品（4.6）
1404901000	主要供染料或鞣料用的植物原料	A/B	P/Q	其他植物产品（4.6）

商品编号	商品名称	监管条件	检验检疫类别	检验检疫要求
1404909010	椰糠（条/块）	A/B	P/Q	栽培介质（5.2）
1404909090	其他编号未列名植物产品	A/B	P/Q	栽培介质（5.2） 其他植物产品（4.6）
1501100000	猪油（但品目0209及1503的货品除外）	A/B	M.P.R/Q.S	非食用动物产品（3.4） 饲料和饲料添加剂（5.1） 其他动物源性食品（6.7）
1501200000	其他猪脂肪（但品目0209及1503的货品除外）	A/B	M.P.R/Q.S	非食用动物产品（3.4） 饲料和饲料添加剂（5.1） 其他动物源性食品（6.7）
1501900000	家禽脂肪（但品目0209及1503的货品除外）	A/B	M.P.R/Q.S	非食用动物产品（3.4） 饲料和饲料添加剂（5.1） 其他动物源性食品（6.7）
1502100000	牛、羊油脂（但品目1503的货品除外）	A/B	M.P.R/Q.S	非食用动物产品（3.4） 饲料和饲料添加剂（5.1） 其他动物源性食品（6.7）
1502900000	其他牛、羊脂肪（但品目1503的货品除外）	A/B	M.P.R/Q.S	肉类产品（6.1） 非食用动物产品（3.4） 饲料和饲料添加剂（5.1） 其他动物源性食品（6.7）
1503000000	未经制作的猪油硬脂、油硬脂等（包括液体猪油及脂油，未经乳化、混合或其他方法制作）	A/B	P.R/Q.S	非食用动物产品（3.4） 饲料和饲料添加剂（5.1） 其他动物源性食品（6.7）
1504100010	濒危鱼鱼肝油及其分离品	A/B	P.R/Q.S	特殊食品（9.1）
1504100090	其他鱼鱼肝油及其分离品	A/B	P.R/Q.S	特殊食品（9.1） 非食用动物产品（3.4） 饲料和饲料添加剂（5.1）
1504200011	濒危鱼油软胶囊（鱼肝油除外）	A/B	P.R/Q.S	特殊食品（9.1） 其他深加工食品（8.2）
1504200019	濒危鱼其他鱼油、脂及其分离品（鱼肝油除外）	A/B	P.R/Q.S	水产品（6.4） 特殊食品（9.1） 非食用动物产品（3.4） 饲料和饲料添加剂（5.1）
1504200091	其他鱼油软胶囊（鱼肝油除外）	A/B	P.R/Q.S	特殊食品（9.1） 其他深加工食品（8.2）
1504200099	其他鱼油、脂及其分离品（鱼肝油除外）	A/B	P.R/Q.S	水产品（6.4） 特殊食品（9.1） 非食用动物产品（3.4） 饲料和饲料添加剂（5.1）
1504300010	濒危哺乳动物的油、脂及其分离品（仅指海生）	A/B	P.R/Q.S	水产品（6.4） 非食用动物产品（3.4） 饲料和饲料添加剂（5.1）
1504300090	其他海生哺乳动物油、脂及其分离品	A/B	P.R/Q.S	水产品（6.4） 非食用动物产品（3.4） 饲料和饲料添加剂（5.1）
1505000000	羊毛脂及羊毛脂肪物质（包括纯净的羊毛脂）	A/B	P/Q.S	非食用动物产品（3.4） 饲料和饲料添加剂（5.1）
1506000010	其他濒危动物为原料制取的脂肪（包括河马、熊、野兔、海龟为原料的及海龟蛋油）	A/B	P.R/Q.S	非食用动物产品（3.4） 饲料和饲料添加剂（5.1） 其他动物源性食品（6.7）

商品编号	商品名称	监管条件	检验检疫类别	检验检疫要求
1506000090	其他动物油、脂及其分离品（不论是否精制，但未经化学改性）	A/B	P.R/Q.S	水产品（6.4） 非食用动物产品（3.4） 饲料和饲料添加剂（5.1） 其他动物源性食品（6.7）
1507100000	初榨的豆油（但未经化学改性）	A/B	M.P.R/Q.S	食用植物油（7.5）
1507900000	精制的豆油及其分离品（包括初榨豆油的分离品，但未经化学改性）	A/B	M.R/S	食用植物油（7.5）
1508100000	初榨的花生油（但未经化学改性）	A/B	P.R/Q.S	食用植物油（7.5）
1508900000	精制的花生油及其分离品（包括初榨花生油的分离品，但未经化学改性）	A/B	M.R/S	食用植物油（7.5）
1509200000	特级初榨油橄榄油（未经化学改性）	A/B	P.R/Q.S	食用植物油（7.5）
1509300000	初榨油橄榄油（未经化学改性）	A/B	P.R/Q.S	食用植物油（7.5）
1509400000	其他初榨油橄榄油（未经化学改性）	A/B	P.R/Q.S	食用植物油（7.5）
1509900000	精制的油橄榄油及其分离品（包括初榨油橄榄油的分离品，但未经化学改性）	A/B	R/S	食用植物油（7.5）
1510100000	粗提油橄榄果渣油（未经化学改性）	A/B	P.R/Q.S	食用植物油（7.5）
1510900000	其他橄榄油及其分离品（不论是否精制，但未经化学改性，包括掺有品目1509的油或分离品的混合物）	A/B	P.R/Q.S	食用植物油（7.5）
1511100000	初榨的棕榈油（但未经化学改性）	A/B	M.P.R/Q.S	食用植物油（7.5）
1511901000	棕榈液油（熔点为19摄氏度~24摄氏度，未经化学改性）	A/B	M.R/S	食用植物油（7.5）
1511902001	固态棕榈硬脂（50摄氏度≤熔点≤56摄氏度）（未经化学改性）	A/B	M.R/S	食用植物油（7.5）
1511902090	其他棕榈硬脂（44摄氏度≤熔点<50摄氏度）（未经化学改性）	A/B	M.R/S	食用植物油（7.5）
1511909000	其他精制棕榈油（包括棕榈油的分离品，但未经化学改性）	A/B	M.R/S	食用植物油（7.5）
1512110000	初榨的葵花油和红花油（但未经化学改性）	A/B	P.R/Q.S	食用植物油（7.5）
1512190000	精制的葵花油和红花油及其分离品（包括初榨葵花油和红花油的分离品，但未经化学改性）	A/B	R/S	食用植物油（7.5）
1512210000	初榨的棉子油（不论是否去除棉子酚）	A/B	P.R/Q.S	食用植物油（7.5）
1512290000	精制的棉子油及其分离品（包括初榨棉子油的分离品，但未经化学改性）	A/B	R/S	食用植物油（7.5）
1513110000	初榨椰子油（但未经化学改性）	A/B	M.P.R/Q.S	食用植物油（7.5）
1513190000	其他椰子油及其分离品（包括初榨椰子油的分离品，但未经化学改性）	A/B	M.P.R/Q.S	食用植物油（7.5）
1513210000	初榨棕榈仁油或巴巴苏棕榈果油（未经化学改性）	A/B	M.P.R/Q.S	食用植物油（7.5）
1513290000	精制的棕榈仁油或巴巴苏棕榈果油（包括分离品，但未经化学改性，初榨的除外）	A/B	M.R/S	食用植物油（7.5）
1514110000	初榨的低芥子酸菜子油（但未经化学改性）	A/B	M.P.R/Q.S	食用植物油（7.5）
1514190000	其他低芥子酸菜子油（包括其分离品，但未经化学改性）	A/B	M.P.R/Q.S	食用植物油（7.5）
1514911000	初榨的非低芥子酸菜子油（但未经化学改性）	A/B	M.P.R/Q.S	食用植物油（7.5）
1514919000	初榨的芥子油（但未经化学改性）	A/B	M.P.R/Q.S	食用植物油（7.5）
1514990000	精制非低芥子酸菜子油、芥子油（包括其分离品，但未经化学改性）	A/B	M.R/S	食用植物油（7.5）
1515110000	初榨亚麻子油（但未经化学改性）	A/B	M.P.R/Q.S	食用植物油（7.5）
1515190000	精制的亚麻子油及其分离品（包括初榨亚麻子油的分离品，但未经化学改性）	A/B	R/S	食用植物油（7.5）
1515210000	初榨的玉米油（但未经化学改性）	A/B	P.R/Q.S	食用植物油（7.5）
1515290000	精制的玉米油及其分离品（包括初榨玉米油的分离品，但未经化学改性）	A/B	R/S	食用植物油（7.5）
1515300000	蓖麻油及其分离品（不论是否精制，但未经化学改性）	A/B	M.P/Q.S	食品添加剂（营养强化剂）（10.1）
1515500000	芝麻油及其分离品（不论是否精制，但未经化学改性）	A/B	P.R/Q.S	食用植物油（7.5）
1515600000	微生物油、脂及其分离品（不论是否精制，但未经化学改性）	A/B	M.P.R/N.Q.S	其他深加工食品（8.2）
1515901000	希蒙得木油及其分离品（不论是否精制，但未经化学改性）	A/B	P.R/Q.S	食用植物油（7.5）
1515902000	印楝油及其分离品（不论是否精制，但未经化学改性）	A/B	P.R/Q.S	其他植物产品（4.6）

商品编号	商品名称	监管条件	检验检疫类别	检验检疫要求
1515903000	桐油及其分离品（不论是否精制，但未经化学改性）	A/B	P.R/Q.S	其他植物产品（4.6）
1515904000	茶籽油及其分离品（不论是否精制，但未经化学改性）	A/B	M.P.R/N.Q.S	食用植物油（7.5）
1515909010	红松籽油（不论是否精制，但未经化学改性）	A/B	P.R/Q.S	食用植物油（7.5）
1515909090	其他固定植物油、脂及其分离品（不论是否精制，但未经化学改性）	A/B	M.P.R/N.Q.S	危险化学品（13.1） 食用植物油（7.5） 饲料和饲料添加剂（5.1） 食品添加剂（营养强化剂）（10.1）
1516100000	氢化、酯化或反油酸化动物油、脂（包括其分离品，不论是否精制，但未经进一步加工）	A/B	R/S	其他深加工食品（8.2）
1516200000	氢化、酯化或反油酸化植物油、脂（包括其分离品，不论是否精制，但未经进一步加工）	A/B	R/S	食用植物油（7.5） 其他深加工食品（8.2） 食品添加剂（营养强化剂）（10.1）
1516300000	氢化、酯化或反油酸化微生物油、脂（包括其分离品，不论是否精制，但未经进一步加工）	A/B	R/S	其他资源与化工产品（13.7） 食品添加剂（营养强化剂）（10.1）
1517100000	人造黄油（但不包括液态的）	A/B	M.R/S	其他深加工食品（8.2） 食品添加剂（营养强化剂）（10.1）
1517901001	动物油脂制造的起酥油（品目1516的食用油、脂及其分离品除外）	A/B	R/S	其他动物源性食品（6.7） 食品添加剂（营养强化剂）（10.1）
1517901002	植物油脂制造的起酥油（品目1516的食用油、脂及其分离品除外）	A/B	R/S	食用植物油（7.5） 其他深加工食品（8.2） 食品添加剂（营养强化剂）（10.1）
1517901090	微生物油脂制造的起酥油（品目1516的食用油、脂及其分离品除外）	A/B	R/S	食用植物油（7.5） 其他深加工食品（8.2） 食品添加剂（营养强化剂）（10.1）
1517909001	其他混合制成的动物质食用油脂或制品（品目1516的食用油、脂及其分离品除外）	A/B	R/S	其他深加工食品（8.2） 其他动物源性食品（6.7） 食品添加剂（营养强化剂）（10.1）
1517909002	其他混合制成的植物质食用油脂或制品（品目1516的食用油、脂及其分离品除外）	A/B	R/S	食用植物油（7.5） 其他深加工食品（8.2） 食品添加剂（营养强化剂）（10.1）
1517909090	其他混合制成的微生物质食用油脂或制品（品目1516的食用油、脂及其分离品除外）	A/B	R/S	食用植物油（7.5） 其他深加工食品（8.2） 食品添加剂（营养强化剂）（10.1）
1518000000	化学改性的动、植物或微生物油、脂（包括其分离品及本章油脂混合制成的非食用油脂或制品，品目1516的产品除外）	A/B	M.R/S	其他资源与化工产品（13.7） 食品添加剂（营养强化剂）（10.1）
1520000000	粗甘油、甘油水及甘油碱液	A/B	M.R/S	食品添加剂（营养强化剂）（10.1）

商品编号	商品名称	监管条件	检验检疫类别	检验检疫要求
1521100010	小烛树蜡	A/B	P.R/Q	食品添加剂（营养强化剂）（10.1）
1521100090	其他植物蜡	A/B	P.R/Q.S	食品添加剂（营养强化剂）（10.1）
1521901000	蜂蜡（不论是否精制或着色）	A/B	P.R/Q.S	非食用动物产品（3.4）
1521909010	鲸蜡（不论是否精制或着色）	A/B	P/Q	非食用动物产品（3.4）
1521909090	其他虫蜡（不论是否精制或着色）	A/B	P/Q	非食用动物产品（3.4）
1601001010	濒危野生动物肉、杂碎、血或昆虫制天然肠衣香肠（含品目0208的野生动物，包括类似品）	A/B	P.R/Q.S	中药材（9.2）肉类产品（6.1）
1601001090	其他动物肉、杂碎、血或昆虫制天然肠衣香肠（包括类似品）	A/B	P.R/Q.S	肉类产品（6.1）
1601002010	濒危野生动物肉、杂碎、血或昆虫制其他肠衣香肠（含品目0208的野生动物，包括类似品）	A/B	P.R/Q.S	肉类产品（6.1）
1601002090	其他动物肉、杂碎、血或昆虫制其他肠衣香肠（包括类似品）	A/B	P.R/Q.S	水产品（6.4）肉类产品（6.1）
1601003010	用含濒危野生动物或昆虫成分的香肠制的食品（含品目0208的野生动物）	A/B	P.R/Q.S	肉类产品（6.1）
1601003090	用含其他动物或昆虫成分的香肠制的食品	A/B	P.R/Q.S	肉类产品（6.1）
1602100010	含濒危野生动物或昆虫成分的均化食品（指用肉、食用杂碎或动物血经精细均化制成，零售包装）	A/B	R/S	肉类产品（6.1）
1602100090	其他动物肉、食用杂碎、血或昆虫的均化食品（指用肉、食用杂碎、动物血或昆虫经精细均化制成，零售包装）	A/B	R/S	肉类产品（6.1）
1602200010	制作或保藏的濒危动物肝（第二、三章所列方法制作或保藏的除外）	A/B	P.R/Q.S	肉类产品（6.1）
1602200090	制作或保藏的其他动物肝（第二、三章所列方法制作或保藏的除外）	A/B	P.R/Q.S	肉类产品（6.1）
1602310000	制作或保藏的火鸡肉及杂碎（第二、三章所列方法制作或保藏的除外）	A/B	P.R/Q.S	肉类产品（6.1）
1602321000	鸡罐头	A/B	P.R/Q.S	其他深加工食品（8.2）
1602329100	其他方法制作或保藏的鸡胸肉（第二、三章所列方法制作或保藏的除外）	A/B	P.R/Q.S	肉类产品（6.1）
1602329200	其他方法制作或保藏的鸡腿肉（第二、三章所列方法制作或保藏的除外）	A/B	P.R/Q.S	肉类产品（6.1）
1602329900	其他方法制作或保藏的其他鸡产品（第二、三章所列方法制作或保藏的除外；鸡胸肉、鸡腿肉除外）	A/B	P.R/Q.S	肉类产品（6.1）
1602391000	其他家禽肉及杂碎的罐头	A/B	P.R/Q.S	其他深加工食品（8.2）
1602399100	其他方法制作或保藏的鸭（第二、三章所列方法制作或保藏的除外）	A/B	P.R/Q.S	肉类产品（6.1）
1602399900	其他方法制作或保藏的其他家禽肉及杂碎（第二、三章所列方法制作或保藏的除外；鸡、鸭除外）	A/B	P.R/Q.S	肉类产品（6.1）
1602410010	制作或保藏的鹿豚、姬猪后腿及肉块	A/B	P.R/Q.S	肉类产品（6.1）
1602410090	制作或保藏的猪后腿及其肉块	A/B	P.R/Q.S	肉类产品（6.1）
1602420010	制作或保藏的鹿豚、姬猪前腿及肉块	A/B	P.R/Q.S	肉类产品（6.1）
1602420090	制作或保藏的猪前腿及其肉块	A/B	P.R/Q.S	肉类产品（6.1）
1602491010	其他含鹿豚、姬猪肉及杂碎的罐头	A/B	P.R/Q.S	其他深加工食品（8.2）
1602491090	其他猪肉及杂碎的罐头	A/B	P.R/Q.S	其他深加工食品（8.2）
1602499010	制作或保藏的其他鹿豚、姬猪肉、杂碎（包括血等）	A/B	P.R/Q.S	肉类产品（6.1）
1602499090	制作或保藏的其他猪肉、杂碎、血	A/B	P.R/Q.S	肉类产品（6.1）
1602501010	含濒危野牛肉的罐头	A/B	P.R/Q.S	其他深加工食品（8.2）
1602501090	其他牛肉及牛杂碎罐头（含野牛肉的除外）	A/B	P.R/Q.S	其他深加工食品（8.2）
1602509010	其他制作或保藏的濒危野牛肉、杂碎（包括血等）	A/B	P.R/Q.S	肉类产品（6.1）
1602509090	其他制作或保藏的牛肉、杂碎、血	A/B	P.R/Q.S	肉类产品（6.1）
1602901010	其他濒危动物肉、杂碎、血或昆虫罐头	A/B	P.R/Q.S	其他深加工食品（8.2）
1602901090	其他动物肉、杂碎、血或昆虫的罐头	A/B	P.R/Q.S	其他深加工食品（8.2）
1602909010	制作或保藏的其他濒危动物肉、杂碎、血或昆虫	A/B	P.R/Q.S	肉类产品（6.1）
1602909090	制作或保藏的其他动物肉、杂碎、血或昆虫	A/B	P.R/Q.S	肉类产品（6.1）

商品编号	商品名称	监管条件	检验检疫类别	检验检疫要求
1603000010	含濒危野生动物及鱼类成分的肉（指品目0208及编号030192野生动物及鱼类）	A/B	P.R/Q.S	水产品（6.4） 其他深加工食品（8.2）
1603000090	肉及水产品的精、汁（水产品指鱼、甲壳动物、软体动物或其他水生无脊椎动物）	A/B	P.R/Q.S	水产品（6.4）
1604111000	制作或保藏的大西洋鲑鱼（整条或切块，但未绞碎）	A/B	P.R/Q.S	水产品（6.4） 其他深加工食品（8.2）
1604119010	制作或保藏的川陕哲罗鲑鱼（整条或切块，但未绞碎）	A/B	P.R/Q.S	水产品（6.4） 其他深加工食品（8.2）
1604119020	制作或保藏的秦岭细鳞鲑鱼（整条或切块，但未绞碎）	A/B	P.R/Q.S	水产品（6.4） 其他深加工食品（8.2）
1604119090	制作或保藏的其他鲑鱼	A/B	P.R/Q.S	水产品（6.4） 其他深加工食品（8.2）
1604120000	制作或保藏的鲱鱼（整条或切块，但未绞碎）	A/B	P.R/Q.S	水产品（6.4） 其他深加工食品（8.2）
1604130000	制作或保藏的沙丁鱼、小沙丁鱼属、黍鲱或西鲱（整条或切块，但未绞碎）	A/B	P.R/Q.S	水产品（6.4） 其他深加工食品（8.2）
1604140000	制作或保藏的金枪鱼、鲣及狐鲣（狐鲣属）（整条或切块，但未绞碎）	A/B	P.R/Q.S	水产品（6.4） 其他深加工食品（8.2）
1604150000	制作或保藏的鲭鱼（整条或切块，但未绞碎）	A/B	P.R/Q.S	水产品（6.4） 其他深加工食品（8.2）
1604160000	制作保藏的鳀鱼（Anchovies）（整条或切块，但未绞碎）	A/B	P.R/Q.S	水产品（6.4） 其他深加工食品（8.2）
1604170010	制作或保藏的花鳗鲡（整条或切块，但未绞碎）	A/B	P.R/Q.S	水产品（6.4） 其他深加工食品（8.2）
1604170020	制作或保藏的欧洲鳗鲡（整条或切块，但未绞碎）	A/B	P.R/Q.S	水产品（6.4） 其他深加工食品（8.2）
1604170090	其他制作或保藏的鳗鱼（整条或切块，但未绞碎）	A/B	P.R/Q.S	水产品（6.4） 其他深加工食品（8.2）
1604180010	制作或保藏的濒危鲨鱼鱼翅（整条或切块，但未绞碎）	A/B	P.R/Q.S	水产品（6.4）
1604180090	制作或保藏的其他鲨鱼鱼翅（整条或切块，但未绞碎）	A/B	P.R/Q.S	水产品（6.4）
1604192000	制作或保藏的罗非鱼（整条或切块，但未绞碎）	A/B	P.R/Q.S	水产品（6.4） 其他深加工食品（8.2）
1604193100	制作或保藏的斑点叉尾鮰鱼（整条或切块，但未绞碎）	A/B	P.R/Q.S	水产品（6.4） 其他深加工食品（8.2）
1604193900	制作或保藏的其他叉尾鮰鱼（整条或切块，但未绞碎）	A/B	P.R/Q.S	水产品（6.4） 其他深加工食品（8.2）
1604199010	制作或保藏的濒危鱼类（整条或切块，但未绞碎）	A/B	P.R/Q.S	水产品（6.4） 其他深加工食品（8.2）
1604199090	制作或保藏的其他鱼（整条或切块，但未绞碎）	A/B	P.R/Q.S	水产品（6.4） 其他深加工食品（8.2）
1604201110	濒危鲨鱼鱼翅罐头	A/B	P.R/Q.S	其他深加工食品（8.2）
1604201190	其他鲨鱼鱼翅罐头	A/B	P.R/Q.S	其他深加工食品（8.2）
1604201910	非整条或切块的濒危鱼罐头（鱼翅除外）	A/B	P.R/Q.S	其他深加工食品（8.2）
1604201990	非整条或切块的其他鱼罐头（鱼翅除外）	A/B	P.R/Q.S	其他深加工食品（8.2）
1604209110	制作或保藏的濒危鲨鱼鱼翅（非整条、非切块、非罐头）	A/B	P.R/Q.S	水产品（6.4）
1604209190	制作或保藏其他鲨鱼鱼翅（非整条、非切块、非罐头）	A/B	P.R/Q.S	水产品（6.4）
1604209910	其他制作或保藏的濒危鱼（非整条、非切块、非罐头，鱼翅除外）	A/B	P.R/Q.S	水产品（6.4）
1604209990	其他制作或保藏的鱼（非整条、非切块、非罐头，鱼翅除外）	A/B	P.R/Q.S	水产品（6.4）
1604310000	鲟鱼子酱	A/B	P.R/Q.S	水产品（6.4）
1604320000	鲟鱼子酱代用品	A/B	P.R/Q.S	水产品（6.4）

商品编号	商品名称	监管条件	检验检疫类别	检验检疫要求
1605100000	制作或保藏的蟹	A/B	P.R/Q.S	水产品（6.4） 其他深加工食品（8.2）
1605210000	制作或保藏的非密封包装小虾及对虾	A/B	P.R/Q.S	水产品（6.4） 其他深加工食品（8.2）
1605290000	其他制作或保藏的小虾及对虾	A/B	P.R/Q.S	水产品（6.4） 其他深加工食品（8.2）
1605300000	制作或保藏的龙虾	A/B	P.R/Q.S	水产品（6.4） 其他深加工食品（8.2）
1605401100	制作或保藏的淡水小龙虾仁	A/B	P.R/Q.S	水产品（6.4） 其他深加工食品（8.2）
1605401900	制作或保藏的带壳淡水小龙虾	A/B	P.R/Q.S	水产品（6.4） 其他深加工食品（8.2）
1605409000	制作或保藏的其他甲壳动物	A/B	P.R/Q.S	水产品（6.4） 其他深加工食品（8.2）
1605510000	制作或保藏的牡蛎（蚝）	A/B	P.R/Q.S	水产品（6.4） 其他深加工食品（8.2）
1605520010	制作或保藏的大珠母贝	A/B	P.R/Q.S	水产品（6.4） 其他深加工食品（8.2）
1605520090	其他制作或保藏的扇贝，包括海扇	A/B	P.R/Q.S	水产品（6.4） 其他深加工食品（8.2）
1605530000	制作或保藏的贻贝	A/B	P.R/Q.S	水产品（6.4） 其他深加工食品（8.2）
1605540000	制作或保藏的墨鱼及鱿鱼	A/B	P.R/Q.S	水产品（6.4） 其他深加工食品（8.2）
1605550000	制作或保藏的章鱼	A/B	P.R/Q.S	水产品（6.4） 其他深加工食品（8.2）
1605561000	制作或保藏的蛤	A/B	P.R/Q.S	水产品（6.4） 其他深加工食品（8.2）
1605562010	制作或保藏的砗磲	A/B	P.R/Q.S	水产品（6.4） 其他深加工食品（8.2）
1605562090	其他制作或保藏的鸟蛤及舟贝	A/B	P.R/Q.S	水产品（6.4） 其他深加工食品（8.2）
1605570000	制作或保藏的鲍鱼	A/B	P.R/Q.S	水产品（6.4） 其他深加工食品（8.2）
1605580010	制作或保藏的濒危蜗牛及螺，海螺除外	A/B	P.R/Q.S	水产品（6.4） 其他深加工食品（8.2）
1605580090	其他制作或保藏的蜗牛及螺，海螺除外	A/B	P.R/Q.S	水产品（6.4） 其他深加工食品（8.2）
1605590010	其他制作或保藏的濒危软体动物	A/B	P.R/Q.S	水产品（6.4） 其他深加工食品（8.2）
1605590090	其他制作或保藏的软体动物	A/B	P.R/Q.S	水产品（6.4） 其他深加工食品（8.2）
1605610010	制作或保藏的暗色刺参	A/B	P.R/Q.S	水产品（6.4） 其他深加工食品（8.2）
1605610090	其他制作或保藏的海参	A/B	P.R/Q.S	水产品（6.4） 其他深加工食品（8.2）
1605620000	制作或保藏的海胆	A/B	P.R/Q.S	水产品（6.4） 其他深加工食品（8.2）
1605630000	制作或保藏的海蜇	A/B	P.R/Q.S	水产品（6.4） 其他深加工食品（8.2）

商品编号	商品名称	监管条件	检验检疫类别	检验检疫要求
1605690010	其他制作或保藏的濒危水生无脊椎动物	A/B	P.R/Q.S	水产品（6.4） 其他深加工食品（8.2）
1605690090	其他制作或保藏的水生无脊椎动物	A/B	P.R/Q.S	水产品（6.4） 其他深加工食品（8.2）
1701120001	未加香料或着色剂的甜菜原糖［按重量计干燥状态的糖含量低于旋光读数99.5度（配额内）］	A/B	M.P.R/Q.S	其他深加工食品（8.2）
1701120090	未加香料或着色剂的甜菜原糖［按重量计干燥状态的糖含量低于旋光读数99.5度（配额外）］	A/B	M.P.R/Q.S	其他深加工食品（8.2）
1701130001	未加香料或着色剂的本章子目注释二所述的甘蔗原糖［按重量计干燥状态的蔗糖含量对应的旋光读数不低于69度，但低于93度（配额内）］	A/B	M.P.R/Q.S	其他深加工食品（8.2）
1701130090	未加香料或着色剂的本章子目注释二所述的甘蔗原糖［按重量计干燥状态的蔗糖含量对应的旋光读数不低于69度，但低于93度（配额外）］	A/B	M.P.R/Q.S	其他深加工食品（8.2）
1701140001	未加香料或着色剂其他甘蔗原糖［按重量计干燥状态的糖含量低于旋光读数99.5度（配额内）］	A/B	M.P.R/Q.S	其他深加工食品（8.2）
1701140090	未加香料或着色剂其他甘蔗原糖［按重量计干燥状态的糖含量低于旋光读数99.5度（配额外）］	A/B	M.P.R/Q.S	其他深加工食品（8.2）
1701910001	加有香料或着色剂的糖［指甘蔗糖、甜菜糖及化学纯蔗糖（配额内）］	A/B	R/S	其他深加工食品（8.2）
1701910090	加有香料或着色剂的糖［指甘蔗糖、甜菜糖及化学纯蔗糖（配额外）］	A/B	R/S	其他深加工食品（8.2）
1701991010	砂糖（配额内）	A/B	M.R/S	其他深加工食品（8.2）
1701991090	砂糖（配额外）	A/B	M.R/S	其他深加工食品（8.2）
1701992001	绵白糖（配额内）	A/B	R/S	其他深加工食品（8.2）
1701992090	绵白糖（配额外）	A/B	R/S	其他深加工食品（8.2）
1701999001	其他精制糖（配额内）	A/B	R/S	其他深加工食品（8.2）
1701999090	其他精制糖（配额外）	A/B	R/S	其他深加工食品（8.2）
1702110000	按重量计干燥无水乳糖含量在99%及以上的乳糖	A/B	R/S	其他深加工食品（8.2）
1702190000	其他乳糖及乳糖浆	A/B	R/S	其他深加工食品（8.2） 食品添加剂（营养强化剂）（10.1）
1702200000	槭糖及槭糖浆	A/B	R/S	其他深加工食品（8.2） 食品添加剂（营养强化剂）（10.1）
1702300000	低果糖含量的葡萄糖及糖浆（仅指按重量计干燥状态的果糖含量在20%以下的葡萄糖）	A/B	R/S	其他深加工食品（8.2） 食品添加剂（营养强化剂）（10.1）
1702400000	中果糖含量的葡萄糖及糖浆（仅指干燥果糖重量在20%～50%的葡萄糖，转化糖除外）	A/B	R/S	其他深加工食品（8.2）
1702500000	化学纯果糖	A/B	R/S	其他深加工食品（8.2） 食品添加剂（营养强化剂）（10.1）
1702600000	其他果糖及糖浆（仅指干燥果糖重量在50%以上的，转化糖除外）	A/B	R/S	其他深加工食品（8.2） 食品添加剂（营养强化剂）（10.1）
1702901100	甘蔗糖或甜菜糖水溶液	A/B	R/S	其他深加工食品（8.2）
1702901200	蔗糖含量超过50%的甘蔗糖、甜菜糖与其他糖的简单固体混合物	A/B	R/S	其他深加工食品（8.2）
1702909010	人造蜜	A/B	R/S	其他深加工食品（8.2） 食品添加剂（营养强化剂）（10.1）

商品编号	商品名称	监管条件	检验检疫类别	检验检疫要求
1702909090	其他固体糖、糖浆及焦糖（包括转化糖及按重量计干燥状态果糖含量50%的糖、糖浆）	A/B	R/S	其他深加工食品（8.2） 食品添加剂（营养强化剂）（10.1）
1703100000	甘蔗糖蜜	B	R/S	禁止进口 固体废物 其他深加工食品（8.2） 食品添加剂（营养强化剂）（10.1）
1703900000	其他糖蜜	B	R/S	禁止进口 固体废物 其他深加工食品（8.2） 食品添加剂（营养强化剂）（10.1）
1704100000	口香糖（不论是否裹糖）	A/B	R/S	其他深加工食品（8.2）
1704900000	其他不含可可的糖食（包括白巧克力）	A/B	R/S	其他深加工食品（8.2）
1801000000	生或焙炒的整颗或破碎的可可豆	A/B	M.P.R/Q.S	其他深加工食品（8.2）
1802000000	可可荚、壳、皮及废料	A/B	P/Q.S	其他植物产品（4.6）
1803100000	未脱脂可可膏	A/B	R/S	其他深加工食品（8.2）
1803200000	全脱脂或部分脱脂的可可膏	A/B	R/S	其他深加工食品（8.2）
1804000010	可可脂	A/B	R/S	其他深加工食品（8.2）
1804000090	可可油	A/B	R/S	其他深加工食品（8.2） 食品添加剂（营养强化剂）（10.1）
1805000000	未加糖或其他甜物质的可可粉	A/B	P.R/Q.S	其他深加工食品（8.2）
1806100000	含糖或其他甜物质的可可粉	A/B	P.R/Q.S	其他深加工食品（8.2）
1806200000	每件净重超过2千克的含可可食品	A/B	R/S	其他深加工食品（8.2）
1806310000	其他夹心块状或条状的含可可食品（每件净重不超过2千克）	A/B	R/S	其他深加工食品（8.2）
1806320000	其他不夹心块状或条状含可可食品（每件净重不超过2千克）	A/B	R/S	其他深加工食品（8.2）
1806900000	其他巧克力及含可可的食品（每件净重不超过2千克）	A/B	R/S	其他深加工食品（8.2）
1901101010	早产/低出生体重婴儿配方（乳基）、母乳营养补充剂（乳基）特殊婴幼儿配方食品	A/B	R/S	特殊食品（9.1）
1901101090	供婴幼儿食用的零售包装配方奶粉［早产/低出生体重婴儿配方（乳基）、母乳营养补充剂（乳基）特殊婴幼儿配方食品除外］（按重量计全脱脂可可含量<5%乳品制）	A/B	R/S	乳基婴幼儿配方食品（9.1）
1901109000	其他供婴幼儿食用的零售包装食品（按重量计全脱脂可可含量<40%粉、淀粉或麦制；按重量计全脱脂可可含量<5%乳品制）	A/B	R/S	乳品（6.3） 特殊食品（9.1） 其他深加工食品（8.2）
1901200000	供烘焙品目1905所列面包糕饼用的调制品及面团（按重量计全脱脂可可含量<40%粉、淀粉或麦制；按重量计全脱脂可可含量<5%乳品制）	A/B	R/S	其他深加工食品（8.2）
1901900000	麦精，粮食粉等制食品及乳制食品（按重量计全脱脂可可含量<40%粉、淀粉、麦精制；按重量计全脱脂可可含量<5%乳品制）	A/B	R/S	乳品（6.3） 特殊食品（9.1） 其他深加工食品（8.2）
1902110010	未包馅或未制作的含蛋生面食，非速冻的	A/B	P.R/Q.S	其他深加工食品（8.2）
1902110090	其他未包馅或未制作的含蛋生面食	A/B	P.R/Q.S	其他深加工食品（8.2）
1902190010	其他未包馅或未制作的生面食，非速冻的	A/B	P.R/Q.S	其他深加工食品（8.2）
1902190090	其他未包馅或未制作的生面食	A/B	P.R/Q.S	其他深加工食品（8.2）
1902200000	包馅面食（不论是否烹煮或经其他方法制作）	A/B	P.R/Q.S	其他深加工食品（8.2）
1902301000	米粉干	A/B	P.R/Q.S	其他深加工食品（8.2）
1902302000	粉丝	A/B	P.R/Q.S	其他深加工食品（8.2）
1902303000	即食或快熟面条	A/B	R/S	其他深加工食品（8.2）

商品编号	商品名称	监管条件	检验检疫类别	检验检疫要求
1902309000	其他面食	A/B	P.R/Q.S	其他深加工食品（8.2）
1902400000	古斯古斯面食（古斯古斯粉是一种经热处理的硬麦粗粉）	A/B	R/S	其他深加工食品（8.2）
1903000000	珍粉及淀粉制成的珍粉代用品（片、粒、珠、粉或类似形状的）	A/B	R/S	其他深加工食品（8.2）
1904100000	膨化或烘炒谷物制成的食品	A/B	R/S	其他深加工食品（8.2）
1904200000	未烘炒谷物片制成的食品（包括未烘炒谷物片与烘炒谷物片或膨化谷物混合制成食品）	A/B	P.R/Q.S	其他深加工食品（8.2）
1904300000	碾碎的干小麦（细粉、粗粒及粗粉除外）	A/B	P.R/Q.S	粮食加工产品（7.3）
1904900000	预煮或经其他方法制作的谷粒［包括其他经加工的谷粒（除细粉、粗粒及粗粉），玉米除外］	A/B	P.R/Q.S	粮食加工产品（7.3） 其他深加工食品（8.2）
1905100000	黑麦脆面包片	A/B	R/S	其他深加工食品（8.2）
1905200000	姜饼及类似品	A/B	R/S	其他深加工食品（8.2）
1905310000	甜饼干	A/B	R/S	特殊食品（9.1） 其他深加工食品（8.2）
1905320000	华夫饼干及圣餐饼	A/B	R/S	其他深加工食品（8.2）
1905400000	面包干、吐司及类似的烤面包	A/B	R/S	其他深加工食品（8.2）
1905900000	其他面包、糕点、饼干及烘焙糕饼（包括装药空囊、封缄、糯米纸及类似制品）	A/B	R/S	特殊食品（9.1） 其他深加工食品（8.2）
2001100000	用醋或醋酸制作的黄瓜及小黄瓜	A/B	R/S	蔬菜（7.4）
2001901010	用醋或醋酸腌制的大蒜头、大蒜瓣（无论是否加糖或去皮）	A/B	R/S	蔬菜（7.4）
2001901090	用醋或醋酸腌制的其他大蒜（不含蒜头、蒜瓣，无论是否加糖或去皮）	A/B	R/S	蔬菜（7.4）
2001909010	用醋或醋酸制作或保藏的松茸	A/B	R/S	蔬菜（7.4）
2001909020	用醋或醋酸制作或保藏的酸竹笋	A/B	R/S	蔬菜（7.4）
2001909030	用醋或醋酸制作或保藏的芦荟	A/B	R/S	蔬菜（7.4）
2001909040	用醋或醋酸制作或保藏的仙人掌植物	A/B	R/S	蔬菜（7.4）
2001909050	用醋或醋酸制作或保藏的莼菜	A/B	R/S	蔬菜（7.4）
2001909090	用醋制作的其他果、菜及食用植物（包括用醋酸制作或保藏的）	A/B	R/S	蔬菜（7.4）
2002101000	非用醋制作的整个或切片番茄罐头	A/B	R/S	其他深加工食品（8.2）
2002109000	非用醋制作的其他整个或切片番茄	A/B	P.R/Q	蔬菜（7.4）
2002901100	重量≤5 千克的番茄酱罐头	A/B	R/S	其他深加工食品（8.2）
2002901900	重量>5 千克的番茄酱罐头	A/B	R/S	其他深加工食品（8.2）
2002909000	非用醋制作的绞碎番茄（用醋或醋酸以外其他方法制作或保藏的）	A/B	P.R/Q.S	蔬菜（7.4）
2003101100	小白蘑菇罐头（指洋蘑菇，用醋或醋酸以外其他方法制作或保藏的）	A/B	R/S	其他深加工食品（8.2）
2003101900	其他伞菌属蘑菇罐头（用醋或醋酸以外其他方法制作或保藏的）	A/B	R/S	其他深加工食品（8.2）
2003109000	非用醋制作的其他伞菌属蘑菇（用醋或醋酸以外其他方法制作或保藏的）	A/B	R/S	蔬菜（7.4）
2003901010	非用醋制作的香菇罐头［用醋或醋酸以外其他方法制作或保藏的（非伞菌属蘑菇）］	A/B	R/S	其他深加工食品8.2）
2003901020	非用醋制作的松茸罐头（用醋或醋酸以外其他方法制作或保藏的）	A/B	R/S	其他深加工食品（8.2）
2003901090	非用醋制作的其他蘑菇罐头［用醋或醋酸以外其他方法制作或保藏的（非伞菌属蘑菇）］	A/B	R/S	其他深加工食品（8.2）
2003909010	非用醋制作的其他香菇［用醋或醋酸以外其他方法制作或保藏的（非伞菌属蘑菇）］	A/B	P.R/Q.S	蔬菜（7.4）
2003909020	非用醋制作的其他松茸（用醋或醋酸以外其他方法制作或保藏的）	A/B	P.R/Q.S	蔬菜（7.4）
2003909090	非用醋制作的其他蘑菇［用醋或醋酸以外其他方法制作或保藏的（非伞菌属蘑菇）］	A/B	P.R/Q.S	蔬菜（7.4）
2004100000	非用醋制作的冷冻马铃薯（品目 2006 的货品除外）	A/B	P.R/Q.S	其他植物产品（4.6）
2004900010	非用醋制作的冷冻松茸	A/B	P.R/Q.S	蔬菜（7.4）
2004900020	非用醋制作的冷冻酸竹笋	A/B	P.R/Q.S	蔬菜（7.4）
2004900030	非用醋制作的冷冻芦荟	A/B	P.R/Q.S	蔬菜（7.4）
2004900040	非用醋制作的冷冻仙人掌植物	A/B	P.R/Q.S	蔬菜（7.4）

商品编号	商品名称	监管条件	检验检疫类别	检验检疫要求
2004900090	非用醋制作的其他冷冻蔬菜（品目2006的货品除外）	A/B	P.R/Q.S	蔬菜（7.4） 其他植物产品（4.6） 其他深加工食品（8.2）
2005100000	非用醋制作的未冷冻均化蔬菜	A/B	P.R/Q.S	蔬菜（7.4）
2005200000	非用醋制作的未冷冻马铃薯	A/B	P.R/Q.S	其他植物产品（4.6）
2005400000	非用醋制作的未冷冻豌豆	A/B	P.R/Q.S	其他深加工食品（8.2）
2005511100	非用醋制作的赤豆馅罐头	A/B	R/S	其他深加工食品（8.2）
2005511900	其他非用醋制作的脱荚豇豆及菜豆罐头	A/B	R/S	其他深加工食品（8.2）
2005519100	非用醋制作的赤豆馅，罐头除外	A/B	R/S	其他深加工食品（8.2）
2005519900	非用醋制作的其他脱荚豇豆及菜豆，罐头除外	A/B	P.R/Q.S	蔬菜（7.4）
2005591000	非用醋制作的其他豇豆及菜豆罐头	A/B	R/S	其他深加工食品（8.2）
2005599000	非用醋制作的其他豇豆及菜豆	A/B	P.R/Q.S	蔬菜（7.4）
2005601000	非用醋制作的芦笋罐头	A/B	R/S	其他深加工食品（8.2）
2005609000	非用醋制作的其他芦笋	A/B	P.R/Q.S	蔬菜（7.4）
2005700000	非用醋制作的未冷冻油橄榄	A/B	P.R/Q.S	蔬菜（7.4）
2005800000	非用醋制作的未冷冻甜玉米	A/B	P.R/Q.S	其他深加工食品（8.2）
2005911010	非用醋制作的酸竹笋罐头	A/B	R/S	其他深加工食品（8.2）
2005911090	非用醋制作的其他竹笋罐头	A/B	R/S	其他深加工食品（8.2）
2005919010	非用醋制作的酸竹笋	A/B	P.R/Q.S	蔬菜（7.4）
2005919090	非用醋制作的其他竹笋	A/B	P.R/Q.S	蔬菜（7.4）
2005992000	非用醋制作的蚕豆罐头	A/B	R/S	其他深加工食品（8.2）
2005994000	榨菜	A/B	R/S	其他深加工食品（8.2）
2005995000	咸蕨菜	A/B	R/S	蔬菜（7.4）
2005996000	咸荞（藠）头	A/B	R/S	蔬菜（7.4）
2005997000	蒜制品（非用醋制作）	A/B	R/S	蔬菜（7.4）
2005999100	其他蔬菜及什锦蔬菜罐头（非用醋制作）	A/B	R/S	其他深加工食品（8.2）
2005999910	非用醋制作的仙人掌	A/B	P.R/Q.S	蔬菜（7.4）
2005999920	非用醋制作的芦荟	A/B	P.R/Q.S	蔬菜（7.4）
2005999990	非用醋制作的其他蔬菜及什锦蔬菜	A/B	P.R/Q.S	蔬菜（7.4）
2006001000	蜜枣	A/B	R/S	其他深加工食品（8.2）
2006002000	糖渍制橄榄	A/B	R/S	其他深加工食品（8.2）
2006009010	糖渍制松茸	A/B	R/S	其他深加工食品（8.2）
2006009090	其他糖渍蔬菜、水果、坚果、果皮（包括糖渍植物的其他部分）	A/B	R/S	其他深加工食品（8.2）
2007100000	烹煮的果子均化食品（包括果酱、果冻、果泥、果膏）	A/B	R/S	其他深加工食品（8.2）
2007910000	烹煮的柑橘属水果（包括果酱、果冻、果泥、果膏）	A/B	R/S	其他深加工食品（8.2）
2007991000	其他烹煮的果酱、果冻罐头（包括果泥、果膏）	A/B	R/S	特殊食品（9.1） 其他深加工食品（8.2）
2007999000	其他烹煮的果酱、果冻（包括果泥、果膏）	A/B	R/S	其他深加工食品（8.2）
2008111000	花生米罐头	A/B	R/S	其他深加工食品（8.2）
2008112000	烘焙花生	A/B	P.R/Q.S	其他深加工食品（8.2）
2008113000	花生酱	A/B	R/S	其他深加工食品（8.2）
2008119000	其他非用醋制作的花生（用醋或醋酸以外其他方法制作或保藏的）	A/B	P.R/Q.S	其他深加工食品（8.2）
2008191000	核桃仁罐头	A/B	R/S	其他深加工食品（8.2）
2008192000	其他果仁罐头	A/B	R/S	其他深加工食品（8.2）
2008199100	栗仁（用醋或醋酸以外其他方法制作或保藏的）	A/B	P.R/Q.S	其他深加工食品（8.2）
2008199200	芝麻（用醋或醋酸以外其他方法制作或保藏的）	A/B	P.R/Q.S	其他深加工食品（8.2）
2008199910	其他方法制作或保藏的红松子仁（用醋或醋酸以外其他方法制作或保藏的）	A/B	P.R/Q.S	其他深加工食品（8.2）
2008199990	未列名制作或保藏的坚果及其他子仁（用醋或醋酸以外其他方法制作或保藏的）	A/B	P.R/Q.S	其他深加工食品（8.2）
2008201000	菠萝罐头	A/B	R/S	其他深加工食品（8.2）
2008209000	非用醋制作的其他菠萝（用醋或醋酸以外其他方法制作或保藏的）	A/B	P.R/Q	其他深加工食品（8.2）
2008301000	柑橘属水果罐头	A/B	R/S	其他深加工食品（8.2）

商品编号	商品名称	监管条件	检验检疫类别	检验检疫要求
2008309000	非用醋制作的其他柑橘属水果（用醋或醋酸以外其他方法制作或保藏的）	A/B	P.R/Q.S	其他深加工食品（8.2）
2008401000	梨罐头	A/B	R/S	其他深加工食品（8.2）
2008409000	非用醋制作的其他梨（用醋或醋酸以外其他方法制作或保藏的）	A/B	P.R/Q	其他深加工食品（8.2）
2008500000	非用醋制作的杏（用醋或醋酸以外其他方法制作或保藏的）	A/B	P.R/Q.S	其他深加工食品（8.2）
2008601000	非用醋制作的樱桃罐头（用醋或醋酸以外其他方法制作或保藏的）	A/B	P.R/Q.S	其他深加工食品（8.2）
2008609000	非用醋制作的樱桃，罐头除外（用醋或醋酸以外其他方法制作或保藏的）	A/B	P.R/Q.S	其他深加工食品（8.2）
2008701000	桃罐头，包括油桃罐头	A/B	R/S	其他深加工食品（8.2）
2008709000	非用醋制作的其他桃，包括油桃（用醋或醋酸以外其他方法制作或保藏的）	A/B	P.R/Q.S	其他深加工食品（8.2）
2008800000	非用醋制作的草莓（用醋或醋酸以外其他方法制作或保藏的）	A/B	P.R/Q.S	其他深加工食品（8.2）
2008910000	非用醋制作的棕榈芯（用醋或醋酸以外其他方法制作或保藏的）	A/B	P.R/Q.S	其他深加工食品（8.2）
2008930000	非用醋制作的蔓越橘（大果蔓越橘、小果蔓越橘）、越橘（用醋或醋酸以外其他方法制作或保藏的）	A/B	P.R/Q.S	其他深加工食品（8.2）
2008970000	非用醋制作的什锦果实（用醋或醋酸以外其他方法制作或保藏的）	A/B	P.R/Q.S	其他深加工食品（8.2）
2008991000	荔枝罐头	A/B	R/S	其他深加工食品（8.2）
2008992000	龙眼罐头	A/B	R/S	其他深加工食品（8.2）
2008993100	调味紫菜	A/B	R/S	水产品（6.4）
2008993200	盐腌海带	A/B	P.R/Q.S	水产品（6.4）
2008993300	盐腌裙带菜	A/B	P.R/Q.S	水产品（6.4）
2008993400	烤紫菜	A/B	R/S	水产品（6.4）
2008993900	海草及其他藻类制品	A/B	P.R/Q.S	水产品（6.4）
2008994000	清水荸荠（马蹄）罐头	A/B	R/S	其他深加工食品（8.2）
2008999000	未列名制作或保藏的水果、坚果（包括植物的其他食用部分）	A/B	P.R/Q.S	蔬菜（7.4） 其他深加工食品（8.2）
2009110000	冷冻的橙汁（未发酵及未加酒精的，不论是否加糖或其他甜物质）	A/B	P.R/Q.S	其他深加工食品（8.2）
2009120010	白利糖度值不超过20的非冷冻橙汁，最小独立包装净重≥180千克（未发酵及未加酒精的，不论是否加糖或其他甜物质）	A/B	P.R/Q.S	其他深加工食品（8.2）
2009120090	其他白利糖度值不超过20的非冷冻橙汁（未发酵及未加酒精的，不论是否加糖或其他甜物质）	A/B	P.R/Q.S	其他深加工食品（8.2）
2009190010	白利糖度值超过20的非冷冻橙汁，最小独立包装净重≥180千克（未发酵及未加酒精的，不论是否加糖或其他甜物质）	A/B	R/S	其他深加工食品（8.2）
2009190090	其他白利糖度值超过20的非冷冻橙汁（未发酵及未加酒精的，不论是否加糖或其他甜物质）	A/B	R/S	其他深加工食品（8.2）
2009210000	白利糖度值不超过20的葡萄柚汁、柚汁（未发酵及未加酒精的，不论是否加糖或其他甜物质）	A/B	P.R/Q.S	其他深加工食品（8.2）
2009290000	白利糖度值超过20的葡萄柚汁、柚汁（未发酵及未加酒精的，不论是否加糖或其他甜物质）	A/B	R/S	其他深加工食品（8.2）
2009311000	白利糖度值不超过20的未混合柠檬汁（未发酵及未加酒精的，不论是否加糖或其他甜物质）	A/B	P.R/Q.S	其他深加工食品（8.2）
2009319000	白利糖度值不超过20的未混合其他柑橘属果汁（未发酵及未加酒精的；柠檬汁除外）	A/B	P.R/Q.S	其他深加工食品（8.2）
2009391000	白利糖度值超过20的未混合柠檬汁（未发酵及未加酒精的，不论是否加糖或其他甜物质）	A/B	R/S	其他深加工食品（8.2）
2009399000	白利糖度值超过20的未混合其他柑橘属果汁（未发酵及未加酒精的；柠檬汁除外）	A/B	R/S	其他深加工食品（8.2）
2009410000	白利糖度值不超过20的菠萝汁（未发酵及未加酒精的，不论是否加糖或其他甜物质）	A/B	P.R/Q.S	其他深加工食品（8.2）
2009490000	白利糖度值超过20的菠萝汁（未发酵及未加酒精的，不论是否加糖或其他甜物质）	A/B	R/S	其他深加工食品（8.2）

商品编号	商品名称	监管条件	检验检疫类别	检验检疫要求
2009500000	番茄汁（未发酵及未加酒精的，不论是否加糖或其他甜物质）	A/B	R/S	其他深加工食品（8.2）
2009610000	白利糖度值不超过30的葡萄汁（包括酿酒葡萄汁）（未发酵及未加酒精的，不论是否加糖或其他甜物质）	A/B	P.R/Q.S	酒类产品（8.1） 其他深加工食品（8.2）
2009690000	白利糖度值超过30的葡萄汁（包括酿酒葡萄汁）（未发酵及未加酒精的，不论是否加糖或其他甜物质）	A/B	R/S	酒类产品（8.1） 其他深加工食品（8.2）
2009710000	白利糖度值不超过20的苹果汁（未发酵及未加酒精的，不论是否加糖或其他甜物质）	A/B	P.R/Q.S	其他深加工食品（8.2）
2009790000	白利糖度值超过20的苹果汁（未发酵及未加酒精的，不论是否加糖或其他甜物质）	A/B	R/S	其他深加工食品（8.2）
2009810000	未混合蔓越橘汁（大果蔓越橘、小果蔓越橘）、越橘汁（未发酵及未加酒精的，不论是否加糖或其他甜物质）	A/B	P.R/Q.S	其他深加工食品（8.2）
2009891200	未混合芒果汁（未发酵及未加酒精的，不论是否加糖或其他甜物质）	A/B	P.R/Q.S	其他深加工食品（8.2）
2009891300	未混合西番莲果汁（未发酵及未加酒精的，不论是否加糖或其他甜物质）	A/B	P.R/Q.S	其他深加工食品（8.2）
2009891400	未混合番石榴果汁（未发酵及未加酒精的，不论是否加糖或其他甜物质）	A/B	P.R/Q.S	其他深加工食品（8.2）
2009891500	未混合梨汁（未发酵及未加酒精的，不论是否加糖或其他甜物质）	A/B	P.R/Q.S	其他深加工食品（8.2）
2009891600	未混合沙棘汁（未发酵及未加酒精的，不论是否加糖或其他甜物质）	A/B	P.R/Q.S	其他深加工食品（8.2）
2009891900	其他未混合的水果或坚果汁（未发酵及未加酒精的，不论是否加糖或其他甜物质）	A/B	P.R/Q.S	其他深加工食品（8.2）
2009892000	其他未混合的蔬菜汁（未发酵及未加酒精的，不论是否加糖或其他甜物质）	A/B	P.R/Q.S	其他深加工食品（8.2）
2009901000	混合水果汁（未发酵及未加酒精的，不论是否加糖或其他甜物质）	A/B	P.R/Q.S	其他深加工食品（8.2）
2009909000	水果、坚果或蔬菜的混合汁（混合水果汁除外，未发酵及未加酒精的，不论是否加糖或其他甜物质）	A/B	P.R/Q.S	其他深加工食品（8.2）
2101110000	咖啡浓缩精汁	A/B	R/S	其他深加工食品（8.2）
2101120000	以咖啡为基本成分的制品（包括以咖啡浓缩精汁为基本成分的制品）	A/B	R/S	其他深加工食品（8.2）
2101200000	茶、马黛茶浓缩精汁及其制品	A/B	R/S	其他深加工食品（8.2）
2101300000	烘焙咖啡代用品及其浓缩精汁	A/B	R/S	其他深加工食品（8.2）
2102100000	活性酵母	A/B	P.R/Q.S	特殊食品（9.1） 饲料和饲料添加剂（5.1）
2102200000	非活性酵母，已死单细胞微生物（品目3002疫苗除外）	A/B	P.R/Q.S	特殊食品（9.1） 饲料和饲料添加剂（5.1） 食品添加剂（营养强化剂）（10.1）
2102300000	发酵粉	A/B	P.R/Q.S	特殊食品（9.1） 其他深加工食品（8.2） 饲料和饲料添加剂（5.1）
2103100000	酱油	A/B	R/S	其他深加工食品（8.2）
2103200000	番茄沙司及其他番茄调味汁	A/B	R/S	其他深加工食品（8.2）
2103300000	芥子粉及其调味品	A/B	P.R/Q.S	其他深加工食品（8.2）
2103901000	味精	A/B	R/S	其他深加工食品（8.2）
2103902000	别特酒（Aromatic bitters，仅做烹饪用，不适于饮用）	A/B	R/S	其他深加工食品（8.2）
2103909000	其他调味品	A/B	R/S	水产品（6.4） 食用植物油（7.5） 其他深加工食品（8.2）
2104100000	汤料及其制品	A/B	P.R/Q.S	其他深加工食品（8.2）
2104200000	均化混合食品	A/B	R/S	特殊食品（9.1） 其他深加工食品（8.2）
2105000000	冰激凌及其他冰制食品（不论是否含可可）	A/B	R/S	其他深加工食品（8.2）

商品编号	商品名称	监管条件	检验检疫类别	检验检疫要求
2106100000	浓缩蛋白质及人造蛋白物质	A/B	R/S	特殊食品（9.1） 其他深加工食品（8.2）
2106901000	制造碳酸饮料的浓缩物	A/B	R/S	其他深加工食品（8.2）
2106902000	制造饮料用的复合酒精制品	A/B	R/S	酒类产品（8.1）
2106903010	含濒危植物成分的蜂王浆制剂	A/B	R/S	蜂产品（6.6） 特殊食品（9.1）
2106903090	其他蜂王浆制剂	A/B	R/S	蜂产品（6.6） 特殊食品（9.1）
2106904000	椰子汁	A/B	P.R/Q.S	其他深加工食品（8.2）
2106905010	濒危海豹油胶囊	A/B	R/S	特殊食品（9.1）
2106905090	其他海豹油胶囊	A/B	R/S	特殊食品（9.1）
2106906100	含香料或着色剂的甘蔗糖或甜菜糖水溶液	A/B	R/S	其他深加工食品（8.2）
2106906200	蔗糖含量超过50%的甘蔗糖、甜菜糖与其他食品原料的简单固体混合物	A/B	R/S	其他深加工食品（8.2）
2106909001	无乳糖配方或低乳糖配方、乳蛋白部分水解配方、乳蛋白深度水解配方或氨基酸配方、早产/低出生体重婴儿配方（非乳基）、氨基酸代谢障碍配方、母乳营养补充剂（非乳基）特殊婴幼儿配方食品	A/B	R/S	特殊食品（9.1）
2106909011	含濒危鱼软骨素胶囊	A/B	R/S	特殊食品（9.1）
2106909019	含濒危动植物成分的其他编号未列名食品	A/B	R/S	特殊食品（9.1） 其他深加工食品（8.2）
2106909090	其他编号未列名的食品	A/B	R/S	乳品（6.3） 茶叶（7.7） 特殊食品（9.1） 燕窝产品（6.5） 酒类产品（8.1） 食用植物油（7.5） 其他深加工食品（8.2） 食品添加剂（营养强化剂）（10.1）
2201101000	未加糖及未加味的矿泉水（包括天然或人造矿泉水）	A/B	R/S	其他深加工食品（8.2）
2201102000	未加糖及未加味的汽水	A/B	R/S	其他深加工食品（8.2）
2201901100	已包装的天然水（未加味、加糖或其他甜物质）	A/B	R/S	其他深加工食品（8.2）
2201909000	其他水、冰及雪（未加味、加糖或其他甜物质）	A/B	R/S	其他深加工食品（8.2） 食品添加剂（营养强化剂）（10.1）
2202100010	含濒危动植物成分的加味、加糖或其他甜物质的水（包括矿泉水及汽水）	A/B	R/S	特殊食品（9.1） 其他深加工食品（8.2）
2202100090	其他加味、加糖或其他甜物质的水（包括矿泉水及汽水）	A/B	R/S	特殊食品（9.1） 其他深加工食品（8.2）
2202910011	含濒危动植物成分散装无醇啤酒	A/B	R/S	酒类产品（8.1）
2202910019	其他散装无醇啤酒	A/B	R/S	酒类产品（8.1）
2202910091	含濒危动植物成分其他包装无醇啤酒	A/B	R/S	酒类产品（8.1）
2202910099	其他包装无醇啤酒	A/B	R/S	酒类产品（8.1）
2202990011	其他含濒危动植物成分散装无酒精饮料（不包括品目2009的水果汁、坚果汁或蔬菜汁）	A/B	R/S	特殊食品（9.1） 其他深加工食品（8.2）
2202990019	其他散装无酒精饮料（不包括品目2009的水果汁、坚果汁或蔬菜汁）	A/B	R/S	其他深加工食品（8.2）
2202990091	其他含濒危动植物成分其他包装无酒精饮料（不包括品目2009的水果汁、坚果汁或蔬菜汁）	A/B	R/S	特殊食品（9.1） 其他深加工食品（8.2）
2202990099	其他包装无酒精饮料（不包括品目2009的水果汁、坚果汁或蔬菜汁）	A/B	R/S	燕窝产品（6.5） 其他深加工食品（8.2）

商品编号	商品名称	监管条件	检验检疫类别	检验检疫要求
2203000000	麦芽酿造的啤酒	A/B	R/S	酒类产品（8.1）
2204100000	葡萄汽酒	A/B	R/S	酒类产品（8.1）
2204210000	小包装的鲜葡萄酿造的酒（小包装指装入两升及以下容器的）	A/B	R/S	酒类产品（8.1）
2204220000	中等包装鲜葡萄酿造的酒（中等包装是指装入两升以上但不超过10升容器的）	A/B	R/S	酒类产品（8.1）
2204290000	其他包装鲜葡萄酿造的酒（其他包装指装入十升以上容器的）	A/B	R/S	酒类产品（8.1）
2204300000	其他酿酒葡萄汁（品目2009以外的）	A/B	R/S	酒类产品（8.1） 食品添加剂（营养强化剂）（10.1）
2205100000	小包装的味美思酒及类似酒（两升及以下容器包装，加植物或香料的用鲜葡萄酿造的酒）	A/B	R/S	酒类产品（8.1）
2205900000	其他包装的味美思酒及类似酒（两升以上容器包装，加植物或香料的用鲜葡萄酿造的酒）	A/B	R/S	酒类产品（8.1）
2206001000	黄酒（以稻米、黍米、玉米、小米、小麦等为主要原料，经进一步加工制成）	A/B	R/S	酒类产品（8.1）
2206009000	其他发酵饮料（未列名发酵饮料混合物及发酵饮料与无酒精饮料的混合物）	A/B	R/S	酒类产品（8.1） 其他深加工食品（8.2）
2207100000	酒精浓度在80%及以上的未改性乙醇	A/B	M.R/N.S	酒类产品（8.1） 危险化学品（13.1）
2207200010	任何浓度的改性乙醇	A/B	M.R/N.S	危险化学品（13.1） 其他资源与化工产品（13.7）
2207200090	任何浓度的其他酒精	A/B	M.R/N.S	酒类产品（8.1） 危险化学品（13.1） 食品添加剂（营养强化剂）（10.1）
2208200010	装入200升及以上容器的蒸馏葡萄酒制得的烈性酒	A/B	R/S	酒类产品（8.1）
2208200090	其他蒸馏葡萄酒制得的烈性酒	A/B	R/S	酒类产品（8.1）
2208300000	威士忌酒	A/B	R/S	酒类产品（8.1）
2208400000	朗姆酒及蒸馏已发酵甘蔗产品制得的其他烈性酒	A/B	R/S	酒类产品（8.1）
2208500000	杜松子酒	A/B	R/S	酒类产品（8.1）
2208600000	伏特加酒	A/B	R/S	酒类产品（8.1）
2208700000	利口酒及柯迪尔酒	A/B	R/S	酒类产品（8.1）
2208901010	濒危龙舌兰酒	A/B	R/S	酒类产品（8.1）
2208901090	其他龙舌兰酒	A/B	R/S	酒类产品（8.1）
2208902000	白酒	A/B	R/S	酒类产品（8.1） 危险化学品（13.1）
2208909001	酒精浓度在80%以下的未改性乙醇	A/B	R/S	酒类产品（8.1） 危险化学品（13.1） 食品添加剂（营养强化剂）（10.1）
2208909021	含濒危野生动植物成分的薯类蒸馏酒	A/B	R/S	酒类产品（8.1） 特殊食品（9.1）
2208909029	其他薯类蒸馏酒	A/B	R/S	酒类产品（8.1）
2208909091	含濒危野生动植物成分的其他蒸馏酒及酒精饮料	A/B	R/S	酒类产品（8.1） 特殊食品（9.1）
2208909099	其他蒸馏酒及酒精饮料	A/B	M.R/N.S	酒类产品（8.1） 特殊食品（9.1）
2209000000	醋及用醋酸制得的醋代用品	A/B	R/S	特殊食品（9.1） 其他深加工食品（8.2）
2301101100	含牛羊成分的肉骨粉（不适于供人食用的）	A/B	M.P/Q	饲料和饲料添加剂（5.1）
2301101900	其他肉骨粉（不适于供人食用的）	A/B	M.P/Q	饲料和饲料添加剂（5.1）

商品编号	商品名称	监管条件	检验检疫类别	检验检疫要求
2301102000	油渣（不适于供人食用的）	A/B	P/Q	非食用动物产品（3.4） 饲料和饲料添加剂（5.1）
2301109000	其他不适于供人食用的肉渣粉（包括杂碎渣粉）	A/B	P/Q	饲料和饲料添加剂（5.1）
2301201000	饲料用鱼粉	A/B	M.P/Q	饲料和饲料添加剂（5.1）
2301209000	其他不适于供人食用的水产品渣粉	A/B	P/Q	饲料和饲料添加剂（5.1）
2302100000	玉米糠、麸及其他残渣	A/B	M.P/Q	饲料和饲料添加剂（5.1）
2302300000	小麦糠、麸及其他残渣	A/B	P/Q	饲料和饲料添加剂（5.1）
2302400000	其他谷物糠、麸及其他残渣	A/B	P/Q	饲料和饲料添加剂（5.1）
2302500000	豆类植物糠、麸及其他残渣	A/B	P/Q	饲料和饲料添加剂（5.1）
2303100000	制造淀粉过程中的残渣及类似品	A/B	P/Q	饲料和饲料添加剂（5.1）
2303200000	甜菜渣、甘蔗渣及类似残渣	A/B	P/Q	栽培介质（5.2） 饲料和饲料添加剂（5.1）
2303300011	干玉米酒糟	A/B	P/Q	饲料和饲料添加剂（5.1）
2303300019	其他玉米酒糟	A/B	P/Q	饲料和饲料添加剂（5.1）
2303300090	其他酿造及蒸馏过程中的糟粕及残渣	A/B	P/Q	饲料和饲料添加剂（5.1）
2304001000	提炼豆油所得的油渣饼（豆饼）	A/B	P/N.Q	饲料和饲料添加剂（5.1）
2304009000	提炼豆油所得的其他固体残渣（不论是否研磨或制成团）	A/B	P/N.Q	饲料和饲料添加剂（5.1）
2305000000	提炼花生油所得的油渣饼及其他固体残渣	A/B	P/N.Q	饲料和饲料添加剂（5.1）
2306100000	棉子油渣饼及固体残渣（不论是否碾磨或制成团粒）	A/B	P/N.Q	饲料和饲料添加剂（5.1）
2306200000	亚麻子油渣饼及固体残渣（不论是否碾磨或制成团粒）	A/B	P/N.Q	饲料和饲料添加剂（5.1）
2306300000	葵花子油渣饼及固体残渣（不论是否碾磨或制成团粒）	A/B	P/N.Q	饲料和饲料添加剂（5.1）
2306410000	低芥子酸油菜子油渣饼及固体残渣（不论是否碾磨或制成团粒）	A/B	P/N.Q	饲料和饲料添加剂（5.1）
2306490000	其他油菜子油渣饼及固体残渣（不论是否碾磨或制成团粒）	A/B	P/N.Q	饲料和饲料添加剂（5.1）
2306500000	椰子或干椰肉油渣饼及固体残渣（不论是否碾磨或制成团粒）	A/B	P/N.Q	饲料和饲料添加剂（5.1）
2306600010	濒危棕榈果或濒危棕榈仁油渣饼及固体残渣（不论是否碾磨或制成团粒）	A/B	P/N.Q	饲料和饲料添加剂（5.1）
2306600090	其他棕榈果或其他棕榈仁油渣饼及固体残渣（不论是否碾磨或制成团粒）	A/B	P/N.Q	饲料和饲料添加剂（5.1）
2306900000	其他油渣饼及固体残渣（品目2304或2305以外的提炼植物或微生物油脂所得的，不论是否碾磨或制成团粒）	A/B	P/N.Q	饲料和饲料添加剂（5.1）
2307000000	葡萄酒渣、粗酒石	A/B	R/S	饲料和饲料添加剂（5.1） 食品添加剂（营养强化剂）（10.1）
2308000000	动物饲料用的其他植物产品（包括废料、残渣及副产品）	A/B	P/Q	饲料和饲料添加剂（5.1）
2309101000	狗食或猫食罐头	A/B	P/Q	饲料和饲料添加剂（5.1）
2309109000	其他零售包装的狗食或猫食	A/B	P/Q	饲料和饲料添加剂（5.1）
2309901000	制成的饲料添加剂	A/B	M.P/Q	饲料和饲料添加剂（5.1）
2309909000	其他配制的动物饲料	A/B	M.P/Q	饲料和饲料添加剂（5.1）
2401101000	未去梗的烤烟	A/B	M.P/Q.S	烟草（4.5）
2401109000	其他未去梗的烟草	A/B	M.P/Q.S	烟草（4.5）
2401201000	部分或全部去梗的烤烟	A/B	P/Q.S	烟草（4.5）
2401209000	部分或全部去梗的其他烟草	A/B	P/Q.S	烟草（4.5）
2401300000	烟草废料	A/B	P/Q.S	烟草（4.5）
2403110000	供吸用的本章子目注释所述的水烟料（不论是否含有任何比例的烟草代用品）	A/B	P/Q.S	烟草（4.5）
2403190000	其他供吸用的烟草（不论是否含有任何比例的烟草代用品）	A/B	P/Q.S	烟草（4.5）
2403910010	再造烟草	A/B	P/Q	烟草（4.5）
2403910090	均化烟草	A/B	P/Q	烟草（4.5）
2403990010	烟草精汁	A/B	M.P/N.Q.S	烟草（4.5）
2403990090	其他烟草及烟草代用品的制品	A/B	P/Q.S	烟草（4.5） 危险化学品（13.1）
2404110000	含烟草或再造（均化）烟草的非经燃烧吸用的产品	A/B	P/Q	危险化学品（13.1）

商品编号	商品名称	监管条件	检验检疫类别	检验检疫要求
2404120000	含尼古丁但不含烟草或再造（均化）烟草的非经燃烧吸用的产品			危险化学品（13.1）
2404191000	含烟草代用品的非经燃烧吸用的产品，且不含烟草、再造（均化）烟草、尼古丁	A/B	P/Q.S	危险化学品（13.1）
2404199000	其他非经燃烧吸用的尼古丁代用品			危险化学品（13.1）
2404910010	经口腔摄入含濒危动植物成分的供人体摄入尼古丁的产品	A/B	R/S	危险化学品（13.1）
2404910090	经口腔摄入的其他供人体摄入尼古丁的产品	A/B	R/S	危险化学品（13.1）
2404920000	经皮肤摄入的供人体摄入尼古丁的产品			危险化学品（13.1）
2404990000	其他供人体摄入尼古丁的含尼古丁产品			危险化学品（13.1）
2501001100	食用盐	A/B	R/S	其他深加工食品（8.2） 饲料和饲料添加剂（5.1）
2501001900	其他盐	A/B	R/S	非金属矿产品（13.3） 饲料和饲料添加剂（5.1）
2503000000	各种硫磺（升华硫磺、沉淀硫磺及胶态硫磺除外）	A/B	M.R/N.S	危险化学品（13.1） 食品添加剂（营养强化剂）（10.1）
2512001000	硅藻土（不论是否煅烧，表观比重≤1）	A	R	非金属矿产品（13.3） 食品添加剂（营养强化剂）（10.1）
2516110000	原状或粗加修整花岗岩	A	M	石材（13.3）
2516120000	矩形花岗岩（用锯或其他方法切割成矩形）	A	M	石材（13.3）
2516200001	原状或粗加修整砂岩	A	M	石材（13.3）
2519909100	化学纯氧化镁	A	R	饲料和饲料添加剂（5.1） 食品添加剂（营养强化剂）（10.1）
2523290000	其他硅酸盐水泥	A	M	水泥（13.3）
2523900000	其他水凝水泥	A	M	水泥（13.3）
2524100000	青石棉			禁止进出口 危险化学品（13.1）
2524901010	长纤维阳起石石棉（包括长纤维铁石棉、透闪石石棉及直闪石石棉）			禁止进出口 危险化学品（13.1）
2524901090	其他长纤维石棉			危险化学品（13.1）
2524909010	其他阳起石石棉（包括其他铁石棉、透闪石石棉及直闪石石棉）			禁止进出口 危险化学品（13.1）
2524909090	其他石棉			危险化学品（13.1）
2526202001	滑石粉（体积百分比90%及以上的产品颗粒度小于等于18微米的）	A	R	非金属矿产品（13.3）
2528001000	天然硼砂及其精矿（不论是否煅烧，不含从天然盐水析离的硼酸盐）	A	M	非金属矿产品（13.3）
2530902000	其他稀土金属矿	B	N	稀土
2601111000	未烧结铁矿砂及其精矿（平均粒度小于0.8毫米的，焙烧黄铁矿除外）	A	M	金属矿产品（13.4）
2601112000	未烧结铁矿砂及其精矿（平均粒度不小于0.8毫米，但不大于6.3毫米的，焙烧黄铁矿除外）	A	M	金属矿产品（13.4）
2601119000	平均粒度大于6.3毫米的未烧结铁矿砂及其精矿（焙烧黄铁矿除外）	A	M	金属矿产品（13.4）
2601120000	已烧结铁矿砂及其精矿（焙烧黄铁矿除外）	A	M	金属矿产品（13.4）
2601200000	焙烧黄铁矿	A	M	金属矿产品（13.4）
2602000000	锰矿砂及其精矿（包括以干重计含锰量在20%及以上的锰铁矿及其精矿）	A	M	金属矿产品（13.4）
2603000010	铜矿砂及其精矿（黄金价值部分）	A	M	金属矿产品（13.4）
2603000090	铜矿砂及其精矿（非黄金价值部分）	A	M	金属矿产品（13.4）
2607000001	铅矿砂及其精矿（黄金价值部分）	A	M	金属矿产品（13.4）
2607000090	铅矿砂及其精矿（非黄金价值部分）	A	M	金属矿产品（13.4）
2608000001	灰色饲料氧化锌（氧化锌ZnO含量大于80%）	A	M	饲料和饲料添加剂（5.1）
2608000090	其他锌矿砂及其精矿	A	M	金属矿产品（13.4）

商品编号	商品名称	监管条件	检验检疫类别	检验检疫要求
2610000000	铬矿砂及其精矿	A	M	金属矿产品（13.4）
2615100000	锆矿砂及其精矿			危险化学品（13.1）
2617901000	朱砂（辰砂）			危险化学品（13.1）
2701110010	无烟煤（不论是否粉化，但未制成型）	A	M	煤炭产品（13.3）
2701110090	无烟煤滤料	A	M	煤炭产品（13.3）
2701121000	未制成型的炼焦煤（不论是否粉化）	A	M	煤炭产品（13.3）
2701129000	其他烟煤（不论是否粉化，但未制成型）	A	M	煤炭产品（13.3）
2701190000	其他煤（不论是否粉化，但未制成型）	A	M	煤炭产品（13.3）
2702100000	褐煤（不论是否粉化，但未制成型）	A	M	煤炭产品（13.3）
2702200000	制成型的褐煤	A	M	煤炭产品（13.3）
2703000010	泥炭（草炭）［沼泽（湿地）中，地上植物枯死、腐烂堆积而成的有机矿体（不论干湿）］	A/B	P/Q	禁止出口 栽培介质（5.2） 其他资源与化工产品（13.7）
2703000090	泥煤（包括肥料用泥煤）（不论是否制成型）	A/B	P/Q	栽培介质（5.2） 煤炭产品（13.3）
2705000010	煤气	A/B	M/N	危险化学品（13.1）
2705000090	水煤气、炉煤气及类似气体（石油气及其烃类气除外）			危险化学品（13.1）
2706000001	含蒽油≥50%及沥青≥40%的"炭黑油"			危险化学品（13.1）
2706000090	其他从煤、褐煤或泥煤蒸馏所得的焦油及矿物焦油（不论是否脱水或部分蒸馏，包括再造焦油）	A/B	M/N	危险化学品（13.1） 其他资源与化工产品（13.7）
2707100000	粗苯	A/B	M/N	危险化学品（13.1）
2707200000	粗甲苯			危险化学品（13.1）
2707300000	粗二甲苯			危险化学品（13.1）
2707400000	萘	A/B	M/N	危险化学品（13.1）
2707500010	200摄氏度以下时蒸馏出的芳烃以体积计小于95%的其他芳烃混合物［根据ISO 3405方法（等同于ASTMD 86方法），温度在250摄氏度时的馏出量以体积计（包括损耗）在65%及以上］			危险化学品（13.1）
2707500090	其他芳烃混合物［根据ISO 3405方法（等同于ASTMD 86方法），温度在250摄氏度时的馏出量以体积计（包括损耗）在65%及以上］			危险化学品（13.1）
2707910000	杂酚油			危险化学品（13.1）
2707991000	酚			危险化学品（13.1）
2707999000	蒸馏煤焦油所得的其他产品（包括芳族成分重量超过非芳族成分的其他类似产品）			危险化学品（13.1）
2708100000	沥青			危险化学品（13.1）
2709000000	石油原油（包括从沥青矿物提取的原油）	A/B	M/N	危险化学品（13.1）
2710121000	车用汽油及航空汽油，不含生物柴油	A/B	M/N	危险化学品（13.1）
2710122000	石脑油，不含生物柴油	A/B	M/N	危险化学品（13.1）
2710123000	橡胶溶剂油、油漆溶剂油、抽提溶剂油，不含生物柴油			危险化学品（13.1）
2710129101	壬烯，不含生物柴油（碳九异构体混合物含量高于90%）	A	M	危险化学品（13.1）
2710129190	其他壬烯，不含生物柴油	A	M	危险化学品（13.1） 其他资源与化工产品（13.7）
2710129910	异戊烯同分异构体混合物，不含生物柴油	A	M	危险化学品（13.1） 其他资源与化工产品（13.7）
2710129920	脱模剂（包括按重量计含油≥70%的制品）	A	M	危险化学品（13.1） 其他资源与化工产品（13.7）
2710129990	其他轻油及制品，不含生物柴油（包括按重量计含油≥70%的制品）	A	M	危险化学品（13.1） 其他资源与化工产品（13.7）
2710191100	航空煤油，不含生物柴油	A/B	M/N	危险化学品（13.1）
2710191200	灯用煤油，不含生物柴油	A/B	M/N	危险化学品（13.1） 其他资源与化工产品（13.7）
2710191910	正构烷烃（C9-C13），不含生物柴油			危险化学品（13.1）

商品编号	商品名称	监管条件	检验检疫类别	检验检疫要求
2710191920	异构烷烃溶剂，不含生物柴油（初沸点225摄氏度，闪点92摄氏度，密度0.79g/cm³，黏度3.57mm²/s）	A/B	M/N	危险化学品（13.1）
2710191990	其他煤油馏分的油及制品，不含生物柴油	A/B	M/N	危险化学品（13.1） 其他资源与化工产品（13.7）
2710192210	低硫的5~7号燃料油（硫含量不高于0.5% m/m），不含生物柴油	A/B	M/N	危险化学品（13.1） 其他资源与化工产品（13.7）
2710192290	其他5~7号燃料油，不含生物柴油	A/B	M/N	危险化学品（13.1） 其他资源与化工产品（13.7）
2710192300	柴油	A/B	M/N	危险化学品（13.1）
2710192910	蜡油，不含生物柴油（350摄氏度以下馏出物体积<20%，550摄氏度以下馏出物体积>80%）	A/B	M/N	危险化学品（13.1） 其他资源与化工产品（13.7）
2710192990	其他燃料油，不含生物柴油	A/B	M/N	危险化学品（13.1） 其他资源与化工产品（13.7）
2710199100	润滑油，不含生物柴油	A	M	危险化学品（13.1） 其他资源与化工产品（13.7）
2710199200	润滑脂，不含生物柴油	A	M	危险化学品（13.1） 其他资源与化工产品（13.7）
2710199400	液体石蜡和重质液体石蜡，不含生物柴油	A/B	M.R/N.S	危险化学品（13.1） 食品添加剂（营养强化剂）（10.1）
2710199910	白油（液体烃类混合物组成的无色透明油状液体，由原油分馏所得）[商品成分为100%白矿油，40摄氏度时该产品黏度为65平方毫米/秒，闪点为225摄氏度，倾点为-10摄氏度，比重（20摄氏度/20摄氏度）为0.885]	B	N	危险化学品（13.1） 其他资源与化工产品（13.7）
2710199990	其他重油；其他重油制品，不含生物柴油（包括按重量计含油≥70%的制品）	B	N	其他资源与化工产品（13.7）
2710200000	石油及从沥青矿物提取的油类（但原油除外）以及以上述油为基本成分（按重量计≥70%）的其他品目未列名制品（含生物柴油<30%，废油除外）	A	M	危险化学品（13.1） 其他资源与化工产品（13.7）
2711110000	液化天然气	A/B	M/N	危险化学品（13.1）
2711120000	液化丙烷	A/B	M/N	危险化学品（13.1） 食品添加剂（营养强化剂）（10.1）
2711131000	直接灌注香烟打火机等用液化丁烷（包装容器容积>300立方厘米）			危险化学品（13.1）
2711139000	其他液化丁烷			危险化学品（13.1）
2711140010	液化的乙烯	A/B	M/N	危险化学品（13.1）
2711140090	液化的丙烯、丁烯及丁二烯			危险化学品（13.1）
2711191000	其他直接灌注打火机等用液化燃料（包装容器容积超过300立方厘米）			危险化学品（13.1）
2711199010	其他液化石油气	A/B	M/N	危险化学品（13.1）
2711199090	其他液化烃类气			危险化学品（13.1）
2711210000	气态天然气	A/B	M/N	危险化学品（13.1）
2711290010	其他气态石油气	A/B	M/N	危险化学品（13.1）
2711290090	其他气态烃类气			危险化学品（13.1）
2712100000	凡士林	A	R	食品添加剂（营养强化剂）（10.1）
2712200000	石蜡，不论是否着色（按重量计含油量小于0.75%）	A	R	危险化学品（13.1） 其他资源与化工产品（13.7） 食品添加剂（营养强化剂）（10.1）

商品编号	商品名称	监管条件	检验检疫类别	检验检疫要求
2712901010	食品级微晶石蜡［相应指标符合《食品级微晶石蜡》（GB 22160—2008）的要求］	A	R	食品添加剂（营养强化剂）（10.1）
2712901090	其他微晶石蜡	A	R	食品添加剂（营养强化剂）（10.1）
2715000010	440摄氏度以下时蒸馏出的矿物油以体积计大于5%的沥青混合物（例如，沥青胶粘剂、稀释沥青）［以天然沥青（地沥青）、石油沥青、矿物焦油或矿物焦油沥青为基本成分］			危险化学品（13.1）
2715000090	其他沥青混合物（例如，沥青胶粘剂、稀释沥青）［以天然沥青（地沥青）、石油沥青、矿物焦油或矿物焦油沥青为基本成分］			危险化学品（13.1）
2801100000	氯	A/B	M/N	危险化学品（13.1）
2801301000	氟	A/B	M/N	危险化学品（13.1）
2801302000	溴	A/B	M/N	危险化学品（13.1）
2802000000	升华、沉淀、胶态硫磺	A/B	M/N	危险化学品（13.1） 其他资源与化工产品（13.7） 食品添加剂（营养强化剂）（10.1）
2804100000	氢	A/B	M/N	危险化学品（13.1）
2804210000	氩	A/B	M/N	危险化学品（13.1）
2804290010	氦			危险化学品（13.1）
2804290090	其他稀有气体			危险化学品（13.1）
2804300000	氮	A/B	M/N	危险化学品（13.1）
2804400000	氧	A/B	M/N	危险化学品（13.1）
2804619099	其他含硅量≥99.99%的硅（太阳能级多晶硅除外）			危险化学品（13.1）
2804690000	其他含硅量<99.99%的硅			危险化学品（13.1）
2804701000	黄磷（白磷）	A/B	M/N	危险化学品（13.1）
2804709010	红磷	A/B	M/N	危险化学品（13.1）
2804800000	砷	A/B	M/N	危险化学品（13.1）
2805110000	钠	A/B	M/N	危险化学品（13.1）
2805120010	高纯度钙［金属杂质（除镁外）含量<1‰，硼含量小于十万分之一］	A	M	危险化学品（13.1）
2805120090	其他钙			危险化学品（13.1）
2805191000	锂	A/B	M/N	危险化学品（13.1）
2805199000	其他碱金属及碱土金属			危险化学品（13.1）
2805301100	钕（未相互混合或相互熔合）	B	N	稀土 危险化学品（13.1）
2805301200	镝（未相互混合或相互熔合）	B	N	稀土
2805301300	铽（未相互混合或相互熔合）	B	N	稀土
2805301400	镧（未相互混合或相互熔合）	B	N	稀土 危险化学品（13.1）
2805301510	颗粒<500μm的铈及其合金（含量≥97%、不论球形、椭球体、雾化、片状、研碎金属燃料；未相互混合或相互熔合）	B	N	稀土 危险化学品（13.1）
2805301590	其他金属铈（未相互混合或相互熔合）	B	N	稀土 危险化学品（13.1）
2805301600	金属镨（未相互混合或相互熔合）	B	N	稀土
2805301700	金属钇（未相互混合或相互熔合）	B	N	稀土
2805301800	金属钪（未相互混合或相互熔合）	B	N	稀土
2805301900	其他稀土金属（未相互混合或相互熔合）	B	N	稀土 危险化学品（13.1）
2805302100	其他电池级的稀土金属、钪及钇（已相互混合或相互熔合）	B	N	稀土
2805302900	其他稀土金属、钪及钇（已相互混合或相互熔合）	B	N	稀土 危险化学品（13.1）
2805400000	汞	A/B	M/N	危险化学品（13.1）

商品编号	商品名称	监管条件	检验检疫类别	检验检疫要求
2806100000	氯化氢（盐酸）	A/B	M.R/N.S	危险化学品（13.1） 食品添加剂（营养强化剂）（10.1）
2806200000	氯磺酸	A/B	M/N	危险化学品（13.1）
2807000010	硫酸			危险化学品（13.1）
2807000090	发烟硫酸	A/B	M/N	危险化学品（13.1）
2808000010	红发烟硝酸	A	M	危险化学品（13.1）
2808000090	磺硝酸及其他硝酸			危险化学品（13.1）
2809100000	五氧化二磷	A/B	M/N	危险化学品（13.1）
2809201100	食品级磷酸（食品级磷酸的具体技术指标参考 GB 3149—2004）	A/B	R/N.S	危险化学品（13.1） 饲料和饲料添加剂（5.1） 食品添加剂（营养强化剂）（10.1）
2809201900	其他磷酸及偏磷酸、焦磷酸（食品级磷酸除外）	B	N	危险化学品（13.1） 其他资源与化工产品（13.7） 食品添加剂（营养强化剂）（10.1）
2809209000	其他多磷酸			危险化学品（13.1）
2810002000	硼酸	A/B	M/N	危险化学品（13.1）
2811111000	电子级氢氟酸	A/B	M/N	危险化学品（13.1）
2811119000	其他氢氟酸	A/B	M/N	危险化学品（13.1）
2811120000	氢氰酸（包括氰化氢）			危险化学品（13.1）
2811192000	硒化氢	A/B	M/N	危险化学品（13.1）
2811199010	氢碘酸	A/B	M/N	危险化学品（13.1）
2811199020	砷酸、焦砷酸、偏砷酸			危险化学品（13.1）
2811199090	其他无机酸	A/B	M.R/N.S	危险化学品（13.1） 其他资源与化工产品（13.7） 食品添加剂（营养强化剂）（10.1）
2811210000	二氧化碳	A/B	M.R/N.S	危险化学品（13.1） 其他资源与化工产品（13.7） 食品添加剂（营养强化剂）（10.1）
2811221000	二氧化硅硅胶	A	R	饲料和饲料添加剂（5.1）
2811229000	其他二氧化硅	A	R	饲料和饲料添加剂（5.1） 食品添加剂（营养强化剂）（10.1）
2811290010	三氧化二砷、五氧化二砷［亚砷（酸）酐砒霜、白砒、氧化亚砷、砷（酸）酐、三氧化砷］			危险化学品（13.1）
2811290020	四氧化二氮	A	M	危险化学品（13.1）
2811290090	其他非金属无机氧化物			危险化学品（13.1）
2812110000	碳酰二氯（光气）			危险化学品（13.1）
2812120000	氧氯化磷（即磷酰氯、三氯氧磷）			危险化学品（13.1）
2812130000	三氯化磷	A/B	M/N	危险化学品（13.1）
2812140000	五氯化磷	A/B	M/N	危险化学品（13.1）
2812150000	一氯化硫（氯化硫）	A/B	M/N	危险化学品（13.1）
2812160000	二氯化硫	A/B	M/N	危险化学品（13.1）
2812170000	亚硫酰氯	A/B	M/N	危险化学品（13.1）
2812191010	三氯化砷	A/B	M/N	危险化学品（13.1）
2812191090	其他非金属氯化物			危险化学品（13.1）
2812199000	非金属氯氧化物			危险化学品（13.1）

商品编号	商品名称	监管条件	检验检疫类别	检验检疫要求
2812901100	三氟化氮	A/B	M/N	危险化学品（13.1）
2812901910	三氟化氯	A	M	危险化学品（13.1）
2812901920	三氟化砷（氟化亚砷）			危险化学品（13.1）
2812901930	硫酰氟			危险化学品（13.1）
2812901940	三氟化磷			危险化学品（13.1）
2812901950	三氟化硼			危险化学品（13.1）
2812901990	其他氟化物及氟氧化物			危险化学品（13.1）
2812909010	三溴化砷、三碘化砷（溴化亚砷、碘化亚砷）			危险化学品（13.1）
2812909090	其他非金属卤化物及卤氧化物			危险化学品（13.1）
2813100000	二硫化碳	A/B	M/N	危险化学品（13.1）
2813900010	五硫化二磷			危险化学品（13.1）
2813900020	三硫化二磷	A/B	M/N	危险化学品（13.1）
2813900090	其他非金属硫化物			危险化学品（13.1）
2814100000	氨	A/B	M/N	危险化学品（13.1） 饲料和饲料添加剂（5.1）
2814200010	氨水（含量≥10%）	A/B	M/N	危险化学品（13.1） 饲料和饲料添加剂（5.1）
2815110000	固体氢氧化钠	A/B	M.R/N.S	危险化学品（13.1） 饲料和饲料添加剂（5.1） 食品添加剂（营养强化剂）（10.1）
2815120000	氢氧化钠水溶液、液体烧碱	A/B	M/N	危险化学品（13.1） 其他资源与化工产品（13.7） 饲料和饲料添加剂（5.1） 食品添加剂（营养强化剂）（10.1）
2815200000	氢氧化钾（苛性钾）	A/B	M.R/N.S	危险化学品（13.1） 食品添加剂（营养强化剂）（10.1）
2815300000	过氧化钠及过氧化钾	A/B	M/N	危险化学品（13.1）
2816100010	过氧化镁	A/B	M/N	危险化学品（13.1）
2816400000	锶或钡的氧化物、氢氧化物（及其过氧化物）			危险化学品（13.1）
2817001000	氧化锌	A	R	饲料和饲料添加剂（5.1） 食品添加剂（营养强化剂）（10.1）
2817009000	过氧化锌	A/B	M/N	危险化学品（13.1）
2819100000	三氧化铬	A/B	M/N	危险化学品（13.1）
2824100000	一氧化铅（铅黄、黄丹）	A/B	M/N	危险化学品（13.1）
2824901000	铅丹及铅橙［四氧化（三）铅］（红丹）	A/B	M/N	危险化学品（13.1）
2824909000	其他铅的氧化物			危险化学品（13.1）
2825101010	纯度70%及以上的水合肼	A	M	危险化学品（13.1）
2825101090	纯度70%以下的水合肼	A/B	M/N	危险化学品（13.1）
2825102000	硫酸羟胺	A/B	M/N	危险化学品（13.1）
2825109000	其他肼、胲及其无机盐			危险化学品（13.1）
2825201000	氢氧化锂	A/B	M/N	危险化学品（13.1）
2825209000	锂的氧化物			危险化学品（13.1）
2825301000	五氧化二钒	A/B	M/N	危险化学品（13.1）
2825309000	其他钒的氧化物及氢氧化物			危险化学品（13.1）
2825800000	锑的氧化物	B	N	危险化学品（13.1） 其他资源与化工产品（13.7）
2825902100	三氧化二铋	A	R	食品添加剂（营养强化剂）（10.1）

商品编号	商品名称	监管条件	检验检疫类别	检验检疫要求
2825902900	其他铋的氧化物及氢氧化物	A	R	食品添加剂（营养强化剂）（10.1）
2825903100	二氧化锡	A	R	食品添加剂（营养强化剂）（10.1）
2825903900	其他锡的氧化物及氢氧化物	A	R	食品添加剂（营养强化剂）（10.1）
2825904100	一氧化铌	A	M	其他资源与化工产品（13.7）
2825904910	五氧化二铌	A/B	M.R/N	食品添加剂（营养强化剂）（10.1）
2825904990	其他铌的氧化物及氢氧化物	A/B	M.R/N	食品添加剂（营养强化剂）（10.1）
2825909000	其他金属的氧化物及氢氧化物	A/B	M.R/N.S	危险化学品（13.1）其他资源与化工产品（13.7）食品添加剂（营养强化剂）（10.1）
2826191010	氟化氢铵	A	M	危险化学品（13.1）
2826191090	其他铵的氟化物			危险化学品（13.1）
2826192010	氟化钠	A/B	M.R/N.S	危险化学品（13.1）
2826192020	氟化氢钠	A	M	危险化学品（13.1）
2826193000	六氟化钨			危险化学品（13.1）
2826199010	氟化钾	A	M	危险化学品（13.1）
2826199020	氟化氢钾	A	M	危险化学品（13.1）
2826199030	氟化铅、四氟化铅、氟化镉			危险化学品（13.1）
2826199090	其他氟化物			危险化学品（13.1）
2826901000	氟硅酸盐			危险化学品（13.1）
2826909010	氟钽酸钾			危险化学品（13.1）
2826909030	氟硼酸铅、氟硼酸镉			危险化学品（13.1）
2826909090	氟铝酸盐及其他氟络盐			危险化学品（13.1）
2827101000	肥料用氯化铵	B	N	化肥（13.7）
2827200000	氯化钙	A	R	饲料和饲料添加剂（5.1）食品添加剂（营养强化剂）（10.1）
2827310000	氯化镁	A	R	饲料和饲料添加剂（5.1）食品添加剂（营养强化剂）（10.1）
2827320000	氯化铝			危险化学品（13.1）
2827350000	氯化镍	A/B	M/N	危险化学品（13.1）
2827392000	氯化钡	A/B	M/N	危险化学品（13.1）
2827393000	氯化钴	A/B	M.R/N.S	危险化学品（13.1）饲料和饲料添加剂（5.1）
2827399000	其他氯化物	A/B	M.R/N.S	危险化学品（13.1）其他资源与化工产品（13.7）饲料和饲料添加剂（5.1）食品添加剂（营养强化剂）（10.1）
2827499000	其他氯氧化物及氢氧基氯化物			危险化学品（13.1）
2827590000	其他溴化物及溴氧化物			危险化学品（13.1）

商品编号	商品名称	监管条件	检验检疫类别	检验检疫要求
2827600000	碘化物及碘氧化物	A/B	M.R/N.S	危险化学品（13.1） 其他资源与化工产品（13.7） 饲料和饲料添加剂（5.1） 食品添加剂（营养强化剂）（10.1）
2828100000	商品次氯酸钙及其他钙的次氯酸盐			危险化学品（13.1）
2828900000	次溴酸盐、亚氯酸盐、其他次氯酸盐	A/B	M.R/N.S	危险化学品（13.1） 其他资源与化工产品（13.7）
2829110000	氯酸钠	A/B	M/N	危险化学品（13.1）
2829191000	氯酸钾（洋硝）	B	N	禁止进口 危险化学品（13.1）
2829199000	其他氯酸盐			危险化学品（13.1）
2829900010	颗粒<500微米的球形高氯酸铵	A	M	危险化学品（13.1）
2829900020	高氯酸钾			危险化学品（13.1）
2829900090	其他高氯酸盐、溴酸盐等（包括过溴酸盐、碘酸盐及高碘酸盐）			危险化学品（13.1）
2830101000	硫化钠	A/B	M/N	危险化学品（13.1）
2830109000	其他钠的硫化物			危险化学品（13.1）
2830902000	硫化锑	B	N	危险化学品（13.1） 金属矿产品（13.4）
2830909000	其他硫化物、多硫化物			危险化学品（13.1）
2831101000	钠的连二亚硫酸盐	A/B	M.R/N.S	危险化学品（13.1） 食品添加剂（营养强化剂）（10.1）
2831900000	其他连二亚硫酸盐及次硫酸盐			危险化学品（13.1）
2832100000	钠的亚硫酸盐			危险化学品（13.1）
2832200000	其他亚硫酸盐	A/B	M.R/N.S	危险化学品（13.1） 其他资源与化工产品（13.7） 食品添加剂（营养强化剂）（10.1）
2833190000	钠的其他硫酸盐			危险化学品（13.1）
2833210000	硫酸镁	A	R	饲料和饲料添加剂（5.1） 食品添加剂（营养强化剂）（10.1）
2833240000	镍的硫酸盐			危险化学品（13.1）
2833291000	硫酸亚铁	A	R	饲料和饲料添加剂（5.1） 食品添加剂（营养强化剂）（10.1）
2833293000	硫酸锌	A	R	饲料和饲料添加剂（5.1） 食品添加剂（营养强化剂）（10.1）
2833299010	硫酸钴	A/B	R/S	危险化学品（13.1） 饲料和饲料添加剂（5.1）
2833299020	其他钴的硫酸盐	A/B	M.R/N.S	危险化学品（13.1） 饲料和饲料添加剂（5.1）
2833299090	其他硫酸盐	A/B	M.R/N	危险化学品（13.1） 其他资源与化工产品（13.7） 饲料和饲料添加剂（5.1） 食品添加剂（营养强化剂）（10.1）
2833309000	其他矾			危险化学品（13.1）
2833400000	过硫酸盐			危险化学品（13.1）

商品编号	商品名称	监管条件	检验检疫类别	检验检疫要求
2834100000	亚硝酸盐	A/B	M.R/N.S	危险化学品（13.1） 其他资源与化工产品（13.7） 食品添加剂（营养强化剂）（10.1）
2834211000	肥料用硝酸钾	A/B	M/N	化肥（13.7） 危险化学品（13.1）
2834219000	非肥料用硝酸钾	A/B	M/N	危险化学品（13.1） 食品添加剂（营养强化剂）（10.1）
2834291000	硝酸钴	A/B	M/N	危险化学品（13.1）
2834299001	硝酸钡	A/B	M/N	危险化学品（13.1）
2834299090	其他硝酸盐			危险化学品（13.1）
2835100000	次磷酸盐及亚磷酸盐			危险化学品（13.1）
2835251000	饲料级的正磷酸氢钙（磷酸二钙）	A/B	R/S	饲料和饲料添加剂（5.1） 其他资源与化工产品（13.7）
2835252000	食品级的正磷酸氢钙（磷酸二钙）	A	R	饲料和饲料添加剂（5.1） 食品添加剂（营养强化剂）（10.1）
2835291000	磷酸三钠	A	R	其他资源与化工产品（13.7） 食品添加剂（营养强化剂）（10.1）
2835299000	其他磷酸盐	A	M.R	危险化学品（13.1） 其他资源与化工产品（13.7） 饲料和饲料添加剂（5.1） 食品添加剂（营养强化剂）（10.1）
2835311000	食品级的三磷酸钠（三聚磷酸钠）	A	R	食品添加剂（营养强化剂）（10.1）
2835391100	食品级的六偏磷酸钠	A	R	食品添加剂（营养强化剂）（10.1）
2836200000	碳酸钠（纯碱）	A	M.R	饲料和饲料添加剂（5.1） 食品添加剂（营养强化剂）（10.1）
2836300000	碳酸氢钠（小苏打）	A	R	饲料和饲料添加剂（5.1） 食品添加剂（营养强化剂）（10.1）
2836500000	碳酸钙	A	R	饲料和饲料添加剂（5.1） 食品添加剂（营养强化剂）（10.1）
2836991000	碳酸镁	A	R	食品添加剂（营养强化剂）（10.1）
2836995000	碳酸锆	A/B	R/S	其他资源与化工产品（13.7）
2836999000	其他碳酸盐及过碳酸盐	A	M.R	危险化学品（13.1） 其他资源与化工产品（13.7） 饲料和饲料添加剂（5.1） 食品添加剂（营养强化剂）（10.1）
2837111000	氰化钠（山奈）	A/B	M/N	危险化学品（13.1）
2837191000	氰化钾	A/B	M/N	危险化学品（13.1）
2837199011	氰化锌、氰化亚铜、氰化铜（氰化高铜）			危险化学品（13.1）

商品编号	商品名称	监管条件	检验检疫类别	检验检疫要求
2837199012	氰化镍、氰化钙（氰化亚镍）			危险化学品（13.1）
2837199013	氰化钡、氰化镉、氰化铅			危险化学品（13.1）
2837199014	氰化钴［氰化钴（Ⅱ）、氰化钴（Ⅲ）］			危险化学品（13.1）
2837199090	其他氰化物及氧氰化物			危险化学品（13.1）
2837200011	氰化镍钾、氰化钠铜锌（氰化钾镍、镍氰化钾、铜盐）			危险化学品（13.1）
2837200012	氰化亚铜（三）钠、氰化亚铜（三）钾（紫铜盐、紫铜矾、氰化铜钠、氰化亚铜钾、亚铜氰化钾）			危险化学品（13.1）
2837200090	其他氰络合物			危险化学品（13.1）
2839110000	偏硅酸钠	A/B	M/N	危险化学品（13.1）
2839191000	硅酸钠	A	M	其他资源与化工产品（13.7）
2839900010	硅酸铅			危险化学品（13.1）
2840300000	过硼酸盐			危险化学品（13.1）
2841300000	重铬酸钠	A/B	M/N	危险化学品（13.1）
2841500000	其他铬酸盐及重铬酸盐、过铬酸盐			危险化学品（13.1）
2841610000	高锰酸钾	A/B	M.R/N.S	危险化学品（13.1） 食品添加剂（营养强化剂）（10.1）
2841699000	亚锰酸盐、其他锰酸盐及其他高锰酸盐			危险化学品（13.1）
2841900090	其他金属酸盐及过金属酸盐			危险化学品（13.1）
2842100000	硅酸复盐及硅酸络盐（包括不论是否已有化学定义的硅铝酸盐）	A/B	M.R/N.S	危险化学品（13.1） 饲料和饲料添加剂（5.1） 食品添加剂（营养强化剂）（10.1）
2842901910	其他硫氰酸盐	A/B	M/N	危险化学品（13.1） 其他资源与化工产品（13.7）
2842901990	雷酸盐及氰酸盐			危险化学品（13.1）
2842902000	碲化镉	A/B	M/N	危险化学品（13.1）
2842903000	锂镍钴锰氧化物	A/B	R/S	其他资源与化工产品（13.7）
2842905000	硒酸盐及亚硒酸盐	A/B	M.R/N.S	危险化学品（13.1） 其他资源与化工产品（13.7） 食品添加剂（营养强化剂）（10.1）
2842906000	锂镍钴铝氧化物	A/B	M.R/N.S	其他资源与化工产品（13.7）
2842909013	亚砷酸钠、亚砷酸钾、亚砷酸钙（偏亚砷酸钠）			危险化学品（13.1）
2842909014	亚砷酸锶、亚砷酸钡、亚砷酸铁			危险化学品（13.1）
2842909015	亚砷酸铜、亚砷酸锌、亚砷酸铅（亚砷酸氢铜）			危险化学品（13.1）
2842909016	亚砷酸锑、砷酸铵、砷酸氢二铵			危险化学品（13.1）
2842909017	砷酸钠、砷酸氢二钠、砷酸二氢钠（砷酸三钠）			危险化学品（13.1）
2842909018	砷酸钾、砷酸二氢钾、砷酸镁			危险化学品（13.1）
2842909019	砷酸钙、砷酸钡、砷酸铁（砷酸三钙）			危险化学品（13.1）
2842909021	砷酸亚铁、砷酸铜、砷酸锌			危险化学品（13.1）
2842909022	砷酸铅、砷酸锑、偏砷酸钠			危险化学品（13.1）
2842909023	硒化铅、硒化镉			危险化学品（13.1）
2842909090	其他无机酸盐及过氧酸盐（迭氮化物除外）	A/B	M.R/N.S	危险化学品（13.1） 其他资源与化工产品（13.7） 饲料和饲料添加剂（5.1） 食品添加剂（营养强化剂）（10.1）
2843210000	硝酸银	A/B	M/N	危险化学品（13.1）
2843290010	氰化银、氰化银钾、亚砷酸银（银氰化钾、砷酸银）			危险化学品（13.1）
2843290090	其他银化合物（不论是否已有化学定义）			危险化学品（13.1）

商品编号	商品名称	监管条件	检验检疫类别	检验检疫要求
2843300010	氰化金、氰化金钾（含金40%）等［包括氰化亚金（I）钾（含金68.3%）、氰化亚金（III）钾（含金57%）］			危险化学品（13.1）
2843900020	氯化铂			危险化学品（13.1）
2843900039	其他铂化合物			危险化学品（13.1）
2843900091	贵金属汞齐（不论是否已有化学定义）			危险化学品（13.1）
2843900099	其他贵金属化合物（不论是否已有化学定义）			危险化学品（13.1）
2845900010	除重水外的氘及氘化物			危险化学品（13.1）
2846101000	氧化铈	B	N	稀土
2846102000	氢氧化铈	B	N	稀土
2846103000	碳酸铈	B	N	稀土
2846109010	氰化铈	B	N	稀土 危险化学品（13.1）
2846109090	铈的其他化合物	B	N	稀土 危险化学品（13.1） 饲料和饲料添加剂（5.1）
2846901100	氧化钇	B	N	稀土
2846901200	氧化镧	B	N	稀土
2846901300	氧化钕	B	N	稀土
2846901400	氧化镨	B	N	稀土
2846901500	氧化镝	B	N	稀土
2846901600	氧化铽	B	N	稀土
2846901700	氧化镨	B	N	稀土
2846901800	氧化镥	B	N	稀土
2846901920	氧化铒	B	N	稀土
2846901930	氧化钆	B	N	稀土
2846901940	氧化钐	B	N	稀土
2846901970	氧化镱	B	N	稀土
2846901980	氧化铥	B	N	稀土
2846901991	灯用红粉	B	N	稀土
2846901992	按重量计中重稀土总含量≥30%的其他氧化稀土（灯用红粉、氧化铈除外）	B	N	稀土
2846901999	其他氧化稀土（灯用红粉、氧化铈除外）	B	N	稀土
2846902100	氯化铽	B	N	稀土
2846902200	氯化镝	B	N	稀土
2846902300	氯化镧	B	N	稀土
2846902400	氯化钕	B	N	稀土
2846902500	氯化镨	B	N	稀土
2846902600	氯化钇	B	N	稀土
2846902800	混合氯化稀土	B	N	稀土
2846902900	其他未混合氯化稀土	B	N	稀土
2846903100	氟化铽	B	N	稀土
2846903200	氟化镝	B	N	稀土
2846903300	氟化镧	A/B	M/N	稀土 危险化学品（13.1）
2846903400	氟化钕	B	N	稀土
2846903500	氟化镨	B	N	稀土
2846903600	氟化钇	B	N	稀土
2846903900	其他氟化稀土	B	N	稀土 危险化学品（13.1）
2846904100	碳酸镧	B	N	稀土
2846904200	碳酸铽	B	N	稀土
2846904300	碳酸镝	B	N	稀土
2846904400	碳酸钕	B	N	稀土

商品编号	商品名称	监管条件	检验检疫类别	检验检疫要求
2846904500	碳酸镨	B	N	稀土
2846904600	碳酸钇	B	N	稀土
2846904810	按重量计中重稀土总含量≥30%的混合碳酸稀土	B	N	稀土
2846904890	其他混合碳酸稀土	B	N	稀土
2846904900	其他未混合碳酸稀土	B	N	稀土
2846909100	镧的其他化合物	B	N	稀土 危险化学品（13.1）
2846909200	钕的其他化合物	B	N	稀土 危险化学品（13.1）
2846909300	铽的其他化合物	B	N	稀土
2846909400	镝的其他化合物	B	N	稀土 危险化学品（13.1）
2846909500	镨的其他化合物	B	N	稀土 危险化学品（13.1）
2846909601	LED用荧光粉（成分含钇的其他化合物）	B	N	稀土
2846909690	钇的其他化合物（LED用荧光粉除外）	B	N	稀土 危险化学品（13.1）
2846909901	LED用荧光粉（成分含稀土金属、钪的其他化合物、铈的化合物除外）	B	N	稀土
2846909910	按重量计中重稀土总含量≥30%的稀土金属、钪的其他化合物（LED用荧光粉、铈的化合物除外）	B	N	稀土
2846909990	其他稀土金属、钪的其他化合物（LED用荧光粉、铈的化合物除外）	B	N	稀土 危险化学品（13.1） 饲料和饲料添加剂（5.1）
2847000000	过氧化氢（不论是否用尿素固化）	A/B	M.R/N.S	危险化学品（13.1） 食品添加剂（营养强化剂）（10.1）
2849100000	碳化钙	A/B	M/N	危险化学品（13.1）
2849909000	其他碳化物			危险化学品（13.1）
2850001900	其他氮化物（包括迭氮化物）			危险化学品（13.1）
2850009010	砷化氢（砷烷、砷化三氢、胂）			危险化学品（13.1）
2850009090	其他氢化物、硅化物等（包括硼化物，可归入品目2849的碳化物除外）			危险化学品（13.1）
2852100000	汞的无机或有机化合物，汞齐除外，已有化学定义的			危险化学品（13.1）
2852900000	其他汞的无机或有机化合物，汞齐除外，已有化学定义的除外			危险化学品（13.1）
2853100000	氯化氰	A/B	M/N	危险化学品（13.1）
2853901000	饮用蒸馏水	A/B	R/S	其他深加工食品（8.2）
2853904010	磷化铝、磷化锌			危险化学品（13.1）
2853904020	磷烷			危险化学品（13.1）
2853904090	其他磷化物（不论是否已有化学定义，但不包括磷铁）			危险化学品（13.1）
2853909010	饮用纯净水	A/B	M/N	其他深加工食品（8.2）
2853909021	氰、氰化碘、氰化溴（包括氰气、碘化氰、溴化氰）			危险化学品（13.1）
2853909022	砷化锌、砷化镓			危险化学品（13.1）
2853909023	铅汞齐			危险化学品（13.1）
2853909024	其他汞齐			危险化学品（13.1）
2853909090	其他无机化合物、压缩空气等（包括导电水、液态空气等）			危险化学品（13.1）
2901100000	饱和无环烃			危险化学品（13.1）
2901210000	乙烯	A/B	M/N	危险化学品（13.1）
2901220000	丙烯	A/B	M/N	危险化学品（13.1）
2901231000	1-丁烯	A/B	M/N	危险化学品（13.1）
2901232000	2-丁烯	A/B	M/N	危险化学品（13.1）
2901233000	2-甲基丙烯			危险化学品（13.1）

商品编号	商品名称	监管条件	检验检疫类别	检验检疫要求
2901241000	1,3-丁二烯	A/B	M/N	危险化学品（13.1）
2901242000	异戊二烯			危险化学品（13.1）
2901291000	异戊烯	A/B	M/N	危险化学品（13.1）
2901292000	乙炔	A/B	M/N	危险化学品（13.1）
2901299090	其他不饱和无环烃			危险化学品（13.1）
2902110000	环己烷	A/B	M/N	危险化学品（13.1）
2902191000	蒎烯			危险化学品（13.1）
2902199012	d-柠檬烯			危险化学品（13.1）
2902199090	其他环烷烃、环烯及环萜烯			危险化学品（13.1）
2902200000	苯	A/B	M/N	危险化学品（13.1）
2902300000	甲苯	A/B	M/N	危险化学品（13.1）
2902410000	邻二甲苯			危险化学品（13.1）
2902420000	间二甲苯			危险化学品（13.1）
2902430000	对二甲苯			危险化学品（13.1）
2902440000	混合二甲苯异构体			危险化学品（13.1）
2902500000	苯乙烯	A/B	M/N	危险化学品（13.1）
2902600000	乙苯	A/B	M/N	危险化学品（13.1）
2902700000	异丙基苯	A/B	M/N	危险化学品（13.1）
2902902000	精萘	A/B	M/N	危险化学品（13.1）
2902909000	其他环烃			危险化学品（13.1）
2903110000	一氯甲烷及氯乙烷			危险化学品（13.1）
2903120001	纯度在99%及以上的二氯甲烷			危险化学品（13.1）
2903120090	其他二氯甲烷			危险化学品（13.1）
2903130000	三氯甲烷（氯仿）	A/B	M/N	危险化学品（13.1）
2903140010	四氯化碳（受控用途）（CTC）			禁止进出口 危险化学品（13.1）
2903140090	四氯化碳（用于受控用途除外）（CTC）			危险化学品（13.1）
2903150000	1,2-二氯乙烷（ISO）	A/B	M.R/N.S	危险化学品（13.1） 食品添加剂（营养强化剂）（10.1）
2903191010	1,1,1-三氯乙烷/甲基氯仿（受控用途）（TCA）	A/B	M/N	危险化学品（13.1）
2903191090	1,1,1-三氯乙烷/甲基氯仿（用于受控用途除外）（TCA）	A	M	危险化学品（13.1）
2903199000	其他无环烃的饱和氯化衍生物			危险化学品（13.1）
2903210000	氯乙烯	A/B	M/N	危险化学品（13.1）
2903220000	三氯乙烯	A/B	M/N	危险化学品（13.1）
2903230000	四氯乙烯	A/B	M/N	危险化学品（13.1）
2903291000	3-氯-1-丙烯（氯丙烯）			危险化学品（13.1）
2903299010	1,1-二氯乙烯			危险化学品（13.1）
2903299090	其他无环烃的不饱和氯化衍生物			危险化学品（13.1）
2903410000	三氟甲烷（HFC-23）			危险化学品（13.1）
2903420000	二氟甲烷（HFC-32）			危险化学品（13.1）
2903430000	一氟甲烷（HFC-41）、1,2-二氟乙烷（HFC-152）及1,1-二氟乙烷（HFC-152a）			危险化学品（13.1）
2903440000	五氟乙烷（HFC-125）、1,1,1-三氟乙烷（HFC-143a）及1,1-2-三氟乙烷（HFC-143）			危险化学品（13.1）
2903490000	其他无环烃的饱和氟化衍生物			危险化学品（13.1）
2903591000	1,1,3,3,3-五氟-2-三氟甲基-1-丙烯（全氟异丁烯；八氟异丁烯）			危险化学品（13.1）
2903599000	其他无环烃的不饱和氟化衍生物			危险化学品（13.1）
2903610000	甲基溴（溴甲烷）	A/B	M/N	危险化学品（13.1）
2903620000	二溴乙烷（ISO）（1,2-二溴乙烷）			禁止进出口 危险化学品（13.1）
2903690010	二溴甲烷、碘甲烷	A/B	M/N	危险化学品（13.1）
2903690090	其他无环烃的溴化或碘化衍生物			危险化学品（13.1）

商品编号	商品名称	监管条件	检验检疫类别	检验检疫要求
2903710000	一氯二氟甲烷（HCFC-22）	A/B	M/N	危险化学品（13.1）
2903740000	一氯二氟乙烷（HCFC-142,142b）			危险化学品（13.1）
2903760010	溴氯二氟甲烷（Halon-1211）			危险化学品（13.1）
2903760020	溴三氟甲烷（Halon-1301）	A/B	M/N	危险化学品（13.1）
2903771000	三氯氟甲烷（CFC-11）			危险化学品（13.1）
2903772011	二氯二氟甲烷（CFC-12）	A/B	M/N	危险化学品（13.1）
2903772012	三氯三氟乙烷（用于受控用途除外）（CFC-113）			危险化学品（13.1）
2903772013	三氯三氟乙烷（受控用途）（CFC-113）			禁止进出口 危险化学品（13.1）
2903772014	二氯四氟乙烷（CFC-114）	A/B	M/N	危险化学品（13.1）
2903772015	一氯五氟乙烷（CFC-115）	A/B	M/N	危险化学品（13.1）
2903772016	一氯三氟甲烷（CFC-13）	A/B	M/N	危险化学品（13.1）
2903772090	其他仅含氟和氯的甲烷、乙烷及丙烷的全卤化物			危险化学品（13.1）
2903779000	其他无环烃全卤化物（指仅含氟和氯的）			危险化学品（13.1）
2903780000	其他无环烃全卤化衍生物（指含两种或两种以上不同卤素的）			危险化学品（13.1）
2903791011	二氯一氟甲烷（HCFC-21）			危险化学品（13.1）
2903791012	2-氯-1,1,1,2-四氟乙烷（HCFC-124）			危险化学品（13.1）
2903791013	一氯三氟乙烷（HCFC-133）			危险化学品（13.1）
2903791015	1,1-二氟-1-氯乙烷			危险化学品（13.1）
2903791090	其他含氢氯氟烃类物质（这里的烃是指甲烷、乙烷及丙烷）			危险化学品（13.1）
2903799021	其他溴氟代甲烷、乙烷和丙烷			危险化学品（13.1）
2903799022	溴氯甲烷			危险化学品（13.1）
2903799090	其他无环烃卤化衍生物（含两种或两种以上不同卤素的其他无环烃卤化衍生物）			危险化学品（13.1）
2903810010	林丹（ISO,INN）			禁止进出口 危险化学品（13.1）
2903810020	α-六氯环己烷、β-六氯环己烷			禁止进出口 危险化学品（13.1）
2903810090	其他1,2,3,4,5,6-六氯环己烷［六六六（ISO）］（混合异构体）			危险化学品（13.1）
2903820010	艾氏剂（ISO）及七氯（ISO）			禁止进出口 危险化学品（13.1）
2903820090	氯丹（ISO）（别名八氯化甲桥茚）			禁止进出口 危险化学品（13.1）
2903830000	灭蚁灵			禁止进出口 危险化学品（13.1）
2903890010	毒杀芬			禁止进出口 危险化学品（13.1）
2903890020	六溴环十二烷			危险化学品（13.1）
2903890090	其他环烷烃、环烯烃或环萜烯烃的卤化衍生物			危险化学品（13.1）
2903911000	邻二氯苯			危险化学品（13.1）
2903919090	氯苯	A/B	M/N	危险化学品（13.1）
2903920000	六氯苯（ISO）及滴滴涕（ISO，INN）{六氯苯别名过氯苯，滴滴涕别名［1,1,1-三氯-2,2-双（4-氯苯基）乙烷］}			禁止进出口 危险化学品（13.1）
2903930000	五氯苯			禁止进出口 危险化学品（13.1）
2903940000	六溴联苯			禁止进出口 危险化学品（13.1）
2903991000	对氯甲苯	A/B	M/N	危险化学品（13.1）
2903999010	多氯联苯、多溴联苯			禁止进出口 危险化学品（13.1）
2903999030	多氯三联苯（PCT）			危险化学品（13.1）
2903999090	其他芳烃卤化衍生物			危险化学品（13.1）

商品编号	商品名称	监管条件	检验检疫类别	检验检疫要求
2904100000	仅含磺基的衍生物及其盐和乙酯			危险化学品（13.1）
2904201000	硝基苯	A/B	M/N	危险化学品（13.1）
2904202000	硝基甲苯			危险化学品（13.1）
2904203000	二硝基甲苯	A/B	M/N	危险化学品（13.1）
2904204000	三硝基甲苯（TNT）	A/B	M/N	危险化学品（13.1）
2904209010	六硝基芪			危险化学品（13.1）
2904209020	4-硝基联苯			危险化学品（13.1）
2904209090	其他仅含硝基或亚硝基衍生物			危险化学品（13.1）
2904310000	全氟辛基磺酸			危险化学品（13.1）
2904320000	全氟辛基磺酸铵			危险化学品（13.1）
2904330000	全氟辛基磺酸锂			危险化学品（13.1）
2904340000	全氟辛基磺酸钾			危险化学品（13.1）
2904360000	全氟辛基磺酰氟			危险化学品（13.1）
2904910000	三氯硝基甲烷（氯化苦）			危险化学品（13.1）
2904990011	氯硝丙烷			危险化学品（13.1）
2904990012	四氯硝基苯			危险化学品（13.1）
2904990013	五氯硝基苯			危险化学品（13.1）
2904990090	其他烃的磺化、硝化、亚硝化衍生物（不论是否卤化）			危险化学品（13.1）
2905110000	甲醇	A/B	M/N	危险化学品（13.1）
2905121000	正丙醇	A/B	M/N	危险化学品（13.1） 食品添加剂（营养强化剂）（10.1）
2905122000	异丙醇	A/B	M/N	危险化学品（13.1） 食品添加剂（营养强化剂）（10.1）
2905130000	正丁醇	A/B	M.R/N.S	危险化学品（13.1） 食品添加剂（营养强化剂）（10.1）
2905141000	异丁醇			危险化学品（13.1）
2905142000	仲丁醇			危险化学品（13.1）
2905143000	叔丁醇			危险化学品（13.1）
2905199090	其他饱和一元醇			危险化学品（13.1）
2905223000	芳樟醇	A	R	食品添加剂（营养强化剂）（10.1）
2905229000	其他无环萜烯醇			危险化学品（13.1）
2905290000	其他不饱和一元醇			危险化学品（13.1）
2905399001	1,3-丙二醇	A/B	R/S	饲料和饲料添加剂（5.1） 其他资源与化工产品（13.7）
2905399002	1,4-丁二醇	A/B	R/S	其他资源与化工产品（13.7）
2905399091	白消安	A/B	M.R/N.S	食品添加剂（营养强化剂）（10.1）
2905399099	其他二元醇	A/B	M.R/N.S	危险化学品（13.1） 其他资源与化工产品（13.7） 食品添加剂（营养强化剂）（10.1）
2905430000	甘露糖醇	A	R	饲料和饲料添加剂（5.1） 食品添加剂（营养强化剂）（10.1）
2905450000	丙三醇（甘油）	A	R	饲料和饲料添加剂（5.1） 食品添加剂（营养强化剂）（10.1）

商品编号	商品名称	监管条件	检验检疫类别	检验检疫要求
2905491000	木糖醇	A	R	食品添加剂（营养强化剂）（10.1）
2905590020	2-氯乙醇	A	M	危险化学品（13.1）
2905590040	鼠甘伏、溴硝醇			危险化学品（13.1）
2905590090	其他无环醇的卤化、磺化等衍生物			危险化学品（13.1）
2906120010	甲基环己醇	A/B	M/N	危险化学品（13.1）
2906120090	环己醇、二甲基环己醇			危险化学品（13.1）
2906132000	肌醇	A	R	饲料和饲料添加剂（5.1）食品添加剂（营养强化剂）（10.1）
2906199090	其他环烷醇、环烯醇及环萜烯醇			危险化学品（13.1）
2906299090	其他芳香醇			危险化学品（13.1）
2907111000	苯酚	A/B	M/N	危险化学品（13.1）
2907119000	苯酚的盐			危险化学品（13.1）
2907121100	间甲酚			危险化学品（13.1）
2907121200	邻甲酚			危险化学品（13.1）
2907121900	其他甲酚	A/B	M.R/N.S	危险化学品（13.1）其他资源与化工产品（13.7）食品添加剂（营养强化剂）（10.1）
2907131000	壬基酚、对壬基酚、支链-4-壬基酚（包括4-壬基苯酚、壬基苯酚）	A/B	M/N	危险化学品（13.1）其他资源与化工产品（13.7）
2907139000	辛基酚及其异构体（包括辛基酚及其异构体的盐和壬基酚盐）			危险化学品（13.1）
2907159000	其他萘酚及萘酚盐	A/B	R/S	危险化学品（13.1）食品添加剂（营养强化剂）（10.1）
2907191010	邻异丙基（苯）酚	A/B	M/N	危险化学品（13.1）
2907199012	邻烯丙基苯酚及盐			危险化学品（13.1）
2907199090	其他一元酚			危险化学品（13.1）
2907210001	间苯二酚			危险化学品（13.1）
2907221000	对苯二酚			危险化学品（13.1）
2907291000	邻苯二酚			危险化学品（13.1）
2907299001	特丁基对苯二酚	A/B	M.R/N.S	其他资源与化工产品（13.7）
2907299010	毒菌酚			危险化学品（13.1）
2907299090	其他多元酚；酚醇	A/B	M.R/N.S	危险化学品（13.1）其他资源与化工产品（13.7）食品添加剂（营养强化剂）（10.1）
2908110000	五氯苯酚（五氯酚）	A/B	M/N	危险化学品（13.1）
2908191000	对氯苯酚			危险化学品（13.1）
2908199023	五氯酚钠			危险化学品（13.1）
2908199090	其他仅含卤素取代基的衍生物及盐			危险化学品（13.1）
2908910000	地乐酚及其盐和酯			禁止进出口 危险化学品（13.1）
2908920000	4,6-二硝基邻甲酚			禁止进出口 危险化学品（13.1）
2908991010	4-硝基苯酚（对硝基苯酚）			危险化学品（13.1）
2908991090	对硝基苯酚钠			危险化学品（13.1）
2908999024	特乐酚			危险化学品（13.1）
2908999030	苦味酸（2,4,6-三硝基苯酚）			危险化学品（13.1）
2908999090	其他酚及酚醇的卤化等衍生物（包括其磺化、硝化或亚硝化衍生物）			危险化学品（13.1）
2909110000	乙醚	A/B	M/N	危险化学品（13.1）

商品编号	商品名称	监管条件	检验检疫类别	检验检疫要求
2909191000	甲醚			危险化学品（13.1）
2909199012	二氯异丙醚			危险化学品（13.1）
2909199090	其他无环醚及其卤化等衍生物（包括其磺化、硝化或亚硝化衍生物）			危险化学品（13.1）
2909200000	环烷醚、环烯醚或环萜烯醚及其卤化、磺化、硝化或亚硝化衍生物			危险化学品（13.1）
2909309016	四溴二苯醚、五溴二苯醚、六溴二苯醚、七溴二苯醚			禁止进出口 危险化学品（13.1）
2909309090	其他芳香醚及其卤化、磺化、硝化衍生物（包括其亚硝化衍生物）			危险化学品（13.1）
2909430000	乙二醇或二甘醇的单丁醚			危险化学品（13.1）
2909440010	乙二醇甲醚、二乙二醇甲醚、乙二醇乙醚、二乙二醇乙醚、乙二醇丙醚、二乙二醇丙醚、乙二醇己醚、二乙二醇己醚、乙二醇异辛醚、二乙二醇异辛醚			危险化学品（13.1）
2909440090	乙二醇或二甘醇的其他单烷基醚			危险化学品（13.1）
2909499010	三乙二醇甲醚、四乙二醇甲醚、三乙二醇乙醚、丙二醇乙醚、二丙二醇乙醚、丙二醇丙醚、二丙二醇丙醚、丙二醇丁醚、二丙二醇丁醚、三丙二醇丁醚			危险化学品（13.1）
2909499090	其他醚醇及其衍生物（包括其卤化、磺化、硝化或亚硝化衍生物）			危险化学品（13.1）
2909500000	醚酚、醚醇酚及其衍生物（包括其卤化、磺化、硝化或亚硝化衍生物）			危险化学品（13.1）
2909609090	过氧化醇、过氧化醚、过氧化酮及其卤化、磺化、硝化或亚硝化衍生物			危险化学品（13.1）
2910100000	环氧乙烷	A/B	M/N	危险化学品（13.1）
2910200000	甲基环氧乙烷（氧化丙烯）			危险化学品（13.1）
2910300000	1-氯-2,3-环氧丙烷（表氯醇）（环氧氯丙烷）	A/B	M/N	危险化学品（13.1）
2910400000	狄氏剂（ISO、INN）			禁止进出口 危险化学品（13.1）
2910500000	异狄氏剂			禁止进出口 危险化学品（13.1）
2910900090	三节环环氧化物，环氧醇（酚、醚）（包括其卤化、磺化、硝化或亚硝化的衍生物）			危险化学品（13.1）
2911000000	缩醛、半缩醛，不论含否其他含氧基（包括其卤化、磺化、硝化或亚硝化的衍生物）			危险化学品（13.1）
2912110000	甲醛	A/B	M/N	危险化学品（13.1）
2912120000	乙醛	A/B	M/N	危险化学品（13.1）
2912190030	丙烯醛			危险化学品（13.1）
2912190090	其他无环醛（指不含其他含氧基）			危险化学品（13.1）
2912299000	其他环醛（指不含其他含氧基）			危险化学品（13.1）
2912491000	醛醇（指不含其他含氧基）			危险化学品（13.1）
2912499090	其他醛醚、醛酚（包括含其他含氧基的醛）			危险化学品（13.1）
2912500010	四聚乙醛			危险化学品（13.1）
2912500090	其他环聚醛			危险化学品（13.1）
2912600000	多聚甲醛	A/B	M/N	危险化学品（13.1）
2913000010	三氯乙醛	A/B	M/N	危险化学品（13.1）
2913000090	品目2912所列产品的其他衍生物（指卤化、磺化、硝化或亚硝化的衍生物）			危险化学品（13.1）
2914110000	丙酮（二甲基甲酮、二甲酮、醋酮、木酮）	A/B	M/N	危险化学品（13.1）
2914120000	丁酮［甲基乙基（甲）酮］（甲乙酮）			危险化学品（13.1）
2914130000	4-甲基-2-戊酮［甲基异丁基（甲）酮］	A/B	M/N	危险化学品（13.1）
2914190010	频哪酮			危险化学品（13.1）
2914190090	其他不含其他含氧基的无环酮			危险化学品（13.1）
2914220000	环己酮及甲基环己酮	A/B	M/N	危险化学品（13.1）
2914291000	樟脑	B	N	危险化学品（13.1） 其他资源与化工产品（13.7）

商品编号	商品名称	监管条件	检验检疫类别	检验检疫要求
2914299090	其他环烷酮、环烯酮或环萜烯酮（指不含其他含氧基的）			危险化学品（13.1）
2914399011	杀鼠酮			危险化学品（13.1）
2914399012	鼠完			危险化学品（13.1）
2914399013	敌鼠			危险化学品（13.1）
2914399015	1-苯基-1-丙酮			危险化学品（13.1）
2914400030	1-表雄酮（3β-羟基-5α-雄甾-1-烯-17-酮），1-雄酮（3α-羟基-5α-雄甾-1-烯-17-酮）			危险化学品（13.1）
2914400090	其他酮醇及酮醛			危险化学品（13.1）
2914509090	含其他含氧基的酮			危险化学品（13.1）
2914690090	其他醌			危险化学品（13.1）
2914710000	十氯酮			禁止进出口 危险化学品（13.1）
2914790011	氯鼠酮、苯菌酮、茚草酮			危险化学品（13.1）
2914790012	二氯萘醌			危险化学品（13.1）
2914790014	六氯丙酮			危险化学品（13.1）
2914790090	其他酮及醌的卤化、磺化衍生物（包括硝化或亚硝化衍生物）			危险化学品（13.1）
2915110000	甲酸	A/B	M/N	危险化学品（13.1） 饲料和饲料添加剂（5.1）
2915120000	甲酸盐			
2915130000	甲酸酯			危险化学品（13.1）
2915211100	食品级冰乙酸（冰醋酸）（GB 1903—2008）	A/B	M.R/N.S	危险化学品（13.1） 饲料和饲料添加剂（5.1） 食品添加剂（营养强化剂）（10.1）
2915211900	其他冰乙酸（冰醋酸）			危险化学品（13.1）
2915219010	乙酸溶液，80%≥含量>10%	A/B	M/N	危险化学品（13.1） 饲料和饲料添加剂（5.1）
2915219020	乙酸，含量>80%	A/B	M/N	危险化学品（13.1）
2915219090	其他乙酸	A/B	M.R/N.S	危险化学品（13.1） 食品添加剂（营养强化剂）（10.1）
2915240000	乙酸酐（醋酸酐）	A/B	M/N	危险化学品（13.1）
2915291000	乙酸钠	A	R	饲料和饲料添加剂（5.1） 食品添加剂（营养强化剂）（10.1）
2915299023	乙酸铅（醋酸铅）			危险化学品（13.1）
2915299090	其他乙酸盐	A/B	M.R/N.S	危险化学品（13.1） 其他资源与化工产品（13.7） 饲料和饲料添加剂（5.1） 食品添加剂（营养强化剂）（10.1）
2915310000	乙酸乙酯	A/B	M.R/N.S	危险化学品（13.1） 食品添加剂（营养强化剂）（10.1）
2915320000	乙酸乙烯酯	A/B	M/N	危险化学品（13.1）
2915330000	乙酸正丁酯	A/B	M/N	危险化学品（13.1）
2915390090	其他乙酸酯	A/B	M.R/N.S	危险化学品（13.1） 其他资源与化工产品（13.7） 食品添加剂（营养强化剂）（10.1）
2915400010	一氯醋酸钠			危险化学品（13.1）

商品编号	商品名称	监管条件	检验检疫类别	检验检疫要求
2915400090	其他一氯代乙酸的盐和酯（包括二氯乙酸或三氯乙酸的盐和酯）			危险化学品（13.1）
2915501000	丙酸	A/B	M.R/N.S	危险化学品（13.1） 饲料和饲料添加剂（5.1） 食品添加剂（营养强化剂）（10.1）
2915509000	丙酸盐和酯	A/B	M.R/N.S	危险化学品（13.1） 其他资源与化工产品（13.7） 饲料和饲料添加剂（5.1） 食品添加剂（营养强化剂）（10.1）
2915600000	丁酸、戊酸及其盐和酯			危险化学品（13.1）
2915701000	硬脂酸（以干燥重量计，纯度在90%及以上）	A	R	饲料和饲料添加剂（5.1） 其他资源与化工产品（13.7） 食品添加剂（营养强化剂）（10.1）
2915900020	氟乙酸钠			禁止进出口 危险化学品（13.1）
2915900090	其他饱和无环一元羧酸及其酸酐［（酰卤、过氧）化物，过氧酸及卤化、硝化、磺化、亚硝化衍生物］	A/B	M.R/N.S	危险化学品（13.1） 其他资源与化工产品（13.7） 食品添加剂（营养强化剂）（10.1）
2916110000	丙烯酸及其盐			危险化学品（13.1）
2916121000	丙烯酸甲酯	A/B	M/N	危险化学品（13.1）
2916122000	丙烯酸乙酯	A/B	M/N	危险化学品（13.1）
2916123001	丙烯酸正丁酯	A/B	M/N	危险化学品（13.1）
2916123090	丙烯酸异丁酯	A/B	M/N	危险化学品（13.1）
2916129000	其他丙烯酸酯			危险化学品（13.1）
2916130010	甲基丙烯酸	A/B	M/N	危险化学品（13.1）
2916140010	甲基丙烯酸甲酯			危险化学品（13.1）
2916140090	其他甲基丙烯酸酯			危险化学品（13.1）
2916160000	乐杀螨（ISO）			危险化学品（13.1）
2916190090	其他不饱和无环一元羧酸（包括其酸酐、酰卤化物、过氧化物和过氧酸及它们的衍生物）	A/B	M.R/N.S	危险化学品（13.1） 其他资源与化工产品（13.7） 饲料和饲料添加剂（5.1） 食品添加剂（营养强化剂）（10.1）
2916209090	其他（环烷、环烯、环萜烯）一元羧酸（包括酸酐、酰卤化物、过氧化物和过氧酸及衍生物）	A/B	M.R/N.S	危险化学品（13.1） 其他资源与化工产品（13.7） 食品添加剂（营养强化剂）（10.1）
2916310000	其他苯甲酸及其盐和酯	A/B	M.R/N.S	危险化学品（13.1） 其他资源与化工产品（13.7） 饲料和饲料添加剂（5.1） 食品添加剂（营养强化剂）（10.1）
2916320000	过氧化苯甲酰及苯甲酰氯	A/B	M.R/N.S	危险化学品（13.1） 食品添加剂（营养强化剂）（10.1）
2916399090	其他芳香一元羧酸			危险化学品（13.1）
2917119000	其他草酸盐和酯			危险化学品（13.1）

商品编号	商品名称	监管条件	检验检疫类别	检验检疫要求
2917120001	己二酸	A	R	食品添加剂（营养强化剂）（10.1）
2917120090	己二酸盐和酯	A	R	其他资源与化工产品（13.7） 食品添加剂（营养强化剂）（10.1）
2917140000	马来酐			危险化学品（13.1）
2917190090	其他无环多元羧酸			危险化学品（13.1）
2917201000	四氢苯酐			危险化学品（13.1）
2917209090	其他（环烷、环烯、环萜烯）多元羧酸	A/B	M.R/N.S	危险化学品（13.1） 食品添加剂（营养强化剂）（10.1）
2917341090	其他邻苯二甲酸二丁酯			危险化学品（13.1）
2917349000	其他邻苯二甲酸酯			危险化学品（13.1）
2917350000	邻苯二甲酸酐（苯酐）	A/B	M/N	危险化学品（13.1） 其他资源与化工产品（13.7）
2917399090	其他芳香多元羧酸			危险化学品（13.1）
2918110000	乳酸及其盐和酯	A/B	M.R/N.S	危险化学品（13.1） 其他资源与化工产品（13.7） 饲料和饲料添加剂（5.1） 食品添加剂（营养强化剂）（10.1）
2918120000	酒石酸	A	R	饲料和饲料添加剂（5.1） 食品添加剂（营养强化剂）（10.1）
2918130000	酒石酸盐及酒石酸酯	A/B	M.R/N.S	危险化学品（13.1） 其他资源与化工产品（13.7） 食品添加剂（营养强化剂）（10.1）
2918140000	柠檬酸	A	R	饲料和饲料添加剂（5.1） 食品添加剂（营养强化剂）（10.1）
2918150000	柠檬酸盐及柠檬酸酯	A	R	饲料和饲料添加剂（5.1） 食品添加剂（营养强化剂）（10.1）
2918180000	乙酯杀螨醇（包括其酸酐、酰卤化物、过氧化物和过氧酸及其衍生物）			危险化学品（13.1）
2918190090	其他含醇基但不含其他含氧基羧酸（包括其酸酐、酰卤化物、过氧化物和过氧酸及其衍生物）			危险化学品（13.1）
2918290000	其他含酚基但不含其他含氧基羧酸（包括其酸酐、酰卤化物、过氧化物和过氧酸及其衍生物）	A	R	饲料和饲料添加剂（5.1） 食品添加剂（营养强化剂）（10.1）
2918300090	其他含醛基或酮基不含其他含氧基羧酸（包括酸酐、酰卤化物、过氧化物和过氧酸及其衍生物）			危险化学品（13.1）
2918910000	2,4,5-涕（ISO）（2,4,5-三氯苯氧乙酸）及其盐或酯			禁止进出口 危险化学品（13.1）
2918990021	2,4-滴及其盐和酯、2,4-滴丙酸、2,4-滴丁酸等（包括精2,4-滴丙酸、苯醚菌酯）			危险化学品（13.1）
2918990090	其他含其他附加含氧基羧酸（包括其酸酐、酰卤化物、过氧化物和过氧酸及其衍生物）			危险化学品（13.1）

商品编号	商品名称	监管条件	检验检疫类别	检验检疫要求
2919100000	三（2,3-二溴丙基）磷酸酯			禁止进出口 危险化学品（13.1）
2919900031	敌敌钙、敌敌畏			危险化学品（13.1）
2919900032	速灭磷、二溴磷			危险化学品（13.1）
2919900033	巴毒磷、杀虫畏			危险化学品（13.1）
2919900034	毒虫畏、甲基毒虫畏			危险化学品（13.1）
2919900035	庚烯磷、特普			危险化学品（13.1）
2919900090	其他磷酸酯及其盐（包括乳磷酸盐）（包括它们的卤化、磺化、硝化或亚硝化衍生物）	A/B	M.R/N.S	危险化学品（13.1） 其他资源与化工产品（13.7） 食品添加剂（营养强化剂）（10.1）
2920110000	对硫磷（ISO）及甲基对硫磷（ISO）			危险化学品（13.1）
2920190015	溴硫磷、乙基溴硫磷、硝虫硫磷			危险化学品（13.1）
2920190019	速杀硫磷、丰丙磷			危险化学品（13.1）
2920190090	其他硫代磷酸酯及其盐（包括它们的卤化、磺化、硝化或亚硝化衍生物）			危险化学品（13.1）
2920230000	亚磷酸三甲酯	A/B	M/N	危险化学品（13.1）
2920240000	亚磷酸三乙酯	A/B	M/N	危险化学品（13.1）
2920291000	其他亚磷酸酯			危险化学品（13.1）
2920300000	硫丹			禁止进出口 危险化学品（13.1）
2920900012	治螟磷			危险化学品（13.1）
2920900016	三乙基砷酸酯			危险化学品（13.1）
2920900020	太安（PETN）（季戊四醇四硝酸酯）			危险化学品（13.1）
2920900090	其他无机酸酯（不包括卤化氢的酯）（包括其盐以及它们的卤化、磺化、硝化或亚硝化衍生物）			危险化学品（13.1）
2921110010	二甲胺			危险化学品（13.1）
2921110030	甲胺盐			危险化学品（13.1）
2921110090	甲胺、三甲胺及其盐、其他二甲胺盐	A/B	M/N	危险化学品（13.1） 其他资源与化工产品（13.7）
2921191000	二正丙胺	A/B	M/N	危险化学品（13.1）
2921192000	异丙胺			危险化学品（13.1）
2921194000	N,N-二（2-氯乙基）甲胺			危险化学品（13.1）
2921199011	三乙胺（单一成分，用作点火剂）	A	M	危险化学品（13.1）
2921199020	二异丙胺			危险化学品（13.1）
2921199031	2-氨基丁烷			危险化学品（13.1）
2921199090	其他无环单胺及其衍生物及其盐			危险化学品（13.1）
2921211000	乙二胺			危险化学品（13.1）
2921219000	乙二胺盐			危险化学品（13.1）
2921229000	六亚甲基二胺及其盐			危险化学品（13.1）
2921290090	其他无环多胺及其衍生物（包括它们的盐）			危险化学品（13.1）
2921300040	乙撑亚胺	A/B	M/N	危险化学品（13.1）
2921300090	其他环（烷、烯、萜烯）单胺或多胺（包括其衍生物及它们的盐）			危险化学品（13.1）
2921411000	苯胺	A/B	M/N	危险化学品（13.1）
2921419000	苯胺盐			危险化学品（13.1）
2921420020	邻氯对硝基苯胺			危险化学品（13.1）
2921420090	其他苯胺衍生物及其盐			危险化学品（13.1）
2921430001	间甲苯胺或对甲苯胺			危险化学品（13.1）
2921430020	邻甲苯胺			危险化学品（13.1）
2921430090	甲苯胺盐、甲苯胺衍生物及其盐			危险化学品（13.1）
2921440000	二苯胺及其衍生物，以及它们的盐			危险化学品（13.1）
2921450010	2-萘胺			危险化学品（13.1）

商品编号	商品名称	监管条件	检验检疫类别	检验检疫要求
2921450090	1-萘胺和2-萘胺的衍生物及盐（包括1-萘胺）			危险化学品（13.1）
2921492000	二甲基苯胺			危险化学品（13.1）
2921499020	4-氨基联苯			危险化学品（13.1）
2921499090	其他芳香单胺及衍生物及它们的盐			危险化学品（13.1）
2921511000	邻苯二胺			危险化学品（13.1）
2921519020	2,4-二氨基甲苯			危险化学品（13.1）
2921519090	间-、对-苯二胺、二氨基甲苯等（包括衍生物及它们的盐）			危险化学品（13.1）
2921590020	联苯胺（4,4'-二氨基联苯）			禁止进出口 危险化学品（13.1）
2921590031	4,4'-二氨基-3,3'-二氯二苯基甲烷			危险化学品（13.1）
2921590032	3,3'-二氯联苯胺			危险化学品（13.1）
2921590033	4,4'-二氨基二苯基甲烷			危险化学品（13.1）
2921590090	其他芳香多胺及衍生物及它们的盐			危险化学品（13.1）
2922110001	单乙醇胺	A/B	M.R/N.S	危险化学品（13.1） 其他资源与化工产品（13.7）
2922120001	二乙醇胺			危险化学品（13.1）
2922150000	三乙醇胺	A	R	其他资源与化工产品（13.7）
2922160000	全氟辛基磺酸二乙醇胺			危险化学品（13.1）
2922180000	2-(N,N-二异丙基氨基)乙醇			危险化学品（13.1）
2922192100	二甲氨基乙醇及其质子化盐			危险化学品（13.1）
2922192210	2-二乙氨基乙醇（或称N,N-二乙基乙醇胺）			危险化学品（13.1）
2922199090	其他氨基醇及其醚、酯和它们的盐（但含有一种以上含氧基的除外）			危险化学品（13.1）
2922291000	茴香胺、二茴香胺、氨基苯乙醚等（但含有一种以上含氧基的除外）			危险化学品（13.1）
2922299090	其他氨基（萘酚、酚）及醚、酯（包括它们的盐，但含有一种以上含氧基的除外）			危险化学品（13.1）
2922411000	赖氨酸	A/B	M.P/Q	饲料和饲料添加剂（5.1） 食品添加剂（营养强化剂）（10.1）
2922419000	赖氨酸酯和赖氨酸盐（包括赖氨酸酯的盐）	A/B	M.P.R/Q	饲料和饲料添加剂（5.1） 食品添加剂（营养强化剂）（10.1）
2922421000	谷氨酸	A	M.P	饲料和饲料添加剂（5.1） 食品添加剂（营养强化剂）（10.1）
2922422000	谷氨酸钠	A	M.P	饲料和饲料添加剂（5.1） 食品添加剂（营养强化剂）（10.1）
2922429000	其他谷氨酸盐	A	M.P	饲料和饲料添加剂（5.1） 食品添加剂（营养强化剂）（10.1）
2922491100	氨甲环酸	A/B	M.R/S	饲料和饲料添加剂（5.1） 其他资源与化工产品（13.7）
2922491990	其他氨基酸	A/B	M.P.R/Q	饲料和饲料添加剂（5.1） 食品添加剂（营养强化剂）（10.1）
2922499911	草灭畏	A	M.P	其他资源与化工产品（13.7）
2922499912	灭杀威、灭除威、混灭威等（害扑威、速灭威、残杀威、猛杀威）	A/B	M/N	危险化学品（13.1） 其他资源与化工产品（13.7）
2922499913	兹克威、除害威	A/B	M/N	危险化学品（13.1） 其他资源与化工产品（13.7）

商品编号	商品名称	监管条件	检验检疫类别	检验检疫要求
2922499914	异丙威	A/B	M/N	危险化学品（13.1） 其他资源与化工产品（13.7）
2922499915	仲丁威、畜虫威、合杀威	A/B	M/N	危险化学品（13.1） 其他资源与化工产品（13.7）
2922499916	甲萘威、地麦威、蜱虱威	A	M.P	危险化学品（13.1） 其他资源与化工产品（13.7）
2922499917	除线威	A	M.P	其他资源与化工产品（13.7）
2922499918	氨酰丙酸（盐酸盐）	A	M.P	饲料和饲料添加剂（5.1） 其他资源与化工产品（13.7）
2922499990	其他氨基酸及其酯及它们的盐（含有一种以上含氧基的除外）	A/B	M.R/N.Q	危险化学品（13.1） 其他资源与化工产品（13.7） 饲料和饲料添加剂（5.1）
2922501000	对羟基苯甘氨酸及其邓钾盐	A	R	其他资源与化工产品（13.7）
2922509020	苏氨酸	A	R	饲料和饲料添加剂（5.1） 其他资源与化工产品（13.7） 食品添加剂（营养强化剂）（10.1）
2922509091	盐酸米托蒽醌	A	R	食品添加剂（营养强化剂）（10.1）
2922509099	其他氨基醇酚、氨基酸酚（包括其他含氧基氨化合物）	A	R	食品添加剂（营养强化剂）（10.1）
2923100000	胆碱及其盐	A	R	饲料和饲料添加剂（5.1） 食品添加剂（营养强化剂）（10.1）
2923200000	卵磷脂及其他磷氨基类脂	A	R	特殊食品（9.1） 饲料和饲料添加剂（5.1） 食品添加剂（营养强化剂）（10.1）
2923300000	全氟辛基磺酸四乙基铵			危险化学品（13.1）
2923400000	全氟辛基磺酸二癸二甲基铵			危险化学品（13.1）
2923900090	其他季铵盐及季铵碱			危险化学品（13.1）
2924120010	氟乙酰胺（ISO）（氟乙酰胺别名敌蚜胺）			禁止进出口
2924120090	久效磷（ISO）及磷胺（ISO）			危险化学品（13.1）
2924191000	二甲基甲酰胺			危险化学品（13.1）
2924199012	百治磷			危险化学品（13.1）
2924199040	丙烯酰胺			危险化学品（13.1）
2924199090	其他无环酰胺（包括无环氨基甲酸酯）（包括其衍生物及其盐）			危险化学品（13.1）
2924210090	其他烷基脲及其衍生物以及它们的盐			危险化学品（13.1）
2924250000	甲草胺			危险化学品（13.1）
2924299012	萘草胺、新燕灵、非草隆、氯炔灵、苄草隆			危险化学品（13.1）
2924299013	燕麦灵、苄胺灵、特草灵、特胺灵、环丙酰亚胺			危险化学品（13.1）
2924299014	毒草胺、丁烯草胺、二氯己酰草胺			危险化学品（13.1）
2924299018	灭害威			危险化学品（13.1）
2924299034	甲氯酰草胺、甲霜灵、草芽隆等（包括环莠隆、甲氧隆、克草胺、枯草隆）			危险化学品（13.1）
2924299038	甜菜安、特丁草胺、乙氧苯草胺等（包括甜菜宁、戊菌隆、酰草隆、乙草胺、乙霉威）			危险化学品（13.1）
2924299061	3-氧-2-苯基丁酰胺（CAS 号 4433-77-6）			危险化学品（13.1）
2924299099	其他环酰胺（包括环氨基甲酸酯）（包括其衍生物以及它们的盐）			危险化学品（13.1）

商品编号	商品名称	监管条件	检验检疫类别	检验检疫要求
2925110000	糖精及其盐	A	R	饲料和饲料添加剂（5.1）食品添加剂（营养强化剂）（10.1）
2925190090	其他酰亚胺及其衍生物、盐			危险化学品（13.1）
2925210000	杀虫脒（ISO）			禁止进出口 危险化学品（13.1）
2925290012	单甲脒及其盐、伐虫脒、丙烷脒			危险化学品（13.1）
2925290090	其他亚胺及其衍生物以及它们的盐			危险化学品（13.1）
2926100000	丙烯腈（即2-丙烯腈、乙烯基氰）			危险化学品（13.1）
2926909020	己二腈			危险化学品（13.1）
2926909031	氯氰菊酯、氟氯氰菊酯等（包括高效氯氰菊酯、高效反式氯氰菊酯、高效氟氯氰菊酯）			危险化学品（13.1）
2926909032	杀螟腈、甲基辛硫磷等（包括敌草腈、碘苯腈、辛酰碘苯腈、溴苯腈、辛酰溴苯腈）			危险化学品（13.1）
2926909090	其他腈基化合物			危险化学品（13.1）
2927000090	其他重氮化合物、偶氮化合物等（包括氧化偶氮化合物）			危险化学品（13.1）
2928000010	偏二甲肼			危险化学品（13.1）
2928000020	甲基肼	A	M	危险化学品（13.1）
2928000090	其他肼（联氨）及胺（羟胺）的有机衍生物			危险化学品（13.1）
2929101000	甲苯二异氰酸酯（TDI）	A/B	M/N	危险化学品（13.1）
2929103000	二苯基甲烷二异氰酸酯（纯MDI）			危险化学品（13.1）
2929104000	六亚基甲烷二异氰酸酯			危险化学品（13.1）
2929109000	其他异氰酸酯			危险化学品（13.1）
2929901000	环己基氨基磺酸钠（甜蜜素）	A	R	食品添加剂（营养强化剂）（10.1）
2929909012	异柳磷、甲基异柳磷、丙胺氟磷等			危险化学品（13.1）
2929909013	八甲磷、育畜磷、甘氨硫磷等（包括甲氟磷、毒鼠磷、水胺硫磷）			危险化学品（13.1）
2929909090	其他含氮基化合物			危险化学品（13.1）
2930200012	威百亩、代森钠、丙森锌、福美铁等（包括福美锌、代森福美锌、安百亩）			危险化学品（13.1）
2930200016	硫菌威、菜草畏			危险化学品（13.1）
2930300010	福美双			危险化学品（13.1）
2930400000	甲硫氨酸（蛋氨酸）	A	M.P	饲料和饲料添加剂（5.1）
2930800010	甲胺磷（ISO）			危险化学品（13.1）
2930800020	敌菌丹（ISO）			危险化学品（13.1）
2930800030	涕灭威（ISO）			危险化学品（13.1）
2930901000	双硫丙氨酸（胱氨酸）	A	M.P	饲料和饲料添加剂（5.1）
2930902000	二硫代碳酸酯（或盐）[黄原酸酯（或盐）]			危险化学品（13.1）
2930909028	内吸磷			危险化学品（13.1）
2930909051	甲基硫菌灵、硫菌灵、苯螨醚等（包括乙蒜素、敌灭生、丁酮威、丁酮砜威、棉铃威）			危险化学品（13.1）
2930909052	灭多威、乙硫苯威等（包括杀线威、甲硫威、多杀威、涕灭砜威、硫双威）			危险化学品（13.1）
2930909053	丁醚脲、久效威、苯硫威等（包括敌螨特、2甲4氯乙硫酯）			危险化学品（13.1）
2930909055	代森锌、代森锰、代森锰锌等（包括福美肼、福美甲肼、代森铵、代森联）			危险化学品（13.1）
2930909056	烯草酮、磺草酮、嗪草酸甲酯、硝磺草酮等（包括苯氟磺胺、甲磺乐灵、氯硫酰草胺、脱叶磷）			危险化学品（13.1）
2930909058	稻瘟净、异稻瘟净、稻丰散等（包括敌瘟磷）			危险化学品（13.1）
2930909059	安妥、灭鼠特、二硫氰基甲烷等（包括灭鼠肼、氟硫隆）			危险化学品（13.1）
2930909061	马拉硫磷、苏硫磷、赛硫磷等（包括丙虫磷、双硫磷、亚砜磷、异亚砜磷）			危险化学品（13.1）

商品编号	商品名称	监管条件	检验检疫类别	检验检疫要求
2930909062	丙溴磷、田乐磷、特丁硫磷等（包括硫丙磷、地虫硫磷、乙硫磷、丙硫磷、甲基乙拌磷）			危险化学品（13.1）
2930909063	乐果、益硫磷、氧乐果等（包括甲拌磷、乙拌磷、虫螨磷、果虫磷）			危险化学品（13.1）
2930909064	氯胺磷、家蝇磷、灭蚜磷等（包括安硫磷、四甲磷、丁苯硫磷、苯线磷、蚜灭磷）			危险化学品（13.1）
2930909065	硫线磷、氯甲硫磷、杀虫磺等（包括砜吸磷、砜拌磷、异拌磷、三硫磷、芬硫磷）			危险化学品（13.1）
2930909066	倍硫磷、甲基内吸磷、乙酯磷等（包括丰索磷、内吸磷、发硫磷）			危险化学品（13.1）
2930909067	灭线磷			危险化学品（13.1）
2930909091	DL-羟基蛋氨酸	A	M.P	饲料和饲料添加剂（5.1） 其他资源与化工产品（13.7）
2930909099	其他有机硫化合物			危险化学品（13.1）
2931100000	四甲基铅及四乙基铅	A/B	M/N	危险化学品（13.1）
2931200000	三丁基锡化合物			危险化学品（13.1）
2931420000	丙基膦酸二甲酯	A/B	M.R/N.S	其他资源与化工产品（13.7）
2931450000	甲基膦酸和脒基尿素（1:1）生成的盐	A/B	M.R/N.S	其他资源与化工产品（13.7）
2931460000	1-丙基磷酸环酐	A/B	M.R/N.S	其他资源与化工产品（13.7）
2931480000	3,9-二甲基-2,4,8,10-四氧杂-3,9-二磷杂螺［5,5］十一烷-3,9 二氧化物	A/B	M.R/N.S	其他资源与化工产品（13.7）
2931491000	双甘膦	A/B	R/S	食品添加剂（营养强化剂）（10.1）
2931499030	草甘膦及其盐、草铵膦、精草铵膦、草硫膦、杀木膦、双丙氨膦、增甘膦、苯硫膦、苯腈膦			危险化学品（13.1）
2931499040	双［（5-乙基-2-甲基-2-氧代-1,3,2-二氧磷杂环己-5-基）甲基］甲基膦酸酯（阻燃剂 FRC-1）（CAS 号：42595-45-9）	A/B	M.R/N.S	其他资源与化工产品（13.7）
2931499050	3-（三羟基硅烷基）丙基甲基膦酸钠	A/B	M.R/N.S	其他资源与化工产品（13.7）
2931499090	其他非卤化有机磷衍生物	A/B	M.R/N.S	危险化学品（13.1） 其他资源与化工产品（13.7） 食品添加剂（营养强化剂）（10.1）
2931520000	丙基膦酰二氯	A/B	M.R/N.S	其他资源与化工产品（13.7）
2931530000	O-（3-氯丙基）O-［4-硝基-3-（三氟甲基）苯基］甲基硫代膦酸酯	A/B	M.R/N.S	其他资源与化工产品（13.7）
2931540000	敌百虫（ISO）			危险化学品（13.1）
2931590040	三丁氯苄鏻、乙烯利、氟硅菊酯、毒壤磷、溴苯磷、丁酯膦			危险化学品（13.1）
2931590090	其他卤化有机磷衍生物	A/B	M.R/N.S	危险化学品（13.1） 其他资源与化工产品（13.7） 食品添加剂（营养强化剂）（10.1）
2931900014	锆试剂、二甲胂酸等（包括4-二甲氨基偶氮苯-4'-胂酸、卡可基酸、二甲基胂酸钠）			危险化学品（13.1）
2931900015	4-氨基苯胂酸钠、二氯化苯胂（对氨基苯胂酸钠、二氯苯胂、苯胂化二氯）			危险化学品（13.1）
2931900016	蒽醌-1-胂酸、三环锡（普特丹）等（包括月桂酸三丁基锡、醋酸三丁基锡）			危险化学品（13.1）
2931900017	硫酸三乙基锡、二丁基氧化锡等（包括氧化二丁基锡、乙酸三乙基锡、三乙基乙酸锡）			危险化学品（13.1）
2931900018	四乙基锡、乙酸三甲基锡（四乙锡、醋酸三甲基锡）			危险化学品（13.1）
2931900019	毒菌锡［三苯基羟基锡（含量>20%）］			危险化学品（13.1）
2931900021	乙酰亚砷酸铜、二苯（基）胺氯胂（祖母绿；翡翠绿；醋酸亚砷酸铜、吩吡嗪化氯、亚当氏气）			危险化学品（13.1）
2931900022	3-硝基-4-羟基苯胂酸（4-羟基-3-硝基苯胂酸）			危险化学品（13.1）

商品编号	商品名称	监管条件	检验检疫类别	检验检疫要求
2931900023	乙基二氯胂、二苯（基）氯胂（包括二氯化乙基胂、氯化二苯胂）			危险化学品（13.1）
2931900024	甲（基）胂酸、丙（基）胂酸、二碘化苯胂（苯基二碘胂）			危险化学品（13.1）
2931900025	苯胂酸、2-硝基苯胂酸等（包括邻硝基苯胂酸、3-硝基苯胂酸、间硝基苯胂酸等）			危险化学品（13.1）
2931900026	4-硝基苯胂酸、2-氨基苯胂酸（对硝基苯胂酸、邻氨基苯胂酸）			危险化学品（13.1）
2931900027	3-氨基苯胂酸、4-氨基苯胂酸（间氨基苯胂酸、对氨基苯胂酸）			危险化学品（13.1）
2931900028	三苯锡、三苯基乙酸锡等（包括三苯基氯化锡、三苯基氢氧化锡、苯丁锡、三唑锡）			危险化学品（13.1）
2931900090	其他有机-无机化合物	A/B	M．R/N．S	危险化学品（13.1） 其他资源与化工产品（13.7） 食品添加剂（营养强化剂）（10.1）
2932110000	四氢呋喃	A/B	M/N	危险化学品（13.1） 食品添加剂（营养强化剂）（10.1）
2932120000	2-糠醛	B	N	危险化学品（13.1）
2932130000	糠醇及四氢糠醇			危险化学品（13.1）
2932190090	其他结构上有非稠合呋喃环化合物			危险化学品（13.1）
2932209011	杀鼠灵、克鼠灵、敌鼠灵、溴鼠灵等（包括氯灭鼠灵、氟鼠灵、鼠得克、杀鼠醚）			危险化学品（13.1）
2932209013	蝇毒磷、茵蒿素、溴敌隆、呋酰胺等（包括四氯苯酞、畜虫磷）			危险化学品（13.1）
2932209090	其他内酯			危险化学品（13.1）
2932960000	克百威（ISO）			危险化学品（13.1）
2932999013	因毒磷、敌噁磷、碳氯灵			危险化学品（13.1）
2932999060	二噁英、呋喃（多氯二苯并对二噁英、多氯二苯并呋喃）			禁止进出口
2932999070	1,4-二噁烷			危险化学品（13.1）
2932999099	其他仅含氧杂原子的杂环化合物			危险化学品（13.1）
2933199011	吡硫磷、吡唑硫磷、敌蝇威、乙虫腈等（包括异索威、吡唑威）			危险化学品（13.1）
2933199090	其他结构上有非稠合吡唑环化合物			危险化学品（13.1）
2933290090	其他结构上有非稠合咪唑环化合物			危险化学品（13.1）
2933310010	吡啶	A/B	M/N	危险化学品（13.1）
2933321000	哌啶（六氢吡啶）			危险化学品（13.1）
2933340090	其他芬太尼及它们的衍生物			危险化学品（13.1）
2933399022	啶虫脒			危险化学品（13.1）
2933399025	高效氟吡甲禾灵、氟吡甲禾灵等（包括鼠特灵、灭鼠优、灭鼠安、氟鼠啶）			危险化学品（13.1）
2933399099	其他结构上含有一个非稠合吡啶环（不论是否氢化）的化合物			危险化学品（13.1）
2933490090	其他含喹啉或异喹啉环系的化合物（但未进一步稠合的）			危险化学品（13.1）
2933599017	氟蚁腙、鼠立死、三氟苯嘧啶			危险化学品（13.1）
2933599099	其他结构上有嘧啶环等的化合物（包括其他结构上有哌嗪环的化合物）			危险化学品（13.1）
2933691000	三聚氰氯			危险化学品（13.1）
2933692100	二氯异氰脲酸			危险化学品（13.1）
2933692200	三氯异氰脲酸	A/B	M/N	危险化学品（13.1）
2933692910	二氯异氰尿酸钠	A	R	其他资源与化工产品（13.7）
2933699099	其他结构上含非稠合三嗪环化合物			危险化学品（13.1）
2933790099	其他内酰胺			危险化学品（13.1）
2933990011	抑芽丹、三唑磷、虫线磷、喹硫磷、唑啶草酮等（包括哒嗪硫磷、亚胺硫磷、氯亚胺硫磷、保棉磷、益棉磷、威菌磷）			危险化学品（13.1）
2933990013	多菌灵、苯菌灵、氰菌灵、麦穗宁、氟哒嗪草酯等（包括咪菌威、丙硫咗、氟氯菌核利、哒菌酮、拌种咯、杀草强）			危险化学品（13.1）

商品编号	商品名称	监管条件	检验检疫类别	检验检疫要求
2933990017	唑草酯、四环唑、噁草酸等（包括喹禾糠酯、哒草特、咯草隆、禾草敌、唑草胺、敌草快及其盐、氯草敏、丙硫菌唑、氯氟醚菌唑、烯唑醇）			危险化学品（13.1）
2933990060	（环）四亚甲基四硝胺（俗名奥托金HMX）			危险化学品（13.1）
2933990070	（环）三亚甲基三硝基胺（俗名黑索金RDX）			危险化学品（13.1）
2933990099	其他仅含氮杂原子的杂环化合物			危险化学品（13.1）
2934992000	呋喃唑酮	A	M	其他资源与化工产品（13.7）
2934993010	人类核酸及其盐			特殊物品（2.1）
2934993090	其他核酸及其盐			特殊物品（2.1）
2934999001	核苷酸类食品添加剂	A	R	食品添加剂（营养强化剂）（10.1）
2934999021	噁唑磷、蔬果磷、茂硫磷、除害磷等（包括甲基吡噁磷、丁硫环磷、硫环磷、杀扑磷、伏杀硫磷、地胺磷）			危险化学品（13.1）
2934999022	环线威、杀虫环、杀虫钉、多噻烷等（包括甲基硫环磷、噻嗪酮、噁虫酮、茚虫威、砜吡草唑、氟吡呋喃酮、氟嘧菌酯、硅噻菌胺、糠氨基嘌呤、双丙环虫酯）			危险化学品（13.1）
2934999023	噁唑禾草灵、毒鼠硅、噻鼠灵等（包括福拉比、噻节因、糠菌唑、精噁唑禾草灵）			危险化学品（13.1）
2934999031	多抗霉素、灰瘟素			危险化学品（13.1）
2934999033	灭螨猛、克杀螨、螨蜱胺			危险化学品（13.1）
2934999099	其他杂环化合物			危险化学品（13.1）
2935100000	N-甲基全氟辛基磺酰胺			危险化学品（13.1）
2935200000	N-乙基全氟辛基磺酰胺			危险化学品（13.1）
2935300000	N-乙基-N-（2-羟乙基）全氟辛基磺酰胺			危险化学品（13.1）
2935400000	N-（2-羟乙基）-N-甲基全氟辛基磺酰胺			危险化学品（13.1）
2935900019	畜蜱磷、伐灭磷、地散磷等（包括磺菌威、氰霜唑）			危险化学品（13.1）
2935900090	其他磺（酰）胺			危险化学品（13.1）
2936210000	未混合的维生素A及其衍生物（不论是否溶于溶剂）	A	R	饲料和饲料添加剂（5.1）食品添加剂（营养强化剂）（10.1）
2936220000	未混合的维生素B_1及其衍生物（不论是否溶于溶剂）	A	R	饲料和饲料添加剂（5.1）食品添加剂（营养强化剂）（10.1）
2936230000	未混合的维生素B_2及其衍生物（不论是否溶于溶剂）	A	R	饲料和饲料添加剂（5.1）食品添加剂（营养强化剂）（10.1）
2936240000	D或DL-泛酸（维生素B_5）及其衍生物（不论是否溶于溶剂）	A	R	饲料和饲料添加剂（5.1）食品添加剂（营养强化剂）（10.1）
2936250000	未混合的维生素B_6及其衍生物（不论是否溶于溶剂）	A	R	饲料和饲料添加剂（5.1）食品添加剂（营养强化剂）（10.1）
2936260000	未混合的维生素B_{12}及其衍生物（不论是否溶于溶剂）	A	R	饲料和饲料添加剂（5.1）食品添加剂（营养强化剂）（10.1）
2936270010	未混合的维生素C原粉（不论是否溶于溶剂）	A	R	食品添加剂（营养强化剂）（10.1）
2936270020	未混合的维生素C钙、维生素C钠（不论是否溶于溶剂）	A	R	其他资源与化工产品（13.7）食品添加剂（营养强化剂）（10.1）

商品编号	商品名称	监管条件	检验检疫类别	检验检疫要求
2936270030	颗粒或包衣维生素C（不论是否溶于溶剂）	A	R	其他资源与化工产品（13.7） 食品添加剂（营养强化剂）（10.1）
2936270090	维生素C酯类及其他（不论是否溶于溶剂）	A	R	饲料和饲料添加剂（5.1） 其他资源与化工产品（13.7） 食品添加剂（营养强化剂）（10.1）
2936280000	未混合的维生素E及其衍生物（不论是否溶于溶剂）	A	R	特殊食品（9.1） 饲料和饲料添加剂（5.1） 食品添加剂（营养强化剂）（10.1）
2936290000	其他未混合的维生素及其衍生物（不论是否溶于溶剂）	A	R	饲料和饲料添加剂（5.1） 食品添加剂（营养强化剂）（10.1）
2936901000	维生素AD3（包括天然浓缩物，不论是否溶于溶剂）	A	R	特殊食品（9.1） 饲料和饲料添加剂（5.1） 食品添加剂（营养强化剂）（10.1）
2936909000	维生素原、混合维生素原、其他混合维生素及其衍生物（包括天然浓缩物，不论是否溶于溶剂）	A	R	特殊食品（9.1） 饲料和饲料添加剂（5.1） 食品添加剂（营养强化剂）（10.1）
2937190099	其他多肽激素及衍生物和结构类似物（包括蛋白激素、糖蛋白激素及其衍生物和结构类似物）			特殊物品（2.1）
2937900010	氨基酸衍生物	A	R	食品添加剂（营养强化剂）（10.1）
2937900090	其他激素及其衍生物和结构类似物			危险化学品（13.1）
2938909020	甘草酸盐类	A	R	食品添加剂（营养强化剂）（10.1）
2938909090	其他天然或合成再制的苷及其盐等（包括醚、酯和其他衍生物）			危险化学品（13.1）
2939300010	咖啡因	A	R	食品添加剂（营养强化剂）（10.1）
2939300090	咖啡因的盐	A	R	其他资源与化工产品（13.7） 食品添加剂（营养强化剂）（10.1）
2939490099	其他麻黄生物碱衍生物，以及它们的盐	A/B	M.R/N	其他资源与化工产品（13.7）
2939791010	烟碱	A/B	M/N	危险化学品（13.1）
2939791090	烟碱盐			危险化学品（13.1）
2939792010	番木鳖碱	A/B	M/N	危险化学品（13.1）
2939799091	酒石酸长春瑞滨、硫酸长春新碱、盐酸托泊替康、盐酸伊立替康	A/B	M.R/N	食品添加剂（营养强化剂）（10.1）
2939799099	其他植物碱及其衍生物（包括植物碱的盐、酯及其他衍生物）	A/B	M.R/N	危险化学品（13.1） 其他资源与化工产品（13.7）
2939800000	其他生物碱及其衍生物（包括生物碱的盐、酯及其他衍生物）	A/B	M.R/N	危险化学品（13.1） 食品添加剂（营养强化剂）（10.1）
2940001000	木糖	A	R	饲料和饲料添加剂（5.1） 食品添加剂（营养强化剂）（10.1）
2940009010	氨基寡糖素	A	R	其他资源与化工产品（13.7）

商品编号	商品名称	监管条件	检验检疫类别	检验检疫要求
2940009090	其他化学纯糖、糖醚、糖酯及其盐（蔗糖、乳糖、麦芽糖、葡萄糖、品目 2937～2939 产品除外）	A	R	危险化学品（13.1） 其他深加工食品（8.2） 饲料和饲料添加剂（5.1）
2941905910	放线菌酮			危险化学品（13.1）
2941909091	吡柔比星、丝裂霉素、盐酸表柔比星、盐酸多柔比星、盐酸平阳霉素、盐酸柔红霉素、盐酸伊达比星			危险化学品（13.1）
2941909099	其他抗菌素			危险化学品（13.1）
2942000000	其他有机化合物			危险化学品（13.1）
3001200010	其他濒危野生动物腺体、器官（包括分泌物）	A/B	P/Q	生物材料（2.2） 其他资源与化工产品（13.7） 非食用动物产品（3.4）
3001200021	含人类遗传资源的人类腺体、器官及其分泌物的提取物	A/B	V/W	特殊物品（2.1）
3001200029	其他人类的腺体、器官及其分泌物的提取物	A/B	V/W	特殊物品（2.1）
3001200090	其他腺体、器官及其分泌物提取物	A/B	P/Q	生物材料（2.2） 其他资源与化工产品（13.7） 非食用动物产品（3.4）
3001909010	蛇毒制品（供治疗或预防疾病用）	A/B	P.V/Q.W	特殊物品（2.1）
3001909020	含有人类遗传资源的人体制品	A/B	V/W	特殊物品（2.1）
3001909091	其他濒危动物制品（供治疗或预防疾病用）	A/B	P/Q	生物材料（2.2） 其他资源与化工产品（13.7）
3001909092	人类腺体、器官、组织（供治疗或预防疾病用）	A/B	V/W	特殊物品（2.1）
3001909099	其他未列名的人体或动物制品（供治疗或预防疾病用）	A/B	P.V/Q.W	特殊物品（2.1） 生物材料（2.2） 其他资源与化工产品（13.7）
3002120011	唾液酸促红素、氨甲酰促红素、达促红素、培促红素β、促红素（EPO）类等促红素	A/B	P.V/Q.W	特殊物品（2.1） 其他资源与化工产品（13.7）
3002120012	胰岛素样生长因子 1（IGF-1）及其类似物	A/B	P.V/Q.W	特殊物品（2.1） 其他资源与化工产品（13.7）
3002120013	机械生长因子类	A/B	P.V/Q.W	特殊物品（2.1） 其他资源与化工产品（13.7）
3002120014	成纤维细胞生长因子类（FGFs）	A/B	P.V/Q.W	特殊物品（2.1） 其他资源与化工产品（13.7）
3002120015	肝细胞生长因子（HGF）	A/B	P.V/Q.W	特殊物品（2.1） 其他资源与化工产品（13.7）
3002120016	血小板衍生生长因子（PDGF）	A/B	P.V/Q.W	特殊物品（2.1） 其他资源与化工产品（13.7）
3002120017	血管内皮生长因子（VEGF）	A/B	P.V/Q.W	特殊物品（2.1） 其他资源与化工产品（13.7）
3002120018	转化生长因子-β（TGF-β）信号传导抑制剂类	A/B	P.V/Q.W	特殊物品（2.1） 其他资源与化工产品（13.7）
3002120019	培尼沙肽、罗特西普	A/B	P.V/Q.W	特殊物品（2.1） 其他资源与化工产品（13.7）
3002120021	缺氧诱导因子（HIF）激活剂类、缺氧诱导因子（HIF）稳定剂类	A/B	P.V/Q.W	特殊物品（2.1） 其他资源与化工产品（13.7）
3002120022	EPO-Fc（IgG4）融合蛋白、EPO-Fc 融合蛋白	A/B	P.V/Q.W	特殊物品（2.1） 其他资源与化工产品（13.7）
3002120023	含有人类遗传资源的抗血清及其他血份	A/B	P.V/Q.W	特殊物品（2.1）
3002120024	其他《兴奋剂目录》所列商品	A/B	P.V/Q.W	特殊物品（2.1） 其他资源与化工产品（13.7）
3002120030	兽用血清制品	A/B	P.V/Q.W	生物材料（2.2）
3002120093	罕见病药品制剂（包括罕见病药品清单第一批、第二批相关商品）	A/B	P.V/Q.W	特殊物品（2.1） 其他资源与化工产品（13.7）

商品编号	商品名称	监管条件	检验检疫类别	检验检疫要求
3002120099	其他抗血清及其他血份（因拆分抗癌药产生的兜底税号）	A/B	P.V/Q.W	特殊物品（2.1） 其他资源与化工产品（13.7）
3002130000	非混合的免疫制品，未配定剂量或制成零售包装	A/B	P.V/Q.W	特殊物品（2.1） 其他资源与化工产品（13.7）
3002140000	混合的免疫制品，未配定剂量或制成零售包装	A/B	P.V/Q.W	特殊物品（2.1） 其他资源与化工产品（13.7）
3002150010	抗（防）癌药品制剂（不含癌症辅助治疗药品）（包括抗癌药品清单第一批、第二批相关商品）	A/B	P.V/Q.W	特殊物品（2.1） 其他资源与化工产品（13.7）
3002150030	罕见病药品制剂（包括罕见病药品清单第一批、第二批相关商品）	A/B	P.V/Q.W	特殊物品（2.1）
3002150090	其他免疫制品，已配定剂量或制成零售包装	A/B	P.V/Q.W	特殊物品（2.1） 其他资源与化工产品（13.7）
3002410011	新型冠状病毒（COVID-19）疫苗，已配定剂量或制成零售包装	A/B	V/W	特殊物品（2.1）
3002410019	新型冠状病毒（COVID-19）疫苗，未配定剂量或制成零售包装	A/B	V/W	特殊物品（2.1）
3002410090	其他人用疫苗	A/B	V/W	特殊物品（2.1）
3002491000	石房蛤毒素			特殊物品（2.1）
3002492000	蓖麻毒素			特殊物品（2.1）
3002493010	两用物项管制细菌及病毒	A/B	P.V/Q.W	特殊物品（2.1） 生物材料（2.2）
3002493020	苏云金杆菌、枯草芽孢杆菌	A/B	P.V/Q.W	特殊物品（2.1）
3002493090	其他细菌及病毒	A/B	P.V/Q.W	特殊食品（9.1） 特殊物品（2.1） 生物材料（2.2）
3002499010	噬菌核霉、淡紫拟青霉、哈茨木霉菌、寡雄腐霉菌	A/B	P.V/Q.W	特殊物品（2.1）
3002499050	其他两用物项管制毒素	A/B	P.V/Q.W	特殊物品（2.1） 生物材料（2.2）
3002499090	其他毒素、培养微生物（不包括酵母）及类似产品	A/B	P.V/Q.W	特殊物品（2.1） 生物材料（2.2）
3002510000	细胞治疗产品	A/B	P.V/Q.W	特殊物品（2.1） 生物材料（2.2）
3002590000	其他细胞培养物，不论是否修饰	A/B	P.V/Q.W	特殊物品（2.1） 生物材料（2.2）
3002904010	两用物项管制遗传物质和基因修饰生物体	A/B	P.V/Q.W	特殊物品（2.1） 生物材料（2.2） 其他资源与化工产品（13.7）
3002904090	其他遗传物质和基因修饰生物体	A/B	P.V/Q.W	生物材料（2.2）
3002909001	人血	A/B	V/W	特殊物品（2.1）
3002909010	治病、防病或诊断用的濒危动物血制品	A/B	P/Q	生物材料（2.2）
3002909090	治病、防病或诊断用的其他动物血制品	A/B	P/Q	生物材料（2.2）
3006300000	X光检查造影剂、诊断试剂	A/B	V/W	特殊物品（2.1） 其他资源与化工产品（13.7）
3006930000	安慰剂和盲法（或双盲法）临床试剂盒，用于经许可的临床试验，已配定剂量			特殊物品（2.1）
3101001100	未经化学处理的鸟粪	A/B	P/Q	生物材料（2.2）
3101001910	未经化学处理的森林凋落物（包括腐叶、腐根、树皮、树叶、树根等森林腐殖质）	A/B	P/Q	禁止出口 栽培介质（5.2） 植物源性肥料（5.2）
3101001990	未经化学处理的其他动植物肥料	A/B	P/Q	生物材料（2.2） 植物源性肥料（5.2）
3101009010	经化学处理的含动物源性成分（如粪、羽毛等）动植物肥料	A/B	P/Q	生物材料（2.2） 其他资源与化工产品（13.7）

商品编号	商品名称	监管条件	检验检疫类别	检验检疫要求
3101009020	经化学处理的森林凋落物（包括腐叶、腐根、树皮、树叶、树根等森林腐殖质）	A/B	P/Q	禁止出口 生物材料（2.2） 植物源性肥料（5.2） 其他资源与化工产品（13.7）
3101009090	经化学处理的其他动植物肥料	A/B	P/Q	生物材料（2.2） 植物源性肥料（5.2） 其他资源与化工产品（13.7）
3102100010	尿素（配额内，不论是否水溶液）	A/B	M/N	饲料和饲料添加剂（5.1） 化肥（13.7）
3102100090	尿素（配额外，不论是否水溶液）	A/B	M/N	化肥（13.7） 其他资源与化工产品（13.7） 饲料和饲料添加剂（5.1）
3102210000	硫酸铵	A	R	饲料和饲料添加剂（5.1） 食品添加剂（营养强化剂）（10.1）
3102300000	硝酸铵（不论是否水溶液）	A/B	M/N	禁止进口 化肥（13.7） 危险化学品（13.1）
3102400000	硝酸铵与碳酸钙等的混合物（包括硝酸铵与其他无效肥及无机物的混合物）	B	N	化肥（13.7） 其他资源与化工产品（13.7）
3102500000	硝酸钠	A/B	M/N.S	化肥（13.7） 危险化学品（13.1） 食品添加剂（营养强化剂）（10.1）
3102600000	硝酸钙和硝酸铵的复盐及混合物	B	N	化肥（13.7） 其他资源与化工产品（13.7）
3102800000	尿素及硝酸铵混合物的水溶液（包括氨水溶液）	B	N	化肥（13.7） 危险化学品（13.1） 其他资源与化工产品（13.7）
3102901000	氰氨化钙	A/B	M/N	化肥（13.7） 危险化学品（13.1） 其他资源与化工产品（13.7）
3102909000	其他矿物氮肥及化学氮肥（包括上述编号未列名的混合物）	B	N	化肥（13.7） 危险化学品（13.1）
3103111000	重过磷酸钙［按重量计五氧化二磷（P_2O_5）含量在35%及以上］	A/B	M/N	化肥（13.7） 其他资源与化工产品（13.7）
3103119000	其他按重量计五氧化二磷（P_2O_5）含量在35%及以上的过磷酸钙	A/B	M/N	化肥（13.7） 其他资源与化工产品（13.7）
3103190000	其他过磷酸钙	A/B	M/N	化肥（13.7） 其他资源与化工产品（13.7）
3103900000	其他矿物磷肥或化学磷肥	B	N	化肥（13.7）
3104202000	纯氯化钾（按重量计氯化钾含量≥99.5%）	B	N	化肥（13.7） 其他资源与化工产品（13.7）
3104209000	其他氯化钾	A/B	R/N	化肥（13.7） 饲料和饲料添加剂（5.1） 其他资源与化工产品（13.7） 食品添加剂（营养强化剂）（10.1）

商品编号	商品名称	监管条件	检验检疫类别	检验检疫要求
3104300000	硫酸钾	A/B	M/N	化肥（13.7） 其他资源与化工产品（13.7） 饲料和饲料添加剂（5.1）
3104901000	光卤石、钾盐及其他天然粗钾盐	B	N	化肥（13.7） 其他资源与化工产品（13.7）
3104909000	其他矿物钾肥及化学钾肥	B	N	化肥（13.7）
3105100010	制成片状及类似形状或零售包装的硝酸铵（零售包装每包毛重不超过10千克）	B	N	禁止进口 化肥（13.7） 其他资源与化工产品（13.7）
3105100090	制成片状及类似形状或零售包装的第三十一章其他货品（零售包装每包毛重不超过10千克）	B	N	化肥（13.7） 其他资源与化工产品（13.7）
3105200010	化学肥料或矿物肥料（配额内，含氮、磷、钾三种肥效元素）	A/B	M/N	化肥（13.7） 危险化学品（13.1）
3105200090	化学肥料或矿物肥料（配额外，含氮、磷、钾三种肥效元素）	A/B	M/N	化肥（13.7） 危险化学品（13.1）
3105300010	磷酸氢二铵（配额内）	A/B	R/N	化肥（13.7） 饲料和饲料添加剂（5.1） 食品添加剂（营养强化剂）（10.1）
3105300090	磷酸氢二铵（配额外）	A/B	R/N	化肥（13.7） 其他资源与化工产品（13.7） 饲料和饲料添加剂（5.1） 食品添加剂（营养强化剂）（10.1）
3105400000	磷酸二氢铵（包括磷酸二氢铵与磷酸氢二铵的混合物）	A/B	M/N	化肥（13.7） 其他资源与化工产品（13.7） 饲料和饲料添加剂（5.1）
3105510000	含有硝酸盐及磷酸盐的肥料（包括矿物肥料或化学肥料）	A/B	M/N	化肥（13.7） 危险化学品（13.1）
3105590000	其他含氮、磷两种元素肥料（包括矿物肥料或化学肥料）	A/B	M/N	化肥（13.7） 危险化学品（13.1） 饲料和饲料添加剂（5.1）
3105600000	含磷、钾两种元素的肥料（包括矿物肥料或化学肥料）	A/B	M/N	化肥（13.7）
3105901000	有机-无机复混肥料	A/B	M/N	化肥（13.7） 危险化学品（13.1）
3105909000	其他肥料	A/B	M/N	化肥（13.7） 危险化学品（13.1）
3203001100	天然靛蓝及以其为基本成分的制品	A	R	食品添加剂（营养强化剂）（10.1）
3203001910	濒危植物质着色料及制品（制品是指以植物质着色料为基本成分的）	A/B	R/S	危险化学品（13.1） 饲料和饲料添加剂（5.1） 食品添加剂（营养强化剂）（10.1）
3203001990	其他植物质着色料及制品（制品是指以植物质着色料为基本成分的）	A/B	R/S	危险化学品（13.1） 饲料和饲料添加剂（5.1） 食品添加剂（营养强化剂）（10.1）
3203002000	动物质着色料及制品（制品是指以动物质着色料为基本成分的）	A	M.R	危险化学品（13.1） 食品添加剂（营养强化剂）（10.1）

商品编号	商品名称	监管条件	检验检疫类别	检验检疫要求
3204110000	分散染料及以其为基本成分的制品，不论是否有化学定义	A/B	R/S	危险化学品（13.1） 食品添加剂（营养强化剂）（10.1）
3204120000	酸性染料及制品、媒染染料及制品（包括以酸性染料或媒染染料为基本成分的制品，不论是否有化学定义）	A/B	R/S	危险化学品（13.1） 食品添加剂（营养强化剂）（10.1）
3204130000	碱性染料及以其为基本成分的制品	A/B	R/S	危险化学品（13.1） 食品添加剂（营养强化剂）（10.1）
3204140000	直接染料及以其为基本成分的制品	A/B	R/S	危险化学品（13.1） 食品添加剂（营养强化剂）（10.1）
3204151000	合成靛蓝（还原靛蓝）	A	R	食品添加剂（营养强化剂）（10.1）
3204182000	以类胡萝卜素（包括胡萝卜素）为基本成分的制品	A/B	R/S	其他资源与化工产品（13.7） 食品添加剂（营养强化剂）（10.1）
3204199000	其他着色料组成的混合物	A/B	R/S	危险化学品（13.1） 饲料和饲料添加剂（5.1） 食品添加剂（营养强化剂）（10.1）
3204200000	用作荧光增白剂的有机合成产品	A	M	危险化学品（13.1） 其他资源与化工产品（13.7）
3204909000	其他用作发光体的有机合成产品			危险化学品（13.1）
3205000000	色淀及以色淀为基本成分的制品	A	R	食品添加剂（营养强化剂）（10.1）
3206200000	以铬化合物为基本成分的颜料及制品			危险化学品（13.1）
3207100000	调制颜料、遮光剂、着色剂及类似品			危险化学品（13.1）
3208100010	分散于或溶于非水介质的聚酯油漆及清漆，施工状态下挥发性有机物含量大于420克/升［以聚酯为基本成分的（包括瓷漆及大漆）］	A	M	涂料产品（13.2） 危险化学品（13.1）
3208100090	其他分散于或溶于非水介质的聚酯油漆及清漆；以聚酯为基本成分的本章注释四所述溶液［以聚酯为基本成分的（包括瓷漆及大漆）］	A	M	涂料产品（13.2） 危险化学品（13.1）
3208201020	以丙烯酸聚合物为基本成分的油漆、清漆等，施工状态下挥发性有机物含量大于420克/升（分散于或溶于非水质的以丙烯酸聚合物为基本成分，包括瓷漆及大漆）	A	M	涂料产品（13.2） 危险化学品（13.1）
3208201090	以丙烯酸聚合物为基本成分的油漆、清漆等，以丙烯酸聚合物为基本成分的本章注释四所述溶液（分散于或溶于非水质的以丙烯酸聚合物为基本成分，包括瓷漆及大漆）	A	M	涂料产品（13.2） 危险化学品（13.1）
3208202010	溶于非水介质的聚乙烯油漆及清漆，施工状态下挥发性有机物含量大于420克/升［以乙烯聚合物为基本成分（包括瓷漆及大漆）］	A	M	涂料产品（13.2） 危险化学品（13.1）
3208202090	其他分散于或溶于非水介质的以乙烯聚合物为基本成分的油漆及清漆，以乙烯聚合物基本成分的本章注释四所述溶液［以乙烯聚合物为基本成分（包括瓷漆及大漆）］	A	M	涂料产品（13.2） 危险化学品（13.1）
3208901011	分散于或溶于非水介质的光导纤维用涂料，施工状态下挥发性有机物含量大于420克/升（主要成分为聚胺酯丙烯酸酯类化合物，以聚胺酯类化合物为基本成分）	A	M	涂料产品（13.2） 危险化学品（13.1）
3208901019	其他分散于或溶于非水介质的光导纤维用涂料（主要成分为聚胺酯丙烯酸酯类化合物，以聚胺酯类化合物为基本成分）	A	M	涂料产品（13.2） 危险化学品（13.1）

商品编号	商品名称	监管条件	检验检疫类别	检验检疫要求
3208901091	其他聚胺酯油漆、清漆等，施工状态下挥发性有机物含量大于420克/升（溶于非水介质以聚胺酯类化合物为基本成分，含瓷漆及大漆）	A	L、M	涂料产品（13.2） 危险化学品（13.1） 进口强制性产品认证（12.1）
3208901099	其他聚胺酯油漆、清漆等，以聚氨酯类化合物为基本成分的本章注释四所述溶液（分散于或溶于非水介质以聚胺酯类化合物为基本成分，含瓷漆及大漆）	A	L、M	涂料产品（13.2） 危险化学品（13.1） 进口强制性产品认证（12.1）
3208909010	分散于或溶于非水介质其他油漆、清漆溶液，施工状态下挥发性有机物含量大于420克/升（包括以聚合物为基本成分的漆，本章注释四所述溶液）	A	L、M	涂料产品（13.2） 危险化学品（13.1） 进口强制性产品认证（12.1）
3208909090	分散于或溶于非水介质其他油漆、清漆溶液，其他本章注释四所述溶液（包括以聚合物为基本成分的漆，本章注释四所述溶液）	A	L、M	涂料产品（13.2） 危险化学品（13.1） 进口强制性产品认证（12.1）
3209100010	溶于水介质的聚丙烯酸油漆及清漆，施工状态下挥发性有机物含量大于420克/升〔以聚丙烯酸或聚乙烯为基本成分的（包括瓷漆及大漆）〕	A	M	涂料产品（13.2） 危险化学品（13.1）
3209100090	其他溶于水介质的聚丙烯酸油漆及清漆〔以聚丙烯酸或聚乙烯为基本成分的（包括瓷漆及大漆）〕	A	M	涂料产品（13.2） 危险化学品（13.1）
3209901010	以环氧树脂为基本成分的油漆及清漆，施工状态下挥发性有机物含量大于420克/升（包括瓷漆及大漆，分散于或溶于水介质）	A	M	涂料产品（13.2） 危险化学品（13.1）
3209901090	其他以环氧树脂为基本成分的油漆及清漆（包括瓷漆及大漆，分散或溶于水介质）	A	M	涂料产品（13.2） 危险化学品（13.1）
3209902010	以氟树脂为基本成分的油漆及清漆，施工状态下挥发性有机物含量大于420克/升（包括瓷漆及大漆，分散于或溶于水介质）	A	M	涂料产品（13.2） 危险化学品（13.1）
3209902090	其他以氟树脂为基本成分的油漆及清漆（包括瓷漆及大漆，分散于或溶于水介质）	A	M	涂料产品（13.2） 危险化学品（13.1）
3209909010	溶于水介质其他聚合物油漆及清漆，施工状态下挥发性有机物含量大于420克/升（以合成聚合物或化学改性天然聚合物为基本成分的）	A	M	涂料产品（13.2） 危险化学品（13.1）
3209909090	溶于水介质其他聚合物油漆及清漆，施工状态下挥发性有机物含量不大于420克/升（以合成聚合物或化学改性天然聚合物为基本成分的）	A	M	涂料产品（13.2） 危险化学品（13.1）
3210000020	油漆及清漆，皮革用水性颜料，施工状态下挥发性有机物含量大于420克/升（包括非聚合物为基料的瓷漆、大漆及水浆涂料）			危险化学品（13.1） 进口强制性产品认证（12.1）
3210000090	油漆及清漆，皮革用水性颜料，施工状态下挥发性有机物含量不大于420克/升（包括非聚合物为基料的瓷漆、大漆及水浆涂料）			危险化学品（13.1） 进口强制性产品认证（12.1）
3211000000	配制的催干剂			危险化学品（13.1）
3212900000	制漆用颜料及零售包装染料、色料（制漆用颜料指溶于非水介质中呈液状或浆状的）			危险化学品（13.1）
3213100000	成套的颜料（艺术家、学生和广告美工用的）			危险化学品（13.1）
3213900000	非成套颜料、调色料及类似品（片状、管装、罐装、瓶装、扁盒装等类似形状或包装的）			危险化学品（13.1）
3214101000	半导体器件封装材料			危险化学品（13.1）
3214109000	其他安装玻璃用油灰等；漆工用填料（包括接缝用油灰、树脂胶泥、嵌缝胶及其他胶粘剂）			危险化学品（13.1）
3214900010	非耐火涂面制剂，施工状态下挥发性有机物含量大于420克/升（涂门面、内墙、地板、天花板等用）			危险化学品（13.1）
3214900090	其他非耐火涂面制剂（涂门面、内墙、地板、天花板等用）			危险化学品（13.1）
3215110010	黑色，用于装入编号844331、844332或844339所列设备的工程形态的固体油墨	A/B	M/N	危险化学品（13.1） 其他资源与化工产品（13.7）

商品编号	商品名称	监管条件	检验检疫类别	检验检疫要求
3215110090	其他黑色印刷油墨（不论是否固体或浓缩）	A/B	M/N	危险化学品（13.1） 其他资源与化工产品（13.7）
3215190090	其他印刷油墨（不论是否固体或浓缩）			危险化学品（13.1）
3215901000	书写墨水（不论是否固体或浓缩）			危险化学品（13.1）
3215909000	其他绘图墨水及其他墨类（不论是否固体或浓缩）			危险化学品（13.1）
3301120000	橙油（包括浸膏及净油）	A	R	化妆品（11.1） 危险化学品（13.1） 食品添加剂（营养强化剂）（10.1）
3301130000	柠檬油（包括浸膏及净油）	A	R	化妆品（11.1） 危险化学品（13.1） 食品添加剂（营养强化剂）（10.1）
3301191000	白柠檬油（酸橙油）（包括浸膏及净油）	A	R	化妆品（11.1） 危险化学品（13.1） 食品添加剂（营养强化剂）（10.1）
3301199000	其他柑橘属果实的精油（包括浸膏及净油）	A	R	化妆品（11.1） 危险化学品（13.1） 其他资源与化工产品（13.7） 食品添加剂（营养强化剂）（10.1）
3301240000	胡椒薄荷油（包括浸膏及净油）	A	R	化妆品（11.1） 危险化学品（13.1） 其他资源与化工产品（13.7） 食品添加剂（营养强化剂）（10.1）
3301250000	其他薄荷油（包括浸膏及净油）	A	R	化妆品（11.1） 食品添加剂（营养强化剂）（10.1）
3301291000	樟脑油（包括浸膏及精油）	A/B	M.R/N	化妆品（11.1） 危险化学品（13.1）
3301292000	香茅油（包括浸膏及净油）	A	R	化妆品（11.1） 食品添加剂（营养强化剂）（10.1）
3301293000	茴香油（包括浸膏及净油）	A	R	化妆品（11.1） 食品添加剂（营养强化剂）（10.1）
3301294000	桂油（包括浸膏及净油）	A	R	化妆品（11.1） 食品添加剂（营养强化剂）（10.1）
3301295000	山苍子油（包括浸膏及净油）	A	R	化妆品（11.1） 食品添加剂（营养强化剂）（10.1）
3301296000	桉叶油（包括浸膏及净油）	A/B	M.R/N	化妆品（11.1） 危险化学品（13.1） 食品添加剂（营养强化剂）（10.1）

商品编号	商品名称	监管条件	检验检疫类别	检验检疫要求
3301299100	老鹳草油（香叶油）（包括浸膏及精油）	A	R	化妆品（11.1） 食品添加剂（营养强化剂）（10.1）
3301299910	黄樟油	A	R	化妆品（11.1） 食品添加剂（营养强化剂）（10.1）
3301299991	其他濒危植物精油（柑橘属果实除外）（包括浸膏及净油）	A	R	化妆品（11.1） 食品添加剂（营养强化剂）（10.1）
3301299999	其他非柑橘属果实的精油（包括浸膏及净油）	A	R	化妆品（11.1） 危险化学品（13.1） 其他资源与化工产品（13.7） 食品添加剂（营养强化剂）（10.1）
3301901090	其他提取的油树脂			危险化学品（13.1）
3301909000	吸取浸渍法制成含浓缩精油的脂肪（含固定油、蜡及类似品，精油水溶液及水馏液）			危险化学品（13.1）
3302101000	以香料为基本成分的制品（生产饮料用，按容量计酒精浓度≤0.5%）	A	R	危险化学品（13.1） 食品添加剂（营养强化剂）（10.1）
3302109001	生产食品、饮料用混合香料及制品（含以香料为基本成分的混合物，按容量计酒精浓度>0.5%）	A	R	危险化学品（13.1） 食品添加剂（营养强化剂）（10.1）
3302109090	其他生产食品用混合香料及制品（含以香料为基本成分的混合物）	A	R	危险化学品（13.1） 食品添加剂（营养强化剂）（10.1）
3302900000	其他工业用混合香料及香料混合物（以一种或多种香料为基本成分的混合物）			危险化学品（13.1）
3303000010	包装标注含量以重量计的香水及花露水	A/B	M/N	化妆品（11.1） 危险化学品（13.1）
3303000020	包装标注含量以体积计的香水及花露水	A/B	M/N	化妆品（11.1） 危险化学品（13.1）
3304100011	包装标注含量以重量计的含濒危物种成分唇用化妆品	A/B	M/N	化妆品（11.1）
3304100012	包装标注含量以体积计的含濒危物种成分唇用化妆品	A/B	M/N	化妆品（11.1）
3304100013	包装标注规格为"片"或"张"的含濒危物种成分唇用化妆品	A/B	M/N	化妆品（11.1）
3304100091	包装标注含量以重量计的其他唇用化妆品	A/B	M/N	化妆品（11.1）
3304100092	包装标注含量以体积计的其他唇用化妆品	A/B	M/N	化妆品（11.1）
3304100093	包装标注规格为"片"或"张"的其他唇用化妆品	A/B	M/N	化妆品（11.1）
3304200011	包装标注含量以重量计的含濒危物种成分眼用化妆品	A/B	M/N	化妆品（11.1）
3304200012	包装标注含量以体积计的含濒危物种成分眼用化妆品	A/B	M/N	化妆品（11.1）
3304200013	包装标注规格为"片"或"张"的含濒危物种成分眼用化妆品	A/B	M/N	化妆品（11.1）
3304200091	包装标注含量以重量计的其他眼用化妆品	A/B	M/N	化妆品（11.1）
3304200092	包装标注含量以体积计的其他眼用化妆品	A/B	M/N	化妆品（11.1）
3304200093	包装标注规格为"片"或"张"的其他眼用化妆品	A/B	M/N	化妆品（11.1）
3304300001	包装标注含量以重量计的指（趾）甲化妆品	A/B	M/N	化妆品（11.1） 危险化学品（13.1）
3304300002	包装标注含量以体积计的指（趾）甲化妆品	A/B	M/N	化妆品（11.1） 危险化学品（13.1）
3304300003	包装标注规格为"片"或"张"的指（趾）甲化妆品	A/B	M/N	化妆品（11.1）
3304910090	其他粉状化妆品，不论是否压紧	A/B	M/N	化妆品（11.1）

商品编号	商品名称	监管条件	检验检疫类别	检验检疫要求
3304990021	包装标注含量以重量计含濒危物种成分的美容品或化妆品及护肤品（包括防晒油或晒黑油，但药品除外）	A/B	M/N	化妆品（11.1）
3304990029	包装标注含量以重量计的其他美容品或化妆品及护肤品（包括防晒油或晒黑油，但药品除外）	A/B	M/N	化妆品（11.1）
3304990031	包装标注含量以体积计的含濒危物种成分美容品或化妆品及护肤品（包括防晒油或晒黑油，但药品除外）	A/B	M/N	化妆品（11.1）
3304990039	包装标注含量以体积计的其他美容品或化妆品及护肤品（包括防晒油或晒黑油，但药品除外）	A/B	M/N	化妆品（11.1）
3304990041	包装标注规格为"片"或"张"的含濒危物种成分美容品或化妆品及护肤品（包括防晒油或晒黑油，但药品除外）	A/B	M/N	化妆品（11.1）
3304990049	包装标注规格为"片"或"张"的其他美容品或化妆品及护肤品（包括防晒油或晒黑油，但药品除外）	A/B	M/N	化妆品（11.1）
3304990091	其他包装标注规格的含濒危物种成分美容品或化妆品及护肤品（包括防晒油或晒黑油，但药品除外）	A/B	M/N	化妆品（11.1）
3304990099	其他包装标注规格的其他美容品或化妆品及护肤品（包括防晒油或晒黑油，但药品除外）	A/B	M/N	化妆品（11.1）
3305100010	含濒危物种成分的洗发剂	A/B	M/N	化妆品（11.1）
3305100090	其他洗发剂（香波）	A/B	M/N	化妆品（11.1）
3305200000	烫发剂	A/B	M/N	化妆品（11.1）
3305300000	定型剂	A/B	M/N	化妆品（11.1）
3305900000	其他护发品	A/B	M/N	化妆品（11.1）
3306101010	含濒危物种成分牙膏	A/B	R/S	化妆品（11.1）
3306101090	其他牙膏	A/B	R/S	化妆品（11.1）
3306901000	漱口剂	A/B	R/S	化妆品（11.1）
3306909000	其他口腔及牙齿清洁剂（包括假牙稳固剂及粉）	A/B	R/S	化妆品（11.1）
3307100000	剃须用制剂	A/B	M/N	化妆品（11.1）
3307200000	人体除臭剂及止汗剂	A/B	M/N	化妆品（11.1）
3307300000	香浴盐及其他泡澡用制剂	A/B	M/N	化妆品（11.1）
3307490000	其他室内除臭制品（不论是否加香水或消毒剂）			危险化学品（13.1）
3307900000	其他编号未列名的芳香料制品（包括化妆盥洗品）			危险化学品（13.1）
3401110090	其他盥洗用皂及有机表面活性产品（包括含有药物的产品，呈条状、块状或模制形状）	A/B	M/N	化妆品（11.1）
3401300090	洁肤用有机表面活性产品及制品（液状或膏状并制成零售包装的，不论是否含有肥皂）	A/B	M/N	化妆品（11.1）
3402410000	阳离子型有机表面活性剂			危险化学品（13.1）
3402420000	其他非离子型有机表面活性剂			危险化学品（13.1）
3402490000	其他有机表面活性剂			危险化学品（13.1）
3402509000	其他零售包装有机表面活性剂制品（包括洗涤剂及清洁剂，不论是否含有肥皂）			危险化学品（13.1）
3402900090	非零售包装有机表面活性剂制品（包括洗涤剂及清洁剂，不论是否含有肥皂）			危险化学品（13.1）
3403110000	含有石油类的处理纺织等材料制剂［指含石油或沥青矿物油（重量<70%）的制剂］			危险化学品（13.1）
3403190000	其他含有石油或矿物提取油类制剂［指含石油或沥青矿物油（重量<70%）的制剂］			危险化学品（13.1）
3403990000	其他润滑剂（含油<70%）（包括以润滑剂为基本成分的切削油制剂、螺栓松开剂等）			危险化学品（13.1）
3404900090	其他人造蜡及调制蜡			危险化学品（13.1）
3405100000	鞋靴或皮革用的上光剂及类似制品			危险化学品（13.1）
3405200000	保养木制品的上光剂及类似制品（指保养木家具、地板或其他木制品的上光剂及类似制品）			危险化学品（13.1）
3405300000	车身用的上光剂及类似制品（但金属用的光洁剂除外）			危险化学品（13.1）

商品编号	商品名称	监管条件	检验检疫类别	检验检疫要求
3405900000	其他玻璃或金属用的光洁剂（不包括擦洗膏、去污粉及类似制品）			危险化学品（13.1）
3501100000	酪蛋白	A/B	R/S	乳品（6.3） 非食用动物产品（3.4） 食品添加剂（营养强化剂）（10.1）
3501900000	酪蛋白酸盐及其衍生物，酪蛋白胶	A	R	非食用动物产品（3.4） 食品添加剂（营养强化剂）（10.1）
3502110000	干的卵清蛋白	A/B	P/Q	其他动物源性食品（6.7）
3502190000	其他卵清蛋白	A/B	P/Q	其他动物源性食品（6.7）
3502200010	乳清蛋白粉（按重量计干质成分的乳清蛋白含量超过80%）	A/B	R/S	乳品（6.3）
3502200020	乳铁蛋白	A/B	R/S	生物材料（2.2） 食品添加剂（营养强化剂）（10.1）
3502200090	其他乳白蛋白（包括两种或两种以上乳清蛋白浓缩物）	A/B	R/S	生物材料（2.2） 食品添加剂（营养强化剂）（10.1）
3502900000	其他白蛋白及白蛋白盐（包括白蛋白衍生物）	A	R	特殊物品（2.1） 生物材料（2.2） 食品添加剂（营养强化剂）（10.1）
3503001000	明胶及其衍生物（包括长方形、正方形明胶薄片不论是否表面加工或着色）	A/B	P.R/Q	非食用动物产品（3.4） 食品添加剂（营养强化剂）（10.1）
3503009000	鱼鳔胶、其他动物胶（但不包括品目3501的酪蛋白胶）	A/B	P.R/Q	中药材（9.2） 食品添加剂（营养强化剂）（10.1）
3504001000	蛋白胨	A	R	特殊食品（9.1） 食品添加剂（营养强化剂）（10.1）
3504009000	其他编号未列名蛋白质及其衍生物［包括蛋白胨的衍生物及皮粉（不论是否加入铬矾）］	A	R	乳品（6.3） 特殊食品（9.1） 特殊物品（2.1） 其他深加工食品（8.2） 食品添加剂（营养强化剂）（10.1）
3505100000	糊精及其他改性淀粉	A	M.R	危险化学品（13.1） 其他深加工食品（8.2） 其他资源与化工产品（13.7） 饲料和饲料添加剂（5.1） 食品添加剂（营养强化剂）（10.1）
3505200000	以淀粉糊精等为基本成分的胶	A	M.R	危险化学品（13.1） 其他深加工食品（8.2） 食品添加剂（营养强化剂）（10.1）
3506100010	硅酮结构密封胶（零售包装每件净重不超过1千克）	A	M	危险化学品（13.1） 其他资源与化工产品（13.7）
3506100090	其他适于作胶或黏合剂的零售产品（零售包装每件净重不超过1千克）			危险化学品（13.1）

商品编号	商品名称	监管条件	检验检疫类别	检验检疫要求
3506911000	以聚酰胺为基本成分的黏合剂			危险化学品（13.1）
3506912000	以环氧树脂为基本成分的黏合剂			危险化学品（13.1）
3506919010	非零售，硅酮结构密封胶	A	M	危险化学品（13.1） 其他资源与化工产品（13.7）
3506919020	专门或主要用于显示屏或触摸屏制造的光学透明膜黏合剂和光固化液体黏合剂［包括以人造树脂（环氧树脂除外）为基本成分的]			危险化学品（13.1）
3506919090	其他橡胶或塑料为基本成分的黏合剂［包括以人造树脂（环氧树脂除外）为基本成分的]			危险化学品（13.1）
3506990000	其他编号未列名的调制胶、黏合剂			危险化学品（13.1）
3507100000	粗制凝乳酶及其浓缩物	A	R	饲料和饲料添加剂（5.1） 食品添加剂（营养强化剂）（10.1）
3507901000	碱性蛋白酶	A	R	特殊物品（2.1） 饲料和饲料添加剂（5.1） 食品添加剂（营养强化剂）（10.1）
3507902000	碱性脂肪酶	A	R	特殊物品（2.1） 饲料和饲料添加剂（5.1） 食品添加剂（营养强化剂）（10.1）
3507909010	门冬酰胺酶	A/B	R．V/W	特殊物品（2.1） 其他资源与化工产品（13.7）
3507909090	其他酶及酶制品	A/B	R．V/W	特殊物品（2.1） 饲料和饲料添加剂（5.1） 食品添加剂（营养强化剂）（10.1）
3601000030	黑火药			危险化学品（13.1）
3601000091	民用推进剂（限于购买、销售、运输管理）			危险化学品（13.1）
3601000099	其他发射药			危险化学品（13.1）
3602001010	符合特定标准的硝铵炸药（硝胺类物质超过2%，或密度>1.8g/cm^3，爆速>8000m/s)			危险化学品（13.1）
3602001091	其他铵梯类炸药、铵油类炸药、膨化硝铵炸药、胶状乳化炸药、粉状乳化炸药、震源药柱、其他工业炸药			危险化学品（13.1）
3602001099	其他硝铵炸药，但发射药除外			危险化学品（13.1）
3602009010	符合特定标准的其他配制炸药［含有超过2%（按重量计）的下述任何一种物质：（环）四亚甲基四硝胺（HMX）；（环）三亚甲基三硝基胺（RDX）；三氨基三硝基苯（TATB）；氨基二硝基苯并氧化呋咱或7-氨基-4,6-硝基苯并呋咱-1-氧化物；六硝基芪（HNS）等；或晶体密度大于1.8g/cm^3、爆速超过8000m/s的各种炸药]			危险化学品（13.1）
3602009091	民用的其他配置炸药，但发射药除外			危险化学品（13.1）
3602009099	其他配制炸药，但发射药除外			危险化学品（13.1）
3604100000	烟花、爆竹	A/B	M/N	烟花爆竹（12.11）
3605000000	火柴，但品目3604的烟火制品除外			危险化学品（13.1）
3606100000	打火机等用液体或液化气体燃料（其包装容器的容积≤300立方厘米)			危险化学品（13.1）
3606901900	未切成形不可直接使用的铈铁（包括其他引火合金）			危险化学品（13.1）
3606909000	其他易燃材料制品（本章注释二所述的）			危险化学品（13.1）
3702970000	宽度≤35毫米，长度>30米有齿孔未曝光非彩色胶卷（用纸、纸板及纺织物以外任何材料制成)			危险化学品（13.1）
3707100001	不含银的感光乳液剂			危险化学品（13.1）
3707100090	其他感光乳液			危险化学品（13.1）

商品编号	商品名称	监管条件	检验检疫类别	检验检疫要求
3707901000	冲洗胶卷及相片用化学制剂（包括摄影用未混合产品，定量或零售包装即可使用的）			危险化学品（13.1）
3707909000	其他摄影用化学制剂（包括摄影用未混合产品）			危险化学品（13.1）
3805100000	松节油（包括脂松节油、木松节油和硫酸盐松节油）	A/B	M/N	危险化学品（13.1） 其他资源与化工产品（13.7）
3805901000	以α萜品醇为基本成分的松油	A/B	M/N	危险化学品（13.1） 其他资源与化工产品（13.7）
3805909000	粗制二聚戊烯、亚硫酸盐松节油等（包括其他粗制对异丙基苯甲烷及其他萜烯油）			危险化学品（13.1）
3806101000	松香（包括松香渣）			危险化学品（13.1）
3806201000	松香盐及树脂酸盐			危险化学品（13.1）
3806300000	酯胶	A/B	P.R/Q.S	危险化学品（13.1） 食品添加剂（营养强化剂）（10.1）
3806900000	其他松香及树脂酸衍生物（包括松香精及松香油；再熔胶）			危险化学品（13.1）
3807000000	木焦油木杂酚油粗木精植物沥青等（包括以松香、树脂酸植物沥青为基料的啤酒桶沥青及类似）			危险化学品（13.1）
3808520000	DDT（ISO）[滴滴涕（INN）]，每包净重不超过300克			禁止进出口 危险化学品（13.1）
3808592050	零售包装的含有克百威或敌百虫，但不含其他第三十八章子目注释一所列物质的杀虫剂成药	A	M	其他资源与化工产品（13.7）
3808599050	非零售包装的含有克百威或敌百虫，但不含其他第三十八章子目注释一所列物质的杀虫剂成药	A	M	其他资源与化工产品（13.7）
3808599060	其他非零售包装含一种第三十八章子目注释一所列物质的货品	A	M	其他资源与化工产品（13.7）
3808610000	含第三十八章子目注释二所列物质的货品，每包净重不超过300克	A	M	危险化学品（13.1） 其他资源与化工产品（13.7）
3808620000	含第三十八章子目注释二所列物质的货品，每包净重超过300克，但不超过7.5千克	A	M	危险化学品（13.1） 其他资源与化工产品（13.7）
3808690000	其他含第三十八章子目注释二所列物质的货品	A	M	危险化学品（13.1） 其他资源与化工产品（13.7）
3808911100	蚊香（不含有一种或多种第三十八章子目注释一所列物质的货品）	A	M	危险化学品（13.1） 其他资源与化工产品（13.7）
3808911210	零售包装的含汞生物杀虫剂			禁止进出口 危险化学品（13.1）
3808911290	零售包装的其他生物杀虫剂	A	M	危险化学品（13.1） 其他资源与化工产品（13.7）
3808911910	零售包装的含有灭蚁灵或十氯酮的杀虫剂			禁止进出口 危险化学品（13.1）
3808911920	零售包装的其他含汞杀虫剂			禁止进出口 危险化学品（13.1）
3808911990	其他零售包装的杀虫剂成药	A	M	危险化学品（13.1） 其他资源与化工产品（13.7）
3808919010	非零售包装的含有灭蚁灵或十氯酮的杀虫剂			禁止进出口 危险化学品（13.1）
3808919020	非零售包装的含汞杀虫剂			禁止进出口 危险化学品（13.1）
3808919030	多杀霉素、乙基多杀菌素	A	M	其他资源与化工产品（13.7）
3808919090	其他非零售包装杀虫剂成药	A	M	危险化学品（13.1） 其他资源与化工产品（13.7）
3808929029	非零售包装的其他农用杀菌剂成药			危险化学品（13.1）
3808929090	非零售包装的非农用杀菌剂成药（包括非医用杀菌剂）			危险化学品（13.1）

商品编号	商品名称	监管条件	检验检疫类别	检验检疫要求
3808931190	零售包装的除草剂成药	A	M	危险化学品（13.1） 其他资源与化工产品（13.7）
3808931910	非零售包装百草枯母液	A	M	危险化学品（13.1）
3808931990	其他非零售包装的除草剂成药	A	M	危险化学品（13.1） 其他资源与化工产品（13.7）
3808940090	其他非医用消毒剂			危险化学品（13.1）
3809910000	纺织工业用其他未列名产品和制剂（包括整理剂、染料加速着色或固色助剂及其他制剂）			危险化学品（13.1）
3809930000	制革工业用其他未列名产品和制剂（包括整理剂、染料加速着色或固色助剂及其他制剂）			危险化学品（13.1）
3810100000	金属表面酸洗剂焊粉或焊膏（金属及其他材料制成的焊粉或焊膏）			危险化学品（13.1）
3810900000	焊接用的焊剂及其他辅助剂等（包括作焊条芯子或焊条涂料用的制品）			危险化学品（13.1）
3811900000	其他矿物油用的配制添加剂（抗氧剂、防胶剂、黏度改良剂、防腐剂及其他配制添加剂）			危险化学品（13.1）
3812100000	配制的橡胶促进剂			危险化学品（13.1）
3813001000	灭火器的装配药			危险化学品（13.1）
3814000000	有机复合溶剂及稀释剂、除漆剂（指其他编号未列名的）			危险化学品（13.1）
3815110000	以镍为活性物的载体催化剂（包括以镍化合物为活性物的）			危险化学品（13.1）
3815190000	其他载体催化剂			危险化学品（13.1）
3815900000	其他未列名的反应引发剂、促进剂（包括反应催化剂）			危险化学品（13.1）
3817000000	混合烷基苯和混合烷基萘（品目2707及2902的货品除外）			危险化学品（13.1）
3821000000	制成的供微生物（包括病毒及类似品）生长或维持用培养基（及制成的供植物、人体或动物细胞生长或维持用的培养基）			特殊物品（2.1）
3822110010	疟疾诊断试剂盒	A/B	P.V/Q.W	特殊物品（2.1） 其他资源与化工产品（13.7）
3822110090	其他疟疾用的附于衬背上的诊断或实验用试剂及不论是否附于衬背上的诊断或实验用配制试剂，不论是否制成试剂盒形式，但品目3006的货品除外	A/B	P.V/Q.W	特殊物品（2.1）
3822120000	寨卡病毒及由伊蚊属蚊子传播的其他疾病用的附于衬背上的诊断或实验用试剂及不论是否附于衬背上的诊断或实验用配制试剂，不论是否制成试剂盒形式，但品目3006的货品除外	A/B	P.V/Q.W	特殊物品（2.1）
3822130000	血型鉴定用的附于衬背上的诊断或实验用试剂及不论是否附于衬背上的诊断或实验用配制试剂，不论是否制成试剂盒形式，但品目3006的货品除外	A/B	V/W	特殊物品（2.1） 其他资源与化工产品（13.7）
3822190010	兽用诊断制品（用于一、二、三类动物疫病诊断的诊断试剂盒、试纸条）（包括已配定剂量或零售包装）	A/B	P.V/Q.W	生物材料（2.2）
3822190020	新型冠状病毒检测试剂盒	A/B	P.V/Q.W	特殊物品（2.1）
3822190090	其他附于衬背上的诊断或实验用试剂及不论是否附于衬背上的诊断或实验用配制试剂，不论是否制成试剂盒形式，但品目3006的货品除外	A/B	V/W	特殊物品（2.1） 其他资源与化工产品（13.7）
3822900000	有证标准样品	A/B	P.V/Q.W	特殊物品（2.1） 生物材料（2.2） 其他资源与化工产品（13.7）
3823120000	油酸	A	R	食品添加剂（营养强化剂）（10.1）
3824100000	铸模及铸芯用黏合剂			危险化学品（13.1）
3824820010	含多氯联苯（PCBs）或六溴联苯的混合物			禁止进出口 危险化学品（13.1）
3824820090	含多氯三联苯（PCTs）或其他多溴联苯（PBBs）的混合物			危险化学品（13.1）

商品编号	商品名称	监管条件	检验检疫类别	检验检疫要求
3824880010	含四、五、六或七溴联苯醚的			禁止进出口 危险化学品（13.1）
3824880020	含八溴联苯醚的			危险化学品（13.1）
3824991000	杂醇油			危险化学品（13.1）
3824992000	除墨剂、蜡纸改正液及类似品			危险化学品（13.1）
3824999920	混胺（二甲胺和三乙胺混合物的水溶液）			危险化学品（13.1）
3824999930	氰化物的混合物			危险化学品（13.1）
3824999970	核苷酸类食品添加剂	A/B	R/S	其他资源与化工产品（13.7） 食品添加剂（营养强化剂）（10.1）
3824999992	用于生产聚酰胺的发酵液（含氨基酸、有机酸、有机胺、有机醇、核酸、多糖等）			危险化学品（13.1）
3824999993	载金炭			危险化学品（13.1）
3824999999	其他编号未列名的化工产品［包括水解物或水解料、DMC（六甲基环三硅氧烷、八甲基环四硅氧烷、十甲基环五硅氧烷、十二甲基环六硅氧烷中任何2种、3种或4种组成的混合物）］			危险化学品（13.1）
3825690000	其他化工废物（其他化学工业及相关工业的废物）			危险化学品（13.1）
3825900010	浓缩糖蜜发酵液	A	R	食品添加剂（营养强化剂）（10.1）
3827110010	二氯二氟甲烷与二氟乙烷的混合物、一氯二氟甲烷与一氯五氟乙烷的混合物、三氟甲烷与一氯三氟甲烷的混合物（R-500、R-502、R-503）	A/B	R/S	危险化学品（13.1）
3827140000	含1,1,1-三氯乙烷（甲基氯仿）的混合物			危险化学品（13.1）
3827900000	其他编号未列名的，含甲烷、乙烷或丙烷的卤化衍生物的混合物			危险化学品（13.1）
3902200000	初级形状的聚异丁烯	A	R	食品添加剂（营养强化剂）（10.1）
3903110000	初级形状的可发性聚苯乙烯			危险化学品（13.1）
3904610000	初级形状的聚四氟乙烯			危险化学品（13.1）
3905300000	初级形状的聚乙烯醇（不论是否含有未水解的乙酸酯基）	A	R	食品添加剂（营养强化剂）（10.1）
3905910000	其他乙烯酯或乙烯基的共聚物（初级形状的）			危险化学品（13.1）
3905990000	其他乙烯酯或乙烯基的聚合物（初级形状的，共聚物除外）			危险化学品（13.1）
3906100000	初级形状的聚甲基丙烯酸甲酯			危险化学品（13.1）
3906901000	聚丙烯酰胺	A	R	食品添加剂（营养强化剂）（10.1）
3906909000	其他初级形状的丙烯酸聚合物			危险化学品（13.1）
3907109090	其他聚缩醛			危险化学品（13.1）
3907299010	初级形状的聚2,6-二甲基-1,4-苯醚（包括化学改性或物理改性的）			危险化学品（13.1）
3907299090	初级形状的其他聚醚			危险化学品（13.1）
3907300001	初级形状溴质量≥18%或进口CIF价>3800美元/吨的环氧树脂（如溶于溶剂，以纯环氧树脂折算溴的百分比含量）	A	M	危险化学品（13.1） 其他资源与化工产品（13.7）
3907300090	初级形状的环氧树脂（溴重量百分比含量在18%以下）	A/B	M/N	危险化学品（13.1） 其他资源与化工产品（13.7）
3907400000	初级形状的聚碳酸酯			危险化学品（13.1）
3907500000	初级形状的醇酸树脂	A/B	M/N	危险化学品（13.1） 其他资源与化工产品（13.7）
3907910000	初级形状的不饱和聚酯			危险化学品（13.1）
3907999110	初级形状的热塑性液晶聚对苯二甲酸-己二酸-丁二醇酯	A/B	R/S	其他资源与化工产品（13.7）
3907999190	其他初级形状的聚对苯二甲酸-己二酸-丁二醇酯	A/B	R/S	其他资源与化工产品（13.7）
3907999910	初级形状的热塑性液晶其他聚酯	A/B	R/S	其他资源与化工产品（13.7）
3907999990	初级形状的其他聚酯	A/B	R/S	危险化学品（13.1） 其他资源与化工产品（13.7）

商品编号	商品名称	监管条件	检验检疫类别	检验检疫要求
3908901000	初级形状的芳香族聚酰胺及其共聚物			危险化学品（13.1）
3908902000	初级形状的半芳香族聚酰胺及其共聚物			危险化学品（13.1）
3908909000	初级形状的其他聚酰胺			危险化学品（13.1）
3909100000	初级形状的尿素树脂及硫尿树脂			危险化学品（13.1）
3909200000	初级形状的蜜胺树脂			危险化学品（13.1）
3909390000	其他初级形状的氨基树脂	A/B	M/N	危险化学品（13.1） 其他资源与化工产品（13.7）
3909400000	初级形状的酚醛树脂	A/B	M/N	危险化学品（13.1） 其他资源与化工产品（13.7）
3909500000	初级形状的聚氨基甲酸酯	A/B	M/N	危险化学品（13.1） 其他资源与化工产品（13.7）
3910000000	初级形状的聚硅氧烷			危险化学品（13.1）
3911900090	其他初级形状的多硫化物、聚砜等（等包括本章注释三所规定的其他编号未列名产品）			危险化学品（13.1）
3912200000	初级形状的硝酸纤维素（包括棉胶）			危险化学品（13.1）
3913100000	初级形状的藻酸及盐和酯	A/B	R/S	危险化学品（13.1） 饲料和饲料添加剂（5.1） 食品添加剂（营养强化剂）（10.1）
3915909000	其他塑料的废碎料及下脚料			禁止进口 危险化学品（13.1）
3917100000	硬化蛋白或纤维素材料制人造肠衣（香肠用肠衣）	A	R	进口食品接触产品（10.2）
3917290000	其他塑料制的硬管			危险化学品（13.1）
3917320000	其他未装有附件的塑料制管子（未经加强也未与其他材料合制）			危险化学品（13.1）
3917330000	其他装有附件的塑料管子（未经加强也未与其他材料合制）			危险化学品（13.1）
3920790000	其他纤维素衍生物制板、片、膜箔及扁条（非泡沫料的，未用其他材料强化、层压、支撑）			危险化学品（13.1）
3921909000	未列名塑料板、片、膜、箔、扁条（离子交换膜、两用物项管制结构复合材料的层压板除外）			危险化学品（13.1）
3924100000	塑料制餐具及厨房用具	A	R	进口食品接触产品（10.2）
3924900000	塑料制其他家庭用具及卫生或盥洗用具	A	M	塑料制品（12.10）
3926209000	其他塑料制衣服及衣着附件［手套（包括分指手套、连指手套及露指手套）除外］			出口医疗物资（12.4）
4005100000	与碳黑等混合的未硫化复合橡胶（包括与硅石混合，初级形状或板、片、带）	A	M	复合橡胶（13.6）
4005200000	未硫化的复合橡胶溶液及分散体（分散体指编号400510以外的）	A	M	复合橡胶（13.6）
4005910000	其他未硫化的复合橡胶板、片、带	A	M	复合橡胶（13.6）
4005990000	其他未硫化的初级形状复合橡胶	A	M	复合橡胶（13.6）
4011100000	机动小客车用新的充气轮胎（橡胶轮胎，包括旅行小客车及赛车用）	A	L.M	进口强制性产品认证（12.1） 机动车辆及其零部件（12.3）
4011200010	断面宽≥30英寸客或货车用新充气橡胶轮胎（指机动车辆用橡胶轮胎，断面宽度≥30英寸）	A	M	机动车辆及其零部件（12.3）
4011200090	其他客或货车用新充气橡胶轮胎（指机动车辆用橡胶轮胎）	A	L.M	进口强制性产品认证（12.1） 机动车辆及其零部件（12.3）
4011400000	摩托车用新的充气橡胶轮胎	A	L.M	进口强制性产品认证（12.1） 机动车辆及其零部件（12.3）
4011701000	人字形胎面轮胎（新充气橡胶轮胎，含胎面类似人字形的，农林车辆及机器用）	A	M	其他资源与化工产品（13.7）
4011801110	断面宽≥24英寸人字形轮胎（建筑业、采矿业或工业搬运车辆及机器用，辋圈≤61厘米，新充气橡胶胎，含类似人字形）	A	M	其他资源与化工产品（13.7）

商品编号	商品名称	监管条件	检验检疫类别	检验检疫要求
4011801190	其他人字形胎面轮胎（建筑业、采矿业或工业搬运车辆及机器用，辋圈≤61厘米，新充气橡胶胎，含类似人字形）	A	M	其他资源与化工产品（13.7）
4011801200	人字形胎面轮胎（建筑业、采矿业或工业搬运车辆及机器用，辋圈>61厘米，新充气橡胶胎，含类人字形）	A	M	其他资源与化工产品（13.7）
4011901000	人字形胎面轮胎（其他用途，新充气橡胶轮胎，含胎面类似人字形的）	A	M	其他资源与化工产品（13.7）
4011909090	其他新的充气橡胶轮胎（其他用途，新充气橡胶轮胎，非人字形胎面）		L	进口强制性产品认证（12.1）
4012110000	机动小客车用翻新轮胎（包括旅行小客车及赛车用翻新轮胎）	A	M	机动车辆及其零部件（12.3）
4012120000	机动大客车或货运车用翻新轮胎	A	M	机动车辆及其零部件（12.3）
4012201000	汽车用旧的充气橡胶轮胎	A	M	机动车辆及其零部件（12.3）
4012902000	汽车用实心或半实心轮胎	A	M	机动车辆及其零部件（12.3）
4013100000	汽车用橡胶内胎［机动小客车（包括旅行小客车及赛车）、客运车或货运车用］	A	M	机动车辆及其零部件（12.3）
4014900000	硫化橡胶制其他卫生及医疗用品（包括奶嘴，不论有无硬质橡胶配件，硬化橡胶的除外）	A	M	医疗器械（12.4） 进口食品接触产品（10.2）
4101201110	规定重量退鞣未剖层整张濒危生野牛皮（指每张，简单干燥≤8千克，干盐渍≤10千克，鲜或湿盐≤16千克）	A/B	P/Q	非食用动物产品（3.4）
4101201190	规定重量未剖层退鞣处理整张生牛皮（包括水牛皮）（指每张，简单干燥≤8千克，干盐渍≤10千克，鲜或湿盐≤16千克）	A/B	P/Q	非食用动物产品（3.4）
4101201910	规定重量非退鞣未剖层整张濒危生野牛皮（指每张，简单干燥≤8千克，干盐渍≤10千克，鲜或湿盐≤16千克）	A/B	P/Q	非食用动物产品（3.4）
4101201990	规定重量非退鞣未剖层处理整张生牛皮（包括水牛皮）（指每张，简单干燥≤8千克，干盐渍≤10千克，鲜或湿盐≤16千克）	A/B	P/Q	非食用动物产品（3.4）
4101202011	规定重量未剖层整张濒危生野驴皮（指每张，简单干燥≤8千克，干盐渍≤10千克，鲜或湿盐≤16千克）	A/B	P/Q	非食用动物产品（3.4）
4101202019	规定重量未剖层整张其他濒危生野马科动物皮（指每张，简单干燥≤8千克，干盐渍≤10千克，鲜或湿盐≤16千克）	A/B	P/Q	非食用动物产品（3.4）
4101202091	规定重量未剖层整张生驴皮（指每张，简单干燥≤8千克，干盐渍≤10千克，鲜或湿盐≤16千克）	A/B	P/Q	非食用动物产品（3.4）
4101202099	规定重量未剖层整张其他生马科动物皮（指每张，简单干燥≤8千克，干盐渍≤10千克，鲜或湿盐≤16千克）	A/B	P/Q	非食用动物产品（3.4）
4101501110	重>16千克退鞣整张濒危生野牛皮	A/B	P/Q	非食用动物产品（3.4）
4101501190	重>16千克退鞣处理整张生牛皮（包括水牛皮）	A/B	P/Q	非食用动物产品（3.4）
4101501910	重>16千克非退鞣整张濒危生野牛皮	A/B	P/Q	非食用动物产品（3.4）
4101501990	重>16千克非退鞣处理整张生牛皮（包括水牛皮）	A/B	P/Q	非食用动物产品（3.4）
4101502010	重>16千克整张濒危生野马科动物皮	A/B	P/Q	非食用动物产品（3.4）
4101502090	重>16千克整张生马科动物皮	A/B	P/Q	非食用动物产品（3.4）
4101901110	其他退鞣处理濒危生野牛皮（包括整张或半张的背皮及腹皮）	A/B	P/Q	非食用动物产品（3.4）
4101901190	其他退鞣处理生牛皮（包括整张或半张的背皮及腹皮）	A/B	P/Q	非食用动物产品（3.4）
4101901910	其他濒危生野牛皮（包括整张或半张的背皮及腹皮）	A/B	P/Q	非食用动物产品（3.4）
4101901990	其他生牛皮（包括整张或半张的背皮及腹皮）	A/B	P/Q	非食用动物产品（3.4）
4101902010	其他濒危生野马科动物皮（包括整张或半张的背皮及腹皮）	A/B	P/Q	非食用动物产品（3.4）
4101902090	其他生马科动物皮（包括整张或半张的背皮及腹皮）	A/B	P/Q	非食用动物产品（3.4）
4102100000	带毛的绵羊或羔羊生皮［本章注释一（三）所述不包括的生皮除外］	A/B	P/Q	非食用动物产品（3.4）
4102211000	浸酸退鞣不带毛绵羊或羔羊生皮［本章注释一（三）所述不包括的生皮除外］	A/B	P/Q	非食用动物产品（3.4）
4102219000	浸酸非退鞣不带毛绵羊或羔羊生皮［本章注释一（三）所述不包括的生皮除外］	A/B	P/Q	非食用动物产品（3.4）

商品编号	商品名称	监管条件	检验检疫类别	检验检疫要求
4102291000	其他不带毛退鞣绵羊或羔羊生皮［浸酸的及本章注释一（三）所述不包括的生皮除外］	A/B	P/Q	非食用动物产品（3.4）
4102299000	其他不带毛非退鞣绵羊或羔羊生皮［浸酸的及本章注释一（三）所述不包括的生皮除外］	A/B	P/Q	非食用动物产品（3.4）
4103200010	濒危爬行动物的生皮	A/B	P/Q	非食用动物产品（3.4）
4103200090	其他爬行动物的生皮	A/B	P/Q	非食用动物产品（3.4）
4103300010	生鹿豚、姬猪皮	A/B	P/Q	非食用动物产品（3.4）
4103300090	生猪皮	A/B	P/Q	非食用动物产品（3.4）
4103901100	退鞣山羊板皮［本章注释一（三）所述不包括的生皮除外］	A/B	P/Q	非食用动物产品（3.4）
4103901900	非退鞣山羊板皮［本章注释一（三）所述不包括的生皮除外］	A/B	P/Q	非食用动物产品（3.4）
4103902100	其他退鞣山羊或小山羊皮［山羊板皮及本章注释一（三）所述不包括的生皮除外］	A/B	P/Q	非食用动物产品（3.4）
4103902900	其他非退鞣山羊或小山羊皮［山羊板皮及本章注释一（三）所述不包括的生皮除外］	A/B	P/Q	非食用动物产品（3.4）
4103909010	其他濒危野生动物生皮［本章注释一（二）或（三）所述不包括的生皮除外］	A/B	P/Q	非食用动物产品（3.4）
4103909090	其他生皮［本章注释一（二）或（三）所述不包括的生皮除外］	A/B	P/Q	非食用动物产品（3.4）
4104111110	蓝湿濒危野牛皮（全粒面未剖或粒面剖层，经鞣制不带毛）	A/B	P/Q	非食用动物产品（3.4）
4104111190	全粒面未剖层或粒面剖层蓝湿牛皮（经鞣制不带毛）	A/B	P/Q	非食用动物产品（3.4）
4104191110	其他蓝湿濒危野牛皮（经鞣制不带毛）	A/B	P/Q	非食用动物产品（3.4）
4104191190	其他蓝湿牛皮（经鞣制不带毛）	A/B	P/Q	非食用动物产品（3.4）
4105101000	蓝湿绵羊或羔羊皮（经鞣制不带毛）	A/B	P/Q	非食用动物产品（3.4）
4106311010	蓝湿鹿豚、姬猪皮（经鞣制不带毛）	A/B	P/Q	非食用动物产品（3.4）
4106311090	其他蓝湿猪皮（经鞣制不带毛）	A/B	P/Q	非食用动物产品（3.4）
4205009020	皮革或再生皮革制宠物用品	A/B	P/Q	其他轻工、纺织产品（12.10）
4301100000	整张生水貂皮（不论是否带头、尾或爪）	A/B	P/Q	非食用动物产品（3.4）
4301300000	阿斯特拉罕等羔羊的整张生毛皮（还包括喀拉科尔、波斯、印度、中国或蒙古羔羊）	A/B	P/Q	非食用动物产品（3.4）
4301600010	整张濒危生狐皮（不论是否带头、尾或爪）	A/B	P/Q	非食用动物产品（3.4）
4301600090	其他整张生狐皮（不论是否带头、尾或爪）	A/B	P/Q	非食用动物产品（3.4）
4301801010	整张生濒危野兔皮（不论是否带头、尾或爪）	A/B	P/Q	非食用动物产品（3.4）
4301801090	整张生兔皮（不论是否带头、尾或爪）	A/B	P/Q	非食用动物产品（3.4）
4301809010	整张的其他生濒危野生动物毛皮（不论是否带头、尾或爪，包括整张濒危生海豹皮）	A/B	P/Q	非食用动物产品（3.4）
4301809090	整张的其他生毛皮（不论是否带头、尾或爪，包括整张生海豹皮）	A/B	P/Q	非食用动物产品（3.4）
4301901000	未鞣制的黄鼠狼尾	A/B	P/Q	非食用动物产品（3.4）
4301909010	其他濒危野生动物未鞣头尾（加工皮货用，包括爪及其他块、片）	A/B	P/Q	非食用动物产品（3.4）
4301909090	适合加工皮货用的其他未鞣头、尾（包括爪及其他块、片）	A/B	P/Q	非食用动物产品（3.4）
4401110000	针叶木薪柴（圆木段、块、枝、成捆或类似形状）	A/B	P/Q	其他植物产品（4.6）
4401120000	非针叶木薪柴（圆木段、块、枝、成捆或类似形状）	A/B	P/Q	其他植物产品（4.6）
4401210010	濒危针叶木木片或木粒	A/B	P/Q	其他植物产品（4.6）
4401210090	其他针叶木木片或木粒	A/B	P/Q	其他植物产品（4.6）
4401220010	濒危非针叶木木片或木粒	A/B	P/Q	其他植物产品（4.6）
4401220090	其他非针叶木木片或木粒	A/B	P/Q	其他植物产品（4.6）
4401310000	木屑棒	A/B	M.P/Q	禁止进口 固体废物
4401320000	木屑块	A/B	P/Q	禁止进口 其他植物产品（4.6）
4401390000	其他锯末、木废料及碎片（粘结成圆木段、片或类似形状）	A/B	P/Q	禁止进口 固体废物
4401410000	锯末（未粘结成圆木段、块、片或类似形状）	A/B	M.P/Q	禁止进口 其他植物产品（4.6）

商品编号	商品名称	监管条件	检验检疫类别	检验检疫要求
4401490000	其他（未粘结成圆木段、块、片或类似形状）	A/B	M.P/Q	禁止进口 其他植物产品（4.6）
4403110010	油漆、着色剂等处理的红豆杉原木（包括用杂酚油或其他防腐剂处理）	A	P/Q	禁止出口 木材（4.3）
4403110020	油漆、着色剂等处理的其他濒危针叶木原木（包括用杂酚油或其他防腐剂处理）	A	P/Q	禁止出口 木材（4.3）
4403110090	其他油漆、着色剂等处理的针叶木原木（包括用杂酚油或其他防腐剂处理）	A	P/Q	禁止出口 木材（4.3）
4403120010	油漆、着色剂等处理的濒危非针叶木原木（包括用杂酚油或其他防腐剂处理）	A	P/Q	禁止出口 木材（4.3）
4403120090	其他油漆、着色剂等处理的非针叶木原木（包括用杂酚油或其他防腐剂处理）	A	P/Q	禁止出口 木材（4.3）
4403211010	最小截面尺寸在15厘米及以上的红松原木（用油漆、着色剂、杂酚油或其他防腐剂处理的除外）	A	P/Q	禁止出口 木材（4.3）
4403211090	最小截面尺寸在15厘米及以上的樟子松原木（用油漆、着色剂、杂酚油或其他防腐剂处理的除外）	A	P/Q	禁止出口 木材（4.3）
4403212000	最小截面尺寸在15厘米及以上的辐射松原木（用油漆、着色剂、杂酚油或其他防腐剂处理的除外）	A	P/Q	禁止出口 木材（4.3）
4403219010	最小截面尺寸在15厘米及以上的濒危松木（松属）原木（用油漆、着色剂、杂酚油或其他防腐剂处理的除外）	A	M.P/Q	禁止出口 木材（4.3）
4403219090	最小截面尺寸在15厘米及以上的其他松木（松属）原木（用油漆、着色剂、杂酚油或其他防腐剂处理的除外）	A	M.P/Q	禁止出口 木材（4.3）
4403221010	最小截面尺寸在15厘米以下的红松原木（用油漆、着色剂、杂酚油或其他防腐剂处理的除外）	A	P/Q	禁止出口 木材（4.3）
4403221090	最小截面尺寸在15厘米以下的樟子松原木（用油漆、着色剂、杂酚油或其他防腐剂处理的除外）	A	P/Q	禁止出口 木材（4.3）
4403222000	最小截面尺寸在15厘米以下的辐射松原木（用油漆、着色剂、杂酚油或其他防腐剂处理的除外）	A	P/Q	禁止出口 木材（4.3）
4403229010	最小截面尺寸在15厘米以下的濒危其他松木（松属）原木（用油漆、着色剂、杂酚油或其他防腐剂处理的除外）	A	M.P/Q	禁止出口 木材（4.3）
4403229090	最小截面尺寸在15厘米以下的其他松木（松属）原木（用油漆、着色剂、杂酚油或其他防腐剂处理的除外）	A	M.P/Q	禁止出口 木材（4.3）
4403230010	最小截面尺寸在15厘米及以上的濒危云杉和冷杉原木（用油漆、着色剂、杂酚油或其他防腐剂处理的除外）	A	P/Q	禁止出口 木材（4.3）
4403230090	最小截面尺寸在15厘米及以上的其他云杉和冷杉原木（用油漆、着色剂、杂酚油或其他防腐剂处理的除外）	A	P/Q	禁止出口 木材（4.3）
4403240010	最小截面尺寸在15厘米以下的濒危云杉和冷杉原木（用油漆、着色剂、杂酚油或其他防腐剂处理的除外）	A	P/Q	禁止出口 木材（4.3）
4403240090	最小截面尺寸在15厘米以下的其他云杉和冷杉原木（用油漆、着色剂、杂酚油或其他防腐剂处理的除外）	A	P/Q	禁止出口 木材（4.3）
4403251000	最小截面尺寸在15厘米及以上的落叶松原木（用油漆、着色剂、杂酚油或其他防腐剂处理的除外）	A	P/Q	禁止出口 木材（4.3）
4403252000	最小截面尺寸在15厘米及以上的花旗松原木（用油漆、着色剂、杂酚油或其他防腐剂处理的除外）	A	P/Q	禁止出口 木材（4.3）
4403259010	最小截面尺寸在15厘米及以上的濒危红豆杉原木（用油漆、着色剂、杂酚油或其他防腐剂处理的除外）	A	P/Q	禁止出口 木材（4.3）
4403259020	最小截面尺寸在15厘米及以上的其他濒危针叶木原木（用油漆、着色剂、杂酚油或其他防腐剂处理的除外）	A	P/Q	禁止出口 木材（4.3）
4403259090	最小截面尺寸在15厘米及以上的其他针叶木原木（用油漆、着色剂、杂酚油或其他防腐剂处理的除外）	A	P/Q	禁止出口 木材（4.3）

商品编号	商品名称	监管条件	检验检疫类别	检验检疫要求
4403261000	最小截面尺寸在15厘米以下的落叶松原木（用油漆、着色剂、杂酚油或其他防腐剂处理的除外）	A	P/Q	禁止出口 木材（4.3）
4403262000	最小截面尺寸在15厘米以下的花旗松原木（用油漆、着色剂、杂酚油或其他防腐剂处理的除外）	A	M.P	禁止出口 木材（4.3）
4403269010	最小截面尺寸在15厘米以下的濒危红豆杉原木（用油漆、着色剂、杂酚油或其他防腐剂处理的除外）	A	M.P	禁止出口 木材（4.3）
4403269020	最小截面尺寸在15厘米以下的其他濒危针叶木原木（用油漆、着色剂、杂酚油或其他防腐剂处理的除外）	A	M.P	禁止出口 木材（4.3）
4403269090	最小截面尺寸在15厘米以下的其他针叶木原木（用油漆、着色剂、杂酚油或其他防腐剂处理的除外）	A	M.P	禁止出口 木材（4.3）
4403410000	其他红柳桉木原木（指深红色红柳桉木、浅红色红柳桉及巴栲红色红柳桉木）	A	P/Q	禁止出口 木材（4.3）
4403420000	柚木原木（用油漆、着色剂、杂酚油或其他防腐剂处理的除外）	A	P/Q	禁止出口 木材（4.3）
4403492000	其他奥克曼OKOUME原木（奥克榄Aukoumed klaineana）	A	P/Q	禁止出口 木材（4.3）
4403493000	其他龙脑香木、克隆原木（龙脑香木Dipterocarpus spp.，克隆Keruing）	A	P/Q	禁止出口 木材（4.3）
4403494000	其他山樟Kapur原木（香木Dryobalanops spp.）	A	P/Q	禁止出口 木材（4.3）
4403495000	其他印加木Intsia spp.原木（波罗格Mengaris）	A	P/Q	禁止出口 木材（4.3）
4403496000	其他大干巴豆Koompassia spp.（门格里斯Mengaris或康派斯Kempas）	A	P/Q	禁止出口 木材（4.3）
4403497000	其他异翅香木Anisopter spp.	A	P/Q	禁止出口 木材（4.3）
4403498010	濒危热带红木原木（用油漆、着色剂、杂酚油或其他防腐剂处理的除外）	A	P/Q	禁止出口 木材（4.3）
4403498090	其他热带红木原木（用油漆、着色剂、杂酚油或其他防腐剂处理的除外）	A	P/Q	禁止出口 木材（4.3）
4403499010	南美蒺藜木（玉檀木）原木（用油漆、着色剂、杂酚油或其他防腐剂处理的除外）	A	P/Q	禁止出口 木材（4.3）
4403499020	其他濒危热带原木（用油漆、着色剂、杂酚油或其他防腐剂处理的除外）	A	P/Q	禁止出口 木材（4.3）
4403499090	其他热带原木（用油漆、着色剂、杂酚油或其他防腐剂处理的除外）	A	P/Q	禁止出口 木材（4.3）
4403910010	蒙古栎原木（用油漆、着色剂、杂酚油或其他防腐剂处理的除外）	A	P/Q	禁止出口 木材（4.3）
4403910090	其他栎木（橡木）原木（用油漆、着色剂、杂酚油或其他防腐剂处理的除外）	A	P/Q	禁止出口 木材（4.3）
4403930000	水青冈木（山毛榉木），最小截面尺寸在15厘米及以上（用油漆、着色剂、杂酚油或其他防腐剂处理的除外）	A	P/Q	禁止出口 木材（4.3）
4403940000	其他水青冈木（山毛榉木）（用油漆、着色剂、杂酚油或其他防腐剂处理的除外）	A	P/Q	禁止出口 木材（4.3）
4403950010	濒危的桦木，最小截面尺寸在15厘米及以上（用油漆、着色剂、杂酚油或其他防腐剂处理的除外）	A	P/Q	禁止出口 木材（4.3）
4403950090	其他桦木，最小截面尺寸在15厘米及以上（用油漆、着色剂、杂酚油或其他防腐剂处理的除外）	A	P/Q	禁止出口 木材（4.3）
4403960010	濒危的桦木，最小截面尺寸在15厘米以下（用油漆、着色剂、杂酚油或其他防腐剂处理的除外）	A	P/Q	禁止出口 木材（4.3）

商品编号	商品名称	监管条件	检验检疫类别	检验检疫要求
4403960090	其他桦木，最小截面尺寸在15厘米及以下（用油漆、着色剂、杂酚油或其他防腐剂处理的除外）	A	P/Q	禁止出口 木材（4.3）
4403970000	杨木（用油漆、着色剂、杂酚油或其他防腐剂处理的除外）	A	P/Q	禁止出口 木材（4.3）
4403980000	桉木（用油漆、着色剂、杂酚油或其他防腐剂处理的除外）	A	P/Q	禁止出口 木材（4.3）
4403993010	濒危红木原木，但编号44034980所列热带红木除外（用油漆、着色剂、杂酚油或其他防腐剂处理的除外）	A	P/Q	禁止出口 木材（4.3）
4403993090	其他红木原木，但编号44034980所列热带红木除外（用油漆、着色剂、杂酚油或其他防腐剂处理的除外）	A	P/Q	禁止出口 木材（4.3）
4403994000	泡桐木原木（用油漆、着色剂、杂酚油或其他防腐剂处理的除外）	A	P/Q	禁止出口 木材（4.3）
4403995000	水曲柳原木（用油漆、着色剂、杂酚油或其他防腐剂处理的除外）	A	P/Q	禁止出口 木材（4.3）
4403996000	其他北美硬阔叶木	A	P/Q	禁止出口 木材（4.3）
4403998010	其他未列名温带濒危非针叶木原木（用油漆、着色剂、杂酚油或其他防腐剂处理的除外）	A	P/Q	禁止出口 木材（4.3）
4403998090	其他未列名温带非针叶木原木（用油漆、着色剂、杂酚油或其他防腐剂处理的除外）	A	P/Q	禁止出口 木材（4.3）
4403999012	沉香木及拟沉香木原木（用油漆、着色剂、杂酚油或其他防腐剂处理的除外）	A	P/Q	禁止出口 木材（4.3）
4403999019	其他未列名濒危非针叶原木（用油漆、着色剂、杂酚油或其他防腐剂处理的除外）	A	P/Q	禁止出口 木材（4.3）
4403999090	其他未列名非针叶原木（用油漆、着色剂、杂酚油或其他防腐剂处理的除外）	A	P/Q	禁止出口 木材（4.3）
4404100010	濒危针叶木的箍木等及类似品（包括木劈条、棒及类似品）	A/B	P/Q	其他植物产品（4.6）
4404100090	其他针叶木的箍木等及类似品（包括木劈条、棒及类似品）	A/B	P/Q	其他植物产品（4.6）
4404200010	濒危非针叶木箍木等（包括木劈条、棒及类似品）	A/B	P/Q	其他植物产品（4.6）
4404200090	其他非针叶木箍木等（包括木劈条、棒及类似品）	A/B	P/Q	其他植物产品（4.6）
4405000000	木丝及木粉	A/B	P/Q	其他植物产品（4.6）
4406110000	未浸渍的铁道及电车道针叶木枕木	A/B	P/Q	其他植物产品（4.6）
4406120000	未浸渍的铁道及电车道非针叶木枕木	A/B	P/Q	其他植物产品（4.6）
4407111011	端部接合的红松厚板材（经纵锯、纵切、刨切或旋切的，厚度>6毫米）	A/B	P/Q	木材（4.3）
4407111019	端部接合的樟子松厚板材（经纵锯、纵切、刨切或旋切的，厚度>6毫米）	A/B	P/Q	木材（4.3）
4407111091	非端部接合的红松厚板材（经纵锯、纵切、刨切或旋切的，厚度>6毫米）	A/B	P/Q	木材（4.3）
4407111099	非端部接合的樟子松厚板材（经纵锯、纵切、刨切或旋切的，厚度>6毫米）	A/B	P/Q	木材（4.3）
4407112010	端部接合的辐射松厚板材（经纵锯、纵切、刨切或旋切的，厚度>6毫米）	A/B	P/Q	木材（4.3）
4407112090	非端部接合的辐射松厚板材（经纵锯、纵切、刨切或旋切的，厚度>6毫米）	A/B	P/Q	木材（4.3）
4407119011	端部接合其他濒危松木厚板材（经纵锯、纵切、刨切或旋切的，厚度>6毫米）	A/B	P/Q	木材（4.3）
4407119019	端部接合其他松木厚板材（经纵锯、纵切、刨切或旋切的，厚度>6毫米）	A/B	P/Q	木材（4.3）
4407119091	非端部接合其他濒危松木厚板材（经纵锯、纵切、刨切或旋切的，厚度>6毫米）	A/B	P/Q	木材（4.3）

商品编号	商品名称	监管条件	检验检疫类别	检验检疫要求
4407119099	非端部接合的其他松木厚板材（经纵锯、纵切、刨切或旋切的，厚度>6毫米）	A/B	P/Q	木材（4.3）
4407120011	端部接合的濒危云杉及冷杉厚板材（经纵锯、纵切、刨切或旋切的，厚度>6毫米）	A/B	P/Q	木材（4.3）
4407120019	端部接合的其他云杉及冷杉厚板材（经纵锯、纵切、刨切或旋切的，厚度>6毫米）	A/B	P/Q	木材（4.3）
4407120091	非端部接合濒危云杉及冷杉厚板材（经纵锯、纵切、刨切或旋切的，厚度>6毫米）	A/B	P/Q	木材（4.3）
4407120099	非端部接合其他云杉及冷杉厚板材（经纵锯、纵切、刨切或旋切的，厚度>6毫米）	A/B	P/Q	木材（4.3）
4407130011	端部接合的濒危云杉-松木-冷杉厚板材（经纵锯、纵切、刨切或旋切的，厚度>6毫米）	A/B	P/Q	木材（4.3）
4407130019	端部接合其他云杉-松木-冷杉厚板材（经纵锯、纵切、刨切或旋切的，厚度>6毫米）	A/B	P/Q	木材（4.3）
4407130091	非端部接合的濒危云杉-松木-冷杉厚板材（经纵锯、纵切、刨切或旋切的，厚度>6毫米）	A/B	P/Q	木材（4.3）
4407130099	非端部接合的其他云杉-松木-冷杉厚板材（经纵锯、纵切、刨切或旋切的，厚度>6毫米）	A/B	P/Q	木材（4.3）
4407140011	端部接合的濒危铁杉-冷杉厚板材（经纵锯、纵切、刨切或旋切的，厚度>6毫米）	A/B	P/Q	木材（4.3）
4407140019	端部接合其他铁杉-冷杉厚板材（经纵锯、纵切、刨切或旋切的，厚度>6毫米）	A/B	P/Q	木材（4.3）
4407140091	非端部接合的濒危铁杉-冷杉厚板材（经纵锯、纵切、刨切或旋切的，厚度>6毫米）	A/B	P/Q	木材（4.3）
4407140099	非端部接合的其他铁杉-冷杉厚板材（经纵锯、纵切、刨切或旋切的，厚度>6毫米）	A/B	P/Q	木材（4.3）
4407191010	端部接合的花旗松厚板材（经纵锯、纵切、刨切或旋切的，厚度>6毫米）	A/B	P/Q	木材（4.3）
4407191090	非端部接合的花旗松厚板材（经纵锯、纵切、刨切或旋切的，厚度>6毫米）	A/B	P/Q	木材（4.3）
4407199011	端部接合其他濒危针叶木厚板材（经纵锯、纵切、刨切或旋切的，厚度>6毫米）	A/B	P/Q	木材（4.3）
4407199019	端部接合其他针叶木厚板材（经纵锯、纵切、刨切或旋切的，厚度>6毫米）	A/B	P/Q	木材（4.3）
4407199091	非端部接合其他濒危针叶木厚板材（经纵锯、纵切、刨切或旋切的，厚度>6毫米）	A/B	P/Q	木材（4.3）
4407199099	非端部接合的其他针叶木厚板材（经纵锯、纵切、刨切或旋切的，厚度>6毫米）	A/B	P/Q	木材（4.3）
4407210010	端部接合美洲桃花心木（经纵锯、纵切、刨切或旋切的，厚度>6毫米）	A/B	P/Q	木材（4.3）
4407210090	非端部接合美洲桃花心木（经纵锯、纵切、刨切或旋切的，厚度>6毫米）	A/B	P/Q	木材（4.3）
4407220010	端部接合的苏里南肉豆蔻木、细孔绿心樟及美洲轻木（经纵锯、纵切、刨切或旋切的，厚度>6毫米）	A/B	P/Q	木材（4.3）
4407220090	非端部接合的苏里南肉豆蔻木、细孔绿心樟及美洲轻木（经纵锯、纵切、刨切或旋切的，厚度>6毫米）	A/B	P/Q	木材（4.3）
4407230010	端部接合的柚木板材（经纵锯、纵切、刨切或旋切的，厚度>6毫米）	A/B	P/Q	木材（4.3）
4407230090	非端部接合的柚木板材（经纵锯、纵切、刨切或旋切的，厚度>6毫米）	A/B	P/Q	木材（4.3）

商品编号	商品名称	监管条件	检验检疫类别	检验检疫要求
4407250010	端部接合的红柳桉木板材（指深红色、浅红色及巴栲红柳桉木，厚度>6毫米）	A/B	P/Q	木材（4.3）
4407250090	非端部接合的红柳桉木板材（指深红色、浅红色及巴栲红柳桉木，经纵锯、纵切、刨切或旋切的，厚度>6毫米）	A/B	P/Q	木材（4.3）
4407260010	端部接合的白柳桉、其他柳桉木和阿兰木板材（经纵锯、纵切、刨切或旋切，厚度>6毫米）	A/B	P/Q	木材（4.3）
4407260090	非端部接合的白柳桉、其他柳桉木和阿兰木板材（经纵锯、纵切、刨切或旋切，厚度>6毫米）	A/B	P/Q	木材（4.3）
4407270010	端部接合的沙比利木板材（经纵锯、纵切、刨切或旋切的，厚度>6毫米）	A/B	P/Q	木材（4.3）
4407270090	非端部接合的沙比利木板材（经纵锯、纵切、刨切或旋切的，厚度>6毫米）	A/B	P/Q	木材（4.3）
4407280010	端部接合的伊罗科木板材（经纵锯、纵切、刨切或旋切的，厚度>6毫米）	A/B	P/Q	木材（4.3）
4407280090	非端部接合的伊罗科木板材（经纵锯、纵切、刨切或旋切的，厚度>6毫米）	A/B	P/Q	木材（4.3）
4407292010	端部接合的非洲桃花心木板材（经纵锯、纵切、刨切或旋切的，厚度>6毫米）	A/B	P/Q	木材（4.3）
4407292090	非端部接合的非洲桃花心木板材（经纵锯、纵切、刨切或旋切的，厚度>6毫米）	A/B	P/Q	木材（4.3）
4407293010	端部接合的波罗格Merban板材（经纵锯、纵切、刨切或旋切的，厚度>6毫米）	A/B	P/Q	木材（4.3）
4407293090	非端部接合的波罗格Merban板材（经纵锯、纵切、刨切或旋切的，厚度>6毫米）	A/B	P/Q	木材（4.3）
4407294011	端部接合濒危热带红木厚板材（经纵锯、纵切、刨切或旋切的，厚度>6毫米）	A/B	P/Q	木材（4.3）
4407294019	端部接合其他热带红木厚板材（经纵锯、纵切、刨切或旋切的，厚度>6毫米）	A/B	P/Q	木材（4.3）
4407294091	非端部接合濒危热带红木厚板材（经纵锯、纵切、刨切或旋切的，厚度>6毫米）	A/B	P/Q	木材（4.3）
4407294099	非端部接合其他热带红木厚板材（经纵锯、纵切、刨切或旋切的，厚度>6毫米）	A/B	P/Q	木材（4.3）
4407299011	端部接合拉敏木厚板材（经纵锯、纵切、刨切或旋切的，厚度>6毫米）	A/B	P/Q	木材（4.3）
4407299012	端部接合的南美蒺藜木（玉檀木）厚板材（经纵锯、纵切、刨切或旋切的，厚度>6毫米）	A/B	P/Q	木材（4.3）
4407299013	端部接合其他未列名濒危热带木厚板材（经纵锯、纵切、刨切或旋切的，厚度>6毫米）	A/B	P/Q	木材（4.3）
4407299019	端部接合其他未列名热带木厚板材（经纵锯、纵切、刨切或旋切的，厚度>6毫米）	A/B	P/Q	木材（4.3）
4407299091	非端部接合的南美蒺藜木（玉檀木）厚板材（经纵锯、纵切、刨切或旋切的，厚度>6毫米）	A/B	P/Q	木材（4.3）
4407299092	非端部接合其他未列名濒危热带木板材（经纵锯、纵切、刨切或旋切的，厚度>6毫米）	A/B	P/Q	木材（4.3）
4407299099	非端部接合其他未列名热带木板材（经纵锯、纵切、刨切或旋切的，厚度>6毫米）	A/B	P/Q	木材（4.3）
4407910011	端部接合的蒙古栎厚板材（经纵锯、纵切、刨切或旋切的，厚度>6毫米）	A/B	P/Q	木材（4.3）
4407910019	端部接合的其他栎木（橡木）厚板材（经纵锯、纵切、刨切或旋切的，厚度>6毫米）	A/B	P/Q	木材（4.3）

商品编号	商品名称	监管条件	检验检疫类别	检验检疫要求
4407910091	非端部接合的蒙古栎厚板材（经纵锯、纵切、刨切或旋切的，厚度>6毫米）	A/B	P/Q	木材（4.3）
4407910099	非端部接合的其他栎木（橡木）厚板材（经纵锯、纵切、刨切或旋切的，厚度>6毫米）	A/B	P/Q	木材（4.3）
4407920010	端部接合的水青冈木（山毛榉木）厚板材（经纵锯、纵切、刨切或旋切的，厚度>6毫米）	A/B	P/Q	木材（4.3）
4407920090	非端部接合的水青冈木（山毛榉木）厚板材（经纵锯、纵切、刨切或旋切的，厚度>6毫米）	A/B	P/Q	木材（4.3）
4407930010	端部接合的槭木（枫木）厚板材（经纵锯、纵切、刨切或旋切，厚度>6毫米）	A/B	P/Q	木材（4.3）
4407930090	非端部接合的槭木（枫木）厚板材（经纵锯、纵切、刨切或旋切，厚度>6毫米）	A/B	P/Q	木材（4.3）
4407940010	端部接合的樱桃木厚板材（经纵锯、纵切、刨切或旋切，厚度>6毫米）	A/B	P/Q	木材（4.3）
4407940090	非端部接合的樱桃木厚板材（经纵锯、纵切、刨切或旋切，厚度>6毫米）	A/B	P/Q	木材（4.3）
4407950011	端部接合的水曲柳厚板材（经纵锯、纵切、刨切或旋切的，厚度>6毫米）	A/B	P/Q	木材（4.3）
4407950019	端部接合的其他白蜡木厚板材（经纵锯、纵切、刨切或旋切的，厚度>6毫米）	A/B	P/Q	木材（4.3）
4407950091	非端部接合的水曲柳厚板材（经纵锯、纵切、刨切或旋切的，厚度>6毫米）	A/B	P/Q	木材（4.3）
4407950099	非端部接合的其他白蜡木厚板材（经纵锯、纵切、刨切或旋切的，厚度>6毫米）	A/B	P/Q	木材（4.3）
4407960011	端部接合的濒危桦木厚板材（经纵锯、纵切、刨切或旋切，厚度>6毫米）	A/B	P/Q	木材（4.3）
4407960019	端部接合的其他桦木厚板材（经纵锯、纵切、刨切或旋切，厚度>6毫米）	A/B	P/Q	木材（4.3）
4407960091	非端部结合的濒危桦木厚板材（经纵锯、纵切、刨切或旋切，厚度>6毫米）	A/B	P/Q	木材（4.3）
4407960099	非端部接合的其他桦木厚板材（经纵锯、纵切、刨切或旋切，厚度>6毫米）	A/B	P/Q	木材（4.3）
4407970010	端部接合的杨木厚板材（经纵锯、纵切、刨切或旋切，厚度>6毫米）	A/B	P/Q	木材（4.3）
4407970090	非端部接合的杨木厚板材（经纵锯、纵切、刨切或旋切，厚度>6毫米）	A/B	P/Q	木材（4.3）
4407991011	端部接合濒危红木厚板材，但编号44072940所列热带红木除外（经纵锯、纵切、刨切或旋切的，厚度>6毫米）	A/B	P/Q	木材（4.3）
4407991019	端部接合其他红木厚板材，但编号44072940所列热带红木除外（经纵锯、纵切、刨切或旋切的，厚度>6毫米）	A/B	P/Q	木材（4.3）
4407991091	非端部接合濒危红木厚板材，但编号44072940所列热带红木除外（经纵锯、纵切、刨切或旋切的，厚度>6毫米）	A/B	P/Q	木材（4.3）
4407991099	非端部接合其他红木厚板材，但编号44072940所列热带红木除外（经纵锯、纵切、刨切或旋切的，厚度>6毫米）	A/B	P/Q	木材（4.3）
4407992010	端部接合的泡桐木厚板材（经纵锯、纵切、刨切或旋切的，厚度>6毫米）	A/B	P/Q	木材（4.3）
4407992090	非端部接合的泡桐木厚板材（经纵锯、纵切、刨切或旋切的，厚度>6毫米）	A/B	P/Q	木材（4.3）
4407993010	端部接合的北美硬阔叶材厚板材（纵锯、纵切、刨切或旋切，厚度>6毫米）	A/B	P/Q	木材（4.3）

商品编号	商品名称	监管条件	检验检疫类别	检验检疫要求
4407993090	非端部接合的北美硬阔叶材厚板材（纵锯、纵切、刨切或旋切，厚度>6毫米）	A/B	P/Q	木材（4.3）
4407998011	端部接合其他未列名的温带濒危非针叶板材（纵锯、纵切、刨切或旋切的，厚度>6毫米）	A/B	P/Q	木材（4.3）
4407998019	端部接合的其他未列名的温带非针叶厚板材（纵锯、纵切、刨切或旋切的，厚度>6毫米）	A/B	P/Q	木材（4.3）
4407998091	非端部结合其他未列名的温带濒危非针叶厚板材（纵锯、纵切、刨切或旋切的，厚度>6毫米）	A/B	P/Q	木材（4.3）
4407998099	非端部接合的其他未列名的温带非针叶厚板材（纵锯、纵切、刨切或旋切的，厚度>6毫米）	A/B	P/Q	木材（4.3）
4407999012	端部接合的沉香木及拟沉香木厚板材（经纵锯、纵切、刨切或旋切的，厚度>6毫米）	A/B	P/Q	木材（4.3）
4407999015	端部接合的其他濒危木厚板材（经纵锯、纵切、刨切或旋切的，厚度>6毫米）	A/B	P/Q	木材（4.3）
4407999019	端部接合的其他木厚板材（经纵锯、纵切、刨切或旋切的，厚度>6毫米）	A/B	P/Q	木材（4.3）
4407999092	非端部接合的沉香木及拟沉香木厚板材（经纵锯、纵切、刨切或旋切的，厚度>6毫米）	A/B	P/Q	木材（4.3）
4407999095	非端部接合的其他濒危木厚板材（经纵锯、纵切、刨切或旋切的，厚度>6毫米）	A/B	P/Q	木材（4.3）
4407999099	非端部接合的其他木厚板材（经纵锯、纵切、刨切或旋切的，厚度>6毫米）	A/B	P/Q	木材（4.3）
4408101110	胶合板等多层板制濒危针叶木单板（厚度≤6毫米，饰面用）	A/B	M.P/Q	其他植物产品（4.6）
4408101190	其他胶合板等多层板制针叶木单板（厚度≤6毫米，饰面用）	A/B	M.P/Q	其他植物产品（4.6）
4408101910	其他饰面濒危针叶木单板（厚度≤6毫米）	A/B	M.P/Q	其他植物产品（4.6）
4408101990	其他饰面针叶木单板（厚度≤6毫米）	A/B	M.P/Q	其他植物产品（4.6）
4408102010	制胶合板用濒危针叶木单板（厚度≤6毫米）	A/B	M.P/Q	其他植物产品（4.6）
4408102090	其他制胶合板用针叶木单板（厚度≤6毫米）	A/B	M.P/Q	其他植物产品（4.6）
4408109010	其他濒危针叶木单板材（经纵锯、刨切或旋切的，厚度≤6毫米）	A/B	M.P/Q	其他植物产品（4.6）
4408109090	其他针叶木单板材（经纵锯、刨切或旋切的，厚度≤6毫米）	A/B	M.P/Q	其他植物产品（4.6）
4408311100	胶合板多层板制饰面红柳桉木单板（指深红色、浅红色红柳桉木及巴栳红柳桉木，厚度≤6毫米）	A/B	M.P/Q	其他植物产品（4.6）
4408311900	其他饰面用红柳桉木单板（深红色、浅红色红柳桉木巴栳红柳桉木，厚度≤6毫米）	A/B	M.P/Q	其他植物产品（4.6）
4408312000	红柳桉木制的胶合板用单板（深红色、浅红色红柳桉木巴栳红柳桉木，厚度≤6毫米）	A/B	M.P/Q	其他植物产品（4.6）
4408319000	红柳桉木制的其他单板（深红色、浅红色红柳桉木巴栳红柳桉木，厚度≤6毫米）	A/B	M.P/Q	其他植物产品（4.6）
4408391110	胶合板多层板制饰面桃花心木单板（厚度≤6毫米）	A/B	M.P/Q	其他植物产品（4.6）
4408391120	胶合板多层板制饰面拉敏木单板（厚度≤6毫米）	A/B	M.P/Q	其他植物产品（4.6）
4408391130	厚度≤6毫米胶合板多层板制饰面濒危热带木单板	A/B	M.P/Q	其他植物产品（4.6）
4408391190	厚度≤6毫米胶合板多层板制饰面热带木单板	A/B	M.P/Q	其他植物产品（4.6）
4408391910	其他饰面用桃花心木单板（厚度≤6毫米）	A/B	M.P/Q	其他植物产品（4.6）
4408391930	厚度≤6毫米其他濒危热带木制饰面用单板	A/B	M.P/Q	其他植物产品（4.6）
4408391990	厚度≤6毫米其他热带木饰面用单板	A/B	M.P/Q	其他植物产品（4.6）
4408392010	其他桃花心木制的胶合板用单板（厚度≤6毫米）	A/B	M.P/Q	其他植物产品（4.6）
4408392020	其他拉敏木制的胶合板用单板（厚度≤6毫米）	A/B	M.P/Q	其他植物产品（4.6）
4408392030	其他濒危热带木制的胶合板用单板（厚度≤6毫米）	A/B	M.P/Q	其他植物产品（4.6）
4408392090	其他列名热带木制的胶合板用单板（厚度≤6毫米）	A/B	M.P/Q	其他植物产品（4.6）
4408399010	其他桃花心木制的其他单板（厚度≤6毫米）	A/B	M.P/Q	其他植物产品（4.6）
4408399030	其他列名濒危热带木制的其他单板（厚度≤6毫米）	A/B	M.P/Q	其他植物产品（4.6）
4408399090	其他列名的热带木制的其他单板（厚度≤6毫米）	A/B	M.P/Q	其他植物产品（4.6）

商品编号	商品名称	监管条件	检验检疫类别	检验检疫要求
4408901110	胶合板多层板制饰面濒危木单板（厚度≤6毫米）	A/B	M.P/Q	其他植物产品（4.6）
4408901190	胶合板多层板制饰面其他木单板（厚度≤6毫米，针叶木、热带木除外）	A/B	M.P/Q	其他植物产品（4.6）
4408901210	温带濒危非针叶木制饰面用木单板（厚度≤6毫米，针叶木、热带木除外）	A/B	M.P/Q	其他植物产品（4.6）
4408901290	其他温带非针叶木制饰面用木单板（厚度≤6毫米，针叶木、热带木除外）	A/B	M.P/Q	其他植物产品（4.6）
4408901310	濒危竹制饰面用单板（厚度≤6毫米）	A/B	M.P/Q	其他植物产品（4.6）
4408901390	其他竹制饰面用单板（厚度≤6毫米）	A/B	M.P/Q	其他植物产品（4.6）
4408901911	家具饰面用濒危木单板（厚度≤6毫米）	A/B	M.P/Q	其他植物产品（4.6）
4408901919	其他家具饰面用木单板（厚度≤6毫米）	A/B	M.P/Q	其他植物产品（4.6）
4408901991	其他饰面用濒危木单板（厚度≤6毫米）	A/B	M.P/Q	其他植物产品（4.6）
4408901999	其他饰面用单板（厚度≤6毫米）	A/B	M.P/Q	其他植物产品（4.6）
4408902110	温带濒危非针叶木制胶合板用单板（厚度≤6毫米）	A/B	M.P/Q	其他植物产品（4.6）
4408902190	其他温带非针叶木制胶合板用单板（厚度≤6毫米）	A/B	M.P/Q	其他植物产品（4.6）
4408902911	其他濒危木制胶合板用旋切单板（厚度≤6毫米）	A/B	M.P/Q	其他植物产品（4.6）
4408902919	其他濒危木制胶合板用其他单板（厚度≤6毫米，旋切单板除外）	A/B	M.P/Q	其他植物产品（4.6）
4408902991	其他木制胶合板用旋切单板（厚度≤6毫米）	A/B	M.P/Q	其他植物产品（4.6）
4408902999	其他木制胶合板用其他单板（厚度≤6毫米，旋切单板除外）	A/B	M.P/Q	其他植物产品（4.6）
4408909110	温带濒危非针叶木制其他单板材（经纵锯、刨切或旋切的，厚度≤6毫米）	A/B	M.P/Q	其他植物产品（4.6）
4408909190	温带非针叶木制其他单板材（经纵锯、刨切或旋切的，厚度≤6毫米）	A/B	M.P/Q	其他植物产品（4.6）
4408909910	其他濒危木制的其他单板材（经纵锯、刨切或旋切的，厚度≤6毫米）	A/B	M.P/Q	其他植物产品（4.6）
4408909990	其他木材，但针叶木热带木除外（经纵锯、刨切或旋切的，厚度≤6毫米）	A/B	M.P/Q	其他植物产品（4.6）
4409101010	一边或面制成连续形状的濒危针叶木制地板条、块（包括未装拼的拼花地板用板条及缘板）	A/B	P/Q	其他植物产品（4.6）
4409101090	一边或面制成连续形状的其他针叶木地板条、块（包括未装拼的拼花地板用板条及缘板）	A/B	P/Q	其他植物产品（4.6）
4409109010	一边或面制成连续形状濒危针叶木材	A/B	P/Q	其他植物产品（4.6）
4409109090	其他一边或面制成连续形状的针叶木材	A/B	P/Q	其他植物产品（4.6）
4409211010	一边或面制成连续形状的濒危竹地板条（块）（包括未装拼的拼花竹地板用板条及缘板）	A/B	P/Q	其他植物产品（4.6）
4409211090	一边或面制成连续形状的竹地板条（块）（包括未装拼的拼花竹地板用板条及缘板）	A/B	P/Q	其他植物产品（4.6）
4409219010	一边或面制成连续形状的其他濒危竹材	A/B	P/Q	其他植物产品（4.6）
4409219090	一边或面制成连续形状的其他竹材	A/B	P/Q	其他植物产品（4.6）
4409221020	一边或面制成连续形状的桃花心木地板条、块（包括未装拼的桃花心木拼花地板用板条及缘板）	A/B	P/Q	其他植物产品（4.6）
4409221030	一边或面制成连续形状的其他濒危热带木地板条、块（包括未装拼的其他濒危热带木拼花地板用板条及缘板）	A/B	P/Q	其他植物产品（4.6）
4409221090	一边或面制成连续形状的其他热带木地板条、块（包括未装拼的其他热带木拼花地板用板条及缘板）	A/B	P/Q	其他植物产品（4.6）
4409229020	一边或面制成连续形状的桃花心木	A/B	P/Q	其他植物产品（4.6）
4409229030	一边或面制成连续形状的其他濒危热带木	A/B	P/Q	其他植物产品（4.6）
4409229090	一边或面制成连续形状的其他热带木	A/B	P/Q	其他植物产品（4.6）
4409291030	一边或面制成连续形状的其他濒危木地板条、块（包括未装拼的其他濒危木拼花地板用板条及缘板）	A/B	P/Q	其他植物产品（4.6）
4409291090	一边或面制成连续形状的其他非针叶木地板条、块（包括未装拼的其他非针叶木拼花地板用板条及缘板）	A/B	P/Q	人造板（4.6）

商品编号	商品名称	监管条件	检验检疫类别	检验检疫要求
4409299030	一边或面制成连续形状的其他濒危木	A/B	P/Q	其他植物产品（4.6）
4409299090	一边或面制成连续形状的其他非针叶木材	A/B	P/Q	其他植物产品（4.6）
4410110000	木制碎料板（不论是否用树脂或其他有机黏合剂黏合）	A/B	P/Q	人造板（4.6）
4410120000	木制定向刨花板（OSB）（不论是否用树脂或其他有机黏合剂黏合）	A/B	P/Q	人造板（4.6）
4410190000	其他木制板（不论是否用树脂或其他有机黏合剂黏合）	A/B	P/Q	其他植物产品（4.6）
4410901100	麦稻秸秆制碎料板（不论是否用树脂或其他有机黏合剂黏合）	A/B	P/Q	人造板（4.6）
4410901900	其他碎料板（不论是否用树脂或其他有机黏合剂黏合）	A/B	P/Q	人造板（4.6）
4410909000	其他板（不论是否用树脂或其他有机黏合剂黏合）	A/B	P/Q	其他植物产品（4.6）
4411121100	密度>0.8克/立方厘米且厚度≤5毫米的中密度纤维板（未经机械加工或盖面的）	A/B	P/Q	人造板（4.6）
4411121900	密度>0.8克/立方厘米且厚度≤5毫米的其他中密度纤维板	A/B	P/Q	人造板（4.6）
4411122100	辐射松制的0.5克/立方厘米<密度≤0.8克/立方厘米且厚≤5毫米的中密度纤维板	A/B	P/Q	人造板（4.6）
4411122900	0.5克/立方厘米<密度≤0.8克/立方厘米且厚度≤5毫米的其他中密度纤维板（辐射松制的除外）	A/B	P/Q	人造板（4.6）
4411129100	未经机械加工或盖面的其他厚度≤5毫米的中密度纤维板	A/B	P/Q	人造板（4.6）
4411129900	其他厚度≤5毫米的中密度纤维板	A/B	P/Q	人造板（4.6）
4411131100	密度>0.8克/立方厘米且5毫米<厚度≤9毫米的中密度纤维板（未经机械加工或盖面的）	A/B	P/Q	人造板（4.6）
4411131900	密度>0.8克/立方厘米且5毫米<厚度≤9毫米的其他中密度纤维板	A/B	M.P/Q	人造板（4.6）
4411132100	辐射松制的0.5克/立方厘米<密度≤0.8克/立方厘米且5毫米<厚度≤9毫米中密度纤维板	A/B	P/Q	人造板（4.6）
4411132900	0.5克/立方厘米<密度≤0.8克/立方厘米且5毫米<厚度≤9毫米其他中密度纤维板（辐射松制的除外）	A/B	P/Q	人造板（4.6）
4411139100	未机械加工或盖面的其他5毫米<厚度≤9毫米中密度纤维板	A/B	P/Q	人造板（4.6）
4411139900	其他5毫米<厚度≤9毫米中密度纤维板	A/B	P/Q	人造板（4.6）
4411141100	密度>0.8克/立方厘米且厚度>9毫米的中密度纤维板（未经机械加工或盖面的）	A/B	P/Q	人造板（4.6）
4411141900	密度>0.8克/立方厘米且厚度>9毫米 的其他中密度纤维板	A/B	M.P/Q	人造板（4.6）
4411142100	辐射松制的0.5克/立方厘米<密度≤0.8克/立方厘米且厚度>9毫米中密度纤维板	A/B	P/Q	人造板（4.6）
4411142900	0.5克/立方厘米<密度≤0.8克/立方厘米且厚度>9毫米其他中密度纤维板（辐射松制的除外）	A/B	P/Q	人造板（4.6）
4411149100	未经机械加工或盖面的其他厚度>9毫米中密度纤维板	A/B	P/Q	人造板（4.6）
4411149900	其他厚度>9毫米的中密度纤维板	A/B	P/Q	人造板（4.6）
4411921000	密度>0.8克/立方厘米的未经机械加工或盖面的其他纤维板	A/B	P/Q	人造板（4.6）
4411929000	密度>0.8克/立方厘米的其他纤维板	A/B	M.P/Q	人造板（4.6）
4411931000	辐射松制的0.5克/立方厘米<密度≤0.8克/立方厘米的其他纤维板	A/B	P/Q	人造板（4.6）
4411939000	0.5克/立方厘米<密度≤0.8克/立方厘米的其他纤维板（辐射松制的除外）	A/B	P/Q	人造板（4.6）
4411941000	0.35克/立方厘米<密度≤0.5克/立方厘米的其他纤维板	A/B	P/Q	人造板（4.6）
4411942100	密度≤0.35克/立方厘米的未经机械加工或盖面的木纤维板	A/B	P/Q	人造板（4.6）
4411942900	密度≤0.35克/立方厘米的其他木纤维板	A/B	P/Q	人造板（4.6）
4412101111	至少有一表层为濒危热带木薄板制濒危竹胶板（每层厚度≤6毫米）	A/B	M.P/Q	其他植物产品（4.6）
4412101119	至少有一表层为濒危热带木薄板制其他竹胶合板（每层厚度≤6毫米）	A/B	M.P/Q	其他植物产品（4.6）
4412101191	至少有一表层是其他热带木薄板制濒危竹胶板（每层厚度≤6毫米）	A/B	M.P/Q	其他植物产品（4.6）
4412101199	至少有一表层是其他热带木薄板制其他竹胶合板（每层厚度≤6毫米）	A/B	M.P/Q	其他植物产品（4.6）

商品编号	商品名称	监管条件	检验检疫类别	检验检疫要求
4412101911	至少有一表层为濒危非针叶木薄板胶合板（至少有一表层为温带非针叶木制，每层厚度≤6毫米）	A/B	M.P/Q	人造板（4.6）
4412101919	其他至少有一表层为非针叶木薄板胶合板（至少有一表层为温带非针叶木制，每层厚度≤6毫米）	A/B	M.P/Q	人造板（4.6）
4412101921	濒危竹地板层叠胶合而成的多层板（每层厚度≤6毫米）	A/B	M.P/Q	其他植物产品（4.6）
4412101929	其他竹地板层叠胶合而成的多层板（每层厚度≤6毫米）	A/B	M.P/Q	其他植物产品（4.6）
4412101991	其他濒危竹胶合板（每层厚度≤6毫米）	A/B	M.P/Q	其他植物产品（4.6）
4412101999	其他竹胶合板（每层厚度≤6毫米）	A/B	M.P/Q	其他植物产品（4.6）
4412102011	至少有一表层是濒危非针叶木的濒危竹制多层板（每层厚度≤6毫米）	A/B	M.P/Q	其他植物产品（4.6）
4412102019	至少有一表层是其他非针叶木的其他濒危竹制多层板（每层厚度≤6毫米）	A/B	M.P/Q	其他植物产品（4.6）
4412102091	至少有一表层是濒危非针叶木的其他竹制多层板（每层厚度≤6毫米）	A/B	M.P/Q	其他植物产品（4.6）
4412102099	至少有一表层是其他非针叶木的其他竹制多层板（每层厚度≤6毫米）	A/B	M.P/Q	其他植物产品（4.6）
4412109310	其他濒危的竹制多层板，中间至少有一层是本章本国注释一所列的热带木	A/B	M.P/Q	其他植物产品（4.6）
4412109390	其他竹制多层板，中间至少有一层是本章本国注释一所列的热带木	A/B	M.P/Q	其他植物产品（4.6）
4412109410	其他濒危的竹制多层板，中间至少有一层是其他热带木	A/B	M.P/Q	其他植物产品（4.6）
4412109490	其他竹制多层板，中间至少有一层是其他热带木	A/B	M.P/Q	其他植物产品（4.6）
4412109510	其他中间至少含有一层木碎料板的濒危竹制多层板	A/B	M.P/Q	其他植物产品（4.6）
4412109590	其他中间至少含有一层木碎料板的其他竹制多层板	A/B	M.P/Q	其他植物产品（4.6）
4412109910	其他濒危竹制多层板	A/B	M.P/Q	其他植物产品（4.6）
4412109990	其他竹制多层板	A/B	M.P/Q	其他植物产品（4.6）
4412310010	至少有一表层为桃花心木薄板制胶合板（每层厚度≤6毫米）	A/B	M.P/Q	人造板（4.6）
4412310020	至少有一表层为拉敏木薄板制胶合板（每层厚度≤6毫米）	A/B	M.P/Q	人造板（4.6）
4412310030	至少有一表层为濒危热带木薄板制胶合板（每层厚度≤6毫米）	A/B	M.P/Q	人造板（4.6）
4412310090	至少有一表层是其他热带木制的胶合板（每层厚度≤6毫米，竹制除外）	A/B	M.P/Q	人造板（4.6）
4412330010	至少有一表层是濒危的下列非针叶木：白蜡木、水青冈木（山毛榉木）、桦木、樱桃木、榆木、椴木、械木、鹅掌楸木薄板制胶合板（每层厚度≤6毫米，竹制除外）	A/B	M.P/Q	人造板（4.6）
4412330090	至少有一表层是下列非针叶木：桤木、白蜡木、水青冈木（山毛榉木）、桦木、樱桃木、栗木、榆木、桉木、山核桃、七叶树、椴木、械木、栎木（橡木）、悬铃木、杨木、刺槐木、鹅掌楸或核桃木薄板制胶合板（每层厚度≤6毫米，竹制除外）	A/B	M.P/Q	人造板（4.6）
4412341010	至少有一表层是濒危温带非针叶木薄板制胶合板（每层厚度≤6毫米，竹制除外）	A/B	M.P/Q	人造板（4.6）
4412341090	至少有一表层是其他温带非针叶木薄板制胶合板（每层厚度≤6毫米，竹制除外）	A/B	M.P/Q	人造板（4.6）
4412349010	至少有一表层是濒危其他非针叶胶合板（每层厚度≤6毫米，竹制除外）	A/B	M.P/Q	人造板（4.6）
4412349090	至少有一表层是其他非针叶胶合板（每层厚度≤6毫米，竹制除外）	A/B	M.P/Q	人造板（4.6）
4412390010	其他濒危薄板制胶合板，上下表层均为针叶木（每层厚度≤6毫米，竹制除外）	A/B	M.P/Q	人造板（4.6）
4412390090	其他薄板制胶合板，上下表层均为针叶木（每层厚度≤6毫米，竹制除外）	A/B	M.P/Q	人造板（4.6）
4412410010	至少有一表层是濒危热带木的单板层积材	A/B	M.P/Q	人造板（4.6）
4412410090	其他至少有一表层是热带木的单板层积材	A/B	M.P/Q	人造板（4.6）
4412420010	其他至少有一表层是濒危非针叶木的单板层积材	A/B	M.P/Q	人造板（4.6）

商品编号	商品名称	监管条件	检验检疫类别	检验检疫要求
4412420090	其他至少有一表层是非针叶木的单板层积材	A/B	M.P/Q	人造板（4.6）
4412491110	其他涉濒危的单板层积材，上下表层均为针叶木，中间至少有一层是本章本国注释一所列热带木	A/B	M.P/Q	人造板（4.6）
4412491190	其他单板层积材，上下表层均为针叶木，中间至少有一层是本章本国注释一所列热带木	A/B	M.P/Q	人造板（4.6）
4412491910	其他涉濒危的单板层积材，上下表层均为针叶木，中间至少有一层是其他热带木	A/B	M.P/Q	人造板（4.6）
4412491990	其他单板层积材，上下表层均为针叶木，中间至少有一层是其他热带木	A/B	M.P/Q	人造板（4.6）
4412492010	其他涉濒危的单板层积材，上下表层均为针叶木，中间至少含有一层木碎料板	A/B	M.P/Q	人造板（4.6）
4412492090	其他单板层积材，上下表层均为针叶木，中间至少含有一层木碎料板	A/B	M.P/Q	人造板（4.6）
4412499010	其他涉濒危的单板层积材，上下表层均为针叶木	A/B	M.P/Q	人造板（4.6）
4412499090	其他单板层积材，上下表层均为针叶木	A/B	M.P/Q	人造板（4.6）
4412510010	至少有一表层是濒危热带木的木块芯胶合板等（还包括侧板条芯胶合板及板条芯胶合板）	A/B	M.P/Q	人造板（4.6）
4412510090	至少有一表层是其他热带木的木块芯胶合板等（还包括侧板条芯胶合板及板条芯胶合板）	A/B	M.P/Q	人造板（4.6）
4412520010	至少有一表层是濒危非针叶木的木块芯胶合板等（还包括侧板条芯胶合板及板条芯胶合板）	A/B	M.P/Q	人造板（4.6）
4412520090	至少有一表层是其他非针叶木的木块芯胶合板等（还包括侧板条芯胶合板及板条芯胶合板）	A/B	M.P/Q	人造板（4.6）
4412591110	其他涉濒危的木块芯胶合板，上下表层均为针叶木，中间至少有一层是本章本国注释一所列的热带木（还包括侧板条芯胶合板及板条芯胶合板）	A/B	M.P/Q	人造板（4.6）
4412591190	其他木块芯胶合板，上下表层均为针叶木，中间至少有一层是本章本国注释一所列的热带木（还包括侧板条芯胶合板及板条芯胶合板）	A/B	M.P/Q	人造板（4.6）
4412591910	其他涉濒危的木块芯胶合板，上下表层均为针叶木，中间至少有一层是其他热带木（还包括侧板条芯胶合板及板条芯胶合板）	A/B	M.P/Q	人造板（4.6）
4412591990	其他木块芯胶合板，上下表层均为针叶木，中间至少有一层是其他热带木（还包括侧板条芯胶合板及板条芯胶合板）	A/B	M.P/Q	人造板（4.6）
4412592010	其他涉濒危的木块芯胶合板，上下表层均为针叶木，中间至少含有一层木碎料板（还包括侧板条芯胶合板及板条芯胶合板）	A/B	M.P/Q	人造板（4.6）
4412592090	其他木块芯胶合板，上下表层均为针叶木，中间至少含有一层木碎料板（还包括侧板条芯胶合板及板条芯胶合板）	A/B	M.P/Q	人造板（4.6）
4412599010	其他涉濒危的木块芯胶合板，上下表层均为针叶木（还包括侧板条芯胶合板及板条芯胶合板）	A/B	M.P/Q	人造板（4.6）
4412599090	其他木块芯胶合板，上下表层均为针叶木（还包括侧板条芯胶合板及板条芯胶合板）	A/B	M.P/Q	人造板（4.6）
4412910010	其他至少有一表层是濒危热带木的多层板	A/B	M.P/Q	其他植物产品（4.6）
4412910090	其他至少有一表层是热带木的多层板	A/B	M.P/Q	其他植物产品（4.6）
4412920010	其他至少有一表层濒危非针叶木的多层板	A/B	M.P/Q	其他植物产品（4.6）
4412920090	其他至少有一表层是非针叶木的多层板	A/B	M.P/Q	其他植物产品（4.6）
4412992010	其他涉濒危的多层板，上下表层均为针叶木，中间至少有一层是本章本国注释一所列的热带木	A/B	M.P/Q	其他植物产品（4.6）
4412992090	其他多层板，上下表层均为针叶木，中间至少有一层是本章本国注释一所列的热带木	A/B	M.P/Q	其他植物产品（4.6）
4412993010	其他涉濒危的多层板，上下表层均为针叶木，中间至少有一层是其他热带木	A/B	M.P/Q	其他植物产品（4.6）
4412993090	其他多层板，上下表层均为针叶木，中间至少有一层是其他热带木	A/B	M.P/Q	其他植物产品（4.6）

商品编号	商品名称	监管条件	检验检疫类别	检验检疫要求
4412994010	其他涉濒危的多层板，上下表层均为针叶木，中间至少含有一层木碎料板	A/B	M、P/Q	其他植物产品（4.6）
4412994090	其他多层板，上下表层均为针叶木，中间至少含有一层木碎料板	A/B	M、P/Q	其他植物产品（4.6）
4412999010	其他涉濒危的多层板，上下表层均为针叶木	A/B	M、P/Q	其他植物产品（4.6）
4412999090	其他多层板，上下表层均为针叶木	A/B	M、P/Q	其他植物产品（4.6）
4413000000	强化木（成块、板、条或异型的）	A/B	M、P/Q	强化木（4.6）
4414100010	濒危热带木制画框、相框、镜框及类似品	A/B	P/Q	其他植物产品（4.6）
4414100090	其他热带木制的画框、相框、镜框及类似品	A/B	P/Q	其他植物产品（4.6）
4414901000	辐射松木制的画框、相框、镜框及类似品	A/B	P/Q	其他植物产品（4.6）
4414909010	濒危木制画框、相框、镜框及类似品	A/B	P/Q	其他植物产品（4.6）
4414909090	其他木制的画框、相框、镜框及类似品	A/B	P/Q	其他植物产品（4.6）
4415100010	拉敏木制木箱及类似包装容器（电缆卷筒）	A/B	P/Q	其他植物产品（4.6）
4415100020	濒危木制木箱及类似包装容器（电缆卷筒）	A/B	P/Q	其他植物产品（4.6）
4415100090	木箱及类似的包装容器（电缆卷筒）	A/B	P/Q	其他植物产品（4.6）
4415201000	辐射松木制托板、箱形托盘及其他装载用辐射松木板（包括辐射松木制托盘护框）	A/B	P/Q	其他植物产品（4.6）
4415209010	拉敏木托板、箱形托盘及装载木板（包括拉敏木制托盘护框）	A/B	P/Q	其他植物产品（4.6）
4415209020	濒危木托板、箱形托盘及装载木板（包括濒危木制托盘护框）	A/B	P/Q	其他植物产品（4.6）
4415209090	其他木托板、箱形托盘及其他装载木板（包括其他木制托盘护框）	A/B	P/Q	其他植物产品（4.6）
4416001000	辐射松木制大桶、琵琶桶、盆和其他箍桶及其零件（包括辐射松木制桶板）	A/B	P/Q	其他植物产品（4.6）
4416009010	拉敏木制大桶、琵琶桶、盆和其他箍桶及其零件（包括拉敏木制桶板）	A/B	P/Q	其他植物产品（4.6）
4416009020	濒危木制大桶、琵琶桶、盆和其他箍桶及其零件（包括濒危木制桶板）	A/B	P/Q	其他植物产品（4.6）
4416009030	橡木制大桶、琵琶桶、盆和其他箍桶及其零件（包括橡木制桶板）	A/B	P/Q	其他植物产品（4.6）
4416009090	其他木制大桶、琵琶桶、盆和其他箍桶及其零件（包括其他木制桶板）	A/B	P/Q	其他植物产品（4.6）
4417001000	辐射松木制工具、工具支架、工具柄、扫帚及刷子的身及柄（包括辐射松木制鞋靴楦及楦头）	A/B	P/Q	其他植物产品（4.6）
4417009010	拉敏木制工具、工具支架、工具柄、扫帚及刷子的身及柄（包括拉敏木制鞋靴楦及楦头）	A/B	P/Q	其他植物产品（4.6）
4417009020	濒危木制工具、工具支架、工具柄、扫帚及刷子的身及柄（包括濒危木制鞋靴楦及楦头）	A/B	P/Q	其他植物产品（4.6）
4417009090	其他木制工具、工具支架、工具柄、扫帚及刷子的身及柄（包括其他木制鞋靴楦及楦头）	A/B	P/Q	其他植物产品（4.6）
4418110010	濒危热带木制木窗、落地窗及其框架	A/B	P/Q	木家具（4.6）
4418110090	其他热带木制木窗、落地窗及其框架	A/B	P/Q	木家具（4.6）
4418191000	辐射松木制的木窗、落地窗及其框架	A/B	P/Q	木家具（4.6）
4418199010	其他濒危木制木窗、落地窗及其框架	A/B	P/Q	木家具（4.6）
4418199090	其他木制木窗、落地窗及其框架	A/B	P/Q	木家具（4.6）
4418210010	濒危热带木制的木门及其框架和门槛	A/B	P/Q	木家具（4.6）
4418210090	其他热带木制的木门及其框架和门槛	A/B	P/Q	木家具（4.6）
4418290010	其他濒危木制的木门及其框架和门槛	A/B	P/Q	木家具（4.6）
4418290090	其他木门及其框架和门槛	A/B	P/Q	木家具（4.6）
4418300010	濒危木制柱和梁，但编号441881至441889的货品除外	A/B	P/Q	木家具（4.6）
4418300090	其他木制柱和梁，但编号441881至441890的货品除外	A/B	P/Q	木家具（4.6）
4418400000	水泥构件的木模板	A/B	P/Q	其他植物产品（4.6）
4418500000	木瓦及盖屋板	A/B	P/Q	其他植物产品（4.6）
4418731000	已装拼的竹的或至少顶层（耐磨层）是竹的马赛克地板	A/B	P/Q	其他植物产品（4.6）
4418732000	已装拼的竹制多层地板	A/B	P/Q	其他植物产品（4.6）
4418739000	已装拼的竹制其他地板	A/B	P/Q	其他植物产品（4.6）

商品编号	商品名称	监管条件	检验检疫类别	检验检疫要求
4418740010	已装拼的拉敏木制马赛克地板	A/B	P/Q	其他植物产品（4.6）
4418740020	已装拼的其他濒危木制马赛克地板	A/B	P/Q	其他植物产品（4.6）
4418740090	已装拼的其他木制马赛克地板	A/B	P/Q	其他植物产品（4.6）
4418750010	已装拼的拉敏木制多层地板	A/B	P/Q	其他植物产品（4.6）
4418750020	已装拼的其他濒危木制多层地板	A/B	P/Q	其他植物产品（4.6）
4418750090	已装拼的其他木制多层地板	A/B	P/Q	其他植物产品（4.6）
4418790010	已装拼的拉敏木制其他地板	A/B	P/Q	其他植物产品（4.6）
4418790020	已装拼的其他濒危木制地板	A/B	P/Q	其他植物产品（4.6）
4418790090	已装拼的木制其他地板	A/B	P/Q	其他植物产品（4.6）
4418810010	濒危竹制的集成材	A/B	P/Q	其他植物产品（4.6）
4418810020	濒危木制的集成材	A/B	P/Q	其他植物产品（4.6）
4418810090	其他木制的集成材（包括竹制的）	A/B	P/Q	其他植物产品（4.6）
4418820010	濒危竹制的正交胶合木	A/B	P/Q	其他植物产品（4.6）
4418820020	濒危木制的正交胶合木	A/B	P/Q	其他植物产品（4.6）
4418820090	其他木制的正交胶合木（包括竹制的）	A/B	P/Q	其他植物产品（4.6）
4418830010	濒危竹制的工字梁	A/B	P/Q	其他植物产品（4.6）
4418830020	濒危木制的工字梁	A/B	P/Q	其他植物产品（4.6）
4418830090	其他木制的工字梁（包括竹制的）	A/B	P/Q	其他植物产品（4.6）
4418890010	其他濒危竹制的工程结构木制品	A/B	P/Q	其他植物产品（4.6）
4418890020	其他濒危木制的工程结构木制品	A/B	P/Q	其他植物产品（4.6）
4418890090	其他木制的工程结构木制品（包括竹制的）	A/B	P/Q	其他植物产品（4.6）
4418910010	濒危竹制的其他建筑用木工制品	A/B	P/Q	其他植物产品（4.6）
4418910090	其他竹制的其他建筑用木工制品	A/B	P/Q	其他植物产品（4.6）
4418920010	濒危木制的蜂窝结构木镶板	A/B	P/Q	其他植物产品（4.6）
4418920090	其他蜂窝结构木镶板	A/B	P/Q	其他植物产品（4.6）
4418990010	濒危木制的其他建筑用木工制品	A/B	P/Q	其他植物产品（4.6）
4418990090	其他建筑用木工制品	A/B	P/Q	其他植物产品（4.6）
4419110000	竹制的切面包板、砧板及类似板	A/B	P.R/Q	其他植物产品（4.6）
4419121010	酸竹制一次性筷子	A/B	P.R/Q	其他植物产品（4.6） 进口食品接触产品（10.2）
4419121090	其他竹制一次性筷子	A/B	P.R/Q	其他植物产品（4.6） 进口食品接触产品（10.2）
4419129000	竹制的其他筷子	A/B	P.R/Q	其他植物产品（4.6） 进口食品接触产品（10.2）
4419190000	竹制的其他餐具及厨房用具	A/B	P.R/Q	其他植物产品（4.6）
4419200010	濒危热带木制的餐具及厨房用具	A/B	P.R/Q	其他植物产品（4.6）
4419200090	其他热带木制的餐具及厨房用具	A/B	P.R/Q	其他植物产品（4.6） 进口食品接触产品（10.2）
4419901000	其他木制的一次性筷子	A/B	P/Q	其他植物产品（4.6） 进口食品接触产品（10.2）
4419909030	其他濒危木制的其他餐具及厨房用具	A/B	P.R/Q	其他植物产品（4.6）
4419909090	其他木制的其他餐具及厨房用具	A/B	P.R/Q	其他植物产品（4.6）
4420111010	濒危热带木制的木刻	A/B	P/Q	其他植物产品（4.6）
4420111090	其他热带木制的木刻	A/B	P/Q	其他植物产品（4.6）
4420112010	濒危热带木制的木扇	A/B	P/Q	其他植物产品（4.6）
4420112090	其他热带木制的木扇	A/B	P/Q	其他植物产品（4.6）
4420119010	其他濒危热带木制的小雕像及其他装饰品	A/B	P/Q	其他植物产品（4.6）
4420119090	其他热带木制的小雕像及其他装饰品	A/B	P/Q	其他植物产品（4.6）
4420191110	其他濒危木制的木刻	A/B	P/Q	其他植物产品（4.6）
4420191190	其他木制的木刻	A/B	P/Q	其他植物产品（4.6）
4420191200	竹刻	A/B	P/Q	其他植物产品（4.6）
4420192010	其他濒危木制的木扇	A/B	P/Q	其他植物产品（4.6）
4420192090	其他木制的木扇	A/B	P/Q	其他植物产品（4.6）

商品编号	商品名称	监管条件	检验检疫类别	检验检疫要求
4420199010	其他濒危木制的小雕像及其他装饰品	A/B	P/Q	其他植物产品（4.6）
4420199090	其他木制的小雕像及其他装饰品	A/B	P/Q	其他植物产品（4.6）
4420901010	拉敏木制的镶嵌木	A/B	P/Q	其他植物产品（4.6）
4420901020	濒危木制的镶嵌木	A/B	P/Q	其他植物产品（4.6）
4420901090	镶嵌木	A/B	P/Q	其他植物产品（4.6）
4420909010	拉敏木盒及类似品；非落地木家具（前者用于装珠宝或家具；后者不包括第九十四章的家具）	A/B	P/Q	其他植物产品（4.6）
4420909020	濒危木盒及类似品；非落地木家具（前者用于装珠宝或家具；后者不包括第九十四章的家具）	A/B	P/Q	其他植物产品（4.6）
4420909090	木盒子及类似品；非落地式木家具（前者用于装珠宝或家具，后者不包括第九十四章的家具）	A/B	P/Q	其他植物产品（4.6）
4421100010	拉敏木制木衣架	A/B	P/Q	其他植物产品（4.6）
4421100020	濒危木制木衣架	A/B	P/Q	其他植物产品（4.6）
4421100090	木衣架	A/B	P/Q	其他植物产品（4.6）
4421200010	濒危木制的棺材（包括竹制的）	A/B	P/Q	其他植物产品（4.6）
4421200090	其他木制的棺材（包括竹制的）	A/B	P/Q	其他植物产品（4.6）
4421911010	酸竹制圆签、圆棒、冰果棒、压舌片及类似一次性制品	A/B	P/Q	其他植物产品（4.6） 进口食品接触产品（10.2）
4421911090	其他竹制圆签、圆棒、冰果棒、压舌片及类似一次性制品	A/B	P/Q	其他植物产品（4.6） 进口食品接触产品（10.2）
4421919010	其他未列名的濒危竹制品	A/B	P/Q	其他植物产品（4.6）
4421919090	其他未列名的竹制品	A/B	P/Q	其他植物产品（4.6）
4421991010	拉敏木制圆签、圆棒、冰果棒、压舌片及类似一次性制品	A/B	P/Q	其他植物产品（4.6） 进口食品接触产品（10.2）
4421991020	濒危木制圆签、圆棒、冰果棒、压舌片及类似一次性制品	A/B	P/Q	其他植物产品（4.6） 进口食品接触产品（10.2）
4421991090	其他木制圆签、圆棒、冰果棒、压舌片及类似一次性制品	A/B	P/Q	其他植物产品（4.6） 进口食品接触产品（10.2）
4421999030	濒危木制的未列名的木制品	A/B	P/Q	其他植物产品（4.6）
4421999090	未列名的木制品	A/B	P/Q	其他植物产品（4.6）
4501100000	未加工或简单加工的天然软木	A/B	P/Q	其他植物产品（4.6）
4501901000	软木废料	A/B	M.P/Q	禁止进口 固体废物
4501902000	碎的、粒状的或粉状的软木（软木碎、软木粒或软木粉）	A/B	P/Q	其他植物产品（4.6）
4502000000	块、板、片或条状的天然软木（包括作塞子用的方块坯料）	A/B	P/Q	其他植物产品（4.6）
4503100000	天然软木塞子	A/B	P/Q	其他植物产品（4.6） 进口食品接触产品（10.2）
4503900000	其他天然软木制品	A/B	P/Q	其他植物产品（4.6）
4504100010	压制软木塞（包括任何形状的压制软木的砖、瓦、实心圆柱体、圆片）	A/B	P/Q	其他植物产品（4.6）
4504100090	块、板、片及条状压制软木，压制软木塞除外（包括任何形状的压制软木的砖、瓦、实心圆柱体、圆片）	A/B	P/Q	其他植物产品（4.6）
4504900000	其他压制软木及其制品（不论是否使用黏合剂压成）	A/B	P/Q	其他植物产品（4.6）
4601210000	竹制的席子、席料及帘子	A/B	P/Q	其他植物产品（4.6）
4601220000	藤制的席子、席料及帘子	A/B	P/Q	其他植物产品（4.6）
4601291111	蔺草制的提花席、双苜席、垫子（单位面积>1平方米，不论是否包边）	A/B	P/Q	其他植物产品（4.6）
4601291112	蔺草制的其他席子（单位面积>1平方米，不论是否包边）	A/B	P/Q	其他植物产品（4.6）
4601291119	蔺草制的其他席子、席料及帘子（单位面积≤1平方米，不论是否包边）	A/B	P/Q	其他植物产品（4.6）
4601291190	其他灯芯草属材料制的席子等（包括席子、席料、帘子、垫子）	A/B	P/Q	其他植物产品（4.6）
4601291900	其他草制的席子、席料及帘子	A/B	P/Q	其他植物产品（4.6）

商品编号	商品名称	监管条件	检验检疫类别	检验检疫要求
4601292100	苇帘	A/B	P/Q	其他植物产品（4.6）
4601292900	芦苇制的席子、席料	A/B	P/Q	其他植物产品（4.6）
4601299000	其他植物材料制席子、席料及帘子	A/B	P/Q	其他植物产品（4.6）
4601921000	竹制缏条及类似产品（不论是否缝合成宽条）	A/B	P/Q	其他植物产品（4.6）
4601929000	竹制的其他编结材料产品	A/B	P/Q	其他植物产品（4.6）
4601931000	藤制的缏条及类似产品（不论是否缝合成宽条）	A/B	P/Q	其他植物产品（4.6）
4601939000	藤制的其他编结材料产品	A/B	P/Q	其他植物产品（4.6）
4601941100	稻草制的缏条（绳）及类似产品（不论是否缝合成宽条）	A/B	P/Q	其他植物产品（4.6）
4601941900	稻草制的其他编结材料产品	A/B	P/Q	其他植物产品（4.6）
4601949100	其他植物材料制缏条及类似产品（不论是否缝合成宽条）	A/B	P/Q	其他植物产品（4.6）
4601949900	其他植物编结材料产品	A/B	P/Q	其他植物产品（4.6）
4602110000	竹编制的篮筐及其他制品	A/B	P/Q	其他植物产品（4.6）
4602120000	藤编制的篮筐及其他制品	A/B	P/Q	其他植物产品（4.6）
4602191000	草制的篮筐及其他制品	A/B	P/Q	其他植物产品（4.6）
4602192000	玉米皮编制的篮筐及其他制品	A/B	P/Q	其他植物产品（4.6）
4602193000	柳条编制的篮筐及其他制品	A/B	P/Q	其他植物产品（4.6）
4602199000	其他植物材料编制篮筐及其他制品	A/B	P/Q	其他植物产品（4.6）
4707100000	回收（废碎）的未漂白牛皮、瓦楞纸或纸板	A/B	M.P/Q	禁止进口 固体废物
4707200000	回收（废碎）的漂白化学木浆制的纸和纸板（未经本体染色）	A/B	M.P/Q	禁止进口 固体废物
4707300000	回收（废碎）的机械木浆制的纸或纸板（例如，废报纸、杂志及类似印刷品）	A/B	M.P/Q	禁止进口 固体废物
4707900010	回收（废碎）墙（壁）纸、涂蜡纸、浸蜡纸、复写纸（包括未分选的废碎品）	A/B	M.P/Q	禁止进口 固体废物
4707900090	其他回收纸或纸板（包括未分选的废碎品）	B	M.P/Q	禁止进口 固体废物
4803000000	卫生纸、面巾纸、餐巾纸及类似纸（成条或成卷宽>36厘米，或一边>36厘米，一边>15厘米的成张矩形）	A	M	纸及其制品（12.10） 一次性卫生用品（12.10）
4818100000	小卷（张）卫生纸（成卷或矩形成张的宽度≤36厘米，或制成特殊形状的）	A	M	纸及其制品（12.10）
4818200000	小卷（张）纸手帕及纸面巾（成卷或矩形成张的宽度≤36厘米，或制成特殊形状的）	A	M	一次性卫生用品（12.10）
4818300000	小卷（张）纸台布及纸餐巾（成卷或矩形成张的宽度≤36厘米，或制成特殊形状的）	A	M	一次性卫生用品（12.10）
4818500000	纸制衣服及衣着附件（纸浆、纸、纤维素絮纸和纤维素纤维网纸制的）	A	M	一次性卫生用品（12.10）
4818900000	纸床单及类似家庭、卫生、医院用品（纸浆、纸、纤维素絮纸和纤维素纤维网纸制的）	A	M	一次性卫生用品（12.10）
4819500000	其他纸包装容器（包括唱片套）	A	R	纸及其制品（12.10）
4823610000	竹浆纸制的盘、碟、盆、杯及类似品	A	M	进口食品接触产品（10.2）
4823691000	其他非木植物浆纸制的盘、碟、盆、杯及类似品	A	M	进口食品接触产品（10.2）
4823699000	其他纸制的盘、碟、盆、杯及类似品	A	M	进口食品接触产品（10.2）
5001001000	适于缫丝的桑蚕茧	A/B	P/Q	非食用动物产品（3.4）
5001009000	适于缫丝的其他蚕茧	A/B	P/Q	非食用动物产品（3.4）
5002001100	未加捻的桑蚕厂丝	A/B	P/Q	非食用动物产品（3.4）
5002001200	未加捻的桑蚕土丝	A/B	P/Q	非食用动物产品（3.4）
5002001300	未加捻的桑蚕双宫丝	A/B	P/Q	非食用动物产品（3.4）
5002001900	其他未加捻的桑蚕丝	A/B	P/Q	非食用动物产品（3.4）
5002002000	未加捻柞蚕丝	A/B	P/Q	非食用动物产品（3.4）
5002009000	未加捻其他生丝	A/B	P/Q	非食用动物产品（3.4）
5003001100	未梳的下茧、茧衣、长吐、滞头	A/B	P/Q	非食用动物产品（3.4）

商品编号	商品名称	监管条件	检验检疫类别	检验检疫要求
5003001200	未梳的回收纤维	A/B	P/Q	纺织原料
5003001900	其他未梳废丝（包括不适于缫丝的废纱）	A/B	P/Q	非食用动物产品（3.4）
5003009100	绵球	A/B	P/Q	纺织原料
5003009900	其他废丝（包括不适于缫丝的蚕茧、废纱及回收纤维）	A/B	P/Q	非食用动物产品（3.4）
5101110001	未梳的含脂剪羊毛（配额内）	A/B	P/Q	非食用动物产品（3.4）
5101110090	未梳的含脂剪羊毛（配额外）	A/B	P/Q	非食用动物产品（3.4）
5101190001	未梳的其他含脂羊毛（配额内）	A/B	P/Q	非食用动物产品（3.4）
5101190090	未梳的其他含脂羊毛（配额外）	A/B	P/Q	非食用动物产品（3.4）
5101210001	未梳的脱脂剪羊毛（未碳化）（配额内）	A/B	P/Q	非食用动物产品（3.4）
5101210090	未梳的脱脂剪羊毛（未碳化）（配额外）	A/B	P/Q	非食用动物产品（3.4）
5101290001	未梳的其他脱脂羊毛（未碳化）（配额内）	A/B	P/Q	非食用动物产品（3.4）
5101290090	未梳的其他脱脂羊毛（未碳化）（配额外）	A/B	P/Q	非食用动物产品（3.4）
5101300001	未梳碳化羊毛（配额内）	A/B	P/Q	非食用动物产品（3.4）
5101300090	未梳碳化羊毛（配额外）	A/B	P/Q	非食用动物产品（3.4）
5102110000	未梳克什米尔山羊的细毛	A/B	P/Q	非食用动物产品（3.4）
5102191010	未梳濒危兔毛	A/B	P/Q	非食用动物产品（3.4）
5102191090	其他未梳兔毛	A/B	P/Q	非食用动物产品（3.4）
5102192000	其他未梳山羊绒	A/B	P/Q	非食用动物产品（3.4）
5102193010	未梳濒危野生骆驼科动物毛、绒	A/B	P/Q	非食用动物产品（3.4）
5102193090	其他未梳骆驼毛、绒	A/B	P/Q	非食用动物产品（3.4）
5102199010	未梳的其他濒危野生动物细毛	A/B	P/Q	非食用动物产品（3.4）
5102199090	未梳的其他动物细毛	A/B	P/Q	非食用动物产品（3.4）
5102200010	未梳的濒危野生动物粗毛	A/B	P/Q	非食用动物产品（3.4）
5102200090	未梳的其他动物粗毛	A/B	P/Q	非食用动物产品（3.4）
5103101001	羊毛落毛（配额内）	A/B	P/Q	非食用动物产品（3.4）
5103101090	羊毛落毛（配额外）	A/B	P/Q	非食用动物产品（3.4）
5103109010	其他濒危野生动物细毛的落毛	A/B	P/Q	非食用动物产品（3.4）
5103109090	其他动物细毛的落毛	B	P/Q	禁止进口 固体废物
5103201000	羊毛废料（包括废纱线，不包括回收纤维）	A/B	P/Q	非食用动物产品（3.4）
5103209010	其他濒危野生动物细毛废料（包括废纱线，不包括回收纤维）	A/B	P/Q	非食用动物产品（3.4）
5103209090	其他动物细毛废料（包括废纱线，不包括回收纤维）	B	M.P/Q	禁止进口 固体废物
5103300010	濒危野生动物粗毛废料（包括废纱线，不包括回收纤维）	A/B	P/Q	非食用动物产品（3.4）
5103300090	其他动物粗毛废料（包括废纱线，不包括回收纤维）	B	M.P/Q	禁止进口 固体废物
5104001000	羊毛的回收纤维	A/B	P/Q	非食用动物产品（3.4）
5104009010	其他濒危野生动物细毛（包括粗毛回收纤维）	A/B	P/Q	非食用动物产品（3.4）
5104009090	其他动物细毛或粗毛的回收纤维	B	P/Q	禁止进口 固体废物
5105100001	粗梳羊毛（配额内）	A/B	P/Q	非食用动物产品（3.4）
5105100090	粗梳羊毛（配额外）	A/B	P/Q	非食用动物产品（3.4）
5105210001	精梳羊毛片毛（配额内）	A/B	P/Q	非食用动物产品（3.4）
5105210090	精梳羊毛片毛（配额外）	A/B	P/Q	非食用动物产品（3.4）
5105290001	羊毛条及其他精梳羊毛（配额内）	A/B	P/Q	非食用动物产品（3.4）
5105290090	羊毛条及其他精梳羊毛（配额外）	A/B	P/Q	非食用动物产品（3.4）
5105310000	已梳克什米尔山羊的细毛	A/B	P/Q	非食用动物产品（3.4）
5105391010	已梳濒危兔毛	A/B	P/Q	非食用动物产品（3.4）
5105391090	其他已梳兔毛	A/B	P/Q	非食用动物产品（3.4）
5105392100	其他已梳无毛山羊绒	A/B	P/Q	非食用动物产品（3.4）
5105392900	其他已梳山羊绒	A/B	P/Q	非食用动物产品（3.4）
5105399010	其他已梳濒危野生动物细毛	A/B	P/Q	非食用动物产品（3.4）
5105399090	其他已梳动物细毛	A/B	P/Q	非食用动物产品（3.4）

商品编号	商品名称	监管条件	检验检疫类别	检验检疫要求
5105400010	其他已梳濒危野生动物粗毛	A/B	P/Q	非食用动物产品（3.4）
5105400090	其他已梳动物粗毛	A/B	P/Q	非食用动物产品（3.4）
5201000001	未梳的棉花［包括脱脂棉花（配额内）］	A/B	M.P/Q	棉花（12.9）
5201000080	未梳的棉花［包括脱脂棉花（关税配额外暂定）］	A/B	M.P/Q	棉花（12.9）
5201000090	未梳的棉花［包括脱脂棉花（配额外）］	A/B	M.P/Q	棉花（12.9）
5202910000	棉的回收纤维	B	M.P/Q	禁止进口 固体废物
5202990000	其他废棉	B	M.P/Q	禁止进口 固体废物
5203000001	已梳的棉花（配额内）	A/B	M.P/Q	棉花（12.9）
5203000090	已梳的棉花（配额外）	A/B	M.P/Q	棉花（12.9）
5301100000	生的或沤制的亚麻	A/B	P/Q	其他植物产品（4.6）
5301210000	破开或打成的亚麻	A/B	P/Q	其他植物产品（4.6）
5301290000	栉梳或经其他加工未纺制的亚麻	A/B	P/Q	其他植物产品（4.6）
5301300000	亚麻短纤及废麻（包括废麻纱线及回收纤维）	A/B	P/Q	其他植物产品（4.6）
5302100000	生的或经沤制的大麻	A/B	P/Q	其他植物产品（4.6）
5302900000	加工未纺的大麻、大麻短纤及废麻（包括废麻纱线及回收纤维）	A/B	P/Q	其他植物产品（4.6）
5303100000	生或沤制黄麻，其他纺织韧皮纤维（不包括亚麻、大麻、苎麻）	A/B	P/Q	其他植物产品（4.6）
5303900000	加工未纺的黄麻及纺织用韧皮纤维（包括短纤、废麻、废纱线及回收纤维，不含亚麻、大麻、苎麻）	A/B	P/Q	其他植物产品（4.6）
5305001100	生的苎麻	A/B	P/Q	其他植物产品（4.6）
5305001200	经加工、未纺制的苎麻	A/B	P/Q	其他植物产品（4.6）
5305001300	苎麻短纤及废麻（包括废纱线及回收纤维）	A/B	P/Q	其他植物产品（4.6）
5305001900	经加工的未列名纺织用苎麻纤维（包括短纤、落麻、废料、废纱线及回收纤维）	A/B	P/Q	其他植物产品（4.6）
5305002000	生的或经加工、未纺制的蕉麻（包括短纤、落麻、废料、废蕉麻纱线及回收纤维）	A/B	P/Q	其他植物产品（4.6）
5305009100	生的或经加工、未纺制的西沙尔麻及纺织用龙舌兰纤维（包括短纤、落麻、废料、废纱线及回收纤维）	A/B	P/Q	其他植物产品（4.6）
5305009200	生的或经加工、未纺制的椰壳纤维（包括短纤、落麻、废料、废椰壳纱线及回收纤维）	A/B	P/Q	其他植物产品（4.6）
5305009900	生的或经加工的未列名纺织用植物纤维（包括短纤、落麻、废料、废纱线及回收纤维）	A/B	P/Q	其他植物产品（4.6）
6103420012	棉针织钩编男童非保暖背带工装裤（2~7号男童护胸背带工装裤）	A	M	纺织服装（12.10）
6103420021	棉制针织或钩编男童游戏套装长裤（指男童8~18号）	A	M	纺织服装（12.10）
6103420029	棉针织或钩编其他男童游戏套装裤（包括长裤、马裤、短裤）	A	M	纺织服装（12.10）
6103430092	其他合成纤维制男童游戏套装长裤（针织或钩编，指男童8~18号）	A	M	纺织服装（12.10）
6103430093	其他合纤制男童游戏套装长裤（针织或钩编，包括马裤、短裤及其他长裤）	A	M	纺织服装（12.10）
6103490013	丝制针织或钩编其他男童长裤、马裤（丝及绢丝含量在70%及以上）	A	M	纺织服装（12.10）
6103490023	人造纤维制针织或钩编其他男童长裤、马裤（含毛23%及以上）	A	M	纺织服装（12.10）
6103490026	其他人造纤维制针织或钩编其他男童长裤（包括马裤）	A	M	纺织服装（12.10）
6103490051	其他纺织材料制其他男童长裤马裤（针织或钩编，棉限内）	A	M	纺织服装（12.10）
6103490052	其他纺织材料制其他男童长裤马裤（针织或钩编，羊毛限内）	A	M	纺织服装（12.10）
6103490053	其他纺织材料制其他男童长裤马裤（针织或钩编，化学纤维限内）	A	M	纺织服装（12.10）
6103490059	其他纺织材料制其他男童长裤马裤（针织或钩编）	A	M	纺织服装（12.10）
6104620030	棉制针织或钩编女童游戏套装裤（指女童7~16号，包括马裤）	A	M	纺织服装（12.10）
6104620040	棉针织或钩编其他女童游戏套装裤（包括马裤、短裤、非保暖护胸背带工装裤及其他长裤）	A	M	纺织服装（12.10）
6104630091	其他合成纤维制女童游戏套装长裤、马裤（针织或钩编，指女童7~16号）	A	M	纺织服装（12.10）

商品编号	商品名称	监管条件	检验检疫类别	检验检疫要求
6104630092	其他合成纤维制女童游戏套装裤（针织或钩编，包括短裤及其他长裤）	A	M	纺织服装（12.10）
6105100011	棉制针织或钩编男童游戏套装衬衫（不带缝制领，指男童8~18号）	A	M	纺织服装（12.10）
6105100019	棉制其他男童游戏套装衬衫（针织或钩编）	A	M	纺织服装（12.10）
6105200021	化学纤维制针织或钩编男童游戏套装衬衫（不带缝制领，指男童8~18号）	A	M	纺织服装（12.10）
6105200029	化学纤维制其他男童游戏套装衬衫（针织或钩编）	A	M	纺织服装（12.10）
6106100010	棉制针织或钩编女童游戏套装衬衫	A	M	纺织服装（12.10）
6106200020	其他化学纤维制女童游戏套装衬衫（针织或钩编）	A	M	纺织服装（12.10）
6107110000	棉制针织或钩编男内裤及三角裤	A	M	纺织服装（12.10）
6107120000	化学纤维制针织或钩编男内裤及三角裤	A	M	纺织服装（12.10）
6107191010	丝及绢丝制男内裤及三角裤（含丝70%及以上，针织或钩编）	A	M	纺织服装（12.10）
6107191090	其他丝及绢丝制男内裤及三角裤（含丝70%以下，针织或钩编）	A	M	纺织服装（12.10）
6107199010	羊毛或动物细毛制男内裤及三角裤（针织或钩编）	A	M	纺织服装（12.10）
6107199090	其他纺织材料制男内裤及三角裤（针织或钩编）	A	M	纺织服装（12.10）
6107210000	棉制针织或钩编男长睡衣及睡衣裤	A	M	纺织服装（12.10）
6107220000	化学纤维制针织或钩编男睡衣裤（包括长睡衣）	A	M	纺织服装（12.10）
6107291010	丝及绢丝制针织或钩编男睡衣裤（含丝70%及以上，包括长睡衣）	A	M	纺织服装（12.10）
6107291090	其他丝及绢丝制针织或钩编男睡衣裤（含丝70%以下，包括长睡衣）	A	M	纺织服装（12.10）
6107299000	其他纺织材料制针织或钩编男睡衣裤（包括长睡衣）	A	M	纺织服装（12.10）
6107910010	棉制针织或钩编其他睡衣裤	A	M	纺织服装（12.10）
6107910090	棉制针织或钩编男浴衣、晨衣等（包括类似品）	A	M	纺织服装（12.10）
6107991000	化学纤维制其他男睡衣裤、浴衣、晨衣等（包括类似品）	A	M	纺织服装（12.10）
6107999000	其他纺织材料制其他男睡衣裤、浴衣、晨衣等（包括类似品，针织或钩编）	A	M	纺织服装（12.10）
6108210000	棉制针织或钩编女三角裤及短衬裤	A	M	纺织服装（12.10）
6108220010	化学纤维制一次性女三角裤及短衬裤（针织或钩编）	A	M	纺织服装（12.10）
6108220090	化纤制其他女三角裤及短衬裤（针织或钩编）	A	M	纺织服装（12.10）
6108291010	丝及绢丝制女三角裤及短衬裤（针织或钩编，含丝70%及以上）	A	M	纺织服装（12.10）
6108291090	其他丝及绢丝制女三角裤及短衬裤（针织或钩编，含丝70%以下）	A	M	纺织服装（12.10）
6108299010	羊毛制女三角裤及短衬裤（针织或钩编）	A	M	纺织服装（12.10）
6108299090	其他纺织材料制女三角裤及短衬裤（针织或钩编）	A	M	纺织服装（12.10）
6108310000	棉制针织或钩编女睡衣及睡衣裤	A	M	纺织服装（12.10）
6108320000	化学纤维制针织或钩编女睡衣及睡衣裤	A	M	纺织服装（12.10）
6108391010	丝及绢丝制女睡衣及睡衣裤（针织或钩编，含丝70%及以上）	A	M	纺织服装（12.10）
6108391090	其他丝及绢丝制女睡衣及睡衣裤（针织或钩编，含丝70%以下）	A	M	纺织服装（12.10）
6108399010	羊毛或动物细毛制女睡衣及睡衣裤（针织或钩编）	A	M	纺织服装（12.10）
6108399090	其他纺织材料制女睡衣及睡衣裤（针织或钩编）	A	M	纺织服装（12.10）
6108910010	棉制针织或钩编女内裤、内衣	A	M	纺织服装（12.10）
6108910090	其他棉制针织或钩编女浴衣、晨衣等（包括类似品）	A	M	纺织服装（12.10）
6108920010	化学纤维制针织或钩编女内裤、内衣	A	M	纺织服装（12.10）
6108920090	其他化纤制针织或钩编女浴衣、晨衣等（包括类似品）	A	M	纺织服装（12.10）
6108990010	丝及绢丝制女浴衣、晨衣等（针织或钩编，包括类似品，含丝70%及以上）	A	M	纺织服装（12.10）
6108990020	羊毛或动物细毛制女浴衣、晨衣等（针织或钩编，包括类似品）	A	M	纺织服装（12.10）
6108990090	其他纺织材料制女浴衣、晨衣等（针织或钩编，包括类似品）	A	M	纺织服装（12.10）
6109100010	棉制针织或钩编T恤衫、汗衫等（内衣式，包括其他背心）	A	M	纺织服装（12.10）
6109100021	其他棉制针织或钩编男式T恤衫（内衣除外）	A	M	纺织服装（12.10）
6109100022	其他棉制针织或钩编女式T恤衫（内衣除外）	A	M	纺织服装（12.10）
6109100091	其他棉制男式汗衫及其他背心（针织或钩编，内衣除外，包括男童8~18号）	A	M	纺织服装（12.10）
6109100092	其他棉制男式汗衫及其他背心（针织或钩编，内衣除外）	A	M	纺织服装（12.10）
6109100099	其他棉制女式汗衫及其他背心（针织或钩编，内衣除外）	A	M	纺织服装（12.10）

商品编号	商品名称	监管条件	检验检疫类别	检验检疫要求
6109901011	丝及绢丝针织或钩编T恤衫、汗衫、背心（内衣式，含丝≥70%）	A	M	纺织服装（12.10）
6109901019	其他丝及绢丝针织或钩编T恤衫、背心（包括汗衫、内衣式，含丝70%以下）	A	M	纺织服装（12.10）
6109901021	丝及绢丝针织钩编汗衫、背心（内衣除外，含丝≥70%，男童8~18号,女童7~16号）	A	M	纺织服装（12.10）
6109901029	其他丝及绢丝针织钩编汗衫、背心（内衣除外，含丝<70%，男童8~18号,女童7~16号）	A	M	纺织服装（12.10）
6109901091	其他丝及绢丝针织或钩编T恤衫、汗衫（含丝≥70%，包括其他背心）	A	M	纺织服装（12.10）
6109901099	其他丝及绢丝针织或钩编T恤衫、汗衫（含丝<70%，包括其他背心）	A	M	纺织服装（12.10）
6109909011	毛制针织或钩编T恤衫、汗衫等（内衣式，长袖衫）	A	M	纺织服装（12.10）
6109909012	毛制针织或钩编男式T恤衫、汗衫（内衣式，长袖衫除外）	A	M	纺织服装（12.10）
6109909013	毛制针织或钩编女式T恤衫、汗衫（内衣式，长袖衫除外）	A	M	纺织服装（12.10）
6109909021	毛制针织或钩编男式其他T恤衫（内衣除外）	A	M	纺织服装（12.10）
6109909022	毛制针织或钩编女式其他T恤衫（内衣除外）	A	M	纺织服装（12.10）
6109909031	毛制男式汗衫及其他背心（针织或钩编，内衣除外，含男童8~18号）	A	M	纺织服装（12.10）
6109909032	其他毛制男式汗衫及其他背心（针织或钩编，内衣除外）	A	M	纺织服装（12.10）
6109909033	其他毛制女式汗衫及其他背心（针织或钩编，内衣除外）	A	M	纺织服装（12.10）
6109909040	化学纤维制针织或钩编内衣	A	M	纺织服装（12.10）
6109909050	化学纤维制针织或钩编T恤衫（内衣除外）	A	M	纺织服装（12.10）
6109909060	化学纤维制针织或钩编汗衫及其他背心（内衣除外）	A	M	纺织服装（12.10）
6109909091	其他纺织材料制T恤衫、汗衫等（针织或钩编，内衣式，包括其他背心）	A	M	纺织服装（12.10）
6109909092	其他纺织材料制针织或钩编汗衫及其他背心（内衣除外，包括男童8~18号，女童7~16号）	A	M	纺织服装（12.10）
6109909093	其他纺织材料制针织或钩编T恤衫、汗衫（内衣除外，包括其他背心）	A	M	纺织服装（12.10）
6110200011	棉制儿童游戏套装紧身衫及套头衫（针织起绒，轻薄细针翻领、开领、高领，含亚麻36%以下）	A	M	纺织服装（12.10）
6110200012	棉制其他起绒儿童游戏套头衫等（针织钩编，包括开襟衫、背心及类似品，含亚麻36%以下）	A	M	纺织服装（12.10）
6110200051	其他棉儿童游戏套装紧身及套头衫（针织、非起绒、轻薄细针翻领、开领、高领）	A	M	纺织服装（12.10）
6110200052	其他棉儿童游戏套套头衫等（针织或钩编、非起绒、包括开襟衫、背心及类似品）	A	M	纺织服装（12.10）
6110300011	化学纤维儿童游戏套装紧身衫及套头衫（针织起绒轻薄细针翻领开领高领含毛<23%，含丝<30%）	A	M	纺织服装（12.10）
6110300012	化学纤维起绒儿童游戏套装及套头衫等（针织或钩编包括开襟衫、背心及类似品含毛<23%，含丝<30%）	A	M	纺织服装（12.10）
6110300041	化学纤维其他童游戏套装紧身及套头衫（针织非起绒，轻薄细针翻领、开领、高领）	A	M	纺织服装（12.10）
6110300042	化学纤维制其他童游戏套装套头衫等（针织或钩编，非起绒，包括开襟衫、背心及类似品）	A	M	纺织服装（12.10）
6111200010	棉制针织或钩编婴儿袜	A	M	纺织服装（12.10）
6111200020	棉制婴儿分指、连指、露指手套（针织或钩编）	A	M	纺织服装（12.10）
6111200040	棉制针织婴儿外衣、雨衣、滑雪装（针织或钩编，包括夹克类似品）	A	M	纺织服装（12.10）
6111200050	棉制针织钩编婴儿其他服装	A	M	纺织服装（12.10）
6111200090	棉制针织钩编婴儿衣着附件	A	M	纺织服装（12.10）
6111300010	合成纤维制针织或钩编婴儿袜	A	M	纺织服装（12.10）

商品编号	商品名称	监管条件	检验检疫类别	检验检疫要求
6111300020	合成纤维制婴儿分指、连指及露指手套（针织或钩编）	A	M	纺织服装（12.10）
6111300040	合成纤维制婴儿外衣、雨衣、滑雪装（针织或钩编，包括夹克类似服装）	A	M	纺织服装（12.10）
6111300050	合成纤维制针织或钩编婴儿其他服装（包括衣着附件）	A	M	纺织服装（12.10）
6111300090	合成纤维制针织或钩编婴儿衣着附件	A	M	纺织服装（12.10）
6111901000	毛制针织或钩编婴儿服装及衣着附件（羊毛或动物细毛制）	A	M	纺织服装（12.10）
6111909010	人造纤维针织或钩编婴儿袜	A	M	纺织服装（12.10）
6111909090	其他纺织材料制婴儿服装及衣着附件（针织或钩编）	A	M	纺织服装（12.10）
6114200011	棉制针织或钩编儿童非保暖连身裤	A	M	纺织服装（12.10）
6114200021	棉制针织或钩编男成人及男童TOPS（指8~18号男童TOPS）	A	M	纺织服装（12.10）
6114200022	棉制针织或钩编其他男童TOPS	A	M	纺织服装（12.10）
6114200040	棉制针织或钩编夏服、水洗服（包括女成人、女童及男童）	A	M	纺织服装（12.10）
6114300021	化学纤维针织或钩编男成人及男童TOPS（指8~18号男童TOPS）	A	M	纺织服装（12.10）
6114300022	化学纤维针织或钩编其他男童TOPS	A	M	纺织服装（12.10）
6203410022	毛制男式长裤、马裤（羊毛或动物细毛制，含8~18号男童）	A	M	纺织服装（12.10）
6203410029	毛制其他男童长裤、马裤（羊毛或动物细毛制）	A	M	纺织服装（12.10）
6203429015	棉制其他男童护胸背带工装裤（带防寒衬里）	A	M	纺织服装（12.10）
6203429019	棉制其他男童护胸背带工装裤	A	M	纺织服装（12.10）
6203429049	棉制其他男童长裤、马裤（游戏装，不带防寒衬里）	A	M	纺织服装（12.10）
6203429062	棉制男式长裤、马裤（非游戏装，不带防寒衬里，含8~18号男童）	A	M	纺织服装（12.10）
6203429069	棉制其他男童长裤、马裤（非游戏装，不带防寒衬里）	A	M	纺织服装（12.10）
6203439015	其他合成纤维制男童护胸背带工装裤（带防寒衬里）	A	M	纺织服装（12.10）
6203439019	其他合成纤维制男童护胸背带工装裤	A	M	纺织服装（12.10）
6203439049	其他合成纤维制男童长裤、马裤（不带防寒衬里，含羊/动物细毛≥36%）	A	M	纺织服装（12.10）
6203439061	其他合成纤维制男式长裤、马裤（不带防寒衬里，游戏装，含8~18号男童）	A	M	纺织服装（12.10）
6203439069	其他合成纤维制其他男童长裤、马裤（不带防寒衬里，游戏装）	A	M	纺织服装（12.10）
6203439082	其他合成纤维制男童长裤、马裤（不带防寒衬里，非游戏装和滑雪裤，指8~18号男童）	A	M	纺织服装（12.10）
6203439089	其他合成纤维制其他男童长裤、马裤（不带防寒衬里，非游戏装和滑雪裤）	A	M	纺织服装（12.10）
6203499012	人造纤维制男童护胸背带工装裤（带防寒衬里）	A	M	纺织服装（12.10）
6203499019	人造纤维制男童护胸背带工装裤	A	M	纺织服装（12.10）
6205200010	不带特制领的棉制男成人衬衫（含男童8~18号衬衫）	A	M	纺织服装（12.10）
6205200091	其他棉制男童游戏套装衬衫（不包括长衬衫）	A	M	纺织服装（12.10）
6205300011	不带特制领的化学纤维制男式衬衫（含羊毛或动物细毛≥36%，含男童8~18号衬衫）	A	M	纺织服装（12.10）
6205300019	不带特制领的化纤其他男童衬衫（含羊毛或动物细毛≥36%）	A	M	纺织服装（12.10）
6205300091	化学纤维制其他男成人及男童衬衫（不带特制领，男童衬衫指8~18号）	A	M	纺织服装（12.10）
6205300092	化学纤维制其他男童游戏套装衬衫	A	M	纺织服装（12.10）
6205901011	不带特制领的丝制非针织男式衬衫（含丝≥70%，含男童8~18号衬衫）	A	M	纺织服装（12.10）
6205901019	丝制非针织其他男式衬衫（含丝≥70%）	A	M	纺织服装（12.10）
6205901021	丝制其他非针织男式衬衫（棉限内，不带特制领的，含男童8~18号衬衫）	A	M	纺织服装（12.10）
6205901029	丝制其他非针织其他男式衬衫（棉限内）	A	M	纺织服装（12.10）
6205901031	丝制其他非针织男式衬衫（羊毛限内，不带特制领的，含男童8~18号衬衫）	A	M	纺织服装（12.10）
6205901039	丝制其他非针织其他男式衬衫（羊毛限内）	A	M	纺织服装（12.10）

商品编号	商品名称	监管条件	检验检疫类别	检验检疫要求
6205901041	丝制非针织男式衬衫（化学纤维限内，不带特制领的，含男童8~18号衬衫）	A	M	纺织服装（12.10）
6205901049	丝制其他非针织其他男式衬衫（化学纤维限内）	A	M	纺织服装（12.10）
6205901091	未列名丝制非针织男式衬衫（含丝<70%，不带特制领的，含男童8~18号衬衫）	A	M	纺织服装（12.10）
6205901099	未列名丝制非针织其他男式衬衫（含丝70%以下）	A	M	纺织服装（12.10）
6205902000	羊毛或动物细毛制男式衬衫（含男童8~18号衬衫）	A	M	纺织服装（12.10）
6205909011	其他纺织材料制男式衬衫（棉限内，不带特制领的，含男童8~18号衬衫）	A	M	纺织服装（12.10）
6205909019	其他纺织材料制其他男式衬衫（棉纤限内）	A	M	纺织服装（12.10）
6205909021	其他纺织材料制男式衬衫（羊毛限内，不带特制领的，含男童8~18号衬衫）	A	M	纺织服装（12.10）
6205909029	其他纺织材料制其他男式衬衫（羊毛限内）	A	M	纺织服装（12.10）
6205909031	其他纺织材料制其他男式衬衫（化学纤维限内，不带特制领的，含男童8~18号衬衫）	A	M	纺织服装（12.10）
6205909039	其他纺织材料制其他男式衬衫（化学纤维限内）	A	M	纺织服装（12.10）
6205909091	未列名纺织材料制男式衬衫（不带特制领的，含男童8~18号衬衫）	A	M	纺织服装（12.10）
6205909099	未列名纺织材料制其他男式衬衫	A	M	纺织服装（12.10）
6206100011	丝及绢丝制女式衬衫（棉限内，成人及7~16号女童衬衫）	A	M	纺织服装（12.10）
6206100019	丝及绢丝制其他女童衬衫（棉限内）	A	M	纺织服装（12.10）
6206100021	丝及绢丝制女式衬衫（羊毛限内，成人及7~16号女童衬衫）	A	M	纺织服装（12.10）
6206100029	丝及绢丝制其他女童衬衫（羊毛限内）	A	M	纺织服装（12.10）
6206100031	丝及绢丝制女式衬衫（化学纤维限内，成人及7~16号女童衬衫）	A	M	纺织服装（12.10）
6206100039	丝及绢丝制其他女童衬衫（化学纤维限内）	A	M	纺织服装（12.10）
6206100041	丝制女成人及7~16号女童衬衫（含丝≥70%）	A	M	纺织服装（12.10）
6206100049	其他丝及绢丝制女童衬衫（含丝≥70%）	A	M	纺织服装（12.10）
6206100091	丝制女成人及7~16号女童衬衫（含丝<70%）	A	M	纺织服装（12.10）
6206100099	其他丝及绢丝制女童衬衫（含丝<70%）	A	M	纺织服装（12.10）
6206200010	毛制女成人及7~16号女童衬衫	A	M	纺织服装（12.10）
6206200090	其他羊毛或动物细毛制女童衬衫	A	M	纺织服装（12.10）
6206300010	棉制女成人及7~16号女童衬衫	A	M	纺织服装（12.10）
6206300020	棉制女童游戏套装衫（含游戏套装衬衫）	A	M	纺织服装（12.10）
6206300090	其他棉制女式衬衫	A	M	纺织服装（12.10）
6206400011	化学纤维制女成人及女童衬衫（含羊毛或动物细毛≥36%，成人及7~16号女童衬衫）	A	M	纺织服装（12.10）
6206400019	化学纤维制女成人及女童衬衫（含羊毛或动物细毛≥36%）	A	M	纺织服装（12.10）
6206400020	化学纤维制女成人及7~16号女童衬衫	A	M	纺织服装（12.10）
6206400030	化学纤维制女童游戏套装衫	A	M	纺织服装（12.10）
6206400090	其他化学纤维制女式衬衫	A	M	纺织服装（12.10）
6206900010	其他纺织材料制女式衬衫（棉限内）	A	M	纺织服装（12.10）
6206900020	其他纺织材料制女式衬衫（羊毛限内）	A	M	纺织服装（12.10）
6206900091	其他纺织材料制女成人及女童衬衫（女童衬衫指7~16号）	A	M	纺织服装（12.10）
6206900099	其他纺织材料制女成人及女童衬衫	A	M	纺织服装（12.10）
6207110000	棉制男式内裤及三角裤	A	M	纺织服装（12.10）
6207191010	含丝≥70%男式内裤及三角裤	A	M	纺织服装（12.10）
6207191090	含丝<70%男式内裤及三角裤	A	M	纺织服装（12.10）
6207192000	化纤制男式内裤及三角裤	A	M	纺织服装（12.10）
6207199010	毛制男式内裤及三角裤	A	M	纺织服装（12.10）
6207199090	其他材料制男式内裤及三角裤	A	M	纺织服装（12.10）
6207210000	棉制男式长睡衣及睡衣裤	A	M	纺织服装（12.10）
6207220000	化纤制男式长睡衣及睡衣裤	A	M	纺织服装（12.10）
6207291011	含丝≥70%男式长睡衣/睡衣裤（含8~18号男童长睡衣/睡衣裤）	A	M	纺织服装（12.10）
6207291019	含丝<70%男式长睡衣/睡衣裤（含8~18号男童长睡衣/睡衣裤）	A	M	纺织服装（12.10）

商品编号	商品名称	监管条件	检验检疫类别	检验检疫要求
6207291091	其他含丝≥70%男童长睡衣/睡衣裤	A	M	纺织服装（12.10）
6207291099	其他含丝<70%男童长睡衣/睡衣裤	A	M	纺织服装（12.10）
6207299010	毛制男式长睡衣及睡衣裤	A	M	纺织服装（12.10）
6207299091	其他材料制男式长睡衣及睡衣裤（含8~18号男童长睡衣及睡衣裤）	A	M	纺织服装（12.10）
6207299099	其他材料制男童长睡衣及睡衣裤	A	M	纺织服装（12.10）
6207910011	棉制男式内衣式背心	A	M	纺织服装（12.10）
6207910012	棉制男式非内衣式背心（男成人及8~18号男童背心）	A	M	纺织服装（12.10）
6207910019	棉制其他男童非内衣式背心	A	M	纺织服装（12.10）
6207910091	棉制男式浴衣、晨衣及类似品	A	M	纺织服装（12.10）
6207910092	棉制男式睡衣、睡裤（男成人及8~18号男童背心）	A	M	纺织服装（12.10）
6207910099	棉制男式其他内衣（男成人及8~18号男童背心）	A	M	纺织服装（12.10）
6207991011	丝制男式内衣式背心（含丝≥70%）	A	M	纺织服装（12.10）
6207991019	丝制其他男式内衣式背心	A	M	纺织服装（12.10）
6207991021	丝制男式非内衣式背心（含丝≥70%）	A	M	纺织服装（12.10）
6207991029	丝制其他男式非内衣式背心	A	M	纺织服装（12.10）
6207991091	丝制男睡衣、浴衣、晨衣及类似品（含丝≥70%）	A	M	纺织服装（12.10）
6207991099	丝制其他男睡衣、浴衣、晨衣（含类似品）	A	M	纺织服装（12.10）
6207992011	化学纤维制男式内衣式背心	A	M	纺织服装（12.10）
6207992012	化学纤维制男式非内衣式背心（男成人及8~18号男童背心）	A	M	纺织服装（12.10）
6207992019	化学纤维制其他男式非内衣式背心	A	M	纺织服装（12.10）
6207992021	化纤制男式浴衣、晨衣（含羊毛或动物细毛≥36%，含类似品）	A	M	纺织服装（12.10）
6207992029	其他化纤制男浴衣、晨衣（含类似品）	A	M	纺织服装（12.10）
6207992091	化纤制男睡衣、睡裤（含类似品）	A	M	纺织服装（12.10）
6207992099	化纤制男式其他内衣（含类似品）	A	M	纺织服装（12.10）
6207999011	毛制男式内衣式背心	A	M	纺织服装（12.10）
6207999012	毛制男式非内衣式背心（男成人及8~18号男童背心）	A	M	纺织服装（12.10）
6207999013	毛制其他男式非内衣式背心	A	M	纺织服装（12.10）
6207999019	毛制男睡衣、浴衣、晨衣及类似品	A	M	纺织服装（12.10）
6207999091	其他材料制男式内衣式背心	A	M	纺织服装（12.10）
6207999092	其他材料制男式非内衣式背心	A	M	纺织服装（12.10）
6207999099	其他材料制男睡衣、浴衣、晨衣（含类似品）	A	M	纺织服装（12.10）
6208210000	棉制女式睡衣及睡衣裤	A	M	纺织服装（12.10）
6208220000	化纤制女式睡衣及睡衣裤	A	M	纺织服装（12.10）
6208291010	丝及绢丝≥70%女式睡衣及睡衣裤	A	M	纺织服装（12.10）
6208291090	丝及绢丝<70%女式睡衣及睡衣裤	A	M	纺织服装（12.10）
6208299010	毛制女式睡衣及睡衣裤	A	M	纺织服装（12.10）
6208299090	其他材料制女式睡衣及睡衣裤	A	M	纺织服装（12.10）
6208910010	棉制女式内衣式背心、三角裤等（包括短衬裤）	A	M	纺织服装（12.10）
6208910021	棉制女式非内衣式背心（女成人及7~16号女童背心）	A	M	纺织服装（12.10）
6208910029	棉制其他女式非内衣式背心	A	M	纺织服装（12.10）
6208910090	棉制女式浴衣、晨衣及类似品	A	M	纺织服装（12.10）
6208920010	化纤制女式内衣式背心、三角裤（含短衬裤）	A	M	纺织服装（12.10）
6208920021	化纤制女式非内衣式背心（女成人及7~16号女童背心）	A	M	纺织服装（12.10）
6208920029	化纤制其他女式非内衣式背心	A	M	纺织服装（12.10）
6208920090	化纤制女式浴衣、晨衣及类似品	A	M	纺织服装（12.10）
6208991011	丝制女内衣式背心、三角裤等（含丝及绢丝≥70%，包括短衬裤）	A	M	纺织服装（12.10）
6208991019	丝制女内衣式背心、三角裤等（含丝及绢丝<70%，包括短衬裤）	A	M	纺织服装（12.10）
6208991021	丝制女式非内衣式背心（含丝及绢丝≥70%）	A	M	纺织服装（12.10）
6208991029	丝制女式非内衣式背心（含丝<70%）	A	M	纺织服装（12.10）
6208991091	丝制女式浴衣、晨衣及类似品（含丝及绢丝≥70%）	A	M	纺织服装（12.10）
6208991099	丝制女式浴衣、晨衣及类似品（含丝及绢丝<70%）	A	M	纺织服装（12.10）
6208999011	毛制女式内衣式背心、三角裤等（包括短衬裤）	A	M	纺织服装（12.10）
6208999012	毛制女式非内衣式背心（女成人及7~16号女童背心）	A	M	纺织服装（12.10）

商品编号	商品名称	监管条件	检验检疫类别	检验检疫要求
6208999013	毛制其他女式非内衣式背心	A	M	纺织服装（12.10）
6208999019	毛制女式浴衣、晨衣及类似品	A	M	纺织服装（12.10）
6208999090	其他材料制女式背心、三角裤、短衬裤、浴衣、晨衣及类似品	A	M	纺织服装（12.10）
6209200000	棉制婴儿服装及衣着附件	A	M	纺织服装（12.10）
6209300010	合成纤维制婴儿手套、袜子（含分指、连指及露指手套、长袜、短袜及其他袜）	A	M	纺织服装（12.10）
6209300020	合成纤维婴儿外衣、雨衣、滑雪装（包括夹克类似服装）	A	M	纺织服装（12.10）
6209300030	合成纤维制婴儿其他服装（含裤子、衬衫、裙子、睡衣、内衣等）	A	M	纺织服装（12.10）
6209300090	合成纤维制婴儿衣着附件	A	M	纺织服装（12.10）
6209901000	羊毛或动物细毛制婴儿服装衣及衣着附件	A	M	纺织服装（12.10）
6209909000	其他纺织材料制婴儿服装及衣着附件（除棉、合成纤维、羊毛或动物细毛外其他纺织材料制）	A	M	纺织服装（12.10）
6210103010	化纤制防护服			出口医疗物资（12.4）
6212101000	化纤制其他胸罩（不论是否针织或钩编）	A	M	纺织服装（12.10）
6212109010	毛制其他胸罩（不论是否针织或钩编）	A	M	纺织服装（12.10）
6212109020	棉制其他胸罩（不论是否针织或钩编）	A	M	纺织服装（12.10）
6212109031	丝制胸罩（不论是否针织或钩编，含丝≥70%）	A	M	纺织服装（12.10）
6212109039	丝制其他胸罩（不论是否针织或钩编，含丝<70%）	A	M	纺织服装（12.10）
6212109090	其他纺织材料制其他胸罩（不论是否针织或钩编）	A	M	纺织服装（12.10）
6212201000	化纤制束胸带及腹带（不论是否针织或钩编）	A	M	纺织服装（12.10）
6212209010	毛制束胸带及腹带（不论是否针织或钩编）	A	M	纺织服装（12.10）
6212209020	棉制束腰带及腹带（不论是否针织或钩编）	A	M	纺织服装（12.10）
6212209031	丝制束腰带及腹带（不论是否针织或钩编，含丝≥70%）	A	M	纺织服装（12.10）
6212209039	丝制束腰带及腹带（不论是否针织或钩编，含丝<70%）	A	M	纺织服装（12.10）
6212209090	其他材料制束胸带及腹带（不论是否针织或钩编）	A	M	纺织服装（12.10）
6212301000	化纤制紧身胸衣（不论是否针织或钩编）	A	M	纺织服装（12.10）
6212309010	毛制紧身胸衣（不论是否针织或钩编）	A	M	纺织服装（12.10）
6212309020	棉制紧身胸衣（不论是否针织或钩编）	A	M	纺织服装（12.10）
6212309031	丝制紧身胸衣（不论是否针织或钩编，含丝≥70%）	A	M	纺织服装（12.10）
6212309039	丝制其他紧身胸衣（不论是否针织或钩编，含丝<70%）	A	M	纺织服装（12.10）
6212309090	其他材料制紧身胸衣（不论是否针织或钩编）	A	M	纺织服装（12.10）
6301100000	电暖毯	A	M	电热毯（12.10） 进口强制性产品认证（12.1）
6307901010	医疗或外科口罩（C）			出口医疗物资（12.4）
6403511190	皮革制外底皮革面过脚踝但低于小腿的鞋靴（内底长度小于24厘米，运动用靴除外）	A	M	童鞋（12.10）
6403519190	皮革制外底的皮革面的鞋靴（过踝）（内底长度小于24厘米，运动用靴除外）	A	M	童鞋（12.10）
6403911190	其他皮革制面过脚踝但低于小腿的鞋靴（内底长度小于24厘米，橡胶、塑料、再生皮革制外底，运动用靴除外）	A	M	童鞋（12.10）
6403919190	其他皮革制面的鞋靴（过踝）（内底长度小于24厘米，橡胶、塑料、再生皮革制外底，运动用靴除外）	A	M	童鞋（12.10）
6506100090	其他安全帽（不论有无衬里或饰物）			进口强制性产品认证（12.1）
6701000010	已加工野禽羽毛、羽绒及其制品	A/B	P/Q	非食用动物产品（3.4）
6701000090	其他已加工羽毛、羽绒及其制品（品目0505的货品及经加工的羽管及羽轴除外）	A/B	P/Q	非食用动物产品（3.4）
6702901010	野禽羽毛制花、叶、果实及其制品	A/B	P/Q	其他轻工、纺织产品（12.10）
6702901090	其他羽毛制花、叶、果实及其制品（包括花、叶、果实的零件）	A/B	P/Q	其他轻工、纺织产品（12.10）
6802230000	经简单切削或锯开的花岗岩及制品（具有一个平面）	A	M	石材（13.3）
6802931100	花岗岩制石刻墓碑石	A	M	石材（13.3）
6802931900	其他花岗岩制石刻	A	M	石材（13.3）
6802939000	其他已加工花岗岩及制品	A	M	石材（13.3）

商品编号	商品名称	监管条件	检验检疫类别	检验检疫要求
6904100000	陶瓷制建筑用砖		L	进口强制性产品认证（12.1）
6904900000	陶瓷制铺地砖、支撑或填充用砖（包括类似品）		L	进口强制性产品认证（12.1）
6905900000	其他建筑用陶瓷制品（包括烟囱罩通风帽、烟囱衬壁、建筑装饰物）		L	进口强制性产品认证（12.1）
6907211000	不论是否矩形，其最大表面积以可置入边长<7厘米的方格的贴面砖、铺面砖，包括炉面砖及墙面砖，但编号690730和690740所列商品除外（按重量计吸水率不超过0.5%）		L	进口强制性产品认证（12.1）
6907219000	其他贴面砖、铺面砖，包括炉面砖及墙面砖，但编号690730和690740所列商品除外（按重量计吸水率不超过0.5%）		L	进口强制性产品认证（12.1）
6907301000	不论是否矩形，其最大表面积以可置入边长<7厘米的方格的镶嵌砖（马赛克）及其类似品，但编号690740的货品除外		L	进口强制性产品认证（12.1）
6907309000	其他镶嵌砖（马赛克）及其类似品，但编号690740的货品除外		L	进口强制性产品认证（12.1）
6907401000	不论是否矩形，其最大表面积以可置入边长<7厘米的方格的饰面陶瓷		L	进口强制性产品认证（12.1）
6907409000	其他饰面陶瓷		L	进口强制性产品认证（12.1）
6910900000	陶制脸盆、浴缸及类似卫生器具（包括洗涤槽、抽水马桶、小便池等）	A	M	陶瓷制品（12.10）
6911101100	骨瓷餐具	A	R	进口食品接触产品（10.2）
6911101900	其他瓷餐具	A	R	进口食品接触产品（10.2）
6911102100	瓷厨房刀具	A	R	进口食品接触产品（10.2）
6911102900	其他瓷厨房器具	A	R	进口食品接触产品（10.2）
6912001000	陶餐具	A	R	进口食品接触产品（10.2）
6912009000	陶制厨房器具（包括家用或盥洗用的）	A	R	进口食品接触产品（10.2）
7007119000	车辆用钢化安全玻璃（规格及形状适于安装在车辆上的）	A	L	进口强制性产品认证（12.1） 机动车辆及其零部件（12.3）
7007190000	其他钢化安全玻璃		L	进口强制性产品认证（12.1）
7007219000	车辆用层压安全玻璃（规格及形状适于安装在车辆上的）	A	L	进口强制性产品认证（12.1） 机动车辆及其零部件（12.3）
7007290000	其他层压安全玻璃		L	进口强制性产品认证（12.1）
7008001000	中空或真空隔温、隔音玻璃组件		L	进口强制性产品认证（12.1）
7008009000	其他多层隔温、隔音玻璃组件		L	进口强制性产品认证（12.1）
7009100000	车辆后视镜（不论是否镶框）		L	进口强制性产品认证（12.1）
7009910000	未镶框玻璃镜（包括后视镜）		L	进口强制性产品认证（12.1）
7011100000	电灯用未封口玻璃外壳及玻璃零件（未装有配件）			进口旧机电产品（12.2）
7011201000	显像管玻壳及其零件（未装有配件）			进口旧机电产品（12.2）
7011209000	其他阴极射线管用的未封口玻壳（包括零件，但未装有配件）			进口旧机电产品（12.2）
7011901000	电子管未封口玻璃外壳及玻璃零件（未装有配件）			进口旧机电产品（12.2）
7011909000	其他类似品用未封口玻璃外壳零件（未装有配件）			进口旧机电产品（12.2）
7013280000	其他玻璃制高脚杯（玻璃陶瓷制的除外）	A	R	进口食品接触产品（10.2）
7013370000	其他玻璃杯（玻璃陶瓷制的除外）	A	R	进口食品接触产品（10.2）
7013410000	铅晶质玻璃制餐桌、厨房用器皿［（不包括杯子）玻璃陶瓷制的除外］	A	R	进口食品接触产品（10.2）
7013420000	低膨胀系数玻璃制餐桌厨房用器皿（低膨胀系数指温度0摄氏度~300摄氏度膨胀系数<5×10^{-6}/开尔文）	A	R	进口食品接触产品（10.2）
7013490000	其他玻璃制餐桌、厨房用器皿（不包括杯子、玻璃陶瓷制的除外）	A	R	进口食品接触产品（10.2）
7020009100	保温瓶或其他保温容器用玻璃胆	A	R	进口食品接触产品（10.2）
7101101100	未分级的天然黑珍珠（不论是否加工，但未制成制品）	A/B	P/Q	天然或养殖珍珠
7101101900	其他未分级的天然珍珠（不论是否加工，但未制成制品）	A/B	P/Q	天然或养殖珍珠
7101109100	其他天然黑珍珠（不论是否加工，但未制成制品）	A/B	P/Q	天然或养殖珍珠
7101109900	其他天然珍珠（不论是否加工，但未制成制品）	A/B	P/Q	中药材（9.2） 天然或养殖珍珠
7101211001	未分级，未加工的养殖黑珍珠（未制成制品）	A/B	P/Q	天然或养殖珍珠
7101211090	其他未分级，未加工的养殖珍珠（未制成制品）	A/B	P/Q	天然或养殖珍珠

商品编号	商品名称	监管条件	检验检疫类别	检验检疫要求
7101219001	其他未加工的养殖黑珍珠（未制成制品）	A/B	P/Q	天然或养殖珍珠
7101219090	其他未加工的养殖珍珠（未制成制品）	A/B	P/Q	中药材（9.2） 天然或养殖珍珠
7106101900	平均粒径≥3微米的非片状银粉			危险化学品（13.1）
7201100000	非合金生铁，按重量计含磷量在0.5%及以下	B	N	金属材料（12.8）
7201200000	非合金生铁，按重量计含磷量>0.5%	B	N	金属材料（12.8）
7201500010	合金生铁	B	N	金属材料（12.8）
7201500090	镜铁	B	N	金属材料（12.8）
7204100010	符合GB/T 39733—2020标准要求的再生钢铁原料	A	M	再生金属原料产品（13.5）
7204100090	其他铸铁废碎料	A	M	禁止进口
7204210010	其他符合GB/T 39733—2020标准要求的再生钢铁原料	A	M	再生金属原料产品（13.5）
7204210090	其他不锈钢废碎料	A	M	禁止进口
7204290010	其他符合GB/T 39733—2020标准要求的再生钢铁原料	A	M	再生金属原料产品（13.5）
7204290090	其他合金钢废碎料	A	M	禁止进口
7204410010	符合GB/T 39733—2020标准要求的机械加工中产生的再生钢铁原料（机械加工指车、刨、铣、磨、锯、锉、剪、冲加工）	A	M	再生金属原料产品（13.5）
7204410090	其他机械加工中产生的钢铁废料（机械加工指车、刨、铣、磨、锯、锉、剪、冲加工）	A	M	禁止进口
7204490030	符合GB/T 39733—2020标准要求的未列名再生钢铁原料	A	M	再生金属原料产品（13.5）
7205100000	生铁、镜铁及钢铁颗粒	B	N	金属材料（12.8）
7205210000	合金钢粉末	B	N	金属材料（12.8）
7205291000	平均粒径<10微米的铁粉	B	N	金属材料（12.8）
7205299000	其他生铁、镜铁及其他钢铁粉末	B	N	金属材料（12.8）
7206100000	铁及非合金钢锭	B	N	金属材料（12.8）
7206900000	其他初级形状的铁及非合金钢	B	N	金属材料（12.8）
7207110000	宽度小于厚度两倍的矩形截面钢坯（含碳量<0.25%）	B	N	金属材料（12.8）
7207120010	其他矩形截面的厚度>400毫米的连铸板坯［含碳量<0.25%（正方形截面除外）］	B	N	金属材料（12.8）
7207120090	其他矩形截面钢坯［含碳量<0.25%（正方形截面除外）］	B	N	金属材料（12.8）
7207190010	其他含碳量<0.25%的厚度>400毫米的连铸板坯	B	N	金属材料（12.8）
7207190090	其他含碳量<0.25%的钢坯	B	N	金属材料（12.8）
7207200010	车轮用连铸圆坯（直径为380毫米和450毫米，公差±1.2%，含碳量：0.38%～0.85%，含锰量：0.68%～1.2%，含磷量≤0.012%，总氧化物含量≤0.0012%）	B	N	金属材料（12.8）
7207200090	其他含碳量≥0.25%的钢坯	B	N	金属材料（12.8）
7218100000	不锈钢锭及其他初级形状产品	B	N	金属材料（12.8）
7218910000	矩形截面的不锈钢半制成品（正方形截面除外）	B	N	金属材料（12.8）
7218990010	正方形截面的不锈钢半制成品	B	N	金属材料（12.8）
7218990090	其他不锈钢半制成品	B	N	金属材料（12.8）
7224100000	其他合金钢锭及其他初级形状	B	N	金属材料（12.8）
7224901000	粗铸锻件坯（单件重量在10吨及以上）	B	N	金属材料（12.8）
7224909010	其他合金钢圆坯，直径≥700毫米（其他合金钢锭及其他初级形态的）	B	N	金属材料（12.8）
7224909090	其他合金钢坯，直径≥700毫米的合金钢圆坯除外（其他合金钢锭及其他初级形态的）	B	N	金属材料（12.8）
7304111000	不锈钢制215.9毫米≤外径≤406.4毫米的管道管（石油或天然气无缝钢铁管道管）	A	M	特种设备（12.5） 金属材料（12.8）
7304112000	不锈钢制114.3毫米<外径<215.9毫米的管道管（石油或天然气无缝钢铁管道管）	A	M	特种设备（12.5） 金属材料（12.8）
7304113000	不锈钢制外径≤114.3毫米的管道管（石油或天然气无缝钢铁管道管）	A	M	特种设备（12.5） 金属材料（12.8）

商品编号	商品名称	监管条件	检验检疫类别	检验检疫要求
7304119000	其他不锈钢制管道管（石油或天然气无缝钢铁管道管）	A	M	特种设备（12.5） 金属材料（12.8）
7304191000	其他215.9毫米≤外径≤406.4毫米的管道管（石油或天然气无缝钢铁管道管铸铁的除外）	A	M	特种设备（12.5） 金属材料（12.8）
7304192000	其他114.3毫米<外径<215.9毫米的管道管（石油或天然气无缝钢铁管道管铸铁的除外）	A	M	特种设备（12.5） 金属材料（12.8）
7304193000	其他外径≤114.3毫米的管道管（石油或天然气无缝钢铁管道管铸铁的除外）	A	M	特种设备（12.5） 金属材料（12.8）
7304199000	其他管道管（石油或天然气无缝钢铁管道管铸铁的除外）	A	M	特种设备（12.5） 金属材料（12.8）
7304221000	不锈钢制外径≤168.3毫米钻管（钻探石油及天然气用）	A	M	特种设备（12.5） 金属材料（12.8）
7304229000	其他不锈钢制钻管（钻探石油及天然气用）	A	M	特种设备（12.5） 金属材料（12.8）
7304231000	其他外径≤168.3毫米钻管（钻探石油及天然气用，铸铁的除外）	A	M	特种设备（12.5） 金属材料（12.8）
7304239000	其他钻管（钻探石油及天然气用铸铁的除外）	A	M	特种设备（12.5） 金属材料（12.8）
7304240000	其他不锈钢制钻探石油及天然气用的套管及导管	A	M	特种设备（12.5） 金属材料（12.8）
7304291000	屈服强度<552兆帕的其他钻探石油及天然气用的套管及导管（铸铁的除外）	A	M	特种设备（12.5） 金属材料（12.8）
7304292000	552兆帕≤屈服强度<758兆帕的其他钻探石油及天然气用的套管及导管（铸铁的除外）	A	M	特种设备（12.5） 金属材料（12.8）
7304293000	屈服强度≥758兆帕的其他钻探石油及天然气用的套管及导管（铸铁的除外）	A	M	特种设备（12.5） 金属材料（12.8）
7304311000	冷轧的钢铁制无缝锅炉管（冷拔或冷轧的铁或非合金钢制的，包括内螺纹）	A	M	特种设备（12.5） 金属材料（12.8）
7304312000	冷轧的铁制无缝地质钻管、套管（冷拔或冷轧的铁或非合金钢制的）	A	M	特种设备（12.5） 金属材料（12.8）
7304319000	其他冷轧的铁制无缝圆形截面管（冷拔或冷轧的铁或非合金钢制的）	A	M	特种设备（12.5） 金属材料（12.8）
7304391000	非冷拔或冷轧的铁制无缝锅炉管	A	M	特种设备（12.5） 金属材料（12.8）
7304392000	非冷轧的铁制无缝地质钻管、套管（非冷拔或冷轧的铁或非合金钢制的）	A	M	特种设备（12.5） 金属材料（12.8）
7304399000	非冷轧的铁制其他无缝管（非冷拔或冷轧的铁或非合金钢制的）	A	M	特种设备（12.5） 金属材料（12.8）
7304411000	冷轧的不锈钢制无缝锅炉管（冷拔或冷轧的，包括内螺纹）	A	M	特种设备（12.5） 金属材料（12.8）
7304419000	冷轧的不锈钢制的其他无缝管（冷拔或冷轧的）	A	M	特种设备（12.5） 金属材料（12.8）
7304491000	非冷轧（拔）不锈钢制无缝锅炉管（包括内螺纹）	A	M	特种设备（12.5） 金属材料（12.8）
7304499000	非冷轧的不锈钢制其他无缝管（冷拔或冷轧的除外）	A	M	特种设备（12.5） 金属材料（12.8）

商品编号	商品名称	监管条件	检验检疫类别	检验检疫要求
7304511001	高温承压用合金钢无缝钢管（抗拉强度≥620兆帕、屈服强度≥440兆帕）[外径在127毫米以上（含127毫米），化学成分（wt%）中碳（C）的含量≥0.07且≤0.13、铬（Cr）的含量≥8.5且≤9.5、钼（Mo）的含量≥0.3且≤0.6、钨（W）的含量≥1.5且≤2.0、抗拉强度≥620兆帕、屈服强度≥440兆帕]	A	M	特种设备（12.5） 金属材料（12.8）
7304511090	冷轧的其他合金钢无缝锅炉管（冷拔或冷轧的，包括内螺纹）	A	M	特种设备（12.5） 金属材料（12.8）
7304512000	冷轧的其他合金钢无缝地质钻管、套管（冷拔或冷轧的）	A	M	特种设备（12.5） 金属材料（12.8）
7304519001	高温承压用合金钢无缝钢管（抗拉强度≥620兆帕、屈服强度≥440兆帕）[外径在127毫米以上（含127毫米），化学成分（wt%）中碳（C）的含量≥0.07且≤0.13、铬（Cr）的含量≥8.5且≤9.5、钼（Mo）的含量≥0.3且≤0.6、钨（W）的含量≥1.5且≤2.0、抗拉强度≥620兆帕、屈服强度≥440兆帕]	A	M	特种设备（12.5） 金属材料（12.8）
7304519090	冷轧的其他合金钢制其他无缝管（冷拔或冷轧的）	A	M	特种设备（12.5） 金属材料（12.8）
7304591001	高温承压用合金钢无缝钢管（抗拉强度≥620兆帕、屈服强度≥440兆帕）[外径在127毫米以上（含127毫米），化学成分（wt%）中碳（C）的含量≥0.07且≤0.13、铬（Cr）的含量≥8.5且≤9.5、钼（Mo）的含量≥0.3且≤0.6、钨（W）的含量≥1.5且≤2.0、抗拉强度≥620兆帕、屈服强度≥440兆帕]	A	M	特种设备（12.5） 金属材料（12.8）
7304591090	非冷轧其他合金钢无缝锅炉管（非冷拔或冷轧的）	A	M	特种设备（12.5） 金属材料（12.8）
7304592000	非冷轧其他合金钢无缝地质钻管、套管（冷拔或冷轧的除外）	A	M	特种设备（12.5） 金属材料（12.8）
7304599001	高温承压用合金钢无缝钢管（抗拉强度≥620兆帕、屈服强度≥440兆帕）[外径在127毫米以上（含127毫米），化学成分（wt%）中碳（C）的含量≥0.07且≤0.13、铬（Cr）的含量≥8.5且≤9.5、钼（Mo）的含量≥0.3且≤0.6、钨（W）的含量≥1.5且≤2.0、抗拉强度≥620兆帕、屈服强度≥440兆帕]	A	M	特种设备（12.5） 金属材料（12.8）
7304599090	非冷轧其他合金钢制无缝圆形截面管（非冷拔或冷轧的）	A	M	特种设备（12.5） 金属材料（12.8）
7304900000	未列名无缝钢铁管及空心异型材（铸铁除外）	A	M	特种设备（12.5） 金属材料（12.8）
7305110000	纵向埋弧焊接石油、天然气粗钢管（粗钢管指外径>406.4毫米）	A	M	特种设备（12.5） 金属材料（12.8）
7305120000	其他纵向焊接石油、天然气粗钢管（粗钢管指外径>406.4毫米）	A	M	特种设备（12.5） 金属材料（12.8）
7305190000	其他石油、天然气粗钢管（粗钢管指外径>406.4毫米）	A	M	特种设备（12.5） 金属材料（12.8）
7305200000	其他钻探石油、天然气用粗套管（粗套管指外径>406.4毫米）	A	M	特种设备（12.5） 金属材料（12.8）
7305310000	纵向焊接的其他粗钢铁管（粗钢铁管指外径>406.4毫米）	A	M	特种设备（12.5） 金属材料（12.8）
7305390000	其他方法焊接其他粗钢铁管（粗钢铁管指外径>406.4毫米）	A	M	特种设备（12.5） 金属材料（12.8）
7305900000	未列名圆形截面粗钢铁管（粗钢铁管指外径>406.4毫米）	A	M	特种设备（12.5） 金属材料（12.8）
7306110000	不锈钢焊缝石油及天然气管道管	A	M	特种设备（12.5） 金属材料（12.8）

商品编号	商品名称	监管条件	检验检疫类别	检验检疫要求
7306190000	非不锈钢焊缝石油及天然气管道管	A	M	特种设备（12.5） 金属材料（12.8）
7306210000	不锈钢焊缝钻探石油及天然气用套管及导管	A	M	特种设备（12.5） 金属材料（12.8）
7306290000	其他钻探石油及天然气用套管及导管	A	M	特种设备（12.5） 金属材料（12.8）
7306900010	多壁式管道（直接与化学品接触表面由特殊耐腐蚀材料制成）	A	M	特种设备（12.5） 金属材料（12.8）
7306900090	未列名其他钢铁管及空心异型材	A	M	特种设备（12.5） 金属材料（12.8）
7309000000	容积>300升钢铁制盛物容器（容积>300升的囤、柜、桶、罐、听及类似容器）			进口旧机电产品（12.2）
7310100010	100升<总容积≤300升的容器（与所处理或盛放的化学品接触表面由特殊耐腐蚀材料制成）			进口旧机电产品（12.2）
7310100090	50升≤容积≤300升的其他钢铁制盛物容器（钢铁柜、桶、罐、听及类似容器）			进口旧机电产品（12.2）
7310211000	容积<50升的焊边或卷边接合钢铁易拉罐及罐体	A	R	金属材料（12.8） 进口旧机电产品（12.2）
7310219000	容积<50升的其他焊边或卷边接合钢铁罐			进口旧机电产品（12.2）
7310291000	容积<50升的其他易拉罐及罐体（焊边或卷边接合的除外）	A	R	金属材料（12.8） 进口旧机电产品（12.2）
7310299000	容积<50升的其他盛物容器（钢铁柜、桶、罐、听及类似容器）	A	R	金属材料（12.8） 进口旧机电产品（12.2）
7311001000	装压缩或液化气的钢铁容器（指零售包装用）	A	M	特种设备（12.5） 进口旧机电产品（12.2）
7311009000	其他装压缩或液化气的容器（指非零售包装用）	A	M	特种设备（12.5） 进口旧机电产品（12.2）
7312100000	非绝缘的钢铁绞股线、绳、缆	A	M	金属材料（12.8）
7321110000	可使用气体燃料的家用炉灶			进口旧机电产品（12.2） 进口强制性产品认证（12.1）
7321121000	煤油炉			进口旧机电产品（12.2）
7321129000	其他使用液体燃料的家用炉灶			进口旧机电产品（12.2）
7321190000	其他炊事器具及加热板，包括使用固体燃料的			进口旧机电产品（12.2）
7321810000	可使用气体燃料的其他家用器具			进口旧机电产品（12.2）
7321820000	使用液体燃料的其他家用器具			进口旧机电产品（12.2）
7321890000	其他器具，包括使用固体燃料的			进口旧机电产品（12.2）
7321900000	非电热家用器具零件			进口旧机电产品（12.2）
7322110000	非电热铸铁制集中供暖用散热器（包括零件）			进口旧机电产品（12.2）
7322190000	非电热钢制集中供暖用散热器（包括零件）			进口旧机电产品（12.2）
7322900000	非电热空气加热器、暖气分布器（包括零件）			进口旧机电产品（12.2）
7323100000	钢铁丝绒、擦锅器、洗擦用块垫等	A	R	金属材料（12.8）
7323910000	餐桌、厨房等家用铸铁制器具（包括零件、非搪瓷的）	A	R	进口食品接触产品（10.2）
7323920000	餐桌、厨房等家用铸铁制搪瓷器（包括零件、已搪瓷的）	A	R	进口食品接触产品（10.2）
7323930000	餐桌、厨房等家用不锈钢器具（包括零件、已搪瓷的）	A	R	进口食品接触产品（10.2）
7323941000	面盆，钢铁制，已搪瓷（铸铁的除外）	A	R	进口食品接触产品（10.2）
7323942000	烧锅，钢铁制，已搪瓷（铸铁的除外）	A	R	进口食品接触产品（10.2）
7323949000	其他餐桌、厨房等家用钢铁制搪器（铸铁除外）	A	R	进口食品接触产品（10.2）
7323990000	其他餐桌、厨房等用钢铁器具	A	R	进口食品接触产品（10.2）
7403290000	未锻轧的其他铜合金（铜母合金除外，包括未锻轧的白铜或德银）			危险化学品（13.1）
7404000020	符合标准GB/T 38470—2019规定的再生黄铜原料	A	M	再生金属原料产品（13.5）
7404000030	符合标准GB/T 38471—2019规定的再生铜原料	A	M	再生金属原料产品（13.5）
7418101000	擦锅器及洗刷擦光用的块垫、手套（包括类似品，铜制）	A	R	进口食品接触产品（10.2）

商品编号	商品名称	监管条件	检验检疫类别	检验检疫要求
7418102000	非电热的铜制家用烹饪器具及其零件	A	R	进口食品接触产品（10.2）
7418109000	其他餐桌厨房等家用铜制器具及其零件	A	R	进口食品接触产品（10.2）
7602000020	符合标准GB/T 38472—2019规定的再生铸造铝合金原料	A	M	再生金属原料产品（13.5）
7603100010	颗粒<500微米的微细球形铝粉（颗粒均匀，铝含量≥97%）	A	M	金属材料（12.8） 危险化学品（13.1）
7603100090	其他非片状铝粉	A/B	M/N	金属材料（12.8） 危险化学品（13.1）
7604210000	铝合金制空心异型材	A	M	金属材料（12.8）
7604299000	其他铝合金制型材、异型材	A	M	金属材料（12.8）
7608201010	外径≤10厘米的管状铝合金［在293K（20摄氏度）时的极限抗拉强度能达到460兆帕（$0.46×10^9$牛顿/平方米）或更大］	A	M	特种设备（12.5） 金属材料（12.8）
7608201090	外径≤10厘米的其他合金制铝管	A	M	特种设备（12.5） 金属材料（12.8）
7608209110	外径>10厘米，壁厚≤25毫米的管状铝合金［在293K（20摄氏度）时的极限抗拉强度能达到460兆帕（$0.46×10^9$牛顿/平方米）或更大］	A	M	特种设备（12.5） 金属材料（12.8）
7608209190	外径>10厘米，壁厚≤25毫米的其他合金制铝管	A	M	特种设备（12.5） 金属材料（12.8）
7608209910	外径>10厘米，其他管状铝合金［在293K（20摄氏度）时的极限抗拉强度能达到460兆帕（$0.46×10^9$牛顿/平方米）或更大］	A	M	特种设备（12.5） 金属材料（12.8）
7608209990	外径>10厘米，其他合金制铝管	A	M	特种设备（12.5） 金属材料（12.8）
7611000000	容积>300升的铝制囤、罐等容器（盛装物料用的，装压缩气体或液化气体的除外）			进口旧机电产品（12.2）
7612901000	铝制易拉罐及罐体	A	R	金属材料（12.8） 进口食品接触产品（10.2）
7612909000	容积≤300升的铝制囤、罐等容器（盛装物料用的，装压缩气体或液化气体的除外）			进口旧机电产品（12.2）
7613001000	零售包装装压缩、液化气体铝容器（铝及铝合金制）			进口旧机电产品（12.2）
7613009000	非零售装装压缩、液化气体铝容器（铝及铝合金制）			进口旧机电产品（12.2）
7614100000	带钢芯的铝制绞股线、缆、编带（非绝缘的）	A	M	金属材料（12.8）
7615101000	擦锅器及洗刷擦光用的块垫、手套（包括类似品，铝制）	A	R	金属材料（12.8）
7615109010	铝制高压锅	A	R	金属材料（12.8） 进口旧机电产品（12.2） 进口食品接触产品（10.2）
7615109090	其他餐桌厨房等家用铝制器具及其零件	A	R	金属材料（12.8） 进口食品接触产品（10.2）
7903100000	锌末（包括锌合金）	A	M	金属材料（12.8） 危险化学品（13.1）
7903900010	颗粒<500微米的锌及其合金（含量≥97%，不论球形、椭球体、雾化、片状、研碎金属燃料）	A	M	金属材料（12.8） 危险化学品（13.1）
7903900090	其他锌粉及片状粉末	A/B	M/N	金属材料（12.8） 危险化学品（13.1）
8104110000	含镁量≥99.8%的未锻轧镁			危险化学品（13.1）
8104190000	其他未锻轧的镁及镁合金			危险化学品（13.1）
8104300010	颗粒<500微米的镁及其合金（含量≥97%，不论球形、椭球体、雾化、片状、研碎金属燃料）			危险化学品（13.1）
8104300090	其他已分级的镁锉屑、车屑、颗粒；粉末			危险化学品（13.1）
8104901000	锻轧镁			危险化学品（13.1）
8108202910	颗粒<500微米的钛及其合金（含量≥97%，不论球形、椭球体、雾化、片状、研碎金属燃料）	A	M	金属材料（12.8） 危险化学品（13.1）

商品编号	商品名称	监管条件	检验检疫类别	检验检疫要求
8108203000	钛的粉末	A	M	金属材料（12.8） 危险化学品（13.1）
8109210010	颗粒<500μm的锆及其合金，按重量计铪与锆之比低于1∶500（含量≥97%，不论球形、椭球体、雾化、片状、研碎金属燃料）	A	M	金属材料（12.8） 危险化学品（13.1）
8109210090	其他未锻轧锆及粉末，按重量计铪与锆之比<1∶500	A	M	金属材料（12.8） 危险化学品（13.1）
8109290010	其他颗粒<500μm的锆及其合金（含量≥97%，不论球形、椭球体、雾化、片状、研碎金属燃料）	A	M	金属材料（12.8） 危险化学品（13.1）
8109290090	其他未锻轧锆及粉末	A	M	金属材料（12.8） 危险化学品（13.1）
8110102000	锑粉末	A	M	金属材料（12.8） 危险化学品（13.1）
8111001090	未锻轧锰、粉末	A	M	金属材料（12.8） 危险化学品（13.1）
8112120000	未锻轧铍、铍粉末	A	M	金属材料（12.8） 危险化学品（13.1）
8112310090	未锻轧的铪、粉末	A	M	金属材料（12.8） 危险化学品（13.1）
8112410010	未锻轧的铼废碎料	A	M	禁止进口
8112410090	未锻轧的铼、粉末	A	M	金属材料（12.8）
8112510000	未锻轧铊、铊粉末	A/B	M/N	金属材料（12.8） 危险化学品（13.1）
8112691000	未锻轧镉、粉末	A		危险化学品（13.1）
8112921010	未锻轧锗废碎料	A		禁止进口
8112922010	未锻轧的钒废碎料	A		禁止进口
8112929010	未锻轧的镓废碎料	A	M	禁止进口
8112929090	未锻轧的镓、粉末	A	M	金属材料（12.8） 危险化学品（13.1）
8201100010	含植物性材料的锹及铲	A/B	P/Q	其他植物产品（4.6）
8201300010	含植物性材料的镐、锄、耙	A/B	P/Q	其他植物产品（4.6）
8201400010	含植物性材料的砍伐工具（包括斧子、钩刀及类似砍伐工具）	A/B	P/Q	其他植物产品（4.6）
8201500010	含植物性材料的单手操作农用剪（包括家禽剪）	A/B	P/Q	其他植物产品（4.6）
8201600010	含植物性材料的双手操作农用剪	A/B	P/Q	其他植物产品（4.6）
8201901010	含植物性材料的农业、园艺、林业用叉	A/B	P/Q	其他植物产品（4.6）
8201909010	含植物性材料的农业、园艺、林业用手工工具	A/B	P/Q	其他植物产品（4.6）
8208300000	厨房或食品加工机器用刀及刀片（厨房器具或食品加工机器用）	A	R	进口食品接触产品（10.2）
8210000000	加工调制食品、饮料用手动机械（重量≤10千克）	A	R	进口食品接触产品（10.2）
8211910000	刃面固定的餐刀	A	R	进口食品接触产品（10.2）
8214900010	切菜刀等厨房用利口器	A	R	进口食品接触产品（10.2）
8215100000	成套含镀贵金属制厨房或餐桌用具（成套货品，至少其中一件是镀贵金属的）	A	R	进口食品接触产品（10.2）
8215200000	成套的其他厨房或餐桌用具（成套货品，没有一件是镀贵金属的）	A	R	进口食品接触产品（10.2）
8215910000	非成套镀贵金属制厨房或餐桌用具（非成套货品，镀贵金属的）	A	R	进口食品接触产品（10.2）
8215990000	其他非成套的厨房或餐桌用具（非成套货品，没镀贵金属的）	A	R	进口食品接触产品（10.2）
8402111000	蒸发量≥900吨/时发电用蒸汽水管锅炉	A	M	特种设备（12.5） 进口旧机电产品（12.2）
8402119000	其他蒸发量>45吨/时的蒸汽水管锅炉	A	M	特种设备（12.5） 进口旧机电产品（12.2）
8402120010	纸浆厂废料锅炉（蒸发≤45吨/时蒸汽水管锅炉）	A	M	特种设备（12.5） 进口旧机电产品（12.2）
8402120090	其他蒸发量≤45吨/时水管锅炉	A	M	特种设备（12.5） 进口旧机电产品（12.2）

商品编号	商品名称	监管条件	检验检疫类别	检验检疫要求
8402190000	其他蒸汽锅炉（包括混合式锅炉）	A	M	特种设备（12.5） 进口旧机电产品（12.2）
8402200000	过热水锅炉	A	M	特种设备（12.5） 进口旧机电产品（12.2）
8402900000	蒸汽锅炉及过热水锅炉的零件			进口旧机电产品（12.2）
8403101000	家用型热水锅炉（但品目8402的货品除外）	A	M	特种设备（12.5） 进口旧机电产品（12.2） 进口强制性产品认证（12.1）
8403109000	其他集中供暖用的热水锅炉（但品目8402的货品除外）	A	M	特种设备（12.5） 进口旧机电产品（12.2）
8403900000	集中供暖用热水锅炉的零件			进口旧机电产品（12.2）
8404101010	使用（可再生）生物质燃料的非水管蒸汽锅炉的辅助设备（例如，节热器、过热器、除灰器、气体回收器）			进口旧机电产品（12.2）
8404101090	其他蒸汽锅炉、过热水锅炉的辅助设备（例如，节热器、过热器、除灰器、气体回收器）			进口旧机电产品（12.2）
8404102000	集中供暖用热水锅炉的辅助设备（例如，节热器、过热器、除灰器、气体回收器）			进口旧机电产品（12.2）
8404200000	水及其他蒸汽动力装置的冷凝器			进口旧机电产品（12.2）
8404901000	集中供暖热水锅炉辅助设备的零件			进口旧机电产品（12.2）
8404909010	使用（可再生）生物质燃料的非水管蒸汽锅炉的辅助设备的零件；水蒸气或其他蒸汽动力装置的冷凝器的零件（编号84041010、84042000所列辅助设备的）			进口旧机电产品（12.2）
8404909090	其他辅助设备用零件（编号84041010、84042000所列辅助设备的）			进口旧机电产品（12.2）
8405100000	煤气、乙炔及类似水解气体发生器（不论有无净化器）	A	M	特种设备（12.5） 进口旧机电产品（12.2）
8405900000	煤气、乙炔等气体发生器的零件			进口旧机电产品（12.2）
8406811000	40兆瓦<功率≤100兆瓦的其他汽轮机（功率指输出功率）			进口旧机电产品（12.2）
8406812000	100兆瓦<功率≤350兆瓦的其他汽轮机（功率指输出功率）			进口旧机电产品（12.2）
8406813000	功率>350兆瓦的其他汽轮机（功率指输出功率）			进口旧机电产品（12.2）
8406820000	功率≤40兆瓦的其他汽轮机（功率指输出功率）			进口旧机电产品（12.2）
8406900000	汽轮机用的零件			进口旧机电产品（12.2）
8407310000	排气量≤50毫升往复式活塞引擎（第八十七章所列车辆用的点燃往复式活塞发动机，不超过50毫升）	A	M	进口旧机电产品（12.2） 机动车辆及其零部件（12.3）
8407320000	50毫升<排气量≤250毫升往复式活塞引擎（第八十七章所列车辆用的点燃往复式活塞发动机）	A	M	进口旧机电产品（12.2） 机动车辆及其零部件（12.3）
8407330000	250毫升<排气量≤1000毫升往复式活塞引擎（第八十七章所列车辆的点燃往复式活塞发动机）	A	M	进口旧机电产品（12.2） 机动车辆及其零部件（12.3）
8407341000	1000毫升<排气量≤3000毫升车辆的往复式活塞引擎（第八十七章所列车辆的点燃往复式活塞发动机）	A	M	进口旧机电产品（12.2） 机动车辆及其零部件（12.3）
8407342010	排气量≥5.9升的天然气发动机（第八十七章所列车辆用的点燃往复式活塞发动机）			进口旧机电产品（12.2）
8407342090	其他超3000毫升车用往复式活塞引擎（第八十七章所列车辆用的点燃往复式活塞发动机）			进口旧机电产品（12.2）
8407901000	沼气发动机			进口旧机电产品（12.2）
8407909010	转速<3600转/分汽油发动机（发电机用、立式输出轴汽油发动机除外）			进口旧机电产品（12.2）
8407909020	转速<4650转/分汽油发动机（品目8426、8428~8430所列机械用，立式输出轴汽油发动机除外）			进口旧机电产品（12.2）
8407909031	叉车用汽油发动机（800转/分≤转速≤3400转/分）（立式输出轴汽油发动机除外）			进口旧机电产品（12.2）

商品编号	商品名称	监管条件	检验检疫类别	检验检疫要求
8407909039	其他转速<4650/转/分汽油发动机（品目 8427 所列机械用，立式输出轴汽油发动机除外）			进口旧机电产品（12.2）
8407909040	立式输出轴汽油发动机（非第八十七章所列车辆用其他往复式活塞发动机）			进口旧机电产品（12.2）
8407909090	其他往复或旋转式活塞内燃引擎（非第八十七章所列车辆用其他点燃往复式或旋转式活塞发动机）			进口旧机电产品（12.2）
8408100000	船舶用柴油发动机（指压燃式活塞内燃发动机）			进口旧机电产品（12.2）
8408201001	输出功率在441千瓦及以上的柴油发动机（600马力）			进口旧机电产品（12.2）
8408201010	功率≥132.39千瓦拖拉机用柴油机			进口旧机电产品（12.2）
8408201090	功率≥132.39千瓦其他用柴油机［指第八十七章车辆用压燃式活塞内燃发动机（132.39千瓦＝180马力）］			进口旧机电产品（12.2）
8408209010	功率<132.39千瓦拖拉机用柴油机			进口旧机电产品（12.2）
8408209020	升功率≥50千瓦的输出功率<132.39千瓦的轿车用柴油发动机			进口旧机电产品（12.2）
8408209090	功率<132.39千瓦其他用柴油机（指第八十七章车辆用压燃式活塞内燃发动机）			进口旧机电产品（12.2）
8408901000	机车用柴油发动机（压燃式活塞内燃发动机）			进口旧机电产品（12.2）
8408909111	功率≤14千瓦农业用单缸柴油机［非第八十七章车辆用压燃式活塞内燃发动机（14千瓦＝19.05马力）］			进口旧机电产品（12.2）
8408909119	功率≤14千瓦农业用柴油发动机［非第八十七章车辆用压燃式活塞内燃发动机（14千瓦＝19.05马力）］			进口旧机电产品（12.2）
8408909191	功率≤14千瓦其他用单缸柴油机［非第八十七章车辆用压燃式活塞内燃发动机（14千瓦＝19.05马力）］			进口旧机电产品（12.2）
8408909199	功率≤14千瓦其他用柴油发动机［非第八十七章车辆用压燃式活塞内燃发动机（14千瓦＝19.05马力）］			进口旧机电产品（12.2）
8408909210	转速<4650转/分柴油发动机，14千瓦<功率<132.39千瓦（品目8426~8430所列工程机械用）			进口旧机电产品（12.2）
8408909220	14千瓦<功率<132.39千瓦的农业用柴油机［非第八十七章车辆用压燃式活塞内燃发动机（1千瓦＝1.36马力）］			进口旧机电产品（12.2）
8408909290	14千瓦<功率<132.39千瓦的其他用柴油机［非第八十七章车辆用压燃式活塞内燃发动机（1千瓦＝1.36马力）］			进口旧机电产品（12.2）
8408909310	功率≥132.39千瓦的农业用柴油机［非第八十七章用压燃式活塞内燃发动机（132.39千瓦＝180马力）］			进口旧机电产品（12.2）
8408909390	功率≥132.39千瓦其他用柴油发动机［非第八十七章用压燃式活塞内燃发动机（132.39千瓦＝180马力）］			进口旧机电产品（12.2）
8409919100	电控燃油喷射装置（指专用于或主要用于点燃式活塞内燃发动机的）			进口旧机电产品（12.2）
8409919910	汽车用电子节气门			进口旧机电产品（12.2）
8409919920	废气再循环（EGR）装置（专用或主要用于内燃发动机）			进口旧机电产品（12.2）
8409919930	连杆（专用或主要用于内燃发动机）			进口旧机电产品（12.2）
8409919940	喷嘴（专用或主要用于内燃发动机）			进口旧机电产品（12.2）
8409919950	气门摇臂（专用或主要用于内燃发动机）			进口旧机电产品（12.2）
8409919990	其他点燃式活塞内燃发动机用零件			进口旧机电产品（12.2）
8409991000	其他船舶发动机专用零件			进口旧机电产品（12.2）
8409992000	其他机车发动机专用零件			进口旧机电产品（12.2）
8409999100	其他功率≥132.39千瓦发动机的专用零件（132.39千瓦＝180马力）			进口旧机电产品（12.2）
8409999910	电控柴油喷射装置及其零件（指品目8408所列的其他发动机用）			进口旧机电产品（12.2）
8409999990	其他发动机的专用零件（指品目8407或8408所列的其他发动机）			进口旧机电产品（12.2）
8410110000	功率≤1000千瓦的水轮机及水轮			进口旧机电产品（12.2）
8410120000	功率1000千瓦~1万千瓦的水轮机及水轮（指超过1000千瓦，但不超过10000千瓦的）			进口旧机电产品（12.2）
8410131000	功率>3万千瓦冲击式水轮机及水轮			进口旧机电产品（12.2）
8410132000	功率>35000千瓦贯流水轮机及水轮			进口旧机电产品（12.2）
8410133000	功率>200000千瓦水泵式水轮机及水轮			进口旧机电产品（12.2）

商品编号	商品名称	监管条件	检验检疫类别	检验检疫要求
8410139000	功率>10000千瓦的其他水轮机及水轮			进口旧机电产品（12.2）
8410901000	水轮机及水轮的调节器			进口旧机电产品（12.2）
8410909000	水轮机及水轮的其他零件（不包括调节器）			进口旧机电产品（12.2）
8411111000	涡轮风扇发动机推力≤25千牛顿			进口旧机电产品（12.2）
8411119000	其他涡轮喷气发动机（推力≤25千牛顿）			进口旧机电产品（12.2）
8411121000	涡轮风扇发动机推力>25千牛顿			进口旧机电产品（12.2）
8411129010	小型燃烧率高轻型涡轮喷气发动机（推力≥90千牛顿的涡轮喷气发动机）			进口旧机电产品（12.2）
8411129090	其他涡轮喷气发动机（推力>25千牛顿）			进口旧机电产品（12.2）
8411210000	功率≤1100千瓦的涡轮螺桨发动机			进口旧机电产品（12.2）
8411221000	1100千瓦<功率≤2238千瓦涡轮螺桨引擎			进口旧机电产品（12.2）
8411222000	2238千瓦<功率≤3730千瓦涡轮螺桨引擎			进口旧机电产品（12.2）
8411223000	功率>3730千瓦涡轮螺桨引擎			进口旧机电产品（12.2）
8411810001	涡轮轴航空发动机（功率≤5000千瓦）			进口旧机电产品（12.2）
8411810010	功率≥3500千瓦的涡轮轴发动机（航空发动机除外）			进口旧机电产品（12.2）
8411810090	功率≤5000千瓦的其他燃气轮机			进口旧机电产品（12.2）
8411820000	功率>5000千瓦的其他燃气轮机			进口旧机电产品（12.2）
8411910000	涡轮喷气或涡轮螺桨发动机用零件			进口旧机电产品（12.2）
8411991010	涡轮轴航空发动机用零件			进口旧机电产品（12.2）
8411991090	其他涡轮轴发动机用零件			进口旧机电产品（12.2）
8411999000	其他燃气轮机用零件			进口旧机电产品（12.2）
8412101010	冲压喷气发动机（包括超燃冲压喷气发动机）			进口旧机电产品（12.2）
8412101020	脉冲喷气发动机			进口旧机电产品（12.2）
8412101030	组合循环发动机			进口旧机电产品（12.2）
8412109000	非航空、航天器用喷气发动机（涡轮喷气发动机除外）			进口旧机电产品（12.2）
8412210010	飞机发动机用作动筒			进口旧机电产品（12.2）
8412210090	其他直线作用的液压动力装置（液压缸）			进口旧机电产品（12.2）
8412291000	液压马达			进口旧机电产品（12.2）
8412299010	抓桩器（抱桩器）			进口旧机电产品（12.2）
8412299020	飞机发动机用液压作动器			进口旧机电产品（12.2）
8412299090	其他液压动力装置			进口旧机电产品（12.2）
8412310001	三坐标测量机用平衡气缸			进口旧机电产品（12.2）
8412310010	飞机舱门气动作动筒			进口旧机电产品（12.2）
8412310090	其他直线作用的气压动力装置（气压缸）			进口旧机电产品（12.2）
8412390010	飞机发动机用气压作动器			进口旧机电产品（12.2）
8412390090	其他气压动力装置			进口旧机电产品（12.2）
8412800090	其他发动机及动力装置			进口旧机电产品（12.2）
8412901010	燃烧调节装置（冲压或脉冲喷气发动机的）			进口旧机电产品（12.2）
8412909010	风力发动机零件			进口旧机电产品（12.2）
8412909020	飞机发动机用作动筒壳体			进口旧机电产品（12.2）
8412909090	其他发动机及动力装置的零件			进口旧机电产品（12.2）
8413110000	分装燃料或润滑油的泵，用于加油站或车库（其装有或可装计量装置）			进口旧机电产品（12.2）
8413190000	其他装有或可装计量装置的泵			进口旧机电产品（12.2）
8413200000	手泵（但编号841311或841319的货品除外）			进口旧机电产品（12.2）
8413302100	180马力及以上发动机用燃油泵（活塞式内燃发动机用的）			进口旧机电产品（12.2）
8413302900	其他燃油泵（活塞式内燃发动机用的）			进口旧机电产品（12.2）
8413303000	润滑油泵（活塞式内燃发动机用的）			进口旧机电产品（12.2）
8413309000	冷却剂泵（活塞式内燃发动机用的）			进口旧机电产品（12.2）
8413400000	混凝土泵			进口旧机电产品（12.2）
8413501010	农业用气动往复式排液泵			进口旧机电产品（12.2）
8413501020	气动式耐腐蚀波纹或隔膜泵（流量>0.6立方米/时，接触表面由特殊耐腐蚀材料制成）			进口旧机电产品（12.2）

商品编号	商品名称	监管条件	检验检疫类别	检验检疫要求
8413501090	其他非农业用气动往复式排液泵			进口旧机电产品（12.2）
8413502010	农业用电动往复式排液泵			进口旧机电产品（12.2）
8413502020	电动式耐腐蚀波纹或隔膜泵（流量>0.6立方米/时，接触表面由特殊耐腐蚀材料制成）			进口旧机电产品（12.2）
8413502030	电动往复式排液多重密封泵（两用物项管制）			进口旧机电产品（12.2）
8413502090	其他非农业用电动往复式排液泵			进口旧机电产品（12.2）
8413503101	农业用柱塞泵			进口旧机电产品（12.2）
8413503110	飞机用液压柱塞泵			进口旧机电产品（12.2）
8413503190	其他非农业用柱塞泵			进口旧机电产品（12.2）
8413503901	其他农业用液压往复式排液泵			进口旧机电产品（12.2）
8413503920	液压式耐腐蚀波纹或隔膜泵（流量>0.6立方米/时，接触表面由特殊耐腐蚀材料制成）			进口旧机电产品（12.2）
8413503990	其他非农业用液压往复式排液泵			进口旧机电产品（12.2）
8413509010	其他农用往复式排液泵			进口旧机电产品（12.2）
8413509020	其他耐腐蚀波纹或隔膜泵（流量>0.6立方米/时，接触表面由特殊耐腐蚀材料制成）			进口旧机电产品（12.2）
8413509090	其他非农用往复式排液泵			进口旧机电产品（12.2）
8413602101	农业用电动齿轮泵（回转式排液泵）			进口旧机电产品（12.2）
8413602110	电动齿轮多重密封泵（非农业用回转式排液泵）			进口旧机电产品（12.2）
8413602190	其他非农业用电动齿轮泵（回转式排液泵，多重密封泵除外）			进口旧机电产品（12.2）
8413602201	农业用回转式液压油泵（输入转速>2000转/分，输入功率>190千瓦，最大流量>2×280升/分）			进口旧机电产品（12.2）
8413602202	非农业用回转式液压油泵（输入转速>2000转/分，输入功率>190千瓦，最大流量>2×280升/分）			进口旧机电产品（12.2）
8413602210	其他农业用液压齿轮泵（回转式排液泵）			进口旧机电产品（12.2）
8413602220	液压齿轮多重密封泵（非农业用回转式排液泵）			进口旧机电产品（12.2）
8413602290	其他非农业用液压齿轮泵（回转式排液泵，多重密封泵除外）			进口旧机电产品（12.2）
8413602901	其他农业用齿轮泵（回转式排液泵）			进口旧机电产品（12.2）
8413602990	其他非农业用齿轮泵（回转式排液泵）			进口旧机电产品（12.2）
8413603101	农业用电动叶片泵（回转式排液泵）			进口旧机电产品（12.2）
8413603110	电动叶片多重密封泵（非农业用回转式排液泵）			进口旧机电产品（12.2）
8413603190	其他非农业用电动叶片泵（回转式排液泵、多重密封泵除外）			进口旧机电产品（12.2）
8413603201	农业用液压叶片泵（回转式排液泵）			进口旧机电产品（12.2）
8413603210	液压叶片多重密封泵（非农业用回转式排液泵）			进口旧机电产品（12.2）
8413603290	其他非农业用液压叶片泵（回转式排液泵，多重密封泵除外）			进口旧机电产品（12.2）
8413603901	其他农业用叶片泵（回转式排液泵）			进口旧机电产品（12.2）
8413603990	其他非农业用叶片泵（回转式排液泵）			进口旧机电产品（12.2）
8413604001	农业用螺杆泵（回转式排液泵）			进口旧机电产品（12.2）
8413604010	螺杆多重密封泵（非农业用回转式排液泵）			进口旧机电产品（12.2）
8413604090	其他非农业用螺杆泵（回转式排液泵，多重密封泵除外）			进口旧机电产品（12.2）
8413605001	农业用径向柱塞泵（回转式排液泵）			进口旧机电产品（12.2）
8413605090	其他非农业用径向柱塞泵（回转式排液泵）			进口旧机电产品（12.2）
8413606001	农业用轴向柱塞泵（回转式排液泵）			进口旧机电产品（12.2）
8413606090	其他非农业用轴向柱塞泵（回转式排液泵）			进口旧机电产品（12.2）
8413609010	农业用其他回转式排液泵			进口旧机电产品（12.2）
8413609090	其他回转式排液泵			进口旧机电产品（12.2）
8413701010	农业用其他离心泵（转速≥10000转/分）			进口旧机电产品（12.2）
8413701020	液体推进剂用泵（转速≥10000转/分，出口压力≥7000千帕的）			进口旧机电产品（12.2）
8413701030	离心泵多重密封泵（两用物项管制）			进口旧机电产品（12.2）
8413701090	其他非农用离心泵（转速≥10000转/分）			进口旧机电产品（12.2）
8413709110	农业用电动潜油泵及潜水电泵（转速<10000转/分）			进口旧机电产品（12.2）
8413709190	其他非农业用电动潜油泵及潜水电泵（转速<10000转/分）			进口旧机电产品（12.2）
8413709910	其他农业用离心泵（转速<10000转/分）			进口旧机电产品（12.2）

商品编号	商品名称	监管条件	检验检疫类别	检验检疫要求
8413709920	一次冷却剂泵（全密封驱动泵，有惯性质量系统的泵及鉴定为NC-1泵等）			进口旧机电产品（12.2）
8413709930	转速<10000转/分的离心式屏蔽泵（流量>0.6立方米/时，接触表面由特殊耐腐蚀材料制成）			进口旧机电产品（12.2）
8413709940	转速<10000转/分的离心式磁力泵（流量>0.6立方米/时，接触表面由特殊耐腐蚀材料制成）			进口旧机电产品（12.2）
8413709950	液体推进剂用泵（8000转/分<转速<10000转/分，出口压力≥7000千帕的）			进口旧机电产品（12.2）
8413709960	其他离心泵多重密封泵（两用物项管制）			进口旧机电产品（12.2）
8413709970	飞机发动机用燃油泵			进口旧机电产品（12.2）
8413709990	其他非农业用离心泵（转速<10000转/分）			进口旧机电产品（12.2）
8413810010	农业用其他液体泵			进口旧机电产品（12.2）
8413810020	生产重水用多级泵（专门为利用氨-氢交换法生产重水而设计或制造的多级泵）			进口旧机电产品（12.2）
8413810090	其他非农用液体泵			进口旧机电产品（12.2）
8413820000	液体提升机			进口旧机电产品（12.2）
8413910000	泵用零件			进口旧机电产品（12.2）
8413920000	液体提升机用零件			进口旧机电产品（12.2）
8414100010	耐腐蚀真空泵（流量大于5立方米/时，接触表面由特殊耐腐蚀材料制成）			进口旧机电产品（12.2）
8414100020	真空泵（抽气口≥38厘米，速度≥15立方米/秒，产生<10^{-4}托极限真空度）			进口旧机电产品（12.2）
8414100030	能在含UF6气氛中使用的真空泵（用耐UF6腐蚀的材料制成或保护。这些泵可以是旋转式或正压式，可有排代式密封和碳氟化合物密封并且可以有特殊工作流体存在）			进口旧机电产品（12.2）
8414100040	专门设计或制造的抽气能力≥5立方米/分的真空泵（专用于同位素气体扩散浓缩）			进口旧机电产品（12.2）
8414100050	能在含UF6气氛中使用的真空泵（耐UF6腐蚀的，也可用氟碳密封和特殊工作流体）			进口旧机电产品（12.2）
8414100060	专门或主要用于半导体或平板显示屏制造的真空泵（P）			进口旧机电产品（12.2）
8414100090	其他真空泵			进口旧机电产品（12.2）
8414200000	手动或脚踏式空气泵			进口旧机电产品（12.2）
8414301100	电动机额定功率≤0.4千瓦冷藏或冷冻箱用压缩机	A	L.M	进口旧机电产品（12.2） 涉氯氟烃物质设备（12.7） 家用和类似用途电器（12.7） 进口强制性产品认证（12.1）
8414301200	其他电驱动冷藏或冷冻箱用压缩机（指0.4千瓦<电动机额定功率≤5千瓦）	A	L.M	进口旧机电产品（12.2） 涉氯氟烃物质设备（12.7） 家用和类似用途电器（12.7） 进口强制性产品认证（12.1）
8414301300	0.4千瓦<电动机额定功率≤5千瓦的空调器用压缩机	A	L.M	进口旧机电产品（12.2） 家用和类似用途电器（12.7） 进口强制性产品认证（12.1）
8414301400	电动机额定功率>5千瓦的空调器用压缩机			进口旧机电产品（12.2） 涉氯氟烃物质设备（12.7）
8414301500	电动机额定功率>5千瓦的冷冻或冷藏设备用压缩机			进口旧机电产品（12.2） 涉氯氟烃物质设备（12.7）
8414301900	电动机驱动其他用于制冷设备的压缩机	A	L.M	进口旧机电产品（12.2） 家用和类似用途电器（12.7） 进口强制性产品认证（12.1）
8414309000	非电动机驱动的制冷设备用压缩机			进口旧机电产品（12.2）

商品编号	商品名称	监管条件	检验检疫类别	检验检疫要求
8414400000	装在拖车底盘上的空气压缩机			进口旧机电产品（12.2）
8414511000	功率≤125瓦的吊扇（本身装有一个输出功率≤125瓦的电动机）	A	L.M	进口旧机电产品（12.2） 家用和类似用途电器（12.7） 进口强制性产品认证（12.1）
8414512000	其他功率≤125瓦的换气扇（装有一输出功率≤125瓦电动机）	A	L.M	进口旧机电产品（12.2） 家用和类似用途电器（12.7） 进口强制性产品认证（12.1）
8414513000	功率≤125瓦有旋转导风轮的风扇（本身装有一个输出功率≤125瓦的电动机）		L	进口旧机电产品（12.2） 进口强制性产品认证（12.1）
8414519100	功率≤125瓦的台扇（本身装有一个输出功率≤125瓦的电动机）	A	L.M	进口旧机电产品（12.2） 家用和类似用途电器（12.7） 进口强制性产品认证（12.1）
8414519200	功率≤125瓦的落地扇（本身装有一个输出功率≤125瓦的电动机）	A	L.M	进口旧机电产品（12.2） 家用和类似用途电器（12.7） 进口强制性产品认证（12.1）
8414519300	功率≤125瓦的壁扇（本身装有一个输出功率≤125瓦的电动机）	A	L.M	进口旧机电产品（12.2） 家用和类似用途电器（12.7） 进口强制性产品认证（12.1）
8414519900	其他功率≤125瓦其他风机、风扇（本身装有一个输出功率≤125瓦的电动机）		L	进口旧机电产品（12.2） 进口强制性产品认证（12.1）
8414591000	其他吊扇（电动机输出功率>125瓦的）	A	L.M	进口旧机电产品（12.2） 家用和类似用途电器（12.7） 进口强制性产品认证（12.1）
8414592000	其他换气扇（电动机输出功率>125瓦的）	A	L.M	进口旧机电产品（12.2） 家用和类似用途电器（12.7） 进口强制性产品认证（12.1）
8414593000	其他离心通风机			进口旧机电产品（12.2）
8414599010	罗茨式鼓风机	A	M	普通设备（12.6） 进口旧机电产品（12.2）
8414599020	吸气≥1立方米/分的耐UF6腐蚀的鼓风机（出口压力高达500千帕，设计成在UF6环境中长期运行。这种鼓风机的压力比为10∶1或更低，用耐UF6的材料制成或用这种材料进行保护）	A	M	普通设备（12.6） 进口旧机电产品（12.2）
8414599030	吸气≥2立方米/分的耐UF6腐蚀鼓风机（轴向离心式或正排气量鼓风机，压力比在1.2∶1和6∶1之间）	A	M	普通设备（12.6） 进口旧机电产品（12.2）
8414599040	吸气≥56立方米/秒的鼓风机（用于循环硫化氢气体的单级、低压头离心式鼓风机）	A	M	普通设备（12.6） 进口旧机电产品（12.2）
8414599050	电子产品散热用轴流风扇			进口旧机电产品（12.2）
8414599060	专门或主要用于微处理器、电信设备、自动数据处理设备或装置的散热扇			进口旧机电产品（12.2）
8414599091	其他台扇、落地扇、壁扇（电动机输出功率>125瓦的）	A	M	进口旧机电产品（12.2） 家用和类似用途电器（12.7） 进口强制性产品认证（12.1）
8414599099	其他风机、风扇		L	进口旧机电产品（12.2） 进口强制性产品认证（12.1）
8414601000	抽油烟机（指罩的平面最大边长≤120厘米，装有风扇的）		L	进口旧机电产品（12.2） 进口强制性产品认证（12.1）
8414609012	活动（柔软的）隔离装置（具有与三级生物安全柜类似标准，罩的最大边长≤120厘米）			进口旧机电产品（12.2）
8414609014	吸收塔（两用物项管制，罩的最大边长≤120厘米）			进口旧机电产品（12.2）

商品编号	商品名称	监管条件	检验检疫类别	检验检疫要求
8414609015	带有风扇的高效空气粒子过滤单元的封闭洁净设备［高效空气粒子过滤单元（HEPA），罩的最大边长≤120厘米］			进口旧机电产品（12.2）
8414609090	其他≤120厘米的通风罩或循环气罩（指罩的平面最大边长≤120厘米，装有风扇的）			进口旧机电产品（12.2）
8414701010	三级生物安全柜（具有与三级生物安全柜类似标准，罩的最大边长≤120厘米）			进口旧机电产品（12.2）
8414701090	其他气密生物安全柜（指罩的平面最大边长≤120厘米，装有风扇的）			进口旧机电产品（12.2）
8414709010	三级生物安全柜（具有与三级生物安全柜类似标准，平面边长>120厘米）			进口旧机电产品（12.2）
8414709090	其他气密生物安全柜（符合世界卫生组织规定的生物安全水平三级标准，平面边长>120厘米）			进口旧机电产品（12.2）
8414801000	燃气轮机用的自由活塞式发生器			进口旧机电产品（12.2）
8414802000	二氧化碳压缩机			进口旧机电产品（12.2）
8414803001	乘用车机械增压器			进口旧机电产品（12.2）
8414803090	发动机用增压器			进口旧机电产品（12.2）
8414804100	螺杆空压机			进口旧机电产品（12.2）
8414804910	吸气≥1立方米/分的耐UF6腐蚀压缩机（出口压力高达500千帕，设计成在UF6环境中长期运行。这种压缩机的压力比为10∶1或更低，用耐UF6的材料制成或用这种材料进行保护）			进口旧机电产品（12.2）
8414804920	MLIS用UF6/载气压缩机（能在UF6环境中长期操作UF6/载气混合气压缩机）			进口旧机电产品（12.2）
8414804930	吸气≥56立方米/秒的压缩机（用于循环硫化氢气体的单级、低压头离心式压缩机）			进口旧机电产品（12.2）
8414804940	吸气≥2立方米/分的耐UF6腐蚀压缩机（轴向离心式或正排气量压缩机，压力比在1.2∶1和6∶1之间）			进口旧机电产品（12.2）
8414804950	燃料电池增压器			进口旧机电产品（12.2）
8414804960	飞机用离心式氮气系统压缩机			进口旧机电产品（12.2）
8414804990	其他空气及气体压缩机			进口旧机电产品（12.2）
8414809052	其他活动（柔软的）隔离装置（具有与三级生物安全柜类似标准）			进口旧机电产品（12.2）
8414809054	其他吸收塔（两用物项管制）			进口旧机电产品（12.2）
8414809055	其他带有风扇的高效空气粒子过滤单元的封闭洁净设备［高效空气粒子过滤单元（HEPA）］			进口旧机电产品（12.2）
8414809057	燃料电池循环泵			进口旧机电产品（12.2）
8414809090	其他空气泵及通风罩（通风罩指装有风扇的通风罩或循环气罩，平面边长>120厘米）			进口旧机电产品（12.2）
8414901100	压缩机进、排气阀片（用于制冷设备的）			进口旧机电产品（12.2）
8414901900	编号84143011至84143014及84143090的零件（指编号84143011至84143014及84143090所列机器的其他零件）			进口旧机电产品（12.2）
8414902000	编号84145110至84145199及84146000机器零件（指上述编号内的吊扇换气扇等，还包括编号84146000机器零件）			进口旧机电产品（12.2）
8414909010	分子泵（气体离心机的静态部件，专门设计或制造的内部有已加工或挤压的螺纹槽和已加工的腔的泵体）			进口旧机电产品（12.2）
8414909090	品目8414其他未列名零件			进口旧机电产品（12.2）
8415101000	独立式空气调节器，窗式、壁式、置于天花板或地板上的（装有电扇及调温、调湿装置，包括不能单独调湿的空调器）	A	L.M	进口旧机电产品（12.2） 家用和类似用途电器（12.7） 进口强制性产品认证（12.1）
8415102100	制冷量≤4000大卡/时分体式空调，窗式、壁式、置于天花板或地板上的（装有电扇及调温、调湿装置，包括不能单独调湿的空调器）	A	L.M	进口旧机电产品（12.2） 家用和类似用途电器（12.7） 进口强制性产品认证（12.1）

商品编号	商品名称	监管条件	检验检疫类别	检验检疫要求
8415102210	4000 大卡/时＜制冷量≤12046 大卡/时（14000 瓦）分体式空调，窗式、壁式、置于天花板或地板上的（装有电扇及调温、调湿装置，包括不能单独调湿的空调器）	A	L、M	进口旧机电产品（12.2） 家用和类似用途电器（12.7） 进口强制性产品认证（12.1）
8415102290	其他制冷量＞12046 大卡/时（14000 瓦）分体式空调，窗式、壁式、置于天花板或地板上的（装有电扇及调温、调湿装置，包括不能单独调湿的空调器）	A	L、M	进口旧机电产品（12.2） 家用和类似用途电器（12.7） 进口强制性产品认证（12.1）
8415200000	机动车辆上供人使用的空气调节器（指机动车辆上供人使用的空气调节器）			进口旧机电产品（12.2）
8415811000	制冷量≤4000 大卡/时热泵式空调器（装有制冷装置及一个冷热循环换向阀的）	A	L、M	进口旧机电产品（12.2） 家用和类似用途电器（12.7） 进口强制性产品认证（12.1）
8415812001	4000 大卡/时＜制冷量≤12046 大卡/时（14000 瓦）热泵式空调器（装有制冷装置及一个冷热循环换向阀的）	A	L、M	进口旧机电产品（12.2） 涉氯氟烃物质设备（12.7） 家用和类似用途电器（12.7） 进口强制性产品认证（12.1）
8415812090	其他制冷量＞12046 大卡/时（14000 瓦）热泵式空调器（装有制冷装置及一个冷热循环换向阀的）	A	L、M	进口旧机电产品（12.2） 涉氯氟烃物质设备（12.7） 家用和类似用途电器（12.7） 进口强制性产品认证（12.1）
8415821000	制冷量≤4000 大卡/时的其他空调器（仅装有制冷装置，而无冷热循环装置的）	A	L、M	进口旧机电产品（12.2） 家用和类似用途电器（12.7） 进口强制性产品认证（12.1）
8415822001	4000 大卡/时＜制冷量≤12046 大卡/时（14000 瓦）的其他空调（仅装有制冷装置，而无冷热循环装置的）	A	L、M	进口旧机电产品（12.2） 涉氯氟烃物质设备（12.7） 家用和类似用途电器（12.7） 进口强制性产品认证（12.1）
8415822090	其他制冷量＞12046 大卡/时（14000 瓦）的其他空调（仅装有制冷装置，而无冷热循环装置的）	A	L、M	进口旧机电产品（12.2） 涉氯氟烃物质设备（12.7） 家用和类似用途电器（12.7） 进口强制性产品认证（12.1）
8415830000	未装有制冷装置的空调器			进口旧机电产品（12.2）
8415901000	其他制冷量≤4000 大卡/时空调的零件（指编号 84151010、84151021、84158110、84158210 所列设备的零件）			进口旧机电产品（12.2）
8415909000	其他制冷量＞4000 大卡/时空调的零件（指编号 84151022、84152000、84158120、84158220、84158300 所列设备的零件）			进口旧机电产品（12.2）
8416100000	使用液体燃料的炉用燃烧器			进口旧机电产品（12.2）
8416201101	溴化锂空调用天然气燃烧机			进口旧机电产品（12.2）
8416201190	其他使用天然气的炉用燃烧器			进口旧机电产品（12.2）
8416201900	使用其他气的炉用燃烧器			进口旧机电产品（12.2）
8416209001	溴化锂空调用复式燃烧机			进口旧机电产品（12.2）
8416209090	其他使用粉状固体燃料炉用燃烧器（包括其他复式燃烧器）			进口旧机电产品（12.2）
8416300000	机械加煤机及类似装置（包括机械炉箅、机械出灰器）			进口旧机电产品（12.2）
8416900000	炉用燃烧器、机械加煤机等的零件（包括机械炉箅、机械出灰器及类似装置用的零件）			进口旧机电产品（12.2）
8417100000	矿砂、金属的焙烧、熔化用炉（含烘箱及黄铁矿的焙烧、溶化或其他热处理用炉及烘箱）			进口旧机电产品（12.2）
8417200000	面包房用烤炉及烘箱等（包括做饼干用的）	A	R	普通设备（12.6） 进口旧机电产品（12.2）
8417801000	炼焦炉			进口旧机电产品（12.2）
8417802000	放射性废物焚烧炉			进口旧机电产品（12.2）

商品编号	商品名称	监管条件	检验检疫类别	检验检疫要求
8417803000	水泥回转窑			进口旧机电产品（12.2）
8417804000	石灰石分解炉			进口旧机电产品（12.2）
8417805000	垃圾焚烧炉			进口旧机电产品（12.2）
8417809010	平均温度>1000摄氏度的耐腐蚀焚烧炉（为销毁管制化学品或化学弹药用）			进口旧机电产品（12.2）
8417809020	热裂解炉			进口旧机电产品（12.2）
8417809090	其他非电热的工业用炉及烘箱（包括实验室用炉、烘箱和焚烧炉）			进口旧机电产品（12.2）
8417901000	海绵铁回转窑的零件			进口旧机电产品（12.2）
8417902000	炼焦炉的零件			进口旧机电产品（12.2）
8417909010	垃圾焚烧炉和放射性废物焚烧炉的零件			进口旧机电产品（12.2）
8417909090	其他非电热工业用炉及烘箱的零件（包括实验室用炉及烘箱的零件和焚烧炉零件）			进口旧机电产品（12.2）
8418101000	容积>500升冷藏—冷冻组合机（各自装有单独外门或抽屉，或其组合的）	A	L. M	进口旧机电产品（12.2） 涉氯氟烃物质设备（12.7） 进口强制性产品认证（12.1）
8418102000	200升<容积≤500升冷藏—冷冻组合机（各自装有单独外门或抽屉，或其组合的）	A	L. M	进口旧机电产品（12.2） 涉氯氟烃物质设备（12.7） 家用和类似用途电器（12.7） 进口强制性产品认证（12.1）
8418103000	容积≤200升冷藏—冷冻组合机（各自装有单独外门或抽屉，或其组合的）	A	L. M	进口旧机电产品（12.2） 涉氯氟烃物质设备（12.7） 家用和类似用途电器（12.7） 进口强制性产品认证（12.1）
8418211000	容积>150升压缩式家用型冷藏箱	A	L. M. R	进口旧机电产品（12.2） 涉氯氟烃物质设备（12.7） 家用和类似用途电器（12.7） 进口强制性产品认证（12.1）
8418212000	压缩式家用型冷藏箱（50升<容积≤150升）	A	L. M. R	涉氯氟烃物质设备（12.7） 进口旧机电产品（12.2） 家用和类似用途电器（12.7） 进口强制性产品认证（12.1）
8418213000	容积≤50升压缩式家用型冷藏箱	A	L. M. R	进口旧机电产品（12.2） 涉氯氟烃物质设备（12.7） 家用和类似用途电器（12.7） 进口强制性产品认证（12.1）
8418291000	半导体制冷式家用型冷藏箱	A	L. M. R	进口旧机电产品（12.2） 家用和类似用途电器（12.7） 进口强制性产品认证（12.1）
8418292000	电气吸收式家用型冷藏箱	A	L. R	进口旧机电产品（12.2） 家用和类似用途电器（12.7） 进口强制性产品认证（12.1）
8418299000	其他家用型冷藏箱	A	L. M. R	进口旧机电产品（12.2） 涉氯氟烃物质设备（12.7） 家用和类似用途电器（12.7） 进口强制性产品认证（12.1）
8418301000	制冷温度≤-40摄氏度的柜式冷冻箱（客积≤800升）	A	M	进口旧机电产品（12.2） 涉氯氟烃物质设备（12.7） 家用和类似用途电器（12.7） 进口强制性产品认证（12.1）

商品编号	商品名称	监管条件	检验检疫类别	检验检疫要求
8418302100	制冷温度>-40摄氏度大的其他柜式冷冻箱（大的指500升<容积≤800升）	A		进口旧机电产品（12.2） 涉氯氟烃物质设备（12.7） 进口强制性产品认证（12.1）
8418302900	制冷温度>-40摄氏度小的其他柜式冷冻箱（小的指容积≤500升）	A	L、M	进口旧机电产品（12.2） 涉氯氟烃物质设备（12.7） 家用和类似用途电器（12.7） 进口强制性产品认证（12.1）
8418401000	制冷温度≤-40摄氏度的立式冷冻箱（容积≤900升）	A	M	进口旧机电产品（12.2） 涉氯氟烃物质设备（12.7） 家用和类似用途电器（12.7） 进口强制性产品认证（12.1）
8418402100	制冷温度>-40摄氏度大的立式冷冻箱（大的指500升<容积≤900升）	A		进口旧机电产品（12.2） 涉氯氟烃物质设备（12.7） 进口强制性产品认证（12.1）
8418402900	制冷温度>-40摄氏度小的立式冷冻箱（小的指容积≤500升）	A	L、M	进口旧机电产品（12.2） 涉氯氟烃物质设备（12.7） 家用和类似用途电器（12.7） 进口强制性产品认证（12.1）
8418500000	装有冷藏或冷冻装置的其他设备，用于存储及展示（包括柜、箱、展示台、陈列箱及类似品）	A	L、M	进口旧机电产品（12.2） 涉氯氟烃物质设备（12.7） 家用和类似用途电器（12.7） 进口强制性产品认证（12.1）
8418612010	压缩式制冷机组的热泵（介质为氢、氦的可冷却到≤23K且排热>150瓦）			进口旧机电产品（12.2）
8418612090	其他压缩式热泵，品目8415的空气调节器除外			进口旧机电产品（12.2）
8418619000	其他热泵，品目8415的空气调节器除外			进口旧机电产品（12.2）
8418692010	其他压缩式制冷设备（介质为氢或氦，可冷却到≤23K且排热>150瓦）			进口旧机电产品（12.2）
8418692090	其他制冷机组			进口旧机电产品（12.2）
8418699010	带制冷装置的发酵罐（不发散气溶胶，且容积>20升）			进口旧机电产品（12.2）
8418699020	制冰机、冰激凌机	A		进口旧机电产品（12.2） 涉氯氟烃物质设备（12.7）
8418699090	其他制冷设备			进口旧机电产品（12.2）
8418910000	冷藏或冷冻设备专用的特制家具			进口旧机电产品（12.2）
8418991000	制冷机组及热泵用零件			进口旧机电产品（12.2）
8418999100	制冷温度≤-40摄氏度冷冻设备零件			进口旧机电产品（12.2）
8418999200	制冷温度>-40摄氏度大冷藏设备零件（大仅指容积超过500升的冷藏或冷冻设备用的零件）			进口旧机电产品（12.2）
8418999910	耐腐蚀冷凝器（0.15平方米<换热面积<20平方米）			进口旧机电产品（12.2）
8418999990	品目8418其他制冷设备用零件			进口旧机电产品（12.2）
8419110000	非电热燃气快速热水器	A	M	普通设备（12.6） 进口旧机电产品（12.2） 进口强制性产品认证（12.1）
8419120000	太阳能热水器	A	L、M	普通设备（12.6） 进口旧机电产品（12.2）
8419190000	其他非电热的快速或贮备式热水器	A	M	普通设备（12.6） 进口旧机电产品（12.2）
8419200000	医用或实验室用其他消毒器具	A	M	医疗器械（12.4） 进口旧机电产品（12.2）

商品编号	商品名称	监管条件	检验检疫类别	检验检疫要求
8419331000	农产品用冷冻干燥装置、冷冻干燥单元和喷雾式干燥器	A	M	普通设备（12.6） 进口旧机电产品（12.2）
8419332000	木材、纸浆、纸或纸板用冷冻干燥装置、冷冻干燥单元和喷雾式干燥器	A	M	普通设备（12.6） 进口旧机电产品（12.2）
8419339010	其他冻干设备（10千克≤24小时凝冰量≤1000千克，并可蒸汽消毒）	A	M	普通设备（12.6） 进口旧机电产品（12.2）
8419339020	冷冻或喷雾式烟丝烘干机			进口旧机电产品（12.2）
8419339030	其他冷冻或喷雾式干燥箱（具有与三级生物安全柜类似标准）			进口旧机电产品（12.2）
8419339050	冷冻或喷雾式污泥干燥机			进口旧机电产品（12.2）
8419339090	其他冷冻干燥装置、冷冻干燥单元和喷雾式干燥器			进口旧机电产品（12.2）
8419340000	其他农产品用干燥器	A	M	普通设备（12.6） 进口旧机电产品（12.2）
8419350000	其他木材、纸浆、纸或纸板用干燥器	A	M	普通设备（12.6） 进口旧机电产品（12.2）
8419391000	微空气流动陶瓷坯件干燥器			进口旧机电产品（12.2）
8419399020	其他烟丝烘干机			进口旧机电产品（12.2）
8419399030	其他干燥箱（具有与三级生物安全柜类似标准）			进口旧机电产品（12.2）
8419399040	生产奶粉用其他干燥器	A	M	普通设备（12.6） 进口旧机电产品（12.2）
8419399050	其他污泥干燥机（冷冻式、喷雾式除外）			进口旧机电产品（12.2）
8419399090	其他用途的干燥器			进口旧机电产品（12.2）
8419401000	提净塔	A	M.R	特种设备（12.5） 进口旧机电产品（12.2）
8419402000	精馏塔	A	M.R	特种设备（12.5） 进口旧机电产品（12.2）
8419409010	氢-低温蒸馏塔（温度≤-238摄氏度，压力为0.5~5兆帕，内径≥1米等条件）			进口旧机电产品（12.2）
8419409020	耐腐蚀蒸馏塔（内径>0.1米，接触表面由特殊耐腐蚀材料制成）			进口旧机电产品（12.2）
8419409090	其他蒸馏或精馏设备			进口旧机电产品（12.2）
8419500010	热交换器（专用于核反应堆的一次冷却剂回路的）			进口旧机电产品（12.2）
8419500020	蒸汽发生器（专用于核反应堆内生成的热量输送到进水以产生蒸汽的）			进口旧机电产品（12.2）
8419500030	冷却UF6的热交换器（专门设计或制造的用耐UF6材料制成或保护的热交换器，在压差为100千帕下渗透压力变化率小于10帕/时）			进口旧机电产品（12.2）
8419500040	冷却气体用热交换器（用耐UF6腐蚀材料制成或加以保护的）			进口旧机电产品（12.2）
8419500050	耐腐蚀热交换器（0.15平方米<换热面积<20平方米）	A	M	特种设备（12.5） 进口旧机电产品（12.2）
8419500060	用氟聚合物制造的、入口管和出口管内径≤3厘米的热交换装置	A	M	特种设备（12.5） 进口旧机电产品（12.2）
8419500090	其他热交换装置	A	M	特种设备（12.5） 进口旧机电产品（12.2）
8419601100	制氧机（制氧量在15000立方米/小时及以上）	A	M	特种设备（12.5） 进口旧机电产品（12.2）
8419601900	其他制氧机（制氧量在15000立方米/小时以下）	A	M	特种设备（12.5） 进口旧机电产品（12.2）
8419609010	液化器（将来自级联的UF6气体压缩并冷凝成液态UF6）			进口旧机电产品（12.2）
8419609020	通过冷凝分离和去除污染物的气体液化设备	A	M	特种设备（12.5） 进口旧机电产品（12.2）
8419609090	其他液化空气或其他气体用的机器	A	M	特种设备（12.5） 进口旧机电产品（12.2）

商品编号	商品名称	监管条件	检验检疫类别	检验检疫要求
8419810000	加工热饮料、烹调、加热食品的机器	A	L、M、R	普通设备（12.6） 进口旧机电产品（12.2） 进口强制性产品认证（12.1）
8419891000	加氢反应器			进口旧机电产品（12.2）
8419899010	带加热装置的发酵罐（不发散气溶胶，且容积大于20升）	A	M	特种设备（12.5） 进口旧机电产品（12.2）
8419899021	凝华器（或冷阱）（从扩散级联中取出UF6并可再蒸发转移）			进口旧机电产品（12.2）
8419899022	低温制冷设备（能承受-120摄氏度或更低的温度）	A	M	特种设备（12.5） 进口旧机电产品（12.2）
8419899023	UF6冷阱（能冻结分离出UF6的冷阱）			进口旧机电产品（12.2）
8419899090	其他利用温度变化处理材料的机器（包括类似的实验室设备）	A	M	特种设备（12.5） 进口旧机电产品（12.2）
8419901000	热水器用零件			进口旧机电产品（12.2）
8419909000	品目8419的机器设备用零件（其他利用温度变化处理材料的机器等用零件）			进口旧机电产品（12.2）
8420100001	织物轧光机			进口旧机电产品（12.2）
8420100020	专门或主要用于印刷电路板基板或印刷电路制造的滚压机（加工金属或玻璃用的除外）			进口旧机电产品（12.2）
8420100090	其他砑光机或滚压机器（加工金属或玻璃用的除外）			进口旧机电产品（12.2）
8420910000	砑光机或其他滚压机器的滚筒			进口旧机电产品（12.2）
8420990000	砑光机或其他滚压机的未列名零件			进口旧机电产品（12.2）
8421110000	奶油分离器	A	R	普通设备（12.6） 进口旧机电产品（12.2）
8421121000	干衣量不超过10千克的离心干衣机		L	进口旧机电产品（12.2） 进口强制性产品认证（12.1）
8421129000	干衣量大于10千克的离心干衣机			进口旧机电产品（12.2）
8421191000	脱水机		L	进口旧机电产品（12.2） 进口强制性产品认证（12.1）
8421192000	固液分离机			进口旧机电产品（12.2）
8421199020	液-液离心接触器（为化学交换过程的铀浓缩而专门设计或制造的）			进口旧机电产品（12.2）
8421199030	离心分离器，包括倾析器（不发散气溶胶、可对致病性微生物进行连续分离的）			进口旧机电产品（12.2）
8421199090	其他离心机及离心干燥机			进口旧机电产品（12.2）
8421211000	家用型过滤或净化水的机器及装置	A	R	普通设备（12.6） 进口旧机电产品（12.2） 家用和类似用途电器（12.7）
8421219100	船舶压载水处理设备			进口旧机电产品（12.2）
8421219910	喷灌设备用叠式净水过滤器			进口旧机电产品（12.2）
8421219920	船舶压载水处理设备用过滤器			进口旧机电产品（12.2）
8421219990	其他非家用型过滤或净化水的装置			进口旧机电产品（12.2）
8421220000	过滤或净化饮料的机器及装置（过滤或净化水的装置除外）	A	R	普通设备（12.6） 进口旧机电产品（12.2） 家用和类似用途电器（12.7）
8421230000	内燃发动机的滤油器			进口旧机电产品（12.2）
8421291010	用氟聚合物制造的厚度不超过140微米的过滤膜或净化膜的压滤机			进口旧机电产品（12.2）
8421291090	其他压滤机			进口旧机电产品（12.2）
8421299010	用氟聚合物制造的厚度不超过140微米的过滤膜或净化膜的其他液体过滤或净化机器及装置			进口旧机电产品（12.2）
8421299040	液体截流过滤设备（可连续分离致病性微生物、毒素和细胞培养物）			进口旧机电产品（12.2）
8421299090	其他液体的过滤、净化机器及装置			进口旧机电产品（12.2）
8421310000	内燃发动机的进气过滤器			进口旧机电产品（12.2）

商品编号	商品名称	监管条件	检验检疫类别	检验检疫要求
8421320010	摩托车发动机排气过滤及净化装置（装备不锈钢外壳、入口管和出口管内径不超过1.3厘米的气体过滤或净化机器及装置除外）			进口旧机电产品（12.2）
8421320020	装备不锈钢外壳、入口管和出口管内径不超过1.3厘米的其他内燃发动机排气过滤及净化装置			进口旧机电产品（12.2）
8421320030	柴油发动机排气过滤及净化装置（装备不锈钢外壳、入口管和出口管内径不超过1.3厘米的气体过滤或净化机器及装置除外）			进口旧机电产品（12.2）
8421320040	汽油机颗粒捕集器（装备不锈钢外壳、入口管和出口管内径不超过1.3厘米的气体过滤或净化机器及装置除外）			进口旧机电产品（12.2）
8421320090	其他用于净化或过滤内燃机所排出废气的催化转化器或微粒过滤器（不论是否组合式）			进口旧机电产品（12.2）
8421391000	家用型气体过滤、净化机器及装置			进口旧机电产品（12.2）
8421392110	装备不锈钢外壳、入口管和出口管内径不超过1.3厘米的工业用静电除尘器			进口旧机电产品（12.2）
8421392190	其他工业用静电除尘器			进口旧机电产品（12.2）
8421392210	装备不锈钢外壳、入口管和出口管内径不超过1.3厘米的工业用袋式除尘器			进口旧机电产品（12.2）
8421392290	其他工业用袋式除尘器			进口旧机电产品（12.2）
8421392310	装备不锈钢外壳、入口管和出口管内径不超过1.3厘米的工业用旋风式除尘器			进口旧机电产品（12.2）
8421392390	其他工业用旋风式除尘器			进口旧机电产品（12.2）
8421392410	装备不锈钢外壳、入口管和出口管内径不超过1.3厘米的电袋复合除尘器			进口旧机电产品（12.2）
8421392490	其他电袋复合除尘器			进口旧机电产品（12.2）
8421392910	装备不锈钢外壳、入口管和出口管内径不超过1.3厘米的其他工业用除尘器			进口旧机电产品（12.2）
8421392990	其他工业用除尘器			进口旧机电产品（12.2）
8421394010	装备不锈钢外壳、入口管和出口管内径不超过1.3厘米的烟气脱硫装置			进口旧机电产品（12.2）
8421394090	其他烟气脱硫装置			进口旧机电产品（12.2）
8421395010	装备不锈钢外壳、入口管和出口管内径不超过1.3厘米的烟气脱硝装置			进口旧机电产品（12.2）
8421395090	其他烟气脱硝装置			进口旧机电产品（12.2）
8421399010	装备不锈钢外壳、入口管和出口管内径不超过1.3厘米的其他气体过滤或净化机器及装置			进口旧机电产品（12.2）
8421399090	其他气体过滤、净化机器及装置			进口旧机电产品（12.2）
8421911000	干衣量≤10千克离心干衣机零件			进口旧机电产品（12.2）
8421919011	离心机壳/收集器（容纳气体离心机的转筒组件的耐UF6部件）			进口旧机电产品（12.2）
8421919012	收集器（由内径不同的同心管组成用于供取UF6气体的管件）			进口旧机电产品（12.2）
8421919013	气体扩散膜（由耐UF6材料制成的多细孔过滤薄膜）			进口旧机电产品（12.2）
8421919014	扩散室（专门设计或制造的密闭式容器，用于容纳气体扩散膜，由耐UF6的材料制成或用这种材料进行保护）			进口旧机电产品（12.2）
8421919090	其他离心机用零件			进口旧机电产品（12.2）
8421991000	家用型过滤、净化装置用零件			进口旧机电产品（12.2）
8421999010	用氟聚合物制造的厚度不超过140微米的过滤或净化膜的液体过滤或净化机器及装置的零件；装备不锈钢外壳、入口管和出口管内径不超过1.3厘米的气体过滤或净化机器及装置的零件			进口旧机电产品（12.2）
8421999090	其他过滤、净化装置用零件			进口旧机电产品（12.2）
8422110000	家用型洗碟机			进口旧机电产品（12.2）
8422190000	非家用型洗碟机			进口旧机电产品（12.2）
8422200000	瓶子及其他容器的洗涤或干燥机器			进口旧机电产品（12.2）

商品编号	商品名称	监管条件	检验检疫类别	检验检疫要求
8422301010	乳品加工用自动化灌装设备	A	R	普通设备（12.6） 进口旧机电产品（12.2）
8422301090	其他饮料及液体食品灌装设备	A	R	普通设备（12.6） 进口旧机电产品（12.2）
8422302100	全自动水泥灌包机			进口旧机电产品（12.2）
8422302900	其他水泥包装机			进口旧机电产品（12.2）
8422303001	全自动无菌灌装生产线用包装机（加工速度≥20000只/小时）	A	R	普通设备（12.6） 进口旧机电产品（12.2）
8422303090	其他包装机	A	R	普通设备（12.6） 进口旧机电产品（12.2）
8422309001	全自动无菌灌装生产线用贴吸管机（加工速度≥22000只/小时）	A	R	普通设备（12.6） 进口旧机电产品（12.2）
8422309010	充装设备（两用物项管制）			进口旧机电产品（12.2）
8422309090	其他瓶、罐、箱、袋或其他容器的封口、密封、贴标签的机器；其他瓶、罐、管、筒或类似容器的封包机器；饮料充气机	A	R	普通设备（12.6） 进口旧机电产品（12.2）
8422400010	半导体检测分选编带机			进口旧机电产品（12.2）
8422400090	其他包装或打包机器（包括热缩包装机器）			进口旧机电产品（12.2）
8422901000	洗碟机用零件			进口旧机电产品（12.2）
8422902010	乳品加工用自动化灌装设备用零件			进口旧机电产品（12.2）
8422902090	其他饮料及液体食品灌装设备用零件			进口旧机电产品（12.2）
8422909010	全自动无菌灌装生产线用包装机（加工速度≥20000只/小时）、贴吸管机（加工速度≥22000只/小时）用零件			进口旧机电产品（12.2）
8422909090	品目8422其他未列名机器零件			进口旧机电产品（12.2）
8423100000	体重计、婴儿秤及家用秤			进口旧机电产品（12.2）
8423201000	输送带上连续称货的电子皮带秤			进口旧机电产品（12.2）
8423209000	输送带上连续称货的其他秤			进口旧机电产品（12.2）
8423301010	以电子方式称重的定量包装秤			进口旧机电产品（12.2）
8423301090	其他定量包装秤			进口旧机电产品（12.2）
8423302000	定量分选秤			进口旧机电产品（12.2）
8423303010	以电子方式称重的配料秤			进口旧机电产品（12.2）
8423303090	其他配料秤			进口旧机电产品（12.2）
8423309010	以电子方式称重的恒定秤、库秤及其他包装秤、分选秤			进口旧机电产品（12.2）
8423309090	其他恒定秤、库秤及其他包装秤、分选秤			进口旧机电产品（12.2）
8423811000	最大称量≤30千克的计价秤			进口旧机电产品（12.2）
8423812000	最大称量≤30千克的弹簧秤			进口旧机电产品（12.2）
8423819010	其他以电子方式称重的衡器，最大称量≤30千克			进口旧机电产品（12.2）
8423819090	最大称量≤30千克的其他衡器			进口旧机电产品（12.2）
8423821010	其他以电子方式称重的地中衡，30千克<最大称量≤5000千克，但对车辆称重的衡器除外			进口旧机电产品（12.2）
8423821090	30千克<最大称量≤5000千克的其他地中衡			进口旧机电产品（12.2）
8423829010	其他以电子方式称重的衡器，30千克<最大称量≤5000千克，但对车辆称重的衡器除外			进口旧机电产品（12.2）
8423829090	30千克<最大称量≤5000千克的其他衡器			进口旧机电产品（12.2）
8423891010	其他以电子方式称重的地中衡，最大称量>5000千克，但对车辆称重的衡器除外			进口旧机电产品（12.2）
8423891090	最大秤量>5000千克的其他地中衡			进口旧机电产品（12.2）
8423892010	其他以电子方式称重的轨道衡，最大称量>5000千克，但对车辆称重的衡器除外			进口旧机电产品（12.2）
8423892090	最大秤量>5000千克的其他轨道衡			进口旧机电产品（12.2）
8423893010	其他以电子方式称重的吊秤，最大称量>5000千克，但对车辆称重的衡器除外			进口旧机电产品（12.2）
8423893090	最大秤量>5000千克的其他吊秤			进口旧机电产品（12.2）

商品编号	商品名称	监管条件	检验检疫类别	检验检疫要求
8423899010	其他以电子方式称重的衡器，最大称量>5000千克，但对车辆称重的衡器除外			进口旧机电产品（12.2）
8423899090	最大秤量>5000千克的其他衡器			进口旧机电产品（12.2）
8423900010	以电子方式称重的衡器的零件，但对车辆称重的衡器零件除外			进口旧机电产品（12.2）
8423900090	其他衡器用的各种砝码、秤砣及其零件			进口旧机电产品（12.2）
8424100010	飞机用灭火器（不论是否装药）	A	M	灭火器产品（12.8） 进口旧机电产品（12.2）
8424100090	其他灭火器（不论是否装药）	A	L.M	灭火器产品（12.8） 进口旧机电产品（12.2） 进口强制性产品认证（12.1）
8424200000	喷枪及类似器具			进口旧机电产品（12.2）
8424300000	喷汽机、喷砂机及类似喷射机器			进口旧机电产品（12.2）
8424410000	农业或园艺用便携式喷雾器		L	进口旧机电产品（12.2） 进口强制性产品认证（12.1）
8424490000	农业或园艺用非便携式喷雾器		L	进口旧机电产品（12.2） 进口强制性产品认证（12.1）
8424820000	农业或园艺用其他喷射器具（喷雾器除外）		L	进口旧机电产品（12.2） 进口强制性产品认证（12.1）
8424891000	家用型喷射、喷雾机械器具			进口旧机电产品（12.2）
8424892000	喷涂机器人			进口旧机电产品（12.2）
8424899100	船用洗舱机			进口旧机电产品（12.2）
8424899910	分离喷嘴（由狭缝状、曲率半径极小的弯曲通道组成，内有分离楔尖）			进口旧机电产品（12.2）
8424899990	其他用途的喷射、喷雾机械器具		L	进口旧机电产品（12.2） 进口强制性产品认证（12.1）
8424901000	灭火器用的零件			进口旧机电产品（12.2）
8424902000	家用型喷射、喷雾器具的零件			进口旧机电产品（12.2）
8424909000	其他喷雾器具及喷汽机等用零件（编号84242000、84243000、84248990所列器具的零件）			进口旧机电产品（12.2）
8425110000	电动滑车及提升机（倒卸式提升机及提升车辆用的提升机除外）			进口旧机电产品（12.2）
8425190000	非电动滑车及提升机（倒卸式提升机及提升车辆用的提升机除外）			进口旧机电产品（12.2）
8425311000	矿井口卷扬装置及专为井下使用设计的卷扬机，电动的			进口旧机电产品（12.2）
8425319000	其他电动卷扬机及绞盘			进口旧机电产品（12.2）
8425391000	矿井口卷扬装置及专为井下使用设计的卷扬机，非电动的			进口旧机电产品（12.2）
8425399000	其他非电动卷扬机及绞盘			进口旧机电产品（12.2）
8425410000	车库中使用的固定千斤顶系统			进口旧机电产品（12.2）
8425421000	液压千斤顶			进口旧机电产品（12.2）
8425429000	提升车辆用液压提升机			进口旧机电产品（12.2）
8425491000	其他千斤顶			进口旧机电产品（12.2）
8425499000	其他提升车辆用提升机			进口旧机电产品（12.2）
8426112000	通用桥式起重机			进口旧机电产品（12.2）
8426119000	其他固定支架的高架移动式起重机			进口旧机电产品（12.2）
8426120000	胶轮移动式吊运架及跨运车			进口旧机电产品（12.2）
8426191000	装船机			进口旧机电产品（12.2）
8426192100	抓斗式卸船机			进口旧机电产品（12.2）
8426192900	其他卸船机			进口旧机电产品（12.2）
8426193000	龙门式起重机			进口旧机电产品（12.2）
8426194100	门式装卸桥			进口旧机电产品（12.2）
8426194200	集装箱装卸桥			进口旧机电产品（12.2）
8426194300	其他动臂式装卸桥			进口旧机电产品（12.2）
8426194900	其他装卸桥			进口旧机电产品（12.2）
8426199000	其他高架移动式起重吊运设备			进口旧机电产品（12.2）

商品编号	商品名称	监管条件	检验检疫类别	检验检疫要求
8426200000	塔式起重机			进口旧机电产品（12.2）
8426300000	门座式起重机及座式旋臂起重机			进口旧机电产品（12.2）
8426411000	轮胎式起重机			进口旧机电产品（12.2） 进口强制性产品认证（12.1）
8426419000	其他带胶轮的自推进起重机械			进口旧机电产品（12.2）
8426491000	履带式自推进起重机械			进口旧机电产品（12.2）
8426499000	其他不带胶轮的自推进起重机械			进口旧机电产品（12.2）
8426910000	供装于公路车辆的其他起重机械			进口旧机电产品（12.2）
8426990000	其他起重机械			进口旧机电产品（12.2）
8427101000	有轨巷道堆垛机	A	M	特种设备（12.5） 进口旧机电产品（12.2）
8427102000	无轨巷道堆垛机	A	M	特种设备（12.5） 进口旧机电产品（12.2）
8427109000	其他电动机推动的机动叉车或升降搬运车	A	M	特种设备（12.5） 进口旧机电产品（12.2）
8427201000	集装箱叉车	A	M	特种设备（12.5） 进口旧机电产品（12.2）
8427209000	其他机动叉车及有升降装置工作车（包括装有搬运装置的机动工作车）	A	M	特种设备（12.5） 进口旧机电产品（12.2）
8427900000	其他叉车及可升降的工作车（工作车指装有升降或搬运装置）	A	M	特种设备（12.5） 进口旧机电产品（12.2）
8428101001	无障碍升降机	A	M	特种设备（12.5） 进口旧机电产品（12.2）
8428101090	其他载客电梯	A	M	特种设备（12.5） 进口旧机电产品（12.2）
8428109000	其他升降机及倒卸式起重机	A	M	特种设备（12.5） 进口旧机电产品（12.2）
8428200000	气压升降机及输送机			进口旧机电产品（12.2）
8428310000	地下连续运货或材料升降、输送机			进口旧机电产品（12.2）
8428320000	其他斗式连续运货升降、输送机			进口旧机电产品（12.2）
8428330000	其他带式连续运货升降、输送机			进口旧机电产品（12.2）
8428391000	其他链式连续运送货升降、输送机			进口旧机电产品（12.2）
8428392000	辊式连续运送货升降、输送机			进口旧机电产品（12.2）
8428399000	其他未列名连续运货升降、输送机			进口旧机电产品（12.2）
8428400000	自动梯及自动人行道	A	M	特种设备（12.5） 进口旧机电产品（12.2）
8428601000	货运架空索道			进口旧机电产品（12.2）
8428602100	单线循环式客运架空索道			进口旧机电产品（12.2）
8428602900	非单线循环式客运架空索道			进口旧机电产品（12.2）
8428609000	缆车、座式升降机等用牵引装置（包括滑雪拉索）			进口旧机电产品（12.2）
8428700000	工业机器人			进口旧机电产品（12.2）
8428901000	矿车推动机、铁道机车等的转车台（包括货车转车台、货车倾卸装置及类似铁道货车搬运装置）			进口旧机电产品（12.2）
8428902000	机械式停车设备			进口旧机电产品（12.2）
8428903100	堆取料机械			进口旧机电产品（12.2）
8428903900	其他装卸机械			进口旧机电产品（12.2）
8428909010	放化分离作业和热室用遥控机械手（能贯穿0.6米以上热室壁或壁厚为0.6米以上热室顶）			进口旧机电产品（12.2）
8428909090	其他升降、搬运、装卸机械			进口旧机电产品（12.2）
8429111000	功率>235.36千瓦的履带式推土机（包括侧铲推土机，发动机输出功率235.36千瓦＝320马力）	A	M	土方机械（12.8） 进口旧机电产品（12.2）

商品编号	商品名称	监管条件	检验检疫类别	检验检疫要求
8429119000	功率≤235.36千瓦的履带式推土机（包括侧铲推土机，发动机输出功率235.36千瓦=320马力）	A	M	土方机械（12.8） 进口旧机电产品（12.2）
8429191000	功率>235.36千瓦其他推土机（非履带式，包括侧铲推土机，功率235.36千瓦=320马力）	A	M	土方机械（12.8） 进口旧机电产品（12.2）
8429199000	功率≤235.36千瓦的其他推土机（非履带式，包括侧铲推土机，功率235.36千瓦=320马力）	A	M	土方机械（12.8） 进口旧机电产品（12.2）
8429201000	功率>235.36千瓦的筑路机及平地机（发动机输出功率235.36千瓦=320马力）	A	M	土方机械（12.8） 进口旧机电产品（12.2）
8429209000	其他筑路机及平地机（发动机输出功率≤235.36千瓦的）	A	M	土方机械（12.8） 进口旧机电产品（12.2）
8429301000	斗容量>10立方米的铲运机	A	M	土方机械（12.8） 进口旧机电产品（12.2）
8429309000	斗容量≤10立方米的铲运机	A	M	土方机械（12.8） 进口旧机电产品（12.2）
8429401100	机重≥18吨的震动式压路机	A	M	土方机械（12.8） 进口旧机电产品（12.2）
8429401900	其他机动压路机	A	M	土方机械（12.8） 进口旧机电产品（12.2）
8429409000	其他未列名捣固机械及压路机	A	M	土方机械（12.8） 进口旧机电产品（12.2）
8429510000	前铲装载机	A	M	土方机械（12.8） 进口旧机电产品（12.2）
8429521100	轮胎式挖掘机（上部结构可转360度的）	A	M	土方机械（12.8） 进口旧机电产品（12.2）
8429521200	履带式挖掘机（上部结构可转360度的）	A	M	土方机械（12.8） 进口旧机电产品（12.2）
8429521900	其他挖掘机（上部结构可转360度的）	A	M	土方机械（12.8） 进口旧机电产品（12.2）
8429529000	其他上部结构可转360度的机械（包括机械铲及机铲装载机）	A	M	土方机械（12.8） 进口旧机电产品（12.2）
8429590000	其他机械铲、挖掘机及机铲装载机	A	M	土方机械（12.8） 进口旧机电产品（12.2）
8430100000	打桩机及拔桩机			进口旧机电产品（12.2）
8430200000	扫雪机及吹雪机			进口旧机电产品（12.2）
8430311000	自推进采（截）煤机			进口旧机电产品（12.2）
8430312000	自推进凿岩机			进口旧机电产品（12.2）
8430313000	自推进隧道掘进机			进口旧机电产品（12.2）
8430390000	其他非自推进截煤机凿岩机（包括非自推隧道掘进机）			进口旧机电产品（12.2）
8430411100	钻探深度≥6000米其他石油钻探机（自推进的，包括天然气钻探机）			进口旧机电产品（12.2）
8430411900	其他自推进石油及天然气钻探机（钻探深度在6000米以下的）			进口旧机电产品（12.2）
8430412100	钻探深度≥6000米的其他钻探机（自推进的）			进口旧机电产品（12.2）
8430412200	深度<6000米履带式自推进钻机（指石油及天然气钻探机）			进口旧机电产品（12.2）
8430412900	钻探深度<6000米的其他钻探机（自推进的）			进口旧机电产品（12.2）
8430419000	其他自推进的凿井机械			进口旧机电产品（12.2）
8430490000	非自推进的其他钻探或凿井机械			进口旧机电产品（12.2）
8430501000	其他自推进采油机械			进口旧机电产品（12.2）
8430502000	矿用电铲			进口旧机电产品（12.2）
8430503100	牙轮直径≥380毫米的采矿钻机（自推进的）			进口旧机电产品（12.2）
8430503900	牙轮直径<380毫米的采矿钻机（自推进的）			进口旧机电产品（12.2）
8430509000	其他自推进未列名平整、压实等机械			进口旧机电产品（12.2）

商品编号	商品名称	监管条件	检验检疫类别	检验检疫要求
8430610000	非自推进捣固或压实机械			进口旧机电产品（12.2）
8430691100	转筒直径≥3米的工程钻机（非自动推进）			进口旧机电产品（12.2）
8430691900	转筒直径<3米的工程钻机（非自动推进）			进口旧机电产品（12.2）
8430692000	非自推进铲运机			进口旧机电产品（12.2）
8430699000	其他非自推进未列名机械			进口旧机电产品（12.2）
8431100000	滑车、绞盘、千斤顶等机械用零件（品目8425所列机械用的）			进口旧机电产品（12.2）
8431201000	装有差速器的驱动桥及其零件，不论是否装有其他传动部件（品目8427所列机械用的）			进口旧机电产品（12.2）
8431209000	叉车及装有升降装置工作车用其他零件（品目8427所列机械用的）			进口旧机电产品（12.2）
8431310001	无障碍升降机的零件			进口旧机电产品（12.2）
8431310090	其他升降机、倒卸式起重机零件（包括自动梯零件）			进口旧机电产品（12.2）
8431390000	品目8428所列其他机械的零件（升降机、倒卸式起重机、自动梯的零件除外）			进口旧机电产品（12.2）
8431410000	戽斗、夹斗、抓斗及其他铲斗			进口旧机电产品（12.2）
8431420000	推土机或侧铲推土机用铲			进口旧机电产品（12.2）
8431431000	石油或天然气钻探机用零件			进口旧机电产品（12.2）
8431432000	其他钻探机用零件			进口旧机电产品（12.2）
8431439000	其他凿井机用零件（编号843041、843049所列机械的）			进口旧机电产品（12.2）
8431492000	装有差速器的驱动桥及其零件，不论是否装有其他传动部件			进口旧机电产品（12.2）
8431499100	矿用电铲用零件			进口旧机电产品（12.2）
8431499900	品目8426、8429、8430的其他零件（前述具体列名的机械零件除外）			进口旧机电产品（12.2）
8432100000	犁			进口旧机电产品（12.2）
8432210000	圆盘耙			进口旧机电产品（12.2）
8432290000	其他耙、松土机等耕作机械（包括中耙机、除草机及耕耘机）			进口旧机电产品（12.2）
8432311100	免耕直接谷物播种机			进口旧机电产品（12.2）
8432311900	其他免耕直接播种机			进口旧机电产品（12.2）
8432312100	免耕直接马铃薯种植机			进口旧机电产品（12.2）
8432312900	其他免耕直接种植机			进口旧机电产品（12.2）
8432313100	免耕直接水稻插秧机			进口旧机电产品（12.2）
8432313900	其他免耕直接移植机（栽植机）			进口旧机电产品（12.2）
8432391100	非免耕直接谷物播种机			进口旧机电产品（12.2）
8432391900	其他非免耕直接播种机			进口旧机电产品（12.2）
8432392100	非免耕直接马铃薯种植机			进口旧机电产品（12.2）
8432392900	其他非免耕直接种植机			进口旧机电产品（12.2）
8432393100	非免耕直接水稻插秧机			进口旧机电产品（12.2）
8432393900	其他非免耕直接移植机（栽植机）			进口旧机电产品（12.2）
8432410000	粪肥施肥机			进口旧机电产品（12.2）
8432420000	化肥施肥机			进口旧机电产品（12.2）
8432801000	草坪及运动场地滚压机			进口旧机电产品（12.2）
8432809000	其他未列名整地或耕作机械			进口旧机电产品（12.2）
8432900000	整地或耕作机械、滚压机零件（品目8432所列机械用的）			进口旧机电产品（12.2）
8433110000	机动旋转式割草机（旋转式指切割装置在同一水平面上旋转。用于草坪、公园）			进口旧机电产品（12.2）
8433190000	草坪、公园等用其他割草机（包括运动场地）			进口旧机电产品（12.2）
8433200000	其他割草机（包括牵引装置用的刀具杆）			进口旧机电产品（12.2）
8433300000	其他干草切割、翻晒机器			进口旧机电产品（12.2）
8433400000	草料打包机（包括收集打包机）			进口旧机电产品（12.2）
8433510001	功率≥160马力的联合收割机			进口旧机电产品（12.2）
8433510090	功率<160马力的联合收割机			进口旧机电产品（12.2）
8433520000	其他脱粒机			进口旧机电产品（12.2）
8433530001	功率≥160马力的土豆、甜菜收获机			进口旧机电产品（12.2）
8433530090	其他根茎或块茎收获机			进口旧机电产品（12.2）

商品编号	商品名称	监管条件	检验检疫类别	检验检疫要求
8433591001	功率≥160马力的甘蔗收获机			进口旧机电产品（12.2）
8433591090	其他甘蔗收获机			进口旧机电产品（12.2）
8433592000	棉花采摘机	A	M	农林机械（12.8） 进口旧机电产品（12.2）
8433599001	自走式青储饲料收获机			进口旧机电产品（12.2）
8433599002	茶叶采摘机			进口旧机电产品（12.2）
8433599090	其他收割机及脱粒机			进口旧机电产品（12.2）
8433601000	蛋类清洁、分选、分级机器			进口旧机电产品（12.2）
8433609000	水果等其他农产品的清洁、分选、分级机器（品目8437的机器除外）			进口旧机电产品（12.2）
8433901000	联合收割机用零件			进口旧机电产品（12.2）
8433909000	品目8433所列其他机械零件			进口旧机电产品（12.2）
8434100000	挤奶机			进口旧机电产品（12.2）
8434200000	乳品加工机器	A	R	普通设备（12.6） 进口旧机电产品（12.2）
8434900000	挤奶机及乳品加工机器用零件			进口旧机电产品（12.2）
8435100000	制酒、果汁等的压榨、轧碎机（包括制类似饮料用机器）	A	R	普通设备（12.6） 进口旧机电产品（12.2）
8435900000	制酒、果汁等压榨、轧碎机零件			进口旧机电产品（12.2）
8436100000	动物饲料配制机			进口旧机电产品（12.2）
8436210000	家禽孵卵器及育雏器			进口旧机电产品（12.2）
8436290000	家禽饲养用机器			进口旧机电产品（12.2）
8436800001	青储饲料切割上料机			进口旧机电产品（12.2）
8436800002	自走式饲料搅拌投喂车			进口旧机电产品（12.2）
8436800090	农、林业、园艺等用的其他机器（包括装有机械或热力装置的催芽设备）			进口旧机电产品（12.2）
8436910000	家禽饲养机、孵卵器及育雏器零件			进口旧机电产品（12.2）
8436990000	品目8436所列其他机器的零件			进口旧机电产品（12.2）
8437101000	光学色差颗粒选别机（色选机）			进口旧机电产品（12.2）
8437109000	种子谷物其他清洁、清选、分级机（包括干豆的清洁、分选或分级机）			进口旧机电产品（12.2）
8437800000	谷物磨粉业加工机器（包括谷物、干豆加工机器，但农业用机器除外）	A	R	普通设备（12.6） 进口旧机电产品（12.2）
8437900000	品目8437所列机械的零件			进口旧机电产品（12.2）
8438100010	糕点生产线	A	R	普通设备（12.6） 进口旧机电产品（12.2）
8438100090	通心粉、面条的生产加工机器（包括类似产品的加工机）	A	R	普通设备（12.6） 进口旧机电产品（12.2）
8438200000	生产糖果、可可粉、巧克力的机器	A	R	普通设备（12.6） 进口旧机电产品（12.2）
8438300000	制糖机器	A	R	普通设备（12.6） 进口旧机电产品（12.2）
8438400000	酿酒机器	A	R	普通设备（12.6） 进口旧机电产品（12.2）
8438500000	肉类或家禽加工机器	A	R	普通设备（12.6） 进口旧机电产品（12.2）
8438600000	水果、坚果或蔬菜加工机器	A	R	普通设备（12.6） 进口旧机电产品（12.2）
8438800000	本章其他未列名食品等加工机器（包括饮料工业用加工机器，加工动、植物油脂或微生物油脂的机器除外）	A	R	普通设备（12.6） 进口旧机电产品（12.2）
8438900000	食品、饮料工业用机器的零件（品目8438所列机械的）			进口旧机电产品（12.2）
8439100000	制造纤维素纸浆的机器			进口旧机电产品（12.2）

商品编号	商品名称	监管条件	检验检疫类别	检验检疫要求
8439200000	纸或纸板的抄造机器			进口旧机电产品（12.2）
8439300000	纸或纸板的整理机器			进口旧机电产品（12.2）
8439910000	制造纤维素纸浆的机器零件			进口旧机电产品（12.2）
8439990000	制造或整理纸及纸板的机器零件			进口旧机电产品（12.2）
8440101000	锁线订书机			进口旧机电产品（12.2）
8440102000	胶订机			进口旧机电产品（12.2）
8440109000	其他书本装订机			进口旧机电产品（12.2）
8440900000	书本装订机器的零件（包括锁线订书机的零件）			进口旧机电产品（12.2）
8441100000	切纸机			进口旧机电产品（12.2）
8441200000	制造包、袋或信封的机器			进口旧机电产品（12.2）
8441301000	纸塑铝复合罐生产设备（但模制成型机器除外）			进口旧机电产品（12.2）
8441309000	其他制造箱、盒及类似容器的机器（但模制成型机器除外）			进口旧机电产品（12.2）
8441400000	纸浆、纸或纸板制品模制成型机器			进口旧机电产品（12.2）
8441801000	制造纸塑铝软包装生产设备			进口旧机电产品（12.2）
8441809000	其他制造纸浆制品、纸制品的机器（包括制造纸板制品的机器）			进口旧机电产品（12.2）
8441901001	切纸机用弧形辊			进口旧机电产品（12.2）
8441901002	切纸机用横切刀单元			进口旧机电产品（12.2）
8441901090	其他切纸机零件			进口旧机电产品（12.2）
8441909000	其他制造纸浆、纸制品的机器零件			进口旧机电产品（12.2）
8442301000	铸字机			进口旧机电产品（12.2）
8442302110	凹版式计算机直接制版设备（CTP）			进口旧机电产品（12.2）
8442302190	除凹版式以外的其他计算机直接制版设备（CTP）			进口旧机电产品（12.2）
8442302900	其他制版机器、器具及设备			进口旧机电产品（12.2）
8442309000	制作滚筒及其他印刷部件用机器、器具及设备（品目8456至8465所列机器除外）			进口旧机电产品（12.2）
8442400010	计算机直接制版机器用零件			进口旧机电产品（12.2）
8442400090	其他铸字、排字、制版机器的零件			进口旧机电产品（12.2）
8442500000	印刷用版、滚筒及其他印刷部件［包括制成供印刷用（如刨平、压纹或抛光）的板、滚筒及石板］			进口旧机电产品（12.2）
8443110000	卷取进料式胶印机（用品目8442项下商品进行印刷的机器）			进口旧机电产品（12.2）
8443120000	办公室用片取进料式胶印机（片尺寸≤22厘米×36厘米，用品目8442项下商品进行印刷的机器）			进口旧机电产品（12.2）
8443131100	平张纸进料式单色胶印机（用品目8442项下商品进行印刷的机器）			进口旧机电产品（12.2）
8443131200	平张纸进料式双色胶印机（用品目8442项下商品进行印刷的机器）			进口旧机电产品（12.2）
8443131301	四色平张纸胶印机（对开单张单面印刷速度≥17000张/小时）			进口旧机电产品（12.2）
8443131302	四色平张纸胶印机（对开单张双面印刷速度≥13000张/小时）			进口旧机电产品（12.2）
8443131303	四色平张纸胶印机（全张或超全张单张单面印刷速度≥13000张/小时）			进口旧机电产品（12.2）
8443131390	其他四色平张纸胶印机（用品目8442项下商品进行印刷的机器）			进口旧机电产品（12.2）
8443131901	五色及以上平张纸胶印机（对开单张单面印刷速度≥17000张/小时）			进口旧机电产品（12.2）
8443131902	五色及以上平张纸胶印机（对开单张双面印刷速度≥13000张/小时）			进口旧机电产品（12.2）
8443131903	五色及以上平张纸胶印机（全张或超全张单张单面印刷速度≥13000张/小时）			进口旧机电产品（12.2）
8443131990	其他平张纸进料式胶印机（用品目8442项下商品进行印刷的机器）			进口旧机电产品（12.2）
8443139000	其他胶印机（用品目8442项下商品进行印刷的机器）			进口旧机电产品（12.2）
8443140000	卷取进料式凸版印刷机，但不包括苯胺印刷机（用品目8442项下商品进行印刷的机器）			进口旧机电产品（12.2）
8443150000	除卷取进料式以外的凸版印刷机，但不包括苯胺印刷机（用品目8442项下商品进行印刷的机器）			进口旧机电产品（12.2）
8443160001	苯胺印刷机，线速度≥350米/分钟，幅宽≥800毫米（柔性版印刷机，用品目8442项下商品进行印刷的机器）			进口旧机电产品（12.2）

商品编号	商品名称	监管条件	检验检疫类别	检验检疫要求
8443160002	机组式柔性版印刷机，线速度≥160米/分钟，250毫米≤幅宽<800毫米（具有烫印或全息或丝网印刷功能单元的）			进口旧机电产品（12.2）
8443160090	其他苯胺印刷机（柔性版印刷机，用品目8442项下商品进行印刷的机器）			进口旧机电产品（12.2）
8443170001	凹版印刷机，印刷速度≥350米/分钟（用品目8442项下商品进行印刷的机器）			进口旧机电产品（12.2）
8443170090	其他凹版印刷机（用品目8442项下商品进行印刷的机器）			进口旧机电产品（12.2）
8443192101	纺织用圆网印花机			进口旧机电产品（12.2）
8443192190	其他圆网印刷机（用品目8442项下商品进行印刷的机器）			进口旧机电产品（12.2）
8443192201	纺织用平网印花机			进口旧机电产品（12.2）
8443192210	用于光盘生产的盘面印刷机（用品目8442项下商品进行印刷的机器）			进口旧机电产品（12.2）
8443192290	其他平网印刷机（用品目8442项下商品进行印刷的机器）			进口旧机电产品（12.2）
8443192900	其他网式印刷机（用品目8442项下商品进行印刷的机器）			进口旧机电产品（12.2）
8443198000	未列名印刷机（网式印刷机除外，用品目8442项下商品进行印刷的机器）			进口旧机电产品（12.2）
8443311010	静电感光式多功能一体加密传真机（可与自动数据处理设备或网络连接）		L	进口旧机电产品（12.2） 进口强制性产品认证（12.1）
8443311090	其他静电感光式多功能一体机（可与自动数据处理设备或网络连接）		L	进口旧机电产品（12.2） 进口强制性产品认证（12.1）
8443319010	其他具有打印和复印两种功能的机器（可与自动数据处理设备或网络连接）	A	L	进口旧机电产品（12.2） 进口强制性产品认证（12.1）
8443319020	其他多功能一体加密传真机（兼有打印、复印中一种及以上功能的机器）	A	L. M	信息技术设备（12.7） 进口旧机电产品（12.2） 进口强制性产品认证（12.1）
8443319090	其他具有打印、复印或传真中两种及以上功能的机器（具有打印和复印两种功能的机器除外，可与自动数据处理设备或网络连接）	A	L. M	信息技术设备（12.7） 进口旧机电产品（12.2） 进口强制性产品认证（12.1）
8443321100	专用于品目8471所列设备的针式打印机（可与自动数据处理设备或网络连接）	A	L	进口旧机电产品（12.2） 进口强制性产品认证（12.1）
8443321200	专用于品目8471所列设备的激光打印机（可与自动数据处理设备或网络连接）	A	L	进口旧机电产品（12.2） 进口强制性产品认证（12.1）
8443321300	专用于品目8471所列设备的喷墨打印机（可与自动数据处理设备或网络连接）	A	L	进口旧机电产品（12.2） 进口强制性产品认证（12.1）
8443321400	专用于品目8471所列设备的热敏打印机（可与自动数据处理设备或网络连接）	A	L	进口旧机电产品（12.2） 进口强制性产品认证（12.1）
8443321900	专用于品目8471所列设备的其他打印机（可与自动数据处理设备或网络连接）	A	L	进口旧机电产品（12.2） 进口强制性产品认证（12.1）
8443322100	数字式喷墨印刷机（可与自动数据处理设备或网络连接）			进口旧机电产品（12.2）
8443322200	数字式静电照相印刷机（激光印刷机）（可与自动数据处理设备或网络连接）			进口旧机电产品（12.2）
8443322900	其他数字式印刷设备（可与自动数据处理设备或网络连接）			进口旧机电产品（12.2）
8443329010	其他加密传真机（可与自动数据处理设备或网络连接）	A	L. M	信息技术设备（12.7） 进口旧机电产品（12.2） 进口强制性产品认证（12.1）
8443329090	其他印刷（打印）机、复印机、传真机和电传打字机（可与自动数据处理设备或网络连接）	A	L. M	信息技术设备（12.7） 进口旧机电产品（12.2） 进口强制性产品认证（12.1）
8443391100	将原件直接复印（直接法）的静电感光复印设备（不可与自动数据处理设备或网络连接）			进口旧机电产品（12.2）

商品编号	商品名称	监管条件	检验检疫类别	检验检疫要求
8443391200	将原件通过中间体转印（间接法）的静电感光复印设备（不可与自动数据处理设备或网络连接）			进口旧机电产品（12.2）
8443392100	带有光学系统的其他感光复印设备（不可与自动数据处理设备或网络连接）			进口旧机电产品（12.2）
8443392200	接触式的其他感光复印设备（不可与自动数据处理设备或网络连接）			进口旧机电产品（12.2）
8443392300	热敏的其他感光复印设备（不可与自动数据处理设备或网络连接）			进口旧机电产品（12.2）
8443392400	热升华的其他感光复印设备（不可与自动数据处理设备或网络连接）			进口旧机电产品（12.2）
8443393100	数字式喷墨印刷机（不可与自动数据处理设备或网络连接）			进口旧机电产品（12.2）
8443393200	数字式静电照相印刷机（激光印刷机）（不可与自动数据处理设备或网络连接）			进口旧机电产品（12.2）
8443393900	其他数字式印刷设备（不可与自动数据处理设备或网络连接）			进口旧机电产品（12.2）
8443399000	其他印刷（打印）机、复印机（不可与自动数据处理设备或网络连接）			进口旧机电产品（12.2）
8443911110	卷筒料自动给料机，给料线速度≥12米/秒			进口旧机电产品（12.2）
8443911190	其他卷筒料给料机			进口旧机电产品（12.2）
8443911900	其他印刷用辅助机器（用品目8442项下商品进行印刷的机器附件）			进口旧机电产品（12.2）
8443919010	胶印机用墨量遥控装置（包括墨色控制装置，墨量调节装置、墨斗体等组成部分）			进口旧机电产品（12.2）
8443919090	传统印刷机用零件及附件（胶印机用墨量遥控装置除外）			进口旧机电产品（12.2）
8443991000	数字印刷设备用辅助机器（非用品目8442项下商品进行印刷的机器附件）			进口旧机电产品（12.2）
8443992100	热敏打印头			进口旧机电产品（12.2）
8443992910	压电式喷墨头（非用品目8442项下商品进行印刷的机器零件）			进口旧机电产品（12.2）
8443992990	其他数字印刷设备的零件（非用品目8442项下商品进行印刷的机器零件）			进口旧机电产品（12.2）
8443999010	其他印刷（打印）机、复印机及传真机的感光鼓和含感光鼓的碳粉盒			进口旧机电产品（12.2）
8443999090	其他印刷（打印）机、复印机及传真机的零件和附件			进口旧机电产品（12.2）
8444001000	合成纤维长丝纺丝机			进口旧机电产品（12.2）
8444002000	合成纤维短丝纺丝机			进口旧机电产品（12.2）
8444003000	人造纤维纺丝机			进口旧机电产品（12.2）
8444004000	化学纤维变形机			进口旧机电产品（12.2）
8444005000	化学纤维切断机			进口旧机电产品（12.2）
8444009000	其他化纤挤压、拉伸、切割机器			进口旧机电产品（12.2）
8445111100	棉纤维型清梳联合机			进口旧机电产品（12.2）
8445111200	棉纤维型自动抓棉机			进口旧机电产品（12.2）
8445111300	棉纤维型梳棉机			进口旧机电产品（12.2）
8445111900	其他棉纤维型梳理机			进口旧机电产品（12.2）
8445112000	毛纤维型梳理机			进口旧机电产品（12.2）
8445119001	宽幅非织造布梳理机（工作幅宽>3.5米，工作速度>120米/分钟）			进口旧机电产品（12.2）
8445119090	其他纺织纤维梳理机			进口旧机电产品（12.2）
8445121000	棉精梳机			进口旧机电产品（12.2）
8445122000	毛精梳机			进口旧机电产品（12.2）
8445129000	其他纺织纤维精梳机			进口旧机电产品（12.2）
8445131000	纺织纤维拉伸机			进口旧机电产品（12.2）
8445132100	棉纺粗纱机			进口旧机电产品（12.2）
8445132200	毛纺粗纱机			进口旧机电产品（12.2）
8445132900	其他纺织纤维粗纱机			进口旧机电产品（12.2）
8445190000	纺织纤维的其他预处理机器			进口旧机电产品（12.2）
8445203101	全自动转杯纺纱机			进口旧机电产品（12.2）
8445203190	其他自由端转杯纺纱机			进口旧机电产品（12.2）
8445203200	自由端喷气纺纱机			进口旧机电产品（12.2）

商品编号	商品名称	监管条件	检验检疫类别	检验检疫要求
8445203900	其他自由端纺纱机			进口旧机电产品（12.2）
8445204100	环锭棉细纱机			进口旧机电产品（12.2）
8445204200	环锭毛细纱机			进口旧机电产品（12.2）
8445204900	其他环锭细纱机			进口旧机电产品（12.2）
8445209000	其他纺纱机			进口旧机电产品（12.2）
8445300000	并线机或加捻机			进口旧机电产品（12.2）
8445401000	自动络筒机			进口旧机电产品（12.2）
8445409000	卷纬机及摇纱机、络纱机			进口旧机电产品（12.2）
8445901000	整经机			进口旧机电产品（12.2）
8445902000	浆纱机			进口旧机电产品（12.2）
8445909000	其他生产及处理纺织纱线的机器（处理品目8446或8447所列机器用的纺织纱线的机器）			进口旧机电产品（12.2）
8446100000	所织织物宽度≤30厘米的织机			进口旧机电产品（12.2）
8446211000	织物宽>30厘米的梭织动力地毯织机			进口旧机电产品（12.2）
8446219000	织物宽>30厘米的其他梭织动力织机			进口旧机电产品（12.2）
8446290000	织物宽>30厘米的梭织非动力织机			进口旧机电产品（12.2）
8446302000	织物宽度>30厘米的剑杆织机			进口旧机电产品（12.2）
8446303000	织物宽度>30厘米的片梭织机			进口旧机电产品（12.2）
8446304000	织物宽度>30厘米的喷水织机			进口旧机电产品（12.2）
8446305000	织物宽>30厘米的喷气织机			进口旧机电产品（12.2）
8446309000	织物宽>30厘米的其他无梭织机			进口旧机电产品（12.2）
8447110000	圆筒直径≤165毫米的圆形针织机			进口旧机电产品（12.2）
8447120000	圆筒直径>165毫米的圆形针织机			进口旧机电产品（12.2）
8447201100	特里科经编机			进口旧机电产品（12.2）
8447201200	拉舍尔经编机			进口旧机电产品（12.2）
8447201900	其他经编机			进口旧机电产品（12.2）
8447202000	平型纬编机			进口旧机电产品（12.2）
8447203000	缝编机			进口旧机电产品（12.2）
8447901100	地毯织机			进口旧机电产品（12.2）
8447901900	其他簇绒机（地毯织机除外）			进口旧机电产品（12.2）
8447902000	绣花机			进口旧机电产品（12.2）
8447909000	品目8447其他编号未列名机器（包括制粗松螺旋花线、网眼薄纱、编织带或网的机器）			进口旧机电产品（12.2）
8448110001	多臂机或提花机（转速指标500转/分以上）			进口旧机电产品（12.2）
8448110090	多臂机或提花机所用卡片缩小、复制、穿孔或汇编机器（包括其所用的卡片缩小、复制、穿孔或汇编机器）			进口旧机电产品（12.2）
8448190000	品目8444至8447的机器的辅助机器			进口旧机电产品（12.2）
8448202000	喷丝头或喷丝板			进口旧机电产品（12.2）
8448209000	纤维挤压机及辅助机器的其他零件（包括附件，品目8444的机器用）			进口旧机电产品（12.2）
8448310000	钢丝针布			进口旧机电产品（12.2）
8448320000	其他纺织纤维预处理机器的零件、附件（钢丝针布除外）			进口旧机电产品（12.2）
8448331000	络筒锭			进口旧机电产品（12.2）
8448339000	其他锭子、锭壳、纺丝环、钢丝圈			进口旧机电产品（12.2）
8448391000	气流杯			进口旧机电产品（12.2）
8448392000	电子清纱器			进口旧机电产品（12.2）
8448393000	空气捻接器			进口旧机电产品（12.2）
8448394000	环锭细纱机紧密纺装置			进口旧机电产品（12.2）
8448399000	品目8445所机器的其他零、附件（指纺织纱线机器及预处理机的零件、附件）			进口旧机电产品（12.2）
8448420000	织机用筘、综丝、综框			进口旧机电产品（12.2）
8448491000	接、投梭箱			进口旧机电产品（12.2）
8448492000	引纬、送经装置			进口旧机电产品（12.2）

商品编号	商品名称	监管条件	检验检疫类别	检验检疫要求
8448493000	梭子			进口旧机电产品（12.2）
8448499000	织机及其辅助机器用其他零、附件			进口旧机电产品（12.2）
8448512000	针织机用28号以下的弹簧针、钩针（包括复合针）			进口旧机电产品（12.2）
8448519000	沉降片、其他织针及成圈机件			进口旧机电产品（12.2）
8448590000	品目8447机器用的其他零件、附件（指针织等机器及其辅助机器的零件、附件）			进口旧机电产品（12.2）
8449001001	高速针刺机，针刺频率>2000次/分钟			进口旧机电产品（12.2）
8449001090	其他针刺机			进口旧机电产品（12.2）
8449002001	高速宽幅水刺设备（工作幅宽>3.5米，工作速度>250米/分钟，水刺压力≥400帕）			进口旧机电产品（12.2）
8449002090	其他水刺设备			进口旧机电产品（12.2）
8449009000	其他成匹、成形的毡呢制造或整理机器（包括无纺织物制造或整理机，制毡呢帽机、帽模）			进口旧机电产品（12.2）
8450111000	干衣量≤10千克全自动波轮式洗衣机	A	L.M	进口旧机电产品（12.2）家用和类似用途电器（12.7）进口强制性产品认证（12.1）
8450112000	干衣量≤10千克全自动滚筒式洗衣机	A	L.M	进口旧机电产品（12.2）家用和类似用途电器（12.7）进口强制性产品认证（12.1）
8450119000	其他干衣量≤10千克的全自动洗衣机	A	L.M	进口旧机电产品（12.2）家用和类似用途电器（12.7）进口强制性产品认证（12.1）
8450120000	装有离心甩干机的非全自动洗衣机（干衣量≤10千克）	A	L.M	进口旧机电产品（12.2）家用和类似用途电器（12.7）进口强制性产品认证（12.1）
8450190000	干衣量≤10千克的其他洗衣机	A	L.M	进口旧机电产品（12.2）家用和类似用途电器（12.7）进口强制性产品认证（12.1）
8450201100	全自动的波轮式洗衣机（干衣量>10千克）			进口旧机电产品（12.2）
8450201200	全自动的滚筒式洗衣机（干衣量>10千克）			进口旧机电产品（12.2）
8450201900	其他全自动的洗衣机（干衣量>10千克）			进口旧机电产品（12.2）
8450209000	其他洗衣机（干衣量>10千克）			进口旧机电产品（12.2）
8450901000	其他干衣量≤10千克的洗衣机零件			进口旧机电产品（12.2）
8450909000	干衣量>10千克的洗衣机零件			进口旧机电产品（12.2）
8451100000	干洗机			进口旧机电产品（12.2）
8451210000	干衣量≤10千克的干燥机			进口旧机电产品（12.2）
8451290000	干衣量>10千克的其他干燥机			进口旧机电产品（12.2）
8451300000	熨烫机及挤压机（包括熔压机）			进口旧机电产品（12.2）
8451400000	其他洗涤、漂白或染色机器			进口旧机电产品（12.2）
8451500000	织物的卷绕、退绕、折叠、剪切机器（包括剪齿边机）			进口旧机电产品（12.2）
8451800001	服装定型焙烘炉；服装液氨整理机；预缩机；罐蒸机			进口旧机电产品（12.2）
8451800002	剪绒、洗缩联合机；剪毛联合机；柔软整理机			进口旧机电产品（12.2）
8451800003	定型机、精炼机、丝光机、磨毛机			进口旧机电产品（12.2）
8451800004	涂层机			进口旧机电产品（12.2）
8451800090	品目8451未列名的其他机器			进口旧机电产品（12.2）
8451900000	品目8451所列机器的零件			进口旧机电产品（12.2）
8452101000	多功能家用型缝纫机			进口旧机电产品（12.2）
8452109100	其他家用型手动式缝纫机			进口旧机电产品（12.2）
8452109900	其他家用型缝纫机			进口旧机电产品（12.2）
8452211000	非家用自动平缝机			进口旧机电产品（12.2）
8452212000	非家用自动包缝机			进口旧机电产品（12.2）
8452213000	非家用自动绷缝机			进口旧机电产品（12.2）

商品编号	商品名称	监管条件	检验检疫类别	检验检疫要求
8452219000	其他非家用自动缝纫机			进口旧机电产品（12.2）
8452290000	其他非自动缝纫机（家用型除外）			进口旧机电产品（12.2）
8452300000	缝纫机针			进口旧机电产品（12.2）
8452901100	家用缝纫机用旋梭			进口旧机电产品（12.2）
8452901900	家用缝纫机用其他零件（旋梭除外）			进口旧机电产品（12.2）
8452909100	非家用缝纫机用旋梭			进口旧机电产品（12.2）
8452909200	非家用缝纫机用特制家具、底座和罩盖及其零件			进口旧机电产品（12.2）
8452909900	非家用缝纫机用其他零件（旋梭除外）			进口旧机电产品（12.2）
8453100000	生皮、皮革的处理或加工机器（包括鞣制机）			进口旧机电产品（12.2）
8453200000	鞋靴制作或修理机器（缝纫机除外）			进口旧机电产品（12.2）
8453800000	毛皮及其他皮革的制作或修理机器（缝纫机除外）			进口旧机电产品（12.2）
8453900000	品目8453所列机器的零件（皮革等处理、加工或修理机器的）			进口旧机电产品（12.2）
8454100000	金属冶炼及铸造用转炉			进口旧机电产品（12.2）
8454201010	VOD炉（真空脱气炉）			进口旧机电产品（12.2）
8454201090	其他炉外精炼设备			进口旧机电产品（12.2）
8454209000	其他金属冶炼及铸造用锭模及浇包			进口旧机电产品（12.2）
8454301000	冷室压铸机			进口旧机电产品（12.2）
8454302100	方坯连铸机			进口旧机电产品（12.2）
8454302200	板坯连铸机			进口旧机电产品（12.2）
8454302900	其他钢坯连铸机			进口旧机电产品（12.2）
8454309000	其他金属冶炼及铸造用铸造机			进口旧机电产品（12.2）
8454901000	炉外精炼设备的零件			进口旧机电产品（12.2）
8454902100	钢坯连铸机用结晶器			进口旧机电产品（12.2）
8454902200	钢坯连铸机用振动装置			进口旧机电产品（12.2）
8454902900	钢坯连铸机用其他零件			进口旧机电产品（12.2）
8454909000	其他冶炼等用转炉及铸造机的零件（包括浇包、锭模的零件）			进口旧机电产品（12.2）
8455101000	热轧管机			进口旧机电产品（12.2）
8455102000	冷轧管机			进口旧机电产品（12.2）
8455103000	定、减径轧管机			进口旧机电产品（12.2）
8455109000	其他金属轧管机			进口旧机电产品（12.2）
8455211000	其他金属板材热轧机			进口旧机电产品（12.2）
8455212000	型钢轧机			进口旧机电产品（12.2）
8455213000	金属线材轧机			进口旧机电产品（12.2）
8455219000	其他金属热轧或冷热联合轧机			进口旧机电产品（12.2）
8455221000	金属板材冷轧机			进口旧机电产品（12.2）
8455229010	铝箔粗轧机			进口旧机电产品（12.2）
8455229090	其他金属冷轧机			进口旧机电产品（12.2）
8455300000	金属轧机用轧辊			进口旧机电产品（12.2）
8455900000	金属轧机的其他零件			进口旧机电产品（12.2）
8456110010	辐照元件激光切割机（切割燃料包壳以使辐照核材料能溶解，含遥控设备）	A	M	普通设备（12.6） 进口旧机电产品（12.2）
8456110090	其他用激光处理的机床			进口旧机电产品（12.2）
8456120000	用其他光或光子束处理的机床			进口旧机电产品（12.2）
8456200000	用超声波处理各种材料的加工机床			进口旧机电产品（12.2）
8456301010	数控放电加工机床（2轴或多轴成形控制的无丝型放电加工机床）			进口旧机电产品（12.2）
8456301090	其他数控的放电处理加工机床			进口旧机电产品（12.2）
8456309010	非数控放电加工机床（2轴或多轴成形控制的无丝型放电加工机床）			进口旧机电产品（12.2）
8456309090	其他非数控的放电处理加工机床			进口旧机电产品（12.2）
8456401000	等离子切割机	A	L、M	普通设备（12.6） 进口旧机电产品（12.2） 进口强制性产品认证（12.1）
8456409000	其他用等离子弧处理的机床			进口旧机电产品（12.2）
8456500000	水射流切割机			进口旧机电产品（12.2）

商品编号	商品名称	监管条件	检验检疫类别	检验检疫要求
8456900000	其他方法处理材料的加工机床（包括电化学法、电子束、离子束等的加工机床）			进口旧机电产品（12.2）
8457101000	立式加工金属的加工中心			进口旧机电产品（12.2）
8457102000	卧式加工金属的加工中心			进口旧机电产品（12.2）
8457103000	龙门式加工金属的加工中心			进口旧机电产品（12.2）
8457109100	铣车复合加工中心			进口旧机电产品（12.2）
8457109900	其他加工金属的加工中心			进口旧机电产品（12.2）
8457200000	加工金属的单工位组合机床			进口旧机电产品（12.2）
8457300000	加工金属的多工位组合机床			进口旧机电产品（12.2）
8458110010	两用物项管制的切削金属的卧式数控车床（包括车削中心）			进口旧机电产品（12.2）
8458110090	其他切削金属的卧式数控车床（包括车削中心）			进口旧机电产品（12.2）
8458190000	切削金属的其他卧式车床			进口旧机电产品（12.2）
8458911010	两用物项管制的切削金属立式数控车床（包括车削中心）			进口旧机电产品（12.2）
8458911090	其他切削金属的立式数控车床（包括车削中心）			进口旧机电产品（12.2）
8458912010	其他两用物项管制的切削金属数控车床（包括车削中心）			进口旧机电产品（12.2）
8458912090	其他切削金属的数控车床（包括车削中心）			进口旧机电产品（12.2）
8458990000	切削金属的其他车床			进口旧机电产品（12.2）
8459100000	切削金属的直线移动式动力头钻床（但品目8458的车床除外）			进口旧机电产品（12.2）
8459210000	切削金属的其他数控钻床（但品目8458的车床除外）			进口旧机电产品（12.2）
8459290000	切削金属的其他钻床（但品目8458的车床除外）			进口旧机电产品（12.2）
8459310000	切削金属的其他数控镗铣机床（但品目8458的车床除外）			进口旧机电产品（12.2）
8459390000	切削金属的其他镗铣机床（但品目8458的车床除外）			进口旧机电产品（12.2）
8459410000	切削金属的其他数控镗床（但品目8458的车床除外）			进口旧机电产品（12.2）
8459490000	切削金属的其他镗床（但品目8458的车床除外）			进口旧机电产品（12.2）
8459510000	切削金属的升降台式数控铣床（但品目8458的车床除外）			进口旧机电产品（12.2）
8459590000	切削金属的其他升降台式铣床（但品目8458的车床除外）			进口旧机电产品（12.2）
8459611000	切削金属的其他龙门数控铣床			进口旧机电产品（12.2）
8459619000	切削金属的其他数控铣床（但品目8458的车床及龙门铣床除外）			进口旧机电产品（12.2）
8459691000	切削金属的其他龙门非数控铣床（但品目8458的车床除外）			进口旧机电产品（12.2）
8459699000	切削金属的其他非数控铣床（但品目8458的车床及龙门铣床除外）			进口旧机电产品（12.2）
8459700000	切削金属的其他攻丝机床（但品目8458的车床除外）			进口旧机电产品（12.2）
8460121000	加工金属的数控平面磨床（含加工金属陶瓷，任一坐标定位精度至少0.01毫米）			进口旧机电产品（12.2）
8460129000	加工金属的其他数控平面磨床（含加工金属陶瓷）			进口旧机电产品（12.2）
8460191000	加工金属的非数控平面磨床（含加工金属陶瓷，任一坐标定位精度至少0.01毫米）			进口旧机电产品（12.2）
8460199000	加工金属的其他非数控平面磨床（含加工金属陶瓷）			进口旧机电产品（12.2）
8460221000	加工金属的数控无心磨床（含加工金属陶瓷，任一坐标定位精度至少是0.01毫米）			进口旧机电产品（12.2）
8460229000	加工金属的其他数控无心磨床（含加工金属陶瓷）			进口旧机电产品（12.2）
8460231100	加工金属的数控曲轴磨床（属外圆磨床，含加工金属陶瓷，任一坐标定位精度至少是0.01毫米）			进口旧机电产品（12.2）
8460231900	加工金属的其他数控外圆磨床（含加工金属陶瓷，任一坐标定位精度至少是0.01毫米）			进口旧机电产品（12.2）
8460239000	加工金属的其他数控外圆磨床（含加工金属陶瓷）			进口旧机电产品（12.2）
8460241100	加工金属的数控内圆磨床（含加工金属陶瓷，任一坐标定位精度至少是0.01毫米）			进口旧机电产品（12.2）
8460241900	加工金属的其他数控磨床（含加工金属陶瓷，任一坐标定位精度至少是0.01毫米）			进口旧机电产品（12.2）
8460249000	加工金属的其他数控磨床（含加工金属陶瓷）			进口旧机电产品（12.2）
8460291100	加工金属的非数控外圆磨床（含加工金属陶瓷，任一坐标定位精度至少是0.01毫米）			进口旧机电产品（12.2）

商品编号	商品名称	监管条件	检验检疫类别	检验检疫要求
8460291200	加工金属的非数控内圆磨床（含加工金属陶瓷，任一坐标定位精度至少是0.01毫米）			进口旧机电产品（12.2）
8460291300	加工金属的非数控轧辊磨床（含加工金属陶瓷，任一坐标定位精度至少是0.01毫米）			进口旧机电产品（12.2）
8460291900	加工金属的其他非数控磨床（含加工金属陶瓷，任一坐标定位精度至少是0.01毫米）			进口旧机电产品（12.2）
8460299000	加工金属的其他非数控磨床（含加工金属陶瓷）			进口旧机电产品（12.2）
8460310000	加工金属的数控刃磨机床（含加工金属陶瓷）			进口旧机电产品（12.2）
8460390000	加工金属的其他刃磨机床（含加工金属陶瓷）			进口旧机电产品（12.2）
8460401000	金属珩磨机床			进口旧机电产品（12.2）
8460402000	金属研磨机床			进口旧机电产品（12.2）
8460901000	加工金属的砂轮机（含加工金属陶瓷）			进口旧机电产品（12.2）
8460902000	金属抛光机床			进口旧机电产品（12.2）
8460909000	其他用磨石、磨料加工金属的机床			进口旧机电产品（12.2）
8461201000	切削金属或金属陶瓷的牛头刨床			进口旧机电产品（12.2）
8461202000	切削金属或金属陶瓷的插床			进口旧机电产品（12.2）
8461300000	切削金属或金属陶瓷的拉床			进口旧机电产品（12.2）
8461401100	切削金属的数控齿轮磨床（含加工金属陶瓷）			进口旧机电产品（12.2）
8461401900	切削金属的数控切齿机、数控齿轮精加工机床（含加工金属陶瓷）			进口旧机电产品（12.2）
8461409000	切削金属的其他切齿机、齿轮磨床（含加工金属陶瓷，包括其他齿轮精加工机床）			进口旧机电产品（12.2）
8461500010	辐照元件刀具切割机［切割燃料包壳以使辐照核材料能溶解（含遥控设备）］			进口旧机电产品（12.2）
8461500090	其他锯床或切断机			进口旧机电产品（12.2）
8461901100	切削金属或金属陶瓷的龙门刨床			进口旧机电产品（12.2）
8461901900	切削金属或金属陶瓷的其他刨床			进口旧机电产品（12.2）
8461909000	切削金属或金属陶瓷的未列名机床			进口旧机电产品（12.2）
8462111000	加工金属的数控闭式锻造机（模锻机）			进口旧机电产品（12.2）
8462119000	加工金属的非数控闭式锻造机（模锻机）			进口旧机电产品（12.2）
8462191000	其他数控的热锻设备、热模锻设备（包括压力机）及热锻锻锤			进口旧机电产品（12.2）
8462199000	其他非数控的热锻设备、热模锻设备（包括压力机）及热锻锻锤			进口旧机电产品（12.2）
8462221000	用于加工金属板材的数控型材成型机			进口旧机电产品（12.2）
8462229000	用于加工金属板材的非数控型材成型机			进口旧机电产品（12.2）
8462230000	用于加工金属板材的数控折弯机			进口旧机电产品（12.2）
8462240000	用于加工金属板材的数控多边折弯机			进口旧机电产品（12.2）
8462250000	用于加工金属板材的数控卷板机			进口旧机电产品（12.2）
8462261000	用于加工金属板材的其他数控矫直机			进口旧机电产品（12.2）
8462269000	用于加工金属板材的其他数控弯曲、折叠或矫平机床			进口旧机电产品（12.2）
8462291000	用于加工金属板材的非数控矫直机床			进口旧机电产品（12.2）
8462299000	用于加工金属板材的非数控弯曲、折叠或矫平机床（包括折弯机）			进口旧机电产品（12.2）
8462321000	用于加工金属板材的数控纵剪线和定尺剪切线（冲剪两用机、压力机除外）			进口旧机电产品（12.2）
8462329000	用于加工金属板材的非数控纵剪线和定尺剪切线（冲剪两用机、压力机除外）			进口旧机电产品（12.2）
8462330000	用于加工金属板材的数控剪切机床（冲剪两用机、压力机除外）			进口旧机电产品（12.2）
8462390000	用于加工金属板材的非数控剪切机床（冲剪两用机、压力机除外）			进口旧机电产品（12.2）
8462421100	用于加工金属板材的自动模式数控步冲压力机（包括冲剪两用机）			进口旧机电产品（12.2）
8462421200	用于加工金属板材的其他数控冲床（包括冲剪两用机）			进口旧机电产品（12.2）
8462429000	用于加工金属板材的数控冲剪两用机			进口旧机电产品（12.2）
8462490000	用于加工金属板材的非数控冲孔、开槽或步冲机床（不包括压力机）（包括冲剪两用机）			进口旧机电产品（12.2）

商品编号	商品名称	监管条件	检验检疫类别	检验检疫要求
8462510010	数控金属管道、管材、型材、空心型材和棒材的锻造或冲压机床及锻锤［压力机除外（P）］			进口旧机电产品（12.2）
8462510090	其他金属管道、管材、型材、空心型材和棒材的数控加工机床（压力机除外）			进口旧机电产品（12.2）
8462590010	非数控金属管道、管材、型材、空心型材和棒材的锻造或冲压机床及锻锤［压力机除外（P）］			进口旧机电产品（12.2）
8462590090	其他金属管道、管材、型材、空心型材和棒材的非数控加工机床（压力机除外）			进口旧机电产品（12.2）
8462611010	数控液压式锻造或冲压机床及锻锤［加工金属或硬质合金（P）］			进口旧机电产品（12.2）
8462611090	其他数控液压压力机（加工金属或硬质合金）			进口旧机电产品（12.2）
8462619010	非数控液压式锻造或冲压机床及锻锤［加工金属或硬质合金（P）］			进口旧机电产品（12.2）
8462619090	其他非数控液压压力机（加工金属或硬质合金）			进口旧机电产品（12.2）
8462621010	数控机械锻造或冲压机床及锻锤［加工金属或硬质合金（P）］			进口旧机电产品（12.2）
8462621090	其他数控机械压力机（加工金属或硬质合金）			进口旧机电产品（12.2）
8462629010	非数控机械锻造或冲压机床及锻锤［加工金属或硬质合金（P）］			进口旧机电产品（12.2）
8462629090	其他非数控机械压力机（加工金属或硬质合金）			进口旧机电产品（12.2）
8462630010	伺服锻造或冲压机床及锻锤［加工金属或硬质合金（P）］			进口旧机电产品（12.2）
8462630090	其他伺服压力机（加工金属或硬质合金）			进口旧机电产品（12.2）
8462691010	其他锻造或冲压机床及锻锤［加工金属或硬质合金（P）］			进口旧机电产品（12.2）
8462691090	其他数控压力机（加工金属或硬质合金）			进口旧机电产品（12.2）
8462699010	其他非数控锻造或冲压机床及锻锤［加工金属或硬质合金（P）］			进口旧机电产品（12.2）
8462699090	其他非数控压力机（加工金属或硬质合金）			进口旧机电产品（12.2）
8462901010	品目8462的其他数控的金属管道、管材、型材、空心型材和棒材的数控锻造或冲压机床及锻锤（P）			进口旧机电产品（12.2）
8462901090	品目8462的其他数控机床			进口旧机电产品（12.2）
8462909010	品目8462的其他非数控的金属管道、管材、型材、空心型材和棒材的数控锻造或冲压机床及锻锤（P）			进口旧机电产品（12.2）
8462909090	品目8462的其他非数控机床			进口旧机电产品（12.2）
8463101100	拉拔力为300吨及以下的金属冷拔管机（包括金属陶瓷的冷拔管机）			进口旧机电产品（12.2）
8463101900	300吨以上的金属冷拔管机（包括金属陶瓷的冷拔管机）			进口旧机电产品（12.2）
8463102000	金属及金属陶瓷的拔丝机			进口旧机电产品（12.2）
8463109000	其他金属或金属陶瓷的拉拔机			进口旧机电产品（12.2）
8463200000	金属或金属陶瓷的螺纹滚轧机			进口旧机电产品（12.2）
8463300000	金属或金属陶瓷丝的加工机			进口旧机电产品（12.2）
8463900010	滚压成形机床（数控，装3个以上压辊）			进口旧机电产品（12.2）
8463900020	具有滚压功能的旋压成形机床（数控，装3个以上压辊）			进口旧机电产品（12.2）
8463900090	其他非切削加工机床（是指加工金属或金属陶瓷的）			进口旧机电产品（12.2）
8464101000	圆盘锯（加工石料、陶瓷、混凝土、石棉水泥或类似矿物材料）			进口旧机电产品（12.2）
8464102000	钢丝锯（加工石料、陶瓷、混凝土、石棉水泥或类似矿物材料）			进口旧机电产品（12.2）
8464109000	加工矿物等材料的其他锯床（加工石料、陶瓷、混凝土、石棉水泥或类似矿物材料）			进口旧机电产品（12.2）
8464201000	玻璃研磨或抛光机床			进口旧机电产品（12.2）
8464209000	加工矿物等材料的研磨或抛光机床（加工石料、陶瓷、混凝土、石棉水泥等类似矿物材料）			进口旧机电产品（12.2）
8464901100	玻璃切割机（玻璃冷加工机床）			进口旧机电产品（12.2）
8464901200	玻璃刻花机（玻璃冷加工机床）			进口旧机电产品（12.2）
8464901900	其他玻璃冷加工机床			进口旧机电产品（12.2）
8464909000	其他加工矿物等材料的机床			进口旧机电产品（12.2）
8465100000	不需变换工具即可进行加工的机床（加工木材、软木、骨、硬质橡胶、硬质塑料及其他硬质材料）			进口旧机电产品（12.2）
8465201000	以刨、铣、钻孔、研磨、抛光、凿榫及其他切削为主的加工中心，加工木材及类似硬质材料的			进口旧机电产品（12.2）

商品编号	商品名称	监管条件	检验检疫类别	检验检疫要求
8465209000	其他加工木材等材料的加工中心（加工木材、软木、骨、硬质橡胶、硬质塑料及其他硬质材料）			进口旧机电产品（12.2）
8465910000	加工木材等材料的锯床（加工木材、软木、骨、硬质橡胶、硬质塑料及其他硬质材料）			进口旧机电产品（12.2）
8465920000	加工木材等材料的刨、铣、切削机器（加工木材、软木、骨、硬质橡胶、硬质塑料及其他硬质材料）			进口旧机电产品（12.2）
8465930000	加工木材等材料的研磨或抛光机器，含砂磨（加工木材、软木、骨、硬质橡胶、硬质塑料及其他硬质材料）			进口旧机电产品（12.2）
8465940000	加工木材等材料的弯曲或装配机器（加工木材、软木、骨、硬质橡胶、硬质塑料及其他硬质材料）			进口旧机电产品（12.2）
8465950000	加工木材等材料的钻孔或凿榫机器（加工木材、软木、骨、硬质橡胶、硬质塑料及其他硬质材料）			进口旧机电产品（12.2）
8465960000	加工木材等材料的剖、切、刮削机器（加工木材、软木、骨、硬质橡胶、硬质塑料及其他硬质材料）			进口旧机电产品（12.2）
8465990000	加工木材等材料的其他机床（加工木材、软木、骨、硬质橡胶、硬质塑料及其他硬质材料）			进口旧机电产品（12.2）
8466100000	工具夹具及自启板牙切头（用于品目8456~8465所列机器的）			进口旧机电产品（12.2）
8466200000	工件夹具（用于品目8456~8465所列机器的）			进口旧机电产品（12.2）
8466300000	分度头及其他专用于机器的附件（用于品目8456~8465所列机器的）			进口旧机电产品（12.2）
8466910000	品目8464所列机器用的零件（加工石料等机器用零件、附件）			进口旧机电产品（12.2）
8466920000	品目8465所列机器用的零件（加工木材等机器用零件、附件）			进口旧机电产品（12.2）
8466931000	刀库及自动换刀装置（品目8456~8461机器用）			进口旧机电产品（12.2）
8466939000	品目8456~8461机器用其他零件			进口旧机电产品（12.2）
8466940010	滚压成形机床用芯轴（转筒成形用的芯轴，内径在75毫米至400毫米之间）			进口旧机电产品（12.2）
8466940020	有滚压功能的旋压成形机用芯轴（转筒成形用的芯轴，内径在75毫米至400毫米之间）			进口旧机电产品（12.2）
8466940090	品目8462~8463机器用其他零件			进口旧机电产品（12.2）
8467110000	旋转式手提风动工具（包括旋转冲击式的）			进口旧机电产品（12.2）
8467190000	其他手提式风动工具			进口旧机电产品（12.2）
8467210000	手提式电动钻	A	L	进口旧机电产品（12.2）进口强制性产品认证（12.1）
8467221000	手提式电动链锯			进口旧机电产品（12.2）
8467229000	其他手提式电锯			进口旧机电产品（12.2）
8467291000	手提式电动砂磨工具	A	L	进口旧机电产品（12.2）进口强制性产品认证（12.1）
8467292000	手提式电刨			进口旧机电产品（12.2）
8467299000	其他手提式电动工具	A	L	进口旧机电产品（12.2）进口强制性产品认证（12.1）
8467810000	手提式液压或其他动力链锯（电动和风动的除外）			进口旧机电产品（12.2）
8467890000	其他手提式液压或其他动力工具（电动和风动的除外）			进口旧机电产品（12.2）
8467911000	编号84672210的链锯用零件			进口旧机电产品（12.2）
8467919000	编号846781的链锯用的零件			进口旧机电产品（12.2）
8467920000	风动的工具零件			进口旧机电产品（12.2）
8467991000	其他手提式电动工具用零件			进口旧机电产品（12.2）
8467999000	其他手提式动力工具用的零件			进口旧机电产品（12.2）
8468100000	手提喷焊器			进口旧机电产品（12.2）
8468200010	自动焊接机［将端塞焊接于燃料细棒（或棒）的自动焊接机］			进口旧机电产品（12.2）
8468200090	其他气体焊接或表面回火机器及装置			进口旧机电产品（12.2）
8468800000	其他焊接机器及装置（品目8515的货品除外）			进口旧机电产品（12.2）
8468900000	焊接机器用零件			进口旧机电产品（12.2）

商品编号	商品名称	监管条件	检验检疫类别	检验检疫要求
8470100000	电子计算器及袖珍式数据录放机器（不需外接电源，录放指具计算功能的数据记录、重现及显示）			进口旧机电产品（12.2）
8470210000	装有打印装置的电子计算器			进口旧机电产品（12.2）
8470290000	其他电子计算器			进口旧机电产品（12.2）
8470300000	其他计算机器			进口旧机电产品（12.2）
8470501000	销售点终端出纳机		L	进口旧机电产品（12.2） 进口强制性产品认证（12.1）
8470509000	其他现金出纳机		L	进口旧机电产品（12.2） 进口强制性产品认证（12.1）
8470900000	会计计算机、邮资盖戳机、售票机及类似机器			进口旧机电产品（12.2）
8471301000	平板电脑（重量≤10千克，至少由一个中央处理器、键盘和显示器组成）	A	L	进口旧机电产品（12.2） 进口强制性产品认证（12.1）
8471309000	其他便携式自动数据处理设备（重量≤10千克，至少由一个中央处理器、键盘和显示器组成）	A	L	进口旧机电产品（12.2） 进口强制性产品认证（12.1）
8471411010	高性能数字计算机［高性能数字计算机是指调整后峰值性能（APP）大于8.0加权每秒万亿次浮点运算的数字计算机］			进口旧机电产品（12.2）
8471411090	其他巨大中型自动数据处理设备			进口旧机电产品（12.2）
8471412000	小型自动数据处理设备		L	进口旧机电产品（12.2） 进口强制性产品认证（12.1）
8471414000	微型机	A	L	进口旧机电产品（12.2） 进口强制性产品认证（12.1）
8471419000	其他数据处理设备（同一机壳内至少有一个CPU和一个输入输出部件；包括组合式）		L	进口旧机电产品（12.2） 进口强制性产品认证（12.1）
8471491010	系统形式报验的高性能数字计算机［计算机指自动数据处理设备，高性能数字计算机是指调整后峰值性能（APP）大于8.0加权每秒万亿次浮点运算的数字计算机］			进口旧机电产品（12.2）
8471491090	其他系统形式报验的巨、大、中型机（计算机指自动数据处理设备）			进口旧机电产品（12.2）
8471492000	以系统形式报验的小型计算机（计算机指自动数据处理设备）		L	进口旧机电产品（12.2） 进口强制性产品认证（12.1）
8471494000	以系统形式报验的微型机		L	进口旧机电产品（12.2） 进口强制性产品认证（12.1）
8471499100	其他分散型工业过程控制设备（以系统形式报验的）			进口旧机电产品（12.2）
8471499900	以系统形式报验的其他计算机		L	进口旧机电产品（12.2） 进口强制性产品认证（12.1）
8471501010	高性能数字计算机处理部件［不论是否在同一机壳内有一或两个存储、输入或输出部件，高性能数字计算机是指调整后峰值性能（APP）大于8.0加权每秒万亿次浮点运算的数字计算机］			进口旧机电产品（12.2）
8471501090	其他巨、大、中型机处理部件（不论是否在同一机壳内有一或两个存储、输入或输出部件）			进口旧机电产品（12.2）
8471502000	小型机的处理部件（不论是否在同一机壳内有一或两个存储、输入或输出部件）			进口旧机电产品（12.2）
8471504001	含显示器和主机的微型机（不论是否在同一机壳内有一或两个存储、输入或输出部件）		L	进口旧机电产品（12.2） 进口强制性产品认证（12.1）
8471504090	其他的微型机的处理部件（不论是否在同一机壳内有一或两个存储、输入或输出部件）			进口旧机电产品（12.2）
8471509000	编号847141或847149以外设备的处理部件（不论是否在同一机壳内有一或两个存储、输入或输出部件）			进口旧机电产品（12.2）
8471604000	巨、大、中及小型计算机用终端（输入或输出部件，不论是否在同一机壳内有存储部件）			进口旧机电产品（12.2）
8471605000	自动数据处理设备的扫描器		L	进口旧机电产品（12.2） 进口强制性产品认证（12.1）

商品编号	商品名称	监管条件	检验检疫类别	检验检疫要求
8471606000	自动数据处理设备的数字化仪			进口旧机电产品（12.2）
8471607100	键盘			进口旧机电产品（12.2）
8471607200	鼠标器			进口旧机电产品（12.2）
8471609000	计算机的其他输入或输出部件（计算机指自动数据处理设备）			进口旧机电产品（12.2）
8471701100	固态硬盘（SSD）			进口旧机电产品（12.2）
8471701900	其他计算机硬盘驱动器（计算机指自动数据处理设备）			进口旧机电产品（12.2）
8471702000	自动数据处理设备的软盘驱动器			进口旧机电产品（12.2）
8471703000	光盘驱动器（自动数据处理设备的光盘驱动器）			进口旧机电产品（12.2）
8471709000	自动数据处理设备的其他存储部件			进口旧机电产品（12.2）
8471800000	其他自动数据处理设备的部件			进口旧机电产品（12.2）
8471900010	专用于复制的光盘刻录机（也称光盘复读机）			进口旧机电产品（12.2）
8471900090	未列名的磁性或光学阅读器（包括将数据以代码形式转录的机器及处理这些数据的机器）		L	进口旧机电产品（12.2） 进口强制性产品认证（12.1）
8472100000	胶版复印机、油印机		L	进口旧机电产品（12.2） 进口强制性产品认证（12.1）
8472301000	邮政信件分拣及封装设备			进口旧机电产品（12.2）
8472309000	其他信件折叠、分类、开或闭封机（包括信件装封机及粘贴邮票机和盖销邮票机）			进口旧机电产品（12.2）
8472901000	自动柜员机		L	进口旧机电产品（12.2） 进口强制性产品认证（12.1）
8472902100	办公室用打洞机			进口旧机电产品（12.2）
8472902200	办公室用订书机			进口旧机电产品（12.2）
8472902900	其他装订用办公室机器			进口旧机电产品（12.2）
8472903000	碎纸机			进口旧机电产品（12.2）
8472904000	地址印写机及地址铭牌压印机			进口旧机电产品（12.2）
8472905000	文字处理机			进口旧机电产品（12.2）
8472906000	打字机（品目8443的打印机除外）			进口旧机电产品（12.2）
8472909000	其他办公室用机器（包括硬币分类、计数、包装机和削笔机等）			进口旧机电产品（12.2）
8473210000	品目8470所列电子计算器的零附件（系指编号847010、847021及847029所列的电子计算器的）			进口旧机电产品（12.2）
8473290000	品目8470所列其他机器的零附件（系指编号847030、847040、847050及847090所列机器的）			进口旧机电产品（12.2）
8473301000	大、中、小型计算机的零件（包括大、中、小型机的中央处理部件的零件）			进口旧机电产品（12.2）
8473309000	品目8471所列其他机器零附件			进口旧机电产品（12.2）
8473401000	自动柜员机用出钞器和循环出钞器			进口旧机电产品（12.2）
8473402000	打字机、文字处理机的零件、附件			进口旧机电产品（12.2）
8473409010	钞票清分机零附件			进口旧机电产品（12.2）
8473409090	其他办公室用机器零附件			进口旧机电产品（12.2）
8473500000	品目8470至8472中所列机器零附件（用于品目8470至8472中两个或两个以上品目所列机器的）			进口旧机电产品（12.2）
8474100000	分类、筛选、分离或洗涤机器（用于泥土、石料、矿石或其他固体物质的）			进口旧机电产品（12.2）
8474201000	齿辊式破碎及磨粉机器（用于泥土、石料、矿石或其他固体物质的）			进口旧机电产品（12.2）
8474202000	球磨式磨碎或磨粉机（用于泥土、石料、矿石或其他固体物质的）			进口旧机电产品（12.2）
8474209000	破碎或磨粉用机器（用于泥土、石料、矿石或其他固体物质的）			进口旧机电产品（12.2）
8474310000	混凝土或砂浆混合机器（用于泥土、石料、矿石或其他固体物质的）			进口旧机电产品（12.2）
8474320000	矿物与沥青的混合机器（用于泥土、石料、矿石或其他固体物质的）			进口旧机电产品（12.2）
8474390000	其他混合或搅拌机器（用于泥土、石料、矿石或其他固体物质的）			进口旧机电产品（12.2）
8474801000	其他辊压成型机			进口旧机电产品（12.2）
8474802000	其他模压成型机			进口旧机电产品（12.2）
8474809010	纸面角线石膏板搅拌成型机			进口旧机电产品（12.2）

商品编号	商品名称	监管条件	检验检疫类别	检验检疫要求
8474809090	品目8474未列名的其他机器（如矿产品的黏聚或成型机器及铸造用砂模的成型机器）			进口旧机电产品（12.2）
8474900000	品目8474所列机器的零件			进口旧机电产品（12.2）
8475100000	白炽灯泡、灯管等的封装机（包括放电灯管、电子管、闪光灯泡等）			进口旧机电产品（12.2）
8475210000	制造光导纤维及预制棒的机器			进口旧机电产品（12.2）
8475291100	连续式玻璃热弯炉			进口旧机电产品（12.2）
8475291200	玻璃纤维拉丝机（光纤拉丝机除外）			进口旧机电产品（12.2）
8475291900	其他玻璃及制品热加工机器			进口旧机电产品（12.2）
8475299000	其他玻璃及制品的制造加工机器			进口旧机电产品（12.2）
8475900010	编号847521所列机器的零件			进口旧机电产品（12.2）
8475900090	其他品目8475所列机器的零件（灯泡等封装机及玻璃等制造机器的零件）			进口旧机电产品（12.2）
8476210000	可加热或制冷的饮料自动销售机	A	R	普通设备（12.6） 进口旧机电产品（12.2）
8476290000	其他饮料自动销售机（装有加热或制冷装置的除外）	A	R	普通设备（12.6） 进口旧机电产品（12.2）
8476810000	装有加热或制冷装置的自动售货机（饮料自动销售机除外）			进口旧机电产品（12.2）
8476890010	钱币兑换机			进口旧机电产品（12.2）
8476890090	其他无加热或制冷装置的自动售货机			进口旧机电产品（12.2）
8476900010	钱币兑换机的零件			进口旧机电产品（12.2）
8476900090	其他品目8476所列机器的零件			进口旧机电产品（12.2）
8477101010	用于光盘生产的精密注塑机（加工塑料的）			进口旧机电产品（12.2）
8477101090	其他注塑机			进口旧机电产品（12.2）
8477109000	其他注射机			进口旧机电产品（12.2）
8477201000	塑料造粒机			进口旧机电产品（12.2）
8477209000	其他加工塑料或橡胶的挤出机			进口旧机电产品（12.2）
8477301000	挤出吹塑机			进口旧机电产品（12.2）
8477302000	注射吹塑机			进口旧机电产品（12.2）
8477309000	其他吹塑机			进口旧机电产品（12.2）
8477401000	塑料中空成型机			进口旧机电产品（12.2）
8477402000	塑料压延成型机			进口旧机电产品（12.2）
8477409000	真空模塑及其他热成型机器			进口旧机电产品（12.2）
8477510000	用于充气轮胎模塑或翻新的机器（包括内胎模塑或用其他方法成型的机器）			进口旧机电产品（12.2）
8477590000	其他模塑机、成型机			进口旧机电产品（12.2）
8477800000	未列名的橡胶或塑料加工机器			进口旧机电产品（12.2）
8477900000	橡胶、塑料等加工机机器的零件			进口旧机电产品（12.2）
8478100000	其他的烟草加工及制作机器（本章其他编号未列名的）			进口旧机电产品（12.2）
8478900000	烟草加工及制作机器用的零件			进口旧机电产品（12.2）
8479102100	沥青混凝土摊铺机			进口旧机电产品（12.2）
8479102200	稳定土摊铺机			进口旧机电产品（12.2）
8479102900	其他摊铺机			进口旧机电产品（12.2）
8479109000	其他公共工程用的机器			进口旧机电产品（12.2）
8479200000	提取、加工动物油脂、植物固定油脂或微生物油脂的机器	A	R	普通设备（12.6） 进口旧机电产品（12.2）
8479300000	木碎料板或木纤维板的其他挤压机（包括其他木材或软木处理机器）			进口旧机电产品（12.2）
8479400000	绳或缆的制造机器			进口旧机电产品（12.2）
8479501000	多功能工业机器人			进口旧机电产品（12.2）
8479509010	机器人，末端操纵装置［能处理高能炸药或能抗大于$5×10^4$戈瑞（硅）辐射的］			进口旧机电产品（12.2）
8479509090	其他工业机器人（多功能工业机器人除外）			进口旧机电产品（12.2）
8479600000	蒸发式空气冷却器			进口旧机电产品（12.2）
8479710000	机场用旅客登机桥			进口旧机电产品（12.2）

商品编号	商品名称	监管条件	检验检疫类别	检验检疫要求
8479790000	非机场用旅客登机（船）桥	A	M	普通设备（12.6） 进口旧机电产品（12.2）
8479811000	处理金属的其他绕线机			进口旧机电产品（12.2）
8479819000	其他处理金属的机械			进口旧机电产品（12.2）
8479820010	两用物项管制搅拌器（耐腐蚀热交换器、搅拌器用，带搅拌的发酵罐）			进口旧机电产品（12.2）
8479820020	用于废物和废水处理的混合、搅拌、轧碎、研磨、筛选、均化或乳化机器			进口旧机电产品（12.2）
8479820090	其他混合、搅拌、轧碎、研磨机器（包括筛选、均化、乳化机器）			进口旧机电产品（12.2）
8479831010	处理金属的冷等静压机（两用物项管制机器及机械器具）			进口旧机电产品（12.2）
8479831090	处理金属的冷等静压机			进口旧机电产品（12.2）
8479839010	其他冷等静压力机（两用物项管制机器及机械器具）			进口旧机电产品（12.2）
8479839090	其他冷等静压力机			进口旧机电产品（12.2）
8479892000	空气增湿器及减湿器		L	进口旧机电产品（12.2） 进口强制性产品认证（12.1）
8479894000	其他邮政用包裹、印刷品分拣设备			进口旧机电产品（12.2）
8479895000	放射性废物压实机			进口旧机电产品（12.2）
8479896100	自动插件机	A	M	普通设备（12.6） 进口旧机电产品（12.2）
8479896200	自动贴片机	A	M	普通设备（12.6） 进口旧机电产品（12.2）
8479896900	其他印刷电路板上装配元器件机器	A	M	普通设备（12.6） 进口旧机电产品（12.2）
8479899200	自动化立体仓储设备（具有独立功能的)	A	M	普通设备（12.6） 特种设备（12.5） 进口旧机电产品（12.2）
8479899910	用于光盘生产的金属母盘生产设备（具有独立功能的）	A	M	普通设备（12.6） 进口旧机电产品（12.2）
8479899920	用于光盘生产的黏合机（具有独立功能的）	A	M	普通设备（12.6） 进口旧机电产品（12.2）
8479899930	用于光盘生产的真空金属溅镀机（具有独立功能的）	A	M	普通设备（12.6） 进口旧机电产品（12.2）
8479899940	保护胶涂覆机及染料层旋涂机（光盘生产用，具有独立功能的）	A	M	普通设备（12.6） 进口旧机电产品（12.2）
8479899952	生物反应器（两用物项管制机器及机械器具）			进口旧机电产品（12.2）
8479899953	恒化器（两用物项管制机器及机械器具）			进口旧机电产品（12.2）
8479899954	连续灌流系统（两用物项管制机器及机械器具）			进口旧机电产品（12.2）
8479899955	三坐标或多坐标联动和程控的纤维缠绕机（两用物项管制机器及机械器具）			进口旧机电产品（12.2）
8479899959	其他两用物项管制机器及机械器具			进口旧机电产品（12.2）
8479899960	绕线机（能卷绕直径在75毫米至400毫米、长度为600毫米或更长的）	A	M	普通设备（12.6） 进口旧机电产品（12.2）
8479899990	本章其他未列名机器及机械器具（具有独立功能的）	A	M	普通设备（12.6） 进口旧机电产品（12.2）
8479902000	空气增湿器及减湿器零件			进口旧机电产品（12.2）
8479909010	绕线机的精密芯轴（专用于编号8479899060绕线机的精密芯轴）			进口旧机电产品（12.2）
8479909090	品目8479所列机器的其他零件			进口旧机电产品（12.2）
8480100000	金属铸造用型箱			进口旧机电产品（12.2）
8480200000	型模底板			进口旧机电产品（12.2）
8480300000	阳模			进口旧机电产品（12.2）
8480411000	压铸模（金属、硬质合金用）			进口旧机电产品（12.2）
8480412000	粉末冶金用压模			进口旧机电产品（12.2）

商品编号	商品名称	监管条件	检验检疫类别	检验检疫要求
8480419000	其他金属、硬质合金用注模或压模			进口旧机电产品（12.2）
8480490000	其他金属、硬质合金用其他型模（注模或压模除外）			进口旧机电产品（12.2）
8480500000	玻璃用型模			进口旧机电产品（12.2）
8480600000	矿物材料用型模			进口旧机电产品（12.2）
8480711000	硫化轮胎用囊式型模（注模或压模）			进口旧机电产品（12.2）
8480719010	用于光盘生产的专用模具（注模或压模）			进口旧机电产品（12.2）
8480719090	其他塑料或橡胶用注模或压模			进口旧机电产品（12.2）
8480790010	农用双壁波纹管生产线用其他模具			进口旧机电产品（12.2）
8480790090	塑料或橡胶用其他型模			进口旧机电产品（12.2）
8481100001	喷灌设备用减压阀（用于管道、锅炉、罐、桶或类似品的）			进口旧机电产品（12.2）
8481100090	其他减压阀（用于管道、锅炉、罐、桶或类似品的）			进口旧机电产品（12.2）
8481201010	飞机发动机用液压传动阀（用于管道、锅炉、罐、桶或类似品的）			进口旧机电产品（12.2）
8481201090	其他油压传动阀（用于管道、锅炉、罐、桶或类似品的）			进口旧机电产品（12.2）
8481202010	飞机发动机用气压传动阀（用于管道、锅炉、罐、桶或类似品的）			进口旧机电产品（12.2）
8481202090	其他气压传动阀（用于管道、锅炉、罐、桶或类似品的）			进口旧机电产品（12.2）
8481300000	止回阀（用于管道、锅炉、罐、桶或类似品的）			进口旧机电产品（12.2）
8481400000	安全阀或溢流阀（用于管道、锅炉、罐、桶或类似品的）			进口旧机电产品（12.2）
8481802110	两用物项管制的电磁式换向阀			进口旧机电产品（12.2）
8481802190	其他电磁式换向阀（用于管道、锅炉、罐、桶或类似品的）			进口旧机电产品（12.2）
8481802910	两用物项管制的其他换向阀			进口旧机电产品（12.2）
8481802990	其他换向阀（用于管道、锅炉、罐、桶或类似品的）			进口旧机电产品（12.2）
8481803110	两用物项管制的电子膨胀流量阀			进口旧机电产品（12.2）
8481803190	其他电子膨胀流量阀（用于管道、锅炉、罐、桶或类似品的）			进口旧机电产品（12.2）
8481803910	两用物项管制的其他流量阀			进口旧机电产品（12.2）
8481803920	飞机发动机用流量阀（用于管道、锅炉、罐、桶或类似品的）			进口旧机电产品（12.2）
8481803990	其他流量阀（用于管道、锅炉、罐、桶或类似品的）			进口旧机电产品（12.2）
8481804010	两用物项管制的其他阀门			进口旧机电产品（12.2）
8481804020	高压涡轮间隙控制阀门（用于管道、锅炉、罐、桶或类似品的）			进口旧机电产品（12.2）
8481804030	废气再循环阀（用于管道、锅炉、罐、桶或类似品的）			进口旧机电产品（12.2）
8481804040	飞机发动机用预冷控制阀门（用于管道、锅炉、罐、桶或类似品的）			进口旧机电产品（12.2）
8481804090	其他阀门（用于管道、锅炉、罐、桶或类似品的）			进口旧机电产品（12.2）
8481809000	未列名龙头、旋塞及类似装置（用于管道、锅炉、罐、桶或类似品的）			进口旧机电产品（12.2）
8481901000	阀门用零件（用于管道、锅炉、罐、桶或类似品的）			进口旧机电产品（12.2）
8481909000	龙头、旋塞及类似装置的零件（用于管道、锅炉、罐、桶或类似品的）			进口旧机电产品（12.2）
8482101000	调心球轴承（滚珠轴承）			进口旧机电产品（12.2）
8482102000	深沟球轴承（滚珠轴承）			进口旧机电产品（12.2）
8482103000	角接触轴承（滚珠轴承）			进口旧机电产品（12.2）
8482104011	飞机发动机用外径30厘米的推力球轴承（滚珠轴承）			进口旧机电产品（12.2）
8482104019	飞机发动机用其他推力球轴承（滚珠轴承）			进口旧机电产品（12.2）
8482104090	其他推力球轴承（滚珠轴承）			进口旧机电产品（12.2）
8482109000	其他滚珠轴承			进口旧机电产品（12.2）
8482200000	锥形滚子轴承（包括锥形滚子组件）			进口旧机电产品（12.2）
8482300000	鼓形滚子轴承			进口旧机电产品（12.2）
8482400010	飞机发动机用滚针轴承（包括保持架和滚针组件）			进口旧机电产品（12.2）
8482400090	其他滚针轴承（包括保持架和滚针组件）			进口旧机电产品（12.2）
8482500010	三环、二环偏心滚动轴承，飞机发动机主推进轴用滚子轴承除外（包括保持架和滚子组件）			进口旧机电产品（12.2）
8482500020	飞机发动机主推进轴用滚子轴承（包括保持架和滚子组件）			进口旧机电产品（12.2）
8482500090	其他圆柱形滚子轴承（包括保持架和滚子组件）			进口旧机电产品（12.2）
8482800000	其他滚动轴承及球、柱混合轴承			进口旧机电产品（12.2）
8482910000	滚珠、滚针及滚柱			进口旧机电产品（12.2）

商品编号	商品名称	监管条件	检验检疫类别	检验检疫要求
8482990000	滚动轴承的其他零件			进口旧机电产品（12.2）
8483109010	飞机发动机用传动轴			进口旧机电产品（12.2）
8483109090	其他传动轴及曲柄（包括凸轮轴及曲柄轴）			进口旧机电产品（12.2）
8483200000	装有滚珠或滚子轴承的轴承座			进口旧机电产品（12.2）
8483300010	磁悬浮轴承（轴承组合件，由悬浮在充满阻尼介质的环形磁铁组成）			进口旧机电产品（12.2）
8483300020	轴承、阻尼（安装在阻尼器上的具有枢轴、盖的轴承）			进口旧机电产品（12.2）
8483300090	其他未装有滚珠或滚子轴承的轴承座；其他滑动轴承			进口旧机电产品（12.2）
8483401010	飞机水平尾翼螺旋杆			进口旧机电产品（12.2）
8483401090	其他滚子螺杆传动装置			进口旧机电产品（12.2）
8483402000	行星齿轮减速器			进口旧机电产品（12.2）
8483409010	飞机发动机用齿轮传动装置（齿轮箱）			进口旧机电产品（12.2）
8483409090	其他传动装置及变速装置（指齿轮及齿轮传动装置、齿轮箱和扭矩变换器）			进口旧机电产品（12.2）
8483500000	飞轮及滑轮（包括滑轮组）			进口旧机电产品（12.2）
8483600001	压力机用组合式湿式离合、制动器（离合扭矩为60kNM～300kNM，制动扭矩为30kNM～100kNM）			进口旧机电产品（12.2）
8483600020	高速轴联轴器（风力发电机组用），扭矩保护值为160kNM～1000kNM			进口旧机电产品（12.2）
8483600090	离合器及联轴器（包括万向节）			进口旧机电产品（12.2）
8483900010	车用凸轮轴相位调节器（汽车发动机用）			进口旧机电产品（12.2）
8483900020	飞机发动机用齿轮箱用单个齿轮			进口旧机电产品（12.2）
8483900090	品目8483所列货品用其他零件（包括单独报验的带齿的轮、链轮及其他传动元件）			进口旧机电产品（12.2）
8484100000	密封垫或类似接合衬垫（用金属片与其他材料制成或用双层及多层金属片制成）			进口旧机电产品（12.2）
8484200010	耐UF6腐蚀的转动轴封（专门设计的真空密封装置，缓冲气体泄漏率1000立方厘米/分钟）			进口旧机电产品（12.2）
8484200020	转动轴封（专门设计的带有密封式进气口和出气口的转动轴封）			进口旧机电产品（12.2）
8484200030	MLIS用转动轴封（专门设计的带密封进气口和出气口的转动轴封）			进口旧机电产品（12.2）
8484200090	其他机械密封件			进口旧机电产品（12.2）
8484900000	其他材料制密封垫及类似接合衬垫（成套或各种不同材料制，装于袋、套或类似包装内）			进口旧机电产品（12.2）
8485100000	用金属材料的增材制造设备			进口旧机电产品（12.2）
8485200000	用塑料或橡胶材料的增材制造设备			进口旧机电产品（12.2）
8485301000	用玻璃材料的增材制造设备			进口旧机电产品（12.2）
8485302000	用石膏、水泥、陶瓷材料的增材制造设备			进口旧机电产品（12.2）
8485801000	用纸或纸浆的增材制造设备			进口旧机电产品（12.2）
8485802000	用木材、软木的增材制造设备			进口旧机电产品（12.2）
8485809000	其他增材制造设备	A	M	普通设备（12.6） 进口旧机电产品（12.2）
8485901000	用金属材料的增材制造设备的零件			进口旧机电产品（12.2）
8485902000	用玻璃材料的增材制造设备的零件			进口旧机电产品（12.2）
8485903000	用塑料或橡胶材料的增材制造设备的零件			进口旧机电产品（12.2）
8485904000	用石膏、水泥、陶瓷材料的增材制造设备的零件			进口旧机电产品（12.2）
8485905000	用纸或纸浆的增材制造设备的零件			进口旧机电产品（12.2）
8485906000	用木材、软木的增材制造设备的零件			进口旧机电产品（12.2）
8485909000	其他增材制造设备的零件			进口旧机电产品（12.2）
8486101000	利用温度变化处理单晶硅的机器及装置（制造单晶柱或晶圆用的）			进口旧机电产品（12.2）
8486102000	制造单晶柱或晶圆用的研磨设备			进口旧机电产品（12.2）
8486103000	制造单晶柱或晶圆用的切割设备			进口旧机电产品（12.2）
8486104000	制造单晶柱或晶圆用的化学机械抛光设备（CMP）			进口旧机电产品（12.2）
8486109000	其他制造单晶柱或晶圆用的机器及装置			进口旧机电产品（12.2）

商品编号	商品名称	监管条件	检验检疫类别	检验检疫要求
8486201000	氧化、扩散、退火及其他热处理设备（制造半导体器件或集成电路用的）			进口旧机电产品（12.2）
8486202100	制造半导体器件或集成电路用化学气相沉积装置［化学气相沉积装置（CVD）］			进口旧机电产品（12.2）
8486202200	制造半导体器件或集成电路用物理气相沉积装置［物理气相沉积装置（PVD）］			进口旧机电产品（12.2）
8486202900	其他制造半导体器件或集成电路用薄膜沉积设备			进口旧机电产品（12.2）
8486203100	制造半导体器件或集成电路用分步重复光刻机（步进光刻机）			进口旧机电产品（12.2）
8486203900	其他将电路图投影或绘制到感光半导体材料上的装置（制造半导体器件或集成电路用的）			进口旧机电产品（12.2）
8486204100	制造半导体器件或集成电路用等离子体干法刻蚀机			进口旧机电产品（12.2）
8486204900	其他制造半导体器件或集成电路用刻蚀及剥离设备			进口旧机电产品（12.2）
8486205000	制造半导体器件或集成电路用离子注入机			进口旧机电产品（12.2）
8486209000	其他制造半导体器件或集成电路用机器及装置			进口旧机电产品（12.2）
8486301000	制造平板显示器用扩散、氧化、退火及其他热处理设备			进口旧机电产品（12.2）
8486302100	制造平板显示器用化学气相沉积装置（CVD）			进口旧机电产品（12.2）
8486302200	制造平板显示器用物理气相沉积装置（PVD）			进口旧机电产品（12.2）
8486302900	其他制造平板显示器用薄膜沉积设备			进口旧机电产品（12.2）
8486303100	制造平板显示器用分步重复光刻机			进口旧机电产品（12.2）
8486303900	其他将电路图投影或绘制到感光半导体材料上的装置（制造平板显示器用的机器及装置）			进口旧机电产品（12.2）
8486304100	制造平板显示器用超声波清洗装置			进口旧机电产品（12.2）
8486304900	其他制造平板显示器用湿法蚀刻、显影、剥离、清洗装置			进口旧机电产品（12.2）
8486309000	其他制造平板显示器用的机器及装置			进口旧机电产品（12.2）
8486401000	主要用于或专用于制作和修复掩膜版或投影掩膜版的装置［掩膜版（mask）、投影掩膜版（reticle）］			进口旧机电产品（12.2）
8486402100	塑封机（主要用于或专用于装配与封装半导体器件和集成电路的设备）			进口旧机电产品（12.2）
8486402200	引线键合装置（主要用于或专用于装配与封装半导体器件和集成电路的设备）			进口旧机电产品（12.2）
8486402900	其他主要或专用于装配封装半导体器件和集成电路的设备			进口旧机电产品（12.2）
8486403100	IC工厂专用的自动搬运机器人			进口旧机电产品（12.2）
8486403900	其他用于升降、装卸、搬运集成电路等的设备（升降、装卸、搬运单晶柱、晶圆、半导体器件、集成电路和平板显示器的装置）			进口旧机电产品（12.2）
8486901000	升降、搬运、装卸机器用零件或附件（编号848640项下商品用，但自动搬运设备用除外）			进口旧机电产品（12.2）
8486902000	引线键合装置用零件或附件（编号848640项下商品用）			进口旧机电产品（12.2）
8486909100	带背板的溅射靶材组件			进口旧机电产品（12.2）
8486909900	其他品目8486项下商品用零件和附件			进口旧机电产品（12.2）
8487900000	本章其他编号未列名的机器零件（不具有电气接插件、绝缘体、线圈或其他电气器材特征的）			进口旧机电产品（12.2）
8501101000	输出功率≤37.5瓦玩具电动机			进口旧机电产品（12.2）
8501109101	激光视盘机机芯精密微型电机（1瓦≤功率≤18瓦，20毫米≤直径≤30毫米）			进口旧机电产品（12.2）
8501109102	摄像机、摄录一体机用精密微型电机（0.5瓦≤功率≤10瓦，20毫米≤直径≤39毫米）			进口旧机电产品（12.2）
8501109190	其他机座最大尺寸在20毫米至39毫米微电机（输出功率≤37.5瓦）			进口旧机电产品（12.2）
8501109901	功率≤0.5瓦非用于激光视盘机机芯的微型电机（圆柱形直径≤6毫米，高≤25毫米；扁圆形直径≤15毫米，厚≤5毫米）			进口旧机电产品（12.2）
8501109902	激光视盘机机芯用精密微型电机（0.5瓦≤功率≤2瓦，5毫米≤直径<20毫米）			进口旧机电产品（12.2）

商品编号	商品名称	监管条件	检验检疫类别	检验检疫要求
8501109903	摄像机、摄录一体机用精密微型电机（0.5瓦≤功率≤10瓦，5毫米≤直径<20毫米或39毫米<直径≤40毫米）			进口旧机电产品（12.2）
8501109990	其他微电机（输出功率≤37.5瓦）			进口旧机电产品（12.2）
8501200000	输出功率>37.5瓦的交直流两用电动机		L	进口旧机电产品（12.2） 进口强制性产品认证（12.1）
8501310000	其他输出功率≤750瓦的直流电动机、发电机（不包括光伏发电机）		L	进口旧机电产品（12.2） 进口强制性产品认证（12.1）
8501320000	750瓦<输出功率≤75千瓦的直流电动机、发电机（不包括光伏发电机）		L	进口旧机电产品（12.2） 进口强制性产品认证（12.1）
8501330000	75千瓦<输出功率≤375千瓦的直流电动机、发电机（不包括光伏发电机）			进口旧机电产品（12.2）
8501340000	输出功率>375千瓦的直流电动机、发电机（不包括光伏发电机）			进口旧机电产品（12.2）
8501400000	单相交流电动机		L	进口旧机电产品（12.2） 进口强制性产品认证（12.1）
8501510010	发电机（功率≥40瓦，频率600赫兹至2000赫兹，谐波畸变低于10%等）			进口旧机电产品（12.2）
8501510090	其他输出功率≤750瓦多相交流电动机		L	进口旧机电产品（12.2） 进口强制性产品认证（12.1）
8501520000	750瓦<输出功率≤75千瓦的多相交流电动机		L	进口旧机电产品（12.2） 进口强制性产品认证（12.1）
8501530000	其他功率>75千瓦多相交流电动机			进口旧机电产品（12.2）
8501610000	输出功率≤75千伏安交流发电机（不包括光伏发电机）			进口旧机电产品（12.2）
8501620000	75千伏安<输出功率≤375千伏安交流发电机（不包括光伏发电机）			进口旧机电产品（12.2）
8501630000	375千伏安<输出功率≤750千伏安交流发电机（不包括光伏发电机）			进口旧机电产品（12.2）
8501641010	由使用可再生燃料锅炉和涡轮机组驱动的交流发电机，750千伏安<输出功率≤350兆伏安			进口旧机电产品（12.2）
8501641090	其他750千伏安<输出功率≤350兆伏安的交流发电机（不包括光伏发电机）			进口旧机电产品（12.2）
8501642010	由使用可再生燃料锅炉和涡轮机组驱动的交流发电机，350兆伏安<输出功率≤665兆伏安			进口旧机电产品（12.2）
8501642090	其他350兆伏安<输出功率≤665兆伏安交流发电机（不包括光伏发电机）			进口旧机电产品（12.2）
8501643010	由使用可再生燃料锅炉和涡轮机组驱动的交流发电机，输出功率>665兆伏安			进口旧机电产品（12.2）
8501643090	其他输出功率>665兆伏安交流发电机（不包括光伏发电机）			进口旧机电产品（12.2）
8501710000	输出功率≤50瓦的光伏直流发电机			进口旧机电产品（12.2）
8501721000	50瓦<输出功率≤750瓦的光伏直流发电机			进口旧机电产品（12.2）
8501722000	750瓦<输出功率≤75千瓦的光伏直流发电机			进口旧机电产品（12.2）
8501723000	75千瓦<输出功率≤375千瓦的光伏直流发电机			进口旧机电产品（12.2）
8501724000	输出功率>375千瓦的光伏直流发电机			进口旧机电产品（12.2）
8501801000	输出功率≤75千伏安的光伏交流发电机			进口旧机电产品（12.2）
8501802000	75千伏安<输出功率≤375千伏安的光伏交流发电机			进口旧机电产品（12.2）
8501803000	375千伏安<输出功率≤750千伏安的光伏交流发电机			进口旧机电产品（12.2）
8501804100	其他750千伏安<输出功率≤350兆伏安的光伏交流发电机			进口旧机电产品（12.2）
8501804200	其他350兆伏安<输出功率≤665兆伏安的光伏交流发电机			进口旧机电产品（12.2）
8501804300	其他输出功率>665兆伏安的光伏交流发电机			进口旧机电产品（12.2）
8502110000	输出功率≤75千伏安柴油发电机组（包括半柴油发电机组）			进口旧机电产品（12.2）
8502120000	75千伏安<输出功率≤375千伏安柴油发电机组（包括半柴油发电机组）			进口旧机电产品（12.2）
8502131000	375千伏安<输出功率≤2兆伏安柴油发电机组（包括半柴油发电机组）			进口旧机电产品（12.2）
8502132000	输出功率>2兆伏安柴油发电机组（包括半柴油发电机组）			进口旧机电产品（12.2）

商品编号	商品名称	监管条件	检验检疫类别	检验检疫要求
8502200000	装有点燃式活塞发动机的发电机组（内燃的）			进口旧机电产品（12.2）
8502310000	风力发电设备			进口旧机电产品（12.2）
8502390010	依靠可再生能源（太阳能、小水电、潮汐、沼气、地热能、生物质/余热驱动的汽轮机）生产电力的发电机组			进口旧机电产品（12.2）
8502390090	其他发电机组（风力驱动除外）			进口旧机电产品（12.2）
8502400000	旋转式变流机			进口旧机电产品（12.2）
8503001000	玩具用电动机等微电动机零件（编号85011010及85011091所列电动机零件）			进口旧机电产品（12.2）
8503002000	输出功率>350兆伏安交流发电机零件（编号85016420及85016430所列发电机零件）			进口旧机电产品（12.2）
8503003000	风力发电设备的零件（编号85023100所列发电机组零件）			进口旧机电产品（12.2）
8503009010	电动机定子（用于真空中频率600赫兹～2000赫兹、功率50伏安～1000伏安条件下）			进口旧机电产品（12.2）
8503009020	由使用可再生燃料锅炉和涡轮机组驱动的输出功率超过750千伏安不超过350兆伏安的交流发电机的零件			进口旧机电产品（12.2）
8503009030	靠可再生能源（太阳能、小水电、潮汐、沼气、地热能、生物质/余热驱动的汽轮机）生产电力发电机组的零件			进口旧机电产品（12.2）
8503009040	飞机发动机用交流发电机定子			进口旧机电产品（12.2）
8503009050	燃料电池用膜电极组件（主要由质子交换膜、催化剂和气体扩散层构成）			进口旧机电产品（12.2）
8503009060	燃料电池用双极板			进口旧机电产品（12.2）
8503009090	其他电动机、发电机（组）零件			进口旧机电产品（12.2）
8504101000	电子镇流器		L	进口旧机电产品（12.2） 进口强制性产品认证（12.1）
8504109000	其他放电灯或放电管用镇流器		L	进口旧机电产品（12.2） 进口强制性产品认证（12.1）
8504210000	额定容量≤650千伏安液体介质变压器			进口旧机电产品（12.2）
8504220000	650千伏安<额定容量≤10兆伏安液体介质变压器			进口旧机电产品（12.2）
8504231100	10兆伏安<额定容量<220兆伏安液体变压器			进口旧机电产品（12.2）
8504231200	220兆伏安≤额定容量<330兆伏安液体变压器			进口旧机电产品（12.2）
8504231300	330兆伏安≤额定容量<400兆伏安液体变压器			进口旧机电产品（12.2）
8504232100	400兆伏安≤额定容量<500兆伏安液体变压器			进口旧机电产品（12.2）
8504232900	额定容量≥500兆伏安液体变压器			进口旧机电产品（12.2）
8504311000	额定容量≤1千伏安的互感器			进口旧机电产品（12.2）
8504319000	额定容量≤1千伏安的其他变压器			进口旧机电产品（12.2）
8504321000	1千伏安<额定容量≤16千伏安的互感器			进口旧机电产品（12.2）
8504329000	1千伏安<额定容量≤16千伏安的其他变压器			进口旧机电产品（12.2）
8504331000	16千伏安<额定容量≤500千伏安互感器			进口旧机电产品（12.2）
8504339000	16千伏安<额定容量≤500千伏安其他变压器			进口旧机电产品（12.2）
8504341000	额定容量>500千伏安的互感器			进口旧机电产品（12.2）
8504349000	额定容量>500千伏安的其他变压器			进口旧机电产品（12.2）
8504401300	品目8471所列机器用的稳压电源	A	L	进口旧机电产品（12.2） 进口强制性产品认证（12.1）
8504401400	功率<1千瓦直流稳压电源（稳压系数低于万分之一，品目8471所列机器用除外）			进口旧机电产品（12.2） 进口强制性产品认证（12.1）
8504401500	功率<10千瓦其他交流稳压电源（精度低于千分之一）			进口旧机电产品（12.2）
8504401910	同位素电磁分离器离子源磁体电源（高功率直流型）			进口旧机电产品（12.2）
8504401920	直流高功率电源（能8小时连续产生100伏、500安电流，稳定度优于0.1%）			进口旧机电产品（12.2）
8504401930	高压直流电源（能8小时连续产生20千伏、1安电流，稳定度优于0.2%）			进口旧机电产品（12.2）
8504401940	同位素电磁分离器离子源高压电源			进口旧机电产品（12.2）

商品编号	商品名称	监管条件	检验检疫类别	检验检疫要求
8504401990	其他稳压电源		L	进口旧机电产品（12.2） 进口强制性产品认证（12.1）
8504402000	不间断供电电源（UPS）			进口旧机电产品（12.2）
8504403010	两用物项管制的逆变器（功率≥40瓦特，频率600赫兹至2000赫兹，谐波畸变低于10%等）			进口旧机电产品（12.2）
8504403020	纯电动或混合动力汽车用逆变器模块，功率密度≥8千瓦/升			进口旧机电产品（12.2）
8504403090	其他逆变器			进口旧机电产品（12.2）
8504409110	具有变流功能的半导体模块（自动数据处理设备机器及组件、电讯设备用的）			进口旧机电产品（12.2）
8504409190	其他具有变流功能的半导体模块			进口旧机电产品（12.2）
8504409910	静止式变流器（自动数据处理设备机器及组件、电讯设备用）			进口旧机电产品（12.2）
8504409920	ITA产品用的印刷电路组件（包括外接组件，如符合PCMCIA标准的卡）			进口旧机电产品（12.2）
8504409930	专用8503009010电动机定子的频率变换器［1.多相输出600赫兹或更高；2.高稳定性（频率控制优于0.2%）］			进口旧机电产品（12.2）
8504409940	两用物项管制的频率变换器（功率≥40瓦特，频率600赫兹至2000赫兹，谐波畸变低于10%等）			进口旧机电产品（12.2）
8504409950	电源（真空或受控环境感应炉用电源，额定输出功率≥5千瓦）			进口旧机电产品（12.2）
8504409960	模块式电脉冲发生器（在15毫秒内输出电流>100安，密封在防尘罩内，温宽范围大）			进口旧机电产品（12.2）
8504409970	高速（200千米/时及以上）电力机车的牵引变流器			进口旧机电产品（12.2）
8504409980	汽车冲压线用压力机变频调速装置			进口旧机电产品（12.2）
8504409992	纯电动汽车或插电式混合动力汽车用车载充电机			进口旧机电产品（12.2）
8504409999	其他未列名静止式变流器			进口旧机电产品（12.2）
8504500000	其他电感器			进口旧机电产品（12.2）
8504901100	额定容量>400兆伏安液体介质变压器零件			进口旧机电产品（12.2）
8504901900	其他变压器零件			进口旧机电产品（12.2）
8504902000	稳压电源及不间断供电电源零件			进口旧机电产品（12.2）
8504909010	用于将可再生能源发电机组输出的直流电转换成交流电的逆变器的零件			进口旧机电产品（12.2）
8504909090	其他静止式变流器及电感器零件			进口旧机电产品（12.2）
8505111000	稀土永磁铁及稀土永磁体			进口旧机电产品（12.2）
8505119000	其他金属的永磁铁及永磁体			进口旧机电产品（12.2）
8505190010	磁极块（直径大于2米，用在同位素电磁分离器内）			进口旧机电产品（12.2）
8505190090	其他非金属的永磁铁及永磁体			进口旧机电产品（12.2）
8505200000	电磁联轴节、离合器及制动器			进口旧机电产品（12.2）
8505901000	电磁起重吸盘			进口旧机电产品（12.2）
8505909010	超导螺线电磁体（产生超过2个泰斯拉磁场，长径比≥2，内径≥300毫米等）			进口旧机电产品（12.2）
8505909020	专门或主要用于核磁共振成像装置的电磁体，但品目9018所列其他电磁铁除外			进口旧机电产品（12.2）
8505909090	其他电磁铁；电磁铁或永磁铁卡盘、夹具及类似的工件夹具；品目8505的零件			进口旧机电产品（12.2）
8506101110	扣式无汞碱性锌锰的原电池及原电池组（汞含量<电池重量的0.0005%）			进口旧机电产品（12.2）
8506101190	扣式含汞碱性锌锰的原电池及原电池组（汞含量≥电池重量的0.0005%）			禁止进出口 进口旧机电产品（12.2）
8506101210	圆柱形无汞碱性锌锰的原电池及原电池组（汞含量<电池重量的0.0001%）			进口旧机电产品（12.2）
8506101290	圆柱形含汞碱性锌锰的原电池及原电池组（汞含量≥电池重量的0.0001%）			禁止进出口 进口旧机电产品（12.2）

商品编号	商品名称	监管条件	检验检疫类别	检验检疫要求
8506101910	其他无汞碱性锌锰的原电池及原电池组（汞含量＜电池重量的0.0001%）			进口旧机电产品（12.2）
8506101990	其他含汞碱性锌锰的原电池及原电池组（汞含量≥电池重量的0.0001%）			禁止进出口 进口旧机电产品（12.2）
8506109010	其他无汞二氧化锰的原电池及原电池组（汞含量＜电池重量的0.0001%，扣式电池的汞含量＜电池重量的0.0005%）			进口旧机电产品（12.2）
8506109090	其他含汞二氧化锰的原电池及原电池组（汞含量≥电池重量的0.0001%，扣式电池的汞含量≥电池重量的0.0005%）			禁止进出口 进口旧机电产品（12.2）
8506300000	氧化汞的原电池及原电池组			禁止进出口 进口旧机电产品（12.2）
8506400010	氧化银的原电池及原电池组（无汞）（汞含量＜电池重量的0.0001%，扣式电池的汞含量＜电池重量的0.0005%）			进口旧机电产品（12.2）
8506400090	氧化银的原电池及原电池组（含汞）（汞含量≥电池重量的0.0001%，扣式电池的汞含量≥电池重量的0.0005%）			禁止进出口 进口旧机电产品（12.2）
8506500000	锂的原电池及原电池组	A	M	电池（12.7） 进口旧机电产品（12.2）
8506600010	锌空气的原电池及原电池组（无汞）（汞含量＜电池重量的0.0001%，扣式电池的汞含量＜电池重量的0.0005%）			进口旧机电产品（12.2）
8506600090	锌空气的原电池及原电池组（含汞）（汞含量≥电池重量的0.0001%，扣式电池的汞含量≥电池重量的0.0005%）			禁止进口 进口旧机电产品（12.2）
8506800011	无汞燃料电池（汞含量＜电池重量的0.0001%，扣式电池的汞含量＜电池重量的0.0005%）			进口旧机电产品（12.2）
8506800019	其他无汞原电池及原电池组（汞含量＜电池重量的0.0001%，扣式电池的汞含量＜电池重量的0.0005%）			进口旧机电产品（12.2）
8506800091	含汞燃料电池（汞含量≥电池重量的0.0001%，扣式电池的汞含量≥电池重量的0.0005%）			禁止进出口 进口旧机电产品（12.2）
8506800099	其他含汞原电池及原电池组（汞含量≥电池重量的0.0001%，扣式电池的汞含量≥电池重量的0.0005%）			禁止进出口 进口旧机电产品（12.2）
8506901000	二氧化锰原电池或原电池组的零件			进口旧机电产品（12.2）
8506909000	其他原电池组或原电池组的零件			危险化学品（13.1） 进口旧机电产品（12.2）
8507100000	启动活塞式发动机用铅酸蓄电池			进口旧机电产品（12.2）
8507200000	其他铅酸蓄电池（启动活塞式发动机用铅酸蓄电池除外）			进口旧机电产品（12.2）
8507300010	飞机用镍镉蓄电池			进口旧机电产品（12.2）
8507300090	其他镍镉蓄电池			进口旧机电产品（12.2）
8507500000	镍氢蓄电池			进口旧机电产品（12.2）
8507600010	纯电动汽车或插电式混合动力汽车用锂离子蓄电池单体（容量≥10Ah，比能量≥110瓦时/千克）	A	M	电池（12.7） 进口旧机电产品（12.2）
8507600020	纯电动汽车或插电式混合动力汽车用锂离子蓄电池系统（包含蓄电池模块、容器、盖、冷却系统、管理系统等，比能量≥80瓦时/千克）	A	M	电池（12.7） 进口旧机电产品（12.2）
8507600030	飞机用锂离子蓄电池			进口旧机电产品（12.2）
8507600090	其他锂离子蓄电池	A	M	电池（12.7） 进口旧机电产品（12.2）
8507803000	全钒液流电池			进口旧机电产品（12.2）
8507809010	燃料电池			进口旧机电产品（12.2）
8507809090	其他蓄电池			进口旧机电产品（12.2）
8507901000	铅酸蓄电池零件			进口旧机电产品（12.2）
8507909000	其他蓄电池零件			进口旧机电产品（12.2）
8508110000	电动的真空吸尘器（功率不超过1500瓦，且带有容积不超过20升的集尘袋或其他集尘容器）			进口旧机电产品（12.2） 进口强制性产品认证（12.1）

商品编号	商品名称	监管条件	检验检疫类别	检验检疫要求
8508190000	其他电动的真空吸尘器			进口旧机电产品（12.2） 进口强制性产品认证（12.1）
8508600000	其他真空吸尘器（非电动）			进口旧机电产品（12.2）
8508701000	编号85081100所列吸尘器用零件			进口旧机电产品（12.2）
8508709000	其他真空吸尘器零件			进口旧机电产品（12.2）
8509401000	水果或蔬菜的榨汁机	A	L.R	进口旧机电产品（12.2） 家用和类似用途电器（12.7） 进口强制性产品认证（12.1）
8509409000	食品研磨机、搅拌器	A	L.R	进口旧机电产品（12.2） 家用和类似用途电器（12.7） 进口强制性产品认证（12.1）
8509801000	地板打蜡机			进口旧机电产品（12.2）
8509802000	厨房废物处理器			进口旧机电产品（12.2）
8509809000	其他家用电动器具	A	L	进口旧机电产品（12.2） 进口强制性产品认证（12.1）
8509900000	家用电动器具的零件			进口旧机电产品（12.2）
8510100000	电动剃须刀			进口旧机电产品（12.2）
8510200000	电动毛发推剪			进口旧机电产品（12.2）
8510300000	电动脱毛器			进口旧机电产品（12.2）
8510900000	品目8510所列货品的零件			进口旧机电产品（12.2）
8511100000	火花塞			进口旧机电产品（12.2）
8511201000	点火磁电机、永磁直流发电机（包括磁飞轮、指机车、航空器及船舶用）			进口旧机电产品（12.2）
8511209000	其他点火磁电机、磁飞轮（包括永磁直流发电机）			进口旧机电产品（12.2）
8511301000	分电器及点火线圈（指机车、航空器、船舶用）			进口旧机电产品（12.2）
8511309000	其他用途用分电器、点火线圈			进口旧机电产品（12.2）
8511401010	飞机辅助动力装置电源启动马达			进口旧机电产品（12.2）
8511401090	其他启动电机及两用启动发电机（指机车、航空器、船舶用）			进口旧机电产品（12.2）
8511409100	输出功率≥132.39千瓦启动电机（输出功率在180马力及以上的发动机用）			进口旧机电产品（12.2）
8511409900	其他用途的启动电机（包括两用启动发电机）			进口旧机电产品（12.2）
8511501000	其他机车、航空器、船舶用发电机			进口旧机电产品（12.2）
8511509000	其他附属于内燃发动机的发电机			进口旧机电产品（12.2）
8511800000	发动机用电点火、启动的其他装置（指点燃式或压燃式内燃发动机用的）			进口旧机电产品（12.2）
8511901010	飞机发动机用三相交流发电机用壳体			进口旧机电产品（12.2）
8511901090	车船飞机用其他电点火、启动装置零件（指品目8511所列供机车、航空器及船舶用各种装置的零件）			进口旧机电产品（12.2）
8511909000	其他用电点火、电启动装置的零件（指品目8511所列供其他用途的各种装置的零件）			进口旧机电产品（12.2）
8512100000	自行车用照明或视觉信号装置			进口旧机电产品（12.2）
8512201000	机动车辆用照明装置		L	进口旧机电产品（12.2） 进口强制性产品认证（12.1）
8512209000	其他照明或视觉信号装置（包括机动车辆用视觉装置）		L	进口旧机电产品（12.2） 进口强制性产品认证（12.1）
8512301100	机动车辆用喇叭、蜂鸣器			进口旧机电产品（12.2）
8512301200	机动车辆用防盗报警器			进口旧机电产品（12.2）
8512301900	机动车辆用其他音响信号装置			进口旧机电产品（12.2）
8512309000	其他车辆用电器音响信号装置			进口旧机电产品（12.2）
8512400000	车辆风挡刮水器、除霜器及去雾器			进口旧机电产品（12.2）
8512900000	品目8512所列装置的零件（指车辆等用照明、信号装置、风挡刮水器、除霜器等零件）			进口旧机电产品（12.2）

商品编号	商品名称	监管条件	检验检疫类别	检验检疫要求
8513101000	手电筒			进口旧机电产品（12.2）
8513109000	其他自供能源手提式电灯（但品目8512的照明装置除外）			进口旧机电产品（12.2）
8513901000	手电筒零件			进口旧机电产品（12.2）
8513909000	其他自供能源手提式电灯零件			进口旧机电产品（12.2）
8514110010	热等静压机（两用物项管制机器及机械器具）			进口旧机电产品（12.2）
8514110090	热等静压机			进口旧机电产品（12.2）
8514191000	可控气氛热处理炉			进口旧机电产品（12.2）
8514199000	工业用其他电阻加热炉及烘箱（包括实验室用）			进口旧机电产品（12.2）
8514200010	真空感应炉或受控环境感应炉（工作温度>850摄氏度，感应线圈直径≤600毫米，功率≥5千瓦）			进口旧机电产品（12.2）
8514200090	其他感应或介质损耗工作炉及烘箱（包括实验室用）			进口旧机电产品（12.2）
8514310010	电子束熔化炉（功率≥50千瓦，能在>1200摄氏度的熔化温度工作）			进口旧机电产品（12.2）
8514310090	其他电子束炉（包括实验室用）			进口旧机电产品（12.2）
8514320010	真空电弧重熔炉、真空电弧熔炉和真空电弧融化铸造炉（容量1000立方厘米~2万立方厘米，使用自耗电极，工作温度1700摄氏度以上）			进口旧机电产品（12.2）
8514320020	等离子体雾化炉和等离子体熔化炉（功率≥50千瓦，能在>1200摄氏度的熔化温度工作）			进口旧机电产品（12.2）
8514320090	其他等离子及真空电弧炉（包括实验室用）			进口旧机电产品（12.2）
8514390010	其他电弧重熔炉、电弧熔炉和电弧融化铸造炉（容量1000立方厘米~2万立方厘米，使用自耗电极，工作温度1700摄氏度以上）			进口旧机电产品（12.2）
8514390090	工业用其他电炉及电烘箱（包括实验室用）			进口旧机电产品（12.2）
8514400001	焊缝中频退火装置			进口旧机电产品（12.2）
8514400090	其他感应或介质损耗的加热设备（包括实验室用）			进口旧机电产品（12.2）
8514901000	炼钢电炉用零件			进口旧机电产品（12.2）
8514909000	工业用电阻加热炉及烘箱等零件（指品目8514所列货品的零件）			进口旧机电产品（12.2）
8515110000	钎焊机器及装置用烙铁及焊枪			进口旧机电产品（12.2）
8515190010	专门或主要用于印刷电路组件制造的其他波峰焊接机器			进口旧机电产品（12.2）
8515190090	其他钎焊机器及装置			进口旧机电产品（12.2）
8515212001	汽车生产线电阻焊接机器人			进口旧机电产品（12.2）
8515212090	其他电阻焊接机器人			进口旧机电产品（12.2）
8515219100	直缝焊管机（电阻焊接式、全自动或半自动的）			进口旧机电产品（12.2）
8515219900	其他电阻焊接机器（全自动或半自动的）			进口旧机电产品（12.2）
8515290000	其他电阻焊接机器及装置			进口旧机电产品（12.2）
8515312000	电弧（包括等离子弧）焊接机器人	A	L	进口旧机电产品（12.2） 进口强制性产品认证（12.1）
8515319100	螺旋焊管机［电弧（包括等离子弧）焊接式、全自动或半自动的]			进口旧机电产品（12.2） 进口强制性产品认证（12.1）
8515319900	其他电弧（包括等离子弧）焊接机及装置（全自动或半自动的）	A	L	进口旧机电产品（12.2） 进口强制性产品认证（12.1）
8515390000	其他电弧（等离子弧）焊接机器及装置（非全自动或半自动的）	A	L	进口旧机电产品（12.2） 进口强制性产品认证（12.1）
8515801001	汽车生产线激光焊接机器人			进口旧机电产品（12.2）
8515801090	其他激光焊接机器人			进口旧机电产品（12.2）
8515809010	电子束、激光自动焊接机［将端塞焊接于燃料细棒（或棒）的自动焊接机]			进口旧机电产品（12.2）
8515809090	其他焊接机器及装置		L	进口旧机电产品（12.2） 进口强制性产品认证（12.1）
8515900010	专门或主要用于印刷电路组件制造的其他波峰焊接机器的零件			进口旧机电产品（12.2）
8515900090	其他电气等焊接机器及装置零件（包括激光、其他光、光子束、超声波、电子束磁脉冲等）			进口旧机电产品（12.2）

商品编号	商品名称	监管条件	检验检疫类别	检验检疫要求
8516101000	储存式电热水器	A	L	进口旧机电产品（12.2） 涉氯氟烃物质设备（12.7） 进口强制性产品认证（12.1）
8516102000	即热式电热水器	A	L	进口旧机电产品（12.2） 进口强制性产品认证（12.1）
8516109000	其他电热水器	A	L	进口旧机电产品（12.2） 进口强制性产品认证（12.1）
8516210000	电气储存式散热器			进口旧机电产品（12.2）
8516291000	电气土壤加热器			进口旧机电产品（12.2）
8516292000	辐射式空间加热器		L	进口旧机电产品（12.2） 进口强制性产品认证（12.1）
8516293100	风扇式对流空间加热器		L	进口旧机电产品（12.2） 进口强制性产品认证（12.1）
8516293200	充液式对流空间加热器		L	进口旧机电产品（12.2） 进口强制性产品认证（12.1）
8516293900	其他对流式空间加热器		L	进口旧机电产品（12.2） 进口强制性产品认证（12.1）
8516299000	电气空间加热器		L	进口旧机电产品（12.2） 进口强制性产品认证（12.1）
8516310000	电吹风机	A	L.M	进口旧机电产品（12.2） 家用和类似用途电器（12.7） 进口强制性产品认证（12.1）
8516320000	其他电热理发器具	A	L.M	进口旧机电产品（12.2） 家用和类似用途电器（12.7） 进口强制性产品认证（12.1）
8516330000	电热干手器	A	L.M	进口旧机电产品（12.2） 家用和类似用途电器（12.7） 进口强制性产品认证（12.1）
8516400000	电熨斗	A	L.M	进口旧机电产品（12.2） 家用和类似用途电器（12.7） 进口强制性产品认证（12.1）
8516500000	微波炉	A	L.M.R	进口旧机电产品（12.2） 家用和类似用途电器（12.7） 进口强制性产品认证（12.1）
8516601000	电磁炉	A	L	进口旧机电产品（12.2） 进口强制性产品认证（12.1）
8516603000	电饭锅	A	L.R	进口旧机电产品（12.2） 家用和类似用途电器（12.7） 进口强制性产品认证（12.1）
8516604000	电炒锅	A	R	进口旧机电产品（12.2） 家用和类似用途电器（12.7）
8516605000	电烤箱	A	L.M	进口旧机电产品（12.2） 家用和类似用途电器（12.7） 进口强制性产品认证（12.1）
8516609000	其他电热炉（包括电热板、加热环、烧烤炉及烘烤器）	A	L.M	进口旧机电产品（12.2） 家用和类似用途电器（12.7） 进口强制性产品认证（12.1）
8516711000	滴液式咖啡机	A	L.R	进口旧机电产品（12.2） 家用和类似用途电器（12.7） 进口强制性产品认证（12.1）

商品编号	商品名称	监管条件	检验检疫类别	检验检疫要求
8516712000	蒸馏渗滤式咖啡机	A	L.R	进口旧机电产品（12.2） 家用和类似用途电器（12.7） 进口强制性产品认证（12.1）
8516713000	泵压式咖啡机	A	L.R	进口旧机电产品（12.2） 家用和类似用途电器（12.7） 进口强制性产品认证（12.1）
8516719000	其他电热咖啡机和茶壶	A	L.R	进口旧机电产品（12.2） 家用和类似用途电器（12.7） 进口强制性产品认证（12.1）
8516721000	家用自动面包机	A	L.M.R	进口旧机电产品（12.2） 家用和类似用途电器（12.7） 进口强制性产品认证（12.1）
8516722000	片式烤面包机（多士炉）	A	L.M.R	进口旧机电产品（12.2） 家用和类似用途电器（12.7） 进口强制性产品认证（12.1）
8516729000	其他电热烤面包器	A	L.M.R	进口旧机电产品（12.2） 家用和类似用途电器（12.7） 进口强制性产品认证（12.1）
8516791000	电热饮水机	A	L	进口旧机电产品（12.2） 进口强制性产品认证（12.1）
8516799000	其他电热器具	A	L	进口旧机电产品（12.2） 进口强制性产品认证（12.1）
8516800000	加热电阻器			进口旧机电产品（12.2）
8516901000	土壤加热器及加热电阻器零件			进口旧机电产品（12.2）
8516909000	品目 8516 所列货品的其他零件			进口旧机电产品（12.2）
8517110010	无绳加密电话机	A	L.M	信息技术设备（12.7） 进口旧机电产品（12.2） 进口强制性产品认证（12.1）
8517110090	其他无绳电话机	A	L.M	信息技术设备（12.7） 进口旧机电产品（12.2） 进口强制性产品认证（12.1）
8517130000	智能手机	A	L	进口旧机电产品（12.2） 进口强制性产品认证（12.1）
8517141011	GSM 数字式手持无线电话整套散件			进口旧机电产品（12.2）
8517141019	其他 GSM 数字式手持无线电话机	A	L	进口旧机电产品（12.2） 进口强制性产品认证（12.1）
8517141021	CDMA 数字式手持无线电话整套散件			进口旧机电产品（12.2）
8517141029	其他 CDMA 数字式手持无线电话机	A	L	进口旧机电产品（12.2） 进口强制性产品认证（12.1）
8517141090	其他手持式无线电话机（包括车载式无线电话机）	A	L	进口旧机电产品（12.2） 进口强制性产品认证（12.1）
8517142000	对讲机（用于蜂窝网络或其他无线网络的）			进口旧机电产品（12.2）
8517149000	其他用于蜂窝网络或其他无线网络的电话机		L	进口旧机电产品（12.2） 进口强制性产品认证（12.1）
8517180010	其他加密电话机			进口旧机电产品（12.2）
8517180090	其他电话机			进口旧机电产品（12.2）
8517611010	GSM 式移动通信基地站			进口旧机电产品（12.2）
8517611020	CDMA 式移动通信基地站			进口旧机电产品（12.2）
8517611030	TACS 式移动通信基地站			进口旧机电产品（12.2）
8517611090	其他移动通信基地站			进口旧机电产品（12.2）
8517619000	其他基站			进口旧机电产品（12.2）

商品编号	商品名称	监管条件	检验检疫类别	检验检疫要求
8517621100	局用电话交换机、长途电话交换机、电报交换机，数字式			进口旧机电产品（12.2）
8517621200	数字移动通信交换机			进口旧机电产品（12.2）
8517621900	其他数字式程控电话交换机			进口旧机电产品（12.2）
8517622100	光端机及脉冲编码调制设备（PCM）		L	进口旧机电产品（12.2） 进口强制性产品认证（12.1）
8517622200	波分复用光传输设备		L	进口旧机电产品（12.2） 进口强制性产品认证（12.1）
8517622910	光通讯加密路由器、加密VPN设备	A	L.M	信息技术设备（12.7） 进口旧机电产品（12.2） 进口强制性产品认证（12.1）
8517622920	光通讯加密VPN设备	A	L.M	信息技术设备（12.7） 进口旧机电产品（12.2） 进口强制性产品认证（12.1）
8517622990	其他光通讯设备	A	L.M	信息技术设备（12.7） 进口旧机电产品（12.2） 进口强制性产品认证（12.1）
8517623100	非光通讯网络时钟同步设备		L	进口旧机电产品（12.2） 进口强制性产品认证（12.1）
8517623200	非光通讯以太网络交换机			进口旧机电产品（12.2） 进口强制性产品认证（12.1）
8517623300	IP电话信号转换设备			进口旧机电产品（12.2）
8517623400	调制解调器			进口旧机电产品（12.2）
8517623500	集线器	A	L	进口旧机电产品（12.2） 进口强制性产品认证（12.1）
8517623600	路由器			进口旧机电产品（12.2） 进口强制性产品认证（12.1）
8517623710	为聚合高性能数字计算机性能而专门设计的有线网络接口卡［单链路单向通信速率超过2.0GB/s，高性能数字计算机是指调整后峰值性能（APP）大于8.0加权每秒万亿次浮点运算的数字计算机］			进口旧机电产品（12.2）
8517623790	其他有线网络接口卡		L	进口旧机电产品（12.2） 进口强制性产品认证（12.1）
8517623910	为聚合高性能数字计算机性能而专门设计的交换机［单链路单向通信速率超过2.0GB/s，自定义通信协议。高性能数字计算机是指调整后峰值性能（APP）大于8.0加权每秒万亿次浮点运算的数字计算机］			进口旧机电产品（12.2）
8517623920	其他加密VPN设备			进口旧机电产品（12.2）
8517623990	其他有线数字通信设备		L	进口旧机电产品（12.2） 进口强制性产品认证（12.1）
8517629200	无线网络接口卡		L	进口旧机电产品（12.2） 进口强制性产品认证（12.1）
8517629300	无线接入固定台		L	进口旧机电产品（12.2） 进口强制性产品认证（12.1）
8517629400	无线耳机			进口旧机电产品（12.2）
8517629900	其他接收、转换并发送或再生音像或其他数据用的设备		L	进口旧机电产品（12.2） 进口强制性产品认证（12.1）
8517691001	用于呼叫、提示和寻呼的便携式接收器			进口旧机电产品（12.2）
8517691091	卫星地球站（含终端地球站）无线电发射设备			进口旧机电产品（12.2）
8517691099	其他无线通信设备	A	L.M	信息技术设备（12.7） 进口旧机电产品（12.2） 进口强制性产品认证（12.1）

商品编号	商品名称	监管条件	检验检疫类别	检验检疫要求
8517699000	其他有线通信设备		L	进口旧机电产品（12.2） 进口强制性产品认证（12.1）
8517710000	各种天线和天线反射器及其零件			进口旧机电产品（12.2）
8517791000	数字式程控电话或电报交换机零件			进口旧机电产品（12.2）
8517792000	光端机、脉冲编码调制设备的零件			进口旧机电产品（12.2）
8517793000	手持式无线电话机用零件（天线除外）			进口旧机电产品（12.2）
8517794000	对讲机用零件（天线除外）			进口旧机电产品（12.2）
8517795000	光通信设备的激光收发模块			进口旧机电产品（12.2）
8517799000	品目8517所列其他通信设备零件			进口旧机电产品（12.2）
8518100001	电讯用频率在300赫兹~3400赫兹麦克风（直径≤10毫米，高≤3毫米）			进口旧机电产品（12.2）
8518100090	其他传声器（麦克风）及其座架			进口旧机电产品（12.2）
8518210000	单喇叭音箱			进口旧机电产品（12.2） 进口强制性产品认证（12.1）
8518220000	多喇叭音箱			进口旧机电产品（12.2） 进口强制性产品认证（12.1）
8518290000	其他扬声器			进口旧机电产品（12.2）
8518300000	耳机、耳塞机（包括传声器与扬声器的组合机）			进口旧机电产品（12.2）
8518400001	电器扩音器（列入ITA的有线电话重复器用的）			进口旧机电产品（12.2）
8518400090	其他音频扩大器			进口旧机电产品（12.2） 进口强制性产品认证（12.1）
8518500000	电气扩音机组		L	进口旧机电产品（12.2） 进口强制性产品认证（12.1）
8518900001	编号8518400001所列货品的零件（列入ITA的有线电话重复器用的）			进口旧机电产品（12.2）
8518900090	品目8518所列货品的其他零件			进口旧机电产品（12.2）
8519200010	以特定支付方式使其工作的激光唱机（用硬币、钞票、银行卡、代币或其他支付方式使其工作）			进口旧机电产品（12.2） 进口强制性产品认证（12.1）
8519200090	其他以特定支付方式使其工作的声音录制或重放设备（用硬币、钞票、银行卡、代币或其他支付方式使其工作）		L	进口旧机电产品（12.2） 进口强制性产品认证（12.1）
8519300000	转盘（唱机唱盘）			进口旧机电产品（12.2）
8519811100	未装有声音录制装置的盒式磁带型声音重放装置（编辑节目用放声机除外）	A	L.M	音视频设备（12.7） 进口旧机电产品（12.2） 进口强制性产品认证（12.1）
8519811200	装有声音重放装置的盒式磁带型录音机	A	L.M	音视频设备（12.7） 进口旧机电产品（12.2） 进口强制性产品认证（12.1）
8519811900	其他使用磁性媒体的声音录制或重放设备	A	L.M	音视频设备（12.7） 进口旧机电产品（12.2） 进口强制性产品认证（12.1）
8519812100	激光唱机，未装有声音录制装置	A	L.M	音视频设备（12.7） 进口旧机电产品（12.2） 进口强制性产品认证（12.1）
8519812910	具有录音功能的激光唱机	A	L.M	音视频设备（12.7） 进口旧机电产品（12.2） 进口强制性产品认证（12.1）
8519812990	其他使用光学媒体的声音录制或重放设备	A	L.M	音视频设备（12.7） 进口旧机电产品（12.2） 进口强制性产品认证（12.1）

商品编号	商品名称	监管条件	检验检疫类别	检验检疫要求
8519813100	装有声音重放装置的闪速存储器型声音录制设备	A	L. M	音视频设备（12.7） 进口旧机电产品（12.2） 进口强制性产品认证（12.1）
8519813900	其他使用半导体媒体的声音录制或重放设备	A	L. M	音视频设备（12.7） 进口旧机电产品（12.2） 进口强制性产品认证（12.1）
8519891000	不带录制装置的其他唱机，不论是否带有扬声器（使用磁性、光学或半导体媒体的除外）	A	L	进口旧机电产品（12.2） 进口强制性产品认证（12.1）
8519899000	其他声音录制或重放设备（使用磁性、光学或半导体媒体的除外）	A	L. M	音视频设备（12.7） 进口旧机电产品（12.2） 进口强制性产品认证（12.1）
8521101100	广播级磁带录像机（不论是否装有高频调谐放大器）			进口旧机电产品（12.2）
8521101900	其他磁带型录像机（不论是否装有高频调谐放大器）			进口旧机电产品（12.2） 进口强制性产品认证（12.1）
8521102000	磁带放像机（不论是否装有高频调谐放大器）			进口旧机电产品（12.2） 进口强制性产品认证（12.1）
8521901110	具有录制功能的视频高密光盘（VCD）播放机（不论是否装有高频调谐放大器）	A	L. M	音视频设备（12.7） 进口旧机电产品（12.2） 进口强制性产品认证（12.1）
8521901190	其他视频高密光盘（VCD）播放机（不论是否装有高频调谐放大器）	A	L. M	音视频设备（12.7） 进口旧机电产品（12.2） 进口强制性产品认证（12.1）
8521901210	具有录制功能的数字化视频光盘（DVD）播放机（不论是否装有高频调谐放大器）	A	L. M	音视频设备（12.7） 进口旧机电产品（12.2） 进口强制性产品认证（12.1）
8521901290	其他数字化视频光盘（DVD）播放机（不论是否装有高频调谐放大器）	A	L. M	音视频设备（12.7） 进口旧机电产品（12.2） 进口强制性产品认证（12.1）
8521901910	具有录制功能的其他激光视盘播放机（不论是否装有高频调谐放大器）	A	L. M	音视频设备（12.7） 进口旧机电产品（12.2） 进口强制性产品认证（12.1）
8521901990	其他激光视盘播放机（不论是否装有高频调谐放大器）	A	L. M	音视频设备（12.7） 进口旧机电产品（12.2） 进口强制性产品认证（12.1）
8521909010	用于光盘生产的金属母盘生产设备（不论是否装有高频调谐放大器）			进口旧机电产品（12.2）
8521909020	光盘型广播级录像机			进口旧机电产品（12.2）
8521909090	其他视频信号录制或重放设备（不论是否装有高频调谐放大器）	A	L. M	音视频设备（12.7） 进口旧机电产品（12.2） 进口强制性产品认证（12.1）
8522100000	拾音头			进口旧机电产品（12.2）
8522901000	转盘或唱机用零件、附件			进口旧机电产品（12.2）
8522902100	录音机走带机构（机芯）（不论是否装有磁头）			进口旧机电产品（12.2）
8522902200	磁头			进口旧机电产品（12.2）
8522902300	磁头零件			进口旧机电产品（12.2）
8522902900	盒式磁带录音机或放声机其他零件			进口旧机电产品（12.2）
8522903110	车载导航仪视频播放机机芯			进口旧机电产品（12.2）
8522903190	其他激光视盘机的机芯			进口旧机电产品（12.2）
8522903900	其他视频信号录制或重放设备的零件			进口旧机电产品（12.2）
8522909100	车载音频转播器或发射器			进口旧机电产品（12.2）
8522909900	品目8519或8521所列设备的其他零件			进口旧机电产品（12.2）
8523211000	未录制的磁条卡			进口旧机电产品（12.2）

商品编号	商品名称	监管条件	检验检疫类别	检验检疫要求
8523212000	已录制的磁条卡			进口旧机电产品（12.2）
8523291100	未录制磁盘			进口旧机电产品（12.2）
8523291900	已录制磁盘			进口旧机电产品（12.2）
8523292100	未录制的宽度不超过4毫米的磁带			进口旧机电产品（12.2）
8523292200	未录制的宽度超过4毫米，但不超过6.5毫米的磁带			进口旧机电产品（12.2）
8523292300	未录制的宽度超过6.5毫米的磁带			进口旧机电产品（12.2）
8523292810	含人类遗传资源信息资料的重放声音或图像信息的磁带			进口旧机电产品（12.2）
8523292820	录有广播电影电视节目的重放声音或图像信息的磁带			进口旧机电产品（12.2）
8523292890	其他重放声音或图像信息的磁带			进口旧机电产品（12.2）
8523292910	其他含人类遗传资源信息资料的磁带			进口旧机电产品（12.2）
8523292920	录有广播电影电视节目的其他磁带			进口旧机电产品（12.2）
8523292990	已录制的其他磁带			进口旧机电产品（12.2）
8523299010	其他含人类遗传资源信息资料的磁性媒体			进口旧机电产品（12.2）
8523299020	其他录有广播电影电视节目的磁性媒体			进口旧机电产品（12.2）
8523299090	其他磁性媒体			进口旧机电产品（12.2）
8523410000	未录制光学媒体			进口旧机电产品（12.2）
8523491010	含人类遗传资源信息资料的仅用于重放声音信息的光学媒体			进口旧机电产品（12.2）
8523491020	录有广播电影电视节目的仅用于重放声音信息的光学媒体			进口旧机电产品（12.2）
8523491090	其他仅用于重放声音信息的已录制光学媒体			进口旧机电产品（12.2）
8523492010	含人类遗传资源信息资料的用于重放声音、图像以外信息的光学媒体			进口旧机电产品（12.2）
8523492090	其他用于重放声音、图像以外信息的光学媒体（品目8471所列机器用，已录制）			进口旧机电产品（12.2）
8523499010	其他含人类遗传资源信息资料的光学媒体			进口旧机电产品（12.2）
8523499020	其他录有广播电影电视节目的光学媒体			进口旧机电产品（12.2）
8523499030	其他赴境外加工并返回境内的已录制光盘			进口旧机电产品（12.2）
8523499090	其他已录制光学媒体			进口旧机电产品（12.2）
8523511000	未录制的固态非易失性存储器件（闪速存储器）			进口旧机电产品（12.2）
8523512010	含人类遗传资源信息资料的固态非易失性存储器件（闪速存储器）			进口旧机电产品（12.2）
8523512020	录有广播电影电视节目的固态非易失性存储器件（闪速存储器）			进口旧机电产品（12.2）
8523512030	赴境外加工并返回境内的已录制的固态非易失性存储器件（闪速存储器）			进口旧机电产品（12.2）
8523512090	其他已录制的固态非易失性存储器件（闪速存储器）			进口旧机电产品（12.2）
8523521000	未录制的"智能卡"			进口旧机电产品（12.2）
8523529000	其他"智能卡"			进口旧机电产品（12.2）
8523591000	其他未录制的半导体媒体			进口旧机电产品（12.2）
8523592010	其他含人类遗传资源信息资料的半导体媒体			进口旧机电产品（12.2）
8523592020	其他录有广播电影电视节目的半导体媒体			进口旧机电产品（12.2）
8523592030	其他赴境外加工并返回境内的已录制的半导体媒体			进口旧机电产品（12.2）
8523592090	其他已录制的半导体媒体			进口旧机电产品（12.2）
8523801110	录有广播电影电视节目的唱片			进口旧机电产品（12.2）
8523801120	赴境外加工并返回境内的已录制唱片			进口旧机电产品（12.2）
8523801190	其他已录制唱片			进口旧机电产品（12.2）
8523801900	其他唱片			进口旧机电产品（12.2）
8523802100	未录制的品目8471所列机器用其他媒体（磁性、光学或半导体媒体除外）			进口旧机电产品（12.2）
8523802910	其他含人类遗传资源信息资料的品目8471所列机器用其他媒体			进口旧机电产品（12.2）
8523802990	其他品目8471所列机器用其他媒体（磁性、光学或半导体媒体除外）			进口旧机电产品（12.2）
8523809100	未录制的其他媒体（磁性、光学或半导体媒体除外）			进口旧机电产品（12.2）
8523809910	其他含人类遗传资源信息资料的媒体			进口旧机电产品（12.2）
8523809920	其他录有广播电影电视节目的媒体			进口旧机电产品（12.2）
8523809990	其他媒体（磁性、光学或半导体媒体除外）			进口旧机电产品（12.2）

商品编号	商品名称	监管条件	检验检疫类别	检验检疫要求
8524110000	不含驱动器或控制电路的液晶模组（不论是否装有触摸屏）			进口旧机电产品（12.2）
8524120000	不含驱动器或控制电路的有机发光二极管（OLED）模组（不论是否装有触摸屏）			进口旧机电产品（12.2）
8524191000	不含驱动器或控制电路的电视机用等离子显像组件（不论是否装有触摸屏）			进口旧机电产品（12.2）
8524192100	不含驱动器或控制电路的电视机用发光二极管模组（不论是否装有触摸屏）			进口旧机电产品（12.2）
8524192900	不含驱动器或控制电路的其他发光二极管模组（不论是否装有触摸屏）			进口旧机电产品（12.2）
8524199000	不含驱动器或控制电路的其他平板模组（不论是否装有触摸屏）			进口旧机电产品（12.2）
8524911000	专用于或主要用于品目8517所列装置的液晶模组（含驱动器或控制电路，不论是否装有触摸屏）			进口旧机电产品（12.2）
8524912010	非特种用途的电视摄像机、视频摄录一体机、数字照相机用液晶平板显示模组（含驱动器或控制电路，不论是否装有触摸屏）			进口旧机电产品（12.2）
8524912020	用于雷达设备及无线电导航设备用的液晶平板显示模组［含驱动器或控制电路，不论是否装有触摸屏（P）］			进口旧机电产品（12.2）
8524912090	其他专用于或主要用于品目8519、8521、8525、8526或8527所列设备的液晶模组（含驱动器或控制电路，不论是否装有触摸屏）			进口旧机电产品（12.2）
8524913000	专用或主要用于品目8535、8536或8537所列装置的液晶模组（含驱动器或控制电路，不论是否装有触摸屏）			进口旧机电产品（12.2）
8524914000	专用于或主要用于品目8701至8705所列车辆的液晶模组（含驱动器或控制电路，不论是否装有触摸屏）			进口旧机电产品（12.2）
8524919000	其他液晶模组（含驱动器或控制电路，不论是否装有触摸屏）			进口旧机电产品（12.2）
8524921000	专用于或主要用于品目8517所列装置的有机发光二极管（OLED）模组（含驱动器或控制电路，不论是否装有触摸屏）			进口旧机电产品（12.2）
8524922010	非特种用途的电视摄像机、视频摄录一体机、数字照相机用有机发光二极管平板显示模组（含驱动器或控制电路，不论是否装有触摸屏）			进口旧机电产品（12.2）
8524922020	用于雷达设备及无线电导航设备用的有机发光二极管平板显示模组［含驱动器或控制电路，不论是否装有触摸屏（P）］			进口旧机电产品（12.2）
8524922090	其他专用于或主要用于品目8519、8521、8525、8526或8527所列设备的有机发光二极管（OLED）模组（含驱动器或控制电路，不论是否装有触摸屏）			进口旧机电产品（12.2）
8524923000	专用于或主要用于品目8535、8536或8537所列装置的有机发光二极管（OLED）模组（含驱动器或控制电路，不论是否装有触摸屏）			进口旧机电产品（12.2）
8524924000	专用于或主要用于品目8701至8705所列车辆的有机发光二极管（OLED）模组（含驱动器或控制电路，不论是否装有触摸屏）			进口旧机电产品（12.2）
8524925000	电视接收机用的有机发光二极管（OLED）模组（含驱动器或控制电路，不论是否装有触摸屏）			进口旧机电产品（12.2）
8524926000	专用于或主要用于品目8528所列其他监视器的有机发光二极管（OLED）模组（含驱动器或控制电路，不论是否装有触摸屏）			进口旧机电产品（12.2）
8524929000	其他有机发光二极管（OLED）模组（含驱动器或控制电路，不论是否装有触摸屏）			进口旧机电产品（12.2）
8524991000	电视机用等离子显像组件（含驱动器或控制电路，不论是否装有触摸屏）			进口旧机电产品（12.2）
8524992100	电视机用发光二极管模组（含驱动器或控制电路，不论是否装有触摸屏）			进口旧机电产品（12.2）
8524992900	其他发光二极管模组（含驱动器或控制电路，不论是否装有触摸屏）			进口旧机电产品（12.2）
8524999000	其他平板显示模组（含驱动器或控制电路，不论是否装有触摸屏）			进口旧机电产品（12.2）
8525500000	无线电广播、电视用发送设备			进口旧机电产品（12.2）
8525601000	无线电广播、电视用卫星地面站设备（装有接收装置的发送设备）			进口旧机电产品（12.2）

商品编号	商品名称	监管条件	检验检疫类别	检验检疫要求
8525609000	其他装有接收装置的无线电广播、电视发送设备			进口旧机电产品（12.2）
8525811000	本章子目注释一所列高速电视摄像机			进口旧机电产品（12.2）
8525812000	本章子目注释一所列高速数字照相机			进口旧机电产品（12.2）
8525813000	本章子目注释一所列高速视频摄录一体机			进口旧机电产品（12.2）
8525821010	抗辐射电视摄像机［能抗 $5×10^4$ 戈瑞（硅）以上辐射而又不会降低使用质量］			进口旧机电产品（12.2）
8525821090	其他本章子目注释二所列抗辐射或耐辐射电视摄像机			进口旧机电产品（12.2）
8525822000	本章子目注释二所列抗辐射或耐辐射数字照相机			进口旧机电产品（12.2）
8525823000	本章子目注释二所列抗辐射或耐辐射视频摄录一体机			进口旧机电产品（12.2）
8525831000	本章子目注释三所列夜视电视摄像机			进口旧机电产品（12.2）
8525832000	本章子目注释三所列夜视数字照相机			进口旧机电产品（12.2）
8525833000	本章子目注释三所列夜视视频摄录一体机			进口旧机电产品（12.2）
8525891100	其他特种用途电视摄像机			进口旧机电产品（12.2）
8525891200	非特种用途广播级电视摄像机			进口旧机电产品（12.2）
8525891900	其他非特种用途电视摄像机及摄像组件（其他摄像组件由非广播级镜头+CCD/CMOS+数字信号处理电路构成）			进口旧机电产品（12.2）
8525892100	其他特种用途的数字照相机			进口旧机电产品（12.2）
8525892200	非特种用途的单镜头反光型数字照相机			进口旧机电产品（12.2）
8525892300	非特种用途其他可换镜头数字照相机			进口旧机电产品（12.2）
8525892900	其他非特种用途的数字照相机（单镜头反光型除外）			进口旧机电产品（12.2）
8525893100	其他特种用途视频摄录一体机			进口旧机电产品（12.2）
8525893200	非特种用途的广播级视频摄录一体机			进口旧机电产品（12.2）
8525893300	非特种用途的家用型视频摄录一体机			进口旧机电产品（12.2）
8525893900	其他非特种用途的视频摄录一体机（非广播级、非多用途）	A	L、M	进口旧机电产品（12.2） 进口强制性产品认证（12.1）
8526109010	飞机机载雷达（包括气象雷达、地形雷达和空中交通管制应答系统）			进口旧机电产品（12.2）
8526109020	雷达生命探测仪			进口旧机电产品（12.2）
8526109030	用于导弹、火箭等的机载雷达设备（用于弹道导弹、运载火箭、探空火箭、巡航导弹、无人驾驶航空飞行器的目标探测）			进口旧机电产品（12.2）
8526109040	用于导弹、火箭等的其他雷达设备（用于弹道导弹、运载火箭、探空火箭、巡航导弹、无人驾驶航空飞行器的目标探测）			进口旧机电产品（12.2）
8526109090	其他雷达设备			进口旧机电产品（12.2）
8526911000	机动车辆用无线电导航设备			进口旧机电产品（12.2）
8526919090	其他无线电导航设备			进口旧机电产品（12.2）
8526920000	无线电遥控设备			进口旧机电产品（12.2）
8527120000	不需外接电源袖珍盒式磁带收放机			进口旧机电产品（12.2）
8527130000	不需外接电源收录（放）音组合机			进口旧机电产品（12.2）
8527190000	不需外接电源无线电收音机			进口旧机电产品（12.2）
8527210010	具备接收和转换数字广播数据系统信号功能需外接电源的汽车用收（放）音组合机			进口旧机电产品（12.2）
8527210090	其他需外接电源汽车收录（放）音组合机			进口旧机电产品（12.2）
8527290000	需外接电源汽车用无线电收音机			进口旧机电产品（12.2）
8527910000	其他收录（放）音组合机			进口旧机电产品（12.2） 进口强制性产品认证（12.1）
8527920000	带时钟的收音机			进口旧机电产品（12.2）
8527990000	其他收音机			进口旧机电产品（12.2）
8528420000	可直接连接且设计用于品目8471的自动数据处理设备的阴极射线管监视器			进口旧机电产品（12.2） 进口强制性产品认证（12.1）
8528491000	其他彩色的阴极射线管监视器			进口旧机电产品（12.2）
8528499000	其他单色的阴极射线管监视器			进口旧机电产品（12.2）
8528521100	专用或主要用于品目8471商品的液晶监视器			进口旧机电产品（12.2） 进口强制性产品认证（12.1）

商品编号	商品名称	监管条件	检验检疫类别	检验检疫要求
8528521200	其他可直接连接且设计用于品目8471的自动数据处理设备的彩色液晶监视器			进口旧机电产品（12.2） 进口强制性产品认证（12.1）
8528521900	其他可直接连接且设计用于品目8471的自动数据处理设备的单色液晶监视器			进口旧机电产品（12.2） 进口强制性产品认证（12.1）
8528529100	专用或主要用于品目8471商品的其他彩色监视器			进口旧机电产品（12.2） 进口强制性产品认证（12.1）
8528529200	其他可直接连接且设计用于品目8471的自动数据处理设备的其他彩色监视器			进口旧机电产品（12.2） 进口强制性产品认证（12.1）
8528529900	其他可直接连接且设计用于品目8471的自动数据处理设备的其他单色监视器			进口旧机电产品（12.2） 进口强制性产品认证（12.1）
8528591010	车载液晶显示器			进口旧机电产品（12.2）
8528591020	航空器用显示器			进口旧机电产品（12.2）
8528591090	其他彩色的监视器			进口旧机电产品（12.2）
8528599000	其他单色的监视器			进口旧机电产品（12.2）
8528621010	专用或主要用于品目8471商品的彩色投影机			进口旧机电产品（12.2） 进口强制性产品认证（12.1）
8528621090	其他专用或主要用于品目8471商品的投影机			进口旧机电产品（12.2） 进口强制性产品认证（12.1）
8528622000	其他可直接连接且设计用于品目8471的自动数据处理设备的彩色投影机			进口旧机电产品（12.2） 进口强制性产品认证（12.1）
8528629000	其他可直接连接且设计用于品目8471的自动数据处理设备的单色投影机			进口旧机电产品（12.2） 进口强制性产品认证（12.1）
8528691000	其他彩色的投影机			进口旧机电产品（12.2） 进口强制性产品认证（12.1）
8528699000	其他单色的投影机			进口旧机电产品（12.2） 进口强制性产品认证（12.1）
8528711000	彩色的卫星电视接收机（在设计上不带有视频显示器或屏幕的）			进口旧机电产品（12.2） 进口强制性产品认证（12.1）
8528718000	其他彩色的电视接收装置（在设计上不带有视频显示器或屏幕的）			进口旧机电产品（12.2） 进口强制性产品认证（12.1）
8528719000	单色的电视接收装置（在设计上不带有视频显示器或屏幕的）			进口旧机电产品（12.2）
8528721100	其他彩色的模拟电视接收机，带阴极射线显像管的			进口旧机电产品（12.2） 进口强制性产品认证（12.1）
8528721200	其他彩色的数字电视接收机，阴极射线显像管的			进口旧机电产品（12.2） 进口强制性产品认证（12.1）
8528721900	其他彩色的电视接收机，阴极射线显像管的			进口旧机电产品（12.2） 进口强制性产品认证（12.1）
8528722100	彩色的液晶显示器的模拟电视接收机			进口旧机电产品（12.2） 进口强制性产品认证（12.1）
8528722200	彩色的液晶显示器的数字电视接收机			进口旧机电产品（12.2） 进口强制性产品认证（12.1）
8528722900	其他彩色的液晶显示器的电视接收机			进口旧机电产品（12.2） 进口强制性产品认证（12.1）
8528723100	彩色的等离子显示器的模拟电视接收机			进口旧机电产品（12.2） 进口强制性产品认证（12.1）
8528723200	彩色的等离子显示器的数字电视接收机			进口旧机电产品（12.2） 进口强制性产品认证（12.1）
8528723900	其他彩色的等离子显示器的电视接收机			进口旧机电产品（12.2） 进口强制性产品认证（12.1）
8528729100	其他彩色的模拟电视接收机			进口旧机电产品（12.2） 进口强制性产品认证（12.1）

商品编号	商品名称	监管条件	检验检疫类别	检验检疫要求
8528729200	其他彩色的数字电视接收机			进口旧机电产品（12.2） 进口强制性产品认证（12.1）
8528729900	其他彩色的电视接收机			进口旧机电产品（12.2） 进口强制性产品认证（12.1）
8528730000	其他单色的电视接收机			进口旧机电产品（12.2）
8529101000	雷达及无线电导航设备天线及零件（包括天线反射器）			进口旧机电产品（12.2）
8529102000	收音机、电视机天线及其零件（包括收音机的组合机用的天线及零件）			进口旧机电产品（12.2）
8529109021	卫星电视接收用天线			进口旧机电产品（12.2）
8529109029	其他无线广播电视用天线（品目8525至8528所列其他装置或设备的，包括天线反射器）			进口旧机电产品（12.2）
8529109090	其他无线电设备天线及其零件（品目8525至8528所列其他装置或设备的，包括天线反射器）			进口旧机电产品（12.2）
8529901011	卫星电视接收用解码器		L	进口旧机电产品（12.2） 进口强制性产品认证（12.1）
8529901012	卫星电视接收用收视卡			进口旧机电产品（12.2）
8529901013	卫星电视接收用器件板卡			进口旧机电产品（12.2）
8529901014	卫星电视接收用专用零件			进口旧机电产品（12.2）
8529901090	其他电视发送、差转等设备零件（包括其他卫星电视地面接收转播设备零件）			进口旧机电产品（12.2）
8529902010	品目8524所列设备用零件，用于雷达设备及无线电导航设备（P）			进口旧机电产品（12.2）
8529902090	其他品目8524所列设备用零件			进口旧机电产品（12.2）
8529904100	特种用途的电视摄像机等设备用零件（也包括视频摄录一体机、数字照相机的零件）			进口旧机电产品（12.2）
8529904200	非特种用途的取像模块			进口旧机电产品（12.2）
8529904900	摄像机、摄录一体机、数码相机的其他零件			进口旧机电产品（12.2）
8529905000	雷达及无线电导航设备零件			进口旧机电产品（12.2）
8529906000	收音机及其组合机的其他零件			进口旧机电产品（12.2）
8529908100	彩色电视机零件（高频调谐器除外）			进口旧机电产品（12.2）
8529908900	其他电视机零件（高频调谐器除外）			进口旧机电产品（12.2）
8529909011	卫星电视接收用高频调谐器			进口旧机电产品（12.2）
8529909090	品目8525至8528所列装置或设备其他零件			进口旧机电产品（12.2）
8530100000	铁道或电车道用电气信号等设备（包括安全或交通管理设备）			进口旧机电产品（12.2）
8530800000	其他用电气信号、安全、交通设备（指道路或内河航道、停车场、港口、机场用）			进口旧机电产品（12.2）
8530900000	品目8530所列设备的零件（包括电车道、道路、港口、机场用电气信号安全、交管设备）			进口旧机电产品（12.2）
8531100000	防盗或防火报警器及类似装置	A	L.M	火灾报警产品（12.8） 安全报警装置（12.8） 进口旧机电产品（12.2） 进口强制性产品认证（12.1）
8531200000	有液晶装置或发光管的显示板			进口旧机电产品（12.2）
8531801001	音量不超过110db的小型蜂鸣器			进口旧机电产品（12.2）
8531801090	其他蜂鸣器			进口旧机电产品（12.2）
8531809010	飞机用频闪灯、警告组件			进口旧机电产品（12.2）
8531809090	其他电气音响或视觉信号装置			进口旧机电产品（12.2）
8531901000	防盗、防火及类似装置用零件			进口旧机电产品（12.2）
8531909000	其他音响或视觉信号装置用零件			进口旧机电产品（12.2）
8532100000	固定电容器、电力电容器（用于50/60赫兹电路，额定无功功率不低于0.5千瓦）			进口旧机电产品（12.2）
8532211000	片式钽电容器			进口旧机电产品（12.2）
8532219000	其他钽电容器			进口旧机电产品（12.2）

商品编号	商品名称	监管条件	检验检疫类别	检验检疫要求
8532221000	片式铝电解电容器			进口旧机电产品（12.2）
8532229000	其他铝电解电容器			进口旧机电产品（12.2）
8532230000	单层瓷介电容器			进口旧机电产品（12.2）
8532241000	片式多层瓷介电容器			进口旧机电产品（12.2）
8532249000	其他多层瓷介电容器			进口旧机电产品（12.2）
8532251000	片式纸介质或塑料介质电容器			进口旧机电产品（12.2）
8532259000	其他纸介质或塑料介质电容器			进口旧机电产品（12.2）
8532290000	其他固定电容器			进口旧机电产品（12.2）
8532300000	其他可变或可调（微调）电容器			进口旧机电产品（12.2）
8532901000	编号85321000所列电容器零件			进口旧机电产品（12.2）
8532909000	其他电容器零件（编号85321000所列电容器零件除外）			进口旧机电产品（12.2）
8533100000	合成或薄膜式固定碳质电阻器			进口旧机电产品（12.2）
8533211000	额定功率≤20瓦片式固定电阻器			进口旧机电产品（12.2）
8533219000	额定功率≤20瓦其他固定电阻器（额定功率≤20瓦片式电阻除外）			进口旧机电产品（12.2）
8533290000	其他额定功率>20瓦固定电阻器			进口旧机电产品（12.2）
8533310000	额定功率≤20瓦线绕可变电阻器（包括变阻器及电位器）			进口旧机电产品（12.2）
8533390000	额定功率>20瓦电位器（包括变阻器及电位器）			进口旧机电产品（12.2）
8533400000	其他可变电阻器（包括变阻器及电位器）			进口旧机电产品（12.2）
8533900000	各种电阻器零件（包括变阻器及电位器）			进口旧机电产品（12.2）
8534001000	四层以上的印刷电路			进口旧机电产品（12.2）
8534009000	四层及以下的印刷电路			进口旧机电产品（12.2）
8535100000	电路熔断器（电压>1000伏）	A	L	进口旧机电产品（12.2） 进口强制性产品认证（12.1）
8535210000	电压<72.5千伏自动断路器（用于电压>1000伏的线路）	A	L	进口旧机电产品（12.2） 进口强制性产品认证（12.1）
8535291000	72.5千伏≤电压≤220千伏的自动断路器			进口旧机电产品（12.2）
8535292000	220千伏<电压≤750千伏的自动断路器			进口旧机电产品（12.2）
8535299000	电压>750千伏的其他自动断路器			进口旧机电产品（12.2）
8535301010	72.5千伏≤电压≤220千伏的隔离开关及断续开关，含汞			禁止进出口 进口旧机电产品（12.2）
8535301090	其他72.5千伏≤电压≤220千伏的隔离开关及断续开关			进口旧机电产品（12.2）
8535302010	220千伏<电压≤750千伏隔离开关及断续开关，含汞			禁止进出口 进口旧机电产品（12.2）
8535302090	其他220千伏<电压≤750千伏隔离开关及断续开关			进口旧机电产品（12.2）
8535309010	其他隔离开关及断续开关，含汞（用于电压>1000伏的线路）			禁止进出口 进口旧机电产品（12.2）
8535309090	其他隔离开关及断续开关（用于电压>1000伏的线路）	A	L	进口旧机电产品（12.2） 进口强制性产品认证（12.1）
8535400000	避雷器、电压限幅器及电涌抑制器（用于电压>1000伏的线路）			进口旧机电产品（12.2）
8535900010	触发式火花隙（阳极延迟时间≤15ms，阳极峰值额定电流≥500A）			进口旧机电产品（12.2）
8535900020	具有快速开关功能的模件或组件（阳极峰值电压≥2千伏；电流≥500A；接通时间为1微秒或更短）			进口旧机电产品（12.2）
8535900030	受电弓			进口旧机电产品（12.2）
8535900040	250千米/小时及以上高速动车组用高压电缆接头			进口旧机电产品（12.2）
8535900090	其他电压>1000伏电路开关等电气装置		L	进口旧机电产品（12.2） 进口强制性产品认证（12.1）
8536100000	熔断器（电压≤1000伏）	A	L	进口旧机电产品（12.2） 进口强制性产品认证（12.1）
8536200000	电压≤1000伏自动断路器	A	L	进口旧机电产品（12.2） 进口强制性产品认证（12.1）
8536300000	电压≤1000伏其他电路保护装置	A	L	进口旧机电产品（12.2） 进口强制性产品认证（12.1）

商品编号	商品名称	监管条件	检验检疫类别	检验检疫要求
8536411010	电压≤36伏的继电器，含汞			禁止进出口 进口旧机电产品（12.2）
8536411090	其他电压≤36伏的继电器			进口旧机电产品（12.2）
8536419010	36伏<电压≤60伏的继电器，含汞			禁止进出口 进口旧机电产品（12.2）
8536419090	其他36伏<电压≤60伏的继电器	A	L	进口旧机电产品（12.2） 进口强制性产品认证（12.1）
8536490010	电压>60伏的继电器，含汞（用于电压≤1000伏的线路）			禁止进出口 进口旧机电产品（12.2）
8536490090	其他电压>60伏的继电器（用于电压≤1000伏的线路）	A	L	进口旧机电产品（12.2） 进口强制性产品认证（12.1）
8536500010	电压≤1000伏的其他开关，含汞			禁止进出口 进口旧机电产品（12.2）
8536500090	其他电压≤1000伏的其他开关	A	L	进口旧机电产品（12.2） 进口强制性产品认证（12.1）
8536610000	电压≤1000伏的灯座			进口旧机电产品（12.2）
8536690000	电压≤1000伏的插头及插座		L	进口旧机电产品（12.2） 进口强制性产品认证（12.1）
8536700000	光导纤维、光导纤维束或光缆用连接器			进口旧机电产品（12.2）
8536901100	工作电压≤36伏的接插件			进口旧机电产品（12.2）
8536901900	其他36伏<电压≤1000伏的接插件	A	L	进口旧机电产品（12.2） 进口强制性产品认证（12.1）
8536909000	其他电压≤1000伏电路连接器等电气装置	A	L	进口旧机电产品（12.2） 进口强制性产品认证（12.1）
8537101101	机床用可编程序控制器（PLC）			进口旧机电产品（12.2）
8537101110	调节和编程控制器（编号8479899960绕线机用）			进口旧机电产品（12.2）
8537101190	其他可编程控制器（用于电压≤1000伏的线路）			进口旧机电产品（12.2）
8537101901	机床用其他数控单元（包括单独进口的CNC操作单元）			进口旧机电产品（12.2）
8537101990	其他非机床用数控装置（用于电压≤1000伏的线路）			进口旧机电产品（12.2）
8537109001	电梯用控制柜及控制柜专用印刷电路板（电压≤1000伏的线路）			进口旧机电产品（12.2）
8537109021	控制器［用于机器人或末端操纵装置（详见核两用清单）］			进口旧机电产品（12.2）
8537109022	数字控制器（专用于编号8479899959电动式振动试验系统）			进口旧机电产品（12.2）
8537109030	飞机用控制模块（电压≤1000伏的线路）			进口旧机电产品（12.2）
8537109090	其他电力控制或分配的装置（电压≤1000伏的线路）	A	L	进口旧机电产品（12.2） 进口强制性产品认证（12.1）
8537201000	电压≥500千伏高压开关装置（全封闭组合式高压开关装置电压≥500千伏的线路）			进口旧机电产品（12.2）
8537209000	其他电力控制或分配装置［包括盘、板（含数控装置）］			进口旧机电产品（12.2）
8538101000	编号85372010所列装置的零件（电压≥500千伏线路用全封闭组合式高压开关装置用）			进口旧机电产品（12.2）
8538109000	品目8537货品用的其他盘、板等（未装有开关装置）			进口旧机电产品（12.2）
8538900000	品目8535、8536、8537装置的零件（专用于或主要用于）			进口旧机电产品（12.2） 进口强制性产品认证（12.1）
8539100000	封闭式聚光灯			进口旧机电产品（12.2）
8539211000	科研、医疗专用卤钨灯			进口旧机电产品（12.2）
8539212000	火车、航空器及船舶用卤钨灯			进口旧机电产品（12.2）
8539213000	机动车辆用卤钨灯			进口旧机电产品（12.2）
8539219000	其他用卤钨灯			进口旧机电产品（12.2）
8539221000	科研、医疗用功率≤200瓦白炽灯泡（功率≤200瓦，额定电压>100伏）			进口旧机电产品（12.2）
8539229000	其他用功率≤200瓦白炽灯泡（功率≤200瓦，额定电压>100伏）			进口旧机电产品（12.2）
8539291000	科研、医疗专用其他白炽灯泡			进口旧机电产品（12.2）

商品编号	商品名称	监管条件	检验检疫类别	检验检疫要求
8539292000	火车、航空及船舶用其他白炽灯泡			进口旧机电产品（12.2）
8539293000	机动车辆用其他白炽灯泡			进口旧机电产品（12.2）
8539299100	12伏及以下未列名的白炽灯泡			进口旧机电产品（12.2）
8539299900	其他未列名的白炽灯泡			进口旧机电产品（12.2）
8539311000	科研、医疗专用热阴极荧光灯			进口旧机电产品（12.2）
8539312000	火车、航空器、船舶用热阴极荧光灯			进口旧机电产品（12.2）
8539319110	紧凑型热阴极荧光灯（不超过30瓦、单支含汞量超过5毫克的）			禁止进出口 进口旧机电产品（12.2）
8539319190	其他紧凑型热阴极荧光灯			进口旧机电产品（12.2）
8539319910	直管型热阴极荧光灯［低于60瓦、单支含汞量超过5毫克的直管型荧光灯（使用三基色荧光粉）］			禁止进出口 进口旧机电产品（12.2）
8539319920	直管型热阴极荧光灯［低于40瓦（含40瓦）、单支含汞量超过10毫克的直管型荧光灯（使用卤磷酸盐荧光粉）］			禁止进出口 进口旧机电产品（12.2）
8539319990	其他用途用其他热阴极荧光灯			进口旧机电产品（12.2）
8539323000	钠蒸汽灯			进口旧机电产品（12.2）
8539324001	彩色投影机用的照明光源（汞蒸汽灯）			进口旧机电产品（12.2）
8539324010	用于普通照明用途的高压汞灯			禁止进出口 进口旧机电产品（12.2）
8539324090	其他汞蒸汽灯			进口旧机电产品（12.2）
8539329000	金属卤化物灯			进口旧机电产品（12.2）
8539391000	科研、医疗专用其他放电灯			进口旧机电产品（12.2）
8539392000	火车、航空器、船舶用其他放电灯			进口旧机电产品（12.2）
8539399011	用于电子显示的冷阴极管荧光灯（长度不超过500毫米的，单支含汞量超过3.5毫克；长度超过500毫米但不超过1500毫米的，单支含汞量超过5毫克；长度超过1500毫米的，单支含汞量超过13毫克）			禁止进出口 进口旧机电产品（12.2）
8539399019	其他用于平板显示器背光源的冷阴极管荧光灯			进口旧机电产品（12.2）
8539399020	其他紧凑型冷阴极管荧光灯（不超过30瓦、单支含汞量超过5毫克的）			禁止进出口 进口旧机电产品（12.2）
8539399030	其他直管型荧光灯［低于60瓦、单支含汞量超过5毫克的直管型荧光灯（使用三基色荧光粉）］			禁止进出口 进口旧机电产品（12.2）
8539399040	其他直管型荧光灯［低于40瓦（含40瓦）、单支含汞量超过10毫克的直管型荧光灯（使用卤磷酸盐荧光粉）］			禁止进出口 进口旧机电产品（12.2）
8539399050	用于电子显示的外置电极荧光灯（长度不超过500毫米的，单支含汞量超过3.5毫克；长度超过500毫米但不超过1500毫米的，单支含汞量超过5毫克；长度超过1500毫米的，单支含汞量超过13毫克）			禁止进出口 进口旧机电产品（12.2）
8539399090	其他用途的其他放电灯管			进口旧机电产品（12.2）
8539410000	弧光灯			进口旧机电产品（12.2）
8539490000	紫外线或红外线灯			进口旧机电产品（12.2）
8539510000	发光二极管（LED）模块			进口旧机电产品（12.2）
8539521000	发光二极管（LED）灯泡			进口旧机电产品（12.2）
8539522000	发光二极管（LED）灯管			进口旧机电产品（12.2）
8539901000	发光二极管（LED）模块的零件			进口旧机电产品（12.2）
8539909000	其他品目8539所列货品的零件			进口旧机电产品（12.2）
8540110000	彩色阴极射线电视显像管（包括视频监视器用阴极射线管）			进口旧机电产品（12.2）
8540120000	单色阴极射线电视显像管（包括视频监视器用阴极射线管）			进口旧机电产品（12.2）
8540201000	电视摄像管			进口旧机电产品（12.2）
8540209010	电子条纹相机的条纹显像管			进口旧机电产品（12.2）
8540209090	其他电视摄像管；其他变像管及图像增强管；其他光阴极管			进口旧机电产品（12.2）
8540401000	点距小于0.4毫米彩色数据/图形显示管（指屏幕荧光点间距小于0.4毫米）			进口旧机电产品（12.2）

商品编号	商品名称	监管条件	检验检疫类别	检验检疫要求
8540402000	单色数据/图形显示管			进口旧机电产品（12.2）
8540601000	雷达显示管			进口旧机电产品（12.2）
8540609000	其他阴极射线管			进口旧机电产品（12.2）
8540710000	磁控管			进口旧机电产品（12.2）
8540791000	速调管			进口旧机电产品（12.2）
8540799000	其他微波管（不包括栅控管）			进口旧机电产品（12.2）
8540810000	接收管或放大管			进口旧机电产品（12.2）
8540890010	光电倍增管（光电阴极面积大于20平方厘米，并且阳极脉冲上升时间小于1纳秒）			进口旧机电产品（12.2）
8540890090	其他电子管（包括光阴极管或汞弧整流管）			进口旧机电产品（12.2）
8540911000	电视显像管零件			进口旧机电产品（12.2）
8540912000	雷达显示管零件			进口旧机电产品（12.2）
8540919000	其他阴极射线管零件			进口旧机电产品（12.2）
8540991000	电视摄像管零件			进口旧机电产品（12.2）
8540999000	其他热电子管、冷阴极管零件（包括光阴极管或汞弧整流管）			进口旧机电产品（12.2）
8541100000	二极管（光敏、发光二极管除外）			进口旧机电产品（12.2）
8541210000	耗散功率小于1瓦的晶体管（不含光敏晶体管）			进口旧机电产品（12.2）
8541290000	耗散功率不小于1瓦的晶体管（不含光敏晶体管）			进口旧机电产品（12.2）
8541300000	半导体及可控硅等开关元件（不含光敏器件）			进口旧机电产品（12.2）
8541410000	发光二极管			进口旧机电产品（12.2）
8541420000	未装在组件内或组装成块的光电池			进口旧机电产品（12.2）
8541430000	已装在组件内或组装成块的光电池			进口旧机电产品（12.2）
8541490000	其他光敏半导体器件（包括不论是否装在组件内或组装成块的光电池）			进口旧机电产品（12.2）
8541511100	用于检测湿度、气压及其组合指标的半导体基传感器			进口旧机电产品（12.2）
8541511210	用于检测温度的半导体基传感器（P）			进口旧机电产品（12.2）
8541511290	用于检测电量、理化指标的半导体基传感器；利用光学检测其他指标的半导体基传感器			进口旧机电产品（12.2）
8541511300	液体或气体的流量、液位、压力或其他变化量的半导体基传感器			进口旧机电产品（12.2）
8541511900	其他半导体基传感器			进口旧机电产品（12.2）
8541512100	半导体基电动机			进口旧机电产品（12.2）
8541512900	其他半导体基执行器			进口旧机电产品（12.2）
8541513000	半导体基振荡器			进口旧机电产品（12.2）
8541514000	半导体基谐振器			进口旧机电产品（12.2）
8541590000	其他半导体器件			进口旧机电产品（12.2）
8541600000	已装配的压电晶体			进口旧机电产品（12.2）
8541900000	品目8541所列货品零件			进口旧机电产品（12.2）
8542311110	多元件集成电路中的自动数据处理设备机器及组件、电讯设备用的具有变流动能的半导体模块			进口旧机电产品（12.2）
8542311190	多元件集成电路中的其他具有变流功能的半导体模块			进口旧机电产品（12.2）
8542311910	安全芯片（不论是否带有存储器、转换器、逻辑电路、放大器、时钟及时序电路或其他电路）			进口旧机电产品（12.2）
8542311990	其他用作处理器及控制器的多元件集成电路（不论是否带有存储器、转换器、逻辑电路、放大器、时钟及时序电路或其他电路）			进口旧机电产品（12.2）
8542319010	安全芯片（不论是否带有存储器、转换器、逻辑电路、放大器、时钟及时序电路或其他电路）			进口旧机电产品（12.2）
8542319090	其他用作处理器及控制器的集成电路（不论是否带有存储器、转换器、逻辑电路、放大器、时钟及时序电路或其他电路）			进口旧机电产品（12.2）
8542321000	用作存储器的多元件集成电路			进口旧机电产品（12.2）
8542329000	其他用作存储器的集成电路			进口旧机电产品（12.2）
8542331000	用作放大器的多元件集成电路			进口旧机电产品（12.2）
8542339000	其他用作放大器的集成电路			进口旧机电产品（12.2）

商品编号	商品名称	监管条件	检验检疫类别	检验检疫要求
8542391000	其他多元件集成电路			进口旧机电产品（12.2）
8542399000	其他集成电路			进口旧机电产品（12.2）
8542900000	其他集成电路及微电子组件零件			进口旧机电产品（12.2）
8543100010	脉冲电子加速器（峰值能量为500千电子伏或更高）			进口旧机电产品（12.2）
8543100020	中子发生器系统，包括中子管（真空下，利用静电加速来诱发氚-氘核反应）			进口旧机电产品（12.2）
8543100090	其他粒子加速器			进口旧机电产品（12.2）
8543201000	输出信号频率<1500兆赫兹的通用信号发生器			进口旧机电产品（12.2）
8543209010	高速脉冲发生器（脉冲上升时间小于500ps）			进口旧机电产品（12.2）
8543209090	其他输出信号频率≥1500兆赫兹的通用信号发生器			进口旧机电产品（12.2）
8543300010	电化学还原槽；锂汞齐电解槽（电化学还原槽为化学交换过程的铀浓缩设计的）			进口旧机电产品（12.2）
8543300020	产氟电解槽（每小时产250克以上）			进口旧机电产品（12.2）
8543300090	其他电镀、电解或电泳设备及装置			进口旧机电产品（12.2）
8543400000	电子烟及类似的个人电子雾化设备			进口旧机电产品（12.2）
8543709100	金属、矿藏探测器			进口旧机电产品（12.2）
8543709200	其他高、中频放大器			进口旧机电产品（12.2）
8543709300	电篱网激发器			进口旧机电产品（12.2）
8543709910	飞行数据记录器、报告器			进口旧机电产品（12.2）
8543709920	无线广播电视用激励器（具有独立功能）			进口旧机电产品（12.2）
8543709930	模/数转换器（能设计或改进成军用，或设计成抗辐射的）			进口旧机电产品（12.2）
8543709940	质谱仪用的离子源（原子质量单位≥230，分辨率>2/230）			进口旧机电产品（12.2）
8543709950	密码机、密码卡、密钥管理产品（不包括数字电视智能卡、蓝牙模块、用于知识产权保护的加密狗）			进口旧机电产品（12.2）
8543709990	其他未列名的具有独立功能的电气设备及装置			进口旧机电产品（12.2）
8543901000	粒子加速器用零件			进口旧机电产品（12.2）
8543902100	输出信号频率<1500兆赫兹通用信号发生器零件			进口旧机电产品（12.2）
8543902900	输出信号频率≥1500兆赫兹通用信号发生器零件			进口旧机电产品（12.2）
8543903000	金属、矿藏探测器用零件			进口旧机电产品（12.2）
8543904000	高、中频放大器用零件			进口旧机电产品（12.2）
8543909000	品目8543项下其他电气设备零件			进口旧机电产品（12.2）
8544110000	铜制绕组电线			进口旧机电产品（12.2）
8544190000	其他绕组电线（非铜制）			进口旧机电产品（12.2）
8544200000	同轴电缆及其他同轴电导体			进口旧机电产品（12.2）
8544302001	车辆用电控柴油机的线束			进口旧机电产品（12.2）
8544302090	机动车辆用其他点火布线组及其他布线组			进口旧机电产品（12.2）
8544309000	其他用点火布线组及其他用布线组			进口旧机电产品（12.2）
8544421100	额定电压≤80伏有接头电缆			进口旧机电产品（12.2）
8544421900	额定电压≤80伏有接头电导体			进口旧机电产品（12.2）
8544422100	80伏<额定电压≤1000伏有接头电缆	A	L.M	电线电缆（12.7） 进口旧机电产品（12.2） 进口强制性产品认证（12.1）
8544422900	80伏<额定电压≤1000伏有接头电导体	A	L.M	电线电缆（12.7） 进口旧机电产品（12.2） 进口强制性产品认证（12.1）
8544491100	额定电压≤80伏其他电缆			进口旧机电产品（12.2）
8544491900	额定电压≤80伏其他电导体			进口旧机电产品（12.2）
8544492100	1000伏≥额定电压>80伏其他电缆	A	L.M	电线电缆（12.7） 进口旧机电产品（12.2） 进口强制性产品认证（12.1）
8544492900	1000伏≥额定电压>80伏其他电导体			进口旧机电产品（12.2）
8544601210	250千米/小时及以上高速动车组用高压电缆			进口旧机电产品（12.2）

商品编号	商品名称	监管条件	检验检疫类别	检验检疫要求
8544601290	其他1千伏<额定电压≤35千伏的电缆			进口旧机电产品（12.2）
8544601300	35千伏<额定电压≤110千伏的电缆			进口旧机电产品（12.2）
8544601400	110千伏<额定电压≤220千伏的电缆			进口旧机电产品（12.2）
8544601900	额定电压>220千伏的电缆			进口旧机电产品（12.2）
8544609001	额定电压≥500千伏的气体绝缘金属封闭输电线			进口旧机电产品（12.2）
8544609090	额定电压>1千伏的其他电导体			进口旧机电产品（12.2）
8544700000	光缆			进口旧机电产品（12.2）
8545110000	炉用碳电极（不论是否带金属）			进口旧机电产品（12.2）
8545190010	燃料电池用碳电极片（不论是否带金属）			进口旧机电产品（12.2）
8545190090	其他碳电极（不论是否带金属）			进口旧机电产品（12.2）
8545200000	碳刷（不论是否带金属）			进口旧机电产品（12.2）
8545900000	灯碳棒、电池碳棒及其他石墨制品（不论是否带金属）			进口旧机电产品（12.2）
8546100000	玻璃制绝缘子			进口旧机电产品（12.2）
8546201000	输变电线路绝缘瓷套管			进口旧机电产品（12.2）
8546209001	输变电架空线路用长棒形瓷绝缘子瓷件（单支长度为1米~2米，实芯）			进口旧机电产品（12.2）
8546209090	其他陶瓷制绝缘子（包括非输变电线路绝缘瓷套管）			进口旧机电产品（12.2）
8546900000	其他材料制绝缘子			进口旧机电产品（12.2）
8547100000	陶瓷制绝缘零件			进口旧机电产品（12.2）
8547200000	塑料制绝缘零件			进口旧机电产品（12.2） 进口强制性产品认证（12.1）
8547901000	内衬绝缘材料的贱金属导管、接头			进口旧机电产品（12.2）
8547909000	其他材料制绝缘配件			进口旧机电产品（12.2） 进口强制性产品认证（12.1）
8548000001	电磁干扰滤波器			进口旧机电产品（12.2）
8548000002	非电磁干扰滤波器			进口旧机电产品（12.2）
8548000010	可调脉冲单模染料振荡器（平均输出功率>1瓦，重复率>1000赫兹，脉宽<100纳秒可见光范围）			进口旧机电产品（12.2）
8548000020	可调脉冲染料激光放大器和振荡器（不包括单模振荡器）（平均输出功率>30瓦，重复率>1000赫兹，脉宽<100纳秒可见光范围）			进口旧机电产品（12.2）
8548000030	触摸感应数据输入装置（即触摸屏）无显示的性能，安装于有显示屏的设备中，通过检测显示区域内触摸动作的发生及位置进行工作。触摸感应可通过电阻、静电电容、声学脉冲识别、红外光或其他触摸感应技术来获得			进口旧机电产品（12.2）
8548000090	第八十五章其他编号未列名的电气零件			进口旧机电产品（12.2）
8549110000	铅酸蓄电池的废物、废料；废铅酸蓄电池			禁止进口 进口旧机电产品（12.2）
8549120000	其他原电池、原电池组及蓄电池的废物、废料；废原电池、废原电池组及废蓄电池（含铅、镉或汞的）			禁止进口 进口旧机电产品（12.2）
8549130000	其他原电池、原电池组及蓄电池的废物、废料；废原电池、废原电池组及废蓄电池（按化学类型分拣且不含铅、镉或汞的）			禁止进口 进口旧机电产品（12.2）
8549140000	其他原电池、原电池组及蓄电池的废物、废料；废原电池、废原电池组及废蓄电池（未分拣且不含铅、镉或汞的）			禁止进口 进口旧机电产品（12.2）
8549190000	其他原电池、原电池组及蓄电池的废物、废料；废原电池、废原电池组及废蓄电池			禁止进口 进口旧机电产品（12.2）
8549210000	其他主要用于回收贵金属且含有原电池、原电池组、蓄电池、汞开关、源于阴极射线管的玻璃或其他活化玻璃，或含有镉、汞、铅或多氯联苯（PCBs）的电气或电子元件的电子电气废弃物及碎料			进口旧机电产品（12.2）
8549290000	其他主要用于回收贵金属的电子电气废弃物及碎料			进口旧机电产品（12.2）

商品编号	商品名称	监管条件	检验检疫类别	检验检疫要求
8549310000	其他含有原电池、原电池组、蓄电池、汞开关、源于阴极射线管的玻璃或其他活化玻璃，或含有镉、汞、铅或多氯联苯（PCBs）的电气、电子组件及印刷电路板（电子电气废弃物及碎料）			禁止进口 进口旧机电产品（12.2）
8549390000	其他电气、电子组件及印刷电路板（电子电气废弃物及碎料）			禁止进口 进口旧机电产品（12.2）
8549910000	其他含有原电池、原电池组、蓄电池、汞开关、源于阴极射线管的玻璃或其他活化玻璃，或含有镉、汞、铅或多氯联苯（PCBs）的电气或电子元件（电子电气废弃物及碎料）			禁止进口 进口旧机电产品（12.2）
8549990000	其他电子电气废弃物及碎料			禁止进口 进口旧机电产品（12.2）
8601101100	微机控制的外部直流电动铁道机车			进口旧机电产品（12.2）
8601101900	由外部直流电驱动的其他铁道机车			进口旧机电产品（12.2）
8601102000	由外部交流电驱动的铁道机车			进口旧机电产品（12.2）
8601109000	由其他外部电力驱动的铁道机车			进口旧机电产品（12.2）
8601200000	由蓄电池驱动的铁道电力机车			进口旧机电产品（12.2）
8602101000	微机控制的柴油电力铁道机车			进口旧机电产品（12.2）
8602109000	其他柴油电力铁道机车			进口旧机电产品（12.2）
8602900000	其他铁道机车及机车煤水车			进口旧机电产品（12.2）
8603100000	由外电力驱动铁道用机动客、货车（包括电车道用的，但品目8604的货品除外）			进口旧机电产品（12.2）
8603900000	其他铁道用机动客车、货车、敞车（包括电车道用的，但品目8604的货品除外）			进口旧机电产品（12.2）
8604001100	隧道限界检查车（不论是否机动）			进口旧机电产品（12.2）
8604001200	钢轨在线打磨列车（不论是否机动）			进口旧机电产品（12.2）
8604001900	铁道及电车道用其他检验、查道车（不论是否机动）			进口旧机电产品（12.2）
8604009100	电气化接触网架线机（轨行式）（不论是否机动）			进口旧机电产品（12.2）
8604009900	铁道及电车道用其他维修车辆（包括服务车，不论是否机动）			进口旧机电产品（12.2）
8605001000	铁道用非机动客车			进口旧机电产品（12.2）
8605009000	电车道用的非机动客车、行李车等（还包括邮政车和其他铁道用的非机动特殊车辆）			进口旧机电产品（12.2）
8606100000	铁道用非机动油罐货车及类似车（包括电车道用，但不包括容积50立方米液化气铁路槽车）			进口旧机电产品（12.2）
8606300000	铁道用非机动自卸货车（包括电车道用，但编号860610的货品除外）			进口旧机电产品（12.2）
8606910000	铁道用非机动带篷及封闭货车（包括电车道用）			进口旧机电产品（12.2）
8606920000	铁道用非机动厢高超过60厘米敞篷货车（包括电车道用）			进口旧机电产品（12.2）
8606990000	品目8606所列其他未列名非机动车			进口旧机电产品（12.2）
8607110000	铁道及电车道机车的驾驶转向架（包括铁道及电车道其他车辆用的）			进口旧机电产品（12.2）
8607120000	铁道及电车道机车非驾驶转向架（包括铁道及电车道其他车辆用的）			进口旧机电产品（12.2）
8607191000	铁道及电车道机车用车轴（包括铁道及电车道其他车辆用的）			进口旧机电产品（12.2）
8607199000	铁道及电车道机车用其他轴、轮（包括其他零件，含铁道及电车道其他车辆用的）			进口旧机电产品（12.2）
8607210000	铁道及电车道机车用空气制动器（包括零件，含铁道及电车道其他车辆用的）			进口旧机电产品（12.2）
8607290000	铁道及电车道机车用非空气制动器（包括零件，含铁道及电车道其他车辆用的）			进口旧机电产品（12.2）
8607300000	铁道及电车道机车用钩、联结器（包括缓冲器及其零件，含铁道及电车道其他车辆用的）			进口旧机电产品（12.2）
8607910000	铁道及电车道机车用其他零件			进口旧机电产品（12.2）
8607990000	铁道及电车道非机车用其他零件			进口旧机电产品（12.2）
8608001000	轨道自动计轴设备			进口旧机电产品（12.2）

商品编号	商品名称	监管条件	检验检疫类别	检验检疫要求
8608009000	铁道及电车道轨道固定装置及配件（包括交通机械信号，安全或交通管理设备及其零件）			进口旧机电产品（12.2）
8609001100	20英尺的保温式集装箱	A/B	P/Q	集装箱 进口旧机电产品（12.2）
8609001200	20英尺的罐式集装箱	A/B	P/Q	集装箱 进口旧机电产品（12.2）
8609001900	其他20英尺集装箱	A/B	P/Q	集装箱 进口旧机电产品（12.2）
8609002100	40英尺的保温式集装箱	A/B	P/Q	集装箱 进口旧机电产品（12.2）
8609002200	40英尺的罐式集装箱	A/B	P/Q	集装箱 进口旧机电产品（12.2）
8609002900	其他40英尺的集装箱	A/B	P/Q	集装箱 进口旧机电产品（12.2）
8609003000	45、48、53英尺的集装箱	A/B	P/Q	集装箱 进口旧机电产品（12.2）
8609009000	其他集装箱（包括运输液体的集装箱）	A/B	P/Q	集装箱 进口旧机电产品（12.2）
8701100000	单轴拖拉机			进口旧机电产品（12.2）
8701210000	仅装有压燃式活塞内燃发动机（柴油或半柴油发动机）的半挂车用的公路牵引车	A	L.M	进口旧机电产品（12.2） 进口强制性产品认证（12.1） 机动车辆及其零部件（12.3）
8701220000	同时装有压燃式活塞内燃发动机（柴油或半柴油发动机）及驱动电动机的半挂车用的公路牵引车	A	L.M	进口旧机电产品（12.2） 进口强制性产品认证（12.1） 机动车辆及其零部件（12.3）
8701230000	同时装有点燃式活塞内燃发动机及驱动电动机的半挂车用的公路牵引车	A	L.M	进口旧机电产品（12.2） 进口强制性产品认证（12.1） 机动车辆及其零部件（12.3）
8701240000	仅装有驱动电动机的半挂车用的公路牵引车	A	L.M	进口旧机电产品（12.2） 进口强制性产品认证（12.1） 机动车辆及其零部件（12.3）
8701290000	其他半挂车用的公路牵引车	A	L.M	进口旧机电产品（12.2） 进口强制性产品认证（12.1） 机动车辆及其零部件（12.3）
8701300010	履带式拖拉机	A	M	进口旧机电产品（12.2） 机动车辆及其零部件（12.3）
8701300090	履带式牵引车	A	M	进口旧机电产品（12.2） 机动车辆及其零部件（12.3）
8701911000	其他发动机功率不超过18千瓦的拖拉机	A	L.M	进口旧机电产品（12.2） 进口强制性产品认证（12.1） 机动车辆及其零部件（12.3）
8701919000	其他发动机功率不超过18千瓦的牵引车（不包括品目8709的牵引车）	A	L.M	进口旧机电产品（12.2） 进口强制性产品认证（12.1） 机动车辆及其零部件（12.3）
8701921000	其他发动机功率超过18千瓦但不超过37千瓦的拖拉机	A	L.M	进口旧机电产品（12.2） 进口强制性产品认证（12.1） 机动车辆及其零部件（12.3）
8701929000	其他发动机功率超过18千瓦但不超过37千瓦的牵引车（不包括品目8709的牵引车）	A	L.M	进口旧机电产品（12.2） 进口强制性产品认证（12.1） 机动车辆及其零部件（12.3）

商品编号	商品名称	监管条件	检验检疫类别	检验检疫要求
8701931000	其他发动机功率超过37千瓦但不超过75千瓦的拖拉机	A	M	进口旧机电产品（12.2） 机动车辆及其零部件（12.3）
8701939000	其他发动机功率超过37千瓦但不超过75千瓦的牵引车（不包括品目8709的牵引车）	A	L.M	进口旧机电产品（12.2） 进口强制性产品认证（12.1） 机动车辆及其零部件（12.3）
8701941010	发动机功率超过110千瓦但不超过130千瓦的轮式拖拉机	A	M	进口旧机电产品（12.2） 机动车辆及其零部件（12.3）
8701941090	发动机功率超过75千瓦但不超过130千瓦的其他拖拉机	A	M	进口旧机电产品（12.2） 机动车辆及其零部件（12.3）
8701949000	其他发动机功率超过75千瓦但不超过130千瓦的牵引车（不包括品目8709的牵引车）	A	L.M	进口旧机电产品（12.2） 进口强制性产品认证（12.1） 机动车辆及其零部件（12.3）
8701951010	发动机功率超过130千瓦的轮式拖拉机	A	M	进口旧机电产品（12.2） 机动车辆及其零部件（12.3）
8701951090	发动机功率超过130千瓦的其他拖拉机	A	M	进口旧机电产品（12.2） 机动车辆及其零部件（12.3）
8701959000	其他发动机功率超过130千瓦的牵引车（不包括品目8709的牵引车）	A	L.M	进口旧机电产品（12.2） 进口强制性产品认证（12.1） 机动车辆及其零部件（12.3）
8702102000	仅装有压燃式活塞内燃发动机（柴油或半柴油发动机）的机坪客车（机场专用车）	A	M	进口旧机电产品（12.2） 机动车辆及其零部件（12.3）
8702109100	30≤座位数，仅装有压燃式活塞内燃发动机（柴油或半柴油发动机）的大型客车	A	L.M	进口旧机电产品（12.2） 进口强制性产品认证（12.1） 机动车辆及其零部件（12.3）
8702109210	20≤座位数≤23仅装有压燃式活塞内燃发动机（柴油或半柴油发动机）的客车	A	L.M	进口旧机电产品（12.2） 进口强制性产品认证（12.1） 机动车辆及其零部件（12.3）
8702109290	24≤座位数≤29仅装有压燃式活塞内燃发动机（柴油或半柴油发动机）的客车	A	L.M	进口旧机电产品（12.2） 进口强制性产品认证（12.1） 机动车辆及其零部件（12.3）
8702109300	10≤座位数≤19仅装有压燃式活塞内燃发动机（柴油或半柴油发动机）的客车	A	L.M	进口旧机电产品（12.2） 进口强制性产品认证（12.1） 机动车辆及其零部件（12.3）
8702201000	同时装有压燃式活塞内燃发动机（柴油或半柴油发动机）及驱动电动机的机坪客车（机场专用车）	A	M	进口旧机电产品（12.2） 机动车辆及其零部件（12.3）
8702209100	30≤座位数，同时装有压燃式活塞内燃发动机（柴油或半柴油发动机）及驱动电动机的大型客车（指装有柴油或半柴油发动机的30座及以上的客运车）	A	L.M	进口旧机电产品（12.2） 进口强制性产品认证（12.1） 机动车辆及其零部件（12.3）
8702209210	20≤座位数≤23同时装有压燃式活塞内燃发动机（柴油或半柴油发动机）及驱动电动机的客车	A	L.M	进口旧机电产品（12.2） 进口强制性产品认证（12.1） 机动车辆及其零部件（12.3）
8702209290	24≤座位数≤29同时装有压燃式活塞内燃发动机（柴油或半柴油发动机）及驱动电动机的客车	A	L.M	进口旧机电产品（12.2） 进口强制性产品认证（12.1） 机动车辆及其零部件（12.3）
8702209300	10≤座位数≤19同时装有压燃式活塞内燃发动机（柴油或半柴油发动机）及驱动电动机的客车	A	L.M	进口旧机电产品（12.2） 进口强制性产品认证（12.1） 机动车辆及其零部件（12.3）
8702301000	30座及以上同时装有点燃式活塞内燃发动机及驱动电动机的大型客车	A	L.M	进口旧机电产品（12.2） 进口强制性产品认证（12.1） 机动车辆及其零部件（12.3）

商品编号	商品名称	监管条件	检验检疫类别	检验检疫要求
8702302010	20≤座位数≤23同时装有点燃式活塞内燃发动机及驱动电动机的客车	A	L.M	进口旧机电产品（12.2） 进口强制性产品认证（12.1） 机动车辆及其零部件（12.3）
8702302090	24≤座位数≤29同时装有点燃式活塞内燃发动机及驱动电动机的客车	A	L.M	进口旧机电产品（12.2） 进口强制性产品认证（12.1） 机动车辆及其零部件（12.3）
8702303000	10≤座位数≤19同时装有点燃式活塞内燃发动机及驱动电动机的客车	A	L.M	进口旧机电产品（12.2） 进口强制性产品认证（12.1） 机动车辆及其零部件（12.3）
8702401010	纯电动机坪客车	A	M	进口旧机电产品（12.2） 机动车辆及其零部件（12.3）
8702401090	其他30座及以上仅装有驱动电动机的大型客车	A	L.M	进口旧机电产品（12.2） 进口强制性产品认证（12.1） 机动车辆及其零部件（12.3）
8702402010	20≤座位数≤23仅装有驱动电动机的客车	A	L.M	进口旧机电产品（12.2） 进口强制性产品认证（12.1） 机动车辆及其零部件（12.3）
8702402090	24≤座位数≤29仅装有驱动电动机的客车	A	L.M	进口旧机电产品（12.2） 进口强制性产品认证（12.1） 机动车辆及其零部件（12.3）
8702403000	10≤座位数≤19仅装有驱动电动机的客车	A	L.M	进口旧机电产品（12.2） 进口强制性产品认证（12.1） 机动车辆及其零部件（12.3）
8702901000	30座及以上大型客车（其他型）（指装有其他发动机的30座及以上的客运车）	A	L.M	进口旧机电产品（12.2） 进口强制性产品认证（12.1） 机动车辆及其零部件（12.3）
8702902001	20≤座位数≤23装有非压燃式活塞内燃发动机的客车	A	L.M	进口旧机电产品（12.2） 进口强制性产品认证（12.1） 机动车辆及其零部件（12.3）
8702902090	24≤座位数≤29装有非压燃式活塞内燃发动机的客车	A	L.M	进口旧机电产品（12.2） 进口强制性产品认证（12.1） 机动车辆及其零部件（12.3）
8702903000	10≤座位数≤19装有非压燃式活塞内燃发动机的客车	A	L.M	进口旧机电产品（12.2） 进口强制性产品认证（12.1） 机动车辆及其零部件（12.3）
8703101100	全地形车			进口旧机电产品（12.2）
8703101900	高尔夫球车及其他类似车			进口旧机电产品（12.2）
8703109000	其他，雪地行走专用车			进口旧机电产品（12.2）
8703213010	仅装有排气量≤1升的点燃式活塞内燃发动机的小轿车	A	L.M	进口旧机电产品（12.2） 进口强制性产品认证（12.1） 机动车辆及其零部件（12.3）
8703213090	仅装有排气量≤1升的点燃式活塞内燃发动机小轿车的成套散件			进口旧机电产品（12.2）
8703214010	仅装有排气量≤1升的点燃式活塞内燃发动机的越野车（四轮驱动）	A	L.M	进口旧机电产品（12.2） 进口强制性产品认证（12.1） 机动车辆及其零部件（12.3）
8703214090	仅装有排气量≤1升的点燃式活塞内燃发动机的越野车（四轮驱动）的成套散件			进口旧机电产品（12.2）
8703215010	仅装有排气量≤1升的点燃式活塞内燃发动机的小客车（9座及以下）	A	L.M	进口旧机电产品（12.2） 进口强制性产品认证（12.1） 机动车辆及其零部件（12.3）

商品编号	商品名称	监管条件	检验检疫类别	检验检疫要求
8703215090	仅装有排气量≤1升的点燃式活塞内燃发动机的小客车的成套散件（9座及以下）			进口旧机电产品（12.2）
8703219010	仅装有排气量≤1升的点燃式活塞内燃发动机的其他载人车辆	A	L.M	进口旧机电产品（12.2）进口强制性产品认证（12.1）机动车辆及其零部件（12.3）
8703219090	仅装有排气量≤1升的点燃式活塞内燃发动机的其他载人车辆的成套散件			进口旧机电产品（12.2）
8703223010	仅装有1升<排气量≤1.5升点燃式活塞内燃发动机小轿车	A	L.M	进口旧机电产品（12.2）进口强制性产品认证（12.1）机动车辆及其零部件（12.3）
8703223090	仅装有1升<排气量≤1.5升点燃式活塞内燃发动机小轿车的成套散件			进口旧机电产品（12.2）
8703224010	仅装有1升<排气量≤1.5升点燃式活塞内燃发动机四轮驱动越野车	A	L.M	进口旧机电产品（12.2）进口强制性产品认证（12.1）机动车辆及其零部件（12.3）
8703224090	仅装有1升<排气量≤1.5升点燃式活塞内燃发动机四轮驱动越野车的成套散件			进口旧机电产品（12.2）
8703225010	仅装有1升<排气量≤1.5升点燃式活塞内燃发动机小客车（9座及以下的）	A	L.M	进口旧机电产品（12.2）进口强制性产品认证（12.1）机动车辆及其零部件（12.3）
8703225090	仅装有1升<排气量≤1.5升点燃式活塞内燃发动机小客车的成套散件（9座及以下的）			进口旧机电产品（12.2）
8703229010	仅装有1升<排气量≤1.5升点燃式活塞内燃发动机其他载人车辆	A	L.M	进口旧机电产品（12.2）进口强制性产品认证（12.1）机动车辆及其零部件（12.3）
8703229090	仅装有1升<排气量≤1.5升点燃式活塞内燃发动机其他载人车的成套散件			进口旧机电产品（12.2）
8703234110	仅装有1.5升<排气量≤2升的点燃式活塞内燃发动机小轿车	A	L.M	进口旧机电产品（12.2）进口强制性产品认证（12.1）机动车辆及其零部件（12.3）
8703234190	仅装有1.5升<排气量≤2升的点燃式活塞内燃发动机小轿车的成套散件			进口旧机电产品（12.2）
8703234210	仅装有1.5升<排气量≤2升的点燃式活塞内燃发动机越野车（四轮驱动）	A	L.M	进口旧机电产品（12.2）进口强制性产品认证（12.1）机动车辆及其零部件（12.3）
8703234290	仅装有1.5升<排气量≤2升的点燃式活塞内燃发动机越野车的成套散件（四轮驱动）			进口旧机电产品（12.2）
8703234310	仅装有1.5升<排气量≤2升的点燃式活塞内燃发动机小客车（9座及以下的）	A	L.M	进口旧机电产品（12.2）进口强制性产品认证（12.1）机动车辆及其零部件（12.3）
8703234390	仅装有1.5升<排气量≤2升的点燃式活塞内燃发动机小客车的成套散件（9座及以下的）			进口旧机电产品（12.2）
8703234910	仅装有1.5升<排气量≤2升的点燃式活塞内燃发动机的其他载人车辆	A	L.M	进口旧机电产品（12.2）进口强制性产品认证（12.1）机动车辆及其零部件（12.3）
8703234990	仅装有1.5升<排气量≤2升的点燃式活塞内燃发动机的其他载人车辆的成套散件			进口旧机电产品（12.2）
8703235110	仅装有2升<排气量≤2.5升的点燃式活塞内燃发动机小轿车	A	L.M	进口旧机电产品（12.2）进口强制性产品认证（12.1）机动车辆及其零部件（12.3）

商品编号	商品名称	监管条件	检验检疫类别	检验检疫要求
8703235190	仅装有2升<排气量≤2.5升的点燃式活塞内燃发动机小轿车的成套散件			进口旧机电产品（12.2）
8703235210	仅装有2升<排气量≤2.5升的点燃式活塞内燃发动机越野车（四轮驱动）	A	L.M	进口旧机电产品（12.2） 进口强制性产品认证（12.1） 机动车辆及其零部件（12.3）
8703235290	仅装有2升<排气量≤2.5升的点燃式活塞内燃发动机越野车的成套散件（四轮驱动）			进口旧机电产品（12.2）
8703235310	仅装有2升<排气量≤2.5升的点燃式活塞内燃发动机小客车（9座及以下的）	A	L.M	进口旧机电产品（12.2） 进口强制性产品认证（12.1） 机动车辆及其零部件（12.3）
8703235390	仅装有2升<排气量≤2.5升的点燃式活塞内燃发动机的小客车的成套散件（9座及以下的）			进口旧机电产品（12.2）
8703235910	仅装有2升<排气量≤2.5升的点燃式活塞内燃发动机的其他载人车辆	A	L.M	进口旧机电产品（12.2） 进口强制性产品认证（12.1） 机动车辆及其零部件（12.3）
8703235990	仅装有2升<排气量≤2.5升的点燃式活塞内燃发动机的其他载人车辆的成套散件			进口旧机电产品（12.2）
8703236110	仅装有2.5升<排气量≤3升的点燃式活塞内燃发动机小轿车	A	L.M	进口旧机电产品（12.2） 进口强制性产品认证（12.1） 机动车辆及其零部件（12.3）
8703236190	仅装有2.5升<排气量≤3升的点燃式活塞内燃发动机小轿车的成套散件			进口旧机电产品（12.2）
8703236210	仅装有2.5升<排气量≤3升的点燃式活塞内燃发动机越野车（四轮驱动）	A	L.M	进口旧机电产品（12.2） 进口强制性产品认证（12.1） 机动车辆及其零部件（12.3）
8703236290	仅装有2.5升<排气量≤3升的点燃式活塞内燃发动机越野车的成套散件（四轮驱动）			进口旧机电产品（12.2）
8703236310	仅装有2.5升<排气量≤3升的点燃式活塞内燃发动机小客车（9座及以下的）	A	L.M	进口旧机电产品（12.2） 进口强制性产品认证（12.1） 机动车辆及其零部件（12.3）
8703236390	仅装有2.5升<排气量≤3升的点燃式活塞内燃发动机小客车的成套散件（9座及以下的）			进口旧机电产品（12.2）
8703236910	仅装有2.5升<排气量≤3升的点燃式活塞内燃发动机的其他载人车辆	A	L.M	进口旧机电产品（12.2） 进口强制性产品认证（12.1） 机动车辆及其零部件（12.3）
8703236990	仅装有2.5升<排气量≤3升的点燃式活塞内燃发动机的其他载人车辆的成套散件			进口旧机电产品（12.2）
8703241110	仅装有3升<排气量≤4升的点燃式活塞内燃发动机小轿车	A	L.M	进口旧机电产品（12.2） 进口强制性产品认证（12.1） 机动车辆及其零部件（12.3）
8703241190	仅装有3升<排气量≤4升的点燃式活塞内燃发动机小轿车的成套散件			进口旧机电产品（12.2）
8703241210	仅装有3升<排气量≤4升的点燃式活塞内燃发动机越野车（四轮驱动）	A	L.M	进口旧机电产品（12.2） 进口强制性产品认证（12.1） 机动车辆及其零部件（12.3）
8703241290	仅装有3升<排气量≤4升的点燃式活塞内燃发动机越野车的成套散件（四轮驱动）			进口旧机电产品（12.2）
8703241310	仅装有3升<排气量≤4升的点燃式活塞内燃发动机的小客车（9座及以下的）	A	L.M	进口旧机电产品（12.2） 进口强制性产品认证（12.1） 机动车辆及其零部件（12.3）

商品编号	商品名称	监管条件	检验检疫类别	检验检疫要求
8703241390	仅装有3升<排气量≤4升的点燃式活塞内燃发动机的小客车的成套散件（9座及以下的）			进口旧机电产品（12.2）
8703241910	仅装有3升<排气量≤4升的点燃式活塞内燃发动机的其他载人车辆	A	L. M	进口旧机电产品（12.2） 进口强制性产品认证（12.1） 机动车辆及其零部件（12.3）
8703241990	仅装有3升<排气量≤4升的点燃式活塞内燃发动机的其他载人车辆的成套散件			进口旧机电产品（12.2）
8703242110	仅装有排气量>4升的点燃式活塞内燃发动机小轿车	A	L. M	进口旧机电产品（12.2） 进口强制性产品认证（12.1） 机动车辆及其零部件（12.3）
8703242190	仅装有排气量>4升的点燃式活塞内燃发动机小轿车的成套散件			进口旧机电产品（12.2）
8703242210	仅装有排气量>4升的点燃式活塞内燃发动机越野车（四轮驱动）	A	L. M	进口旧机电产品（12.2） 进口强制性产品认证（12.1） 机动车辆及其零部件（12.3）
8703242290	仅装有排气量>4升的点燃式活塞内燃发动机越野车的成套散件（四轮驱动）			进口旧机电产品（12.2）
8703242310	仅装有排气量>4升的点燃式活塞内燃发动机的小客车（9座及以下的）	A	L. M	进口旧机电产品（12.2） 进口强制性产品认证（12.1） 机动车辆及其零部件（12.3）
8703242390	仅装有排气量>4升的点燃式活塞内燃发动机的小客车的成套散件（9座及以下的）			进口旧机电产品（12.2）
8703242910	仅装有排气量>4升的点燃式活塞内燃发动机的其他载人车辆	A	L. M	进口旧机电产品（12.2） 进口强制性产品认证（12.1） 机动车辆及其零部件（12.3）
8703242990	仅装有排气量>4升的点燃式活塞内燃发动机的其他载人车辆的成套散件			进口旧机电产品（12.2）
8703311110	仅装有排气量≤1升的压燃式活塞内燃发动机小轿车	A	L. M	进口旧机电产品（12.2） 进口强制性产品认证（12.1） 机动车辆及其零部件（12.3）
8703311190	仅装有排气量≤1升的压燃式活塞内燃发动机小轿车的成套散件			进口旧机电产品（12.2）
8703311910	仅装有排气量≤1升的压燃式活塞内燃发动机的其他载人车辆	A	L. M	进口旧机电产品（12.2） 进口强制性产品认证（12.1） 机动车辆及其零部件（12.3）
8703311990	仅装有排气量≤1升的压燃式活塞内燃发动机的其他载人车辆的成套散件			进口旧机电产品（12.2）
8703312110	仅装有1升<排气量≤1.5升的压燃式活塞内燃发动机小轿车	A	L. M	进口旧机电产品（12.2） 进口强制性产品认证（12.1） 机动车辆及其零部件（12.3）
8703312190	仅装有1升<排气量≤1.5升的压燃式活塞内燃发动机小轿车的成套散件			进口旧机电产品（12.2）
8703312210	仅装有1升<排气量≤1.5升的压燃式活塞内燃发动机越野车（四轮驱动）	A	L. M	进口旧机电产品（12.2） 进口强制性产品认证（12.1） 机动车辆及其零部件（12.3）
8703312290	仅装有1升<排气量≤1.5升的压燃式活塞内燃发动机越野车的成套散件（四轮驱动）			进口旧机电产品（12.2）
8703312310	仅装有1升<排气量≤1.5升的压燃式活塞内燃发动机小客车（9座及以下的）	A	L. M	进口旧机电产品（12.2） 进口强制性产品认证（12.1） 机动车辆及其零部件（12.3）
8703312390	仅装有1升<排气量≤1.5升的压燃式活塞内燃发动机小客车的成套散件（9座及以下的）			进口旧机电产品（12.2）

商品编号	商品名称	监管条件	检验检疫类别	检验检疫要求
8703312910	仅装有1升<排气量≤1.5升的压燃式活塞内燃发动机的其他载人车辆	A	L．M	进口旧机电产品（12.2） 进口强制性产品认证（12.1） 机动车辆及其零部件（12.3）
8703312990	仅装有1升<排气量≤1.5升的装压燃式活塞内燃发动机的其他载人车辆的成套散件			进口旧机电产品（12.2）
8703321110	仅装有1.5升<排气量≤2升的压燃式活塞内燃发动机小轿车	A	L．M	进口旧机电产品（12.2） 进口强制性产品认证（12.1） 机动车辆及其零部件（12.3）
8703321190	仅装有1.5升<排气量≤2升的压燃式活塞内燃发动机小轿车的成套散件			进口旧机电产品（12.2）
8703321210	仅装有1.5升<排气量≤2升的压燃式活塞内燃发动机越野车（四轮驱动）	A	L．M	进口旧机电产品（12.2） 进口强制性产品认证（12.1） 机动车辆及其零部件（12.3）
8703321290	仅装有1.5升<排气量≤2升的压燃式活塞内燃发动机越野车的成套散件（四轮驱动）			进口旧机电产品（12.2）
8703321310	仅装有1.5升<排气量≤2升的装压燃式活塞内燃发动机小客车（9座及以下的）	A	L．M	进口旧机电产品（12.2） 进口强制性产品认证（12.1） 机动车辆及其零部件（12.3）
8703321390	仅装有1.5升<排气量≤2升的压燃式活塞内燃发动机小客车的成套散件（9座及以下的）			进口旧机电产品（12.2）
8703321910	仅装有1.5升<排气量≤2升的压燃式活塞内燃发动机的其他载人车辆	A	L．M	进口旧机电产品（12.2） 进口强制性产品认证（12.1） 机动车辆及其零部件（12.3）
8703321990	仅装有1.5升<排气量≤2升的压燃式活塞内燃发动机的其他载人车辆的成套散件			进口旧机电产品（12.2）
8703322110	仅装有2升<排气量≤2.5升的压燃式活塞内燃发动机小轿车	A	L．M	进口旧机电产品（12.2） 进口强制性产品认证（12.1） 机动车辆及其零部件（12.3）
8703322190	仅装有2升<排气量≤2.5升的燃式活塞内燃发动机小轿车的成套散件			进口旧机电产品（12.2）
8703322210	仅装有2升<排气量≤2.5升的燃式活塞内燃发动机越野车（四轮驱动）	A	L．M	进口旧机电产品（12.2） 进口强制性产品认证（12.1） 机动车辆及其零部件（12.3）
8703322290	仅装有2升<排气量≤2.5升的燃式活塞内燃发动机越野车的成套散件（四轮驱动）			进口旧机电产品（12.2）
8703322310	仅装有2升<排气量≤2.5升的燃式活塞内燃发动机小客车（9座及以下的）	A	L．M	进口旧机电产品（12.2） 进口强制性产品认证（12.1） 机动车辆及其零部件（12.3）
8703322390	仅装有2升<排气量≤2.5升的压燃式活塞内燃发动机小客车的成套散件（9座及以下的）			进口旧机电产品（12.2）
8703322910	仅装有2升<排气量≤2.5升的压燃式活塞内燃发动机的其他载人车辆	A	L．M	进口旧机电产品（12.2） 进口强制性产品认证（12.1） 机动车辆及其零部件（12.3）
8703322990	仅装有2升<排气量≤2.5升的压燃式活塞内燃发动机的其他载人车辆的成套散件			进口旧机电产品（12.2）
8703331110	仅装有2.5升<排气量≤3升的压燃式活塞内燃发动机小轿车	A	L．M	进口旧机电产品（12.2） 进口强制性产品认证（12.1） 机动车辆及其零部件（12.3）
8703331190	仅装有2.5升<排气量≤3升的压燃式活塞内燃发动机小轿车的成套散件			进口旧机电产品（12.2）

商品编号	商品名称	监管条件	检验检疫类别	检验检疫要求
8703331210	仅装有2.5升<排气量≤3升的压燃式活塞内燃发动机越野车（四轮驱动）	A	L、M	进口旧机电产品（12.2） 进口强制性产品认证（12.1） 机动车辆及其零部件（12.3）
8703331290	仅装有2.5升<排气量≤3升的压燃式活塞内燃发动机越野车的成套散件（四轮驱动）			进口旧机电产品（12.2）
8703331310	仅装有2.5升<排气量≤3升的压燃式活塞内燃发动机小客车（9座及以下的）	A	L、M	进口旧机电产品（12.2） 进口强制性产品认证（12.1） 机动车辆及其零部件（12.3）
8703331390	仅装有2.5升<排气量≤3升的压燃式活塞内燃发动机小客车的成套散件（9座及以下的）			进口旧机电产品（12.2）
8703331910	仅装有2.5升<排气量≤3升的压燃式活塞内燃发动机的其他载人车辆	A	L、M	进口旧机电产品（12.2） 进口强制性产品认证（12.1） 机动车辆及其零部件（12.3）
8703331990	仅装有2.5升<排气量≤3升的压燃式活塞内燃发动机的其他载人车辆的成套散件			进口旧机电产品（12.2）
8703332110	仅装有3升<排气量≤4升的压燃式活塞内燃发动机小轿车	A	L、M	进口旧机电产品（12.2） 进口强制性产品认证（12.1） 机动车辆及其零部件（12.3）
8703332190	仅装有3升<排气量≤4升的压燃式活塞内燃发动机小轿车的成套散件			进口旧机电产品（12.2）
8703332210	仅装有3升<排气量≤4升的压燃式活塞内燃发动机越野车（四轮驱动）	A	L、M	进口旧机电产品（12.2） 进口强制性产品认证（12.1） 机动车辆及其零部件（12.3）
8703332290	仅装有3升<排气量≤4升的压燃式活塞内燃发动机越野车的成套散件（四轮驱动）			进口旧机电产品（12.2）
8703332310	仅装有3升<排气量≤4升的压燃式活塞内燃发动机小客车（9座及以下的）	A	L、M	进口旧机电产品（12.2） 进口强制性产品认证（12.1） 机动车辆及其零部件（12.3）
8703332390	仅装有3升<排气量≤4升的压燃式活塞内燃发动机小客车的成套散件（9座及以下的）			进口旧机电产品（12.2）
8703332910	仅装有3升<排气量≤4升的压燃式活塞内燃发动机的其他载人车辆	A	L、M	进口旧机电产品（12.2） 进口强制性产品认证（12.1） 机动车辆及其零部件（12.3）
8703332990	仅装有3升<排气量≤4升的压燃式活塞内燃发动机的其他载人车辆的成套散件			进口旧机电产品（12.2）
8703336110	仅装有排气量>4升的压燃式活塞内燃发动机小轿车	A	L、M	进口旧机电产品（12.2） 进口强制性产品认证（12.1） 机动车辆及其零部件（12.3）
8703336190	仅装有排气量>4升的压燃式活塞内燃发动机小轿车的成套散件			进口旧机电产品（12.2）
8703336210	仅装有排气量>4升的压燃式活塞内燃发动机越野车（四轮驱动）	A	L、M	进口旧机电产品（12.2） 进口强制性产品认证（12.1） 机动车辆及其零部件（12.3）
8703336290	仅装有排气量>4升的压燃式活塞内燃发动机越野车的成套散件（四轮驱动）			进口旧机电产品（12.2）
8703336310	仅装有排气量>4升的压燃式活塞内燃发动机小客车（9座及以下的）	A	L、M	进口旧机电产品（12.2） 进口强制性产品认证（12.1） 机动车辆及其零部件（12.3）
8703336390	仅装有排气量>4升的压燃式活塞内燃发动机小客车的成套散件（9座及以下的）			进口旧机电产品（12.2）

商品编号	商品名称	监管条件	检验检疫类别	检验检疫要求
8703336910	仅装有排气量>4升的压燃式活塞内燃发动机其他载人车辆	A	L.M	进口旧机电产品（12.2） 进口强制性产品认证（12.1） 机动车辆及其零部件（12.3）
8703336990	仅装有排气量>4升的压燃式活塞内燃发动机其他载人车辆的成套散件			进口旧机电产品（12.2）
8703401110	同时装有点燃式活塞内燃发动机（排气量≤1升）及驱动电动机的小轿车（可通过接插外部电源进行充电的除外）	A	L.M	进口旧机电产品（12.2） 进口强制性产品认证（12.1） 机动车辆及其零部件（12.3）
8703401190	同时装有点燃式活塞内燃发动机（排气量≤1升）及驱动电动机的小轿车的成套散件（可通过接插外部电源进行充电的除外）			进口旧机电产品（12.2）
8703401210	同时装有点燃式活塞内燃发动机（排气量≤1升）及驱动电动机的越野车（四轮驱动）（可通过接插外部电源进行充电的除外）	A	L.M	进口旧机电产品（12.2） 进口强制性产品认证（12.1） 机动车辆及其零部件（12.3）
8703401290	同时装有点燃式活塞内燃发动机（排气量≤1升）及驱动电动机的越野车（四轮驱动）的成套散件（可通过接插外部电源进行充电的除外）			进口旧机电产品（12.2）
8703401310	同时装有点燃式活塞内燃发动机（排气量≤1升）及驱动电动机的小客车（9座及以下，可通过接插外部电源进行充电的除外）	A	L.M	进口旧机电产品（12.2） 进口强制性产品认证（12.1） 机动车辆及其零部件（12.3）
8703401390	同时装有点燃式活塞内燃发动机（排气量≤1升）及驱动电动机的小客车的成套散件（9座及以下，可通过接插外部电源进行充电的除外）			进口旧机电产品（12.2）
8703401910	同时装有点燃式活塞内燃发动机（排气量≤1升）及驱动电动机的其他载人车辆（可通过接插外部电源进行充电的除外）	A	L.M	进口旧机电产品（12.2） 进口强制性产品认证（12.1） 机动车辆及其零部件（12.3）
8703401990	同时装有点燃式活塞内燃发动机（排气量≤1升）及驱动电动机的其他载人车辆的成套散件（可通过接插外部电源进行充电的除外）			进口旧机电产品（12.2）
8703402110	同时装有点燃式活塞内燃发动机（1升<排气量≤1.5升）及驱动电动机的小轿车（可通过接插外部电源进行充电的除外）	A	L.M	进口旧机电产品（12.2） 进口强制性产品认证（12.1） 机动车辆及其零部件（12.3）
8703402190	同时装有点燃式活塞内燃发动机（1升<排气量≤1.5升）及驱动电动机的小轿车的成套散件（可通过接插外部电源进行充电的除外）			进口旧机电产品（12.2）
8703402210	同时装有点燃式活塞内燃发动机（1升<排气量≤1.5升）及驱动电动机的四轮驱动越野车（可通过接插外部电源进行充电的除外）	A	L.M	进口旧机电产品（12.2） 进口强制性产品认证（12.1） 机动车辆及其零部件（12.3）
8703402290	同时装有点燃式活塞内燃发动机（1升<排气量≤1.5升）及驱动电动机的四轮驱动越野车的成套散件（可通过接插外部电源进行充电的除外）			进口旧机电产品（12.2）
8703402310	同时装有点燃式活塞内燃发动机（1升<排气量≤1.5升）及驱动电动机的小客车（9座及以下，可通过接插外部电源进行充电的除外）	A	L.M	进口旧机电产品（12.2） 进口强制性产品认证（12.1） 机动车辆及其零部件（12.3）
8703402390	同时装有点燃式活塞内燃发动机（1升<排气量≤1.5升）及驱动电动机的小客车的成套散件（9座及以下，可通过接插外部电源进行充电的除外）			进口旧机电产品（12.2）
8703402910	同时装有点燃式活塞内燃发动机（1升<排气量≤1.5升）及驱动电动机的其他载人车辆（可通过接插外部电源进行充电的除外）	A	L.M	进口旧机电产品（12.2） 进口强制性产品认证（12.1） 机动车辆及其零部件（12.3）
8703402990	同时装有点燃式活塞内燃发动机（1升<排气量≤1.5升）及驱动电动机的其他载人车辆的成套散件（可通过接插外部电源进行充电的除外）			进口旧机电产品（12.2）

商品编号	商品名称	监管条件	检验检疫类别	检验检疫要求
8703403110	同时装有点燃式活塞内燃发动机（1.5升<排气量≤2升）及驱动电动机的小轿车（可通过接插外部电源进行充电的除外）	A	L. M	进口旧机电产品（12.2） 进口强制性产品认证（12.1） 机动车辆及其零部件（12.3）
8703403190	同时装有点燃式活塞内燃发动机（1.5<排气量≤2升）及驱动电动机的小轿车的成套散件（可通过接插外部电源进行充电的除外）			进口旧机电产品（12.2）
8703403210	同时装有点燃式活塞内燃发动机（1.5升<排气量≤2升）及驱动电动机的四轮驱动越野车（可通过接插外部电源进行充电的除外）	A	L. M	进口旧机电产品（12.2） 进口强制性产品认证（12.1） 机动车辆及其零部件（12.3）
8703403290	同时装有点燃式活塞内燃发动机（1.5升<排气量≤2升）及驱动电动机的四轮驱动越野车的成套散件（可通过接插外部电源进行充电的除外）			进口旧机电产品（12.2）
8703403310	同时装有点燃式活塞内燃发动机（1.5升<排气量≤2升）及驱动电动机的小客车（9座及以下，可通过接插外部电源进行充电的除外）	A	L. M	进口旧机电产品（12.2） 进口强制性产品认证（12.1） 机动车辆及其零部件（12.3）
8703403390	同时装有点燃式活塞内燃发动机（1.5升<排气量≤2升）及驱动电动机的小客车的成套散件（9座及以下，可通过接插外部电源进行充电的除外）			进口旧机电产品（12.2）
8703403910	同时装有点燃式活塞内燃发动机（1.5升<排气量≤2升）及驱动电动机的其他载人车辆（可通过接插外部电源进行充电的除外）	A	L. M	进口旧机电产品（12.2） 进口强制性产品认证（12.1） 机动车辆及其零部件（12.3）
8703403990	同时装有点燃式活塞内燃发动机（1.5升<排气量≤2升）及驱动电动机的其他载人车辆的成套散件（可通过接插外部电源进行充电的除外）			进口旧机电产品（12.2）
8703404110	同时装有点燃式活塞内燃发动机（2升<排气量≤2.5升）及驱动电动机的小轿车（可通过接插外部电源进行充电的除外）	A	L. M	进口旧机电产品（12.2） 进口强制性产品认证（12.1） 机动车辆及其零部件（12.3）
8703404190	同时装有点燃式活塞内燃发动机（2升<排气量≤2.5升）及驱动电动机的小轿车的成套散件（可通过接插外部电源进行充电的除外）			进口旧机电产品（12.2）
8703404210	同时装有点燃式活塞内燃发动机（2升<排气量≤2.5升）及驱动电动机的四轮驱动越野车（可通过接插外部电源进行充电的除外）	A	L. M	进口旧机电产品（12.2） 进口强制性产品认证（12.1） 机动车辆及其零部件（12.3）
8703404290	同时装有点燃式活塞内燃发动机（2升<排气量≤2.5升）及驱动电动机的四轮驱动越野车的成套散件（可通过接插外部电源进行充电的除外）			进口旧机电产品（12.2）
8703404310	同时装有点燃式活塞内燃发动机（2升<排气量≤2.5升）及驱动电动机的小客车（9座及以下，可通过接插外部电源进行充电的除外）	A	L. M	进口旧机电产品（12.2） 进口强制性产品认证（12.1） 机动车辆及其零部件（12.3）
8703404390	同时装有点燃式活塞内燃发动机（2升<排气量≤2.5升）及驱动电动机的小客车的成套散件（9座及以下，可通过接插外部电源进行充电的除外）			进口旧机电产品（12.2）
8703404910	同时装有点燃式活塞内燃发动机（2升<排气量≤2.5升）及驱动电动机的其他载人车辆（可通过接插外部电源进行充电的除外）	A	L. M	进口旧机电产品（12.2） 进口强制性产品认证（12.1） 机动车辆及其零部件（12.3）
8703404990	同时装有点燃式活塞内燃发动机（2升<排气量≤2.5升）及驱动电动机的其他载人车辆的成套散件（可通过接插外部电源进行充电的除外）			进口旧机电产品（12.2）
8703405110	同时装有点燃式活塞内燃发动机（2.5升<排气量≤3升）及驱动电动机的小轿车（可通过接插外部电源进行充电的除外）	A	L. M	进口旧机电产品（12.2） 进口强制性产品认证（12.1） 机动车辆及其零部件（12.3）

商品编号	商品名称	监管条件	检验检疫类别	检验检疫要求
8703405190	同时装有点燃式活塞内燃发动机（2.5升＜排气量≤3升）及驱动电动机的小轿车的成套散件（可通过接插外部电源进行充电的除外）			进口旧机电产品（12.2）
8703405210	同时装有点燃式活塞内燃发动机（2.5升＜排气量≤3升）及驱动电动机的四轮驱动越野车（可通过接插外部电源进行充电的除外）	A	L.M	进口旧机电产品（12.2） 进口强制性产品认证（12.1） 机动车辆及其零部件（12.3）
8703405290	同时装有点燃式活塞内燃发动机（2.5升＜排气量≤3升）及驱动电动机的四轮驱动越野车的成套散件（可通过接插外部电源进行充电的除外）			进口旧机电产品（12.2）
8703405310	同时装有点燃式活塞内燃发动机（2.5升＜排气量≤3升）及驱动电动机的小客车（9座及以下，可通过接插外部电源进行充电的除外）	A	L.M	进口旧机电产品（12.2） 进口强制性产品认证（12.1） 机动车辆及其零部件（12.3）
8703405390	同时装有点燃式活塞内燃发动机（2.5升＜排气量≤3升）及驱动电动机的小客车的成套散件（9座及以下，可通过接插外部电源进行充电的除外）			进口旧机电产品（12.2）
8703405910	同时装有点燃式活塞内燃发动机（2.5升＜排气量≤3升）及驱动电动机的其他载人车辆（可通过接插外部电源进行充电的除外）	A	L.M	进口旧机电产品（12.2） 进口强制性产品认证（12.1） 机动车辆及其零部件（12.3）
8703405990	同时装有点燃式活塞内燃发动机（2.5升＜排气量≤3升）及驱动电动机的其他载人车辆的成套散件（可通过接插外部电源进行充电的除外）			进口旧机电产品（12.2）
8703406110	同时装有点燃式活塞内燃发动机（3升＜排气量≤4升）及驱动电动机的小轿车（可通过接插外部电源进行充电的除外）	A	L.M	进口旧机电产品（12.2） 进口强制性产品认证（12.1） 机动车辆及其零部件（12.3）
8703406190	同时装有点燃式活塞内燃发动机（3升＜排气量≤4升）及驱动电动机的小轿车的成套散件（可通过接插外部电源进行充电的除外）			进口旧机电产品（12.2）
8703406210	同时装有点燃式活塞内燃发动机（3升＜排气量≤4升）及驱动电动机的四轮驱动越野车（可通过接插外部电源进行充电的除外）	A	L.M	进口旧机电产品（12.2） 进口强制性产品认证（12.1） 机动车辆及其零部件（12.3）
8703406290	同时装有点燃式活塞内燃发动机（3升＜排气量≤4升）及驱动电动机的四轮驱动越野车的成套散件（可通过接插外部电源进行充电的除外）			进口旧机电产品（12.2）
8703406310	同时装有点燃式活塞内燃发动机（3升＜排气量≤4升）及驱动电动机的小客车（9座及以下，可通过接插外部电源进行充电的除外）	A	L.M	进口旧机电产品（12.2） 进口强制性产品认证（12.1） 机动车辆及其零部件（12.3）
8703406390	同时装有点燃式活塞内燃发动机（3升＜排气量≤4升）及驱动电动机的小客车的成套散件（9座及以下，可通过接插外部电源进行充电的除外）			进口旧机电产品（12.2）
8703406910	同时装有点燃式活塞内燃发动机（3升＜排气量≤4升）及驱动电动机的其他载人车辆（可通过接插外部电源进行充电的除外）	A	L.M	进口旧机电产品（12.2） 进口强制性产品认证（12.1） 机动车辆及其零部件（12.3）
8703406990	同时装有点燃式活塞内燃发动机（3升＜排气量≤4升）及驱动电动机的其他载人车辆的成套散件（可通过接插外部电源进行充电的除外）			进口旧机电产品（12.2）
8703407110	同时装有点燃式活塞内燃发动机（排气量＞4升）及驱动电动机的小轿车（可通过接插外部电源进行充电的除外）	A	L.M	进口旧机电产品（12.2） 进口强制性产品认证（12.1） 机动车辆及其零部件（12.3）
8703407190	同时装有点燃式活塞内燃发动机（排气量＞4升）及驱动电动机的小轿车的成套散件（可通过接插外部电源进行充电的除外）			进口旧机电产品（12.2）

商品编号	商品名称	监管条件	检验检疫类别	检验检疫要求
8703407210	同时装有点燃式活塞内燃发动机（排气量>4升）及驱动电动机的四轮驱动越野车（可通过接插外部电源进行充电的除外）	A	L.M	进口旧机电产品（12.2） 进口强制性产品认证（12.1） 机动车辆及其零部件（12.3）
8703407290	同时装有点燃式活塞内燃发动机（排气量>4升）及驱动电动机的四轮驱动越野车的成套散件（可通过接插外部电源进行充电的除外）			进口旧机电产品（12.2）
8703407310	同时装有点燃式活塞内燃发动机（排气量>4升）及驱动电动机的小客车（9座及以下，可通过接插外部电源进行充电的除外）	A	L.M	进口旧机电产品（12.2） 进口强制性产品认证（12.1） 机动车辆及其零部件（12.3）
8703407390	同时装有点燃式活塞内燃发动机（排气量>4升）及驱动电动机的小客车的成套散件（9座及以下，可通过接插外部电源进行充电的除外）			进口旧机电产品（12.2）
8703407910	同时装有点燃式活塞内燃发动机（排气量>4升）及驱动电动机的其他载人车辆（可通过接插外部电源进行充电的除外）	A	L.M	进口旧机电产品（12.2） 进口强制性产品认证（12.1） 机动车辆及其零部件（12.3）
8703407990	同时装有点燃式活塞内燃发动机（排气量>4升）及驱动电动机的其他载人车辆的成套散件（可通过接插外部电源进行充电的除外）			进口旧机电产品（12.2）
8703501110	同时装有压燃式活塞内燃发动机（柴油或半柴油发动机，排气量≤1升）及驱动电动机的小轿车（可通过接插外部电源进行充电的除外）	A	L.M	进口旧机电产品（12.2） 进口强制性产品认证（12.1） 机动车辆及其零部件（12.3）
8703501190	同时装有压燃式活塞内燃发动机（柴油或半柴油发动机，排气量≤1升）及驱动电动机的小轿车的成套散件（可通过接插外部电源进行充电的除外）			进口旧机电产品（12.2）
8703501910	同时装有压燃式活塞内燃发动机（柴油或半柴油发动机，排气量≤1升）及驱动电动机的其他载人车辆（可通过接插外部电源进行充电的除外）	A	L.M	进口旧机电产品（12.2） 进口强制性产品认证（12.1） 机动车辆及其零部件（12.3）
8703501990	同时装有压燃式活塞内燃发动机（柴油或半柴油发动机，排气量≤1升）及驱动电动机的其他载人车辆的成套散件（可通过接插外部电源进行充电的除外）			进口旧机电产品（12.2）
8703502110	同时装有压燃式活塞内燃发动机（柴油或半柴油发动机，1升<排气量≤1.5升）及驱动电动机的小轿车（可通过接插外部电源进行充电的除外）	A	L.M	进口旧机电产品（12.2） 进口强制性产品认证（12.1） 机动车辆及其零部件（12.3）
8703502190	同时装有压燃式活塞内燃发动机（柴油或半柴油发动机，1升<排气量≤1.5升）及驱动电动机的小轿车的成套散件（可通过接插外部电源进行充电的除外）			进口旧机电产品（12.2）
8703502210	同时装有压燃式活塞内燃发动机（柴油或半柴油发动机，1升<排气量≤1.5升）及驱动电动机的四轮驱动越野车（可通过接插外部电源进行充电的除外）	A	L.M	进口旧机电产品（12.2） 进口强制性产品认证（12.1） 机动车辆及其零部件（12.3）
8703502290	同时装有压燃式活塞内燃发动机（柴油或半柴油发动机，1升<排气量≤1.5升）及驱动电动机的四轮驱动越野车的成套散件（可通过接插外部电源进行充电的除外）			进口旧机电产品（12.2）
8703502310	同时装有压燃式活塞内燃发动机（柴油或半柴油发动机，1升<排气量≤1.5升）及驱动电动机的小客车（9座及以下，可通过接插外部电源进行充电的除外）	A	L.M	进口旧机电产品（12.2） 进口强制性产品认证（12.1） 机动车辆及其零部件（12.3）
8703502390	同时装有压燃式活塞内燃发动机（柴油或半柴油发动机，1升<排气量≤1.5升）及驱动电动机的小客车的成套散件（9座及以下，可通过接插外部电源进行充电的除外）			进口旧机电产品（12.2）
8703502910	同时装有压燃式活塞内燃发动机（柴油或半柴油发动机，1升<排气量≤1.5升）及驱动电动机的其他载人车辆（可通过接插外部电源进行充电的除外）	A	L.M	进口旧机电产品（12.2） 进口强制性产品认证（12.1） 机动车辆及其零部件（12.3）

商品编号	商品名称	监管条件	检验检疫类别	检验检疫要求
8703502990	同时装有压燃式活塞内燃发动机（柴油或半柴油发动机，1升<排气量≤1.5升）及驱动电动机的其他载人车辆的成套散件（可通过接插外部电源进行充电的除外）			进口旧机电产品（12.2）
8703503110	同时装有压燃式活塞内燃发动机（柴油或半柴油发动机，1.5升<排气量≤2升）及驱动电动机的小轿车（可通过接插外部电源进行充电的除外）	A	L.M	进口旧机电产品（12.2） 进口强制性产品认证（12.1） 机动车辆及其零部件（12.3）
8703503190	同时装有压燃式活塞内燃发动机（柴油或半柴油发动机，1.5升<排气量≤2升）及驱动电动机的小轿车的成套散件（可通过接插外部电源进行充电的除外）			进口旧机电产品（12.2）
8703503210	同时装有压燃式活塞内燃发动机（柴油或半柴油发动机，1.5升<排气量≤2升）及驱动电动机的四轮驱动越野车（可通过接插外部电源进行充电的除外）	A	L.M	进口旧机电产品（12.2） 进口强制性产品认证（12.1） 机动车辆及其零部件（12.3）
8703503290	同时装有压燃式活塞内燃发动机（柴油或半柴油发动机，1.5升<排气量≤2升）及驱动电动机的四轮驱动越野车的成套散件（可通过接插外部电源进行充电的除外）			进口旧机电产品（12.2）
8703503310	同时装有压燃式活塞内燃发动机（柴油或半柴油发动机，1.5升<排气量≤2升）及驱动电动机的小客车（9座及以下，可通过接插外部电源进行充电的除外）	A	L.M	进口旧机电产品（12.2） 进口强制性产品认证（12.1） 机动车辆及其零部件（12.3）
8703503390	同时装有压燃式活塞内燃发动机（柴油或半柴油发动机，1.5升<排气量≤2升）及驱动电动机的小客车的成套散件（9座及以下，可通过接插外部电源进行充电的除外）			进口旧机电产品（12.2）
8703503910	同时装有压燃式活塞内燃发动机（柴油或半柴油发动机，1.5升<排气量≤2升）及驱动电动机的其他载人车辆（可通过接插外部电源进行充电的除外）	A	L.M	进口旧机电产品（12.2） 进口强制性产品认证（12.1） 机动车辆及其零部件（12.3）
8703503990	同时装有压燃式活塞内燃发动机（柴油或半柴油发动机，1.5升<排气量≤2升）及驱动电动机的其他载人车辆的成套散件（可通过接插外部电源进行充电的除外）			进口旧机电产品（12.2）
8703504110	同时装有压燃式活塞内燃发动机（柴油或半柴油发动机，2升<排气量≤2.5升）及驱动电动机的小轿车（可通过接插外部电源进行充电的除外）	A	L.M	进口旧机电产品（12.2） 进口强制性产品认证（12.1） 机动车辆及其零部件（12.3）
8703504190	同时装有压燃式活塞内燃发动机（柴油或半柴油发动机，2升<排气量≤2.5升）及驱动电动机的小轿车的成套散件（可通过接插外部电源进行充电的除外）			进口旧机电产品（12.2）
8703504210	同时装有压燃式活塞内燃发动机（柴油或半柴油发动机，2升<排气量≤2.5升）及驱动电动机的四轮驱动越野车（可通过接插外部电源进行充电的除外）	A	L.M	进口旧机电产品（12.2） 进口强制性产品认证（12.1） 机动车辆及其零部件（12.3）
8703504290	同时装有压燃式活塞内燃发动机（柴油或半柴油发动机，2升<排气量≤2.5升）及驱动电动机的四轮驱动越野车的成套散件（可通过接插外部电源进行充电的除外）			进口旧机电产品（12.2）
8703504310	同时装有压燃式活塞内燃发动机（柴油或半柴油发动机，2升<排气量≤2.5升）及驱动电动机的小客车（9座及以下，可通过接插外部电源进行充电的除外）	A	L.M	进口旧机电产品（12.2） 进口强制性产品认证（12.1） 机动车辆及其零部件（12.3）
8703504390	同时装有压燃式活塞内燃发动机（柴油或半柴油发动机，2升<排气量≤2.5升）及驱动电动机的小客车的成套散件（9座及以下，可通过接插外部电源进行充电的除外）			进口旧机电产品（12.2）
8703504910	同时装有压燃式活塞内燃发动机（柴油或半柴油发动机，2升<排气量≤2.5升）及驱动电动机的其他载人车辆（可通过接插外部电源进行充电的除外）	A	L.M	进口旧机电产品（12.2） 进口强制性产品认证（12.1） 机动车辆及其零部件（12.3）

商品编号	商品名称	监管条件	检验检疫类别	检验检疫要求
8703504990	同时装有压燃式活塞内燃发动机（柴油或半柴油发动机，2升<排气量≤2.5升）及驱动电动机的其他载人车辆的成套散件（可通过接插外部电源进行充电的除外）			进口旧机电产品（12.2）
8703505110	同时装有压燃式活塞内燃发动机（柴油或半柴油发动机，2.5升<排气量≤3升）及驱动电动机的小轿车（可通过接插外部电源进行充电的除外）	A	L.M	进口旧机电产品（12.2） 进口强制性产品认证（12.1） 机动车辆及其零部件（12.3）
8703505190	同时装有压燃式活塞内燃发动机（柴油或半柴油发动机，2.5升<排气量≤3升）及驱动电动机的小轿车的成套散件（可通过接插外部电源进行充电的除外）			进口旧机电产品（12.2）
8703505210	同时装有压燃式活塞内燃发动机（柴油或半柴油发动机，2.5升<排气量≤3升）及驱动电动机的四轮驱动越野车（可通过接插外部电源进行充电的除外）	A	L.M	进口旧机电产品（12.2） 进口强制性产品认证（12.1） 机动车辆及其零部件（12.3）
8703505290	同时装有压燃式活塞内燃发动机（柴油或半柴油发动机，2.5升<排气量≤3升）及驱动电动机的四轮驱动越野车的成套散件（可通过接插外部电源进行充电的除外）			进口旧机电产品（12.2）
8703505310	同时装有压燃式活塞内燃发动机（柴油或半柴油发动机，2.5升<排气量≤3升）及驱动电动机的小客车（9座及以下，可通过接插外部电源进行充电的除外）	A	L.M	进口旧机电产品（12.2） 进口强制性产品认证（12.1） 机动车辆及其零部件（12.3）
8703505390	同时装有压燃式活塞内燃发动机（柴油或半柴油发动机，2.5升<排气量≤3升）及驱动电动机的小客车的成套散件（9座及以下，可通过接插外部电源进行充电的除外）			进口旧机电产品（12.2）
8703505910	同时装有压燃式活塞内燃发动机（柴油或半柴油发动机，2.5升<排气量≤3升）及驱动电动机的其他载人车辆（可通过接插外部电源进行充电的除外）	A	L.M	进口旧机电产品（12.2） 进口强制性产品认证（12.1） 机动车辆及其零部件（12.3）
8703505990	同时装有压燃式活塞内燃发动机（柴油或半柴油发动机，2.5升<排气量≤3升）及驱动电动机的其他载人车辆的成套散件（可通过接插外部电源进行充电的除外）			进口旧机电产品（12.2）
8703506110	同时装有压燃式活塞内燃发动机（柴油或半柴油发动机，3升<排气量≤4升）及驱动电动机的小轿车（可通过接插外部电源进行充电的除外）	A	L.M	进口旧机电产品（12.2） 进口强制性产品认证（12.1） 机动车辆及其零部件（12.3）
8703506190	同时装有压燃式活塞内燃发动机（柴油或半柴油发动机，3升<排气量≤4升）及驱动电动机的小轿车的成套散件（可通过接插外部电源进行充电的除外）			进口旧机电产品（12.2）
8703506210	同时装有压燃式活塞内燃发动机（柴油或半柴油发动机，3升<排气量≤4升）及驱动电动机的四轮驱动越野车（可通过接插外部电源进行充电的除外）	A	L.M	进口旧机电产品（12.2） 进口强制性产品认证（12.1） 机动车辆及其零部件（12.3）
8703506290	同时装有压燃式活塞内燃发动机（柴油或半柴油发动机，3升<排气量≤4升）及驱动电动机的四轮驱动越野车的成套散件（可通过接插外部电源进行充电的除外）			进口旧机电产品（12.2）
8703506310	同时装有压燃式活塞内燃发动机（柴油或半柴油发动机，3升<排气量≤4升）及驱动电动机的小客车（9座及以下，可通过接插外部电源进行充电的除外）	A	L.M	进口旧机电产品（12.2） 进口强制性产品认证（12.1） 机动车辆及其零部件（12.3）
8703506390	同时装有压燃式活塞内燃发动机（柴油或半柴油发动机，3升<排气量≤4升）及驱动电动机的小客车的成套散件（9座及以下，可通过接插外部电源进行充电的除外）			进口旧机电产品（12.2）
8703506910	同时装有压燃式活塞内燃发动机（柴油或半柴油发动机，3升<排气量≤4升）及驱动电动机的其他载人车辆（可通过接插外部电源进行充电的除外）	A	L.M	进口旧机电产品（12.2） 进口强制性产品认证（12.1） 机动车辆及其零部件（12.3）

商品编号	商品名称	监管条件	检验检疫类别	检验检疫要求
8703506990	同时装有压燃式活塞内燃发动机（柴油或半柴油发动机，3升<排气量≤4升）及驱动电动机的其他载人车辆的成套散件（可通过接插外部电源进行充电的除外）			进口旧机电产品（12.2）
8703507110	同时装有压燃式活塞内燃发动机（柴油或半柴油发动机，排气量>4升）及驱动电动机的小轿车（可通过接插外部电源进行充电的除外）	A	L.M	进口旧机电产品（12.2） 进口强制性产品认证（12.1） 机动车辆及其零部件（12.3）
8703507190	同时装有压燃式活塞内燃发动机（柴油或半柴油发动机，排气量>4升）及驱动电动机的小轿车的成套散件（可通过接插外部电源进行充电的除外）			进口旧机电产品（12.2）
8703507210	同时装有压燃式活塞内燃发动机（柴油或半柴油发动机，排气量>4升）及驱动电动机的四轮驱动越野车（可通过接插外部电源进行充电的除外）	A	L.M	进口旧机电产品（12.2） 进口强制性产品认证（12.1） 机动车辆及其零部件（12.3）
8703507290	同时装有压燃式活塞内燃发动机（柴油或半柴油发动机，排气量>4升）及驱动电动机的四轮驱动越野车的成套散件（可通过接插外部电源进行充电的除外）			进口旧机电产品（12.2）
8703507310	同时装有压燃式活塞内燃发动机（柴油或半柴油发动机，排气量>4升）及驱动电动机的小客车（9座及以下，可通过接插外部电源进行充电的除外）	A	L.M	进口旧机电产品（12.2） 进口强制性产品认证（12.1） 机动车辆及其零部件（12.3）
8703507390	同时装有压燃式活塞内燃发动机（柴油或半柴油发动机，排气量>4升）及驱动电动机的小客车的成套散件（9座及以下，可通过接插外部电源进行充电的除外）			进口旧机电产品（12.2）
8703507910	同时装有压燃式活塞内燃发动机（柴油或半柴油发动机，排气量>4升）及驱动电动机的其他载人车辆（可通过接插外部电源进行充电的除外）	A	L.M	进口旧机电产品（12.2） 进口强制性产品认证（12.1） 机动车辆及其零部件（12.3）
8703507990	同时装有压燃式活塞内燃发动机（柴油或半柴油发动机，排气量>4升）及驱动电动机的其他载人车辆的成套散件（可通过接插外部电源进行充电的除外）			进口旧机电产品（12.2）
8703601100	同时装有点燃式活塞内燃发动机及驱动电动机、可通过接插外部电源进行充电的小轿车，气缸容量（排气量）≤1000毫升	A	L.M	进口旧机电产品（12.2） 进口强制性产品认证（12.1） 机动车辆及其零部件（12.3）
8703601200	同时装有点燃式活塞内燃发动机及驱动电动机、可通过接插外部电源进行充电的四轮驱动越野车，气缸容量（排气量）≤1000毫升	A	L.M	进口旧机电产品（12.2） 进口强制性产品认证（12.1） 机动车辆及其零部件（12.3）
8703601300	同时装有点燃式活塞内燃发动机及驱动电动机、可通过接插外部电源进行充电的9座及以下小客车，气缸容量（排气量）≤1000毫升	A	L.M	进口旧机电产品（12.2） 进口强制性产品认证（12.1） 机动车辆及其零部件（12.3）
8703601900	同时装有点燃式活塞内燃发动机及驱动电动机、可通过接插外部电源进行充电的其他载人车辆，气缸容量（排气量）≤1000毫升	A	L.M	进口旧机电产品（12.2） 进口强制性产品认证（12.1） 机动车辆及其零部件（12.3）
8703602100	同时装有点燃式活塞内燃发动机及驱动电动机、可通过接插外部电源进行充电的小轿车，1000毫升<气缸容量（排气量）≤1500毫升	A	L.M	进口旧机电产品（12.2） 进口强制性产品认证（12.1） 机动车辆及其零部件（12.3）
8703602200	同时装有点燃式活塞内燃发动机及驱动电动机、可通过接插外部电源进行充电的四轮驱动越野车，1000毫升<气缸容量（排气量）≤1500毫升	A	L.M	进口旧机电产品（12.2） 进口强制性产品认证（12.1） 机动车辆及其零部件（12.3）
8703602300	同时装有点燃式活塞内燃发动机及驱动电动机、可通过接插外部电源进行充电的9座及以下小客车，1000毫升<气缸容量（排气量）≤1500毫升	A	L.M	进口旧机电产品（12.2） 进口强制性产品认证（12.1） 机动车辆及其零部件（12.3）

商品编号	商品名称	监管条件	检验检疫类别	检验检疫要求
8703602900	同时装有点燃式活塞内燃发动机及驱动电动机、可通过接插外部电源进行充电的其他载人车辆，1000毫升<气缸容量（排气量）≤1500毫升	A	L、M	进口旧机电产品（12.2） 进口强制性产品认证（12.1） 机动车辆及其零部件（12.3）
8703603100	同时装有点燃式活塞内燃发动机及驱动电动机、可通过接插外部电源进行充电的小轿车，1500毫升<气缸容量（排气量）≤2000毫升	A	L、M	进口旧机电产品（12.2） 进口强制性产品认证（12.1） 机动车辆及其零部件（12.3）
8703603200	同时装有点燃式活塞内燃发动机及驱动电动机、可通过接插外部电源进行充电的四轮驱动越野车，1500毫升<气缸容量（排气量）≤2000毫升	A	L、M	进口旧机电产品（12.2） 进口强制性产品认证（12.1） 机动车辆及其零部件（12.3）
8703603300	同时装有点燃式活塞内燃发动机及驱动电动机、可通过接插外部电源进行充电的9座及以下小客车，1500毫升<气缸容量（排气量）≤2000毫升	A	L、M	进口旧机电产品（12.2） 进口强制性产品认证（12.1） 机动车辆及其零部件（12.3）
8703603900	同时装有点燃式活塞内燃发动机及驱动电动机、可通过接插外部电源进行充电的其他载人车辆，1500毫升<气缸容量（排气量）≤2000毫升	A	L、M	进口旧机电产品（12.2） 进口强制性产品认证（12.1） 机动车辆及其零部件（12.3）
8703604100	同时装有点燃式活塞内燃发动机及驱动电动机、可通过接插外部电源进行充电的小轿车，2000毫升<气缸容量（排气量）≤2500毫升	A	L、M	进口旧机电产品（12.2） 进口强制性产品认证（12.1） 机动车辆及其零部件（12.3）
8703604200	同时装有点燃式活塞内燃发动机及驱动电动机、可通过接插外部电源进行充电的四轮驱动越野车，2000毫升<气缸容量（排气量）≤2500毫升	A	L、M	进口旧机电产品（12.2） 进口强制性产品认证（12.1） 机动车辆及其零部件（12.3）
8703604300	同时装有点燃式活塞内燃发动机及驱动电动机、可通过接插外部电源进行充电的9座及以下小客车，2000毫升<气缸容量（排气量）≤2500毫升	A	L、M	进口旧机电产品（12.2） 进口强制性产品认证（12.1） 机动车辆及其零部件（12.3）
8703604900	同时装有点燃式活塞内燃发动机及驱动电动机、可通过接插外部电源进行充电的其他载人车辆，2000毫升<气缸容量（排气量）≤2500毫升	A	L、M	进口旧机电产品（12.2） 进口强制性产品认证（12.1） 机动车辆及其零部件（12.3）
8703605100	同时装有点燃式活塞内燃发动机及驱动电动机、可通过接插外部电源进行充电的小轿车，2500毫升<气缸容量（排气量）≤3000毫升	A	L、M	进口旧机电产品（12.2） 进口强制性产品认证（12.1） 机动车辆及其零部件（12.3）
8703605200	同时装有点燃式活塞内燃发动机及驱动电动机、可通过接插外部电源进行充电的四轮驱动越野车，2500毫升<气缸容量（排气量）≤3000毫升	A	L、M	进口旧机电产品（12.2） 进口强制性产品认证（12.1） 机动车辆及其零部件（12.3）
8703605300	同时装有点燃式活塞内燃发动机及驱动电动机、可通过接插外部电源进行充电的9座及以下小客车，2500毫升<气缸容量（排气量）≤3000毫升	A	L、M	进口旧机电产品（12.2） 进口强制性产品认证（12.1） 机动车辆及其零部件（12.3）
8703605900	同时装有点燃式活塞内燃发动机及驱动电动机、可通过接插外部电源进行充电的其他载人车辆，2500毫升<气缸容量（排气量）≤3000毫升	A	L、M	进口旧机电产品（12.2） 进口强制性产品认证（12.1） 机动车辆及其零部件（12.3）
8703606100	同时装有点燃式活塞内燃发动机及驱动电动机、可通过接插外部电源进行充电的小轿车，3000毫升<气缸容量（排气量）≤4000毫升	A	L、M	进口旧机电产品（12.2） 进口强制性产品认证（12.1） 机动车辆及其零部件（12.3）
8703606200	同时装有点燃式活塞内燃发动机及驱动电动机、可通过接插外部电源进行充电的四轮驱动越野车，3000毫升<气缸容量（排气量）≤4000毫升	A	L、M	进口旧机电产品（12.2） 进口强制性产品认证（12.1） 机动车辆及其零部件（12.3）
8703606300	同时装有点燃式活塞内燃发动机及驱动电动机、可通过接插外部电源进行充电的9座及以下小客车，3000毫升<气缸容量（排气量）≤4000毫升	A	L、M	进口旧机电产品（12.2） 进口强制性产品认证（12.1） 机动车辆及其零部件（12.3）

商品编号	商品名称	监管条件	检验检疫类别	检验检疫要求
8703606900	同时装有点燃式活塞内燃发动机及驱动电动机、可通过接插外部电源进行充电的其他载人车辆，3000毫升<气缸容量（排气量）≤4000毫升	A	L.M	进口旧机电产品（12.2） 进口强制性产品认证（12.1） 机动车辆及其零部件（12.3）
8703607100	同时装有点燃式活塞内燃发动机及驱动电动机、可通过接插外部电源进行充电的小轿车，气缸容量（排气量）>4000毫升	A	L.M	进口旧机电产品（12.2） 进口强制性产品认证（12.1） 机动车辆及其零部件（12.3）
8703607200	同时装有点燃式活塞内燃发动机及驱动电动机、可通过接插外部电源进行充电的四轮驱动越野车，气缸容量（排气量）>4000毫升	A	L.M	进口旧机电产品（12.2） 进口强制性产品认证（12.1） 机动车辆及其零部件（12.3）
8703607300	同时装有点燃式活塞内燃发动机及驱动电动机、可通过接插外部电源进行充电的9座及以下小客车，气缸容量（排气量）>4000毫升	A	L.M	进口旧机电产品（12.2） 进口强制性产品认证（12.1） 机动车辆及其零部件（12.3）
8703607900	同时装有点燃式活塞内燃发动机及驱动电动机、可通过接插外部电源进行充电的其他载人车辆，气缸容量（排气量）>4000毫升	A	L.M	进口旧机电产品（12.2） 进口强制性产品认证（12.1） 机动车辆及其零部件（12.3）
8703701100	同时装有压燃活塞内燃发动机（柴油或半柴油发动机）及驱动电动机、可通过接插外部电源进行充电的小轿车，气缸容量（排气量）≤1000毫升	A	L.M	进口旧机电产品（12.2） 进口强制性产品认证（12.1） 机动车辆及其零部件（12.3）
8703701200	同时装有压燃活塞内燃发动机（柴油或半柴油发动机）及驱动电动机、可通过接插外部电源进行充电的四轮驱动越野车，气缸容量（排气量）≤1000毫升	A	L.M	进口旧机电产品（12.2） 进口强制性产品认证（12.1） 机动车辆及其零部件（12.3）
8703701300	同时装有压燃活塞内燃发动机（柴油或半柴油发动机）及驱动电动机、可通过接插外部电源进行充电的9座及以下小客车，气缸容量（排气量）≤1000毫升	A	L.M	进口旧机电产品（12.2） 进口强制性产品认证（12.1） 机动车辆及其零部件（12.3）
8703701900	同时装有压燃活塞内燃发动机（柴油或半柴油发动机）及驱动电动机、可通过接插外部电源进行充电的其他载人车辆，气缸容量（排气量）≤1000毫升	A	L.M	进口旧机电产品（12.2） 进口强制性产品认证（12.1） 机动车辆及其零部件（12.3）
8703702100	同时装有压燃活塞内燃发动机（柴油或半柴油发动机）及驱动电动机、可通过接插外部电源进行充电的小轿车，1000毫升<气缸容量（排气量）≤1500毫升	A	L.M	进口旧机电产品（12.2） 进口强制性产品认证（12.1） 机动车辆及其零部件（12.3）
8703702200	同时装有压燃活塞内燃发动机（柴油或半柴油发动机）及驱动电动机、可通过接插外部电源进行充电的四轮驱动越野车，1000毫升<气缸容量（排气量）≤1500毫升	A	L.M	进口旧机电产品（12.2） 进口强制性产品认证（12.1） 机动车辆及其零部件（12.3）
8703702300	同时装有压燃活塞内燃发动机（柴油或半柴油发动机）及驱动电动机、可通过接插外部电源进行充电的9座及以下小客车，1000毫升<气缸容量（排气量）≤1500毫升	A	L.M	进口旧机电产品（12.2） 进口强制性产品认证（12.1） 机动车辆及其零部件（12.3）
8703702900	同时装有压燃活塞内燃发动机（柴油或半柴油发动机）及驱动电动机、可通过接插外部电源进行充电的其他载人车辆，1000毫升<气缸容量（排气量）≤1500毫升	A	L.M	进口旧机电产品（12.2） 进口强制性产品认证（12.1） 机动车辆及其零部件（12.3）
8703703100	同时装有压燃活塞内燃发动机（柴油或半柴油发动机）及驱动电动机、可通过接插外部电源进行充电的小轿车，1500毫升<气缸容量（排气量）≤2000毫升	A	L.M	进口旧机电产品（12.2） 进口强制性产品认证（12.1） 机动车辆及其零部件（12.3）
8703703200	同时装有压燃活塞内燃发动机（柴油或半柴油发动机）及驱动电动机、可通过接插外部电源进行充电的四轮驱动越野车，1500毫升<气缸容量（排气量）≤2000毫升	A	L.M	进口旧机电产品（12.2） 进口强制性产品认证（12.1） 机动车辆及其零部件（12.3）
8703703300	同时装有压燃活塞内燃发动机（柴油或半柴油发动机）及驱动电动机、可通过接插外部电源进行充电的9座及以下小客车，1500毫升<气缸容量（排气量）≤2000毫升	A	L.M	进口旧机电产品（12.2） 进口强制性产品认证（12.1） 机动车辆及其零部件（12.3）

商品编号	商品名称	监管条件	检验检疫类别	检验检疫要求
8703703900	同时装有压燃活塞内燃发动机（柴油或半柴油发动机）及驱动电动机、可通过接插外部电源进行充电的其他载人车辆，1500毫升<气缸容量（排气量）≤2000毫升	A	L、M	进口旧机电产品（12.2）进口强制性产品认证（12.1）机动车辆及其零部件（12.3）
8703704100	同时装有压燃活塞内燃发动机（柴油或半柴油发动机）及驱动电动机、可通过接插外部电源进行充电的小轿车，2000毫升<气缸容量（排气量）≤2500毫升	A	L、M	进口旧机电产品（12.2）进口强制性产品认证（12.1）机动车辆及其零部件（12.3）
8703704200	同时装有压燃活塞内燃发动机（柴油或半柴油发动机）及驱动电动机、可通过接插外部电源进行充电的四轮驱动越野车，2000毫升<气缸容量（排气量）≤2500毫升	A	L、M	进口旧机电产品（12.2）进口强制性产品认证（12.1）机动车辆及其零部件（12.3）
8703704300	同时装有压燃活塞内燃发动机（柴油或半柴油发动机）及驱动电动机、可通过接插外部电源进行充电的9座及以下小客车，2000毫升<气缸容量（排气量）≤2500毫升	A	L、M	进口旧机电产品（12.2）进口强制性产品认证（12.1）机动车辆及其零部件（12.3）
8703704900	同时装有压燃活塞内燃发动机（柴油或半柴油发动机）及驱动电动机、可通过接插外部电源进行充电的其他载人车辆，2000毫升<气缸容量（排气量）≤2500毫升	A	L、M	进口旧机电产品（12.2）进口强制性产品认证（12.1）机动车辆及其零部件（12.3）
8703705100	同时装有压燃活塞内燃发动机（柴油或半柴油发动机）及驱动电动机、可通过接插外部电源进行充电的小轿车，2500毫升<气缸容量（排气量）≤3000毫升	A	L、M	进口旧机电产品（12.2）进口强制性产品认证（12.1）机动车辆及其零部件（12.3）
8703705200	同时装有压燃活塞内燃发动机（柴油或半柴油发动机）及驱动电动机、可通过接插外部电源进行充电的四轮驱动越野车，2500毫升<气缸容量（排气量）≤3000毫升	A	L、M	进口旧机电产品（12.2）进口强制性产品认证（12.1）机动车辆及其零部件（12.3）
8703705300	同时装有压燃活塞内燃发动机（柴油或半柴油发动机）及驱动电动机、可通过接插外部电源进行充电的9座及以下小客车，2500毫升<气缸容量（排气量）≤3000毫升	A	L、M	进口旧机电产品（12.2）进口强制性产品认证（12.1）机动车辆及其零部件（12.3）
8703705900	同时装有压燃活塞内燃发动机（柴油或半柴油发动机）及驱动电动机、可通过接插外部电源进行充电的其他载人车辆，2500毫升<气缸容量（排气量）≤3000毫升	A	L、M	进口旧机电产品（12.2）进口强制性产品认证（12.1）机动车辆及其零部件（12.3）
8703706100	同时装有压燃活塞内燃发动机（柴油或半柴油发动机）及驱动电动机、可通过接插外部电源进行充电的小轿车，3000毫升<气缸容量（排气量）≤4000毫升	A	L、M	进口旧机电产品（12.2）进口强制性产品认证（12.1）机动车辆及其零部件（12.3）
8703706200	同时装有压燃活塞内燃发动机（柴油或半柴油发动机）及驱动电动机、可通过接插外部电源进行充电的四轮驱动越野车，3000毫升<气缸容量（排气量）≤4000毫升	A	L、M	进口旧机电产品（12.2）进口强制性产品认证（12.1）机动车辆及其零部件（12.3）
8703706300	同时装有压燃活塞内燃发动机（柴油或半柴油发动机）及驱动电动机、可通过接插外部电源进行充电的9座及以下小客车，3000毫升<气缸容量（排气量）≤4000毫升	A	L、M	进口旧机电产品（12.2）进口强制性产品认证（12.1）机动车辆及其零部件（12.3）
8703706900	同时装有压燃活塞内燃发动机（柴油或半柴油发动机）及驱动电动机、可通过接插外部电源进行充电的其他载人车辆，3000毫升<气缸容量（排气量）≤4000毫升	A	L、M	进口旧机电产品（12.2）进口强制性产品认证（12.1）机动车辆及其零部件（12.3）
8703707100	同时装有压燃活塞内燃发动机（柴油或半柴油发动机）及驱动电动机、可通过接插外部电源进行充电的小轿车，气缸容量（排气量）>4000毫升	A	L、M	进口旧机电产品（12.2）进口强制性产品认证（12.1）机动车辆及其零部件（12.3）
8703707200	同时装有压燃活塞内燃发动机（柴油或半柴油发动机）及驱动电动机、可通过接插外部电源进行充电的四轮驱动越野车，气缸容量（排气量）>4000毫升	A	L、M	进口旧机电产品（12.2）进口强制性产品认证（12.1）机动车辆及其零部件（12.3）
8703707300	同时装有压燃活塞内燃发动机（柴油或半柴油发动机）及驱动电动机、可通过接插外部电源进行充电的9座及以下小客车，气缸容量（排气量）>4000毫升	A	L、M	进口旧机电产品（12.2）进口强制性产品认证（12.1）机动车辆及其零部件（12.3）

商品编号	商品名称	监管条件	检验检疫类别	检验检疫要求
8703707900	同时装有压燃活塞内燃发动机（柴油或半柴油发动机）及驱动电动机、可通过接插外部电源进行充电的其他载人车辆，气缸容量（排气量）>4000毫升	A	L、M	进口旧机电产品（12.2） 进口强制性产品认证（12.1） 机动车辆及其零部件（12.3）
8703800010	旧的仅装有驱动电动机的其他载人车辆	A	M	进口旧机电产品（12.2） 机动车辆及其零部件（12.3）
8703800090	其他仅装有驱动电动机的其他载人车辆	A	L、M	进口旧机电产品（12.2） 进口强制性产品认证（12.1） 机动车辆及其零部件（12.3）
8703900021	其他型排气量≤1升的其他载人车辆	A	L、M	进口旧机电产品（12.2） 进口强制性产品认证（12.1） 机动车辆及其零部件（12.3）
8703900022	其他型1升<排气量≤1.5升的其他载人车辆	A	L、M	进口旧机电产品（12.2） 进口强制性产品认证（12.1） 机动车辆及其零部件（12.3）
8703900023	其他型1.5升<排气量≤2升的其他载人车辆	A	L、M	进口旧机电产品（12.2） 进口强制性产品认证（12.1） 机动车辆及其零部件（12.3）
8703900024	其他型2升<排气量≤2.5升的其他载人车辆	A	L、M	进口旧机电产品（12.2） 进口强制性产品认证（12.1） 机动车辆及其零部件（12.3）
8703900025	其他型2.5升<排气量≤3升的其他载人车辆	A	L、M	进口旧机电产品（12.2） 进口强制性产品认证（12.1） 机动车辆及其零部件（12.3）
8703900026	其他型3升<排气量≤4升的其他载人车辆	A	L、M	进口旧机电产品（12.2） 进口强制性产品认证（12.1） 机动车辆及其零部件（12.3）
8703900027	其他型排气量>4升的其他载人车辆	A	L、M	进口旧机电产品（12.2） 进口强制性产品认证（12.1） 机动车辆及其零部件（12.3）
8703900029	其他无法区分排气量的载人车辆	A	L、M	进口旧机电产品（12.2） 进口强制性产品认证（12.1） 机动车辆及其零部件（12.3）
8703900090	编号87039000所列车辆的成套散件			进口旧机电产品（12.2）
8704103000	非公路用电动轮货运自卸车	A	M	进口旧机电产品（12.2） 机动车辆及其零部件（12.3）
8704109000	其他非公路用货运自卸车	A	M	进口旧机电产品（12.2） 机动车辆及其零部件（12.3）
8704210000	柴油型其他小型货车（仅装有压燃式活塞内燃发动机，小型指车辆总重量≤5吨）	A	L、M	进口旧机电产品（12.2） 进口强制性产品认证（12.1） 机动车辆及其零部件（12.3）
8704223000	柴油型其他中型货车（仅装有压燃式活塞内燃发动机，中型指5吨<车辆总重量<14吨）	A	L、M	进口旧机电产品（12.2） 进口强制性产品认证（12.1） 机动车辆及其零部件（12.3）
8704224000	柴油型其他重型货车（仅装有压燃式活塞内燃发动机，重型指14吨≤车辆总重≤20吨）	A	L、M	进口旧机电产品（12.2） 进口强制性产品认证（12.1） 机动车辆及其零部件（12.3）
8704230010	固井水泥车、压裂车、混砂车、连续油管车、液氮泵车用底盘（动力装置仅装有压燃式活塞内燃发动机，车辆总重量>35吨，装驾驶室）	A	L、M	进口旧机电产品（12.2） 进口强制性产品认证（12.1） 机动车辆及其零部件（12.3）

商品编号	商品名称	监管条件	检验检疫类别	检验检疫要求
8704230020	起重≥55吨汽车起重机用底盘（动力装置仅装有压燃式活塞内燃发动机）	A	L. M	进口旧机电产品（12.2） 进口强制性产品认证（12.1） 机动车辆及其零部件（12.3）
8704230030	车辆总重量≥31吨清障车专用底盘（动力装置仅装有压燃式活塞内燃发动机）	A	L. M	进口旧机电产品（12.2） 进口强制性产品认证（12.1） 机动车辆及其零部件（12.3）
8704230090	柴油型的其他超重型货车（仅装有压燃式活塞内燃发动机，超重型指车辆总重量>20吨）	A	L. M	进口旧机电产品（12.2） 进口强制性产品认证（12.1） 机动车辆及其零部件（12.3）
8704310000	总重量≤5吨的其他货车（汽油型，仅装有点燃式活塞内燃发动机）	A	L. M	进口旧机电产品（12.2） 进口强制性产品认证（12.1） 机动车辆及其零部件（12.3）
8704323000	5吨<总重量≤8吨的其他货车（汽油型，仅装有点燃式活塞内燃发动机）	A	L. M	进口旧机电产品（12.2） 进口强制性产品认证（12.1） 机动车辆及其零部件（12.3）
8704324000	总重量>8吨的其他货车（汽油型，仅装有点燃式活塞内燃发动机）	A	L. M	进口旧机电产品（12.2） 进口强制性产品认证（12.1） 机动车辆及其零部件（12.3）
8704410000	同时装有压燃式活塞内燃发动机（柴油或半柴油发动机）及驱动电动机的其他货车，车辆总重量不超过5吨	A	L. M	进口旧机电产品（12.2） 进口强制性产品认证（12.1） 机动车辆及其零部件（12.3）
8704421000	同时装有压燃式活塞内燃发动机（柴油或半柴油发动机）及驱动电动机的其他货车，车辆总重量超过5吨，但小于14吨	A	L. M	进口旧机电产品（12.2） 进口强制性产品认证（12.1） 机动车辆及其零部件（12.3）
8704422000	同时装有压燃式活塞内燃发动机（柴油或半柴油发动机）及驱动电动机的其他货车，车辆总重量在14吨及以上，但不超过20吨	A	L. M	进口旧机电产品（12.2） 进口强制性产品认证（12.1） 机动车辆及其零部件（12.3）
8704430010	固井水泥车、压裂车、混砂车、连续油管车、液氮泵车用底盘［动力装置为同时装有压燃式活塞内燃发动机（柴油或半柴油发动机）及驱动电动机，车辆总重量>35吨，装驾驶室］	A	L. M	进口旧机电产品（12.2） 进口强制性产品认证（12.1） 机动车辆及其零部件（12.3）
8704430020	起重≥55吨汽车起重机用底盘［动力装置为同时装有压燃式活塞内燃发动机（柴油或半柴油发动机）及驱动电动机］	A	L. M	进口旧机电产品（12.2） 进口强制性产品认证（12.1） 机动车辆及其零部件（12.3）
8704430030	车辆总重量≥31吨清障车专用底盘［动力装置为同时装有压燃式活塞内燃发动机（柴油或半柴油发动机）及驱动电动机］	A	L. M	进口旧机电产品（12.2） 进口强制性产品认证（12.1） 机动车辆及其零部件（12.3）
8704430090	同时装有压燃式活塞内燃发动机（柴油或半柴油发动机）及驱动电动机的其他货车，车辆总重量超过20吨	A	L. M	进口旧机电产品（12.2） 进口强制性产品认证（12.1） 机动车辆及其零部件（12.3）
8704510000	同时装有点燃式活塞内燃发动机及驱动电动机的其他货车，车辆总重量不超过5吨	A	L. M	进口旧机电产品（12.2） 进口强制性产品认证（12.1） 机动车辆及其零部件（12.3）
8704521000	同时装有点燃式活塞内燃发动机及驱动电动机的其他货车，车辆总重量超过5吨但不超过8吨	A	L. M	进口旧机电产品（12.2） 进口强制性产品认证（12.1） 机动车辆及其零部件（12.3）
8704522000	同时装有点燃式活塞内燃发动机及驱动电动机的其他货车，车辆总重量超过8吨	A	L. M	进口旧机电产品（12.2） 进口强制性产品认证（12.1） 机动车辆及其零部件（12.3）

商品编号	商品名称	监管条件	检验检疫类别	检验检疫要求
8704600000	仅装有驱动电动机的其他货车	A	L、M	进口旧机电产品（12.2） 进口强制性产品认证（12.1） 机动车辆及其零部件（12.3）
8704900000	其他货运机动车辆	A	L、M	进口旧机电产品（12.2） 进口强制性产品认证（12.1） 机动车辆及其零部件（12.3）
8705102100	起重重量≤50吨全路面起重车	A	L、M	特种设备（12.5） 进口旧机电产品（12.2） 进口强制性产品认证（12.1）
8705102200	50吨<起重重量≤100吨全路面起重车	A	L、M	特种设备（12.5） 进口旧机电产品（12.2） 进口强制性产品认证（12.1）
8705102300	起重重量>100吨全路面起重车	A	L、M	特种设备（12.5） 进口旧机电产品（12.2） 进口强制性产品认证（12.1）
8705109100	起重重量≤50吨其他机动起重车	A	L、M	特种设备（12.5） 进口旧机电产品（12.2） 进口强制性产品认证（12.1）
8705109200	50吨<起重重量≤100吨其他起重车	A	L、M	特种设备（12.5） 进口旧机电产品（12.2） 进口强制性产品认证（12.1）
8705109300	起重重量>100吨其他机动起重车	A	L、M	特种设备（12.5） 进口旧机电产品（12.2） 进口强制性产品认证（12.1）
8705200000	机动钻探车	A	L、M	进口旧机电产品（12.2） 进口强制性产品认证（12.1） 机动车辆及其零部件（12.3）
8705301000	装有云梯的机动救火车	A	M	进口旧机电产品（12.2） 机动车辆及其零部件（12.3）
8705309000	其他机动救火车	A	M	进口旧机电产品（12.2） 机动车辆及其零部件（12.3）
8705400000	机动混凝土搅拌车	A	L、M	进口旧机电产品（12.2） 进口强制性产品认证（12.1） 机动车辆及其零部件（12.3）
8705901000	无线电通信车	A	L、M	进口旧机电产品（12.2） 进口强制性产品认证（12.1） 机动车辆及其零部件（12.3）
8705902000	机动放射线检查车	A	L、M	进口旧机电产品（12.2） 进口强制性产品认证（12.1） 机动车辆及其零部件（12.3）
8705903000	机动环境监测车	A	L、M	进口旧机电产品（12.2） 进口强制性产品认证（12.1） 机动车辆及其零部件（12.3）
8705904000	机动医疗车	A	L、M	进口旧机电产品（12.2） 进口强制性产品认证（12.1） 机动车辆及其零部件（12.3）
8705905100	航空电源车（频率为400赫兹）	A	L、M	进口旧机电产品（12.2）
8705905900	其他机动电源车（频率为400赫兹航空电源车除外）	A	L、M	进口旧机电产品（12.2） 进口强制性产品认证（12.1） 机动车辆及其零部件（12.3）

商品编号	商品名称	监管条件	检验检疫类别	检验检疫要求
8705906000	飞机加油车、调温车、除冰车	A	M	进口旧机电产品（12.2） 机动车辆及其零部件（12.3）
8705907000	道路（包括跑道）扫雪车	A	L.M	进口旧机电产品（12.2） 进口强制性产品认证（12.1） 机动车辆及其零部件（12.3）
8705908000	石油测井车、压裂车、混沙车	A	L.M	进口旧机电产品（12.2） 进口强制性产品认证（12.1） 机动车辆及其零部件（12.3）
8705909100	混凝土泵车	A	L.M	进口旧机电产品（12.2） 进口强制性产品认证（12.1） 机动车辆及其零部件（12.3）
8705909901	跑道除冰车	A	M	进口旧机电产品（12.2） 机动车辆及其零部件（12.3）
8705909930	用于导弹、火箭等的车辆（为弹道导弹、运载火箭等运输、装卸和发射而设计的）			进口旧机电产品（12.2）
8705909990	其他特殊用途的机动车辆（主要用于载人或运货的车辆除外）	A	L.M	进口旧机电产品（12.2） 进口强制性产品认证（12.1） 机动车辆及其零部件（12.3）
8706001000	非公路用货运自卸车底盘（装有发动机的）			进口旧机电产品（12.2）
8706002100	车辆总重量≥14吨的货车底盘（装有发动机的）	A	L.M	进口旧机电产品（12.2） 进口强制性产品认证（12.1） 机动车辆及其零部件（12.3）
8706002200	车辆总重量<14吨的货车底盘（装有发动机的）	A	L.M	进口旧机电产品（12.2） 进口强制性产品认证（12.1） 机动车辆及其零部件（12.3）
8706003000	大型客车底盘（装有发动机的）			进口旧机电产品（12.2） 进口强制性产品认证（12.1）
8706004000	汽车起重机底盘（装有发动机的）	A	L.M	进口旧机电产品（12.2） 进口强制性产品认证（12.1） 机动车辆及其零部件（12.3）
8706009000	其他机动车辆底盘（装有发动机的，品目8701、8703和8705所列车辆用）	A	L.M	进口旧机电产品（12.2） 进口强制性产品认证（12.1） 机动车辆及其零部件（12.3）
8707100000	小型载人机动车辆车身（含驾驶室）（品目8703所列车辆用）			进口旧机电产品（12.2）
8707901000	大型客车用车身（含驾驶室）（30座以下客车辆用）			进口旧机电产品（12.2）
8707909000	其他车辆用车身（含驾驶室）（品目8701至8702、8704、8705的车辆用）			进口旧机电产品（12.2）
8708100000	缓冲器（保险杠）及其零件（品目8701至8705的车辆用）			进口旧机电产品（12.2）
8708210000	座椅安全带（品目8701至8705的车辆用）	A	L.M	进口旧机电产品（12.2） 进口强制性产品认证（12.1） 机动车辆及其零部件（12.3）
8708221100	汽车电动天窗		L	进口旧机电产品（12.2） 进口强制性产品认证（12.1）
8708221200	汽车手动天窗		L	进口旧机电产品（12.2） 进口强制性产品认证（12.1）
8708229000	本章子目注释一所列的前挡风玻璃、后窗及其他车窗（汽车天窗除外）		L	进口旧机电产品（12.2） 进口强制性产品认证（12.1）
8708293000	机动车辆用车窗玻璃升降器			进口旧机电产品（12.2）
8708295100	侧围			进口旧机电产品（12.2）
8708295200	车门			进口旧机电产品（12.2）

商品编号	商品名称	监管条件	检验检疫类别	检验检疫要求
8708295300	发动机罩盖			进口旧机电产品（12.2）
8708295400	前围			进口旧机电产品（12.2）
8708295500	行李箱盖（或背门）			进口旧机电产品（12.2）
8708295600	后围			进口旧机电产品（12.2）
8708295700	翼子板（或叶子板）			进口旧机电产品（12.2）
8708295900	其他车身覆盖件			进口旧机电产品（12.2）
8708299000	其他车身未列名零部件（包括驾驶室的零件、附件）			进口旧机电产品（12.2）
8708301000	装在蹄片上的制动摩擦片		L	进口旧机电产品（12.2）进口强制性产品认证（12.1）
8708302100	牵引车、拖拉机、非公路用自卸车用防抱死制动系统			进口旧机电产品（12.2）
8708302900	其他车辆用防抱死制动系统			进口旧机电产品（12.2）
8708309100	牵引车、拖拉机用制动器及其零件（包括助力制动器及其零件）		L	进口旧机电产品（12.2）进口强制性产品认证（12.1）
8708309200	大型客车用制动器及其零件（包括助力制动器及其零件）		L	进口旧机电产品（12.2）进口强制性产品认证（12.1）
8708309300	非公路自卸车用制动器及其零件（包括助力制动器及其零件）			进口旧机电产品（12.2）
8708309400	柴、汽油轻型货车用制动器及零件（指编号87042100、87042230、87043100、87043230所列总重量≤14吨车辆用）		L	进口旧机电产品（12.2）进口强制性产品认证（12.1）
8708309500	柴、汽油型重型货车用制动器及其零件（指编号87042240、87042300及87043240所列车辆用）		L	进口旧机电产品（12.2）进口强制性产品认证（12.1）
8708309600	特种车用制动器及其零件（指品目8705所列车辆用，包括助动器及零件）		L	进口旧机电产品（12.2）进口强制性产品认证（12.1）
8708309911	纯电动或混合动力汽车用电动制动器（由制动器电子控制单元、踏板行程模拟器、制动执行器等组成）			进口旧机电产品（12.2）
8708309919	其他机动车辆用制动器（包括助力制动器）			进口旧机电产品（12.2）
8708309920	燃油汽车用电动制动器（由制动器电子控制单元、踏板行程模拟器、制动执行器等组成）			进口旧机电产品（12.2）
8708309990	其他机动车辆用制动器（包括助力制动器）的零件		L	进口旧机电产品（12.2）进口强制性产品认证（12.1）
8708401010	发动机功率65千瓦及以上的动力换挡拖拉机用变速箱			进口旧机电产品（12.2）
8708401090	其他牵引车、拖拉机用变速箱及其零件			进口旧机电产品（12.2）
8708402000	大型客车用变速箱及其零件			进口旧机电产品（12.2）
8708403001	扭矩>1500牛·米非公路自卸车用变速箱			进口旧机电产品（12.2）
8708403090	其他非公路自卸车用变速箱及其零件			进口旧机电产品（12.2）
8708404000	柴、汽油轻型货车用变速箱及其零件（指编号87042100、87042230、87043100、87043230所列≤14吨车辆用）			进口旧机电产品（12.2）
8708405000	其他柴、汽油型重型货车用变速箱及其零件（指品目87042240、87042300及87043240所列车辆用）			进口旧机电产品（12.2）
8708406000	特种车用变速箱及其零件（指品目8705所列车辆用）			进口旧机电产品（12.2）
8708409110	品目8703所列车辆用自动换挡变速箱的液力变矩器			进口旧机电产品（12.2）
8708409120	品目8703所列车辆用自动换挡变速箱的铝阀芯			进口旧机电产品（12.2）
8708409191	品目8703所列车辆用自动换挡变速箱			进口旧机电产品（12.2）
8708409199	其他品目8703所列车辆用自动换挡变速箱的零件			进口旧机电产品（12.2）
8708409910	其他未列名机动车辆用变速箱			进口旧机电产品（12.2）
8708409920	其他未列名机动车辆自动变速箱用液力变矩器			进口旧机电产品（12.2）
8708409930	其他未列名机动车辆自动变速箱用铝阀芯			进口旧机电产品（12.2）
8708409990	其他未列名机动车辆用变速箱的零件			进口旧机电产品（12.2）
8708507110	发动机功率65千瓦及以上的动力换挡拖拉机用驱动桥（装有差速器的，不论是否装有其他传动件）			进口旧机电产品（12.2）
8708507190	其他牵引车、拖拉机用驱动桥及其零件（装有差速器的，不论是否装有其他传动件）			进口旧机电产品（12.2）
8708507201	轴荷≥10吨的中后驱动桥的零件			进口旧机电产品（12.2）

商品编号	商品名称	监管条件	检验检疫类别	检验检疫要求
8708507291	其他大型客车用驱动桥（装有差速器的，不论是否装有其他传动件）			进口旧机电产品（12.2）
8708507299	其他大型客车用驱动桥的零件（装有差速器的，不论是否装有其他传动件）			进口旧机电产品（12.2）
8708507300	非公路自卸车用驱动桥及其零件（装有差速器的，不论是否装有其他传动件）			进口旧机电产品（12.2）
8708507410	柴、汽油型轻型货车用驱动桥（编号 87042100、87042230、87043100、87043230 所列总重量≤14吨车辆用，装差速器）			进口旧机电产品（12.2）
8708507490	柴、汽油型轻型货车用驱动桥的零件（编号 87042100、87042230、87043100、87043230 所列总重量≤14吨车辆用，装差速器）			进口旧机电产品（12.2）
8708507510	其他柴、汽油型重型货车用驱动桥（指编号 87042240、87042300 及 87043240 所列车辆用）			进口旧机电产品（12.2）
8708507590	其他柴、汽油型重型货车用驱动桥的零件（指编号 87042240、87042300 及 87043240 所列车辆用）			进口旧机电产品（12.2）
8708507610	特种车用驱动桥（指品目 8705 所列车辆用，装有差速器，不论是否装有其他传动件）			进口旧机电产品（12.2）
8708507690	特种车用驱动桥的零件（指品目 8705 所列车辆用，装有差速器，不论是否装有其他传动件）			进口旧机电产品（12.2）
8708507910	未列名机动车辆用驱动桥（装有差速器的，不论是否装有其他传动件）			进口旧机电产品（12.2）
8708507990	未列名机动车辆用驱动桥的零件（装有差速器的，不论是否装有其他传动件）			进口旧机电产品（12.2）
8708508100	牵引车、拖拉机用非驱动桥及零件			进口旧机电产品（12.2）
8708508200	座位≥30 的客车用非驱动桥及其零件			进口旧机电产品（12.2）
8708508300	非公路自卸车用非驱动桥及零件			进口旧机电产品（12.2）
8708508400	柴、汽油轻型货车用非驱动桥及零件（指编号 87042100、87042230、87043100、87043230 所列总重量≤14吨车辆用，装差速器）			进口旧机电产品（12.2）
8708508500	柴汽油重型货车用非驱动桥及零件（指编号 87042240、87042300 及 87043240 所列车辆用）			进口旧机电产品（12.2）
8708508600	特种车用非驱动桥及其零件（指品目 8705 所列车辆用）			进口旧机电产品（12.2）
8708508910	未列名机动车辆用非驱动桥			进口旧机电产品（12.2）
8708508990	未列名机动车辆用非驱动桥的零件			进口旧机电产品（12.2）
8708701000	牵引车及拖拉机用车轮及其零附件（不包括品目 8709 的牵引车）			进口旧机电产品（12.2）
8708702000	大型客车用车轮及其零、附件（指 30 座及以上的客运车）			进口旧机电产品（12.2）
8708703000	非公路货运自卸车用车轮及其零件			进口旧机电产品（12.2）
8708704000	中小型货车用车轮及其零件（指总重量<14 吨的货运车辆）			进口旧机电产品（12.2）
8708705000	大型货车用车轮及其零件（指编号 87042240、87042300 及 87043240 所列车辆用）			进口旧机电产品（12.2）
8708706000	特种车用车轮及其零件（指品目 8705 所列车辆用）			进口旧机电产品（12.2）
8708709100	其他车辆用铝合金制车轮及其零附件	A	M	进口旧机电产品（12.2） 机动车辆及其零部件（12.3）
8708709900	其他车辆用车轮及其零附件			进口旧机电产品（12.2）
8708801000	品目 8703 所列车辆用的悬挂系统（包括减震器）及其零件			进口旧机电产品（12.2）
8708809000	其他机动车辆用的悬挂系统（包括减震器）及其零件			进口旧机电产品（12.2）
8708911000	水箱散热器			进口旧机电产品（12.2）
8708912000	机油冷却器			进口旧机电产品（12.2）
8708919000	其他散热器及其零件（包括水箱散热器、机油冷却器的零件）			进口旧机电产品（12.2）
8708920000	机动车辆的消声器（消音器）及排气管及其零件			进口旧机电产品（12.2）
8708931010	发动机功率 65 千瓦及以上的动力换挡拖拉机用离合器			进口旧机电产品（12.2）
8708931090	其他牵引车、拖拉机用离合器及其零件			进口旧机电产品（12.2）
8708932000	座位≥30 的客车用离合器及其零件			进口旧机电产品（12.2）
8708933000	非公路自卸车用离合器及其零件			进口旧机电产品（12.2）

商品编号	商品名称	监管条件	检验检疫类别	检验检疫要求
8708934000	柴、汽油轻型货车用离合器及零件（编号87042100、87042230、87043100、87043230所列总重量≤14吨车辆用）			进口旧机电产品（12.2）
8708935000	柴、汽油型重型货车离合器及零件（编号87042240、87042300、87043240所列车辆用）			进口旧机电产品（12.2）
8708936000	特种车用的离合器及其零件（指品目8705所列车辆用）			进口旧机电产品（12.2）
8708939000	未列名机动车辆用离合器及其零件			进口旧机电产品（12.2）
8708941000	牵引车、拖拉机用转向盘、转向柱及其零件（包括转向器）			进口旧机电产品（12.2）
8708942001	座位≥30的客车用转向器零件			进口旧机电产品（12.2）
8708942090	大型客车用其他转向盘、转向柱及其零件（包括转向器）			进口旧机电产品（12.2）
8708943000	非公路自卸车用转向盘、转向柱及其零件（包括转向器）			进口旧机电产品（12.2）
8708944000	柴、汽油轻型货车用转向盘、转向柱、转向器及其零件（编号87042100、87042230、87043100、87043230所列总重量≤14吨车辆用）			进口旧机电产品（12.2）
8708945001	总重≥14吨柴油型货车转向器的零件			进口旧机电产品（12.2）
8708945090	其他重型货车用转向盘、转向柱、转向器及其零件（指编号87042240、87042300及87043240所列车辆用）			进口旧机电产品（12.2）
8708946000	特种车用转向盘、转向柱及转向器及其零件（指品目8705所列车辆用）			进口旧机电产品（12.2）
8708949001	采用电动转向系统的转向盘、转向柱、转向器及其零件			进口旧机电产品（12.2）
8708949090	其他未列名机动车辆用转向盘、转向柱及其零件（包括转向器）			进口旧机电产品（12.2）
8708950000	机动车辆用带充气系统的安全气囊及其零件			进口旧机电产品（12.2）
8708991000	牵引车及拖拉机用其他零附件（车轮及其零附件除外，不包括品目8709的牵引车）			进口旧机电产品（12.2）
8708992100	编号87021091及87029010所列车辆用车架			进口旧机电产品（12.2）
8708992900	大型客车用其他零附件（车轮及其零附件除外，指30座及以上的客运车）			进口旧机电产品（12.2）
8708993100	非公路自卸车用车架			进口旧机电产品（12.2）
8708993900	非公路用自卸车未列名零部件（车轮及其零件除外）			进口旧机电产品（12.2）
8708994100	中小型货车用车架（指总重量<14吨的货运车辆用）			进口旧机电产品（12.2）
8708994900	中小型货车用其他零附件（车轮及其零附件除外，指总重量<14吨的货运车辆）			进口旧机电产品（12.2）
8708995100	编号87042240、87042300、87043240所列车辆（含总重>8吨汽油货车）用车架			进口旧机电产品（12.2）
8708995900	总重≥14吨柴油货车用其他零部件（指编号87042240、87042300、87043240所列车辆用，含总重>8吨汽油货车）	L		进口旧机电产品（12.2） 进口强制性产品认证（12.1）
8708996000	特种车用其他零附件（指品目8705所列车辆用）			进口旧机电产品（12.2）
8708999100	其他品目8701～8704所列车辆用车架			进口旧机电产品（12.2）
8708999200	其他车辆用传动轴（品目8701至8704所列车辆用）			进口旧机电产品（12.2）
8708999910	混合动力汽车动力传动装置及其零件（由发电机、电动机和动力分配装置等组成，品目8701至8704所列车辆用）			进口旧机电产品（12.2）
8708999990	机动车辆用未列名零件.附件（品目8701至8704所列车辆用）			进口旧机电产品（12.2）
8709111000	电动的短距离牵引车（未装有提升或搬运设备，包括火车站台上用的电动牵引车）			进口旧机电产品（12.2）
8709119000	电动的其他短距离运货车（未装有提升或搬运设备，用于工厂、仓库、码头或机场）			进口旧机电产品（12.2）
8709191000	非电动的短距离牵引车（未装有提升或搬运设备，包括火车站台上用非电动牵引车）			进口旧机电产品（12.2）
8709199000	非电动的其他短距离运货车（未装有提升或搬运设备，用于工厂、仓库、码头或机场）			进口旧机电产品（12.2）
8709900000	短距离运货车、站台牵引车用零件			进口旧机电产品（12.2）

商品编号	商品名称	监管条件	检验检疫类别	检验检疫要求
8711100010	微马力摩托车及脚踏两用车（装有活塞发动机，微马力指排气量=50毫升）	A	L、M	进口旧机电产品（12.2） 进口强制性产品认证（12.1） 机动车辆及其零部件（12.3）
8711100090	微马力摩托车及脚踏两用车（装有活塞发动机，微马力指排气量<50毫升）	A	L、M	进口旧机电产品（12.2） 进口强制性产品认证（12.1） 机动车辆及其零部件（12.3）
8711201000	50毫升<排气量≤100毫升装有活塞内燃发动机摩托车及脚踏两用车	A	L、M	进口旧机电产品（12.2） 进口强制性产品认证（12.1） 机动车辆及其零部件（12.3）
8711202000	100毫升<排气量≤125毫升装有活塞内燃发动机摩托车及脚踏两用车	A	L、M	进口旧机电产品（12.2） 进口强制性产品认证（12.1） 机动车辆及其零部件（12.3）
8711203000	125毫升<排气量≤150毫升装有活塞内燃发动机摩托车及脚踏两用车	A	L、M	进口旧机电产品（12.2） 进口强制性产品认证（12.1） 机动车辆及其零部件（12.3）
8711204000	150毫升<排气量≤200毫升装有活塞内燃发动机摩托车及脚踏两用车	A	L、M	进口旧机电产品（12.2） 进口强制性产品认证（12.1） 机动车辆及其零部件（12.3）
8711205010	200毫升<排气量<250毫升装有活塞内燃发动机摩托车及脚踏两用车	A	L、M	进口旧机电产品（12.2） 进口强制性产品认证（12.1） 机动车辆及其零部件（12.3）
8711205090	排气量=250毫升装有活塞内燃发动机摩托车及脚踏两用车	A	L、M	进口旧机电产品（12.2） 进口强制性产品认证（12.1） 机动车辆及其零部件（12.3）
8711301000	250毫升<排气量≤400毫升装有活塞内燃发动机摩托车及脚踏两用车	A	L、M	进口旧机电产品（12.2） 进口强制性产品认证（12.1） 机动车辆及其零部件（12.3）
8711302000	400毫升<排气量≤500毫升装有活塞内燃发动机摩托车及脚踏两用车	A	L、M	进口旧机电产品（12.2） 进口强制性产品认证（12.1） 机动车辆及其零部件（12.3）
8711400000	500毫升<排气量≤800毫升装有活塞内燃发动机摩托车及脚踏两用车	A	L、M	进口旧机电产品（12.2） 进口强制性产品认证（12.1） 机动车辆及其零部件（12.3）
8711500000	800毫升<排气量装有活塞内燃发动机摩托车及脚踏两用车	A	L、M	进口旧机电产品（12.2） 进口强制性产品认证（12.1） 机动车辆及其零部件（12.3）
8711600010	电动自行车（包括机器脚踏两用车；脚踏车）	A	M	电动自行车（12.10） 进口旧机电产品（12.2） 进口强制性产品认证（12.1）
8711600090	其他装有电驱动电动机的摩托车	A	L、M	进口旧机电产品（12.2） 进口强制性产品认证（12.1） 机动车辆及其零部件（12.3）
8711900010	其他排气量≤250毫升摩托车及脚踏两用车	A	L、M	进口旧机电产品（12.2） 进口强制性产品认证（12.1） 机动车辆及其零部件（12.3）
8711900020	其他排气量>250毫升摩托车及脚踏两用车	A	L、M	进口旧机电产品（12.2） 进口强制性产品认证（12.1） 机动车辆及其零部件（12.3）

商品编号	商品名称	监管条件	检验检疫类别	检验检疫要求
8711900030	其他无法区分排气量的摩托车及脚踏两用车	A	L、M	进口旧机电产品（12.2） 进口强制性产品认证（12.1） 机动车辆及其零部件（12.3）
8711900090	装有其他辅助发动机的脚踏车、边车	A	L、M	进口旧机电产品（12.2） 进口强制性产品认证（12.1） 机动车辆及其零部件（12.3）
8712002000	竞赛型自行车			进口旧机电产品（12.2）
8712003000	山地自行车			进口旧机电产品（12.2）
8712004100	16英寸、18英寸、20英寸越野自行车			进口旧机电产品（12.2）
8712004900	其他越野自行车（包括运货三轮车）			进口旧机电产品（12.2）
8712008110	12英寸~16英寸的未列名自行车		L	进口旧机电产品（12.2） 进口强制性产品认证（12.1）
8712008190	11英寸及以下的未列名自行车		L	进口旧机电产品（12.2） 进口强制性产品认证（12.1）
8712008900	其他未列名自行车		L	进口旧机电产品（12.2） 进口强制性产品认证（12.1）
8712009000	其他非机动脚踏车		L	进口旧机电产品（12.2） 进口强制性产品认证（12.1）
8713100000	非机械驱动的残疾人用车			进口旧机电产品（12.2）
8713900000	其他机动残疾人用车			进口旧机电产品（12.2）
8714100001	星型轮及碟刹件			进口旧机电产品（12.2）
8714100010	摩托车架			进口旧机电产品（12.2）
8714100020	摩托车用防抱死制动系统（ABS）及其零件			进口旧机电产品（12.2）
8714100090	摩托车其他零件、附件（包括机动脚踏两用车的零件、附件）			进口旧机电产品（12.2）
8714200000	残疾人车辆用零件、附件			进口旧机电产品（12.2）
8714910000	非机动脚踏车车架、轮叉及其零件			进口旧机电产品（12.2）
8714921000	非机动脚踏车等的轮圈			进口旧机电产品（12.2）
8714929000	非机动脚踏车等的辐条			进口旧机电产品（12.2）
8714931000	非机动脚踏车等的轮毂（倒轮制动毂及毂闸除外）			进口旧机电产品（12.2）
8714932000	非机动脚踏车等的飞轮（倒轮制动毂及毂闸除外）			进口旧机电产品（12.2）
8714939000	非机动脚踏车等的链轮（倒轮制动毂及毂闸除外）			进口旧机电产品（12.2）
8714940000	非机动脚踏车等的制动器及其零件（包括倒轮制动鼓及鼓闸）			进口旧机电产品（12.2）
8714950000	非机动脚踏车等的鞍座			进口旧机电产品（12.2）
8714961000	非机动脚踏车等的脚蹬及其零件			进口旧机电产品（12.2）
8714962000	非机动脚踏车等的曲柄链轮及其零件			进口旧机电产品（12.2）
8714990000	非机动脚踏车等的其他零件、附件			进口旧机电产品（12.2）
8715000010	婴孩车	A	L、M	玩具（12.10） 进口旧机电产品（12.2） 进口强制性产品认证（12.1）
8715000090	婴孩车零件	A	L、M	玩具（12.10） 进口旧机电产品（12.2） 进口强制性产品认证（12.1）
8716100000	供居住或野营用厢式挂车及半挂车	A	L、M	进口旧机电产品（12.2） 进口强制性产品认证（12.1） 机动车辆及其零部件（12.3）
8716200000	农用自装或自卸式挂车及半挂车			进口旧机电产品（12.2）
8716311000	油罐挂车及半挂车	A	L、M	进口旧机电产品（12.2） 进口强制性产品认证（12.1） 机动车辆及其零部件（12.3）

商品编号	商品名称	监管条件	检验检疫类别	检验检疫要求
8716319000	其他罐式挂车及半挂车	A	L、M	进口旧机电产品（12.2） 进口强制性产品认证（12.1） 机动车辆及其零部件（12.3）
8716391000	货柜挂车及半挂车	A	L、M	进口旧机电产品（12.2） 进口强制性产品认证（12.1） 机动车辆及其零部件（12.3）
8716399000	其他货运挂车及半挂车	A	L、M	进口旧机电产品（12.2） 进口强制性产品认证（12.1） 机动车辆及其零部件（12.3）
8716400000	其他未列名挂车及半挂车	A	L、M	进口旧机电产品（12.2） 进口强制性产品认证（12.1） 机动车辆及其零部件（12.3）
8716800000	其他未列名非机械驱动车辆			进口旧机电产品（12.2）
8716900000	挂车、半挂车及非机动车用零件			进口旧机电产品（12.2）
8908000000	供拆卸的船舶及其他浮动结构体	A/B	M、P/Q	禁止进口 拆解船舶
9006300000	特种用途的照相机（主要是指水下、航空测量或体内器官检查等用；法庭或犯罪学用的比较照相机）			进口旧机电产品（12.2）
9006400000	一次成像照相机			进口旧机电产品（12.2）
9006531000	通过镜头取景［单镜头反光式（SLR）］的照相机（使用胶片宽度为35毫米）			进口旧机电产品（12.2）
9006539000	其他照相机（使用胶片宽度为35毫米）			进口旧机电产品（12.2）
9006591000	激光照相排版设备（使用胶片宽>35毫米）			进口旧机电产品（12.2）
9006592100	电子分色机			进口旧机电产品（12.2）
9006592900	其他制版照相机			进口旧机电产品（12.2）
9006593000	通过镜头取景［单镜头反光式（SLR）］的照相机（使用胶片宽度小于35毫米）			进口旧机电产品（12.2）
9006594100	使用缩微胶卷、胶片或其他缩微品的缩微照相机（使用胶片宽度小于35毫米）			进口旧机电产品（12.2）
9006594900	使用胶片宽度小于35毫米的其他照相机			进口旧机电产品（12.2）
9006599010	分幅相机（记录速率超过每秒225000帧）			进口旧机电产品（12.2）
9006599020	分幅相机（帧曝光时间为50纳秒或更短）			进口旧机电产品（12.2）
9006599090	使用胶片宽>35毫米的其他照相机			进口旧机电产品（12.2）
9006610001	照相手机用闪光灯组件			进口旧机电产品（12.2）
9006610002	照相机外置式电子闪光灯（闪光指数GN≥30，具有无线闪光功能，支持自动变焦）			进口旧机电产品（12.2）
9006610090	其他放电式（电子式）闪光灯装置			进口旧机电产品（12.2）
9006691000	闪光灯泡			进口旧机电产品（12.2）
9006699000	其他照相闪光灯装置			进口旧机电产品（12.2）
9006911000	编号90063000、90065921、90065929所列照相机用的零件、附件			进口旧机电产品（12.2）
9006912000	一次成像照相机的零件、附件			进口旧机电产品（12.2）
9006919100	其他照相机的自动调焦组件			进口旧机电产品（12.2）
9006919200	其他照相机的快门组件			进口旧机电产品（12.2）
9006919900	其他照相机的其他零件、附件			进口旧机电产品（12.2）
9006990000	照相闪光灯装置及闪光灯泡的零件			进口旧机电产品（12.2）
9007101000	高速电影摄影机			进口旧机电产品（12.2）
9007109000	其他电影摄影机			进口旧机电产品（12.2）
9007201001	2K及以上分辨率的硬盘式数字电影放映机			进口旧机电产品（12.2）
9007201090	其他数字式放映机			进口旧机电产品（12.2）
9007209000	其他放映机			进口旧机电产品（12.2）
9007910000	电影摄影机用零件、附件			进口旧机电产品（12.2）
9007920010	2K及以上分辨率的硬盘式数字电影放映机用零附件			进口旧机电产品（12.2）

商品编号	商品名称	监管条件	检验检疫类别	检验检疫要求
9007920090	电影放映机（不包括2K及以上分辨率的硬盘式）用零附件			进口旧机电产品（12.2）
9008501000	幻灯机			进口旧机电产品（12.2）
9008502000	缩微品的阅读机（不论是否可以进行复制）			进口旧机电产品（12.2）
9008503100	正射投影仪（不包括幻灯机）			进口旧机电产品（12.2）
9008503900	其他影像投影仪			进口旧机电产品（12.2）
9008504000	照片（电影片除外）放大机及缩片机			进口旧机电产品（12.2）
9008901000	缩微阅读机的零件、附件			进口旧机电产品（12.2）
9008902000	照片放大机及缩片机的零件、附件			进口旧机电产品（12.2）
9008909000	其他影像投影仪的零件、附件			进口旧机电产品（12.2）
9010101000	电影用胶卷的自动显影装置及设备（还包括成卷感光纸的自动显影装置）			进口旧机电产品（12.2）
9010102000	特种照相胶卷自动显影装置及设备（还包括成卷感光纸的自动显影装置）			进口旧机电产品（12.2）
9010109100	彩色胶卷用自动显影及设备			进口旧机电产品（12.2）
9010109900	其他胶卷的自动显影装置及设备（还包括成卷感光纸的自动显影装置）			进口旧机电产品（12.2）
9010501000	负片显示器			进口旧机电产品（12.2）
9010502100	电影用的洗印装置			进口旧机电产品（12.2）
9010502200	特种照相用的洗印装置			进口旧机电产品（12.2）
9010502900	其他照相用的洗印装置			进口旧机电产品（12.2）
9010600000	银幕及其他投影屏幕			进口旧机电产品（12.2）
9010901000	电影洗印用洗印装置的零件、附件			进口旧机电产品（12.2）
9010902000	特种照相洗印用装置的零件、附件			进口旧机电产品（12.2）
9010909000	其他洗印用装置的零件、附件			进口旧机电产品（12.2）
9011100000	立体显微镜			进口旧机电产品（12.2）
9011200000	缩微照相等用的其他显微镜（还包括显微摄影及显微投影用）			进口旧机电产品（12.2）
9011800010	高倍测量显微镜，放大倍数≥1000倍，分辨率≤0.08微米			进口旧机电产品（12.2）
9011800090	其他显微镜			进口旧机电产品（12.2）
9011900000	复式光学显微镜的零件、附件			进口旧机电产品（12.2）
9012100000	非光学显微镜及衍射设备			进口旧机电产品（12.2）
9012900000	非光学显微镜及衍射设备的零件			进口旧机电产品（12.2）
9013100010	设计用为本章或第十六类的机器、设备、仪器或器具部件的望远镜			进口旧机电产品（12.2）
9013100090	武器用望远镜瞄准具及潜望镜式望远镜			进口旧机电产品（12.2）
9013200010	激光切割机用气体激光发生器，切割功率≥2千瓦			进口旧机电产品（12.2）
9013200020	AVLIS、MLIS和CRISLA激光系统			进口旧机电产品（12.2）
9013200030	氩离子激光器（平均输出功率≥40瓦特、工作波长400纳米~515纳米）			进口旧机电产品（12.2）
9013200040	紫翠玉激光器（带宽≤0.005纳米，重复率>125赫兹，功率>30瓦特等）			进口旧机电产品（12.2）
9013200050	脉冲二氧化碳激光器（重复率>250赫兹，功率>500瓦，脉冲宽度<200纳秒等）			进口旧机电产品（12.2）
9013200060	脉冲受激准分子激光器（XeF、XeCl、KrF型，重复率>250赫兹，功率>500瓦等）			进口旧机电产品（12.2）
9013200070	铜蒸汽激光器（平均输出功率≥40瓦特、工作波长500纳米~600纳米）			进口旧机电产品（12.2）
9013200080	掺钕激光器（非玻璃激光器）（两用物项管制商品）			进口旧机电产品（12.2）
9013200091	用于2.5GB/S及以上SDH、波分复用光传输设备的980纳米、1480纳米的泵浦激光器			进口旧机电产品（12.2）
9013200092	用于2.5GB/S及以上光通信设备的850纳米、1260~1625纳米，且功率≤200毫瓦的激光器（泵浦激光器除外）			进口旧机电产品（12.2）
9013200099	其他激光器（但激光二极管除外）			进口旧机电产品（12.2）
9013801000	放大镜			进口旧机电产品（12.2）

商品编号	商品名称	监管条件	检验检疫类别	检验检疫要求
9013802000	光学门眼			进口旧机电产品（12.2）
9013809000	其他装置，仪器及器具（第九十章其他品目未列名的）			进口旧机电产品（12.2）
9013901010	武器用望远镜瞄准器具或潜望镜式望远镜用零件及附件			进口旧机电产品（12.2）
9013901090	激光器以及作为本章或第十六类的机器、设备、仪器或器具部件的望远镜用的零件及附件（武器用望远镜瞄准器具或潜望镜式望远镜用零件及附件除外）			进口旧机电产品（12.2）
9013909010	太阳能定日镜的零件			进口旧机电产品（12.2）
9013909090	品目9013所列其他货品的零附件			进口旧机电产品（12.2）
9015100000	测距仪			进口旧机电产品（12.2）
9015200000	经纬仪及视距仪			进口旧机电产品（12.2）
9015300000	水平仪			进口旧机电产品（12.2）
9015400000	摄影测量用仪器及装置			进口旧机电产品（12.2）
9015800090	其他测量仪器及装置			进口旧机电产品（12.2）
9015900090	其他品目9015所列仪器及装置的零、附件			进口旧机电产品（12.2）
9018110000	心电图记录仪			进口旧机电产品（12.2）
9018121000	B型超声波诊断仪	A	M	医疗器械（12.4） 进口旧机电产品（12.2）
9018129110	彩色超声波诊断仪（整机）	A	M	医疗器械（12.4） 进口旧机电产品（12.2）
9018129190	彩色超声波诊断仪的零件及附件			进口旧机电产品（12.2）
9018129900	其他超声波扫描诊断装置	A	M	医疗器械（12.4） 进口旧机电产品（12.2）
9018131000	成套的核磁共振成像装置（医疗、外科、牙科或兽医用）	A	M	医疗器械（12.4） 进口旧机电产品（12.2）
9018139000	核磁共振成像装置用零件（医疗、外科、牙科或兽医用）			进口旧机电产品（12.2）
9018140000	闪烁摄影装置	A	M	医疗器械（12.4） 进口旧机电产品（12.2）
9018193010	病员监护仪（整机）	A	M	医疗器械（12.4） 进口旧机电产品（12.2）
9018193090	病员监护仪的零件及附件			进口旧机电产品（12.2）
9018194100	听力计	A	M	医疗器械（12.4） 进口旧机电产品（12.2）
9018194900	其他听力诊断装置	A	M	医疗器械（12.4） 进口旧机电产品（12.2）
9018199000	其他电气诊断装置（编号90181000中未列名的）	A	M	医疗器械（12.4） 进口旧机电产品（12.2）
9018200000	紫外线及红外线装置	A	M	医疗器械（12.4） 进口旧机电产品（12.2）
9018310000	注射器（不论是否装有针头）	A	M	医疗器械（12.4） 进口旧机电产品（12.2）
9018321000	管状金属针头	A	M	医疗器械（12.4） 进口旧机电产品（12.2）
9018322000	缝合用针	A	M	医疗器械（12.4） 进口旧机电产品（12.2）
9018390000	导管、插管及类似品	A	M	医疗器械（12.4） 进口旧机电产品（12.2）
9018410000	牙钻机（不论是否与其他牙科设备组装在同一底座上）	A	M	医疗器械（12.4） 进口旧机电产品（12.2）
9018491000	装有牙科设备的牙科用椅	A	M	医疗器械（12.4） 进口旧机电产品（12.2）

商品编号	商品名称	监管条件	检验检疫类别	检验检疫要求
9018499000	牙科用其他仪器及器具（但不包括牙钻机或牙科用椅）	A	M	医疗器械（12.4） 进口旧机电产品（12.2）
9018500000	眼科用其他仪器及器具	A	M	医疗器械（12.4） 进口旧机电产品（12.2）
9018901000	听诊器			进口旧机电产品（12.2）
9018902010	电血压测量仪器及器具	A	M	医疗器械（12.4） 进口旧机电产品（12.2）
9018902020	含汞的非电子血压测量仪器及器具			禁止进出口 进口旧机电产品（12.2）
9018902090	其他血压测量仪器及器具	A	M	医疗器械（12.4） 进口旧机电产品（12.2）
9018903010	内窥镜（整机）	A	M	医疗器械（12.4） 进口旧机电产品（12.2）
9018903090	内窥镜的零件及附件			进口旧机电产品（12.2）
9018904000	肾脏透析设备（人工肾）	A	M	医疗器械（12.4） 进口旧机电产品（12.2）
9018905000	透热疗法设备	A	M	医疗器械（12.4） 进口旧机电产品（12.2）
9018906000	输血设备	A	M	医疗器械（12.4） 进口旧机电产品（12.2）
9018907010	电麻醉设备	A	M	医疗器械（12.4） 进口旧机电产品（12.2）
9018907090	其他麻醉设备	A	M	医疗器械（12.4） 进口旧机电产品（12.2）
9018909100	宫内节育器	A	M	医疗器械（12.4） 进口旧机电产品（12.2）
9018909911	电子的其他医疗、外科用仪器器具（整机）	A	M	医疗器械（12.4） 进口旧机电产品（12.2）
9018909912	医用可解脱弹簧圈（整机）	A	M	医疗器械（12.4） 进口旧机电产品（12.2）
9018909913	颅内取栓支架（整机）	A	M	医疗器械（12.4） 进口旧机电产品（12.2）
9018909919	其他医疗、外科或兽医用仪器器具（整机）	A	M	医疗器械（12.4） 进口旧机电产品（12.2）
9018909991	电子的其他医疗、外科用仪器器具的零件及附件	A	M	医疗器械（12.4） 进口旧机电产品（12.2）
9018909999	其他医疗、外科或兽医用仪器器具的零件及附件			进口旧机电产品（12.2）
9019101000	按摩器具	A	M	进口旧机电产品（12.2） 家用和类似用途电器（12.7）
9019109000	机械疗法器具、心理功能测验装置			进口旧机电产品（12.2）
9019201010	有创呼吸机（整机）（C）	A	M	医疗器械（12.4） 进口旧机电产品（12.2）
9019201090	有创呼吸机的零件及附件（C）	A	M	医疗器械（12.4） 进口旧机电产品（12.2）
9019202011	具有自动人机同步追踪功能或自动调节呼吸压力功能的无创呼吸机（整机）［（P）（C）］	A	M	医疗器械（12.4） 进口旧机电产品（12.2）
9019202019	具有自动人机同步追踪功能或自动调节呼吸压力功能的无创呼吸机的零件及附件［（P）（C）］	A	M	医疗器械（12.4） 进口旧机电产品（12.2）
9019202091	其他无创呼吸机（整机）（C）	A	M	医疗器械（12.4） 进口旧机电产品（12.2）

商品编号	商品名称	监管条件	检验检疫类别	检验检疫要求
9019202099	其他无创呼吸机的零件及附件（C）	A	M	医疗器械（12.4） 进口旧机电产品（12.2）
9019209000	臭氧治疗器、氧气治疗器、喷雾治疗器等其他器具	A	M	医疗器械（12.4） 进口旧机电产品（12.2）
9020000000	其他呼吸器具及防毒面具（但不包括既无机械零件又无可互换过滤器的防护面具）		L	进口旧机电产品（12.2） 进口强制性产品认证（12.1）
9021100010	钢铁制自攻螺钉（不包括不锈钢紧固件），矫形或骨折用（F）			进口旧机电产品（12.2）
9021100020	抗拉强度≥800兆帕，杆径>6毫米的其他钢铁制螺钉及螺栓（不包括不锈钢紧固件），矫形或骨折用［不论是否带有螺母或垫圈，不包括方头螺钉、钩头螺钉、环头螺钉（F）］			进口旧机电产品（12.2）
9021100030	杆径>6毫米的其他钢铁制螺钉及螺栓（不包括不锈钢紧固件），矫形或骨折用［不论是否带有螺母或垫圈（F）］			进口旧机电产品（12.2）
9021100040	钢铁制垫圈（不包括不锈钢紧固件），矫形或骨折用［不包括弹簧垫圈及其他防松垫圈（F）］			进口旧机电产品（12.2）
9021100050	矫形或骨折用钛管			进口旧机电产品（12.2）
9021100090	其他矫形或骨折用器具（但不包括人造关节）			进口旧机电产品（12.2）
9021210000	假牙			进口旧机电产品（12.2）
9021290010	钢铁制自攻螺钉（不包括不锈钢紧固件），牙齿固定用（F）			进口旧机电产品（12.2）
9021290020	抗拉强度≥800兆帕，杆径>6毫米的其他钢铁制螺钉及螺栓（不包括不锈钢紧固件），牙齿固定用［不论是否带有螺母或垫圈，不包括方头螺钉、钩头螺钉、环头螺钉（F）］			进口旧机电产品（12.2）
9021290030	杆径>6毫米的其他钢铁制螺钉及螺栓（不包括不锈钢紧固件），牙齿固定用［不论是否带有螺母或垫圈（F）］			进口旧机电产品（12.2）
9021290040	钢铁制垫圈（不包括不锈钢紧固件），牙齿固定用［不包括弹簧垫圈及其他防松垫圈（F）］			进口旧机电产品（12.2）
9021290090	其他牙齿固定件			进口旧机电产品（12.2）
9021310000	人造关节			进口旧机电产品（12.2）
9021390010	人工心脏瓣膜			进口旧机电产品（12.2）
9021390090	其他人造的人体部分			进口旧机电产品（12.2）
9021400000	助听器，不包括零件、附件			进口旧机电产品（12.2）
9021500000	心脏起搏器，不包括零件、附件	A	M	医疗器械（12.4） 进口旧机电产品（12.2）
9021901100	血管支架			进口旧机电产品（12.2）
9021901900	其他支架			进口旧机电产品（12.2）
9021909010	人工耳蜗植入装置			进口旧机电产品（12.2）
9021909090	其他弥补生理缺陷、残疾用器具等（包括穿戴、携带或植入人体的器具及零件）			进口旧机电产品（12.2）
9022120000	X射线断层检查仪	A	M	医疗器械（12.4） 进口旧机电产品（12.2）
9022130000	其他牙科用X射线应用设备	A	M	医疗器械（12.4） 进口旧机电产品（12.2）
9022140010	医用直线加速器	A	M	医疗器械（12.4） 进口旧机电产品（12.2）
9022140090	其他医疗或兽医用X射线应用设备	A	M	医疗器械（12.4） 进口旧机电产品（12.2）
9022191010	采用X光机技术或X射线加速器技术的X射线安全检查设备（能量大于100千电子伏，不包括采用X射线交替双能加速器技术的第二代X射线安全检查设备）	A	M	医疗器械（12.4） 进口旧机电产品（12.2）
9022191090	其他低剂量X射线安全检查设备	A	M	医疗器械（12.4） 进口旧机电产品（12.2）

商品编号	商品名称	监管条件	检验检疫类别	检验检疫要求
9022192000	X 射线无损探伤检测仪	A	M	测控仪器（12.7） 进口旧机电产品（12.2）
9022199010	X 射线全自动燃料芯块检查台（专门设计或制造用于检验燃料芯块的最终尺寸和表面缺陷）	A	M	测控仪器（12.7） 进口旧机电产品（12.2）
9022199020	X 射线晶圆制造厚度测量设备	A	M	测控仪器（12.7） 进口旧机电产品（12.2）
9022199090	其他 X 射线应用设备	A	M	测控仪器（12.7） 进口旧机电产品（12.2）
9022211000	应用 α、β、γ 射线的设备（医疗、外科、牙科或兽医用）	A	M	医疗器械（12.4） 进口旧机电产品（12.2）
9022219000	应用其他离子射线的设备（医疗、外科、牙科或兽医用）	A	M	医疗器械（12.4） 进口旧机电产品（12.2）
9022291000	γ 射线无损探伤检测仪	A	M	测控仪器（12.7） 进口旧机电产品（12.2）
9022299010	γ 射线全自动燃料芯块检查台（专门设计或制造用于检验燃料芯块的最终尺寸和表面缺陷）	A	M	测控仪器（12.7） 进口旧机电产品（12.2）
9022299090	其他非医疗用 α、β、γ 射线设备			进口旧机电产品（12.2）
9022300000	X 射线管	A	M	医疗器械（12.4） 进口旧机电产品（12.2）
9022901000	X 射线影像增强器	A	M	医疗器械（12.4） 进口旧机电产品（12.2）
9022909020	闪光 X 射线发生器（峰值能量≥500 千电子伏）			进口旧机电产品（12.2）
9022909030	X 射线断层检查仪专用探测器			进口旧机电产品（12.2）
9022909040	数字化 X 射线摄影系统平板探测器			进口旧机电产品（12.2）
9022909050	应用除 α、β、γ 射线以外离子射线的医用设备的零件及附件（医疗、外科、牙科或兽医用）	A	M	医疗器械（12.4） 进口旧机电产品（12.2）
9022909060	其他射线发生器的零部件			进口旧机电产品（12.2）
9022909070	X 射线断层检查仪专用闪烁体、准直器			进口旧机电产品（12.2）
9022909090	品目 9022 所列其他设备及零件（包括高压发生器、控制板及控制台、荧光屏等）			进口旧机电产品（12.2）
9023001000	教习头			进口旧机电产品（12.2）
9023009000	其他专供示范的仪器、装置及模型［(例如，教学或展览）而无其他用途］			进口旧机电产品（12.2）
9024101000	电子万能试验机			进口旧机电产品（12.2）
9024102000	硬度计			进口旧机电产品（12.2）
9024109000	其他金属材料的试验用机器及器具			进口旧机电产品（12.2）
9024800000	非金属材料的试验用机器及器具			进口旧机电产品（12.2）
9024900000	各种材料的试验用机器零件、附件			进口旧机电产品（12.2）
9025110010	含汞的可直接读数的非电子液体温度计			禁止进出口 进口旧机电产品（12.2）
9025110090	其他可直接读数的液体温度计			进口旧机电产品（12.2）
9025191010	温度传感器			进口旧机电产品（12.2）
9025191020	其他含汞的非液体的工业用非电子温度计及高温计			禁止进出口 进口旧机电产品（12.2）
9025191090	其他非液体的工业用温度计及高温计			进口旧机电产品（12.2）
9025199010	红外线人体测温仪			进口旧机电产品（12.2）
9025199020	其他含汞的非液体的非电子温度计及高温计			禁止进出口 进口旧机电产品（12.2）
9025199090	非液体的其他温度计、高温计			进口旧机电产品（12.2）
9025800010	含汞的非电子温度计和气压计			禁止进出口 进口旧机电产品（12.2）

商品编号	商品名称	监管条件	检验检疫类别	检验检疫要求
9025800090	其他温度计、比重计、湿度计等仪器			进口旧机电产品（12.2）
9025900010	红外线测温仪传感器元件			进口旧机电产品（12.2）
9025900090	其他比重计、温度计等类似仪器的零件			进口旧机电产品（12.2）
9026100000	测量、检验液体流量或液位的仪器			进口旧机电产品（12.2）
9026201010	锰铜压力计（压力超过10GPa）			进口旧机电产品（12.2）
9026201020	铯制成的压力计（流体动力学实验专用仪器仪表，测量压力超过10GPa的）			进口旧机电产品（12.2）
9026201030	聚偏二氟乙烯、聚四氟乙烯制成的压力计（流体动力学实验专用仪器仪表，测量压力超过10GPa的）			进口旧机电产品（12.2）
9026201090	其他压力、差压变送器			进口旧机电产品（12.2）
9026209010	压力传感器（两用物项管制商品）			进口旧机电产品（12.2）
9026209020	含汞的非电子压力表			禁止进出口 进口旧机电产品（12.2）
9026209090	其他测量、检验压力的仪器及装置			进口旧机电产品（12.2）
9026801000	测量气体流量的仪器及装置			进口旧机电产品（12.2）
9026809000	液体或气体的其他测量或检验仪器（除液体流量或液位及压力以外的其他变量的检测仪器）			进口旧机电产品（12.2）
9026900010	液位仪用探棒			进口旧机电产品（12.2）
9026900090	其他液体或气体的测量或检验仪器零件（主要是进行流量、液位、压力或其他变化量的测量或检验）			进口旧机电产品（12.2）
9027100010	用于连续操作的气体检测器［可用于出口管制的化学品或有机化合物（含有磷、硫、氟或氯，其浓度低于0.3毫克/立方米）的检测，或为检测受抑制的胆碱酯酶的活性而设计］			进口旧机电产品（12.2）
9027100090	其他气体或烟雾分析仪			进口旧机电产品（12.2）
9027201100	气相色谱仪			进口旧机电产品（12.2）
9027201200	液相色谱仪			进口旧机电产品（12.2）
9027201900	其他色谱仪			进口旧机电产品（12.2）
9027202000	电泳仪			进口旧机电产品（12.2）
9027300010	傅立叶红外光谱仪			进口旧机电产品（12.2）
9027300020	近红外光谱仪			进口旧机电产品（12.2）
9027300030	台式和手持拉曼光谱仪			进口旧机电产品（12.2）
9027300090	其他分光仪、分光光度计及摄谱仪［使用光学射线（紫外线、可见光、红外线）的］			进口旧机电产品（12.2）
9027501000	基因测序仪			进口旧机电产品（12.2）
9027509010	流式细胞仪			进口旧机电产品（12.2）
9027509090	其他使用光学射线的其他仪器及装置（光学射线是指紫外线、可见光、红外线）			进口旧机电产品（12.2）
9027811000	集成电路生产用氦质谱检漏台			进口旧机电产品（12.2）
9027812000	质谱联用仪			进口旧机电产品（12.2）
9027819010	两用物项管制的UF6质谱仪/离子源			进口旧机电产品（12.2）
9027819020	测大于230质量单位离子质谱仪（分辨率高于2/230）			进口旧机电产品（12.2）
9027819090	其他质谱仪			进口旧机电产品（12.2）
9027891000	曝光表			进口旧机电产品（12.2）
9027899010	转矩流变仪			进口旧机电产品（12.2）
9027899090	其他理化分析仪器及装置（包括测量或检验黏性及类似性能的仪器及装置）			进口旧机电产品（12.2）
9027900000	检镜切片机、理化分析仪器零件			进口旧机电产品（12.2）
9028101000	煤气表（包括它们的校准仪表）			进口旧机电产品（12.2）
9028109000	其他气量计（包括它们的校准仪表）			进口旧机电产品（12.2）
9028201000	水表（包括它们的校准仪表）			进口旧机电产品（12.2）
9028209000	其他液量计（包括它们的校准仪表）			进口旧机电产品（12.2）
9028301100	单相感应式电度表（包括它们的校准仪表）			进口旧机电产品（12.2）

商品编号	商品名称	监管条件	检验检疫类别	检验检疫要求
9028301200	三相感应式电度表（包括它们的校准仪表）			进口旧机电产品（12.2）
9028301300	单相电子式（静止式）电度表（包括它们的校准仪表）			进口旧机电产品（12.2）
9028301400	三相电子式（静止式）电度表（包括它们的校准仪表）			进口旧机电产品（12.2）
9028301900	其他电度表（包括它们的校准仪表）			进口旧机电产品（12.2）
9028309000	其他电量计（包括它们的校准仪表）			进口旧机电产品（12.2）
9028901000	工业用计量仪表零件、附件			进口旧机电产品（12.2）
9028909000	非工业用计量仪表零件、附件			进口旧机电产品（12.2）
9029101000	转数计			进口旧机电产品（12.2）
9029102000	车费计、里程计			进口旧机电产品（12.2）
9029109000	产量计数器、步数计及类似仪表			进口旧机电产品（12.2）
9029201000	车辆用速度计			进口旧机电产品（12.2）
9029209000	其他速度计及转速表、频闪观测仪（车辆用速度计除外）			进口旧机电产品（12.2）
9029900000	转数计、车费计及类似仪表零件（品目9014及9015的仪表零件除外）			进口旧机电产品（12.2）
9030100000	离子射线的测量或检验仪器及装置			进口旧机电产品（12.2）
9030201000	300兆赫以下的通用示波器（指测试频率小于300兆赫兹的示波器）			进口旧机电产品（12.2）
9030209000	其他示波器（包括300兆赫兹的通用示波器）			进口旧机电产品（12.2）
9030311000	不带记录装置的五位半及以下的数字万用表（用于测试或检验半导体晶圆或器件用的除外）			进口旧机电产品（12.2）
9030319000	不带记录装置的其他万用表（用于测试或检验半导体晶圆或器件用的除外）			进口旧机电产品（12.2）
9030320000	带记录装置的万用表（用于测试或检验半导体晶圆或器件用的除外）			进口旧机电产品（12.2）
9030331000	不带记录装置的五位半及以下的数字电流、电压表（用于测试或检验半导体晶圆或器件用的除外）			进口旧机电产品（12.2）
9030332000	不带记录装置的电阻测试仪（用于测试或检验半导体晶圆或器件用的除外）			进口旧机电产品（12.2）
9030339000	不带记录装置的检测电压、电流及功率的其他仪器（用于测试或检验半导体晶圆或器件用的除外）			进口旧机电产品（12.2）
9030390000	其他带记录装置的检测电压、电流、电阻或功率的仪器（万用表除外，用于测试或检验半导体晶圆或器件用的除外）			进口旧机电产品（12.2）
9030401000	12.4千兆赫兹以下数字式频率计			进口旧机电产品（12.2）
9030409000	其他无线电通讯专用仪器及装置（12.4千兆赫兹以下数子式频率计除外）			进口旧机电产品（12.2）
9030820000	测试或检验半导体晶圆或器件（包括集成电路）用的仪器			进口旧机电产品（12.2）
9030841000	电感及电容测试仪（装有记录装置的）			进口旧机电产品（12.2）
9030849000	其他电量的测量或检验仪器及装置（装有记录装置的）			进口旧机电产品（12.2）
9030891000	其他电感及电容测试仪（未装有记录装置的）			进口旧机电产品（12.2）
9030899010	中子探测和测量仪表（专用于测定核反应堆芯内中子通量的）			进口旧机电产品（12.2）
9030899090	其他电量的测量或检验仪器及装置（未装有记录装置的）			进口旧机电产品（12.2）
9030900001	检测半导体晶片及器件的仪器零件（包括附件）			进口旧机电产品（12.2）
9030900002	ITA产品用的印刷电路组件（包括外接组件，如符合PCMCIA标准的卡）			进口旧机电产品（12.2）
9030900010	用于声表面滤波器测试的测试头（频率带宽在81吉赫兹以上，且探针最小间距在周围排列下为50微米，阵列下为180微米）			进口旧机电产品（12.2）
9030900090	品目9030所属货品的零件及附件			进口旧机电产品（12.2）
9031100010	陀螺动态平衡测试仪			进口旧机电产品（12.2）
9031100090	其他机械零件平衡试验机			进口旧机电产品（12.2）
9031200010	陀螺/马达运转试验台			进口旧机电产品（12.2）
9031200020	加速度表测试台			进口旧机电产品（12.2）
9031200030	试车台（能试推力>90千牛顿火箭发动机的或同时测量三个推力分量的）			进口旧机电产品（12.2）
9031200040	惯性平台测试台（测试平台包括高精度离心机和转台）			进口旧机电产品（12.2）

商品编号	商品名称	监管条件	检验检疫类别	检验检疫要求
9031200090	其他试验台			进口旧机电产品（12.2）
9031410000	制造半导体器件（包括集成电路）时检验半导体晶圆、器件（包括集成电路）或检测光掩模或光栅用的仪器和器具（第九十章其他品目未列名的）			进口旧机电产品（12.2）
9031491000	轮廓投影仪			进口旧机电产品（12.2）
9031492000	光栅测量装置（第九十章其他品目未列名的）			进口旧机电产品（12.2）
9031499010	光盘质量在线检测仪及离线检测仪			进口旧机电产品（12.2）
9031499090	其他光学测量或检验仪器和器具（第九十章其他品目未列名的）			进口旧机电产品（12.2）
9031801000	光纤通信及光纤性能测试仪			进口旧机电产品（12.2）
9031802000	坐标测量仪			进口旧机电产品（12.2）
9031803100	超声波探伤检测仪			进口旧机电产品（12.2）
9031803200	磁粉探伤检测仪			进口旧机电产品（12.2）
9031803300	涡流探伤检测仪			进口旧机电产品（12.2）
9031803900	其他无损探伤检测仪器（射线探伤仪除外）			进口旧机电产品（12.2）
9031809010	惯性测量单元测试仪			进口旧机电产品（12.2）
9031809020	陀螺调谐测试仪			进口旧机电产品（12.2）
9031809030	跑道摩擦系数测试仪			进口旧机电产品（12.2）
9031809040	音频生命探测仪			进口旧机电产品（12.2）
9031809050	音视频生命探测仪			进口旧机电产品（12.2）
9031809060	集成电路测试分选设备			进口旧机电产品（12.2）
9031809070	飞机发动机用电磁线性位移传感器			进口旧机电产品（12.2）
9031809090	其他测量、检验仪器、器具及机器（第九十章其他品目未列名的）			进口旧机电产品（12.2）
9031900020	惯性测量单元稳定元件加工夹具			进口旧机电产品（12.2）
9031900030	惯性平台平衡夹具			进口旧机电产品（12.2）
9031900090	品目9031的仪器及器具的其他零件（第九十章其他品目未列名的）			进口旧机电产品（12.2）
9032100000	恒温器			进口旧机电产品（12.2）
9032200000	恒压器			进口旧机电产品（12.2）
9032810000	其他液压或气压的仪器及装置（自动调节或控制用）			进口旧机电产品（12.2）
9032891100	列车自动防护系统（ATP）车载设备			进口旧机电产品（12.2）
9032891200	列车自动运行系统（ATO）车载设备			进口旧机电产品（12.2）
9032891900	其他列车自动控制系统（ATC）车载设备			进口旧机电产品（12.2）
9032899010	具有可再生能源和智能电网应用的自动电压和电流调节器；非液压或气压的自动调控流量、液位和湿度的仪器（自动控制、调节装置）			进口旧机电产品（12.2）
9032899020	超燃冲压喷气或组合循环发动机的燃烧调节装置（自动控制、调节装置）			进口旧机电产品（12.2）
9032899030	三坐标测量机用自动控制柜			进口旧机电产品（12.2）
9032899040	飞机自动驾驶系统（包括自动驾驶、电子控制飞行、自动故障分析、警告系统配平系统及推力监控设备及其相关仪表）			进口旧机电产品（12.2）
9032899050	机床用成套数控伺服装置（包括CNC操作单元，带有配套的伺服放大器和伺服电机）			进口旧机电产品（12.2）
9032899060	电喷点火程序控制单元（自动控制、调节装置）			进口旧机电产品（12.2）
9032899070	印刷机用成套数控伺服传动装置（包括运动控制器或可编程序自动控制器、人机界面单元，带有配套的伺服驱动器和伺服电机）			进口旧机电产品（12.2）
9032899080	纯电动或混合动力汽车用电机控制器总成（自动控制、调节装置）			进口旧机电产品（12.2）
9032899091	发动机气门正时控制（VTC）模块			进口旧机电产品（12.2）
9032899099	其他自动调节或控制仪器及装置			进口旧机电产品（12.2）
9032900010	飞机发动机燃油控制器用电路板			进口旧机电产品（12.2）
9032900090	其他自动调节或控制仪器零件、附件			进口旧机电产品（12.2）

商品编号	商品名称	监管条件	检验检疫类别	检验检疫要求
9033000010	用于第九十章环境产品的其他品目未列名的零件、附件〔太阳能定日镜，编号 901580 的商品，品目 9026 的商品，品目 9027 的商品（编号 90278011 和 90278091 除外），编号 903149 的商品，测振仪，手振动仪，可再生能源和智能电网应用的自动电压和电流调节器，自动调控流量、液位和湿度的仪器〕			进口旧机电产品（12.2）
9033000090	第九十章其他编号未列名零、附件（指第九十章所列机器、器具、仪器或装置用）			进口旧机电产品（12.2）
9207100000	通过电产生或扩大声音的键盘乐器（手风琴除外）		L	进口旧机电产品（12.2） 进口强制性产品认证（12.1）
9207900010	其他通过电产生或扩大声音的含濒危物种成分的乐器			进口旧机电产品（12.2）
9207900090	其他通过电产生或扩大声音的乐器			进口旧机电产品（12.2）
9401201000	皮革或再生皮革面的机动车辆用坐具		L	进口强制性产品认证（12.1）
9401209000	其他机动车辆用坐具		L	进口强制性产品认证（12.1）
9401491000	皮革或再生皮革面的能作床用的其他两用椅（但庭园坐具或野营设备除外）		L	进口强制性产品认证（12.1）
9401499000	其他能作床用的其他两用椅（但庭园坐具或野营设备除外）		L	进口强制性产品认证（12.1）
9401520000	竹制的坐具	A/B	P/Q	其他植物产品（4.6）
9401530000	藤制的坐具	A/B	P/Q	其他植物产品（4.6）
9401590000	柳条及类似材料制的坐具	A/B	P/Q	木家具（4.6） 其他植物产品（4.6）
9401611000	皮革或再生皮革面的装软垫的木框架的其他坐具	A/B	P/Q	木家具（4.6） 其他植物产品（4.6）
9401619000	其他装软垫的木框架的坐具	A/B	P/Q	木家具（4.6） 其他植物产品（4.6）
9401690010	其他濒危木框架的坐具	A/B	P/Q	木家具（4.6） 其他植物产品（4.6）
9401690090	其他木框架的坐具（不包括编号 94011000～94015000 的坐具）	A/B	P/Q	木家具（4.6） 其他植物产品（4.6）
9401809091	儿童用汽车安全座椅	A	L、M	进口强制性产品认证（12.1） 机动车辆及其零部件（12.3）
9401809099	其他坐具		L	进口强制性产品认证（12.1）
9401999000	其他座具零件		L	进口强制性产品认证（12.1）
9402101000	理发用椅及其零件			进口旧机电产品（12.2）
9402109000	牙科及类似用途的椅及其零件			进口旧机电产品（12.2）
9402900000	其他医疗、外科、兽医用家具及零件（如手术台、检查台、带机械装置的病床等）			进口旧机电产品（12.2）
9403300010	濒危木制办公室用木家具	A/B	P/Q	木家具（4.6） 其他植物产品（4.6）
9403300090	其他办公室用木家具	A/B	M、P/Q	木家具（4.6） 其他植物产品（4.6）
9403400010	濒危木制厨房用木家具	A/B	P/Q	木家具（4.6） 其他植物产品（4.6）
9403400090	其他厨房用木家具	A/B	M、P/Q	木家具（4.6） 其他植物产品（4.6）
9403501010	卧室用濒危红木制家具	A/B	P/Q	木家具（4.6） 其他植物产品（4.6）
9403501090	其他卧室用红木制家具	A/B	P/Q	木家具（4.6） 其他植物产品（4.6）
9403509100	卧室用天然漆（大漆）漆木家具	A/B	M、P/Q	木家具（4.6） 其他植物产品（4.6）

商品编号	商品名称	监管条件	检验检疫类别	检验检疫要求
9403509910	卧室用其他濒危木家具	A/B	P/Q	木家具（4.6） 其他植物产品（4.6）
9403509990	卧室用其他木家具	A/B	M.P/Q	木家具（4.6） 其他植物产品（4.6）
9403601010	濒危红木制其他家具（非卧室用）	A/B	P/Q	木家具（4.6） 其他植物产品（4.6）
9403601090	其他红木制家具（非卧室用）	A/B	P/Q	木家具（4.6） 其他植物产品（4.6）
9403609100	其他天然漆（大漆）漆木家具（非卧室用）	A/B	M.P/Q	木家具（4.6） 其他植物产品（4.6）
9403609910	濒危木制其他家具（非卧室用）	A/B	P/Q	木家具（4.6） 其他植物产品（4.6）
9403609990	其他木家具（非卧室用）	A/B	P/Q	木家具（4.6） 其他植物产品（4.6）
9403820000	竹制的家具	A/B	P/Q	木家具（4.6） 其他植物产品（4.6）
9403830000	藤制的家具	A/B	P/Q	木家具（4.6） 其他植物产品（4.6）
9403891000	柳条及类似材料制的家具	A/B	P/Q	木家具（4.6） 其他植物产品（4.6）
9404210010	蔺草包面的垫子（单件面积>1平方米，无论是否包边）	A/B	P/Q	其他植物产品（4.6）
9405110000	设计为仅使用发光二极管（LED）光源的枝形吊灯（包括天花板或墙壁上的照明装置，但露天或街道上的除外）		L	进口旧机电产品（12.2） 进口强制性产品认证（12.1）
9405190000	其他枝形吊灯（包括天花板或墙壁上的照明装置，但露天或街道上的除外）		L	进口旧机电产品（12.2） 进口强制性产品认证（12.1）
9405210010	设计为仅使用发光二极管（LED）光源的含濒危物种成分的电气台灯、床头灯、落地灯		L	进口旧机电产品（12.2） 进口强制性产品认证（12.1）
9405210090	设计为仅使用发光二极管（LED）光源的其他电气台灯、床头灯、落地灯		L	进口旧机电产品（12.2） 进口强制性产品认证（12.1）
9405290010	其他含濒危物种成分的电气台灯、床头灯、落地灯		L	进口旧机电产品（12.2） 进口强制性产品认证（12.1）
9405290090	其他电气台灯、床头灯、落地灯		L	进口旧机电产品（12.2） 进口强制性产品认证（12.1）
9405310000	设计为仅使用发光二极管（LED）光源的圣诞树用灯串			进口旧机电产品（12.2）
9405390000	其他圣诞树用灯串			进口旧机电产品（12.2）
9405410000	光伏的，且设计为仅使用发光二极管（LED）光源的其他电气灯具及照明装置			进口旧机电产品（12.2）
9405421000	其他设计为仅使用发光二极管（LED）光源的探照灯和聚光灯			进口旧机电产品（12.2）
9405429000	其他设计为仅使用发光二极管（LED）光源的其他电气灯具及照明装置			进口旧机电产品（12.2）
9405491000	其他探照灯和聚光灯			进口旧机电产品（12.2）
9405499000	其他电气灯具及照明装置			进口旧机电产品（12.2）
9405500000	非电气灯具及照明装置			进口旧机电产品（12.2）
9405610000	设计为仅使用发光二极管（LED）光源的发光标志、发光铭牌及类似品		L	进口旧机电产品（12.2） 进口强制性产品认证（12.1）
9405690000	其他发光标志、发光铭牌及类似品		L	进口旧机电产品（12.2） 进口强制性产品认证（12.1）
9405910000	品目9405所列物品的玻璃制零件			进口旧机电产品（12.2）
9405920000	品目9405所列物品的塑料制零件			进口旧机电产品（12.2）
9405990000	品目9405所列物品其他材料制零件			进口旧机电产品（12.2）
9406100000	木制的活动房屋	A/B	P/Q	其他植物产品（4.6）

商品编号	商品名称	监管条件	检验检疫类别	检验检疫要求
9406900010	用动植物材料制作的活动房屋（木制的除外）	A/B	P/Q	其他植物产品（4.6）
9503001000	三轮车、踏板车、踏板汽车和类似的带轮玩具；玩偶车		L	进口强制性产品认证（12.1）
9503002100	动物玩偶，不论是否着装	A	L.M	玩具（12.10） 进口强制性产品认证（12.1）
9503002900	其他玩偶，不论是否着装	A	L.M	玩具（12.10） 进口强制性产品认证（12.1）
9503006000	智力玩具	A	L.M	玩具（12.10） 进口强制性产品认证（12.1）
9503008310	玩具无人机	A	L.M	玩具（12.10） 进口强制性产品认证（12.1）
9503008390	带动力装置的玩具及模型	A	L.M	玩具（12.10） 进口强制性产品认证（12.1）
9503008900	其他未列名玩具	A	L.M	玩具（12.10） 进口强制性产品认证（12.1）
9503009000	玩具、模型零件	A	L.M	玩具（12.10） 进口强制性产品认证（12.1）
9504301000	用特定支付方式使其工作的电子游戏机（用硬币、钞票、银行卡、代币或其他支付方式使其工作的）			进口旧机电产品（12.2）
9504309000	用特定支付方式工作的其他游戏用品，保龄球道设备除外（用硬币、钞票、银行卡、代币或其他支付方式使其工作的）			进口旧机电产品（12.2）
9504502000	自带视频显示装置的视频游戏控制器及设备（编号950430的货品除外）			进口旧机电产品（12.2）
9504503000	其他视频游戏控制器及设备（编号950430的货品除外）			进口旧机电产品（12.2）
9504508000	视频游戏控制器及设备的零件及附件（编号950430的货品除外）			进口旧机电产品（12.2）
9504901000	其他电子游戏机			进口旧机电产品（12.2）
9504902100	保龄球自动分瓶机			进口旧机电产品（12.2）
9504902900	其他保龄球自动球道设备及器具			进口旧机电产品（12.2）
9505100010	含动植物性材料的圣诞用品（不包括成套圣诞节灯具）	A/B	P/Q	其他植物产品（4.6） 非食用动物产品（3.4）
9506911110	跑步机（整机）			进口旧机电产品（12.2）
9506911190	跑步机的零件及附件			进口旧机电产品（12.2）
9506911900	其他健身及康复器械（包括设备）			进口旧机电产品（12.2）
9506919000	一般的体育活动、体操或竞技用品（包括设备）			进口旧机电产品（12.2）
9506991000	滑板			进口旧机电产品（12.2）
9506999000	其他未列名的第九十五章用品及设备（包括户外游戏用品及设备，如游泳池、戏水池）			进口旧机电产品（12.2）
9507100010	用植物性材料制作的钓鱼竿	A/B	P/Q	其他植物产品（4.6）
9508100010	有濒危动物的流动马戏团（包括流动动物园）	A/B	P/Q	陆生动物（3.1） 进口旧机电产品（12.2）
9508100090	其他流动马戏团及流动动物园	A/B	P/Q	陆生动物（3.1） 进口旧机电产品（12.2）
9508210000	过山车	A/B	P/Q	进口旧机电产品（12.2） 游乐设施
9508220000	旋转木马、秋千和旋转平台	A/B	P/Q	进口旧机电产品（12.2） 游乐设施
9508230000	碰碰车	A/B	P/Q	进口旧机电产品（12.2） 游乐设施
9508240000	运动模拟器和移动剧场	A/B	P/Q	进口旧机电产品（12.2） 游乐设施
9508250000	水上乘骑游乐设施	A/B	P/Q	进口旧机电产品（12.2） 游乐设施

商品编号	商品名称	监管条件	检验检疫类别	检验检疫要求
9508260000	水上乐园娱乐设备	A/B	P/Q	进口旧机电产品（12.2） 游乐设施
9508290000	其他游乐场乘骑游乐设施和水上乐园娱乐设备	A/B	P/Q	进口旧机电产品（12.2） 游乐设施
9508300000	游乐场娱乐设备	A/B	P/Q	进口旧机电产品（12.2） 游乐设施
9508400000	流动剧团	A/B	P/Q	进口旧机电产品（12.2） 游乐设施
9601100010	已加工的濒危兽牙及其制品	A/B	P/Q	非食用动物产品（3.4） 其他轻工、纺织产品（12.10）
9601100090	其他已加工的兽牙及其制品	A/B	P/Q	非食用动物产品（3.4） 其他轻工、纺织产品（12.10）
9601900010	其他已加工濒危动物质雕刻料（包括其制品）	A/B	P/Q	其他轻工、纺织产品（12.10）
9601900020	牛角纽扣坯圆片（濒危动物制除外）	A/B	P/Q	其他轻工、纺织产品（12.10）
9601900090	其他已加工动物质雕刻料及其制品	A/B	P/Q	其他轻工、纺织产品（12.10）
9602009000	已加工植物或矿物质雕刻料及制品（指已加工的，包括蜡、硬脂、天然树胶、脂制模塑或雕刻）	A/B	P/Q	其他植物产品（4.6） 其他轻工、纺织产品（12.10）
9603100000	用枝条或其他植物材料捆扎成的帚（包括刷，不论是否有把）	A/B	P/Q	其他植物产品（4.6）
9603210000	牙刷（包括齿板刷）	A	M	牙刷（12.10）
9603901010	濒危野禽羽毛掸	A/B	P/Q	非食用动物产品（3.4）
9603901090	其他羽毛掸	A/B	P/Q	非食用动物产品（3.4）
9603909010	濒危动物毛、鬃、尾制其他帚、刷（包括拖把及其他毛掸）	A/B	P/Q	其他轻工、纺织产品（12.10）
9603909020	其他动植物材料制帚、刷、拖把等（包括植物材料制非机动的手工操作地板清扫器、毛掸）	A/B	P/Q	其他植物产品（4.6）
9604000000	手用粗筛、细筛	A/B	P/Q	其他轻工、纺织产品（12.10）
9613100000	一次性袖珍气体打火机	B	N	打火机、点火枪（12.12）
9613200000	可充气袖珍气体打火机	B	N	打火机、点火枪（12.12）
9613800000	其他打火器	B	N	打火机、点火枪（12.12）
9614001010	含濒危动物成分的烟斗及烟斗头（仅指野生哺乳类牙齿制产品）	A/B	P/Q	其他轻工、纺织产品（12.10）
9614001020	用植物性材料制作的烟斗及烟斗头	A/B	P/Q	其他植物产品（4.6） 其他轻工、纺织产品（12.10）
9618000010	用植物性材料制作的人体模型	A/B	P/Q	其他植物产品（4.6）
9619001100	供婴儿使用的尿裤及尿布	A	M	一次性卫生用品（12.10）
9619001900	其他尿裤及尿布	A	M	一次性卫生用品（12.10）
9619002000	卫生巾（护垫）及卫生棉条	A	M	一次性卫生用品（12.10）
9619009000	尿布衬里及本品目商品的类似品	A	M	一次性卫生用品（12.10）
9701220010	含濒危动物成分的超过100年的镶嵌画（指一切源自濒危动物的产品）	A/B	P/Q	油画、粉画及手绘画
9701220020	用其他动植物材料制作的超过100年的镶嵌画（指一切源自野生动物的产品）	A/B	P/Q	油画、粉画及手绘画
9701290010	超过100年的含濒危动物成分的拼贴画（包括类似装饰板，指一切源自濒危动物的产品）	A/B	P/Q	油画、粉画及手绘画
9701290020	超过100年的用其他动植物材料制作的拼贴画（包括类似装饰板，指一切源自野生动物的产品）	A/B	P/Q	油画、粉画及手绘画
9701920010	含濒危动物成分的其他镶嵌画（指一切源自濒危动物的产品）	A/B	P/Q	油画、粉画及手绘画
9701920020	用其他动植物材料制作的其他镶嵌画（指一切源自野生动物的产品）	A/B	P/Q	油画、粉画及手绘画
9701990010	含濒危动物成分的其他拼贴画（包括类似装饰板，指一切源自濒危动物的产品）	A/B	P/Q	油画、粉画及手绘画
9701990020	用其他动植物材料制作的其他拼贴画（包括类似装饰板，指一切源自野生动物的产品）	A/B	P/Q	油画、粉画及手绘画
9705100010	具有考古学、人种学或历史学意义的含濒危植物的收藏品	A/B	P/Q	其他植物产品（4.6） 收集品及珍藏品

商品编号	商品名称	监管条件	检验检疫类别	检验检疫要求
9705100020	具有考古学、人种学或历史学意义的含有人类遗传资源的组织标本、手术样本	A/B	V/W	特殊物品（2.1）
9705100090	其他具有考古学、人种学或历史学意义的收藏品	A/B	P/Q	其他植物产品（4.6） 收集品及珍藏品
9705210010	含有人类遗传资源的组织标本、手术样本	A/B	V/W	特殊物品（2.1） 收集品及珍藏品
9705210090	其他人类标本及其部分	A/B	P/Q	特殊物品（2.1） 收集品及珍藏品
9705220010	含濒危动植物的收藏品（具有动植物学意义的）	A/B	P/Q	其他植物产品（4.6） 收集品及珍藏品
9705220020	古生物化石	A/B	P/Q	收集品及珍藏品
9705220090	其他灭绝物种及其部分	A/B	P/Q	其他植物产品（4.6） 收集品及珍藏品
9705290010	其他古生物化石	A/B	P/Q	收集品及珍藏品
9705290020	有矿物学研究价值、可供收集和珍藏的钟乳石	A/B	P/Q	收集品及珍藏品
9705290090	其他具有动、植、矿物学意义的收藏品（还包括具有解剖、古生物学意义的收藏品）	A/B	P/Q	其他植物产品（4.6） 收集品及珍藏品
9705310000	超过100年的具有钱币学意义的收藏品	A/B	P/Q	其他植物产品（4.6） 收集品及珍藏品
9705390000	其他具有钱币学意义的收藏品	A/B	P/Q	其他植物产品（4.6） 收集品及珍藏品
9706100010	超过250年的濒危动植古物（具收藏或文史价值的）	A/B	P/Q	古物 其他植物产品（4.6）
9706900010	其他超过100年的濒危动植古物（具收藏或文史价值的）	A/B	P/Q	古物 其他植物产品（4.6）
9801009000	其他未分类商品			特殊物品（2.1）

第二部分
检验检疫要求

第一章

进出口货物检验检疫申报通用要求和操作要点

第一节 进出口货物检验检疫申报的基本规定

一、检验检疫申报的含义

检验检疫申报是指有关当事人根据法律、行政法规的规定，以及对外贸易合同的约定或证明履约的需要，向海关申请检验、检疫、鉴定，以获准进出口或取得销售使用的合法凭证及某种公证证明所必须履行的法定程序和手续。

《中华人民共和国进出口商品检验法实施条例》第十六条规定："法定检验的进口商品的收货人应当持合同、发票、装箱单、提单等必要的凭证和相关批准文件，向报关地的出入境检验检疫机构报检；通关放行后20日内，收货人应当依照本条例第十八条的规定，向出入境检验检疫机构申请检验。法定检验的进口商品未经检验的，不准销售，不准使用。"

《中华人民共和国进出口商品检验法实施条例》第二十四条规定："法定检验的出口商品的发货人应当在海关总署统一规定的地点和期限内，持合同等必要的凭证和相关批准文件向出入境检验检疫机构报检。法定检验的出口商品未经检验或者经检验不合格的，不准出口。"

《中华人民共和国进出境动植物检疫法实施条例》第十八条规定："输入动植物、动植物产品和其他检疫物的，货主或者其代理人应当在进境前或者进境时向进境口岸动植物检疫机关报检。属于调离海关监管区检疫的，运达指定地点时，货主或者其代理人应当通知有关口岸动植物检疫机关。属于转关货物的，货主或者其代理人应当在进境时向进境口岸动植物检疫机关申报；到达指运地时，应当向指运地口岸动植物检疫机关报检。输入种畜禽及其精液、胚胎的，应当在进境前30日报检；输入其他动物的，应当在进境前15日报检；输入植物种子、种苗及其他繁殖材料的，应当在进境前7日报检。动植物性包装物、铺垫材料进境时，货主或者其代理人应当及时向口岸动植物检疫机关申报；动植物检疫机关可以根据具体情况对申报物实施检疫。前款所称动植物性包装物、铺垫材料，是指直接用作包装物、铺垫材料的动物产品和植物、植物产品。"

《中华人民共和国国境卫生检疫法实施细则》第十一条规定："入境、出境的微生物、人体组织、生物制品、血液及其制品等特殊物品的携带人、托运人或者邮递人，必须向卫生检疫机关申报并接受卫生检疫，凭卫生检疫机关签发的特殊物品审批单办理通关手续。未经卫生检疫机关许可，不准入境、出境。"

本书中涉及的检验检疫申报，在进境时指涉及检验检疫业务的申报；在出境时指涉及产地出口申报前监管业务的申请，或口岸出境报关时涉及检验检疫业务的申报。

二、进出口检验检疫申报的范围

检验检疫申报的范围包括：国家法律、行政法规规定必须由海关实施检验检疫的；输入国家或地区规定必须凭海关出具的证书方准入境的；有关国际条约规定或与我国有协定（协议）须经检验检疫的。

（一）法律、行政法规规定必须由海关实施检验检疫的申报范围

根据《中华人民共和国进出口商品检验法》及其实施条例、《中华人民共和国进出境动植物检疫法》及其实施条例、《中华人民共和国国境卫生检疫法》及其实施细则、《中华人民共和国食品安全法》及其实施条例等有关法律、行政法规的规定，以下对象在进出境时必须向海关申报，由海关实施检验检疫或鉴定工作。

1. 列入《出入境检验检疫机构实施检验检疫的进出境商品目录》内的货物；
2. 进口旧机电产品；
3. 需进行性能鉴定和使用鉴定的出口危险货物包装容器；
4. 进出境集装箱；
5. 进境、出境、过境的动植物、动植物产品及其他检疫物；
6. 装载动植物、动植物产品和其他检疫物的装载容器、包装物、铺垫材料，进境动植物性包装物、铺垫材料；
7. 来自动植物疫区的运输工具，装载进境、出境、过境的动植物、动植物产品及其他检疫物的运输工具；
8. 进境拆解的废旧船舶；
9. 出入境人员、交通工具、运输设备，以及可能传播检疫传染病的行李、货物和邮包等物品；
10. 旅客携带物（包括微生物、人体组织、生物制品、血液及其制品、骸骨、骨灰、废旧物品和可能传播传染病的物品，以及动植物、动植物产品和其他检疫物）和携带伴侣动物；
11. 国际邮寄物（包括动植物、动植物产品和其他检疫物、微生物、人体组织、生物制品、血液及其制品，以及其他需要实施检疫的国际邮寄物）；
12. 其他法律、行政法规规定需经海关实施检验检疫的其他应检对象。

（二）输入国家或地区规定必须凭海关出具的证书方准入境的申报范围

有的国家或地区发布法令或根据政府规定，对来自我国的某些进口货物须凭海关签发的证书方可入境。如一些国家或地区规定，对来自我国的动植物、动植物产品，凭我国海关签发的动植物检疫证书及有关证书方可入境。因此，凡出口货物输入国家或地区有此类要求的，申报人须报经海关实施检验检疫或进行除害处理，取得相关证书或标识。

（三）有关国际条约或与我国有协定（协议），必须经检验检疫并取得有关证书（证明）方准入境的申报范围

加入世界贸易组织和其他一些区域性经济组织后，我国已成为一些国际条约、公约和协定的成员。此外，我国还与几十个国家或地区缔结了有关商品检验或动植物检疫的双边协定（协议），认真履行国际条约、公约或协定（协议）中的检验检疫条款是我国的义务。如根据双边协定，输往塞拉利昂、埃塞俄比亚等国家的协议内商品，须向海关申报，并取得装运前检验证书后才能在进口国通关。因此，凡国际条约、公约或协定（协议）规定须经我国海关实施检验检疫的进出口货物，申报人必须向海关申报，由海关实施检验检疫。

第二节 进口货物整合申报检验检疫业务的一般申报要求

一、进口货物检验检疫申报

进口货物检验检疫申报是指法定检验检疫进口货物的货主或其代理人，持有关单证向报关地海关申请对进境货物进行检验检疫以获得进境通关放行凭证，并取得进境货物销售、使用合法凭证的申报。对进境申报业务而言，签发放行指令由报关地海关完成，对货物的检验检疫由口岸海关和（或）目的地海关完成，货主或其代理人在办理完通关手续后，应主动与海关联系落实检验检疫工作。对进境货物，应在进境前或进境时向入境口岸、指定的或到达站的海关办理申报手续。

二、进口货物检验检疫申报时应提供的单据及提交要求

（一）单据要求

进口货物检验检疫申报时，应以电子形式提供贸易合同、发票、提（运）单、装箱单等必要的凭证及其他海关要求提供的特殊单证，并根据海关需要提供相关纸质单证。

下列情况在申报时还应按要求提供有关文件：

1. 国家实施许可制度管理的货物，应提供有关证明。
2. 进境的动植物及其产品，还必须提供输出国家或地区动植物检疫机关出具的检疫证书、产地证书。需办理进境动植物检疫审批手续的，还应取得"中华人民共和国进境动植物检疫许可"（以下简称"进境动植物检疫许可"）。
3. 过境动植物及其产品申报时，应持货运单和输出国家或地区官方出具的检疫证书；运输动物过境前，还应当取得海关总署签发的"进境动植物检疫许可"。
4. 因科研等特殊需要，引进《中华人民共和国进出境动植物检疫法》第五条第一款所列禁止进境物的，必须向海关总署申请办理特许检疫审批手续。
5. 进境特殊物品的，应提供有关的批件或规定的文件。

（二）提交要求

为进一步促进对外贸易便利，提升口岸通关效率，海关总署公布了检验检疫单证电子化相关事宜。

1. 自然人、法人或者其他组织（申请人）向海关办理检验检疫手续，可按照以下要求提供单证电子化信息，无须在申报时提交纸质单证：

（1）国内外相关主管部门或机构出具的单证，实现联网核查或可互联网查询的，只需录入单证编号。尚未实现联网核查且不能通过互联网查询的，需上传单证扫描件。

（2）海关出具的资质证明及其他单证，只需录入相关资质证明或单证编号。

（3）法律、法规、规章规定应当向海关提交的其他证明、声明类材料，只需依法申明持有相关材料。

2. 申请人应保证电子化单证信息的真实性和有效性，上传单证扫描件格式应符合海关要求，并按规定保存相关纸质单证。

3. 海关监管过程中按照风险布控、签注作业等要求需要验核纸质单证的，申请人应当补充提交相关纸质单证。

进境货物检验检疫申报相关单证电子化提交和验核方式见表1-1：

表1-1 检验检疫单证（进境）电子化提交和验核方式明细表

序号	单证类别	单证名称	企业电子化提交方式	海关验核方式	备注
1	监管证件	机动车进口许可证	提供单证名称和号码	系统联网核查	商务部证件，与海关监管证件"进口许可证"信息共享
2		农业转基因生物安全证书（进口）			农业农村部证件
3		国（境）外引进农业种苗检疫审批单			农业农村部或国家林业和草原局证件
4		引进林木种子、苗木和其他繁殖材料检疫审批单			农业农村部或国家林业和草原局证件
5		特种设备制造许可证			国家市场监督管理总局证件
6		特殊医学用途配方食品注册证书			
7		保健食品注册证书/备案凭证			
8		强制性产品认证证书			国家认监委证件
9		免于办理强制性产品认证证明			
10		进口医疗器械备案/注册证			国家药品监督管理局证件
11		婴幼儿配方乳粉产品配方注册证书			国家市场监督管理总局证件
12	商业单据	合同	仅需提供单证名称和号码	人工验核	—
13		发票			
14		装箱单			
15		提/运单			
16		载货清单（舱单）			
17	检验检疫证书	兽医（卫生）证书	1. 实现检验检疫证书无纸化的，仅需上传单证名称和号码。2. 实现检验检疫证书数据传输的，仅需上传电子化文件。3. 未实现检验检疫证书数据传输的，上传电子化文件，海关需要验核原件的，应按要求提供	1. 系统联网核查；2. 人工验核	1. 检验检疫证书是相关部门（相关机构）签发的单证。2. 通过"进口肉类卫生证书电子信息核查系统"实现检验检疫证书信息传输的产品见本表备注1。3. 通过"中国检验检疫电子证书核查系统"实现检验检疫证书信息传输的产品见本表备注2
18		动物检疫证书			
19		植物检疫证书			
20		装运前检验证书			
21		重量证书			
22		TCK检验证书（美国小麦）			
23		熏蒸证书（部分粮谷类）			
24		放射性物质检测合格证明（日本食品、食用农产品及饲料）			
25		原产地证书（证明）			

表1-1 续1

序号	单证类别	单证名称	企业电子化提交方式	海关验核方式	备注
26	批准文件	中华人民共和国进境动植物检疫许可证（以下简称进境动植物检疫许可证）	仅需提供单证名称和号码	系统联网核查	1. 批准文件是海关部门签发的单证。 2. 对于"中国国际贸易单一窗口"产品资质项下采集了单证数据信息的，实现系统联网核查。否则，进行人工验核
27		进口车辆识别代码（VIN）校验报告单			
28		境外捐赠机构登记和捐赠医疗器械备案材料		系统联网核查或人工验核	
29		入/出境特殊物品卫生检疫审批单			
30		型式试验证书		系统联网核查	
31		进口棉花境外供货企业登记证书（已登记的境外供货企业）		系统联网核查或人工验核	
32		进口涂料备案书			
33		同意调入函（植物繁殖材料）			
34	证明/声明材料	合格保证	1. 申报时仅需申明持有相关材料。 2. 海关需要验核原件的，应按要求提供	人工验核	1. 证明/声明类材料，是指企业自身提供的各类证明、声明性文件资料。 2. 通过电子化方式提交的检验检疫单证，应要求企业按相关规定妥善保存纸质原件。 3. 检验检疫过程中需要验核原件的，可要求企业提供
35		参展物品清单（展览品）			
36		入境展会备案表（展览品）			
37		磅码单（出口申请重量鉴定的）			
38		进口商品煤标识			
39		危险化学品中文危险公示标签			
40		输入国或者地区的相关标准或技术要求（进口食品添加剂全部用来加工后复出口的）			
41		进口乳品检测报告			
42		符合我国食品安全国家标准的证明文件（进口食品添加剂全部用来加工后复出口的）			
43		食品生产许可证（食品添加剂进口企业是食品生产企业的）			
44		食品添加剂说明书/成分说明			
45		非用于人类食品和动物饲料添加剂及原料产品用途的证明			
46		化妆品在生产国家（地区）允许生产、销售的证明文件［首次进口）国家没有实施卫生许可或者备案的化妆品］			
47		运输工具前三航次装载货物名单（散装食用植物油）			
48		贸易合同中买卖双方出具的用途声明（食品加工用食品添加剂）			
49		外包装印明产品用途的相关证明，如照片、图片（非用于人类食品和动物饲料添加剂及原料产品）			

表1-1 续2

序号	单证类别	单证名称	企业电子化提交方式	海关验核方式	备注
50	证明/声明材料	添加抑制剂或稳定剂说明（危险化学品）			
51		中文安全数据单（危险化学品）			
52		航行途中或在锚地进行有效除害处理的报告（俄罗斯带皮海运散装原木且未在输出前进行有效除害处理的）			
53		旧机电产品进口声明			
54		免"进口旧机电产品装运前检验证书"进口特殊情况声明			
55	企业资质	进口食品境外出口商代理商备案	仅需提供单证名称和号码	系统联网核查	1. 资质类单证为海关或相关部门管理的企业资质证明文件。 2. 建有系统且已联网的企业资质，通过系统联网核查企业资质。 3. 对于"中国国际贸易单一窗口"产品资质项下采集了单证数据信息的，实现系统联网核查。否则，进行人工验核
56		进口食品进口商备案			
57		进口饲料和饲料添加剂境外企业注册登记			
58		进口食品境外生产企业注册			
59		进境水果境外果园/包装厂注册登记		系统联网核查/人工验核	
60		进境非食用动物产品国外生产、加工、存放企业注册登记			
61		进口粮食境外出口、仓储企业注册登记			

备注：

1. 通过"进口肉类卫生证书电子信息核查系统"实现检验检疫证书信息传输的产品有：冷冻猪肉（加拿大、巴西、墨西哥、法国、西班牙、英国、丹麦、爱尔兰、德国、比利时、匈牙利、芬兰）、牛产品、猪产品（美国）、冷冻牛肉（加拿大、墨西哥、乌拉圭、匈牙利、南非、哥斯达黎加）、冷冻剔骨牛肉（巴西、阿根廷）、去骨腌制猪肉（西班牙、意大利）、冷冻禽肉（巴西）、冷冻鸡肉（阿根廷）、冷冻羊肉（乌拉圭）、冷冻马肉、熟制牛羊肉（蒙古）、熟制猪肉、腌制猪肉（法国）、热处理去骨猪肉（意大利）。

2. 通过"中国检验检疫电子证书核查系统"实现检验检疫证书信息传输的产品有：澳大利亚的水产品、肉类、皮毛、肠衣、植物产品；智利的葡萄、猪肉；新西兰的牛羊肉、水产品、蜂蜜制品、皮毛、鹿产品、肠衣、乳制品；荷兰的猪肉（无纸化）、水产品、肠衣、乳制品（无纸化）、饲料用奶制品。

第三节 出口申报前监管的一般申请要求

出口申报前监管是指在全国通关一体化框架下，海关在企业办理出口货物通关手续前，对企业申报的出口法定检验检疫货物及包装，实施检验检疫、抽样、实验室检测、综合评定及出具单证等一系列海关监管执法活动。原则上出口申报前监管由属地海关组织实施；必须在出境地实施出口申报前监管的，由口岸海关组织实施作业。

一、出口申报前监管的申请

出口申报前监管的申请是指法定检验检疫出境货物的货主或其代理人，办理出口货物通关手续前，持有关单证向属地海关申请检验检疫以取得出境电子底账及其他单证的行为。属地海关检验检疫合格后，在口岸海关报关时，货主或其代理人凭属地海关签发的出境电子底账信息向口岸海关报关。

二、出口申报前监管申请时应提供的单据

出口货物申请出口申报前监管时，应以电子形式提供合同、发票、装运箱单等必要的凭证及其他海关要求提供的特殊单证，并根据海关需要提供相关纸质单证。

下列情况还应按要求提供有关文件：
1. 国家实施许可制度管理的货物，应提供有关证明；
2. 出口货物须经生产者或经营者检验合格并加附检验合格证或检测报告；
3. 凭样成交的货物，应提供经买卖双方确认的样品；
4. 出口危险货物，必须提供危险货物包装容器性能鉴定结果单和使用鉴定结果单；
5. 出境特殊物品的，应根据法律法规规定提供有关的审批文件。

第四节　过境货物检验检疫申报范围及要求

一、过境货物检验检疫申报范围

过境货物是指由境外启运，通过我国境内陆继续运往境外的货物。要求运输动植物过境的，必须事先商得海关同意，并按照指定的口岸和路线过境。运输动植物、动植物产品和其他检疫物过境的，需在进境时向口岸海关申报检验检疫。

二、过境货物检验检疫申报要求

过境动植物及其产品申报时，应持货运单和输出国家或地区官方出具的检疫证书。运输动植物过境前，还应当取得海关总署签发的"进境动植物检疫许可"。过境水生动物、饲料和饲料添加剂、非食用动物产品、粮食和转基因产品等均有具体申报要求，详见对应章节。

第五节　进出口货物检验检疫申报录入填制规范及操作指南

一、申报当事人的规定

1. 进出口货物收发货人、申报企业办理申报手续，应当依法向海关备案。申报单位备案已纳入"多证合一"。申请人办理市场监管部门市场主体登记时，可以同步办理申报单位备案；未选择"多证合一"方式提交申请的，仍可通过"中国国际贸易单一窗口"或"互联网+海关"提交申报单位备案申请。
2. 代理申报的，须向海关提供委托书。委托书由委托人按海关规定的格式填写。

二、检验检疫申报程序

全国海关于 2018 年 8 月 1 日起正式实施进出口货物整合申报。通过"中国国际贸易单一窗口"预录入系统进行申报数据录入时，录入检验检疫数据项并进行申报。

申报程序一般包括准备申报单证、电子申报数据（含检验检疫数据）录入、上传无纸化单据、联系配合现场查验、签领单证等几个环节。

（一）准备申报单证

申报人员了解出入境货物基本情况后，应按照货物的性质，根据海关有关规定和要求，准备好申报单证，并确认提供的数据和各种单证正确、齐全、真实、有效。需办理检疫审批、强制性产品认证等有关批准文件的，还应在申报前办妥相关手续。

（二）电子申报数据（含检验检疫数据）录入

1. 申报人员通过"中国国际贸易单一窗口"预录入系统进行申报。
2. 须在规定的申报时限内将相关进出口货物的申报数据发送至申报地海关。
3. 对于合同中涉及检验检疫特殊条款和特殊要求的，应在电子申报中同时提出。
4. 对经审核不符合要求的电子申报数据，申报人员可按照海关的有关要求对申报数据修改后，再次申报。
5. 需要对已发送的电子申报数据进行更改或撤销申报时，申报人员应发送更改或撤销申请。

（三）上传无纸化单据

根据海关总署要求，申报人员通过"中国国际贸易单一窗口"预录入系统进行申报的同时，应通过无纸化上传系统将随附单据电子版上传，无须在申报时提交纸质单证。海关监管过程中按照风险布控、签注作业等要求需要验核纸质单证的，申请人应当补充提交相关纸质单证。

（四）联系配合现场查验

申报人员应根据海关风险布控指令要求对需要现场查验的货物，主动联系配合海关对出入境货物实施检验检疫和查验。向海关提供进行抽样、检验、检疫和鉴定等必要的工作条件，配合海关为实施检验检疫和查验而进行的现场验（查）货、抽（采）样及检验检疫处理等事宜。落实海关提出的检验检疫监管措施和其他要求。

对经检验检疫合格放行的出境货物加强批次管理，不错发、错运、漏发。法定检验检疫的出口货物未经检验检疫或者经检验检疫不合格的，不准出口。未经检验检疫合格或未经海关许可的进境法检货物，不准销售、使用或拆卸、运递。

（五）签领单证

对出入境货物检验检疫完毕后，海关根据评定结果签发相应的单证，申报人在领取海关出具的有关检验检疫单证时应如实签署姓名和领证时间。

拓展阅读

为贯彻落实国务院"放管服"改革要求，进一步优化营商环境、促进贸易便利化，海关总署决定于 2020 年 1 月 1 日起全面推广进口货物"两步申报"改革试点。

（一）申报方式

在"两步申报"通关模式下，企业不需要一次性填报所有申报项目，可分为概要申报及完整申报两步分别申报。

第一步，概要申报：对于不涉及进口禁限管制、检验或检疫的货物，企业只需申报 9 个项目，确认 2 个物流项目；对于涉及进口禁限管制或检验检疫的货物，分别增加申报 2 个或 5 个项目；应税货物须选择符合要求的担保备案编号。如果货物不需查验，即可提离；涉税货物已经提交税款担保的，或需查验货物海关已完成查验的，也可以提离。

第二步，完整申报：企业在货物提离后的规定时间内补充申报其他项目，办理缴纳税款等通关手续。

（二）申报途径

进口货物收货人或其代理人可通过"中国国际贸易单一窗口"预录入系统，开展进口货物"两步申报"；也可以通过"掌上海关"App 开展非"涉证"、非"涉检"、非"涉税"情况下的概要申报。

（三）相关要求

1. 时限要求

概要申报与完整申报均需在自运输工具申报进境之日起 14 日内完成。其中，概要申报可以实施"提前申报"。

2. 资质要求

除"失信企业"外的境内收货人，其货物实际进境的可采用"两步申报"。

3. 进出口货物要求

目前"两步申报"只限进口货物。

4. 监管证件要求

所涉及的监管证件已实现联网核查的货物才能使用"两步申报"。

5. 其他要求

有纸申报报关单，通过特殊通道申报的报关单，使用纸质代理报关委托书的、运输工具进境超过 14 天的进口货物，非"金关二期"账册的进口加贸类货物或海关特殊监管区域货物，均不适用"两步申报"。

（四）涉及检验检疫业务的"两步申报"注意事项

1. 概要申报时勾选"涉检"的范围

进口货物根据法律、法规规定需实施检验或检疫的（可参考本书"进出口货物检验检疫要求查询表"进行判定），应在概要申报时勾选"涉检"。

2. 勾选"涉检"的联网监管证件

在《关于开展"两步申报"改革试点的公告》（海关总署公告 2019 年第 127 号）中的联网监管证件，有 10 种监管证件应在概要申报时勾选"涉检"。具体见表 1-2。

表 1-2　已实现联网的监管证件表

序号	证件名称	报关单录入类型
1	中华人民共和国两用物项和技术进口许可证	涉证
2	中华人民共和国两用物项和技术出口许可证	涉证
3	中华人民共和国出口许可证	涉证
4	中华人民共和国进口许可证	涉证
5	中华人民共和国自动进口许可证	涉证
6	中华人民共和国技术出口许可证	涉证
7	中华人民共和国技术出口合同登记证	涉证
8	援外项目任务通知单	涉证
9	非《进出口野生动植物种商品目录》物种证明	涉证

表1-2 续

序号	证件名称	报关单录入类型
10	《濒危野生动植物种国际贸易公约》允许进出口证明书	涉证
11	中华人民共和国野生动植物允许进出口证明书	涉证
12	药品进口准许证	涉证
13	药品出口准许证	涉证
14	进口药品通关单	涉证
15	麻精药品进出口准许证（含精神药物进、出口准许证，麻醉药品进、出口准许证）	涉证
16	进口非特殊用途化妆品卫生许可批件	涉检
17	进口医疗器械注册证、进口医疗器械备案证	涉检
18	进口特殊用途化妆品卫生许可批件	涉检
19	密码产品和含有密码技术的设备进口许可证	涉证
20	黄金及黄金制品进出口准许证	涉证
21	银行调运人民币现钞进出境证明文件	涉证
22	限制进口类可用作原料的固体废物进口许可证	涉证
23	有毒化学品进出口环境管理放行通知单	涉证
24	进口兽药通关单	涉证
25	农药进出口放行通知单	涉证
26	合法捕捞产品通关证明	涉证
27	农业转基因生物安全证书	涉检
28	国（境）外引进农业种苗检疫审批单，引进种子、苗木检疫审批单	涉检
29	进口广播电影电视节目带（片）提取单	涉证
30	音像制品（成品）进口批准单	涉证
31	赴境外加工光盘进口备案证明	涉证
32	民用爆炸物品进口审批单	涉证
33	民用爆炸物品出口审批单	涉证
34	人类遗传资源材料出口、出境证明	涉证
35	古生物化石出境批件	涉证
36	特种设备制造许可证、特种设备型式试验证书	涉检
37	特殊医学用途配方食品注册证书	涉检
38	保健食品注册证书或保健食品备案凭证	涉检
39	婴幼儿配方乳粉产品配方注册证书	涉检
40	强制性产品认证证书或证明文件	涉检

3. 进口大宗商品需要重量鉴定证书的申报

企业在概要申报时，可以在"中国国际贸易单一窗口"系统中勾选"需要重量证书""需要品质证书"的方式向海关提出申请，海关依企业申请实施重量鉴定、品质检验；完整申报后，出具重量鉴定证书、品质检验证书。

4. "中国国际贸易单一窗口""涉检"的相关功能

（1） "中国国际贸易单一窗口"申报界面增加概要申报"涉检"逻辑辅助提示功能。若企业在概要申报时勾选"不涉检"，但系统检查到商品6位商品编码包含在实施检验的进出口商品目录中，"中国国际贸易单一窗口"将弹出提示信息，建议进一步核实商品是否"涉检"。

（2） 概要申报增加"检验检疫机关"申报项。对于"涉检"报关单，企业可以在概要申报环节填报"目的地检验检疫机关"。目的地查验指令将自动下发到"目的地检验检疫机关"所对应的海关，并在"中国国际贸易单一窗口"中生成通知回执。

（3） 完整申报增加商品项拆分功能。企业在完整申报时，勾选"商品拆分"复选框可对概要申报环节已申报的商品进行拆分。

①拆分后的成交数量总和应与概要申报的成交数量相同。

②对于"不涉检"报关单，拆分后的商品编码前6位、商品名称、成交计量单位、原产国（地区）应与概要申报相同。

③对于"涉检"报关单，拆分后的10位商品编码、检验检疫名称代码、商品名称、成交计量单位、原产国（地区）应与概要申报相同。

三、货物申报数据项调整情况

根据海关总署公告要求，申报数据的栏目和参数代码的修改如下：

（一）栏目变化

1. 新增的栏目

（1） 境外收发货人。

（2） 货物存放地点。

（3） 启运港。

（4） 自报自缴。

（5） 入境口岸/离境口岸。

2. 修改的栏目

（1） "收发货人"改为"境内收发货人"。

（2） "进口口岸/出口口岸"改为"进境关别/出境关别"。

（3） "装货港/指运港"改为"经停港/指运港"。

（4） "随附单证"改为"随附单证及编号"。

3. 修改填报要求的栏目

（1） 预录入编号。

（2） 海关编号。

（3） 备案号。

（4） 境内收发货人。

（5） 运输方式。

（6） 运输工具名称及航次号。

（7） 征免性质。

（8） 消费使用单位/生产销售单位。

（9） 监管方式。

（10） 包装种类。

（11） 项号。

（12） 申报单位。

（13） 标记唛码及备注。

（14）商品名称及规格型号。
（15）境内目的地/境内货源地。

4. 删除的栏目

（1）版本号。
（2）货号。
（3）录入员。
（4）录入单位。

5. 检验检疫主动触发申报项目

当进口货物属于法定检验检疫范畴，系统会自动触发检验检疫申报项目。检验检疫栏目分为基本信息内容和货物信息内容。

（1）基本信息内容的必填栏目有以下6项。

①检验检疫受理机关。
②领证机关。
③口岸检验检疫机关。
④目的地检验检疫机关。
⑤启运日期。
⑥B/L 号。

（2）基本信息内容的选填栏目有以下6项。

①企业资质（企业资质代码、企业资质编号）。
②关联号码及理由（关联号码、关联理由）。
③使用人（使用单位联系人、使用单位联系电话）。
④原箱运输。
⑤特殊业务标识。
⑥检验检疫签证申报要素（所需单证、境内收发货人名称外文、发货人名称外文、境外收发货人名称中文、境外发货人地址、卸毕日期、商品英文名称）。

（3）货物信息内容的必填栏目有以下3项。

①检验检疫名称。
②货物属性。
③用途。

（4）货物信息内容的选填栏目有以下3项。

①检验检疫货物规格（成分原料组分、产品有效期、保质期、境外生产企业、货物规格、货物型号、货物品牌、生产日期、生产批次）。
②产品资质（许可证类别、许可证编号、核销货物序号、核销数量、核销数量单位、许可证 VIN 信息）。
③危险货物信息（非危险化学品、UN 编码、货物名称、危包规格）。

（二）参数代码标准

实现关检融合后，报关单部分栏目录入代码调整为标准代码，包括国别（地区）代码、港口代码、币制代码、运输方式代码、监管方式代码、计量单位代码、包装种类代码、集装箱规格代码。

四、检验检疫项目录入指南

当进口货物属于法定检验检疫范畴，系统会自动触发检验检疫申报项目校验。根据《中华人民共和国海关进出口货物报关单填制规范》等相关管理规定，下面就报关单的 105 个录入项目中有关检验检疫申报的项目逐一进行解释说明。

（一）检验检疫受理机关

根据海关规定的"检验检疫机关代码表"（详见本书附录3中的"关区代码及对应的检验检疫机关代码对照表"）中相应的检验检疫机关名称及代码，填报提交报关单和随附单据的检验检疫机关。

（二）企业资质类别

该申报项目为有条件必填项。对申报需实施检验检疫的货物，且根据进出口货物种类及法律、法规和相关规定的要求，相关企业须取得必要资质时为必填项。

根据进出口货物种类及法律、法规和相关规定的要求，须在本栏选择填报货物的生产商、进出口商、代理商必须取得的资质类别。属于多个资质的，须全部填报。

（三）企业资质编号

该申报项目为有条件必填项。对申报需实施检验检疫的货物，且根据进出口货物种类及法律、法规和相关规定的要求，相关企业须取得必要资质时为必填项。

根据进出口货物种类及相关要求，须在本栏填报货物生产商、进出口商、代理商必须取得的资质的对应注册/备案编号。属于多个资质的，须全部填写。

企业如持有海关要求的合格保证、标签标识及其他证明声明材料，在填报"编辑企业资质信息"时，需勾选界面最下方红色标示的企业承诺事项。

（四）领证机关

根据海关规定的"检验检疫机关代码表"（详见本书附录3中的"关区代码及对应的检验检疫机关代码对照表"）中相应的检验检疫机关名称及代码，填报领取单证的检验检疫机关。录入时可根据下拉菜单选择或根据"检验检疫机关代码表"录入相应的海关名称或代码。

（五）口岸检验检疫机关

根据海关规定的"检验检疫机关代码表"（详见本书附录3中的"关区代码及对应的检验检疫机关代码对照表"）中相应的检验检疫机关名称及代码，填报口岸检验检疫机关。进境填报入境第一口岸所在地检验检疫机关。运往陆港或进境转关货物，选择陆港或指运地对应的机关。出境填报货物离境口岸的检验检疫机关。运往陆港或出境转关货物，选择陆港或启运地对应的机关。录入时可根据下拉菜单选择或根据"检验检疫机关代码表"录入相应的海关名称或代码。

（六）启运日期

填报装载进境货物的运输工具离开启运口岸的日期。栏目的8位数字，顺序为年（4位）、月（2位）、日（2位），格式为"YYYYMMDD"。

（七）B/L号

填报进境货物的承运人开出的提（运）单号的总单号或直单号。该项目不可为空，如空时系统自动提取提（运）单号返填。

（八）目的地检验检疫机关

根据海关规定的"检验检疫机关代码表"（详见本书附录3中的"关区代码及对应的检验检疫机关代码对照表"）中相应的检验检疫机关名称及代码，需要在目的地实施检验检疫的，在本栏填写对应的检验检疫机关。录入时可根据下拉菜单选择或根据"检验检疫机关代码表"录入相应的海关名称或代码。

（九）关联号码及理由

该申报项目为选填项，不涉及关联事项的，免予填报。

进出口货物报关单有关联报关单时，在本栏中填报相关关联报关单号码，并在下拉菜单中选择关联报关单的关联理由。

（十）使用单位联系人

该申报项目为选填项，填报进境货物销售、使用单位的联系人名字。

（十一）使用单位联系电话

该申报项目为选填项，填报进境货物销售、使用单位的联系人电话。

（十二）原箱运输

该申报项目为选填项，用于申报使用集装箱运输的进口货物。根据境内运输阶段是否原集装箱原箱运输，勾选"是"或"否"。

（十三）特殊业务标识

该申报项目为选填项，属于国际赛事、特殊进出军工物资、国际援助物资、国际会议、直通放行、外交礼遇、转关等特殊业务的，根据实际情况勾选。

（十四）所需单证

该申报项目为选填项，进出口企业申请出具检验检疫单证时，应根据相关要求，在"所需单证"项下的"检验检疫签证申报要素"中，勾选申请出具的检验检疫单证类型（详见本书附录3中的"检验检疫单证代码表"）。如有需要同时填写收发货人名称地址、商品英文名称等信息时，申请多个的可多选。

（十五）检验检疫名称

"涉检"商品需在"检验检疫编码列表"中选择对应的检验检疫名称，非"涉检"编码可根据需要选择"是"或"否"。

除按照相关法律、法规需实施检验检疫的货物必须填报外，其余的情况可不填报。

（十六）检验检疫货物规格

该申报项目为项目组，申报"涉检"商品时，在"检验检疫货物规格"项下，填报"成分/原料/组分""产品有效期""产品保质期""境外生产企业""货物规格""货物型号""货物品牌""生产日期""生产批次"和"生产单位代码"等栏目。

填报要求：

1. 成分/原料/组分栏：填报货物含有的成分、货物原料或化学品组分。例如，特殊物品、化妆品、其他检疫物等所含的关注成分或者其他检疫物的具体成分、食品农产品的原料等。

2. 产品有效期栏：有质量保证期的填报质量保证的截止日期。

3. 产品保质期栏：有质量保证期的填报质量保证的天数。天数按照生产日期计算。

4. 境外生产企业栏：填报进境货物的国外生产厂商名称。默认为境外发货人。

5. 货物规格栏：输入货物的规格。

6. 货物型号栏：填报本项申报货物的所有型号。多个型号以"；"隔开。

7. 货物品牌栏：填报货物的品牌名称。品牌以合同或装箱单为准，需要录入中英文品牌的，录入格式为"中文品牌/英文品牌"。

8. 生产日期栏：填报货物生产加工的日期。例如，2017-08-01（半角符号）。

9. 生产批次栏：填报本批货物的生产批号。多个生产批号以"；"隔开。

10. 生产单位代码栏：填报本批货物生产单位在海关的海关备案登记编号。市场采购时，填报组货单位的备案登记编号。

（十七）产品资质（产品许可、审批、备案）

该申报项目为项目组，申报需实施检验检疫的货物且根据进出口货物种类及法律、法规和相关规定的要求，相关产品须取得必要资质时为必填项。

对国家实施进出口许可、审批、备案等管理的进出口货物，填写本项货物必须取得的许可、审批、备案名称、编号，需要核销的须填写核销货物序号、核销数量。

1. 许可证类别栏：进出口货物取得了许可、审批或备案等资质时，应在产品资质项下的许可证类别中填报对应的许可、审批或备案证件类别和名称。

同一商品涉及多个许可、审批或备案证件类别时，须全部录入相应的证件类别。

2. 许可证编号栏：进出口货物取得了许可、审批或备案等资质时，应在产品资质项下的许可证编号栏中填报对应的许可、审批或备案证件编号。

同一商品有多个许可、审批或备案证件号码时，须全部录入相应的证件号码。

3. 核销货物序号栏：进出口货物取得了许可、审批或备案等资质时，应在产品资质项下的核销货物序号栏中填报被核销文件中对应货物的序号。

4. 核销数量栏：进出口货物取得了许可、审批或备案等资质时，应在产品资质项下的产品许可、审批、备案核销数量中，填报被核销文件中对应货物的本次实际进出口数（重）量。

5. 许可证 VIN 信息栏：申报进口已获 3C 认证的机动车辆时，填报机动车车辆识别代码，包括 VIN 序号、车辆识别代码（VIN）、单价、底盘（车架号）、发动机号或电机号、发票所列数量、品名（英文名称）、品名（中文名称）、提运单日期、型号（英文）、质量保质期等 11 项内容。

（十八）货物属性

根据进出口货物的商品编码和货物的实际情况，按照海关规定的"货物属性代码表"，在本栏下拉菜单中勾选货物属性的对应代码。有多种属性的要同时选择。详见本书附录 3 中的"货物属性代码、用途代码表"。

（十九）用途

根据进出口货物的使用范围或目的，按照海关规定的"货物用途代码表"，在本栏下拉菜单中填报。详见本书附录 3 中的"货物属性代码、用途代码表"。

（二十）危险货物信息

该申报项目为项目组，申报危险化学品时需要填写对应内容。不属于危险货物的，应在"非危险货物"栏选"是"；属于危险货物的，应据实填写 UN 编码、危险货物名称、危包类别及包装规格。

1. UN 编码栏：进出口货物为危险货物的，须按照《关于危险货物运输的建议书》，在 UN 编码栏中填写危险货物对应的 UN 编码。

2. 危险货物名称栏：进出口货物为危险货物的，须在危险货物名称栏中，填写危险货物的实际名称。

3. 危包类别栏：进出口货物为危险货物的，须按照《危险货物运输包装类别划分方法》，在危险货物信息项下的危包类别中，勾选危险货物的包装类别。危险货物包装根据其内装物的危险程度划分为 3 种包装类别：一类，盛装具有较大危险性的货物；二类，盛装具有中等危险性的货物；三类，盛装具有较小危险性的货物。

4. 危包规格栏：进出口货物为危险货物的，须根据危险货物包装规格的实际情况，按照海关规定填报危险货物的包装规格。

第二章

特殊物品与生物材料

第一节 特殊物品

特殊物品是指微生物、人体组织、生物制品、血液及其制品等。

微生物是指病毒、细菌、真菌、放线菌、立克次氏体、螺旋体、衣原体、支原体等医学微生物菌（毒）种及样本，以及寄生虫、环保微生物菌剂。

人体组织是指人体细胞、细胞系、胚胎、器官、组织、骨髓、分泌物、排泄物等。

生物制品是指用于人类医学、生命科学相关领域的疫苗、抗毒素、诊断用试剂、细胞因子、酶及其制剂，以及毒素、抗原、变态反应原、抗体、抗原-抗体复合物、核酸、免疫调节剂、微生态制剂等生物活性制剂。

血液是指人类的全血、血浆成分和特殊血液成分。血液制品是指各种人类血浆蛋白制品。

出入境特殊物品单位是指从事特殊物品生产、使用、销售、科研、医疗、检验、医药研发外包的法人或者其他组织。

一、资质要求

（一）准入要求

微生物、人体组织、生物制品、血液及其制品等特殊物品生物安全风险较高，禁止过境。

（二）特殊物品卫生检疫审批

海关总署对进出境特殊物品实行卫生检疫审批制度。入境特殊物品的货主或者其代理人应当在特殊物品交运前向目的地直属海关申请特殊物品检疫审批；出境特殊物品的货主或者其代理人应当在特殊物品交运前向其所在地直属海关申请特殊物品审批。办理指南见本书第十四章第一节。

二、申报要求

（一）基本申报要求

入境特殊物品到达口岸后，货主或者其代理人应当向入境口岸海关申报。

出境特殊物品的货主或者其代理人应当在出境前向其所在地海关申请出口申报前监管。

（二）其他申报要求

商品编码检验检疫类别包含"V/W[①]"的，如属于动植物检疫生物制品，还应按动植物检疫生物

[①] "V"表示进境特殊物品卫生检疫，"W"表示出境特殊物品卫生检疫。

材料要求申报；其余情况均应按特殊物品进行申报。

(三) 录入要求

1. 货物属性

申报涉及特殊物品的产品（包括但不限于本书"进出口货物检验检疫要求查询表"中检验检疫要求为"特殊物品"的商品编码）时，应如实录入货物属性信息。

属于特殊物品的，按照"入/出境特殊物品卫生检疫审批单"注明的风险等级选择货物属性（25-A级特殊物品、26-B级特殊物品、27-C级特殊物品或28-D级特殊物品）；不属于特殊物品的，货物属性应选择"29-V/W非特殊物品"。

2. 货物用途

根据实际用途，货物用途应分别选择"31-治疗、预防、诊断"、"32-科研"或"99-其他"。

3. 产品资质

产品资质应选取"203-出入境特殊物品卫生检疫审批①"，并填写许可证编号等信息。

三、产品相关要求

(一) 基本要求

出入境特殊物品名称、成分、批号、规格、数量、有效期、运输储存条件、输出/输入国和生产厂家等项目应与"入/出境特殊物品卫生检疫审批单"的内容相符；出入境特殊物品包装应安全无破损，不渗、不漏，存在生物安全风险的应具有符合相关要求的生物危险品标识。

其中，出现以下情况之一的，需退运或者销毁。

(1) 名称、批号、规格、生物活性成分等与特殊物品审批内容不相符的；

(2) 超出卫生检疫审批的数量范围的；

(3) 包装不符合特殊物品安全管理要求的；

(4) 经检疫查验不符合卫生检疫要求的。

(二) 进口目的地监管

含有或者可能含有病原微生物、毒素等生物安全危害因子的入境特殊物品，需在目的地实施监管，并核查特殊物品使用单位的实验室是否与"入/出境特殊物品卫生检疫审批单"一致，入境特殊物品是否与"入/出境特殊物品卫生检疫审批单"货证相符。

目的地监管发现不符的，海关将撤回"入/出境特殊物品卫生检疫审批单"，责令退运或者销毁。

需实施后续监管的入境特殊物品，其使用单位应当在特殊物品入境后30日内，到目的地海关申报，由目的地海关实施后续监管。

(三) 其他监管要求

对需实验室检测的入境特殊物品，货主或者其代理人应当按照口岸海关的要求将特殊物品存放在符合条件的储存场所，经检疫合格后方可移运或者使用。

出入境特殊物品单位，应当建立特殊物品安全管理制度，严格按照特殊物品审批的用途生产、使用或者销售特殊物品。

出入境特殊物品单位应当建立特殊物品生产、使用、销售记录。记录应当真实，保存期限不得少于2年。

---

① "中国国际贸易单一窗口"等作业系统中"产品资质"选项的名称。

第二节 进境生物材料

生物材料是指以科研、研发、预防、诊断、注册、检验、保藏为目的进口的可能造成动植物疫病疫情传播风险的微生物、寄生虫、动植物组织、细胞、分泌物、提取物、动物器官、排泄物、血液及其制品、蛋白,以及由上述材料制成的培养基、诊断试剂、酶制剂、单(多)克隆抗体、生物合成体、抗毒素、细胞因子等生物制品和 SPF 级及以上级别的实验动物。

(一)资质要求

1. 进境动植物检疫审批

海关总署对进境生物材料实施检疫审批制度。"进境生物材料风险级别及检疫监管措施清单"(见本节后文)中列明需要进境检疫审批的产品,申请单位应当办理检疫审批手续,取得进境动植物检疫许可。办理指南见本书第十四章第二节、第三节。

2. 国外企业名单

企业登录海关总署动植物检疫司网站(http://dzs.customs.gov.cn/),点击"企业信息"—"动物产品类"—"生物材料"可查询"允许向中国出口生物材料(包含血液制品)的国外企业名单"。

(二)申报要求

1. 基本申报要求

货主或者其代理人应当在生物材料进境前向进境口岸海关申报,除贸易合同、提单、装箱单、发票等贸易凭证外,还应按照"进境生物材料风险级别及检疫监管措施清单"(见本节后文)的要求提供国外官方检疫证书或附加声明。部分免于核查输出国家或地区动植物检疫证书的产品,须提供的附加声明要求见表 2-1。

表 2-1 免于核查动植物检疫证书的产品须提供的附加声明明细表

序号	产品范围	申报时须提供的附加声明
1	含微量(含量≤5%)动植物源性成分的琼脂培养基、蛋白胨培养基	境外输出单位出具的安全声明
2	含微量(含量≤5%)动物源性成分用于体外检测的商品化试剂盒	商品化试剂盒在境外市场销售使用的证明、产品说明书
3	对于检测抗原抗体等生物活性物质的商品化体外诊断试剂	随附境外提供者出具的安全声明及国外允许销售证明
4	经化学变性处理的科研用动物组织、器官;科研用工业明胶	境外输出单位出具的化学变性处理的工艺说明、进口使用单位的安全承诺书
5	来自商品化细胞库(ATCC、NVSL、DSMZ、ECACC、KCLB、JCRB、RIKEN)的传代细胞系	境外提供者出具的安全声明

2. 录入要求

需进境动植物检疫审批的生物材料,在产品资质栏目选取"325-进境动植物产品检疫许可证",

并填写许可证编号等信息。

(三) 产品要求

1. 基本要求

海关总署对生物材料实施分类管理，根据风险等级不同制定不同检验检疫要求，具体见"进境生物材料风险级别及检疫监管措施清单"。

进境生物材料的品种、生产、加工单位、规格、数量等应与相关材料严格相符。产品包装应完好，并符合运输要求。

2. 特定要求

(1) 实验鼠

进境 SPF 级及以上级别实验鼠隔离检疫期间，在确保生物安全的前提下，经所在地直属海关批准，可边隔离边实验。

(2) 动物诊断试剂

对进境动物诊断试剂实施分级管理。对于检测酶类、糖类、脂类、蛋白和非蛋白氮类和无机元素类等生化类商品化体外诊断试剂，口岸直接验放。对于检测抗原抗体等生物活性物质的商品化体外诊断试剂，口岸查验合格后直接放行。

(3) 来自商品化细胞库的动物传代细胞系

来自商品化细胞库（ATCC、NVSL、DSMZ、ECACC、KCLB、JCRB、RIKEN）的动物传代细胞系调整为四级风险进行管理，口岸查验合格后直接放行。

(4) 培养基

进口培养基中动物源性成分不高于 5% 的，口岸凭境外生产商出具的安全声明核放。

3. 京津冀沪等地试行的新措施

(1) 满足下列条件的进境 SPF 小鼠或大鼠隔离期由 30 天调整为 14 天。

①进口时境外供货方提供出口前 3 个月内的动物健康监测报告，证明 SPF 级小鼠的淋巴细胞性脉络丛脑膜炎病毒、鼠痘病毒、仙台病毒、小鼠肝炎病毒和汉坦病毒监测均为阴性。

②进口时境外供货方提供出口前 3 个月内的动物健康监测报告，证明 SPF 级大鼠的仙台病毒和汉坦病毒监测为阴性。

③进口 SPF 小鼠或大鼠，无出口前 3 个月内健康监测报告的或监测项目不满足上述要求的，进境后经中国合格评定国家认可委员会（CNAS）认可的实验机构检测上述疫病合格的。

(2) 进口基因检测用动植物及其相关微生物 DNA/RNA，免于提供出口国家或者地区官方检疫证书，进境时随附国外提供者出具的成分说明和安全声明，口岸查验合格后直接放行。

(3) 允许对尚未完成检疫准入的科研用 SPF 小鼠饲料审批，进境后在指定场所使用。

(4) 进境 SPF 鼠指定隔离场使用证由批批办理调整为一次办理有效期内多次使用。

(四) 进境生物材料风险级别及检疫监管措施清单

"进境生物材料风险级别及检疫监管措施清单"见表 2-2。

表 2-2 进境生物材料风险级别及检疫监管措施清单

风险级别	生物材料范围	进境检疫审批	国外官方检疫证书	申报时附加声明	口岸查验	后续监管
一级	科研用《动物病原微生物分类名录》（2005 年农业部①令 53 号，见附件 1）中的动物病原微生物	是	是	否	是	是
	科研用动物寄生虫、动物源性感染性物质（包括器官、组织、细胞、体液、血液、排泄物、羽毛、感染性生物合成体等）					
	动物疫苗注册、检验和保藏用菌（毒）种					
	用于国际比对试验或能力验证的疫病检测盲样					
二级	SPF 级及以上级别实验动物	是	是	否	是	是
	SPF 级及以上级别实验动物的精液、胚胎、卵细胞等遗传物质					
	非感染性的动物器官、组织、细胞、血液及其制品、分泌物、排泄物、提取物等（不包括源自 SPF 级及以上级别实验动物的生物材料）					
三级	动物体内诊断试剂、含动物源性成分的非商品化诊断试剂	是	否	是	是	否
	科研用明胶（仅限猪皮明胶、牛皮明胶、鱼皮明胶）	是	否	是	是	否
	含动物源性成分高于 5% 的培养基	否	是	否	是	否
	SPF 级及以上级别的实验动物的器官、组织、细胞、血液及其制品、分泌物、排泄物、提取物等	否	是	否	是	否
	实验用模式果蝇、模式线虫	是	否	否	是	否
四级	含动物源性成分≤5% 的培养基	否	否	是	是	否
	检测抗原抗体等生物活性物质的商品化体外诊断试剂					
	检测酶类、糖类、脂类、蛋白和非蛋白氮类和无机元素类等生化类商品化体外诊断试剂					
	来自商品化细胞库（ATCC、NVSL、DSMZ、ECACC、KCLB、JCRB、RIKEN）的动物传代细胞系					
	《动物病原微生物分类名录》（2005 年农业部令 53 号）外的微生物，非致病性微生物的 DNA/RNA，无感染性动物质粒、噬菌体等遗传物质和生物合成体					
	动物干扰素、激素、毒素、类毒素、酶和酶制剂、单（多）克隆抗体、抗毒素、细胞因子、微粒体等					
	经化学变性处理的动物组织、器官及其切片					

---

① 全称为中华人民共和国农业部。2018 年 3 月，根据第十三届全国人民代表大会第一次会议批准的国务院机构改革方案，不再保留农业部。

附件1

动物病原微生物分类名录

(2005年5月24日，农业部令第53号)

根据《病原微生物实验室生物安全管理条例》第七条、第八条的规定，对动物病原微生物分类如下：

一、一类动物病原微生物

口蹄疫病毒、高致病性禽流感病毒、猪水泡病病毒、非洲猪瘟病毒、非洲马瘟病毒、牛瘟病毒、小反刍兽疫病毒、牛传染性胸膜肺炎丝状支原体、牛海绵状脑病病原、痒病病原。

二、二类动物病原微生物

猪瘟病毒、鸡新城疫病毒、狂犬病病毒、绵羊痘/山羊痘病毒、蓝舌病病毒、兔病毒性出血症病毒、炭疽芽孢杆菌、布氏杆菌。

三、三类动物病原微生物

多种动物共患病病原微生物：低致病性流感病毒、伪狂犬病病毒、破伤风梭菌、气肿疽梭菌、结核分枝杆菌、副结核分枝杆菌、致病性大肠杆菌、沙门氏菌、巴氏杆菌、致病性链球菌、李氏杆菌、产气荚膜梭菌、嗜水气单胞菌、肉毒梭状芽孢杆菌、腐败梭菌和其他致病性梭菌、鹦鹉热衣原体、放线菌、钩端螺旋体。

牛病病原微生物：牛恶性卡他热病毒、牛白血病病毒、牛流行热病毒、牛传染性鼻气管炎病毒、牛病毒腹泻/黏膜病病毒、牛生殖器弯曲杆菌、日本血吸虫。

绵羊和山羊病病原微生物：山羊关节炎/脑脊髓炎病毒、梅迪/维斯纳病病毒、传染性脓疱皮炎病毒。

猪病病原微生物：日本脑炎病毒、猪繁殖与呼吸综合征病毒、猪细小病毒、猪圆环病毒、猪流行性腹泻病毒、猪传染性胃肠炎病毒、猪丹毒杆菌、猪支气管败血波氏杆菌、猪胸膜肺炎放线杆菌、副猪嗜血杆菌、猪肺炎支原体、猪密螺旋体。

马病病原微生物：马传染性贫血病毒、马动脉炎病毒、马病毒性流产病毒、马鼻炎病毒、鼻疽假单胞菌、类鼻疽假单胞菌、假皮疽组织胞浆菌、溃疡性淋巴管炎假结核棒状杆菌。

禽病病原微生物：鸭瘟病毒、鸭病毒性肝炎病毒、小鹅瘟病毒、鸡传染性法氏囊病病毒、鸡马立克氏病病毒、禽白血病/肉瘤病毒、禽网状内皮组织增殖病病毒、鸡传染性贫血病病毒、鸡传染性喉气管炎病毒、鸡传染性支气管炎病毒、鸡减蛋综合征病毒、禽痘病毒、鸡病毒性关节炎病毒、禽传染性脑脊髓炎病毒、副鸡嗜血杆菌、鸡毒支原体、鸡球虫。

兔病病原微生物：兔黏液瘤病病毒、野兔热土拉杆菌、兔支气管败血波氏杆菌、兔球虫。

水生动物病病原微生物：流行性造血器官坏死病毒、传染性造血器官坏死病毒、马苏大麻哈鱼病毒、病毒性出血性败血症病毒、锦鲤疱疹病毒、斑点叉尾鮰病毒、病毒性脑病和视网膜病毒、传染性胰脏坏死病毒、真鲷虹彩病毒、白鲟虹彩病毒、中肠腺坏死杆状病毒、传染性皮下和造血器官坏死病毒、核多角体杆状病毒、虾产卵死亡综合征病毒、鳖鳃腺炎病毒、Taura综合征病毒、对虾白斑综合征病毒、黄头病病毒、草鱼出血病毒、鲤春病毒血征病毒、鲍球形病毒、鲑鱼传染性贫血病毒。

蜜蜂病病原微生物：美洲幼虫腐臭病幼虫杆菌、欧洲幼虫腐臭病蜂房蜜蜂球菌、白垩病蜂球囊菌、蜜蜂微孢子虫、跗腺螨、雅氏大蜂螨。

其他动物病病原微生物：犬瘟热病毒、犬细小病毒、犬腺病毒、犬冠状病毒、犬副流感病毒、猫泛白细胞减少综合征病毒、水貂阿留申病病毒、水貂病毒性肠炎病毒。

四、四类动物病原微生物

四类动物病原微生物是指危险性小、低致病力、实验室感染机会少的兽用生物制品、疫苗生产用的各种弱毒病原微生物以及不属于第一、二、三类的各种低毒力的病原微生物。

第三章

动物及其产品

第一节 陆生动物

进境活动物包括饲养、野生的陆生动物和水生动物。陆生动物主要包括两类：一类是大中动物，如黄牛、水牛、牦牛、犀牛、马、驴、骡、骆驼、象、斑马、猪、绵羊、山羊、羚羊、鹿、狮、虎、豹、猴、狼、河马、海豚、海豹、海狮等；另一类是小动物，如猫、犬、兔、狐狸、水獭、鸡、鸭、鹅、鸽、各种鸟类等。

一、进境陆生动物

（一）资质要求

1. 准入要求

输出国家（地区）有关主管机构必须与海关总署签订输华动物双边检疫协定后，相关动物方可向中国出口。

海关总署和农业农村部根据《中华人民共和国进出境动植物检疫法》及其实施条例等有关法律法规的规定发布公告，禁止有关国家（地区）的相关动物输入，或对有关国家（地区）已禁止的相关动物解除禁令。企业办理动物进境手续前，可通过"禁止从动物疫病流行国家（地区）输入的动物及其产品一览表"（详见本书附录2）查阅已签署议定书产品是否被禁止进境。

2. 指定隔离检疫场使用核准

指定隔离检疫场是指海关总署设立的动物隔离检疫场所（以下简称国家隔离场）或者各直属海关指定的动物隔离场所（以下简称指定隔离场）。

进境种用大中动物应当在国家隔离场隔离检疫，进境种用大中动物之外的其他动物应当在国家隔离场或者指定隔离场隔离检疫。隔离场使用人应先向隔离场所在地直属海关申请办理"中华人民共和国进出境动物指定隔离检疫场使用证"。办理指南见本书第十五章第九节。

企业登录海关总署动植物检疫司网站（http：//dzs. customs. gov. cn/），点击"企业信息"—"活动物类"—"陆生动物"可查询"进境动物隔离检疫场名单"。

3. 进境动植物检疫审批

海关总署对进境陆生动物实行检疫审批制度。进境陆生动物的进口商应当在签订贸易合同前办理检疫审批手续，取得进境动植物检疫许可。办理指南见本书第十四章第二节。

进境种用大中动物隔离场使用人应凭有效"中华人民共和国进出境动物指定隔离检疫场使用证"向隔离场所在地直属海关申请办理进境动植物检疫许可。

（二）申报要求

1. 基本申报要求

货主或者其代理人应当在陆生动物进境前向进境口岸海关申报，除贸易合同、提单、装箱单、发票等贸易凭证外，按要求提供以下材料。

（1）输出国家（地区）官方动物检疫证书（特定国家证书要求详见本节"进境陆生动物检疫卫生要求"），输出国（地区）官方检疫部门出具的有效动物检疫证书（正本）及所附有关检测结果报告应与相关检疫条款一致，动物数量、品种应与"进境动植物检疫许可证"相符。

检疫证书须符合下列要求：检疫证书一正一副或多副，且正本必须随动物同行，不得涂改。除非由政府授权兽医修改后签上其姓名，否则涂改无效。

检疫证书应包含以下内容：输出动物的数量，收发货人的名称、地址，输出国（地区）官方检疫部门的兽医官签字，输出国（地区）官方检疫部门的印章，符合"进境动植物检疫许可证"要求的检疫证书评语。

（2）原产地证书。

2. 录入要求

需在产品资质栏目选取"325-进境动植物产品检疫许可证"，并填写许可证编号等信息。

（三）产品相关要求

经海关登机（轮、车）清点动物数量、品种，并逐头进行临床检查，进境动物不应出现《中华人民共和国进境动物检疫疫病名录》（详见本书附录2）所列的疫病临床症状。

随动物进境的饲料不得检出《中华人民共和国进境植物检疫性有害生物名录》（详见本书附录2）所列的各类生物。

经入境口岸海关现场检验检疫合格的进境动物方可运往隔离场进行隔离检疫。

进境种用大中动物应当在国家隔离场隔离检疫，当国家隔离场不能满足需求，需要在指定隔离场隔离检疫时，应当报海关总署批准。进境种用大中动物之外的其他动物应当在国家隔离场或者指定隔离场隔离检疫。

进境种用大中动物隔离检疫期为45天，其他动物隔离检疫期为30天。需要延长或者缩短隔离检疫期的，应当报海关总署批准。

特定国家产品要求，详见本节"进境陆生动物检疫卫生要求"。

（四）进境陆生动物检疫卫生要求

进境陆生动物检疫卫生要求见表3-1。

表3-1 进境陆生动物检疫卫生要求

（截至2022年1月1日）

序号	产品	原产国家	产品要求	证书要求[①]
1	屠宰用肉牛	老挝	屠宰用肉牛。指年龄小于4岁且在入境中国后7天内完成屠宰供人类食用的牛	检疫合格的，由老挝按照双方确认的证书样本签发检疫证书
2	马	智利	在智利本土出生、饲养的，或在智利连续饲养至少6个月的马	检疫合格的，由智利按照双方确认的证书样本签发检疫卫生证书

[①] 要求中的各栏目内容均摘自海关总署和原国家质检总局公告。为与公告原文一致，简称等不影响阅读的部分未做修改，下同。

表 3-1 续

序号	产品	原产国家	产品要求	证书要求
3	种猪	爱尔兰	种猪	爱尔兰共和国农业、食品和海事部在确认我国海关总署已签发"进境动植物检疫许可证"后，对输华种猪实施检验检疫。每份"进境动植物检疫许可证"只允许进口 1 批种猪。检疫合格的，由爱尔兰按照双方确认的证书样本签发动物卫生证书

二、供港澳陆生动物

（一）供港澳活禽

供港澳活禽是指由内地供应香港特别行政区和澳门特别行政区用于屠宰食用的鸡、鸭、鹅、鸽、鹌鹑、鹧鸪和其他饲养的禽类。

1. 资质要求

供港澳活禽饲养场须向所在地直属海关申请检验检疫注册。注册以饲养场为单位，实行一场一证制度。每一注册饲养场使用一个注册编号。未经注册的饲养场饲养的活禽不得供港澳。办理指南见本书第十五章第三节。

2. 申报要求

出口企业须在活禽供港澳 5 天前向启运地海关申报。

供港澳活禽运抵出境口岸时，出口企业或其代理人须持启运地海关出具的"中华人民共和国出入境检验检疫动物卫生证书"（以下简称"动物卫生证书"）向出境口岸海关申报。

3. 产品相关要求

（1）运输监管要求

①供港澳活禽须用专用运输工具和笼具载运。专用运输工具须适于装载活禽，护栏牢固，便于清洗消毒，并能满足加施检验检疫封识的需要。

②注册饲养场在供港澳活禽装运前，应对运输工具、笼具进行清洗消毒。

③同一运输工具不得同时装运来自不同注册场的活禽。运输途中不得与其他动物接触，不得擅自卸离运输工具。

④装运供港澳活禽的回空车辆、船舶和笼具入境时应在指定的地点清洗干净，并在口岸海关的监督下实施防疫消毒处理。

（2）启运地检疫、监装、签证

①隔离检疫

每批活禽供港澳前须隔离检疫 5 天。

②监装

海关对供港澳活禽实行监装制度。出口企业须在供港澳活禽装运前 24 小时，将装运活禽的具体时间和地点通知启运地海关。

发运监装时，须确认供港澳活禽来自注册饲养场，经隔离检疫和实验室检验合格的禽群，临床检查无任何传染病、寄生虫病症状和其他伤残情况；运输工具及笼具经消毒处理，符合动物卫生要求；同时核定供港澳活禽数量，对运输工具加施检验检疫封识。检验检疫封识编号应在"动物卫生证书"中注明。

③签证

经启运地海关检验检疫合格的供港澳活禽由海关总署备案的授权签证兽医官签发"动物卫生证书"，证书有效期为 3 天。

（3）口岸核查

出境口岸海关接受申报后，根据下列情况分别处理。

①在"动物卫生证书"有效期内抵达出境口岸的，出境口岸海关审核确认单证和封识并实施临床检查合格后，在"动物卫生证书"上加签实际出境数量，必要时重新加施封识，准予出境。

②经检验检疫不合格的、无启运地海关签发的有效"动物卫生证书"的、无检验检疫封识或封识损毁的，不得出境。

（二）供港澳活猪

供港澳活猪是指内地供应香港特别行政区和澳门特别行政区用于屠宰食用的大猪、中猪和乳猪。

1. 资质要求

供港澳活猪的饲养场须向所在地直属海关申请检验检疫注册。注册以饲养场为单位，实行一场一证制度，每一个注册场使用一个注册编号。未经注册的饲养场饲养的活猪不得供港澳。办理指南见本书第十五章第三节。

2. 申报要求

出口企业应在供港澳活猪出场 7 天前向启运地海关申报出口计划。

出口企业应在活猪启运 48 小时前向启运地海关申报。

供港澳活猪运抵出境口岸时，出口企业或其代理人须持启运地海关出具的"动物卫生证书"等单证向出境口岸海关申报。

3. 产品相关要求

（1）运输监管要求

①供港澳活猪的运输必须由海关培训考核合格的押运员负责押运。

押运员须做好运输途中的饲养管理和防疫消毒工作，不得串车，不准沿途抛弃或出售病、残、死猪及饲料、粪便、垫料等物，并做好押运记录。运输途中发现重大疫情时应立即向启运地海关报告，同时采取必要的防疫措施。

供港澳活猪抵达出境口岸时，押运员须向出境口岸海关提交押运记录，途中所带物品和用具须在海关监督下进行有效消毒处理。

②来自不同注册饲养场的活猪不得混装，运输途中不得与其他动物接触，不得卸离运输工具。

③装运供港澳活猪的回空车辆（船舶）等入境时应在指定的地点清洗干净，并在口岸海关的监督下作防疫消毒处理。

（2）启运地检疫、监装、签证

①隔离检疫

启运地海关根据出口企业的申报计划，按规定和要求对供港澳活猪实施隔离检疫，并采集样品进行规定项目的检测。检测合格的，监督加施检验检疫标志，准予供港澳；不合格的，不予出运。

②监装

海关对供港澳活猪实行监装制度。监装时，须确认供港澳活猪来自海关注册的饲养场并经隔离检疫合格的猪群；临床检查无任何传染病、寄生虫病症状和伤残情况；运输工具及装载器具经消毒处理，符合动物卫生要求；核定供港澳活猪数量，检查检验检疫标志加施情况等。

③签证

经启运地海关检验检疫合格的供港澳活猪，由海关总署授权的兽医官签发"动物卫生证书"，证书有效期为 14 天。

（3）口岸核查

出境口岸海关接受申报后，根据下列情况分别处理。

①在"动物卫生证书"有效期内抵达出境口岸、不变更运输工具或汽车接驳运输出境的，经审核单证和检验检疫标志并实施临床检查合格后，在"动物卫生证书"上加签出境实际数量、运输工具牌号、日期和兽医官姓名，加盖检验检疫专用章，准予出境。

②在"动物卫生证书"有效期内抵达出境口岸、更换运输工具出境的，经审核单证和检验检疫标

志并实施临床检查合格后,重新签发"动物卫生证书",并附原证书复印件,准予出境。

③经检验检疫不合格的、无启运地海关出具的有效"动物卫生证书"的、无有效检验检疫标志的供港澳活猪,不得出境。

(4) 口岸留站、留仓

需在出境口岸留站、留仓的供港澳活猪,出口企业或其代理人须向出境口岸海关申报,经海关现场检疫合格的方可停留或卸入专用仓。

出境口岸海关负责留站、留仓期间供港澳活猪的检验检疫和监督管理。

(三) 供港澳活牛

供港澳活牛是指由内地供应香港特别行政区和澳门特别行政区用于屠宰食用的牛。

1. 资质要求

(1) 供港澳活牛育肥场注册

供港澳活牛育肥场须向所在地直属海关申请注册。注册以育肥场为单位,实行一场一证制度。只有经注册的育肥场饲养的活牛方可供应港澳地区。办理指南见本书第十五章第三节。

(2) 供港澳活牛中转仓注册

供港澳活牛中转仓须向所在地直属海关申请注册。注册以中转仓为单位,实行一仓一证制度。只有经注册的中转仓方可用于供港澳活牛的中转存放。办理指南见本书第十五章第三节。

2. 申报要求

出口企业在供港澳活牛出场前7~10天向启运地海关申报,并提供供港澳活牛的耳牌号和活牛所处育肥场隔离检疫栏舍号。

供港澳活牛运抵出境口岸时,出口企业或其代理人须于当日持启运地海关签发的"动物卫生证书"正本向出境口岸海关申报。如需卸入出境口岸中转仓的,须向海关申报,经现场检疫合格后方可卸入中转仓。

3. 产品相关要求

(1) 运输监管要求

①供港澳活牛必须使用专用车辆(船舶)进行运输,海关或其认可兽医对供港澳活牛批批进行监装,装运前由启运地海关或其授权的认可兽医监督车辆消毒工作。

②供港澳活牛由启运地到出境口岸运输途中,需由押运员押运。押运员须做好供港澳活牛运输途中的饲养管理和防疫消毒工作,不得串车,不得沿途出售或随意抛弃病、残、死牛及饲料、粪便、垫料等物,并做好押运记录。供港澳活牛抵达出境口岸后,押运员须向出境口岸海关提交押运记录,押运途中所带物品和用具须在海关监督下进行熏蒸消毒处理。

③供港澳活牛应以注册育肥场为单位装车(船),不同育肥场的牛不得用同一车辆(船舶)运输。运输途中不得与其他动物接触,不得卸离运输工具,并须使用来自本场的饲料饲草。

④装运供港澳活牛的回空火车、汽车、船舶在入境时由货主或承运人负责清理粪便、杂物,洗刷干净,进境口岸海关实施消毒处理并加施消毒合格标志。

(2) 启运地检疫、签证

受理申报后,启运地海关应到注册育肥场逐头核对牛的数量、耳牌号等,对供港澳活牛实施临床检查,必要时实施实验室检验。

经检验检疫合格的供港澳活牛由启运地海关签发"动物卫生证书"。广东省内证书有效期为3天,长江以南其他地区为6天,长江以北地区为7~15天。

(3) 口岸核查

出境口岸海关接受申报后,根据下列情况分别处理。

①在"动物卫生证书"有效期内抵达出境口岸、不变更运输工具出境的,经审核单证、核对耳牌号并实施临床检查合格后,在"动物卫生证书"上加签实际出口数量,准予出境。

②在"动物卫生证书"有效期内抵达出境口岸、变更运输工具出境的，经审核单证、核对耳牌号并实施临床检查合格后，重新签发"动物卫生证书"，并附原证书复印件，准予出境。

③经检验检疫不合格的，或无启运地海关签发的"动物卫生证书"或超过"动物卫生证书"有效期的，无检疫耳牌的，或伪造、变造检疫单证、耳牌的，不准出境。

④出境口岸海关如发现供港澳活牛有重大疫情，应立即上报海关总署，并向当地地方政府兽医防疫机构通报，同时通知相关海关。

（4）口岸中转

如需卸入出境口岸中转仓的，须向海关申报，经现场检疫合格后方可卸入中转仓。来自不同的注册育肥场的活牛须分群拴养。来自不同省、市、区的活牛不得同仓饲养。

（四）供港澳活羊

供港澳活羊是指由内地供应香港特别行政区和澳门特别行政区用于屠宰食用的羊。

1. 资质要求

从事供港澳活羊中转业务的企业须向所在地直属海关申请注册。只有经注册的中转场方可用于供港澳活羊的中转存放。办理指南见本书第十五章第三节。

2. 申报要求

（1）出口企业或其代理人应在活羊出场前2~5天向当地海关申报。

（2）供港澳活羊运抵出境口岸时，货主或代理人须于当日持启运地海关签发的"动物卫生证书"向出境口岸海关申报。如需卸入出境口岸中转场的，须向海关申报。

3. 产品相关要求

（1）运输监管要求

①供港澳活羊必须使用专用车辆（船舶）进行运输，海关或其认可兽医对供港澳活羊批批进行监装。装运前由启运地海关或其授权的认可兽医监督车辆（船舶）消毒工作。

②供港澳活羊应以中转场为单位装车（船），不同中转场的羊不得用同一车辆（船舶）运输。运输途中不得与其他动物接触，不得卸离运输工具，并须使用来自本场的饲料饲草。

③进入出境口岸中转场的羊必须来自供港澳活羊注册中转场，保持原注册中转场的检疫耳牌，并须附有启运地海关签发的"动物卫生证书"。

④装运供港澳活羊的回空火车、汽车、船舶在入境时由货主或承运人负责清理粪便、杂物，洗刷干净，进境口岸海关实施消毒处理并加施消毒合格标志。

（2）启运地检疫、签证

海关受理申报后，应到注册中转场逐头核对供港澳活羊的数量、耳牌号等，对供港澳活羊实施临床检查，必要时实施实验室检验和药残检测。

经检验检疫合格的供港澳活羊由启运地海关签发"动物卫生证书"。广东省证书有效期内为3天，长江以南其他地区为6天，长江以北地区为7~15天。

（3）口岸核查

出境口岸海关接受申报后，根据下列情况分别处理。

①在"动物卫生证书"有效期内抵达出境口岸、不变更运输工具出境的，经审核单证、核对耳牌号并实施临床检查合格后，在"动物卫生证书"上加签实际出口数量，准予出境。

②在"动物卫生证书"有效期内抵达出境口岸、变更运输工具出境的，经审核单证、核对耳牌号并实施临床检查合格后，重新签发"动物卫生证书"，并附原证书复印件，准予出境。

③经检验检疫不合格的，无启运地海关签发的"动物卫生证书"或超过"动物卫生证书"有效期的，无检疫耳牌的，或伪造、变造检疫单证、耳牌的，不准出境。

④出境口岸海关如发现供港澳活羊有重大疫情，应立即上报海关总署，并向当地地方政府兽医防疫机构通报，同时通知相关海关。

(4) 口岸中转

如需卸入出境口岸中转场的，经现场检疫合格方可卸入中转场。来自不同的注册中转场的供港澳活羊须分群饲养。

三、过境陆生动物

运输动物过境时，应当取得海关总署签发的"进境动植物检疫许可"。

经海关特殊监管区域转口的，还应在入境申报时提供输入国家（地区）政府部门签发的允许进境的证明。

过境的动物经检疫合格的，准予过境；发现有《中华人民共和国进境动物检疫疫病名录》（详见本书附录2）所列疫病的，全群动物不准过境。

过境动物的饲料受病虫害污染的，分别作除害、不准过境或者销毁处理（详见本书附录2《中华人民共和国进境植物检疫性有害生物名录》）。

过境动物的尸体、排泄物、铺垫材料及其他废弃物，必须按照规定处理，不得擅自抛弃。

第二节 水生动物

水生动物是指人工养殖或者天然水域捕捞的活的鱼类、软体类、甲壳类、水母类、棘皮类、头索类、两栖类动物，包括其繁殖用的精液、受精卵。

一、进境水生动物

（一）资质要求

1. 准入要求

海关总署对进境水生动物实施检疫准入制度，允许进境水生动物种类及输出国家（地区）名单见本节"已准入水生动物国家（地区）及品种名单"。

禁止从日本福岛县、群马县、枥木县、茨城县、宫城县、新潟县、长野县、琦玉县、东京都、千叶县10个都县进口水生动物。

2. 国外养殖和包装企业注册登记

海关总署对向中国输出水生动物的养殖和包装企业实施注册登记管理。向中国输出水生动物的境外养殖和包装企业应当符合输出国家（地区）有关法律法规的规定，输出国家（地区）官方主管部门批准后向海关总署推荐。

登录海关总署动植物检疫司网站（http：//dzs.customs.gov.cn/），点击"企业信息"—"活动物类"—"水生动物"，查看"已准入水生动物国家（地区）及品种名单"，可获得登记的注册登记企业名单。

3. 指定隔离检疫场使用核准

进境种用、养殖和观赏水生动物应当在指定隔离场进行至少14天的隔离检疫。进境种用、养殖和观赏水生动物收货人或者其代理人，应当在办理检疫许可证前按照《进境动物隔离检疫场使用监督管理办法》的规定取得"中华人民共和国进出境动物指定隔离检疫场使用证"。办理指南详见第十五章第九节。

4. 进境动植物检疫审批

海关总署对进境水生动物实行检疫审批制度。进境水生动物的进口商应当在签订贸易合同前办理检疫审批手续，取得进境动植物检疫许可。办理指南见本书第十四章第二节。

5. 海关指定监管场地

食用水生动物应当从进境食用水生动物指定监管场地所在口岸进境。"进境食用水生动物指定监管场地名单"见本节后文。

（二）申报要求

1. 基本申报要求

货主或者其代理人应当在水生动物进境前向进境口岸海关申报，除贸易合同、提单、装箱单、发票等贸易凭证外，按要求提供以下材料：

（1）输出国家（地区）官方检疫证书；

（2）原产地证书。

2. 其他申报要求

（1）进口日本水生动物时，还应随附以下文件：

①日本官方出具的原产地证明；

②日本政府出具的放射性物质检测合格的证明。

（2）经第三方国家（地区）中转的，须由第三方国家（地区）官方主管部门按照我国海关总署有关要求出具中转证明文件。无有效中转证明文件的，不得进境。

3. 录入要求

在产品资质栏目选取"325-进境动植物产品检疫许可证"，并填写许可证编号等信息。

（三）产品相关要求

1. 口岸检疫要求

（1）防疫消毒

装载进境水生动物的外包装、运输工具和装卸场地应进行防疫消毒处理。

（2）现场检疫

①进境水生动物的品名、数（重）量、包装、输出日期、运输工具信息、输出国家（地区）、中转国家（地区）等信息与检疫证书均应相符。

②包装容器完好；包装容器上有牢固、清晰易辨的中文或者英文标识，标明水生动物的品名、学名、产地、养殖或者包装企业批准编号等内容。活鱼运输船、活鱼集装箱等难以加贴标签的除外。

③水生动物游动无异常，体表无溃疡、出血、囊肿及寄生虫感染，体色无异常。鱼类腹部无肿胀、肛门无红肿，贝类闭壳肌收缩无异常，甲壳类体表和头胸甲无黑斑或者白斑、无鳃部发黑等。死亡率不超过50%。未出现具有水生动物疫病临床症状的异常死亡。

④包装用水或者冰、铺垫材料未带有土壤及危害动植物和人体健康的有害生物等法律法规规定的禁止进境物。

进境食用水生动物在指定监管场所检疫，特殊要求如下：

①海关按照有关标准、监控计划和警示通报等要求对进境食用水生动物实施采样，对水生动物疫病病原，食源性致病微生物、寄生虫、贝类毒素等生物毒素，重金属、农兽药残留以及其他关注的风险项目进行检验或者监测。

②监控计划和警示通报有要求的，按照要求实施抽样检测。实验室检测不合格的，进境食用水生动物收货人或其代理人应当主动召回不合格食用水生动物并采取有效措施进行处理。

③根据风险监控不合格发生的频次和危害程度，经风险评估，对海关总署采取扣留检测措施的进境食用水生动物，收货人或者其代理人应当将其调运至海关指定扣检暂存场所，实验室检测合格后方可放行。

④进境食用水生动物，经海关现场查验合格后予以放行。

2. 隔离检疫要求

进境种用、养殖和观赏水生动物应当在指定隔离场进行至少14天的隔离检疫。

隔离检疫期间出现检疫不合格的，同一隔离设施内全部水生动物需实行扑杀或者销毁处理，并对隔离场所进行消毒。

（四）已准入水生动物国家（地区）及品种名单

已准入水生动物国家（地区）及品种名单见表 3-2 至表 3-4。

表 3-2 "已准入水生动物国家（地区）及品种名单"食用水生动物部分

（截至 2021 年 12 月）

国家（地区）	类别	种类（分类至属） 学名 拉丁文	中文
亚洲			
中国台湾	鱼类	Epinephelus	石斑鱼属
		Oreochromis	罗非鱼属
	甲壳类	Cherax	滑鳌虾属
		Eriocheir	绒螯蟹属
		Penaeus	对虾属
巴基斯坦	甲壳类	Panulirus	龙虾属
		Exopalaemon	白虾属
		Scylla	青蟹属
	软体类	Babylonia	东风螺属
		Sinonovacula	缢蛏属
		Solen	竹蛏属
菲律宾	甲壳类	Calappa	馒头蟹属
		Odontodactylus	齿指虾蛄属
		Oratosquilla	口虾蛄属
		Panulirus	龙虾属
		Penaeus	对虾属
		Portunus	梭子蟹属
		Scylla	青蟹属
	鱼类	Cromileptes	驼背鲈属
		Squalus	角鲨属
		Plectropomus	鳃棘鲈属
		Epinephelus	石斑鱼属
		Monopterus	黄鳝属
	软体类	Paphia	横帘蛤属
		Pseudocardium	马珂蛤属
		Haliotis	鲍属

表3-2 续1

国家（地区）	类别	种类（分类至属） 学名 拉丁文	中文
韩国	甲壳类	*Chionoecetes*	雪蟹属
		Cryptolithodes	隐石蟹属
		Eriocheir	绒螯蟹属
		Paralithodes	拟石蟹属
		Portunus	梭子蟹属
		Charybdis	蟳属
		Capitulum	龟足属
	软体类	*Arca*	蚶属
		Corbicula	蚬属
		Crassostrea	巨蛎属
		Neptunea	香螺属
		Ostrea	牡蛎属
		Pecten	扇贝属
		Rapana	红螺属
		Scapharca	毛蚶属
		Bullacta	泥螺属
		Mactra	蛤蜊属
		Haliotis	鲍属
		Turbo	角蝾螺属
	鱼类	*Paralichthys*	牙鲆属
	棘皮类	*Holothuria*	海参属
柬埔寨	甲壳类	*Oratosquilla*	口虾蛄属
		Squilla	虾蛄属
	软体类	*Chicoreus*	棘螺属
	鱼类	*Monopterus*	黄鳝属
		Oxyeleotris	尖塘鳢属
马来西亚	甲壳类	*Oratosquilla*	口虾蛄属
		Panulirus	龙虾属
		Penaeus	对虾属
		Scylla	青蟹属
		Squilla	虾蛄属

表3-2 续2

国家（地区）	类别	种类（分类至属) 学名 拉丁文	中文
马来西亚	鱼类	*Epinephelus*	石斑鱼属
		Oxyeleotris	尖塘鳢属
		Cromileptes	驼背鲈属
		Plectropomus	鳃棘鲈属
		Tor	结鱼属
	软体类	*Tegillarca*	血蚶属
孟加拉国	甲壳类	*Scylla*	青蟹属
	鱼类	*Anguilla*	鳗鲡属
		Monopterus	黄鳝属
缅甸	甲壳类	*Oratosquilla*	口虾蛄属
		Panulirus	龙虾属
		Scylla	青蟹属
		Squilla	虾蛄属
		Thenus	扁虾属
	软体类	*Meretrix*	文蛤属
		Sinonovacula	缢蛏属
		Babylonia	东风螺属
		Murex	骨螺属
		Buccinum	蛾螺属
		Monodonta labio	马蹄螺科
	鱼类	*Anguilla*	鳗鲡属
		Monopterus	黄鳝属
		Periophthalmus	弹涂鱼属
日本	甲壳类	*Chionoecetes*	雪蟹属
		Eriocheir	绒螯蟹属
		Panulirus	龙虾属
		Ibacus	扇虾属
		Erimacrus	毛甲蟹属
		Paralithodes	拟石蟹属

表3-2　续3

国家（地区）	类别	种类（分类至属）	
		学名	
		拉丁文	中文
日本	软体类	*Crassostrea*	巨蛎属
		Ostrea	牡蛎属
		Patinopecten	盘扇贝属
		Pecten	扇贝属
		Pseudocardium	马珂蛤属
		Haliotis	鲍属
		Turbo	蝾螺属
	鱼类	*Seriola*	鰤属
		pseudocaranx dentex	拟鲹属
		Pagrus	鲷属
		Epinephelus	石斑鱼属
		Trachurus	竹荚鱼属
斯里兰卡	甲壳类	*Panulirus*	龙虾属
		Oratosquilla	口虾蛄属
		Squilla	虾蛄属
		Scylla	青蟹属
泰国	甲壳类	*Litopenaeus*	凡纳滨对虾属
		Oratosquilla	口虾蛄属
		Panulirus	龙虾属
		Penaeus	对虾属
		Portunus	梭子蟹属
		Ranina	蛙蟹属
		Scylla	青蟹属
		Squilla	虾蛄属
		Thenus	扁虾属
		Procambarus	原蜊蛄属
	软体类	*Paphia*	横帘蛤属
		Babylonia	东风螺属
		Natica	玉螺属
		Tegillarca	血蚶属
		Veneridae	帘蛤科
		Arca	蚶属
		Natica	玉螺属
		Zeuxis	粗肋织纹螺属

表3-2 续4

国家（地区）	类别	种类（分类至属） 学名 拉丁文	中文
泰国	鱼类	*Anago*	齐头鳗属
		Anguilla	鳗鲡属
		Epinephelus	石斑鱼属
		Lates	尖吻鲈属
		Ophichthus	蛇鳗属
		Oxyeleotris	尖塘鳢属
		Perca	鲈属
印度	鱼类	*Anguilla*	鳗鲡属
		Monopterus	黄鳝属
	软体类	*Babylonia*	东风螺属
		Natica	玉螺属
	甲壳类	*Homarus*	螯龙虾属
		Panulirus	龙虾属
		Scylla	青蟹属
印度尼西亚	软体类	*Babylonia*	东风螺属
		Veneridae	帘蛤科
		Paphia	横帘蛤属
		Natica	斑螺属
		Solen	竹蛏属
	甲壳类	*Procambarus*	原蝲蛄属
		Calappa	馒头蟹属
		Oratosquilla	口虾蛄属
		Panulirus	龙虾属
		Scylla	青蟹属
		Birgus	椰子蟹属
		Squilla	虾蛄属
		Thenus	扁虾属
	鱼类	*Anguilla*	鳗鲡属
		Cromileptes	驼背鲈属
		Plectropomus	鳃棘鲈属
		Synanceia	毒鲉属
		Oxyeleotris	尖塘鳢属
		Monopterus	黄鳝属
	棘皮类	*Holothuria*	海参属

表3-2　续5

国家（地区）	类别	种类（分类至属）	
		学名	
		拉丁文	中文
越南	甲壳类	Macrobrachium	沼虾属
		Litopenaeus	凡纳滨对虾属
		Oratosquilla	口虾蛄属
		Panulirus	龙虾属
		Parribacus	拟扇虾属
		Penaeus	对虾属
		Portunus	梭子蟹属
		Scylla	青蟹属
		Squilla	虾蛄属
		Thenus	扁虾属
	鱼类	Acanthopagrus	棘鲷属
		Anguilla	鳗鲡属
		Choerodon	猪齿鱼属
		Ctenopharyngodon	草鱼属
		Cyprinus	鲤属
		Epinephelus	石斑鱼属
		Inimicus	鬼鲉属
		Lutjanus	笛鲷属
		Misgurnus	泥鳅属
		Monopterus	黄鳝属
		Oreochromis	罗非鱼属
		Oxyeleotris	尖塘鳢属
		Paralichthys	牙鲆属
		Periophthalmus	弹涂鱼属
		Salanx	银鱼属
		Scophthalmus	菱鲆属
		Siganus	篮子鱼属
		Silurus	鲶属
		Aristichthys	鳙属
		Ictalurus	鲴属
		Squalus	角鲨属

表3-2 续6

国家（地区）	类别	种类（分类至属）	
		学名	
		拉丁文	中文
越南	软体类	*Babylonia*	东风螺属
		Calyptraeidae	帆螺属
		Solen	竹蛏属
		Mactra	蛤蜊属
		Meretrix	文蛤属
		Paphia	横帘蛤属
		Monetaria	货贝属
		Murex	骨螺属
		Neptunea	香螺属
		Ostrea	牡蛎属
		Panopea	海神蛤属
		Tapes blecheri	四射缀锦蛤
		Pinna	江珧属
	腔肠类	*Actinia*	海葵属
	沙蚕类	*Nereis*	沙蚕属
	星虫类	*Phascolosoma*	革囊星虫属（泥丁）
		Sipunculus	方格星虫属（沙虫）
北美洲			
加拿大	棘皮类	*Paracentrotus*	拟球海胆属
	甲壳类	*Cancer*	黄道蟹属
		Calappa	馒头蟹属
		Chaceon	查氏蟹属
		Chionoecetes	雪蟹属
		Homarus	螯龙虾属
		Lithodes	石蟹属
		Pandalus	长额虾属
		Panulirus	龙虾属
		Paralithodes	拟石蟹属
		Scylla	青蟹属
	鱼类	*Anguilla*	鳗鲡属

表3-2　续7

国家（地区）	类别	种类（分类至属）	
		学名	
		拉丁文	中文
加拿大	软体类	Crassostrea	巨蛎属
		Protothaca（Leukoma）	布目蛤属
		Mytilus	贻贝属
		Ostrea	牡蛎属
		Panopea	海神蛤属
		Pecten	扇贝属
	棘皮类	Strongylocentrotus/Hemice	海胆属
美国	鱼类	Anguilla	鳗鲡属
		Eptatretus	盲鳗属
	棘皮类	Paracentrotus	拟球海胆属
		Strongylocentrotus	球海胆属
	甲壳类	Calappa	馒头蟹属
		Cancer	黄道蟹属
		Chaceon	查氏蟹属
		Charybdis	蟳属
		Chionoecetes	雪蟹属
		Dorippe	关公蟹属
		Homarus	螯龙虾属
		Lithodes	石蟹属
		Lopholithodes	冠石蟹属
		Pacifastacus	太平螯虾属
		Pandalus	长额虾属
		Panulirus	龙虾属
		Callinectes	美青蟹属
		Scylla	青蟹属
		Paralithodes	拟石蟹属
	软体类	Veneridae	帘蛤科
		Busycon	海螺属
		Crassostrea	巨蛎属
		Mercenaria	硬壳蛤属
		Neptunea	香螺属
		Ostrea	牡蛎属
		Panopea	海神蛤属
		Mytilus	贻贝属
		Strombus	凤螺属
		Haliotis	鲍属
		Spisula	浪蛤属
		Tapes	缀锦蛤属

表3-2 续8

国家（地区）	类别	种类（分类至属）	
		学名	
		拉丁文	中文
墨西哥	甲壳类	*Panulirus*	龙虾属
	软体类	*Anodonta*	无齿蚌属
		Crassostrea	巨蛎属
		Panopea	海神蛤属
		Haliotis	鲍属
		Turbinella	铅螺属
古巴	甲壳类	*Panulirus*	龙虾属
多米尼加	甲壳类	*Panulirus*	龙虾属
		Homarus	螯龙虾属
牙买加	甲壳类	*Panulirus*	龙虾属
安巴①	甲壳类	*Panulirus*	龙虾属
巴拿马	甲壳类	*Panulirus*	龙虾属
南美洲			
智利	鱼类	*Oncorhynchus*	太平洋鲑属
	甲壳类	*Chaceon*	查氏蟹属
		Jasus	岩龙虾属
		Lithodes	石蟹属
		Cancer	黄道蟹属
		Paralithodes	拟石蟹属
	软体类	*Haliotis*	鲍属
哥伦比亚	甲壳类	*Panulirus*	龙虾属
厄瓜多尔	甲壳类	*Panulirus*	龙虾属
巴西	甲壳类	*Panulirus*	龙虾属
大洋洲			
澳大利亚	甲壳类	*Calappa*	馒头蟹属
		Chaceon	查氏蟹属
		Chionoecetes	雪蟹属
		Hypothalassia	深海蟹属
		Jasus	岩龙虾属
		Panulirus	龙虾属
		Pseudocarcinus	拟滨蟹属
		Ranina	蛙蟹属
		Scylla	青蟹属
		Cherax	滑螯虾属

① 此处为公告原文，应为"安提瓜和巴布达"。

表3-2 续9

国家（地区）	类别	种类（分类至属）	
		学名	
		拉丁文	中文
澳大利亚	软体类	*Pecten*	扇贝属
		Saccostrea	小牡蛎属
		Crassostrea	巨蛎属
		Haliotis	鲍属
		Mytilus	贻贝属
		Turbo	蝾螺属
		Ostrea	牡蛎属
	鱼类	*Epinephelus*	石斑鱼属
		Plectropomus	鳃棘鲈属
		Anguilla	鳗鲡属
		Maccullochella	麦鳕鲈属
新西兰	鱼类	*Anguilla*	鳗鲡属
	甲壳类	*Jasus*	岩龙虾属
		Lithodes	石蟹属
		Panulirus	龙虾属
	软体类	*Veneridae*	帘蛤科
		Crassostrea	巨蛎属
		Haliotis	鲍属
		Mesodesmatidae	中带蛤科
		Mytilus（*Perna canaliculus*）	贻贝属
		Ostrea	牡蛎属
		Panopea	海神蛤属
		Ruditapes	蛤仔属
		Dosinia	镜蛤属
		Tiostrea	平牡蛎属
		Spisula	浪蛤属
非洲			
加纳	甲壳类	*Panulirus*	龙虾属
		Thenus	扇虾属
马达加斯加	甲壳类	*Ibacus*	扇虾属
		Jasus	岩龙虾属
		Panulirus	龙虾属
		Birgus	椰子蟹属
		Scylla	青蟹属
	鱼类	*Anguilla*	鳗鲡属

表3-2 续10

国家（地区）	类别	种类（分类至属） 学名 拉丁文	中文
毛里求斯	甲壳类	*Panulirus*	龙虾属
毛里塔尼亚	甲壳类	*Palinurus*	真龙虾属
		Panulirus	龙虾属
莫桑比克	甲壳类	*Panulirus*	龙虾属
		Scylla	青蟹属
纳米比亚	软体类	*Crassostrea*	巨蛎属
		Ostrea	牡蛎属
	甲壳类	*Homarus*	螯龙虾属
		Panulirus	龙虾属
南非	甲壳类	*Calappa*	馒头蟹属
		Homarus	螯龙虾属
		Jasus	岩龙虾属
		Panulirus	龙虾属
		Scylla	青蟹属
	软体类	*Haliotis*	鲍属
		Crassostrea	巨蛎属
塞内加尔	软体类	*Chicoreus*	棘螺属
		Perotrochus	翁戎螺属
	甲壳类	*Panulirus*	龙虾属
		Scyllarides	拟蝉虾属
		Thenus	扁虾属
埃及	甲壳类	*Homarus*	螯龙虾属
坦桑尼亚	甲壳类	*Panulirus*	龙虾属
		Scylla	青蟹属
肯尼亚	甲壳类	*Palinurus*	真龙虾属
		Panulirus	龙虾属
		Chaceon Fenneri	黄金蟹
		Scylla	青蟹属
摩洛哥	甲壳类	*Palinurus*	真龙虾属
		Homarus	螯龙虾属
		Panulirus	龙虾属

表3-2 续11

国家（地区）	类别	种类（分类至属)	
		学名	
		拉丁文	中文
欧洲			
爱尔兰	甲壳类	*Calappa*	馒头蟹属
		Cancer	黄道蟹属
		Homarus	螯龙虾属
	软体类	*Crassostrea*	巨蛎属
		Ensis	刀蛏属
		Solen	竹蛏属
		Mytilus	贻贝属
		Buccinum	蛾螺属
		Ostrea	牡蛎属
	棘皮类	*Echinus*	海胆属
俄罗斯	甲壳类	*Eriocheir*	海水绒螯蟹属
		Paralithodes	拟石蟹属
		Erimacrus	毛甲蟹属
		Chionoecetes	雪蟹属
		Petalomera	板蟹属
	软体类	*Pecten*	扇贝属
	棘皮类	*Apostichopus*	仿海参属
		Echinus	海胆属
法国	甲壳类	*Calappa*	馒头蟹属
		Cancer	黄道蟹属
		Homarus	螯龙虾属
		Nephrops	海螯虾属
		Palinurus	真龙虾属
		Maja	蜘蛛蟹属
		Panulirus	龙虾属
	软体类	*Crassostrea*	巨蛎属
		Buccinum	蛾螺属
		Glycymeris	蚶蜊属
		Mytilus	贻贝属
		Ostrea	牡蛎属
		Pecten	扇贝属
		Busycon	海螺属

表3-2 续12

国家（地区）	类别	种类（分类至属） 学名 拉丁文	中文
荷兰	甲壳类	*Calappa*	馒头蟹属
		Cancer	黄道蟹属
		Homarus	鳌龙虾属
	软体类	*Mactra*	蛤蜊属
		Crassostrea	巨蛎属
		Mytilus	贻贝属
		Ostrea	牡蛎属
		Solen	竹蛏属
	鱼类	*Lateolabrax*	花鲈属
		Scophthalmus	菱鲆属
挪威	甲壳类	*Nephrops*	鳌虾属
		Paralithodes	拟石蟹属
	软体类	*Mytilus*	贻贝属
		Pecten	扇贝属
葡萄牙	甲壳类	*Cancer*	黄道蟹属
		Palinurus	真龙虾属
西班牙	甲壳类	*Calappa*	馒头蟹属
		Cancer	黄道蟹属
		Jasus	岩龙虾属
		Panulirus	龙虾属
	软体类	*Crassostrea*	巨蛎属
		Haliotis	鲍属
英国	甲壳类	*Calappa*	馒头蟹属
		Cancer	黄道蟹属
		Homarus	鳌龙虾属
		Nephrops	海鳌虾属
		Panulirus	龙虾属
	软体类	*Crassostrea*	巨蛎属
		Ensis	刀蛏属
		Solen	竹蛏属
		Mytilus	贻贝属
希腊	甲壳类	*Panulirus*	龙虾属
		Callinectes	美青蟹属

表3-2 续13

国家（地区）	类别	种类（分类至属）	
		学名	
		拉丁文	中文
土耳其	甲壳类	Callinectes	美青蟹属
法罗群岛	甲壳类	Homarus	螯龙虾属

注：
1. 本名单为传统贸易和完成检疫准入种类梳理，供工作参考。本名单根据国外动物疫情、检疫准入、传统贸易梳理和进口检疫情况动态调整。
2. 本名单中的各类螺为海水养殖或海洋捕捞品种。

表3-3 "已准入水生动物国家（地区）及品种名单"观赏水生动物部分

（截至2021年12月）

国家（地区）	类别	种类（分类至科）	
		学名	
		拉丁文	中文
亚洲			
泰国	鱼类	Anabantidae	攀鲈科
		Anguillidae	鳗鲡科
		Aplocheilidae	单唇鳉科
		Botiidae	沙鳅科
		Callichthyidae	美鲶科
		Channidae	鳢科
		Cichlidae	慈鲷科
		Cobitidae	鳅科
		Cyprinidae	鲤科（不含淡水）
		Doradidae	棘甲鲶科
		Eleotridae	塘鳢科
		Gobiidae	虾虎鱼科
		Gymnarchidae	裸臀鱼科
		Gymnotidae	裸背电鳗科
		Latidae	尖吻鲈科
		Lobotidae	松鲷科
		Monodactylidae	大眼鲳科
		Notopteridae	弓背鱼科
		Osphronemidae	丝足鲈科
		Osteoglossidae	骨舌鱼科

表3-3 续1

国家（地区）	类别	种类（分类至科）	
^	^	学名	
^	^	拉丁文	中文
泰国	鱼类	*Pangasiidae*	巨鲶科
^	^	*Pimelodidae*	长须鲶科
^	^	*Polypteridae*	多鳍鱼科
^	^	*Potamotrygonidae*	江魟科
^	^	*Protopteridae*	非洲肺鱼科
^	^	*Siluridae*	鲶科
^	^	*Sparidae*	鲷科
^	^	*Lophiidae*	鮟鱇科
^	^	*Tetraodontidae*	鲀科
^	^	*Apteronotidae*	无背鱼科
^	软体类	*Neritidae*	蜑螺科
^	^	*Ampullariidae*	苹果螺科
^	甲壳类	*Astacoidea*	螯虾总科
^	^	*Parathelphusidae*	束腹蟹科
^	爬行类	*Chelydridae*	鳄龟科
^	^	*Bataguridae*	潮龟科
^	^	*Kinosternidae*	动胸龟科
^	^	*Testudinidae*	陆龟科
^	^	*Trionychidae*	鳖科
马来西亚	鱼类	*Acanthuridae*	刺尾鲷科
^	^	*Alopiidae*	长尾鲨科
^	^	*Anabantidae*	攀鲈科
^	^	*Apogonidae*	天竺鲷科
^	^	*Balistidae*	鳞鲀科
^	^	*Brachaeluridae*	长须鲨科
^	^	*Callichthyidae*	美鲶科
^	^	*Carcharhinidae*	真鲨科
^	^	*Odontaspididae/Carchariidae*	锥齿鲨科
^	^	*Chaetodontidae*	蝴蝶鱼科
^	^	*Channidae*	鳢科
^	^	*Cichlidae*	慈鲷科
^	^	*Cobitidae*	鳅科
^	^	*Congridae*	康吉鳗科
^	^	*Cyprinidae*	鲤科（不含淡水）

表3-3 续2

国家（地区）	类别	种类（分类至科）	
		学名	
		拉丁文	中文
马来西亚	鱼类	Doradidae	棘甲鲶科
		Emmelichthyidae	银鲈科
		Ginglymostomatidae	绞口鲨科
		Gobiidae	虾虎鱼科
		Gymnarchidae	裸臀鱼科
		Hemiscylliidae	天竺鲨科
		Labridae	隆头鱼科
		Lobotidae	松鲷科
		Monodactylidae	大眼鲳科
		Muraenesocidae	海鳗科
		Notopteridae	弓背鱼科
		Orectolobidae	须鲨科
		Osphronemidae	丝足鲈科
		Osteoglossidae	骨舌鱼科
		Ostraciontidae	箱鲀科
		Parascylliidae	斑鳍鲨科
		Pimelodidae	长须鲶科
		Polypteridae	多鳍鱼科
		Pomacanthidae	盖刺鱼科
		Pomacentridae	雀鲷科
		Potamotrygonidae	江𫚉科
		Pristiophoridae	锯鲨科
		Rajidae	鳐科
		Scorpaenidae	鲉科
		Serranidae	鮨科
		Siluridae	鲶科
		Sphyrnidae	双髻鲨科
		Squalidae	角鲨科
		Squatinidae	扁鲨科
		Stegostomatidae	豹纹鲨科
		Tetraodontidae	鲀科
		Lophiidae	鮟鱇科
		Triakidae	皱唇鲨科

表3-3 续3

国家（地区）	类别	种类（分类至科）	
			学名	
			拉丁文	中文
马来西亚	甲壳类	*Hippolytidae*	藻虾科
		Porcellanidae	瓷蟹科
	棘皮类	*Asteroidea*	海星
		Strongylocentrotidae	球海胆科
	腔肠类	*Actiniaria*	海葵目①
		Alcyonacea	软珊瑚目
		Antipatharia	角珊瑚目
		Cerianthria	角海葵目
		Cubomedusae	立方水母目
		Gorgonacea	柳珊瑚目
		Helioporacea	苍珊瑚目
		Scleractinia	石珊瑚目
		Semaeostomae	旗口水母目
	爬行类	*Bataguridae*	潮龟科
		Dermochelyidae	棱皮龟科
	软体类	*Aplysiidae*	海兔科
		Trochidae	马蹄螺科
	多孔动物	*Clionidae*	穿贝海绵科
印度尼西亚	鱼类	*Acanthuridae*	刺尾鲷科
		Alopiidae	长尾鲨科
		Anabantidae	攀鲈科
		Anguillidae	鳗鲡科
		Aplocheilidae	单唇鳉科
		Apogonidae	天竺鲷科
		Apteronotidae	无背鱼科
		Atherinidae	银汉鱼科
		Balistidae	鳞鲀科
		Brachaeluridae	长须鲨科
		Caesionidae	乌尾鲛科
		Callionymidae	鼠目鱼科
		Callichthyidae	美鲶科
		Carangidae	鲹科
		Carcharhinidae	真鲨科

① 表中中文为目的，指该目下所有科均获得准入。

表3-3 续4

国家（地区）	类别	种类（分类至科）	
		学名	
		拉丁文	中文
印度尼西亚	鱼类	*Odontaspididae/Carchariidae*	锥齿鲨科
		Congridae	康吉鳗科
		Pomacanthidae	棘蝶鱼科
		Chaetodontidae	蝴蝶鱼科
		Channidae	鳢科
		Cichlidae	慈鲷科
		Cobitidae	鳅科
		Congridae	康吉鳗科
		Cyprinidae	鲤科（不含淡水）
		Dasyatidae	魟科
		Diodontidae	二齿鲀科
		Doradidae	棘甲鲶科
		Gerreidae	银鲈科
		Ginglymostomatidae	绞口鲨科
		Gobiidae	虾虎鱼科
		Gymnarchidae	裸臀鱼科
		Gymnotidae	裸背电鳗科
		Gyrinocheilidae	双孔鱼科
		Hemiscylliidae	天竺鲨科
		Hemiramphidae	鱵科
		Labridae	隆头鱼科
		Lepisosteidae	雀鳝科
		Lobotidae	松鲷科
		Lutjanidae	笛鲷科
		Monocentridae	松毬鱼科
		Monodactylidae	大眼鲳科
		Mullidae	须鲷科
		Muraenidae	海鳝科
		Myliobatidae	鲼科
		Apteronotidae	无背鱼科
		Notopteridae	弓背鱼科
		Octopodidae	章鱼科
		Orectolobidae	须鲨科

表3-3 续5

国家（地区）	类别	种类（分类至科）		
			学名	
			拉丁文	中文
印度尼西亚	鱼类	*Osphronemidae*	丝足鲈科
		Osteoglossidae	骨舌鱼科
		Ostraciontidae	箱鲀科
		Parascyllidae	斑鳍鲨科
		Pimelodidae	长须鲶科
		Polyodontidae	匙吻鲟科
		Polypteridae	多鳍鱼科
		Pomacanthidae	盖刺鱼科
		Pomacentridae	雀鲷科
		Potamotrygonidae	江魟科
		Pristiophoridae	锯鲨科
		Pseudochromidae	准雀鲷科
		Rajidae	鳐科
		Scaridae	鹦嘴鱼科
		Scatophagidae	金钱鱼科
		Scorpaenidae	鲉科
		Serranidae	鮨科
		Siluridae	鲶科
		Sphyrnidae	双髻鲨科
		Squalidae	角鲨科
		Squatinidae	扁鲨科
		Stegostomatidae	豹纹鲨科
		Synbranchidae	合鳃科
		Synanceiidae	毒鲉科
		Syngnathidae	海龙科
		Rhinobatidae	犁头鳐科
		Tetraodontidae	鲀科
		Rhinidae	圆犁头鳐科
		Rhinobatidae	犁头鳐科
		Rhynchobatidae	尖犁头鳐科
		Carangidae	鲹科
		Toxotidae	射水鱼科
		Lophiidae	鮟鱇科
		Triakidae	皱唇鲨科

表3-3 续6

国家（地区）	类别	种类（分类至科）	
		学名	
		拉丁文	中文
印度尼西亚	甲壳类	Coenobitidae	陆寄居蟹科
		Hippolytidae	藻虾科
		Astacoidea	螯虾总科
		Atyidae	匙指虾科
		Cambaridae	蝲蛄科
		Majidae	蜘蛛蟹科
		Nephropidae	海螯虾科
		Gecarcinucidae	泽蟹科
		Hymenoceridae	海星虾科
		Paguridae	寄居蟹科
		Parathelphusidae	束腹蟹科
		Porcellanidae	磁蟹科
		Portunidae	梭子蟹科
		Stenopodidae	猬虾科
	软体类	Ampullariidae	苹果螺科
		Neritidae	蜑螺科
		Trochidae	马蹄螺科
		Limidae	狐蛤科
		Aplysiidae	海兔科
		Octopodidae	蛸科
	棘皮类	Strongylocentrotidae	球海胆科
		Asteroidea	海星
	腔肠类	Actiniaria	海葵目
		Alcyonacea	软珊瑚目
		Antipatharia	角珊瑚目
		Cerianthria	角海葵目
		Cubomedusae	立方水母目
		Gorgonacea	柳珊瑚目
		Helioporacea	苍珊瑚目
		Scleractinia	石珊瑚目
		Semaeostomae	旗口水母目

表3-3 续7

国家（地区）	类别	种类（分类至科）	
		学名	
		拉丁文	中文
印度尼西亚	爬行类	*Testudinidae*	陆龟科
		Chelidae	蛇颈龟科
		Bataguridae	潮龟科
	多孔动物	*Clionidae*	穿贝海绵科
	环节动物	*Sabellidae*	缨鳃虫科
中国台湾	鱼类	*Acanthuridae*	刺尾鲷科
		Anabantidae	攀鲈科
		Apteronotidae	无背鱼科
		Balistidae	鳞鲀科
		Caesionidae	乌尾鲛科
		Callichthyidae	美鲶科
		Carangidae	鲹科
		Carcharhinidae	真鲨科
		Chaetodontidae	蝴蝶鱼科
		Channidae	鳢科
		Cichlidae	慈鲷科
		Cobitidae	鳅科
		Cyprinidae	鲤科（不含淡水）
		Dasyatidae	魟科
		Datnioididae	拟松鲷科
		Gobiidae	虾虎鱼科
		Gymnarchidae	裸臀鱼科
		Haemulidae	仿石鲈科
		Holocentridae	金鳞鱼科
		Labridae	隆头鱼科
		Lobotidae	松鲷科
		Lutjanidae	笛鲷科
		Microdesmidae	蚓虾虎科
		Monacanthidae	单棘鲀科
		Monodactylidae	大眼鲳科
		Muraenidae	海鳝科
		Myliobatidae	鲼科
		Notopteridae	弓背鱼科

表3-3　续8

国家（地区）	类别	种类（分类至科）	
		学名	
		拉丁文	中文
中国台湾	鱼类	Osphronemidae	丝足鲈科
		Osteoglossidae	骨舌鱼科
		Pimelodidae	长须鲶科
		Pinguipedidae	虎鳢科
		Polypteridae	多鳍鱼科
		Pomacanthidae	盖刺鱼科
		Pomacentridae	雀鲷科
		Potamotrygonidae	江虹科
		Pseudochromidae	准雀鲷科
		Scaridae	鹦嘴鱼科
		Scolopsidae	眶棘鲈科
		Serranidae	鮨科
		Siganidae	篮子鱼科
		Siluridae	鲶科
		Sparidae	鲷科
		Sphyrnidae	双髻鲨科
		Sternopygidae	鳍电鳗科
		Syngnathidae	海龙科
		Tetraodontidae	鲀科
		Zanclidae	镰鱼科
	两栖类	Leptodactylidae	细趾蟾科
		Rhacophoridaae	树蛙科
	软体类	Sepiidae	乌贼科
		Neritidae	蜑螺科
		Fasciolariidae	旋螺科
		Patellidae	笠螺科
		Ranellidae	法螺科
	甲壳类	Atyidae	匙指虾科
		Parathelphusidae	束腹蟹科
		Hippolytidae	藻虾科
	腔肠类	Alcyonacea	软珊瑚目
	爬行类	Bataguridae	潮龟科

表3-3 续9

国家（地区）	类别	种类（分类至科）	
		学名	
		拉丁文	中文
菲律宾	鱼类	Acanthuridae	刺尾鲷科
		Alopiidae	长尾鲨科
		Apogonidae	天竺鲷科
		Aulopodidae	仙鱼科
		Balistidae	鳞鲀科
		Brachaeluridae	长须鲨科
		Carcharhinidae	真鲨科
		Odontaspididae/Carchariidae	锥齿鲨科
		Chactodontidae	棘蝶鱼科
		Chaetodontidae	蝴蝶鱼科
		Cichlidae	慈鲷科
		Congridae	康吉鳗科
		Ginglymostomatidae	绞口鲨科
		Gobiidae	虾虎鱼科
		Hemiscylliidae	天竺鲨科
		Labridae	隆头鱼科
		Muraenesocidae	海鳗科
		Ostraciontidae	箱鲀科
		Parascyllidae	斑鳍鲨科
		Pomacanthidae	盖刺鱼科
		Pomacentridae	雀鲷科
		Pristiophoridae	锯鲨科
		Rajidae	鳐科
		Scorpaenidae	鲉科
		Serranidae	鮨科
		Sphyrnidae	双髻鲨科
		Squalidae	角鲨科
		Squatinidae	扁鲨科
		Stegostomatidae	豹纹鲨科
		Dasyatidae	魟科
		Syngnathidae	海龙鱼科
		Triakidae	皱唇鲨科

表3-3 续10

国家（地区）	类别	种类（分类至科）	
		学名	
		拉丁文	中文
菲律宾	甲壳类	*Hippolytidae*	藻虾科
		Paguridae	寄居蟹科
		Porcellanidae	磁蟹科
	棘皮类	*Asteroidea*	海星
		Echinidae	海胆科
		Strongylocentrotidae	球海胆科
	腔肠类	*Alcyonacea*	软珊瑚目
		Helioporacea	苍珊瑚目
		Gorgonacea	柳珊瑚目
		Scleractinia	石珊瑚目
		Antipatharia	角珊瑚目
		Actiniaria	海葵目
		Cerianthria	角海葵目
		Cubomedusae	立方水母目
		Semaeostomae	旗口水母目
	多孔动物	*Clionidae*	穿贝海绵科
	环节动物	*Sabellidae*	缨鳃虫科
	软体类	*Trochidae*	马蹄螺科
		Limidae	狐蛤科
		Aplysiidae	海兔科
		Nautilidae	鹦鹉螺科
		Octopodidae	蛸科
印度	鱼类	*Callichthyidae*	美鲶科
		Cichlidae	慈鲷科
		Cobitidae	鳅科
		Polypteridae	多鳍鱼科
		Siluridae	鲶科
		Syngnathidae	海龙科
		Tetraodontidae	鲀科
	甲壳类	*Atyidae*	匙指虾科
		Cambaridae	蝲蛄科
		Gecarcinucidae	泽蟹科

表3-3 续11

国家（地区）	类别	种类（分类至科）	
			学名	
			拉丁文	中文
韩国	鱼类	*Acanthuridae*	刺尾鲷科
		Congridae	康吉鳗科
		Liparidae	狮子鱼科
		Myxinidae	盲鳗科
		Pholidae	锦鳚科
		Alopiidae	长尾鲨科
		Balistidae	鳞鲀科
		Brachaeluridae	长须鲨科
		Carcharhinidae	真鲨科
		Cichlidae	慈鲷科
		Odontaspididae/Carchariidae	锥齿鲨科
		Dasyatidae	魟科
		Ginglymostomatidae	铰口鲨科
		Gobiidae	虾虎鱼科
		Hemiscylliidae	天竺鲨科
		Hemitripteridae	绒杜父鱼科
		Labridae	隆头鱼科
		Muraenesocidae	海鳗科
		Myliobatidae	鲼科
		Oplegnathidae	石鲷科
		Orectolobidae	须鲨科
		Parascyllidae	斑鳍鲨科
		Pomacentridae	雀鲷科
		Pristiophoridae	锯鲨科
		Rajidae	鳐科
		Rhinidae	圆犁头鳐科
		Rhynchobatidae	尖犁头鳐科
		Scorpaenidae	鲉科
		Serranidae	鮨科
		Sphyrnidae	双髻鲨科
		Squalidae	角鲨科
		Squatinidae	扁鲨科
		Stegostomatidae	豹纹鲨科

表3-3　续12

国家（地区）	类别	种类（分类至科）	
		学名	
		拉丁文	中文
韩国	鱼类	*Synanceiidae*	毒鲉科
		Syngnathidae	海龙科
		Pomacanthidae	盖刺鱼科
		Hexagrammidae	六线鱼科
		Triakidae	皱唇鲨科
		Triglidae	鲂鮄科
	软体类	*Octopodidae*	章鱼科
	棘皮类	*Ophiotrichidae*	刺蛇尾科
		Asteroidea	海星
	腔肠类	*Actiniaria*	海葵目
	甲壳类	*Cheiragonidae*	角螯蟹科
		Palinuridae	龙虾科
		Majidae	蜘蛛蟹科
日本	鱼类	*Acanthuridae*	刺尾鲷科
		Alopiidae	长尾鲨科
		Anarhichadidae	狼鳚科
		Balistidae	鳞鲀科
		Blenniidae	鳚科
		Brachaeluridae	长须鲨科
		Carcharhinidae	真鲨科
		Odontaspididae/Carchariidae	锥齿鲨科
		Chaetodontidae	蝴蝶鱼科
		Cyprinidae	鲤科
		Ginglymostomatidae	绞口鲨科
		Gobiidae	虾虎鱼科
		Hemiscylliidae	天竺鲨科
		Labridae	隆头鱼科
		Macrorhamphosidae	鹭管鱼科
		Monocentridae	松毬鱼科
		Orectolobidae	须鲨科
		Parascylliidae	斑鳍鲨科
		Pomacanthidae	盖刺鱼科
		Pomacentridae	雀鲷科

表3-3 续13

国家（地区）	类别	种类（分类至科）	
^	^	学名	
^	^	拉丁文	中文
日本	鱼类	*Potamotrygonidae*	江魟科
^	^	*Pristiophoridae*	锯鲨科
^	^	*Rajidae*	鳐科
^	^	*Scorpaenidae*	鲉科
^	^	*Sphyrnidae*	双髻鲨科
^	^	*Squalidae*	角鲨科
^	^	*Squatinidae*	扁鲨科
^	^	*Stegostomatidae*	豹纹鲨科
^	^	*Triakidae*	皱唇鲨科
^	甲壳类	*Hippolytidae*	藻虾科
^	^	*Majidae*	蜘蛛蟹科
^	^	*Porcellanidae*	磁蟹科
^	棘皮类	*Asteroidea*	海星
^	腔肠类	*Actiniaria*	海葵目
^	^	*Alcyonacea*	软珊瑚目
^	^	*Antipatharia*	角珊瑚目
^	^	*Cerianthria*	角海葵目
^	^	*Cubomedusae*	立方水母目
^	^	*Gorgonacea*	柳珊瑚目
^	^	*Helioporacea*	苍珊瑚目
^	^	*Scleractinia*	石珊瑚目
^	^	*Semaeostomae*	旗口水母目
^	软体类	*Octopodidae*	章鱼科
^	节肢动物	*Cirolanidae*	漂水虱科
越南	鱼类	*Acanthuridae*	刺尾鲷科
^	^	*Apogonidae*	天竺鲷科
^	^	*Balistidae*	鳞鲀科
^	^	*Carcharhinidae*	真鲨科
^	^	*Chaetodontidae*	蝴蝶鱼科
^	^	*Congridae*	康吉鳗科
^	^	*Ginglymostomatidae*	绞口鲨科
^	^	*Gobiidae*	虾虎鱼科
^	^	*Labridae*	隆头鱼科

表3-3 续14

国家（地区）	类别	种类（分类至科）	
^^^	^^^	学名	
^^^	^^^	拉丁文	中文
越南	鱼类	*Ostraciontidae*	箱鲀科
^^^	^^^	*Pomacanthidae*	盖刺鱼科
^^^	^^^	*Pomacentridae*	雀鲷科
^^^	^^^	*Rajidae*	鳐科
^^^	^^^	*Scorpaenidae*	鲉科
^^^	^^^	*Serranidae*	鮨科
^^^	^^^	*Sphyrnidae*	双髻鲨科
^^^	^^^	*Stegostomatidae*	豹纹鲨科
^^^	甲壳类	*Hippolytidae*	藻虾科
^^^	^^^	*Porcellanidae*	磁蟹科
^^^	棘皮类	*Asteroidea*	海星
^^^	^^^	*Strongylocentrotidae*	球海胆科
^^^	腔肠类	*Actiniaria*	海葵目
^^^	^^^	*Alcyonacea*	软珊瑚目
^^^	^^^	*Antipatharia*	角珊瑚目
^^^	^^^	*Cerianthria*	角海葵目
^^^	^^^	*Cubomedusae*	立方水母目
^^^	^^^	*Gorgonacea*	柳珊瑚目
^^^	^^^	*Helioporacea*	苍珊瑚目
^^^	^^^	*Scleractinia*	石珊瑚目
^^^	^^^	*Semaeostomae*	旗口水母目
^^^	爬行类	*Bataguridae*	潮龟科
^^^	软体类	*Tridacnidae*	砗磲科
^^^	^^^	*Aplysiidae*	海兔科
^^^	^^^	*Trochidae*	马蹄螺科
^^^	多孔动物	*Clionidae*	穿贝海绵科
斯里兰卡	鱼类	*Acanthuridae*	刺尾鲷科
^^^	^^^	*Alopiidae*	长尾鲨科
^^^	^^^	*Apogonidae*	天竺鲷科
^^^	^^^	*Aracanidae*	六棱箱鲀科
^^^	^^^	*Balistidae*	鳞鲀科
^^^	^^^	*Brachaeluridae*	长须鲨科
^^^	^^^	*Carcharhinidae*	真鲨科

表3-3 续15

国家（地区）	类别	种类（分类至科）	
		学名	
		拉丁文	中文
斯里兰卡	鱼类	*Odontaspididae/Carchariidae*	锥齿鲨科
		Chaetodontidae	蝴蝶鱼科
		Congridae	康吉鳗科
		Ginglymostomatidae	绞口鲨科
		Gobiidae	虾虎鱼科
		Hemiscylliidae	天竺鲨科
		Heterodontidae	虎鲨科
		Labridae	隆头鱼科
		Orectolobidae	须鲨科
		Ostraciontidae	箱鲀科
		Parascyllidae	斑鳍鲨科
		Pomacanthidae	盖刺鱼科
		Pristiophoridae	锯鲨科
		Rajidae	鳐科
		Scorpaenidae	鲉科
		Serranidae	鮨科
		Sphyrnidae	双髻鲨科
		Squalidae	角鲨科
		Squatinidae	扁鲨科
		Stegostomatidae	豹纹鲨科
		Pomacentridae	雀鲷科
		Tetraodontidae	鲀科
		Dasyatidae	魟科
		Myliobatidae	鲼科
		Rhinopteridae	牛鼻鲼科
		Rhinidae	圆犁头鳐科
		Rhynchobatidae	尖犁头鳐科
		Carangidae	鲹科
		Caesionidae	乌尾鮗科
		Syngnathidae	海龙科
		Triakidae	皱唇鲨科
	甲壳类	*Hippolytidae*	藻虾科
		Porcellanidae	磁蟹科

表3-3 续16

国家（地区）	类别	种类（分类至科）	
		学名	
		拉丁文	中文
斯里兰卡	棘皮类	*Asteroidea*	海星
		Strongylocentrotidae	球海胆科
	腔肠类	*Actiniaria*	海葵目
		Alcyonacea	软珊瑚目
		Antipatharia	角珊瑚目
		Cerianthria	角海葵目
		Cubomedusae	立方水母目
		Gorgonacea	柳珊瑚目
		Helioporacea	苍珊瑚目
		Scleractinia	石珊瑚目
		Semaeostomae	旗口水母目
	软体类	*Aplysiidae*	海兔科
		Limidae	狐蛤科
		Trochidae	马蹄螺科
	多孔动物	*Clionidae*	穿贝海绵科
	环节动物	*Himerometridae*	美羽枝科
		Sabellidae	缨鳃虫科
北美洲			
美国	鱼类	*Acanthuridae*	刺尾鲷科
		Alopiidae	长尾鲨科
		Apogonidae	天竺鲷科
		Aulopodidae	仙鱼科
		Balistidae	鳞鲀科
		Brachaeluridae	长须鲨科
		Carcharhinidae	真鲨科
		Odontaspididae/ Carchariidae	锥齿鲨科
		Chaetodontidae	蝴蝶鱼科
		Ginglymostomatidae	绞口鲨科
		Gobiidae	虾虎鱼科
		Hemiscylliidae	天竺鲨科
		Labridae	隆头鱼科
		Orectolobidae	须鲨科
		Osteoglossidae	骨舌鱼科

表3-3 续17

国家（地区）	类别	种类（分类至科）	
^^^	^^^	学名	
^^^	^^^	拉丁文	中文
美国	鱼类	*Parascyllidae*	斑鳍鲨科
^^^	^^^	*Pomacanthidae*	盖刺鱼科
^^^	^^^	*Pristiophoridae*	锯鲨科
^^^	^^^	*Pseudochromidae*	准雀鲷科
^^^	^^^	*Rajidae*	鳐科
^^^	^^^	*Serranidae*	鮨科
^^^	^^^	*Sparidae*	鲷科
^^^	^^^	*Sphyrnidae*	双髻鲨科
^^^	^^^	*Squalidae*	角鲨科
^^^	^^^	*Squatinidae*	扁鲨科
^^^	^^^	*Stegostomatidae*	豹纹鲨科
^^^	^^^	*Syngnathidae*	海龙科
^^^	^^^	*Opistognathidae*	后颌鱼科
^^^	^^^	*Blenniidae*	鳚科
^^^	^^^	*Siluridae*	鲶科
^^^	^^^	*Potamotrygonidae*	魟科
^^^	^^^	*Gymnotidae*	裸背鱼科
^^^	^^^	*Polypterus*	多鳍鱼科
^^^	^^^	*Triakidae*	皱唇鲨科
^^^	棘皮类	*Asteroidea*	海星
^^^	甲壳类	*Porcellanidae*	磁蟹科
^^^	^^^	*Hippolytidae*	藻虾科
^^^	腔肠类	*Actiniaria*	海葵目
^^^	^^^	*Cerianthria*	角海葵目
^^^	^^^	*Sabellidae*	缨鳃虫科
^^^	爬行类	*Chelydridae*	鳄龟科
^^^	^^^	*Dermatemydidae*	泥龟科
^^^	^^^	*Kinosternidae*	动胸龟科
^^^	^^^	*Pelomedusidae*	侧颈龟科
^^^	^^^	*Testudinidae*	陆龟科
^^^	^^^	*Trionychidae*	鳖科
^^^	两栖类	*Leptodactylidae*	细趾蟾科
^^^	^^^	*Microhylidae*	姬蛙科
^^^	多孔动物	*Clionidae*	穿贝海绵科

表3-3　续18

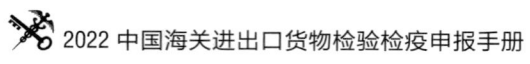

国家（地区）	类别	种类（分类至科）	
^	^	学名	
^	^	拉丁文	中文
加拿大	鱼类	Anarhichadidae	狼鳚科
^	^	Chimaeridae	银鲛科
^	^	Hemitripteridae	绒杜父鱼科
^	^	Rhamphocottidae	钩吻杜父鱼科
^	^	Chimaeridae	银鲛科
^	^	Cottidae	杜父鱼科
^	^	Cyclopteridae	圆鳍鱼科
^	^	Embiotocidae	海鲫科
^	^	Gadidae	鳕科
^	^	Hexagrammidae	六线鱼科
^	^	Pseudochromidae	准雀鲷科
^	^	Scorpaenidae	鲉科
^	^	Sebastidae	平鲉科
^	^	Syngnathidae	海龙科
^	棘皮类	Asteroidea	海星
^	^	Strongylocentrotidae	球海胆科
^	甲壳类	Hippolytidae	藻虾科
^	^	Nephropidae	海螯虾科
^	^	Porcellanidae	磁蟹科
^	腔肠类	Actiniaria	海葵目
^	^	Cerianthria	角海葵目
^	多孔动物	Clionidae	穿贝海绵科
墨西哥	鱼类	Acanthuridae	刺尾鲷科
^	^	Alopiidae	长尾鲨科
^	^	Brachaeluridae	长须鲨科
^	^	Carcharhinidae	真鲨科
^	^	Chaetodontidae	蝴蝶鱼科
^	^	Ginglymostomatidae	绞口鲨科
^	^	Gobiidae	虾虎鱼科
^	^	Hemiscylliidae	天竺鲨科
^	^	Labridae	隆头鱼科
^	^	Odontaspididae/Carchariidae	锥齿鲨科
^	^	Orectolobidae	须鲨科

表3-3　续19

国家（地区）	类别	种类（分类至科）	
		学名	
		拉丁文	中文
墨西哥	鱼类	*Parascyllidae*	斑鳍鲨科
		Pomacanthidae	盖刺鱼科
		Pomacentridae	雀鲷科
		Pristiophoridae	锯鲨科
		Rajidae	鳐科
		Serranidae	鮨科
		Sphyrnidae	双髻鲨科
		Squalidae	角鲨科
		Squatinidae	扁鲨科
		Stegostomatidae	豹纹鲨科
		Triakidae	皱唇鲨科
	棘皮类	*Asteroidea*	海星
	甲壳类	*Hippolytidae*	藻虾科
		Porcellanidae	磁蟹科
	腔肠类	*Actiniaria*	海葵目
		Cerianthria	角海葵目
南美洲			
哥伦比亚	鱼类	*Callichthyidae*	美鲶科
		Aulopodidae	仙鱼科
		Cichlidae	慈鲷科
		Cobitidae	鳅科
		Istiophoridae	旗鱼科
		Osteoglossidae	骨舌鱼科
		Potamotrygonidae	江魟科
		Siluridae	鲶科
		Sparidae	鲷科
	爬行类	*Dermatemydidae*	泥龟科
		Kinosternidae	动胸龟科

表3-3 续20

国家（地区）	类别	种类（分类至科）	
		学名	
		拉丁文	中文
秘鲁	鱼类	Ariidae	海鲶科
		Callichthyidae	美鲶科
		Cichlidae	慈鲷科
		Cobitidae	鳅科
		Osteoglossidae	骨舌鱼科
		Pimelodidae	长须鲶科
		Potamotrygonidae	江𫚉科
		Polyodontidae	匙吻鲟科
		Siluridae	鲶科
	爬行类	Dermatemydidae	泥龟科
		Kinosternidae	动胸龟科
		Pelomedusidae	侧颈龟科
		Testudinidae	陆龟科
巴西	鱼类	Acanthuridae	刺尾鲷科
		Alopiidae	长尾鲨科
		Brachaeluridae	长须鲨科
		Callichthyidae	美鲶科
		Carcharhinidae	真鲨科
		Odontaspididae/Carchariidae	锥齿鲨科
		Chaetodontidae	蝴蝶鱼科
		Cichlidae	慈鲷科
		Cobitidae	鳅科
		Cyprinidae	鲤科
		Doradidae	棘甲鲶科
		Erythrinidae	红脂鲤科
		Ginglymostomatidae	绞口鲨科
		Gobiidae	虾虎鱼科
		Hemiscylliidae	天竺鲨科
		Labridae	隆头鱼科
		Orectolobidae	须鲨科
		Osphronemidae	丝足鲈科
		Parascyllidae	斑鳍鲨科
		Pimelodidae	长须鲶科

表3-3 续21

国家（地区）	类别	种类（分类至科）	
		学名	
		拉丁文	中文
巴西	鱼类	*Pomacanthidae*	盖刺鱼科
		Potamotrygonidae	江魟科
		Pristiophoridae	锯鲨科
		Rajidae	鳐科
		Serranidae	鮨科
		Siluridae	鲶科
		Sphyrnidae	双髻鲨科
		Squalidae	角鲨科
		Squatinidae	扁鲨科
		Stegostomatidae	豹纹鲨科
		Triakidae	皱唇鲨科
	棘皮类	*Asteroidea*	海星
	甲壳类	*Porcellanidae*	磁蟹科
		Hippolytidae	藻虾科
	腔肠类	*Actiniaria*	海葵目
		Cerianthria	角海葵目
非洲			
埃及	鱼类	*Acanthuridae*	刺尾鲷科
		Balistidae	鳞鲀科
		Chaetodontidae	蝴蝶鱼科
		Gobiidae	虾虎鱼科
		Labridae	隆头鱼科
		Pomacanthidae	盖刺鱼科
		Pomacentridae	雀鲷科
		Pseudochromidae	准雀鲷科
	甲壳类	*Hippolytidae*	藻虾科
		Porcellanidae	磁蟹科
	棘皮类	*Asteroidea*	海星
		Strongylocentrotidae	球海胆科

— 301 —

表3-3 续22

国家（地区）	类别	种类（分类至科）	
		学名	
		拉丁文	中文
埃及	腔肠类	*Actiniaria*	海葵目
		Alcyonacea	软珊瑚目
		Antipatharia	角珊瑚目
		Cerianthria	角海葵目
		Cubomedusae	立方水母目
		Gorgonacea	柳珊瑚目
		Helioporacea	苍珊瑚目
		Scleractinia	石珊瑚目
		Semaeostomae	旗口水母目
	软体类	*Trochidae*	马蹄螺科
		Aplysiidae	海兔科
尼日利亚	—	*Cichlidae*	慈鲷科
		Mormyridae	长颌鱼科
		Pantodontidae	齿蝶鱼科
		Polypteridae	多鳍鱼科
		Tetraodontidae	鲀科
坦桑尼亚	鱼类	*Cichlidae*	慈鲷科
		Sparidae	鲷科
大洋洲			
澳大利亚	鱼类	*Acanthuridae*	刺尾鲷科
		Alopiidae	长尾鲨科
		Brachaeluridae	长须鲨科
		Carcharhinidae	真鲨科
		Odontaspididae/Carchariidae	锥齿鲨科
		Chaetodontidae	蝴蝶鱼科
		Ginglymostomatidae	绞口鲨科
		Gobiidae	虾虎鱼科
		Hemiscylliidae	天竺鲨科
		Labridae	隆头鱼科
		Latidae	尖吻鲈科
		Orectolobidae	须鲨科
		Parascylliidae	斑鳍鲨科
		Pomacanthidae	盖刺鱼科

表3-3 续23

国家（地区）	类别	种类（分类至科）	
		学名	
		拉丁文	中文
澳大利亚	鱼类	Pomacentridae	雀鲷科
		Pristiophoridae	锯鲨科
		Rajidae	鳐科
		Serranidae	鮨科
		Sphyrnidae	双髻鲨科
		Squalidae	角鲨科
		Squatinidae	扁鲨科
		Stegostomatidae	豹纹鲨科
		Syngnathidae	海龙科
		Triakidae	皱唇鲨科
	甲壳类	Hippolytidae	藻虾科
		Porcellanidae	磁蟹科
	软体类	Tridacnidae	砗磲科
		Trochidae	马蹄螺科
	棘皮类	Asteroidea	海星
		Strongylocentrotidae	球海胆科
	腔肠类	Alcyonacea	软珊瑚目
		Helioporacea	苍珊瑚目
		Gorgonacea	柳珊瑚目
		Scleractinia	石珊瑚目
		Antipatharia	角珊瑚目
		Actiniaria	海葵目
		Cerianthria	角海葵目
		Cubomedusae	立方水母目
		Semaeostomae	旗口水母目
	多孔动物	Clionidae	穿贝海绵科
欧洲			
德国	鱼类	Cichlidae	慈鲷科
		Potamotrygonidae	江魟科
		Aulopodidae	仙鱼科
		Siluridae	鲶科

表3-3 续24

国家（地区）	类别	种类（分类至科）	
		学名	
		拉丁文	中文
葡萄牙	鱼类	*Acanthuridae*	刺尾鲷科
		Anomalopidae	灯眼鱼科
		Antennariidae	躄鱼科
		Aplocheilidae	单唇鳉科
		Apogonidae	天竺鲷科
		Aulostomidae	管口鱼科
		Balistidae	鳞鲀科
		Blenniidae	鳚科
		Carcharhinidae	真鲨科
		Centracanthidae	长身鲷科
		Centriscidae	虾鱼科
		Centrolophidae	长鲳科
		Chactodontidae	棘蝶鱼科
		Chaetodontidae	蝴蝶鱼科
		Cottidae	杜父鱼科
		Cyprinidae	鲤科
		Dasyatidae	魟科
		Diodontidae	二齿鲀科
		Ginglymostomatidae	绞口鲨科
		Gobiidae	虾虎鱼科
		Gymnuridae	燕魟科
		Haemulidae	石鲈科
		Labridae	隆头鱼科
		Lamnidae	鼠鲨科
		Lophiidae	鮟鱇科
		Microdesmidae	蚓虾虎科
		Mobulidae	蝠鲼科
		Molidae	翻车鲀科
		Monacanthidae	单棘鲀科
		Monocentridae	松毬鱼科
		Myliobatidae	鲼科
		Ophichthidae	蛇鳗科
		Pomacanthidae	盖刺鱼科

表3-3 续25

国家（地区）	类别	种类（分类至科）	
^^^	^^^	学名	
^^^	^^^	拉丁文	中文
葡萄牙	鱼类	*Pomacentridae*	雀鲷科
^^^	^^^	*Pomatomidae*	扁鲹科
^^^	^^^	*Potamotrygonidae*	江魟科
^^^	^^^	*Priacanthidae*	大眼鲷科
^^^	^^^	*Pristiophoridae*	锯鲨科
^^^	^^^	*Rajidae*	鳐科
^^^	^^^	*Rhinidae*	圆犁头鳐科
^^^	^^^	*Rhinobatidae*	犁头鳐科
^^^	^^^	*Sciaenidae*	石首鱼科
^^^	^^^	*Scorpaenidae*	鲉科
^^^	^^^	*Scyliorhinidae*	猫鲨科
^^^	^^^	*Sebastidae*	平鲉科
^^^	^^^	*Haemulidae*	石鲈科
^^^	^^^	*Sphyrnidae*	双髻鲨科
^^^	^^^	*Stegostomatidae*	豹纹鲨科
^^^	^^^	*Syngnathidae*	海龙科
^^^	^^^	*Tetraodontidae*	鲀科
^^^	^^^	*Triakidae*	皱唇鲨科
^^^	^^^	*Triglidae*	鲂鮄科
^^^	甲壳类	*Hippolytidae*	藻虾科
^^^	^^^	*Hymenoceridae*	海星虾科
^^^	^^^	*Inachidae*	尖头蟹科
^^^	^^^	*Limulidae*	鲎科
^^^	^^^	*Palaemonidae*	长臂虾科
^^^	^^^	*Palinuridae*	龙虾科
^^^	软体类	*Tridacnidae*	砗磲科
^^^	^^^	*Octopodidae*	章鱼科
^^^	^^^	*Patellidae*	笠螺科
^^^	^^^	*Pennatulidae*	海笔科
^^^	^^^	*Ranellidae*	法螺科
^^^	^^^	*Sepiidae*	乌贼科
^^^	^^^	*Nautilidae*	鹦鹉螺科
^^^	^^^	*Limidae*	狐蛤科

表3-3 续26

国家（地区）	类别	种类（分类至科）	
		学名	
		拉丁文	中文
葡萄牙	环节类	Sabellidae	帚虫科
	棘皮类	Asteroidea	海星
		Diadematidae	冠海胆科
		Cucumariidae	瓜参科
		Ophiodermatidae	皮蛇尾科

注：
1. 本名单为传统贸易和完成检疫准入种类。
2. 本名单根据国外动物疫情、检疫准入、传统贸易整理和进口检疫情况、境外官方提供注册登记企业名单动态调整。
3. 目前仅指非濒危、人工养殖品种。

表3-4 "已准入水生动物国家（地区）及品种名单"种用及养殖水生动物部分

（截至2021年12月）

国家（地区）	类别	种类（分类至种）	
		学名	
		拉丁文	中文
亚洲			
马来西亚	鱼类	Anguilla Bicolor	双色鳗鲡
泰国	甲壳类	Macrobrachium rosenbergii	罗氏沼虾
		Penaeus monodon	斑节对虾
		Litopenaeus vannamei	凡纳滨对虾
	爬行类	Pelodiscus Sinensis	中华鳖
印度尼西亚	鱼类	Anguilla Bicolor	双色鳗鲡
		Litopenaeus vannamei	凡纳滨对虾
中国台湾	甲壳类	Macrobrachium rosenbergii	罗氏沼虾
		Cherax quadricarinatus	四脊滑螯虾
		Penaeus monodon	斑节对虾
		Penaeus orietalis	东方对虾
	鱼类	Epinephelus lanceolatus	龙胆石斑鱼
		lateolabrax japonicus	花鲈
	爬行类	Geochelone sulcata	苏卡达陆龟
		Ocadia Sinensis	花龟
		Pelodiscus Sinensis	中华鳖

表3-4 续1

国家（地区）	类别	种类（分类至种）	
^	^	学名	
^	^	拉丁文	中文
日本	爬行类	*Mauremys japonica*	日本拟水龟
^	^	*Stigmochelys pardalis*	豹纹陆龟
^	鱼类	*Anguilla japonica*	日本鳗鲡
中国香港	鱼类	*Anguilla Bicolor*	双色鳗鲡
^	^	*Anguilla rostrata*	美洲鳗鲡
菲律宾	甲壳类	*Cherax quadricarinatus*	四脊滑螯虾
^	鱼类	*Anguilla Bicolor*	双色鳗鲡
韩国	甲壳类	*Fenneropenaeus chinensis*	中国对虾
^	软体类	*Scapharca broughtonii*	魁蚶
^	尾索动物	*Pyrosomella verticilliata*	海鞘
北美洲			
加拿大	鱼类	*Anguilla rostrata*	美洲鳗鲡
^	^	*Oncorhynchus keta*	大马哈鱼
美国	甲壳类	*Litopenaeus vannamei*	凡纳滨对虾
^	鱼类	*Clupea pallasi*	鲱鱼
^	^	*Oncorhynchus mykiss*	虹鳟
^	^	*Alosa sapidissima*	美洲鲥
^	爬行类	*Apalone ferox*	佛罗里达鳖
^	^	*Sternotherus odoratus*	麝香龟
^	^	*Kinosternon suhrubrum*	头盔泥龟
^	^	*Staurotypus triporcatus*	墨西哥大麝香龟
^	^	*Phrynops geoffroanus*	花面龟
^	^	*Chelus fimbriatus*	枯叶龟
^	^	*Pseudemys concinna*	甜甜圈龟
^	^	*Malacochersus tornieri*	黄泽泥龟
^	^	*Kinosternon baurii*	果核泥龟
^	^	*Sternotherus carinatus*	屋顶龟
^	^	*Rhinoclemmys pulcherrima*	红头木纹龟
^	^	*Chrysemys picta*	锦龟
^	^	*Kinosternon scorpioides*	红脸蛋龟
^	^	*Claudius angustatus*	窄桥匣子龟
^	^	*Pseudemys rubriventris*	红肚龟

表3-4 续2

国家（地区）	类别	种类（分类至种）	
^	^	学名	
^	^	拉丁文	中文
大洋洲			
澳大利亚	鱼类	*Maccullochella peelii*	鳕鲈
^	^	*lateolabrax japonicus*	花鲈
^	^	*Lates calcarifer*	尖吻鲈
^	^	*Macquaria ambigua*	黄金鲈
^	^	*Scortum barcoo*	宝石鲈
欧洲			
丹麦	鱼类	*Oncorhynchus mykiss*	虹鳟
挪威	鱼类	*Salmo salar*	大西洋鲑
^	^	*Oncorhynchus mykiss*	虹鳟
波兰	鱼类	*Oncorhynchus mykiss*	虹鳟
西班牙	鱼类	*Oncorhynchus mykiss*	虹鳟
冰岛	鱼类	*Salmo salar*	大西洋鲑
^	^	*Oncorhynchus keta*	大马哈鱼
英国	鱼类	*Oncorhynchus mykiss*	虹鳟
俄罗斯	鱼类	*Coregonus autumnalis*	凹目白鲑
^	^	*Acipenser baeri*	西伯利亚鲟
^	^	*Coregonus nasus*	齐尔白鲑
^	^	*Coregonus peled*	高白鲑

注：
1. 本名单所列为该水生动物种类的卵、苗、亲本。
2. 本名单所列为传统贸易和完成检疫准入种类，根据国外动物疫情、检疫准入、传统贸易整理和进口检疫情况动态调整。

（五）进境食用水生动物指定监管场地名单

进境食用水生动物指定监管场地名单见表3-5。

表3-5 进境食用水生动物指定监管场地名单

（75家，截至2022年1月1日）

序号	关区		指定监管场地名称	允许进境类别	场所/场地编码	所在口岸区域
^	直属海关	主管（隶属）海关	^	^	^	^
1	北京海关	首都机场海关	首都机场进境食用水生动物指定监管场地	鱼类、甲壳类、软体类	CNBJS01S001	首都国际机场

表3-5 续1

序号	关区 直属海关	关区 主管（隶属）海关	指定监管场地名称	允许进境类别	场所/场地编码	所在口岸区域
2	天津海关	天津滨海机场海关	天津航空口岸大通关基地进境食用水生动物指定监管场地	—	CNTSN02S665	天津滨海国际机场
3	大连海关	大连周水子机场海关	大连国际机场进境食用水生动物指定监管场地	鱼类、甲壳类、软体类	CNDLC090009	大连周水子国际机场
4	大连海关	大东港海关	丹东港进境食用水生动物指定监管场地	鱼类、甲壳类、软体类	CNDDG090018	丹东港大东港区
5	大连海关	旅顺海关	旅顺新港进境食用水生动物指定监管场地	鱼类、甲壳类、软体类	CNLSH090022	旅顺新港
6	大连海关	大连港湾海关	大连港散杂货码头进境食用水生动物指定监管场地	鱼类、甲壳类、软体类	CNDAL090105	大连港大连湾港区
7	大连海关	大连港湾海关	大连湾新港进境食用水生动物指定监管场地	鱼类、甲壳类、软体类	CNDAL090112	大连港大连湾港区
8	沈阳海关	沈阳桃仙机场海关	沈阳桃仙国际机场进境食用水生动物指定监管场地	鱼类、甲壳类、软体类	CNSHE080027	沈阳桃仙国际机场
9	长春海关	珲春海关	吉林珲春口岸进境食用水生动物指定监管场地	鱼类、甲壳类、软体类	CNHCG15S005	珲春（公路）
10	长春海关	珲春海关	吉林珲春圈河口岸进境食用水生动物指定监管场地	鱼类、甲壳类、软体类	CNHCG15S004	珲春圈河（公路）
11	长春海关	长白海关	吉林长白口岸进境食用水生动物指定监管场地	鱼类、甲壳类、软体类	CNCGB150039	长白（公路）
12	长春海关	图们海关	吉林图们公路口岸进境食用水生动物指定监管场地	鱼类、甲壳类、软体类	CNTME15S005	图们（公路）
13	哈尔滨海关	东宁海关	东宁口岸进境食用水生动物指定监管场地	鱼类、甲壳类、软体类	CNDON190044	东宁（公路）
14	哈尔滨海关	绥芬河海关	绥芬河公路口岸进境食用水生动物指定监管场地	鱼类、甲壳类、软体类	CNSFH19S051	绥芬河（公路）
15	哈尔滨海关	抚远海关	抚远进境食用水生动物指定监管场地	鱼类、甲壳类、软体类	CNHUY19S052	抚远（水运）
16	上海海关	浦东机场海关	上海浦东机场浦虹进境食用水生动物指定监管场地	鱼类、甲壳类、软体类	CNPVG33S050	—
17	上海海关	青浦海关	上海浦东机场西郊国农进境食用水生动物指定监管场地	鱼类、甲壳类、软体类	CNQGP22S050	—
18	上海海关	崇明海关	上海长兴岛进境食用水生动物指定监管场地	鱼类、甲壳类、软体类	CNCGM220472	横沙渔港
19	南京海关	无锡海关	苏南硕放国际机场进境食用水生动物指定监管场地	鱼类、甲壳类、软体类	CNWUX230001	苏南硕放国际机场
20	南京海关	南京禄口机场海关	南京禄口国际机场进境食用水生动物指定监管场地	鱼类、甲壳类、软体类	CNNKG230011	南京禄口国际机场

表3-5 续2

序号	关区 直属海关	关区 主管（隶属）海关	指定监管场地名称	允许进境类别	场所/场地编码	所在口岸区域
21	南京海关	徐州海关	徐州观音国际机场进境食用水生动物指定监管场地	鱼类、甲壳类、软体类	CNFAX230004	徐州观音国际机场
22	南京海关	连云港海关	连云港新东方集装箱码头进境食用水生动物指定场地	鱼类、甲壳类、软体类	CNLYG230026	连云港
23	南京海关	常州海关	常州国际机场进境食用水生动物指定场地	鱼类、甲壳类、软体类	CNCZX230037	常州奔牛国际机场
24	南京海关	太仓海关	苏州现代货箱码头进境食用水生动物指定场地	鱼类、甲壳类、软体类	CNTAC230013	太仓港
25	杭州海关	杭州萧山机场海关	杭州萧山国际机场进境食用水生动物指定监管场地	鱼类、甲壳类、软体类	CNHGH290077	杭州萧山国际机场
26	杭州海关	温州海关	温州龙湾国际机场进境食用水生动物指定监管场地	鱼类、甲壳类、软体类	CNWNZ290311	温州市龙湾国际机场
27	杭州海关	舟山海关	舟山沈家门港区进境食用水生动物指定监管场地	鱼类、甲壳类、软体类	CNZOS290347	舟山港
28	宁波海关	宁波机场海关	宁波栎社国际机场进境食用水生动物指定监管场地	鱼类、甲壳类、软体类	CNNGB310207	宁波栎社国际机场
29	宁波海关	象山海关	宁波石浦港区进境食用水生动物指定监管场地	鱼类、甲壳类、软体类	CNXSP310151	宁波港
30	合肥海关	合肥新桥机场海关	合肥新桥国际机场进境食用水生动物指定监管场地	鱼类、甲壳类、软体类	CNHFE33S005	合肥新桥国际机场
31	福州海关	福州长乐机场海关	福州长乐国际机场进境食用水生动物指定监管场地	鱼类、甲壳类、软体类	CNFOC350172	福州长乐国际机场
32	福州海关	平潭海关	平潭港口岸澳前港区进境食用水生动物指定监管场地	鱼类、甲壳类、软体类	CNPTJ350186	平潭港澳前港区
33	福州海关	平潭海关	福建省平潭港口岸金井港区进境食用水生动物指定监管场地	鱼类、甲壳类、软体类、棘皮类	CNPTJ350145	平潭港金井港区
34	厦门海关	东山海关	漳州东山港进境食用水生动物指定监管场地	鱼类、甲壳类、软体类	CNDSN370195	漳州港
35	厦门海关	泉州海关	泉州晋江国际机场进境食用水生动物指定监管场地	鱼类、甲壳类、软体类	CNJJN370233	泉州晋江国际机场
36	厦门海关	厦门机场海关	厦门高崎国际机场进境食用水生动物指定监管场地	鱼类、甲壳类、软体类	CNXAM370220	厦门高崎国际机场
37	厦门海关	东渡海关	厦门东渡港区现代进境食用水生动物指定监管场地	鱼类、甲壳类、软体类	CNXAM370173	厦门港
38	厦门海关	东渡海关	厦门东渡港区同益码头进境食用水生动物指定监管场地	鱼类、甲壳类、软体类	CNXAM370227	厦门港
39	厦门海关	海沧海关	厦门海沧港远海码头13号泊位进境食用水生动物指定监管场地	鱼类、甲壳类、软体类	CNXAM370239	厦门港

表3-5 续3

序号	关区 直属海关	关区 主管（隶属）海关	指定监管场地名称	允许进境类别	场所/场地编码	所在口岸区域
40	青岛海关	青岛大港海关	青岛中外运集装箱仓码进境食用水生动物指定监管场地	鱼类、甲壳类、软体类	CNQGD420170	青岛港
41	青岛海关	黄岛海关	青岛前湾港鲁海丰进境食用水生动物指定监管场地	鱼类、甲壳类、软体类	CNQGD42S401	—
42	青岛海关	荣成海关	山东荣成龙眼港进境食用水生动物指定查验场地	鱼类、甲壳类、软体类	CNLGY420319	龙眼港
43	青岛海关	威海海关	山东威海港进境食用水生动物查验场	鱼类、甲壳类、软体类	CNWEI420298	威海港
44	青岛海关	荣成海关	山东荣成石岛新港进境食用水生动物指定监管场地	鱼类、甲壳类、软体类	CNSHD420314	石岛港
45	青岛海关	威海海关	山东威海机场进境食用水生动物指定监管场地	鱼类、甲壳类、软体类	CNWEH42S401	山东威海国际机场
46	青岛海关	烟台海关	烟台蓬莱国际机场进境食用水生动物指定监管场地	鱼类、甲壳类、软体类	CNYAT420299	烟台蓬莱国际机场
47	青岛海关	烟台海关	烟台芝罘湾港区进境食用水生动物指定监管场地	鱼类、甲壳类、软体类	CNYAT42S402	烟台港
48	青岛海关	烟台海关	烟台综保区综合性指定监管场地	甲壳类、软体类	CNYAT42S403	—
49	青岛海关	日照海关	日照中盛进境食用水生动物指定监管场地	甲壳类、软体类	CNRZH420219	日照港
50	青岛海关	青岛流亭机场海关	青岛胶东国际机场进境食用水生动物指定监管场地	甲壳类、软体类、棘皮类	CNTAO420321	青岛胶东国际机场
51	济南海关	济南机场海关	济南机场进境食用水生动物指定监管场地	鱼类、甲壳类、软体类	CNTNA430201	济南遥墙国际机场
52	郑州海关	郑州机场海关	郑州新郑国际机场进境食用水生动物指定监管场地	鱼类、甲壳类、软体类	CNCGO460043	郑州新郑国际机场
53	武汉海关	武汉天河机场海关	武汉天河国际机场进境食用水生动物指定监管场地	鱼类、甲壳类、软体类	CNWUH470061	武汉天河国际机场
54	长沙海关	长沙黄花机场海关	长沙黄花国际机场进境食用水生动物指定监管场地	鱼类、甲壳类、软体类	CNCSX491014 CNCSX491067	长沙黄花国际机场
55	长沙海关	长沙黄花机场海关	长沙黄花综合保税区进境食用水生动物指定监管场地	鱼类、甲壳类、软体类	CNCSX49S306	长沙黄花国际机场
56	长沙海关	张家界海关	张家界荷花国际机场进境食用水生动物指定监管场地	鱼类、甲壳类、软体类、棘皮类	CNDYG491052	张家界荷花国际机场
57	广州海关	广州白云机场海关	广州白云机场新运进境食用水生动物指定监管场地	鱼类、甲壳类、软体类	CNCAN51S004	广州白云国际机场
58	广州海关	广州白云机场海关	广州白云机场国际航空货运站进境食用水生动物指定监管场地	鱼类、甲壳类、软体类	CNCAN510136	广州白云国际机场

表3-5 续4

序号	关区 直属海关	关区 主管（隶属）海关	指定监管场地名称	允许进境类别	场所/场地编码	所在口岸区域
59	广州海关	广州白云机场海关	广州白云机场联邦快递亚太转运中心进境食用水生动物指定监管场地	鱼类、甲壳类、软体类	CNCAN510003	广州白云国际机场
60	深圳海关	深圳湾海关	深圳湾口岸进境食用水生动物指定监管场地	鱼类、甲壳类、软体类	CNSNZ53S004	深圳湾（公路）
61	深圳海关	文锦渡海关	文锦渡口岸进境食用水生动物指定监管场地	鱼类、甲壳类、软体类	CNSNZ53S008	文锦渡（公路）
62	深圳海关	深圳宝安机场海关	深圳机场口岸进境食用水生动物指定监管场地	鱼类、甲壳类、软体类	CNSZX530124	深圳宝安国际机场
63	拱北海关	青茂海关	珠澳跨境工业区专用口岸进境食用水生动物指定监管场地	鱼类、甲壳类、软体类	CNZHU57S020	珠澳跨境工业区专用口岸
64	汕头海关	潮汕机场海关	揭阳潮汕机场进境食用水生动物指定监管场地	鱼类、甲壳类、软体类	CNSTG601055	揭阳潮汕国际机场
65	湛江海关	湛江机场海关	湛江机场进境食用水生动物指定监管场地	鱼类、甲壳类、软体类	CNZNG67S301	湛江机场
66	南宁海关	南宁吴圩机场海关	南宁吴圩机场进境食用水生动物查验场	鱼类、甲壳类、软体类	CNNNG72S022	南宁吴圩国际机场
67	南宁海关	东兴海关	广西东兴边民互市贸易区进境食用水生动物指定监管场地	鱼类、甲壳类、软体类、棘皮类	CNDOX720060	东兴（公路）
68	海口海关	三亚海关	三亚凤凰机场进境食用水生动物指定监管场地	鱼类、甲壳类、软体类	CNSYX640071	三亚凤凰国际机场
69	海口海关	海口美兰机场海关	海口美兰机场进境食用水生动物指定监管场地	鱼类、甲壳类、软体类	CNHAK64S003	海口美兰国际机场
70	重庆海关	重庆江北机场海关	重庆江北国际机场进境食用水生动物指定监管场地	鱼类、甲壳类、软体类	CNCKG80S025	重庆江北国际机场
71	成都海关	成都双流机场海关	成都双流国际机场进境食用水生动物指定监管场地	鱼类、甲壳类、软体类	CNCDU790046	成都双流国际机场
72	昆明海关	昆明长水机场海关	昆明长水机场东方航空进境食用水生动物指定监管场地	鱼类、甲壳类、软体类	CNKMG860170	昆明长水国际机场
73	昆明海关	昆明长水机场海关	昆明长水机场云南空港进境食用水生动物指定监管场地	鱼类、甲壳类、软体类	CNKMG860168	昆明长水国际机场
74	昆明海关	畹町海关	畹町口岸广发进境食用水生动物指定监管场地	鱼类、甲壳类、软体类	CNWAN86S006	—
75	西安海关	西安咸阳机场海关	西安咸阳国际机场进境食用水生动物指定监管场地	鱼类、甲壳类、软体类	CNSIA900027	西安咸阳国际机场

二、出境水生动物

(一) 资质要求

出境水生动物养殖场、中转场注册登记：对输入国家（地区）要求中国对向其输出水生动物的生产、加工、存放单位注册登记的，海关总署对出境水生动物养殖场、中转场实施注册登记制度。办理指南详见本书第十五章第三节。

目前已实施注册登记的有内地供港澳水生动物企业、中国向日本出口金鱼养殖场、中国输日本活鳗鱼养殖场、中国输韩国水生动物养殖企业等。

登录海关总署动植物检疫司网站（http：//dzs.customs.gov.cn/），点击"企业信息"—"活动物类"—"水生动物"可查询获得登记的注册登记企业名单。

(二) 申报要求

出境野生捕捞水生动物的发货人或者其代理人应当按照法律、行政法规和海关总署规定，向产地或者组货地海关提出出口申报前监管申请，提供捕捞渔船与出口企业的供货协议（含捕捞船只负责人签字）。进口国家（地区）对捕捞海域有特定要求的，申报时应当申明捕捞海域。

出境养殖水生动物的货主或者其代理人应当向注养殖场、中转场所在地海关申报。

(三) 产品相关要求

1. 基本要求

（1）产品来源

除捕捞后直接出口的野生捕捞水生动物外，输入国家（地区）对中国向其输出水生动物的生产、加工、存放单位有注册登记要求时，出境水生动物必须来自注册登记养殖场或者中转场。出境养殖水生动物应当持有注册登记养殖场或者中转场出具的"出境水生动物供货证明"。

（2）包装及运输

出境水生动物用水、冰、铺垫和包装材料、装载容器、运输工具、设备应当符合国家有关规定、标准和进口国家（地区）的要求。

出境养殖水生动物外包装或者装载容器上应当标注出口企业全称，注册登记养殖场和中转场名称和注册登记编号，出境水生动物的品名、数（重）量、规格等内容。来自不同注册登记养殖场的水生动物，应当分开包装。

2. 其他要求

经检验检疫合格的出境水生动物，不更换原包装异地出口的，经离境口岸海关现场查验，货证相符、封识完好的准予放行。

需在离境口岸换水、加冰、充氧、接驳更换运输工具的，应当在离境口岸海关监督下，在海关指定的场所进行，并在加施封识后准予放行。

出境水生动物运输途中需换水、加冰、充氧的，应当在海关指定的场所进行。

三、过境水生动物

运输水生动物过境的，承运人或者押运人应当按照规定办理检疫审批手续，并凭货运单、检疫许可证和输出国家（地区）官方主管部门出具的证书，向进境口岸海关申报。

装载过境水生动物的包装容器应当完好，无散漏。经进境口岸海关检查，发现包装容器在运输过程中可能存在散漏的，承运人或者押运人应当按照海关的要求进行整改。无法有效整改的，不准过境。

第三节 进境动物遗传物质

动物遗传物质是指哺乳动物精液、胚胎和卵细胞。

一、资质要求

（一）准入要求

输出国家（地区）有关主管机构必须与中国海关总署签订输华动物遗传物质双边检疫协定后，相关动物遗传物质才可向中国出口。海关总署对进境动物遗传物质实行风险分析管理。

"允许向中国出口遗传物质的国家地区及产品名单"见本节后文。

（二）国外生产、加工、存放单位注册登记

海关总署对输出动物遗传物质的国外生产单位实行检疫注册登记。办理指南见本书第十五章第一节。

登录海关总署动植物检疫司网站（http：//dzs.customs.gov.cn/），点击"企业信息"—"动物产品类"—"其他动物产品"可查询允许向中国出口遗传物质注册企业名单。

（三）进境动植物检疫审批

输入动物遗传物质的，必须事先办理检疫审批手续，取得进境动植物检疫许可。办理指南见本书第十四章第二节。

（四）进境动物遗传物质使用单位备案

进境动物遗传物质的使用单位应当到所在地直属海关备案。办理指南见本书第十五章第五节。

二、申报要求

1. 基本申报要求

货主或者其代理人应当在动物遗传物质进境前向进境口岸海关申报，除贸易合同、提单、装箱单、发票等贸易凭证外，按要求提供以下材料。

（1）输出国家（地区）官方检疫证书；

（2）原产地证书。

2. 录入要求

在产品资质栏目选取"325-进境动植物产品检疫许可证"，并填写许可证编号等信息。

三、产品相关要求

海关对进境动物遗传物质的加工、存放、使用实施检疫监督管理；对动物遗传物质的第一代后裔实施备案。

使用单位应当建立进境动物遗传物质使用的管理制度，填写"进境动物遗传物质检疫监管档案"，接受海关监管；每批进境动物遗传物质使用结束后，应当将"进境动物遗传物质检疫监管档案"报海关备案。

海关根据需要，对进境动物遗传物质后裔的健康状况进行监测，有关单位应当予以配合。

四、允许向中国出口动物遗传物质的国家（地区）及产品名单

允许向中国出口动物遗传物质的国家（地区）及产品名单见表3-6。

表3-6 允许向中国出口动物遗传物质的国家（地区）及产品名单表

国家（地区）		物种及遗传物质类型				
^^	^^	猪	牛		羊	
代码	名称	精液	精液	胚胎	精液	胚胎
ARG	阿根廷		●	●		
AUS	澳大利亚		●	●	●	●
AUT	奥地利		●			
CAN	加拿大	●	●	●		
DEU	德国		●			
FRA	法国	●	●			
GBR	英国	●	●			
IRL	爱尔兰		●			
ITA	意大利		●			
NLD	荷兰		●			
NOR	挪威		●			
NZL	新西兰		●	●	●	●
ROU	罗马尼亚		●	●		
SWE	瑞典		●			
URY	乌拉圭		●	●		
USA	美国	●	●	●		

注：最新准入情况以海关总署动植物检疫司网站（http://dzs.customs.gov.cn/）为准。

第四节 非食用动物产品

非食用动物产品是指非直接供人类或者动物食用的动物副产品及其衍生物、加工品，如非直接供人类或者动物食用的动物皮张、毛类、纤维、骨、蹄、角、油脂、明胶、标本、工艺品、内脏、动物源性肥料、蚕产品、蜂产品、水产品、奶产品等，不包括动物源性饲料和饲料添加剂、动物遗传物质、动物源性生物材料及制品。

一、进境非食用动物产品

(一) 资质要求

1. 准入要求

海关总署对进境非食用动物产品实施检疫准入制度,海关总署与输出国家(地区)主管部门协商确定向中国输出非食用动物产品的检验检疫要求,并商签有关双边协定或者确定检验检疫证书。

"已准入非食用动物产品国家(地区)及产品种类名单"详见本节后文。

2. 国外生产、加工、存放单位注册登记

海关总署对向中国输出非食用动物产品的境外生产、加工、存放企业实施注册登记制度。进境非食用动物产品境外生产加工存放企业注册要求见"已准入的非食用动物产品国家(地区)及产品种类名单"。办理指南见本书第十五章第一节。

登录海关总署动植物检疫司网站(http://dzs.customs.gov.cn/),点击"企业信息"—"动物产品类"—"非食用动物产品"—"已准入非食用动物产品国家(地区)及产品种类名单",可查询已获得注册的企业名单。

3. 进境动植物检疫审批

"进境非食用动物产品风险级别及检验检疫监管措施清单"(详见本节后文)中风险级别列为"Ⅰ级"或"Ⅱ级"的产品应办理进境动植物及其产品检疫审批。收货人应当在签订贸易合同前办理检疫审批手续,取得进境动植物检疫许可。办理指南见本书第十四章第二节。

4. 进境非食用动物产品存放、加工过程的检疫监督

"进境非食用动物产品风险级别及检验检疫监管措施清单"(详见本节后文)中检验检疫监管措施列明的产品,进境后应当运往指定的存放、加工场所(指定企业)。办理指南见本书第十五章第六节。

登录海关总署动植物检疫司网站(http://dzs.customs.gov.cn/),点击"企业信息"—"动物产品类"—"非食用动物产品",可查询全国进境非食用动物产品指定企业名单。

(二) 申报要求

1. 基本申报要求

货主或者其代理人应当在非食用动物产品进境前或者进境时向进境口岸海关申报,除贸易合同、提单、装箱单、发票等贸易凭证外,按要求提供以下材料。

(1)输出国家(地区)官方检疫证书[适用于"进境非食用动物产品风险级别及检验检疫监管措施清单"(详见本节后文)中检验检疫监管措施列明的产品];

(2)原产地证书。

2. 录入要求

须办理检疫审批的,在产品资质栏目选取"325-进境动植物产品检疫许可证",并填写许可证编号等信息。

(三) 产品相关要求

海关对非食用动物产品实施四级风险分类管理,根据非食用动物产品风险级别不同,分类采取检验检疫措施。"进境非食用动物产品风险级别及检验检疫监管措施清单"详见本节后文。

1. 口岸检疫要求

(1)防疫消毒

对运输工具有关部位、装载非食用动物产品的容器、包装外表、铺垫材料、污染场地等应进行防疫消毒处理。

(2)现场检疫

产品的包装、保存状况应良好,无腐败变质现象。不应携带动物尸体、土壤及其他禁止进境物,不应携带有害生物、动物排泄物或者其他动物组织等。

2. 监督管理要求

未经海关同意，不得将进境非食用动物产品卸离运输工具或者运递。

运往指定企业检疫的非食用动物产品，应当在检疫许可证列明的指定企业存放、加工。因特殊原因，需要变更指定企业的，货主或者其代理人应当办理检疫许可证变更，并向变更后的指定企业所在地海关申报，接受检验检疫和检疫监督。

（四）已准入非食用动物产品国家（地区）及产品种类名单

已准入非食用动物产品国家（地区）及产品种类名单见表3-7。

表3-7 已准入非食用动物产品国家（地区）及产品种类名单表

（截至2021年12月）

国家（地区）	产品	境外生产加工存放企业注册情况
亚洲		
巴基斯坦	脱脂牛羊骨粒	逐步完成注册登记
	未经加工虾蟹壳	逐步完成注册登记
	马属动物皮张	逐步完成注册登记
哈萨克斯坦	（牛）灰皮、浸酸皮	逐步完成注册登记
	未经加工的蚕茧、蚕蛹、削口茧，长吐，滞头	不需要注册登记
	未经加工的蜂巢、蜂蜡、蜂胶	不需要注册登记
	未经加工的马属动物（鬃）尾毛[1]	逐步完成注册登记
	马属动物皮张[1]	逐步完成注册登记
韩国	未经加工蜂蜡	不需要注册登记
	未经加工虾蟹壳	不需要注册登记
吉尔吉斯斯坦	（牛羊）灰皮、浸酸皮	逐步完成注册登记
	未经加工的蚕茧、蚕蛹、削口茧，长吐，滞头	不需要注册登记
	未经加工的蜂巢、蜂蜡、蜂胶	不需要注册登记
	原皮（牛、羊）[2]	逐步完成注册登记
	原羊毛[2]	逐步完成注册登记
	马属动物皮张	允许从注册登记企业进口
蒙古国	未经加工马属动物（鬃）尾毛	逐步完成注册登记
	工业用牛羊产品（骨粒、牛羊油脂、牛羊骨胶原蛋白、油渣、牛羊皮明胶、马油脂）	允许从注册登记企业进口
	马属动物皮张	逐步完成注册登记
孟加拉国	未经加工虾蟹壳，干鱼鳞	逐步完成注册登记
缅甸	未经加工虾蟹壳	逐步完成注册登记
	热加工蚕茧	允许从注册登记企业进口
日本	未经加工蜂蜡	不需要注册登记
	未经加工的蚕茧、蚕蛹、削口茧，长吐，滞头	不需要注册登记
	热处理鹿骨、皮	允许从注册登记企业进口
	羊毛脂	逐步完成注册登记

表3-7 续1

国家（地区）	产品	境外生产加工存放企业注册情况
塔吉克斯坦	未经加工处理的虾蟹壳	不需要注册登记
	（牛羊）灰皮、浸酸皮	逐步完成注册登记
	马属动物皮张	逐步完成注册登记
	未经加工的蚕茧、蚕蛹、削口茧，长吐，滞头	不需要注册登记
	原皮（牛、羊）[3]	逐步完成注册登记
	原羊毛[3]	逐步完成注册登记
泰国	未经加工的蚕茧、蚕蛹、削口茧，长吐，滞头	不需要注册登记
	未经加工虾蟹壳	逐步完成注册登记
土耳其	未经加工的蚕茧、蚕蛹、削口茧，长吐，滞头	不需要注册登记
土库曼斯坦	（牛羊）灰皮、浸酸皮	逐步完成注册登记
	未经加工的蚕茧	不需要注册登记
	原皮（牛、羊）[4]	逐步完成注册登记
乌兹别克斯坦	（牛羊）灰皮、浸酸皮	逐步完成注册登记
	原皮（牛、羊）[5]	逐步完成注册登记
	原羊毛[5]	逐步完成注册登记
	未经加工的蚕茧、蚕蛹、削口茧，长吐，滞头	不需要注册登记
	马属动物皮张	逐步完成注册登记
新加坡	饲养偶蹄动物油脂类（非食用）	逐步完成注册登记
	羊毛脂及其制品	不需要注册登记
伊朗	（牛羊）灰皮、浸酸皮	逐步完成注册登记
	未经加工的蚕茧	不需要注册登记
印度	未经加工虾蟹壳	逐步完成注册登记
	未经加工的蚕茧、蚕蛹、削口茧，长吐，滞头	不需要注册登记
	干鱼鳞（皮）	逐步完成注册登记
印度尼西亚	未经加工虾蟹壳	逐步完成注册登记
	未经加工的蚕茧、蚕蛹、削口茧，长吐，滞头	不需要注册登记
越南	未经加工虾蟹壳	逐步完成注册登记
	长吐，滞头	不需要注册登记
约旦	牛羊皮（仅限澳大利亚牛羊在约旦注册企业屠宰加工）	允许从注册登记企业进口
中国台湾	工业用猪皮	逐步完成注册登记
	虾蟹壳、干鱼鳞	—
	脱胶鹿角	允许从注册登记企业进口
欧洲		
爱尔兰	原皮（牛、羊）	逐步完成注册登记
	原羊毛	逐步完成注册登记

表3-7 续2

国家（地区）	产品	境外生产加工存放企业注册情况
比利时	兔皮	逐步完成注册登记
	原皮（牛、羊）	逐步完成注册登记
	原羊毛	逐步完成注册登记
	马属动物皮张	逐步完成注册登记
波兰	原皮（牛、羊）	允许从注册登记企业进口
丹麦	兔皮	逐步完成注册登记
	养殖狐狸皮	逐步完成注册登记
	原皮（牛、羊、猪）	逐步完成注册登记
	工业用猪胰脏	允许从注册登记企业进口
德国	工业用猪皮明胶（非洲猪瘟疫情禁令暂停）	不需要注册登记
	原皮（牛、羊、猪、鹿）	允许从注册登记企业进口
	鸭毛	逐步完成注册登记
	马属动物皮张	逐步完成注册登记
	工业用烘干鹿角、骨	逐步完成注册登记
	猪骨粒（非洲猪瘟疫情禁令暂停）	暂停允许从注册登记企业进口
	原羊毛	逐步完成注册登记
俄罗斯	兔皮	逐步完成注册登记
	工业用烘干鹿角、骨	允许从注册登记企业进口
法国	兔皮	逐步完成注册登记
	马属动物皮张	逐步完成注册登记
	原皮（牛、羊）	逐步完成注册登记
	原羊毛	逐步完成注册登记
芬兰	养殖狐狸皮	逐步完成注册登记
	兔皮	逐步完成注册登记
	原皮（牛、羊）	逐步完成注册登记
荷兰	未经加工蜂蜡	不需要注册登记
	原皮（牛、羊）	逐步完成注册登记
	原羊毛	逐步完成注册登记
	猪骨粒	允许从注册登记企业进口
	马毛	逐步完成注册登记
捷克	兔皮	逐步完成注册登记
	原皮（牛、羊）、原皮（猪）（非洲猪瘟疫情禁令暂停）	逐步完成注册登记
罗马尼亚	原皮（牛、羊）	逐步完成注册登记
	原羊毛	逐步完成注册登记

表3-7 续3

国家（地区）	产品	境外生产加工存放企业注册情况
挪威	原羊毛	逐步完成注册登记
	原皮（牛、羊）	逐步完成注册登记
葡萄牙	兔皮	逐步完成注册登记
	原羊毛	逐步完成注册登记
瑞典	原皮（牛、羊）	逐步完成注册登记
斯洛文尼亚	原皮（牛、羊）	逐步完成注册登记
克罗地亚	原皮（牛、羊）	允许从注册登记企业进口
乌克兰	兔皮	逐步完成注册登记
	原羊毛	逐步完成注册登记
西班牙	兔皮	逐步完成注册登记
	原皮（牛、羊、猪）	逐步完成注册登记
	原羊毛	逐步完成注册登记
	鹿骨、皮、角	允许从注册登记企业进口
希腊	原皮（羊）、原皮（猪）（非洲猪瘟疫情禁令暂停）	逐步完成注册登记
匈牙利	兔皮	逐步完成注册登记
	原羊毛	逐步完成注册登记
意大利	原皮（牛、羊）	逐步完成注册登记
	原羊毛	逐步完成注册登记
	兔皮	逐步完成注册登记
	马属动物皮张	逐步完成注册登记
英国	原皮（牛、羊）	逐步完成注册登记
	鹿骨鹿皮	允许从注册登记企业进口
	原羊毛	逐步完成注册登记
南美洲		
阿根廷	兔皮	逐步完成注册登记
	工业用牛胰腺	允许从注册登记企业进口
	原皮（牛、羊、鹿）	逐步完成注册登记
	原羊毛	逐步完成注册登记
巴西	未经加工的蚕茧、蚕蛹、削口茧、长吐、滞头	不需要注册登记
	虾蟹壳、干鱼鳞	逐步完成注册登记
	马属动物皮张	允许从注册登记企业进口
秘鲁	精炼羊毛脂	逐步完成注册登记
	羊驼毛	逐步完成注册登记
	马属动物皮张	允许从注册登记企业进口

表3-7 续4

国家（地区）	产品	境外生产加工存放企业注册情况
乌拉圭	原皮（牛、羊）	逐步完成注册登记
	马属动物皮张	逐步完成注册登记
	炼制牛羊油脂	逐步完成注册登记
	工业用烘干牛骨	逐步完成注册登记
	原羊毛	逐步完成注册登记
智利	原皮（牛、羊）	逐步完成注册登记
	原羊毛	逐步完成注册登记
北美洲		
哥斯达黎加	原皮（牛、羊）	逐步完成注册登记
加拿大	热处理鹿角、骨	逐步完成注册登记
	鹿皮	逐步完成注册登记
	兔皮	逐步完成注册登记
	未经加工虾蟹壳	逐步完成注册登记
	马属动物皮张	逐步完成注册登记
	原皮（牛、羊、猪）	逐步完成注册登记
	原羊毛	逐步完成注册登记
	工业用牛羊油脂	允许从注册登记企业进口
墨西哥	马属动物皮张	逐步完成注册登记
	兔皮	逐步完成注册登记
	虾蟹壳、干鱼鳞	逐步完成注册登记
	盐湿猪皮	逐步完成注册登记
美国	鹿毛	逐步完成注册登记
	工业用牛皮（骨）明胶	不需要注册登记
	养殖负鼠皮	逐步完成注册登记
	养殖狐狸皮	逐步完成注册登记
	鹿皮	逐步完成注册登记
	养殖麝鼠皮	逐步完成注册登记
	兔皮	逐步完成注册登记
	原皮（牛、羊、猪）	逐步完成注册登记
	禽源性有机肥	允许从注册登记企业进口
	工业用烘干鹿角	逐步完成注册登记
	工业用猪软骨	逐步完成注册登记
	原毛（羊、兔）	逐步完成注册登记
	工业用牛羊油脂	允许从注册登记企业进口

表3-7 续5

国家（地区）	产品	境外生产加工存放企业注册情况
大洋洲		
澳大利亚	牛胆汁、胆膏、胆粉	逐步完成注册登记
	脱脂牛骨粒	逐步完成注册登记
	炼制工业用牛羊油脂	逐步完成注册登记
	养殖狐狸皮	逐步完成注册登记
	马属动物皮张	逐步完成注册登记
	原皮（牛、羊、猪）	逐步完成注册登记
	羊毛脂	不需要注册登记
	原羊毛	逐步完成注册登记
	工业用烘干鹿角	逐步完成注册登记
	牛角	逐步完成注册登记
	工业用牛软骨	逐步完成注册登记
新西兰	负鼠毛	逐步完成注册登记
	工业用烘干鹿角	逐步完成注册登记
	工业用牛、羊软骨	逐步完成注册登记
	牛胆汁	逐步完成注册登记
	脱脂牛骨粒	逐步完成注册登记
	工业用牛羊油脂	逐步完成注册登记
	兔皮	逐步完成注册登记
	原皮（牛、羊、鹿）、浸酸羊皮	逐步完成注册登记
	原羊毛	逐步完成注册登记
非洲		
埃及	马属动物皮张	逐步完成注册登记
莱索托	原羊毛	逐步完成注册登记
南非	原皮（牛、羊）[6]	允许从注册登记企业进口
	原羊毛[6]	允许从注册登记企业进口
尼日利亚	工业用烘干牛、鹿角	逐步完成注册登记
	脱脂牛羊骨粒	允许从注册登记企业进口
	马属动物皮张	允许从注册登记企业进口
坦桑尼亚	马属动物皮张	允许从注册登记企业进口
	工业用烘干牛角[8]	允许从注册登记企业进口
毛里塔尼亚	马属动物皮张	允许从注册登记企业进口
贝宁	动物皮张（马属动物、驼）	允许从注册登记企业进口
乌干达	工业用烘干牛角	允许从注册登记企业进口
喀麦隆	工业用烘干牛角	逐步完成注册登记
加纳	马属动物皮张	允许从注册登记企业进口

表3-7 续6

国家（地区）	产品	境外生产加工存放企业注册情况
肯尼亚	马属动物皮张	允许从注册登记企业进口
所有国家（地区）	国家质检总局[①]公告2015年第41号中Ⅲ级风险的毛类和纤维、骨蹄角、油脂[7]	逐步完成注册登记
	国家质检总局公告2015年第41号中Ⅲ级风险（不含毛类和纤维、骨蹄角和油脂）[7]和Ⅳ级风险的非食用动物产品	不需要注册登记

备注：

1. 该名单以外的非食用动物产品，需按照《进出境非食用动物产品检验检疫监督管理办法》（国家质检总局159号令和海关总署240号令）规定，完成检疫准入程序（包括产品风险分析、监管体系评估与审查、确定检验检疫要求和境外生产企业注册登记）后方允许进口。名单中的灰皮和酸皮，须在海关总署下发有关卫生证书样本后方允许进口。

2. 对需要实施境外生产加工企业注册登记的产品，该表单中列出的产品均为传统贸易产品，境外生产加工企业注册登记完成前，仍可以正常进口；境外生产加工企业注册登记完成后，仅允许从注册登记企业进口。

3. [1]~[5]须符合国质检动联函〔2002〕871号文件要求。[注：国家质检总局、农业部《关于同意新疆边境地区进口中亚五国偶蹄动物皮毛的函》（国质检动联函〔2002〕871号文件）的主要要求有：（1）允许从中亚五国进口皮毛的口岸为吐尔尕特、霍尔果斯和阿拉山口。（2）离霍尔果斯、阿拉山口口岸30千米，离吐尔尕特口岸80千米范围内为隔离区，进口皮毛必须限制在隔离区内的企业就地加工。（3）口岸货场和加工企业需由新疆维吾尔自治区畜牧厅组织动物防疫监督机构进行动物防疫条件审核，凭"动物防疫合格证"按程序向海关总署备案]

4. [6]不包括口蹄疫感染区和保护区。

5. [7]输出国家（地区）官方检验检疫证书须由海关总署动植司确认后方可进口。

6. 该名单产品是已获准入产品，根据国外动物疫情禁令和解禁、有关检疫准入和境外生产加工企业考核注册完成情况和进口检验检疫情况动态调整；涉及有关疫情禁令的，以疫情禁令内容为准。

7. [8]工业用烘干牛角应随附国外官方主管部门出具的兽医卫生证书，证明货物经过至少100摄氏度，时间至少30分钟的热处理。

8. 本表中狐狸仅限《国家畜禽遗传资源目录》所列有关品种。

（五）进境非食用动物产品风险级别及检验检疫监管措施清单

进境非食用动物产品风险级别及检验检疫监管措施清单见表3-8。

表3-8 进境非食用动物产品风险级别及检验检疫监管措施清单

（2021年12月版）

类别	产品	风险级别	检验检疫监管措施
皮张	原皮（鲜、干、盐湿、盐渍、盐干皮张，不含两栖、爬行类动物）	Ⅰ级	输出国家（地区）监管体系评估，境外生产加工存放企业注册登记；进境前须办理"进境动植物检疫许可证"；进境时查验检疫证书并实施检验检疫；进境后在指定企业存放、加工并接受检验检疫监督
	两栖和爬行类动物原皮	Ⅱ级	输出国家（地区）监管体系评估，境外生产加工存放企业注册登记；进境前须办理"进境动植物检疫许可证"；进境时查验检疫证书并实施检验检疫

---

① 2018年3月，中共中央印发了《深化党和国家机构改革方案》，国家质量监督检验检疫总局的出入境检验检疫管理职责和队伍划入海关总署。本书涉及的2018年3月前的部分相关规章、规范性文件等，由国家质量监督检验检疫总局发布。因此，本书除特别说明外，将国家质量监督检验检疫总局统一简称为国家质检总局。

表3-8 续1

类别	产品	风险级别	检验检疫监管措施
皮张	灰皮（pH值不低于14的环境中处理至少2小时）、浸酸皮（pH值不高于2的环境中处理至少1小时）和其他等效方法加工处理的未鞣制动物皮张；鞣制动物皮张（有相关动物疫病流行地区）	Ⅲ级	输出国家（地区）监管体系评估，境外生产加工存放企业注册登记；进境时查验检疫证书并实施检验检疫
	鞣制动物皮张（无相关动物疫病流行地区）	Ⅳ级	进境时实施检验检疫
毛类和纤维	原毛，原绒，未水洗的羽毛羽绒，未经加工的动物鬃、尾	Ⅰ级	输出国家（地区）监管体系评估，境外生产加工存放企业注册登记；进境前须办理"进境动植物检疫许可证"；进境时查验检疫证书并实施检验检疫；进境后在指定企业存放、加工并接受检验检疫监督
	洗净羊毛、绒，水洗羽毛羽绒，水洗马、牛（鬃）尾毛，水煮猪鬃，羊毛落毛	Ⅲ级	输出国家（地区）监管体系评估，境外生产加工存放企业注册登记；进境时查验检疫证书并实施检验检疫
	已脱脂或染色的装饰羽毛羽绒，炭化毛，已梳毛，毛条，羽毛类掸子；生丝	Ⅳ级	进境时实施检验检疫
骨蹄角	未经加工或初级加工的有蹄动物、啮齿类动物和禽鸟动物的骨、蹄、角	Ⅰ级	输出国家（地区）监管体系评估，境外生产加工存放企业注册登记；进境前须办理"进境动植物检疫许可证"；进境时查验检疫证书并实施检验检疫；进境后在指定企业存放、加工并接受检验检疫监督
	河马牙等动物原牙，脱脂（经不低于80摄氏度至少30分钟处理）动物（不包括两栖和爬行动物）骨、蹄、角	Ⅱ级	输出国家（地区）监管体系评估，境外生产加工存放企业注册登记；进境前须办理"进境动植物检疫许可证"；进境时查验检疫证书并实施检验检疫
	两栖和爬行动物的骨、壳、角、鳞，骨炭，骨油	Ⅲ级	输出国家（地区）监管体系评估，境外生产加工存放企业注册登记；进境时查验检疫证书并实施检验检疫
	猛犸牙等化石类动物骨、蹄、角、牙；经深加工处理的动物骨蹄角牙制成的文化艺术品；用动物角加工而成的研磨钵、茶叶勺、梳子、鞋拔等动物角制品	Ⅳ级	进境时实施检验检疫
油脂	未经加工的动物（不含两栖和爬行动物）脂肪组织及其冷榨油脂，非BSE风险可忽略国家（地区）的高温炼制反刍动物油脂	Ⅰ级	输出国家（地区）监管体系评估，境外生产加工存放企业注册登记；进境前须办理"进境动植物检疫许可证"；进境时查验检疫证书并实施检验检疫；进境后在指定企业存放、加工并接受检验检疫监督
	羊毛脂；高温（不低于80摄氏度至少30分钟）炼制的动物油脂［非BSE风险可忽略国家（地区）的高温炼制反刍动物油脂除外］，两栖类和爬行类动物油脂	Ⅲ级	输出国家（地区）监管体系评估，境外生产加工存放企业注册登记；进境时查验检疫证书并实施检验检疫
	高温（不低于80摄氏度至少30分钟）炼制的两栖类和爬行类动物油脂	Ⅳ级	进境时实施检验检疫

表3-8 续2

类别	产品	风险级别	检验检疫监管措施
动物标本	经防腐处理动物标本	Ⅳ级	进境时实施检验检疫
蚕产品	未经加工蚕茧、蚕蛹、削口茧，长吐，滞头	Ⅰ级	输出国家（地区）监管体系评估，境外生产加工存放企业注册登记；进境前须办理"进境动植物检疫许可证"；进境时查验检疫证书并实施检验检疫；进境后在指定企业存放、加工并接受检验检疫监督
蚕产品	落绵	Ⅲ级	输出国家（地区）监管体系评估；进境时查验检疫证书并实施检验检疫
蚕产品	生丝	Ⅳ级	进境时实施检验检疫
蜂产品	未经加工的蜂巢、蜂蜡、蜂胶	Ⅱ级	输出国家（地区）监管体系评估，境外生产加工存放企业注册登记；进境前须办理"进境动植物检疫许可证"；进境时查验检疫证书并实施检验检疫
蜂产品	其他蜂产品	Ⅲ级	输出国家（地区）监管体系评估；进境时查验检疫证书并实施检验检疫
水产品	未经加工或经初级加工的水产品及虾壳、蟹壳、蚌壳等水生动物副产品	Ⅱ级	输出国家（地区）监管体系评估，境外生产加工存放企业注册登记；进境前须办理"进境动植物检疫许可证"；进境时查验检疫证书并实施检验检疫
水产品	鱼类的皮、骨、鳞、油脂；软体类的骨、油脂	Ⅲ级	输出国家（地区）监管体系评估；进境时查验检疫证书并实施检验检疫
水产品	经加工处理的贝壳、虾壳、蟹壳等水生动物副产品；珊瑚及其制品；珍珠及其制品；天然海绵及其制品	Ⅳ级	进境时实施检验检疫
其他非食用动物产品	未经加工或经初级加工的动物内脏、组织和消化液	Ⅰ级	输出国家（地区）监管体系评估，境外生产加工存放企业注册登记；进境前须办理"进境动植物检疫许可证"；进境时查验检疫证书并实施检验检疫；进境后在指定企业存放、加工并接受检验检疫监督
其他非食用动物产品	动物源性肥料，非BSE风险可忽略国家（地区）的牛羊源性骨胶	Ⅱ级	输出国家（地区）监管体系评估，境外生产加工存放企业注册登记；进境前须办理"进境动植物检疫许可证"；进境时查验检疫证书并实施检验检疫
其他非食用动物产品	干酪素等经深加工或提炼的奶源性产品，硫酸软骨素、磷酸二氢钙、胆盐等经过深加工或提炼后的动物源性副产品，其他动物源性明胶[不含非BSE风险可忽略国家（地区）牛羊源性骨胶]	Ⅲ级	输出国家（地区）监管体系评估，进境时查验检疫证书并实施检验检疫
其他非食用动物产品	经化学变性处理的科研用动物组织、器官；科研用工业明胶	Ⅳ级	进境时实施检验检疫

备注：

1. Ⅱ级及以下风险产品不受口蹄疫、禽流感等疫情限制，但应符合 OIE 法典等兽医卫生要求；相关动物疫病包括口蹄疫、禽流感、牛结节性皮肤病、绵羊痘和山羊痘、非洲猪瘟和猪瘟。

2. BSE 风险可忽略国家（地区）由海关总署评估认定。

3. 有关产品界定：羊毛落毛指原毛经过高温和酸处理，特别是炭化去草过程后梳理下的断毛和散毛；长吐指桑蚕茧在缫丝过程中经索绪、理绪取下的乱丝加工成的绢纺原料；滞头指用桑蚕茧经过缫丝后剩下的蛹衬加工、整理成的绢纺原料；落绵指绢纺原料（长吐、滞头等）经精炼、圆梳抽取长纤维后剩余的短纤维；生丝指桑蚕茧缫丝（经 80 摄氏度温水煮丝等处理）后所得的产品。

4. 该清单供办理进境检疫审批等业务参考并动态调整。

二、出境非食用动物产品

（一）资质要求

出境动物及其产品、其他检疫物的生产、加工、存放单位注册登记：输入国家（地区）要求中国对向其输出非食用动物产品生产、加工、存放企业注册登记的，海关总署对出境生产加工企业实行注册登记。办理指南见本书第十五章第三节。

（二）申报要求

非食用动物产品的发货人或者其代理人应当按照法律、行政法规和海关总署规定，向产地或者组货地海关提出出口申报前监管申请，提供贸易合同、自检自控合格证明等相关单证。海关对所提供的单证进行审核，符合要求的受理申报。

（三）产品相关要求

出境非食用动物产品应货证相符。需要注册登记的，相关单证所载内容和产品标识信息应与注册登记信息一致。

出境非食用动物产品包装、容器应完好，外观、色泽、组织状态、黏度、气味、异物、异色及其他相关项目均应正常。

三、过境非食用动物产品

运输非食用动物产品过境的，承运人或者押运人应当持货运单和输出国家（地区）主管部门出具的证书，并书面提交过境运输路线，向进境口岸海关申报。

装载过境非食用动物产品的运输工具和包装物、装载容器应当完好。经进境口岸海关检查，发现过境非食用动物产品存在途中散漏隐患的，承运人或者押运人应当按照口岸海关的要求，采取密封措施；无法采取密封措施的，不准过境。

过境非食用动物产品的输出国家（地区）未被列入允许进境非食用动物产品的国家（地区）以及产品种类名单的，应当获得海关总署的批准后方可过境。

过境的非食用动物产品，由进境口岸海关查验单证，加施封识后放行，同时通知出境口岸海关。到达出境口岸后，由出境口岸海关确认原货柜、原包装、原封识完好后，允许出境。

第四章
植物及其产品

第一节 植物繁殖材料

植物繁殖材料是植物种子、种苗及其他繁殖材料的统称，指栽培、野生的可供繁殖的植物全株或者部分，如植株、苗木（含试管苗）、果实、种子、砧木、接穗、插条、叶片、芽体、块根、块茎、鳞茎、球茎、花粉、细胞培养材料（含转基因植物）等。

一、进境植物繁殖材料

（一）资质要求

1. 国外植物繁殖材料出口商、种植企业和相关设施注册登记

向我国输出植物繁殖材料的国外出口商、种植企业和相关设施的注册，按海关总署与输出国家（地区）有关主管机构签订的输华植物繁殖材料植物检疫要求议定书规定办理。通常由输出国进行注册，并向海关总署提供。

登录海关总署动植物检疫司网站（http://dzs.customs.gov.cn/），点击"企业信息"—"植物类"可查询获得输出国注册的企业及产品名单（荷兰马铃薯微型薯、韩国大花蕙兰、美国阿拉斯加马铃薯种薯、智利种球、荷兰种球、以色列葡萄苗）。

2. 进境动植物检疫审批

输入植物繁殖材料的，必须事先办理检疫审批手续。进境植物繁殖材料的检疫审批根据以下不同情况分别由相应部门负责。

（1）因科学研究、教学等特殊原因，需从国外引进禁止进境的植物繁殖材料的引种单位、个人或其代理人须按照有关规定向海关总署申请办理特许检疫审批手续。

（2）引进非禁止进境的植物繁殖材料的，引种单位、个人或其代理人须按照有关规定向农业农村部或国家林业和草原局省级林业和草原主管部门所属的植物检疫机构申请办理国外引种检疫审批手续。办理指南见本书第十四章第四节、第五节。

（3）因特殊原因引进带有土壤或生长介质的植物繁殖材料的，引种单位、个人或其代理人须向海关总署申请办理输入土壤和生长介质的特许检疫审批手续。

3. 进境植物繁殖材料隔离检疫圃指定

所有高、中风险的进境植物繁殖材料必须在海关指定的隔离检疫圃进行隔离检疫。地方隔离检疫圃指定办理指南见本书第十五章第十节。

4. 海关指定监管场地

植物种苗应当从进境植物种苗指定监管场地所在口岸进境。"进境植物种苗指定监管场地名单"

见本节后文。

（二）申报要求

1. 基本申报要求

货主或者其代理人应当在植物繁殖材料进境前向进境口岸海关申报，除贸易合同、提单、装箱单、发票等贸易凭证外，还按要求提供以下材料。

（1）输出国家（地区）官方植物检疫证书（特定国家证书要求详见"进境植物繁殖材料检疫要求"）；

（2）同意调入函（跨关区调运到异地检疫监管的需提供）；

（3）原产地证书。

2. 录入要求

在产品资质栏目选取"325-进境动植物产品检疫许可证"（需办理检疫审批的）、"331-引进林木种子、苗木检疫审批单"或"332-国（境）外引进农业种苗检疫审批单"，并填写许可证编号等信息。

（三）产品相关要求

进境植物繁殖材料不得检出《中华人民共和国进境植物检疫性有害生物名录》（详见本书附录2-2）所列的各类生物。

1. 口岸检疫

海关对进境植物繁殖材料的运输、加工、存放和隔离检疫等过程，实施检疫监督管理。

进境植物繁殖材料到达入境口岸后，未经海关许可不得卸离运输工具。因口岸条件限制等原因，经海关批准，可以运往指定地点检疫、处理。在运输装卸过程中，引种单位、个人或者其代理人应当采取有效防疫措施。

植物繁殖材料到达入境口岸时，检疫人员要核对货证是否相符，按品种、数（重）量、产地办理核销手续。

需调离入境口岸所在地直属海关辖区进行隔离检疫的进境繁殖材料，入境口岸海关凭隔离检疫所在地直属海关出具的同意调入函予以调离。

2. 隔离检疫

有高、中风险的进境植物繁殖材料必须在海关指定的隔离检疫圃进行隔离检疫。

海关凭指定隔离检疫圃出具的同意接收函和隔离检疫方案办理调离检疫手续，并对有关植物繁殖材料进入隔离检疫圃实施监管。

海关对进境植物繁殖材料的隔离检疫实施检疫监督。未经海关同意，任何单位或个人不得擅自调离、处理或使用进境植物繁殖材料。

3. 其他要求

供展览用的进境植物繁殖材料，在展览期间，必须接受所在地海关的检疫监管，未经其同意，不得改作他用。展览结束后，所有进境植物繁殖材料须作销毁或退回处理，如因特殊原因，需改变用途的，按正常进境的检疫规定办理。展览遗弃的植物繁殖材料、生长介质或包装材料在海关监督下进行无害化处理。

对进入保税区（含保税工厂、保税仓库等）的进境植物繁殖材料须外包装完好，并接受海关的监管。

特定国家产品检疫要求详见本节"进境植物繁殖材料检疫要求"。

（四）进境植物种苗指定监管场地名单

进境植物种苗指定监管场地名单见表4-1。

表 4-1　进境植物种苗指定监管场地名单

（55 家，截至 2022 年 1 月 1 日）

序号	关区 直属海关	关区 主管（隶属）海关	指定监管场地名称	场所/场地编码	所在口岸区域
1	北京海关	首都机场海关	首都机场海关查验中心	CNBJS01S001	首都国际机场
2	北京海关	天竺海关	北京天竺综保区指定监管场地	CNBJS01S008	首都国际机场
3	北京海关	北京朝阳海关	北京朝阳口岸查验作业场地	CNBJS01S004	—
4	天津海关	天津新港海关	天津港强集团有限公司	CNTXG02S608	天津新港
5	大连海关	大连周水子机场海关	辽宁省大连市国际机场种苗指定监管场地	CNDLC090088	大连周水子国际机场
6	大连海关	大窑湾海关	辽宁省大连市大连港毅都冷链二期种苗指定监管场地	CNDYW090083	大连港大窑湾港区
7	哈尔滨海关	哈尔滨太平机场海关	哈尔滨太平国际机场进境植物种苗指定监管场地	CNHRB190125	哈尔滨太平国际机场
8	上海海关	洋山海关	上海深水港国际物流有限公司查验点	CNYSA48S053	洋山港
9	上海海关	外高桥港区海关	上港集团冷链物流进境植物种苗指定监管场地	CNWIG220540	外高桥港
10	上海海关	浦东机场海关	东方航空物流进境植物种苗指定监管场地	CNPVG220481	浦东国际机场
11	上海海关	浦东机场海关	浦东国际机场西区进境植物种苗指定监管场地	CNPVG220292	浦东国际机场
12	南京海关	南京禄口机场海关	南京禄口国际机场国际货运中心	CNNKG230011	南京禄口国际机场
13	南京海关	连云港海关	连云港新东方集装箱码头	CNLYG230026	—
14	南京海关	连云港海关	江苏中荷花卉股份有限公司苗圃	CNLYG23S006	—
15	南京海关	连云港海关	连云港外贸冷库有限责任公司	CNLYG23S012	—
16	杭州海关	杭州萧山机场海关	杭州萧山国际机场航空物流有限公司监管场所	CNHGH290077	杭州萧山国际机场
17	宁波海关	大榭海关	大亚中创	CNNBO310205	宁波港
18	宁波海关	梅山海关	浙江省宁波市梅山进口罗汉松种苗类指定监管场地*	CNNBO310209	宁波港
19	福州海关	福州长乐机场海关	福州国际航空港有限公司海关监管仓库	CNFOC350172	福州长乐国际机场
20	福州海关	马尾海关	福州青州集装箱码头有限公司	CNMAW350020	福州港闽江口内港区
21	福州海关	榕城海关	福州新港国际集装箱码头有限公司海关监管码头	CNFZH350042	福州港江阴港区
22	福州海关	平潭海关	福建平潭港进境植物种苗指定监管场地	CNPTJ350186	平潭港澳前港区
23	福州海关	平潭海关	福建省平潭港口岸金井港区进境种苗指定监管场地	CNPTJ350145	平潭港金井港区

表4-1 续1

序号	关区 直属海关	关区 主管（隶属）海关	指定监管场地名称	场所/场地编码	所在口岸区域
24	厦门海关	东渡海关	厦门集装箱码头集团有限公司海天码头监管场所*	CNXAM370226	厦门港
25	厦门海关	厦门机场海关	厦门航空有限公司货运监管仓库	CNXAM370220	厦门高崎国际机场
26	厦门海关	厦门机场海关	元翔货服国际进港仓库	CNXAM370218	厦门高崎国际机场
27	青岛海关	青岛大港海关	青岛中外运集装箱仓码有限公司	CNQGD420170	青岛港
28	青岛海关	烟台海关	烟台国际集装箱码头有限公司监管作业场所	CNYAT420286	烟台港
29	青岛海关	青岛流亭机场海关	青岛胶东国际机场进境植物种苗指定监管场地	CNTAO420321	青岛胶东国际机场
30	武汉海关	武汉天河机场海关	武汉天河机场监管作业场所	CNWUH470061	武汉天河国际机场
31	广州海关	番禺海关	广州市番禺区莲花山港*	CNPNY510150	广州港莲花山港区莲花山港货运码头
32	广州海关	佛山海关驻顺德办事处	佛山市顺德区勒流港*	CNSUD510099	佛山顺德勒流港货运码头
33	广州海关	佛山海关驻南海办事处	佛山市南海区三山港*	CNNHS510088	佛山南海港三山港
34	广州海关	广州白云机场海关	广州白云机场新运进境植物种苗指定监管场地	CNCAN51S004	广州白云国际机场
35	广州海关	南沙海关	南沙港进境植物种苗监管场地	CNGGZ510121	广州港南沙港区南沙港二期码头
36	深圳海关	沙头角海关	沙头角口岸货运进出境海关监管现场*	CNSNZ53S006	沙头角
37	深圳海关	蛇口海关	蛇口集装箱码头*	CNSHK530196	蛇口港
38	深圳海关	蛇口海关	赤湾集装箱码头*	CNSHK530197	赤湾港
39	深圳海关	蛇口海关	广东省深圳市妈湾集装箱码头进境植物种苗指定监管场地*	CNSHK530905	妈湾港
40	深圳海关	大鹏海关	盐田国际集装箱码头进境植物种苗指定监管场地	CNYTN530200	盐田港国际集装箱码头
41	汕头海关	汕头港海关	汕头国际集装箱码头	CNSTG601018	汕头港
42	汕头海关	广澳海关	汕头招商局港口集团有限公司广澳港区	CNSTG601040	汕头港
43	黄埔海关	黄埔新港海关	广州集装箱码头	CNGGZ521813	广州港黄埔港区
44	海口海关	海口美兰机场海关	海口美兰国际空运货栈	CNHAK640083	海口美兰国际机场
45	海口海关	三亚海关	三亚凤凰国际机场进境植物种苗指定监管场地	CNHAK640071	三亚凤凰国际机场
46	成都海关	成都双流机场海关	成都双流国际机场货站	CNCDU790046	成都双流国际机场
47	昆明海关	瑞丽海关	瑞丽市口岸联检中心查验货场	CNRUI860145	瑞丽（公路）
48	昆明海关	勐腊海关	磨憨口岸国际物流中心*	CNMHN860136	磨憨（公路）

表4-1 续2

序号	关区 直属海关	关区 主管（隶属）海关	指定监管场地名称	场所/场地编码	所在口岸区域
49	昆明海关	河口海关	河口北山国际货场	CNHKM860139	河口（公路）
50	昆明海关	昆明长水机场海关	东航物流云南分公司海关监管作业场所	CNKMG860170	昆明长水国际机场
51	昆明海关	昆明长水机场海关	云南空港物流海关监管作业场所	CMKMG860168	昆明长水国际机场
52	西安海关	西安咸阳机场海关	西安咸阳国际机场进境植物种苗指定监管场地	CNSIA900027	西安咸阳国际机场
53	兰州海关	兰州中川机场海关	兰州中川国际机场监管作业场所	CNLHW950021	兰州中川国际机场
54	贵阳海关	贵阳龙洞堡机场海关	贵阳龙洞堡国际货运海关监管作业场所	CNKWE830011	贵阳龙洞堡国际机场
55	乌鲁木齐海关	阿拉山口海关	阿拉山口进境种苗指定监管场地	CNAKL04S009	阿拉山口（公路、铁路）

备注：标 * 场地为可承接进口罗汉松监管业务的特定监管场地。

（五）进境植物繁殖材料检疫要求

进境植物繁殖材料检疫要求见表4-2。

表4-2 进境植物繁殖材料检疫要求

（截至2022年1月1日）

序号	产品	原产国家及地区	产品要求	证书要求
1	马铃薯田间种薯	英国（苏格兰地区）	马铃薯田间种薯，学名 Solanum tuberosum L.，英文名 Seed Potatoes。 1. 种薯的加工、包装、储藏和装运过程，须在英国主管部门检疫监管下进行。 2. 在包装过程中，种薯须经挑选和分级，以确保不带昆虫、螨类、烂薯、土壤及其他植物残体。 3. 种薯包装材料应干净卫生、未使用过，符合中国有关植物检疫要求。包装好的种薯单独存放，避免受到有害生物再次感染。 4. 每个包装袋上应用英文标注种薯级别、品种名称、收获日期、产地（州、市或县）、种植地、包装厂等信息。每个托盘货物需用中文标出"输往中华人民共和国"。如没有采用托盘，如航空货物，则每个包装箱上应用中文标出"输往中华人民共和国"。 种薯进口前，进口商应向海关总署申请办理"进境动植物检疫许可证"	1. 经检疫合格的，英国主管部门应出具植物检疫证书，注明集装箱号码，并在附加声明中注明："This batch of seed potatoes complies with the phytosanitary requirements of the Phytosanitary Protocol for the Supply of UK Solanum tuberosum Seed Potatoes for Import into China."（"该批马铃薯种薯符合'英国马铃薯田间种薯输往中国植物检疫要求议定书'。"）[①] 2. 植物检疫证书的内容和格式应符合国际植物检疫措施第12号标准要求

① 此类证书要求中的中英文均为公告原文，为与公告一致，中英文的前后顺序及英文大小写不做修改。下同。

表4-2 续1

序号	产品	原产国家及地区	产品要求	证书要求
2	寄主植物（详见备注"栎树猝死病菌寄主植物名单"）	栎树猝死病发生国家或地区、栎树猝死病菌发生国家或地区名单：德国、荷兰、波兰、西班牙、英国、比利时、法国、意大利、丹麦、瑞典、爱尔兰、斯洛文尼亚、芬兰、瑞士、挪威、立陶宛、美国（暂限加利福尼亚州、俄勒冈州）	出口前，输出国家或地区检验检疫部门应对寄主植物进行栎树猝死病菌项目检测，确保不带该病菌。输华寄主植物附带的栽培介质，应在出口前进行高温灭菌等除害处理	对符合要求的寄主植物，输出国家或地区检验检疫部门应出具植物检疫证书，并在证书附加声明栏中注明："The plants in this shipment originate in (name of registered nursery) where is free of Phytophthora ramorum, and have been tested found free of Phytophthora ramorum prior to export."（"本批植物产自没有栎树猝死病菌发生的××注册种植苗圃，出口前检测没有发现栎树猝死病菌。"）
3	马铃薯微型薯植物	荷兰	用于种植用的马铃薯微型薯，学名 Solanum tuberosum，英文名 Potato mini tuber。输华微型薯应经过挑选、分级，不带昆虫，植物根、茎、叶和栽培介质。微型薯的加工、包装、储藏和装运过程，须在 NAK 人员检疫监管下进行。输华微型薯的包装材料应干净卫生、清洁柔软和未使用过，符合中国有关植物检疫要求。包装箱（袋）上用英文标出产地、种植者、级别、品种等信息，并标注"输往中华人民共和国"的英文字样	荷方出具植物检疫证书，并在附加声明中标注："The consignment complies with the requirements described in the Protocol of Phytosanitary Requirements for the Export of Potato Mini Tubers from the Kingdom of the Netherlands to China and is free from the quarantine pests of concern of China."（"该批微型薯符合荷兰输华马铃薯微型薯植物检疫要求议定书的规定，不带中方关注的检疫性有害生物。"）包装箱（袋）上的认证号码应在植物检疫证书或随附授权签发的装箱单上注明
4	大花蕙兰	韩国	输华兰花应在具备防虫条件的设施内进行包装，以防止有害生物感染。包装材料应干净卫生、未使用过，并符合中国有关植物检疫要求。包装标签上应标出种植企业名称和注册登记编号、出口商及"输往中国"等信息，并在货物包装箱或外包装袋等材料上标注。如果使用木质包装材料，则应按照国际植物检疫措施第15号标准（国际贸易木质包装管控指南①），采取适当的除害处理及标识	韩方对检疫合格货物签发植物检疫证书，在附加声明中注明种植企业名称或注册登记编号及"该批大花蕙兰符合中国进境植物检疫要求，不带中方关注的有害生物"

---

① 此处应为《国际贸易中木质包装材料管理准则》，为尊重议定书原文，不做修改，下同。

表4-2 续2

序号	产品	原产国家及地区	产品要求	证书要求
5	种球	荷兰	百合（*Lilium* sp.）、郁金香（*Tulipa*）种球，简称花卉种球。包装材料及栽培介质应干净卫生、未使用过，并符合中国有关植物检疫要求。包装箱上的标签应用中文或英文标明出口商、种植地编码（Lot number）、品种、规格、数量等信息，承载花卉种球的木托盘上标注"输往中华人民共和国"的中文字样	荷兰检疫部门对检疫合格的花卉种球签发植物检疫证书，并在附加声明中注明："该批百合/郁金香种球符合中国植物检疫要求，不带中方关注的管制性有害生物"。货物装箱单将作为植物检疫证书的附件，并由荷兰植物检疫部门签字盖章。装箱单包括出口商、种植地编码（Lot number）、品种、规格、数量等信息
6	种球	智利	百合（*Lilium* L.）鳞球茎，简称百合。包装材料及栽培介质应干净卫生、未使用过，并符合中国有关植物检疫要求。包装箱上的标签应用英文标明产地、生产商、规格、品种、包装日期等信息，每个包装箱应标注"输往中华人民共和国"的英文字样	对检疫合格的百合，签发植物检疫证书，注明生产商和种植地编号，并在附加声明中注明："该批百合符合中国植物检疫要求，不带中方关注的检疫性有害生物。"（This batch of lily bulbs meet with the phytosanitary requirements of China and do not carry any quarantine pest concerned by China）。集装箱号码和封识号必须在植物检疫证书中注明

备注：栎树猝死病菌寄主植物名单如下（共73种）。

Abies 冷杉属、*Acer* 槭属、*Adiantum* 铁线蕨属、*Aesculus* 七叶树属、*Arbutus* 浆果鹃属、*Arctostaphylos* 熊果属、*Ardisia* 紫金牛属、*Berberis* 小檗属、*Calluna* 帚石楠属、*Calycanthus* 夏蜡梅属、*Camellia* 山茶属、*Castanea* 栗属、*Castanopsis* 椆属、*Cercis* 紫荆属、*Ceanothus* 美洲茶属、*Cinnamomum* 樟属、*Clintonia* 七筋姑属、*Cornus* 木属、*Corylopsis* 蜡瓣花属、*Corylus* 榛属、*Distylium* 蚊母树属、*Drimys* 卤室木属、*Dryopteris* 鳞毛蕨属、*Eucalyptus* 桉属、*Euonymus* 卫茅属、*Fagus* 水青冈属、*Fraxinus* 白蜡属、*Garrya* 丝穗木属、*Gaultheria* 白珠树属、*Griselinia* 山茱萸属、*Hamamelis* 金缕梅属、*Heteromeles* 假苹果属、*Ilex* 冬青属、*Kalmia* 山月桂属、*Laurus* 月桂属、*Leucothoe* 木藜芦属、*Lithocarpus* 石栎属、*Lonicera* 忍冬属、*Loropetalum* 木属、*Magnolia* 木兰属、*Maianthemum* 舞鹤草属、*Manglietia* 木莲属、*Michelia* 含笑属、*Nerium* 夹竹桃属、*Nothofagus* 假山毛榉属、*Osmanthus* 木犀属、*Osmorhiza* 香根芹属、*Parakmeria* 拟单性木兰属、*Parrotia* 银缕梅属、*Photinia* 石楠属、*Physocarpus* 风箱果属、*Pieris* 马醉木属、*Pittosporum* 海桐属、*Prunus* 李属、*Pseudotsuga* 黄杉属、*Pyracantha* 火棘属、*Quercus* 栎属、*Rhamnus* 鼠李属、*Rhododendron* 杜鹃花属、*Rosa* 蔷薇属、*Rubus* 悬钩子属、*Salix* 柳属、*Schima* 木荷属、*Sequoia* 红杉属、*Syringa* 丁香属、*Taxus* 紫杉属、*Torreya* 榧树属、*Toxicodendron* 漆树属、*Trientalis* 七瓣莲属、*Umbellularia* 伞桂属、*Vaccinium* 越橘属、*Vancouveria* 范库弗草属、*Viburnum* 荚属。

二、出境植物繁殖材料

出境植物繁殖材料可按照第四章第六节"其他植物产品"有关要求办理。

第二节 粮 食

粮食指用于加工、非繁殖用途的禾谷类、豆类、油料类等作物的籽实，以及薯类的块根或者块茎等。

一、进境粮食

（一）资质要求

1. 准入要求

海关总署对进境粮食实施检疫准入制度。首次从输出国家（地区）进口某种粮食，应当由输出国家（地区）官方主管机构向海关总署提出书面申请。特殊情况下，可以由进口企业申请并提供技术资料。

《准予进口粮食种类及输出国家地区名录》见本节后文。

2. 国外生产、加工、存放单位注册登记

海关总署对进境粮食境外生产、加工、存放企业实施注册登记制度。实施注册登记管理的进境粮食境外生产加工企业，经输出国家（地区）主管部门审查合格后向海关总署推荐。办理指南见本书第十五章第八节。

登录海关总署动植物检疫司网站（http://dzs.customs.gov.cn/），点击"企业信息"—"植物产品类"—"粮食"，可查询允许进口粮食境外注册登记企业名单。

3. 进境动植物检疫审批

海关总署对进境粮食实施检疫许可制度。进境粮食货主应当在签订贸易合同前，申请办理检疫审批手续，取得进境动植物检疫许可。办理指南见本书第十四章第三节。

4. 进境粮食存放、加工过程的检疫监督

海关对进境粮食实施检疫监督。进境粮食应当运往符合防疫及监管条件的指定存放、加工场所（指定企业）。办理指南见本书第十五章第八节。

5. 海关指定监管场地

粮食应当从进境粮食指定监管场地所在口岸进境。"进境粮食指定监管场地名单"见本节后文。

（二）申报要求

1. 基本申报要求

货主或者其代理人应当在粮食进境前向进境口岸海关申报，除贸易合同、提单、装箱单、发票等贸易凭证外，并按要求提供以下材料。

（1）输出国家（地区）官方植物检疫证书（特定国家证书要求详见"进境粮食植物检疫要求"）；

（2）原产地证书。

鼓励货主向境外粮食出口商索取由输出国家（地区）主管部门或者由第三方检测机构出具的品质证书、卫生证书、适载证书、重量证书等其他单证。

申报转基因产品的，还应当取得"农业转基因生物安全证书"。海关对"农业转基因生物安全证书"电子数据进行系统自动比对验核。

2. 录入要求

（1）根据货物是否含有转基因成分，货物属性栏目选择"16-转基因产品"或"17-非转基因产品"；

（2）需在产品资质栏目选取"325-进境动植物产品检疫许可证""330-农业转基因生物安全证书（进口）（含转基因成分时需要）"，并填写许可证编号等信息。

（三）产品相关要求

进境粮食不得检出《中华人民共和国进境植物检疫性有害生物名录》（详见本书附录2）所列的各类生物。

1. 口岸检疫

使用船舶装载进境散装粮食的，在锚地对货物表层实施检验检疫，无重大异常质量安全情况后船舶方可进港，散装粮食应当在港口继续接受检验检疫。需直接靠泊检验检疫的，应当事先征得海关的同意。

以船舶集装箱、火车、汽车等其他方式进境粮食的，应当在海关指定的查验场所实施检验检疫，未经海关同意不得擅自调离。

（1）检出以下情况的进境粮食需退运销毁

①未列入海关总署进境准入名单，或者无法提供输出粮食国家（地区）主管部门出具的"植物检疫证书"等单证的，或者无"进境动植物检疫许可证"的；

②有毒、有害物质及其他安全卫生项目检测结果不符合国家技术规范的强制性要求，且无法改变用途或者无有效处理方法的；

③检出转基因成分，无"农业转基因生物安全证书"，或者与证书不符的；

④发现土壤、检疫性有害生物及其他禁止进境物且无有效检疫处理方法的；

⑤因水湿、发霉等造成腐败变质或者受到化学、放射性等污染，无法改变用途或者无有效处理方法的；

⑥其他原因造成粮食质量安全受到严重危害的。

（2）检出以下情况的进境粮食需检疫处理

①发现检疫性有害生物或者其他具有检疫风险的活体有害昆虫，且可能造成扩散的；

②发现种衣剂、熏蒸剂污染，有毒杂草籽超标等安全卫生问题，且有有效技术处理措施的；

③其他原因造成粮食质量安全受到危害的。

2. 检疫监督

进境粮食装卸、运输、加工、下脚料处理等环节应当采取防止撒漏、密封等防疫措施。进境粮食加工过程应当具备有效杀灭杂草籽、病原菌等有害生物的条件。粮食加工下脚料应当进行有效的热处理、粉碎或者焚烧等除害处理。

进境粮食用作储备、期货交割等特殊用途的，其生产、加工、存放应当符合海关总署相应检验检疫监督管理规定。

特定国家产品检疫要求详见"进境粮食植物检疫要求"。

（四）准予进口粮食种类及输出国家（地区）名录

《准予进口粮食种类及输出国家（地区）名录》见表4-3。

表4-3 准予进口粮食种类及输出国家（地区）名录

（截至2022年1月1日）

类型	种类	已准入国家（地区）
籽实类粮食油籽	大豆	加拿大、乌拉圭、俄罗斯、乌克兰、埃塞俄比亚、哈萨克斯坦、美国、巴西、阿根廷、玻利维亚、贝宁、坦桑尼亚
	油菜籽	加拿大、澳大利亚、蒙古国、俄罗斯
	小麦	澳大利亚、加拿大、哈萨克斯坦、匈牙利、塞尔维亚、蒙古国、俄罗斯、法国、英国、美国、立陶宛
	玉米	泰国、老挝、阿根廷、俄罗斯、乌克兰、保加利亚、巴西、柬埔寨、南非、匈牙利、美国、秘鲁（限大玉米）、哈萨克斯坦、墨西哥、乌拉圭、塞尔维亚
	大麦	澳大利亚、加拿大、丹麦、阿根廷、蒙古国、乌克兰、芬兰、乌拉圭、英国、法国、哈萨克斯坦、俄罗斯、美国
	稻谷	俄罗斯

表4-3 续

类型	种类	已准入国家（地区）
块茎类粮食	木薯干（片）	柬埔寨、老挝、坦桑尼亚、加纳、马达加斯加、尼日利亚、泰国、印度尼西亚、越南
	马铃薯	美国
	甘薯	老挝
其他	凉粉草	越南

（五）进境粮食指定监管场地名单

进境粮食指定监管场地名单见表4-4。

表4-4 进境粮食指定监管场地名单

（162家，截至2022年1月1日）

序号	关区（直属海关）	关区（主管（隶属）海关）	指定监管场地名称	类型	进口品种①	场所（场地）编码	所在口岸区域
1	天津海关	天津临港海关	天津临港佳悦粮油进境粮食指定监管场地	A	—	CNDGN02S619	天津新港
2	天津海关	天津新港海关	天津港第一港埠有限公司进境粮食指定监管场地	A	—	CNTXG020051	天津新港
3	天津海关	天津临港海关	天津临港港务集团进境粮食指定监管场地	A	—	CNDGN02S620	天津新港
4	天津海关	天津新港海关	天津港第四港埠公司进境粮食指定监管场地	A	—	CNTXG020448	天津新港
5	天津海关	天津新港海关	新港北疆进境粮食指定监管场地	A	—	CNTXG020448	天津新港
6	天津海关	天津新港海关	天津港进境粮食指定监管场地	B	高粱、玉米、芝麻	CNTXG020444	天津新港
7	石家庄海关	京唐港海关	京唐港杂货码头进境粮食指定监管场地	A	—	CNTGS040165	唐山港京唐港区
8	石家庄海关	秦皇岛海关	秦皇岛港杂货码头进境粮食指定监管场地	A	—	CNSHP040121	秦皇岛港
9	石家庄海关	秦皇岛海关	秦皇岛新港湾进境粮食集装箱查验场	B	—	CNSHP04S008	秦皇岛港
10	石家庄海关	黄骅港海关	黄骅港冀海码头进境粮食指定监管场地	A	—	CNHUH040175	黄骅港
11	石家庄海关	曹妃甸海关	曹妃甸港区进境粮食指定监管场地	B	大豆、玉米、小麦、大麦、杂粮	CNCFD04S006	唐山港曹妃甸港区

① 根据2022年1月1日海关总署网站发布的内容定稿。

表4-4 续1

序号	关区 直属海关	关区 主管（隶属）海关	指定监管场地名称	类型	进口品种①	场所（场地）编码	所在口岸区域
12	石家庄海关	京唐港海关	唐山港京唐港区集装箱进境粮食指定监管场地	B	木薯干、大豆、玉米、大麦、小麦、杂粮（含高粱、荞麦、燕麦、豌豆、绿豆、红小豆等）	CNJTG040176	唐山港京唐港区
13	呼和浩特海关	二连海关	二连浩特进境粮食指定监管场地	C	—	CNERC070036	二连浩特（公路）
14	满洲里海关	满洲里车站海关	满洲里铁路口岸进境粮食指定监管场地	C	—	CNMLX06S008	满洲里（铁路）
15	满洲里海关	满洲里车站海关	满洲里铁路口岸内蒙古伊泰生态农业有限公司进境粮食指定监管场地	C	小麦、玉米、水稻、大豆、油菜籽、亚麻籽、荞麦、燕麦等	CNMLX06S040	满洲里（铁路）
16	大连海关	北良港海关	大连北良港码头进境粮食指定监管场地	A	—	CNDYW090108	大连港北良港区
17	大连海关	大窑湾海关	大连港散粮码头进境粮食指定监管场地	A	—	CNDYW090085	大连港大窑湾港区
18	大连海关	大窑湾海关	大连港集装箱码头进境粮食指定监管场地	B	—	CNDYW090084	大连港大窑湾港区
19	大连海关	大东港海关	丹东港粮食码头进境粮食指定监管场地	A	—	CNDDG09S004	丹东港大东港区
20	大连海关	鲅鱼圈海关	营口港中储粮码头进境粮食指定监管场地	A	—	CNBYQ09S002	营口港鲅鱼圈港区
21	大连海关	鲅鱼圈海关	营口港粮食公司码头进境粮食指定监管场地	A	—	CNBYQ09S003	营口港鲅鱼圈港区
22	大连海关	盘锦海关	盘锦港进境粮食指定监管场地	A	大豆、玉米、高粱、大麦、小麦、油菜籽	CNPAJ09S001	盘锦港
23	沈阳海关	锦州海关	锦州港粮食码头进境粮食指定监管场地	A	—	CNJNZ080023	—
24	长春海关	珲春海关	圈河口岸进境粮食指定监管场地	C	—	CNHCG150041	圈河（公路）
25	长春海关	珲春海关	珲春口岸进境粮食指定监管场地	C	—	CNHCG150041	珲春（公路、铁路）
26	长春海关	延吉海关	古城里口岸进境粮食指定监管场地	C	—	CNGCL150028	古城里（公路）

表4-4 续2

序号	关区 直属海关	关区 主管（隶属）海关	指定监管场地名称	类型	进口品种①	场所（场地）编码	所在口岸区域
27	哈尔滨海关	绥芬河海关	绥芬河铁路口岸进境粮食指定监管场地	C	—	CNSFH19S054	绥芬河（铁路）
28	哈尔滨海关	绥芬河海关	绥芬河公路口岸进境粮食指定监管场地	C	—	CNSFH19S055	绥芬河（公路）
29	哈尔滨海关	黑河海关	黑河口岸进境粮食指定监管场地	C	—	CNHEK190052	黑河（水运）
30	哈尔滨海关	东宁海关	东宁口岸进粮食指定监管场地	C	—	CNDON190044	东宁（公路）
31	哈尔滨海关	密山海关	密山口岸进境粮食指定监管场地	C	农业"走出去"返销粮	CNMIS190117	密山（公路）
32	哈尔滨海关	同江海关	同江口岸进境粮食指定监管场地	C	—	CNTOJ190039	同江（水运）
33	哈尔滨海关	抚远海关	抚远口岸进境粮食指定监管场地	C	—	CNFUY19S056	抚远（水运）
34	哈尔滨海关	萝北海关	萝北口岸进境粮食指定监管场地	C	—	CNLBB19S057	萝北（水运）
35	哈尔滨海关	虎林海关	虎林口岸进境粮食指定监管场地	C	—	CNHUL19S058	虎林（公路）
36	哈尔滨海关	逊克海关	逊克口岸进境粮食指定监管场地	C	—	CNXUK19S059	逊克（水运）
37	上海海关	浦东海关	外高桥良友码头进境粮食指定监管场地	A	—	CNSGH220328	外高桥港良友码头
38	上海海关	青浦海关	洋山港西郊国农进境粮食指定监管场地	B	—	CNQGP22S050	
39	上海海关	洋山海关	洋山港深水港进境粮食指定监管场地	B	—	CNYSA48S053	洋山港
40	上海海关	外高桥港区海关	外高桥依飞驰进境粮食指定监管场地	B	—	CNWIG25S050	
41	南京海关	新生圩海关	南京港（集团）有限公司新生圩港务分公司进境粮食指定监管场地	A	—	CNNJG231922	南京港
42	南京海关	新生圩海关	南京港龙潭集装箱码头进境粮食指定监管场地	B	—	CNNJG231010	南京港
43	南京海关	张家港海关	张家港港东海进境粮食指定监管场地	A	—	CNZJG230033	张家港港
44	南京海关	张家港海关	张家港港江海进境粮食指定监管场地	A	—	CNZJG230030	张家港港

表4-4 续3

序号	关区 直属海关	关区 主管（隶属）海关	指定监管场地名称	类型	进口品种①	场所（场地）编码	所在口岸区域
45	南京海关	镇江海关	镇江港中储粮进境粮食指定监管场地	A	—	CNZHE230019	镇江港
46	南京海关	镇江海关	镇江港务码头进境粮食指定监管场地	A	—	CNZHE230012	镇江港
47	南京海关	镇江海关	镇江港润华进境粮食指定监管场地	A	—	CNZHE230008	镇江港
48	南京海关	盐城海关	大丰港北港一号码头进境粮食指定监管场地	A	—	CNDFG230522	大丰港
49	南京海关	泰州海关	泰州港永安进境粮食指定监管场地	A	—	CNTZU230015	泰州港
50	南京海关	泰州海关	泰州港过船进境粮食指定监管场地	A	—	CNTZU230012	泰州港
51	南京海关	泰州海关	泰州港永安二期进境粮食指定监管场地	A	—	CNTZU230015	泰州港
52	南京海关	靖江海关	靖江港龙威进境粮食指定监管场地	A	—	CNTSI230007	靖江港
53	南京海关	连云港海关	连云港港东泰进境粮食指定监管场地	A	—	CNLYG230034	连云港港
54	南京海关	连云港海关	连云港港新东润进境粮食指定监管场地	A	—	CNLYG232305	连云港港
55	南京海关	连云港海关	连云港港新海湾进境粮食指定监管场地	A	木薯干	CNLYG232303	连云港港
56	南京海关	连云港海关	连云港港新东方货柜进境粮食指定监管场地	B	—	CNLYG230022	连云港港
57	南京海关	连云港海关	连云港港新东方集装箱进境粮食指定监管场地	B	—	CNLYG230026	连云港港
58	南京海关	连云港海关	连云港港新圩港进境粮食指定监管场地	A	木薯干	CNLYG230668	连云港港
59	南京海关	连云港海关	连云港港东联进境粮食指定监管场地	A	木薯干	CNLYG230035	连云港港
60	南京海关	江阴海关	江阴港中粮进境粮食指定监管场地	A	—	CNJIA230016	江阴港
61	南京海关	江阴海关	江阴港苏南进境粮食指定监管场地	B	—	CNJIA230017	江阴港
62	南京海关	南通海关	南通港华粮进境粮食指定监管场地	A	—	CNNTG230040	南通港

表4-4 续4

序号	关区 直属海关	关区 主管（隶属）海关	指定监管场地名称	类型	进口品种①	场所（场地）编码	所在口岸区域
63	南京海关	南通海关	南通港嘉达进境粮食指定监管场地	A	—	CNNTG230024	南通港
64	南京海关	南通海关	南通港一德进境粮食指定监管场地	A	—	CNNTG230008	南通港
65	南京海关	太仓海关	太仓港万方进境粮食指定监管场地	A	木薯干	CNTAC230009	太仓港
66	南京海关	太仓海关	太仓港现代进境粮食指定监管场地	B	—	CNTAC230013	太仓港
67	南京海关	常州海关	常州港录安进境粮食指定监管场地	A	—	CNCZX230035	常州港
68	南京海关	如皋海关	如皋进境粮食指定监管场地	B	大豆、大小麦、高粱、玉米等粮食饲料	CNRUG230041	如皋港
69	南京海关	南通海关	南通港通海港区通海港口公司进境粮食指定监管场地	B	木薯干、大豆、玉米、小麦、大麦、杂粮	CNNTG230001	南通港
70	杭州海关	舟山海关	舟山港老塘山进境粮食指定监管场地	A	—	CNZOS290280	舟山港
71	宁波海关	大榭海关	宁波港金光进境粮食指定监管场地	A	—	CNNBO310107	宁波港
72	宁波海关	大榭海关	宁波港光明进境粮食指定监管场地	A	—	CNNBO310202	宁波港
73	宁波海关	大榭海关	宁波港大亚进境粮食指定监管场地	B	—	CNNBO310205	宁波港
74	合肥海关	芜湖海关	芜湖港朱家桥进境粮食指定监管场地	B	—	CNWHI330105	芜湖港
75	合肥海关	安庆海关	安庆港进境粮食指定监管场地	B	—	CNAQG330108	安庆港
76	福州海关	榕城海关	福州港松下进境粮食指定监管场地	A	—	CNFQX350043	福州港牛头湾港区
77	福州海关	莆田海关	莆田港秀屿进境粮食指定监管场地	A	—	CNPUT350026	莆田港秀屿港区

表4-4 续5

序号	关区 直属海关	关区 主管（隶属）海关	指定监管场地名称	类型	进口品种①	场所（场地）编码	所在口岸区域
78	福州海关	榕城海关	福州港江阴港区进境粮食指定监管场地	B	油菜籽、木薯干、大豆、玉米、小麦、大麦、杂粮（含高粱、荞麦、燕麦、豌豆、绿豆、红小豆等）	CNFZH350042	福州港江阴港区
79	厦门海关	泉州海关	泉州港肖厝进境粮食指定监管场地	A	—	CNXCU370196	泉州港
80	厦门海关	海沧海关	厦门海隆进境粮食指定监管场地	A	—	CNXAM370158	厦门港
81	厦门海关	东渡海关	厦门港海天进境粮食指定监管场地	B	—	CNXAM370226	厦门港
82	厦门海关	海沧海关	厦门海沧进境粮食指定监管场地	B	—	CNXAM370250	厦门港
83	厦门海关	漳州海关	漳州招银港综合码头进境粮食指定监管场地	A	—	CNZZU370230	厦门港
84	厦门海关	漳州海关	漳州招银港区7-9号泊位进境粮食指定监管场地	A	—	CNZZU370116	漳州港
85	南昌海关	九江海关	九江港进境粮食指定监管场地	B	—	CNJIU400052	九江港
86	青岛海关	青岛大港海关	青岛港大港进境粮食指定监管场地	A	—	CNQGD420132	青岛港
87	青岛海关	黄岛海关	青岛前湾港进境粮食指定监管场地	B	—	CNQGD42S301	青岛港
88	青岛海关	黄岛海关	青岛港国际进境粮食指定监管场地	B	—	CNQGD42S302	青岛港
89	青岛海关	董家口港海关	董家口码头进境粮食指定监管场地	A	—	CNQIN420305	董家口港
90	青岛海关	烟台海关	烟台港41、42号泊位进境粮食指定监管场地	A	—	CNYAT420297	烟台港
91	青岛海关	日照海关	日照港裕廊码头进境粮食指定监管场地	A	—	CNRZH420073	日照港
92	青岛海关	日照海关	日照港集发进境粮食指定监管场地	B	—	CNRZH420073	日照港
93	青岛海关	日照海关	日照港岚山进境粮食指定监管场地	A	—	CNLSN420065	日照港

表4-4 续6

序号	关区 直属海关	关区 主管（隶属）海关	指定监管场地名称	类型	进口品种①	场所（场地）编码	所在口岸区域
94	青岛海关	龙口海关	龙口港进境粮食指定监管场地	A	木薯干、大豆、玉米、杂粮	CNLKU420306	龙口港
95	济南海关	潍坊海关	潍坊综合保税区进境粮食指定监管场地	B	玉米、小麦	CNWEF43S021	—
96	郑州海关	郑州车站海关	郑州铁路东站进境粮食指定监管场地	D	大豆、绿豆、小麦、芝麻、亚麻籽、其他杂粮	CNCGZ460047	郑州（铁路）
97	武汉海关	武汉新港海关	武汉阳逻港进境粮食指定监管场地	B	—	CNWHG470003	武汉港
98	武汉海关	武汉新港海关	武汉阳逻新港进境粮食指定监管场地	B	—	CNWHG470034	—
99	武汉海关	黄石海关	黄石港口岸棋盘洲港区进境粮食指定监管场地	B	大豆、玉米、小麦、高粱、大麦	CNHSI470056	黄石港
100	长沙海关	岳阳海关	岳阳城陵矶新港进境粮食指定监管场地	B	—	CNYYA491016	岳阳城陵矶新港
101	广州海关	南沙海关	南沙粮食通用码头进境粮食指定监管场地	A	—	CNGZG510200	广州港南沙港区南沙粮食及通用码头
102	广州海关	南沙海关	南沙二期码头进境粮食指定监管场地	B	—	CNGGZ510121	广州港南沙港区南沙港二期码头
103	广州海关	肇庆海关	肇庆三榕码头进境粮食指定监管场地	B	—	CNGGZ510084	肇庆三榕港码头
104	广州海关	番禺海关	番禺莲花山货运港进境粮食指定监管场地	B	—	CNPNY510150	广州港莲花山港区莲花山港货运码头
105	广州海关	佛山海关驻三水办事处	佛山三水港码头进境粮食指定监管场地	B	小麦、大豆、玉米、大麦、其他杂粮	CNSJQ510082	佛山三水港码头
106	深圳海关	蛇口海关	蛇口招商港务码头进境粮食指定监管场地	A	—	CNSHK530111	蛇口港
107	深圳海关	蛇口海关	蛇口集装箱码头进境粮食指定监管场地	B	—	CNSHK530196	蛇口港
108	深圳海关	蛇口海关	深圳赤湾码头进境粮食指定监管场地	A	—	CNCWN530071	赤湾港
109	深圳海关	蛇口海关	赤湾集装箱码头进境粮食指定监管场地	B	—	CNSHK530197	赤湾港

表4-4　续7

序号	关区 直属海关	关区 主管（隶属）海关	指定监管场地名称	类型	进口品种①	场所（场地）编码	所在口岸区域
110	深圳海关	大鹏海关	盐田港码头进境粮食指定监管场地	B	—	CNYTN530200	盐田港
111	拱北海关	中山港海关	中山港神湾进境粮食指定监管场地	B		CNSNW570119	中山港神湾港区
112	拱北海关	中山港海关	中山港中外运进境粮食指定监管场地	B		CNZSN570112	中山港
113	拱北海关	高栏海关	高栏国际货柜码头进境粮食指定监管场地	A	玉米	CNZUH570142	珠海港
114	汕头海关	广澳海关	汕头广澳码头进境粮食指定监管场地	A、B	大米、玉米、燕麦及其他粮食等	CNSTG601040	汕头港
115	黄埔海关	新沙海关	广州港新沙港区进境粮食指定监管场地	A	—	CNGZG520615	广州港新沙港区
116	黄埔海关	黄埔新港海关	广州新港港务公司进境粮食指定监管场地	A		CNGZG521820	广州港黄埔港区
117	黄埔海关	黄埔老港海关	广州黄埔港务公司进境粮食指定监管场地	A、B		CNGZG520613	广州港黄埔港区
118	黄埔海关	黄埔新港海关	黄埔集司码头进境粮食指定监管场地	B		CNGGZ521813	广州港黄埔港区
119	黄埔海关	黄埔新港海关	黄埔东江仓码头进境粮食指定监管场地	B		CNGGZ521818	广州港黄埔港区
120	黄埔海关	黄埔新港海关	黄埔东江口码头进境粮食指定监管场地	B		CNGGZ521819	广州港黄埔港区
121	黄埔海关	黄埔老港海关	黄埔外运仓码头进境粮食指定监管场地	B		CNGGZ521804	广州港黄埔港区
122	黄埔海关	黄埔老港海关	黄埔广裕码头进境粮食指定监管场地	B		CNGGZ521835	广州港黄埔港区
123	黄埔海关	新沙海关	虎门港深赤湾进境粮食指定监管场地	A		CNHMN521810	虎门港麻涌作业区
124	黄埔海关	沙田海关	虎门港宏业进境粮食指定监管场地	B	—	CNHMN520611	虎门港沙角作业区
125	黄埔海关	沙田海关	虎门港海腾进境粮食指定监管场地	A	木薯干	CNSTI521829	虎门港沙田作业区
126	江门海关	新会海关	新会港江门天马码头进境粮食指定监管场地	A、B	木薯干	CNXIN680007	新会港
127	江门海关	阳江海关	阳江良港码头进境粮食指定监管场地	A	—	CNYJI680018	阳江港

表4-4 续8

序号	关区 直属海关	关区 主管（隶属）海关	指定监管场地名称	类型	进口品种①	场所（场地）编码	所在口岸区域
128	湛江海关	霞山海关	湛江港霞山港区进境粮食指定监管地	A	—	CNZNG670116	湛江港
129	湛江海关	霞山海关	湛江港宝满集装箱进境粮食指定监管场地	B	—	CNZNG670119	湛江港
130	南宁海关	防城海关	广西防城港码头进境粮食指定监管场地	A	—	CNFAN720139	防城港
131	南宁海关	钦州港海关	广西钦州港中粮码头进境粮食指定监管场地	A	—	CNQZH720134	钦州港
132	南宁海关	钦州港海关	广西钦州港勒沟作业区进境粮食指定监管场地	A	—	CNQZH720045	钦州港
133	南宁海关	钦州港海关	广西钦州港大榄平码头进境粮食指定监管场地	A	—	CNQZH72S030	钦州港
134	南宁海关	北海海关	北海港铁山港码头进境粮食指定监管场地	A	—	CNSTB720126	北海港
135	南宁海关	北海海关	北海港石步岭码头进境粮食指定监管场地	A	木薯干	CNBIH720040	北海港
136	南宁海关	梧州海关	梧州港李家庄码头进境粮食指定监管场地	B	—	CNWUZ720042	梧州港（内河）
137	南宁海关	水口海关	广西水口口岸进境粮食指定监管场地	C	—	CNSKO720149	水口（公路）
138	南宁海关	友谊关海关	凭祥综合保税区进境粮食指定监管场地	C	—	CNYYG72S031	友谊关（公路）
139	南宁海关	贵港海关	贵港进境粮食指定监管场地	B	小麦、高粱、玉米、大麦、燕麦、大豆、豌豆、木薯干	CNGUG720150	贵港（内河）
140	海口海关	洋浦经济开发区海关	海南洋浦港进境粮食指定监管场地	A、B	—	CNYPG64S007	洋浦港
141	成都海关	泸州海关	泸州港进境粮食指定监管场地	B	—	CNCDU790030	—
142	成都海关	宜宾海关	宜宾港进境粮食指定监管场地	B	—	CNCDU790040	—
143	成都海关	青白江海关	成都铁路场站进境粮食指定监管场地	D	小麦、大麦、玉米、绿豆、高粱、大豆及其他粮食杂粮	CNCTU790045	—

表4-4 续9

序号	关区 直属海关	关区 主管（隶属）海关	指定监管场地名称	类型	进口品种①	场所（场地）编码	所在口岸区域
144	昆明海关	瑞丽海关	瑞丽口岸联检中心进境粮食指定监管场地	C	—	CNRUI860145	瑞丽（公路）
145	昆明海关	瑞丽海关	瑞丽利民边民互市区进境粮食指定监管场地	C	—	CNRUI860151	瑞丽（公路）
146	昆明海关	畹町海关	畹町边民互市区进境粮食指定监管场地	C	—	CNWAN86S008	—
147	昆明海关	天保海关	天保口岸进境粮食指定监管场地	C	木薯干	CNTBO860142	天保（公路）
148	昆明海关	勐腊海关	磨憨口岸锦亿进境粮食指定监管场地	C	—	CNMHN86S005	—
149	昆明海关	孟定海关	孟定口岸南大进境粮食指定监管场地	C	—	CNMDN860183	孟定清水河
150	昆明海关	河口海关	河口口岸北山货场进境粮食指定监管场地	C	—	CNHKM860139	河口（公路）
151	昆明海关	腾冲海关	腾冲猴桥进境粮食指定监管场地	C	—	CNTCH860124	腾冲猴桥（公路）
152	西安海关	西安车站海关	西安铁路口岸进境粮食指定监管场地	C	—	CNSIA900024	—
153	兰州海关	金城海关	兰州铁路中川北站进境粮食指定监管场地	D	小麦、大麦、玉米、杂粮、亚麻籽、葵花籽、大豆、杂豆	CNLAZ950019	—
154	乌鲁木齐海关	阿拉山口海关	阿拉山口铁路3号线进境粮食指定监管场地	C	—	CNAKL04S010	阿拉山口（公路、铁路）
155	乌鲁木齐海关	阿拉山口海关	阿拉山口铁路5号线进境粮食指定监管场地	C	—	CNAKL04S011	阿拉山口（公路、铁路）
156	乌鲁木齐海关	阿拉山口海关	阿拉山口铁路6号线进境粮食指定监管场地	C	—	CNAKL04S012	阿拉山口（公路、铁路）
157	乌鲁木齐海关	阿拉山口海关	阿拉山口地平线进境粮食指定监管场地	C	—	CNAKL04S013	阿拉山口（公路、铁路）
158	乌鲁木齐海关	阿拉山口海关	阿拉山口04库进境粮食指定监管场地	C	—	CNAKL940042	阿拉山口（公路、铁路）
159	乌鲁木齐海关	塔城海关	巴克图口岸进境粮食指定监管场地	C	—	CNBKT05S005	—
160	乌鲁木齐海关	霍尔果斯海关	霍尔果斯铁路换3线进境粮食指定监管场地	C	—	CNHRS02S008	霍尔果斯（公路、铁路）

表4-4 续10

序号	关区 直属海关	关区 主管（隶属）海关	指定监管场地名称	类型	进口品种①	场所（场地）编码	所在口岸区域
161	乌鲁木齐海关	霍尔果斯海关	霍尔果斯铁路口岸进境粮食指定监管场地	C	—	CNHRS02S009	霍尔果斯（公路、铁路）
162	乌鲁木齐海关	霍尔果斯海关	霍尔果斯九鼎隆进境粮食指定监管场地	C	—	CNHRS940074	霍尔果斯（公路、铁路）

备注：A指水运散装；B指水运集装箱；C指边境陆运；D指铁路集装箱。

（六）进境粮食植物检疫要求

进境粮食植物检疫要求见表4-5。

表4-5 进境粮食植物检疫要求

（截至2022年1月1日）

序号	产品	原产国家与地区	产品要求	证书要求
1	藜麦	玻利维亚	在玻利维亚种植和加工的藜麦谷物（学名 *Chenopodium quinoa* Willd.）（包括去皮藜麦籽粒、藜麦粉、藜麦片）	每批玻利维亚输华藜麦须随附SENASAG（玻利维亚农村发展与土地部）出具的官方植物检疫证书，证明其符合中国植物检疫要求，并注明具体产地
2	大豆	玻利维亚	输华大豆［学名 *Glycine max* (L.) Merr.，英文名 Soybean］，是指玻利维亚生产，输往中国用于加工的大豆籽实，不作种植用途	玻方应在大豆输华前对其进行植物检疫。对符合议定书要求的货物，出具植物检疫证书，并在附加声明中用英文注明："The consignment is in compliance with requirements described in the Protocol of Phytosanitary Requirements for the Export of soybean from BOLIVIA to China and is free from the quarantine pests concerned by China."（"该批货物符合《玻利维亚大豆输华植物检疫要求议定书》要求，不带中方关注的检疫性有害生物。"）
3	大麦	哈萨克斯坦（输华大麦应产自哈萨克斯坦小麦矮腥黑穗病的非疫区）	输华大麦（学名 *Hordeum vulgare* L.，英文名 Barley）是指哈萨克斯坦生产，输往中国用于加工的春大麦，不作种植用途	每批输华大麦，哈方应依照国际植物检疫措施标准第12号（ISPM 12）出具植物检疫证书，注明大麦产区，并在附加声明中注明："Export consignment of goods is in compliance with the requirements listed in the Protocol between the General Administration of Customs of the People's Republic of China and the Ministry of Agriculture of the Republic of Kazakhstan on Phytosanitary Requirements for the Export of Barley from the Republic of Kazakhstan to the people's Republic of China, is free from the quarantine pests."（"该批货物符合'中华人民共和国海关总署和哈萨克斯坦共和国农业部关于哈萨克斯坦大麦输往中国植物检疫要求议定书'列明的要求，不带检疫性有害生物。"）

表4-5 续1

序号	产品	原产国家与地区	产品要求	证书要求
4	玉米	哈萨克斯坦	输华玉米（学名 Zea mays L.，英文名 maize 或 corn）是指哈萨克斯坦生产，输往中国用于加工的玉米籽实，不作种植用途	每批输华玉米，哈方应依照国际植物检疫措施标准第12号（ISPM 12）出具植物检疫证书，注明玉米产区，并在附加声明注明："Export consignment of goods is in compliance with the requirements listed in the Protocol between the General Administration of Customs of the People's Republic of China and the Ministry of Agriculture of the Republic of Kazakhstan on Phytosanitary Requirements for the Export of maize from the Republic of Kazakhstan to the people's Republic of China, is free from the quarantine pests."（"该批货物符合'中华人民共和国海关总署和哈萨克斯坦共和国农业部关于哈萨克斯坦玉米输往中国植物检疫要求议定书'列明的要求，不带检疫性有害生物。"）
5	玉米	乌拉圭	输华玉米（学名 Zea mays L.，英文名 maize 或 corn）指乌拉圭生产，输往中国用于加工的玉米籽实，不作种植用途	乌方对符合议定书要求的货物，出具植物检疫证书，并在附加声明中用英文注明："The consignment is in compliance with requirements described in the Protocol of Phytosanitary Requirements for the Export of maize from Uruguay to China and is free from the quarantine pests concerned by China."（"该批货物符合'乌拉圭玉米输华植物检疫要求议定书'要求，不带中方关注的检疫性有害生物。"）
6	大麦	乌拉圭	输华大麦（学名 Hordeum vulgare L.，英文名 Barley）是指乌拉圭生产，输往中国用于加工的大麦，不作种植用途	乌方应在大麦输华前对其进行植物检疫。对符合本议定书要求的，乌方出具植物检疫证书，并在附加声明栏中用英文注明："The consignment is in compliance with requirements described in the Protocol of Phytosanitary Requirements for the Export of Barley from Uruguay to China and is free from the quarantine pests concerned by China."（"该批货物符合'乌拉圭大麦输华植物检疫要求议定书'要求，不带中方关注的检疫性有害生物。"）
7	小麦	俄罗斯（仅限于俄罗斯车里雅宾斯克州、鄂木斯克州、新西伯利亚州、阿尔泰边疆区、克拉斯诺亚尔斯克边疆区和阿穆尔州。2019年新增库尔干州）	用于加工的春小麦籽实，不作种植用途	俄方主管机构出具符合国际植物保护组织的植物检疫证书，并在附加声明中注明："该批小麦符合'俄罗斯联邦小麦输入中华人民共和国植物检疫要求议定书'的要求。"同时标明来源产区（州和/或边疆区）、出口存放地点、出口存放企业名称等信息

表4-5 续2

序号	产品	原产国家与地区	产品要求	证书要求
8	大麦	俄罗斯（大麦产自俄罗斯车里亚宾斯克州、鄂木斯克州、新西伯利亚州、库尔干州、阿尔泰边疆区、克拉斯诺亚尔斯克边疆区和阿穆尔州。上述七个地区被认为没有发生小麦矮腥黑穗病）	输华大麦（学名 *Hordeum vulgare* L.，英文名 Barley）是指俄罗斯生产，输往中国仅用于加工的春大麦籽实，不作种植用途	每批输华大麦，俄方在完成出口检验检疫后，依照国际植物检疫措施标准第12号（ISPM 12）出具植物检疫证书，并在附加声明中注明："The consignment of barley complies with the requirements specified in the Protocol between the General Administration of Customs of the People's Republic of China and the Federal Service for Veterinary and Phytosanitary Surveillance (the Russian Federation) on phytosanitary requirements for barely exported from the Russian Federation to the People's Republic of China."（"该批大麦符合'中华人民共和国海关总署与俄罗斯联邦兽医和植物检疫监督局关于俄罗斯大麦输华植物检疫要求议定书'要求。"）同时标明来源产区（州或边疆区）、出口存放地点、出口存放企业名称等信息
9	玉米	匈牙利	用于加工的玉米籽实，不作种植用途	匈牙利主管当局应对输华玉米进行检验检疫。对符合本议定书要求的货物，匈牙利主管当局应出具植物检疫证书，并在附加声明栏注明："该批货物符合《关于匈牙利玉米输华植物检疫要求议定书》要求，不带有中方关注的检疫性有害生物。"
10	大豆	贝宁	输华大豆（学名 *Glycine max*，英文名 Soybean）是指产自贝宁，输往中国仅用于加工的大豆籽实，不作种植用途	出口前，贝方应对输华大豆实施植物检疫。对符合议定书要求的货物，贝方应出具植物检疫证书，并在附加声明栏注明："The consignment is in compliance with Phytosanitary Requirements described in the Protocol of soybean from Benin to China between the General Administration of Customs of the People's Republic of China and the Ministry of Agriculture, Livestock and Fisheries of the Republic of Benin, and free from the quarantine pests concerned by China."（"该批货物符合'贝宁大豆输华植物检疫要求议定书'要求，不带中方关注的检疫性有害生物。"）同时注明本批货物仓储企业名称或其代码。对于发现活虫的货物，应在出口前进行熏蒸处理，其熏蒸处理指标应在植物检疫证书上注明
11	绿豆	埃塞俄比亚	在埃塞俄比亚境内生产、加工的绿豆（*Vigna radiate*）	每批进口埃塞俄比亚绿豆须随附埃方出具的官方植物检疫证书，并注明具体产地。每一植物检疫证书都应有如下中文或英文附加证明："该植物检疫证书所证明的绿豆符合中埃双于2019年11月14日在亚的斯亚贝巴签署的关于埃塞俄比亚绿豆输华检验检疫要求议定书的规定。" "The mung beans covered by this phytosanitary certificate comply with the requirements of the Protocolof Inspection and Quarantine Requirements for the Export of Mung Beans from Ethiopia to China, signed on November 14th, 2019, in Addis Ababa, between the Chinese side and the Ethiopia side."

表4-5 续3

序号	产品	原产国家与地区	产品要求	证书要求
12	油籽	加拿大	非种用的谷物、油籽籽实，包括小麦、大麦、大豆，以下简称谷物油籽	加方应通过出口前检验及出证，确保输华谷物油籽符合中国进口检疫要求。对符合议定书列出要求的货物，加方须出具植物检疫证书，并在附加声明一栏中填写"This consignment was shipped under the Phytosanitary Arrangement between AQSIQ and CFIA for Canadian Grain and Oilseed Imports into China."（"本批货物符合 AQSIQ 与 CFIA 签署的加拿大谷物油籽输华植物检疫议定书。"）
13	玉米	老挝	非种用的玉米籽实，学名 $Zea\ mays$ L.，英文名 Maize、Corn。进口玉米应从磨憨等指定口岸入境，并在指定加工厂生产加工	出口前，老方须对玉米实施检验检疫。对符合议定书要求的玉米，出具植物检疫证书，并在证书附加声明中注明"该批玉米符合老挝玉米输往中国植物检疫要求议定书"
14	大麦	蒙古国	非种用的大麦籽实，学名 $Hordeum\ vulgare$ L.，英文名 Barley。进口大麦应在双方指定的二连浩特（扎门乌德）口岸进境，并在指定加工厂生产加工、储藏	出口前，蒙方应对输华大麦进行检验检疫。符合议定书要求的，出具带有授权植物检疫官员签名的植物检疫证书，并在附加声明栏中注明："The consignment is in compliance with requirements described in the Protocol of Phytosanitary Requirements for the Export of Barley from Mongolia to China and is free of the quarantine pests concerned by China."（"该批货物符合《蒙古国大麦输华植物检疫要求议定书》要求，不带有中方关注的检疫性有害生物。"）
15	玉米	乌克兰	非种用的玉米籽实，学名 $Zea\ mays$ L.，英文名 Maize、Corn	出口前，乌方必须对输华玉米进行检验检疫。对符合议定书要求的玉米，出具植物检疫证书，并在附加声明栏注明："The consignment meets the requirements established in the Protocol of Phytosanitary Requirements for the Export of Maize from Ukraine to China and does not contain the quarantine pests of concern to China."（"该批货物符合《乌克兰玉米输华植物检疫要求议定书》要求，不带中方关注的检疫性有害生物。"）
16	小麦	立陶宛	输华小麦（学名 $Triticum\ aestivum$ L.、$Triticum\ durum$ L. 或 $Triticum\ tauschii$ L.，英文名 Wheat）是指产自立陶宛，输往中国用于加工的小麦籽实，不作种植用途	每批经检疫合格的输华小麦，立方应依照国际植物检疫措施标准第12号（ISPM 12）出具植物检疫证书，并在附加声明中注明："The consignment is in compliance with requirements described in the Protocol of Phytosanitary Requirements for the Export of wheat from Lithuania to China and is free from the quarantine pests concerned by China."（"该批货物符合'立陶宛小麦输华植物检疫要求议定书'要求，不带中方关注的检疫性有害生物。"）

表4-5 续4

序号	产品	原产国家与地区	产品要求	证书要求
17	甘薯	老挝	输华甘薯[学名 *Ipomoea batatas*（L.）Lam.，英文名 Sweet potato]是指产自老挝，输往中国仅用于加工，不作种植用的甘薯	出口前，老挝农林部（MAF）应对输华甘薯进行检验检疫。符合议定书要求的，出具植物检疫证书，并在附加声明栏注明："The consignment is in compliance with requirements described in the Protocol of Phytosanitary Requirements for xport of sweet potato from Laos to China and is free of soil and the quarantine pests concerned by China."（"该批货物符合'老挝甘薯输华植物检疫要求议定书'列明的要求，不带土壤和中方关注的检疫性有害生物。"）
18	马铃薯	美国（美国华盛顿州、俄勒冈州、爱达荷州）	加工用新鲜马铃薯（*Solanum tuberosum*，以下简称马铃薯）是指输往中国仅用于加工的马铃薯块茎，不作种植用途	对符合议定书要求的货物，USDA 应出具植物检疫证书，并在附加声明中注明"本批货物符合《中华人民共和国海关总署与美利坚合众国农业部关于美国加工用新鲜马铃薯输华植物检疫要求议定书》，不带中方关注的检疫性有害生物。"（"This consignment of fresh potatoes complies with Protocol of Phytosanitary Requirements for Fresh Potato for processing export from the United States of America U.S.A. to the People's Republic of China between USDA and GACC, and does not carry quarantine pests of concern to China."）同时在植物检疫证书的"识别标志"中注明注册的出口商名称和种植企业批号
19	大麦	美国（美国华盛顿州、俄勒冈州、爱达荷州）	输华大麦（学名 *Hordeum vulgare* L.，英文名 Barley）是指产自美国，输往中国仅用于加工，不作种植用途的大麦籽实。输华大麦出口前须按照国际标准进行熏蒸，采用规范的操作程序防止熏蒸剂残留对大麦造成污染，以确保不携带活虫，特别是仓储害虫，并随附含有熏蒸内容的官方植物检疫证书。装运前，运输工具必须经过彻底检查，如发现有害生物或检疫关注物质，在有害生物或检疫关注物质被清除，或者更换的运输工具符合检查要求前，不得装运	USDA 应在大麦出口前对其进行检验检疫，经检疫合格后签发植物检疫证书，并在附加声明中注明："The consignment complies with Protocol of Phytosanitary Requirements for the Export of Barley from U.S.A. to China, and is free from the quarantine pests of concern to China."（"该批货物符合美国大麦输华植物检疫要求议定书规定，不带中方关注的检疫性有害生物。"）证书上还应注明出口企业、出口设施（如仓储企业）名称及熏蒸处理指标

表4-5 续5

序号	产品	原产国家与地区	产品要求	证书要求
20	大豆	坦桑尼亚	大豆（学名：*Glycine max*，英文名：Soybean）是指产自坦桑尼亚，输往中国用于加工的大豆籽实（限非转基因），不作种植用途。输华大豆的出口、仓储企业应当经海关总署注册登记，确保大豆出口、仓储满足中国检验检疫的相关要求。坦方应提前向中方提交出口和仓储企业名单	出口前，坦方相关部门应对输华大豆实施检疫，对符合议定书要求的货物，出具植物检疫证书，并在附加声明栏注明："该批货物符合坦桑尼亚大豆输华植物检疫要求议定书要求，不带中方关注的检疫性有害生物（The consignment complies with Protocol of Phytosanitary Requirements for the Export of soybean from Tanzania to China, and is free from the quarantine pests of concern to China）。"同时注明该批货物出口、仓储企业名称或其代码。对于发现活虫的货物，应在出口前进行熏蒸处理，其熏蒸处理指标应在植物检疫证书上注明
21	高粱	墨西哥	墨西哥输华高粱是指在墨西哥种植和加工的高粱籽实［*Sorghum bicolor*（L.）］	出口前，墨方须对输华高粱进行检验检疫，并对每批符合议定书要求的输华高粱出具植物检疫证书。植物检疫证书中注明应熏蒸处理的温度、时间、药剂等信息，在附加声明栏中应注明："该植物检疫证书所证明的高粱符合中墨双方于2020年10月29日签署的关于墨西哥高粱输华植物检疫要求议定书的规定。"
22	玉米	塞尔维亚	玉米（*Zea mays* L.），是指产自塞尔维亚，输往中国用于加工的玉米籽实，不作种植用途	塞尔维亚农业、林业和水管理部（MAFWM）应在玉米输华前对其实施检验检疫。如果发现活的昆虫，应在出口前或者运输途中对货物实施熏蒸处理。对符合议定书要求的货物，出具植物检疫证书，并在附加声明中用英文注明："The consignment is in compliance with phytosanitary requirements described in the Protocol of maize from Serbia to China between the General Administration of Customs of the People's Republic of China and the Ministry of Agriculture, Forestry and Water Management of the Republic of Serbia, and free from the quarantine pests concerned by China."（"该批货物符合塞尔维亚玉米输华植物检疫要求议定书要求，不带中方关注的检疫性有害生物。"）
23	木薯干	加纳	木薯干（学名：*Manihot esculenta* Crantz，英文名：Tapioca），包括木薯片和木薯粒	出口前，加方应对输华木薯干进行检验检疫。符合议定书要求的，由加方植物检疫部门出具植物检疫证书，并在附加声明栏中注明："The consignment is in compliance with requirements described in the Protocol on Phytosanitary Requirements for the Export of tapioca from Ghana to China and is free of the quarantine pests concerned by China."（"该批货物符合《加纳木薯干输华植物检验检疫要求议定书》要求，不带有中方关注的检疫性有害生物。"）如采取了熏蒸处理，应在植物检疫证书上标明熏蒸药剂、处理时间、温度等技术指标，或者由加方植物检疫部门或认可的第三方机构出具正式熏蒸证书

表4-5 续6

序号	产品	原产国家与地区	产品要求	证书要求
24	木薯干	马达加斯加	木薯块根，学名：*Manihot esculenta* Crantz，英文名：cassava，包括木薯片和木薯粒，以下简称木薯干。出口前，如发现活虫，须在马方植物保护检疫局官方监督下对输华木薯干在装船前实施有效熏蒸处理。运输工具应干净、卫生，并避免运输过程中货物受到污染	马方应对输华木薯干进行检验检疫。符合议定书要求的，由马方植物检疫部门出具植物检疫证书，并在附加声明栏中注明："该批货物符合《马达加斯加木薯干输华植物检验检疫要求议定书》要求，不带有中方关注的检疫性有害生物（The consignment is in compliance with requirements described in the Protocol on Phytosanitary Requirements for the Export of cassava from Madagascar to China and is free of the quarantine pests concerned by China.，或简写为 The consignment is in compliance with the Cassava Protocol between China and Madagascar）。"如采取了熏蒸处理，应在植物检疫证书上标明熏蒸药剂、处理时间、温度等技术指标，或者由马方植物检疫部门或认可的第三方机构出具正式熏蒸证书
25	木薯干	尼日利亚	木薯干	尼日利亚官方部门须对输华木薯干进行检验检疫，合格后出具植物检疫证书，并在证书中注明："该批货物符合中国法律法规要求，不带中方关注的检疫性有害生物和土壤。"
26	木薯干	坦桑尼亚	木薯干（学名 *Manihot esculenta* Crantz，英文名 Tapioca），包括木薯片和木薯粒	坦方应对输华木薯干实施检验检疫。符合议定书要求的，由农业畜牧业渔业部植物健康服务部门（PHS）出具植物检疫证书，并在附加声明栏中注明："该批货物符合《坦桑尼亚木薯干输华植物检验检疫要求议定书》要求，不带有中方关注的检疫性有害生物。（The consignment is in compliance with requirements described in the Protocol on Phytosanitary Requirements for the Export of dry cassava from the United Republic of Tanzania to China and is free of the quarantine pests of concern by China.）"如采取了熏蒸处理，应在植物检疫证书上标明熏蒸药剂、处理时间、温度或者由 PHS 或其认可的企业出具熏蒸处理证书。认可企业出具的熏蒸证书应经 PHS 认证

二、出境粮食

（一）资质要求

1. 出境粮食生产、加工、存放企业注册登记

输入国家（地区）要求中国对向其输出粮食生产、加工、存放企业注册登记的，直属海关负责组织注册登记，并向海关总署备案。办理指南见本书第十五章第四节。

（二）申报要求

粮食的发货人或者其代理人应当按照法律、行政法规和海关总署规定，向储存或者加工企业所在地海关申报，并提供贸易合同、发票、质量合格声明等材料。贸易方式为凭样成交的，还应当提供成交样品。

(三) 产品相关要求

1. 基本要求

出境粮食应符合进口国家（地区）的要求。

2. 运输工具适载检验要求

装运出境粮食的船舶、集装箱等运输工具的承运人、装箱单位或者其代理人，应当在装运前向海关申请清洁、卫生、密固等适载检验（详见本书第十六章第三节"适载检验"部分）。未经检验检疫或者检验检疫不合格的，不得装运。

三、过境粮食

境外粮食需经我国过境的，货主或者其代理人应当提前向海关总署或者主管海关提出申请，提供过境路线、运输方式及管理措施等，由海关总署组织制订过境粮食检验检疫监管方案后，方可依照该方案过境，并接受主管海关的监督管理。过境粮食应当密封运输，杜绝撒漏。未经主管海关批准，不得开拆包装或者卸离运输工具。

第三节 木 材

一、进境木材

（一）资质要求

1. 准入要求

（1）禁止从白蜡树枯梢病发生国家（地区）进口白蜡树属原木、锯材。

①白蜡树枯梢病发生国家（地区）有：波兰、立陶宛、拉脱维亚、瑞典、捷克、德国、丹麦、爱沙尼亚、白俄罗斯、斯洛伐克、罗马尼亚、奥地利、挪威、俄罗斯（加里宁格勒）、斯洛文尼亚、瑞士、芬兰、法国、匈牙利、意大利、克罗地亚、比利时、荷兰、英国、爱尔兰、乌克兰。

②白蜡树枯梢病菌主要寄主植物有：欧洲白蜡（Fraxinus excelsior）、垂枝欧洲白蜡（Fraxinus excelsior Pendula）、窄叶白蜡（Fraxinus angustifolia）、多瑙窄叶白蜡（Fraxinus angustifolia subsp. Danubialis）、花白蜡（Fraxinus ornus）、黑白蜡（Fraxinus nigra）、洋白蜡（Fraxinus pennsylvanica）、美国白蜡（Fraxinus americana）、水曲柳（Fraxinus mandschurica）。

允许进口来自白蜡木枯梢病疫区经过高温长时间加工处理后的白蜡木属板材和木制品。加工处理的指标为板材或木制品去皮，厚度不超过30mm，经过66摄氏度以上持续处理24小时，处理后含水率低于20%。相关产品须随附出口国（地区）所出具的植物检疫证书，并且在证书中注明热处理的温度和时间。来自非疫区的板材须随附原产地证书。

（2）对松材线虫发生国家的松木的要求。

适用国家有加拿大、日本、韩国、墨西哥、葡萄牙、西班牙、美国。

出口前检疫：

①原木：输出国（地区）植物检疫主管部门应对每批输华原木取样进行松材线虫实验室检测，如检出松材线虫，该批原木不得向中国出口；未检出松材线虫的，应在出口前对每批原木使用溴甲烷、硫酰氟实施熏蒸处理，确保杀死天牛等林木有害生物。

②锯材：应对每批出口的锯材实施热处理，以杀死松材线虫、天牛等林木有害生物；未实施热处理的锯材，应取样进行松材线虫实验室检测，如检出松材线虫，该批锯材不得向中国出口；未检出松材线虫的，应在出口前对每批锯材使用溴甲烷、硫酰氟实施熏蒸处理，确保杀死天牛等林木有害生物。

2. 海关指定监管场地

原木应当从进境原木指定监管场地所在口岸进境。"进境原木指定监管场地"详见本节后文。

来自加拿大、日本、韩国、墨西哥、葡萄牙、西班牙、美国的松木从指定口岸进境，具体口岸明细如下。

（1）江苏省：连云港（赣榆港、燕尾港、新东方码头）、南京（龙潭码头、新生圩港）。
（2）浙江省：宁波北仑港、舟山港、温州港、台州港。
（3）福建省：福州港（马尾、江阴）。
（4）山东省：黄岛港、日照港、日照岚山港、董家口港。
（5）广东省：佛山南海三山港、肇庆新港、黄埔港、东莞港、珠海湾仔港、汕头广澳港。

（二）申报要求

1. 基本申报要求

货主或者其代理人应当在木材进境前向进境口岸海关申报，除贸易合同、提单、装箱单、发票等贸易凭证外，并按要求提供以下材料。

（1）输出国家（地区）官方植物检疫证书。

①进口原木植物检疫证书需证明不带有中国关注的检疫性有害生物或双边植物检疫协定中规定的有害生物和土壤；进口原木带有树皮的，应当在输出国家（地区）进行有效的除害处理，并在植物检疫证书中注明除害处理方法、使用药剂、剂量、处理时间和温度；进口原木不带树皮的，应在植物检疫证书中作出声明。

单根原木带树皮表面积不超过5%，且整批原木带树皮表面积不超过2%的，该批原木可视为不带树皮原木。

②对来自加拿大、日本、韩国、墨西哥、葡萄牙、西班牙、美国的松木作以下要求。

实验室检测和熏蒸处理的原木或锯材，植物检疫证书上应注明熏蒸剂种类、持续时间、环境温度和剂量，并在附加声明中标注："This consignment of pine wood has been sampled and tested in laboratory, and Bursaphelenchus xylophilus was not detected."（该批松木已取样进行实验室检测，未检出松材线虫）

出口前实施热处理的锯材，植物检疫证书上应注明热处理的锯材中心温度和持续时间。

（2）原产地证书。

2. 录入要求

进境木材申报时应如实录入货物属性信息。对于带有树皮的木材，"货物属性"应选择"23-带皮木材、板材"；对于不带树皮的木材，"货物属性"栏目应选择"24-不带皮木材、板材"。

（三）产品相关要求

进境木材不得检出《中华人民共和国进境植物检疫性有害生物名录》（详见本书附录2）所列的各类生物。

1. 基本要求

（1）进口原木未附有植物检疫证书的，以及带有树皮但未进行除害处理的，不准入境。
（2）进口原木发现检疫性有害生物的，进口商可进行除害处理。无法作除害处理的需作退运处理。
（3）所有白蜡木属板材或木制品均须在口岸对枯梢病菌进行查验，并对疑似症状取样送实验室鉴定。实验室结果出来前，货物不得放行。如检出白蜡木枯梢病菌，货物作退运或销毁处理。
（4）来自加拿大、日本、韩国、墨西哥、葡萄牙、西班牙、美国的松木需实施检疫，并取样进行松材线虫实验室检测，如检出松材线虫或天牛等活的林木有害生物，该批松木作退回或销毁处理。

2. 其他要求

带树皮的进口原木，在输出国（地区）植物检疫机构不健全或除害处理达不到我国要求的情况下，可以在符合规定的除害处理区或检疫加工区（A类进境原木指定监管场地）进行初加工、深加工或除害处理。经加工或除害处理合格的，可运往我国内地。

来自周边国家（地区）同一生态区的原木，于寒带地区冬季（10月至翌年4月）采伐并在本季节内入境的，经入境口岸检验检疫合格的予以放行；进境后经检疫仍发现检疫性有害生物的，应在指定的除害处理区或检疫加工区（A类进境原木指定监管场地）进行初加工、深加工或进行除害处理。

（四）进境原木指定监管场地

截至2022年1月1日，进境原木指定监管场地共106家，其中进境原木指定监管场地（A类）——除害处理区明细见表4-6，进境原木指定监管场地（A类）——检疫加工区明细见表4-7，进境原木指定监管场地（B类）明细见表4-8。

表4-6 进境原木指定监管场地（A类）——除害处理区明细

序号	直属海关	主管海关（隶属海关）	类型	功能区	指定监管场地名称	场所（场地）编码	所处口岸区域
1	石家庄海关	曹妃甸海关	A类	除害处理区	唐山曹妃甸文丰码头有限公司件杂货码头水路运输类海关监管作业场所	CNCFD040144	曹妃甸港区
2	大连海关	大连长兴岛海关	A类	除害处理区	辽宁长兴岛进境原木指定监管场地	CNDAL09S008	大连长兴岛港区
3	南京海关	太仓海关	A类	除害处理区	太仓港太仓国际码头进境原木指定监管场地	CNTAC230020	太仓港
4		盐城海关	A类	除害处理区	大丰港通用码头进境原木指定监管场地	CNDFG230520	大丰港区
5	福州海关	莆田海关	A类	除害处理区	福建省莆田港口岸秀屿港区进境原木指定监管场地	CNPUT350028	莆田港秀屿港区
6	青岛海关	日照海关	A类	除害处理区	山东岚山进境原木检疫处理区	CNLSN420065	日照港
7		日照海关	A类	除害处理区	山东日照岚桥港进境原木检疫处理区	CNLSN420202	日照港

表4-7 进境原木指定监管场地（A类）——检疫加工区明细

序号	直属海关	主管海关（隶属海关）	类型	功能区	指定监管场地名称	场所（场地）编码	所处口岸区域
1	呼和浩特海关	二连海关	A类	检疫加工区	恒利达货场（828830宽轨线）	CNERC07S015	二连铁路口岸

表4-7 续

序号	直属海关	主管海关（隶属海关）	类型	功能区	指定监管场地名称	场所（场地）编码	所处口岸区域
2	满洲里海关	满洲里车站海关	A类	检疫加工区	中国铁路哈尔滨局集团有限公司满洲里站进境原木指定监管场地（第二机械换装货场）	CNMLX06S008	满洲里铁路口岸
3		满洲里车站海关	A类	检疫加工区	中国铁路哈尔滨局集团有限公司满洲里站进境原木指定监管场地（第三机械换装货场）	CNMLX06S002	满洲里铁路口岸
4		满洲里车站海关	A类	检疫加工区	满洲里四方运输有限责任公司进境原木指定监管场地	CNMLX06S009	满洲里铁路口岸
5		满洲里车站海关	A类	检疫加工区	满洲里铁福经济发展有限责任公司进境原木指定监管场地	CNMLX06S010	满洲里铁路口岸
6	哈尔滨海关	抚远海关	A类	检疫加工区	抚远口岸进境原木指定监管场地	CNFUY19S141	抚远口岸
7		饶河海关	A类	检疫加工区	饶河口岸进境原木指定监管场地	CNROH19S142	饶河口岸
8		绥芬河海关	A类	检疫加工区	绥芬河口岸进境原木指定监管场地	CNSFH19S143	—
9		同江海关	A类	检疫加工区	同江口岸进境原木指定监管场地	CNTOJ19S144	同江西港口岸
10		萝北海关	A类	检疫加工区	萝北口岸进境原木指定监管场地	CNLUB19S145	萝北口岸
11	乌鲁木齐海关	阿拉山口海关	A类	检疫加工区	阿拉山口口岸进境原木指定监管场地	CNALK04S015	阿拉山口口岸

表4-8 进境原木指定监管场地（B类）明细

序号	直属海关	主管海关（隶属海关）	类型	指定监管场地名称	场所（场地）编码	所处口岸区域
1	天津海关	天津新港海关	B类	天津港国际物流发展有限公司进境原木指定监管场地	CNTXG020444	天津新港
2		天津新港海关	B类	天津港集装箱码头有限公司进境原木指定监管场地	CNTXG020443	天津新港
3		天津东疆海关	B类	天津港兴东物流有限公司进境原木指定监管场地	CNDJG02S663	天津东疆港
4		天津东疆海关	B类	天津港太平洋国际集装箱码头有限公司进境原木指定监管场地	CNDJG02S664	天津东疆港

表4-8 续1

序号	直属海关	主管海关（隶属海关）	类型	指定监管场地名称	场所（场地）编码	所处口岸区域
5	大连海关	大窑湾海关	B类	大连集发港口物流有限公司进境原木指定监管场地	CNDYW09S064	大连港大窑湾港区
6		大窑湾海关	B类	大连耐卓木业进境原木指定监管场地	CNDYW09S065	大连港大窑湾港区
7		大东港海关	B类	丹东港进境原木指定监管场地	CNDDG09S005	丹东港大东港区
8	上海海关	外高桥港区海关	B类	上港集团冷链物流有限公司	CNWIG220043	外高桥港区
9		洋山海关	B类	上海洋山港冠东码头进境原木指定监管场地	CNYSA48S055	洋山港区
10		洋山海关	B类	上海洋山港盛东码头进境原木指定监管场地	CNYSA48S056	洋山港区
11		洋山海关	B类	上海洋山港尚东码头进境原木指定监管场地	CNYSA48S057	洋山港区
12		外高桥港区海关	B类	上港物流有限公司浦东分公司查验场站	CNWIG220047	外高桥港区
13		洋山海关	B类	上海洋山港深水港物流进境原木指定监管场地	CNYSA48S053	洋山港区
14	南京海关	连云港海关	B类	连云港新东方集装箱码头进境原木指定监管场地	CNLYG230132	连云港
15		连云港海关	B类	连云港新东方国际货柜码头进境原木指定监管场地	CNLYG230026	连云港
16		连云港海关	B类	新龙港港口进境原木指定监管场地	CNLYG232302	连云港
17		连云港海关	B类	赣榆港新海湾进境原木指定监管场地	CNLYG232303	连云港
18		太仓海关	B类	太仓港万方码头进境原木指定监管场地	CNTAC230009	太仓港
19		太仓海关	B类	太仓港鑫海码头进境原木指定监管场地	CNTAC230052	太仓港
20		太仓海关	B类	太仓港正和国际集装箱码头进境原木指定监管场地	CNTAC230019	太仓港
21		张家港海关	B类	张家港永嘉集装箱码头有限公司进境原木指定监管场地	CNZJG230015	张家港港
22		连云港海关	B类	赣榆港新路带进境原木指定监管场地	CNLYG23S028	赣榆港
23		连云港海关	B类	赣榆港立丰木业进境原木指定监管场地	CNLYG23S029	—
24		张家港海关	B类	张家港港务集团有限公司进境原木指定监管场地	CNZJG230016	张家港港
25		张家港海关	B类	张家港锦隆重件码头有限公司进境原木指定监管场地	CNZJG230032	张家港港
26		张家港海关	B类	张家港永恒码头有限公司进境原木指定监管场地	CNZJG230008	张家港港
27		如皋海关	B类	如皋港苏中国际码头进境原木指定监管场地	CNRUG230041	如皋港
28		常熟海关	B类	常熟港兴华港口进境原木指定监管场地	CNCGS230021	常熟港
29		常熟海关	B类	常熟港长江港务进境原木指定监管场地	CNCGS230011	常熟港
30		常熟海关	B类	常熟港新泰港务进境原木指定监管场地	CNCGS230026	常熟港

表4-8 续2

序号	直属海关	主管海关（隶属海关）	类型	指定监管场地名称	场所（场地）编码	所处口岸区域
31	南京海关	靖江海关	B类	靖江盈利港务有限公司杂散货码头	CNTSI230010	靖江港
32		扬州海关	B类	江都港扬州远扬进境原木指定监管场地	CNYZH230014	江都港
33		扬州海关	B类	扬州港扬州远扬进境原木指定监管场地	CNYZH230011	扬州港
34		常州海关	B类	常州录安洲长江码头有限公司码头	CNCZX230035	常州港
35		常州海关	B类	常州新长江港口有限公司码头	CNCZX230030	常州港
36		镇江海关	B类	镇江港江苏新民洲港务进境原木指定监管场地	CNZHE230013	镇江港
37	杭州海关	湖州海关	B类	浙江海港德清港务有限公司进境原木指定监管场地	CNHZH290315	—
38		嘉兴海关	B类	嘉兴港乍浦港区一二期码头进境原木指定监管场地	CNZPU290257	嘉兴港
39		舟山海关	B类	宁波舟山港金塘大浦口集装箱码头进境原木指定监管场地	CNZOS290310	宁波舟山港
40		湖州海关	B类	安吉上港进境原木指定监管场地	CNHZH290351	—
41	宁波海关	北仑海关	B类	宁波北三集司进境原木指定监管场地	CNNBO310196	宁波北仑港区
42		大榭海关	B类	宁波招商码头进境原木指定监管场地	CNNBO310106	宁波大榭港区
43		梅山海关	B类	宁波梅山码头进境原木指定监管场地	CNNBO310135	宁波梅山港区
44		大榭海关	B类	宁波大亚中创进境原木指定监管场地	CNNBO310205	—
45	厦门海关	东渡海关	B类	厦门集装箱码头集团有限公司海天码头监管场所	CNXAM370226	厦门港
46		海沧海关	B类	海沧保税港区东集中查验区	CNXAM37S250	厦门港
47		海沧海关	B类	海沧保税港区西集中查验区	CNXAM37S251	厦门港
48		海沧海关	B类	厦门远海集装箱码头	CNXAM370224	厦门港
49		海沧海关	B类	达达堆场	CNXAM370243	厦门港
50		海沧海关	B类	海投物流综合监管场	CNXAM370242	厦门港
51		漳州海关	B类	招银港开发区综合码头	CNZZU370230	漳州港
52	青岛海关	董家口海关	B类	山东董家口港进境原木指定监管场地	CNQIN420305	董家口港
53		黄岛海关	B类	山东青岛港国际物流进境原木指定监管场地	CNQGD42S701	青岛港
54		黄岛海关	B类	山东青岛港前湾联合集装箱码头进境原木指定监管场地	CNQGD420057	青岛港
55		蓬莱海关	B类	山东蓬莱港进境原木指定监管场地	CNPLI420077	蓬莱港
56		龙口海关	B类	山东龙口港境原木指定监管场地	CNLKU420306	龙口港
57	济南海关	潍坊海关	B类	潍坊森达美港进境原木指定监管场地	CNWEF431003	潍坊港
58	武汉海关	武汉新港海关	B类	武汉港武港集箱进境原木指定监管场地	CNWHG470034	武汉港
59		武汉新港海关	B类	武汉阳逻港进境原木指定监管场地	CNWHG470003	武汉港

表4-8 续3

序号	直属海关	主管海关（隶属海关）	类型	指定监管场地名称	场所（场地）编码	所处口岸区域
60	广州海关	佛山海关驻顺德办事处	B类	佛山顺德勒流港进境原木指定监管场地	CNSUD510099	佛山顺德勒流港货运码头
61		佛山海关驻顺德办事处	B类	佛山顺德北滘港进境原木指定监管场地	CNBIJ510098	佛山顺德北滘港货运码头
62		佛山海关驻顺德办事处	B类	佛山顺德新港进境原木指定监管场地	CNSUD510222	佛山顺德新港
63		佛山海关驻南海办事处	B类	佛山南海三山港进境原木指定监管场地	CNNHS510088	佛山南海港口岸三山港
64		海珠海关	B类	广州滘心码头进境原木指定监管场地	CNGZG510178	广州滘心码头
65		南沙海关	B类	广州南沙南伟码头进境原木指定监管场地	CNGZG510174	广州南沙南伟码头
66		南沙海关	B类	广州南沙港二期码头进境原木指定监管场地	CNGGZ510121	广州港南沙港区南沙港二期码头
67	深圳海关	蛇口海关	B类	蛇口集装箱码头进境原木指定监管场地	CNSHK530196	蛇口集装箱码头
68		蛇口海关	B类	赤湾集装箱码头进境原木指定监管场地	CNSHK530197	赤湾集装箱码头
69		蛇口海关	B类	妈湾集装箱码头进境原木指定监管场地	CNSHK530905	妈湾集装箱码头
70		大鹏海关	B类	盐田港盐田国际进境原木指定监管场地	CNYTN530200	盐田国际集装箱码头
71		惠州港海关	B类	惠州国际集装箱码头进境原木指定监管场地	CNDAY530195	惠州国际集装箱码头
72	拱北海关	中山港海关	B类	中山港国际货柜码头进境原木指定监管场地	CNZSN570111	中山港国际货柜码头
73		中山港海关	B类	中山市神湾港码头进境原木指定监管场地	CNSNW570119	中山市神湾港码头
74	汕头海关	汕头港海关	B类	汕头国际集装箱码头进境原木指定监管场地	CNSTG601018	汕头市珠池港区
75		广澳海关	B类	汕头港广澳港区进境原木指定监管场地	CNSTG601040	汕头港广澳港区
76	黄埔海关	沙田海关	B类	东莞（国际）货柜码头进境原木指定监管场地	CNHMN521816	虎门港沙田作业区

表4-8 续4

序号	直属海关	主管海关（隶属海关）	类型	指定监管场地名称	场所（场地）编码	所处口岸区域
77	黄埔海关	黄埔老港海关	B类	广州港股份有限公司黄埔港务分公司大码头进境原木指定监管场地	CNGZG520613	广州港黄埔港区
78		黄埔老港海关	B类	广东中外运黄埔仓码头进境原木指定监管场地	CNGGZ521804	广州港黄埔港区
79		黄埔老港海关	B类	广裕码头进境原木指定监管场地	CNGGZ521835	广州港黄埔港区
80		黄埔新港海关	B类	广州集装箱码头进境原木指定监管场地	CNGGZ521813	广州港黄埔港区
81		沙田海关	B类	东莞港集装箱港务有限公司7、8号泊位进境原木指定监管场地	CNHMN521812	虎门港沙田作业区
82		沙田海关	B类	东莞港国际集装箱码头有限公司5、6号泊位进境原木指定监管场地	CNHMN521811	虎门港沙田作业区
83		沙田海关	B类	广东鸿福实业投资有限公司9、10号泊位进境原木指定监管场地	CNHMN522002	虎门港沙田作业区
84	江门海关	外海海关	B类	江门高新港进境原木指定监管场地	CNWIH680061	江门高新港公共码头
85		新会海关	B类	新会港进境原木指定监管场地	CNXIN680007	新会港
86		台山海关	B类	台山公益港进境原木指定监管场地	CNTSG680015	台山公益港码头
87	南宁海关	钦州港海关	B类	广西钦州港大榄坪南作业区进境原木指定监管场地	CNQZH720266	钦州港
88	海口海关	洋浦经济开发区海关	B类	洋浦国际集装箱码头进境原木指定监管场地	CNYPG640090	洋浦港小铲滩码头作业区

二、出境木材

出境木材可按照第四章第六节"其他植物产品"有关要求办理。

第四节 水　果

本节的水果包含新鲜水果、冷冻水果。其中，冷冻水果是指加工后在-18摄氏度以下储存、运输的水果。

一、进境水果

（一）资质要求

1. 准入要求

海关总署对新鲜水果、冷冻水果实施准入制度。输出国家（地区）与我国签订双边协议、议定书的种类，才可进境。

禁止从日本福岛县、群马县、枥木县、茨城县、宫城县、新潟县、长野县、琦玉县、东京都、千叶县 10 个都县进口水果。

《获得我国检验检疫准入的新鲜水果种类及输出国家（地区）名录》和《准予进口冷冻水果种类及输出国家（地区）名录》见本节后文。

2. 果园、包装厂、冷藏库及冷处理设施的注册

向中国出口水果的果园、包装厂、冷藏库及冷处理设施等需经输出国家（地区）官方注册。办理指南见本书第十五章第二节。

登录海关总署动植物检疫司网站（http：//dzs. customs. gov. cn/），点击"企业信息"—"植物产品类"—"水果"，可查询允许进口水果境外注册登记企业名单。

3. 进境动植物检疫审批

海关总署对进境水果实行检疫审批制度。进境水果的进口商应当在签订贸易合同前办理检疫审批手续，取得进境动植物检疫许可。办理指南见本书第十四章第三节。

4. 海关指定监管场地

水果应当从进境水果指定监管场地所在口岸进境。"进境水果指定监管场地名单"详见本节后文。

（二）申报要求

1. 基本申报要求

货主或者其代理人应当在水果入境前或者入境时向海关申报，申报时应当提供贸易合同、提单、发票等凭证，并随附输出国（地区）官方植物检疫证书。

植物检疫证书应当符合以下要求：

（1）植物检疫证书的内容与格式应当符合国际植物检疫措施标准（ISPM）第 12 号《植物检疫证书准则》的要求；

（2）用集装箱运输进境的，植物检疫证书上应注明集装箱号码；

（3）已与我国签订协定（含协议、议定书、备忘录等）的，还应符合相关协定中有关植物检疫证书的要求（详见本节后文"进境水果植物检疫要求"）。

2. 其他申报要求

进口日本水果时，还应随附以下文件：

（1）日本官方出具原产地证明；

（2）日本政府出具的放射性物质检测合格的证明。

3. 录入要求

需在产品资质栏目选取"325-进境动植物产品检疫许可证"，并填写许可证编号等信息。

（三）产品相关要求

1. 进境检验检疫要求

进境水果应当符合以下检验检疫要求：

（1）不得混装或夹带植物检疫证书上未列明的其他水果；

（2）包装箱上须用中文或英文注明水果名称、产地、包装厂名称或代码；

（3）不带有中国禁止进境的检疫性有害生物、土壤及枝、叶等植物残体（《中华人民共和国进境植物检疫性有害生物名录》详见本书附录2）；

（4）有毒有害物质检出量不得超过中国相关安全卫生标准的规定；

（5）输出国（地区）与中国签订有协定（议定书）的，还须符合协定（议定书）的有关要求。

2. 监督管理要求

未完成检验检疫的进境水果，应当存放在海关指定的场所，不得擅自移动、销售、使用。

对于展览用水果，在展览期间，应当接受海关的监督管理，未经海关许可，不得擅自调离、销售、

使用；展览结束后，应当在海关的监督下作退回或销毁处理。

（四）《获得我国检验检疫准入新鲜的水果种类及输出国家（地区）名录》

《获得我国检验检疫准入的新鲜水果种类及输出国家（地区）名录》见表4-9。《准予进口冷冻水果种类及输出（国家）地区名录》见表4-10。

表4-9 获得我国检验检疫准入的新鲜水果种类及输出国家（地区）名录

（截至2022年1月1日）

输出国家（地区）	水果种类
亚洲	
巴基斯坦	芒果（*Mangifera indica*；Mango）、柑橘类［橘（*Citrus reticulata*；Mandarin）、橙（*Citrus sinensis*；Orange）］
朝鲜	蓝靛果（*Lonicera caerulea* L. var. *edulis* Turcz. ex Herd.；Sweetberry honeysuckle）、越橘（*Vaccinium* sp.；Lingonberry）（仅限加工使用）
菲律宾	菠萝（*Ananas comosus*；Pineapple）、香蕉（*Musa* sp.；Banana）、芒果（*Mangifera indica*；Mango）、番木瓜（*Carica papaya*；Papaya）、椰子（*Cocos nucifera* L.；Fresh Young Coconut）、鳄梨（*Persea americana* Mills.；Avocado）
韩国	葡萄（*Vitis vinifera*；Grape）
吉尔吉斯斯坦	樱桃（*Prunus avium*；Cherry）、甜瓜（*Cucumis melo*；Melon）
柬埔寨	香蕉（*Musa supientum*；Banana）、芒果（*Mangifera indica*；Mango）
老挝	香蕉（*Musa supientum*；Banana）、西瓜（*Citrullus lanatus*；Watermelon）、百香果（*Passifloraedulis*）、橘（*Citrus reticulate*；Mandarin）、柚子（*Citrus maxima*；Pomelo）、柠檬（*Citrus limon*；Lemon）
马来西亚	龙眼（*Dimocarpus longan*；longan）、山竹（*Garcinia mangostana*；Mangosteen）、荔枝（*Litchi chinensis*；Litchi）、椰子（*Cocos nucifera*；Coconut）、西瓜（*Citrullus lanatus*；Watermelon）、木瓜（*Carica papaya* L.）、红毛丹（*Nephelium lappaceum*；Rambutan）、菠萝（*Ananas comosus*；Pineapple）
缅甸	龙眼（*Dimocarpus longan*；Longan）、山竹（*Garcinia mangostana*；Mangosteen）、红毛丹（*Nephelium lappaceum*；Rambutan）、荔枝（*Litchi chinensis*；Litchi）、芒果（*Mangifera indica*；Mango）、西瓜（*Citrullus lanatus*；Watermelon）、甜瓜（*Cucumis melo*；Melon）、毛叶枣（*Ziziphus mauritiana*；Indian jujube）
日本	苹果（*Malus domestica*；Apple）、梨（*Pyrus pyrifolia*；Pear）
斯里兰卡	香蕉（*Musa supientum*；Banana）
塔吉克斯坦	樱桃（*Prunus avium*；Cherry）、柠檬（*Citrus limon*；Lemon）
泰国	罗望子（*Tamarindus indica*；Tamarind）、番荔枝（*Annona squamosa*；Sugarapple）、番木瓜（*Carica papaya*；Papaya）、杨桃（*Averrhoa carambola*；Carambola）、番石榴（*Psidium guajava*；Guava）、红毛丹（*Nephelium lappaceum*；Rambutan）莲雾（*Syzygium samarangense*；Rose apple）、菠萝蜜（*Artocarpus heterophyllus*；Jackfruit）、椰色果（*Lansium parasiticum*；Long kong）、菠萝（*Ananas comosus*；Pineapple）、人心果（*Manilkara zapota*；Sapodilla）、香蕉（*Musa* sp.；Banana）、西番莲（*Passiflora caerulea*；Passion fruit）、椰子（*Cocos nucifera*；Coconut）、龙眼（*Dimocarpus longan*；Longan）、榴莲（*Durio zibethinus*；Durian）、芒果（*Mangifera indica*；Mango）、荔枝（*Litchi chinensis*；Litchi）、山竹（*Garcinia mangostana*；Mangosteen）、柑橘［橘（*Citrus reticulata*；Mandarin orange）、橙（*Citrus sinensis*；Orange）、柚（*Citrus maxima*；Pomelo）］
土耳其	樱桃（*Prunus avium*；Cherry）（暂停进口）

表4-9 续1

输出国家（地区）	水果种类
文莱	甜瓜（*Cucumis melo*；Melon）
乌兹别克斯坦	樱桃（*Prunus avium*；Cherry）、甜瓜（*Cucumis melo*；Melon）、石榴（*Punica granatum*；Pomegranate）、柠檬（*Citrus limon*；Lemon）
以色列	柑橘［橙（*Citrus sinensis*；Orange）、柚［*Citrus maxima*；Pomelo（= *Citrus grandis*，议定书异名）］、橘子（*Citrus reticulata*；Mandarin）、柠檬（*Citrus limon*；Lemon）、葡萄柚［*Citrus paradisi*；Grapefruit（= *Citrus paradise*，议定书异名）］］（均为试进口）
印度	芒果（*Mangifera indica*；Mango）、葡萄（*Vitis vinifera*；Grape）
印度尼西亚	香蕉（*Musa nana*；Banana）、龙眼（*Dimocarpus longan*；longan）、山竹（*Garcinia mangostana*；Mangosteen）、蛇皮果（*Salacca zalacca*；Salacca）、火龙果（*Hylocereus costaricensis*、*Hylocereus polyrhizus*、*Hylocereus undatus*；Purple or super Red dragon fruit/ Red dragon fruit/ White dragon fruit）
越南	芒果（*Mangifera indica*；Mango）、龙眼（*Dimocarpus longan*；longan）、香蕉（*Musa* sp.；Banana）、荔枝（*Litchi chinensis*；Litchi）、西瓜（*Citrullus lanatus*；Watermelon）、红毛丹（*Nephelium lappaceum*；Rambutan）、菠萝蜜（*Artocarpus heterophyllus*；Jackfruit）、火龙果（*Hylocereus undatus*；Dragon Fruit/Pitahaya/Pitaya）、山竹（*Garcinia mangostana*；Mangosteen）
中国台湾	香蕉（*Musa* sp.；Banana）、椰子（*Cocos nucifera*；Coconut）、木瓜（*Chaenomeles sinensis*；Pawpaw）、番木瓜（*Carica papaya*；Papaya）、杨桃（*Averrhoa carambola*；Fruit of Carambola）、芒果（*Mangifera indica*；Mango）、番石榴（*Psidium guajava*；Guava）、槟榔（*Areca catechu*；Betel nut）、李（*Prunus salicina*；Plum）、枇杷（*Eriobotrya japonica*；Loguat）、柿子（*Diospyros kaki*；Persimmon）、桃（*Prunus persica*；Peach）、毛叶枣（*Ziziphus mauritiana*；Indian jujube）、梅（*Prunus mume*；Japanese apricot, Mei）、火龙果（*Hylocereus undatus*、*Hylocereus polyrhizus*、*Hylocereus costaricensis*；Dragon Fruit/ Pitahaya/ Pitaya）、哈密瓜（*Cucunmis melo*；Melon, Cantaloupe）、梨（*Pyrus pyrifolia*；Pear）、葡萄（*Vitis vinifera*、*Vitis labrusca* 及其杂交种，主要是巨峰葡萄 *Vitis vinifera* × *Vitis labrusca* na Bailey cv. Kyoho；Grape）、柑橘［橘（*Citrus reticulata*；Mandarin）及其杂交种、柚（*Citrus maxima*；Pomelo）、葡萄柚（*Citrus paradisi*；Grapefruit）、柠檬（*Citrus limon*；Lemon）、橙（*Citrus sinensis*；Orange）］
非洲	
埃及	柑橘类（*Citrus* spp.）；葡萄（*Vitis vinifera*；Grape）；椰枣（*Phoenix dactylifera*；Dates palm）
摩洛哥	柑橘［橙（*Citrus sinensis*；Orange）、橘（*Citrus reticulata*；Mandarin）、克里曼丁桔（*Citrus clementina*；Clementine）、葡萄柚（*Citrus paradisi*；Grapefruit）］
南非	柑橘［橘（*Citrus reticulata*；Mandarin）、橙（*Citrus sinensis*；Orange）、葡萄柚（*Citrus paradisi*；Grapefruit）、柠檬（*Citrus limon*；Lemon）］、葡萄（*Vitis vinifera*；Grape）、苹果（*Malus domestica*；Apple）
赞比亚	蓝莓（*Vaccinium* spp.；Blueberry）
欧洲	
比利时	梨（*Pyrus communis*；Pear）
波兰	苹果（*Malus domestica*；Apple）
法国	苹果（*Malus domestica*；Apple）、猕猴桃（*Actinidia chinensis*, *Actinidia deliciosa*；Kiwi fruit）
荷兰	梨（*Pyrus communis*；Pear）
葡萄牙	葡萄（*Vitis vinifera*；Grape）

表4-9 续2

输出国家（地区）	水果种类
塞浦路斯	柑橘［橙（*Citrus sinensis*；Orange）、柠檬（*Citrus limon*；Lemon）、葡萄柚（*Citrus paradisi*；Grapefruit）、橘橙（*Citrus sinensis* × *Citrus reticulata*；Mandora）］
西班牙	柑橘［橘（*Citrus reticulata*；Mandarin）、橙（*Citrus sinensis*；Orange）、葡萄柚（*Citrus paradisi*；Grapefruit）、柠檬（*Citrus limon*；Lemon）］、桃（*Prunus persica*；Peach）、李（*Prunus salicina*，*Prunus domoestica*；Plum）、葡萄（*Vitis vinifera*；Grape）
希腊	猕猴桃（*Actinidia chinensis*、*Actinidia deliciosa*；Kiwi fruit）
意大利	猕猴桃（*Actinidia chinensis*、*Actinidia deliciosa*；Kiwi fruit）；柑橘［橙（*Citrus sinensis* cv. *Tarocco*, cv. *Sanguinello*, cv. *Moro*；Orange）、柠檬（*Citrus limon* cv. *Femminello comune*；Lemon）］
北美洲	
巴拿马	香蕉（*Musa* sp.；Banana）、菠萝（*Ananas comosus*；Pineapple）
哥斯达黎加	香蕉（*Musa* AAA；Banana）、菠萝（*Ananas comosus*；Pineapple）
加拿大	樱桃（*Prunus avium*；Cherry. 不列颠哥伦比亚省）、蓝莓（*Vaccinium* spp.；Blueberry；不列颠哥伦比亚省）
美国	李（*Prunus salicina*、*Prunus domestica*；Plum。加利福尼亚州）、樱桃（*Prunus avium*；Cherry。华盛顿州、俄勒冈州、加利福尼亚州、爱达荷州）、葡萄（*Vitis vinifera*；Grape。加利福尼亚州）、苹果（*Malus domestica*；Apple）、柑橘类（*Citrus* spp.；加利福尼亚州、佛罗里达州、亚利桑那州、得克萨斯州）、梨（*Pyrus communis*；Pear。加利福尼亚州、华盛顿州、俄勒冈州）、草莓（*Fragaria ananassa*；Strawberry。加利福尼亚州）、油桃（*Prunus persica* var. *nucipersica*；Nectarine。加利福尼亚州）、鳄梨（*Persea americana*；Avocado。加利福尼亚州）、蓝莓（*Vaccinium corymbosum*，*V. virgatum* 及其杂交种；Blueberry）
墨西哥	鳄梨（*Persea americana* Var. Hass；Avocado）、葡萄（*Vitis vinifera*；Grape）、黑莓（*Rubus ulmifolius*；Blackberry）和树莓（*Rubus idaeus*；Raspberry）、蓝莓（*Vaccinium* spp.；Blueberry）、香蕉（*Musa* spp.；Banana）
南美洲	
阿根廷	柑橘［橙（*Citrus sinensis*；Orange）、葡萄柚（*Citrus paradisi*；Grapefruit）、橘（*Citrus reticulata*；Mandarin）及其杂交种、柠檬（*Citrus limon*；Lemon）］、苹果（*Malus domestica*；Apple）、梨（*Pyrus communis*；Pear）、蓝莓（*Vaccinium* spp.；Blueberry）、樱桃（*Prunus avium*；Cherry）、葡萄（*Vitis vinifera* L.；Table grapes）
巴西	甜瓜（*Cucumis melo* L.；Melon）
秘鲁	葡萄（*Vitis vinifera*；Grape）、芒果（*Mangifera indica*；Mango）、柑橘｛葡萄柚［*Citrus paradisi*；Grapefruit（＝*Citrus×paradisii*，议定书异名）］、橘［*Citrus reticulata*；Mandarin（＝*Citrus reticulate*，议定书异名）］及其杂交种，橙（*Citrus sinensis*），莱檬（*Citrus aurantifolia*）和塔西提莱檬（*Citrus latifolia*）｝、鳄梨（*Persea americana*；Avocado）、蓝莓（*Vaccinium* spp.；Blueberry）
厄瓜多尔	香蕉（*Musa* sp.；Banana）、芒果（*Mangifera indica*；Mango）
哥伦比亚	香蕉（*Musa* sp.；Banana）、鳄梨（*Persea americana*；Avocado）
乌拉圭	柑橘类（*Citrus* spp.，柠檬除外）、蓝莓（*Vaccinium* spp.；Blueberry）

表4-9 续3

输出国家（地区）	水果种类
智利	猕猴桃（*Actinidia chinensis*、*Actinidia deliciosa*；Kiwi fruit）、苹果（*Malus domestica*；Apple）、葡萄（*Vitis vinifera*；Grape）、李（*Prunus salicina*，*Prunus domoestica*；Plum）、樱桃（*Prunus avium*；Cherry）、蓝莓（*Vaccinium* spp.；Blueberry）、鳄梨（*Persea americana*；Avocado）、油桃（*Prunus persica* var. *nectarine*；Nectarine）、梨（*Pyrus communis* L.；Pear）、柑橘［橘（*Citrus reticulata* 及其杂交种；Mandarin）、葡萄柚（*Citrus paradisi*；Grapefruit）、橙（*Citrus sinensis*；Orange）和柠檬（*Citrus limon*；Lemon）］
大洋洲	
澳大利亚	柑橘［橙（*Citrus sinensis*；Orange）、橘（*Citrus reticulata*；Mandarin）、柠檬（*Citrus limon*；Lemon）、葡萄柚（*Citrus paradisi*；Grapefruit）、酸橙（*Citrus aurantifolia*、*Citrus latifolia*、*Citrus limonia*；Lime）、橘柚（*Citrus tangelo*）、甜葡萄柚（*Citrus grandis* × *Citrus paradisi*）］、芒果（*Mangifera indica*；Mango）、苹果（*Malus domestica*；Apple。塔斯马尼亚州）、葡萄（*Vitis vinifera*；Grape）、樱桃（*Prunus avium*；Cherry）、核果［油桃（*Prunus persica* var. *nectarine*；Nectarine）、桃（*Prunus persica*；Peach）、李（*Prunus domestica*、*Prunus salicina*；Plum）、杏（*Prunus armeniaca*；Apricot）］
新西兰	柑橘［橘（*Citrus reticulata*、*Citrus deliciosa*、*Citrus unshiu*；Mandarin）、橙（*Citrus sinensis*；Orange）、柠檬（*Citrus limon*、*Citrus meyeri*；Lemon）］、苹果（*Malus domestica*；Apple）、樱桃（*Prunus avium*；Cherry）、葡萄（*Vitis vinifera*；Grape）、猕猴桃（*Actinidia chinensis*、*Actinidia deliciosa*、*Actinidia deliciosa* × *Actinidia chinensis*；Kiwi fruit）、李（*Prunus salicina*、*Prunus domestica*；Plum）、梨（*Pyrus pyrifolia*、*Pyrus communis*；Pear）、梅（*Prunus mume*；Japanese apricot，Mei）、柿子（*Diospyros kaki*；Persimmon）、鳄梨（*Persea americana*；Avocado）

表 4-10 准予进口冷冻水果种类及输出国家（地区）名录

（截至 2020 年 5 月）

冷冻水果种类	输出国家（地区）
冷冻草莓	美国、墨西哥、阿根廷、秘鲁、智利、埃及、摩洛哥、突尼斯、法国、波兰
冷冻穗醋栗	新西兰、法国、波兰
冷冻黑莓	智利、墨西哥
冷冻桑椹	法国、英国
冷冻木莓	塞尔维亚、墨西哥
冷冻榴莲	马来西亚、泰国
冷冻柠檬	越南
冷冻无花果	法国
冷冻樱桃	波兰、美国
冷冻蓝莓	爱沙尼亚、白俄罗斯、拉脱维亚、俄罗斯、法国、立陶宛、乌克兰、瑞典、芬兰、美国、加拿大、智利、阿根廷
冷冻越橘	爱沙尼亚、白俄罗斯、俄罗斯、法国、芬兰、拉脱维亚、瑞典、乌克兰、罗马尼亚
冷冻蔓越莓	美国、加拿大
冷冻香蕉	厄瓜多尔、菲律宾
冷冻芒果	菲律宾

表4-10 续

冷冻水果种类	输出国家（地区）
冷冻菠萝	菲律宾
冷冻鳄梨	肯尼亚

（五）进境水果指定监管场地名单

进境水果指定监管场地名单见表4-11。

表4-11 进境水果指定监管场地名单

（118家，截至2022年1月1日）

序号	关区 直属海关	关区 主管（隶属）海关	指定监管场地名称	场所（场地）海关编码	所在口岸区域
1	北京海关	首都机场海关	首都机场进境水果指定监管场地	CNBJS01S001	首都国际机场
2	北京海关	北京朝阳海关	北京朝阳口岸进境水果查验场地	CNBJS01S004	—
3	天津海关	天津新港海关	天津港国际物流进境水果指定监管场地	CNTXG020444	天津新港
4	天津海关	天津新港海关	天津港强集团进境水果指定监管场地	CNTXG02S608	天津新港
5	天津海关	天津东疆海关	天津东疆港大冷链进境水果指定监管场地	CNDJG02S613	天津新港
6	天津海关	天津东疆海关	天津东疆首农食品进境水果指定监管场地	CNDJG02S614	天津新港
7	天津海关	天津滨海机场海关	天津航空口岸大通关基地进境水果指定监管场地	CNTSN02S665	天津滨海国际机场
8	石家庄海关	秦皇岛海关	河北秦皇岛港进境水果指定监管场地	CNSHP04S007	—
9	石家庄海关	曹妃甸海关	唐山港曹妃甸港区进境水果指定监管场地	CNCFD04S005	唐山港曹妃甸港区
10	太原海关	武宿海关	太原武宿综合保税区进境水果指定监管场地	CNTYU05S111	—
11	大连海关	大窑湾海关	大连港毅都冷链进境水果指定监管场地	CNDYW090083	大连港大窑湾港区
12	大连海关	鲅鱼圈海关	营口港鲅鱼圈港区进境水果指定监管场地	CNBYQ09S001	营口港鲅鱼圈港区
13	大连海关	大连周水子机场海关	大连周水子国际机场进境水果指定监管产地	CNDLC090088	大连周水子国际机场
14	大连海关	大窑湾海关	大连港毅都冷链有限公司进境水果指定监管场地	CNDYW090063	大连港大窑湾港区
15	沈阳海关	沈阳桃仙机场海关	沈阳桃仙国际机场进境水果指定监管场地	CNSHE080027	沈阳桃仙国际机场
16	上海海关	浦东海关	上海外高桥农批进境水果指定监管场地	CNSGH10S050	—
17	上海海关	外高桥港区海关	上海外高桥依飞驰进境水果指定监管场地	CNWIG25S050	—
18	上海海关	外高桥港区海关	上海外高桥畅兴进境水果指定监管场地	CNWIG25S053	—
19	上海海关	青浦海关	上海洋山港西郊国农进境水果指定监管场地	CNQGP22S050	

表4-11 续1

序号	关区 直属海关	关区 主管（隶属）海关	指定监管场地名称	场所（场地）海关编码	所在口岸区域
20	上海海关	洋山海关	上海洋山港深水港物流进境水果指定监管场地	CNYSA48S053	洋山港
21	上海海关	龙吴海关	上海龙吴进境水果指定监管场地	CNLGW09S050	—
22	南京海关	南京禄口机场海关	南京禄口国际机场进境水果指定监管场地	CNNKG230011	南京禄口国际机场
23	南京海关	新生圩海关	南京港龙潭进境水果指定监管场地	CNNJG231010	南京港
24	南京海关	连云港海关	连云港外贸进境水果指定监管场地	CNLYG23S012	—
25	南京海关	连云港海关	连云港雅仕进境水果指定监管场地	CNLYG23S025	—
26	南京海关	太仓海关	苏州现代货箱码头进境水果指定监管场地	CNTAC230013	太仓港
27	南京海关	徐州海关	江苏省徐州市徐州观音国际机场进境水果指定监管场地	CNFAX230004	徐州观音国际机场
28	杭州海关	义乌海关	浙江省义乌市义乌机场进境水果指定监管场地	CNYIU290291	义乌机场
29	杭州海关	温州海关	温州市状元岙进境水果指定监管场地	CNWZO290343	温州港
30	杭州海关	杭州萧山机场海关	杭州萧山国际机场进境水果指定监管场地	CNHGH290077	杭州萧山国际机场
31	杭州海关	舟山海关	舟山市沈家门港区进境水果指定监管场地	CNZOS290347	舟山港
32	杭州海关	台州海关	台州港大麦屿港区进境水果指定监管场地	CNDMY290362	台州港
33	宁波海关	北仑海关	宁波进境水果指定监管场地	CNNBO310203	宁波港
34	宁波海关	宁波机场海关	宁波栎社国际机场进境水果指定监管场地	CNNGB310207	宁波栎社国际机场
35	合肥海关	铜陵海关	安徽铜陵进境水果指定监管场地	CNTOL330111	铜陵港
36	合肥海关	合肥新桥机场海关	合肥新桥国际机场进境水果指定监管场地	CNHFE33S003	合肥新桥国际机场
37	合肥海关	黄山海关	安徽省黄山市黄山屯溪国际机场进境水果指定监管场地	CNTXN33S001	黄山屯溪国际机场
38	福州海关	平潭海关	福建省平潭港口岸金井港区进境水果指定监管场地	CNPTJ350145	平潭港口岸金井港区
39	福州海关	马尾海关	福州港（马尾）进境水果指定监管场地	CNMAW350020	福州港闽江口内港区
40	福州海关	榕城海关	福州港（福清）江阴港区进境水果指定监管场地	CNFZH350042	福州港口岸江阴港区
41	福州海关	福州长乐机场海关	福州长乐国际机场进境水果指定监管场地	CNFOC350172	福州长乐国际机场
42	福州海关	平潭海关	福州港平潭澳前港区进境水果指定监管场地	CNPTJ350186	平潭港口岸澳前港区
43	厦门海关	东渡海关	厦门港同益码头进境水果指定监管场地	CNXAM370227	厦门港

表4-11 续2

序号	关区 直属海关	关区 主管（隶属）海关	指定监管场地名称	场所（场地）海关编码	所在口岸区域
44	厦门海关	厦门邮轮港海关	厦门港国际邮轮码头进境水果指定监管场地	CNXAM370251	厦门港
45	厦门海关	东渡海关	厦门市海天码头进境水果指定监管场地	CNXAM370226	厦门港
46	厦门海关	海沧海关	厦门国际货柜码头进境水果指定监管场地	CNXAM370213	厦门港
47	厦门海关	海沧海关	厦门海润码头进境水果指定监管场地	CNXAM370211	厦门港
48	厦门海关	海沧海关	厦门海沧港嵩屿进境水果指定监管场地	CNXAM370217	厦门港
49	厦门海关	海沧海关	厦门海沧港远海进境水果指定监管场地	CNXAM370224	厦门港
50	厦门海关	厦门机场海关	厦门高崎机场厦航进境水果指定监管场地	CNXAM370220	厦门高崎国际机场
51	厦门海关	厦门机场海关	厦门高崎机场元翔进境水果指定监管场地	CNXAM370218	厦门高崎国际机场
52	青岛海关	即墨海关	青岛港东方鼎信进境水果指定监管场地	CNJMO42S501	—
53	青岛海关	黄岛海关	青岛港怡之航进境水果指定监管场地	CNQGD42S103	—
54	青岛海关	青岛流亭机场海关	青岛胶东国际机场进境水果指定监管场地	CNTAO420321	青岛胶东国际机场
55	济南海关	济南机场海关	济南遥墙机场进境水果指定监管场地	CNTNA430201	济南遥墙国际机场
56	郑州海关	郑州机场海关	郑州新郑国际机场进境水果指定监管场地	CNCGO460043	郑州新郑国际机场
57	武汉海关	武汉天河机场海关	武汉天河国际机场进境水果指定监管场地	CNWUH470061	武汉天河国际机场
58	长沙海关	长沙黄花机场海关	湖南长沙黄花国际机场进境水果指定监管场地	CNCSX491014 CNCSX491067	长沙黄花国际机场
59	长沙海关	张家界海关	湖南张家界荷花国际机场进境水果指定监管场地	CNDYG491052	张家界荷花国际机场
60	广州海关	广州白云机场海关	广州白云机场新运进境水果指定监管场地	CNCAN51S004	广州白云国际机场
61	广州海关	南沙海关	广州市南沙港海港集装箱码头进境水果指定监管地	CNGGZ510121	广州港口岸南沙港区南沙港二期码头
62	广州海关	佛山海关驻顺德办事处	顺德北滘港进境水果指定监管场地	CNBIJ510098	佛山顺德北滘港货运码头
63	广州海关	佛山海关驻南海办事处	南海九江码头进境水果指定监管场地	CNJUJ510090	佛山南海九江码头
64	广州海关	佛山海关驻南海办事处	南海三山港进境水果指定监管场地	CNNHS510088	佛山南海港口岸三山港
65	广州海关	佛山海关驻高明办事处	高明珠江码头进境水果指定监管场地	CNGOM510118	佛山高明珠江码头
66	广州海关	南沙海关	广东省广州市南沙港海新进境水果指定监管场地	CNNSA510223	—

表4-11 续3

序号	关区 直属海关	关区 主管（隶属）海关	指定监管场地名称	场所（场地）海关编码	所在口岸区域
67	深圳海关	深圳宝安机场海关	深圳宝安国际机场进境水果指定监管场地	CNSZX530124	深圳宝安国际机场
68	深圳海关	文锦渡海关	文锦渡口岸进境水果指定监管场地	CNSNZ53S008	文锦渡（公路）
69	深圳海关	深圳湾海关	深圳湾口岸进境水果指定监管场地	CNSNZ53S004	深圳湾（公路）
70	深圳海关	大铲湾海关	大铲湾口岸进境水果指定监管场地	CNSNZ530198	大铲湾港
71	深圳海关	大鹏海关	盐田集装箱码头进境水果指定监管场地	CNYTN530200	盐田港
72	深圳海关	蛇口海关	蛇口集装箱码头进境水果指定监管场地	CNSHK530196	蛇口港
73	深圳海关	蛇口海关	赤湾集装箱码头进境水果指定监管场地	CNSHK530197	赤湾港
74	深圳海关	蛇口海关	妈湾集装箱码头进境水果指定监管场地	CNSHK530905	妈湾港
75	拱北海关	中山港海关	中山神湾码头进境水果指定监管场地	CNSNW570119	中山港神湾港区
76	拱北海关	斗门海关	斗门新环码头进境水果指定监管场地	CNDOU570123	新环码头（原二类口岸装卸点）
77	拱北海关	横琴海关	横琴口岸进境水果指定监管场地	CNHGQ570126	横琴（公路）
78	拱北海关	高栏海关	高栏国际货柜码头进境水果指定监管场地	CNZUH570142	珠海港
79	汕头海关	汕头港海关	汕头国集码头进境水果指定监管场地	CNSTG601018	汕头港
80	汕头海关	广澳海关	汕头广澳港区进境水果指定监管场地	CNSTG601040	汕头港
81	汕头海关	潮汕机场海关	揭阳潮汕机场进境水果指定监管场地	CNSTG601055	揭阳潮汕国际机场
82	黄埔海关	新港海关	黄埔东江口码头进境水果指定监管场地	CNGGZ521819	广州港黄埔港区
83	黄埔海关	沙田海关	东莞（国际）货柜进境水果指定监管场地	CNHMN521816	虎门港沙田作业区
84	黄埔海关	沙田海关	东莞港进境水果指定监管场地	CNHMN521812	虎门港沙田作业区
85	江门海关	高沙海关	高沙国际货柜码头进境水果指定监管场地	CNGSH680001	高沙国际货柜码头
86	湛江海关	霞山海关	湛江港宝满港区集装箱码头进境水果指定监管场地	CNZNG670119	湛江港
87	南宁海关	友谊关海关	凭祥友谊关口岸进境水果指定监管场地	CNYYG72S028	友谊关（公路）
88	南宁海关	友谊关海关	凭祥浦寨进境水果指定监管场地	CNYYG720130	友谊关（公路）
89	南宁海关	桂林海关	桂林两江国际机场进境水果指定监管场地	CNKWL720117	桂林两江国际机场
90	南宁海关	防城海关	广西防城港进境水果指定监管场地	CNFAN720139	防城港
91	南宁海关	东兴海关	广西东兴口岸进境水果指定监管场地	CNDOX720060	东兴（公路）
92	南宁海关	龙邦海关	广西龙邦口岸进境水果指定监管场地	CNLGB720148	龙邦（公路）
93	南宁海关	水口海关	广西水口口岸进境水果指定监管场地	CNSKO720127	水口（公路）
94	南宁海关	友谊关海关	广西凭祥弄尧通道进境水果指定监管场地	CNYYG722008	友谊关（公路）
95	南宁海关	凭祥海关	广西凭祥（铁路）口岸进境水果指定监管场地	CNPIN720151	凭祥（铁路）
96	南宁海关	东兴海关	东兴公路口岸（北仑河二桥）进境水果指定监管场地	CNDOX720259	东兴（公路）

表4-11　续4

序号	关区 直属海关	关区 主管（隶属）海关	指定监管场地名称	场所（场地）海关编码	所在口岸区域
97	南宁海关	钦州港海关	钦州港口岸大榄坪南作业区进境水果指定监管场地	CNQZH720266	钦州港
98	海口海关	八所海关	海南八所港进境水果指定监管场地	CNBSP640055	八所港
99	海口海关	洋浦经济开发区海关	洋浦国际集装箱码头进境水果指定监管场地	CNYPG640090	洋浦港
100	重庆海关	重庆江北机场海关	重庆江北国际机场进境水果指定监管场地	CNCKG800032	重庆江北国际机场
101	重庆海关	重庆港海关	重庆寸滩港进境水果指定监管场地	CNCHQ80S002	重庆港
102	成都海关	成都双流机场海关	成都双流国际机场进境水果指定监管场地	CNCDU790046	成都双流国际机场
103	昆明海关	昆明长水机场海关	昆明长水机场东航进境水果指定监管场地	CNKMG860170	昆明长水国际机场
104	昆明海关	昆明长水机场海关	昆明长水机场云南空港进境水果指定监管场地	CMKMG860168	昆明长水国际机场
105	昆明海关	河口海关	云南河口口岸进境水果指定监管场地	CNHKM860139	河口（公路）
106	昆明海关	天保海关	云南天保口岸进境水果指定监管场地	CNTBO860167	天保（公路）
107	昆明海关	打洛海关	云南打洛口岸进境水果指定监管场地	CNDLO860182	打洛（公路）
108	昆明海关	勐腊海关	云南磨憨口岸进境水果指定监管场地	CNMHN860136	磨憨（公路）
109	昆明海关	章凤海关	云南章凤口岸进境水果指定监管场地	CNZHF860149	章凤（原二类口岸）
110	昆明海关	畹町海关	瑞丽畹町口岸进境水果指定监管场地	CNWAN86S007	—
111	昆明海关	腾冲海关	腾冲市猴桥口岸进境水果指定监管场地	CNTCH86S002	—
112	西安海关	西安咸阳机场海关	西安咸阳国际机场进境水果指定监管场地	CNSIA900027	西安咸阳国际机场
113	兰州海关	兰州中川机场海关	兰州中川机场进境水果指定监管场地	CNLHW950021	兰州中川国际机场
114	乌鲁木齐海关	伊尔克什坦海关	新疆伊尔克什坦进境水果指定监管场地	CNYRK940165	伊尔克什坦（公路）
115	乌鲁木齐海关	霍尔果斯海关	新疆霍尔果斯进境水果指定监管场地	CNHRS940103	霍尔果斯（公路、铁路）
116	乌鲁木齐海关	阿拉山口海关	新疆阿拉山口进境水果指定监管场地	CNAKL04S008	阿拉山口（公路、铁路）
117	乌鲁木齐海关	乌鲁木齐地窝堡机场海关	乌鲁木齐机场进境水果指定监管场地	CNURC940036	乌鲁木齐地窝堡国际机场
118	乌鲁木齐海关	红其拉甫海关	红其拉甫进境水果指定监管场地	CNKJP940143	红其拉甫（公路）

（六）进境水果植物检疫要求

进境水果植物检疫要求见表4-12。

表4-12 进境水果植物检疫要求

（截至2022年1月1日）

序号	产品	原产国家（地区）	产品要求	证书要求
1	鲜食蓝莓	阿根廷	鲜食蓝莓，学名 *Vaccinium* L.，英文名 Blueberry	1. 经检疫合格的，阿根廷农牧渔业部下属的国家农业食品卫生质量局（SENASA）签发植物检疫证书，并在附加声明中注明："该批蓝莓符合《阿根廷共和国鲜食蓝莓输往中华人民共和国植物检疫要求的议定书》，不带中方关注的检疫性有害生物。"（"THIS CONSIGNMENT OF BLUEBERRIES COMPLIES WITH THE PROTOCOL OF PHYTOSANITARY REQUIREMENTS FOR THE EXPORT OF FRESH BLUEBERRIES FROM THE ARGENTINE REPUBLIC TO THE PEOPLE'S REPUBLIC OF CHINA, AND IS FREE FROM ANY QUARANTINE PESTS OF CONCERN TO CHINA."） 2. 对于实施出口前检疫处理的，应在植物检疫证书上注明处理温度、剂量（熏蒸处理）、持续时间及处理设施名称或编号、集装箱号码等。对于实施运输途中冷处理的，应在植物检疫证书上注明冷处理的温度、处理时间、集装箱号码及封识号码等
2	樱桃	阿根廷	鲜食樱桃，学名 *Prunus avium*，英文名 Cherry	1. 经检疫合格的，阿根廷农牧渔业部下属的国家农业食品卫生质量局签发植物检疫证书，并在附加声明中注明："该批樱桃符合《阿根廷鲜食樱桃输华植物检疫要求的议定书》，不带中方关注的检疫性有害生物。"（"THIS CONSIGNMENT OF CHERRIES COMPLIES WITH THE PROTOCOL OF PHYTOSANITARY REQUIREMENTS FOR EXPORT OF ARGENTINE FRESH CHERRIES TO CHINA, AND IS FREE FROM ANY QUARANTINE PESTS OF CONCERN TO CHINA."） 2. 对于实施出口前冷处理的，应在植物检疫证书上注明冷处理的温度、持续时间及处理设施名称或编号等。对于实施运输途中冷处理的，应在植物检疫证书上注明冷处理的温度、处理时间、集装箱号码及封识号码等
3	鲜食葡萄	阿根廷	鲜食葡萄，学名 *Vitis vinifera* L.，英文名 Table Grapes	1. 经检疫合格的，由阿根廷农牧渔业部下属的国家农业食品卫生质量局签发植物检疫证书，注明集装箱号码和封识号，并填写以下附加声明："The consignment complies with the Protocol of Phytosanitary Requirements for the Export of Table Grapes from the Argentine Republic to the People's Republic of China, and is free of any quarantine pests of concern to China."（"该批货物符合阿根廷共和国鲜食葡萄输往中华人民共和国植物检疫要求的议定书，不带中华人民共和国关注的检疫性有害生物。"） 2. 对于实施出口前冷处理的，应在植物检疫证书上注明冷处理的温度、持续时间及处理设施名称或编号等。对于运输途中冷处理的，应在植物检疫证书上注明冷处理的温度、处理时间、集装箱号码及封识编号等。 3. 该植物检疫证书的内容和格式应按照《国际植物保护公约》（IPPC）指南填写

表4-12 续1

序号	产品	原产国家（地区）	产品要求	证书要求
4	鲜食柑橘	阿根廷	鲜食柑橘，包括橘及其杂交种（Citrus reticulata and its hybrids）、橙（Citrus sinensis）、葡萄柚（Citrus paradisi）及柠檬（Citrus limon）	1. 经检疫合格的，阿根廷农牧渔业部下属的国家农业食品卫生质量局签发植物检疫证书，并在附加声明中注明："THIS CONSIGNMETN OF CITRUS COMPLIES WITH REQUIREMENTS SPECIFIED IN THE PROTOCOL OF PHYTOSANITARY REQUIREMENTS FOR EXPORT OF ARGENTINE FRESH CITRUS FRUITS TO CHINA, AND IS FREE FROM ANY QUARANTINE PESTS OF CONCERN TO CHINA."（"该批柑橘符合"阿根廷鲜食柑橘输华植物检疫要求议定书"列明的要求，不带中方关注的检疫性有害生物。"） 2. 应在植物检疫证书上注明冷处理的温度、处理时间、集装箱号码及封识编号等。柑橘到达中国入境口岸时，海关核查冷处理报告、果温探针校正记录等
5	水果（途经第三国转运输华的海空联运）	智利	采用海空联运方式进境的智利鲜食水果指获得中国检疫准入的水果	智方按照相关议定书要求对输华水果进行检疫、出具植物检疫证书，并在证书上注明托盘识别码
6	水果（冷藏船运输）	智利	采用冷藏船运输方式进境的智利水果指获得中国检疫准入的水果	每个船舱内所装载的水果托盘信息应在植物检疫证书及其附件上注明。智利农牧局按照议定书要求对输华水果进行检疫、出具植物检疫证书。植物检疫证书附加声明内标注冷藏船运输方式（Chartered reefer ships）、运输路线、船舱号和托盘号
7	鲜梨	智利［智利科金博（Coquimbo）］第4区域到阿劳卡尼亚（Araucania）第9区域的地区，包括首都区（Metropolitan Region，MR）	智利鲜梨，学名Pyrus communis L.，英文名Pear。	1. 经检疫合格的，智利共和国农业部下属的农牧局（SAG）签发植物检疫证书，并在附加声明中注明："该批货物符合智利鲜梨输往中国植物检疫要求的议定书，不带有中方关注的检疫性有害生物。"（"This consignment is in compliance with the requirements specified in the Protocol of Phytosanitary Requirements for Chilean Fresh Pear Exports to China and is free from quarantine pests of concern to China."） 2. 对于出口前实施冷处理的，应在植物检疫证书上注明处理温度、持续时间以及完成该处理设施的SAG批准代码。对于在运输途中实施冷处理的，应在植物检疫证书中注明"Cold treatment in transit（运输途中冷处理）"，以及处理温度、持续时间、集装箱号和封识号
8	鲜食蓝莓	智利（智利第3区至第11区和第14区及首都区）	新鲜蓝莓果实，学名Vaccinium L.，英文名Blueberry	1. 经检疫合格的，智利共和国农业部下属的农牧局（SAG）签发植物检疫证书，并在附加声明中注明："This batch of blueberries complies with the Protocol of Phytosanitary Requirements for Export of Chilean Fresh Blueberries to China between the Chilean Ministry of Agriculture and the General Administration for Quality Supervision, Inspection and Quarantine of the People's Republic of China. It is free from any quarantine pests of concern to China."（"该批蓝莓符合'中华人民共和国国家质量监督检验检疫总局与智利共和国农业部关于智利鲜食蓝莓输往中国植物检疫要求议定书'列明的要求，不带中方关注的检疫性有害生物。"） 2. 对于实施出口前冷处理的，应在植物检疫证书上注明冷处理的温度、持续时间及处理设施名称或编号、集装箱号码等。对于实施运输途中冷处理的，应在植物检疫证书上注明冷处理的温度、处理时间、集装箱号码及封识号码等

表4-12 续2

序号	产品	原产国家（地区）	产品要求	证书要求
9	浆果（陆空联运）	墨西哥	浆果，包括已经获得中国检疫准入的黑莓、树莓和蓝莓	1. 墨西哥国家食品卫生、安全和质量服务局（SENASICA）按照议定书要求对输华浆果进行检疫、出具植物检疫证书，并在证书附加声明内标注"陆空联运"方式（Land-Air Modality）、运输路线及托盘的编号。 2. 植物检疫证书需同时符合《质检总局关于进口墨西哥鲜食黑莓和树莓植物检验检疫要求的公告》（国家质检总局公告2014年第134号）、《质检总局关于出口新西兰葡萄及进口新西兰苹果、墨西哥蓝莓、秘鲁蓝莓、智利油桃、埃及葡萄植物检验检疫要求的公告》（国家质检总局公告2017年第1号）的相关规定
10	浆果（陆海联运）	墨西哥	采用陆海联运方式进境的墨西哥浆果，包括已经获得中国检疫准入的黑莓、树莓和蓝莓	1. 墨西哥国家食品卫生、安全和质量服务局（SENASICA）代表墨西哥合众国农业和农村发展部，按照议定书要求对输华浆果进行检疫并出具植物检疫证书，证书中应附加声明该货物通过"Land-Sea Modality"（陆海联运）方式运输，并标注运输路线及托盘的编号。 2. 植物检疫证书需同时符合《质检总局关于进口墨西哥鲜食黑莓和树莓植物检验检疫要求的公告》（国家质检总局公告2014年第134号）、《质检总局关于出口新西兰葡萄及进口新西兰苹果、墨西哥蓝莓、秘鲁蓝莓、智利油桃、埃及葡萄植物检验检疫要求的公告》（国家质检总局公告2017年第1号）的相关规定
11	香蕉	墨西哥	墨西哥香蕉，学名 *Musa* spp.，英文名 Banana	1. 经检疫合格的，墨西哥国家食品卫生、安全和质量服务局出具植物检疫证书，注明集装箱号码，并填写以下附加声明："The consignment is in compliance with requirements established in the Protocol of Phytosanitary Requirements for the Export of Bananas from Mexico to China, and is free of soil and the quarantine pests concerned by China."（"该批货物符合墨西哥香蕉输华植物检验检疫要求议定书规定，不带土壤和中方关注的检疫性有害生物。"）
12	柠檬	塔吉克斯坦（塔吉克斯坦柠檬产区）	柠檬，学名 *Citrus-limon*，英文名 Lemon	经检疫合格的柠檬，由塔吉克斯坦共和国粮食安全委员会授权机构签发植物检疫证书，并在附加声明中注明："该批柠檬符合《塔吉克斯坦共和国粮食安全委员会与中华人民共和国海关总署关于塔吉克斯坦柠檬输往中国植物检疫要求的议定书》，不带中方关注的检疫性有害生物。"（"This batch of lemons complies with the Protocol on phytosanitary requirements for the export of fruit-lemon from the Republic of Tajikistan to the People's Republic of China between the Committee for Food Security under the Government of the Republic of Tajikistan and the General Administration of Customs of the People's Republic of China, and is free from any quarantine pest of China's concern"）
13	樱桃	塔吉克斯坦	鲜食樱桃，学名 *Prunus avium*，英文名 Fresh Cherry	经检验检疫合格的，塔方应出具植物检疫证书。如在出口前进行检疫除害处理的，应在植物检疫证书上注明处理方法和技术指标
14	芒果	印度	芒果	印方出具官方植物检疫证书，并在证书的附加声明中注明："该植物检疫证书所证明的芒果符合中国和印度2003年6月23日签署的'关于印度芒果输华植物卫生条件的议定书'要求。"

表4-12 续3

序号	产品	原产国家（地区）	产品要求	证书要求
15	鲜食蓝莓	乌拉圭	鲜食蓝莓，学名 *Vaccinium* L.，英文名 Blueberry	1. 经检疫合格的，乌拉圭东岸共和国农牧渔业部（MGAP）签发植物检疫证书，注明集装箱号码，并填写以下附加声明："该批蓝莓符合《乌拉圭鲜食蓝莓输往中国植物检疫要求的议定书》，不带中方关注的检疫性有害生物。"（"THIS BATCH OF BLUEBERRIES COMPLIES WITH THE PROTOCOL OF PHYTOSANITARY REQUIREMENTS FOR EXPORT OF URUGUAYAN FRESH BLUEBERRIES TO CHINA. IT IS FREE FROM ANY QUARANTINE PESTS CONCERNED TO CHINA."）对于出口前实施检疫处理的，应在植物检疫证书上注明检疫处理方式、处理温度、持续时间及处理设施名称或编号等信息。对于在运输途中实施冷处理的，应在植物检疫证书上注明冷处理的温度、处理时间、集装箱号码及封识号码等
16	鲜食甜瓜	吉尔吉斯斯坦[出口中国的甜瓜须来自甜瓜迷实蝇（Caromya pardalina）的非疫产区]	鲜食甜瓜，学名 *Cucumis melo* L.，英文名 Melon	1. 对检疫合格的，吉尔吉斯共和国农业、食品工业和土壤改良部（MAFIM）应出具植物检疫证书，注明集装箱号码，并填写以下附加声明："该批甜瓜符合《吉尔吉斯斯坦鲜食甜瓜输华植物检疫要求的议定书》，不带中方关注的检疫性有害生物。"（"THIS CONSIGNMENT OF MELONS COMPLIES WITH THE PROTOCOL OF PHYTOSANITARY REQUIREMENTS FOR THE EXPORT OF FRESH MELON FROM THE KYRGYZ REPUBLIC TO THE PEOPLE'S REPUBLIC OF CHINA, AND IS FREE FROM ANY QUARANTINE PESTS OF CONCERN TO CHINA."） 2. 植物检疫证书的内容和格式应符合国际植物检疫措施第12号标准要求
17	香蕉	柬埔寨	香蕉，学名 *Musa supientum*，英文名 Banana。柬埔寨输华香蕉限定为开花后10~11周内采收的未成熟青香蕉，任何成熟香蕉或果皮开裂的香蕉不得向中国出口	经检疫合格的，柬埔寨王国农林渔业部需按国际植物检疫措施第12号标准出具植物检疫证书，注明集装箱号码、包装厂的名称或注册号码，并填写以下附加声明："该批货物符合《柬埔寨香蕉输华植物检验检疫要求议定书》的规定，不带中方关注的检疫性有害生物。"（"The consignment accords with the Protocol of Phytosanitary Requirements for the export of bananas from Cambodia to China and free of quarantine pests concern to China."）
18	柑橘	南非	采用冷藏船运输方式进境的南非柑橘	南非共和国农林渔业部按照议定书要求对输华柑橘进行检疫、出具植物检疫证书。植物检疫证书附加声明内标注冷藏船运输方式（Chartered reefer ships）、运输路线（南非离境港口到中国进境港口）、冷处理温度、持续时间、船舱号、封识号和托盘号
19	鲜食菠萝	巴拿马（巴拿马菠萝产区）	鲜食菠萝，学名 *Ananas comosus*，英文名 Pineapple	经检疫合格的，巴拿马共和国农业发展部（MIDA）签发植物检疫证书，注明集装箱和封识号，并填写以下附加声明："该批货物符合《巴拿马鲜食菠萝输华植物检疫要求的议定书》的规定，不携带中方关注的检疫性有害生物。"（"The consignment is in compliance with regulations described in the PROTOCOL OF PHYTOSANITARY REQUIREMENTS FOR THE EXPORT OF FRESH PINEAPPLES FROM PANAMA TO CHINA, and is free from the quarantine pests of concern to China."）

表4-12 续4

序号	产品	原产国家（地区）	产品要求	证书要求
20	鲜食柑橘	意大利（意大利柑橘产区）	鲜食柑橘，种类包括产自意大利的甜橙（Citrus sinensis）中的血橙品种（包括 cv. Tarocco, cv. Sanguinello 和 cv. Moro）和柠檬（Citrus limon cv. Femminello comune）	1. 经检疫合格的，意大利共和国农业、食品、林业政策与旅游部（MIPAAFT）或其授权人员签发植物检疫证书，注明集装箱号码、封识号码、果园、包装厂名称或注册号，并填写以下附加声明："该批柑橘符合《意大利鲜柑橘输华植物检疫要求的议定书》，不带中方关注的检疫性有害生物。"（"This lot of citrus fruit complies with the Protocol on the phytosanitary requirements for the exports of fresh citrus fruits from Italy to China and it carries no quarantine pests indicated by the Chinese Party."） 2. 对于实施出口前检疫处理的，应在植物检疫证书上注明检疫处理方式、处理温度、持续时间及处理设施名称或编号等信息。对于实施运输途中冷处理的，应在植物检疫证书上注明冷处理的温度、处理时间、集装箱号码及封识号码等
21	鲜食葡萄	西班牙	西班牙鲜食葡萄	1. 经检疫合格的葡萄，由西班牙王国农业、渔业和食品部签发植物检疫证书，注明集装箱号码，并填写以下附加声明："该批葡萄符合《中华人民共和国海关总署与西班牙王国农业、渔业和食品部关于西班牙鲜食葡萄输华植物检疫要求的议定书》，不带中方关注的检疫性有害生物。"（"THIS BATCH OF GRAPES COMPLIES WITH THE PROTOCOL OF PHYTOSANITARY REQUIREMENTS FOR EXPORT OF SPANISH FRESH TABLE GRAPES TO CHINA BETWEEN GENERAL ADMINISTRATION OF CUSTOMS Of THE PEOPLE'S REPUBLIC OF CHINA And MINISTRY OF AGRICULTURE, FISHERIES AND FOOD OF THE KINGDOM OF SPAIN. IT IS FREE FROM ANY QUARANTINE PESTS CONCERNED TO CHINA."） 2. 对于出口前实施检疫处理的，应在植物检疫证书上注明检疫处理方式、处理温度、持续时间及处理设施名称或编号等信息。对于在运输途中实施冷处理的，应在植物检疫证书上注明冷处理的温度、处理时间、集装箱号码及封识号码等
22	新鲜椰子	菲律宾［菲律宾棉兰老岛（Mindanao islands）及雷伊泰岛（Leyte islands）椰子产区］	新鲜椰子，学名 Cocos nucifera L.，英文名 Fresh Young Coconuts，是指从开花到收获时间为8至9个月，并完全去除果皮和果柄的椰子	经检疫合格的椰子，菲律宾共和国农业部（DA）签发植物检疫证书，注明集装箱号码，并填写以下附加声明："该批椰子符合《关于菲律宾新鲜椰子输华植物检疫要求的议定书》，不带中方关注的检疫性有害生物。"（"This consignment of fresh young coconuts conform to the Protocol of Phytosanitary Requirements for the Export of Fresh Young Coconuts from Philippines to China, and will not carry quarantine pests concerned by China."）
23	西瓜	老挝（老挝西瓜产区）	鲜食西瓜，学名 Citrullus lanatus Matsum et Nakai，英文名 Watermelon	经检疫合格的西瓜，老挝人民民主共和国农林部（MAF）签发植物检疫证书，注明果园及包装厂的备案代码，并填写以下附加声明："The consignment is in compliance with requirements described in the Protocol on Phytosanitary Requirements for the Export of Watermelon from Laos to China and is free of soil and the quarantine pests concerned by China."（"该批西瓜符合'老挝西瓜输华植物检验检疫要求议定书'的规定，不带中方关注的检疫性有害生物。"）

表4-12 续5

序号	产品	原产国家（地区）	产品要求	证书要求
24	山竹	越南（越南山竹产区）	山竹，学名 *Garcinia mangostana* L.，英文名 Mangosteen	经检疫合格的山竹，越南农业与农村发展部（MARD）或其授权人员签发植物检疫证书，注明运输工具号码，并在附加声明中注明："该批山竹符合《越南山竹输往中国检验检疫要求的议定书》的规定，不带中方关注的检疫性有害生物。"（"The consignment complies with the requirements described in the Protocol of Phytosanitary Requirements for the Export of Mangosteen from Vietnam to China and is free from the quarantine pests of concern to China."）
25	鲜食葡萄	葡萄牙（葡萄牙葡萄产区）	鲜食葡萄，学名 *Vitis vinifera* L.，英文名 Table Grapes	1. 经检疫合格的，葡萄牙共和国农业、林业与农村发展部（MAFDR）出具植物检疫证书，注明集装箱号码，并填写以下附加声明："该批葡萄符合《中华人民共和国海关总署与葡萄牙农业、林业与农村发展部关于葡萄牙鲜食葡萄输往中国植物检疫要求的议定书》，不带中方关注的检疫性有害生物。"（"THIS BATCH OF GRAPES COMPLIES WITH THE PROTOCOL OF PHYTOSANITARY REQUIREMENTS FOR EXPORT OF PORTUGUESE TABLE GRAPES TO THE PEOPLE'S REPUBLIC OF CHINA BETWEEN GENERAL ADMINISTRATION OF CUSTOMS OF THE PEOPLE'S REPUBLIC OF CHINA AND THE MINISTRY OF AGRICULTURE, FORESTRY AND RURAL DEVELOPMENT OF PORTUGAL, AND IS FREE FROM ANY QUARANTINE PESTS CONCERNED TO THE PEOPLE'S REPUBLIC OF CHINA."） 2. 对于实施出口前检疫处理的，应在植物检疫证书上注明检疫处理方式、处理温度、持续时间及处理设施名称或编号等信息。对于实施运输途中冷处理的，应在植物检疫证书上注明冷处理的温度、处理时间、集装箱号码及封识号码等
26	新鲜椰枣	埃及（埃及椰枣产区）	新鲜椰枣，学名 *Phoenix dactylifera*，英文名 Dates palm	1. 经检疫合格的，埃及农业和土地开垦部（CAPQ）签发植物检疫证书，注明集装箱号码和封识号，并填写以下附加声明："THIS CONSIGNMENT OF DATES COMPLIES WITH THE MEMORANDUM OF UNDERSTANDING ON PHYTOSANITARY REQUIREMENTS FOR THE EXPORT OF FRESH DATE FROM EGYPT TO CHINA."（"该批椰枣符合埃及新鲜椰枣输华植物检疫要求的合作谅解备忘录，不带中方关注的检疫性有害生物。"） 2. 对于出口前实施冷处理的，应在植物检疫证书上注明冷处理的温度、持续时间及处理设施名称或编号等。对于在运输途中实施冷处理的，应在植物检疫证书上注明冷处理的温度、处理时间、集装箱号码及封识编号等

表4-12 续6

序号	产品	原产国家（地区）	产品要求	证书要求
27	鲜食甜瓜	乌兹别克斯坦（乌兹别克斯坦花剌子模州、锡尔河州、吉扎克州和卡什卡达里亚州4个甜瓜产区）	鲜食甜瓜，学名 Cucumis melo L.，英文名 Melon	经检疫合格的，乌方应出具植物检疫证书，注明集装箱号码，并填写以下附加声明："该批甜瓜符合《乌兹别克斯坦共和国鲜食甜瓜输华植物检疫要求的议定书》，不带中方关注的检疫性有害生物。"（"THIS CONSIGNMENT OF MELONS COMPLIES WITH THE PROTOCOL ON PHYOSANITARY REQUIREMENS FOR THE EXPORT OF FRESH MELON FROM THE UZBEKSTAN REPUBLIC TO THE PEOPLE'S REPUBLIC OF CHINA AND IS FREE FROM ANY QUARANTINE PESTS OF CONCERN TO CHINA."）
28	鲜食猕猴桃	希腊（希腊猕猴桃产区）	鲜食猕猴桃，学名 Actinidia chinensis、A. deliciosa，英文名 Kiwi fruit	1. 经检疫合格的，希腊农村发展与食品部（MRDF）签发植物检疫证书，注明集装箱号码，并填写以下附加声明："This consignment is in compliance with the requirements specified in the Protocol of Phytosanitary Requirements for the Export of Kiwi Fruits from the Hellenic Republic to China, and is free from quarantine pests of concern to China."（"该批猕猴桃符合'希腊猕猴桃输华植物检疫要求议定书'，不带中方关注的检疫性有害生物。"） 2. 对于实施出口前冷处理的，应在植物检疫证书上注明冷处理方式，处理温度、持续时间及处理设施名称或编号等信息。对于实施运输途中冷处理的，应在植物检疫证书上注明"cold treatment in transit"（运输途中冷处理），以及冷处理的温度、处理时间、集装箱号码及封识号码等
29	鲜食鳄梨	哥伦比亚（哥伦比亚海拔1500米以上的鳄梨产区）	鲜食鳄梨的 Has 品种，学名 Persea americana Mills，英文名 Avocado	经检疫合格的，哥伦比亚农牧业署（ICA）签发植物检疫证书，注明集装箱码和封识号，并填写以下附加声明："THIS BATCH OF AVOCADOS COMPLIES WITH THE PROTOCOL OF PHYTOSANITARY REQUIREMENTS FOR EXPORT OF COLOMBIAN FRESH AVOCADOS TO CHINA. AND IS FREE OF ANY QUARANTINE PESTS OF CONCERN TO CHINA."（"该批货物符合'哥伦比亚鲜食鳄梨输华植物检疫要求的议定书'的规定，不携带中方关注的检疫性有害生物。"）
30	柑橘	塞浦路斯［塞浦路斯的尼科西亚（Nicosia）、利马索（Lemesos）和帕福斯（Paphos）地区］	新鲜柑橘果实，包括橙（Citrus sinensis）、柠檬（Citrus limon）、葡萄柚（Citrus paradisii）和橘橙 Mandora（Citrus sinensis Citrus reticulata），英文名称为 Citrus	1. 经检疫合格的，在植检检疫证书附加声明栏中注明："The consignment is in compliance with requirements described in the Protocol of Phytosanitary Requirements for the Export of Citrus Fruit from Cyprus to China and is free from the quarantine pests of concern to China."（"该批柑橘符合'塞浦路斯柑橘输华植物检疫要求议定书'的要求，不带中方关注的检疫性有害生物。"） 2. 在植物检疫证书中注明冷处理的温度、处理时间、集装箱号码和封识号码等信息。 3. 每个集装箱有一份由输出国官方检疫机构官员签字盖章的"果温探针校准记录"，正本须附在随货的植物检疫证书上

表4-12 续7

序号	产品	原产国家（地区）	产品要求	证书要求
31	鲜食樱桃	澳大利亚（澳大利亚樱桃产区）	樱桃，学名 *Prunus avium*，英文名 Cherry，包括杂交在内的所有栽培品种	1. 经检疫合格的，澳大利亚农业与水利部（DA）应出具植物检疫证书，并在附加声明中注明："该批樱桃符合《关于澳大利亚樱桃输往中国植物检疫要求的议定书》，不带中方关注的检疫性有害生物。"（"This consignment of cherries complies with the Protocol of Phytosanitary Requirements for the Export of Cherries from Australia to China, and is free of any pests of quarantine concern to China."） 2. 对于出口前实施冷处理的，植物检疫证书上应注明冷处理的温度、持续时间及处理设施的名称和编号、集装箱号和封识号（海运）。对于在运输途中实施冷处理的，植物检疫证书上应注明冷处理的温度、持续时间、集装箱号和封识号（海运）。对于出口前实施熏蒸处理的，植物检疫证书上应注明剂量、熏蒸处理的温度和持续时间、处理设施的名称及编号、集装箱号和封识号（海运）。 3. 对来自有害生物非疫区的樱桃，植物检疫证书应注明相关害虫的非疫区。 4. 对于出口前实施冷处理的，还需提供冷处理结果报告单及果温探针校准记录表；对于在运输途中实施冷处理的，还需提供冷处理结果报告、果温探针校准记录等
32	柑橘	澳大利亚（澳大利亚柑橘产区）	柑橘，包括橙（学名 *Citrus sinensis*，英文名 Orange）、橘（学名 *Citrus reticulata*，英文名 Mandarin）、柠檬（学名 *Citrus limon*，英文名 Lemon）、葡萄柚（学名 *Citrus paradisi*，英文名 Grapefruit）、酸橙（学名 *Citrus aurantifolia*、*Citrus latifolia*、*Citrus limonia*，英文名 Limes）、橘柚（学名 *Citrus tangelo*，英文名 Tangelo）和甜葡萄柚（学名 *Citrus grandis*、*Citrus paradisi*，英文名 Sweetie grapefruit）	1. 检疫合格的，澳大利亚农业与水利部（DA）应出具植物检疫证书，并在附加声明中注明："该批柑橘符合《关于澳大利亚柑橘输往中国植物检疫要求的议定书》，不带中方关注的检疫性有害生物。"（"This consignment of citrus complies with the Protocol of Phytosanitary Requirements for the Export of Citrus from Australia to China, and is free of any pests of quarantine concern to China."） 2. 于实施出口前冷处理的，植物检疫证书上应注明冷处理的温度、持续时间及处理设施的名称和编号、集装箱号和封识号（海运）。对于实施运输途中的冷处理，应在植物检疫证书上注明冷处理的温度、持续时间、集装箱号和封识号（海运）。对于实施出口前熏蒸处理的，植物检疫证书上应注明剂量、熏蒸处理的温度和持续时间、集装箱号和封识号（海运）。 3. 自有害生物非疫区的柑橘，植物检疫证书应注明相关有害生物的非疫区。 4. 对于出口前实施冷处理的货物，需提供冷处理结果报告单以及果温探针校准记录表格；对于运输途中实施冷处理的货物，需提供冷处理结果报告、果温探针校准记录等

表4-12 续8

序号	产品	原产国家（地区）	产品要求	证书要求
33	鲜食葡萄	澳大利亚（澳大利亚葡萄产区）	鲜食葡萄（学名 *Vitis vinifera Linn*，英文名 Table Grapes），包括杂交在内的所有栽培品种	1. 经检疫合格的，澳大利亚农业与水利部（DA）应出具植物检疫证书，并在附加声明中注明："该批葡萄符合《关于澳大利亚鲜食葡萄输往中国植物检疫要求的议定书》，不带中方关注的检疫性有害生物。"（"This consignment of table Grapes complies with the Protocol of Phytosanitary Requirements for the Export of Table Grapes from Australia to China, and is free of any pests of quarantine concern to China."） 2. 对于实施出口前冷处理的，植物检疫证书上应注明冷处理的温度、持续时间及处理设施的名称和编号、集装箱号和封识号（海运）。对于实施运输途中冷处理的，植物检疫证书上应注明冷处理的温度、持续时间、集装箱号和封识号（海运）。对于实施出口前熏蒸处理的，植物检疫证书上应注明剂量、熏蒸处理的温度和持续时间、集装箱号和封识号（海运）。 3. 对来自非疫区的葡萄，植物检疫证书应注明相关有害生物的非疫区。 4. 对于出口前实施冷处理的货物，需提供冷处理结果报告单以及果温探针校准记录表格；对于运输途中实施冷处理的货物，需提供冷处理结果报告、果温探针校准记录等
34	核果（油桃、桃、李、杏）	澳大利亚[澳大利亚核果（油桃、桃、李、杏）产区]	核果，包括油桃（学名 *Prunus persica var. nectarina*，英文名 Nectarine）、桃（学名 *Prunus persica*，英文名 Peach）、李（学名 *Prunus domestica/salicina*，英文名 Plum）、杏（学名 *Prunus armeniaca*，英文名 Apricot），包括杂交在内的所有的栽培品种	1. 经检疫合格的，澳大利亚农业与水利部（DA）应出具植物检疫证书，并填写以下声明"该批油桃/桃/李/杏符合《关于澳大利亚鲜食油桃、桃、李、杏输华植物检疫要求的议定书》，不带中方关注的检疫性有害生物。"（"This consignment of nectarines/peaches/plums/apricots complies with the Protocol of Phytosanitary Requirements for the Export of Nectarines, Peaches, Plums or Apricots from Australia to China, and is free of any pests of quarantine concern to China."） 2. 对于实施出口前冷处理的，植物检疫证书上应注明冷处理的温度、持续时间及处理设施的名称和编号、集装箱号和封识号（海运）。对于实施运输途中冷处理的，植物检疫证书上应注明冷处理的温度、持续时间、集装箱号和封识号（海运）。对于实施出口前熏蒸处理的，植物检疫证书上应注明剂量、熏蒸处理的温度和持续时间、集装箱号和封识号（海运）。 3. 对来自有害生物非疫区的油桃、桃、李、杏，在植物检疫证书上应注明相关有害生物的非疫区。 4. 对于出口前实施冷处理的货物，需提供冷处理结果报告单以及果温探针校准记录表格；对于运输途中实施冷处理的货物，需提供冷处理报告、果温探针校准记录等

表4-12 续9

序号	产品	原产国家（地区）	产品要求	证书要求
35	鳄梨	新西兰（新西兰鳄梨产区）	鳄梨，仅限于Hass品种，学名 Persea americana Mills，英文名 Avocado	经检疫合格的鳄梨，新西兰初级产业部（MPI）应出具植物检疫证书，还应在植物检疫证书上注明果园与包装厂注册号和集装箱封识号，并填写以下附加声明："该批鳄梨符合《中华人民共和国国家质量监督检验检疫总局与新西兰初级产业部关于新西兰鲜食鳄梨输往中国植物检疫要求的议定书》，不携带中方关注的检疫性有害生物。"
36	鲜食甜瓜	文莱（文莱甜瓜产区）	鲜食甜瓜（网纹甜瓜），学名 Cucumis melo Linn var. reticulatus，英文名 Melon	经检疫合格的，文莱达鲁萨兰国初级资源与旅游部（MPRT）应出具植物检疫证书，注明集装箱号码，并填写以下附加声明"该批甜瓜符合《文莱达鲁萨兰国鲜食网纹甜瓜输华植物检疫要求的议定书》，不带中方关注的检疫性有害生物。"（The consignment is in compliance with requirement described in the Protocol on Phytosanitary Requirement for the Export of Melons from Brunei to China, and free from the quarantine pests of concern to China.）
37	柑橘	摩洛哥	新鲜柑橘果实，包括橙（学名 Citrus sinensis，英文名 Orange）、宽皮橘（学名 Citrus reticulata，英文名 Mandarin）、克里曼丁橘（学名 Citrus clementina，英文名 Clementine）、葡萄柚（学名 Citrus marima 和 Citrus paradisi，英文名 Grape/Mi）	1. 植检检疫证书附加声明栏中注明："The consignment is in compliance with requirements described in the Protocol of Phytosanitary Requirements for the Export of Citrus Fruit from Morocco to China signed in Rabat on March 26, 2008 and is free from the quarantine pests of concerned to China."（"该批货物符合2008年3月26日在拉巴特签署的"摩洛哥柑橘出口中国植物检疫要求议定书"的规定，不带中方关注的检疫性有害生物。"） 2. 冷处理的温度、处理时间、集装箱号码和封识号码必须在植物检疫证书中注明。 3. 如针对玫瑰短喙象进行了溴甲烷熏蒸处理，处理的温度、剂量、时间必须在植物检疫证书处理栏中注明。 4. 每个集装箱有一份由输出国官方检疫机构官员签字盖章的果温探针校准记录，正本须附在随货的植物检疫证书上。 5. 核查由船运公司下载的冷处理记录（运输途中冷处理方式），以及由摩洛哥农业与海洋渔业部（MAMF）官方检疫官员签字盖章的果温探针校正记录正本
38	猕猴桃	意大利（输华猕猴桃须来自以下产区：皮埃蒙特、威尼托、拉齐奥、艾米利亚—罗马涅）	新鲜猕猴桃果实（学名 Actinidia chinensis 和 Actinidia deliciosa，英文名 Kiwi fruit）	1. 植检证书附加声明栏中注明："The consignment has been strictly quarantine inspected and is considered to conform with the requirements described in the Protocol of Phytosanitary Requirements for the Export of Kiwi Fruit from Italy to China, and is free from the quarantine pests concerned by China."（"该批货物已经严格检疫，符合"意大利输华猕猴桃植物检疫要求议定书"的要求，不带有中方关注的检疫性有害生物。"） 2. 运输途中集装箱冷处理的温度、处理时间、集装箱号码和封识号，必须在植物检疫证书中处理栏内注明。 3. 由船运公司下载的冷处理记录（运输途中冷处理方式），以及由MAFFP官方检疫官员签字盖章的果温探针校正记录正本

表4-12 续10

序号	产品	原产国家（地区）	产品要求	证书要求
39	油桃	美国（来自加利福尼亚州的Fresno、Tulare、Kern、Kings 和Madera 5个产区。）	商业级新鲜油桃，学名 *Prunus persica* var. *nucipersica*，英文名 Nectarine	1. 经检疫合格的油桃，由 USDA 或 USDA 授权人员签发植物检疫证书，并填写以下附加声明："The consignment complies with Protocol of Phytosanitary Requirements for the Export of Nectarines from U. S. A. to China, and is free of any quarantine pests of concern to China."（"该批货物符合美国油桃输华植物检疫要求的议定书规定，不带有任何中方关注的检疫性有害生物。"） 2. 植物检疫证书注明包装厂或发货人的名称，通过海运集装箱运输的，需注明集装箱号
40	鲜食甜瓜	巴西（巴西甜瓜产区）	鲜食甜瓜，学名 *Cucumis melo* L.，英文名 Melon。巴西输华甜瓜限于以下品种的商业级果实：Amarelo 甜瓜（*Melon var. Amarelo*）、罗马甜瓜（*Melon var. Cantaloupe*）、加西亚甜瓜（*Melon var. Gália*）、Rami 甜瓜（*Melon var. Rami*）、波尔撒甜瓜（*Melon var. Pele de sapo*）、Dino 甜瓜（*Melon var. Dino*）	经检疫合格的，由巴西农业、畜牧和食品供应部（MAPA，也称为巴西农牧业和食品供应部）或 MAPA 授权人员签发植物检疫证书，并在附加声明栏中以英文注明："THIS BATCH OF MELONS COMPLIES WITH REQUIREMENTS SPECIFIED IN THE PROTOCOL OF PHYTOSANITARY REQUIREMENTS FOR EXPORT OF BRAZILIAN MELONS TO CHINA, AND IS FREE FROM ANY QUARANTINE PESTS OF CONCERN TO CHINA."（"该批货物符合巴西甜瓜输华植物检疫要求的议定书，不带有中方关注的检疫性有害生物。"）
41	鲜食蓝莓	美国（美国加利福尼亚州、佛罗里达州、佐治亚洲、印第安纳州、路易斯安那州、密歇根州、密西西比州、新泽西州、北卡罗来纳州、俄勒冈州、华盛顿州等蓝莓产区）	商品级鲜食蓝莓，学名 *Vaccinium corymbosum*、*V. virgatum* 及其杂交种，英文名 Fresh blueberry	1. 经检疫合格的蓝莓，由 USDA 或其授权人员签发植物检疫证书。在植物检疫证书中要注明包装厂或发货人的名称和生产地块编号，并填写以下附加声明："The consignment complies with Protocol of Phytosanitary Requirements for the Export of Fresh Blueberry from U. S. A. to China, and is free of any quarantine pests of concern to China."（"该批货物符合美国鲜食蓝莓输华植物检疫要求的议定书规定，不带有任何中方关注的检疫性有害生物。"） 2. 对于实施熏蒸处理的，还须在植物检疫证书上注明溴甲烷剂量、处理温度和持续时间

表4-12 续11

序号	产品	原产国家（地区）	产品要求	证书要求
42	鲜食柑橘	智利［智利第三大区（阿塔卡玛 Atacama）至第六大区（奥希金斯将军解放者 O'Higgins），及圣地亚哥首都大区（Metropolitan Region, MR）］	鲜食柑橘，包括橘及其杂交种（*Citrus reticulata* and its hybrids）、葡萄柚（*Citrus paradisi*）、橙（*Citrus sinensis*）和柠檬（*Citrus limon*）	1. 经检疫合格的柑橘，由智利农业部的智利农牧局（SAG）签发植物检疫证书，并在附加声明中用英文注明："This consignment is in compliance with the requirements specified in the Protocol of Phytosanitary Requirements for Export of Chilean Fresh Citrus to China, and is free from quarantine pests of concern to China."（"该批货物符合智利鲜食柑橘输华植物检疫要求的议定书，不带有中方关注的检疫性有害生物。"） 2. 对于实施出口前冷处理的，必须在植物检疫证书上注明处理温度、持续时间以及完成该处理设施的 SAG 代码等信息。对于实施运输途中冷处理的，必须在证书中用英文注明 "cold treatment in transit"（运输途中冷处理），以及处理温度、持续时间、集装箱号和封识号
43	火龙果	印度尼西亚	火龙果，包括红皮紫红肉火龙果（学名 *Hylocereus costaricensis*，英文名 Purple or super Red dragon fruit）、红皮红肉火龙果（学名 *Hylocereus polyrhizus*，英文名 Red dragon fruit）和红皮白肉火龙果（学名 *Hylocereus undatus*，英文名 White dragon fruit）3个品种	经检验检疫合格的火龙果，由印度尼西亚农业检疫局（IAQA）签发植物检疫证书，并在植物检疫证书的附加声明中注明："The consignment is in compliance with requirements described in the Protocol of Phytosanitary Requirements for the Export of Dragon Fruit from Indonesia to China and is free from quarantine pests concerned by China."（"该批货物符合印度尼西亚火龙果输华植物检疫要求议定书的要求，不带有中方关注的检疫性有害生物。"）
44	鲜食芒果	柬埔寨（柬埔寨芒果产区）	鲜食芒果，学名 *Mangifera indica*，英文名 Mango	经检验检疫合格的芒果，由柬埔寨农林渔业部（MAFF）签发植物检疫证书，注明热处理类型、温度、持续时间等技术指标和集装箱号码，并在植物检疫证书的附加声明中注明："The consignment complies with the provisions of Protocol of Phytosanitary Requirements for the Export of Fresh Mango from Cambodia to China, and is free of any quarantine pests concerns by China."（"该批货物符合柬埔寨芒果输华植物检验检疫要求议定书的规定，不带中方关注的检疫性有害生物。"）附加声明中还需要标注涉及的果园和包装厂的名称或注册号
45	鲜食鳄梨	多米尼加（多米尼加鳄梨产区）	鲜食鳄梨（Hass 品种），学名 *Persea americana* Mills	经检疫合格的鳄梨，由多米尼加共和国农业部（MA/RD）签发植物检疫证书，并在附加声明中用英文注明："This consignment is in compliance with the requirements specified in the Protocol of Phytosanitary Requirements for the Export of Fresh Avocados from the Dominican Republic to China, and is free from quarantine pests of concern to China."（"该批货物符合多米尼加鲜食鳄梨输华植物检疫要求的议定书，不带有中方关注的检疫性有害生物。"）

表4-12 续12

序号	产品	原产国家（地区）	产品要求	证书要求
46	鲜食蓝莓	赞比亚（赞比亚共和国Chisamba地区）	商品级鲜食蓝莓，学名 Vaccinium L.，英文名 Fresh blueberry	经检疫合格的蓝莓，由赞比亚共和国植物检疫局（PQPS）签发植物检疫证书。在植物检疫证书中注明果园和包装厂名称或代码、冷处理的温度和处理时间、处理设施名称或编号、集装箱号码及封识号码等信息。并用英文填写以下附加声明："THIS CONSIGNMENT OF BLUEBERRIES COMPLIES WITH REQUIREMENTS SPECIFIED IN THE Protocol of Phytosanitary Requirements for Export Of zambiaN Fresh BlueberrIES to China, AND IS FREE FROM ANY QUARANTINE PESTS OF CONCERN TO CHINA."（"该批蓝莓符合赞比亚鲜食蓝莓输华植物检疫要求的议定书，不带中方关注的检疫性有害生物。"）
47	石榴	乌兹别克斯坦（乌兹别克斯坦石榴产区）	石榴，学名 Punica granatum L.，英文名 Pomegranate	经检疫合格的，由乌方签发植物检疫证书，注明集装箱号码，并填写以下附加声明："THIS CONSIGNMENT OF POMEGRANATES COMPLIES WITH THE PROTOCOL OF PHYTOSANITARY REQUIREMENTS FOR THE EXPORT OF FRESH POMEGRANATE FROM THE REPUBLIC OF UZBEKISTAN TO THE PEOPLE'S REPUBLIC OF CHINA, AND IS FREE FROM ANY QUARANTINE PESTS OF CONCERN TO CHINA."（"该批石榴符合乌兹别克斯坦石榴输华植物检疫要求的议定书，不带中方关注的检疫性有害生物。"）
48	水果	越南	水果	植物检疫证书"附加声明"栏中需注明注册登记包装厂的名称或代码，货物来自经越南官方注册登记且经我国海关总署认可的果园和包装厂
49	柑橘	南非（南非柑橘产区）	新鲜柑橘，包括橙（学名 Citrus sinensis，英文名 Orange）、葡萄柚（学名 Citrus paradisi，英文名 Grapefruit）、柠檬（学名 Citrus limon，英文名 Lemon）、橘（学名 Citrus reticulata，英文名 Mandarin）及其杂交品种	1. 经检疫合格的柑橘，由南非农业、土地改革和农村发展部（DALRRD）签发植物检疫证书，并在附加声明栏中注明："This consignment is in compliance with the requirements specified in the Protocol of Phytosanitary Requirements for Export of South African Citrus Fruits to China, and is free from quarantine pests of concern to China."（"该批货物符合南非柑橘输华植物检疫要求的议定书，不带有中方关注的检疫性有害生物。"） 2. 实施途中冷处理的，附加声明需用英文标注"Cold treatment in transit"（途中冷处理），并注明冷处理温度、处理时间、集装箱、封识号码等信息
50	柠檬	乌兹别克斯坦（乌兹别克斯坦柠檬产区）	柠檬，学名 Citrus limon，英文名 Lemon	经检疫合格的，由乌方签发植物检疫证书，并在附加声明中注明："This batch of lemons complies with the Protocol of Phytosanitary Requirements for the Export of Fresh Lemon from Uzbekistan to China, and are free from any quarantine pests of concern to China."（"该批柠檬符合乌兹别克斯坦柠檬输华植物检疫要求的议定书，不带中方关注的检疫性有害生物。"）

表4-12 续13

序号	产品	原产国家（地区）	产品要求	证书要求
51	冷冻水果	中东欧国家	冷冻水果是指除去不可食用果皮、果核后，经过-18摄氏度或以下速冻处理不少于30分钟，且在-18摄氏度或以下存储、运输的水果，并符合国际食品标准《速冻食品加工和处理操作规范》（CAC/RCP 8—1976）要求	每批检验检疫合格的冷冻水果，出口国官方应出具健康证书、卫生证书或植物检疫证书以及其他等效证书，在证书的附加声明中注明："The consignment is in compliance with Requirements of Inspection and Quarantine for Export of Frozen Fruits from Central and Eastern European Countries to China."（"该批货物符合中东欧国家冷冻水果输华检验检疫要求。"）同时在证书内须注明速冻处理的温度、持续时间及加工厂名称
52	鲜食百香果	老挝（老挝百香果产区）	鲜食百香果为紫果西番莲，学名 Passiflora edulis，英文名 Passion fruits	经检疫合格的，由老挝农林部（MAF）签发植物检疫证书，注明果园和包装厂注册号，并在附加声明中注明："This consignment of passion fruits complies with the Protocol on Phytosanitary Requirements for Export of Fresh Passion Fruits from Lao PDR to China, and is free from any quarantine pests of concern to China."（"该批百香果符合老挝鲜食百香果输华植物检疫要求的议定书规定，不带中方关注的检疫性有害生物。"）
53	水果①	泰国过境第三国	海关总署允许的水果种类清单中所列的水果	1. 水果出口前，泰国农业与合作社部（MOAC）应实施检验检疫。对符合要求的水果签发植物检疫证书，并在附加声明栏中注明："This fruit is in compliance with the Protocol on the Inspection and Quarantine Requirements for Exportation and Importation of Fruits between China and Thailand through Territories of the Third Countries."（"该批水果符合中国和泰国进出口水果过境第三国检验检疫要求的议定书。"），以及集装箱号和封识号码。 2. 植物检疫证书有效期为10天。
54	柑橘	老挝柑橘产区	柑橘类水果，包括橘（学名 Citrus reticulata，英文名 Mandarin）、柚子（学名 Citrus maxima，英文名 Pomelo）和柠檬（学名 Citrus limon，英文名 Lemon）	1. 经检疫合格的，由老挝农林部（MAF）签发植物检疫证书，注明果园和包装厂注册号，并在附加声明栏目中注明："This consignment of citrus fruits complies with the Protocol on Phytosanitary Requirements for Export of Fresh Citrus Fruits from Lao PDR to China, and is free from any quarantine pests of concern to China."（"该批柑橘符合老挝鲜柑橘输华植物检疫要求的议定书规定，不带中方关注的检疫性有害生物。"） 2. 橘和柠檬的植物检疫证书上须注明冷处理情况，包括处理温度、持续时间和冷处理设施注册号等信息

① 对泰国过境第三国的进境水果，企业需关注的特殊要求还有：1. 中国允许进境口岸：友谊关、磨憨、东兴、凭祥铁路、磨憨铁路、龙邦、水口、河口、河口铁路、天保；2. 水果在过境第三国运输期间，不得打开集装箱或更换集装箱。

二、出境水果

（一）资质要求

1. 水果果园和包装厂注册登记

中国与输入国家（地区）签订的双边协议、议定书等有明确规定的，或者输入国家（地区）法律法规要求对输入该国家（地区）的水果果园和包装厂实施注册登记的，海关按照规定对输往该国家（地区）的出境水果果园和包装厂实行注册登记。办理指南见本书第十五章第四节。

中国与输入国家（地区）签订的双边协议、议定书未有明确规定的，且输入国家（地区）法律法规未明确要求的，出境水果果园、包装厂可以向海关申请注册登记。

登录海关总署动植物检疫司网站（http：//dzs.customs.gov.cn/），点击"企业信息"—"植物产品类"—"水果"，可查询中国出口水果注册企业名单。

（二）申报要求

出境水果应当向包装厂所在地海关提出出口申报前监管申请，按申报规定提供有关单证及产地供货证明；出境水果来源不清楚的，不予受理申报。

（三）产品相关要求

出境水果应符合以下要求：

1. 我国与输入国家（地区）签订的双边检疫协议（含协定、议定书、备忘录等）规定；
2. 输入国家（地区）进境水果检验检疫规定或者要求；
3. 国际植物检疫措施标准；
4. 我国出境水果检验检疫规定；
5. 贸易合同和信用证等订明的检验检疫要求。

实际出口产品应与申报信息相符。植物检疫证书和包装箱的相关信息需符合输入国（地区）的要求。出口水果不应带虫体、病症、枝叶、土壤和病虫为害状。

特定国家产品检疫要求详见本节"出境水果植物检疫要求"。

（四）出境水果植物检疫要求

出境水果植物检疫要求见表4-13。

表4-13 出境水果植物检疫要求

（截至2022年1月1日）

序号	产品	目的国家	产品要求	证书要求
1	水果	毛里求斯	商品范围：苹果、梨和柚子。 商品产地：苹果、梨须产于陕西、山东、河北、辽宁、山西、新疆、安徽产区的注册果园和包装厂。柚子须产于湖南、湖北、江西、四川产区的注册果园和包装厂。 1. 水果产区应没有发生以下列明的有害生物：樱桃绕实蝇（Rhagoletis cerasi）、墨西哥按实蝇（Anastrepha ludens）、南美按实蝇（Anastrepha fraterculus）、西印度按实蝇（Anastrepha mombinpraeoptans）、苹果实蝇（Rhagoletis pomonella）、西花蓟马（Frankliniella occidentalis）、梨树火疫病（Erwinia amylovora）。	—

表4-13 续1

序号	产品	目的国家	产品要求	证书要求
1	水果	毛里求斯	2. 在水果生长期，必须对果园进行有效的检查管理，以保证不发生香梨优斑螟（Euzophera pyriella）、桔小实蝇（Bactrocera dorsalis）和其他具有检疫意义的实蝇，并在苹果、梨果园中采取措施避免和控制下列有害生物的发生：苹果褐腐病（Monilinia fructigena）、梨黑斑病（Alternaria gaisen）、梨黑星病（Venturia nashicola）、梨锈病（Gymnosporangium asiaticum）、苹果锈病（Gymnosporangium yamadae）、苹果轮纹病（Botryosphaeria berengeriana f. sp. piricola）、苹果树枝溃疡病（Nectria galligena）、梨笠圆盾蚧（Quadraspidiotus perniciosus）。 3. 水果包装材料必须是干净、未使用过的，并且不是植物源性的。 4. 每批水果包装箱上必须明确标记批号、注册果园和包装厂的名称或号码。 5. 水果必须不带有任何活的检疫性昆虫和螨类、树叶、树枝、土壤。 6. 水果须在冷藏条件下运输	—
2	水果	泰国	商品范围：中国输往泰国的苹果、梨、柑橘、葡萄和枣等水果。 1. 水果必须来自海关注册的果园和包装厂。 2. 水果不得携带泰方关注的限定性有害生物、枝、叶和土壤。 3. 柑橘如果来自桔大实蝇（Bactrocera minax）、蜜柑大实蝇（Bactrocera tsuneonis）或番石榴实蝇（Bactrocera correcta）的发生地区，须经过有效的除害处理。 4. 水果包装应使用干净和未使用过的包装材料。水果包装箱上须用英文或泰文标出果园、包装厂和出口商及输往泰国的信息	海关实施出口前检验检疫，合格的水果出具植物检疫证书
3	水果	智利	商品范围：中国输往智利的苹果、梨、新疆香梨、荔枝、龙眼。 商品产地：输智苹果应产自中国山东、陕西、山西、河南、河北、辽宁、甘肃、宁夏、北京。 1. 输智水果应不得带有智方关注的检疫性有害生物，出口水果产区、果园、加工厂应采取有效的病虫害预防控制措施。 2. 中国输智苹果、梨应实施果实套袋措施。输智香梨果园应进行针对桔小实蝇等的实蝇监测。 3. 输智水果果园、包装厂应在海关注册，并由中智双方共同指定。 4. 输智水果包装箱应用英文标出产地、果园、包装厂	海关应对输智水果实施出口前检验检疫，合格后出具植物检疫证书

表4-13 续2

序号	产品	目的国家	产品要求	证书要求
4	猕猴桃	智利	商品范围：输往智利的鲜食猕猴桃，包括中华猕猴桃（*Actinidia chinensis* Planchon）、美味猕猴桃（*A. deliciosa* C. F. Liang et A. R. Ferguson）、软枣猕猴桃［*A. arguta*（Siebold & Zuccarini）Planchon et Miquel］，以及它们的杂交种。 商品产地：中国猕猴桃产区。输往智利的猕猴桃果园、包装厂及冷库均须在海关总署注册，并由智利农业部下属的农牧局（SAG）批准。注册信息需包括名称、地址及标识代码。海关总署需对出口猕猴桃果园、包装厂和冷库进行监管，并在每年出口季节前向SAG提供注册名单。 2. 所有包装材料应干净卫生、未使用过，符合智利有关植物检疫要求，采取合适的措施防止有害生物感染。 3. 每个包装箱上须用英文标注水果名称、产地（区、县）、国家、果园或其注册号、包装厂及其注册号等信息。每个包装箱和托盘需用英文标出"Export to the Republic of Chile"（输往智利共和国）。如没有采用托盘，如航空货物，则每个包装箱上应用同样的标识。 4. 若使用了木质包装，其须符合国际植物检疫措施标准第15号（ISPM 15）。 5. 出口猕猴桃的运输工具必须符合安全卫生要求，且不带智方关注的检疫性有害生物及枝、叶和土壤等。 6. 来自非疫区以外地区的猕猴桃，需进行冷处理或熏蒸处理	海关总署应对输往智利的猕猴桃进行抽样检查，并按照要求出具植物检疫证书
5	梨	墨西哥	商品范围：梨。 商品产地：输墨梨应产自中国山东、河北、新疆、陕西、安徽和北京市。 1. 输墨梨应符合墨西哥植物检疫法律法规要求，不带有墨方关注的14种检疫性有害生物。 2. 除新疆香梨外，其他输墨梨应在生长期间采取果实套袋措施。 3. 输墨梨果园、包装厂应在海关注册，并由中墨双方共同指定。果园、包装厂应采取有效的病虫害综合防治措施，以避免和控制墨方关注的检疫性有害生物发生。 4. 输墨梨包装箱应用英文标出产区果园或其注册号、包装厂或其注册号及输往墨西哥等信息	海关对输墨梨实施出口前检验检疫，合格后出具植物检疫证书

表4-13 续3

序号	产品	目的国家	产品要求	证书要求
6	苹果	墨西哥	商品范围：苹果。 商品产地：输墨苹果应产自中国山东、陕西、山西、河南、河北、辽宁、甘肃、宁夏和北京。 1. 输墨苹果应符合墨西哥植物检疫法律法规要求，不带有墨方关注的9种检疫性有害生物。 2. 输墨苹果应在生长期间采取果实套袋措施。 3. 输墨苹果果园、包装厂应在出入境检验检疫机构注册，并由中墨双方共同指定。果园、包装厂应采取有效的病虫害综合防治措施，以避免和控制墨方关注的检疫性有害生物发生。 4. 输墨苹果包装箱应用英文标出产地（省、区、市）、果园或其注册号、包装厂或其注册号及输往墨西哥等信息。	海关对输墨苹果实施出口前检验检疫，合格后出具植物检疫证书
7	柑橘	墨西哥	商品范围：柑橘果实，包括橘（Citrus reticulata）、橙（Citrus sinensis）、杂柑（Citrus hybrids）、沙田柚（Citrus maxima）和柚（Citrus grandis）。 商品产地：陕西、云南、贵州、四川、湖南、江西、浙江、福建、广西、广东、重庆和湖北。 柑橘果园、冷处理设施和包装厂必须经过海关总署和墨西哥农业、畜牧业、农村发展、渔业和食品部（SAGARPA）的注册批准。海关总署在每个出口季节前将通过批准的名单提供给SAGARPA。柑橘果园、冷处理设施和包装厂必须有综合预防和治理措施，以控制墨方关注的有害生物处于较低水平。如果需要，该措施还需提交给SAGARPA批准	1. 海关进行查验后，签发植物检疫证书。 2. 植物检疫证书包括： （1）如果是在运输途中进行的冷处理，附加声明："Based on the inspection, the fruits of this shipment are free of quarantine pests and comply with the requirements pointed out in the Protocol."（"经检验，该批水果不带有检疫性有害生物，符合本议定书的要求。"） 同时，植物检疫证书附带如下冷处理的证明材料：集装箱封识证书（包括集装箱标识、集装箱封识日期、海关检疫官的姓名与签名等信息）、集装箱封识编码、温度记录。 （2）如果是在原产地进行的冷处理，附加声明："Based on the cold treatment and the inspection, the fruits of this shipment are free of quarantine pests and comply with the requirements pointed out in the Protocol."（"经冷处理与检验，该批水果不带有检疫性有害生物，符合本议定书的要求。"）注明产地、冷处理公司注册名称、冷处理库注册名称、授权的冷处理设施和集装箱堆放区号等信息，并详细注明"Tratamiento en Frío"（冷处理）字样，冷处理开始和结束日期、持续时间、持续温度与最高温度

表4-13 续4

序号	产品	目的国家	产品要求	证书要求
8	荔枝和龙眼	乌拉圭	商品范围：荔枝和龙眼。 1. 输乌荔枝和龙眼不得带有乌方关注的4种有害生物，即桔小实蝇（Bactrocera dorsalis）、拟小黄卷蛾（Adoxophyes cyrtosema）、黑点褐卷叶蛾（Crytophlebia ombrodelta）和双线盗毒蛾（Porthesia scintillans）。 2. 出口荔枝和龙眼的产地、包装厂、储存库应在中国海关注册，并采取有害生物管理措施	海关对输乌荔枝和龙眼应实施出口前检验检疫，并出具官方植物检疫证书
9	苹果、梨	南非	商品范围：苹果、梨。 商品产地：陕西、山东、河北、辽宁、山西、安徽、河南、甘肃、江苏、北京、天津、新疆、吉林。 1. 出口果园和包装厂须在出入境检验检疫机构注册登记，并经南非农业部批准。 2. 出口果园应按要求对苹果、梨（新疆香梨除外）进行套袋，并对南非关注的检疫性有害生物采取针对性的控制措施。 3. 出口水果应在注册的包装厂进行加工、包装和储存，确保出口的苹果、梨符合南非进境检验检疫要求。包装箱上应用英文标明产地、包装厂和果园的名称或注册代码，以及输往南非共和国等信息	海关按照有关规定和议定书要求，对出口南非的苹果、梨实施检验检疫，合格的签发植物检疫证书
10	鲜梨	巴西	商品范围：鲜梨（Pyrus spp.）。 商品产地：来自桔小实蝇（Bactrocera dorsalis）非疫区的鲜梨产区（中国北纬33°以北地区）。 1. 出口鲜梨果园和包装厂均须经海关总署审核注册。海关总署须在出口前至少30天，向巴西农业、畜牧和食品供应部（MAPA）提供批准的注册果园和包装厂名单，以获得巴方审核批准。 2. 注册果园应在中国海关监管下，按照"果园综合管理计划"制定操作规程手册，实施有害生物综合防治，并保存所有农药的施用记录及所有负责生产的员工签字，以便在MAPA审核评估时提供。如果不符合要求，将取消其向巴西出口资格。 3. 出口鲜梨应在中国海关监管下，进行挑选、检验、包装、储存和运输。中国海关应对向巴西出口鲜梨包装厂的植物卫生状况进行检查验证。出口包装厂应当有出口项目记录本，记录出口检验和监管的日期，确保所有加工过程可追溯。 4. 包装箱标签需标准规范，并固定粘贴在包装箱上，标签应包括以下信息：梨的品种、产地（省份）、出口果园和包装厂的注册号。包装箱上应注明"TO BRAZIL"（输往巴西）	海关应进行抽样检查，并按照要求出具植物检疫证书

表4-13 续5

序号	产品	目的国家	产品要求	证书要求
11	砂梨	美国	商品范围：新鲜砂梨果实，学名 Pyrus pyrifolia，英文名 Sand pear。 商品产地：中国所有砂梨产区。 1. 出口果园和包装厂须经海关注册，由海关总署批准后提供给美方。 2. 必须是来自注册果园套袋完整的砂梨方可进入包装厂包装。砂梨的包装、储藏和装运过程，应在海关监管下进行	经检验检疫合格的砂梨，海关将出具植物检疫证书，并在附加声明栏中注明："All fruit in this shipment complies with the work plan for the exportation of Sand Pear (Pyrus pyrifolia) from the People's Republic of China."（该批水果符合中国砂梨出口工作计划。）同时，还应在植物检疫证书上注明该批货物的原产省份、包装厂名称或注册号
12	苹果	秘鲁	1. 输秘苹果应在生长期间采取果实套袋措施。 2. 输秘苹果果园、包装厂应在海关注册，并由中秘双方共同指定。果园、包装厂应采取有效的病虫害综合防治措施，以避免和控制秘方关注的8种检疫性有害生物的发生。 3. 输秘苹果包装箱应用英文标出产地（省、区、市）、果园或其注册号、包装厂或其注册号及输往秘鲁共和国等信息	海关对输秘苹果实施出口前检验检疫，合格后出具植物检疫证书
13	鲜枣	美国	1. 出口鲜枣果园和包装厂须由海关总署审核批准注册。海关总署将应要求向以美国动植物卫生检验局（APHIS）为代表的美国农业部提供注册果园和包装厂名单。 2. 出口鲜枣应在海关监管下，进行加工、包装、储藏和运输。海关应对出口包装厂内有害生物防控、包装体系运行以及溯源等情况进行监督和审核。出口包装厂应记录出口检验和监管日期，确保所有加工过程可追溯。 3. 对来自中国北纬33°以南地区以及新疆维吾尔自治区吐鲁番市（枣实蝇发生区）的鲜枣，须针对实蝇实施冷处理，并在植物检疫证书处理栏（第6栏）中注明。一旦APHIS颁布新法规，允许在原产地进行冷处理，输往美国的鲜枣将可选择装运前冷处理，在中国境内按照新法规实施，并在植物检疫证书处理栏（第6栏）中注明。 4. 出口企业和注册包装厂应将出口包装计划提前通知当地海关，并声明货物已满足报关规定。海关将核实鲜枣是否来自注册果园和包装厂，对每批货物进行查验	经检疫合格并符合出口条件的鲜枣，中国海关应出具植物检疫证书
14	水果	越南	水果须来自经注册登记的果园和包装厂	植物检疫证书附加声明栏中应注明注册登记包装厂的名称或代码

表4-13 续6

序号	产品	目的国家	产品要求	证书要求
15	水果①	泰国过境第三国	海关总署允许的水果种类清单中所列的水果。	1. 植物检疫证书附加声明栏注明："This fruit is in compliance with the Protocol on the Inspection and Quarantine Requirements for Exportation and Importation of fruits between China and Thailand through Territories of the Third Countries."（"该批水果符合'中国和泰国进出口水果过境第三国检验检疫要求议定书'列明的要求。"），以及集装箱号和封识号码。 2. 植物检疫证书有效期为10天

第五节 烟 草

烟草，包括烟叶及烟草薄片。

一、进境烟草

（一）资质要求

海关总署对进境烟草实行检疫审批制度。进境烟草的进口商应当在签订烟草贸易合同前办理检疫审批手续，取得进境动植物检疫许可。办理指南见本书第十四章第三节。

（二）申报要求

1. 基本申报要求

货主或者其代理人应当在烟草入境前或者入境时向海关申报，申报时应当提供贸易合同、提单、发票等凭证，并随附以下文件：

（1）输出国家（地区）官方植物检疫证书（特定国家的证书要求，详见后文"进境烟草植物检疫要求"）；

（2）原产地证书。

2. 录入要求

在产品资质栏目选取"325-进境动植物产品检疫许可证"，并填写许可证编号等信息。

（三）产品相关要求

进境烟草不得检出《中华人民共和国进境植物检疫性有害生物名录》（详见本书附录2-2）所列

---

① 对泰国过境第三国的出境水果，企业需关注的特殊要求还有：1. 泰国允许进境口岸有：清孔、穆达汉、那空帕农、班帕格、布恩坎、廊开；2. 水果在过境第三国运输期间，不得打开集装箱或更换集装箱。

的各类生物，并应符合议定的检验检疫要求。

特定国家产品检疫要求，详见"进境烟草植物检疫要求"。

（四）进境烟草植物检疫要求

进境烟草植物检疫要求见表4-14。

表4-14 进境烟草植物检疫要求

（截至2022年1月1日）

序号	产品	原产国家（地区）	产品要求	证书要求
1	雪茄烟叶	多米尼加	雪茄烟叶（Nicotiana tabacum）	经检验检疫合格的，多米尼加农业部（MA/RD）签发植物检疫证书，并填写以下附加声明："本批烟叶符合多米尼加共和国雪茄烟叶输华植物检疫要求，不带有中方关注的检疫性有害生物。"（"THIS BATCH OF CIGAR TOBACCO LEAVES COMPLIES WITH THE PROTOCOL OF PHYTOSANITARY REQUIREMENTS FOR EXPORT OF CIGAR TOBACCO LEAVES FROM THE DOMINICAN REPUBLIC TO THE PEOPLE'S REPUBLIC OF CHINA. IT IS FREE OF ANY QUARANTINE PESTS CONCERNED TO CHINA."）
2	烤烟	加拿大［加拿大烤烟是指产于加拿大安大略省，并在加拿大经过调制和加工（烤制和复烤）后的烤烟。加拿大其他省的烤烟如果满足同样的条件，经中加两国检疫部门认可，也可向中国出口］	加拿大烤烟向中国出口前，海关总署将派检疫人员随中国烤烟采购团，赴加拿大对拟采购的烤烟实施预检	加拿大官方检疫部门对输往中国的烤烟监督加工并进行严格检疫，对符合检疫要求的烤烟出具植物检疫证书，并在证书上注明烤烟的合同编号（批次编号）及烤烟生产的省。没有上述植物检疫证书的加拿大烤烟不得入境
3	烟叶	美国［美国烟叶是指产于美国，并在美国经过调制和加工（打叶和复烤）后的烤烟和白肋烟］	美国输往中国的烟叶不得带有烟草霜霉菌卵孢子或者活的孢囊孢子、菌丝以及其他检疫性有害生物	美国官方检疫部门对输往中国的烟叶监督加工并进行严格检疫，对符合检疫要求的烟叶出具植物检疫证书，并在证书上注明烟叶的批次编号（合同编号）及烟草种植的州和县。没有上述植物检疫证书的美国烟叶不得入境

表4-14 续

序号	产品	原产国家（地区）	产品要求	证书要求
4	烟叶	阿根廷（允许进境商品产自阿根廷 Tucuman、Misiones、Salta、Jujuy 4个省）	经过初烤、复烤的烤烟和白肋烟	对符合议定书要求的输华烟叶，阿方应按国际植物保护组织的标准签发植物检疫证书，并在植物检疫证书附加声明中注明："本批烟叶符合2006年10月3日签署的《阿根廷烟叶输华植物卫生要求议定书》的规定，不带有烟霜霉病等中方关注的检疫性有害生物及土壤。"（"The consignment is in compliance with requirements described in the protocol of phytosanitary requirements for the export of tobacco leaves from argentina to china signed on October 3, 2006, and is free from tbm and other quarantine pests and soil."）
5	烟叶	马拉维	经韧烤、复烤的烟叶，包括烤烟（英文名 Flue-cured tobacco leaves）和白肋烟（英文名 Burley tobacco leaves）	马方应对输华烟叶进行出口检验检疫，对符合中方检疫要求的，应按国际植物保护组织有关标准签发植物检疫证书，并在植物检疫证书附加声明中注明："The consignment is in compliance with requirements described in the Agreement of Phytosanitary Requirements for the Export of tobacco leaves from Malawi to China signed in Beijing on March 25, 2008, and is free from tobacco blue mold and other quarantine pests and soil."（"本批烟叶符合2008年3月25日在北京签署的'关于马拉维输华烟叶植物检疫要求协议'的规定，不带烟霜霉病等检疫性有害生物及土壤。"）
6	烟叶	保加利亚（保加利亚烟叶产区）	经过调制、打叶和复烤加工后的烤烟烟叶，学名 Nicotiana tabacum，英文名 Tobacco leaves	经检验检疫合格的烟叶，保加利亚食品安全局签发植物检疫证书，并填写以下附加声明："THIS BATCH OF TOBACCO LEAVES COMPLIES WITH THE PROTOCOL OF PHYTOSANITARY REQUIREMENTS FOR EXPORT OF TOBACCO LEAVES FROM BULGARIA TO CHINA. IT IS FREE OF ANY QUARANTINE PESTS CONCERNED TO CHINA."（"本批烟叶符合保加利亚烟叶输华植物检疫要求，不带有任何中方关注的检疫性有害生物。"）

二、出境烟草

出境烟草可按照第四章第六节"其他植物产品"有关要求办理。

第六节　其他植物产品

本章未提及的植物产品暂未收集到特定要求，申报时可遵从如下通用要求：

一、进境其他植物及其产品

（一）资质要求

1. 准入要求

（1）国家禁止下列各物进境：

①动植物病原体（包括菌种、毒种等）、害虫及其他有害生物；

②动植物疫情流行的国家（地区）的有关动植物、动植物产品和其他检疫物；

③动物尸体；

④土壤。

海关发现禁止进境物，作退回或者销毁处理。

因科学研究等特殊需要引进动植物病原体（包括菌种、毒种等）、害虫及其他有害生物等禁止进境物的，必须事先提出申请，经国家动植物检疫机关批准。

动植物疫情流行的国家（地区）的有关动植物、动植物产品和其他检疫物等禁止进境物的名录（详见本书附录2），由国务院农业行政主管部门制定并公布。

（2）通过贸易、科技合作、交换、赠送、援助等方式输入动植物、动植物产品和其他检疫物的，应当在合同或者协议中订明中国法定的检疫要求，并订明必须附有输出国家（地区）政府动植物检疫机关出具的检疫证书。

2. 国外生产、加工、存放单位注册登记

境外生产加工企业应当符合输出国家（地区）法律法规和标准的相关要求，并达到中国有关法律法规和强制性标准的要求。办理指南见本书第十五章第二节。

3. 进境动植物检疫审批

输入薯类、植物栽培介质等产品，必须事先提出申请，办理检疫审批手续。办理指南见本书第十四章第三节。

海关根据种苗花卉风险高低实施分类管理。对风险较高的种苗花卉要派员赴境外进行产地预检。

4. 生产、加工、存放过程的检疫监督

海关对进境动植物、动植物产品的生产、加工、存放过程，实行检疫监督制度。

（二）申报要求

1. 基本申报要求

货主或者其代理人应当在植物产品进境前或者进境时向海关申报，申报时应提供提单、发票等，并随附以下文件。

（1）输出国家（地区）政府出具的植物检疫证书

深加工的木制品、木家具、树根雕刻制品、木质雕刻制品、藤蔓编织品、植物枝条编织品免于提交植物检疫证书，但是须提交出口商出具的产品经加热、加压等深加工制作的声明。

（2）原产地证书。

2. 录入要求

在产品资质栏目选取"325-进境动植物产品检疫许可证"（需要办理动植物检疫审批时），并填写许可证编号等信息。

（三）产品相关要求

进境植物产品不得检出《中华人民共和国进境植物检疫性有害生物名录》（详见本书附录2-2）所列的各类生物，并应符合以下要求。

1. 输入植物产品，应当在进境口岸实施检疫。未经海关同意，不得卸离运输工具。

2. 因口岸条件限制等原因，可以由海关决定将植物产品运往指定地点检疫。在运输、装卸过程中，货主或者其代理人应当采取防疫措施。

3. 输入植物产品，经检疫合格的，准予进境。
4. 输入植物产品，经检疫发现有植物危险性病、虫、杂草的，由口岸动植物检疫机关签发"检疫处理通知单"，通知货主或者其代理人作除害、退回或者销毁处理。经除害处理合格的，准予进境。

（四）部分产品的特定要求

1. 食品接触产品

属于食品接触产品的，应同时符合对应的要求。详见第十章第二节"进口食品接触产品"有关内容。

2. 人造板、强化木

人造板、强化木等产品应符合《室内装饰装修材料 人造板及其制品中甲醛释放限量》（GB 18580—2017）关于甲醛释放量的规定。

3. 木家具产品

木家具产品应符合《室内装饰装修材料 木家具中有害物质限量》（GB 18584—2001）、《室内装饰装修材料 人造板及其制品中甲醛释放限量》（GB 18580—2017）；儿童木家具还应符合《儿童家具通用技术条件》（GB 28007—2011）等强制性国家标准要求。

二、出境其他植物及其产品

（一）资质要求

出境植物产品的生产、加工、存放单位注册登记：输入国（地区）要求中国对向其输出的植物产品的生产、加工、存放单位注册登记的，海关可以实行注册登记。办理指南见本书第十五章第四节。

（二）申报要求

1. 出境其他植物及其产品的发货人或者其代理人应当按照法律、行政法规和海关总署规定，向产地或者组货地海关提出出口申报前监管申请。

2. 经检疫合格的植物产品，有下列情形之一的，货主或者其代理人应当重新申报：

（1）更改输入国家（地区）的，且更改好的输入国家（地区）又有不同检疫要求的；

（2）改换包装或者原未拼装后来拼装的；

（3）超过检疫规定有效期的。

（三）产品相关要求

输出植物产品由海关实施检疫，经检疫合格或者经除害处理合格的，准予出境；检疫不合格又无有效方法作除害处理的，不准出境。

三、过境其他植物及其产品

1. 运输植物产品过境的，由承运人或者押运人持货运单和输出国家（地区）政府动植物检疫机关出具的检疫证书，在进境时向海关申报，出境口岸不再检疫。

2. 对过境植物产品，海关检查运输工具或者包装，经检疫合格的，准予过境；发现有病虫害的，作除害处理或者不准过境。《中华人民共和国进境植物检疫性有害生物名录》详见本书附录2-2。

3. 植物产品过境期间，未经海关批准，不得开拆包装或者卸离运输工具。

第五章
饲料、肥料、栽培介质

第一节　饲料和饲料添加剂

饲料，指经种植、养殖、加工、制作的供动物食用的产品及其原料，包括饵料用活动物、饲料用（含饵料用）冰鲜冷冻动物产品及水产品、加工动物蛋白及油脂、宠物食品及咬胶、饲草类、青贮料、饲料粮谷类、糠麸饼粕渣类、加工植物蛋白及植物粉类、配合饲料、添加剂预混合饲料等。

饲料添加剂，指饲料加工、制作、使用过程中添加的少量或者微量物质，包括营养性饲料添加剂、一般饲料添加剂等，不包含药物饲料添加剂。

加工动物蛋白及油脂，包括肉粉（畜禽）、肉骨粉（畜禽）、鱼粉、鱼油、鱼膏、虾粉、鱿鱼肝粉、鱿鱼粉、乌贼膏、乌贼粉、鱼精粉、干贝精粉、血粉、血浆粉、血球粉、血细胞粉、血清粉、发酵血粉、动物下脚料粉、羽毛粉、水解羽毛粉、水解毛发蛋白粉、皮革蛋白粉、蹄粉、角粉、鸡杂粉、肠膜蛋白粉、明胶、乳清粉、乳粉、蛋粉、干蚕蛹及其粉、骨粉、骨灰、骨炭、骨制磷酸氢钙、虾壳粉、蛋壳粉、骨胶、动物油渣、动物脂肪、饲料级混合油、干虫及其粉等。

一、进口饲料和饲料添加剂

（一）资质要求

1. 准入要求

海关总署对饲料和饲料添加剂实施检疫准入制度。

禁止从日本福岛县、群马县、栃木县、茨城县、宫城县、新潟县、长野县、琦玉县、东京都、千叶县10个都县进口饲料。

允许进口的饲料和饲料添加剂种类及输出国家或者地区名单可在海关总署动植物检疫司网站（http：//dzs.customs.gov.cn/）查询。

（1）允许进口的动物源性饲料、植物源性饲料种类及输出国家或者地区名单"允许进口饲料国家（地区）及产品名单"见本节后文，也可在海关总署动植物检疫司网站"企业信息—动物产品类—动物源性饲料"部分、"企业信息—植物产品类—植物源性饲料"部分、"检疫要求和警示信息"下"准予进口农产品名单"部分查询。

（2）允许进口饲料添加剂和预混料产品及输出国家（地区）名单"允许进口饲料添加剂和预混料国家（地区）产品及注册企业名单"，可在海关总署动植物检疫司网站"企业信息—动物产品类—饲料添加剂"部分查询。

2. 国外生产、加工、存放单位注册登记

海关总署对允许进口饲料的国家或者地区的生产企业实施注册登记制度，进口饲料应当来自注册登记的境外生产企业。办理指南见本书第十五章第一节、第二节。

其中，动物源性饲料逐步完成注册登记，具体要求见本节后文"允许进口饲料国家（地区）及产品名单（不含植物源性饲料原料）"中的境外生产加工企业注册登记情况。

已获得注册登记的企业名单可在海关总署动植物检疫司网站（http：//dzs.customs.gov.cn/）查询。动物源性饲料企业在"企业信息—动物产品类—动物源性饲料"部分查询；植物源性饲料企业在"企业信息—植物产品类—植物源性饲料"部分查询。

3. 进境动植物检疫审批

在《进出口饲料和饲料添加剂风险级别及检验检疫监管方式》（详见本节后文）清单中风险级别列为"Ⅰ级"或"Ⅱ级"的产品应办理进境动植物检疫审批。收货人应当在签订贸易合同前办理检疫审批手续，取得进境动植物检疫许可。办理指南见本书第十四章第二节、第三节。

4. 存放、加工场所检疫监督

海关总署对《进出口饲料和饲料添加剂风险级别及检验检疫监管方式》清单中风险级别列为"Ⅰ级"的饲料进口后的存放、加工场所实施检疫监督。办理指南见本书第十五章第七节。

（二）申报要求

1. 基本申报要求

货主或者其代理人应当在饲料入境前或者入境时向海关申报，申报时应当提供贸易合同、提单、装箱单、发票等，并随附以下文件：

（1）输出国家或者地区官方签发的检验检疫证书（适用于《进出口饲料和饲料添加剂风险级别及检验检疫监管方式》中进口检验检疫监管方式列明的产品，特定国家证书要求见本节后文"进口饲料产品检验检疫要求"）；

（2）原产地证书。

2. 其他申报要求

（1）进口日本饲料时，还应随附日本官方出具的原产地证明。

（2）饲料样品（重量、件数等特征符合饲料样品的管理要求）：

①免于核查输出国家或地区动植物检疫证书，但需提供产品动植物成分说明；

②饲料样品的用途说明。

3. 录入要求

（1）"Ⅰ级"或"Ⅱ级"的产品，需在产品资质栏目选取"325-进境动植物产品检疫许可证"，并填写许可证编号等信息。

（2）饲料产品申报时，"货物用途"应选择"18-饲用"。

（三）产品相关要求

实际货物的名称、数（重）量、包装、生产日期、集装箱号码、输出国家（地区）、生产企业名称和注册登记号等应与申报信息相符。

产品的包装、保存状况应良好，标签应符合饲料标签国家或地区标准。

产品应在保质期内，应无腐败变质现象。不应携带有害生物，不应携带土壤、动物尸体、动物排泄物等禁止进境物（详见本书附录2《中华人民共和国进境植物检疫性有害生物名录》）。

散装的进口饲料，进口企业应当在海关指定的场所包装并加施饲料标签后方可入境，直接调运到海关指定的生产、加工企业用于饲料生产的，免予加施标签。

国家对进口动物源性饲料的饲用范围有限制的，进入市场销售的动物源性饲料包装上应当注明饲用范围。

特定国家检验检疫要求，见本节"进口饲料产品检验检疫要求"。

（四）允许进口饲料国家（地区）及产品名单

允许进口动物源性饲料国家（地区）及产品名单见表5-1，允许进口植物源性饲料国家（地区）

及产品名单见表5-2。

表5-1 允许进口动物源性饲料国家（地区）及产品名单

（截至2021年8月）

国家（地区）		产品类别（名称）	境外生产加工企业注册登记情况
亚洲			
1	泰国	鱼粉/油	允许从注册登记企业（名单）进口
		宠物食品	允许从注册登记企业（名单）进口
		丰年虫卵	允许进口，逐步完成注册登记
		水产配合饲料	允许从注册登记企业（名单）进口
2	韩国	鱿鱼肝粉	允许进口，逐步完成注册登记
		饵料用南极磷虾	允许进口，逐步完成注册登记
		饲用蛋粉	允许从注册登记企业（名单）进口
		单细胞蛋白类	允许从注册登记企业（名单）进口
		水生动物配合饲料	允许从注册登记企业（名单）进口
3	朝鲜	活沙蚕（饵料）	允许进口，逐步完成注册登记
		活河虾（饵料）	允许进口，逐步完成注册登记
4	中国台湾	虾饲料（仅含水产动物源性成分）	允许进口，逐步完成注册登记
		鱼饲料（不含反刍动物源性成分）	允许进口，逐步完成注册登记
		猪饲料（仅含乳源性动物成分）	允许进口，逐步完成注册登记
		宠物食品	允许从注册登记企业（名单）进口
5	马来西亚	鱼粉/油	允许从注册登记企业（名单）进口
6	巴基斯坦	鱼粉/油	允许从注册登记企业（名单）进口
7	日本	鱼饲料（不含牛羊源性成分，乳成分除外）	允许进口，逐步完成注册登记
		天然矿物质类	允许从注册登记企业（名单）进口
8	菲律宾	宠物食品	允许从注册登记企业（名单）进口
9	哈萨克斯坦	丰年虫卵	允许进口，逐步完成注册登记
10	缅甸	鱼粉/油	允许从注册登记企业（名单）进口
11	越南	鱼粉/油	允许从注册登记企业（名单）进口
12	中国香港	猪油、猪油渣	允许从注册登记企业（名单）进口
13	蒙古国	马骨粉（粒）	允许从注册登记企业（名单）进口
14	吉尔吉斯斯坦	宠物食品生产用原料	允许从注册登记企业（名单）进口
15	乌兹别克斯坦	丰年虫卵	允许进口，逐步完成注册登记
		宠物食品	允许从注册登记企业（名单）进口
16	印度	鱼油鱼粉	允许从注册登记企业（名单）进口
		天然矿物质类	允许从注册登记企业（名单）进口

表5-1 续1

	国家（地区）	产品类别（名称）	境外生产加工企业注册登记情况
17	新加坡	天然矿物质类	允许从注册登记企业（名单）进口
欧洲			
18	荷兰	饲用乳制品	允许从注册登记企业（名单）进口
		饲用油脂	允许从注册登记企业（名单）进口
		宠物食品	允许从注册登记企业（名单）进口
		饲用明胶	允许从注册登记企业（名单）进口
		饲用猪肠黏膜蛋白	允许从注册登记企业（名单）进口
		天然矿物质类	允许从注册登记企业（名单）进口
		单细胞蛋白类	允许从注册登记企业（名单）进口
19	法国	乳清粉	允许进口，逐步完成注册登记
		宠物食品	允许从注册登记企业（名单）进口
		天然矿物质类	允许从注册登记企业（名单）进口
		单细胞蛋白类	允许从注册登记企业（名单）进口
20	比利时	宠物食品	允许从注册登记企业（名单）进口
		天然矿物质类	允许从注册登记企业（名单）进口
21	德国	乳清粉	允许进口，逐步完成注册登记
		宠物食品	允许从注册登记企业（名单）进口
		天然矿物质类	允许从注册登记企业（名单）进口
		单细胞蛋白类	允许从注册登记企业（名单）进口
22	丹麦	鱼粉/油	允许从注册登记企业（名单）进口
		宠物食品	允许从注册登记企业（名单）进口
23	俄罗斯	丰年虫卵	允许进口，逐步完成注册登记
		鱼粉/油	允许从注册登记企业（名单）进口
24	西班牙	饲用猪肠黏膜蛋白	允许从注册登记企业（名单）进口
		禽羽毛水解蛋白粉	允许从注册登记企业（名单）进口
		猪血蛋白粉	允许从注册登记企业（名单）进口
		单细胞蛋白类	允许从注册登记企业（名单）进口
		天然矿物质类	允许从注册登记企业（名单）进口
		宠物食品	允许从注册登记企业（名单）进口
25	爱尔兰	马饲料	允许从注册登记企业（名单）进口
26	捷克	配合饲料	允许从注册登记企业（名单）进口
		宠物食品	允许从注册登记企业（名单）进口
27	保加利亚	配合饲料	允许从注册登记企业（名单）进口
28	意大利	宠物食品	允许从注册登记企业（名单）进口
		天然矿物质类	允许从注册登记企业（名单）进口

表5-1 续2

	国家（地区）	产品类别（名称）	境外生产加工企业注册登记情况
29	匈牙利	单细胞蛋白类	允许从注册登记企业（名单）进口
30	英国	单细胞蛋白类	允许从注册登记企业（名单）进口
31	爱沙尼亚	单细胞蛋白类	允许从注册登记企业（名单）进口
32	瑞士	单细胞蛋白类	允许从注册登记企业（名单）进口
33	冰岛	鱼粉/油	允许从注册登记企业（名单）进口
34	挪威	鱼粉/油	允许从注册登记企业（名单）进口
35	奥地利	宠物食品	允许从注册登记企业（名单）进口
36	白俄罗斯	饲用乳制品	允许从注册登记企业（名单）进口
37	波兰	饲用乳制品	允许从注册登记企业（名单）进口
美洲			
38	美国	饲用乳制品	允许进口，逐步完成注册登记
		宠物食品	允许从注册登记企业（名单）进口
		非反刍动物源性饲料	允许从注册登记企业（名单）进口
		鱼粉/油	允许从注册登记企业（名单）进口
		丰年虫卵	允许进口，逐步完成注册登记
		配合饲料	允许从注册登记企业（名单）进口
		单细胞蛋白类	允许从注册登记企业（名单）进口
		天然矿物质类	允许从注册登记企业（名单）进口
39	智利	鱼饲料	允许从注册登记企业（名单）进口
		鱼油鱼粉	允许从注册登记企业（名单）进口
40	加拿大	冷冻虾产品	允许进口，逐步完成注册登记
		猪血浆蛋白粉	允许从注册登记企业（名单）进口
		宠物食品	允许从注册登记企业（名单）进口
		单细胞蛋白类	允许从注册登记企业（名单）进口
41	墨西哥	鱼粉/油	允许从注册登记企业（名单）进口
		天然矿物质类	允许从注册登记企业（名单）进口
42	秘鲁	鱼粉/油	允许从注册登记企业（名单）进口
43	巴西	宠物食品	允许从注册登记企业（名单）进口
		单细胞蛋白类	允许从注册登记企业（名单）进口
		天然矿物质类	允许从注册登记企业（名单）进口
44	阿根廷	鱼粉/油	允许从注册登记企业（名单）进口
		宠物食品	允许从注册登记企业（名单）进口
		饲用乳制品	允许从注册登记企业（名单）进口
		肉骨粉、血粉	允许从注册登记企业（名单）进口
		天然矿物质类	允许从注册登记企业（名单）进口

表5-1 续3

	国家（地区）	产品类别（名称）	境外生产加工企业注册登记情况
45	乌拉圭	肉骨粉	允许从注册登记企业（名单）进口
46	厄瓜多尔	鱼粉/油	允许从注册登记企业（名单）进口
47	巴拿马	鱼粉/油	允许从注册登记企业（名单）进口
大洋洲			
48	新西兰	鸡、牛、羊肉骨粉	允许进口，逐步完成注册登记
		鱼粉/油	允许从注册登记企业（名单）进口
		宠物食品	允许进口，逐步完成注册登记
		宠物食品生产用原料	允许从注册登记企业（名单）进口
49	澳大利亚	牛、羊油	允许进口，逐步完成注册登记
		宠物食品	允许从注册登记企业（名单）进口
		陆生动物蛋白	允许从注册登记企业（名单）进口
非洲			
50	南非	鱼粉/油	允许从注册登记企业（名单）进口
51	毛里求斯	鱼粉/油	允许从注册登记企业（名单）进口
52	摩洛哥	鱼粉/油	允许从注册登记企业（名单）进口
53	纳米比亚	鱼粉/油	允许从注册登记企业（名单）进口
54	毛里塔尼亚	鱼粉/油	允许从注册登记企业（名单）进口
55	刚果（布）	鱼粉/油	允许从注册登记企业（名单）进口

表5-2 允许进口植物源性饲料国家（地区）及产品名单

（截至2021年12月）

类型	种类	已准入国家或地区
籽实类粮食油籽	饲用高粱	阿根廷、缅甸、美国、澳大利亚、尼日利亚、墨西哥
	饲用豌豆	比利时、波兰、法国、荷兰、匈牙利、英国、缅甸、日本、印度、越南、南非、马拉维、阿根廷、加拿大、美国、新西兰
	饲用燕麦	俄罗斯、芬兰、美国、澳大利亚、马来西亚、英国
植物源饲料原料（粕渣麸糠类）	豆粕	韩国（发酵豆粕）、中国台湾（发酵膨化豆粕）、俄罗斯（粕/饼）、阿根廷
	菜籽粕	哈萨克斯坦、巴基斯坦、阿联酋、日本、埃塞俄比亚、澳大利亚、加拿大、印度、俄罗斯（粕/饼）、乌克兰（粕/饼）
	玉米酒糟粕	美国、保加利亚
	葵花籽粕	乌克兰、保加利亚、俄罗斯（粕/饼）
	花生粕	苏丹
	甜菜粕	乌克兰、美国、埃及、俄罗斯、白俄罗斯、德国、塞尔维亚
	米糠粕（饼）	泰国
	棕榈仁粕	泰国（粕/饼）、印度尼西亚、马来西亚
	棕榈脂肪粉	印度尼西亚、马来西亚

— 401 —

表5-2 续

类型	种类	已准入国家或地区
植物源饲料原料（粕渣麸糠类）	棉籽粕	坦桑尼亚（粕/壳）、巴西
	椰子粕	印度尼西亚、菲律宾
	辣椒粕	印度
	橄榄粕	西班牙
	扁桃壳颗粒	美国
	米糠	越南、美国、西班牙
	麦麸	哈萨克斯坦、蒙古国、法国、塞尔维亚、日本、马来西亚、新加坡、澳大利亚、印度尼西亚
	木薯渣	老挝、柬埔寨、泰国
	饲用小麦粉	哈萨克斯坦
	饲用大麦粉	哈萨克斯坦
	其他产品（深加工）	丹麦（大豆蛋白）、美国（过瘤蛋白）
饲草	苜蓿草	保加利亚、罗马尼亚、西班牙（包括颗粒）、哈萨克斯坦（包括颗粒）、苏丹、阿根廷、加拿大、美国、南非、意大利（包括颗粒）
	苜蓿干草块和颗粒	美国
	燕麦草	澳大利亚
	梯牧草	加拿大、美国
	天然饲草	蒙古国、立陶宛（青贮饲料）

（五）进出口饲料和饲料添加剂风险级别及检验检疫监管方式

进出口饲料和饲料添加剂风险级别及检验检疫监管方式见表5-3。

表5-3 进出口饲料和饲料添加剂风险级别及检验检疫监管方式

（2019年4月版，截至2022年1月1日无更新）

类别	种类	风险级别	进口检验检疫监管方式	出口检验检疫监管方式
动物源性饲料	饲料用活动物	Ⅰ级	进口前须申请并取得"进境动植物检疫许可证"；进口时查验检疫证书并实施检疫；对进口后的隔离、加工场所实施检疫监督	符合进口国家或地区的要求
	饲料用（含饵料用）冰鲜冷冻动物产品	Ⅰ级	进口前须申请并取得"进境动植物检疫许可证"；进口时查验检疫证书并实施检疫；对进口后的加工场所实施检疫监督	符合进口国家或地区的要求
	饲料用（含饵料用）水产品	Ⅲ级	进口时查验检疫证书并实施检疫	符合进口国家或地区的要求
	加工动物蛋白及油脂	Ⅱ级	进口前须申请并取得"进境动植物检疫许可证"（另有规定的按照相关要求执行）；进口时查验检疫证书并实施检疫	符合进口国家或地区的要求
	宠物食品和咬胶	生的宠物食品	Ⅰ级	进口前须申请并取得"进境动植物检疫许可证"；进口时查验检疫证书并实施检疫，对进口后的加工场所实施检疫监督	符合进口国家或地区的要求
		其他	Ⅱ级	进口前须申请并取得"进境动植物检疫许可证"（另有规定的按照相关要求执行）；进口时查验检疫证书并实施检疫	符合进口国家或地区的要求

表5-3 续

类别	种类		风险级别	进口检验检疫监管方式	出口检验检疫监管方式
植物源性饲料	饲料粮谷类		Ⅰ级	进口前须申请并取得"进境动植物检疫许可证";进口时查验检疫证书并实施检疫;对进口后的加工场所实施检疫监督	符合进口国家或地区的要求
	饲料用草籽		Ⅰ级	进口前须申请并取得"进境动植物检疫许可证";进口时查验检疫证书并实施检疫;对进口后的加工场所实施检疫监督	符合进口国家或地区的要求
	饲草类		Ⅱ级	进口前须申请并取得"进境动植物检疫许可证"(另有规定的按照相关要求执行);进口时查验检疫证书并实施检疫	符合进口国家或地区的要求
	加工植物蛋白、糠麸饼粕渣类	来自TCK疫区的麦麸	Ⅰ级	进口前须申请并取得"进境动植物检疫许可证";进口时查验检疫证书并实施检疫;对进口后的加工场所实施检疫监督	符合进口国家或地区的要求
		其他	Ⅱ级	进口前须申请并取得"进境动植物检疫许可证"(另有规定的按照相关要求执行);进口时查验检疫证书并实施检疫	符合进口国家或地区的要求
	青贮料		Ⅲ级	进口时查验检疫证书并实施检疫	符合进口国家或地区的要求
	植物粉类		Ⅲ级	进口时查验检疫证书并实施检疫	符合进口国家或地区的要求
配合饲料			Ⅱ级	进口前须申请并取得"进境动植物检疫许可证"(另有规定的按照相关要求执行);进口时查验检疫证书并实施检疫	符合进口国家或地区的要求
饲料添加剂、添加剂预混合饲料	含动物源性成分		Ⅱ级	进口前须申请并取得"进境动植物检疫许可证"(另有规定的按照相关要求执行);进口时查验检疫证书并实施检疫	符合进口国家或地区的要求
	不含动物源性成分但含植物源性成分		按所含的植物源性成分分级	参照对应植物源性成分的监管方式	符合进口国家或地区的要求
	其他		Ⅳ级	进口时实施检疫	符合进口国家或地区的要求

(六)进口饲料产品检验检疫要求

进口饲料产品检验检疫要求见表5-4。

表5-4 进口饲料产品检验检疫要求

(截至2022年1月1日)

序号	产品	原产国家	产品要求	证书要求
1	苜蓿草	意大利	输往中国的苜蓿草(*Medicago sativa* L.)是指在意大利生产的脱水苜蓿草捆和颗粒	意方出具的证书附加声明中应注明:"This consignment complies with GACC-MIPAAFT Protocol of Phytosanitary Requirements for Italian Alfalfa Hay to Be Exported to China."("该批货物符合'中华人民共和国海关总署与意大利共和国农业、食品、林业政策与旅游部关于意大利苜蓿草输华安全卫生条件的议定书'要求。")

表5-4 续1

序号	产品	原产国家	产品要求	证书要求
2	青贮饲草	立陶宛	输往中国的青贮饲草（haylage）是指在立陶宛种植、青贮、分拣包装的人工栽培牧草，包括多花黑麦草（Lolium multiflorum）、多年生黑麦草（Lolium perenne）、草甸羊茅（Festuca pratensis）、紫羊茅（Festuca rubra）、梯牧草（Phleum pratense）、草地早熟禾（Poa pratensis）、红三叶草（Trifolium pratense）、白三叶草（Trifolium repens）、羊茅黑麦草（Festulolium braunii）、苜蓿草（Medicago sativa）。青贮饲草离境前，立方应按照议定书要求对输华青贮饲草进行检疫，经检疫合格或经熏蒸除害处理合格的青贮饲草准予向中国出口	1. 每批输华青贮饲草，立方应依照国际植物检疫措施标准第12号（ISPM 12）出具植物检疫证书，注明青贮饲草的品名、重量、产地（精确到省）、加工厂的名称及注册号、目的地、发货人及收货人的名称及地址、集装箱号。对于离境前实施熏蒸处理的，立方还应在证书"处理（Treatment）"栏中注明所采取熏蒸剂名称、熏蒸处理的药剂浓度、处理温度及持续时间、熏蒸气压等信息。 2. 立方出具的证书附加声明中应注明："This consignment is in compliance with SFVS－MoA－GACC Protocol of Veterinary and Phytosanitary Requirements for Lithuanian Haylage to Be Exported to China."（"该批货物符合'中华人民共和国海关总署与立陶宛共和国农业部、食品兽医局关于立陶宛青贮饲草输华卫生与植物卫生条件的议定书'要求。"）
3	葵花籽粕	保加利亚	葵花籽粕（Sunflower seed meal），又称葵花粕，是指葵花籽经压榨和浸出等工艺制取分离油脂后的残余物	每批输华葵花籽粕，保方应依照国际植物检疫措施标准第12号（ISPM 12）出具植物检疫证书。证书上应注明生产企业名称和注册登记号码、集装箱号码或船舶名称（散装船运时）等信息；输出前或运输途中经除害处理的，应注明除害处理方式及处理指标等信息，并在附加声明栏注明："This consignment is in compliance with Protocol of Safety and Sanitary Requirements for Bulgarian Sunflower Seed Meal to be Exported to China Between the General Administration of Customs of the People's Republic of China and the Ministry of Agriculture, Food and Forestry of the Republic of Bulgaria."（"该批货物符合'中华人民共和国海关总署与保加利亚共和国农业、食品和林业部关于保加利亚葵花籽粕输华安全与卫生条件议定书'要求。"）
4	辣椒粕	印度	辣椒粕（Chilli spent）是指在印度生产的辣椒果皮，经溶剂萃取工艺提取辣椒红素和辣椒素后的副产品，不含辣椒枝、叶等其他组织的回填物	每批输华辣椒粕应经印度共和国商业与工业部出口检验委员会（EIC）检验合格并出具"安全卫生声明"，且由印度农业与农民福利部依照国际植物检疫措施标准第12号（ISPM 12）出具植物检疫证书。植物检疫证书上应注明生产企业名称和注册登记号码、集装箱号码或船舶名称等信息。如输出前经除害处理的，应注明除害处理方式及处理指标等信息，并在附加声明栏注明："The shipment is in accord with Protocol of Sanitary and Phytosanitary Regulations on importing India Chilli Spent, between General Administration of Customs, People's Republic of China (GACC) and the Export Inspection Council (EIC) Ministry of Commerce and Industry, Government of India, free from quarantine pests of China concern."（"该批货物符合'中华人民共和国海关总署与印度共和国商业与工业部出口检验委员会关于印度辣椒粕输华卫生与植物卫生条件议定书'的规定，不带有中国关注的检疫性有害生物。"）

表5-4 续2

序号	产品	原产国家	产品要求	证书要求
5	甜菜粕、大豆粕（饼）、油菜籽粕（饼）、葵花籽粕（饼）	俄罗斯	甜菜粕（Sugar beet pulp）、大豆粕（饼）（Soybean meal）、油菜籽粕（饼）（Rapeseed meal）、葵花籽粕（饼）（Sunflower meal）是指俄罗斯联邦境内种植的甜菜根、大豆、油菜籽、葵花籽经压榨、浸提、干燥等工艺分离糖或油脂后而生产的副产品	1. 每批粕/饼应附有俄方颁发的植物检疫证书。植物检疫证书应按照国际植物检疫措施标准第12号（ISPM 12）要求出具。证书应包括以下信息：经批准的注册生产企业的名称及其注册号，运输方式与相应的物流信息；如果货物在运输之前或运输过程中进行熏蒸，则应标明处理方法和相关参数。 2. 植物检疫证书的"附加声明"应注明："The consignment complies with the requirements specified in the Protocol between the General Administration of Customs of the People's Republic of China and the Federal Service for Veterinary and Phytosanitary Surveillance (the Russian Federation) on phytosanitary requirements for the export of beetroot pulp from the Russian Federation to the People's Republic of China."（"该货物符合'中华人民共和国海关总署与俄罗斯联邦兽医与植物卫生监督局关于俄罗斯甜菜粕输华卫生与植物卫生要求议定书'要求。"）或注明："The consignment complies with the requirements specified in the Protocol between the General Administration of Customs of the People's Republic of China and the Federal Service for Veterinary and Phytosanitary Surveillance (the Russian Federation) on phytosanitary requirements for the export of soybean, rapeseed, sunflower meals, cakes from the Russian Federation to the People's Republic of China."["该货物符合'俄罗斯联邦兽医与植物卫生监督局与中华人民共和国海关总署关于俄罗斯大豆粕（饼）、油菜籽粕（饼）、葵花籽粕（饼）输华卫生与植物卫生要求议定书'要求。"]
6	豆粕	阿根廷	阿根廷豆粕（Soybean meal）是指在阿根廷境内种植的大豆经压榨和浸出等工艺制取分离油脂后的副产品	1. 每批输华豆粕应随附阿根廷农牧渔业部下属的国家农业食品质量卫生局（SENASA）出具的符合国际植物检疫措施标准第12号要求的植物检疫证书。植物检疫证书应注明加工厂名称和注册登记号码、集装箱或运输工具号码等信息；如果豆粕在输出前或运输途中经除害处理的，应注明除害处理方式及处理指标等信息。 2. 植物检疫证书的"附加声明"应注明："This consignment complies with the requirements described in the protocol of sanitary and phytosanitary requirements for the export of soybean meal from the the Republic of Argentine to the People's Republic of China."（"该批货物符合'中华人民共和国海关总署与阿根廷农牧渔业部关于阿根廷豆粕输华卫生与植物卫生要求议定书'要求。"）

表5-4 续3

序号	产品	原产国家	产品要求	证书要求
7	甜菜粕	白俄罗斯	甜菜粕（Sugar beet pulp）是指在白俄罗斯共和国境内种植的甜菜块根经清洗、切割、压榨、干燥、造粒等工艺分离糖后而生产的副产品	1. 每批输华甜菜粕应随附白俄罗斯农业和食品部（MOAFB）出具的符合国际植物检疫措施标准第12号（ISPM 12）要求的植物检疫证书。证书上应注明生产企业名称和注册登记号码、集装箱（车厢）号码或船舶名称（散装船运时）等信息；如果甜菜粕在输出前或运输途中经除害处理的，应注明除害处理方式及处理指标等信息。 2. 植物检疫证书的"附加声明"应用英文注明："The consignment complies with the requirements of the Protocol of sanitary and phytosanitary requirements for the export of the sugar beet pulp from the Republic of Belarus to the People's Republic of China between the General Administration of Customs of the People's Republic of China and the Ministry of Agriculture and Food of the Republic of Belarus and is free from quarantine pests of China's concern."（"该批货物符合'中华人民共和国海关总署与白俄罗斯共和国农业和食品部关于白俄罗斯甜菜粕输华卫生与植物卫生要求议定书'要求，不带中方关注的检疫性有害生物。"）
8	棉籽粕	巴西	棉籽粕（Cottonseed meal）是指在巴西境内种植的棉籽经压榨、浸提等工艺分离油脂后而生产的副产品	1. 每批输华棉籽粕应随附巴西农牧业和食品供应部（MAPA）出具的符合国际植物检疫措施标准第12号要求的植物检疫证书。植物检疫证书应注明加工厂名称和注册登记号码、集装箱或运输工具号码等信息。出口前或运输途中经除害处理的，应注明除害处理方式及处理指标等信息。 2. 植物检疫证书的"附加声明"应注明："This consignment complies with the requirements described in the protocol of sanitary and phytosanitary requirements for the export of cottonseed meal from the Federative Republic of Brazil to the People's Republic of China."（"该批货物符合'中华人民共和国海关总署与巴西联邦共和国农牧业和食品供应部关于巴西棉籽粕输华卫生与植物卫生要求议定书'的要求。"）
9	橄榄粕	西班牙	橄榄粕（Olive paste）是指在西班牙境内种植的橄榄果经压榨、浸提等工艺分离油脂后而产生的副产品，不含橄榄枝、叶等其他组织的回填物	1. 每批输华橄榄粕应随附西班牙农业、渔业和食品部（MAPA）出具的符合国际植物检疫措施标准第12号（ISPM 12）要求的植物检疫证书。证书上应注明经批准的生产企业名称及其注册号、运输方式与相应的物流信息；如果货物在运输之前或运输过程中进行熏蒸，则应标明处理方法和相关参数。 2. 植物检疫证书的"附加声明"应注明："This consignment complies with the requirements specified in the Protocol on Sanitation and Phytosanitary Requirements for Spanish Olive paste Exported to China between the General Administration of Customs of the People's Republic of China and the Ministry of Agriculture, Fisheries and Food of Spain and is free from quarantine pests of China's concern."（"该批货物符合'中华人民共和国海关总署与西班牙农业、渔业和食品部关于西班牙橄榄粕输华卫生与植物卫生要求议定书'要求，不得带有中方关注的检疫性有害生物。"）

表5-4 续4

序号	产品	原产国家	产品要求	证书要求
10	饲用小麦粉	哈萨克斯坦	饲用小麦粉是指在哈萨克斯坦生产的春小麦经加工而获得的精细粉状饲料原料（小麦全粉，含麸皮）	饲用小麦粉向中国出口前，哈方应对其进行检验检疫，并对每批符合议定书要求的饲用小麦粉出具植物检疫证书，注明原料小麦产区，并在附加声明栏中使用中文或英文注明："该植物检疫证书所证明的饲用小麦粉符合中哈双方于2019年11月4日签署的'中华人民共和国海关总署与哈萨克斯坦共和国农业部关于哈萨克斯坦饲用小麦粉输华植物检疫要求议定书'列明的要求。"（"The wheat flour for feed covered by this phytosanitary certificate complies with the requirements of the Protocol between General Administration of Customs of People's Republic of China and Ministry of Agriculture of the Republic of Kazakhstan on Phytosanitary Requirements for The Export of wheat flour for feed From The Republic of Kazakhstan to The People's Republic of China, on November 4, 2019."）植物检疫证书的格式应由双方事先核实
11	油菜籽粕（饼）	乌克兰	油菜籽粕（饼）（Rapeseed meal）是指在乌克兰境内种植的油菜籽经压榨、浸提等工艺分离油脂后而生产的副产品	1. 每批输华油菜籽粕（饼）应随附乌克兰国家食品安全和消费者保护局（SSUFSCP）出具的植物检疫证书和国际兽医证书。植物检疫证书应符合国际植物检疫措施标准第12号（ISPM 12）要求，并注明生产加工企业名称和注册登记号码、集装箱号码或船舶名称（散装船运时）等信息；如输出前经除害处理的，应注明除害处理方式及处理指标等信息。 2. 植物检疫证书的附加声明应注明："The consignment complies with the requirements of Protocol of Sanitary and Phytosanitary Requirements for the Export of the Rapeseed Meal from Ukraine to the People's Republic of China between the General Administration of Customs of the People's Republic of China and the State Service of Ukraine on Food Safety and Consumer Protection and is free from quarantine pests of China's concern."["该批货物符合'中华人民共和国海关总署与乌克兰国家食品安全和消费者保护局关于乌克兰油菜籽粕（饼）输华卫生与植物卫生要求议定书'要求，不带有中方关注的检疫性有害生物。"]
12	米糠粕（饼）、棕榈仁粕（饼）	泰国	米糠粕（饼）（Rice Bran meal/cake）、棕榈仁粕（饼）（Plam Kernel meal/cake）是指原产于泰国的米糠和棕榈仁，经过榨油工艺后生产的副产品	1. 每批输华米糠粕（饼）、棕榈仁粕（饼）应随附泰王国农业与合作社部（MOAC）出具的符合国际植物检疫措施标准第12号要求的植物检疫证书。植物检疫证书应注明加工企业名称和注册登记号码、集装箱或运输工具号码等信息。输出前或运输途中经除害处理的，应注明除害处理方式及处理指标等信息。 2. 植物检疫证书的附加声明应注明："The consignment complies with the requirements described in the Protocol of Sanitary and Phytosanitary Requirements of Importing Thailand Rice Bran Meal/Cake and Palm Kernel Meal/Cake between the General Administration of Customs of the People's Republic of China and the Ministry of Agriculture and Cooperatives of the Kingdom of Thailand."["该批货物符合'中华人民共和国海关总署与泰王国农业与合作社部关于泰国米糠粕（饼）、棕榈仁粕（饼）输华卫生与植物卫生要求议定书'要求。"]

表5-4 续5

序号	产品	原产国家	产品要求	证书要求
13	玉米酒糟粕	保加利亚	玉米酒糟粕（Distiller's dried grains with solubles, DDGS），是指以玉米为原料，通过与酵母、酶等混合发酵制取乙醇的过程中，其工业副产品干酒精糟（Distillers Dried Grains, DDG）和可溶干酒糟（Distillers Dried Soluble, DDS）的统称	1. 每批输华玉米酒糟粕应随附保加利亚共和国农业、食品和林业部指定的食品安全局（BFSA）出具的兽医卫生证书和符合国际植物检疫措施标准第12号要求的植物检疫证书。植物检疫证书应注明生产加工企业名称和注册登记号码、集装箱号码等信息；如果玉米酒糟粕在输出前或运输途中经除害处理的，应注明除害处理方式及处理指标等信息。 2. 植物检疫证书的附加声明应注明："This consignment is in compliance with Protocol of Sanitary and Phytosanitary Requirements for Bulgarian Distiller's Dried Grains with Solubles（DDGS）to be Exported to China Between the General Administration of Customs of the People's Republic of China and the Ministry of Agriculture, Food and Forestry of the Republic of Bulgaria."［"该批货物符合'中华人民共和国海关总署与保加利亚共和国农业、食品和林业部关于保加利亚玉米酒糟粕（DDGS）输华卫生与植物卫生要求议定书'要求。"］
14	苜蓿饲草	美国	苜蓿饲草	1. 美国动植物检疫局（APHIS）应按照规定对输华苜蓿饲草在离境前进行抽样检疫。经检疫合格的，按照国际标准要求格式出具官方植物检疫证书，注明饲草的品名（如"苜蓿饲草"）、重量、目的地、发货人及收货人的名称及地址、集装箱号、加工厂的名称［加工厂注册号可在"识别标志（Distinguishing Mark）"栏注明］以及在"产地（Origin）"栏内注明产地州及县；经检疫发现活的虫体，应不准许输往中国或经熏蒸除害处理合格后准许向中国出口。对于离境前实施熏蒸处理的，APHIS还应在证书中注明所采取化学药剂熏蒸处理的浓度及持续时间等信息。 2. APHIS要在出具的植检证书附加声明中注明："该批货物经检疫，符合中国关于进境苜蓿草的卫生和植物卫生要求，不带有中方关注的检疫性有害生物。"
15	菜籽粕	印度	菜籽粕（Rapeseed meal）是指在印度生产的油菜籽，经压榨和浸出等工艺制取分离油脂后的残余物	1. 经植物检疫合格的，印方应出具官方植物检疫证书。 2. 输华菜籽粕应进行理化指标、重金属、农药残留、微生物、真菌毒素、放射性残留等项目检测，并随附印度共和国商业与工业部出口检验委员会（EIC）出具的"安全卫生声明"
16	菜籽粕	哈萨克斯坦	菜籽粕（Rapeseed meal）是指在哈萨克斯坦生产的油菜籽经压榨和浸出等工艺制取分离油脂后的残余物	经植物检疫合格的，每批输华菜籽粕应随附哈方出具的符合国际植物检疫措施标准第12号要求的植物检疫证书。植物检疫证书应注明生产加工企业名称和注册登记号码、集装箱或运输工具号码等信息；输出前或运输途中经除害处理的，应注明除害处理方式及处理指标等信息；并在附加声明中注明："该批货物符合'中华人民共和国海关总署与哈萨克斯坦共和国农业部关于哈萨克斯坦菜籽粕输华卫生与植物卫生条件的议定书'要求。"

表5-4 续6

序号	产品	原产国家	产品要求	证书要求
17	苜蓿草	哈萨克斯坦	苜蓿草（Medicago sativa L.），是指哈萨克斯坦生产的苜蓿干草捆及其颗粒	1. 经检疫合格的苜蓿草，哈方应按照国际植物检疫措施标准第12号（ISPM 12）的要求出具官方植物检疫证书。植物检疫证书必须包括发货人的名称、集装箱号、产地、加工厂名称及注册号。对于离境前实施熏蒸处理的，哈方还应在证书"处理（Treatment）"栏中注明所采取化学药剂熏蒸处理的浓度及持续时间等信息。 2. 植物检疫证书附加声明中应注明："该批货物符合'中华人民共和国海关总署与哈萨克斯坦共和国农业部关于哈萨克斯坦共和国苜蓿干草输华卫生与植物卫生条件的议定书'要求。"
18	苜蓿草	南非	苜蓿草（Medicago sativa L.），是指在南非生产、经高压压缩的苜蓿草捆	1. 苜蓿草离境前，南方应按照议定书要求对输华苜蓿草进行检疫，对经检疫合格的苜蓿草按照国际植物检疫措施标准第12号（ISPM 12）的要求出具官方植物检疫证书。对于离境前实施熏蒸处理的，南方还应在证书"处理（Treatment）"栏中注明所采取熏蒸剂名称、熏蒸处理的浓度、温度及熏蒸持续时间等信息。 2. 植物检疫证书附加声明中应注明："该批货物符合'中华人民共和国海关总署与南非共和国农林渔业部关于南非苜蓿草输华的卫生与植物卫生条件的议定书'要求。"
19	甜菜粕	埃及	甜菜粕（Sugar beet pulp）是指埃及生产的甜菜块根经清洗、扩散、挤压、干燥和制粒等工艺分离蔗糖后的制糖残余物干燥颗粒	每批输华甜菜粕，埃方应依照国际植物检疫措施标准第12号（ISPM 12）出具植物检疫证书。证书上应注明生产企业名称和注册登记号码、集装箱号码或船舶名称（散装船运时）等信息；输出前或运输途中经除害处理的，应注明除害处理方式及处理指标等信息，并在附加声明栏注明："The consignment is free form quarantine pests of China concern and complies with the requirements of the Memorandum of Understanding for sanitary and phytosanitary requirements for the export of sugar beet pulp from Egypt to China between the Ministry of Agriculture and Land Reclamation of the Arab Republic of Egypt and the General Administration of Customs of the People's Republic of China."（"该批货物符合'中华人民共和国海关总署与埃及农业与土地开垦部关于埃及甜菜粕输华卫生与植物卫生条件的谅解备忘录'要求，不带有中方关注的检疫性有害生物。"）
20	饲用高粱	尼日利亚	高粱（学名Sorghum bicolor，英文名Sorghum）是指产自尼日利亚，输往中国用于饲用加工的高粱籽实，不作种植用途	出口前，尼方应对输华高粱进行检验检疫。对符合议定书要求的，出具植物检疫证书，并在附加声明栏中注明："该批货物符合'尼日利亚高粱输华植物检疫要求议定书'要求，不带有中方关注的检疫性有害生物。"（"The consignment meets the requirements established in the Protocol of Phytosanitary Requirements for the Export of sorghum from Nigeria to China and has been inspected in order to avoid the presence of the quarantine pests of concern to China."）同时，注明出口前供货仓储企业名称及地点

表5-4 续7

序号	产品	原产国家	产品要求	证书要求
21	甜菜粕	德国	甜菜粕（Dried sugar beet pulp pellets）是指在由德国境内种植的甜菜经制糖工艺提取糖分之后的残余物制成的副产品，包括添加糖蜜和未添加糖蜜的产品。德国官方主管部门应在出口前对输华甜菜粕实施检验检疫，确保其符合中国进境植物检疫法律法规和饲料安全卫生标准的要求	每批输华甜菜粕应随附德国植物卫生主管部门（NPPO）依照国际植物检疫措施标准第12号（ISPM 12）出具的植物检疫证书。植物检疫证书附加声明中注明："The shipment is in accord with Protocol of Sanitary and Phytosanitary Requirements for the Export of dried sugar beet pulp pellets from Germany to China between GACC and BMEL, free from phytosanitary quarantine pests of China's concern."（"该批货物符合'中华人民共和国海关总署与德意志联邦食品和农业部关于德国甜菜粕输华卫生与植物卫生要求议定书'规定，不带有中方关注的检疫性有害生物。"）同时注明生产加工企业名称和注册登记号码、集装箱号码或运输工具名称（散装运输时）等信息；如输出前经除害处理的，应注明除害处理方式及处理指标等信息
22	苜蓿干草块和颗粒	美国	苜蓿干草块或颗粒（学名 Medicago sativa L.）是指经高温和高压处理的苜蓿干草块或颗粒。输华苜蓿干草块或颗粒离境前，USDA 将对货物进行现场检疫，如果发现活的有害生物，该批货物不得输往中国。USDA 只允许经检疫合格或经熏蒸处理合格的苜蓿干草块或颗粒向中国出口	每批输华苜蓿干草块或颗粒应随附 USDA 出具的符合国际植物检疫措施标准要求的植物检疫证书。植物检疫证书的附加声明中应注明："The consignment complies with Protocol of Phytosanitary Requirements for the Export of Alfalfa Hay Cubes and Pellets from U. S. A. to China, and is free from the quarantine pests of concern to China."（"该批货物符合美国苜蓿干草块和颗粒输华植物检疫要求议定书规定，不带有中方关注的检疫性有害生物。"）植物检疫证书上还应注明加工企业名称和注册登记号、集装箱号码或船舶名称（散装船运时）等信息。输出前或运输途中经除害处理的，应注明除害处理方式及处理指标等信息
23	扁桃壳颗粒	美国	扁桃（学名 Prunus dulcis, 异名 Amygdalus communis）壳颗粒是指扁桃分离出的果荚和果壳经研磨或（和）压缩，并在高温高压下烘干处理制成的块和颗粒。输华扁桃壳颗粒在离境前，USDA 或 USDA 授权人员对货物进行现场检疫，如果发现活的有害生物，则该批货物不得输往中国。USDA 只允许经检疫合格或经熏蒸处理合格的扁桃壳颗粒向中国出口。检疫发现活的有害生物的货物需实施熏蒸处理	植物检疫证书的附加声明中应注明："The consignment complies with Protocol of Phytosanitary Requirements for the Export of Almond Meal Cubes and Pellets from U. S. A. to China, and is free from the quarantine pests of concern to China."（"该批货物符合'美国扁桃壳颗粒输华植物检疫要求议定书'规定，不带有中方关注的检疫性有害生物。"）证书上还应注明加工企业名称和注册登记号、集装箱号码或船舶名称（散装船运时）等信息。输出前或运输途中经除害处理的，应注明除害处理方式及处理指标等信息

表5-4 续8

序号	产品	原产国家	产品要求	证书要求
24	梯牧干草	美国	梯牧干草（学名 *Phleum pratense* L.）是指经二次压缩生产的梯牧干草捆。梯牧干草离境前，USDA 或 USDA 授权人员对货物进行现场检疫，对经检疫合格的梯牧干草，按照国际标准格式出具官方植物检疫证书。如经检疫发现活的有害生物，该批梯牧干草不得输往中国。USDA 只允许经检疫合格或经熏蒸处理合格的梯牧干草向中国出口	植物检疫证书的附加声明中应注明："The consignment complies with Protocol of Phytosanitary Requirements for the Export of Timothy Hay from U.S.A. to China, and is free from the quarantine pests of concern to China."（"该批货物符合'美国梯牧干草输华植物检疫要求议定书'规定，不带有中方关注的检疫性有害生物。"）对于离境前实施熏蒸处理的，应注明熏蒸日期、熏蒸方式、使用的化学药剂、熏蒸的时间及温度、药剂浓度和熏蒸气压。如在美国境内经过转运，还应注明转运仓库的名称及注册号
25	甜菜粕	塞尔维亚	甜菜粕（Pellet Beet Pulp），是指在塞尔维亚境内种植的甜菜，经清洗、切割、压榨、干燥、造粒等工艺分离糖后的残余物制成的副产品。经 MAFWM（塞尔维亚农业、林业和水管理部）检验检疫合格的甜菜粕允许向中国出口	每批输华甜菜粕应随附由 MAFWM 按照国际植物检疫措施标准第 12 号出具的植物检疫证书，植物检疫证书附加声明中注明："This consignment complies with the requirements of the Protocol of sanitary and phytosanitary requirements for the export of pellet beet pulp from Serbia to China between the General Administration of Customs of the People's Republic of China and the Ministry of Agriculture, Forestry and Water Management of the Republic of Serbia, and is free from quarantine pests of China's concern."（"该批货物符合'中华人民共和国海关总署与塞尔维亚共和国农业、林业和水管理部关于塞尔维亚甜菜粕输华卫生与植物卫生要求议定书'要求，不带有中方关注的检疫性有害生物。"）同时注明加工企业名称和注册登记号码、集装箱（车厢）号码或船舶名称（散装船运时）等信息；如出口前或运输途中作除害处理的，应注明除害处理方式及处理指标等信息
26	配合饲料	捷克	配合饲料是指根据养殖动物营养需要，将多种饲料原料和饲料添加剂按照一定比例配制的饲料	捷克官方应对输华配合饲料进行检验检疫监督管理，并出具卫生证书，证明配合饲料符合双边议定书的要求。向中国出口的每批配合饲料均须随附一份正本官方卫生证书
27	饲用大麦粉	哈萨克斯坦	饲用大麦粉是指在哈萨克斯坦生产的大麦经加工而获得的精细粉状饲料原料（大麦全粉，含麸皮）。用于生产输华饲用大麦粉的大麦应当符合 2018 年 11 月 22 日签署的"中华人民共和国海关总署与哈萨克斯坦共和国农业部关于哈萨克斯坦饲用大麦输华植物检疫要求议定书"要求，并来自经中华人民共和国海关总署注册登记的仓储企业	经哈方检验检疫合格的饲用大麦粉允许向中国出口。每批输华饲用大麦粉应随附由哈方出具的植物检疫证书，并在附加声明栏中使用中文或英文注明："该批货物符合中华人民共和国海关总署和哈萨克斯坦共和国农业部关于哈萨克斯坦饲用大麦粉输华植物检疫要求的议定书的要求，不带中方关注的检疫性有害生物（2021 年 7 月 27 日签署）。"（"Feeding barley powder covered by this phytosanitary certificate complies with the requirements of the Protocol between the General Administration of Customs of the People's Republic of China and the Ministry of Agriculture of the Republic of Kazakhstan on phytosanitary requirements for the export of barley powder for feed from the Republic of Kazakhstan to the People's Republic of China, dated July 27, 2021."）

表5-4 续9

序号	产品	原产国家	产品要求	证书要求
28	饲用乳制品	波兰	饲用乳制品是指由蔬菜成分、维生素预混合饲料、益生菌以及其他中国与波兰法律准许使用的非动物源性原料与乳清、乳酪、脱脂乳等混合制成的饲用乳制品，以及由不含以上原料的乳清、乳酪、脱脂乳等制成的饲用乳制品	波兰官方负责对输华饲用乳制品实施检验检疫，并出具卫生证书，证明其符合双方议定书的要求。向中国出口的每批饲用乳制品均须随附一份正本官方卫生证书

二、出口饲料和饲料添加剂

（一）资质要求

出口饲料生产企业注册登记：海关总署对出口饲料的出口生产企业实施注册登记制度，输入国家或地区有注册登记要求的，出口饲料应当来自注册登记的出口生产企业。办理指南见本书第十五章第三节、第四节。

（二）申报要求

1. 基本申报要求

饲料出口前，货主或者代理人应当凭贸易合同、出厂合格证明等单证向属地海关提出出口申报前监管申请。海关对所提供的单证进行审核，符合要求的受理申报。

出厂合格证明指注册登记的出口饲料或者饲料添加剂生产、加工企业出具的，证明其产品经本企业自检自控体系评定为合格的文件。

2. 录入要求

饲料产品申报时，"货物用途"应选择"18-饲用"。

（三）产品相关要求

出口饲料产品应符合进口国家或地区的要求，应货证相符。需要注册登记的，相关单证所载内容和产品标识信息应与注册登记信息一致。

出口饲料产品包装、容器应完好，标签应符合要求，不应腐败变质，不应携带有害生物，不应携带土壤、动物尸体、动物排泄物等。

三、过境动物源性饲料

运输饲料过境的，承运人或者押运人应当持货运单和输出国家或者地区主管部门出具的证书，向入境口岸海关申报，并书面提交过境运输路线。

装载过境饲料的运输工具和包装物、装载容器应当完好，经入境口岸海关检查，发现运输工具或者包装物、装载容器有可能造成途中散漏的，承运人或者押运人应当按照口岸海关的要求，采取密封措施；无法采取密封措施的，不准过境。

输出国家或者地区未被列入允许进口的国家或者地区名单的，应当获得海关总署的批准方可过境。

过境的饲料，由入境口岸海关查验单证，核对货证相符，加施封识后放行，并通知出境口岸海关，由出境口岸海关监督出境。

第二节　栽培介质

栽培介质，指除土壤外的所有由一种或几种混合的具有贮存养分、保持水分、透气良好和固定植物等作用的人工或天然固体物质。

一、进境栽培介质

(一) 资质要求

1. 国外生产、加工、存放单位注册登记

海关总署对向中国输出贸易性栽培介质的国外生产、加工、存放单位实行注册登记制度。办理指南见本书第十五章第二节。

进口有机栽培介质国外供货企业名单可在海关总署动植物检疫司网站（http：//dzs.customs.gov.cn/）"企业信息—植物产品类—其他植物产品"查询。

2. 进境动植物检疫审批

海关总署对进境栽培介质实行检疫审批制度。使用进境栽培介质的单位必须在贸易合同或协议签订前办理检疫审批手续，取得进境动植物检疫许可。办理指南见本书第十四章第三节。

低风险栽培介质免于办理，包括：陶瓷土粉、植物生长营养液（不含动物成分或未经加工的植物成分和有毒有害物质）、森林凋落物（经化学处理的、未经化学处理的）、泥炭（草炭）、泥煤、苔藓及地衣、椰糠（条/块）、软木碎/粒/粉及锯末等。

(二) 申报要求

1. 基本申报要求

货主或者其代理人应当在栽培介质进境前向进境口岸海关申报，除贸易合同、提单、装箱单、发票等贸易凭证外，按要求提供输出国家或地区官方植物检疫证书［经高温、高压等自然生成的泥炭（泥煤）、苔藓（地衣）、泥炭藓有机栽培介质，免于核查输出国家或地区动植物检疫证书，需提供国外生产加工企业为海关总署动植物检疫司批准的优良企业的证明材料］。

2. 录入要求

需在产品资质栏目选取"325-进境动植物产品检疫许可证"（需要办理时），并填写许可证编号等信息。

(三) 产品相关要求

进境栽培介质中不得带有土壤，也不应带有病原真菌、细菌和线虫、昆虫、软体动物及其他有害生物。

带有栽培介质的进境参展盆栽植物必须具备严格的隔离措施。进境时应更换栽培介质并对植物进行洗根处理，如确需保活而不能进行更换栽培介质处理的盆栽植物，必须按有关规定向海关总署办理进口栽培介质审批手续，但无须预先提供样品。

带有栽培介质的进境参展植物在参展期间由参展地海关进行检疫监管；展览结束后需要在国内销售的，应按有关贸易性进境栽培介质检疫规定办理。

二、出境栽培介质

出境栽培介质，可按照第四章第六节"其他植物产品"有关要求办理。

第三节　植物源性肥料

植物源性肥料，是指来源于植物源材料，施用于土壤并为生长植物提供、保持、改善营养的有机物质，包括有机肥、生物有机肥等。

一、进境植物源性肥料

（一）资质要求

1. 国外生产、加工、存放单位注册登记

国外植物源性肥料生产供应者，应申请获得海关总署检疫注册登记。注册登记可选择采取以下方式进行：一是国外官方植物检疫部门注册后，向海关总署推荐确认；二是通过国内进口商提供申请技术材料，在送样检测及专家考察基础上注册；三是国外生产供应者直接申请，并提供技术材料，在送样检测及专家考察基础上注册。办理指南见本书第十五章第二节。

2. 进境动植物检疫审批

进口单位或其代理应在签订进口植物源性肥料贸易合同或协议前办理检疫审批手续，取得进境动植物检疫许可。办理指南见本书第十四章第三节。

3. 肥料产品登记证书

进口植物源性肥料应获得中国肥料产品登记证书。办理指南见本书第十四章第六节。

（二）申报要求

1. 基本申报要求

货主或者其代理人应当在植物源性肥料入境前或者入境时向海关申报，申报时应当提供贸易合同、提单、发票等，并随附以下文件：

（1）输出国家或地区官方植物检疫证书；

（2）原产地证书；

（3）中国农业农村部肥料登记证明。

2. 录入要求

（1）需在产品资质栏目选取"325-进境动植物产品检疫许可证"，并填写许可证编号等信息。

（2）肥料产品申报时，货物用途应选择"29-肥料"。

（三）产品相关要求

1. 原则性要求

进境植物源性肥料原则性要求如下：

（1）植物源性肥料不得带有土壤等中国法律法规规定的禁止进境物。

（2）植物源性肥料不得带有中方关注的植物检疫性有害生物，包括有害昆虫、线虫、杂草、病原菌和软体动物等（详见本书附录2-2《中华人民共和国进境植物检疫性有害生物名录》）。

（3）植物源性肥料应干净卫生、成分稳定，并符合相关包装标签等相关规定标准。

（4）植物源性肥料生产加工应采取相应防疫措施，实施规范化生产加工工序，并获得中国肥料产品登记证书。

（5）植物源性肥料不带有动物尸体、粪便、羽毛及其他动物源成分。

（6）植物源性肥料应从具备植物防疫条件及能力的指定口岸入境。

（7）植物源性肥料应符合中国农业、环保、卫生等部门关于肥料登记管理、固体废物污染环境防治、微生物菌剂环境安全等相关法律法规及标准。

2. 进境检疫要求

发现以下情况的植物源性肥料需做退运或销毁处理：

（1）未按规定办理检疫许可手续，或与许可货物品种不一致；

（2）带有土壤等禁止进境物；

（3）检出检疫性有害生物或具有检疫意义的有害生物，且无有效除害处理办法；

（4）带有动物尸体、粪便、羽毛及其他动物源物质；

（5）其他违反国家安全卫生法规标准的。

二、出境植物源性肥料

出境植物源性肥料，可按照第四章第六节"其他植物产品"有关要求办理。

第六章

动物源性食品

食品，是指各种供人食用或者饮用的成品和原料，以及按照传统既是食品又是中药材的物品，但是不包括以治疗为目的的物品。

动物源性食品，是指全部可食用的动物组织以及蛋、奶和蜂产品。在本章中不包括深加工食品。[①]

预包装食品，是指预先定量包装或者制作在包装材料和容器中的食品。

第一节 肉类产品

肉类产品是指动物屠体的任何可供人类食用的部分，包括胴体、脏器、副产品，以及以上述产品为原料的制品，不包括罐头产品。

一、进口肉类产品

(一) 资质要求

1. 准入要求

海关对进口肉类产品实施准入制度。列入《符合评估审查要求及有传统贸易的国家或地区输华食品目录》的国家或地区对应的产品，方可进口。

禁止从日本福岛县、群马县、枥木县、茨城县、宫城县、新潟县、长野县、琦玉县、东京都、千叶县10个都县进口肉类产品。

《符合评估审查要求及有传统贸易的国家或地区输华食品目录》可在网站（http://43.248.49.223/）查询。

2. 境外生产企业注册

肉类产品的境外生产企业，应当获得海关总署注册。肉类产品的境外生产企业由所在国家（地区）主管当局向海关总署推荐注册。办理指南见本书第十五章第十一节。

进口食品境外生产企业注册信息可在网站（https://ciferquery.singlewindow.cn/）查询。

3. 进出口商备案

海关总署对向中国境内出口肉类产品的出口商或者代理商和进口商实施备案管理。办理指南见本书第十五章第十二节、第十三节。

境外出口商或者代理商及境内进口食品的进口商在海关总署备案号可通过进口食品化妆品进出口

[①] 见《出口动物及动物源性食品残留监控技术规范》（SN/T 3197—2012）。

商备案系统（http：//ire.customs.gov.cn/）查询。境内进口食品的进口商备案号，已经实现系统联网核查。

4. 进境动植物检疫审批

海关总署对进口肉类产品实行检疫审批制度。进口商应当在签订贸易合同前办理检疫审批手续，取得进境动植物检疫许可。办理指南见本书第十四章第二节。

5. 进境肠衣定点加工、存放企业备案

进口肠衣的企业应事先办理进境肠衣定点加工企业备案。办理指南见本书第十五章第十四节。

进境肠衣定点加工、存放企业名单可在海关总署企业管理和稽查司官方网站（http：//qgjcs.customs.gov.cn/）的"信息服务—出口食品原料种植、养殖场备案名单"栏目查询。

6. 海关指定监管场地

肉类产品应当从进境肉类指定监管场地所在口岸进境，详见本节"进境肉类指定监管场地名单"。

（二）申报要求

1. 基本申报要求

货主或者其代理人应当在肉类产品进口前或者进口时向海关申报，申报时应当提供贸易合同、提单、装箱单、发票等，并随附以下文件：

（1）输出国家或者地区官方检验检疫证书（特定国家证书要求见本节"进口肉类产品检验检疫要求"）；

（2）原产地证。

2. 其他申报要求

进口日本肉类时，还应随附日本官方出具原产地证明。

3. 录入要求

（1）在企业资质栏目选取"508-进口食品境外出口商代理商备案""509-进口食品进口商备案"，并分别填写企业资质编号；

（2）在产品资质栏目选取"325-进境动植物产品检疫许可""519-进口食品境外生产企业注册"，并分别填写许可证编号等信息；

（3）在货物属性栏目，根据货物实际情况选择"14-预包装"或"15-非预包装"。

（三）产品相关要求

1. 基本要求

进口肉类产品应符合食品安全国家标准要求，应当按照规定随附合格证明材料。现行食品安全国家标准见本书附录2。

进口肉类产品的包装和标签、标识应当符合中国法律法规和食品安全国家标准；依法应当有说明书的，还应当有中文说明书。

对于进口鲜冻肉类产品，内外包装上应当有牢固、清晰、易辨的中英文或者中文和出口国家（地区）文字标识，标明以下内容：产地国家（地区）、品名、生产企业注册编号、生产批号；外包装上应当以中文标明规格、产地（具体到州、省、市）、目的地、生产日期、保质期限、储存温度等内容，必须标注目的地为中华人民共和国，加施出口国家（地区）官方检验检疫标识。

2. 企业要求

（1）食品进口商应当建立食品进口和销售记录制度，如实记录食品名称，净含量（规格），数量，生产日期，生产或者进口批号，保质期，境外出口商和购货者名称、地址及联系方式，交货日期等内容，并保存相关凭证。记录和凭证保存期限不得少于食品保质期满后6个月；没有明确保质期的，保存期限为销售后2年以上。

（2）食品进口商应当建立境外出口商、境外生产企业审核制度，重点审核：①制定和执行食品安全风险控制措施情况；②保证食品符合中国法律法规和食品安全国家标准。

3. 预包装食品标签要求

属于预包装食品的肉类产品，其标签还应符合以下要求：

（1）进口的预包装食品应当有中文标签；依法应当有说明书的，还应当有中文说明书。标签、说明书应当符合《中华人民共和国食品安全法》以及我国其他有关法律、行政法规的规定和食品安全国家标准的要求，并载明食品的原产地以及境内代理商的名称、地址、联系方式。预包装食品没有中文标签、中文说明书或者标签、说明书不符合规定的，不得进口。

（2）标签应当标明下列事项：①名称、规格、净含量、生产日期；②成分或者配料表；③生产者的名称、地址、联系方式；④保质期；⑤产品标准代号；⑥贮存条件；⑦所使用的食品添加剂在国家标准中的通用名称；⑧生产许可证编号；⑨法律、法规或者食品安全标准规定应当标明的其他事项。专供婴幼儿和其他特定人群的主辅食品，其标签还应当标明主要营养成分及其含量。

（3）食品的标签、说明书，不得含有虚假内容，不得涉及疾病预防、治疗功能。生产经营者对其提供的标签、说明书的内容负责。

（4）食品的标签、说明书应当清楚、明显，生产日期、保质期等事项应当显著标注，容易辨识。

4. 其他要求

特定国家产品要求，详见本节后文"进口肉类产品检验检疫要求"。

（四）进境肉类产品指定监管场地名单

进境肉类产品指定监管场地名单见表6-1。

表6-1 进境肉类产品指定监管场地名单

（138家，截至2022年1月1日）

序号	关区 直属海关	关区 主管（隶属）海关	指定监管场地名称	场所（场地）编码	所在口岸区域
1	北京海关	首都机场海关	首都机场海关查验中心	CNBJS01S001	首都国际机场
2	北京海关	平谷海关	北京平谷国际陆港进口肉类指定查验场	CNBJS01S006	平谷（临时）
3	北京海关	天竺海关	北京天竺综合保税区指定监管场地	CNBJS01S008	—
4	天津海关	天津新港海关	泰达行（天津）冷链物流有限公司	CNTXG02S605	天津新港
5	天津海关	天津新港海关	天津港强集团有限公司	CNTXG02S608	天津新港
6	天津海关	北塘海关	中农批（天津）冷链物流有限公司	CNTGG02S616	—
7	天津海关	北塘海关	天津金三国际物流有限公司	CNTGG02S617	—
8	天津海关	静海海关	天津海吉星农产品物流有限公司	CNTXG02S611	—
9	天津海关	天津东疆海关	天津东疆港大冷链商品交易市场有限公司	CNDJG02S613	天津新港
10	天津海关	天津东疆海关	天津港首农食品进出口贸易有限公司	CNDJG02S614	天津新港
11	天津海关	天津新港海关	天津港国际物流发展有限公司进境肉类指定监管场地	CNTXG02S662	天津新港
12	天津海关	天津东疆海关	华锐全日物流股份有限公司进境肉类指定监管场地	CNDJG02S661	天津新港
13	石家庄海关	曹妃甸海关	曹妃甸综保区肉类指定口岸查验检疫场地	CNCFD04S003	唐山港曹妃甸港区

表6-1 续1

序号	关区 直属海关	关区 主管(隶属)海关	指定监管场地名称	场所(场地)编码	所在口岸区域
14	石家庄海关	正定海关	辛集进境肉类指定监管场地	CNSJZ04S004	—
15	太原海关	大同海关	大同进口肉类指定监管场地	CNDAT05S303	—
16	呼和浩特海关	二连海关	二连浩特进口肉类指定监管场地	CNERC070037	二连浩特(公路)
17	呼和浩特海关	包头海关	满都拉进口肉类指定监管场地	CNMDL07S016	满都拉
18	呼和浩特海关	额济纳海关	策克进口肉类指定监管场地	CNCEK07S017	策克
19	大连海关	大窑湾海关	大连毅都冷链一期进口肉类指定监管场地	CNDYW09S002	大连港大窑湾港区
20	大连海关	大窑湾海关	金山冷库	CNDYW090062	大连港大窑湾港区
21	大连海关	大窑湾海关	恒浦(大连)国际物流有限公司	CNDYW09S003	大连港大窑湾港区
22	大连海关	大窑湾海关	大连獐子岛中央冷藏物流有限公司	CNDYW09S005	大连港大窑湾港区
23	大连海关	大窑湾海关	大连港毅都冷链有限公司二期	CNDYW090083	大连港大窑湾港区
24	大连海关	金普海关	大连宝泉食品有限公司	CNDAL09S010	大连港大窑湾港区
25	大连海关	鲅鱼圈海关	营口港盖州物流有限公司冷鲜库查验场地	CNBYQ090064	营口港鲅鱼圈港区
26	沈阳海关	辽中海关	沈阳桃仙机场冷链查验中心进口肉类指定监管场地	CNSHY080047	—
27	长春海关	兴隆海关	长春兴隆综合保税区进口肉类监管场地	CNCGC15S005	—
28	哈尔滨海关	绥化海关	肇东大庄园进口肉类指定监管场地	CNHRB19S065	—
29	哈尔滨海关	齐齐哈尔海关	齐齐哈尔进口肉类指定监管场地	CNNDG19S066	—
30	上海海关	洋山海关	上海同华冷链物流有限公司冷链查验点	CNYSA48S050	—
31	上海海关	洋山海关	上海联和冷链物流有限公司冷链查验点	CNYSA48S051	—
32	上海海关	洋山海关	上海大宛食品有限公司冷链查验点	CNYSA48S052	—
33	上海海关	洋山海关	上海洋山保税港区物流服务有限公司冷链查验点	CNYSA48S054	洋山港
34	上海海关	外高桥港区海关	中外运普菲斯物流(上海)有限公司冷链查验点	CNWIG25S051	—
35	上海海关	外高桥港区海关	上港集团外高桥冷链物流中心	CNWIG220540	外高桥港
36	上海海关	外高桥保税区海关	上海外联发国际物流有限公司冷链查验点	CNWGQ18S050	—
37	上海海关	崇明海关	上海长兴润稼农产品批发市场冷链查验点	CNCGM24S050	—
38	上海海关	浦东国际机场海关	上海机场浦虹国际物流有限公司冷链查验点	CNPVG33S050	—
39	上海海关	青浦海关	上海西郊国际农产品交易有限公司查验点	CNQGP22S050	—

表6-1 续2

序号	关区 直属海关	关区 主管（隶属）海关	指定监管场地名称	场所（场地）编码	所在口岸区域
40	上海海关	青浦海关	上海青浦综合保税区名联进境肉类指定监管场地	CNQGP22S052	—
41	南京海关	金陵海关	万纬冷链物流有限公司	CNNJG23S022	—
42	南京海关	连云港海关	连云港外贸冷库有限责任公司进口肉类指定监管场地	CNLYG23S012	—
43	南京海关	连云港海关	江苏天缘物流集团有限公司进口肉类指定监管场地	CNLYG230031	—
44	南京海关	连云港海关	连云港市农业发展集团有限公司瀛洲路农贸市场分公司进口肉类指定监管场地	CNLYG23S021	—
45	南京海关	镇江海关	镇江港国际集装箱码头进境肉类指定监管场地	CNZHE230028	镇江港
46	南京海关	金港海关	张家港保税港区港务有限公司	CNZJG23S009	—
47	南京海关	太仓海关	太仓华商冷藏物流有限公司冷库进境肉类指定监管场地	CNTAC23S005	—
48	南京海关	无锡海关	无锡高新区综合保税区进口肉类指定查验场	CNWUX230004	—
49	南京海关	南通海关	江苏海安保税物流中心（B型）进境肉类指定监管场地	CNNTG23S001	—
50	杭州海关	温州海关	温州状元岙港区进口肉类指定监管场地	CNWZO290343	—温州港
51	杭州海关	舟山海关	舟山港综合保税区进口肉类指定监管场地	CNZOS29S061	—
52	杭州海关	义乌海关	义乌铁路口岸进口肉类指定查验场	CNYIU290323	—
53	杭州海关	金华海关	金义综合保税区进口肉类指定查验场	CNJHA29S001	—
54	杭州海关	钱江海关	杭州进口肉类指定监管场地	CNHAZ29S013	—
55	宁波海关	北仑海关	宁波兴港进口肉类指定监管场地	CNNBO310203	宁波港
56	宁波海关	北仑海关	宁波万纬进口肉类指定监管场地	CNNBO31S023	宁波港
57	宁波海关	宁波保税区海关	中外运物流（宁波）进口肉类指定监管场地	CNNBO31S024	宁波港
58	宁波海关	梅山海关	浙江蓝雪食品进口肉类指定监管场地	CNNBO31S021	宁波港
59	合肥海关	马鞍山海关	马鞍山郑蒲港进口肉类指定监管场地	CNMAA33S001	马鞍山港
60	合肥海关	芜湖海关	芜湖港进口肉类指定监管场地	CNWHI33S004	芜湖港
61	福州海关	福州长乐机场海关	福州长乐国际机场进口肉类监管场地	CNFOC350172	福州长乐国际机场
62	福州海关	榕城海关	福建省福州港口岸江阴港区福州新港国际集装箱码头进境肉类指定监管场地	CNFZH350042	福州港江阴港区
63	厦门海关	东渡海关	厦门夏商水产集团有限公司东渡冷冻厂	CNXAM37S045	厦门港

表6-1 续3

序号	关区 直属海关	关区 主管（隶属）海关	指定监管场地名称	场所（场地）编码	所在口岸区域
64	厦门海关	东渡海关	厦门万翔物流管理有限公司	CNXAM370252	—
65	厦门海关	海沧海关	厦门港海沧集装箱查验服务有限公司	CNXAM37S057	厦门港
66	厦门海关	海沧海关	中盛冷链存查一体库	CNXAM370236	厦门港
67	厦门海关	海沧海关	厦门万纬海投冷链存查一体库	CNXAM370238	—
68	厦门海关	泉州海关	福建闽台农产品市场有限公司	CNSIJ370247	—
69	南昌海关	九江海关	九江进口肉类指定监管场地	CNJIU40S503	—
70	南昌海关	赣州海关	赣州进口肉类指定监管场地	CNGZH402012	赣州港
71	青岛海关	黄岛海关	青岛联合华通贸易有限公司	CNQGD42S101	—
72	青岛海关	黄岛海关	青岛师帅冷链物流股份有限公司	CNQGD42S102	—
73	青岛海关	黄岛海关	青岛港怡之航冷链物流有限公司	CNQGD42S103	—
74	青岛海关	胶州海关	青岛天驰仓储有限公司（进口肉查验场查验平台）	CNJZH42S101	—
75	青岛海关	胶州海关	青岛冠宇生态农业有限公司（进口肉查验场查验平台）	CNJZH42S102	—
76	青岛海关	青岛大港海关	青岛新大地冷藏有限公司	CNQDG42S101	—
77	青岛海关	烟台海关	烟台嘉鸿食品有限公司进口肉类冷链查验与储存一体化设施	CNYAT42S101	—
78	青岛海关	烟台海关	烟台龙大食品有限公司（进口肉一体化查验平台）	CNYAT42S102	—
79	青岛海关	威海海关	威海金琳水产有限公司进境肉类查验场	CNWEI42S101	—
80	青岛海关	荣成海关	石岛港口岸新作业区	CNSHD420314	石岛港
81	青岛海关	荣成海关	荣成泰广进出口有限公司	CNSHD42S101	—
82	青岛海关	日照海关	山东日照石臼港进口肉类指定监管场地	CNRZH42S101	—
83	青岛海关	黄岛海关	青岛鲁海丰食品集团物流有限公司	CNQGD42S104	—
84	青岛海关	黄岛海关	青岛保税港区国际冷链物流交易中心有限公司	CNQGD42S105	—
85	青岛海关	董家口港海关	青岛鲁海丰董家口进口肉类指定监管场地	CNQGD42S106	—
86	青岛海关	临沂海关	临沂综合保税区进口肉类指定监管场地	CNLYI42S101	—
87	青岛海关	烟台海关	烟台综保区综合性指定监管场地	CNYAT42S403	—
88	青岛海关	即墨海关	青岛东方鼎信进境肉类指定监管场地	CNJMO42S501	—
89	济南海关	泉城海关	济南维尔康进口肉类指定监管场地	CNTNA43S003	—
90	济南海关	潍坊海关	潍坊综合保税区进口肉类指定监管场地	CNWEF43S017	—
91	郑州海关	新郑海关	河南省郑州市航空港区进境肉类指定监管场地	CNZGZ46S001	—

表6-1 续4

序号	关区 直属海关	关区 主管（隶属）海关	指定监管场地名称	场所（场地）编码	所在口岸区域
92	郑州海关	漯河海关	河南漯河进口肉类指定监管场地	CNZGZ46S241	—
93	郑州海关	焦作海关	河南省焦作市孟州进口肉类指定监管场地	CNZGZ46S003	—
94	武汉海关	武汉新港海关	武汉阳逻港进口肉类指定监管场地	CNWHG47S001	—
95	武汉海关	武昌海关	武汉东湖综保区进口肉类指定监管场地	CNNHN47S006	—
96	武汉海关	武汉天河机场海关	武汉天河国际机场进境肉类指定监管场地	CNWUH470061	武汉天河国际机场
97	长沙海关	岳阳海关	湖南岳阳城陵矶进口肉类指定监管场地	CNYYA491016	岳阳城陵矶
98	长沙海关	星沙海关	湖南红星进口肉类查验场	CNCSH49S304	—
99	长沙海关	郴州海关	郴州进口肉类查验场	CNCNZ49S305	—
100	广州海关	南沙海关	南沙港中可诚进口肉类指定监管场地	CNGGZ510121	广州港南沙港区南沙港二期码头
101	广州海关	南沙海关	南沙合捷进口肉类指定监管场地	CNNSA51S002	—
102	广州海关	番禺海关	番禺新昌进口肉类指定监管场地	CNPNY51S002	—
103	广州海关	佛山海关驻禅城办事处	佛山鼎昊冷链进口肉类指定监管场地	CNXGA515001	—
104	广州海关	广州白云机场海关	广州白云机场新运进境肉类指定监管场地	CNCAN51S004	广州白云国际机场
105	广州海关	南沙海关	南沙港海新冷链查验中心进口肉类指定监管场地	CNNSA510223	—
106	广州海关	南沙海关	普福南沙新垦物流园进口肉类指定监管场地	CNNSA51S004	—
107	深圳海关	蛇口海关	招商局国际冷链（深圳）有限公司华南冷库	CNSNZ53S024	—
108	深圳海关	蛇口海关	招商局国际冷链（深圳）有限公司前海保税港区冷库	CNSNZ53S031	—
109	深圳海关	大鹏海关	深圳市保惠物流有限公司保惠冷库	CNSNZ53S025	—
110	深圳海关	大鹏海关	深圳市瑞源冷链服务有限公司瑞源冷库	CNSNZ53S026	—
111	深圳海关	大鹏海关	深圳盐田港进境肉类指定监管场地	CNSNZ53S037	盐田港
112	深圳海关	深圳宝安机场海关	深圳宝安国际机场进境肉类指定监管场地	CNSZX530124	深圳宝安国际机场
113	拱北海关	湾仔海关	湾仔口岸进口肉类监管场地	CNZUH570105	西域码头（原二类口岸装卸点）
114	汕头海关	饶平海关	潮州港三百门码头进口肉类指定监管场地	CNSBM601015	潮州港
115	黄埔海关	沙田海关	东莞（国际）货柜码头	CNHMN521816	虎门港沙田作业区

表6-1 续5

序号	关区 直属海关	关区 主管（隶属）海关	指定监管场地名称	场所（场地）编码	所在口岸区域
116	黄埔海关	黄埔新港海关	广州鼎丰水产品食品开发有限公司	CNGGZ52S021	广州港黄埔港区
117	黄埔海关	黄埔老港海关	广东万纬冷链物流有限公司冷库	CNYZU52S011	广州港黄埔港区
118	江门海关	新会海关	新会进口肉类指定监管场地	CNXIN68S006	新会港
119	湛江海关	霞海海关	湛江虹宝进口肉类指定监管场地	CNZNG67S701	—
120	湛江海关	霞海海关	湛江南方进口肉类指定监管场地	CNZNG67S702	—
121	南宁海关	钦州港海关	钦州港口岸大榄坪南作业区进境肉类指定监管场地	CNQZH720266	钦州港
122	海口海关	洋浦经济开发区海关	洋浦雷马进口肉类指定监管场地	CNYPG64S005	洋浦港
123	重庆海关	重庆港海关	寸滩进口肉类指定监管场地	CNCHQ80S001	重庆港
124	成都海关	青白江海关	成都铁路场站进口肉类指定监管场地	CNCTU790045	—
125	成都海关	泸州海关	四川川南临港片区进口肉类指定监管场地	CNCDU790030	泸州港
126	成都海关	成都双流机场海关	成都双流国际机场进口肉类指定监管场地	CNCDU790046	成都双流国际机场
127	昆明海关	西双版纳海关	景洪港（关累码头）进口肉类指定监管场地	CNJHG860129	关累港
128	西安海关	西安车站海关	西安国际陆港保税物流进口肉类指定监管场地	CNSIA90S005	—
129	西安海关	西安咸阳机场海关	西安咸阳国际机场进口肉类指定监管场地	CNSIA90S006	西安咸阳国际机场
130	兰州海关	金城海关	兰州新区综合保税区进口肉类指定监管场地	CNLAZ95S003	—
131	兰州海关	金昌海关	武威进口肉类指定监管场地	CNLAZ950021	
132	乌鲁木齐海关	阿勒泰海关	塔克什肯进口肉类指定监管场地	CNTKK940163	塔克什肯（公路）
133	乌鲁木齐海关	哈密海关	老爷庙进口肉类指定监管场地	CNLYM940156	老爷庙（公路）
134	乌鲁木齐海关	乌昌海关	乌鲁木齐国际陆港区进口肉类指定监管场地	CNURM940155	—
135	乌鲁木齐海关	阿拉山口海关	阿拉山口进口肉类指定监管场地	CNAKL04S014	阿拉山口（公路、铁路）
136	乌鲁木齐海关	塔城海关	巴克图进口肉类指定监管场地	CNBKT940039	巴克图（公路）
137	乌鲁木齐海关	霍尔果斯海关	霍尔果斯进口肉类指定监管场地	CNHRS940162	霍尔果斯（公路、铁路）
138	乌鲁木齐海关	吉木乃海关	吉木乃进口肉类指定监管场地	CNJEM940168	—

(五）进口肉类产品检验检疫要求

进口肉类产品检验检疫要求见表6-2。

表6-2 进口肉类产品检验检疫要求

（截至2022年1月1日）

序号	产品	原产国家和地区	产品要求	证书要求
1	禽肉	智利	禽肉	检疫合格的，由智利按照双方确认的证书样本签发检疫卫生证书
2	禽肉	俄罗斯	禽肉是指冷冻禽肉（去骨和带骨）以及胴体、部分胴体和副产品，不包括羽毛。副产品具体为冷冻鸡心、冷冻鸡肝、冷冻鸡肾、冷冻鸡胗、冷冻鸡头、冷冻鸡皮、冷冻鸡翅（不含翅尖）、冷冻鸡翅尖、冷冻鸡爪、冷冻鸡软骨。必须繁殖、出生并饲养在俄罗斯境内经认可未感染禽流感、新城疫的非疫区。来自过去12个月未因发生中国和欧亚经济联盟、俄罗斯兽医规定中提及的传染病和寄生虫病而实施隔离检疫或限制活动的区域	每批出口禽肉应随附一份主管部门出具的官方兽医卫生证书，证明其符合中俄以及欧亚经济联盟的检验检疫要求
3	鳄鱼肉	泰国	用于生产向中国输出鳄鱼肉的屠宰用鳄鱼应符合下列条件：出生、饲养并屠宰于泰国境内；来自由官方确认在过去6个月未发生衣原体病、鳄鱼痘、霍乱弧菌、旋毛虫病和绦虫病的养殖场；来自过去6个月内未因发生过泰国动物卫生法规规定应申报的动物疫病而受到限制或监测的农场；从未饲喂过通过转基因技术生产的饲料，也未饲喂过含有转基因产品的饲料；动物没有使用过天然或人工合成的激素、激素类物质、甲状腺制剂；执行泰国农兽药残留和有毒有害物质残留监控计划和病原微生物监控计划	向中国输出的每一批鳄鱼肉应随附一份正本卫生证书，证明输出产品符合泰国兽医和公共卫生法律法规及议定书的有关规定，并标明启运地、目的地、收货人、发货人、生产企业名称、地址等信息。卫生证书用中文和英文写成，卫生证书的格式、内容须事先获得双方认可
4	羊肉	斯洛伐克	12月龄以下的冷冻和冰鲜（剔骨和带骨）绵羊或山羊骨骼肌肉［羊经宰杀、放血后除去毛、内脏、头尾及四肢（腕及关节以下）后的躯体部分］	每一集装箱输华羊肉应至少随附一份主管部门出具的官方正本兽医卫生证书，证明其符合中国和斯洛伐克的检验检疫要求
5	禽肉	斯洛文尼亚	可食用的冷冻（带骨或去骨）鸡肉（活禽经宰杀、放血后除去毛、内脏、头、翅及脚后的躯体可食部分）及其可食用副产品。可食用禽副产品包括：冻鸡爪、冻鸡翼（包括或不包括翼尖）、冻鸡冠、冻鸡软骨、冻鸡皮、冻鸡脖、冻鸡肝、冻鸡心	每一集装箱输华禽肉应至少随附一份主管部门出具的官方正本兽医卫生证书，证明其符合中国、斯洛文尼亚和欧盟的检验检疫要求
6	牛肉	意大利	30月龄以下牛的冷冻和冰鲜剔骨骨骼肌肉，即：牛经宰杀、放血后除去皮（毛）、内脏、头、尾及四肢（腕及关节以下）后的骨骼肌肉。绞肉、肉糜、碎肉、下脚料、机械分割肉及其他副产品不允许输华	每一批（集装箱）进口意大利牛肉应至少随附一份意大利主管部门出具的官方兽医卫生证书，证明该批产品符合中国和意大利兽医和公共卫生法律法规以及双边议定书的有关规定

表6-2 续1

序号	产品	原产国家和地区	产品要求	证书要求
7	牛肉	俄罗斯	允许进口的俄罗斯牛肉指屠宰时30月龄以下牛的冷冻或冰鲜的剔骨或带骨骨骼肌肉［牛经宰杀、放血后除去毛、内脏、头尾及四肢（腕及关节以下）］、可食用副产品［包括冷冻牛横膈膜、冷冻牛蹄（去匣）、冷冻牛蹄筋、冷冻牛板筋、冷冻牛鞭］及其未炼制的体脂肪。绞肉、碎块、机械分离肉、脊柱、头骨及其他未提及的副产品不允许输华。	向中国出口的每一集装箱（批）牛肉应至少随附一份正本兽医卫生证书，证明该批产品符合中国和俄罗斯法律法规及议定书的有关规定。兽医卫生证书用中文、俄文和英文写成（填写证书内容时，英文必填）。兽医卫生证书的格式、内容须事先获得双方认可
8	牛肉	意大利	30月龄以下牛的冷冻和冰鲜剔骨骨骼肌肉，即：牛经宰杀、放血后除去皮（毛）、内脏、头、尾及四肢（腕及关节以下）后的骨骼肌肉。绞肉、肉糜、碎肉、下脚料、机械分割肉及其他副产品不允许输华	每一批（集装箱）进口意大利牛肉应至少随附一份意大利主管部门出具的官方兽医卫生证书，证明该批产品符合中国和意大利兽医和公共卫生法律法规以及双边议定书的有关规定

二、出口肉类产品

（一）资质要求

1. 出口食品原料养殖场备案

出口肉类产品加工用动物应当来自经海关备案的饲养场。办理指南见本书第十五章第二十节。

备案养殖场名单可在海关总署企业管理和稽查司官方网站（http://qgjcs.customs.gov.cn/）"信息服务"栏目查询。

2. 出口食品生产企业备案

海关对出口肉类产品的生产企业实施备案管理。

出口食品生产企业备案信息可通过"中国出口食品生产企业备案管理系统"（http://qgs.customs.gov.cn：10081/efpe/login）进行查询。办理指南见本书第十五章第十七节。

3. 出口食品生产企业对外推荐注册

境外国家（地区）对中国输往该国家（地区）的出口肉类产品生产企业实施注册管理且要求海关总署推荐的，海关总署统一向该国家（地区）主管当局推荐。办理指南见本书第十五章第十八节。

获国外（境外）注册的食品生产企业名单可在海关总署企业管理和稽查司官方网站（http://qgjcs.customs.gov.cn/）"信息服务"栏目查询。

（二）申报要求

出口肉类产品生产企业、出口商应当按照法律、行政法规和海关总署规定，向产地或者组货地海关提出出口申报前监管申请。

（三）产品相关要求

1. 基本要求

生产企业应当保证其出口肉类产品符合进口国家（地区）的标准或者合同要求；中国缔结或者参加的国际条约、协定有特殊要求的，还应当符合国际条约、协定的要求。

进口国家（地区）暂无标准，合同也未作要求，且中国缔结或者参加的国际条约、协定无相关要求的，生产企业应当保证其出口肉类产品符合中国食品安全国家标准。现行食品安全国家标准见本书附录2。

2. 原料要求

出口肉类产品加工用动物应当来自经海关备案的饲养场。出口肉类产品加工用动物备案饲养场或者屠宰场应当为其生产的每一批出口肉类产品原料出具供货证明。

3. 企业要求

（1）生产企业应当建立完善可追溯的食品安全卫生控制体系，保证食品安全卫生控制体系有效运行，确保出口食品生产、加工、贮存过程持续符合中国相关法律法规、出口食品生产企业安全卫生要求；进口国家（地区）相关法律法规和相关国际条约、协定有特殊要求的，还应当符合相关要求。

（2）生产企业应当建立供应商评估制度、进货查验记录制度、生产记录档案制度、出厂检验记录制度、出口食品追溯制度和不合格食品处置制度。相关记录应当真实有效，保存期限不得少于食品保质期期满后6个月；没有明确保质期的，保存期限不得少于2年。

（3）获得境外注册的企业，应当每年就是否能够持续符合进口国家（地区）注册条件进行自我评定，并向住所地海关报告。

（4）获得境外注册的企业，应当接受进口国家（地区）主管当局和海关实施的监督检查，如实提供有关情况和材料。

（5）出口食品存在安全问题，已经或者可能对人体健康和生命安全造成损害的，出口食品生产经营者应当立即采取相应措施，避免和减少损害发生，并向所在地海关报告。

4. 包装运输要求

生产企业应当保证出口食品包装和运输方式符合食品安全要求。

生产企业应当在运输包装上标注生产企业备案号、产品品名、生产批号和生产日期。

进口国家（地区）或者合同有特殊要求的，在保证产品可追溯的前提下，经直属海关同意，出口食品生产企业可以调整前款规定的标注项目。

对装运出口易变质、需要冷冻或者冷藏肉类产品的集装箱、船舱、飞机、车辆等运载工具，承运人、装箱单位或者其代理人应当按照规定对运输工具和装载容器进行清洗消毒并做好记录，在装运前向海关申请清洁、卫生、冷藏、密固等适载检验（详见第十六章第三节"适载检验"部分）；未经检验或者经检验不合格的，不准装运。

5. 其他要求

特定国家产品要求，详见本节"出口肉类产品检验检疫要求"。

（四）出口肉类产品检验检疫要求

出口肉类产品检验检疫要求见表6-3。

表6-3 出口肉类产品检验检疫要求

（截至2022年1月1日）

序号	产品	进口国对企业注册的要求	产品要求	证书要求
1	自产原料熟制禽肉	美国 1. 中国输美自产原料熟制禽肉保证符合美国的标准和要求。生产企业应持续符合美国法律法规的相关要求，并根据美国法规要求接受美国官方检查。 2. 对美推荐注册生产企业包括熟制禽肉生产加工企业、储存冷库以及提供自产原料的屠宰厂。生产企业在获得美国农业部注册后方可开展出口贸易	中国自产原料熟制禽肉	中国输美熟制禽肉需逐批出具《出口禽肉产品兽医卫生证书》

表6-3 续

序号	产品	进口国对企业注册的要求	产品要求	证书要求
2	禽肉	马来西亚 家禽是在经马来西亚当局检查、认可的屠宰加工厂进行加工的	在马来西亚注册的屠宰厂按伊斯兰方式屠宰的鸡肉。 进出口公司要求在出口国发货前，如冻鸡产品离开屠宰厂前，取得进口许可证	1. 要求对每批货物必须随附兽医卫生证书和肉类检验检疫证书时须证明的内容： 原产国或原产地在出口前12个月内没有发生禽流感、新城疫和禽霍乱； 家禽必须来自确认没有检出鸡白痢沙门氏菌和肠炎沙门氏菌的注册农场，农场没有使用硝基呋喃、氯霉素和其他未经批准使用的药物； 家禽是在经马来西亚当局检查、认可的屠宰加工厂进行加工的； 胴体、产品或分割肉应来自经宰前宰后检验是健康的，屠宰时没有传染病临床症状的家禽； 已经采取预防措施防止有害健康的物质污染，出口到马来西亚的家禽胴体、产品或分割肉是安全和适合人类消费的； 胴体、产品或分割肉已经在认可的实验室检测过，没有发现硝基呋喃、氯霉素和其他危险药物残留。 2. 每批货物必须随附一份来自在中国批准的伊斯兰机构出具的按伊斯兰方式屠宰的哈拉（halal）证书。 3. 进出口公司要求在出口国发货前，如冻鸡产品离开屠宰厂前，取得进口许可证
3	鸭肉	哈萨克斯坦 向哈萨克斯坦出口鸭肉的生产企业应获得哈萨克斯坦政府主管部门注册。生产企业指屠宰、分割、加工和储存企业	允许出口的鸭肉指冷冻鸭胴体、分割肉和可食用内脏	每批出口鸭肉应随附一份主管部门出具的官方兽医卫生证书，证明其符合中国、哈萨克斯坦以及欧亚经济联盟的检验检疫要求

第二节　食用蛋品

一、进口食用蛋品

（一）资质要求

1. 准入要求

禁止从日本福岛县、群马县、枥木县、茨城县、宫城县、新潟县、长野县、琦玉县、东京都、千叶县10个都县进口食用蛋品。

2. 境外生产企业注册

食用蛋品的境外生产企业，应当获得海关总署注册。食用蛋品的境外生产企业由所在国家（地区）主管当局向海关总署推荐注册。办理指南见本书第十五章第十一节。

进口食品境外生产企业注册信息可在网站（https：//ciferquery.singlewindow.cn/）查询。

3. 进出口商备案

海关总署对向中国境内出口食用蛋品的出口商或者代理商实施备案管理，食用蛋品进口商应当向其住所地海关备案。办理指南见本书第十五章第十二节、第十三节。

境外出口商或者代理商，以及境内进口食品的进口商在海关总署备案号可通过海关总署进口食品化妆品进出口商备案系统（http：//ire.customs.gov.cn/）进行验核。境内进口食品的进口商备案号，已经实现系统联网核查。

4. 进境动植物检疫审批

海关依法对鲜蛋类（含食用鲜乌龟蛋、食用甲鱼蛋）产品实施检疫审批管理。食品进口商应当在签订贸易合同或者协议前取得进境动植物检疫许可。办理指南见本书第十四章第二节。

（二）申报要求

1. 基本申报要求

货主或者其代理人应当在食用蛋品进口前或者进口时向海关申报，申报时应当提供贸易合同、提单、装箱单、发票文件。

2. 其他申报要求

进口日本食用蛋品时，还应随附日本官方出具原产地证明。

3. 录入要求

（1）在企业资质栏目选取"508-进口食品境外出口商代理商备案"、"509-进口食品进口商备案"，并分别填写企业资质编号；

（2）在产品资质栏目选取"325-进境动植物产品检疫许可"（鲜蛋类适用）、"519-进口食品境外生产企业注册"，并分别填写许可证编号等信息。

（三）产品相关要求

1. 基本要求

进口食用蛋品应符合食品安全国家标准要求，应当按照规定随附合格证明材料。现行食品安全国家标准见本书附录2。

2022年1月1日起生产的输华食用蛋品，应当在内、外包装上标注在华注册编号或者所在国家（地区）主管当局批准的注册编号。

进口食用蛋品的包装和标签、标识应当符合中国法律法规和食品安全国家标准；依法应当有说明书的，还应当有中文说明书。

2. 企业要求

（1）食品进口商应当建立食品进口和销售记录制度，如实记录食品名称、净含量（规格）、数量、生产日期、生产或者进口批号、保质期、境外出口商和购货者名称、地址及联系方式、交货日期等内容，并保存相关凭证。记录和凭证保存期限不得少于食品保质期满后6个月；没有明确保质期的，保存期限为销售后2年以上。

（2）食品进口商应当建立境外出口商、境外生产企业审核制度，重点审核：①制定和执行食品安全风险控制措施情况；②保证食品符合中国法律法规和食品安全国家标准。

3. 预包装食品标签要求

属于预包装食品的食用蛋品，其标签还应符合以下要求：

（1）进口的预包装食品应当有中文标签；依法应当有说明书的，还应当有中文说明书。标签、说明书应当符合《中华人民共和国食品安全法》以及我国其他有关法律、行政法规的规定和食品安全国家标准的要求，并载明食品的原产地以及境内代理商的名称、地址、联系方式。预包装食品没有中文标签、中文说明书或者标签、说明书不符合规定的，不得进口。

（2）标签应当标明下列事项：①名称、规格、净含量、生产日期；②成分或者配料表；③生产者的名称、地址、联系方式；④保质期；⑤产品标准代号；⑥贮存条件；⑦所使用的食品添加剂在国家标准中的通用名称；⑧生产许可证编号；⑨法律、法规或者食品安全标准规定应当标明的其他事项。专供婴幼儿和其他特定人群的主辅食品，其标签还应当标明主要营养成分及其含量。

（3）食品的标签、说明书，不得含有虚假内容，不得涉及疾病预防、治疗功能。生产经营者对其提供的标签、说明书的内容负责。

（4）食品的标签、说明书应当清楚、明显，生产日期、保质期等事项应当显著标注，容易辨识。

二、出口食用蛋品

（一）资质要求

1. 出口食品原料养殖场备案

出口食用禽蛋及其制品原料养殖场应当向所在地海关备案。

出口食品原料养殖场备案名单可在海关总署企业管理和稽查司官方网站（http://qgjcs.customs.gov.cn/）"信息服务"栏目查询。办理指南见本书第十五章第二十节。

2. 出口食品生产企业备案

海关总署对出口食用蛋品生产企业实施备案管理。办理指南见本书第十五章第十七节。

出口食品生产企业备案信息可通过"中国出口食品生产企业备案管理系统"（http://qgs.customs.gov.cn：10081/efpe/login）进行查询。

3. 出口食品生产企业对外推荐注册

境外国家（地区）对中国输往该国家（地区）的出口食用蛋品原料养殖场生产企业实施注册管理且要求海关总署推荐的，海关总署统一向该国家（地区）主管当局推荐。办理指南见本书第十五章第十八节。

获国外（境外）注册的食品生产企业名单可在海关总署企业管理和稽查司官方网站（http://qgjcs.customs.gov.cn/）"信息服务"栏目查询。

（二）申报要求

出口食用蛋品生产企业、出口商应当按照法律、行政法规和海关总署规定，向产地或者组货地海关提出出口申报前监管申请。

（三）产品相关要求

1. 基本要求

生产企业应当保证其出口食用蛋品符合进口国家（地区）的标准或者合同要求；中国缔结或者参加的国际条约、协定有特殊要求的，还应当符合国际条约、协定的要求。

进口国家（地区）暂无标准，合同也未作要求，且中国缔结或者参加的国际条约、协定无相关要求的，生产企业应当保证其出口食用蛋品符合中国食品安全国家标准。现行食品安全国家标准见本书附录2。

2. 原料要求

出口食用蛋品的原料应当来自经海关备案的养殖场。

3. 企业要求

（1）生产企业应当建立完善可追溯的食品安全卫生控制体系，保证食品安全卫生控制体系有效运行，确保出口食品生产、加工、贮存过程持续符合中国相关法律法规、出口食品生产企业安全卫生要求；进口国家（地区）相关法律法规和相关国际条约、协定有特殊要求的，还应当符合相关要求。

（2）生产企业应当建立供应商评估制度、进货查验记录制度、生产记录档案制度、出厂检验记录制度、出口食品追溯制度和不合格食品处置制度。相关记录应当真实有效，保存期限不得少于食品保质期期满后 6 个月；没有明确保质期的，保存期限不得少于 2 年。

（3）获得境外注册的企业，应当每年就是否能够持续符合进口国家（地区）注册条件进行自我评定，并向住所地海关报告。

（4）获得境外注册的企业，应当接受进口国家（地区）主管当局和海关实施的监督检查，如实提供有关情况和材料。

（5）出口食品存在安全问题，已经或者可能对人体健康和生命安全造成损害的，出口食品生产经营者应当立即采取相应措施，避免和减少损害发生，并向所在地海关报告。

4. 包装运输要求

生产企业应当保证出口食品包装和运输方式符合食品安全要求。

生产企业应当在运输包装上标注生产企业备案号、产品品名、生产批号和生产日期。

进口国家（地区）或者合同有特殊要求的，在保证产品可追溯的前提下，经直属海关同意，出口食品生产企业可以调整前款规定的标注项目。

5. 出口新加坡食用蛋品的特殊要求

新加坡从高致病性禽流感疫区进口蛋制品卫生要求可见表 6-4。

表 6-4　新加坡从高致病性禽流感疫区进口蛋制品卫生要求

产品名称	温度（摄氏度）	时间	产品名称	温度（摄氏度）	时间
全蛋	60	188 s	蛋清	56.7	228 s
全蛋混合物	60	188 s	10%盐制蛋黄	62.2	138 s
全蛋混合物	61.1	94 s	干蛋清	67	0.83 d
蛋清	55.6	256 s	干蛋清	54.4	21.38 d

第三节　乳　品

乳品包括初乳、生乳、生乳制品和乳制品。

初乳是指奶畜产犊后 7 天内的乳。

生乳是指从符合中国有关要求的健康奶畜乳房中挤出的无任何成分改变的常乳。奶畜初乳、应用抗生素期间和休药期间的乳汁、变质乳不得用作生乳。

生乳制品是指由生乳加工而成、加工工艺中无热处理杀菌过程的产品。

乳制品是指以乳为主要原料加工而成的食品，如巴氏杀菌乳、灭菌乳、调制乳、发酵乳、干酪及再制干酪、稀奶油、奶油、无水奶油、炼乳、乳粉、乳清粉及乳清蛋白粉、乳基婴幼儿配方食品及其生产原料基粉、酪蛋白及其他乳与乳制品（如乳矿物盐和乳蛋白等）。

一、进口乳品

(一) 资质要求

1. 准入要求

海关对进口乳品实施准入制度。列入《符合评估审查要求及有传统贸易的国家或地区输华食品目录》的国家或地区对应的产品,方可进口。

禁止从日本福岛县、群马县、枥木县、茨城县、宫城县、新潟县、长野县、琦玉县、东京都、千叶县10个都县进口乳品。

《符合评估审查要求及有传统贸易的国家或地区输华食品目录》可在网站(http://43.248.49.223/)查询。

2. 境外生产企业注册

乳品的境外生产企业,应当获得海关总署注册。乳品的境外生产企业由所在国家(地区)主管当局向海关总署推荐注册。办理指南见本书第十五章第十一节。

进口食品境外生产企业注册信息可在网站(https://ciferquery.singlewindow.cn/)查询。

3. 进出口商备案

向中国境内出口乳品的境外出口商或者代理商应当向海关总署备案。乳品进口商应当向其住所地海关备案。办理指南见本书第十五章第十二节、第十三节。

境外出口商或者代理商,以及境内进口食品的进口商在海关总署的备案号可通过海关总署进口食品化妆品进出口商备案系统(http://ire.customs.gov.cn/)进行验核。境内进口食品的进口商备案号,已经实现系统联网核查。

4. 进境动植物检疫审批

海关总署对生乳、生乳制品、巴氏杀菌乳〔是指仅以生牛(羊)乳为原料,经过巴氏杀菌等工序制得的液体产品〕、巴氏杀菌工艺生产加工的调制乳等实行检疫审批制度。进口商应当在签订贸易合同前办理检疫审批手续,取得进境动植物检疫许可。办理指南详见本书第十四章第二节。

(二) 申报要求

1. 基本申报要求

货主或者其代理人应当在乳品进口前或者进口时向海关申报,申报时应当提供贸易合同、提单、装箱单、发票等,并随附以下文件:

(1) 进境动植物检疫许可(仅生乳、生乳制品、巴氏杀菌乳或以巴氏杀菌工艺生产的调制乳需提供);

(2) 卫生证书。进口乳品需随附出口国家或者地区政府主管部门出具的卫生证书。证书应当有出口国家或者地区政府主管部门印章和其授权人签字,目的地应当标明为中华人民共和国。卫生证书样本应当经海关总署确认。(特定国家证书要求见本节"进口乳品检验检疫要求")。

(3) 检测报告。为进口乳品出具检测报告的检测机构,可以是境外官方实验室、第三方检测机构或企业实验室,也可以是境内取得食品检验机构资质认定的检测机构。

①首次进口的乳品,应当提供相应食品安全国家标准中列明项目的检测报告。首次进口,指境外生产企业、产品名称、配方、境外出口商、境内进口商等信息完全相同的乳品从同一口岸第一次进口。

②非首次进口的乳品,应当提供首次进口检测报告的复印件以及海关总署要求项目的检测报告。非首次进口检测报告项目由海关总署根据乳品风险监测等有关情况确定并在海关总署网站公布(在海关总署进出口食品安全局网站(http://jckspj.customs.gov.cn/)的"信息服务—检验检疫要求"栏目中查询)。

③检测报告应与进口乳品的生产日期或生产批号对应。

④对进口乳品检测报告实行证明事项告知承诺制。

2. 其他申报要求

进口日本乳品时，还应随附以下文件：

（1）日本官方出具的原产地证明；

（2）日本政府出具的放射性物质检测合格的证明。

3. 录入要求

（1）在企业资质栏目选取"508-进口食品境外出口商代理商备案""509-进口食品进口商备案"，并分别填写企业资质编号；

（2）在产品资质栏目选取"325-进境动植物产品检疫许可"（需要提供时）、"519-进口食品境外生产企业注册"，并分别填写许可证编号等信息；

（3）在货物属性栏目，根据货物实际情况选择"14-预包装"或"15-非预包装"。

（三）产品相关要求

1. 基本要求

进口乳品应符合食品安全国家标准要求，应当按照规定随附合格证明材料。现行食品安全国家标准见本书附录2。

2022年1月1日起生产的输华乳品，应当在内、外包装上标注在华注册编号或者所在国家（地区）主管当局批准的注册编号。

进口乳品的包装和标签、标识应当符合中国法律法规和食品安全国家标准；依法应当有说明书的，还应当有中文说明书。

2. 企业要求

（1）食品进口商应当建立食品进口和销售记录制度，如实记录食品名称、净含量（规格）、数量、生产日期、生产或者进口批号、保质期、境外出口商和购货者名称、地址及联系方式、交货日期等内容，并保存相关凭证。记录和凭证保存期限不得少于食品保质期满后6个月；没有明确保质期的，保存期限为销售后2年以上。

（2）食品进口商应当建立境外出口商、境外生产企业审核制度，重点审核：①制定和执行食品安全风险控制措施情况；②保证食品符合中国法律法规和食品安全国家标准。

3. 预包装食品标签要求

属于预包装食品的乳品产品，其标签还应符合以下要求：

（1）进口的预包装食品应当有中文标签；依法应当有说明书的，还应当有中文说明书。标签、说明书应当符合《中华人民共和国食品安全法》以及我国其他有关法律、行政法规的规定和食品安全国家标准的要求，并载明食品的原产地以及境内代理商的名称、地址、联系方式。预包装食品没有中文标签、中文说明书或者标签、说明书不符合规定的，不得进口。

（2）标签应当标明下列事项：①名称、规格、净含量、生产日期；②成分或者配料表；③生产者的名称、地址、联系方式；④保质期；⑤产品标准代号；⑥贮存条件；⑦所使用的食品添加剂在国家标准中的通用名称；⑧生产许可证编号；⑨法律、法规或者食品安全标准规定应当标明的其他事项。专供婴幼儿和其他特定人群的主辅食品，其标签还应当标明主要营养成分及其含量。

（3）食品的标签、说明书，不得含有虚假内容，不得涉及疾病预防、治疗功能。生产经营者对其提供的标签、说明书的内容负责。

（4）食品的标签、说明书应当清楚、明显，生产日期、保质期等事项应当显著标注，容易辨识。

4. 其他要求

特定国家产品要求，详见本节"进口乳品检验检疫要求"。

（四）进口乳品检验检疫要求

进口乳品检验检疫要求见表6-5。

表 6-5　进口乳品检验检疫要求

（截至 2022 年 1 月 1 日）

序号	产品	原产国家	产品要求	证书要求
1	乳品	越南	越南输华乳品是指以经过加热处理的牛乳为主要原料加工而成的食品，包括巴氏杀菌乳、灭菌乳、调制乳、发酵乳、干酪及再制干酪、稀奶油、奶油、无水奶油、炼乳、乳粉、乳清粉、乳清蛋白粉、牛初乳粉、酪蛋白、乳矿物盐、乳基婴幼儿配方食品及其预混料（或基粉）等	越南输华乳品应随附越南官方签发的卫生证书
2	乳品	吉尔吉斯斯坦	吉尔吉斯斯坦输华乳品仅包括牛乳来源的脱脂乳粉和干酪	吉尔吉斯斯坦输华乳品应随附吉尔吉斯官方签发的卫生证书
3	乳品	斯洛伐克	斯洛伐克输华乳品是指以经过加热处理的牛乳或羊乳为主要原料加工而成的食品，包括巴氏杀菌乳、灭菌乳、调制乳、发酵乳、干酪及再制干酪、稀奶油、奶油、无水奶油、炼乳、乳粉、乳清粉、乳清蛋白粉、牛初乳粉、酪蛋白、乳矿物盐、乳基婴幼儿配方食品及其预混料（或基粉）等	斯洛伐克输华乳品应随附斯洛伐克官方签发的卫生证书
4	乳品	哈萨克斯坦	哈萨克斯坦输华乳品是指以经过加热处理的牛乳或羊乳为主要原料加工而成的食品，包括巴氏杀菌乳、灭菌乳、调制乳、发酵乳、干酪及再制干酪、稀奶油、奶油、无水奶油、炼乳、乳粉、乳清粉、乳清蛋白粉、牛初乳粉、酪蛋白、乳矿物盐、乳基婴幼儿配方食品及其预混料（或基粉）以及骆驼乳粉等	哈萨克斯坦输华乳品应随附哈萨克斯坦官方签发的卫生证书
5	乳品	克罗地亚	克罗地亚输华乳品是指以经过加热处理的牛乳或羊乳为主要原料加工而成的食品，包括巴氏杀菌乳、灭菌乳、调制乳、发酵乳、干酪及再制干酪、稀奶油、奶油、无水奶油、炼乳、乳粉、乳清粉、乳清蛋白粉、牛初乳粉、酪蛋白、乳矿物盐、乳基婴幼儿配方食品及其预混料（或基粉）	克罗地亚输华乳品应随附克罗地亚官方签发的卫生证书
6	乳品	俄罗斯	以经过加热处理的牛乳或羊乳为主要原料加工而成的食品。进口俄罗斯巴氏杀菌乳和以巴氏杀菌工艺生产的调制乳，应事先办理检疫审批，获得进境动植物检疫许可	俄罗斯输华乳品应随附俄罗斯联邦兽医部门签发的兽医卫生证书
7	乳品	塞尔维亚	塞尔维亚输华乳品是指以经过加热处理的牛乳或羊乳为主要原料加工而成的乳及乳制食品，包括巴氏杀菌乳、灭菌乳、调制乳、发酵乳、干酪及再制干酪、稀奶油、奶油、无水奶油、炼乳、乳粉、乳清粉、乳清蛋白粉、牛初乳粉、酪蛋白、乳矿物盐、乳基婴幼儿配方食品及其预混料（或基粉）等。进口塞尔维亚巴氏杀菌乳和以巴氏杀菌工艺生产的调制乳，应事先办理检疫审批，获得进境动植物检疫许可	塞尔维亚输华乳品应随附塞尔维亚官方签发的卫生证书
8	乳品	阿尔巴尼亚	阿尔巴尼亚输华乳品是指以经过加热处理的牛奶、绵羊奶和山羊奶为主要原料加工而成的乳及乳制品，包括巴氏杀菌乳、灭菌乳、调制乳、发酵乳、干酪及再制干酪、稀奶油、奶油、无水奶油、炼乳、乳粉、乳清粉、乳清蛋白粉、牛初乳粉、酪蛋白、乳矿物盐、乳基婴幼儿配方食品及其预混料（或基粉）等。进口阿尔巴尼亚巴氏杀菌乳和以巴氏杀菌工艺生产的调制乳，应事先办理检疫审批，获得进境动植物检疫许可	阿尔巴尼亚输华乳品应随附阿尔巴尼亚官方签发的卫生证书

二、出口乳品

(一) 资质要求

1. 出口食品生产企业备案

海关总署对出口乳品生产企业实施备案管理。办理指南见本书第十五章第十七节。

出口食品生产企业备案信息可通过"中国出口食品生产企业备案管理系统"（http://qgs.customs.gov.cn:10081/efpe/login）进行查询。

2. 出口食品生产企业对外推荐注册

境外国家（地区）对中国输往该国家（地区）的出口乳品生产企业实施注册管理且要求海关总署推荐的，海关总署统一向该国家（地区）主管当局推荐。办理指南见本书第十五章第十八节。

获国外（境外）注册的食品生产企业名单可在海关总署企业管理和稽查司官方网站（http://qgjcs.customs.gov.cn/）"信息服务"栏目查询。

(二) 申报要求

出口乳品生产企业、出口商应当按照法律、行政法规和海关总署规定，向产地或者组货地海关提出出口申报前监管申请。

海关总署通过公告公布的部分国家商品的检验检疫要求，详见本节"出口乳品检验检疫要求"。

(三) 产品相关要求

1. 基本要求

生产企业应当保证其出口乳品符合进口国家（地区）的标准或者合同要求；中国缔结或者参加的国际条约、协定有特殊要求的，还应当符合国际条约、协定的要求。

进口国家（地区）暂无标准，合同也未作要求，且中国缔结或者参加的国际条约、协定无相关要求的，生产企业应当保证其出口乳品符合中国食品安全国家标准。现行食品安全国家标准见本书附录2。

2. 企业要求

（1）生产企业应当建立完善可追溯的食品安全卫生控制体系，保证食品安全卫生控制体系有效运行，确保出口食品生产、加工、贮存过程持续符合中国相关法律法规、出口食品生产企业安全卫生要求；进口国家（地区）相关法律法规和相关国际条约、协定有特殊要求的，还应当符合相关要求。

（2）生产企业应当建立供应商评估制度、进货查验记录制度、生产记录档案制度、出厂检验记录制度、出口食品追溯制度和不合格食品处置制度。相关记录应当真实有效，保存期限不得少于食品保质期期满后6个月；没有明确保质期的，保存期限不得少于2年。

（3）获得境外注册的企业，应当每年就是否能够持续符合进口国家（地区）注册条件进行自我评定，并向住所地海关报告。

（4）获得境外注册的企业，应当接受进口国家（地区）主管当局和海关实施的监督检查，如实提供有关情况和材料。

（5）出口食品存在安全问题，已经或者可能对人体健康和生命安全造成损害的，出口食品生产经营者应当立即采取相应措施，避免和减少损害发生，并向所在地海关报告。

3. 包装运输要求

生产企业应当保证出口乳品包装和运输方式符合食品安全要求。

生产企业应当在运输包装上标注生产企业备案号、产品品名、生产批号和生产日期。

进口国家（地区）或者合同有特殊要求的，在保证产品可追溯的前提下，经直属海关同意，出口乳品生产企业可以调整前款规定的标注项目。

对装运出口易变质、需要冷冻或者冷藏乳品的集装箱、船舱、飞机、车辆等运载工具，承运人、装箱单位或者其代理人应当按照规定对运输工具和装载容器进行清洗消毒并做好记录，在装运前向海关申请清洁、卫生、冷藏、密固等适载检验（详见第十六章第三节"适载检验"部分）；未经检验或者经检验不合格的，不准装运。

4. 其他要求

特定国家产品要求，详见本节"出口乳品检验检疫要求"。

（四）出口乳品检验检疫要求

出口乳品检验检疫要求见表6-6。

表6-6　出口乳品检验检疫要求

（截至2022年1月1日）

产品	进口国对企业注册的要求	产品要求	证书要求
乳品	俄罗斯 中国输俄乳品生产企业应当经俄罗斯联邦兽医和植物卫生监督局批准，相关企业名单可在俄罗斯联邦兽医和植物卫生监督局网站查询	以经过加热处理的牛乳或羊乳为主要原料加工而成的食品	中国输俄乳品应随附中国海关部门签发的兽医卫生证书

第四节　水产品

水产品是指供人类食用的水生动物产品及其制品，包括水母类、软体类、甲壳类、棘皮类、头索类、鱼类、两栖类、爬行类、水生哺乳类动物等其他水生动物产品以及藻类等海洋植物产品及其制品，不包括活水生动物及水生动植物繁殖材料。

一、进口水产品

（一）资质要求

1. 准入要求

海关对进口水产品实施准入制度。列入《符合评估审查要求及有传统贸易的国家或地区输华食品目录》的国家或地区对应的产品，方可进口。

禁止从日本福岛县、群马县、栃木县、茨城县、宫城县、新潟县、长野县、琦玉县、东京都、千叶县10个都县进口水产品。

《符合评估审查要求及有传统贸易的国家或地区输华食品目录》可在网站（http://43.248.49.223/）查询。

2. 境外生产企业注册

水产品的境外生产企业，应当获得海关总署注册。水产品的境外生产企业由所在国家（地区）主管当局向海关总署推荐注册。办理指南见本书第十五章第十一节。

进口食品境外生产企业注册信息可在网站（https://ciferquery.singlewindow.cn/）查询。

3. 检验检疫证书确认

输出国家或者地区官方签发的检验检疫证书需经海关总署确认，详见本节"已与海关总署确认输华水产品检验检疫证书的出口国家（地区）名单"。

4. 进出口商备案

海关总署对向中国境内出口水产品的出口商或者代理商实施备案管理，对进口水产品进口商实施备案管理。已经实施备案管理的进口商，方可办理水产品进口手续。办理指南见本书第十五章第十二节、第十三节。

境外出口商或者代理商，以及境内进口食品的进口商在海关总署的备案号可通过海关总署进口食品化妆品进出口商备案系统（http://ire.customs.gov.cn/）进行验核。境内进口食品的进口商备案号，已经实现系统联网核查。

5. 进境动植物检疫审批

海关总署对安全卫生风险较高的进口两栖类、爬行类、水生哺乳类动物以及其他养殖水产品及其非熟制加工品、日本输华水产品等实行检疫审批制度。上述产品的进口商应当在签订贸易合同前办理检疫审批手续，取得进境动植物检疫许可。办理指南见本书第十四章第二节。

6. 海关指定监管场地

冰鲜水产品应当从进境冰鲜水产品指定监管场地所在口岸进境，详见本节"进境冰鲜水产品指定监管场地名单"。

（二）申报要求

1. 基本申报要求

货主或者其代理人应当在水产品进口前或者进口时向海关申报，申报时应当提供贸易合同、提单、装箱单、发票等，并随附输出国家或者地区官方签发的检验检疫证书（特定国家证书要求见本节"进口水产品检验检疫要求"）。

2. 其他申报要求

进口日本水产品时，还应随附以下文件：

（1）日本官方出具的原产地证明；

（2）日本政府出具的放射性物质检测合格的证明。

3. 录入要求

（1）在企业资质栏目选取"508-进口食品境外出口商代理商备案""509-进口食品进口商备案"，并分别填写企业资质编号；

（2）在产品资质栏目选取"325-进境动植物产品检疫许可""519-进口食品境外生产企业注册"，并分别填写许可证编号等信息；

（3）在货物属性栏目，根据货物实际情况选择"14-预包装"或"15-非预包装"。

（三）产品要求

1. 基本要求

进口水产品应符合食品安全国家标准要求，应当按照规定随附合格证明材料。现行食品安全国家标准见本书附录2。

进口水产品的包装和标签、标识应当符合中国法律法规和食品安全国家标准；依法应当有说明书的，还应当有中文说明书。

对于进口水产品，内外包装上应当有牢固、清晰、易辨的中英文或者中文和出口国家（地区）文字标识，标明以下内容：商品名和学名、规格、生产日期、批号、保质期限和保存条件、生产方式（海水捕捞、淡水捕捞、养殖）、生产地区（海洋捕捞海域、淡水捕捞国家或者地区、养殖产品所在国家或者地区）、涉及的所有生产加工企业（含捕捞船、加工船、运输船、独立冷库）名称、注册编号及地址（具体到州、省、市）、必须标注目的地为中华人民共和国。

2. 企业要求

（1）食品进口商应当建立食品进口和销售记录制度，如实记录食品名称、净含量（规格）、数量、生产日期、生产或者进口批号、保质期、境外出口商和购货者名称、地址及联系方式、交货日期等内容，并保存相关凭证。记录和凭证保存期限不得少于食品保质期满后6个月；没有明确保质期的，保存期限为销售后2年以上。

（2）食品进口商应当建立境外出口商、境外生产企业审核制度，重点审核：①制定和执行食品安全风险控制措施情况；②保证食品符合中国法律法规和食品安全国家标准。

3. 预包装食品标签要求

属于预包装食品的水产品，其标签还应符合以下要求：

（1）进口的预包装食品应当有中文标签；依法应当有说明书的，还应当有中文说明书。标签、说明书应当符合《中华人民共和国食品安全法》以及我国其他有关法律、行政法规的规定和食品安全国家标准的要求，并载明食品的原产地以及境内代理商的名称、地址、联系方式。预包装食品没有中文标签、中文说明书或者标签、说明书不符合规定的，不得进口。

（2）标签应当标明下列事项：①名称、规格、净含量、生产日期；②成分或者配料表；③生产者的名称、地址、联系方式；④保质期；⑤产品标准代号；⑥贮存条件；⑦所使用的食品添加剂在国家标准中的通用名称；⑧生产许可证编号；⑨法律、法规或者食品安全标准规定应当标明的其他事项。专供婴幼儿和其他特定人群的主辅食品，其标签还应当标明主要营养成分及其含量。

（3）食品的标签、说明书，不得含有虚假内容，不得涉及疾病预防、治疗功能。生产经营者对其提供的标签、说明书的内容负责。

（4）食品的标签、说明书应当清楚、明显，生产日期、保质期等事项应当显著标注，容易辨识。

4. 其他要求

特定国家产品要求，详见本节"进口水产品检验检疫要求"。

（四）已与海关总署确认输华水产品检验检疫证书的出口国家（地区）名单

已与海关总署确认输华水产品检验检疫证书的出口国家（地区）名单见表6-7。

表6-7 已与海关总署确认输华水产品检验检疫证书的出口国家（地区）名单

（截至2020年4月）

区域	国家（地区）
亚洲（23个）	巴基斯坦、朝鲜、菲律宾、哈萨克斯坦、韩国、马来西亚、马尔代夫、孟加拉国、缅甸、日本、斯里兰卡、泰国、土耳其、新加坡、中国香港、伊朗、印度、印度尼西亚、文莱、越南、以色列、沙特阿拉伯、蒙古国
欧洲（26个）	爱尔兰、爱沙尼亚、保加利亚、比利时、冰岛、丹麦、俄罗斯、法国、法罗群岛、芬兰、荷兰、捷克、克罗地亚、立陶宛、挪威、葡萄牙、瑞士、瑞典、西班牙、希腊、意大利、英国、德国、波兰、拉脱维亚、斯洛文尼亚
美洲（17个）	阿根廷、巴西、秘鲁、厄瓜多尔、哥斯达黎加、古巴、圭亚那、加拿大、美国、墨西哥、苏里南、乌拉圭、智利、巴拿马、格陵兰、委内瑞拉、牙买加
非洲（14个）	加纳、肯尼亚、马达加斯加、毛里求斯、摩洛哥、莫桑比克、南非、乌干达、毛里塔尼亚、塞内加尔、塞舌尔、坦桑尼亚、埃及、索马里
大洋洲（8个）	澳大利亚、斐济、库克群岛、马绍尔群岛、密克罗尼西亚、新西兰、瓦努阿图、巴布亚新几内亚

（五）进境冰鲜水产品指定监管场地名单

进境冰鲜水产品指定监管场地名单见表6-8。

表 6-8 进境冰鲜水产品指定监管场地名单

（80家，截至2022年1月1日）

序号	关区 直属海关	关区 主管（隶属）海关	指定监管场地名称	场所（场地）编码	所在口岸区域
1	北京海关	首都机场海关	首都机场海关查验中心	CNBJS01S001	首都国际机场
2	北京海关	天竺海关	北京天竺综保区指定监管场地	CNBJS01S008	—
3	天津海关	天津东疆海关	天津东疆港大冷链进境冰鲜水产品指定监管场地	CNDJG02S613	天津新港
4	天津海关	天津滨海机场海关	天津航空口岸大通关基地进境冰鲜水产品指定监管场地	CNTSN02S665	天津滨海国际机场
5	太原海关	武宿海关	太原武宿综合保税区进境冰鲜水产品指定监管场地	CNTYU05S112	—
6	大连海关	大窑湾海关	大连港毅都冷链有限公司二期	CNDYW090083	大连港大窑湾港区
7	大连海关	大窑湾海关	大连（獐子岛）进境冰鲜水产品指定监管场地	CNDYW09S004	大连港大窑湾港区
8	大连海关	大连周水子机场海关	大连国际机场海关监管一级库	CNDLC090088	大连周水子国际机场
9	沈阳海关	沈阳桃仙机场海关	沈阳空港物流有限公司海关监管作业场所	CNSHE080027	沈阳桃仙国际机场
10	长春海关	珲春海关	珲春兴阳水产进境冰鲜水产品指定监管场地	CNHCG15S006	—
11	长春海关	图们海关	图们中兴水产进境冰鲜水产品指定监管场地	CNTME15S006	—
12	长春海关	兴隆海关	长春兴隆生活服务有限公司进境冰鲜水产品指定监管场地	CNCGC15S005	—
13	哈尔滨海关	哈尔滨太平机场海关	哈尔滨机场货运海关监管作业场所	CNHRB190125	哈尔滨太平国际机场
14	哈尔滨海关	同江海关	同江丰林达海关监管仓库	CNTOJ190083	同江（水运）
15	哈尔滨海关	绥芬河海关	绥芬河鑫东燕进境冰鲜水产品指定监管场地	CNSFH19S061	绥芬河（公路、铁路）
16	哈尔滨海关	抚远海关	抚远进境冰鲜水产品指定监管场地	CNFUY19S062	抚远（水运）
17	哈尔滨海关	饶河海关	饶河新阳进境冰鲜水产品指定监管场地	CNROH19S063	饶河（水运）
18	哈尔滨海关	虎林海关	虎林吉祥进境冰鲜水产品指定监管场地	CNHUL19S064	虎林（公路）
19	上海海关	浦东国际机场海关	上海机场浦虹国际物流有限公司冷链查验点	CNPVG33S050	—
20	上海海关	青浦海关	上海西郊国际农产品交易有限公司查验点	CNQGP22S050	—
21	上海海关	青浦海关	上海名联冷冻仓储有限公司冷链查验点	CNQGP22S051	—
22	南京海关	南京禄口机场海关	南京禄口国际机场国际货运中心	CNNKG230011	南京禄口国际机场
23	南京海关	徐州海关	徐州市观音国际机场有限公司	CNFAX230004	徐州观音国际机场
24	南京海关	常州海关	常州机场物流有限公司空运货栈	CNCZX230037	常州奔牛国际机场

表6-8 续1

序号	关区 直属海关	关区 主管（隶属）海关	指定监管场地名称	场所（场地）编码	所在口岸区域
25	南京海关	无锡海关	江苏省无锡市苏南硕放国际机场进境冰鲜水产品指定监管场地	CNWUX230001	无锡硕放国际机场
26	杭州海关	舟山海关	舟山港综合保税区进境冰鲜水产品指定监管场地	CNZOS29S064	—
27	杭州海关	杭州萧山机场海关	杭州萧山国际机场航空物流有限公司监管场所	CNHGH290077	杭州萧山国际机场
28	杭州海关	温州海关	温州航空货站有限公司龙湾机场海关监管作业场所	CNWNZ290311	温州市龙湾国际机场
29	杭州海关	义乌海关	浙江省义乌市进境冰鲜水产品指定监管场地	CNYIU290323	—
30	宁波海关	宁波机场海关	宁波栎社国际机场国际货运区	CNNGB310207	宁波栎社国际机场
31	合肥海关	合肥新桥机场海关	合肥空港进境指定监管场地	CNHFE33S003	合肥新桥国际机场
32	福州海关	平潭海关	平潭综合试验区港务发展有限公司澳前客货滚装码头	CNPTJ350186	平潭港澳前港区
33	福州海关	福州长乐机场海关	福州国际航空港有限公司海关监管仓库	CNFOC350172	福州长乐国际机场
34	福州海关	榕城海关	福清市海峡经贸有限公司海关监管作业场所	CNFQX350216	
35	福州海关	榕城海关	福州松下码头有限公司海关监管场所	CNFQX350043	福州港牛头湾港区
36	福州海关	宁德海关	霞浦县三沙中心渔港码头海关监管场所	CNCHE350152	宁德港三沙港区
37	福州海关	平潭海关	福建省平潭港口岸金井港区进口冰鲜水产品指定监管场地	CNPTU350145	平潭港金井港区
38	厦门海关	泉州海关	福建港闽台农市场有限公司进境冰鲜水产品指定监管场地	CNSIJ370247	泉州港
39	厦门海关	东渡海关	厦门万翔冷链物流中心	CNXAM370252	厦门港
40	厦门海关	厦门机场海关	厦门高崎机场进境冰鲜水产品指定监管场地	CNXAM37S047	厦门高崎国际机场
41	青岛海关	荣成海关	荣成泰广进出口有限公司	CNSHD42S101	
42	青岛海关	胶州海关	青岛天驰仓储有限公司进境冰鲜水产品指定监管场地	CNJZH42S201	
43	青岛海关	威海海关	威海金琳水产有限公司进境冰鲜水产品查验场	CNWEI42S101	
44	青岛海关	荣成海关	石岛集团有限公司第一冷藏厂	CNSHD420314	石岛港
45	青岛海关	威海海关	威海海纳食品有限公司进口水产品存储冷库	CNWEH42S202	—
46	青岛海关	烟台海关	烟台蓬莱国际机场货站仓库B区	CNYAT420003	烟台蓬莱国际机场
47	青岛海关	烟台海关	烟台综保区综合性指定监管场地	CNYAT42S403	—

表6-8 续2

序号	关区 直属海关	关区 主管（隶属）海关	指定监管场地名称	场所（场地）编码	所在口岸区域
48	青岛海关	青岛流亭机场海关	青岛胶东国际机场进境冰鲜水产品指定监管场地	CNTAO420321	青岛胶东国际机场
49	济南海关	济南机场海关	山东机场有限公司监管仓库	CNTNA430201	济南遥墙国际机场
50	郑州海关	郑州机场海关	郑州新郑国际机场进境冰鲜水产品指定监管场地	CNCGO460043	郑州新郑国际机场
51	武汉海关	武汉天河机场海关	武汉天河机场监管作业场所	CNWUH470061	武汉天河国际机场
52	长沙海关	长沙黄花机场海关	长沙黄花国际机场空港国际货运站	CNCSX491014 CNCSX491067	长沙黄花国际机场
53	长沙海关	张家界海关	张家界荷花机场进境冰鲜水产品指定监管场地	CNDYG491052	张家界荷花国际机场
54	广州海关	广州白云机场海关	广州白云机场新运进境冰鲜水产品指定监管场地	CNCAN51S004	广州白云国际机场
55	广州海关	广州白云机场海关	白云机场国际1号货站	CNCAN510196	广州白云国际机场
56	广州海关	广州白云机场海关	广州白云机场国际航空货运站	CNCAN510136	广州白云国际机场
57	深圳海关	深圳湾海关	深圳湾口岸货运进出境海关监管现场	CNSNZ53S004	深圳湾（公路）
58	深圳海关	文锦渡海关	文锦渡口岸货运进出境海关监管现场	CNSNZ53S008	文锦渡（公路）
59	深圳海关	深圳宝安机场海关	深圳机场国际货站	CNSZX530124	深圳宝安国际机场
60	拱北海关	横琴海关	横琴口岸进境冰鲜水产品指定监管场地	CNHGQ570126	横琴（公路）
61	黄埔海关	黄埔老港海关	广东万纬冷链物流有限公司冷库	CNYZU52S011	广州港黄埔港区
62	汕头海关	潮汕机场海关	揭阳潮汕机场海关监管仓库	CNSTG601055	揭阳潮汕国际机场
63	南宁海关	水口海关	水口口岸货场	CNSKO720149	水口（公路）
64	南宁海关	友谊关海关	广西凭祥综合保税区进口冰鲜水产品指定监管场地	CNYYG72S004	友谊关（公路）
65	南宁海关	东兴海关	东兴边民互市贸易区海关监管作业场	CNDOX720060	东兴（公路）
66	南宁海关	南宁吴圩机场海关	南宁吴圩机场新货运海关监管仓	CNNNG720122	南宁吴圩国际机场
67	重庆海关	重庆江北机场海关	重庆顺锦和水产品商贸行	CNCKG80S020	重庆江北国际机场
68	重庆海关	重庆江北机场海关	重庆江北机场国际快件监管中心	CNCKG800032	重庆江北国际机场
69	重庆海关	重庆江北机场海关	重庆凯尔国际冷链物流发展有限公司	CNCKG80S023	重庆江北国际机场
70	成都海关	成都双流机场海关	成都双流国际机场进口冰鲜水产品指定监管场地	CNCDU790046	成都双流国际机场
71	昆明海关	畹町海关	瑞丽市畹町进口冰鲜水产品指定监管场地	CNWAN86S005	—
72	昆明海关	河口海关	河口北山边民互市市场	CNHKM860140	河口（公路）
73	昆明海关	天保海关	天保口岸边民互市市场	CNTBO860167	天保（公路）
74	昆明海关	勐腊海关	磨憨中汇国际商贸物流中心	CNMHN868602	磨憨（公路）
75	兰州海关	兰州中川机场海关	兰州中川国际机场监管作业场所	CNHLW950021	兰州中川国际机场
76	乌鲁木齐	吉木乃海关	吉木乃口岸01海关监管仓库	CNJEM940015	吉木乃（公路）

表6-8 续3

序号	关区 直属海关	关区 主管（隶属）海关	指定监管场地名称	场所（场地）编码	所在口岸区域
77	乌鲁木齐	吉木乃海关	吉木乃县宏泰商贸海关监管场所	CNJEM940168	—
78	乌鲁木齐	吉木乃海关	吉木乃口岸02海关监管仓库	CNJEM940046	吉木乃（公路）
79	乌鲁木齐	乌鲁木齐地窝堡机场海关	新疆机场集团进出口监管仓库	CNURC940036	乌鲁木齐地窝堡国际机场
80	乌鲁木齐	阿拉山口海关	阿拉山口进境冰鲜水产品指定监管场地	CNAKL04S015	阿拉山口（公路、铁路）

（六）进口水产品检验检疫要求

进口水产品检验检疫要求见表6-9。《文莱输华养殖类水产品目录》见表6-10。《古巴输华养殖类水产品目录》见表6-11。

表6-9 进口水产品检验检疫要求

（截至2022年1月1日）

序号	产品	国家	产品要求	证书要求
1	斑节对虾	马达加斯加	指冰鲜或冷冻的未经加工的整只虾，或经加工的去头（去头去壳）虾（无论是否带尾），不包括活的斑节对虾	向中国输出的每一批斑节对虾应随附一份检验检疫证书和原产地证书
2	冷冻南美白虾	厄瓜多尔	冷冻南美白虾是指人工养殖、供人类食用的冷冻南美白虾（学名：*Penaeus vannamei*）及其制品，不包括活的南美白虾	进口厄瓜多尔冷冻南美白虾，应事先办理检疫审批，获得进境动植物检疫许可。每一批厄瓜多尔输华冷冻南美白虾应至少随附一份厄瓜多尔官方签发的正本兽医（卫生）证书，并在证书中声明：该产品来自主管当局注册的企业；该产品是在卫生条件下生产、包装、储藏和运输，并置于主管当局监督之下的；该产品经主管当局检验检疫，未发现中国规定的致病微生物、有毒有害物质和异物，及中国和OIE所列的疫病。该产品符合兽医卫生要求，适合人类食用
3	养殖水产品	文莱（在文莱本国水域养殖）	养殖水产品，是指人工养殖的、供人类食用的水生动物产品及其制品、藻类等海洋植物产品及其制品，不包括《濒危野生动植物种国际贸易公约》（CITES）附录和中国《国家重点保护野生动物名录》所列物种、活水生动物及水生动植物繁殖材料。《文莱输华养殖类水产品目录》见表6-10	进口文莱养殖水产品，应事先办理检疫审批，获得进境动植物检疫许可。文莱向中国出口的每一个集装箱的养殖水产品应至少随附一份文莱官方签发的正本兽医（卫生）证书。并在证书内完整填写养殖、加工、包装、存储、运输、中转和出口等全过程中涉及的生产企业信息，包括养殖场、加工厂和独立冷库的名称和注册编号等，不得遗漏上述任何环节涉及的生产企业信息

表6-9 续

序号	产品	国家	产品要求	证书要求
4	养殖水产品	古巴	养殖水产品,是指人工养殖的、供人类食用的水生动物产品及其制品、藻类等海洋植物产品及其制品,不包括《濒危野生动植物种国际贸易公约》(CITES)附录和中国《国家重点保护野生动物名录》所列物种、活水生动物及水生动植物繁殖材料。《古巴输华养殖类水产品目录》见表6-11	进口古巴养殖水产品,应事先办理检疫审批,获得"进境动植物检疫许可证"。古巴向中国出口的一集装箱养殖水产品应至少随附一份正本兽医(卫生)证书,证明该批产品符合中国和古巴兽医和公共卫生法律法规及本议定书的有关规定。古巴方应在兽医(卫生)证书上完整填写养殖、加工、包装、存储、运输、中转和出口等全过程中涉及的生产企业信息,包括养殖场、加工厂和独立冷库的名称和注册编号等,不得遗漏上述任何环节涉及的生产企业信息。证书用中文和英文印制(填写证书时英文为必选语言)。证书的格式、内容须事先获得双方认可。古方应及时将证书样本、官方签发机构印章和签字官员笔迹提供中方备案。如证书样本的内容和格式、官方签发机构印章和签字官员笔迹有变更,古方应至少在生效前一个月向中方备案
5	野生水产品	古巴	野生水产品,是指野生的、供人类食用的水生动物产品及其制品、藻类等海洋植物产品及其制品,不包括《濒危野生动植物种国际贸易公约》(CITES)附录和中国《国家重点保护野生动物名录》所列物种、活水生动物及水生动植物繁殖材料	古巴向中国出口的每一集装箱野生水产品应至少随附一份正本兽医(卫生)证书,证明该批产品符合中国和古巴兽医和公共卫生法律法规及本议定书的有关规定。古方应在兽医(卫生)证书上完整填写从捕捞、加工、包装、存储、运输、中转和出口等全过程中涉及的生产企业信息,包括加工厂、捕捞船、运输船、加工船和独立冷库的名称和注册编号等,不得遗漏上述任何环节涉及的生产企业信息

表6-10 文莱输华养殖类水产品目录

序号	英文品名	拉丁学名	纲	目	科	属
1	Hybrid Grouper(石斑鱼)	*Epinephelus spp.*	Actinopterygii(辐鳍鱼纲)	Perciformes(鲈形目)	Serranidae(鮨科)	Epinephelus(石斑鱼属)
2	Golden Pompano(布氏鲳鲹)	*Trachinotus blochii*	Actinopterygii(辐鳍鱼纲)	Carangiformes(鲹形目)	Carangidae(鲹科)	Trachinotus(鲳鲹属)
3	Asian Seabass(尖吻鲈)	*Lates calcarifer*	Actinopterygii(辐鳍鱼纲)	Perciformes(鲈形目)	Latidae(尖吻鲈科)	Lates(尖吻鲈属)
4	Giant Tiger Prawn(斑节对虾)	*Penaeus monodon*	Malacostraca(软甲纲)	Decapoda(十足目)	Penaeidae(对虾科)	Penaeus(对虾属)
5	Whiteleg Shrimp(南美白对虾)	*Litopenaeus vannamei*	Malacostraca(软甲纲)	Decapoda(十足目)	Penaeidae(对虾科)	Litopenaeus(滨对虾属)

表6-10 续

序号	英文品名	拉丁学名	纲	目	科	属
6	Oyster（牡蛎）	*Ostrea spp，Crassostrea spp，Ostreola spp，Magallana spp，Saccostrea spp*	Bivalvia（双壳纲）	Ostreida（牡蛎目）	Ostreidae（牡蛎科）	Ostrea（牡蛎属），Crassostrea（厚牡蛎属），Ostreola（扁牡蛎属），Magallana（太平洋牡蛎属），Saccostrea（小蛎属）
7	Atlantic salmon（大西洋鲑鱼）	*Salmo salar*	Actinopterygii（辐鳍鱼纲）	Salmoniformes（鲑形目）	Salmonidae（鲑科）	Salmo（鲑属）
8	Giant Freshwater Prawn（淡水长臂大虾）	*Macrobrachium rosenbergii*	Malacostraca（软甲纲）	Decapoda（十足目）	Palaemonidae（长臂虾科）	Macrobrachium（沼虾属）
9	Mudcrab（锯缘青蟹）	*Scylla serrata*	Malacostraca（软甲纲）	Decapoda（十足目）	Portunidae（梭子蟹科）	Scylla（青蟹属）
10	Red Snapper（摩拉吧笛鲷）	*Lutjanus malabaricus*	Actinopterygii（辐鳍鱼纲）	Perciformes（鲈形目）	Lutjanidae（笛鲷科）	Lutjanus（笛鲷属）
11	Lobster（锦绣龙虾）	*Panulirus ornatus*	Malacostraca（软甲纲）	Decapoda（十足目）	Palinuridae（海龙虾科）	Panulirus（龙虾属）
12	Yellow Fin Tuna（黄鳍金枪鱼）	*Thunnus albacares*	Actinopterygii（辐鳍鱼纲）	Scombriformes（鲭形目）	Scombridae（鲭科）	Thunnus（金枪鱼属）
13	Humpback Grouper（驼背鲈）	*Cromileptes altivelis*	Actinopterygii（辐鳍鱼纲）	Perciformes（鲈形目）	Serranidae（鮨科）	Cromileptes（驼背鲈属）
14	Leopard Coral Trout（豹纹鳃棘鲈）	*Plectropomus leopardus*	Actinopterygii（辐鳍鱼纲）	Perciformes（鲈形目）	Scombridae（鲭科）	Plectropomus（鳃棘鲈属）

表6-11 古巴输华养殖类水产品目录

产品	拉丁学名	纲	目	科	生产方式	生活水域（海水或淡水）
南美白对虾	*Penaeus vannamei*	甲壳纲	十足目	对虾科	养殖	海水和淡水

二、出口水产品

（一）资质要求

1. 出口食品原料养殖场备案

海关对出口水产品养殖场实施备案管理。办理指南见本书第十五章第二十节。

"出口水产品备案养殖场名单"可在海关总署企业管理和稽查司官方网站（http://qgjcs.customs.gov.cn/）"信息服务"栏目查询。

2. 出口食品生产企业备案

海关对出口水产品的生产企业实施备案管理。办理指南见本书第十五章第十七节。

出口食品生产企业备案信息可通过"中国出口食品生产企业备案管理系统"（http://qgs.customs.gov.cn：10081/efpe/login）进行查询。

3. 出口食品生产企业对外推荐注册

境外国家（地区）对中国输往该国家（地区）的出口水产品生产企业实施注册管理且要求海关总署推荐的，海关总署统一向该国家（地区）主管当局推荐。办理指南见本书第十五章第十八节。

获国外（境外）注册的食品生产企业名单可在海关总署企业管理和稽查司官方网站（http：//qgjcs.customs.gov.cn/）"信息服务"栏目查询。

（二）申报要求

出口水产品生产企业、出口商应当按照法律、行政法规和海关总署规定，向产地或者组货地海关提出出口申报前监管申请。

特定国家申报要求，详见本节"出口水产品检验检疫要求"。

（三）产品相关要求

1. 基本要求

生产企业应当保证其出口水产品符合进口国家（地区）的标准或者合同要求；中国缔结或者参加的国际条约、协定有特殊要求的，还应当符合国际条约、协定的要求。

进口国家（地区）暂无标准，合同也未作要求，且中国缔结或者参加的国际条约、协定无相关要求的，生产企业应当保证其出口水产品符合中国食品安全国家标准。现行食品安全国家标准见本书附录2。

2. 原料要求

出口水产品生产企业所用的原料应当来自备案的养殖场、经渔业行政主管部门批准的捕捞水域或者捕捞渔船，并符合拟输入国家或者地区的检验检疫要求。出口水产品备案养殖场应当为其生产的每一批出口水产品原料出具供货证明。

3. 企业要求

（1）生产企业应当建立完善可追溯的食品安全卫生控制体系，保证食品安全卫生控制体系有效运行，确保出口食品生产、加工、贮存过程持续符合中国相关法律法规、出口食品生产企业安全卫生要求；进口国家（地区）相关法律法规和相关国际条约、协定有特殊要求的，还应当符合相关要求。

（2）生产企业应当建立供应商评估制度、进货查验记录制度、生产记录档案制度、出厂检验记录制度、出口食品追溯制度和不合格食品处置制度。相关记录应当真实有效，保存期限不得少于食品保质期期满后6个月；没有明确保质期的，保存期限不得少于2年。

（3）获得境外注册的企业，应当每年就是否能够持续符合进口国家（地区）注册条件进行自我评定，并向住所地海关报告。

（4）获得境外注册的企业，应当接受进口国家（地区）主管当局和海关实施的监督检查，如实提供有关情况和材料。

（5）出口食品存在安全问题，已经或者可能对人体健康和生命安全造成损害的，出口食品生产经营者应当立即采取相应措施，避免和减少损害发生，并向所在地海关报告。

4. 包装运输要求

生产企业应当保证出口食品包装和运输方式符合食品安全要求。

生产企业应当在运输包装上标注生产企业备案号、产品品名、生产批号和生产日期。

进口国家（地区）或者合同有特殊要求的，在保证产品可追溯的前提下，经直属海关同意，出口食品生产企业可以调整前款规定的标注项目。

对装运出口易变质、需要冷冻或者冷藏水产品的集装箱、船舱、飞机、车辆等运载工具，承运人、装箱单位或者其代理人应当按照规定对运输工具和装载容器进行清洗消毒并做好记录，在装运前向海关申请清洁、卫生、冷藏、密固等适载检验（详见第十六章第三节"适载检验"部分）；未经检验或者经检验不合格的，不准装运。

5. 其他要求

特定国家产品要求，详见本节"出口水产品检验检疫要求"。

（四）出口水产品检验检疫要求

出口水产品检验检疫要求见表6-12。

表6-12 出口水产品检验检疫要求

（截至2022年1月1日）

产品	进口国对企业注册的要求	产品范围
鲶形目鱼类产品	美国 1. 我国输美鲶鱼产品的生产企业应持续符合美国法律法规的相关要求，并根据美国法规要求接受美国官方检查；生产企业应按我国法律法规规定组织生产和出口，并应当保证出口的鲶鱼产品符合美国的标准和要求。 2. 对美推荐注册生产企业包括鲶鱼产品生产加工企业、储存冷库。生产企业在获得美国农业部注册后方可开展出口贸易	中国生制鲶形目鱼类

第五节 燕窝产品

燕窝产品包括毛燕、食用燕窝、燕窝制品以及具有保健食品批准文号的燕窝等。

燕窝产品，指由金丝燕及相同类型燕子唾液形成，已去除污垢和羽毛，适合人类食用的食用燕窝及其制品。

毛燕，指由金丝燕及同类型燕子唾液形成，经去除粪便、土壤以及一般杂质的初级处理，无霉变，未添加任何物质的产品。

食用燕窝，指经分拣、用水浸泡、清洁、去除羽毛、重新塑型、加热烘干、分装等工艺制成的燕窝产品，不包括冰糖燕窝等燕窝制品。

燕窝制品，指以燕窝为主要原料，添加或不添加适当辅料，经相关加工工艺制成的食品，按原卫生部复函要求目前仅限冰糖燕窝。

一、进口燕窝产品

（一）资质要求

1. 准入要求

海关对进口燕窝产品实施准入制度。列入《符合评估审查要求及有传统贸易的国家或地区输华食品目录》的国家或地区对应的产品，方可进口。

《符合评估审查要求及有传统贸易的国家或地区输华食品目录》可在网站（http://43.248.49.223/）查询。

2. 境外生产企业注册

燕窝产品的境外生产企业，应当获得海关总署注册。燕窝产品的境外生产企业由所在国家（地区）主管当局向海关总署推荐注册。办理指南见本书第十五章第十一节。

进口食品境外生产企业注册信息可在网站（https：//ciferquery. singlewindow. cn/）查询。

3. 进出口商备案

向中国境内出口燕窝产品的境外出口商或者代理商应当向海关总署备案。食品进口商应当向其住所地海关备案。办理指南见本书第十五章第十二节、第十三节。

境外出口商或者代理商，以及境内进口食品的进口商在海关总署备案号可通过海关总署进口食品化妆品进出口商备案系统（http：//ire. customs. gov. cn/）进行验核。境内进口食品的进口商备案号，已经实现系统联网核查。

4. 进境动植物检疫审批

海关总署对进口毛燕、食用燕窝实行检疫审批制度。进口商应当在签订贸易合同前办理检疫审批手续，取得进境动植物检疫许可。办理指南见本书第十四章第二节。

5. 进口毛燕指定加工企业备案

进口毛燕的企业应事先办理进口毛燕指定加工企业备案。办理指南见本书第十五章第十六节。

进口毛燕指定加工企业名单可在海关总署企业管理和稽查司官方网站（http：//qgjcs. customs. gov. cn/）"信息服务"—"出口食品原料种植、养殖场备案名单"栏目查询。

（二）申报要求

1. 基本申报要求

发货人或者其代理人应当在燕窝产品进口前或者进口时向海关申报，申报时应当提供贸易合同、提单、装箱单、发票等，并随附以下文件：

（1）经海关总署确认的兽医（卫生）证书

（2）原产地证书（具体要求详见本节"进口燕窝产品检验检疫要求"）。

2. 录入要求

（1）在企业资质栏目选取"508-进口食品境外出口商代理商备案""509-进口食品进口商备案"，并分别填写企业资质编号；

（2）在产品资质栏目选取"325-进境动植物产品检疫许可"（需办理检疫审批的燕窝产品）、"519-进口食品境外生产企业注册"，并分别填写许可证编号等信息；

（3）在货物属性栏目，根据货物实际情况选择"14-预包装"或"15-非预包装"；

（4）准确填写燕窝种类、来源（屋燕、洞燕）、颜色等信息。

（三）产品相关要求

1. 基本要求

进口燕窝产品应符合国家食品安全标准要求。现行食品安全国家标准见本书附录2。

2022年1月1日起生产的输华燕窝产品，应当在内、外包装上标注在华注册编号或者所在国家（地区）主管当局批准的注册编号。

进口燕窝产品的包装和标签、标识应当符合中国法律法规和食品安全国家标准；依法应当有说明书的，还应当有中文说明书。

其中属于保健食品的燕窝产品，还应同时符合进口保健食品相关规定。详见第九章第一节特殊食品相关内容。

2. 企业要求

（1）食品进口商应当建立食品进口和销售记录制度，如实记录食品名称、净含量（规格）、数量、生产日期、生产或者进口批号、保质期、境外出口商和购货者名称、地址及联系方式、交货日期等内容，并保存相关凭证。记录和凭证保存期限不得少于食品保质期满后6个月；没有明确保质期的，保存期限为销售后2年以上。

（2）食品进口商应当建立境外出口商、境外生产企业审核制度，重点审核：①制定和执行食品安全风险控制措施情况；②保证食品符合中国法律法规和食品安全国家标准。

3. 预包装食品标签要求

属于预包装食品的燕窝产品，其标签还应符合以下要求：

（1）进口的预包装食品应当有中文标签；依法应当有说明书的，还应当有中文说明书。标签、说明书应当符合《中华人民共和国食品安全法》以及我国其他有关法律、行政法规的规定和食品安全国家标准的要求，并载明食品的原产地以及境内代理商的名称、地址、联系方式。预包装食品没有中文标签、中文说明书或者标签、说明书不符合规定的，不得进口。

（2）标签应当标明下列事项：①名称、规格、净含量、生产日期；②成分或者配料表；③生产者的名称、地址、联系方式；④保质期；⑤产品标准代号；⑥贮存条件；⑦所使用的食品添加剂在国家标准中的通用名称；⑧生产许可证编号；⑨法律、法规或者食品安全标准规定应当标明的其他事项。专供婴幼儿和其他特定人群的主辅食品，其标签还应当标明主要营养成分及其含量。

（3）食品的标签、说明书不得含有虚假内容，不得涉及疾病预防、治疗功能。生产经营者对其提供的标签、说明书的内容负责。

（4）食品的标签、说明书应当清楚、明显，生产日期、保质期等事项应当显著标注，容易辨识。

4. 其他要求

特定国家产品要求，详见本节"进口燕窝产品检验检疫要求"。

（四）进口燕窝产品检验检疫要求

进口燕窝产品检验检疫要求见表6-13。

表6-13　进口燕窝产品检验检疫要求

（截至2022年1月1日）

序号	产品	原产国家	产品要求	证书要求
1	毛燕	马来西亚	毛燕是指由金丝燕及同类型燕子唾液形成，经去除粪便、土壤以及一般杂质的初级处理，无霉变、未添加任何物质的产品	进口毛燕应随附马来西亚政府主管部门签发的兽医卫生证书，证明符合中国法律法规要求
2	燕窝产品	马来西亚	燕窝产品是指由金丝燕及相同类型燕子唾液形成，已去除污垢和羽毛，适合人类食用的食用燕窝及其制品	马来西亚政府主管部门应当对输华燕窝产品出具原产地证书、兽医卫生证书和卫生证书，证明其符合中国法律法规和相关标准的要求
3	燕窝	印度尼西亚	燕窝产品是指由金丝燕及相同类型燕子唾液形成，已去除污垢和羽毛，适合人类食用的食用燕窝及其制品	印度尼西亚政府主管部门应当对输华燕窝产品出具原产地证书、兽医（卫生）证书，证明其符合中国法律法规和相关标准的要求，并在兽医（卫生）证书中注明动物卫生状况（禽流感疫情和其他疫情疫病情况）
4	燕窝产品	泰国	泰国白色燕窝产品。燕窝产品是指由金丝燕及相同类型燕子唾液形成，已去除污垢和羽毛，适合人类食用的食用燕窝及其制品。泰国白色燕窝产品是指：颜色呈白色、黄色或金色的可食用燕窝产品（燕窝颜色与燕子栖息地有关）（引自泰国农业标准 TAS 6705—2014）	泰国政府主管部门应当对输华燕窝产品出具原产地证书、兽医（卫生）证书，证明其符合中国法律法规和相关标准的要求

二、出口燕窝产品

出口燕窝产品可按照第六章第七节"其他动物源性食品"有关要求办理。

第六节 蜂产品

本节蜂产品包括蜂蜜、蜂王浆及制品、蜂胶、蜂花粉、其他蜂产品等。

一、进口蜂产品

(一) 资质要求

1. 准入要求

海关对进口蜂产品实施检疫准入制度。列入《符合评估审查要求及有传统贸易的国家或地区输华食品目录》的国家或地区对应的产品，方可进口。

禁止从日本福岛县、群马县、栃木县、茨城县、宫城县、新潟县、长野县、琦玉县、东京都、千叶县10个都县进口蜂产品。

《符合评估审查要求及有传统贸易的国家或地区输华食品目录》可在网站（http://43.248.49.223/）查询。

2. 境外生产企业注册

蜂产品的境外生产企业，应当获得海关总署注册。蜂产品的境外生产企业由所在国家（地区）主管当局向海关总署推荐注册。办理指南见本书第十五章第十一节。

进口食品境外生产企业注册信息可在网站（https://ciferquery.singlewindow.cn/）查询。

3. 进出口商备案

向中国境内出口蜂产品的境外出口商或者代理商应当向海关总署备案。食品进口商应当向其住所地海关备案。办理指南见本书第十五章第十二节、第十三节。

境外出口商或者代理商以及境内进口食品的进口商在海关总署的备案号可通过海关总署进口食品化妆品进出口商备案系统（http://ire.customs.gov.cn/）进行验核。境内进口食品的进口商备案号，已经实现系统联网核查。

(二) 申报要求

1. 基本申报要求

货主或者其代理人应当在蜂产品进口前或者进口时向海关申报，申报时应当提供贸易合同、提单、装箱单、发票等，并随附以下文件：

（1）输出国家（地区）官方卫生证书（特定国家证书要求见本节"进口蜂产品检验检疫要求"）；

（2）原产地证明。

2. 其他申报要求

进口日本蜂产品时，还应随附日本官方出具的原产地证明。

3. 录入要求

（1）在企业资质栏目选取"508-进口食品境外出口商代理商备案""509-进口食品进口商备案"，

并分别填写企业资质编号；

（2）在产品资质栏目选取"519-进口食品境外生产企业注册"，并填写许可证编号等信息；

（3）在货物属性栏目，根据货物实际情况选择"14-预包装"或"15-非预包装"。

（三）产品相关要求

1. 基本要求

进口蜂产品应符合食品安全国家标准要求，应当按照规定随附合格证明材料。现行食品安全国家标准见本书附录2。

2022年1月1日起生产的输华蜂产品，应当在内、外包装上标注在华注册编号或者所在国家（地区）主管当局批准的注册编号。

进口蜂产品的包装和标签、标识应当符合中国法律法规和食品安全国家标准；依法应当有说明书的，还应当有中文说明书。

2. 企业要求

（1）食品进口商应当建立食品进口和销售记录制度，如实记录食品名称、净含量（规格）、数量、生产日期、生产或者进口批号、保质期、境外出口商和购货者名称、地址及联系方式、交货日期等内容，并保存相关凭证。记录和凭证保存期限不得少于食品保质期满后6个月；没有明确保质期的，保存期限为销售后2年以上。

（2）食品进口商应当建立境外出口商、境外生产企业审核制度，重点审核：①制定和执行食品安全风险控制措施情况；②保证食品符合中国法律法规和食品安全国家标准。

3. 预包装食品标签要求

属于预包装食品的蜂产品，其标签还应符合以下要求：

（1）进口的预包装食品应当有中文标签；依法应当有说明书的，还应当有中文说明书。标签、说明书应当符合《中华人民共和国食品安全法》以及我国其他有关法律、行政法规的规定和食品安全国家标准的要求，并载明食品的原产地以及境内代理商的名称、地址、联系方式。预包装食品没有中文标签、中文说明书或者标签、说明书不符合规定的，不得进口。

（2）标签应当标明下列事项：①名称、规格、净含量、生产日期；②成分或者配料表；③生产者的名称、地址、联系方式；④保质期；⑤产品标准代号；⑥贮存条件；⑦所使用的食品添加剂在国家标准中的通用名称；⑧生产许可证编号；⑨法律、法规或者食品安全标准规定应当标明的其他事项。专供婴幼儿和其他特定人群的主辅食品，其标签还应当标明主要营养成分及其含量。

（3）食品的标签、说明书不得含有虚假内容，不得涉及疾病预防、治疗功能。生产经营者对其提供的标签、说明书的内容负责。

（4）食品的标签、说明书应当清楚、明显，生产日期、保质期等事项应当显著标注，容易辨识。

4. 其他要求

特定国家产品要求，详见本节"进口蜂产品检验检疫要求"。

（四）进口蜂产品检验检疫要求

进口蜂产品检验检疫要求见表6-14。

表 6-14　进口蜂产品检验检疫要求

（截至 2022 年 1 月 1 日）

序号	产品	原产国家	产品要求	证书要求
1	蜂蜜	阿尔巴尼亚	允许进口的阿尔巴尼亚蜂蜜指蜜蜂采集植物的花蜜、分泌物或蜜露，与自身分泌物混合后，经充分酿造而成的天然甜物质	每一集装箱输华蜂蜜应至少随附一份主管部门出具的官方正本卫生证书，证明其符合中国和阿尔巴尼亚的检验检疫要求
2	蜂蜜	保加利亚	允许进口的保加利亚蜂蜜指蜜蜂采集植物的花蜜、分泌物或蜜露，与自身分泌物混合后，经充分酿造而成的天然甜物质	每一集装箱输华蜂蜜应至少随附一份主管部门出具的官方正本卫生证书，证明其符合中国和保加利亚的检验检疫要求

二、出口蜂产品

（一）资质要求

1. 出口食品原料养殖场备案

出口蜂产品原料养殖场应当向所在地海关备案。

出口食品原料种植养殖场备案名单可在海关总署企业管理和稽查司官方网站（http://qgjcs.customs.gov.cn/）"信息服务"栏目查询。办理指南见本书第十五章第二十节。

2. 出口食品生产企业备案

海关总署对出口蜂产品生产企业实施备案管理。办理指南见本书第十五章第十七节。

出口食品生产企业备案信息可通过"中国出口食品生产企业备案管理系统"（http://qgs.customs.gov.cn:10081/efpe/login）进行查询。

3. 出口食品生产企业对外推荐注册

境外国家（地区）对中国输往该国家（地区）的出口蜂产品生产企业实施注册管理且要求海关总署推荐的，海关总署统一向该国家（地区）主管当局推荐。办理指南见本书第十五章第十八节。

获国外（境外）注册的食品生产企业名单可在海关总署企业管理和稽查司官方网站（http://qgjcs.customs.gov.cn/）"信息服务"栏目查询。

（二）申报要求

出口蜂产品生产企业、出口商应当按照法律、行政法规和海关总署规定，向产地或者组货地海关提出出口申报前监管申请。

（三）产品相关要求

1. 基本要求

生产企业应当保证其出口蜂产品符合进口国家（地区）的标准或者合同要求；中国缔结或者参加的国际条约、协定有特殊要求的，还应当符合国际条约、协定的要求。

进口国家（地区）暂无标准，合同也未作要求，且中国缔结或者参加的国际条约、协定无相关要求的，出口蜂产品生产企业应当保证其出口蜂产品符合中国食品安全国家标准。现行食品安全国家标准见本书附录 2。

2. 原料要求

出口蜂产品原料应当来自经海关备案的养殖场。

3. 企业要求

（1）生产企业应当建立完善可追溯的食品安全卫生控制体系，保证食品安全卫生控制体系有效运行，确保出口食品生产、加工、贮存过程持续符合中国相关法律法规、出口食品生产企业安全卫生要求；进口国家（地区）相关法律法规和相关国际条约、协定有特殊要求的，还应当符合相关要求。

（2）生产企业应当建立供应商评估制度、进货查验记录制度、生产记录档案制度、出厂检验记录制度、出口食品追溯制度和不合格食品处置制度。相关记录应当真实有效，保存期限不得少于食品保质期期满后 6 个月；没有明确保质期的，保存期限不得少于 2 年。

（3）获得境外注册的企业，应当每年就是否能够持续符合进口国家（地区）注册条件进行自我评定，并向住所地海关报告。

（4）获得境外注册的企业，应当接受进口国家（地区）主管当局和海关实施的监督检查，如实提供有关情况和材料。

（5）出口食品存在安全问题，已经或者可能对人体健康和生命安全造成损害的，出口食品生产经营者应当立即采取相应措施，避免和减少损害发生，并向所在地海关报告。

4. 包装运输要求

生产企业应当保证出口蜂产品包装和运输方式符合食品安全要求。

生产企业应当在运输包装上标注生产企业备案号、产品品名、生产批号和生产日期。

进口国家（地区）或者合同有特殊要求的，在保证产品可追溯的前提下，经直属海关同意，出口蜂产品生产企业可以调整前款规定的标注项目。

第七节 其他动物源性食品

一、进口其他动物源性食品

（一）资质要求

1. 准入要求

禁止从日本福岛县、群马县、枥木县、茨城县、宫城县、新潟县、长野县、琦玉县、东京都、千叶县 10 个都县进口其他动物源性食品。

2. 境外生产企业注册

动物源性食品的境外生产企业，应当获得海关总署注册。食用油脂和油料、包馅面食等产品的境外生产企业由所在国家（地区）主管当局向海关总署推荐注册。办理指南见本书第十五章第十一节。

进口食品境外生产企业注册信息可在网站（https：//ciferquery.singlewindow.cn/）查询。

3. 进出口商备案

海关总署对向中国境内出口动物源性食品的出口商或者代理商实施备案管理，动物源性食品进口商应当向其住所地海关备案。办理指南见本书第十五章第十二节、第十三节。

境外出口商或者代理商，以及境内进口食品的进口商在海关总署的备案号可通过海关总署进口食品化妆品进出口商备案系统（http：//ire.customs.gov.cn/）进行验核。境内进口食品的进口商备案号，已经实现系统联网核查。

4. 进境动植物检疫审批

海关依法对可食用骨蹄角及其产品等动物源性食品实施检疫审批管理。食品进口商应当在签订贸易合同或者协议前取得进境动植物检疫许可。办理指南见本书第十四章第二节。

（二）申报要求

1. 基本申报要求

货主或者其代理人应当在动物源性食品进口前或者进口时向海关申报，申报时应当提供贸易合同、提单、装箱单、发票文件。

　　2. 其他申报要求

　　允许输华的日本动物源性食品，还应随附日本官方出具原产地证明。

　　3. 录入要求

　　（1）在企业资质栏目选取"508-进口食品境外出口商代理商备案""509-进口食品进口商备案"，并分别填写企业资质编号；

　　（2）在产品资质栏目选取"325-进境动植物产品检疫许可"（需要办理时）、"519-进口食品境外生产企业注册"，并分别填写许可证编号等信息；

　　（3）在货物属性栏目，根据货物实际情况选择"14-预包装"或"15-非预包装"。

（三）产品相关要求

　　1. 基本要求

　　进口动物源性食品应符合食品安全国家标准要求，应当按照规定随附合格证明材料。现行食品安全国家标准见本书附录2-6。

　　2022年1月1日起生产的输华动物源性食品，应当在内、外包装上标注在华注册编号或者所在国家（地区）主管当局批准的注册编号。

　　进口动物源性食品的包装和标签、标识应当符合中国法律法规和食品安全国家标准；依法应当有说明书的，还应当有中文说明书。

　　2. 企业要求

　　（1）食品进口商应当建立食品进口和销售记录制度，如实记录食品名称、净含量（规格）、数量、生产日期、生产或者进口批号、保质期、境外出口商和购货者名称、地址及联系方式、交货日期等内容，并保存相关凭证。记录和凭证保存期限不得少于食品保质期满后6个月；没有明确保质期的，保存期限为销售后2年以上。

　　（2）食品进口商应当建立境外出口商、境外生产企业审核制度，重点审核：①制定和执行食品安全风险控制措施情况；②保证食品符合中国法律法规和食品安全国家标准。

　　3. 预包装食品标签要求

　　属于预包装食品的动物源性食品产品，其标签还应符合以下要求：

　　（1）进口的预包装食品应当有中文标签；依法应当有说明书的，还应当有中文说明书。标签、说明书应当符合《中华人民共和国食品安全法》以及我国其他有关法律、行政法规的规定和食品安全国家标准的要求，并载明食品的原产地以及境内代理商的名称、地址、联系方式。预包装食品没有中文标签、中文说明书或者标签、说明书不符合规定的，不得进口。

　　（2）标签应当标明下列事项：①名称、规格、净含量、生产日期；②成分或者配料表；③生产者的名称、地址、联系方式；④保质期；⑤产品标准代号；⑥贮存条件；⑦所使用的食品添加剂在国家标准中的通用名称；⑧生产许可证编号；⑨法律、法规或者食品安全标准规定应当标明的其他事项。专供婴幼儿和其他特定人群的主辅食品，其标签还应当标明主要营养成分及其含量。

　　（3）食品的标签、说明书，不得含有虚假内容，不得涉及疾病预防、治疗功能。生产经营者对其提供的标签、说明书的内容负责。

　　（4）食品的标签、说明书应当清楚、明显，生产日期、保质期等事项应当显著标注，容易辨识。

二、出口其他动物源性食品

（一）资质要求

　　1. 出口食品生产企业备案

　　出口食品生产企业应当向住所地海关备案。办理指南见本书第十五章第十七节。

2. 出口食品生产企业对外推荐注册

境外国家（地区）对中国输往该国家（地区）的出口食品生产企业实施注册管理且要求海关总署推荐的，海关总署统一向该国家（地区）主管当局推荐。办理指南见本书第十五章第十八节。

境外国家（地区）有注册要求的，出口食品生产企业及其产品应当先获得该国家（地区）主管当局注册批准，其产品方能出口。企业注册信息情况以进口国家（地区）公布为准。

（二）申报要求

出口肉类产品生产企业、出口商应当按照法律、行政法规和海关总署规定，向产地或者组货地海关提出出口申报前监管申请。

（三）产品相关要求

1. 基本要求

生产企业应当保证其出口食品符合进口国家（地区）的标准或者合同要求；中国缔结或者参加的国际条约、协定有特殊要求的，还应当符合国际条约、协定的要求。

进口国家（地区）暂无标准，合同也未作要求，且中国缔结或者参加的国际条约、协定无相关要求的，出口食品生产企业应当保证其出口食品符合中国食品安全国家标准。现行食品安全国家标准见本书附录2。

2. 企业要求

（1）生产企业应当建立完善可追溯的食品安全卫生控制体系，保证食品安全卫生控制体系有效运行，确保出口食品生产、加工、贮存过程持续符合中国相关法律法规、出口食品生产企业安全卫生要求；进口国家（地区）相关法律法规和相关国际条约、协定有特殊要求的，还应当符合相关要求。

（2）生产企业应当建立供应商评估制度、进货查验记录制度、生产记录档案制度、出厂检验记录制度、出口食品追溯制度和不合格食品处置制度。相关记录应当真实有效，保存期限不得少于食品保质期期满后6个月；没有明确保质期的，保存期限不得少于2年。

（3）获得境外注册的企业，应当每年就是否能够持续符合进口国家（地区）注册条件进行自我评定，并向住所地海关报告。

（4）获得境外注册的企业，应当接受进口国家（地区）主管当局和海关实施的监督检查，如实提供有关情况和材料。

（5）出口食品存在安全问题，已经或者可能对人体健康和生命安全造成损害的，出口食品生产经营者应当立即采取相应措施，避免和减少损害发生，并向所在地海关报告。

3. 包装运输要求

生产企业应当保证出口食品包装和运输方式符合食品安全要求。

生产企业应当在运输包装上标注生产企业备案号、产品品名、生产批号和生产日期。

进口国家（地区）或者合同有特殊要求的，在保证产品可追溯的前提下，经直属海关同意，出口食品生产企业可以调整前款规定的标注项目。

第七章
植物源性食品

食品，是指各种供人食用或者饮用的成品和原料以及按照传统既是食品又是中药材的物品，但是不包括以治疗为目的的物品。

植物源性食品，是指可食植物的根、茎、叶、花、果实、种籽、皮及食用菌，以其为主要原料的初级加工品，可兼作食品的植物源性中药材等。

预包装食品是指预先定量包装或者制作在包装材料和容器中的食品。

第一节 食用粮谷、豆类

本节的食用粮谷、豆类指用于食用的粟、荞麦、黍子、谷穗、高粱、黑麦、燕麦、薏米和其他食用粮谷，以及食用豆类、芸豆、小豆、豌豆、小扁豆、绿豆、豇豆、蚕豆和其他食用豆类。大米单独阐述。

一、进口食用粮谷、豆类

（一）资质要求

1. 准入要求

海关对进口植物源性食品实施准入制度。列入《符合评估审查要求及有传统贸易的国家或地区输华食品目录》的国家或地区对应的产品，方可进口。

禁止从日本福岛县、群马县、栃木县、茨城县、宫城县、新潟县、长野县、埼玉县、东京都、千叶县10个都县进口食用粮谷、豆类。

《符合评估审查要求及有传统贸易的国家或地区输华食品目录》可在网站（http：//43.248.49.223/）查询。

2. 境外生产企业注册

食用粮谷、豆类产品的境外生产企业，应当获得海关总署注册。食用谷物的境外生产企业由所在国家（地区）主管当局向海关总署推荐注册。食用豆类境外生产企业，应当自行或者委托代理人向海关总署提出注册申请。办理指南见本书第十五章第十一节。

进口食品境外生产企业注册信息可在网站（https://ciferquery.singlewindow.cn/）查询。

3. 进出口商备案

向中国境内出口食用粮谷、豆类产品的境外出口商或者代理商应当向海关总署备案。食用粮谷、豆类产品进口商应当向其住所地海关备案。办理指南见本书第十五章第十二节、第十三节。

境外出口商或者代理商，以及境内进口食品的进口商在海关总署的备案号可通过海关总署进口食品化妆品进出口商备案系统（http：//ire.customs.gov.cn/）进行验核。境内进口食品的进口商备案号，已经实现系统联网核查。

4. 进境动植物检疫审批

杂粮、杂豆进口商应当在签订贸易合同或者协议前取得进境动植物检疫许可。办理指南见本书第十四章第三节。

（二）申报要求

1. 基本申报要求

货主或者其代理人应当在食用粮谷、豆类进口前或者进口时向海关申报，申报时应当提供贸易合同、提单、装箱单、发票等，并随附以下文件：

（1）输出国家或者地区官方检验检疫证书；

（2）原产地证书。

2. 其他申报要求

进口日本食用粮谷，还应随附以下文件：

（1）日本官方出具原产地证明；

（2）日本政府出具的放射性物质检测合格的证明（豆类产品需要）。

3. 录入要求

（1）在企业资质栏目，选取"508-进口食品境外出口商代理商备案""509-进口食品进口商备案"，并分别填写企业资质编号；

（2）在产品资质栏目，选取"325-进境动植物产品检疫许可"（需要办理检疫审批的）、"519-进口食品境外生产企业注册"，并分别填写许可证编号等信息；

（3）在货物属性栏目，根据货物实际情况选择"14-预包装"或"15-非预包装"。

（三）产品相关要求

1. 基本要求

进口食用粮谷、豆类产品应符合食品安全国家标准要求，应当按照规定随附合格证明材料。现行食品安全国家标准见本书附录2-6。

2022年1月1日起生产的输华粮谷、豆类，应当在内、外包装上标注在华注册编号或者所在国家（地区）主管当局批准的注册编号。

进口食用粮谷、豆类产品的包装和标签、标识应当符合中国法律法规和食品安全国家标准；依法应当有说明书的，还应当有中文说明书。

2. 企业要求

（1）食品进口商应当建立食品进口和销售记录制度，如实记录食品名称、净含量/规格、数量、生产日期、生产或者进口批号、保质期、境外出口商和购货者名称、地址及联系方式、交货日期等内容，并保存相关凭证。记录和凭证保存期限不得少于食品保质期满后6个月；没有明确保质期的，保存期限为销售后2年以上。

（2）食品进口商应当建立境外出口商、境外生产企业审核制度，重点审核：①制定和执行食品安全风险控制措施情况；②保证食品符合中国法律法规和食品安全国家标准的情况。

3. 预包装食品标签要求

属于预包装食品的食用粮谷、豆类产品，其标签还应符合以下要求：

（1）进口的预包装食品应当有中文标签；依法应当有说明书的，还应当有中文说明书。标签、说明书应当符合《中华人民共和国食品安全法》以及我国其他有关法律、行政法规的规定和食品安全国家标准的要求，并载明食品的原产地以及境内代理商的名称、地址、联系方式。预包装食品没有中文标签、中文说明书或者标签、说明书不符合规定的，不得进口。

（2）标签应当标明下列事项：①名称、规格、净含量、生产日期；②成分或者配料表；③生产者的名称、地址、联系方式；④保质期；⑤产品标准代号；⑥贮存条件；⑦所使用的食品添加剂在国家标准中的通用名称；⑧生产许可证编号；⑨法律、法规或者食品安全标准规定应当标明的其他事项。专供婴幼儿和其他特定人群的主辅食品，其标签还应当标明主要营养成分及其含量。

（3）食品的标签、说明书，不得含有虚假内容，不得涉及疾病预防、治疗功能。生产经营者对其提供的标签、说明书的内容负责。

（4）食品的标签、说明书应当清楚、明显，生产日期、保质期等事项应当显著标注，容易辨识。

二、出口食用粮谷、豆类

出口食用粮谷、豆类产品按本章第九节"其他植物源性食品"办理。

第二节 大 米

本节的大米包括大米、糙米、白米、蒸煮米及其他大米。

一、进口大米

（一）资质要求

1. 准入要求

海关对进口植物源性食品实施准入制度。列入《符合评估审查要求及有传统贸易的国家或地区输华食品目录》的国家或地区对应的产品，方可进口。

禁止从日本福岛县、群马县、栃木县、茨城县、宫城县、新潟县、长野县、琦玉县、东京都、千叶县10个都县进口大米。

《符合评估审查要求及有传统贸易的国家或地区输华食品目录》可在网站（http://43.248.49.223/）查询。

2. 境外生产企业注册

大米的境外生产企业，应当获得海关总署注册。大米的境外生产企业由所在国家（地区）主管当局向海关总署推荐注册。办理指南见本书第十五章第十一节。

进口食品境外生产企业注册信息可在网站（https://ciferquery.singlewindow.cn/）查询。

3. 进出口商备案

向中国境内出口大米的境外出口商或者代理商应当向海关总署备案。大米进口商应当向其住所地海关备案。办理指南见本书第十五章第十二节、第十三节。

境外出口商或者代理商，以及境内进口食品的进口商在海关总署的备案号可通过海关总署进口食品化妆品进出口商备案系统（http://ire.customs.gov.cn/）进行验核。境内进口食品的进口商备案号，已经实现系统联网核查。

（二）申报要求

1. 基本申报要求

发货人或者其代理人应当在大米进口前或者进口时向海关申报，申报时应当提供贸易合同、提单、装箱单、发票等，并随附以下文件：

（1）输出国家或者地区官方检验检疫证书、熏蒸证书（特定国家证书要求见本节"进口大米检验

检疫要求");

(2) 原产地证书。

2. 其他申报要求

进口日本大米时，还应随附日本官方出具的原产地证明。

3. 录入要求

(1) 在企业资质栏目，选取"508-进口食品境外出口商代理商备案""509-进口食品进口商备案"，并分别填写企业资质编号；

(2) 在产品资质栏目，选取"519-进口食品境外生产企业注册"，并填写许可证编号等信息；

(3) 在货物属性栏目，根据货物实际情况选择"14-预包装"或"15-非预包装"。

(三) 产品相关要求

1. 基本要求

进口大米应符合食品安全国家标准要求，应当按照规定随附合格证明材料。现行食品安全国家标准见本书附录2。

2022年1月1日起生产的输华大米，应当在内、外包装上标注在华注册编号或者所在国家（地区）主管当局批准的注册编号。

进口大米的包装和标签、标识应当符合中国法律法规和食品安全国家标准；依法应当有说明书的，还应当有中文说明书。

2. 企业要求

(1) 食品进口商应当建立食品进口和销售记录制度，如实记录食品名称、净含量/规格、数量、生产日期、生产或者进口批号、保质期、境外出口商和购货者名称、地址及联系方式、交货日期等内容，并保存相关凭证。记录和凭证保存期限不得少于食品保质期满后6个月；没有明确保质期的，保存期限为销售后2年以上。

(2) 食品进口商应当建立境外出口商、境外生产企业审核制度，重点审核：①制定和执行食品安全风险控制措施情况；②保证食品符合中国法律法规和食品安全国家标准的情况。

3. 预包装食品标签要求

属于预包装食品的大米产品，其标签还应符合以下要求：

(1) 进口的预包装食品应当有中文标签；依法应当有说明书的，还应当有中文说明书。标签、说明书应当符合《中华人民共和国食品安全法》以及我国其他有关法律、行政法规的规定和食品安全国家标准的要求，并载明食品的原产地以及境内代理商的名称、地址、联系方式。预包装食品没有中文标签、中文说明书或者标签、说明书不符合规定的，不得进口。

(2) 标签应当标明下列事项：①名称、规格、净含量、生产日期；②成分或者配料表；③生产者的名称、地址、联系方式；④保质期；⑤产品标准代号；⑥贮存条件；⑦所使用的食品添加剂在国家标准中的通用名称；⑧生产许可证编号；⑨法律、法规或者食品安全标准规定应当标明的其他事项。专供婴幼儿和其他特定人群的主辅食品，其标签还应当标明主要营养成分及其含量。

(3) 食品的标签、说明书，不得含有虚假内容，不得涉及疾病预防、治疗功能。生产经营者对其提供的标签、说明书的内容负责。

(4) 食品的标签、说明书应当清楚、明显，生产日期、保质期等事项应当显著标注，容易辨识。

4. 其他要求

特定国家产品要求，详见本节"进口大米检验检疫要求"。

(四) 进口大米检验检疫要求

"进口大米检验检疫要求"见表7-1。

表 7-1 进口大米检验检疫要求

（截至 2022 年 1 月 1 日）

序号	产品	原产国家和地区	产品要求	证书要求
1	大米	越南［越南输华大米须来自水稻茎线虫（Ditylenchus angustus）和（Aphelenchoides nechaleos）的非疫区或非疫点］	越南输华大米包括糙米、精米和碎米	1. 每批越南输华大米要随附越南官方出具的植物检疫证书，证明其符合中方的植物检疫要求，并注明具体产地。 2. 熏蒸企业、熏蒸日期和地点，以及熏蒸使用的药剂、时间、温度等信息应在植物检疫证书中注明
2	大米	印度	在印度种植、生产的大米（包括 Basmati 大米和非 Basmati 大米）	每批印度输华大米须随附印度农业合作及农民福利部（DAC&FW）出具的官方植物检疫证书，证明其符合中国植物检疫要求，并注明具体产地
3	大米	美国	原产地为美国的大米（含糙米、精米和碎米，HS 编码：1006.20、1006.30、1006.40）	每批美国输华大米应随附美国官方出具的植物检疫证书。植物检疫证书应有如下附加信息："该植物检疫证书所证明的大米符合中国和美国于 2017 年 7 月 19 日在华盛顿签署的关于美国大米输华植物卫生要求议定书的规定。"
4	大米	缅甸	在缅甸境内生产、加工的经碾制加工的大米，包括精米及碎米	1. 每批进口缅甸大米须随附缅方出具的官方植物检疫证书。每一植物检疫证书都应有如下中文或英文附加证明："该批大米符合《缅甸大米输华植物检验检疫要求议定书》的规定，不携带中方关注的检疫性有害生物。"（This batch of rice meets the requirements of The Protocol on Plant Inspection and Quarantine Requirements for Exporting Rice from Myanmar to China and is free of quarantine pests of concern to China.） 2. 缅甸大米对华出口前应进行熏蒸处理，以保证大米中不带有活的昆虫，特别是仓储害虫，并随附熏蒸处理证书
5	大米	老挝	经碾制加工、不带稻壳以及其他杂物的精米（Oryza sativa L.）	1. 老挝农林部应对输华大米进行检疫并出具植物检疫证书，证明其符合中方的植物检疫要求，还需注明具体产地，并在附加声明栏中注明："This batch of rice meets the requirements of The Protocol on Plant Inspection and Quarantine Requirements for Exporting Rice from Lao to China and is free of quarantine pests of concern to China."。 2. 老挝大米向中国出口前应进行熏蒸处理，并随附老挝官方签发的熏蒸处理证书
6	大米	韩国	韩国输华大米包括糙米、精米和碎米	1. 每批韩国输华大米进境时应随附官方植物检疫证书，证明其符合我国的植物检疫要求，还需附加如下信息："The rice covered by this Phytosanitary Certificate complies with 'the Requirements of inspection and quarantine on Korean Rice exported to China' of the 'Memorandum of Understanding Between China and Korea on Inspection and Quarantine Cooperation of Bilateral Rice Trade' agreed on Oct 31, 2015 by Chinese side and Korean side."。 2. 每批韩国输华大米在出口前应进行熏蒸处理，以保证大米中不带有活的昆虫，特别是仓储性害虫，并在进境时随附熏蒸处理证书

表7-1 续1

序号	产品	原产国家和地区	产品要求	证书要求
7	大米	泰国	泰国输华大米包括糙米、精米和碎米	1. 每批泰国输华大米应随附官方植物检疫证书，证明其符合中国和泰国的检疫法规和植物卫生要求。植物检疫证书上应注明具体产地。 2. 每批泰国输华大米在出口前应进行熏蒸处理，以保证大米中不带有活的昆虫，并在进境时随附熏蒸处理证书
8	大米	柬埔寨	柬埔寨输华大米包括精米和碎米	1. 柬埔寨输华大米应随附官方植物检疫证书，证明其符合中方的植物检疫要求，并注明具体产地。 2. 柬埔寨输华大米装运前应进行熏蒸处理，以保证不带有活的昆虫，特别是仓储性害虫，并随附柬埔寨王国农林渔业部出具的官方熏蒸处理证书

二、出口大米

（一）资质要求

1. 出口食品原料种植场备案

出口大米产品原料种植场应当向所在地海关备案。

出口食品原料种植场备案名单可在海关总署企业管理和稽查司官方网站（http://qgjcs.customs.gov.cn/）"信息服务"栏目查询。办理指南见本书第十五章第十九节。

2. 出口食品生产企业备案

海关总署对出口大米产品生产企业实施备案管理。办理指南见本书第十五章第十七节。

出口食品生产企业备案信息可通过"中国出口食品生产企业备案管理系统"（http://qgs.customs.gov.cn：10081/efpe/login）进行查询。

3. 出口食品生产企业对外推荐注册

境外国家（地区）对中国输往该国家（地区）的出口大米产品生产企业实施注册管理且要求海关总署推荐的，海关总署统一向该国家（地区）主管当局推荐。办理指南见本书第十五章第十八节。

获国外（境外）注册的食品生产企业名单可在海关总署企业管理和稽查司官方网站（http://qgjcs.customs.gov.cn/）"信息服务"栏目查询。

（二）申报要求

出口大米生产企业、出口商应当按照法律、行政法规和海关总署规定，向产地或者组货地海关提出出口申报前监管申请。

（三）产品相关要求

1. 基本要求

生产企业应当保证其出口大米产品符合进口国家（地区）的标准或者合同要求；中国缔结或者参加的国际条约、协定有特殊要求的，还应当符合国际条约、协定的要求。

进口国家（地区）暂无标准，合同也未作要求，且中国缔结或者参加的国际条约、协定无相关要求的，生产企业应当保证其出口大米产品符合中国食品安全国家标准。现行食品安全国家标准见本书附录2。

2. 原料要求

出口大米产品原料应当来自经海关备案的种植场。

3. 企业要求

（1）生产企业应当建立完善可追溯的食品安全卫生控制体系，保证食品安全卫生控制体系有效运行,确保出口食品生产、加工、贮存过程持续符合中国相关法律法规、出口食品生产企业安全卫生要求;进口国家(地区)相关法律法规和相关国际条约、协定有特殊要求的,还应当符合相关要求。

(2) 生产企业应当建立供应商评估制度、进货查验记录制度、生产记录档案制度、出厂检验记录制度、出口食品追溯制度和不合格食品处置制度。相关记录应当真实有效,保存期限不得少于食品保质期期满后 6 个月;没有明确保质期的,保存期限不得少于 2 年。

(3) 获得境外注册的企业,应当每年就是否能够持续符合进口国家(地区)注册条件进行自我评定,并向住所地海关报告。

(4) 获得境外注册的企业,应当接受进口国家(地区)主管当局和海关实施的监督检查,如实提供有关情况和材料。

(5) 出口食品存在安全问题,已经或者可能对人体健康和生命安全造成损害的,出口食品生产经营者应当立即采取相应措施,避免和减少损害发生,并向所在地海关报告。

4. 包装运输要求

生产企业应当保证出口大米产品包装和运输方式符合食品安全要求。

生产企业应当在运输包装上标注生产企业备案号、产品品名、生产批号和生产日期。

进口国家(地区)或者合同有特殊要求的,在保证产品可追溯的前提下,经直属海关同意,出口大米产品生产企业可以调整前款规定的标注项目。

第三节 粮食加工产品

本节的粮食加工产品包括小麦粉、米粉、麦芽、已焙制麦芽、未焙制麦芽、其他麦芽、玉米粉、荞麦粉、黑麦粉、大豆粉、燕麦粉和其他粮食加工产品等。

一、进口粮食加工产品

(一) 资质要求

1. 准入要求

海关对进口植物源性食品实施准入制度。列入《符合评估审查要求及有传统贸易的国家或地区输华食品目录》的国家或地区对应的产品,方可进口。

禁止从日本福岛县、群马县、枥木县、茨城县、宫城县、新潟县、长野县、琦玉县、东京都、千叶县 10 个都县进口粮食加工产品。

《符合评估审查要求及有传统贸易的国家或地区输华食品目录》可在网站(http://43.248.49.223/)查询。

2. 境外生产企业注册

粮食加工产品的境外生产企业,应当获得海关总署注册。食用谷物、谷物制粉工业产品和麦芽的境外生产企业由所在国家(地区)主管当局向海关总署推荐注册。办理指南见本书第十五章第十一节。

进口食品境外生产企业注册信息可在网站(https://ciferquery.singlewindow.cn/)查询。

3. 进出口商备案

向中国境内出口粮食加工产品的境外出口商或者代理商应当向海关总署备案。粮食加工产品进口商应当向其住所地海关备案。办理指南见本书第十五章第十二节、第十三节。

境外出口商或者代理商,以及境内进口食品的进口商在海关总署的备案号可通过海关总署进口食品化妆品进出口商备案系统(http://ire.customs.gov.cn/)进行验核。境内进口食品的进口商备案号,已经实现系统联网核查。

(二) 申报要求

1. 基本申报要求

货主或者其代理人应当在粮食加工产品进口前或者进口时向海关申报,申报时应当提供贸易合同、提单、装箱单、发票等,并随附以下文件:

(1) 输出国家或者地区官方检验检疫证书(检验检疫类别含有 P 的需要;特定国家证书要求见本节"进口粮食加工产品检验检疫要求");

(2) 原产地证书(检验检疫类别含有 P 的需要)。

2. 其他申报要求

进口日本粮食加工品时,还应随附日本官方出具的原产地证明。

3. 录入要求

(1) 在企业资质栏目,选取"508-进口食品境外出口商代理商备案""509-进口食品进口商备案",并分别填写企业资质编号;

(2) 在产品资质栏目,选取"519-进口食品境外生产企业注册",并填写许可证编号等信息;

(3) 在货物属性栏目,根据货物实际情况选择"14-预包装"或"15-非预包装"。

(三) 产品相关要求

1. 基本要求

进口粮食加工产品应符合食品安全国家标准要求,应当按照规定随附合格证明材料。现行食品安全国家标准见本书附录2-6。

2022年1月1日起生产的输华粮食加工产品,应当在内、外包装上标注在华注册编号或者所在国家(地区)主管当局批准的注册编号。

进口粮食加工产品的包装和标签、标识应当符合中国法律法规和食品安全国家标准;依法应当有说明书的,还应当有中文说明书。

2. 企业要求

(1) 食品进口商应当建立食品进口和销售记录制度,如实记录食品名称、净含量/规格、数量、生产日期、生产或者进口批号、保质期、境外出口商和购货者名称、地址及联系方式、交货日期等内容,并保存相关凭证。记录和凭证保存期限不得少于食品保质期满后6个月;没有明确保质期的,保存期限为销售后2年以上。

(2) 食品进口商应当建立境外出口商、境外生产企业审核制度,重点审核:①制定和执行食品安全风险控制措施情况;②保证食品符合中国法律法规和食品安全国家标准的情况。

3. 预包装食品标签要求

属于预包装食品的粮食加工产品,其标签还应符合以下要求:

(1) 进口的预包装食品应当有中文标签;依法应当有说明书的,还应当有中文说明书。标签、说明书应当符合《中华人民共和国食品安全法》以及我国其他有关法律、行政法规的规定和食品安全国家标准的要求,并载明食品的原产地以及境内代理商的名称、地址、联系方式。预包装食品没有中文标签、中文说明书或者标签、说明书不符合规定的,不得进口。

(2) 标签应当标明下列事项:①名称、规格、净含量、生产日期;②成分或者配料表;③生产者的名称、地址、联系方式;④保质期;⑤产品标准代号;⑥贮存条件;⑦所使用的食品添加剂在国家标准中的通用名称;⑧生产许可证编号;⑨法律、法规或者食品安全标准规定应当标明的其他事项。专供婴幼儿和其他特定人群的主辅食品,其标签还应当标明主要营养成分及其含量。

(3) 食品的标签、说明书,不得含有虚假内容,不得涉及疾病预防、治疗功能。生产经营者对其提供的标签、说明书的内容负责。

(4) 食品的标签、说明书应当清楚、明显，生产日期、保质期等事项应当显著标注，容易辨识。

4. 其他要求

特定国家产品要求，详见本节"进口粮食加工产品检验检疫要求"。

（四）进口粮食加工产品检验检疫要求

"进口粮食加工产品检验检疫要求"见表7-2。

表7-2 进口粮食加工产品检验检疫要求

（截至2022年1月1日）

序号	商品	原产国家和地区	产品要求	证书要求
1	面粉	蒙古国［蒙古国输华面粉的原料小麦和黑麦应产自没有发生小麦矮腥黑穗病菌（Tilletia controversa Kühn）及小麦印度腥黑穗病菌（Tilletia indica Mitra）的地区］	蒙古国输华面粉是指由蒙古国境内生产的小麦（Triticum aestivum L.）或黑麦（Secale cereal L.）在蒙古国境内经加工而获得可食用的精细粉状食物	蒙古国输华面粉在向中国出口前，蒙古国国家技术监督总局应对其实施检验检疫，对每批符合议定书要求的面粉出具植物检疫证书，注明原料品种和产区，并在附加声明栏中使用中文或英文注明："该批面粉符合双方于2020年9月15日在乌兰巴托签订的《中华人民共和国海关总署与蒙古国国家技术监督总局关于蒙古国面粉输华检验检疫要求的议定书》规定。"
2	麦芽	捷克	捷克输华麦芽是由捷克春季播种的大麦（Hordeum vulgare L.）成熟果实发芽干燥制得的麦芽	每批捷克输华麦芽须随附捷克农业部出具的官方植物检疫证书，证明其符合中国植物检疫要求，并注明麦芽的具体产地和原料大麦的播种季节
3	面粉	波兰	波兰输华面粉是指由波兰境内生产的小麦（Triticum aestivum L.）［包括斯卑尔脱小麦 Triticum aestivum ssp. spelta）或黑麦（Secale cereal L.）］在波兰加工完成并输往中国的面粉	波兰官方应对每批符合议定书检验检疫要求的面粉出具植物检疫证书，并在证书附加声明中注明："该批面粉符合于2021年2月5日签订的《中华人民共和国海关总署与波兰共和国农业和农村发展部关于波兰面粉输华检验检疫要求的议定书》要求和中华人民共和国植物检疫相关规定，不带有谷斑皮蠹（Trogoderma granarium）、大谷蠹（Prostephanus truncatus）和小麦矮腥黑穗病（Tilletia controversa）等中方关注的检疫性有害生物。"

二、出口粮食加工产品

出口粮食加工产品按本章第九节"其他植物源性食品"办理。

第四节 蔬 菜

本节的蔬菜包括保鲜蔬菜、冷冻蔬菜、脱水蔬菜、腌渍蔬菜、食用菌菇等。

一、进口蔬菜

(一) 资质要求

1. 准入要求

海关对进口植物源性食品实施准入制度。列入《符合评估审查要求及有传统贸易的国家或地区输华食品目录》的国家或地区对应的产品，方可进口。

禁止从日本福岛县、群马县、栃木县、茨城县、宫城县、新潟县、长野县、埼玉县、东京都、千叶县10个都县进口蔬菜。

《符合评估审查要求及有传统贸易的国家或地区输华食品目录》可在网站（http：//43.248.49.223/）查询。

2. 境外生产企业注册

蔬菜的境外生产企业，应当获得海关总署注册。保鲜和脱水蔬菜以及干豆的境外生产企业由所在国家（地区）主管当局向海关总署推荐注册。其他蔬菜及制品自行或者委托代理人向海关总署提出注册申请。办理指南见本书第十五章第十一节。

进口食品境外生产企业注册信息可在网站（https：//ciferquery.singlewindow.cn/）查询。

3. 进出口商备案

向中国境内出口蔬菜的境外出口商或者代理商应当向海关总署备案。蔬菜进口商应当向其住所地海关备案。办理指南见本书第十五章第十二节、第十三节。

境外出口商或者代理商，以及境内进口食品的进口商在海关总署的备案号可通过海关总署进口食品化妆品进出口商备案系统（http：//ire.customs.gov.cn/）进行验核。境内进口食品的进口商备案号，已经实现系统联网核查。

4. 进境动植物检疫审批

鲜或冷藏的番茄，鲜或冷藏的豌豆、豇豆、菜豆以及其他豆类（不论是否脱荚），鲜或冷藏的茄子、鲜或冷藏的辣椒（包括甜椒）等具有疫情疫病传播风险的植物源性食品，进口商应当在签订贸易合同或者协议前取得进境动植物检疫许可。办理指南见本书第十四章第三节。

(二) 申报要求

1. 基本申报要求

货主或者其代理人应当在蔬菜进口前或者进口时向海关申报，申报时应当提供贸易合同、提单、装箱单、发票等，并随附以下文件：

输出国家或者地区官方检验检疫证书（特定国家证书要求见本节"进口蔬菜检验检疫要求"）。

2. 其他申报要求

进口日本蔬菜及制品时，还应随附以下文件：

（1）日本官方出具的原产地证明；

（2）日本政府出具的放射性物质检测合格证明。

3. 录入要求

（1）在企业资质栏目，选取"508-进口食品境外出口商代理商备案""509-进口食品进口商备案"，并分别填写企业资质编号；

（2）在产品资质栏目，选取"325-进境动植物产品检疫许可"（需要办理检疫审批的）、"519-进口食品境外生产企业注册"，并分别填写许可证编号等信息；

（3）在货物属性栏目，根据货物实际情况选择"14-预包装"或"15-非预包装"。

(三) 产品相关要求

1. 基本要求

进口蔬菜应符合食品安全国家标准要求，应当按照规定随附合格证明材料。现行食品安全国家标准见本书附录 2。

2022 年 1 月 1 日起生产的输华蔬菜，应当在内、外包装上标注在华注册编号或者所在国家（地区）主管当局批准的注册编号。

进口蔬菜的包装和标签、标识应当符合中国法律法规和食品安全国家标准；依法应当有说明书的，还应当有中文说明书。

2. 企业要求

（1）食品进口商应当建立食品进口和销售记录制度，如实记录食品名称、净含量/规格、数量、生产日期、生产或者进口批号、保质期、境外出口商和购货者名称、地址及联系方式、交货日期等内容，并保存相关凭证。记录和凭证保存期限不得少于食品保质期满后 6 个月；没有明确保质期的，保存期限为销售后 2 年以上。

（2）食品进口商应当建立境外出口商、境外生产企业审核制度，重点审核：①制定和执行食品安全风险控制措施情况；②保证食品符合中国法律法规和食品安全国家标准的情况。

3. 预包装食品标签要求

属于预包装食品的蔬菜产品，其标签还应符合以下要求：

（1）进口的预包装食品应当有中文标签；依法应当有说明书的，还应当有中文说明书。标签、说明书应当符合《中华人民共和国食品安全法》以及我国其他有关法律、行政法规的规定和食品安全国家标准的要求，并载明食品的原产地以及境内代理商的名称、地址、联系方式。预包装食品没有中文标签、中文说明书或者标签、说明书不符合规定的，不得进口。

（2）标签应当标明下列事项：①名称、规格、净含量、生产日期；②成分或者配料表；③生产者的名称、地址、联系方式；④保质期；⑤产品标准代号；⑥贮存条件；⑦所使用的食品添加剂在国家标准中的通用名称；⑧生产许可证编号；⑨法律、法规或者食品安全标准规定应当标明的其他事项。专供婴幼儿和其他特定人群的主辅食品，其标签还应当标明主要营养成分及其含量。

（3）食品的标签、说明书，不得含有虚假内容，不得涉及疾病预防、治疗功能。生产经营者对其提供的标签、说明书的内容负责。

（4）食品的标签、说明书应当清楚、明显，生产日期、保质期等事项应当显著标注，容易辨识。

4. 其他要求

特定国家产品要求，详见本节"进口蔬菜检验检疫要求"。

（四）进口蔬菜检验检疫要求

"进口蔬菜检验检疫要求"见表 7-3。

表 7-3 进口蔬菜检验检疫要求

（截至 2022 年 1 月 1 日）

序号	产品	原产国家	产品要求	证书要求
1	新鲜蔬菜	泰国	蔬菜包括以下 5 类：块茎、根和丁香类，果菜和豆类，花叶类，食用菌类，芽类蔬菜	蔬菜应附有植物检疫证书。农药残留量不得超过以 CODEX 标准（国际食品法典标准）为参照而制定的进口国标准要求
2	甜椒	韩国	在韩国温室种植的不同栽培品种的甜椒（Capsicum annuum var. grossum）	每批进口韩国甜椒须随附韩方出具的官方植物检疫证书，并在附加声明栏中注明："该批甜椒符合《韩国甜椒输华检验检疫要求》，不携带中方关注的检疫性有害生物。"

表7-3 续

序号	产品	原产国家	产品要求	证书要求
3	红辣椒	乌兹别克斯坦	在乌兹别克斯坦种植和加工的用于食用的红辣椒（*Cápsicumánnuum*）	每批进口乌兹别克斯坦红辣椒须随附乌方出具的官方植物检疫证书，并在附加声明栏中注明："该植物检疫证书所证明的红辣椒符合中乌双方于2019年7月18日在北京、塔什干签署的关于乌兹别克斯坦红辣椒输华植物卫生要求议定书的规定。"
4	新鲜豆类	老挝	老挝输华新鲜豆类是指在老挝境内种植和加工的供人类食用的饱满且未成熟的新鲜连荚的毛豆［*Glycine max*（L.）Merr］、新鲜菜豆（*Phaseolus vulgaris* Linn）和新鲜豇豆［*Vigna unguiculata*（L.）Walp］	老挝官方应对每批符合议定书要求的输华新鲜豆类出具植物检疫证书，并在附加声明栏中注明以下内容： 1. 老挝输华鲜毛豆植物检疫证书附加声明栏中注明："该植物检疫证书所证明的鲜毛豆由×××（具体生产企业）生产，符合中老双方于2021年4月12日在北京和万象签署的关于老挝新鲜豆类输华检验检疫要求议定书的规定，不带有螺旋粉虱（*Aleurodicus dispersus*）、木薯绵粉蚧（*Phenacoccus manihoti*）、大洋臀纹粉蚧（*Planococcus minor*）、刺蒺藜草（*Cenchrus echinatus*）、飞机草（*Eupatorium odoratum* L.）、薇甘菊（*Mikania micrantha* Kunth）等中方关注的检疫性有害生物。"（This fresh vegetable soybean covered by this Phytosanitary Certificate was produced by the name of production, processing and storage establishment, comply with the requirements of Protocol between China and Laos on Inspection and Quarantine Requirements for the Export of Fresh Beans from Laos to China, signed on April 12, 2021 in Beijing and Vientiane, is free of the following quarantine pests of concern to China: *Aleurodicus dispersus*, *Phenacoccus manihoti*, *Planococcus minor*, *Cenchrus echinatus*, *Eupatorium odoratum* L., and *Mikania micrantha* Kunth.） 2. 老挝输华鲜菜豆植物检疫证书附加声明栏中注明："该植物检疫证书所证明的鲜菜豆由×××（具体生产企业）生产，符合中老双方于2021年4月12日在北京和万象签署的关于老挝新鲜豆类输华检验检疫要求议定书的规定，不带有螺旋粉虱（*Aleurodicus dispersus*）、瓜实蝇（*Bactrocera cucurbitae*）、南瓜实蝇（*Bactrocera tau*）、蚕豆象（*Bruchus rufimanus*）、扶桑绵粉蚧（*Phenacoccus solenopsis*）、大洋臀纹粉蚧（*Planococcus minor*）、薇甘菊（*Mikania micrantha* Kunth）等中方关注的检疫性有害生物。"（The fresh kidney bean covered by this Phytosanitary Certificate was produced by the name of production, processing and storage establishment, comply with the requirements of Protocol between China and Laos on Inspection and Quarantine Requirements for the Export of Fresh Beans from Laos to China, signed on April 12, 2021 in Beijing and Vientiane, is free of the following quarantine pests of concern to China: *Aleurodicus dispersus*, *Bactrocera cucurbitae*, *Bactrocera tau*, *Bruchus rufimanus*, *Phenacoccus solenopsis*, *Planococcus minor*, and *Mikania micrantha* Kunth.） 3. 老挝输华鲜豇豆植物检疫证书附加声明栏中注明："该植物检疫证书所证明的鲜豇豆由×××（具体生产企业）生产，符合中老双方于2021年4月12日在北京和万象签署的关于老挝新鲜豆类输华检验检疫要求议定书的规定，不带有螺旋粉虱（*Aleurodicus dispersus*）、瓜实蝇（*Bactrocera cucurbitae*）、新菠萝灰粉蚧（*Dysmicoccus neobrevipes*）、扶桑绵粉蚧（*Phenacoccus solenopsis*）、薇甘菊（*Mikania micrantha* Kunth）等中方关注的检疫性有害生物。"（The fresh cowpea covered by this Phytosanitary Certificate was produced by the name of production, processing and storage establishment, comply with the requirements of Protocol between China and Laos on Inspection and Quarantine Requirements for the Export of Fresh Beans from Laos to China, signed on April 12, 2021 in Beijing and Vientiane, is free of the following quarantine pests of concern to China: *Aleurodicus dispersus*, *Bactrocera cucurbitae*, *Dysmicoccus neobrevipes*, *Phenacoccus solenopsis*, and *Mikania micrantha* Kunth.）

二、出口蔬菜

（一）资质要求

1. 出口食品原料种植备案

出口蔬菜产品原料种植场应当向所在地海关备案。办理指南见本书第十五章第十九节。

出口食品原料种植场备案名单可在海关总署企业管理和稽查司官方网站（http://qgjcs.customs.gov.cn/）"信息服务"栏目查询。

2. 出口食品生产企业备案

海关总署对出口蔬菜产品生产企业实施备案管理。办理指南见本书第十五章第十七节。

出口食品生产企业备案信息可通过"中国出口食品生产企业备案管理系统"（http://qgs.customs.gov.cn：10081/efpe/login）进行查询。

3. 出口食品生产企业对外推荐注册

境外国家（地区）对中国输往该国家（地区）的出口蔬菜产品生产企业实施注册管理且要求海关总署推荐的，海关总署统一向该国家（地区）主管当局推荐。办理指南见本书第十五章第十八节。

获国外（境外）注册的食品生产企业名单可在海关总署企业管理和稽查司官方网站（http://qgjcs.customs.gov.cn/）"信息服务"栏目查询。

（二）申报要求

出口蔬菜生产企业、出口商应当按照法律、行政法规和海关总署规定，向产地或者组货地海关提出出口申报前监管申请。

（三）产品相关要求

1. 基本要求

生产企业应当保证其出口蔬菜产品符合进口国家（地区）的标准或者合同要求；中国缔结或者参加的国际条约、协定有特殊要求的，还应当符合国际条约、协定的要求。

进口国家（地区）暂无标准，合同也未作要求，且中国缔结或者参加的国际条约、协定无相关要求的，生产企业应当保证其出口蔬菜产品符合中国食品安全国家标准。现行食品安全国家标准见本书附录2。

2. 原料要求

出口蔬菜产品原料应当来自经海关备案的种植场。

3. 企业要求

（1）生产企业应当建立完善可追溯的食品安全卫生控制体系，保证食品安全卫生控制体系有效运行，确保出口食品生产、加工、贮存过程持续符合中国相关法律法规、出口食品生产企业安全卫生要求；进口国家（地区）相关法律法规和相关国际条约、协定有特殊要求的，还应当符合相关要求。

（2）生产企业应当建立供应商评估制度、进货查验记录制度、生产记录档案制度、出厂检验记录制度、出口食品追溯制度和不合格食品处置制度。相关记录应当真实有效，保存期限不得少于食品保质期期满后6个月；没有明确保质期的，保存期限不得少于2年。

（3）获得境外注册的企业，应当每年就是否能够持续符合进口国家（地区）注册条件进行自我评定，并向住所地海关报告。

（4）获得境外注册的企业，应当接受进口国家（地区）主管当局和海关实施的监督检查，如实提供有关情况和材料。

（5）出口食品存在安全问题，已经或者可能对人体健康和生命安全造成损害的，出口食品生产经营者应当立即采取相应措施，避免和减少损害发生，并向所在地海关报告。

4. 包装运输要求

生产企业应当保证出口蔬菜产品包装和运输方式符合食品安全要求。

生产企业应当在运输包装上标注生产企业备案号、产品品名、生产批号和生产日期。

进口国家（地区）或者合同有特殊要求的，在保证产品可追溯的前提下，经直属海关同意，出口蔬菜产品生产企业可以调整前款规定的标注项目。

第五节 食用植物油

本节食用植物油包括初榨植物食用油、食用植物油等。

一、进口食用植物油

（一）资质要求

1. 准入要求

禁止从日本福岛县、群马县、枥木县、茨城县、宫城县、新潟县、长野县、埼玉县、东京都、千叶县10个都县进口食用植物油。

2. 境外生产企业注册

食用植物油的境外生产企业，应当获得海关总署注册。食用油脂和油料的境外生产企业由所在国家（地区）主管当局向海关总署推荐注册。办理指南见本书第十五章第十一节。

进口食品境外生产企业注册信息可在网站（https：//ciferquery.singlewindow.cn/）查询。

3. 进出口商备案

向中国境内出口食用植物油的境外出口商或者代理商应当向海关总署备案。食用植物油进口商应当向其住所地海关备案。办理指南见本书第十五章第十二节、第十三节。

境外出口商或者代理商，以及境内进口食品的进口商在海关总署的备案号可通过海关总署进口食品化妆品进出口商备案系统（http：//ire.customs.gov.cn/）进行验核。境内进口食品的进口商备案号，已经实现系统联网核查。

（二）申报要求

1. 基本申报要求

货主或者其代理人应当在食用植物油进口前或者进口时向海关申报，申报时应当提供贸易合同、提单、装箱单、发票等，并随附以下文件：

（1）输出国家或者地区官方检验检疫证书（入境后用于分装加工并且检验检疫要求有P的植物油提供）；

（2）原产地证书；

（3）运输工具前三航次装载货物名单（散装植物油提供）；

（4）相应食品安全国家标准中规定项目的检测报告（每批散装食用植物油及首次向中国出口的预包装食用植物油）；

（5）首次进口检测报告复印件、进口商经风险分析确定的重要指标和检验检疫机构指定指标的检测报告（预包装食用植物油再次进口时提供）。

2. 其他申报要求

进口日本食用植物油时，还应随附日本官方出具的原产地证明。

3. 录入要求

（1）在企业资质栏目，选取"508-进口食品境外出口商代理商备案""509-进口食品进口商备案"，并分别填写企业资质编号；

（2）在产品资质栏目，选取"519-进口食品境外生产企业注册"，并填写许可证编号等信息；

（3）在货物属性栏目，根据货物实际情况选择"14-预包装"或"15-非预包装"。

（三）产品相关要求

1. 基本要求

进口食用植物油应符合食品安全国家标准要求，应当按照规定随附合格证明材料。现行食品安全国家标准见本书附录2。

2022年1月1日起生产的输华食用植物油，应当在内、外包装上标注在华注册编号或者所在国家（地区）主管当局批准的注册编号。

进口食用植物油的包装和标签、标识应当符合中国法律法规和食品安全国家标准；依法应当有说明书的，还应当有中文说明书。

2. 企业要求

（1）食品进口商应当建立食品进口和销售记录制度，如实记录食品名称、净含量/规格、数量、生产日期、生产或者进口批号、保质期、境外出口商和购货者名称、地址及联系方式、交货日期等内容，并保存相关凭证。记录和凭证保存期限不得少于食品保质期满后6个月；没有明确保质期的，保存期限为销售后2年以上。

（2）食品进口商应当建立境外出口商、境外生产企业审核制度，重点审核：①制定和执行食品安全风险控制措施情况；②保证食品符合中国法律法规和食品安全国家标准的情况。

3. 预包装食品标签要求

属于预包装食品的食用植物油产品，其标签还应符合以下要求：

（1）进口的预包装食品应当有中文标签；依法应当有说明书的，还应当有中文说明书。标签、说明书应当符合《中华人民共和国食品安全法》以及我国其他有关法律、行政法规的规定和食品安全国家标准的要求，并载明食品的原产地以及境内代理商的名称、地址、联系方式。预包装食品没有中文标签、中文说明书或者标签、说明书不符合规定的，不得进口。

（2）标签应当标明下列事项：①名称、规格、净含量、生产日期；②成分或者配料表；③生产者的名称、地址、联系方式；④保质期；⑤产品标准代号；⑥贮存条件；⑦所使用的食品添加剂在国家标准中的通用名称；⑧生产许可证编号；⑨法律、法规或者食品安全标准规定应当标明的其他事项。专供婴幼儿和其他特定人群的主辅食品，其标签还应当标明主要营养成分及其含量。

（3）食品的标签、说明书，不得含有虚假内容，不得涉及疾病预防、治疗功能。生产经营者对其提供的标签、说明书的内容负责。

（4）食品的标签、说明书应当清楚、明显，生产日期、保质期等事项应当显著标注，容易辨识。

4. 运输要求

进口食用植物油产品运输工具及其前三航次装载货物应符合以下要求。

（1）油罐应使用不与食用植物油发生反应并适于与食品接触的惰性材料制造，不锈钢材料最为适宜。软钢油罐内部应有惰性材料镀层，如酚醛-环氧树脂。禁止用铜及其合金储罐装运食用植物油。

（2）油罐上航次装运货物应是食品或在"允许装运货物列表"（见表7-4）中的物质。油罐第二、第三航次装运货物应是"禁止装运货物列表"（见表7-5）以外的物质。

表7-4 允许装运货物列表

物质名称	参考中文名称	CAS 编码
Acetic acid (ethanoic acid; vinegar acid; methane carboxylic acid)	乙酸（醋酸；甲烷羧酸）	64-19-7
Acetic anhydride (ethanoic anhydride)	醋酸酐（乙酐）	108-24-7
Acetone (dimethylketone; 2-propanone)	丙酮（二甲基甲酮；2-丙酮）	67-64-1
Acid oils and fatty acid distillates – from animal, marine and vegetable fats and oils	从动物、海洋生物和植物油脂中提取的酸性油和脂肪酸蒸馏物	—
Ammonium hydroxide (ammonium hydrate; ammonia solution; aqua ammonia)	氢氧化铵（铵基水合物；氨溶液；氨水）	1336-21-6
Ammonium polyphosphate	聚磷酸铵	68333-79-9
Animal, marine and vegetable oils and fats (including hydrogenated oils and fats) –other than cashew shell nut oil and tall oil	动物、海洋生物和植物油脂，包括氢化油和脂肪—腰果壳油和妥尔油除外	—
Beeswax white	蜂蜡—白的	8006-40-4
Beeswax yellow	蜂蜡—黄的	8012-89-3
Benzyl alcohol (pharmaceutical and reagent grades)	苯甲醇（药品级和试剂级）	100-51-6
1,3-Butanediol (1,3-butylene glycol)	1,3-丁二醇（1,3-丁烯二醇）	107-88-0
1,4-Butanediol (1,4-butylene glycol)	1,4-丁二醇（1,4-丁烯二醇）	110-63-4
Butyl acetate, n-	乙酸正丁酯	123-86-4
Butyl acetate, iso-	乙酸异丁酯	110-19-0
Butyl acetate, sec-	乙酸仲丁酯	105-46-4
Butyl acetate, tert-	乙酸叔丁酯	540-88-5
Calcium ammonium nitrate solution	硝酸铵钙溶液	6484-52-2
Calcium chloride solution	氯化钙溶液	10043-52-4
Calcium lignosulphonate liquid (lignin liquor; sulphite lye)	木质素磺酸钙（亚硫酸盐碱液，木质素酒）	8061-52-7
Calcium nitrate (CN-9) solution	硝酸钙（CN-9）溶液	35054-52-5
Candelilla wax	烛蜡	8006-44-8
Carnauba wax (Brazil wax)	巴西棕榈蜡（巴西蜡）	8015-86-9
Cyclohexane (hexamethylene; hexanaphthene; hexahydrobenzene)	环己烷（六氢苯）	110-82-7
Ethanol (ethyl alcohol; spirits)	乙醇（酒精；蒸馏酒精）	64-17-5
Ethyl acetate (acetic ether; acetic ester; vinegar naphtha)	乙酸乙酯（醋酸酯；乙酸酯；醋石脑油）	141-78-6
2-Ethylhexanol (2-ethylhexy alcohol)	2-乙基己醇	104-76-7
Fatty acids:	脂肪酸:	—
Arachidic acid (eicosanoic acid)	花生酸（二十烷酸）	506-30-9

表7-4 续1

物质名称	参考中文名称	CAS 编码
Behenic acid（docosanoic acid）	山俞酸（二十二烷酸）	112-85-6
Butyric acid（n-butyric acid；butanoic acid；ethyl acetic acid；propylforinic acid）	丁酸（正丁酸；乙基醋酸；丙基甲酸）	107-92-6
Capric acid（n-decanoic acid）	癸酸（正癸酸）	334-48-5
Caproic acid（n-hexanoic acid）	己酸（正己酸）	142-62-1
Caprylic acid（n-octanoic acid）	辛酸（正辛酸）	124-07-2
Erucic acid（cis-13-docosenoic acid）	芥酸（顺式-13-二十二碳烯酸）	112-86-7
Heptoic acid（n-heptanoic acid）	庚酸（正庚酸）	111-14-8
Lauric acid（n-dodecanoic acid）	月桂酸（正十二烷酸）	143-07-7
Lauroleic acid（dodecenoic acid）	月桂烯酸（十二碳烯酸）	4998-71-4
Linoleic acid（9,12-octadecadienoic acid）	亚油酸（9,12-十八碳二烯酸）	60-33-3
Linolenic acid（9,12,15-octadecatrienoic acid）	亚麻酸（9,12,15十八碳二烯酸）	463-40-1
Myristic acid（n-tetradecanoic acid）	肉豆蔻酸（正十四烷酸）	544-63-8
Myristoleic acid（n-tetradecenoic acid）	肉豆蔻脑酸（正十四烷酸）	544-64-9
Oleic acid（n-octadecenoic acid）	油酸（正十八烯酸）	112-80-1
Palmitic acid（n-hexadecanoic acid）	棕榈酸（正十六烷酸）	1957/10/3
Palmitoleic acid（cis-9-hexadecenoic acid）	棕榈油酸（顺-9-十六碳烯酸）	373-49-9
Pelargonic acid（n-nonanoic acid）	壬酸（正壬酸）	112-05-0
Ricinoleic acid（cis-12-hydroxyoctadec-9-enoic acid；castor oil acid）	蓖麻油酸（顺式-12-羟基十八碳-9-烯酸）	141-22-0
Stearic acid（n-octadecanoic acid）	硬脂酸（正十八烷酸）	1957/11/4
Valeric acid（n-pentanoic acid；valerianic acid）	戊酸（正戊酸）	109-52-4
Unfractionated fatty acid mixture or mixtures of fatty acids from natural oils	从天然植物油中提取的未分离的混合脂肪酸或脂肪酸混合物	—
Fatty alcohols：	脂肪醇	—
Butyl alcohol（1-butanol；butyric alcohol）	丁醇（1-丁醇；正丁醇）	71-36-3
iso-Butanol（2-methyl-1-propanol）	异丁醇（2-甲基-1-丙醇）	78-83-1
Caproyl alcohol（1-hexanol；hexyl alcohol）	己醇（1-己醇）	111-27-3
Capryl alcohol（1-n-octanol；heptyl carbinol）	辛醇（1-正辛醇，庚基甲醇）	111-87-5
Cetyl alcohol（alcohol C-16；1-hexadecanol；cetylic alcohol；palmityl alcohol；n-prirnary hexadecyl alcohol）	十六醇（醇C-16；1-十六烷醇；棕榈醇；正十六烷醇）	36653-82-4
Decyl alcohol（1-decanol）	癸醇（1-癸醇）	112-30-1
Isodecyl alcohol（isodecanol）	异癸醇	25339-17-7
Enanthyl alcohol（1-heptanol；heptyl alcohol）	庚醇（1-庚醇）	111-70-6
Lauryl alcohol（n-dodecanol；dodecyl alcohol）	月桂醇（正月桂醇，十二醇）	112-53-8
Myristyl alcohol（1-tetradecanol；tetradecanol）	肉豆蔻醇（1-十四烷醇；十四烷醇）	112-72-1

表7-4 续2

物质名称	参考中文名称	CAS 编码
Nonyl alcohol（1-nonanol；pelargonic alcohol；octyl carbinol）	壬醇（1-壬醇；辛基甲醇）	143-08-8
Iso nonyl alcohol（isononanol）	异壬醇	27458-94-2
Oleyl alcohol（octadecenol）	油醇（十八烯醇）	143-28-2
Stearyl alcohol（1-octadecanol）	硬脂醇（1-十八醇）	112-92-5
Tridecyl alcohol（I-tridecanol）	十三烷醇（I-十三醇）	27458-92-0
Unfractionated fatty alcohol mixture or mixtures of fatty alcohols from natural oils and fats	从天然植物油脂中提取的未分离的混合脂肪酸或脂肪酸混合物	—
Fatty alcohol blends：	脂肪醇混合物：	—
Cetyl stearyl alcohol（C16-C18）	十六烷基醇和十八烷基醇混合物（C16-C18）	67762-27-0
Lauryl myristyl alcohol（C12-C14）	十二烷基醇和十四烷基醇混合物（C12-C14）	—
Fatty acid esters-combination of above fatty acids and fatty alcohols：e. g. Butyl myristate	脂肪酸酯—上述脂肪酸和脂肪醇的化合物（例如：肉豆蔻酸丁酯）	110-36-1
Cetyl stearate	硬脂酸十六烷醇酯	110-63-2
Oleyl palmitate	棕榈酸油醇酯	2906-55-0
Unfractionated fatty esters or mixtures of fatty esters from natural oils and fats	从天然植物油脂中提取的未分离的混合脂肪酸或脂肪酸混合物	—
Fatty acid methyl esters（these include for example）：e. g. Methyl laurate（methyldodecanoate）	脂肪酸甲酯：例如［月桂酸甲酯（十二酸甲酯）］	111-82-0
Methyl oleate（methyloctadecenoate）	油酸甲酯（十八碳-顺-9-烯酸甲酯）	112-62-9
Methyl palmitate（methylhexadecanoate）	棕榈酸甲酯（十六烷酸甲酯）	112-39-0
Methyl stearate（methyl octadecanoate）	硬脂酸甲酯（十八烷酸甲酯）	112-61-8
Formic acid（methanoic acid；hydrogen carboxylic acid）	蚁酸（甲酸；氢羧酸）	64-18-6
Fructose	果糖	—
Glycerine（glycerol，glycerin）	甘油（丙三醇）	56-81-5
Heptane	庚烷	142-82-5
n-Hexane	正己烷	110-54-3
Hydrogen peroxide	过氧化氢（双氧水）	—
Kaolin slurry	高岭土浆	1332-58-7
Limonene（dipentene）	柠檬烯（二戊烯）	138-86-3
Magnesium chloride solution	氯化镁溶液	7786-30-3
Methanol（methyl alcohol）	甲醇（甲基醇）	67-56-1
Methyl ethyl ketone（2-butanone；MEK）	甲基乙基酮（2-丁酮；丁酮）	78-93-3
Methyl isobutyl ketone（4-methyl-2-pentanone；iso propylacetone；MIBK）	甲基异丁基酮（4-甲基-2-戊酮；异丙基丙醇）	108-10-1

表7-4 续3

物质名称	参考中文名称	CAS 编码
Methyl tertiary butyl ether (MBTE)	甲基叔丁基醚	1634-04-4
Molasses	糖蜜	57-50-1
Montan wax	褐煤蜡	8002-53-7
iso-Octyl alcohol (isooctanol)	异辛醇	26952-21-6
Pentane	戊烷	109-66-0
Petroleum wax (parafin wax)	石油蜡 (石蜡)	8002-74-2
Phosphoric acid (ortho phosphoric acid)	磷酸 (正磷酸)	7664-38-2
Potable water – only acceptable where the immediate previous cargo is also on the list	饮用水——只有在前批次装载的货物也在允许装载的物质清单中才可以接受	7732-18-5
Polypropylene glycol	聚丙二醇	25322-69-4
Potassium hydroxide solution (caustic potash)	氢氧化钾溶液 (苛性钾)	1310-58-3
Propyl acetate	乙酸丙酯	109-60-4
Propyl alcohol (propane-1-ol; --propanol)	丙醇 (丙烷-1-醇；1-丙醇)	71-23-8
iso-Propyl alcohol (isopropanol; dimethyl carbinol; 2-propanol)	异丙醇 (2-丙醇)	67-63-0
Propylene glycol, 1,2- [1,2-propylene glycol; propan-1, 2-diol; 1.2-dihydroxypropane; monopropylene glycol (MPG); methyl glycol]	丙二醇 (1,2-丙二醇；甲基乙二醇)	57-55-6
1,3-Propylene glycol	1,3-丙二醇	504-63-2
Propylene tetramer (tetrapropylene; dodecene)	四聚丙烯 (四丙烯；十二碳烯)	6842-15-5
Silicon dioxide (microsilica)	二氧化硅 (硅微粉)	7631-86-9
Sodium hydroxide solution (caustic soda, lye; sodium hydrate; white caustic)	氢氧化钠溶液 (苛性钠；碱液)	1310-73-2
Sodium silicate (water glass)	硅酸钠 (水玻璃)	1344-09-8
Sorbitol (D-sorbitol; hexahydric alcohol; D-sorbite)	山梨糖醇 (D-山梨醇；六元醇；D-索氏体)	50-70-4
Soybean oilepoxidized	环氧化大豆油	8013/7/8
Sulphuric acid	硫酸	7664-93-9
Urea ammonia nitrate solution (UAN)	尿素氨硝酸溶液 (UAN)	
White mineral oils	石蜡油	8042-47-5

表7-5 禁止装运货物列表

序号	英文名称	参考中文名称	CAS 编码
1	Ethylene dichloride（EDC；1,2-dichloroethane；ethylene chloride）	二氯化乙烯（EDC；1,2-二氯乙烷；氯化乙烯）	107-06-2
2	Styrene monomer（vinyl benzene；phenyl ethylene；cinnamene）	苯乙烯单体（苯乙烯；苯基乙烯；肉桂烯）	100-42-5
3	Leaded products	含铅物质	

注：有机涂层油罐前两航次不得装运序号1、2的货物；所有油罐前三航次均不得装载序号3的货物。

二、出口食用植物油

出口食用植物油产品按本章第九节"其他植物源性食品"办理。

第六节 非种用油籽

本节的非种用油籽包括：花生、芝麻、油菜籽、芥菜籽等籽仁为皮或衣等包被的籽实，蓖麻籽、茶籽、红花籽、亚麻籽、大麻籽、葵花籽、油棕籽、棉籽、油橄榄、油桐籽、橡子仁等籽仁为坚硬外壳包被的籽实等。

一、进口非种用油籽

（一）资质要求

1. 准入要求

海关对进口植物源性食品实施准入制度。列入《符合评估审查要求及有传统贸易的国家或地区输华食品目录》的国家或地区对应的产品，方可进口。

禁止从日本福岛县、群马县、栃木县、茨城县、宫城县、新潟县、长野县、埼玉县、东京都、千叶县10个都县进口非种用油籽。

《符合评估审查要求及有传统贸易的国家或地区输华食品目录》可在网站（http://43.248.49.223/）查询。

2. 境外生产企业注册

非种用油籽的境外生产企业，应当获得海关总署注册。食用油脂和油料的境外生产企业由所在国家（地区）主管当局向海关总署推荐注册。办理指南见本书第十五章第十一节。

进口食品境外生产企业注册信息可在网站（https://ciferquery.singlewindow.cn/）查询。

3. 进出口商备案

向中国境内出口非种用油籽的境外出口商或者代理商应当向海关总署备案。非种用油籽进口商应当向其住所地海关备案。办理指南见本书第十五章第十二节、第十三节。

境外出口商或者代理商，以及境内进口食品的进口商在海关总署的备案号可通过海关总署进口食品化妆品进出口商备案系统（http://ire.customs.gov.cn/）进行验核。境内进口食品的进口商备案号，已经实现系统联网核查。

(二) 申报要求

1. 基本申报要求

货主或者其代理人应当在非种用油籽进口前或者进口时向海关申报，申报时应当提供贸易合同、提单、装箱单、发票等，并随附以下文件：

输出国家或者地区官方检验检疫证书（检验检疫类别含有 P 的需要；特定国家证书要求见本节"进口非种用油籽检验检疫要求"）。

2. 其他申报要求

进口日本非种用油籽时，还应随附日本官方出具的原产地证明。

3. 录入要求

（1）在企业资质栏目，选取"508-进口食品境外出口商代理商备案""509-进口食品进口商备案"，并分别填写企业资质编号；

（2）在产品资质栏目，选取"519-进口食品境外生产企业注册""330-农业转基因生物安全证书（进口）"（申报转基因产品需要），并分别填写许可证编号等信息；

（3）在货物属性栏目，根据货物实际情况选择"14-预包装"或"15-非预包装"；申报为转基因产品的，如转基因油菜籽，还需选择"16-转基因产品"；申报为非转基因产品，还需选择"17-非转基因产品"。

(三) 产品相关要求

1. 基本要求

进口非种用油籽应符合食品安全国家标准要求，应当按照规定随附合格证明材料。现行食品安全国家标准见本书附录2。

2022年1月1日起生产的输华非种用油籽，应当在内、外包装上标注在华注册编号或者所在国家（地区）主管当局批准的注册编号。

进口非种用油籽的包装和标签、标识应当符合中国法律法规和食品安全国家标准；依法应当有说明书的，还应当有中文说明书。

2. 企业要求

（1）食品进口商应当建立食品进口和销售记录制度，如实记录食品名称、净含量/规格、数量、生产日期、生产或者进口批号、保质期、境外出口商和购货者名称、地址及联系方式、交货日期等内容，并保存相关凭证。记录和凭证保存期限不得少于食品保质期满后6个月；没有明确保质期的，保存期限为销售后2年以上。

（2）食品进口商应当建立境外出口商、境外生产企业审核制度，重点审核：①制定和执行食品安全风险控制措施情况；②保证食品符合中国法律法规和食品安全国家标准的情况。

3. 预包装食品标签要求

属于预包装食品的非种用油籽产品，其标签还应符合以下要求：

（1）进口的预包装食品应当有中文标签；依法应当有说明书的，还应当有中文说明书。标签、说明书应当符合《中华人民共和国食品安全法》以及我国其他有关法律、行政法规的规定和食品安全国家标准的要求，并载明食品的原产地以及境内代理商的名称、地址、联系方式。预包装食品没有中文标签、中文说明书或者标签、说明书不符合规定的，不得进口。

（2）标签应当标明下列事项：①名称、规格、净含量、生产日期；②成分或者配料表；③生产者的名称、地址、联系方式；④保质期；⑤产品标准代号；⑥贮存条件；⑦所使用的食品添加剂在国家标准中的通用名称；⑧生产许可证编号；⑨法律、法规或者食品安全标准规定应当标明的其他事项。专供婴幼儿和其他特定人群的主辅食品，其标签还应当标明主要营养成分及其含量。

（3）食品的标签、说明书，不得含有虚假内容，不得涉及疾病预防、治疗功能。生产经营者对其提供的标签、说明书的内容负责。

（4）食品的标签、说明书应当清楚、明显，生产日期、保质期等事项应当显著标注，容易辨识。

4. 其他要求

特定国家产品要求，详见本节"进口非种用油籽检验检疫要求"。

（四）进口非种用油籽检验检疫要求

进口非种用油籽检验检疫要求见表7-6。

表7-6 进口非种用油籽检验检疫要求

（截至2022年1月1日）

序号	产品	原产国家	产品要求	证书要求
1	亚麻籽	哈萨克斯坦	指在哈萨克斯坦种植和加工的用于食用或食品加工用亚麻籽实（Linum usitatissimum）	每批进口哈萨克斯坦亚麻籽须随附哈萨克斯坦官方出具的植物检疫证书，注明检疫处理的药剂、温度、时间等技术条件，以及亚麻籽品种和产区，并在附加声明栏中使用英文[1]和中文注明："该植物检疫证书证明的亚麻籽符合中华人民共和国海关总署与哈萨克斯坦共和国农业部于2019年9月11日在北京签署的关于哈萨克斯坦亚麻籽输华检验检疫要求议定书规定。"
2	去壳葵花籽	保加利亚	指产自保加利亚境内的去壳向日葵（Helianthus annuus L.）籽粒	每批保加利亚输华去壳葵花籽须随附保加利亚共和国农业林业和粮食部食品安全局（BFSA）出具的官方植物检疫证书，证明其符合中国植物检疫要求，并注明具体产地

二、出口非种用油籽

出口非种用油籽产品按本章第九节"其他植物源性食品"办理。

第七节 茶 叶

本节的茶叶包括绿茶、花茶、红茶、乌龙茶、白茶、黑茶、代用茶、马黛茶、其他茶叶及制品等。

一、进口茶叶

（一）资质要求

1. 准入要求

禁止从日本福岛县、群马县、栃木县、茨城县、宫城县、新潟县、长野县、琦玉县、东京都、千叶县10个都县进口茶叶。

2. 境外生产企业注册

茶叶产品的境外生产企业，应当获得海关总署注册。茶叶产品的境外生产企业，应当自行或者委

---

[1] 海关总署公告2019年第150号《关于进口哈萨克斯坦亚麻籽检验检疫要求的公告》原文未提供英文。

托代理人向海关总署提出注册申请。办理指南见本书第十五章第十一节。

进口食品境外生产企业注册信息可在网站（https：//ciferquery.singlewindow.cn/）查询。

3. 进出口商备案

向中国境内出口茶叶产品的境外出口商或者代理商应当向海关总署备案。茶叶产品进口商应当向其住所地海关备案。办理指南见本书第十五章第十二节、第十三节。

境外出口商或者代理商，以及境内进口食品的进口商在海关总署的备案号可通过海关总署进口食品化妆品进出口商备案系统（http：//ire.customs.gov.cn/）进行验核。境内进口食品的进口商备案号，已经实现系统联网核查。

（二）申报要求

1. 基本申报要求

货主或者其代理人应当在茶叶进口前或者进口时向海关申报，申报时应当提供贸易合同、提单、装箱单、发票等，并随附以下文件：

输出国家或者地区官方检验检疫证书。

2. 其他申报要求

进口日本茶叶时，还应随附以下文件：

（1）日本官方出具的原产地证明；

（2）日本政府出具的放射性物质检测合格证明。

3. 录入要求

（1）在企业资质栏目，选取"508-进口食品境外出口商代理商备案""509-进口食品进口商备案"，并分别填写企业资质编号；

（2）在产品资质栏目，选取"519-进口食品境外生产企业注册"，并填写许可证编号等信息；

（3）在货物属性栏目，根据货物实际情况选择"14-预包装"或"15-非预包装"。

（三）产品相关要求

1. 基本要求

进口茶叶产品应符合食品安全国家标准要求，应当按照规定随附合格证明材料。现行食品安全国家标准见本书附录2。

2022年1月1日起生产的输华茶叶，应当在内、外包装上标注在华注册编号或者所在国家（地区）主管当局批准的注册编号。

进口茶叶产品的包装和标签、标识应当符合中国法律法规和食品安全国家标准；依法应当有说明书的，还应当有中文说明书。

2. 企业要求

（1）食品进口商应当建立食品进口和销售记录制度，如实记录食品名称、净含量（规格）、数量、生产日期、生产或者进口批号、保质期、境外出口商和购货者名称、地址及联系方式、交货日期等内容，并保存相关凭证。记录和凭证保存期限不得少于食品保质期满后6个月；没有明确保质期的，保存期限为销售后2年以上。

（2）食品进口商应当建立境外出口商、境外生产企业审核制度，重点审核：①制定和执行食品安全风险控制措施情况；②保证食品符合中国法律法规和食品安全国家标准的情况。

3. 预包装食品标签要求

属于预包装食品的茶叶产品，其标签还应符合以下要求：

（1）进口的预包装食品应当有中文标签；依法应当有说明书的，还应当有中文说明书。标签、说明书应当符合《中华人民共和国食品安全法》以及我国其他有关法律、行政法规的规定和食品安全国家标准的要求，并载明食品的原产地以及境内代理商的名称、地址、联系方式。预包装食品没有中文标签、中文说明书或者标签、说明书不符合规定的，不得进口。

（2）标签应当标明下列事项：①名称、规格、净含量、生产日期；②成分或者配料表；③生产者的名称、地址、联系方式；④保质期；⑤产品标准代号；⑥贮存条件；⑦所使用的食品添加剂在国家标准中的通用名称；⑧生产许可证编号；⑨法律、法规或者食品安全标准规定应当标明的其他事项。专供婴幼儿和其他特定人群的主辅食品，其标签还应当标明主要营养成分及其含量。

（3）食品的标签、说明书，不得含有虚假内容，不得涉及疾病预防、治疗功能。生产经营者对其提供的标签、说明书的内容负责。

（4）食品的标签、说明书应当清楚、明显，生产日期、保质期等事项应当显著标注，容易辨识。

二、出口茶叶

（一）资质要求

1. 出口食品原料种植场备案

出口茶叶产品原料种植场应当向所在地海关备案。办理指南见本书第十五章第十九节。

出口食品原料种植场备案名单可在海关总署企业管理和稽查司官方网站（http://qgjcs.customs.gov.cn/）"信息服务"栏目查询。

2. 出口食品生产企业备案

海关总署对出口茶叶产品生产企业实施备案管理。办理指南见本书第十五章第十七节。

出口食品生产企业备案信息可通过"中国出口食品生产企业备案管理系统"（http://qgs.customs.gov.cn：10081/efpe/login）进行查询。

3. 出口食品生产企业对外推荐注册

境外国家（地区）对中国输往该国家（地区）的出口茶叶产品生产企业实施注册管理且要求海关总署推荐的，海关总署统一向该国家（地区）主管当局推荐。办理指南见本书第十五章第十八节。

获国外（境外）注册的食品生产企业名单可在海关总署企业管理和稽查司官方网站（http://qgjcs.customs.gov.cn/）"信息服务"栏目查询。

（二）申报要求

出口茶叶生产企业、出口商应当按照法律、行政法规和海关总署规定，向产地或者组货地海关提出出口申报前监管申请。

（三）产品相关要求

1. 基本要求

生产企业应当保证其出口茶叶产品符合进口国家（地区）的标准或者合同要求；中国缔结或者参加的国际条约、协定有特殊要求的，还应当符合国际条约、协定的要求。

进口国家（地区）暂无标准，合同也未作要求，且中国缔结或者参加的国际条约、协定无相关要求的，生产企业应当保证其出口茶叶产品符合中国食品安全国家标准。现行食品安全国家标准见本书附录2。

2. 原料要求

出口茶叶产品原料应当来自经海关备案的种植场。

3. 企业要求

（1）生产企业应当建立完善可追溯的食品安全卫生控制体系，保证食品安全卫生控制体系有效运行，确保出口食品生产、加工、贮存过程持续符合中国相关法律法规、出口食品生产企业安全卫生要求；进口国家（地区）相关法律法规和相关国际条约、协定有特殊要求的，还应当符合相关要求。

（2）生产企业应当建立供应商评估制度、进货查验记录制度、生产记录档案制度、出厂检验记录制度、出口食品追溯制度和不合格食品处置制度。相关记录应当真实有效，保存期限不得少于食品保质期期满后6个月；没有明确保质期的，保存期限不得少于2年。

（3）获得境外注册的企业，应当每年就是否能够持续符合进口国家（地区）注册条件进行自我评定，并向住所地海关报告。

（4）获得境外注册的企业，应当接受进口国家（地区）主管当局和海关实施的监督检查，如实提供有关情况和材料。

（5）出口食品存在安全问题，已经或者可能对人体健康和生命安全造成损害的，出口食品生产经营者应当立即采取相应措施，避免和减少损害发生，并向所在地海关报告。

4. 包装运输要求

生产企业应当保证出口茶叶产品包装和运输方式符合食品安全要求。

生产企业应当在运输包装上标注生产企业备案号、产品品名、生产批号和生产日期。

进口国家（地区）或者合同有特殊要求的，在保证产品可追溯的前提下，经直属海关同意，出口茶叶产品生产企业可以调整前款规定的标注项目。

第八节 干（坚）果、调味香料

本节干（坚）果包含坚果和籽类、干果。其中，坚果和籽类食品含有核桃、带壳核桃、核桃仁、苦杏仁、甜杏仁、板栗、开心果、夏威夷坚果、带壳夏威夷坚果、夏威夷坚果仁、榛子、腰果、松子、榛子、白果、扁桃仁（巴旦木）、瓜子、红瓜子、黑瓜子、白瓜子、其他瓜子、莲子、巴西果等；干果食品含有干枣、椰枣、葡萄干、龙眼干、杏干、干无花果、干菠萝、李干、梅干、柿饼、干椰子肉、山楂干、柠檬干、荔枝干、香蕉干、芒果干、干的槟榔果等。

调味香料包含籽实调味料；经过加工成粉状或浆状调味料；茎皮、叶、花瓣调味料；辣椒干；根茎调味料；其他调味香料等。

一、进口干（坚）果、调味香料

（一）资质要求

1. 准入要求

海关对进口植物源性食品实施准入制度。列入《符合评估审查要求及有传统贸易的国家或地区输华食品目录》的国家或地区对应的产品，方可进口。

禁止从日本福岛县、群马县、栃木县、茨城县、宫城县、新潟县、长野县、琦玉县、东京都、千叶县10个都县进口干（坚）果、调味香料。

《符合评估审查要求及有传统贸易的国家或地区输华食品目录》可在网站（http://43.248.49.223/）查询。

2. 境外生产企业注册

干（坚）果、调味香料的境外生产企业需获得海关总署注册方可向中国出口。调味料、坚果与籽类、干果的境外生产企业由所在国家（地区）主管当局向海关总署推荐注册。办理指南见本书第十五章第十一节。

进口食品境外生产企业注册信息可在网站（https://ciferquery.singlewindow.cn/）查询。

3. 进出口商备案

向中国境内出口干（坚）果、调味香料的境外出口商或者代理商应当向海关总署备案。干（坚）果、调味香料的进口商应当向其住所地海关备案。办理指南见本书第十五章第十二节、第十三节。

境外出口商或者代理商，以及境内进口食品的进口商在海关总署的备案号可通过海关总署进口食品化妆品进出口商备案系统（http：//ire.customs.gov.cn/）进行验核。境内进口食品的进口商备案号，已经实现系统联网核查。

(二) 申报要求

1. 基本申报要求

货主或者其代理人应当在干果进口前或者进口时向海关申报，申报时应当提供贸易合同、提单、装箱单、发票等，并随附以下文件：

输出国家或者地区官方检验检疫证书（特定国家证书要求见本节"进口干果检验检疫要求"）。

2. 其他申报要求

进口日本干（坚）果、调味香料时，还应随附以下文件：

(1) 日本官方出具的原产地证明；

(2) 日本政府出具的放射性物质检测合格证明（干果需要）。

3. 录入要求

(1) 在企业资质栏目，选取"508-进口食品境外出口商代理商备案""509-进口食品进口商备案"，并分别填写企业资质编号；

(2) 在产品资质栏目，选取"519-进口食品境外生产企业注册"，并填写许可证编号等信息；

(3) 在货物属性栏目，根据货物实际情况选择"14-预包装"或"15-非预包装"。

(三) 产品相关要求

1. 基本要求

进口干（坚）果、调味香料应符合食品安全国家标准要求，应当按照规定随附合格证明材料。现行食品安全国家标准见本书附录2。

2022年1月1日起生产的输华干（坚）果、调味香料，应当在内、外包装上标注在华注册编号或者所在国家（地区）主管当局批准的注册编号。

进口干（坚）果、调味香料的包装和标签、标识应当符合中国法律法规和食品安全国家标准；依法应当有说明书的，还应当有中文说明书。

2. 企业要求

(1) 食品进口商应当建立食品进口和销售记录制度，如实记录食品名称、净含量/规格、数量、生产日期、生产或者进口批号、保质期、境外出口商和购货者名称、地址及联系方式、交货日期等内容，并保存相关凭证。记录和凭证保存期限不得少于食品保质期满后6个月；没有明确保质期的，保存期限为销售后2年以上。

(2) 食品进口商应当建立境外出口商、境外生产企业审核制度，重点审核：①制定和执行食品安全风险控制措施情况；②保证食品符合中国法律法规和食品安全国家标准的情况。

3. 预包装食品标签要求

属于预包装食品的干（坚）果、调味香料产品，其标签还应符合以下要求：

(1) 进口的预包装食品应当有中文标签；依法应当有说明书的，还应当有中文说明书。标签、说明书应当符合《中华人民共和国食品安全法》以及我国其他有关法律、行政法规的规定和食品安全国家标准的要求，并载明食品的原产地以及境内代理商的名称、地址、联系方式。预包装食品没有中文标签、中文说明书或者标签、说明书不符合规定的，不得进口。

(2) 标签应当标明下列事项：①名称、规格、净含量、生产日期；②成分或者配料表；③生产者的名称、地址、联系方式；④保质期；⑤产品标准代号；⑥贮存条件；⑦所使用的食品添加剂在国家标准中的通用名称；⑧生产许可证编号；⑨法律、法规或者食品安全标准规定应当标明的其他事项。专供婴幼儿和其他特定人群的主辅食品，其标签还应当标明主要营养成分及其含量。

(3) 食品的标签、说明书，不得含有虚假内容，不得涉及疾病预防、治疗功能。生产经营者对其提供的标签、说明书的内容负责。

（4）食品的标签、说明书应当清楚、明显，生产日期、保质期等事项应当显著标注，容易辨识。

4. 其他要求

特定国家产品要求详见本节"进口干果检验检疫要求"。

（四）进口干果检验检疫要求

进口干果检验检疫要求见表 7-7。

表 7-7　进口干果检验检疫要求

（截至 2022 年 1 月 1 日）

序号	商品	原产国	产品要求	证书要求
1	花生	塞内加尔	塞内加尔输华食用及榨油用花生，不包括种用花生	塞内加尔应根据中方的植物卫生要求，对输华花生进行检疫，并出具带有经过授权的植物检疫官员签名的官方植物检疫证书，证书声明栏中应注明："该批货物符合《中华人民共和国国家质量监督检验检疫总局和塞内加尔共和国农业和农村装备部关于塞内加尔花生输华植物卫生要求议定书》的要求（英文）。"①
2	花生	苏丹	苏丹脱壳花生是指产自苏丹，并在苏丹加工、储藏的脱壳花生	苏丹输华脱壳花生须随附苏丹官方植物检疫证书，证书声明栏中应注明"该批货物符合苏丹输华花生植物卫生要求议定书的要求，不携带中方关注的检疫性有害生物"，植物检疫证书内容须用英文书写
3	花生	乌兹别克斯坦	是指在乌兹别克斯坦生产、加工、存放的花生	每批乌兹别克斯坦输华花生须随附乌方出具的官方植物检疫证书，并在附加声明栏中注明："该批货物符合《中华人民共和国海关总署与乌兹别克斯坦共和国国家植物检验检疫局关于乌兹别克斯坦花生输华检验检疫要求议定书》要求，不带有中方关注的检疫性有害生物。"
4	榛子	意大利	是指在意大利生产的、去壳的、不再有萌发力的欧洲榛（Corylus avellana L.）成熟果实	意大利输华榛子须随附意大利官方植物检疫证书，证书声明栏中应以英文注明"该批货物符合《中华人民共和国海关总署和意大利共和国农业、食品与林业政策部关于意大利榛子输华植物卫生要求议定书》的要求，不带有中方关注的检疫性有害生物"。植物检疫证书内容须用英文书写
5	榛子	智利	是指在智利生产的去壳的欧洲榛（Corylus avellana L.）成熟果仁	智利输华榛子须随附智利官方植物检疫证书，证书声明栏中应注明"该批货物符合《中华人民共和国海关总署和智利共和国农业部关于智利榛子输华植物卫生要求议定书》的要求，不带有中方关注的检疫性有害生物"。植物检疫证书内容须用英文书写
6	开心果	土耳其	是指在土耳其生产的、未经过焙烤等熟制工艺的、不论是否去壳的开心果	土耳其输华开心果须随附土耳其官方植物检疫证书，证书声明栏中应注明"该批货物符合《土耳其开心果输华植物卫生要求议定书》要求，不带有中方关注的检疫性有害生物"。植物检疫证书内容须用英文书写

二、出口干（坚）果、调味香料

出口干（坚）果、调味香料按本章第九节"其他植物源性食品"办理。

---

① 国家质检总局公告 2015 年第 67 号《质检总局关于进口塞内加尔花生检验检疫要求的公告》原文未提供英文。

第九节　其他植物源性食品

一、进口其他植物源性产品

（一）资质要求

1. 准入要求

海关对进口植物源性食品实施准入制度。列入《符合评估审查要求及有传统贸易的国家或地区输华食品目录》的国家或地区对应的产品，方可进口。

禁止从日本福岛县、群马县、栃木县、茨城县、宫城县、新潟县、长野县、琦玉县、东京都、千叶县10个都县进口植物源性食品。

《符合评估审查要求及有传统贸易的国家或地区输华食品目录》可在网站（http://43.248.49.223/）查询。

2. 境外生产企业注册

植物源性食品的境外生产企业，应当获得海关总署注册。食用油脂和油料、包馅面食、食用谷物、谷物制粉工业产品和麦芽、保鲜和脱水蔬菜以及干豆、调味料、坚果与籽类、干果、未烘焙的咖啡豆与可可豆等产品的境外生产企业由所在国家（地区）主管当局向海关总署推荐注册。办理指南见本书第十五章第十一节。

进口食品境外生产企业注册信息可在网站（https://ciferquery.singlewindow.cn/）查询。

3. 进出口商备案

海关总署对向中国境内出口植物源性食品的出口商或者代理商实施备案管理，植物源性食品进口商应当向其住所地海关备案。办理指南见本书第十五章第十二节、第十三节。

境外出口商或者代理商，以及境内进口食品的进口商在海关总署的备案号可通过海关总署进口食品化妆品进出口商备案系统（http://ire.customs.gov.cn/）进行验核。境内进口食品的进口商备案号，已经实现系统联网核查。

4. 进境动植物检疫审批

海关依法对具有疫情疫病传播风险的植物源性食品实施检疫审批管理。食品进口商应当在签订贸易合同或者协议前取得进境动植物检疫许可。办理指南见本书第十四章第三节。

（二）申报要求

1. 基本申报要求

货主或者其代理人应当在植物源性食品进口前或者进口时向海关申报，申报时应当提供贸易合同、提单、装箱单、发票等，并随附以下文件：

输出国家或者地区官方检验检疫证书（检验检疫类别含有P的）。

2. 其他申报要求

进口日本干（坚）果、调味香料时，还应随附日本官方出具的原产地证明。

3. 录入要求

（1）在企业资质栏目，选取"508-进口食品境外出口商代理商备案""509-进口食品进口商备案"，并分别填写企业资质编号；

（2）在产品资质栏目，选取"519-进口食品境外生产企业注册"，并填写许可证编号等信息；
（3）在货物属性栏目，根据货物实际情况选择"14-预包装"或"15-非预包装"。

（三）产品相关要求

1. 基本要求

进口植物源性食品应符合食品安全国家标准要求，应当按照规定随附合格证明材料。现行食品安全国家标准见本书附录2。

2022年1月1日起生产的输华植物源性食品，应当在内、外包装上标注在华注册编号或者所在国家（地区）主管当局批准的注册编号。

进口植物源性食品的包装和标签、标识应当符合中国法律法规和食品安全国家标准；依法应当有说明书的，还应当有中文说明书。

2. 企业要求

（1）食品进口商应当建立食品进口和销售记录制度，如实记录食品名称、净含量/规格、数量、生产日期、生产或者进口批号、保质期、境外出口商和购货者名称、地址及联系方式、交货日期等内容，并保存相关凭证。记录和凭证保存期限不得少于食品保质期满后6个月；没有明确保质期的，保存期限为销售后2年以上。

（2）食品进口商应当建立境外出口商、境外生产企业审核制度，重点审核：①制定和执行食品安全风险控制措施情况；②保证食品符合中国法律法规和食品安全国家标准的情况。

3. 预包装食品标签要求

属于预包装食品的其他植物源性食品产品，其标签还应符合以下要求：

（1）进口的预包装食品应当有中文标签；依法应当有说明书的，还应当有中文说明书。标签、说明书应当符合《中华人民共和国食品安全法》以及我国其他有关法律、行政法规的规定和食品安全国家标准的要求，并载明食品的原产地以及境内代理商的名称、地址、联系方式。预包装食品没有中文标签、中文说明书或者标签、说明书不符合规定的，不得进口。

（2）标签应当标明下列事项：①名称、规格、净含量、生产日期；②成分或者配料表；③生产者的名称、地址、联系方式；④保质期；⑤产品标准代号；⑥贮存条件；⑦所使用的食品添加剂在国家标准中的通用名称；⑧生产许可证编号；⑨法律、法规或者食品安全标准规定应当标明的其他事项。专供婴幼儿和其他特定人群的主辅食品，其标签还应当标明主要营养成分及其含量。

（3）食品的标签、说明书，不得含有虚假内容，不得涉及疾病预防、治疗功能。生产经营者对其提供的标签、说明书的内容负责。

（4）食品的标签、说明书应当清楚、明显，生产日期、保质期等事项应当显著标注，容易辨识。

二、出口其他植物源性产品

（一）资质要求

1. 出口食品生产企业备案

出口食品生产企业应当向住所地海关备案。办理指南见本书第十五章第十七节。

2. 出口食品生产企业对外推荐注册

境外国家（地区）对中国输往该国家（地区）的出口食品生产企业实施注册管理且要求海关总署推荐的，海关总署统一向该国家（地区）主管当局推荐。办理指南见本书第十五章第十八节。

（二）申报要求

出口食品生产企业、出口商应当按照法律、行政法规和海关总署规定，向产地或者组货地海关提出出口申报前监管申请。

(三) 产品相关要求

1. 基本要求

生产企业应当保证其出口食品符合进口国家（地区）的标准或者合同要求；中国缔结或者参加的国际条约、协定有特殊要求的，还应当符合国际条约、协定的要求。

进口国家（地区）暂无标准，合同也未作要求，且中国缔结或者参加的国际条约、协定无相关要求的，生产企业应当保证其出口食品符合中国食品安全国家标准。现行食品安全国家标准见本书附录2。

2. 企业要求

（1）生产企业应当建立完善可追溯的食品安全卫生控制体系，保证食品安全卫生控制体系有效运行，确保出口食品生产、加工、贮存过程持续符合中国相关法律法规、出口食品生产企业安全卫生要求；进口国家（地区）相关法律法规和相关国际条约、协定有特殊要求的，还应当符合相关要求。

（2）生产企业应当建立供应商评估制度、进货查验记录制度、生产记录档案制度、出厂检验记录制度、出口食品追溯制度和不合格食品处置制度。相关记录应当真实有效，保存期限不得少于食品保质期期满后6个月；没有明确保质期的，保存期限不得少于2年。

（3）获得境外注册的企业，应当每年就是否能够持续符合进口国家（地区）注册条件进行自我评定，并向住所地海关报告。

（4）获得境外注册的企业，应当接受进口国家（地区）主管当局和海关实施的监督检查，如实提供有关情况和材料。

（5）出口食品存在安全问题，已经或者可能对人体健康和生命安全造成损害的，出口食品生产经营者应当立即采取相应措施，避免和减少损害发生，并向所在地海关报告。

3. 包装运输要求

生产企业应当保证出口食品包装和运输方式符合食品安全要求。

生产企业应当在运输包装上标注生产企业备案号、产品品名、生产批号和生产日期。

进口国家（地区）或者合同有特殊要求的，在保证产品可追溯的前提下，经直属海关同意，出口食品生产企业可以调整前款规定的标注项目。

第八章 深加工食品

食品，是指各种供人食用或者饮用的成品和原料以及按照传统既是食品又是中药材的物品，但是不包括以治疗为目的的物品。

深加工食品，包括罐头、熟制坚果炒货、饮料、冷冻饮品、咖啡、果冻、酒、糖与糖果、巧克力和可可制品、调味品、糕点饼干、粮食制品、蜜饯、食用油脂、食品加工用植物蛋白等。本章深加工食品未包括特殊食品。

预包装食品，是指预先定量包装或者制作在包装材料和容器中的食品。

第一节 酒类产品

本节的酒类产品包括发酵酒、蒸馏酒、配制酒、原酒、食用酒精、酿酒原料等。

一、进口酒类产品

（一）资质要求

1. 准入要求

禁止从日本福岛县、群马县、枥木县、茨城县、宫城县、新潟县、长野县、琦玉县、东京都、千叶县10个都县进口酒类产品。

2. 境外生产企业注册

酒类产品的境外生产企业，应当获得海关总署注册。酒类产品的境外生产企业，应当自行或者委托代理人向海关总署提出注册申请。办理指南见本书第十五章第十一节。

进口食品境外生产企业注册信息可在网站（https：//ciferquery.singlewindow.cn/）查询。

3. 进出口商备案

向中国境内出口酒类产品的境外出口商或者代理商应当向海关总署备案。酒类产品进口商应当向其住所地海关备案。办理指南见本书第十五章第十二节、第十三节。

境外出口商或者代理商，以及境内进口食品的进口商在海关总署的备案号可通过海关总署进口食品化妆品进出口商备案系统（http：//ire.customs.gov.cn/）进行验核。境内进口食品的进口商备案号，已经实现系统联网核查。

（二）申报要求

1. 基本申报要求

货主或者其代理人应当在酒进口前或者进口时向海关申报，申报时应当提供贸易合同、提单、装箱单、发票等，并随附原产地证明。

2. 其他申报要求

（1）美国输华葡萄酒应随附"葡萄酒出口证书"。

（2）进口日本酒类产品时，还应随附日本官方出具的原产地证明。

3. 录入要求

（1）在企业资质栏目，选取"508-进口食品境外出口商代理商备案""509-进口食品进口商备案"，并分别填写企业资质编号；

（2）在产品资质栏目，选取"519-进口食品境外生产企业注册"，并填写许可证编号等信息；

（3）在货物属性栏目，根据货物实际情况选择"14-预包装"或"15-非预包装"。

（三）产品相关要求

1. 基本要求

进口酒类产品应符合食品安全国家标准要求，应当按照规定随附合格证明材料。现行食品安全国家标准见本书附录2。

2022年1月1日起生产的输华酒类产品，应当在内、外包装上标注在华注册编号或者所在国家（地区）主管当局批准的注册编号。

进口酒类产品的包装和标签、标识应当符合中国法律法规和食品安全国家标准；依法应当有说明书的，还应当有中文说明书。

2. 企业要求

（1）食品进口商应当建立食品进口和销售记录制度，如实记录食品名称、净含量/规格、数量、生产日期、生产或者进口批号、保质期、境外出口商和购货者名称、地址及联系方式、交货日期等内容，并保存相关凭证。记录和凭证保存期限不得少于食品保质期满后6个月；没有明确保质期的，保存期限为销售后2年以上。

（2）食品进口商应当建立境外出口商、境外生产企业审核制度，重点审核：①制定和执行食品安全风险控制措施情况；②保证食品符合中国法律法规和食品安全国家标准的情况。

3. 预包装食品标签要求

属于预包装食品的酒类产品，其标签还应符合以下要求：

（1）进口的预包装食品应当有中文标签；依法应当有说明书的，还应当有中文说明书。标签、说明书应当符合《中华人民共和国食品安全法》以及我国其他有关法律、行政法规的规定和食品安全国家标准的要求，并载明食品的原产地以及境内代理商的名称、地址、联系方式。预包装食品没有中文标签、中文说明书或者标签、说明书不符合规定的，不得进口。

（2）标签应当标明下列事项：①名称、规格、净含量、生产日期；②成分或者配料表；③生产者的名称、地址、联系方式；④保质期；⑤产品标准代号；⑥贮存条件；⑦所使用的食品添加剂在国家标准中的通用名称；⑧生产许可证编号；⑨法律、法规或者食品安全标准规定应当标明的其他事项。专供婴幼儿和其他特定人群的主辅食品，其标签还应当标明主要营养成分及其含量。

（3）食品的标签、说明书，不得含有虚假内容，不得涉及疾病预防、治疗功能。生产经营者对其提供的标签、说明书的内容负责。

（4）食品的标签、说明书应当清楚、明显，生产日期、保质期等事项应当显著标注，容易辨识。

二、出口酒类产品

出口酒类产品按本章第二节"其他深加工食品"办理。

第二节 其他深加工食品

本节所述的其他深加工食品，不包含保健食品、特殊医学用途配方食品和婴幼儿配方食品等产品。保健食品、特殊医学用途配方食品和婴幼儿配方食品的要求，详见第九章第一节特殊食品相关内容。

一、进口其他深加工食品

（一）资质要求

1. 准入要求

禁止从日本福岛县、群马县、栃木县、茨城县、宫城县、新潟县、长野县、琦玉县、东京都、千叶县10个都县进口食品。

2. 境外生产企业注册

进口食品境外生产企业，应当获得海关总署注册。进口食品境外生产企业注册方式包括所在国家（地区）主管当局推荐注册和企业申请注册。

深加工食品境外生产企业，应当自行或者委托代理人向海关总署提出注册申请。办理指南见本书第十五章第十一节。

进口食品境外生产企业注册信息可在网站（https：//ciferquery.singlewindow.cn/）查询。

3. 进出口商备案

向中国境内出口食品的境外出口商或者代理商应当向海关总署备案。食品进口商应当向其住所地海关备案。境外出口商或者代理商、食品进口商备案名单由海关总署公布。办理指南见本书第十五章第十二节、第十三节。

境外出口商或者代理商，以及境内进口食品的进口商在海关总署的备案号可通过海关总署进口食品化妆品进出口商备案系统（http：//ire.customs.gov.cn/）进行验核。境内进口食品的进口商备案号，已经实现系统联网核查。

（二）申报要求

1. 基本申报要求

进口食品的进口商或者其代理人应当按照规定，持下列材料向海关申报：

（1）合同、发票、装箱单、提单等必要的凭证。

（2）法律法规、双边协定、议定书以及其他规定要求提交的"输出国家（地区）官方检疫（卫生）证书"。

2. 其他申报要求

进口日本食品时，还应随附日本官方出具的原产地证明。

3. 录入要求

（1）在企业资质栏目，选取"508-进口食品境外出口商代理商备案""509-进口食品进口商备案"，并分别填写企业资质编号；

（2）在产品资质栏目，选取"519-进口食品境外生产企业注册"，并填写许可证编号等信息；

（3）在货物属性栏目，根据货物实际情况选择"14-预包装"或"15-非预包装"。

（三）产品相关要求

1. 基本要求

进口食品应符合食品安全国家标准要求，应当按照规定随附合格证明材料。现行食品安全国家标准见本书附录2。

2022年1月1日起生产的输华食品，应当在内、外包装上标注在华注册编号或者所在国家（地区）主管当局批准的注册编号。

进口食品的包装和标签、标识应当符合中国法律法规和食品安全国家标准；依法应当有说明书的，还应当有中文说明书。

2. 企业要求

（1）食品进口商应当建立食品进口和销售记录制度，如实记录食品名称、净含量/规格、数量、生产日期、生产或者进口批号、保质期、境外出口商和购货者名称、地址及联系方式、交货日期等内容，并保存相关凭证。记录和凭证保存期限不得少于食品保质期满后6个月；没有明确保质期的，保存期限为销售后2年以上。

（2）食品进口商应当建立境外出口商、境外生产企业审核制度，重点审核：①制定和执行食品安全风险控制措施情况；②保证食品符合中国法律法规和食品安全国家标准的情况。

3. 预包装食品标签要求

属于预包装食品的食品产品，其标签还应符合以下要求：

（1）进口的预包装食品应当有中文标签；依法应当有说明书的，还应当有中文说明书。标签、说明书应当符合《中华人民共和国食品安全法》以及我国其他有关法律、行政法规的规定和食品安全国家标准的要求，并载明食品的原产地以及境内代理商的名称、地址、联系方式。预包装食品没有中文标签、中文说明书或者标签、说明书不符合规定的，不得进口。

（2）标签应当标明下列事项：①名称、规格、净含量、生产日期；②成分或者配料表；③生产者的名称、地址、联系方式；④保质期；⑤产品标准代号；⑥贮存条件；⑦所使用的食品添加剂在国家标准中的通用名称；⑧生产许可证编号；⑨法律、法规或者食品安全标准规定应当标明的其他事项。专供婴幼儿和其他特定人群的主辅食品，其标签还应当标明主要营养成分及其含量。

（3）食品的标签、说明书，不得含有虚假内容，不得涉及疾病预防、治疗功能。生产经营者对其提供的标签、说明书的内容负责。

（4）食品的标签、说明书应当清楚、明显，生产日期、保质期等事项应当显著标注，容易辨识。

二、出口其他深加工食品

（一）资质要求

1. 出口食品生产企业备案

海关对出口水产品的生产企业实施备案管理。办理指南见本书第十五章第十七节。

出口食品生产企业备案信息可通过"中国出口食品生产企业备案管理系统"（http：//qgs.customs.gov.cn：10081/efpe/login）进行查询。

2. 出口食品生产企业对外推荐注册

境外国家（地区）对中国输往该国家（地区）的出口食品生产企业实施注册管理且要求海关总署推荐的，海关总署统一向该国家（地区）主管当局推荐。办理指南见本书第十五章第十八节。

获国外（境外）注册的食品生产企业名单可在海关总署企业管理和稽查司官方网站（http：//qgjcs.customs.gov.cn/）"信息服务"栏目查询。

（二）申报要求

出口食品的出商或者其代理人应当按照规定，凭合同、发票、装箱单、出厂合格证明、出口食品加工原料供货证明文件等必要的凭证和相关批准文件，向出口食品生产企业所在地海关或者组货地海关提出出口申报前监管申请。

申报时，应当将所出口的食品按照品名、规格、数/重量、生产日期逐一申报。

(三) 产品相关要求

1. 基本要求

生产企业应当保证其出口食品符合进口国家（地区）的标准或者合同要求；中国缔结或者参加的国际条约、协定有特殊要求的，还应当符合国际条约、协定的要求。

进口国家（地区）暂无标准，合同也未作要求，且中国缔结或者参加的国际条约、协定无相关要求的，出口食品生产企业应当保证其出口食品符合中国食品安全国家标准。现行食品安全国家标准见本书附录2。

2. 企业要求

（1）生产企业应当建立完善可追溯的食品安全卫生控制体系，保证食品安全卫生控制体系有效运行，确保出口食品生产、加工、贮存过程持续符合中国相关法律法规、出口食品生产企业安全卫生要求；进口国家（地区）相关法律法规和相关国际条约、协定有特殊要求的，还应当符合相关要求。

（2）生产企业应当建立供应商评估制度、进货查验记录制度、生产记录档案制度、出厂检验记录制度、出口食品追溯制度和不合格食品处置制度。相关记录应当真实有效，保存期限不得少于食品保质期期满后6个月；没有明确保质期的，保存期限不得少于2年。

（3）获得境外注册的企业，应当每年就是否能够持续符合进口国家（地区）注册条件进行自我评定，并向住所地海关报告。

（4）获得境外注册的企业，应当接受进口国家（地区）主管当局和海关实施的监督检查，如实提供有关情况和材料。

（5）出口食品存在安全问题，已经或者可能对人体健康和生命安全造成损害的，出口食品生产经营者应当立即采取相应措施，避免和减少损害发生，并向所在地海关报告。

3. 包装运输要求

生产企业应当保证出口食品包装和运输方式符合食品安全要求。

生产企业应当在运输包装上标注生产企业备案号、产品品名、生产批号和生产日期。

进口国家（地区）或者合同有特殊要求的，在保证产品可追溯的前提下，经直属海关同意，出口食品生产企业可以调整前款规定的标注项目。

第九章

特殊食品、中药材

第一节　特殊食品

一、进口特殊食品

国家对保健食品、特殊医学用途配方食品和婴幼儿配方食品等特殊食品实行严格监督管理。

保健食品，是指声称并具有特定保健功能或者以补充维生素、矿物质为目的的食品。即适用于特定人群食用，具有调节机体功能，不以治疗疾病为目的，并且对人体不产生任何急性、亚急性或慢性危害的食品。

特殊医学用途配方食品，是指为了满足进食受限、消化吸收障碍、代谢紊乱或特定疾病状态人群对营养素或膳食的特殊需要，专门加工配制而成的配方食品。该类产品必须在医生或临床营养师指导下，单独食用或与其他食品配合食用。

婴幼儿配方食品，是指以乳类及乳蛋白制品和/或大豆及大豆蛋白制品为主要原料，加入适量的维生素、矿物质和/或其他辅料，仅用物理方法生产加工制成的液态或粉状产品，适用于婴儿、较大婴儿和幼儿食用，其能量和营养成分能够满足0~6月龄婴儿的正常营养需要，或正常较大婴儿和幼儿的部分营养需要。

（一）资质要求

1. 准入要求

海关对进口肉类、水产品、乳制品、中药材、燕窝、肠衣、植物源性食品、蜂产品八大类产品实施准入制度。属于上述种类的特殊食品，列入《符合评估审查要求及有传统贸易的国家或地区输华食品目录》（可在网站 http：// 43.248.49.223/index.aspx 查询）的国家或地区对应的特殊食品，方可进口。

目前，我国禁止从日本福岛县、群马县、栃木县、茨城县、宫城县、新潟县、长野县、琦玉县、东京都、千叶县 10 个都县进口食品。

2. 境外生产企业注册

特殊食品的境外生产企业，应当获得海关总署注册。特殊食品的境外生产企业由所在国家（地区）主管当局向海关总署推荐注册。办理指南见本书第十五章第十一节。

进口食品境外生产企业注册信息可在相关网站（https：//ciferquery.singlewindow.cn/）查询。

3. 进出口商备案

海关总署对向中国境内出口特殊食品的出口商或者代理商实施备案管理，特殊食品进口商应当向其住所地海关备案。办理指南见本书第十五章第十二节、第十三节。

境外出口商或者代理商，以及境内进口食品的进口商在海关总署的备案号可通过海关总署进口食品化妆品进出口商备案系统（http：//ire.customs.gov.cn/）进行验核。境内进口食品的进口商备案号，已经实现系统联网核查。

4. 进境动植物检疫审批

海关依法对需要进境动植物检疫审批的进口食品实施检疫审批管理。属于审批范围内的特殊食品，进口商应当在签订贸易合同或者协议前取得进境动植物检疫许可。

根据法律法规及相关规定需要办理检疫审批的进境食品包括：肉类及其产品（含脏器、肠衣）、鲜蛋类（含食用鲜鸟龟蛋、食用甲鱼蛋）、乳品（包括生乳、生乳制品、巴氏杀菌乳、巴氏杀菌工艺生产的调制乳）、水产品（包括两栖类、爬行类、水生哺乳类动物及其他养殖水产品及其非熟制加工品、日本输华水产品等）、可食用骨蹄角及其产品、动物源性中药材、燕窝等动物源性食品；各种杂豆、杂粮、茄科类蔬菜、植物源性中药材等具有疫情疫病传播风险的植物源性食品。办理指南见本书第十四章第二节、第三节。

5. 食品安全监督管理部门的注册备案

除进口食品的通用要求外，进口特殊食品还涉及以下食品安全监督管理部门的注册备案要求：

（1）进口保健食品

首次进口的保健食品应当经国务院食品安全监督管理部门注册。首次进口的保健食品中属于补充维生素、矿物质等营养物质的，应当报国务院食品安全监督管理部门备案。办理指南见本书第十四章第七节。

进口保健食品注册号格式为：国食健注J+4位年代号+4位顺序号；进口保健食品备案号格式为：食健备J+4位年代号+00+6位顺序编号。保健食品注册证书或保健食品备案凭证电子数据已与进出口货物报关单电子数据实现联网核查。

（2）进口特殊医学用途配方食品

特殊医学用途配方食品应当经国务院食品安全监督管理部门注册。办理指南见本书第十四章第八节。

特殊医学用途配方食品注册证书电子数据已与进出口货物报关单电子数据实现联网核查。

（3）进口婴幼儿配方食品

婴幼儿配方乳粉的产品配方应当经国务院食品安全监督管理部门注册。办理指南见本书第十四章第九节。

婴幼儿配方乳粉产品配方注册证书电子数据已与进出口货物报关单电子数据实现联网核查。

（二）申报要求

除进口食品通用要求和所属类型产品要求外，特殊食品申报还应符合以下要求：

1. 保健食品

（1）特殊申报要求

进口日本保健食品时，应随附以下文件：

①日本官方出具的原产地证明；

②日本政府出具的放射性物质检测合格的证明（适用于鱼油、鱼肝油制品）。

（2）录入要求

①在企业资质栏目，选取"508-进口食品境外出口商代理商备案""509-进口食品进口商备案"，并分别填写企业资质编号；

②在产品资质栏目，选取"325-进境动植物产品检疫许可"（需要提供时）、"519-进口食品境外生产企业注册"、"529-保健食品注册证书或保健食品备案凭证（进口）"，并分别填写许可证编号等信息；

③在货物属性栏目，根据货物实际情况选择"14-预包装"或"15-非预包装"。

2. 特殊医学用途配方食品

（1）特殊申报要求

进口日本特殊医学用途配方食品时，还应随附以下文件：

①日本官方出具的原产地证明；

②日本政府出具的放射性物质检测合格的证明（乳制品适用）。

（2）录入要求

①在企业资质栏目，选取"508-进口食品境外出口商代理商备案""509-进口食品进口商备案"，并分别填写企业资质编号；

②在产品资质栏目，选取"519-进口食品境外生产企业注册""528-特殊医学用途配方食品注册证书（进口）"，并分别填写许可证编号等信息；

③在货物属性栏目，根据货物实际情况选择"14-预包装"或"15-非预包装"。

3. 婴幼儿配方食品

（1）特殊申报要求

进口日本婴幼儿配方食品时，还应随附以下文件：

①日本官方出具的原产地证明；

②日本政府出具的放射性物质检测合格的证明（乳制品适用）。

（2）录入要求

①在企业资质栏目，选取"508-进口食品境外出口商代理商备案""509-进口食品进口商备案"，并分别填写企业资质编号；

②在产品资质栏目，选取"519-进口食品境外生产企业注册""527-婴幼儿配方乳粉配方注册证明文件（进口）"（属于婴幼儿配方乳粉的产品），并分别填写许可证编号等信息；

③在货物属性栏目，根据货物实际情况选择"14-预包装"或"15-非预包装"。

（三）产品相关要求

1. 进口特殊食品的通用要求

（1）基本要求

进口特殊食品应符合食品安全国家标准要求，应当按照规定随附合格证明材料。现行食品安全国家标准见本书附录2。

食品中不得添加药品，但是可以添加按照传统既是食品又是中药材的物质。《按照传统既是食品又是中药材的物质目录》由国务院卫生行政部门会同国务院食品安全监督管理部门制定、公布。现行《按照传统既是食品又是中药材的物质目录》详见本章第二节。

进口特殊食品的包装和标签、标识应当符合中国法律法规的规定和食品安全国家标准；依法应当有说明书的，还应当有中文说明书。

2022年1月1日起生产的输华特殊食品，应当在内、外包装上标注在华注册编号或者所在国家（地区）主管当局批准的注册编号。

（2）企业要求

食品进口商应当建立食品进口和销售记录制度，如实记录食品名称、净含量/规格、数量、生产日期、生产或者进口批号、保质期、境外出口商和购货者名称、地址及联系方式、交货日期等内容，并保存相关凭证。记录和凭证保存期限不得少于食品保质期满后6个月；没有明确保质期的，保存期限为销售后2年以上。

食品进口商应当建立境外出口商、境外生产企业审核制度，重点审核：

①制定和执行食品安全风险控制措施的情况；

②保证食品符合中国法律法规和食品安全国家标准的情况。

2. 进口保健食品的特殊要求

进口的保健食品应当是出口国（地区）主管部门准许上市销售的产品。

（1）保健食品原料要求

保健食品中声称保健功能的原料应列入"保健食品原料目录"（国家市场监督管理总局 国家卫生健康委员会、国家中医药管理局公告2020年第54号、2020年第55号）。

保健食品中不得添加药品，但列入《按照传统既是食品又是中药材的物质目录》（见本章第二节"中药材"部分）及"可用于保健食品的物品名单"（见本节"参考资料1"）的中药材可在符合要求的情况下使用；《禁止和限制用于保健食品的物质目录》（见本节"参考资料2"）中的中药材禁止或限制在保健食品中使用。

保健食品所用辅料应符合《保健食品备案产品可用辅料及其使用规定（2021年版）》（市场监管总局公告2021年第7号）的规定。

（2）保健食品标签、说明书的附加要求

保健食品的标签、说明书不得涉及疾病预防、治疗功能，内容应当真实，与注册或者备案的内容一致，载明适宜人群、不适宜人群、功效成分或者标志性成分及其含量等，并声明"本品不能代替药物"。保健食品的功能和成分应当与标签、说明书一致。

进口保健食品、特殊膳食用食品的中文标签必须印制在最小销售包装上，不得加贴。

3. 进口特殊医学用途配方食品的特殊要求

进口特殊医学用途配方食品的标签、说明书内容应当与注册或者备案的标签、说明书一致。

进口特殊医学用途配方食品的中文标签必须印制在最小销售包装上，不得加贴。

4. 进口婴幼儿配方食品的特殊要求

进口婴幼儿配方乳粉，其申报日期到保质期截止日不足3个月的，不予进口。

进口婴幼儿配方食品的标签、说明书内容应当与注册或者备案的标签、说明书一致。

进口婴幼儿配方食品的中文标签必须印制在最小销售包装上，不得加贴。

对添加食品安全国家标准规定的选择性添加物质的婴幼儿配方食品，不得以选择性添加物质命名。

不得以分装方式生产婴幼儿配方乳粉，同一企业不得用同一配方生产不同品牌的婴幼儿配方乳粉。

二、出口特殊食品

出口特殊食品应符合进口国家（地区）的要求。

进口国家（地区）无特殊要求时，可根据实际产品属性，分别按照动物源性食品（见第六章）、植物源性食品（见第七章）或深加工食品（见第八章）有关要求办理。

参考资料1

可用于保健食品的物品名单

《卫生部关于进一步规范保健食品原料管理的通知》（卫法监发〔2002〕51号）附件2发布的"可用于保健食品的物品名单"中列明的114种物质（其中3种已调出，1种部分调出）如下（按笔画顺序排列）：

1. 人参（注1）；2. 人参叶；3. 人参果；4. 三七；5. 土茯苓；6. 大蓟；7. 女贞子；8. 山茱萸；9. 川牛膝；10. 川贝母；11. 川芎；12. 马鹿胎；13. 马鹿茸；14. 马鹿骨；15. 丹参；16. 五加皮；17. 五味子；18. 升麻；19. 天门冬；20. 天麻；21. 太子参；22. 巴戟天；23. 木香；24. 木贼；25. 牛蒡子；26. 牛蒡根（注2）；27. 车前子；28. 车前草；29. 北沙参；30. 平贝母；31. 玄参；32. 生地

黄；33. 生何首乌；34. 白及；35. 白术；36. 白芍；37. 白豆蔻；38. 石决明；39. 石斛（需提供可使用证明）；40. 地骨皮；41. 当归；42. 竹茹；43. 红花；44. 红景天；45. 西洋参；46. 吴茱萸；47. 怀牛膝；48. 杜仲；49. 杜仲叶；50. 沙苑子；51. 牡丹皮；52. 芦荟；53. 苍术；54. 补骨脂；55. 诃子；56. 赤芍；57. 远志；58. 麦门冬；59. 龟甲；60. 佩兰；61. 侧柏叶；62. 制大黄；63. 制何首乌；64. 刺五加；65. 刺玫果；66. 泽兰；67. 泽泻；68. 玫瑰花；69. 玫瑰茄；70. 知母；71. 罗布麻；72. 苦丁茶（注3、注4）；73. 金荞麦；74. 金樱子；75. 青皮；76. 厚朴；77. 厚朴花；78. 姜黄；79. 枳壳；80. 枳实；81. 柏子仁；82. 珍珠；83. 绞股蓝；84. 胡芦巴；85. 茜草；86. 荜茇；87. 韭菜子；88. 首乌藤；89. 香附；90. 骨碎补；91. 党参；92. 桑白皮；93. 桑枝；94. 浙贝母；95. 益母草；96. 积雪草；97. 淫羊藿；98. 菟丝子；99. 野菊花；100. 银杏叶；101. 黄芪；102. 湖北贝母；103. 番泻叶；104. 蛤蚧；105. 越橘；106. 槐实；107. 蒲黄；108. 蒺藜；109. 蜂胶；110. 酸角（注5）；111. 墨旱莲；112. 熟大黄；113. 熟地黄；114. 鳖甲。

注1：人参（人工种植）（*Panax Ginseng* C. A. Meyer）：根据《关于批准人参（人工种植）为新资源食品的公告》（卫生部公告2012年第17号），批准5年及5年以下人工种植的人参为新资源食品。

注2：牛蒡根（*Arctium lappa root*）：根据《国家卫生计生委关于牛蒡作为普通食品管理有关问题的批复》（国卫食品函〔2013〕83号），同意牛蒡根作为普通食品管理。

注3：木犀科粗壮女贞苦丁茶 [*Ligustrum robustum* （Roxb.） Blum.]：根据《卫生部关于同意木犀科粗壮女贞苦丁茶为普通食品的批复》（卫监督函〔2011〕428号），同意木犀科粗壮女贞苦丁茶为普通食品。

注4：冬青科苦丁茶（*Ilex kudingcha* C. J. Tseng）：根据《关于同意将冬青科苦丁茶作为普通食品管理的批复》（卫计生函〔2013〕86号），同意将冬青科苦丁茶作为普通食品管理。

注5：酸角（*Tamarindus indica*）：根据《关于批准茶叶籽油等7种物品为新资源食品的公告》（卫生部公告2009年第18号），允许酸角作为普通食品生产经营。

参考资料2

禁止和限制用于保健食品的物质目录

一、《卫生部关于限制以野生动植物及其产品为原料生产保健食品的通知》（卫法监发〔2001〕160号）规定的禁止与限制物质：

（1）禁止使用国家一级和二级保护野生动植物及其产品作为保健食品成分。

（2）禁止使用人工驯养繁殖或人工栽培的国家一级保护野生动植物及其产品作为保健食品成分。

（3）使用人工驯养繁殖或人工栽培的国家二级保护野生动植物及其产品作为保健食品成分的，应提供省级以上农业（渔业）、林业行政主管部门的批准文件。

（4）使用国家保护的有益的或者有重要经济、科学研究价值的陆生野生动物及其产品作为保健食品成分的，应提供省级以上农业（渔业）、林业行政主管部门依据管理职能批准的开发利用的证明。

（5）使用《中华人民共和国林业植物新品种保护名录》中植物及其产品作为保健食品成分的，如果该种植物已获"品种权"，应提供该种植物品种权所有人许可使用的证明；如该种植物尚未取得品种权，应提供国务院林业主管部门出具的该种品种尚未取得品种权的证明。

（6）对于进口保健食品中使用《濒危野生动植物种国际贸易公约》名录中动植物及其产品的，应提供国务院农业（渔业）、林业行政主管部门批准文件、进出口许可证及海关的证明文件。

二、《卫生部关于限制以甘草、麻黄草、苁蓉和雪莲及其产品为原料生产保健食品的通知》（卫法监发〔2001〕188号）规定的限制物质：

（1）禁止使用野生甘草、麻黄草、苁蓉和雪莲及其产品作为保健食品成分。

（2）使用人工栽培的甘草、麻黄草、苁蓉和雪莲及其产品作为保健食品成分，应提供原料来源、购销合同以及原料供应商出具的收购许可证（复印件）。

三、《卫生部关于不再审批以熊胆粉和肌酸为原料生产的保健食品的通告》（卫法监发〔2001〕267号）规定的禁用物质：

卫生部不再审批以熊胆粉和肌酸为原料生产的保健食品。

四、《卫生部关于进一步规范保健食品原料管理的通知》（卫法监发〔2002〕51号）附件3规定的禁用物质：

八角莲、八里麻、千金子、土青木香、山莨菪、川乌、广防己、马桑叶、马钱子、六角莲、天仙子、巴豆、水银、长春花、甘遂、生天南星、生半夏、生白附子、生狼毒、白降丹、石蒜、关木通、农吉痢、夹竹桃、朱砂、米壳（罂粟壳）、红升丹、红豆杉、红茴香、红粉、羊角拗、羊踯躅、丽江山慈姑、京大戟、昆明山海棠、河豚、闹羊花、青娘虫、鱼藤、洋地黄、洋金花、牵牛子、砒石（白砒、红砒、砒霜）、草乌、香加皮（杠柳皮）、骆驼蓬、鬼臼、莨菪、铁棒槌、铃兰、雪上一枝蒿、黄花夹竹桃、斑蝥、硫磺、雄黄、雷公藤、颠茄、藜芦、蟾酥。

第二节　中药材

中药材是指药用植物、动物的药用部分，采收后经初加工形成的原料药材。

中药材进出境时，企业应当向主管海关申报预期用途，明确"药用"或者"食用"。

申报为"药用"的中药材应为列入《中华人民共和国药典》药材目录的物品。药用的中药材，由国家药品监督管理部门依照《进口药材管理办法》实施检验和监督管理。海关依照《进出境中药材检疫监督管理办法》对其实施检疫和监督管理。

申报为"食用"的中药材应为国家法律、行政法规、规章、文件规定可用于食品的物品。食用的中药材，由海关依照进出口食品相关规定实施检验检疫和监督管理。《按照传统既是食品又是中药材的物质目录》由国务院卫生行政部门会同国务院食品安全监督管理部门制定、公布。现行《按照传统既是食品又是中药材的物质目录》详见表9-1至表9-4。

表9-1　《按照传统既是食品又是中药材的物质目录》2002年发布明确87种[①]

序号	物质名称	植物名/动物名	拉丁学名	所属科名	使用部分	备注
1	丁香	丁香	*Eugenia caryophyllata* Thunb.	桃金娘科	花蕾	—
2	八角茴香	八角茴香	*Illicium verum* Hook. f.	木兰科	成熟果实	在调味品中也称"八角"
3	刀豆	刀豆	*Canavalia gladiata* （Jacq.）DC.	豆科	成熟种子	—

[①] 按照植物、动物排序；按照2014年相关文件归并为86种，实际产品范围不变。

表9-1 续1

序号	物质名称	植物名/动物名	拉丁学名	所属科名	使用部分	备注
4	小茴香	茴香	*Foeniculum vulgare* Mill.	伞形科	成熟果实	用于调味时还可用叶和梗
5	小蓟	刺儿菜	*Cirsium setosum*（Willd.）MB.	菊科	地上部分	—
6	山药	薯蓣	*Dioscorea opposita* Thunb.	薯蓣科	根茎	—
7	山楂	山里红	*Crataegus pinnatifida* Bge. var. *major* N. E. Br.	蔷薇科	成熟果实	—
		山楂	*Crataegus pinnatifida* Bge.	蔷薇科		
8	马齿苋	马齿苋	*Portulaca oleracea* L.	马齿苋科	地上部分	—
9	乌梅	梅	*Prunus mume*（Sieb.）Sieb. et Zucc.	蔷薇科	近成熟果实	—
10	木瓜	贴梗海棠	*Chaenomeles speciosa*（Sweet）Nakai	蔷薇科	近成熟果实	—
11	火麻仁	大麻	*Cannabis sativa* L.	桑科	成熟果实	—
12	代代花	代代花	*Citrus aurantium* L. var. *amara* Engl.	芸香科	花蕾	果实地方常用作枳壳
13	玉竹	玉竹	*Polygonatum odoratum*（Mill.）Druce	百合科	根茎	—
14	甘草	甘草	*Glycyrrhiza uralensis* Fisch.	豆科	根和根茎	—
		胀果甘草	*Glycyrrhiza inflata* Bat.	豆科		
		光果甘草	*Glycyrrhiza glabra* L.	豆科		
15	白芷	白芷	*Angelica dahurica*（Fisch. ex Hoffm.）Benth. et Hook. f.	伞形科	根	—
		杭白芷	*Angelica dahurica*（Fisch. ex Hoffm.）Benth. et Hook. f. var. *formosana*（Boiss.）Shan et Yuan	伞形科		
16	白果	银杏	*Ginkgo biloba* L.	银杏科	成熟种子	—
17	白扁豆	扁豆	*Dolichos lablab* L.	豆科	成熟种子	—
18	白扁豆花	扁豆	*Dolichos lablab* L.	豆科	花	—
19	龙眼肉（桂圆）	龙眼	*Dimocarpus longan* Lour.	无患子科	假种皮	—
20	决明子	决明	*Cassia obtusifolia* L.	豆科	成熟种子	需经过炮制方可使用
		小决明	*Cassia tora* L.	豆科		
21	百合	卷丹	*Lilium lancifolium* Thunb.	百合科	肉质鳞叶	—
		百合	*Lilium brownie* F. E. Brown var. *viridulum* Baker	百合科		
		细叶百合	*Lilium pumilum* DC.	百合科		

495

表9-1 续2

序号	物质名称	植物名/动物名	拉丁学名	所属科名	使用部分	备注
22	肉豆蔻	肉豆蔻	*Myristica fragrans* Houtt.	肉豆蔻科	种仁；种皮	种皮仅作为调味品使用
23	肉桂	肉桂	*Cinnamomum cassia* Presl	樟科	树皮	在调味品中也称"桂皮"
24	余甘子	余甘子	*Phyllanthus emblica* L.	大戟科	成熟果实	—
25	佛手	佛手	*Citrus medica* L. var. *sarcodactylis* Swingle	芸香科	果实	—
26	杏仁（苦、甜）	山杏	*Prunus armeniaca* L. var. *ansu* Maxim	蔷薇科	成熟种子	苦杏仁需经过炮制方可使用
		西伯利亚杏	*Prunus sibirica* L.	蔷薇科		
		东北杏	*Prunus mandshurica*（Maxim）Koehne	蔷薇科		
		杏	*Prunus armeniaca* L.	蔷薇科		
27	沙棘	沙棘	*Hippophae rhamnoides* L.	胡颓子科	成熟果实	—
28	芡实	芡	*Euryale ferox* Salisb.	睡莲科	成熟种仁	—
29	花椒	青椒	*Zanthoxylum schinifolium* Sieb. et Zucc.	芸香科	成熟果皮	花椒果实可作为调味品使用
		花椒	*Zanthoxylum bungeanum* Maxim.	芸香科		
30	赤小豆	赤小豆	*Vigna umbellata* Ohwi et Ohashi	豆科	成熟种子	—
		赤豆	*Vigna angularis* Ohwi et Ohashi	豆科		
31	麦芽	大麦	*Hordeum vulgare* L.	禾本科	成熟果实经发芽干燥的炮制加工品	—
32	昆布	海带	*Laminaria japonica* Aresch.	海带科	叶状体	—
		昆布	*Ecklonia kurome* Okam.	翅藻科		
33	枣（大枣、黑枣）①	枣	*Ziziphus jujuba* Mill.	鼠李科	成熟果实	—
34	罗汉果	罗汉果	*Siraitia grosvenorii*（Swingle.）C. Jeffrey ex A. M. Lu et Z. Y. Zhang	葫芦科	果实	—
35	郁李仁	欧李	*Prunus humilis* Bge.	蔷薇科	成熟种子	—
		郁李	*Prunus japonica* Thunb.	蔷薇科		
		长柄扁桃	*Prunus pedunculata* Maxim.	蔷薇科		
36	金银花	忍冬	*Lonicera japonica* Thunb.	忍冬科	花蕾或带初开的花	—
37	青果	橄榄	*Canarium album* Raeusch.	橄榄科	成熟果实	—

① 2002版名单中"酸枣"列在"枣（大枣、酸枣、黑枣）"项下，国卫办食品函〔2014〕975号将其中的"酸枣"拆分到表中第72项。

表9-1 续3

序号	物质名称	植物名/动物名	拉丁学名	所属科名	使用部分	备注
38	鱼腥草	蕺菜	*Houttuynia cordata* Thunb.	三白草科	新鲜全草或干燥地上部分	—
39	姜（生姜、干姜）	姜	*Zingiber officinale* Rosc.	姜科	根茎（生姜所用为新鲜根茎，干姜为干燥根茎）	—
40	枳椇子	枳椇	*Hovenia dulcis* Thunb.	鼠李科	药用为成熟种子；食用为肉质膨大的果序轴、叶及茎枝	—
41	枸杞子	宁夏枸杞	*Lycium barbarum* L.	茄科	成熟果实	—
42	栀子	栀子	*Gardenia jasminoides* Ellis	茜草科	成熟果实	—
43	砂仁	阳春砂	*Amomum villosum* Lour.	姜科	成熟果实	
		绿壳砂	*Amomum villosum* Lour. var. *xanthioides* T. L. Wu et Senjen	姜科		
		海南砂	*Amomum longiligulang* T. L. Wu	姜科		
44	胖大海	胖大海	*Sterculia lychnophora* Hance	梧桐科	成熟种子	—
45	茯苓	茯苓	*Poria cocos* (Schw.) Wolf	多孔菌科	菌核	—
46	香橼	枸橼	*Citrus medica* L.	芸香科	成熟果实	
		香圆	*Citrus wilsonii* Tanaka	芸香科		
47	香薷	石香薷	*Mosla chinensis* Maxim.	唇形科	地上部分	
		江香薷	*Mosla chinensis* 'jiangxiangru'	唇形科		
48	桃仁	桃	*Prunus persica* (L.) Batsch	蔷薇科	成熟种子	
		山桃	*Prunus davidiana* (Carr.) Franch.	蔷薇科		
49	桑叶	桑	*Morus alba* L.	桑科	叶	—
50	桑椹	桑	*Morus alba* L.	桑科	果穗	—
51	桔红（橘红）	橘及其栽培变种	*Citrus reticulata* Blanco	芸香科	外层果皮	—
52	桔梗	桔梗	*Platycodon grandiflorum* (Jacq.) A. DC.	桔梗科	根	—
53	益智仁	益智	*Alpinia oxyphylla* Miq.	姜科	去壳之果仁，而调味品为果实	—
54	荷叶	莲	*Nelumbo nucifera* Gaertn.	睡莲科	叶	—
55	莱菔子	萝卜	*Raphanus sativus* L.	十字花科	成熟种子	—
56	莲子	莲	*Nelumbo nucifera* Gaertn.	睡莲科	成熟种子	—
57	高良姜	高良姜	*Alpinia officinarum* Hance	姜科	根茎	—
58	淡竹叶	淡竹叶	*Lophatherum gracile* Brongn.	禾本科	茎叶	—
59	淡豆豉	大豆	*Glycine max* (L.) Merr.	豆科	成熟种子的发酵加工品	—

表9-1 续4

序号	物质名称	植物名/动物名	拉丁学名	所属科名	使用部分	备注
60	菊花	菊	*Chrysanthemum morifolium* Ramat.	菊科	头状花序	—
61	菊苣	毛菊苣	*Cichorium glandulosum* Boiss. et Huet	菊科	地上部分或根	
		菊苣	*Cichorium intybus* L.	菊科		
62	黄芥子	芥	*Brassica juncea*（L.）Czern. et Coss	十字花科	成熟种子	—
63	黄精	滇黄精	*Polygonatum kingianum* Coll. et Hemsl.	百合科	根茎	
		黄精	*Polygonatum sibiricum* Red.	百合科		
		多花黄精	*Polygonatum cyrtonema* Hua	百合科		
64	紫苏	紫苏	*Perilla frutescens*（L.）Britt.	唇形科	叶（或带嫩枝）	
65	紫苏子（籽）	紫苏	*Perilla frutescens*（L.）Britt.	唇形科	成熟果实	
66	葛根	野葛	*Pueraria lobata*（Willd.）Ohwi	豆科	根	—
67	黑芝麻	脂麻	*Sesamum indicum* L.	脂麻科	成熟种子	在调味品中也称"胡麻、芝麻"
68	黑胡椒	胡椒	*Piper nigrum* L.	胡椒科	近成熟或成熟果实	在调味品中称"白胡椒"
69	槐花、槐米①	槐	*Sophora japonica* L.	豆科	花及花蕾	—
70	蒲公英	蒲公英	*Taraxacum mongolicum* Hand.-Mazz.	菊科	全草	
		碱地蒲公英	*Taraxacum borealisinense* Kitam.	菊科		
		同属数种植物		菊科		
71	榧子	榧	*Torreya grandis* Fort.	红豆杉科	成熟种子	
72	酸枣、酸枣仁②	酸枣	*Ziziphus jujuba* Mill. var. *spinosa*（Bunge）Hu ex H. F. Chou	鼠李科	果肉、成熟种子	
73	鲜白茅根（或干白茅根）	白茅	*Imperata cylindrical* Beauv. var. *major*（Nees）C. E. Hubb.	禾本科	根茎	
74	鲜芦根（或干芦根）	芦苇	*Phragmites communis* Trin.	禾本科	根茎	
75	橘皮（或陈皮）	橘及其栽培变种	*Citrus reticulata* Blanco	芸香科	成熟果皮	
76	薄荷	薄荷	*Mentha haplocalyx* Briq.	唇形科	地上部分	—
		薄荷	*Mentha arvensis* L.	唇形科	叶、嫩芽	仅作为调味品使用

① 2002版名单中为2项。此处按国卫办食品函〔2014〕975号整合。
② 2002版名单中"酸枣"列在"枣（大枣、酸枣、黑枣）"项下。

表9-1 续5

序号	物质名称	植物名/动物名	拉丁学名	所属科名	使用部分	备注
77	薏苡仁	薏苡	*Coix lacryma-jobi* L. var. *ma-yuen*.（Roman.）Stapf	禾本科	成熟种仁	—
78	薤白	小根蒜	*Allium macrostemon* Bge.	百合科	鳞茎	—
		薤	*Allium chinense* G. Don	百合科		
79	覆盆子	华东覆盆子	*Rubus chingii* Hu	蔷薇科	果实	—
80	藿香	广藿香	*Pogostemon cablin*（Blanco）Benth.	唇形科	地上部分	—
81	乌梢蛇	乌梢蛇	*Zaocys dhumnades*（Cantor）	游蛇科	剥皮、去除内脏的整体	仅限获得林业部门许可进行人工养殖的乌梢蛇
82	牡蛎	长牡蛎	*Ostrea gigas* Thunberg	牡蛎科	贝壳	—
		大连湾牡蛎	*Ostrea talienwhanensis* Crosse	牡蛎科		
		近江牡蛎	*Ostrea rivularis* Gould	牡蛎科		
83	阿胶	驴	*Equus asinus* L.	马科	干燥皮或鲜皮经煎煮、浓缩制成的固体胶	—
84	鸡内金	家鸡	*Gallus gallus domesticus* Brisson	雉科	沙囊内壁	—
85	蜂蜜	中华蜜蜂	*Apis cerana* Fabricius	蜜蜂科	蜂所酿的蜜	—
		意大利蜂	*Apis mellifera* Linnaeus	蜜蜂科		
86	蝮蛇（蕲蛇）	五步蛇	*Agkistrodon acutus*（Güenther）	蝰科	去除内脏的整体	仅限获得林业部门许可进行人工养殖的蝮蛇

备注：《卫生部关于进一步规范保健食品原料管理的通知》（卫法监发〔2002〕51号）附件1发布了"既是食品又是药品的物品名单"。在2002版名单中仅列出了物质名称，按照国卫办食品函〔2014〕975号文件有关内容完善了其他项目。

表9-2 《按照传统既是食品又是中药材的物质目录》2002年—2014年新增列入14种[①]

序号	物质名称	植物名/动物名	拉丁学名	所属科名	使用部分	备注
1	人参	人参	*Panax ginseng* C. A. Mey	五加科	根和根茎	为5年及5年以下人工种植的人参；食用量≤3克/天；孕妇、哺乳期妇女及14周岁以下儿童不宜食用
2	山银花	华南忍冬	*Lonicera confuse* DC.	忍冬科	花蕾或带初开的花	—
		红腺忍冬	*Lonicera hypoglauca* Miq.			
		灰毡毛忍冬	*Lonicera macranthoides* Hand.-Mazz.			
		黄褐毛忍冬	*Lonicera fulvotomentosa* Hsu et S. C. Cheng			

① 按照植物、动物排序。

表9-2 续

序号	物质名称	植物名/动物名	拉丁学名	所属科名	使用部分	备注
3	芫荽	芫荽	*Coriandrum sativum* L.	伞形科	果实、种子	—
4	玫瑰花	玫瑰	*Rosa rugosa* Thunb 或 *Rose rugosa* cv. Plena	蔷薇科	花蕾	—
5	松花粉	马尾松	*Pinus massoniana* Lamb.	松科	干燥花粉	—
		油松	*Pinus tabuliformis* Carr.			
		同属数种植物				
6	粉葛	甘葛藤	*Pueraria thomsonii* Benth.	豆科	根	—
7	布渣叶	破布叶	*Microcos paniculata* L.	椴树科	叶	仅作为凉茶饮料原料；使用量≤15克/天
8	夏枯草	夏枯草	*Prunella vulgaris* L.	唇形科	果穗	仅作为凉茶饮料原料；使用量≤9克/天
9	当归	当归	*Angelica sinensis*（Oliv.）Diels.	伞形科	根	仅限用于香辛料；使用量≤3克/天
10	山奈	山奈	*Kaempferia galanga* L.	姜科	根茎	仅作为调味品使用；使用量≤6克/天；在调味品中标示"根、茎"
11	西红花	藏红花	*Crocus sativus* L.	鸢尾科	柱头	仅作为调味品使用；使用量≤1克/天；在调味品中也称"藏红花"
12	草果	草果	*Amomum tsao-ko* Crevost et Lemaire	姜科	果实	仅作为调味品使用；使用量≤3克/天
13	姜黄	姜黄	*Curcuma Longa* L.	姜科	根茎	仅作为调味品使用；使用量≤3克/天；在调味品中标示"根、茎"
14	荜茇	荜茇	*Piper longum* L.	胡椒科	果实或成熟果穗	仅作为调味品使用；使用量≤1克/天

备注：《按照传统既是食品又是中药材物质目录》新增物质纳入依据：

一、人参。卫生部公告2012年第17号《关于批准人参（人工种植）为新资源食品的公告》批准人参（人工种植）为新资源食品；《中华人民共和国药典》记载；基源植物和使用部分与《中华人民共和国药典》记载一致。

二、山银花。金银花列入2002年卫生部公布"既是食品又是药品的物品名单"，金银花来源为忍冬 *Lonicera japonica* Thunb.、红腺忍冬 *Lonicera hypog lauca* Miq.、山银花 *Lonicera confuse* DC.、毛花柱忍冬 *Lonicera dasystyla* Rehd.，金银花和山银花在《中华人民共和国药典》中二者未分开，遵循《中华人民共和国药典》的处理方法；经查阅文献和实地调研，山银花在南方种植时间悠久，在当地有食用历史，且无毒副反应报道。

三、粉葛。《中华人民共和国药典》（2005版）为甘葛藤葛根基源之一。

四、玫瑰花。卫生部公告2010年第3号《关于批准DHA藻油、棉籽低聚糖等7种物品为新资源食品及其他相关规定的公告》将玫瑰花作为普通食品；《中华人民共和国药典》记载；基源植物和使用部分与《中华人民共和国药典》记载一致。

五、松花粉。卫生部公告2004年第17号《关于将油菜花粉等食品新资源列为普通食品管理的公告》将松花粉作为新资源食品；《中华人民共和国药典》记载；基源植物和使用部分与《中华人民共和国药典》记载一致。

六、布渣叶、夏枯草。卫生部公告2010年第3号《关于批准DHA藻油、棉籽低聚糖等7种物品为新资源食品及其他相关规定的公告》允许夏枯草、布渣叶作为凉茶饮料原料使用；《中华人民共和国药典》记载；基源植物和使用部分与《中华人民共和国药典》记载一致。

七、当归。美国联邦法典21CFR 182.10、欧盟食品安全局（EFSA）将当归作为香辛料（每天食用3~15克的当归根或3~6克的根粉）；日本将当归列入"源自植物或动物的天然香料名单"作为食品的香辛料使用；《中华人民共和国药典》记载；基源植物和使用部分与《中华人民共和国药典》记载一致。

八、芫荽、西红花、草果、姜黄、荜茇、山奈。列入标准《香辛料和调味品》（GB/T 12729）；《中华人民共和药典》记载；基源植物和使用部分与《中华人民共和国药典》记载一致。

表9-3 《按照传统既是食品又是中药材的物质目录》2019年更新列入6种

序号	名称	植物名/动物名	拉丁学名	所属科名	部位	备注
1	当归	当归	*Angelica sinensis*（Oliv.）Diels	伞形科	根	仅作为香辛料和调味品
2	山奈	山奈	*Kaempferia galanga* L.	姜科	根茎	仅作为香辛料和调味品
3	西红花	番红花	*Crocus sativus* L.	鸢尾科	柱头	仅作为香辛料和调味品，在香辛料和调味品中又称"藏红花"
4	草果	草果	*Amomum tsao-ko* Crevost et Lemaire	姜科	果实	仅作为香辛料和调味品
5	姜黄	姜黄	*Curcuma longa* L.	姜科	根茎	仅作为香辛料和调味品
6	荜茇	荜茇	*Piper longum* L.	胡椒科	果穗	仅作为香辛料和调味品

备注：《关于当归等6种新增按照传统既是食品又是中药材的物质公告》（国家卫生健康委员会、国家市场监管总局公告2019年第8号）更新当归、山奈、西红花、草果、姜黄、荜茇等6种物质，同时明确上述物质仅作为香辛料和调味品使用。

表9-4 《按照传统既是食品又是中药材的物质目录》2019年试点列入6种

序号	名称	植物名/动物名	拉丁学名	所属科名	部位
1	党参	党参	*Codonopsis pilosula*（Franch.）Nannf.	桔梗科	根
		素花党参	*Codonopsis pilosula* Nannf. var. *modesta*（Nannf.）L. T. Shen		
		川党参	*Codonopsis tangshen* Oliv.		
2	肉苁蓉（荒漠）	肉苁蓉	*Cistanche deserticola* Y. C. Ma	列当科	肉质茎
3	铁皮石斛	铁皮石斛	*Dendrobium officinale* Kimura et Migo	兰科	茎
4	西洋参	西洋参	*Panax quinquefolium* L.	五加科	根
5	黄芪	蒙古黄芪	*Astragalus membranaceus*（Fisch.）Bge. var. *mongholicus*（Bge.）Hsiao	豆科	根
		膜荚黄芪	*Astragalus membranaceus*（Fisch.）Bge.		
6	灵芝	赤芝	*Ganoderma lucidum*（Leyss. ex Fr.）Karst.	多孔菌科	子实体
		紫芝	*Ganoderma sinense* Zhao, Xu et Zhang		
7	山茱萸	山茱萸	*Cornus officinalis* Sieb. et Zucc.	山茱萸科	果肉
8	天麻	天麻	*Gastrodia elata* B1.	兰科	块茎
9	杜仲叶	杜仲	*Eucommia ulmoides* Oliv.	杜仲科	叶

备注：《关于对党参等9种物质开展按照传统既是食品又是中药材的物质管理试点工作的通知》（国卫食品函〔2019〕311号）更新党参、肉苁蓉、铁皮石斛、西洋参、黄芪、灵芝、山茱萸、天麻、杜仲叶等9种物质，同时要求各省级卫生健康委员会同市场监管局（厅、委）根据辖区实际，提出具体的试点方案，试点方案应当包括拟开展试点的食药物质种类、风险监测计划和配套监管措施等，报请省级人民政府同意后，报国家卫生健康委员会与国家市场监管总局核定。

以下均为申报为药用的进出境中药材检疫及管理要求，申报为食用的进出境中药材检验检疫及监督管理按照海关总署有关进出口食品的规定执行。

一、进口中药材

（一）资质要求

1. 准入要求

海关对进境中药材实施准入制度。列入《符合评估审查要求及有传统贸易的国家或地区输华食品目录》（可在网站 http：// 43.248.49.223/index.aspx 查询）中"中药材"产品目录内的国家或地区对应的产品，可作为"药用"中药材进口。

目前，我国禁止从日本福岛县、群马县、栃木县、茨城县、宫城县、新潟县、长野县、埼玉县、东京都、千叶县 10 个都县进口中药材。

2. 境外生产企业注册登记

海关总署对向中国境内输出中药材的境外生产、加工、存放单位实施注册登记管理。中药材的境外生产企业，应当自行或者委托代理人向海关总署提出注册申请。办理指南见本书第十五章第十一节。

"进境中药材注册登记企业名单"可在海关总署进出口食品安全局官方网站（http：//jckspj.customs.gov.cn/）"信息服务—业务信息—进口食品境外生产企业注册信息"栏目，或在网站（https：//ciferquery.singlewindow.cn/）查询。

3. 进境中药材指定存放、加工企业备案

海关总署对需要检疫审批的进境动物源性中药材指定存放、加工企业实施备案管理。办理指南见本书第十五章第十五节。

进境动物源性中药材存放、加工指定企业名单可在中国海关企业进出口信用信息公示平台（http：//credit.customs.gov.cn/）"特定资质行政相对人名录"栏目查询。

4. 进境动植物检疫审批

海关总署对进境中药材实施检疫审批。进境中药材需办理进境动植物检疫审批的（动物源性中药材、植物源性中药材），货主或者其代理人应当在签订贸易合同前，取得进境动植物检疫许可。办理指南见本书第十四章第二节、第三节。

（二）申报要求

1. 基本申报要求

货主或者其代理人应当在中药材进口前或者进口时向海关申报，申报时应当提供贸易合同、提单、装箱单、发票等，并随附以下文件：

（1）输出国家或者地区的官方检验检疫证书；

（2）原产地证明。

2. 其他申报要求

进口日本药用植物时，还应随附以下文件：

（1）日本官方出具的原产地证明；

（2）日本政府出具的放射性物质检测合格的证明。

3. 录入要求

（1）应当取进境动植物检疫许可的，在产品资质栏目，选取"325-进境动植物产品检疫许可"，并填写许可证编号等信息；

（2）在货物属性栏目，根据货物实际情况选择"14-预包装"或"15-非预包装"；

（3）在货物用途栏目，应选择"17-药用"。

（三）产品相关要求

1. 基本要求

进口中药材应符合《进口药材管理办法》的规定，由药品监督管理部门实施检验。

进境中药材应符合《中华人民共和国进出境动植物检疫法》及《中华人民共和国进出境动植物检疫法实施条例》的规定，由海关实施检疫。

2. 运输工具和集装箱要求

装运进境中药材的运输工具和集装箱应当符合安全卫生要求。需要实施防疫消毒处理的，应当在进境口岸海关的监督下实施防疫消毒处理。未经海关许可，不得将进境中药材卸离运输工具、集装箱或者运递。

3. 检疫监督要求

（1）进境中药材在取得检疫合格证明前，应当存放在海关认可的地点，未经海关许可，任何单位和个人不得擅自调离、销售、加工。

（2）需要进境检疫审批的进境中药材应当在检疫审批许可列明的指定企业中存放和加工。

（3）进境中药材经检疫合格，海关出具入境货物检验检疫证明后，方可销售、使用或者在指定企业存放、加工。

4. 企业要求

（1）境内货主或者其代理人应当建立中药材进境和销售、加工记录制度，做好相关记录并至少保存2年。同时应当配备中药材防疫安全管理人员，建立中药材防疫管理制度。

（2）进境中药材的货主或者其代理人应当建立疫情信息报告制度和应急处置方案。发现疫情信息应当及时向海关报告并积极配合海关进行疫情处置。

二、出口中药材

（一）资质要求

境外国家（地区）对中国输往该国家（地区）的出口中药材生产企业实施注册管理且要求海关总署推荐的，海关总署统一向该国家（地区）主管当局推荐。办理指南见本书第十五章第十八节。

（二）申报要求

1. 基本申报要求

出口中药材生产企业、出口商应当按照法律、行政法规和海关总署规定，向产地或者组货地海关提出出口申报前监管申请。申报时，需如实申报产品的预期用途，除合同、发票、装箱单外，还应提交以下材料：

（1）生产企业出具的出厂合格证明；

（2）产品符合进境国家或者地区动植物检疫要求的书面声明。

2. 录入要求

在货物用途栏目，应选择"17-药用"。

（三）产品相关要求

1. 基本要求

出境中药材应当符合中国政府与输入国家或者地区签订的检疫协议、议定书、备忘录等规定，以及进境国家或者地区的标准或者合同要求。

2. 企业要求

出境生产企业应当达到输入国家或者地区法律法规的相关要求，并符合中国有关法律法规规定。

出境生产企业应当建立完善的防疫体系和溯源管理制度。

出境生产企业应当建立原料、包装材料等进货采购记录、验收记录、生产加工记录、出厂检验记录、出入库记录等，详细记录出境中药材生产加工全过程的防疫管理和产品溯源情况。上述记录应当真实，保存期限不得少于 2 年。

出境生产企业应当配备检疫管理人员，明确防疫责任人。

出口中药材的货主或者其代理人和出境中药材生产企业应当建立疫情信息报告制度和应急处置方案。发现疫情信息应当及时向海关报告并积极配合海关进行疫情处置。

第十章

食品相关产品

第一节 进出口食品添加剂（营养强化剂）

食品添加剂是指为改善食品品质和色、香、味以及为防腐、保鲜和加工工艺的需要而加入食品中的人工合成或者天然物质，包括营养强化剂。

一、进口食品添加剂

（一）资质要求

进口食品添加剂无特定企业及产品资质要求。

（二）申报要求

1. 基本申报要求

货主或者其代理人应当在食品添加剂进口前或者进口时向海关申报，申报时应当提供贸易提单、装箱单、发票等，并随附以下文件：

（1）注明产品用途（食品加工用）的贸易合同，或者贸易合同中买卖双方出具的用途声明（食品加工用）；

（2）食品添加剂完整的成分说明。

2. 录入要求

（1）根据进口货物的实际情况在"货物用途"字段勾选对应的选项：用于食品添加剂（营养强化剂）的，应选择"21-食品添加剂"；用于动物饲料加工的，应选择"18-饲用"；仅用于工业用途的，应选择"26-仅工业用途"。

（2）属于危险化学品的食品添加剂（营养强化剂），应同时满足危险化学品的申报和录入要求。

（三）产品相关要求

1. 基本要求

《进出口食品添加剂检验检疫监督管理工作规范》第四条规定，进口食品添加剂应当符合下列条件之一：

（1）有食品安全国家标准的（现行有效的食品安全国家标准目录见本书附录2）；

（2）经国务院卫生行政管理部门批准、发布列入我国允许使用食品添加剂目录的；

（3）列入《食品添加剂使用卫生标准》（GB2760）、《食品营养强化剂使用卫生标准》（GB14880）的；

（4）列入《食品安全法实施前已有进口记录但尚无食品安全国家标准的食品添加剂目录》的。

除符合上列四项条件之一外，应当办理进境动植物检疫许可的，还应取得进境动植物检疫许可证。

进口食品添加剂（营养强化剂）属于危险化学品的，产品及其包装应同时符合对进口危险化学品及其包装对应的要求（详见第十三章第一节"进出口危险化学品"部分）。

进口食品添加剂外包装上须印明产品用途（用于食品加工）；商品编码涉及食品添加剂，但不作为人类食品添加剂使用的，产品外包装上须印明具体产品用途（用于动物饲料加工或仅用于工业用途），所印内容应与申报的用途一致。

2. 标签和说明书

进口食品添加剂（营养强化剂）应当按照要求随附合格证明材料；应当有中文标签；依法应当有说明书的，还应当有中文说明书。

标签、说明书应载明食品的原产地以及境内代理商的名称、地址、联系方式。

标签应当标明下列事项：

（1）名称、规格、净含量、生产日期；

（2）成分或者配料表；

（3）生产者的名称、地址、联系方式；

（4）保质期；

（5）产品标准代号；

（6）贮存条件；

（7）生产许可证编号；

（8）法律、法规或者食品安全标准规定应当标明的其他事项。

标签还应标明食品添加剂的使用范围、用量、使用方法，以及"食品添加剂"字样。

标签、说明书应当清楚、明显，生产日期、保质期等事项应当显著标注，容易辨识。不得含有虚假内容，不得涉及疾病预防、治疗功能。

二、出口食品添加剂

（一）资质要求

出口食品添加剂应当已按照《中华人民共和国食品安全法》的规定获得生产许可。

（二）申报要求

1. 基本申报要求

出口食品添加剂的生产企业、出口商应当按照法律、行政法规和海关总署规定，向产地或者组货地海关提出出口申报前监管申请，并提供以下材料：

（1）注明产品用途（食品加工用）的贸易合同，或者贸易合同中买卖双方出具的用途（食品加工用）声明；

（2）产品检验合格证明原件。检验合格证明中应列明检验依据的标准，包括标准的名称、编号。

2. 录入要求

（1）应根据货物的实际情况在"货物用途"字段勾选对应的选项：用于食品添加剂（营养强化剂）的，应选择"21-食品添加剂"；用于动物饲料加工的，应选择"18-饲用"；仅用于工业用途的，应选择"26-仅工业用途"。

（2）属于危险化学品的食品添加剂（营养强化剂），应同时满足危险化学品的申报和录入要求。

（三）产品相关要求

1. 基本要求

出口食品添加剂（营养强化剂）属于危险化学品的，产品及其包装应符合出口危险化学品及其包装对应的要求（详见第十三章第一节"进出口危险化学品"部分）。

出口食品添加剂外包装上须印明产品用途（用于食品加工）；商品编码涉及食品添加剂但不作为人类食品添加剂使用的，产品外包装上须印明具体产品用途（用于动物饲料加工或仅用于工业用途），所印内容应与申报的用途一致。

2. 技术要求

食品添加剂出口企业应当保证其出口的食品添加剂符合进口国家或者地区技术法规、标准及合同要求。进口国家或者地区无相关标准且合同未有要求的，应当保证出口食品添加剂符合中国食品安全国家标准；无食品安全国家标准的，应当符合食品安全地方标准；无食品安全国家标准和食品安全地方标准的，应当符合经省级卫生行政部门备案的企业标准。

3. 标签和说明书

出口食品添加剂应当有包装、标签、说明书。标签、说明书和包装是一个整体，不得分离。

说明书应置于食品添加剂的外包装内，并避免与添加剂直接接触。

标签应当直接标注在最小销售单元的包装上。出口食品添加剂标签应标明以下事项：

（1）名称（标准中的通用名称）、规格、净含量；

（2）生产日期（生产批次号）和保质期；

（3）成分（表）或配料（表）；

（4）产品标准代号；

（5）贮存条件；

（6）"食品添加剂"字样；

（7）进口国家或者地区对食品添加剂标签的其他要求。

4. 包装和运输要求

出口食品添加剂内外包装应符合相关食品质量安全要求，其承载工具需要进行适载检验的，应按规定进行适载检验（详见第十六章第三节"适载检验"部分），并经检验检疫合格。

第二节　进口食品接触产品

食品接触产品是指用于食品的包装材料和容器，指包装、盛放食品或者食品添加剂用的纸、竹、木、金属、搪瓷、陶瓷、塑料、橡胶、天然纤维、化学纤维、玻璃等制品和直接接触食品或者食品添加剂的涂料。

一、资质要求

进口食品接触产品无特定企业及产品资质要求。

二、申报要求

1. 基本申报要求

货主或者其代理人应当在食品接触产品进口前或者进口时向海关申报，申报时应当提供贸易合同、提单、装箱单、发票等，并随附进口食品接触产品符合性声明。

2. 录入要求

应根据货物的实际情况在"货物用途"字段勾选对应的选项：实际产品与食品接触的，应选择"19-食品包装材料""20-食品加工设备""23-食品容器"等；实际产品不与食品接触的，可选择"99-其他"。

三、产品相关要求

进口食品接触产品应符合 GB 4806 系列食品安全国家标准。其中，属于消毒餐（饮）具的，还适用于 GB 14934—2016《食品安全国家标准 消毒餐（饮）具》标准。

食品接触材料相关的国家强制性标准目录见本书附录 2。

第十一章 化妆品

化妆品，是指以涂擦、喷洒或者其他类似方法，施用于皮肤、毛发、指甲、口唇等人体表面，以清洁、保护、美化、修饰为目的的日用化学工业产品。

化妆品分为特殊化妆品和普通化妆品。用于染发、烫发、祛斑美白、防晒、防脱发的化妆品以及宣称新功效的化妆品为特殊化妆品；特殊化妆品以外的化妆品为普通化妆品。

化妆品成品包括销售包装化妆品成品和非销售包装化妆品成品。销售包装化妆品成品是指以销售为主要目的，已有销售包装，与内装物一起到达消费者手中的化妆品成品；非销售包装化妆品成品是指最后一道接触内容物的工序已经完成，但尚无销售包装的化妆品成品。

牙膏按照普通化妆品的规定进行管理；香皂不作为化妆品管理，但宣称具有特殊化妆品功效的香皂仍作为化妆品管理。

第一节 进口化妆品

一、资质要求

国家对化妆品实行注册和备案管理。特殊化妆品经国务院药品监督管理部门注册后方可进口。普通化妆品应当在进口前向国务院药品监督管理部门备案。

二、申报要求

（一）基本申报要求

货主或者其代理人应当在化妆品进口前或者进口时向海关申报，申报时应当提供贸易合同、提单、装箱单、发票等。

（二）其他申报要求

1. 首次进口的化妆品

首次进口的化妆品应当符合下列要求：

（1）国家没有实施卫生许可或者备案的化妆品，应提供产品安全性承诺，以及在生产国家（地区）允许生产、销售的证明文件或者原产地证明；

（2）销售包装化妆品成品，还应当提交中文标签样张和外文标签及翻译件；

（3）非销售包装的化妆品成品还应当提供包括产品的名称、数/重量、规格、产地、生产批号和限期使用日期（生产日期和保质期）、加施包装的目的地名称、加施包装的工厂名称、地址、联系方式。

2. 离境免税化妆品

首次进口的离境免税化妆品，应当提供供货人出具的产品质量安全符合我国相关规定的声明、国外官方或者有关机构颁发的自由销售证明或者原产地证明、产品安全性承诺、产品配方等。

3. 非贸易性化妆品

（1）化妆品卫生许可或者备案用样品、企业研发和宣传用的非试用样品，进口申报时应当由进口商或者其代理人提供样品的使用和处置情况说明及非销售使用承诺书。进口商应当如实记录化妆品流向，记录保存期限不得少于2年；

（2）进口非试用或者非销售用的展品，申报时应当提供展会主办（主管）单位出具的参展证明。

（三）录入要求

1. 在产品资质栏目，选择"526-进口（非）特殊用途化妆品行政许可批件"，并填写许可证编号等信息。

2. 在货物属性栏目，属于销售包装化妆品成品的，选择"14-预包装"；不属于销售包装化妆品成品的，选择"15-非预包装"；首次进口的化妆品产品还应选择"18-首次进出口"。

3. 在货物用途栏目，属于化妆品成品的，选择"27-化妆品"；属于化妆品原料的，选择"28-化妆品原料"。

三、产品相关要求

《化妆品监督管理条例》施行前已经注册的用于育发、脱毛、美乳、健美、除臭的化妆品，自2021年1月1日起设置5年的过渡期，过渡期内可以继续进口，过渡期满后不得进口。

进口商应当对拟进口的化妆品是否已经注册或者备案以及是否符合《化妆品监督管理条例》和强制性国家标准、技术规范进行审核；审核不合格的，不得进口。

进口化妆品应符合以下对应要求：

（一）原料要求

化妆品原料、直接接触化妆品的包装材料应当符合强制性国家标准、技术规范。不得使用超过使用期限、废弃、回收的化妆品或者化妆品原料生产化妆品。

化妆品原料分为新原料和已使用的原料。在我国境内首次使用于化妆品的天然或者人工原料为化妆品新原料。国家对风险程度较高的化妆品新原料实行注册管理，对其他化妆品新原料实行备案管理。进口化妆品的原料应当列入《已使用化妆品原料目录（2021年版）》（国家药品监督管理局公告2021年第62号）或为经注册、备案的化妆品新原料。

进口化妆品禁止使用《化妆品禁用原料目录》和《化妆品禁用植（动）物原料目录》（国家药品监督管理局公告2021年第74号）内的原料。

（二）标签要求

化妆品标签，是指产品销售包装上用以辨识说明产品基本信息、属性特征和安全警示等的文字、符号、数字、图案等标识，以及附有标识信息的包装容器、包装盒和说明书。

化妆品标签应符合以下要求：

1. 销售包装化妆品的最小销售单元应当有标签。标签应当符合相关法律、行政法规、强制性国家标准的规定，内容真实、完整、准确；

2. 进口销售包装化妆品可以直接使用中文标签，也可以加贴中文标签；加贴中文标签的，中文标签内容应当与原标签内容一致；

3. 销售包装化妆品标签应当标注下列内容：①产品名称、特殊化妆品注册证编号；②注册人、备案人、受托生产企业的名称、地址；③化妆品生产许可证编号；④产品执行的标准编号；⑤全成分；⑥净含量；⑦使用期限、使用方法以及必要的安全警示；⑧法律、行政法规和强制性国家标准规定应当标注的其他内容；

4. 销售包装化妆品标签禁止标注下列内容：①明示或者暗示具有医疗作用的内容；②虚假或者引人误解的内容；③违反社会公序良俗的内容；④法律、行政法规禁止标注的其他内容。

2022 年 5 月 1 日起，新注册备案的化妆品，其标签还应符合《化妆品标签管理办法》（国家药品监督管理局公告 2021 年第 77 号）的规定；此前申请注册或者进行备案的化妆品，必须在 2023 年 5 月 1 日前完成产品标签的更新。

离境免税化妆品可免于加贴中文标签，免于标签的符合性检验。

（三）技术要求

进口化妆品应符合《化妆品安全技术规范》（2015 版）（Safety and Technical Standards for Cosmetics）和强制性国家标准的要求。化妆品主要的产品标准如表 11-1 所示（使用时应注意相关标准是否已有更新版本）：

表 11-1　化妆品主要的产品标准

序号	标准号	标准名称	备注
1	GB 7916—1987	化妆品卫生标准	—
2	GB 7919—1987	化妆品安全性评价程序和方法	—
3	GB 5296.3—2008	消费品使用说明 化妆品通用标签	—
4	GB 23350—2009	限制商品过度包装要求 食品和化妆品	即将被替代
5	GB 23350—2021	限制商品过度包装要求 食品和化妆品	2023 年 9 月 1 日起实施

第二节　出口化妆品

一、资质要求

出口化妆品生产企业应当建立质量管理体系并持续有效运行；应当保证其出口化妆品符合进口国家（地区）标准或者合同要求。

二、申报要求

出口化妆品生产企业、出口商应当按照法律、行政法规和海关总署规定，向产地或者组货地海关提出出口申报前监管申请。

其中，首次出口的化妆品应当提供以下文件：

1. 自我声明。声明企业已经取得化妆品生产许可证，且化妆品符合进口国家（地区）相关法规和标准的要求，正常使用不会对人体健康产生危害等内容；

2. 销售包装化妆品成品应当提交外文标签样张和中文翻译件。

三、产品相关要求

出口的化妆品应当符合进口国（地区）的标准或者合同要求。

第三节　特殊贸易化妆品

一、来料加工产品

来料加工全部复出口的化妆品，来料进口时，能够提供符合拟复出口国家（地区）法规或者标准的证明性文件的，可免于按照我国标准进行检验；加工后的产品，按照进口国家（地区）的标准进行检验检疫。

二、样品

化妆品卫生许可或者备案用样品、企业研发和宣传用的非试用样品，进口申报时应当由收货人或者其代理人提供样品的使用和处置情况说明及非销售使用承诺书，入境口岸海关进行审核备案，数量在合理使用范围的，可免于检验。

三、展品

进口非试用或者非销售用的展品，检验检疫申报时应当提供展会主办（主管）单位出具的参展证明，可以免予检验。展览结束后，在海关监督下作退回或者销毁处理。

四、自用物品

外国及国际组织驻华官方机构进口自用化妆品，符合外国及国际组织驻华官方机构自用物品进境检验检疫相关规定的，免于检验。

第十二章 工业产品

第一节 进口强制性产品认证

为保护国家安全、防止欺诈行为、保护人体健康或者安全、保护动植物生命或者健康、保护环境，国家规定的相关产品必须经过认证，即"中国强制性产品认证"（China Compulsory Certification，CCC）。国家对必须经过认证的产品，统一产品目录，统一技术规范的强制性要求、标准和合格评定程序，统一标志。列入目录的产品，必须经过认证并标注认证标志后，方可出厂、销售、进口或者在其他经营活动中使用。

目前，实施强制性产品认证的产品目录由《市场监管总局关于优化强制性产品认证目录的公告》（国家市场监管总局公告 2020 年第 18 号）发布。该目录共涉及 17 个产品大类、103 种产品，具体类别及对应的实施规则详见表 12-1。

表 12-1 《强制性产品认证目录》及实施规则汇总表

产品大类	产品种类及代码	产品规则名称
一、电线电缆（3种）	1. 电线组件（0101）	CNCA-C02-01：2014 强制性产品认证实施规则 电路开关及保护或连接用电器装置（电器附件）
	2. 额定电压 450/750V 及以下橡皮绝缘电线电缆（0104）	CNCA-C01-01：2014 强制性产品认证实施规则 电线电缆产品
	3. 额定电压 450/750V 及以下聚氯乙烯绝缘电线电缆（0105）	
二、电路开关及保护或连接用电器装置（5种）	4. 插头插座（0201）	CNCA-C02-01：2014 强制性产品认证实施规则 电路开关及保护或连接用电器装置（电器附件）
	5. 家用和类似用途固定式电气装置的开关（0202）	
	6. 器具耦合器（0204）	
	7. 家用和类似用途固定式电气装置电器附件外壳（0206）	
	**8. 熔断体（0205、0207）	CNCA-00C-008：2019 强制性产品认证实施规则 自我声明

表12-1 续1

产品大类	产品种类及代码	产品规则名称
三、低压电器（2种）	**9. 低压成套开关设备（0301） **10. 低压元器件（0302、0303、0304、0305、0306、0307、0308、0309）	CNCA-00C-008：2019强制性产品认证实施规则 自我声明
四、小功率电动机（1种）	**11. 小功率电动机（0401）	CNCA-00C-008：2019强制性产品认证实施规则 自我声明
五、电动工具（3种）	*12. 电钻（0501） *13. 电动砂轮机（0503） *14. 电锤（0506）	CNCA-00C-008：2019强制性产品认证实施规则 自我声明
六、电焊机（4种）	*15. 直流弧焊机（0603） *16. TIG弧焊机（0604） *17. MIG/MAG弧焊机（0605） *18. 等离子弧切割机（0607）	CNCA-00C-008：2019强制性产品认证实施规则 自我声明
七、家用和类似用途设备（19种）	19. 家用电冰箱和食品冷冻箱（0701） 20. 电风扇（0702） 21. 空调器（0703）	CNCA-C07-01：2017强制性产品认证实施规则 家用和类似用途设备
	**22. 电动机—压缩机（0704）	CNCA-00C-008：2019强制性产品认证实施规则 自我声明
	23. 家用电动洗衣机（0705） 24. 电热水器（0706） 25. 室内加热器（0707） 26. 真空吸尘器（0708） 27. 皮肤和毛发护理器具（0709） 28. 电熨斗（0710） 29. 电磁灶（0711） 30. 电烤箱（便携式烤架、面包片烘烤器及类似烹调器具）（0712） 31. 电动食品加工器具［食品加工机（厨房机械）］（0713） 32. 微波炉（0714） 33. 电灶、灶台、烤炉和类似器具（驻立式电烤箱、固定式烤架及类似烹调器具）（0715） 34. 吸油烟机（0716） 35. 液体加热器和冷热饮水机（0717） 36. 电饭锅（0718） 37. 电热毯、电热垫及类似柔性发热器具（0719）	CNCA-C07-01：2017强制性产品认证实施规则 家用和类似用途设备

表12-1 续2

产品大类	产品种类及代码	产品规则名称
八、电子产品及安全附件（共计18种）	38. 总输出功率在500W（有效值）以下的单扬声器和多扬声器有源音箱（0801）	CNCA-C08-01：2014 强制性产品认证实施规则 音视频设备
	39. 音频功率放大器（0802）	
	40. 各类载体形式的音视频录制、播放及处理设备（包括各类光盘、磁带、硬盘等载体形式）（0805、0812）	
	41. 各种成像方式的彩色电视接收机、电视机顶盒（0808）	
	42. 电子琴（0813）	
	43. 微型计算机（0901）	CNCA-C09-01：2014 强制性产品认证实施规则 信息技术设备
	44. 便携式计算机（0902）	
	45. 与计算机连用的显示设备（0903）	
	46. 与计算机相连的打印设备（0904）	
	47. 多用途打印复印机（0905）	
	48. 扫描仪（0906）	
	49. 服务器（0911）	
	50. 传真机（1602）	CNCA-C16-01：2014 强制性产品认证实施规则 电信终端设备
	51. 无绳电话终端（1604）	
	52. 移动用户终端（1606）	
	53. 数据终端（1608）	
	54. 多媒体终端（1609）	
	55. 电源（0807、0907）	CNCA-C08-01：2014 强制性产品认证实施规则 音视频设备 CNCA-C09-01：2014 强制性产品认证实施规则 信息技术设备
九、照明电器（2种）	56. 灯具（1001）	CNCA-C10-01：2014 强制性产品认证实施规则 照明电器
	57. 镇流器（1002）	
十、车辆及安全附件（13种）	58. 汽车（1101）	CNCA-C11-01：2020 强制性产品认证实施规则 汽车
	59. 摩托车（1102）	CNCA-C11-02：2021 强制性产品认证实施规则 摩托车
	60. 电动自行车（1119）	CNCA-C11-16：2021 强制性产品认证实施规则 电动自行车
	61. 机动车辆轮胎（1201、1202）	CNCA-C12-01：2015 强制性产品认证实施规则 机动车辆轮胎
	62. 摩托车乘员头盔（1105）	CNCA-C11-15：2017 强制性产品认证实施规则 摩托车乘员头盔
	63. 汽车用制动器衬片（1120）	CNCA-C11-20：2020 强制性产品认证实施规则 汽车用制动器衬片
	**64. 汽车安全玻璃（1301）	CNCA-00C-008：2019 强制性产品认证实施规则 自我声明
	**65. 汽车安全带（1104）	
	**66. 机动车外部照明及光信号装置（1109、1116）	
	**67. 机动车辆间接视野装置（1110、1115）	
	**68. 汽车座椅及座椅头枕（1114）	
	**68. 汽车行驶记录仪（1117）	
	**70. 车身反光标识（1118）	

表12-1 续3

产品大类	产品种类及代码	产品规则名称
十一、农机产品（2种）	71. 植物保护机械（1401）	CNCA-C14-01：2014 强制性产品认证实施规则 农机产品
	72. 轮式拖拉机（1402）	
十二、消防产品（3种）	73. 火灾报警产品（1801）	CNCA-C18-01：2020 强制性产品认证实施规则 火灾报警产品
	74. 灭火器产品（1810）	CNCA-C18-02：2020 强制性产品认证实施规则 灭火器产品
	75. 避难逃生产品（1815）	CNCA-C18-03：2020 强制性产品认证实施规则 避难逃生产品
十三、安全防范产品（2种）	76. 入侵探测器（1901）	CNCA-C19-01：2014 强制性产品认证实施规则 防盗报警产品
	77. 防盗报警控制器（1902）	
十四、建材产品（3种）	78. 溶剂型木器涂料（2101）	CNCA-C21-01：2014 强制性产品认证实施规则 装饰装修产品
	79. 瓷质砖（2102）	
	80. 建筑安全玻璃（1302）	CNCA-C13-01：2014 强制性产品认证实施规则 安全玻璃
十五、儿童用品（3种）	81. 童车类产品（2201）	CNCA-C22-01：2020 强制性产品认证实施规则 童车类产品
	82. 玩具（2202）	CNCA-C22-02：2020 强制性产品认证实施规则 玩具
	83. 机动车儿童乘员用约束系统（2207）	CNCA-C22-03：2014 强制性产品认证实施规则 机动车儿童乘员用约束系统
十六、防爆电气（17种）	84. 防爆电机（2301）	CNCA-C23-01：2019 强制性产品认证实施规则 防爆电气
	85. 防爆电泵（2302）	
	86. 防爆配电装置类产品（2303）	
	87. 防爆开关、控制及保护产品（2304）	
	88. 防爆起动器类产品（2305）	
	89. 防爆变压器类产品（2306）	
	90. 防爆电动执行机构、电磁阀类产品（2307）	
	91. 防爆插接装置（2308）	
	92. 防爆监控产品（2309）	
	93. 防爆通讯、信号装置（2310）	
	94. 防爆空调、通风设备（2311）	
	95. 防爆电加热产品（2312）	
	96. 防爆附件、Ex 元件（2313）	
	97. 防爆仪器仪表类产品（2314）	
	98. 防爆传感器（2315）	
	99. 安全栅类产品（2316）	
	100. 防爆仪表箱类产品（2317）	

表12-1 续4

产品大类	产品种类及代码	产品规则名称
十七、家用燃气器具（3种）	101. 家用燃气灶具（2401）	CNCA-C24-01：2021 强制性产品认证实施规则 家用燃气器具
	102. 家用燃气快速热水器（2402）	
	103. 燃气采暖热水炉（2403）	

注：

* 所标记产品为实施自我声明程序 A（自选实验室型式试验+自我声明）的产品（7种）；

** 所标记产品为实施自我声明程序 B（指定实验室型式试验+自我声明）的产品（12种）。

产品是否在《强制性产品认证目录》内，应由生产者（或境外生产者及在中国境内合法注册的生产者授权代表，下同）自行判定。收货人或其代理人可参考"强制性产品认证目录产品与2020年商品编号对应参考表"（详见本节参考资料1）识别申报产品是否在强制性产品认证范围内，必要时应根据市场监管总局（认监委）发布的"《强制性产品认证目录》描述与界定表"（详见本节参考资料2），结合相关产品对应的适用标准判定。对于部分产品，在相关强制性产品认证技术专家组决议中给出了进一步的信息，本书收集整理了涉及具体产品有关 CCC 产品目录范围识别界定的部分决议（详见本节参考资料3），以方便查阅。认监委指定的 CCC 实施机构和实验室，也能在指定的业务范围内提供专业性服务。

经判定不在强制性产品认证目录内的产品，无以下资质要求，应按照"申报要求"中"不属于强制性产品认证范围的产品"的规定申报。

一、资质要求

（一）强制性产品认证证书（强制性认证产品符合性自我声明）

列入认证目录的产品，进口时应获得"中国国家强制性产品认证证书"（以下简称"强制性产品认证证书"）；其中，适用强制性产品认证自我声明评价方式的产品，在"自我声明符合性信息报送系统"生成"强制性认证产品符合性自我声明"后，视同获得强制性产品认证证书。办理指南见本书第十四章第十一节、十二节。

（二）无须办理 CCC 强制性认证（5种）

列入《强制性产品认证目录》的物品，符合以下5种情形之一的，入境时无须办理强制性产品认证。

1. 外国驻华使馆、领事馆或者国际组织驻华机构及其外交人员的自用物品。

国际组织指的是国际官方机构，如联合国（UN）、世界贸易组织（WTO）等，并不是指跨国公司或跨国公司组成的某种利益集团（如跨国公司组成的协会、标准组织等）。

2. 香港特别行政区、澳门特别行政区政府驻内地官方机构及其工作人员的自用物品。

3. 入境人员随身从境外带入境内的自用物品。

需"随身携带"和"自用物品"，这两个条件需同时具备，这并不包含在国外采购后在中国有关商店（如出国人员服务总公司）取货以及通过邮件邮寄入境的情况。入境人员在入境过程中通过飞机托运的自用物品，在提供有效证明材料（如入境签证和机票）后可适用本款，但数量应控制在合理范围。

对于自用汽车、摩托车，是指国家政策允许，在进口时减免关税的乘用车（M 类汽车），包括我国驻外使馆人员及留学人员期满回国时自境外携带入境的物品。企业和个人自境外以自用名义申请入境未获关税减免的汽车、摩托车不符合无须办理强制性产品认证条件，应获得 CCC 认证或免予认证特殊处理程序的要求。

4. 外国政府援助、赠送的物品。

这里指的是外国政府用物品对我国进行的援助和赠送时的情况，并不包括外国政府资金援助后我国用该资金购买的物品。

5. 其他依法无须办理强制性产品认证的情形。

（三）免予办理 CCC 强制性认证（6 种）

列入《强制性产品认证目录》的产品，符合以下 6 种情形之一的，经批准取得"免予办理强制性产品认证证明"后，可以进口，并按照申报用途使用。办理指南见本书第十四章第十三节。

1. 为科研、测试和认证检测所需的产品和样品。

科研，是指对该产品进行科学研究，以开发、生产出相关产品所需的产品，并不是指进行研究工作所需的科研器材；测试，是指对该产品进行测试以获得测试数据，或测试某一产品的部分性能所必须用到的该产品（如开发测试某一型号的打印机软件，需进口少量该型号打印机）；认证检测，是指 CCC 认证所进行型式试验的样品。

2. 直接为最终用户维修目的所需的零部件产品。

不适用于产品召回改进后复进关的情况。

3. 工厂生产线/成套生产线配套所需的设备/零部件（不含办公用品）。

4. 仅用于商业展示但不销售的产品。

5. 以整机全数出口为目的进口的零部件。

6. 其他因特殊用途免予办理强制性产品认证的情形。

（四）无须提供强制性认证文件（4 种）

对于列入《强制性产品认证目录》的进口产品，根据国家质检总局相关文件规定，符合以下 4 种情形之一的，可无须提供强制性产品认证文件直接办理申报手续。

1. ATA 单证册项下的商品。

2. 保税区内企业从境外进入保税区内的仓储物流货物以及自用的办公用品、出口加工所需原材料、零部件。

3. 境外企业申请 CCC 认证的送检样品。

4. 出口后退运入境的货物。国内生产的专供出口货物以一般贸易方式复进口时不适用本款。

二、申报要求

（一）基本申报要求

货主或者其代理人应当在强制性产品认证产品进口前或者进口时向海关申报，除贸易合同、提单、装箱单、发票等贸易凭证外，同时按要求提供进口许可制度规定的相关证明文件，并配合海关实施入境验证工作。

（二）录入要求

申报涉及强制性认证产品监管的产品（包括但不限于本书"进出口货物检验检疫要求查询表"部分检验检疫要求栏标识为"强制性产品认证"的产品）时，应准确填写产品资质和货物属性。具体要求如下：

1. 持有强制性产品认证证书或强制性认证产品符合性自我声明的产品。

货物属性字段选择"11-3C 目录内"；在产品资质栏目选取"411-强制性产品认证（CCC 认证）证书"，并填写许可证编号等信息。

2. 属于无须强制性认证范围的 5 种情形。

货物属性字段选择"13-无须办理 3C 认证"；根据实际情况上传相应的证明材料：

（1）外国驻华使馆、领事馆或者国际组织驻华机构及其外交人员的自用物品，提供外国驻华使馆、领事馆和国际组织驻华机构的正式公函或证明材料。

（2）香港特别行政区、澳门特别行政区政府驻内地官方机构及其工作人员的自用物品，提供香港特别行政区、澳门特别行政区政府驻内地官方机构的正式公函或证明材料。

（3）入境人员随身从境外带入境内的自用物品，视情况提供相关材料。

（4）外国政府援助、赠送的物品，提供县级以上政府机构的正式公函或证明材料，同时申明对援助、赠送的物品的安全、环保和卫生负责。

（5）其他依法无须办理强制性产品认证的情形，视情况提供相关材料。

3. 持有《免予办理强制性产品认证证明》。

货物属性字段选择"11-3C目录内"；在产品资质栏目选取"410-免予办理强制性产品认证证明"，并填写许可证编号等信息。

4. 属于无须提供强制性认证文件的4种情形。

货物属性字段选择"13-无须办理3C认证"，根据实际情况上传相应的证明材料。

（1）ATA单证册项下的商品，需提供ATA单证册。

（2）保税区内企业从境外进入保税区内的仓储物流货物以及自用的办公用品、出口加工所需原材料、零部件，可通过申报的监管方式确定，无材料要求。

（3）境外企业申请CCC认证的送检样品，提供CCC指定认证机构出具的送样通知书（含申请人、进口商、样品名称、商标、规格型号、数量等信息）。

（4）出口后退运入境的货物，提供该货物原出口证明文件，以及关于货物入境后处理方式及保证入境后不进入流通领域销售的声明。

5. 不属于强制性产品认证范围的产品。

"货物属性"字段选择"12-3C目录外"，并上传相应的证明材料。

三、强制性认证持证产品相关要求

列入《强制性产品认证目录》的产品，必须获得国家认证认可监督管理委员会指定的认证机构颁发的认证证书（或获得"强制性认证产品符合性自我声明"），并在认证有效期内，符合认证要求，方可使用CCC标志。

列入《强制性产品认证目录》的产品，必须经认证合格、加施CCC标志后，方可出厂、进口、销售和在经营活动中使用。

另外，申报品名如与强制性产品认证证书或强制性认证产品符合性自我声明所载的品名差异较大，建议预先准备必要的技术性说明材料。除品名外，实际进口货物的规格型号、制造商（含生产厂商名称和地址）等信息应与提供的文件相符。

（一）基本要求

在"《强制性产品认证目录》描述与界定表（2020年修订）"（见本节参考资料2）中，按照强制性认证产品种类列明了应实施强制性认证的产品适用范围以及适用的具体标准，相关企业应遵从。

根据强制性产品认证实施规则：工厂是产品质量的责任主体，其质量保证能力应持续符合认证要求，生产的产品应符合标准要求，并保证认证产品与型式试验样品一致。

持强制性产品认证证书或强制性认证产品符合性自我声明进口的产品，其产品（含包装、说明书、合格证明等）所标明的相关信息应与对应的认证证书或自我声明所载明的信息相符。

（二）认证标志

自2018年3月20日起，CCC标志不再标注S（安全产品）、EMC（电磁兼容）、S&E（安全与电磁兼容）、F（消防）、I（信息安全）等细分类别，原有CCC标志可根据模具更换周期及产品库存等情况自然过渡淘汰。

在境外生产并获得认证的产品必须在进口前加施CCC标志，获证企业需要标准规格CCC标志时，可向指定认证机构购买标准规格CCC标志。获证企业可以采用印刷、模压、模制、丝印、喷漆、蚀刻、雕刻、烙印、打戳等方式（以上各种方式以下简称印刷/模压）在产品或产品铭牌上加施认证标志。

1. CCC 标志的规格

CCC 标志分为标准规格 CCC 标志和非标准规格 CCC 标志。CCC 标志椭圆形长短轴外直径比例为 8∶6.3,具体图形比例如图 12-1 所示。

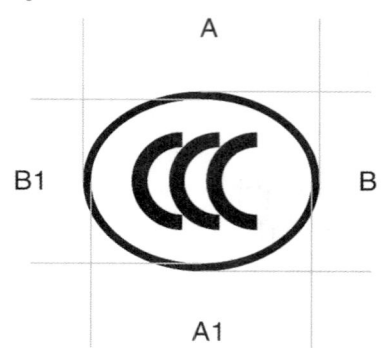

名称	A	A1	B	B1
比例值	8	7.5	6.3	5.8

图 12-1　CCC 标志图形比例

2. CCC 标志的颜色

统一印制的标准规格 CCC 标志的颜色为白色底版、黑色图案。如采用印刷/模压方式在产品或产品铭牌上加施 CCC 标志,其底版和图案颜色可根据产品外观或铭牌总体设计情况合理选用。

3. CCC 标志的加施位置

统一印制的标准规格 CCC 标志,必须加施在获得认证产品外体明显的位置上。印刷/模压 CCC 标志的,CCC 标志应当被印刷、模压在铭牌或产品外体的明显位置上。在相关获得认证产品的本体上不能加施 CCC 标志的,其 CCC 标志必须加施在产品的最小包装上及随附文件中。

获得认证的特殊产品不能按以上规定加施 CCC 标志的,必须在产品本体上印刷或者模压"中国强制认证"标志的特殊式样。

获得认证的产品可以在产品外包装上加施 CCC 标志。

4. 印刷/模压 CCC 标志的加施要求

(1) 印刷/模压 CCC 标志基本式样的加施要求。

CCC 标志可按照基本式样比例放大或者缩小,但不得变形,且确保认证标志图案清晰可识。

(2) 印刷/模压 CCC 标志特殊式样的加施要求。

以下产品允许获证企业加施特殊式样 CCC 标志:

①电线电缆产品。当使用特殊式样标志时,应印刷"中国强制性认证"英文缩写"CCC"字样,字号应与电线电缆产品外形尺寸相适应,如图 12-2 所示。

图 12-2　电线电缆产品外形尺寸

②机动车制动软管产品。当使用特殊式样标志时,制动软管管体应印刷"中国强制性认证"英文缩写"CCC"字样,如图 12-3 所示。

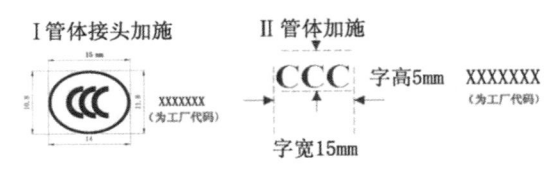

图 12-3 机动车制动软管产品外形尺寸

(三) 特定产品认证标志使用要求

部分产品的强制性产品认证实施规则中，对认证标志的使用提出了特定的要求，相关产品的具体要求如下：

1. 电线电缆

应在电线电缆的外表面印刷（模压或油墨）认证标志，电线电缆产品最外层为编织层的产品可以在编织层内的绝缘线芯的外表面印刷认证标志。

2. 汽车

获得认证证书的汽车，应在汽车前风窗玻璃右上角（按汽车前进方向）加贴规定的认证标志，挂车应在车辆的明显部位加贴规定的认证标志。应使用规格为 60mm 的认证标志。对于多阶段获证车辆，应保留各阶段认证标志。

每一辆获证车辆须在随车文件中附带车辆一致性证书（COC），以向消费者或有关部门明示认证产品信息。

3. 摩托车

获得认证证书的摩托车应在产品本体的适当位置或产品标牌上加施标准规格 CCC 标志或自行印刷/模压 CCC 标志。

每一辆获证摩托车须在随车文件中附带车辆一致性证书（COC），以向消费者或有关部门明示认证产品信息。

4. 摩托车乘员头盔

摩托车乘员头盔的 CCC 标识应采用印刷、模压的方式，认证标识应能永久保存，在不破坏头盔和认证产品的情况下清晰可见。根据产品和工艺特点，印刷、模压标志可在产品形成的各阶段完成。

CCC 认证标识下方应标注产品序列代号，代号结构为："工厂编号+生产日期+产品流水号"。必要时加施电子代码。

5. 电动自行车

获得认证证书的电动自行车应在产品本体的适当位置或产品标牌上加施标准规格 CCC 标志或自行印刷/模压 CCC 标志。

6. 汽车用制动器衬片

衬片的 CCC 标志应采用印刷/模压方式，加施在衬片的非工作面上。根据产品和工艺特点，印刷/模压标志可在产品形成的各阶段完成。

7. 机动车辆轮胎

认证标志及工厂代码应模压在胎侧上，对于区分内侧外侧的机动车辆轮胎，应至少模压在外侧。

8. 安全玻璃

与安全有关的汽车用玻璃及铁道车辆用玻璃，应采用模压法、丝网印刷、蚀刻法或喷砂等方法加施永久性标志，标志应清晰。

与安全有关的建筑用玻璃可以加施标准标志，也可以采用模压法、丝网印刷、蚀刻法或喷砂等方法加施永久性标志。对部分建筑玻璃本体上不宜使用永久性标志或标准标志时，应在其最小外包装上或随附文件（如合格证）中使用标志。

安全玻璃产品采用模压、丝网印刷、蚀刻或喷砂等自行印刷方式加施永久性标志时，应在标志的适当位置加注工厂代码。

9. 农机产品

对植物保护机械，采用统一印制的标准规格认证标志时，认证标志应加施在产品铭牌附近；采用模压或铭牌印刷时应按批准的位置加施认证标志。

对轮式拖拉机，采用统一印制的标准规格认证标志时，认证标志尺寸为 45mm；采用模压或铭牌印刷时应按批准的位置加施认证标志。

10. 装饰装修产品

对溶剂型木器涂料产品，当配套销售（多种组分在一个外包装中）时，应在最小销售包装上加施认证标志，包装内的主漆可一并加施认证标志；当非配套销售时，应将认证标志加施在主漆的最小销售包装上，同时应在主漆的使用说明书中明确施工时需使用的稀释剂和固化剂的名称、型号、生产者名称及施工配比。稀释剂、固化剂的最小销售包装上不能加施认证标志。在加施认证标志的位置下方应标注"适用于室内装饰装修"。

对瓷质砖产品，应将认证标志加施在最小销售包装上。在加施认证标志的位置下方应注明其放射性水平类别。

对混凝土防冻剂产品，应将认证标志加施在粉剂产品的最小销售包装或液剂产品的产品合格证上。在加施认证标志的位置下方应标注"具有室内使用功能"。

11. 机动车儿童乘员用约束系统

认证标志应能永久保存，在不破坏车辆和认证产品的情况下清晰可见。应采用非标准规格印刷/模压的强制性产品认证标志。根据产品和工艺特点，印刷/模压标志可在产品形成的各阶段完成。

四、其他涉及强制性认证管理的产品要求

（一）无须办理 CCC 强制性认证情形

无须办理强制性产品认证的，无须申请强制性产品认证证书，也不需加施中国强制性产品认证标志。

（二）免予办理 CCC 强制性认证情形

在《市场监管总局关于明确免予办理强制性产品认证工作要求的通知》（国市监认证函〔2019〕153 号）种，明确了免予办理 CCC 强制性认证的后续监管要求：

1. 为科研、测试和认证检测所需的产品和样品：（1）销毁处理的，申请人须保留销毁处理证明材料（如视频、照片等）；（2）退运的，申请人须留存出口报关单等证明材料。

2. 直接为最终用户维修目的所需的零部件产品：无须出口核销。

3. 工厂生产线/成套生产线配套所需的设备/零部件（不含办公用品）：无须出口核销。

4. 仅用于商业展示但不销售的产品：（1）销毁处理的，申请人须保留销毁处理证明材料（如视频、照片等）；（2）退运的，申请人须留存出口报关单等证明材料。

5. 以整机全数出口为目的进口的零部件：申请人须留存出口报关单等证明材料。

同时，实际进口货物的商品名称、商标、规格型号以及数量等情况应与提供的《免予办理强制性产品认证证明》所载内容相符。

（三）不再实施 CCC 强制性认证的产品

1. 企业采用印刷/模压方式标注 CCC 标志的，从不增加企业负担的目的出发，考虑到企业生产模具更换周期、产品和包装的库存等情况，企业可采用自然过渡的方式逐步在产品外体、包装等位置取消印刷/模压 CCC 标志图案。

2. 企业直接在产品上加贴标准规格 CCC 标志的，自认证证书失效之日起不得继续加贴标准规格 CCC 标志。

参考资料 1

《强制性产品认证目录》产品与 2020 年商品编号对应参考表[①]

商品编号	商品编号对应的商品名称	强制性产品认证目录产品种类及代码
3208901091	其他聚氨酯油漆清漆等，施工状态下挥发性有机物含量大于 420 克/升（溶于非水介质以聚胺酯类化合物为基本成分，含瓷漆大漆）	溶剂型木器涂料（2101）
3208901099	其他聚氨酯油漆清漆等；以聚氨酯类化合物为基本成分的本章注释四所述溶液（分散于或溶于非水介质以聚胺酯类化合物为基本成分，含瓷漆大漆）	溶剂型木器涂料（2101）
3208909010	分散于或溶于非水介质其他油漆、清漆溶液，施工状态下挥发性有机物含量大于 420 克/升（包括以聚合物为基本成分的漆，本章注释四所述溶液）	溶剂型木器涂料（2101）
3208909090	分散于或溶于非水介质其他油漆、清漆溶液；其他本章注释四所述溶液（包括以聚合物为基本成分的漆，本章注释四所述溶液）	溶剂型木器涂料（2101）
3210000091	其他油漆及清漆，皮革用水性颜料，施工状态下挥发性有机物含量大于 420 克/升（包括非聚合物为基料的瓷漆，大漆及水浆涂料）	溶剂型木器涂料（2101）
3210000099	其他油漆及清漆，皮革用水性颜料，施工状态下挥发性有机物含量不大于 420 克/升（包括非聚合物为基料的瓷漆，大漆及水浆涂料）	溶剂型木器涂料（2101）
4011100000	机动小客车用新的充气轮胎（橡胶轮胎，包括旅行小客车及赛车用）	轿车轮胎（1201） 载重汽车轮胎（1201）
4011200090	其他客或货车用新充气橡胶轮胎（指机动车辆用橡胶轮胎）	轿车轮胎（1201） 载重汽车轮胎（1201）
4011400000	摩托车用新的充气橡胶轮胎	摩托车轮胎（1202）
4011909090	其他新的充气橡胶轮胎（其他用途，新充气橡胶轮胎，非人字形胎面）	轿车轮胎（1201） 载重汽车轮胎（1201） 摩托车轮胎（1202）
6301100000	电暖毯	电热毯、电热垫及类似柔性发热器具（0719）
6506100090	其他安全帽（不论有无衬里或饰物）	摩托车乘员头盔（1105）
6904100000	陶瓷制建筑用砖	瓷质砖（2102）
6904900000	陶瓷制铺地砖、支撑或填充用砖（包括类似品）	瓷质砖（2102）
6905900000	其他建筑用陶瓷制品（包括烟囱罩通风帽、烟囱衬壁、建筑装饰物）	瓷质砖（2102）

---

① 本表根据国家市场监管总局、海关总署公告 2020 年第 21 号整理，所用商品编号为 2020 年版，如申报产品商品编号已修改，可结合商品编号对应的商品名称，判断适用的强制性产品认证目录产品种类。

续1

商品编号	商品编号对应的商品名称	强制性产品认证目录产品种类及代码
6907211000	不论是否矩形,其最大表面积以可置入边长小于7厘米的方格的贴面砖、铺面砖,包括炉面砖及墙面砖,但编号690730和690740所列商品除外(按重量计吸水率不超过0.5%)	瓷质砖(2102)
6907219000	其他贴面砖、铺面砖,包括炉面砖及墙面砖,但编号690730和690740所列商品除外(按重量计吸水率不超过0.5%)	瓷质砖(2102)
6907301000	不论是否矩形,其最大表面积以可置入边长小于7厘米的方格的镶嵌砖(马赛克)及其类似品,但编号690740的货品除外	瓷质砖(2102)
6907309000	其他镶嵌砖(马赛克)及其类似品,但编号690740的货品除外	瓷质砖(2102)
6907401000	不论是否矩形,其最大表面积以可置入边长小于7厘米的方格的饰面陶瓷	瓷质砖(2102)
6907409000	其他饰面陶瓷	瓷质砖(2102)
7007119000	车辆用钢化安全玻璃(规格及形状适于安装在车辆上的)	汽车安全玻璃(1301)
7007190000	其他钢化安全玻璃	建筑安全玻璃(1302)
7007219000	车辆用层压安全玻璃(规格及形状适于安装在车辆上的)	汽车安全玻璃(1301)
7007290000	其他层压安全玻璃	建筑安全玻璃(1302)
7008001000	中空或真空隔温、隔音玻璃组件	汽车安全玻璃(1301)
		建筑安全玻璃(1302)
7009100000	车辆后视镜(不论是否镶框)	汽车后视镜(1110)
		摩托车后视镜(1115)
7321110000	可使用气体燃料的家用炉灶	家用燃气灶具(2401)
8403101000	家用型热水锅炉	燃气采暖热水炉(2403)
8414301100	电动机额定功率≤0.4千瓦冷藏或冷冻箱用压缩机	电动机—压缩机(0704)
8414301200	其他电驱动冷藏或冷冻箱用压缩机(指0.4千瓦<电动机额定功率≤5千瓦)	电动机—压缩机(0704)
8414301300	0.4千瓦<电动机额定功率≤5千瓦的空调器用压缩机	电动机—压缩机(0704)
8414301900	电动机驱动其他用于制冷设备的压缩机	电动机—压缩机(0704)
8414511000	功率≤125瓦的吊扇(本身装有一个输出功率不超过125瓦的电动机)	电风扇(0702)
8414512000	其他功率≤125瓦的换气扇(装有一个输出功率≤125瓦电动机)	电风扇(0702)
8414513000	功率≤125瓦有旋转导风轮的风扇(本身装有一个输出功率不超过125瓦的电动机)	电风扇(0702)
8414519100	功率≤125瓦的台扇(本身装有一个输出功率不超过125瓦的电动机)	电风扇(0702)

续2

商品编号	商品编号对应的商品名称	强制性产品认证目录产品种类及代码
8414519200	功率≤125瓦的落地扇（本身装有一个输出功率不超过125瓦的电动机）	电风扇（0702）
8414519300	功率≤125瓦的壁扇（本身装有一个输出功率不超过125瓦的电动机）	电风扇（0702）
8414519900	其他功率≤125瓦其他风机、风扇（本身装有一个输出功率不超过125瓦的电动机）	电风扇（0702）
8414591000	其他吊扇（电动机输出功率超过125瓦的）	电风扇（0702）
8414592000	其他换气扇（电动机输出功率超过125瓦的）	电风扇（0702）
8414599091	其他台扇、落地扇、壁扇（电动机输出功率超过125瓦的）	电风扇（0702）
8414601000	抽油烟机（指罩的平面最大边长不超过120厘米，装有风扇的）	吸油烟机（0716）
8415101000	独立式空气调节器，窗式、壁式、置于天花板或地板上的（装有电扇及调温、调湿装置，包括不能单独调湿的空调器）	空调器（0703）
8415102100	制冷量≤4千大卡/时分体式空调，窗式、壁式、置于天花板或地板上的（装有电扇及调温、调湿装置，包括不能单独调湿的空调器）	空调器（0703）
8415102210	4000大卡/时<制冷量≤12046大卡/时（14000瓦）分体式空调，窗式、壁式、置于天花板或地板上的（装有电扇及调温、调湿装置，包括不能单独调湿的空调器）	空调器（0703）
8415102290	其他制冷量>12046大卡/时（14000瓦）分体式空调，窗式、壁式、置于天花板或地板上的（装有电扇及调温、调湿装置，包括不能单独调湿的空调器）	空调器（0703）
8415811000	制冷量≤4千大卡/时热泵式空调器（装有制冷装置及一个冷热循环换向阀的）	空调器（0703）
8415812001	4000大卡/时<制冷量≤12046大卡/时（14000瓦）热泵式空调器（装有制冷装置及一个冷热循环换向阀的）	空调器（0703）
8415812090	其他制冷量>12046大卡/时（14000瓦）热泵式空调器（装有制冷装置及一个冷热循环换向阀的）	空调器（0703）
8415821000	制冷量≤4000大卡/时的其他空调器（仅装有制冷装置，而无冷热循环装置的）	空调器（0703）
8415822001	4000大卡/时<制冷量≤12046大卡/时（14000瓦）的其他空调（仅装有制冷装置，而无冷热循环装置的）	空调器（0703）
8415822090	其他制冷量>12046大卡/时（14000瓦）的其他空调（仅装有制冷装置，而无冷热循环装置的）	空调器（0703）
8418101000	容积>500升冷藏-冷冻组合机	家用电冰箱和食品冷冻箱（0701）
8418102000	200升<容积≤500升冷藏冷冻组合机（各自装有单独外门的）	家用电冰箱和食品冷冻箱（0701）
8418103000	容积≤200升冷藏-冷冻组合机（各自装有单独外门的）	家用电冰箱和食品冷冻箱（0701）

续3

商品编号	商品编号对应的商品名称	强制性产品认证目录产品种类及代码
8418211000	容积>150升压缩式家用型冷藏箱	家用电冰箱和食品冷冻箱（0701）
8418212000	压缩式家用型冷藏箱（50升<容积≤150升）	家用电冰箱和食品冷冻箱（0701）
8418213000	容积≤50升压缩式家用型冷藏箱	家用电冰箱和食品冷冻箱（0701）
8418291000	半导体制冷式家用型冷藏箱	家用电冰箱和食品冷冻箱（0701）
8418292000	电气吸收式家用型冷藏箱	家用电冰箱和食品冷冻箱（0701）
8418299000	其他家用型冷藏箱	家用电冰箱和食品冷冻箱（0701）
8418301000	制冷温度≤-40摄氏度的柜式冷冻箱	家用电冰箱和食品冷冻箱（0701）
8418302100	制冷温度>-40摄氏度大的其他柜式冷冻箱	家用电冰箱和食品冷冻箱（0701）
8418302900	制冷温度>-40摄氏度小的其他柜式冷冻箱（小的指容积≤500升）	家用电冰箱和食品冷冻箱（0701）
8418401000	制冷温度≤-40摄氏度的立式冷冻箱	家用电冰箱和食品冷冻箱（0701）
8418402100	制冷温度>-40摄氏度大的立式冷冻箱	家用电冰箱和食品冷冻箱（0701）
8418402900	制冷温度>-40摄氏度小的立式冷冻箱（小的指容积≤500升）	家用电冰箱和食品冷冻箱（0701）
8418500000	装有冷藏或冷冻装置的其他设备，用于存储及展示（包括柜、箱、展示台、陈列箱及类似品）	家用电冰箱和食品冷冻箱（0701）
8419110000	非电热燃气快速热水器	家用燃气快速热水器（2402）
		燃气采暖热水炉（2403）
8419810000	加工热饮料，烹调、加热食品的机器	液体加热器和冷热饮水机（0717）
8421121000	干衣量不超过10千克的离心干衣机	家用电动洗衣机（0705）
8421191000	脱水机	家用电动洗衣机（0705）
8424100000	灭火器（不论是否装药）	灭火器（1810）
8424410000	农业或园艺用便携式喷雾器	植物保护机械（1401）
8424490000	农业或园艺用非便携式喷雾器	植物保护机械（1401）
8424820000	农业或园艺用其他喷射器具（喷雾器除外）	植物保护机械（1401）
8426411000	轮胎式起重机	汽车（1101）
8443311010	静电感光式多功能一体加密传真机（可与自动数据处理设备或网络连接）	多用途打印复印机（0905）
8443311090	其他静电感光式多功能一体机（可与自动数据处理设备或网络连接）	多用途打印复印机（0905）
8443319010	其他具有打印和复印两种功能的机器（可与自动数据处理设备或网络连接）	多用途打印复印机（0905）
8443319020	其他多功能一体加密传真机（兼有打印、复印中一种及以上功能的机器）	传真机（1602）

续4

商品编号	商品编号对应的商品名称	强制性产品认证目录产品种类及代码
8443319090	其他具有打印、复印或传真中两种及以上功能的机器（具有打印和复印两种功能的机器除外，可与自动数据处理设备或网络连接）	多用途打印复印机（0905） 传真机（1602）
8443321100	专用于品目8471所列设备的针式打印机（可与自动数据处理设备或网络连接）	与计算机相连的打印设备（0904）
8443321200	专用于品目8471所列设备的激光打印机（可与自动数据处理设备或网络连接）	与计算机相连的打印设备（0904）
8443321300	专用于品目8471所列设备的喷墨打印机（可与自动数据处理设备或网络连接）	与计算机相连的打印设备（0904）
8443321400	专用于品目8471所列设备的热敏打印机（可与自动数据处理设备或网络连接）	与计算机相连的打印设备（0904）
8443321900	专用于品目8471所列设备的其他打印机（可与自动数据处理设备或网络连接）	与计算机相连的打印设备（0904）
8443329010	其他加密传真机（可与自动数据处理设备或网络连接）	传真机（1602）
8443329090	其他印刷（打印）机、复印机、传真机和电传打字机（可与自动数据处理设备或网络连接）	与计算机相连的打印设备（0904）
8450111000	干衣量≤10千克全自动波轮式洗衣机	家用电动洗衣机（0705）
8450112000	干衣量≤10千克全自动滚筒式洗衣机	家用电动洗衣机（0705）
8450119000	其他干衣量≤10千克的全自动洗衣机	家用电动洗衣机（0705）
8450120000	装有离心甩干机的非全自动洗衣机（干衣量≤10千克）	家用电动洗衣机（0705）
8450190000	干衣量≤10千克的其他洗衣机	家用电动洗衣机（0705）
8456401000	等离子切割机	等离子弧切割机（0607）
8467210000	手提式电动钻	电钻（0501）
8467291000	手提式电动砂磨工具	电动砂轮机（0503）
8467299000	其他手提式电动工具	电锤（0506）
8470501000	销售点终端出纳机	微型计算机（0901）
8470509000	其他现金出纳机	微型计算机（0901）
8471301000	平板电脑（重量≤10千克，至少由一个中央处理器、键盘和显示器组成）	便携式计算机（0902）
8471309000	其他便携式自动数据处理设备（重量≤10千克，至少由一个中央处理器、键盘和显示器组成）	便携式计算机（0902）
8471412000	小型自动数据处理设备	微型计算机（0901）
8471414000	微型机	微型计算机（0901） 服务器（0911）

续5

商品编号	商品编号对应的商品名称	强制性产品认证目录产品种类及代码
8471419000	其他数据处理设备（同一机壳内至少有一个CPU和一个输入输出部件；包括组合式）	微型计算机（0901）
8471492000	以系统形式报验的小型计算机（计算机指自动数据处理设备）	微型计算机（0901）
8471494000	以系统形式报验的微型机	微型计算机（0901）
8471499900	以系统形式报验的其他计算机	微型计算机（0901）
8471504001	含显示器和主机的微型机（不论是否在同一机壳内有一或两个存储、输入或输出部件）	微型计算机（0901）
8471605000	自动数据处理设备的扫描器	扫描仪（0906）
8471900090	未列名的磁性或光学阅读器（包括将数据以代码形式转录的机器及处理这些数据的机器）	微型计算机（0901）
8472100000	胶版复印机、油印机	与计算机相连的打印设备（0904）
8472901000	自动柜员机	微型计算机（0901）
8479892000	空气增湿器及减湿器	空调器（0703）
8501200000	输出功率>37.5瓦的交直流两用电动机	小功率电动机（0401）
8501310000	其他输出功率≤750瓦的直流电动机、发电机	小功率电动机（0401）
8501320000	750瓦<输出功率≤75千瓦的直流电动机、发电机	小功率电动机（0401）
8501400000	单相交流电动机	小功率电动机（0401）
8501510090	其他输出功率≤750瓦多相交流电动机	小功率电动机（0401）
8501520000	750瓦<输出功率≤75千瓦的多相交流电动机	小功率电动机（0401）
8504101000	电子镇流器	镇流器（1002）
8504109000	其他放电灯或放电管用镇流器	镇流器（1002）
8504401300	品目8471所列机器用的稳压电源	计算机内置电源及电源适配器充电器（0907）
8504401400	功率<1000瓦直流稳压电源（稳压系数低于万分之一，品目8471所列机器用除外）	音视频设备配套的电源适配器（含充/放电器）（0807）
8504401990	其他稳压电源	音视频设备配套的电源适配器（含充/放电器）（0807）
		计算机内置电源及电源适配器充电器（0907）
8508110000	电动的真空吸尘器（功率不超过1500瓦，且带有容积不超过20升的集尘袋或其他集尘容器）	真空吸尘器（0708）
8508190000	其他电动的真空吸尘器	真空吸尘器（0708）
8509401000	水果或蔬菜的榨汁机	电动食品加工器具［食品加工机（厨房机械）］（0713）

续6

商品编号	商品编号对应的商品名称	强制性产品认证目录产品种类及代码
8509409000	食品研磨机、搅拌器	电动食品加工器具 [食品加工机（厨房机械）]（0713）
8509809000	其他家用电动器具	电动食品加工器具 [食品加工机（厨房机械）]（0713）
8512201000	机动车辆用照明装置	汽车灯具（1109）
		摩托车灯具（1116）
8512209000	其他照明或视觉信号装置（包括机动车辆用视觉装置）	车身反光标识（1118）
		避难逃生产品（1815）
8515312000	电弧（包括等离子弧）焊接机器人	直流弧焊机（0603）
		TIG 弧焊机（0604）
		MIG/MAG 弧焊机（0605）
8515319100	螺旋焊管机 [电弧（包括等离子弧）焊接式，全自动或半自动的]	直流弧焊机（0603）
		TIG 弧焊机（0604）
		MIG/MAG 弧焊机（0605）
8515319900	其他电弧（包括等离子弧）焊接机及装置（全自动或半自动的）	直流弧焊机（0603）
		TIG 弧焊机（0604）
		MIG/MAG 弧焊机（0605）
8515390000	其他电弧（等离子弧）焊接机器及装置（非全自动或半自动）	直流弧焊机（0603）
		TIG 弧焊机（0604）
		MIG/MAG 弧焊机（0605）
8515809090	其他焊接机器及装置	直流弧焊机（0603）
		TIG 弧焊机（0604）
		MIG/MAG 弧焊机（0605）
8516101000	储存式电热水器	电热水器（0706）
8516102000	即热式电热水器	电热水器（0706）
8516109000	其他电热水器	电热水器（0706）
8516292000	辐射式空间加热器	室内加热器（0707）
8516293100	风扇式对流空间加热器	室内加热器（0707）
8516293200	充液式对流空间加热器	室内加热器（0707）
8516293900	其他对流式空间加热器	室内加热器（0707）
8516299000	电气空间加热器	室内加热器（0707）
8516310000	电吹风机	皮肤和毛发护理器具（0709）
8516320000	其他电热理发器具	皮肤和毛发护理器具（0709）

续7

商品编号	商品编号对应的商品名称	强制性产品认证目录产品种类及代码
8516330000	电热干手器	皮肤和毛发护理器具（0709）
8516400000	电熨斗	电熨斗（0710）
8516500000	微波炉	微波炉（0714）
8516601000	电磁炉	电磁灶（0711）
8516603000	电饭锅	电饭锅（0718）
8516605000	电烤箱	电烤箱（便携式烤架、面包片烘烤器及类似烹调器具）（0712）
8516609000	其他电热炉（包括电热板、加热环、烧烤炉及烘烤器）	电烤箱（便携式烤架、面包片烘烤器及类似烹调器具）（0712）
		电灶、灶台、烤炉和类似器具（驻立式电烤箱、固定式烤架及类似烹调器具）（0715）
8516711000	滴液式咖啡机	液体加热器和冷热饮水机（0717）
8516712000	蒸馏渗滤式咖啡机	液体加热器和冷热饮水机（0717）
8516713000	泵压式咖啡机	液体加热器和冷热饮水机（0717）
8516719000	其他电热咖啡机和茶壶	液体加热器和冷热饮水机（0717）
8516721000	家用自动面包机	电烤箱（便携式烤架、面包片烘烤器及类似烹调器具）（0712）
8516722000	片式烤面包机（多士炉）	电烤箱（便携式烤架、面包片烘烤器及类似烹调器具）（0712）
8516729000	其他电热烤面包器	电烤箱（便携式烤架、面包片烘烤器及类似烹调器具）（0712）
8516791000	电热饮水机	液体加热器和冷热饮水机（0717）
8516799000	其他电热器具	电灶、灶台、烤炉和类似器具（驻立式电烤箱、固定式烤架及类似烹调器具）（0715）
8517110010	无绳加密电话机	无绳电话终端（1604）
8517110090	其他无绳电话机	无绳电话终端（1604）
8517121019	其他GSM数字式手持无线电话机	移动用户终端（1606）
8517121029	其他CDMA数字式手持无线电话机	移动用户终端（1606）
8517121090	其他手持式无线电话机（包括车载式无线电话机）	移动用户终端（1606）
8517129000	其他用于蜂窝网络或其他无线网络的电话机	移动用户终端（1606）
8517622100	光端机及脉冲编码调制设备（PCM）	数据终端（含卡）（1608）
8517622200	波分复用光传输设备	数据终端（含卡）（1608）
8517622910	光通讯加密路由器	数据终端（含卡）（1608）

续8

商品编号	商品编号对应的商品名称	强制性产品认证目录产品种类及代码
8517622990	其他光通讯设备	数据终端（含卡）（1608）
8517623100	非光通讯网络时钟同步设备	数据终端（含卡）（1608）
8517623210	非光通讯加密以太网络交换机	数据终端（含卡）（1608）
8517623290	其他非光通讯以太网络交换机	数据终端（含卡）（1608）
8517623500	集线器	数据终端（含卡）（1608）
8517623610	非光通讯加密路由器	数据终端（含卡）（1608）
8517623690	其他路由器	数据终端（含卡）（1608）
8517623790	其他有线网络接口卡	数据终端（含卡）（1608）
8517623990	其他有线数字通信设备	多媒体终端（1609）
8517629200	无线网络接口卡	移动用户终端（1606）
8517629300	无线接入固定台	移动用户终端（1606）
8517629900	其他接收、转换并发送或再生音像或其他数据用的设备	各类载体形式的音视频录制、播放及处理设备（包括各类光盘、磁带、硬盘、等载体形式）（0805、0812）
		多媒体终端（1609）
8517691099	其他无线通信设备	移动用户终端（1606）
8517699000	其他有线通信设备	数据终端（含卡））（1608）
		多媒体终端（1609）
8518210000	单喇叭音箱	总输出功率在500瓦（有效值）以下的单扬声器和多扬声器有源音箱（0801）
8518220000	多喇叭音箱	总输出功率在500瓦（有效值）以下的单扬声器和多扬声器有源音箱（0801）
8518400090	其他音频扩大器	音频功率放大器（0802）
8518500000	电气扩音机组	音频功率放大器（0802）
8519200010	以特定支付方式使其工作的激光唱机（用硬币、钞票、银行卡、代币或其他支付方式使其工作）	各类载体形式的音视频录制、播放及处理设备（包括各类光盘、磁带、硬盘、等载体形式）（0805、0812）
8519200090	其他以特定支付方式使其工作的声音录制或重放设备（用硬币、钞票、银行卡、代币或其他支付方式使其工作）	各类载体形式的音视频录制、播放及处理设备（包括各类光盘、磁带、硬盘、等载体形式）（0805、0812）

续9

商品编号	商品编号对应的商品名称	强制性产品认证目录产品种类及代码
8519811100	未装有声音录制装置的盒式磁带型声音重放装置（编辑节目用放声机除外）	各类载体形式的音视频录制、播放及处理设备（包括各类光盘、磁带、硬盘、等载体形式）（0805、0812）
8519811200	装有声音重放装置的盒式磁带型录音机	各类载体形式的音视频录制、播放及处理设备（包括各类光盘、磁带、硬盘、等载体形式）（0805、0812）
8519811900	其他使用磁性媒体的声音录制或重放设备	各类载体形式的音视频录制、播放及处理设备（包括各类光盘、磁带、硬盘、等载体形式）（0805、0812）
8519812100	激光唱机，未装有声音录制装置	各类载体形式的音视频录制、播放及处理设备（包括各类光盘、磁带、硬盘、等载体形式）（0805、0812）
8519812910	具有录音功能的激光唱机	各类载体形式的音视频录制、播放及处理设备（包括各类光盘、磁带、硬盘、等载体形式）（0805、0812）
8519812990	其他使用光学媒体的声音录制或重放设备	各类载体形式的音视频录制、播放及处理设备（包括各类光盘、磁带、硬盘、等载体形式）（0805、0812）
8519813100	装有声音重放装置的闪速存储器型声音录制设备	各类载体形式的音视频录制、播放及处理设备（包括各类光盘、磁带、硬盘、等载体形式）（0805、0812）
8519813900	其他使用半导体媒体的声音录制或重放设备	各类载体形式的音视频录制、播放及处理设备（包括各类光盘、磁带、硬盘、等载体形式）（0805、0812）
8519891000	不带录制装置的其他唱机，不论是否带有扬声器（使用磁性、光学或半导体媒体的除外）	各类载体形式的音视频录制、播放及处理设备（包括各类光盘、磁带、硬盘、等载体形式）（0805、0812）
8519899000	其他声音录制或重放设备（使用磁性、光学或半导体媒体的除外）	各类载体形式的音视频录制、播放及处理设备（包括各类光盘、磁带、硬盘、等载体形式）（0805、0812）

续10

商品编号	商品编号对应的商品名称	强制性产品认证目录产品种类及代码
8521101900	其他磁带型录像机（不论是否装有高频调谐放大器）	录像机（0812）
8521102000	磁带放像机（不论是否装有高频调谐放大器）	录像机（0812）
8521901110	具有录制功能的视频高密光盘（VCD）播放机（不论是否装有高频调谐放大器）	各类载体形式的音视频录制、播放及处理设备（包括各类光盘、磁带、硬盘、等载体形式）（0805、0812）
8521901190	其他视频高密光盘（VCD）播放机（不论是否装有高频调谐放大器）	各类载体形式的音视频录制、播放及处理设备（包括各类光盘、磁带、硬盘、等载体形式）（0805、0812）
8521901210	具有录制功能的数字化视频光盘（DVD）播放机（不论是否装有高频调谐放大器）	录像机（0812）
8521901290	其他数字化视频光盘（DVD）播放机（不论是否装有高频调谐放大器）	各类载体形式的音视频录制、播放及处理设备（包括各类光盘、磁带、硬盘、等载体形式）（0805、0812）
8521901910	具有录制功能的其他激光视盘播放机（不论是否装有高频调谐放大器）	各类载体形式的音视频录制、播放及处理设备（包括各类光盘、磁带、硬盘、等载体形式）（0805、0812）
8521901990	其他激光视盘播放机（不论是否装有高频调谐放大器）	各类载体形式的音视频录制、播放及处理设备（包括各类光盘、磁带、硬盘、等载体形式）（0805、0812）
8521909090	其他视频信号录制或重放设备（不论是否装有高频调谐放大器）	各类载体形式的音视频录制、播放及处理设备（包括各类光盘、磁带、硬盘、等载体形式）（0805、0812）
8525803990	非特种用途的其他类型视屏摄录一体机（非广播级、非多用途）	汽车行驶记录仪（1117）
8527910000	其他收录（放）音组合机	以上四种设备的组合
8528420000	可直接连接且设计用于品目8471的自动数据处理设备的阴极射线管监视器	与计算机连用的显示设备（0903）
8528521100	专用或主要用于品目8471商品的液晶监视器	与计算机连用的显示设备（0903）
8528521200	其他可直接连接且设计用于品目8471的自动数据处理设备的彩色液晶监视器	与计算机连用的显示设备（0903）
8528521900	其他可直接连接且设计用于品目8471的自动数据处理设备的单色液晶监视器	与计算机连用的显示设备（0903）
8528529100	专用或主要用于品目8471商品的其他彩色监视器	与计算机连用的显示设备（0903）

续11

商品编号	商品编号对应的商品名称	强制性产品认证目录产品种类及代码
8528529200	其他可直接连接且设计用于品目8471的自动数据处理设备的其他彩色监视器	与计算机连用的显示设备（0903）
8528529900	其他可直接连接且设计用于品目8471的自动数据处理设备的其他单色监视器	与计算机连用的显示设备（0903）
8528621010	专用或主要用于品目8471商品的彩色投影机	与计算机连用的显示设备（0903）
8528621090	其他专用或主要用于品目8471商品的投影机	与计算机连用的显示设备（0903）
8528622000	其他可直接连接且设计用于品目8471的自动数据处理设备的彩色投影机	与计算机连用的显示设备（0903）
8528629000	其他可直接连接且设计用于品目8471的自动数据处理设备的单色投影机	与计算机连用的显示设备（0903）
8528691000	其他彩色的投影机	各种成像方式的彩色电视接收机（0808）
		与计算机连用的显示设备（0903）
8528699000	其他单色的投影机	各种成像方式的彩色电视接收机（0808）
		与计算机连用的显示设备（0903）
8528711000	彩色的卫星电视接收机（在设计上不带有视频显示器或屏幕的）	各种成像方式的彩色电视接收机（0808）
8528718000	其他彩色的电视接收装置（在设计上不带有视频显示器或屏幕的）	各种成像方式的彩色电视接收机（0808）
8528721100	其他彩色的模拟电视接收机，带阴极射线显像管的	各种成像方式的彩色电视接收机（0808）
8528721200	其他彩色的数字电视接收机，阴极射线显像管的	各种成像方式的彩色电视接收机（0808）
8528721900	其他彩色的电视接收机，阴极射线显像管的	各种成像方式的彩色电视接收机（0808）
8528722100	彩色的液晶显示器的模拟电视接收机	各种成像方式的彩色电视接收机（0808）
8528722200	彩色的液晶显示器的数字电视接收机	各种成像方式的彩色电视接收机（0808）
8528722900	其他彩色的液晶显示器的电视接收机	各种成像方式的彩色电视接收机（0808）
8528723100	彩色的等离子显示器的模拟电视接收机	各种成像方式的彩色电视接收机（0808）
8528723200	彩色的等离子显示器的数字电视接收机	各种成像方式的彩色电视接收机（0808）
8528723900	其他彩色的等离子显示器的电视接收机	各种成像方式的彩色电视接收机（0808）

续12

商品编号	商品编号对应的商品名称	强制性产品认证目录产品种类及代码
8528729100	其他彩色的模拟电视接收机	各种成像方式的彩色电视接收机（0808）
8528729200	其他彩色的数字电视接收机	各种成像方式的彩色电视接收机（0808）
8528729900	其他彩色的电视接收机	各种成像方式的彩色电视接收机（0808）
8529901011	卫星电视接收用解码器	各种成像方式的彩色电视接收机（0808）
8531100000	防盗或防火报警器及类似装置	火灾报警产品（1801）
		入侵探测器（1901）
		防盗报警控制器（1902）
8535100000	电路熔断器（电压>1000伏）	熔断器（0308）
8535210000	电压<725000伏自动断路器（用于电压>1000伏的线路）	断路器（0307）
8535309000	其他隔离开关及断续开关（用于电压>1000伏的线路）	低压开关（隔离器、隔离开关、熔断器组合电器）（0302）
8535900090	其他电压>1000伏电路开关等电气装置	其他电路保护装置
8536100000	熔断器（电压≤1000伏）	热熔断体（0205）
		小型熔断器的管状熔断体（0207）
		熔断器（0308）
8536200000	电压≤1000伏自动断路器	断路器（0307）
8536300000	电压≤1000伏其他电路保护装置	漏电保护器
		其他电路保护装置
		其他装置
8536419000	36伏<电压≤60伏的继电器	漏电保护器
		其他电路保护装置
		继电器
8536490000	电压>60伏的继电器（用于电压≤1000伏的线路）	漏电保护器
		其他电路保护装置
		继电器
8536500000	电压≤1000伏的其他开关	家用和类似用途固定式电气装置的开关（0202）
		低压开关（隔离器、隔离开关、熔断器组合电器）（0302）
		其他开关
8536690000	电压≤1000伏的插头及插座	插头插座（家用和类似用途）（0201）

续13

商品编号	商品编号对应的商品名称	强制性产品认证目录 产品种类及代码
8536901900	其他36伏<电压≤1000伏的接插件	器具耦合器（家用和类似用途）（0204）
8536909000	其他电压≤1000伏电路连接器等电气装置	电线组件（0101） 器具耦合器（家用和类似用途）（0204）
8537109090	其他电力控制或分配的装置（电压不超过1000伏的线路）	低压成套开关设备（0301）
8538900000	品目8535、8536、8537装置的零件（专用于或主要用于）	家用和类似用途固定式电气装置电器附件外壳（0206）
8544422100	80伏<额定电压≤1000伏有接头电缆	电线组件（0101）
8544422900	80伏<额定电压≤1000伏有接头电导体	电线组件（0101）
8544492100	80伏<额定电压≤1000伏其他电缆	额定电压450/750V及以下聚氯乙烯绝缘电线电缆（0104） 额定电压450/750V及以下橡皮绝缘电线电缆（0105）
8547200000	塑料制绝缘零件	家用和类似用途固定式电气装置电器附件外壳（0206）
8547909000	其他材料制绝缘配件	家用和类似用途固定式电气装置电器附件外壳（0206）
8701200000	半挂车用的公路牵引车	汽车（1101）
8701911000	其他发动机功率不超过18千瓦的拖拉机	轮式拖拉机（1402）
8701919000	其他发动机功率不超过18千瓦的牵引车（不包括品目8709的牵引车）	汽车（1101）
8701921000	其他发动机功率超过18千瓦但不超过37千瓦的拖拉机	轮式拖拉机（1402）
8701929000	其他发动机功率超过18千瓦但不超过37千瓦的牵引车（不包括品目8709的牵引车）	汽车（1101）
8701939000	其他发动机功率超过37千瓦但不超过75千瓦的牵引车（不包括品目8709的牵引车）	汽车（1101）
8701949000	其他发动机功率超过75千瓦但不超过130千瓦的牵引车（不包括品目8709的牵引车）	汽车（1101）
8701959000	其他发动机功率超过130千瓦的牵引车（不包括品目8709的牵引车）	汽车（1101）
8702109100	30座及以上仅装有压燃式活塞内燃发动机（柴油或半柴油发动机）的大型客车	汽车（1101）
8702109210	20≤座≤23仅装有压燃式活塞内燃发动机（柴油或半柴油发动机）的客车	汽车（1101）
8702109290	24≤座≤29仅装有压燃式活塞内燃发动机（柴油或半柴油发动机）的客车	汽车（1101）

续14

商品编号	商品编号对应的商品名称	强制性产品认证目录产品种类及代码
8702109300	10≤座≤19 仅装有压燃式活塞内燃发动机（柴油或半柴油发动机）的客车	汽车（1101）
8702209100	30座及以上同时装有压燃式活塞内燃发动机（柴油或半柴油发动机）及驱动电动机的大型客车（指装有柴油或半柴油发动机的30座及以上的客运车）	汽车（1101）
8702209210	20≤座≤23 同时装有压燃式活塞内燃发动机（柴油或半柴油发动机）及驱动电动机的客车	汽车（1101）
8702209290	24≤座≤29 同时装有压燃式活塞内燃发动机（柴油或半柴油发动机）及驱动电动机的客车	汽车（1101）
8702209300	10≤座≤19 同时装有压燃式活塞内燃发动机（柴油或半柴油发动机）及驱动电动机的客车	汽车（1101）
8702301000	30座及以上同时装有点燃往复式活塞内燃发动机及驱动电动机的大型客车	汽车（1101）
8702302010	20≤座≤23 同时装有点燃往复式活塞内燃发动机及驱动电动机的客车	汽车（1101）
8702302090	24≤座≤29 同时装有点燃往复式活塞内燃发动机及驱动电动机的客车	汽车（1101）
8702303000	10≤座≤19 同时装有点燃往复式活塞内燃发动机及驱动电动机的客车	汽车（1101）
8702401000	30座及以上仅装有驱动电动机的大型客车	汽车（1101）
8702402010	20≤座≤23 仅装有驱动电动机的客车	汽车（1101）
8702402090	24≤座≤29 仅装有驱动电动机的客车	汽车（1101）
8702403000	10≤座≤19 仅装有驱动电动机的客车	汽车（1101）
8702901000	30座及以上大型客车（其他型）（指装有其他发动机的30座及以上的客运车）	汽车（1101）
8702902001	20≤座≤23 装有非压燃式活塞内燃发动机的客车	汽车（1101）
8702902090	24≤座≤29 装有非压燃式活塞内燃发动机的客车	汽车（1101）
8702903000	10≤座≤19 装有非压燃式活塞内燃发动机的客车	汽车（1101）
8703213010	仅装有排量≤1升的点燃往复式活塞内燃发动机的小轿车	汽车（1101）
8703214010	仅装有排量≤1升的点燃往复式活塞内燃发动机的越野车（4轮驱动）	汽车（1101）
8703215010	仅装有排量≤1升的点燃往复式活塞内燃发动机的小客车（9座及以下）	汽车（1101）
8703219010	仅装有排量≤1升的点燃往复式活塞内燃发动机的其他载人车辆	汽车（1101）
8703223010	仅装有1升<排量≤1.5升点燃往复式活塞内燃发动机小轿车	汽车（1101）
8703224010	仅装有1升<排量≤1.5升点燃往复活塞内燃发动机四轮驱动越野车	汽车（1101）

续15

商品编号	商品编号对应的商品名称	强制性产品认证目录产品种类及代码
8703225010	仅装有1升<排量≤1.5升点燃往复式活塞内燃发动机小客车（≤9座）	汽车（1101）
8703229010	仅装有1升<排量≤1.5升点燃往复式活塞内燃发动机其他载人车辆	汽车（1101）
8703234110	仅装有1.5升<排量≤2升的点燃往复式活塞内燃发动机小轿车	汽车（1101）
8703234210	仅装有1.5升<排量≤2升的点燃往复式活塞内燃发动机越野车（4轮驱动）	汽车（1101）
8703234310	仅装有1.5升<排量≤2升的点燃往复式活塞内燃发动机小客车（9座及以下的）	汽车（1101）
8703234910	仅装有1.5升<排量≤2升的点燃往复式活塞内燃发动机的其他载人车辆	汽车（1101）
8703235110	仅装有2升<排量≤2.5升的点燃往复式活塞内燃发动机小轿车	汽车（1101）
8703235210	仅装有2升<排量≤2.5升的点燃往复式活塞内燃发动机越野车（4轮驱动）	汽车（1101）
8703235310	仅装有2升<排量≤2.5升的点燃往复式活塞内燃发动机小客车（9座及以下的）	汽车（1101）
8703235910	仅装有2升<排量≤2.5升的点燃往复式活塞内燃发动机的其他载人车辆	汽车（1101）
8703236110	仅装有2.5升<排量≤3升的点燃往复式活塞内燃发动机小轿车	汽车（1101）
8703236210	仅装有2.5升<排量≤3升的点燃往复式活塞内燃发动机越野车（4轮驱动）	汽车（1101）
8703236310	仅装有2.5升<排量≤3升的点燃往复式活塞内燃发动机小客车（9座及以下的）	汽车（1101）
8703236910	仅装有2.5升<排量≤3升的点燃往复式活塞内燃发动机的其他载人车辆	汽车（1101）
8703241110	仅装有3升<排量≤4升的点燃往复式活塞内燃发动机小轿车	汽车（1101）
8703241210	仅装有3升<排量≤4升的点燃往复式活塞内燃发动机越野车（4轮驱动）	汽车（1101）
8703241310	仅装有3升<排量≤4升的点燃往复式活塞内燃发动机的小客车（9座及以下的）	汽车（1101）
8703241910	仅装有3升<排量≤4升的点燃往复式活塞内燃发动机的其他载人车辆	汽车（1101）
8703242110	仅装有排气量>4升的点燃往复式活塞内燃发动机小轿车	汽车（1101）
8703242210	仅装有排气量>4升的点燃往复式活塞内燃发动机越野车（4轮驱动）	汽车（1101）
8703242310	仅装有排气量>4升的点燃往复式活塞内燃发动机的小客车（9座及以下的）	汽车（1101）
8703242910	仅装有排气量>4升的点燃往复式活塞内燃发动机的其他载人车辆	汽车（1101）
8703311110	仅装有排气量≤1升的压燃式活塞内燃发动机小轿车	汽车（1101）

续16

商品编号	商品编号对应的商品名称	强制性产品认证目录产品种类及代码
8703311910	仅装有排气量≤1升的压燃式活塞内燃发动机的其他载人车辆	汽车（1101）
8703312110	仅装有1升<排气量≤1.5升的压燃式活塞内燃发动机小轿车	汽车（1101）
8703312210	仅装有1升<排气量≤1.5升的压燃式活塞内燃发动机越野车（4轮驱动）	汽车（1101）
8703312310	仅装有1升<排气量≤1.5升的压燃式活塞内燃发动机小客车（9座及以下的）	汽车（1101）
8703312910	仅装有1升<排气量≤1.5升的压燃式活塞内燃发动机的其他载人车辆	汽车（1101）
8703321110	仅装有1.5升<排量≤2升的压燃式活塞内燃发动机小轿车	汽车（1101）
8703321210	仅装有1.5升<排量≤2升的压燃式活塞内燃发动机越野车（4轮驱动）	汽车（1101）
8703321310	仅装有1.5升<排量≤2升的装压燃式活塞内燃发动机小客车（9座及以下的）	汽车（1101）
8703321910	仅装有1.5升<排量≤2升的压燃式活塞内燃发动机的其他载人车辆	汽车（1101）
8703322110	仅装有2升<排量≤2.5升的压燃式活塞内燃发动机小轿车	汽车（1101）
8703322210	仅装有2升<排量≤2.5升的燃式活塞内燃发动机越野车（4轮驱动）	汽车（1101）
8703322310	仅装有2升<排量≤2.5升的燃式活塞内燃发动机小客车（9座及以下的）	汽车（1101）
8703322910	仅装有2升<排量≤2.5升的压燃式活塞内燃发动机的其他载人车辆	汽车（1101）
8703331110	仅装有2.5升<排量≤3升的压燃式活塞内燃发动机小轿车	汽车（1101）
8703331210	仅装有2.5升<排量≤3升的压燃式活塞内燃发动机越野车（4轮驱动）	汽车（1101）
8703331310	仅装有2.5升<排量≤3升的压燃式活塞内燃发动机小客车（9座及以下的）	汽车（1101）
8703331910	仅装有2.5升<排量≤3升的压燃式活塞内燃发动机的其他载人车辆	汽车（1101）
8703332110	仅装有3升<排量≤4升的压燃式活塞内燃发动机小轿车	汽车（1101）
8703332210	仅装有3升<排量≤4升的压燃式活塞内燃发动机越野车（4轮驱动）	汽车（1101）
8703332310	仅装有3升<排量≤4升的压燃式活塞内燃发动机小客车（9座及以下的）	汽车（1101）
8703332910	仅装有3升<排量≤4升的压燃式活塞内燃发动机的其他载人车辆	汽车（1101）
8703336110	仅装有排量>4升的压燃式活塞内燃发动机小轿车	汽车（1101）
8703336210	仅装有排量>4升的压燃式活塞内燃发动机越野车（4轮驱动）	汽车（1101）
8703336310	仅装有排量>4升的压燃式活塞内燃发动机小客车（9座及以下的）	汽车（1101）
8703336910	仅装有排量>4升的压燃式活塞内燃发动机其他载人车辆	汽车（1101）
8703401110	同时装有点燃往复式活塞内燃发动机（排量≤1升）及驱动电动机的小轿车（可通过接插外部电源进行充电的除外）	汽车（1101）

续17

商品编号	商品编号对应的商品名称	强制性产品认证目录产品种类及代码
8703401210	同时装有点燃往复式活塞内燃发动机（排量≤1升）及驱动电动机的越野车（4轮驱动）（可通过接插外部电源进行充电的除外）	汽车（1101）
8703401310	同时装有点燃往复式活塞内燃发动机（排量≤1升）及驱动电动机的小客车（9座及以下，可通过接插外部电源进行充电的除外）	汽车（1101）
8703401910	同时装有点燃往复式活塞内燃发动机（排量≤1升）及驱动电动机的其他载人车辆（可通过接插外部电源进行充电的除外）	汽车（1101）
8703402110	同时装有点燃往复式活塞内燃发动机（1升＜排量≤1.5升）及驱动电动机的小轿车（可通过接插外部电源进行充电的除外）	汽车（1101）
8703402210	同时装有点燃往复式活塞内燃发动机（1升＜排量≤1.5升）及驱动电动机的四轮驱动越野车（可通过接插外部电源进行充电的除外）	汽车（1101）
8703402310	同时装有点燃往复式活塞内燃发动机（1升＜排量≤1.5升）及驱动电动机的小客车（9座及以下，可通过接插外部电源进行充电的除外）	汽车（1101）
8703402910	同时装有点燃往复式活塞内燃发动机（1升＜排量≤1.5升）及驱动电动机的其他载人车辆（可通过接插外部电源进行充电的除外）	汽车（1101）
8703403110	同时装有点燃往复式活塞内燃发动机（1.5升＜排量≤2升）及驱动电动机的小轿车（可通过接插外部电源进行充电的除外）	汽车（1101）
8703403210	同时装有点燃往复式活塞内燃发动机（1.5升＜排量≤2升）及驱动电动机的四轮驱动越野车（可通过接插外部电源进行充电的除外）	汽车（1101）
8703403310	同时装有点燃往复式活塞内燃发动机（1.5升＜排量≤2升）及驱动电动机的小客车（9座及以下，可通过接插外部电源进行充电的除外）	汽车（1101）
8703403910	同时装有点燃往复式活塞内燃发动机（1.5升＜排量≤2升）及驱动电动机的其他载人车辆（可通过接插外部电源进行充电的除外）	汽车（1101）
8703404110	同时装有点燃往复式活塞内燃发动机（2升＜排量≤2.5升）及驱动电动机的小轿车（可通过接插外部电源进行充电的除外）	汽车（1101）
8703404210	同时装有点燃往复式活塞内燃发动机（2升＜排量≤2.5升）及驱动电动机的四轮驱动越野车（可通过接插外部电源进行充电的除外）	汽车（1101）
8703404310	同时装有点燃往复式活塞内燃发动机（2升＜排量≤2.5升）及驱动电动机的小客车（9座及以下，可通过接插外部电源进行充电的除外）	汽车（1101）
8703404910	同时装有点燃往复式活塞内燃发动机（2升＜排量≤2.5升）及驱动电动机的其他载人车辆（可通过接插外部电源进行充电的除外）	汽车（1101）
8703405110	同时装有点燃往复式活塞内燃发动机（2.5升＜排量≤3升）及驱动电动机的小轿车（可通过接插外部电源进行充电的除外）	汽车（1101）
8703405210	同时装有点燃往复式活塞内燃发动机（2.5升＜排量≤3升）及驱动电动机的四轮驱动越野车（可通过接插外部电源进行充电的除外）	汽车（1101）

续18

商品编号	商品编号对应的商品名称	强制性产品认证目录产品种类及代码
8703405310	同时装有点燃往复式活塞内燃发动机（2.5升<排量≤3升）及驱动电动机的小客车（9座及以下，可通过接插外部电源进行充电的除外）	汽车（1101）
8703405910	同时装有点燃往复式活塞内燃发动机（2.5升<排量≤3升）及驱动电动机的其他载人车辆（可通过接插外部电源进行充电的除外）	汽车（1101）
8703406110	同时装有点燃往复式活塞内燃发动机（3升<排量≤4升）及驱动电动机的小轿车（可通过接插外部电源进行充电的除外）	汽车（1101）
8703406210	同时装有点燃往复式活塞内燃发动机（3升<排量≤4升）及驱动电动机的四轮驱动越野车（可通过接插外部电源进行充电的除外）	汽车（1101）
8703406310	同时装有点燃往复式活塞内燃发动机（3升<排量≤4升）及驱动电动机的小客车（9座及以下，可通过接插外部电源进行充电的除外）	汽车（1101）
8703406910	同时装有点燃往复式活塞内燃发动机（3升<排量≤4升）及驱动电动机的其他载人车辆（可通过接插外部电源进行充电的除外）	汽车（1101）
8703407110	同时装有点燃往复式活塞内燃发动机（排量>4升）及驱动电动机的小轿车（可通过接插外部电源进行充电的除外）	汽车（1101）
8703407210	同时装有点燃往复式活塞内燃发动机（排量>4升）及驱动电动机的四轮驱动越野车（可通过接插外部电源进行充电的除外）	汽车（1101）
8703407310	同时装有点燃往复式活塞内燃发动机（排量>4升）及驱动电动机的小客车（9座及以下，可通过接插外部电源进行充电的除外）	汽车（1101）
8703407910	同时装有点燃往复式活塞内燃发动机（排量>4升）及驱动电动机的其他载人车辆（可通过接插外部电源进行充电的除外）	汽车（1101）
8703409010	其他同时装有点燃往复式活塞内燃发动机及驱动电动机的载人车辆（可通过接插外部电源进行充电的除外）	汽车（1101）
8703501110	同时装有压燃式活塞内燃发动机（柴油或半柴油发动机，排量≤1升)及驱动电动机的小轿车（可通过接插外部电源进行充电的除外）	汽车（1101）
8703501910	同时装有压燃式活塞内燃发动机（柴油或半柴油发动机，排量≤1升)及驱动电动机的其他载人车辆（可通过接插外部电源进行充电的除外）	汽车（1101）
8703502110	同时装有压燃式活塞内燃发动机（柴油或半柴油发动机，1升<排量≤1.5升）及驱动电动机的小轿车（可通过接插外部电源进行充电的除外）	汽车（1101）
8703502210	同时装有压燃式活塞内燃发动机（柴油或半柴油发动机，1升<排量≤1.5升）及驱动电动机的四轮驱动越野车（可通过接插外部电源进行充电的除外）	汽车（1101）
8703502310	同时装有压燃式活塞内燃发动机（柴油或半柴油发动机，1升<排量≤1.5升）及驱动电动机的小客车（9座及以下，可通过接插外部电源进行充电的除外）	汽车（1101）

续19

商品编号	商品编号对应的商品名称	强制性产品认证目录产品种类及代码
8703502910	同时装有压燃式活塞内燃发动机（柴油或半柴油发动机，1升<排量≤1.5升）及驱动电动机的其他载人车辆（可通过接插外部电源进行充电的除外）	汽车（1101）
8703503110	同时装有压燃式活塞内燃发动机（柴油或半柴油发动机，1.5升<排量≤2升）及驱动电动机的小轿车（可通过接插外部电源进行充电的除外）	汽车（1101）
8703503210	同时装有压燃式活塞内燃发动机（柴油或半柴油发动机，1.5升<排量≤2升）及驱动电动机的四轮驱动越野车（可通过接插外部电源进行充电的除外）	汽车（1101）
8703503310	同时装有压燃式活塞内燃发动机（柴油或半柴油发动机，1.5升<排量≤2升）及驱动电动机的小客车（9座及以下，可通过接插外部电源进行充电的除外）	汽车（1101）
8703503910	同时装有压燃式活塞内燃发动机（柴油或半柴油发动机，1.5升<排量≤2升）及驱动电动机的其他载人车辆（可通过接插外部电源进行充电的除外）	汽车（1101）
8703504110	同时装有压燃式活塞内燃发动机（柴油或半柴油发动机，2升<排量≤2.5升）及驱动电动机的小轿车（可通过接插外部电源进行充电的除外）	汽车（1101）
8703504210	同时装有压燃式活塞内燃发动机（柴油或半柴油发动机，2升<排量≤2.5升）及驱动电动机的四轮驱动越野车（可通过接插外部电源进行充电的除外）	汽车（1101）
8703504310	同时装有压燃式活塞内燃发动机（柴油或半柴油发动机，2升<排量≤2.5升）及驱动电动机的小客车（9座及以下，可通过接插外部电源进行充电的除外）	汽车（1101）
8703504910	同时装有压燃式活塞内燃发动机（柴油或半柴油发动机，2升<排量≤2.5升）及驱动电动机的其他载人车辆（可通过接插外部电源进行充电的除外）	汽车（1101）
8703505110	同时装有压燃式活塞内燃发动机（柴油或半柴油发动机，2.5升<排量≤3升）及驱动电动机的小轿车（可通过接插外部电源进行充电的除外）	汽车（1101）
8703505210	同时装有压燃式活塞内燃发动机（柴油或半柴油发动机，2.5升<排量≤3升）及驱动电动机的四轮驱动越野车（可通过接插外部电源进行充电的除外）	汽车（1101）
8703505310	同时装有压燃式活塞内燃发动机（柴油或半柴油发动机，2.5升<排量≤3升）及驱动电动机的小客车（9座及以下，可通过接插外部电源进行充电的除外）	汽车（1101）
8703505910	同时装有压燃式活塞内燃发动机（柴油或半柴油发动机，2.5升<排量≤3升）及驱动电动机的其他载人车辆（可通过接插外部电源进行充电的除外）	汽车（1101）

续20

商品编号	商品编号对应的商品名称	强制性产品认证目录产品种类及代码
8703506110	同时装有压燃式活塞内燃发动机（柴油或半柴油发动机，3升<排量≤4升）及驱动电动机的小轿车（可通过接插外部电源进行充电的除外）	汽车（1101）
8703506210	同时装有压燃式活塞内燃发动机（柴油或半柴油发动机，3升<排量≤4升）及驱动电动机的四轮驱动越野车（可通过接插外部电源进行充电的除外）	汽车（1101）
8703506310	同时装有压燃式活塞内燃发动机（柴油或半柴油发动机，3升<排量≤4升）及驱动电动机的小客车（9座及以下，可通过接插外部电源进行充电的除外）	汽车（1101）
8703506910	同时装有压燃式活塞内燃发动机（柴油或半柴油发动机，3升<排量≤4升）及驱动电动机的其他载人车辆（可通过接插外部电源进行充电的除外）	汽车（1101）
8703507110	同时装有压燃式活塞内燃发动机（柴油或半柴油发动机，排量>4升）及驱动电动机的小轿车（可通过接插外部电源进行充电的除外）	汽车（1101）
8703507210	同时装有压燃式活塞内燃发动机（柴油或半柴油发动机，排量>4升）及驱动电动机的四轮驱动越野车（可通过接插外部电源进行充电的除外）	汽车（1101）
8703507310	同时装有压燃式活塞内燃发动机（柴油或半柴油发动机，排量>4升）及驱动电动机的小客车（9座及以下，可通过接插外部电源进行充电的除外）	汽车（1101）
8703507910	同时装有压燃式活塞内燃发动机（柴油或半柴油发动机，排量>4升）及驱动电动机的其他载人车辆（可通过接插外部电源进行充电的除外）	汽车（1101）
8703509010	其他同时装有压燃式活塞内燃发动机（柴油或半柴油发动机）及驱动电动机的载人车辆（可通过接插外部电源进行充电的除外）	汽车（1101）
8703600000	同时装有点燃往复式活塞内燃发动机及驱动电动机、可通过接插外部电源进行充电的其他载人车辆	汽车（1101）
8703700000	同时装有压燃活塞内燃发动机（柴油或半柴油发动机）及驱动电动机、可通过接插外部电源进行充电的其他载人车辆	汽车（1101）
8703800090	仅装有驱动电动机的其他载人车辆	汽车（1101）
8703900021	其他型排气量≤1升的其他载人车辆	汽车（1101）
8703900022	其他型1升<排气量≤1.5升的其他载人车辆	汽车（1101）
8703900023	其他型1.5升<排气量≤2升的其他载人车辆	汽车（1101）
8703900024	其他型2升<排气量≤2.5升的其他载人车辆	汽车（1101）
8703900025	其他型2.5升<排气量≤3升的其他载人车辆	汽车（1101）
8703900026	其他型3升<排气量≤4升的其他载人车辆	汽车（1101）
8703900027	其他型排气量>4升的其他载人车辆	汽车（1101）
8703900029	其他无法区分排气量的载人车辆	汽车（1101）

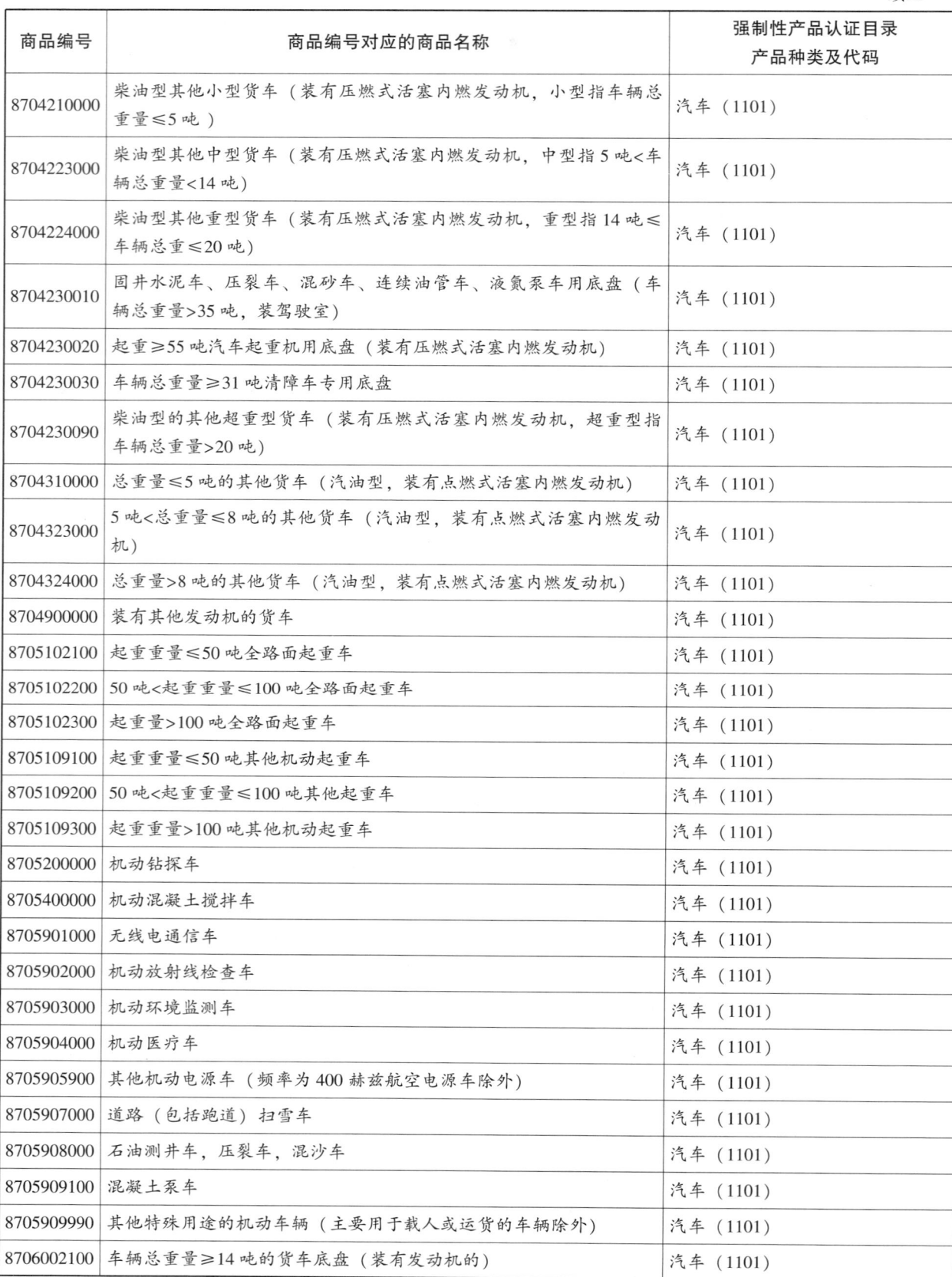

商品编号	商品编号对应的商品名称	强制性产品认证目录产品种类及代码
8704210000	柴油型其他小型货车（装有压燃式活塞内燃发动机，小型指车辆总重量≤5吨）	汽车（1101）
8704223000	柴油型其他中型货车（装有压燃式活塞内燃发动机，中型指5吨<车辆总重量<14吨）	汽车（1101）
8704224000	柴油型其他重型货车（装有压燃式活塞内燃发动机，重型指14吨≤车辆总重≤20吨）	汽车（1101）
8704230010	固井水泥车、压裂车、混砂车、连续油管车、液氮泵车用底盘（车辆总重量>35吨，装驾驶室）	汽车（1101）
8704230020	起重≥55吨汽车起重机用底盘（装有压燃式活塞内燃发动机）	汽车（1101）
8704230030	车辆总重量≥31吨清障车专用底盘	汽车（1101）
8704230090	柴油型的其他超重型货车（装有压燃式活塞内燃发动机，超重型指车辆总重量>20吨）	汽车（1101）
8704310000	总重量≤5吨的其他货车（汽油型，装有点燃式活塞内燃发动机）	汽车（1101）
8704323000	5吨<总重量≤8吨的其他货车（汽油型，装有点燃式活塞内燃发动机）	汽车（1101）
8704324000	总重量>8吨的其他货车（汽油型，装有点燃式活塞内燃发动机）	汽车（1101）
8704900000	装有其他发动机的货车	汽车（1101）
8705102100	起重重量≤50吨全路面起重车	汽车（1101）
8705102200	50吨<起重重量≤100吨全路面起重车	汽车（1101）
8705102300	起重量>100吨全路面起重车	汽车（1101）
8705109100	起重重量≤50吨其他机动起重车	汽车（1101）
8705109200	50吨<起重重量≤100吨其他起重车	汽车（1101）
8705109300	起重重量>100吨其他机动起重车	汽车（1101）
8705200000	机动钻探车	汽车（1101）
8705400000	机动混凝土搅拌车	汽车（1101）
8705901000	无线电通信车	汽车（1101）
8705902000	机动放射线检查车	汽车（1101）
8705903000	机动环境监测车	汽车（1101）
8705904000	机动医疗车	汽车（1101）
8705905900	其他机动电源车（频率为400赫兹航空电源车除外）	汽车（1101）
8705907000	道路（包括跑道）扫雪车	汽车（1101）
8705908000	石油测井车，压裂车，混沙车	汽车（1101）
8705909100	混凝土泵车	汽车（1101）
8705909990	其他特殊用途的机动车辆（主要用于载人或运货的车辆除外）	汽车（1101）
8706002100	车辆总重量≥14吨的货车底盘（装有发动机的）	汽车（1101）

续22

商品编号	商品编号对应的商品名称	强制性产品认证目录产品种类及代码
8706002200	车辆总重量<14吨的货车底盘（装有发动机的）	汽车（1101）
8706004000	汽车起重机底盘（装有发动机的）	汽车（1101）
8706009000	其他机动车辆底盘（装有发动机的，品目8701、8703和8705所列车辆用）	汽车（1101）
8708210000	座椅安全带（品目8701至8705的车辆用）	汽车安全带（1104） 机动车儿童乘员用约束系统（2207）
8708294100	汽车电动天窗	汽车安全玻璃（1301）
8708294200	汽车手动天窗	汽车安全玻璃（1301）
8708301000	装在蹄片上的制动摩擦片	汽车用制动器衬片（1120）
8708309100	牵引车、拖拉机用制动器及其零件（包括助力制动器及其零件）	汽车用制动器衬片（1120）
8708309200	大型客车用制动器及其零件（包括助力制动器及其零件）	汽车用制动器衬片（1120）
8708309400	柴、汽油轻型货车用制动器及零件（指编号87042100、87042230、87043100、87043230所列总重量≤14吨车辆用）	汽车用制动器衬片（1120）
8708309500	柴、汽油型重型货车用制动器及其零件（指编号87042240、87042300及87043240所列车辆用）	汽车用制动器衬片（1120）
8708309600	特种车用制动器及其零件（指品目8705所列车辆用，包括助动器及零件）	汽车用制动器衬片（1120）
8708309990	其他机动车辆用制动器（包括助力制动器）的零件	汽车用制动器衬片（1120）
8708995900	总重≥14吨柴油货车用其他零部件（指编号87042240、87042300、87043240所列车辆用，含总重>8吨汽油货车）	汽车座椅及座椅头枕（1114）
8711100010	微马力摩托车及脚踏两用车（装有往复式活塞发动机，微马力指排气量=50毫升）	摩托车（1102）
8711100090	微马力摩托车及脚踏两用车（装有往复式活塞发动机，微马力指排气量<50毫升）	摩托车（1102）
8711201000	50毫升<排气量≤100毫升装往复式活塞内燃发动机摩托车及脚踏两用车	摩托车（1102）
8711202000	100毫升<排气量≤125毫升装往复式活塞内燃发动机摩托车及脚踏两用车	摩托车（1102）
8711203000	125毫升<排气量≤150毫升装往复式活塞内燃发动机摩托车及脚踏两用车	摩托车（1102）
8711204000	150毫升<排气量≤200毫升装往复式活塞内燃发动机摩托车及脚踏两用车	摩托车（1102）
8711205010	200毫升<排气量<250毫升装往复式活塞内燃发动机摩托车及脚踏两用车	摩托车（1102）
8711205090	排气量=250毫升装往复式活塞内燃发动机摩托车及脚踏两用车	摩托车（1102）

续23

商品编号	商品编号对应的商品名称	强制性产品认证目录产品种类及代码
8711301000	250毫升<排气量≤400毫升装往复式活塞内燃发动机摩托车及脚踏两用车	摩托车（1102）
8711302000	400毫升<排气量≤500毫升装往复式活塞内燃发动机摩托车及脚踏两用车	摩托车（1102）
8711400000	500毫升<排气量≤800毫升装往复式活塞内燃发动机摩托车及脚踏两用车	摩托车（1102）
8711500000	800毫升<排气量装往复式活塞内燃发动机摩托车及脚踏两用车	摩托车（1102）
8711600010	电动自行车（包括机器脚踏两用车；脚踏车）	电动自行车（1119）
8711600090	其他装有电驱动电动机的摩托车	摩托车（1102）
		电动自行车（1119）
8711900010	其他排气量≤250毫升摩托车及脚踏两用车	摩托车（1102）
8711900020	其他排气量>250毫升摩托车及脚踏两用车	摩托车（1102）
8711900030	其他无法区分排气量的摩托车及脚踏两用车	摩托车（1102）
8711900090	装有其他辅助发动机的脚踏车、边车	摩托车（1102）
		电动自行车（1119）
8712008110	12~16英寸的未列名自行车	童车类产品（2201）
8712008190	11英寸及以下的未列名自行车	童车类产品（2201）
8712008900	其他未列名自行车	童车类产品（2201）
8712009000	其他非机动脚踏车	童车类产品（2201）
8715000010	婴孩车	童车类产品（2201）
8715000090	婴孩车零件	童车类产品（2201）
8716100000	供居住或野营用厢式挂车及半挂车	汽车（1101）
8716311000	油罐挂车及半挂车	汽车（1101）
8716319000	其他罐式挂车及半挂车	汽车（1101）
8716391000	货柜挂车及半挂车	汽车（1101）
8716399000	其他货运挂车及半挂车	汽车（1101）
8716400000	其他未列名挂车及半挂车	汽车（1101）
9020000000	其他呼吸器具及防毒面具（但不包括既无机械零件又无可互换过滤器的防护面具）	避难逃生产品（1815）
9207100000	通过电产生或扩大声音的键盘乐器（手风琴除外）	电子琴（0813）
9401201000	皮革或再生皮革面的机动车辆用坐具	汽车座椅及座椅头枕（1114）
		机动车儿童乘员用约束系统（2207）

续24

商品编号	商品编号对应的商品名称	强制性产品认证目录产品种类及代码
9401209000	其他机动车辆用坐具	汽车座椅及座椅头枕（1114）
		机动车儿童乘员用约束系统（2207）
9401401000	皮革或再生皮革面的能作床用的两用椅（但庭园坐具或野营设备除外）	机动车儿童乘员用约束系统（2207）
9401409000	其他能作床用的两用椅（但庭园坐具或野营设备除外）	机动车儿童乘员用约束系统（2207）
9401809091	儿童用汽车安全座椅	机动车儿童乘员用约束系统（2207）
9401809099	其他坐具	机动车儿童乘员用约束系统（2207）
9401901900	机动车辆用其他座具零件	汽车座椅及座椅头枕（1114）
		机动车儿童乘员用约束系统（2207）
9405100000	枝形吊灯（包括天花板或墙壁上的照明装置，但露天或街道上的除外）	灯具（1001）
9405200010	含濒危物种成分的电气台灯、床头灯、落地灯	灯具（1001）
9405200090	其他电气台灯、床头灯、落地灯	灯具（1001）
9405600000	发光标志、发光铭牌及类似品	避难逃生产品（1815）
9503001000	三轮车、踏板车、踏板汽车和类似的带轮玩具；玩偶车	童车类产品（2201）
		玩具（2202）
9503002100	动物玩偶，不论是否着装	玩具（2202）
9503002900	其他玩偶，不论是否着装	玩具（2202）
9503006000	智力玩具	玩具（2202）
9503008310	玩具无人机	玩具（2202）
9503008390	带动力装置的玩具及模型	玩具（2202）
9503008900	其他未列名玩具	童车类产品（2201）
		玩具（2202）
9503009000	玩具、模型零件	玩具（2202）
	此类产品包括防爆电机、防爆配电装置、防爆监控产品、防爆通信装置、防爆电加热产品、防爆传感器等多种电气类产品，需根据商品的自然属性、功能、用途等进行归类判定	防爆电气产品（2301~2317）

参考资料 2

《强制性产品认证目录》描述与界定表（2020 年修订）

说　明

1. 对于电气电子产品，除电信终端设备、电焊机、防爆电气，适用范围仅限于可直接或间接连接到大于 36V（直流或交流有效值）供电电源的产品。

2. 对于电气电子产品，除车载移动用户终端、防爆电气或特别说明外，专为汽车及摩托车、火车、船舶、飞机设计、制造和使用的、具有专门设计和安装结构的产品不在 CCC 认证范围内。

3. 具有两种或两种以上强制性产品认证目录内功能和用途的多功能产品，以产品的主要功能和主要使用目的进行归类。多功能产品应符合主要功能产品的适用标准及认证实施规则要求，同时兼顾其他功能产品对应的适用标准及认证实施规则要求。

4. 适用产品界定应当结合"对产品种类的描述"和"对产品适用范围的描述或列举"及"说明"等内容，并以此判定产品是否属于认证范围。

5. 产品列举不一定包括所有可能存在的产品名称，未列举的产品可根据具体情况参照相应描述界定。

6. *所标记产品为实施自我声明程序 A（自选实验室型式试验+自我声明）的产品，**所标记产品为实施自我声明程序 B（指定实验室型式试验+自我声明）的产品。

产品种类及代码	对产品种类的描述	产品适用范围	对产品适用范围的描述或列举	说明
一、电线电缆（3 种） 1. 不包括阻燃电线电缆、耐火电线电缆、裸电线、电力电缆、控制电缆、架空绝缘电缆、通信电缆和光缆、绕组线产品； 2. 不包括认证依据标准中未列明的型号、规格				
1. 电线组件（0101）	适用于家用和类似一般设备所用的电线组件（即，由带不可拆线插头和不可拆线的连接器的软缆或软线构成的组件）和互连电线组件（即，由带有不可拆线插头连接器和不可拆线的连接器的软缆或软线构成的组件）	电线组件	包括带有以下规格连接器的电线组件： 1. 用于冷条件下 II 类设备的 0.2A 连接器 2. 用于冷条件下 I 类设备的 2.5A 连接器 3. 用于冷条件下 II 类设备的 2.5A 连接器 4. 用于冷条件下 II 类设备的 6A 连接器 5. 用于冷条件下 I 类设备的 10A 连接器 6. 用于热条件下 I 类设备的 10A 连接器 7. 用于酷热条件下 I 类设备的 10A 连接器 8. 用于冷条件下 II 类设备的 10A 连接器 9. 用于冷条件下 I 类设备的 16A 连接器 10. 用于酷热条件下 I 类设备的 16A 连接器 11. 用于冷条件下 II 类设备的 16A 连接器 12. 互连电线组件 13. Y 型电线组件 14. Y 型互连电线组件	适用标准： GB/T 15934 GB/T 26219

续1

产品种类及代码	对产品种类的描述	产品适用范围	对产品适用范围的描述或列举	说明
2. 额定电压450/750V及以下橡皮绝缘电线电缆（0104）	1. 交流额定电压不超过450/750V的动力装置用电缆； 2. 橡皮绝缘； 3. 铜芯； 4. 单芯电缆	耐热橡皮绝缘电缆	具有良好的耐热特性。 60245 IEC 03（YG）300/500V 0.5~16（1芯） 60245 IEC 04（YYY）450/750V 0.5~95（1芯） 60245 IEC 05（YRYY）450/750V 0.5~95（1芯） 60245 IEC 06（YYY）300/500V 0.5~1（1芯） 60245 IEC 07（YRYY）300/500V 0.5~1（1芯）	适用标准： GB/T 5013.3 GB/T 5013.7
	1. 交流额定电压不超过450/750V的动力装置用电缆； 2. 橡皮覆盖层； 3. 铜芯； 4. 单芯电缆	橡皮绝缘电焊机电缆	1. 具有良好的柔软性； 2. 用于连接电焊机和焊钳。 60245 IEC 81（YH）16~95（1芯） 60245 IEC 82（YHF）16~95（1芯）	适用标准： GB/T 5013.6
	1. 交流额定电压不超过450/750V的动力装置用电缆； 2. 橡皮绝缘和橡皮护套（若有护套）； 3. 铜芯	橡皮绝缘电梯电缆	用于电梯等场合（不用于高速电梯和高层建筑用电梯）。 60245 IEC 70（YTB）300/500V 0.75~1（6芯~30芯） 60245 IEC 74（YT）300/500V 0.75~1（6芯~30芯） 60245 IEC 75（YTF）300/500V0.75~1（6芯~30芯）	适用标准： GB/T 5013.5
	1. 交流额定电压不超过450/750V的动力装置用电缆； 2. 橡皮绝缘和橡皮护套； 3. 铜芯	通用橡套软电缆电线	用于家用电器、电动工具和各种移动电器的电源连接。 60245 IEC 53（YZ）300/500V 0.75~2.5（2芯~5芯） 60245 IEC 57（YZW）300/500V 0.75~2.5（2芯~5芯） 60245 IEC 66（YCW）450/750V 1~400（1芯~5芯） 60245 IEC 58（YS）300/500V 0.75~1.5（1芯） 60245 IEC 58f（YSB）300/500V 1.5（2芯） YQ-300/300V 0.3~0.5（2芯~3芯） YQW-300/300V 0.3-0.5（2芯~3芯） YZ-300/500V 0.75~6（2芯~6芯） YZW-300/500V 0.75~6（2芯~6芯） YZB-300/500V0.75~6（2芯~6芯） YZWB-300/500V 0.75~6（2芯~6芯） YC-450/750V 1~400（1芯~5芯） YCW-450/750V 2.5~150（2芯~5芯）	适用标准： GB/T 5013.4 JB/T 8735.2
	1. 交流额定电压不超过450/750V的动力装置用电缆； 2. 橡皮绝缘和橡皮保护层（若有保护层）； 3. 铜芯	橡皮绝缘编织软电线	用于照明灯具、家用电器的电源连接。 60245 IEC 89（RQB）300/300V 0.75~1.5（2芯~3芯） RE-300/300V 0.3~4（2芯~3芯） RES-300/300V 0.3~4（2芯） REH-300/300V 0.3~4（2芯~3芯）	适用标准： GB/T 5013.8 JB/T 8735.3

续2

产品种类及代码	对产品种类的描述	产品适用范围	对产品适用范围的描述或列举	说明
3. 额定电压450/750V及以下聚氯乙烯绝缘电线电缆（0105）	1. 交流额定电压不超过450/750V的动力装置用电缆； 2. 聚氯乙烯绝缘； 3. 铜芯、铝芯； 4. 单芯电缆	聚氯乙烯绝缘无护套电线电缆	1. 用于固定布线； 2. 可用于工业，大量用于家庭（如照明、空调的动力线路）。 60227 IEC 01（BV）450/750V 1.5~400（1芯） 60227 IEC 02（RV）450/750V 1.5~240（1芯） 60227 IEC 05（BV）300/500V 0.5-1（1芯） 60227 IEC 06（RV）300/500V 0.5~1（1芯） 60227 IEC 07（BV-90）300/500V 0.5~2.5（1芯） 60227 IEC 08（RV-90）300/500V 0.5~2.5（1芯） BV-300/500V 0.75-1（1芯） BLV-450/750V 2.5~400（1芯） BVR-450/750V 2.5~185（1芯）	适用标准： GB/T 5023.3 JB/T 8734.2
	1. 交流额定电压不超过450/750V的动力装置用电缆； 2. 聚氯乙烯绝缘和聚氯乙烯护套； 3. 铜芯、铝芯	聚氯乙烯绝缘聚氯乙烯护套电缆	用于固定布线。 60227 IEC 10（BVV）300/500V 1.5~35（2芯~5芯） BVV-300/500V 0.75~185（1芯） BLVV-300/500V 2.5~185（1芯） BVVB-300/500V 0.75~10（2芯~3芯） BLVVB-300/500V 2.5~10（2芯~3芯）	适用标准： GB/T 5023.4 JB/T 8734.2
	1. 交流额定电压不超过450/750V的动力装置用电缆； 2. 聚氯乙烯绝缘和聚氯乙烯护套（若有护套）； 3. 铜芯	聚氯乙烯绝缘软电缆电线	1. 用于固定布线； 2. 具有一定的可移动性。 60227 IEC41（RTPVR）300/300V（2芯） 60227 IEC 43（SVR）300/300V 0.5~0.75（1芯） 60227 IEC 52（RVV）300/300V 0.5~0.75（2芯~3芯） 60227 IEC 53（RVV）300/500V 0.75~2.5（2芯~5芯） 60227 IEC 56（RVV-90）300/300V 0.5~0.75（2芯~3芯） 60227 IEC 57（RVV-90）300/500V 0.75~2.5（2芯~5芯） RVV-300/500V 0.5~10（2芯~41芯，不含2芯1.0产品） RVS-300/300V 0.5~6（2芯） RVB-300/300V 0.5~6（2芯）	适用标准： GB/T 5023.5 JB/T 8734.3

续3

产品种类及代码	对产品种类的描述	产品适用范围	对产品适用范围的描述或列举	说明
3. 额定电压450/750V及以下聚氯乙烯绝缘电线电缆（0105）	1. 交流额定电压不超过450/750V的动力装置用电缆； 2. 聚氯乙烯绝缘和聚氯乙烯护套； 3. 铜芯	聚氯乙烯绝缘聚氯乙烯护套电梯电缆和挠性连接用电缆	1. 电梯、升降机随行用； 2. 挠性连接用。 60227 IEC 71f（TVVB）300/500V 0.75~1（3芯~24芯，不含通信单元的产品） 60227 IEC 71f（TVVB）450/750V 1.5~25（3芯~12芯） TVVB-300/500V 0.5~1 [3芯~60芯，其中0.75~1（3芯~24芯）仅限包含通信单元的产品] 60227 IEC 71c（TVV）300/500V 0.75~1（6芯~30芯） 60227 IEC 71c（TVV）450/750V 1.5~25（4芯~30芯）	适用标准： GB/T 5023.6 JB/T 8734.6
	1. 交流额定电压不超过450/750V的动力装置用电缆； 2. 聚氯乙烯绝缘和耐油聚氯乙烯护套； 3. 铜芯	聚氯乙烯绝缘耐油聚氯乙烯护套软电缆	1. 用于机床、起重运输设备在内的机器各部件间的内部连接； 2. 有屏蔽型和非屏蔽型，屏蔽电缆用于有中等水平电磁干扰的场合； 3. 具有较好的耐油性。 60227 IEC 74（RVVYP）300/500V 0.5~2.5（2芯~60芯） 60227 IEC 75（RVVY）300/500V 0.5~2.5（2芯~60芯）	适用标准： GB/T 5023.7
	1. 交流额定电压不超过450/750V的动力装置用电缆； 2. 聚氯乙烯绝缘和聚氯乙烯护套（若有护套）； 3. 铜芯	聚氯乙烯绝缘安装用电线	用于电器、仪表、电子设备和自动化装置的内部。 AV-300/300V 0.08~0.4（1芯） AV-90-300/300V 0.08~0.4（1芯） AVR-300/300V 0.08~0.4（1芯） AVR-90-300/300V 0.08~0.4（1芯） AVRB-300/300V 0.12~0.4（2芯） AVRS-300/300V 0.12~0.4（2芯） AVVR-300/300V 0.08~0.4（2芯~30芯）	适用标准： JB/T 8734.4
	1. 交流额定电压不超过450/750V的动力装置用电缆； 2. 聚氯乙烯绝缘和聚氯乙烯护套（若有护套）； 3. 铜芯； 4. 金属编织或缠绕屏蔽	聚氯乙烯绝缘屏蔽电线	1. 用于电器、仪表和电子设备及自动化装置； 2. 具有良好的屏蔽性能。 AVP-300/300V 0.08~0.4（1芯） AVP-90-300/300V 0.08~0.4（1芯） RVP-300/300V 0.08~2.5（1芯~2芯） RVP-90-300/300V 0.08~2.5（1芯~2芯） RVVP-300/300V 0.08~4（1芯~26芯） RVVP1-300/300V 0.08~4（1芯~26芯） RVVPS-300/300V 0.12~2.5（2×2芯）	适用标准： JB/T 8734.5

续4

产品种类及代码	对产品种类的描述	产品适用范围	对产品适用范围的描述或列举	说明
二、电路开关及保护或连接用电器装置（5种）					
4. 插头插座（0201）	1. 适用于户内或户外使用的，家用和类似用途的，仅用于交流电、额定电压在50V以上但不超过440V、额定电流不超过32A的，带或不带接地触头的插头和固定式、移动式插座； 2. 也适用于装在电线组件中的插头和装在电线加长组件中的插头和移动式插座，还适用于作为电器的一个部件的插头插座，在有关电器标准上另有说明除外； 3. 也适用于与器具组成一整体的和安装在器具里或固定到器具上的插座； 4. 对装有无螺纹端子的固定式插座，额定电流最大仅限为16A	1. 单相两极插头、插座、器具插座； 2. 单相两极带接地插头、插座、器具插座； 3. 三相插头和插座； 4. 转换器； 5. 延长线插座	1. 单相两极可拆线插头 2. 单相两极带接地可拆线插头 3. 单相两极不可拆线插头 4. 单相两极带接地不可拆线插头 5. 单相两极双用明装插座 6. 单相两极双用暗装插座 7. 单相两极带接地明装插座 8. 单相两极带接地暗装插座 9. 带保护门单相两极双用明装插座 10. 带保护门单相两极双用暗装插座 11. 带保护门单相两极带接地明装插座 12. 带保护门单相两极带接地暗装插座 13. 带开关单相两极双用明装插座 14. 带开关单相两极双用暗装插座 15. 带开关单相两极带接地明装插座 16. 带开关单相两极带接地暗装插座 17. 单相两极双用、两极带接地明装插座 18. 单相两极双用、两极带接地暗装插座 19. 带保护门单相两极双用、两极带接地明装插座 20. 带保护门单相两极双用、两极带接地暗装插座 21. 带开关单相两极双用、两极带接地明装插座 22. 带开关单相两极双用、两极带接地暗装插座 23. 单相两极可拆线移动式插座 24. 单相两极带接地可拆线移动式插座 25. 单相两极不可拆线移动式插座 26. 单相两极带接地不可拆线移动式插座 27. 单相两极带接地不可拆线移动式多位插座 28. 延长线插座（电线加长组件） 29. 单相两极或两极带接地器具插座 30. 三相四极可拆线插头 31. 三相四极不可拆线插头 32. 三相四极明装插座 33. 三相四极暗装插座 34. 地板插座 35. 组合型插座 36. 带有辅助装置的固定式插座 37. 固定式无联锁带开关插座 38. 固定式有联锁带开关插座 39. 转换器	1. 适用标准： GB/T 2099.1 GB/T 2099.2 GB/T 2099.3 GB/T 2099.4 GB/T 2099.5 GB/T 2099.7 GB/T 1002 GB/T 1003 2. 不包括： （1）ELV（特低电压）的插头和固定式或移动式插座，与熔断体、自动开关等组合在一起的固定式插座； （2）非标准孔型插座（插座插孔不符合GB/T 1002、GB/T 1003）、非我国标准插头（如圆脚插销的插头、矩形插销的插头）； （3）带有国外标准插头或插座的转换器； （4）工业用插头、插座

续5

产品种类及代码	对产品种类的描述	产品适用范围	对产品适用范围的描述或列举	说明
5. 家用和类似用途固定式电气装置的开关（0202）	1. 适用于户内或户外使用的，仅用于交流电、额定电压不超过440V、额定电流不大于63A的家用和类似用途固定式电气装置的手动操作的一般用途的开关； 2. 还适用于装有信号灯的开关，带有开关和其他功能组合的开关（但不适用于与熔断器组合的开关），装有软缆保持装置和软缆出口装置的开关； 3. 对装有无螺纹端子的开关的额定电流限为最大16A	家用和类似用途固定式电气装置的开关	1. 明装式或暗装式按钮开关 2. 明装或暗装式拉线开关 3. 明装或暗装式旋转开关 4. 明装或暗装跷板式单极开关 5. 明装或暗装跷板式两极开关 6. 明装或暗装跷板式三极开关 7. 明装或暗装跷板式三极加中线开关 8. 明装或暗装跷板式双控开关 9. 明装或暗装跷板式有公共进入线的双控开关 10. 明装或暗装跷板式有一个断开位置的双控开关 11. 明装或暗装跷板式两极双控开关 12. 明装或暗装跷板式双控换向开关（或中间开关） 13. 明装或暗装倒扳式单极开关 14. 明装或暗装倒扳式两极开关 15. 明装或暗装倒扳式三极开关 16. 明装或暗装倒扳式三极加中线开关 17. 明装或暗装倒扳式双控开关 18. 明装或暗装倒扳式有公共进入线的双控开关 19. 明装或暗装倒扳式有一个断开位置的双控开关 20. 明装或暗装倒扳式两极双控开关 21. 明装或暗装倒扳式双控换向开关（或中间开关） 22. 明装或暗装跷板式瞬动开关（如，门铃开关） 23. 明装或暗装按钮式瞬动开关（如，门铃开关）	1. 适用标准：GB/T 16915.1 2. 不包括GB/T 15092涉及的开关
6. 器具耦合器（0204）	1. 适用于家用和类似用途的、有接地触头和无接地触头的交流两极器具耦合器。该耦合器用于将电源软线连接到额定电压不超过250V，额定电流不超过16A，电源频率为50Hz或60Hz的器具或其他电气设备上； 2. 也适用于安装在器具或设备上以及与器具或设备形成一体的器具输入插座；	1. 器具耦合器，包括连接器和器具输入插座两部分； 2. 连接器； 3. 互连耦合器，包括插头连接器和器具插座两部分； 4. 插头连接器； 5. 靠器具重量啮合的耦合器； 6. 防护等级高于IPX0的器具耦合器	1. 用于冷条件下Ⅱ类设备的0.2A 连接器 2. 用于冷条件下Ⅱ类设备的0.2A 器具输入插座 3. 用于冷条件下Ⅰ类设备的2.5A 连接器 4. 用于冷条件下Ⅰ类设备的2.5A 器具输入插座 5. 用于冷条件下Ⅱ类设备的2.5A 连接器 6. 用于冷条件下Ⅱ类设备的2.5A 器具输入插座 7. 用于冷条件下Ⅱ类设备的6A 连接器 8. 用于冷条件下Ⅱ类设备的6A 器具输入插座 9. 用于冷条件下Ⅰ类设备的10A 连接器 10. 用于冷条件下Ⅰ类设备的10A 器具输入插座 11. 用于热条件下Ⅰ类设备的10A 连接器 12. 用于酷热条件下Ⅰ类设备的10A 连接器 13. 用于热条件下Ⅰ类设备的10A 器具输入插座 14. 用于酷热条件下Ⅰ类设备的10A 器具输入插座 15. 用于冷条件下Ⅱ类设备的10A 连接器	1. 适用标准：GB/T 17465.1 GB/T 17465.2 GB/T 17465.3 GB/T 17465.4 2. 不包括工业用连接器、器具输入插座、耦合器

续6

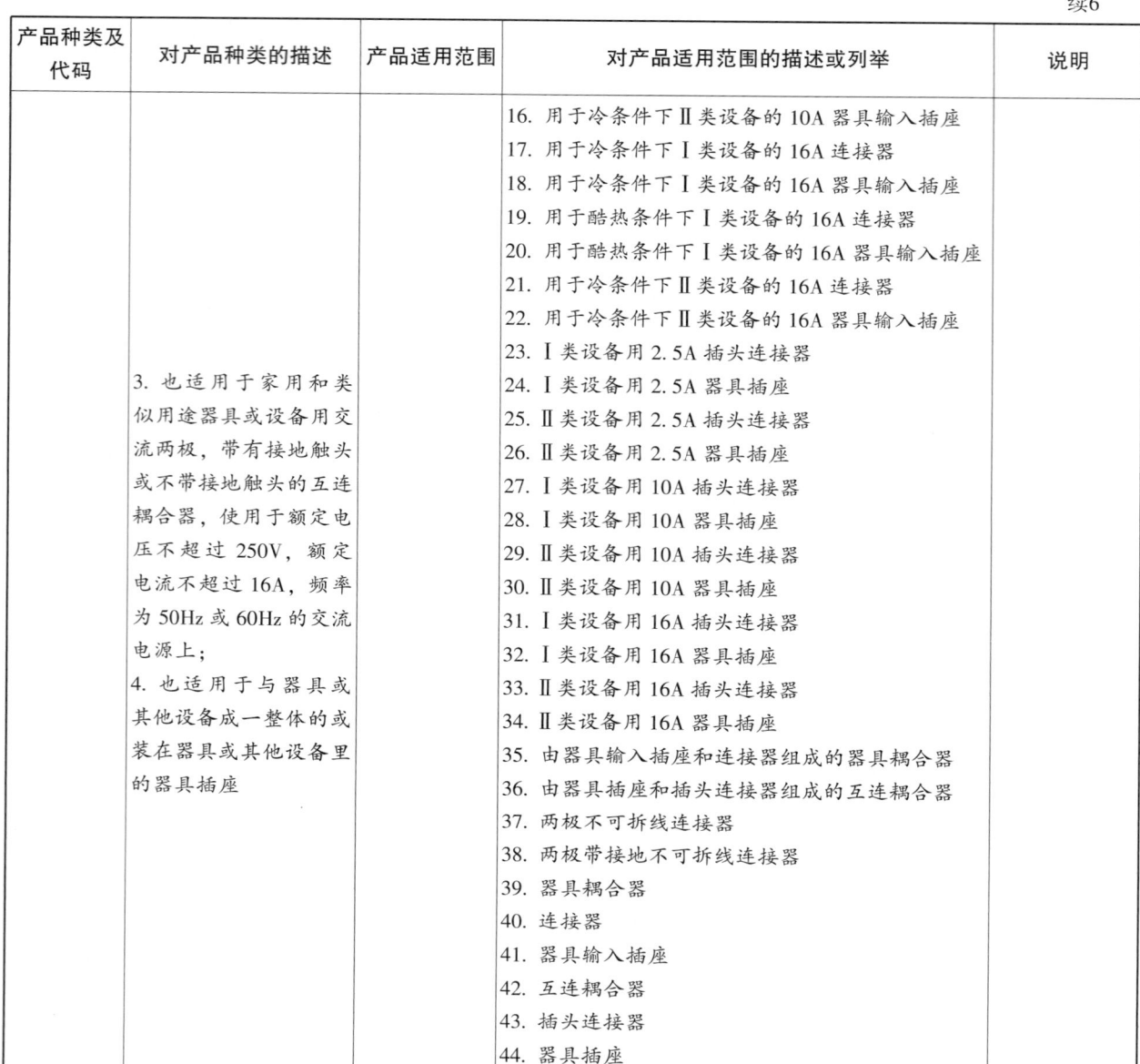

产品种类及代码	对产品种类的描述	产品适用范围	对产品适用范围的描述或列举	说明
	3. 也适用于家用和类似用途器具或设备用交流两极，带有接地触头或不带接地触头的互连耦合器，使用于额定电压不超过250V，额定电流不超过16A，频率为50Hz或60Hz的交流电源上； 4. 也适用于与器具或其他设备成一整体的或装在器具或其他设备里的器具插座		16. 用于冷条件下Ⅱ类设备的10A器具输入插座 17. 用于冷条件下Ⅰ类设备的16A连接器 18. 用于冷条件下Ⅰ类设备的16A器具输入插座 19. 用于酷热条件下Ⅰ类设备的16A连接器 20. 用于酷热条件下Ⅰ类设备的16A器具输入插座 21. 用于冷条件下Ⅱ类设备的16A连接器 22. 用于冷条件下Ⅱ类设备的16A器具输入插座 23. Ⅰ类设备用2.5A插头连接器 24. Ⅰ类设备用2.5A器具插座 25. Ⅱ类设备用2.5A插头连接器 26. Ⅱ类设备用2.5A器具插座 27. Ⅰ类设备用10A插头连接器 28. Ⅰ类设备用10A器具插座 29. Ⅱ类设备用10A插头连接器 30. Ⅱ类设备用10A器具插座 31. Ⅰ类设备用16A插头连接器 32. Ⅰ类设备用16A器具插座 33. Ⅱ类设备用16A插头连接器 34. Ⅱ类设备用16A器具插座 35. 由器具输入插座和连接器组成的器具耦合器 36. 由器具插座和插头连接器组成的互连耦合器 37. 两极不可拆线连接器 38. 两极带接地不可拆线连接器 39. 器具耦合器 40. 连接器 41. 器具输入插座 42. 互连耦合器 43. 插头连接器 44. 器具插座	

续7

产品种类及代码	对产品种类的描述	产品适用范围	对产品适用范围的描述或列举	说明
7. 家用和类似用途固定式电气装置电器附件外壳（0206）	1. 适用于户内或户外使用的额定电压不超过440V的家用和类似用途固定式电气装置电器附件外壳或外壳部件； 2. 本产品目录中所指的外壳，包括电器附件所装的明装式、暗装式和半暗装式安装盒的盖或盖板，这些盖或盖板可以是，也可以不是电器附件的一部分； 3. 亦适用于以安装或悬吊照明设备用的安装盒； 4. 亦适用于家用和类似固定式电气装置的电器附件的空壳体和其中的部件，其预期使用的额定电压不超过400V，输入总负载电流不超过125A，在正常使用中的最大功耗容量由制造商声明。这些壳体预期用于家用的保护装置和带有或不带有电源功耗的装置。它们预期被安装在预期短路电流不超过10kA的场合，除非它们有被限制电流保护设备提供保护，其带有切断电流不超过17kA	安装盒、盖或盖板、面板、空白电气箱体	1. 塑料或金属面板 2. 明装式安装盒 3. 暗装式或暗装塑料安装盒 4. 暗装式或暗装金属安装盒 5. 半暗装式塑料或金属安装盒 6. 塑料或金属盖或盖板 7. 塑料或金属外壳 8. 塑料配电箱箱体 9. 金属配电箱箱体 10. 塑料照明箱箱体 11. 金属照明箱箱体 12. 防溅面盖 13. 地板插座安装盒	1. 适用标准： GB/T 17466.1 GB/T 17466.21 GB/T 17466.23 GB/T 17466.24 2. 不包括开关设备和控制设备装有过电流保护装置的组合装置的外壳和用于汇流条线槽型的外壳

续8

产品种类及代码	对产品种类的描述	产品适用范围	对产品适用范围的描述或列举	说明
＊＊8.熔断体（0205、0207）	当通过该部件的电流超过规定值，并持续足够的时间，该部件熔断，断开其所接入的电路，从而切断电流。以及，装有热元件的不可复位的器件，当它被暴露在超过所设计的温度下达到一个足够长的时间时会将电路断开	热熔断体（0205）	1. 安装在一般户内环境下使用的电器、电子设备及其组件里，用以防止它们在发生故障情况下出现超温的热熔断体； 2. 只要熔断体周围的气候和其他直接环境与规定的条件相类似，也适用于在非户内条件下使用的热熔断体； 3. 适用于简单形状的热熔断体。如落断片或熔断丝，只要工作时排除的熔融材料不会影响设备的安全使用，尤其对手持式或便携式设备，无论使用位置如何，均不会影响他们的使用安全； 4. 适用于交流额定电压不超过660V、额定电流不超过63A、频率在45Hz~62Hz的热熔断体； 5. 包括： （1）金属外壳热熔断体 （2）塑料外壳热熔断体 （3）陶瓷外壳热熔断体 （4）陶瓷底座热熔断体	1. 适用标准：GB/T 9816.1 2. 不包括在腐蚀性或爆炸性大气等极端条件下使用的热熔断体
		小型熔断器的管状熔断体（0207）	1. 适用于保护通常在户内使用的电气装置、电子设备和其中元件的小型熔断器； 2. 适用于保护那些通常使用于户内电气装置、电子设备和其中元件的小型熔断器用管状熔断体，包括： （1）快速动作高分断能力的5×20mm熔断体（标准规格单1） （2）快速动作低分断能力的5×20mm熔断体（标准规格单2） （3）延时动作（耐浪涌）低分断能力的5×20mm熔断体（标准规格单3） （4）快速动作低分断能力的6.3×32mm断体（标准规格单4） （5）延时动作（耐浪涌）高分断能力的5×20mm熔断体（标准规格单5） 3. 适用于印制电路用并且用来保护户内使用的电气装置、电子设备和其中元件的超小型熔断体，包括： （1）快速动作低分断能力的超小型熔断体（标准规格单1） （2）快速动作低分断能力的超小型熔断体（标准规格单2） （3）快速动作低分断能力的超小型熔断体（标准规格单3） （4）延时，低分断能力的超小型熔断体（标准规格单4）	1. 适用标准：GB/T 9364.1 GB/T 9364.2 GB/T 9364.3 2. 不包括在特殊条件（例如腐蚀或易爆环境）下使用的电气装置的熔断器

续9

产品种类及代码	对产品种类的描述	产品适用范围	对产品适用范围的描述或列举	说明
三、低压电器（2种） 工作电压交流1000V、直流1500V以下的电气线路中的电气设备				
**9. 低压成套开关设备（0301）	由一个或多个低压开关设备和与之相关的控制、测量、信号、保护、调节等设备，由制造厂家负责完成所有内部的电气和机械的连接，用结构部件完整地组装在一起的一种组合体。 适用于在额定电压为交流不超过1000V，频率不超过1000Hz的低压成套开关设备。适用于与发电、输电、配电和电能转换的设备以及控制电能消耗的设备配套使用的成套设备。适用于一次性设计、制造和验证或完全标准化批量制造的成套设备	成套电力开关设备（PSC）	开启式成套设备、固定面板式成套设备、封闭式成套设备（柜式成套设备、柜组式成套设备、固定封闭式成套设备、抽出式成套设备、台式成套设备、箱式成套设备、箱组式成套设备）	1. 适用标准：GB/T 7251.1 GB/T 7251.12 2. 对于智能型设备，还应按照GB/T 7251.8补充测试
		母线干线系统（母线槽/BTS）	由母线、母线支撑件和绝缘件、外壳、某些固定件及与其他单元相接的连接件组成。它可具有分接装置也可无分接装置。 列举如下： 1. 密集绝缘母线槽 2. 空气绝缘母线槽 3. 滑触式母线槽	1. 适用标准：GB/T 7251.1 GB/T 7251.2 2. 对于智能型设备，还应按照GB/T 7251.8补充测试
		由一般人员操作的配电板（DBO）	拟由一般人员操作（例如开关操作和更换熔断体），为民用（家用）应用和其他场所分配电能的成套设备。可装有开关器件、保护器件及与电能分配相关的控制和/或信号器件。封闭式，固定式安装。用于户内或户外。列举如下： 1. 照明配电箱 2. 计量箱 3. 插座箱	1. 适用标准：GB/T 7251.1 GB/T 7251.3 2. 对于智能型设备，还应按照GB/T 7251.8补充测试
		低压成套无功功率补偿装置	由一个或多个低压开关设备、低压电容器和与之相关的控制、测量、信号、保护、调节等设备，由制造商完成所有内部的电气和机械的连接，用结构部件完整地组装在一起的一种组合体。 适用于额定电压为交流不超过1000V，频率不超过1000Hz的低压配电系统的无功功率补偿。 列举如下： 1. 低压无功功率补偿装置 2. 低压滤波及无功功率补偿装置 3. 低压配电、补偿综合成套装置	1. 适用标准：GB/T 15576 2. 对于智能型设备，还应按照GB/T 7251.8补充测试

续10

产品种类及代码	对产品种类的描述	产品适用范围	对产品适用范围的描述或列举	说明
**10. 低压元器件（0302、0303、0304、0305、0306、0307、0308、0309）	能根据外界的信号和要求，手动或自动地接通、断开电路，以实现对电路或非电对象的切换、控制、保护、检测、变换和调节的元件	开关、隔离器、隔离开关及熔断器组合电器（0302）	在断开状态下能符合规定的隔离功能要求的机械开关电器。列举如下： 1. 熔断器式隔离器 2. 隔离器	适用标准： GB/T 14048.1 GB/T 14048.3
			断开状态下能符合隔离器的隔离要求的开关。列举如下： 1. 熔断器式隔离开关 2. 熔断器式开关 3. 隔离开关 4. 刀开关 5. 手动转换开关/电动转换开关 6. 倒顺开关 7. 组合开关 8. 铁壳开关 9. 双投开关 10. 开启式负荷开关 在制造厂或按其说明书将机械开关电器与一个或数个熔断器组装在同一个单元内的组合电器。列举如下： 1. 开关熔断器组 2. 隔离开关熔断器组 3. 隔离器熔断器组	适用标准： GB/T 14048.1 GB/T 14048.3
		机电式控制电路电器（0303、0305）	继电器（0303） 1. 接触器式继电器 2. 晶体管时间继电器 3. 时间继电器 4. 电压继电器 5. 频率继电器 6. 温度继电器 7. 液位继电器 8. 速度继电器 9. 过电流继电器 10. 直流电磁继电器	1. 适用标准： GB/T 14048.1 GB/T 14048.5 2. 不包括GB/T 14598及IEC 60255涉及的继电器

续11

产品种类及代码	对产品种类的描述	产品适用范围	对产品适用范围的描述或列举	说明
			控制开关（0305） 1. 电器开关 2. 凸轮开关 3. 控制开关 4. 跑偏开关 5. 急停开关 6. 拉绳开关 7. 延时开关 8. 真空开关 9. 压力开关 10. 脚踏开关 11. 热敏开关 12. 液位开关 13. 按钮开关 14. 组合按钮开关 15. 钥匙式操作按钮 16. 指示灯式按钮 17. 定向防护式按钮 18. 导向按钮 19. 限位开关 20. 微动开关 21. 温度开关 22. 行程开关 23. 倒顺开关 24. 程序控制器 25. 旋转开关 26. 固态开关（非电动机负载） 27. 信号灯 28. 信号灯组 29. 辅助触头组件 30. 辅助开关 31. 主令控制器	1. 适用标准： GB/T 14048.1 GB/T 14048.5 2. 不包括家用及类似用途的自动电气控制器件
		机电式接触器和电动机起动器（含电动机保护器）（0304）	1. 电子式继电器 2. 过载继电器/热继电器 3. 热保护器 4. 过流保护器 5. 低压机电式接触器 6. 电动机起动器 7. 星三角起动器 8. 可逆起动器 9. 转子变阻式起动器 10. 电磁起动器 11. 综合保护起动器 12. 自耦减压起动器 13. 交流接触器 14. 直流接触器 15. 切换电容接触器 16. 真空接触器	适用标准： GB/T 14048.1 GB/T 14048.4

续12

产品种类及代码	对产品种类的描述	产品适用范围	对产品适用范围的描述或列举	说明
		交流电动机用半导体控制器和起动器（含软起动器）(0304)	为交流电动机提供起动功能和截止状态的半导体开关电器。列举如下： 1. 电动机软起动器 2. 电动机负载半导体接触器	1. 适用标准：GB/T 14048.1 GB/T 14048.6 2. 不包括在非正常转速下持续控制交流电动机的转速、控制非电动机负载的半导体装置和半导体接触器、IEC 60146中的电子式交流变流器
		家用及类似用途机电式接触器（0304）	家用及类似用途用接触器	适用标准：GB/T 17885
		接近开关（0305）	与运动部件无机械接触而能动作的位置开关。适用于能检测金属的和（或）非金属的物体存在与否的电感式和电容式接近开关、能检测反射声音物体存在与否的超声波式接近开关、能检测物体存在与否的光电式接近开关。列举如下： 1. 接近开关 2. 电感式接近开关 3. 电容式接近开关 4. 超声波式接近开关 5. 光电式接近开关 6. 非机械磁性式接近开关	1. 适用标准：GB/T 14048.1 GB/T 14048.10 2. 不包括具有模拟量输出的接近开关
		转换开关电器（0305）	适用于额定电压交流不超过1000V或直流不超过1500V的转换开关电器（TSE），TSE用于在转换过程中中断对负载供电的电源系统。列举如下： 1. 自动转换开关电器（ATSE） 2. 手动操作转换开关电器（MTSE） 3. 遥控操作转换开关电器（RTSE）	1. 适用标准：GB/T 14048.1 GB/T 14048.11 2. 不包括仅用于紧急照明的TSE

续13

产品种类及代码	对产品种类的描述	产品适用范围	对产品适用范围的描述或列举	说明
		家用和类似用途的不带过电流保护的移动式剩余电流装置（PRCD）(0306)	由一个插头、一个漏电动作保护器和一个或几个插座或接线装置组合在一起的漏电保护器。此类产品通常额定电压不超过AC250V，额定电流不超过16A，额定剩余电流不超过0.03A	1.适用标准：GB/T 20044 2.不包括包含电池的PRCD、具有检测电源侧故障的附加功能并能在供电电路故障时防止其闭合的PRCD
		家用和类似用途的带或不带过电流保护的插座式剩余电流电器（SRCD）(0306)	组装入或专门与家用和类似用途的带或不带接地触头的两极插座一起使用的剩余电流动作电器。此类产品通常额定电压不超过AC250V，额定电流不超过20A，额定剩余电流不超过0.03A	1.适用标准：GB/T 28527 2.不包括包含电池的SRCD、除了供电给负载以外的其他电路供电的SRCD
		剩余电流动作继电器（0306）	能同时完成检测剩余电流，将剩余电流与基准值相比较，以及当剩余电流超过基准值时，发出一个机械开闭信号的装置。此类产品通常额定电压超过AC400V，可与低压断路器或低压接触器等产品组合使用。列举如下： 1.AC型剩余电流动作继电器 2.A型剩余电流动作继电器	1.适用标准：GB/T 22387 2.不包括兼有过载保护的继电器、鉴相鉴幅漏电继电器、脉冲型漏电继电器
		断路器（0307）	能接通、承载和分断正常电路条件下的电流，也能在规定的非正常条件下（例如短路条件下）接通、承载电流一定时间和分断电流的一种机械开关电器。列举如下： 1.塑料外壳式断路器（MCCB） 2.具有剩余电流保护的断路器（CBR） 3.电子式塑料外壳式断路器 4.智能型塑料外壳式断路器 5.电动机保护用断路器 6.万能式（框架式）断路器 7.带熔断器的断路器 8.直流快速断路器 9.空气断路器（ACB） 10.真空断路器（VCB）	

产品种类及代码	对产品种类的描述	产品适用范围	对产品适用范围的描述或列举	说明
			11. 限流断路器 12. 插入式断路器 13. 抽屉式断路器 14. 气体断路器 15. 无过电流保护要求的断路器 16. 剩余电流装置模块（无内部电流分断装置） 17. 瞬时脱扣路器（ICB） 18. 限流器	适用标准： GB/T 14048.1 GB/T 14048.2
		家用和类似用途的不带过电流保护的剩余电流动作断路器（RCCB）（0307）	在正常运行条件下能接通、承载和分断电流，以及在规定的条件下当剩余电流达到规定值时能使触头断开的机械开关电器。列举如下： 1. 动作功能与电源电压无关的 RCCB（电磁式） 2. 动作功能与电源电压有关的 RCCB（电子式） 3. 固定装设和固定接线的 RCCB 4. 移动式以及用电缆连接的 RCCB 5. AC 型 RCCB 6. A 型 RCCB 7. B 型 RCCB 8. 延时型 RCCB 9. 非延时型 RCCB	1. 适用标准： GB/T 16916.1 GB/T 16916.21 GB/T 16916.22 GB/T 22794 2. 不包括采用电池的 RCCB
		家用和类似用途的带过电流保护的剩余电流动作断路器（RCBO）（0307）	能执行过载和/或短路保护功能的剩余电流动作断路器。列举如下： 1. 动作功能与电源电压无关的 RCBO（电磁式） 2. 动作功能与电源电压有关的 RCBO（电子式） 3. 固定装设和固定接线的 RCBO 4. 移动式以及用电缆连接的 RCBO 5. AC 型 RCBO 6. A 型 RCBO 7. B 型 RCBO 8. 延时型 RCBO 9. 非延时型 RCBO	1. 适用标准： GB/T 16917.1 GB/T 16917.21 GB/T 16917.22 GB/T 22794 2. 不包括用于电动机保护的 RCBO、整定电流值可由用户在使用时自行调节的 RCBO、采用电池的 RCBO
		家用及类似场所用过电流保护断路器（0307）	用作保护建筑物的线路设施的过电流及类似用途，这些断路器设计成适用于未受过训练的人员使用，无须进行维修。列举如下： 1. 单极断路器 2. 带一个保护极的二极断路器 3. 带两个保护极的二极断路器 4. 带三个保护极的三极断路器 5. 带三个保护极的四极断路器 6. 带四个保护极的四极断路器	1. 适用标准： GB/T 10963.1 GB/T 10963.2 GB/T 24350 2. 不包括整定电流可由用户能触及的器具调节的断路器

续15

产品种类及代码	对产品种类的描述	产品适用范围	对产品适用范围的描述或列举	说明
		设备用断路器（0307）	专门用于保护设备，在正常电路的情况下能接通、承载和分断电流，而且在规定的非正常电路情况下也能接通，承载一规定时间和自动分断电流的机械开关电器。列举如下： 1. R 型设备用断路器 2. M 型设备用断路器 3. S 型设备用断路器 4. J 型设备用断路器 5. E 型设备用断路器	适用标准： GB/T 17701
		低压熔断器（0308）	适用于专职人员使用的熔断器。列举如下： 1. 刀型触头熔断器 2. 带撞击器的刀型触头熔断器 3. 螺栓连接熔断器 4. 圆筒形帽熔断器 5. 偏置触刀熔断器 6. "gD"和"gN"特性熔断器	适用标准： GB/T 13539.1 GB/T 13539.2
			适用于额定电流不超过100A，额定电压不超过交流500V 的非熟练人员使用的家用及类似用途的"gG"熔断器。列举如下： 1. D 型熔断器 2. NF 圆管式熔断器 3. BS 圆管式熔断器 4. 意大利圆管式熔断器 5. 插脚式熔断器 6. 用于插头的圆管式熔断体	适用标准： GB/T 13539.1 GB/T 13539.3
			在规定条件下，可以分断其分断范围内任何电流的半导体设备保护用熔断体。列举如下： 1. A 型螺栓连接熔断体 2. B 型螺栓连接熔断体 3. C 型螺栓连接熔断体 4. A 型接触片式熔断体 5. B 型接触片式熔断体 6. A 型圆筒形帽熔断体	适用标准： GB/T 13539.1 GB/T 13539.4
		控制与保护开关电器（设备）（CPS）（0309）	控制与保护开关电器	适用标准： GB/T 14048.1 GB/T 14048.9

续16

产品种类及代码	对产品种类的描述	产品适用范围	对产品适用范围的描述或列举	说明
四、小功率电动机（1种）				
**11. 小功率电动机（0401）	1. 适用于额定电压大于36V（直流或交流有效值），小于直流1500V、交流1000V的驱动用小功率电动机。包括： （1）转速折算到1500r/min时，最大连续定额不超过1.1kW的各类交流异步电动机、交流同步电动机（额定功率≤同步转速×1.1kW/1500）； （2）最大连续定额不超过1.1kW的交流换向器电动机、直流电动机。 2. 不包括： （1）控制用途电动机（如伺服电动机、步进电动机、自整角机、旋转变压器、测速发电机、感应移相器等）； （2）有一种定额超出以上适用范围的多电压、多转速电动机。 3. 防爆电机仅按防爆电气强制性产品认证要求实施认证	三相异步电动机（YS系列）	用于工业及类似用途	适用标准：GB/T 12350
		电阻起动异步电动机（YU系列）	家用、工业及类似用途；电阻起动，带有离心开关	
		电容起动异步电动机（YC系列）	家用、工业及类似用途；带有起动用的电容器，离心开关	
		电容运转异步电动机（YY系列）	家用、工业及类似用途；带有电动机运转用电容器	
		双值电容异步电动机（YL系列）	工业及类似用途；带有起动用的电容器，离心开关，电动机运转用电容器	
		一般用途的罩极异步电动机	适用于一般用途的罩极异步电动机	
		三相电泵用电动机	主要供输送冷却液用	
		盘式制动异步电动机	工业及类似用途；电枢与转子为盘状，气隙磁场-轴向结构	
		单相串励电动机	适用于一般用途、家用及类似用途家用电器、医疗器械、一般设备、仪器、机械等用的小功率单相串励电动机	
		三相机械离合器电动机	主要供工业缝纫机使用	
		单相机械离合器电动机	主要供工业缝纫机使用	
		水泵用电动机	与水泵共轴的三相、单相电阻起动、单相电容起动和单相电容运转小功率异步电动机	
		家用缝纫机电动机	家用缝纫机电动机	
		洗衣机用电动机	一般家用电动洗衣机（洗涤机和洗涤—脱水机）用电动机	
		洗衣机脱水用电动机	一般家用洗衣机脱水用电动机	
		空调器风扇电动机	装有冷凝器、蒸发器、全封闭电动机压缩机的房间空调器风扇用电动机，以及热泵、除湿机、风机盘管式空调器风扇用电动机	

续17

产品种类及代码	对产品种类的描述	产品适用范围	对产品适用范围的描述或列举	说明
		交流台扇用电动机	交流台扇（包括壁扇、台地扇、落地扇）用的单相电容运转异步电动机、无刷直流电动机和单相罩极异步电动机	
		转页扇用电动机	转页扇用的单相电容运转异步电动机、无刷直流电动机和单相罩极异步电动机	
		吸排油烟机用电动机	家用吸排油烟机用单相电容运转异步电动机、无刷直流电动机	
		家用换气扇用电动机	家用和类似用途的换气扇用单相电容运转异步电动机、无刷直流电动机和单相罩极异步电动机	
		食品搅拌器用串励电动机	带有刀具的食物搅碎器及类似用途用电动机	
		家用真空吸尘器用单相串励电动机—风机	适用于家用真空吸尘器用单相串励电动机—风机	
		一般用途用永磁同步电动机	适用于一般用途用永磁同步电动机	
		爪极式永磁同步电动机	带多级减速齿轮箱的永磁同步电动机	
		直流电动机	最大连续额定功率不超过1.1kW的永磁式和电磁式小功率直流电动机	
		—	以上范围以外、按GB/T 12350标准设计、生产的符合本规则适用范围的其他系列电动机	
		三相异步电动机	工业及类似用途	1. 适用标准：GB/T 14711 2. 不包括插入式混凝土振动器用电动机
		变极多速三相异步电动机（YD系列）	工业及类似用途；电动机以变极而变速，有二速、三速、四速三种类型，电动机定子绕组在二速时为单套绕组，三速、四速时为双套绕组	
		高转差率三相异步电动机（YH系列）	工业及类似用途；以S3为基准的周期工作定额，负载持续率分为15%、25%、40%、60%四种	
		电磁调速电动机（YCT系列）	工业及类似用途；由电磁转差离合器、拖动电动机及电磁调速控制器组成。拖动电动机借凸缘端盖止口直接安装在离合器机座上的组合式结构	
		电磁调速电动机（YCTD系列）	工业及类似用途；由电磁转差离合器、拖动电动机及电磁调速控制器组成。拖动电动机借凸缘端盖止口直接安装在离合器机座上的组合式结构；是一种低电阻端环电磁调速电动机，调速范围比YCT调速电动机大	

续18

产品种类及代码	对产品种类的描述	产品适用范围	对产品适用范围的描述或列举	说明
		齿轮减速三相异步电动机（YCJ系列）	工业及类似用途；输出转速约为15~600r/min；减速电动机采用外啮合渐开线圆柱齿轮，分单级、两级和三级减速传动，并可正反向运转	
		变极多速三相异步电动机（YDT系列）	主要配用于风机、水泵类负载的一种变极多速三相异步电动机；电动机以变极而变速，有二速、三速两种类型	
		电磁制动三相异步电动机（YEJ系列）	工业及类似用途；由三相异步电动机和电磁制动器组成	
		户外及户外化学腐蚀三相异步电动机（Y-W系列及Y-WF系列）	工业及类似用途；适用于户外及户外腐蚀环境中；电动机按所能承受的使用环境化学介质的严酷程度，分为户外防轻腐蚀型（Y-W），户外防中等腐蚀型（Y-WF1）及户外防强腐蚀型（Y-WF2）	
		防腐蚀型三相异步电动机（Y-F系列）	工业及类似用途；适用于户内腐蚀环境中；电动机按所能承受的使用环境化学介质的严酷程度，分为户内防中等腐蚀型（Y-F1）及户内防强腐蚀型（Y-F2）	
		木工用三相异步电动机（Y-M系列）	工业及类似用途；主要用于驱动木工机械	
		振动源三相异步电动机	工业及类似用途；振动电机的偏心块在规定位置条件下，由振动电机自激产生振动力	
		YLJ系列力矩三相异步电动机	工业及类似用途；电动机的定额是从空载至堵转之间负载和转速连续变化的S9工作制的非周期工作定额	
		变频调速专用三相异步电动机（YVF2）	工业及类似用途；电动机在规定频率范围内恒转矩（3Hz或5~50Hz）和恒功率（50~100Hz）运行	
		小型平面制动三相异步电动机	工业及类似用途；盘式定、转子结构	
		阀门电动装置用三相异步电动机（YDF2系列）	工业及类似用途；适用于阀门电动装置；电动机的定额以短时工作制（S2-10mm）为基准的短时定额	
		—	除以上电动机以外，按GB/T 14711设计、生产的符合本规则适用范围的其他系列电动机	

续19

产品种类及代码	对产品种类的描述	产品适用范围	对产品适用范围的描述或列举	说明
五、电动工具（3种）					
1. 用手握持操作的，装有电源线（含带电源箱或电动机—发电机组）并内装电源开关的、由电动机或由电磁铁作动力来驱动的； 2. 交流单相和直流额定电压不大于250V，交流三相额定电压不大于440V； 3. 不适用于中频电动工具（用电源箱或电动机—发电机组或电源转换器供电的工具除外）和GB/T 3883.1附录K涉及的电池式电动工具				
*12. 电钻（0501）	—	电钻、手电钻、角向电钻、万向电钻	1. 对金属、木料、塑料构件等各种材料上进行钻孔用的电动工具； 2. 有单速、双速、多速结构，没有冲击机构； 3. 一般采用串励电动机作动力，少量产品采用三相异步电动机作动力	适用标准： GB/T 3883.1 GB/T 3883.201 GB 4343.1 GB 17625.1
		冲击电钻	1. 用装在输出轴上的钻头，靠冲击机构在混凝土、砖石及类似材料上钻孔用的电动工具； 2. 可通过调节冲击—旋转装置，去除冲击功能但保留旋转功能，从而可在金属、木料、塑料构件上进行钻孔作业； 3. 一般采用串励电动机作动力	
*13. 电动砂轮机（0503）	—	角向磨光机、砂磨机、湿式磨光机、切割机、砂轮开槽机	1. 用跋形、杯形、平行砂轮对金属材料、构件、石材上的不平整部位、焊缝，或对地面等进行磨光作业或切割金属材料的电动工具，对地面进行磨光作业时，一般需带水源； 2. 当带水源作业时，该产品应当用额定电压不超过115V的隔离变压器供电； 3. 一般采用串励电动机作动力	适用标准： GB/T 3883.1 GB/T 3883.3 GB 4343.1 GB 17625.1
		电磨、模具电磨、阀座电磨、吊磨机	1. 用多种形式的小型砂轮、磨石对特定形状的构件进行磨光、去除表面材料的电动工具； 2. 一般产品整体为手持操作，也有产品采用软轴传动，电机部分悬挂使用； 3. 一般采用串励电动机作动力	
		直向砂轮机	1. 用圆柱形砂轮的圆柱面对金属材料、构件上的不平整部位以及焊缝等进行磨光、去除表面材料的电动工具； 2. 一般采用串励电动机作动力，少量产品采用三相异步电动机作动力	
		抛光机	1. 用抛轮对各种材料表面进行抛光的电动工具； 2. 一般采用串励电动机作动力	
		盘式砂光机	1. 用装在底盘衬垫上的圆形砂纸对材料表面进行砂光的电动工具； 2. 砂盘与电机轴成刚性连接，砂盘只能随电动机做旋转运动； 3. 一般采用串励电动机作动力	

续20

产品种类及代码	对产品种类的描述	产品适用范围	对产品适用范围的描述或列举	说明
*14. 电锤 (0506)	—	电锤	1. 以活塞冲击能量辅以钎杆、钻头的旋转运动,在砖块、水泥构件、轻质墙、石料等建筑材料上钻孔用的电动工具; 2. 输出轴仅具有旋转—冲击功能; 3. 一般采用串励电动机作动力	适用标准: GB/T 3883.1 GB/T 3883.7 GB 4343.1 GB 17625.1
		锤钻、旋转电锤	1. 以活塞冲击能量辅以钎杆、钻头的旋转运动,在砖块、水泥构件、轻质墙、石料等建筑材料上钻孔用的电动工具; 2. 输出轴具有旋转—冲击和纯旋转两种功能; 3. 一般采用串励电动机作动力	
		电镐、电动凿岩机、枕木电镐	1. 以活塞冲击能量捶击钎杆,在砖块、水泥构件、轻质墙、石料、地面等建筑材料上凿孔用的电动工具; 2. 输出轴只有冲击功能,无旋转功能; 3. 一般采用串励电动机作动力	

六、电焊机(4种)

将电能转换为焊接能量的整套装置或设备,包括电网输入和机械设备驱动的焊接电源(弧焊电源、电阻焊机)、辅助设备及焊接附件

产品种类及代码	对产品种类的描述	产品适用范围	对产品适用范围的描述或列举	说明
*15. 直流弧焊机 (0603) *16. TIG 弧焊机 (0604) *17. MIG/MAG 弧焊机 (0605) *18. 等离子弧切割机 (0607)	电弧焊机(直流弧焊机、TIG 弧焊机、MIG/MAG 弧焊机、等离子弧切割机等)是提供电流和电压,并具有适合于弧焊及类似工艺所需特性的设备	直流弧焊机、TIG 弧焊机、MIG/MAG 弧焊机、等离子弧切割机和多种焊接工艺组合的电弧焊机等	电弧焊机(直流弧焊机、TIG 弧焊机、MIG/MAG 弧焊机、等离子弧切割机等)是由主变压器、调节机构和外壳等组成的弧焊电源,配合送丝装置和焊枪/焊炬/焊钳及焊接材料等将电能转换为焊接能量的设备。通过对焊接工件施加高温电弧,使焊接工件局部发生冶金反应,形成焊缝。按输出外特性分为:恒流、恒压和介于两者间的缓降外特性三种类型。有机械式、电磁式和电子式等焊接参数多种调节类型。 1. WS 系列 TIG 弧焊机 2. NB 和 NBC 系列 MIG/MAG 弧焊机 3. LG 系列等离子弧切割机 4. ZX5、ZX7、ZX1 系列直流弧焊机 5. 机械设备驱动弧焊机 6. 多功能(如手工焊/TIG 焊/MIG/MAG 焊)弧焊机	适用标准: GB/T 15579.1 GB/T 8118

七、家用和类似用途设备(19种)

1. 包括满足以下要求的家用和类似用途设备:
(1)作为家用及类似用途的;
(2)对公众存在危险的,包括在商店、办公场所、酒店、轻工业、农场等场所由非电专业人员使用的设备。
2. 除电动机—压缩机外,器具如果通过市网供电,单相器具额定电压必须包含 220V、额定频率必须包括 50Hz,三相器具额定电压必须包含 380V、额定频率必须包括 50Hz。
3. 不包括专为工业用而设计的器具和由可拆卸电源装置供电且销售时不带有可拆卸电源装置的器具

续21

产品种类及代码	对产品种类的描述	产品适用范围	对产品适用范围的描述或列举	说明
19. 家用电冰箱和食品冷冻箱（0701）	1. 单相器具额定电压不超过250V，其他器具额定电压不超过480V； 2. 具有合适的容积、由内置装置冷却，并具有一个或多个用于储存食品（包括饮料的冷却）间室的密封绝热器具	家用电冰箱和食品冷冻箱	1. 电动机—压缩机驱动的冷冻箱（柜）、冷藏箱（柜）、冷藏冷冻箱（柜）、无霜冰箱； 2. 电动机—压缩机驱动的非散开式冷藏/冷冻展示柜、自携封闭式陈列柜、非零售用餐饮陈列柜； 3. 带有制冰机或冰激凌机功能的家用电冰箱； 4. 吸收式冰箱； 5. 帕耳帖效应式（半导体制冷）冰箱	1. 适用标准： GB 4706.1 GB 4706.13 GB 4343.1 GB 17625.1 2. 不包括商用售卖机、敞开式冷藏/冷冻展示柜、以独立形式存在的制冰机和冰激凌机、远置式陈列柜、生鲜自提柜、物流冷柜、冷库等
20. 电风扇（0702）	1. 单相器具额定电压不超过250V，其他器具额定电压不超过480V； 2. 通过电动机驱动扇叶旋转产生流动气流通风排气	电风扇	转页扇、落地扇、台扇（台地扇）、壁扇、吊扇、冷风扇、风幕扇、换气扇、吸顶扇、夹子扇、可独立使用的其他类型风扇等	1. 适用标准： GB 4706.1 GB 4706.27 GB 17625.1 GB 4343.1 2. 不包括： （1）不单独使用，仅作设备配件使用的风扇（如计算机中的散热风扇、电梯专用风扇）； （2）仅作为工业用途，一般人员无法触及的通风机、工业场所用的电风扇； （3）微风吊扇[明显无法按照标准要求在正常工作状态（吊扇安装于天花板上）下使用]； （4）吹地机

续22

产品种类及代码	对产品种类的描述	产品适用范围	对产品适用范围的描述或列举	说明
21. 空调器（0703）	1. 单相器具额定电压不超过250V，其他器具额定电压不超过480V； 2. 装有全封闭电动机—压缩机，额定制冷量/制热量≤21000大卡/每小时（24360W）（制热量限制适用于仅具有制热功能的器具）； 3. 可作为一个组件或组件系统的一部分独立销售	空调器	窗式空调器、挂壁式空调器、落地式空调器、吊顶式空调器、嵌入式空调器、多联式空调器、移动式空调器、除湿机、冷水机组、水冷机组、单元式空调机、机房精密空调、采暖用空调、热风机、电梯空调、机柜空调等各种空调器等	1. 适用标准： GB 4706.1 GB 4706.32 GB 4343.1 GB 17625.1 2. 不包括： （1）不带有压缩机的末端设备（与室外机没有匹配关系、控制关系和电气连接），如风机盘管等； （2）不带有压缩机的空气调节产品； （3）吸收式、吸附式、热电式、喷射式空调器； （4）加湿器、空气净化器、负离子发生器、利用热泵原理的干衣机等
**22. 电动机—压缩机（0704）	1. 输入功率<5000W家用和类似用途装置所用的密闭式（全封闭型和半封闭型）电动机—压缩机； 2. 额定电压单相不超过250V，额定电压三相不超过480V	电动机—压缩机	1. 制冷器具、冰激凌机、制冰机用电动机—压缩机； 2. 热泵、空调器、除湿机用电动机—压缩机； 3. 饮水机用的电动机—压缩机； 4. 商用售卖机用电动机—压缩机； 5. 用于制冷、空气调节或加热用途或这些用途的组合而传递热量的由工厂制造的装配组件用电动机—压缩机，如商用展示柜或冷库用压缩冷凝机组用电动机—压缩机； 6. 用于车辆或船上的器具用电动机—压缩机	1. 适用标准： GB 4706.1 GB 4706.17 2. 不包括专为工业用途设计的电动机—压缩机等

续23

产品种类及代码	对产品种类的描述	产品适用范围	对产品适用范围的描述或列举	说明
23. 家用电动洗衣机（0705）	1. 单相器具额定电压不超过250V，其他器具额定电压不超过480V； 2. 用于对衣物和纺织物品进行洗涤、脱水处理的； 3. 可结合有加热、脱水和干燥的装置； 4. 离心式脱水机、带有离心式脱水功能的洗衣机，其负载容量为≤10kg的干衣	家用电动洗衣机	单桶洗衣机、离心式脱水机、带脱水装置的双桶洗衣机、带干衣或不带干衣功能的波轮式全自动洗衣机、带加热或不带加热的全自动滚筒式洗衣机、滚筒式洗衣干衣机、带有电动挤水器的洗衣机、搅拌式洗衣机等	1. 适用标准： GB 4706.1 GB 4706.24 GB 4706.20（适用时） GB 4706.26（适用时） GB 4343.1 GB 17625.1 2. 不包括仅有干衣功能的单干衣机、干洗设备、洗鞋机等
24. 电热水器（0706）	电热水器—储水式热水器： 1. 单相器具额定电压不超过250V，其他器具额定电压不超过480V； 2. 具有储存水并将水加热至沸点以下某个可控温度功能、用于洗浴、洗涤和类似用途的驻立式器具； 3. 器具通过金属铠装电热元件、非金属铠装电热元件、电热膜或类似膜状电热元件、或其他型式的加热元件（如微波加热、电磁加热、热泵）实现加热水的功能	电热水器—储水式热水器	1. 密闭式储水热水器； 2. 出口散开式储水热水器； 3. 水箱式储水热水器； 4. 水槽供水式储水热水器； 5. 带电加热的太阳能热水器； 6. 热泵热水器	1. 适用标准： GB 4706.1 GB 4706.12 GB 4706.32（适用时） 2. 不包括专门为工业用设计的器具、腐蚀性和爆炸性场所使用的器具、设计打算同时使用气源的器具、商用售卖机、定制生产和安装的大型太阳能热水器（带电辅助加热）、可移动洗澡机等

续24

产品种类及代码	对产品种类的描述	产品适用范围	对产品适用范围的描述或列举	说明
	电热水器—快热式热水器： 1. 单相器具额定电压不超过250V，其他器具额定电压不超过480V； 2. 具有当水流过器具时将水加热到沸点以下温度功能、用于洗浴、洗涤和类似用途的器具； 3. 器具通过金属铠装电热元件、非金属铠装电热元件、电热膜或类似膜状电热元件、裸露式电热元件、或其他加热方式实现加热水的功能	电热水器—快热式热水器	1. 封闭式快热热水器； 2. 出口开放式快热热水器； 3. 裸露电热元件快热式热水器	1. 适用标准： GB 4706.1 GB 4706.11 2. 不包括专门为工业用设计的器具、腐蚀性和爆炸性场所使用的器具、设计打算同时使用气源的器具、商用售卖机等
25. 室内加热器（0707）	1. 单相器具额定电压不超过250V，其他器具额定电压不超过480V； 2. 用于对房间空气进行加热的加热器	室内加热器	辐射式加热器、对流式加热器、风扇式加热器，如：充油式电暖气（油汀）、浴霸、取暖器等	1. 适用标准： GB 4706.1 GB 4706.23 2. 不包括： （1）不单独使用，仅作设备配件使用的加热器； （2）储热式房间加热器、地毯式加热器； （3）暖手宝、干衣架、毛巾烘干机、柔性加热装置； （4）加热元件与散热装置分离的加热器

续25

产品种类及代码	对产品种类的描述	产品适用范围	对产品适用范围的描述或列举	说明
26. 真空吸尘器（0708）	1. 额定电压不超过250V； 2. 利用真空原理用于地面或其他表面去除灰尘和污物、吸水，以及动物清洁等目的的器具	真空吸尘器	真空吸尘器（包括中央安置吸尘器）、吸水清洁器具、动物清洁器具、带有电源适配器的充电式吸尘器等	1. 适用标准： GB 4706.1 GB 4706.7 GB 4343.1 GB 17625.1 2. 不包括专门为工业用设计的器具、腐蚀性和爆炸性场所使用的器具等
27. 皮肤和毛发护理器具（0709）	1. 额定电压不超过250V； 2. 用于对头发或皮肤护理的带电加热元件的个人护理器具	皮肤和毛发护理器具	电吹风、干手器、电热梳、卷发器、电发夹、毛发定型器、面部桑拿器等	1. 适用标准： GB 4706.1 GB 4706.15 GB 17625.1 GB 4343.1 2. 不包括医用皮肤、毛发护理器具，电动剃须刀，美容仪，卸妆仪，有治疗理疗功能、使用药物的器具等
28. 电熨斗（0710）	1. 额定电压不超过250V； 2. 具有一定重量的平的底板，采用电热元件加热，加热后可熨压织物并使其平滑； 3. 可包括相关设备，如容量不超过5升的分离式水箱或蒸汽器	电熨斗	干式电熨斗、蒸汽电熨斗（包括开口式、压力式）、无绳电熨斗、带有单独蒸汽发生器或水箱的电熨斗等	1. 适用标准： GB 4706.1 GB 4706.2 GB 4343.1 GB 17625.1 2. 不包括旋转式或平台式熨平机、织物蒸汽机（蒸汽熨刷）、专为工业用途设计的器具等

续26

产品种类及代码	对产品种类的描述	产品适用范围	对产品适用范围的描述或列举	说明
29. 电磁灶（0711）	1. 单相器具额定电压不超过250V，其他器具额定电压不超过480V； 2. 通过电磁线圈元件，将放在金属容器中的食物、水进行加热的器具	电磁灶	便携式电磁灶、驻立式电磁灶、气电组合电磁灶器具中的电器部分等	1. 便携式器具适用： GB 4706.1 GB 4706.29 或 GB 4706.14 2. 驻立式器具适用： GB 4706.1 GB 4706.22 3. 不包括商用电磁灶台等
30. 电烤箱（便携式烤架、面包片烘烤器及类似烹调器具）（0712）	1. 额定电压不超过250V； 2. 采用电热元件加热，具有烘烤、烧煮等食物烹调功能； 3. 属于便携式器具； 4. 容积不超过10L	电烤箱（便携式烤架、面包片烘烤器及类似烹调器具）	面包片烘烤器、华夫饼炉、电烤箱、电烤炉、旋转烤架、烘烤器、烤肉叉、辐射烤架、烤盘、烧烤架、奶酪烤架、接触烤架、室内用烧烤炉、食物烘烤器、电炉、电灶、气电组合烧烤器具中的电器部分、面包机、光波炉、多士炉等	1. 适用标准： GB 4706.1 GB 4706.14 2. 不包括打算用于商用餐饮业的器具、保温板等
31. 电动食品加工器具[食品加工机（厨房机械）]（0713）	1. 额定电压不超过250V； 2. 用于对食物进行加工准备的器具，用于开罐头的器具，用于磨刀的器具	电动食品加工器具[食品加工机（厨房机械）]	食物混合器、奶油搅打器、打蛋机、搅拌器、筛分器、搅乳器、柑桔汁压榨器、离心式榨汁机、绞肉机、面条机、果浆汁榨取器、切片机、豆类切片机、土豆剥皮机、磨碎器与切碎器、磨刀器、开罐头器、刀具、食品加工器、谷类磨碎器（漏斗容量≤3L）、咖啡碾碎器（漏斗容量≤500克）、家用榨油机等	1. 适用标准： GB 4706.1 GB 4706.30 GB 4706.19（适用时） 2. 不包括商用食品加工机、商用咖啡研磨机等
32. 微波炉（0714）	1. 额定电压不超过250V； 2. 利用频率在300MHz~30GHz之间的电磁能量加热腔体内食物和饮料的器具； 3. 可对食物有附加的功能，如着色功能、烧烤功能、蒸汽功能等	微波炉	微波炉、烧烤微波炉、光波微波炉、转波炉、蒸汽微波炉、热风循环式微波炉等	适用标准： GB 4706.1 GB 4706.21

续27

产品种类及代码	对产品种类的描述	产品适用范围	对产品适用范围的描述或列举	说明
33. 电灶、灶台、烤炉和类似器具（驻立式电烤箱、固定式烤架及类似烹调器具）(0715)	1. 单相器具额定电压不超过250V，其他器具额定电压不超过480V； 2. 采用电热元件加热，具有烘烤、烧煮等食物烹调功能； 3. 属于驻立式器具	电灶、灶台、烤炉和类似器具（驻立式电烤箱、固定式烤架及类似烹调器具）	驻立式烤架、驻立式烤盘、烤炉（包括蒸汽烤炉、及热解式自洁烤炉）电灶、灶台、气电组合烹调器具中的电器部分等	1. 适用标准： GB 4706.1 GB 4706.22 2. 不包括打算用于商用餐饮业的器具等
34. 吸油烟机(0716)	1. 额定电压不超过250V； 2. 安装在烹调炉具、炉灶或类似器具上部，用电动机驱动用于抽吸被污染空气的吸油烟机	吸油烟机	深型吸油烟机、欧式吸油烟机、薄型吸油烟机、亚深型吸油烟机、分体式吸油烟机等	1. 适用标准： GB 4706.1 GB 4706.28 2. 不包括仅为工业或商业目的安装的排烟系统或仅依靠静电除尘的器具等
35. 液体加热器和冷热饮水机(0717)	额定电压不超过250V	液体加热器	电水壶、电茶壶、电热杯、电热水瓶等产生沸水的电开水器（额定容量≤10L）、咖啡壶、煮蛋器、电热奶器、喂食瓶加热器、额定蒸煮压力不超过140kPa、额定容量不超过10L的电压力锅（含电压力饭锅）、电烹调平锅、电炖锅、电热锅、电蒸锅、电药壶（煲）、电酸奶器、煮沸清洗器、带有水壶的多功能的早餐机、多用途电热锅、电火锅、电消毒器、家畜饲料蒸煮器、带有水套的煮胶锅等	1. 适用标准： GB 4706.1 GB 4706.19 2. 不包括煎锅和深油炸锅、用液体或蒸汽清洁表面的清洗器、便携浸入式加热器、商用开水器（容量＞10L）、电极型液体加热器、干式消毒器、蒸汽压力消毒器、蒸储水机等

续28

产品种类及代码	对产品种类的描述	产品适用范围	对产品适用范围的描述或列举	说明
	1. 额定电压不超过250V； 2. 将桶装、管道中或其他水源提供的饮用水直接加热或冷却到适宜温度供使用者直接饮用的器具	冷热饮水机	可对饮用水进行前期净化和/或消毒和/或软化等处理后，再进行加热或冷却，供使用者直接饮用的器具	1. 适用标准： GB 4706.1 GB 4706.19 GB 4706.13 2. 不包括商用电煮锅、商用电热水锅炉、装有电极型加热器的器具、商用售卖机、不带有加热或冷却功能的直饮机、不带有加热或冷却功能的净水机等
36. 电饭锅（0718）	1. 额定电压不超过250V； 2. 以煮饭为主要功能的器具； 3. 可结合煮粥、炖汤等功能	电饭锅	电饭锅（煲）、自动电饭锅（煲）、全自动电饭锅（煲）、多功能电脑电饭锅（煲）、定时电饭锅（煲）、西施锅（煲）、智能（电饭）锅（煲）等	1. 适用标准： GB 4706.1 GB 4706.19 GB 4343.1 GB 17625.1 2. 不包括使用石油气、煤气等加热的饭锅
37. 电热毯、电热垫及类似柔性发热器具（0719）	1. 额定电压不超过250V； 2. 对床或人体进行加热的柔性器具； 3. 打算用于人体局部加热、且在每面带有发热面积不超过 0.3m² 的一块柔性部件构成的电热垫	电热毯、电热垫及类似柔性发热器具	电热毯（上盖电热毯、下铺电热毯）、电热垫、电热被、电热褥垫、柔性电发帽等	1. 适用标准： GB 4706.1 GB 4706.8 2. 不包括刚性床取暖器、暖脚器、热脚垫、水暖/冷垫（床）、有医疗或理疗功能的柔性器具、使用药物的柔性器具等

续29

产品种类及代码	对产品种类的描述	产品适用范围	对产品适用范围的描述或列举	说明
八、电子产品及安全附件（共计18种）					
1. 不包括预定仅在室外环境使用的设备（"室外"是指会直接受到风吹、雨淋、日晒等气候条件影响的自然环境）； 2. 不包括广播电台和电视台使用的广播级音响设备； 3. 不包括不可连接到公共通信网（包括PSTN/无线通信网络/公共互联网）内或由通信运营商管理维护的用户端通信产品； 4. 集显示、打印、计算等多功能于一体、以实现收款为主要功能的收款机产品，使用代码0913实施认证，适用标准为GB 4943.1、GB/T 9254。不包括税控收款机； 5. 由目录内的音箱、音频功率放大器和各类载体形式的音视频录制、播放及处理设备组成的组合产品，使用代码0806实施认证； 6. 专为电信终端设备（代码前两位为16）配套的电源适配器（充电器）应随整机检测，不在CCC认证范围； 7. 音视频设备（代码前两位为08）、信息技术设备（代码前两位为09）中的标称额定电压小于等于5VDC，标称额定消耗功率小于15W（或15VA），且无可充电电池的设备（Ⅲ类设备）实施自我声明程序A					
38. 总输出功率在500W（有效值）以下的单扬声器和多扬声器有源音箱（0801）	扬声器：把电能转换成声能，并把声功率辐射到空气中的电声换能器。有源扬声器音箱：音箱内除了扬声器之外，还包含有电能源。例如：存在着有源器件构成的电路（包括音频功率放大电路）和供电电源电路	有源扬声器音箱	单扬声器有源音箱、多扬声器有源音箱、有源扬声器音箱与无源扬声器音箱组合而成的有源扬声器系统等	1. 适用标准： GB 8898 GB/T 13837 GB 17625.1 2. 不包括正常工作条件下，总输出功率≥500W（有效值）的有源扬声器或多扬声器有源音箱
39. 音频功率放大器（0802）	将音频电信号（或者是通过传声器将声音信号转换而成的音频电信号）放大（包括电流/电压/功率放大）到一定功率以推动负载（扬声器）放声的音频放大器	音频功率放大器	适用于监听，扩声及家用音频功率放大器（定阻式或定压式）、定阻式：输出端以负载阻抗标示的放大器，例如带有传声器（麦克风）的音频功率放大器、定压式：输出端以电压标示的放大器，例如不带有传声器（麦克风）的音频功率放大器等。 环绕声放大器：具有环绕声解码器、并具有视频信号通道的多通道声频放大器，例如扩音机/扩音器、前置放大器等。 家庭影院：由环绕声放大器、多个扬声器系统、大屏幕电视及高质量A/V节目源构成的具有环绕声影院视听效果的家用视听系统，例如家庭影院用的环绕声放大器等	1. 适用标准： GB 8898 GB/T 13837 GB 17625.1 2. 不包括不直接推动负载（扬声器，耳机）的前置放大器

续30

产品种类及代码	对产品种类的描述	产品适用范围	对产品适用范围的描述或列举	说明
40. 各类载体形式的音视频录制、播放及处理设备（包括各类光盘、磁带、硬盘等载体形式）（0805、0812）	用相关载体介质录制、播放和处理音频信号及视频信号的设备	载体为内置式或外置扩展式，例如光盘、磁带、硬盘、U盘、存储卡等式的音视频录制、播放及处理设备（0805）	录放机、电唱机、具有录音功能的激光唱机、语言复读机、带有载体的编码器/解码器等	1. 适用标准：GB 8898 GB/T 13837 GB 17625.1 2. 不包括电脑光驱、摄像机、数码相机、无载体的音视频录制播放及处理设备（如无载体的视频展示台）
		录像机（0812）	磁带录像机、硬盘录像机、DVD录像机等	适用标准：GB 8898 GB/T 13837 GB 17625.1
41. 各种成像方式的彩色电视接收机、电视机顶盒（0808）	可以接收广播电视信号，能解调并能输出或重现广播电视信号的设备	彩色电视接收机 电视机顶盒	液晶显示彩色电视接收机、等离子彩色电视接收机、投影（背投、前投）彩色电视接收机、彩色视频投影电视机、数字电视机顶盒等	适用标准：GB 8898 GB/T 13837 GB 17625.1
42. 电子琴（0813）	通过键盘控制电信号转换为音频信号的乐器，或通过键盘控制采样音源输出的乐器，通常由电源、音频信号控制或处理、音频信号放大等部分组成	电子琴	落地式单层键盘电子琴、落地式多层键盘电子琴、便携式单层键盘电子琴、便携式多层键盘电子琴、电子钢琴等	1. 适用标准：GB 8898 GB/T 13837 GB 17625.1 2. 不包括电吉他、铉琴、电手风琴等
43. 微型计算机（0901）	由计算模块、存储模块、供电模块和操作系统组成，具有独立结构的实体。该实体可以外接或内置外围设备，实现以办公/服务电子化为主要功能的信息处理系统	微型计算机	适用于额定电流小于等于6A的微型计算机。家用、办公用的计算机、台式计算机、控制智能仪表用的计算机、数据处理设备、文本处理设备、网络计算机等	1. 适用标准：GB 4943.1 GB/T 9254 GB 17625.1 2. 不包括对生产过程及其机电设备、工艺装备进行检测与控制的工业控制计算机

续31

产品种类及代码	对产品种类的描述	产品适用范围	对产品适用范围的描述或列举	说明
44. 便携式计算机（0902）	以便携性为特点，具有输入输出设备、电池模块的微型计算系统	便携式数据处理设备	笔记本电脑、平板电脑等	适用标准： GB 4943.1 GB/T 9254 GB 17625.1
45. 与计算机连用的显示设备（0903）	能够与计算机连接使用，可以是单独的直观显示设备，也可以作为一个设备单元组装到系统的设备上，还可以是带有显示功能和控制功能的显示终端设备	显示设备	LCD液晶显示器、OLED显示器、LED电子显示屏、其他显示终端等	1. 适用标准： GB 4943.1 GB/T 9254 GB 17625.1 2. 不包括医用显示器（非通用接口）、无显示器功能的电子白板
	能够与计算机连接使用，将输入信号通过透射式投射方式或反射式投射方式等显示在投影面上的设备	数据投影机	LCD投影机、DLP投影机、DLV投影机等	适用标准： GB 4943.1 GB/T 9254 GB 17625.1
46. 与计算机相连的打印设备（0904）	能够与计算机连接使用，打印文件、票据或照片等	打印设备	激光打印机、针式打印机、喷墨打印机、热敏打印机、热转印打印机、票据打印机、宽幅打印机、标签打印机、条码打印机等	1. 适用标准： GB 4943.1 GB/T 9254 GB 17625.1 2. 不包括光盘、服装、塑料件的打印机或A4幅面打印速度大于60ppm的打印机
	能够与计算机连接使用，用来将图形准确绘制在介质上的绘图仪设备	绘图仪	从原理上分类，绘图仪分为笔式、喷墨式、热敏式、静电式、激光式等；从结构上可分为平台式和滚筒式；从颜色上可分为单色和彩色绘图仪。平台式绘图仪的工作原理是，在计算机控制下，笔或喷墨头在X、Y方向移动，而纸在平面上固定不动。滚筒式绘图仪的工作原理是，笔或喷墨头沿X方向移动，纸沿Y方向移动。 笔式绘图仪、喷墨式绘图仪、热敏式绘图仪、静电式绘图仪、激光式绘图仪等	适用标准： GB 4943.1 GB/T 9254 GB 17625.1

续32

产品种类及代码	对产品种类的描述	产品适用范围	对产品适用范围的描述或列举	说明
47. 多用途打印复印机（0905）	能够与计算机连接使用，具有打印和复印等功能	多用途打印复印机	打印和/或复印和/或传真多用机等	1. 适用标准：GB 4943.1 GB/T 9254 GB 17625.1 2. 不包括 A4 幅面打印速度大于 60ppm 和能复制开本大于 A1 规格的打印复印机
48. 扫描仪（0906）	能够与计算机连接使用，用来扫描文件、图纸或照片等	扫描仪	平板扫描仪、图纸扫描仪、立式扫描仪、其他高速扫描仪等	1. 适用标准：GB 4943.1 GB/T 9254 GB 17625.1 2. 不包括不带打印功能的条形码扫描器和笔式扫描器
49. 服务器（0911）	服务器是基于某种操作系统、具有通用开放体系结构，能通过网络为客户端计算机提供各种服务的高性能的计算机产品。具有高扩充性、高可用性、高稳定性	服务器	适用于额定电流小于等于 6A 的服务器。具有服务器功能的磁盘阵列、塔式服务器、机架服务器、刀片服务器等	适用标准：GB 4943.1 GB/T 9254 GB 17625.1
50. 传真机（1602）	在商业和民用设备内使用的，具有传真功能的办公和家用设备	传真机	传真机、多功能传真一体机等	1. 适用标准：GB 4943.1 GB/T 9254 2. 不包括工业传真机
51. 无绳电话终端（1604）	在 PSTN 网络终端处使用的，由座机（或主机）和手机（或副机）组成的，座机通过有线用户线与交换机相连，座机与手机之间采用无线通信方式，手机可随身携带，在有效的距离内可实现收铃、拨号和通话功能的电信终端产品	无绳电话终端	模拟无绳电话机、2.4GHz 数字无绳电话机等	1. 适用标准：GB 4943.1 GB/T 19483 2. 不包括无线集群电话

续33

产品种类及代码	对产品种类的描述	产品适用范围	对产品适用范围的描述或列举	说明
52. 移动用户终端（1606）	在为社会公众服务的公共移动通信网络中使用，实现通信功能的各类制式蜂窝移动终端设备。包含移动通信模块	移动用户终端	GSM/GPRS 用户终端设备、CDMA、CDMA1X、CDMA2000 用户终端设备、TD-SCDMA 用户终端设备、WCDMA 用户终端设备、TD-LTE 用户终端设备等，以及使用以上制式的其他终端设备（包括车载、固定台、通信模块、无线数据终端、可穿戴式设备等）	1. 适用标准：GB 4943.1 GB/T 19484.1 GB/T 22450.1 YD/T1592.1 YD/T1595.1 YD/T2583.14 2. 不包括 PHS 手机、对讲机、SCDMA 终端、工业环境和预定仅在室外环境中使用的模块
53. 数据终端（1608）	在非通信运营商管理维护的机房使用的、具有数据存储、转换和传递功能的通信终端产品	数据终端	以太网集线器（工作电压覆盖220V交流，且端口固定，且通信端口全部为以太网端口）、接口转换器、POS 终端（彩票销售终端）等	适用标准：GB 4943.1 GB/T 9254
54. 多媒体终端（1609）	在非通信运营商管理维护的机房使用的，利用公共通信网络对语音、图像、数据进行双向传递的多媒体终端产品	多媒体终端	可视电话、会议电视终端、信息点播终端、会议电视多点控制单元（MCU）、网络机顶盒等	适用标准：GB 4943.1 GB/T 9254
55. 电源（0807、0907）	直接与交流电网电源连接，输出可配接音视频产品，具有电压转换功能的设备。包括供电性质和电气参数转换	音视频设备配套的电源适配器（含充/放电器）（0807）	音视频设备配套的电源适配器、充/放电器、电源转换器等	适用标准：GB 8898 GB/T 13837 GB 17625.1
	直接与电网电源连接，输出可配接信息技术设备产品，具有电压转换功能的设备。包括供电性质和电气参数转换	信息技术设备配套的电源适配器（含充/放电器）（0907）	信息技术设备配套的电源适配器、充/放电器、电源转换器等	1. 适用标准：GB 4943.1 GB/T 9254 GB 17625.1 2. 不包括专为干电池充电的充电器
	适用于安装在额定电流小于等于6A 计算机或服务器内部的电源	计算机/服务器内置电源（0907）	计算机/服务器机内电源（带机内外壳或不带机内防护外壳）	适用标准：GB 4943.1 GB/T 9254 GB 17625.1

续34

产品种类及代码	对产品种类的描述	产品适用范围	对产品适用范围的描述或列举	说明
九、照明电器（2种） 不包括光源产品				
56. 灯具（1001）	分配、透出或改变一个或多个光源发出光线的器具，它包括支承、固定和保护光源必需的所有部件，以及必需的电路辅助装置和将它们连接到电源的装置，但不包括光源本身	固定式通用灯具	1. 指不为专门用途设计的灯具，其只能借助于工具才能拆卸的固定方式、或在伸臂范围外的使用位置而不能轻易地从一处移动到另一处的灯具； 2. 适用范围为电源电压高于36V和不超过1000V的以电光源为光源的固定式通用灯具； 3. 电源连接方式包括：灯具连接装置、接线端子、与插座配合的插头、连接引线、电源线、与电源导轨连接的接器、器具插座、安装耦合器、接合器或连接器； 4. 部分适用产品示例： （1）悬吊在天花板上的灯具，如枝形花灯、吊灯等； （2）表面安装灯具，如天花板表面安装灯具、墙面安装的灯具、家具表面安装灯具等； （3）安装在电源导轨上的灯具； （4）草坪、私人庭园地面安装的、且总高度低于2.5m的灯具	1. 适用标准： GB 7000.1 GB 7000.201 GB/T 17743 GB 17625.1 2. 不包括： （1）隧道灯具； （2）道路和街路照明灯具； （3）总高度不低于2.5m（≥22.5m）的柱式合成灯具和室外公共场所照明用灯具； （4）投光灯具； （5）舞台灯光、电视、电影及摄影场所（室内外）用灯具； （6）游泳池和类似场所用灯具； （7）医院和康复大楼诊所用灯具； （8）通风式灯具； （9）仅能使用自镇流双端LED灯的固定式通用灯具
		可移式通用灯具	1. 指不为专门用途设计的灯具，连着电源正常使用状态下能从一处移动到另一处的灯具； 2. 适用范围为电源电压高于36V和不超过250V的以电光源为光源的可移式通用灯具； 3. 电源连接方式包括：电源线带插头、器具插座； 4. 部分适用产品示例： （1）桌面放置的灯具，如台灯； （2）地面放置的灯具，如落地灯； （3）夹持在垂直或水平表面、或圆杆的灯具，如夹灯	1. 适用标准： GB 7000.1 GB 7000.204 GB/T 17743 GB 17625.1 2. 不包括： （1）以电池为电源的手电筒； （2）以电池为电源的可移式灯具； （3）庭园用可移式灯具； （4）手提灯； （5）灯串、灯带

续35

产品种类及代码	对产品种类的描述	产品适用范围	对产品适用范围的描述或列举	说明
		嵌入式灯具	1. 指制造商打算完全或部分嵌入安装表面的灯具； 2. 适用范围为电源电压高于36V和不超过1000V的以电光源为光源的嵌入式灯具； 3. 电源连接方式同固定式通用灯具； 4. 部分适用产品示例： （1）嵌入安装在吊顶或天花板表面的灯具，如格栅灯、筒灯； （2）嵌入安装在墙面的灯具，如墙脚灯具； （3）嵌入安装在家具表面的灯具	1. 适用标准： GB 7000.1 GB 7000.202 GB/T 17743 GB 17625.1 2. 不包括： （1）游泳池或类似场所嵌入池壁表面安装的水下灯具； （2）通风式灯具
		水族箱灯具	1. 用于照明一个水族箱内部的灯具，灯具被放在离水缸顶部很近的地方，或放在水缸里或水缸上； 2. 适用范围为电源电压高于36V和不超过1000V的以电光源为光源家用水族箱灯具； 3. 电源连接方式包括：软线、软缆和插头； 4. 部分适用产品示例： （1）非永久固定的水族箱的灯具，指可以放在水族箱水缸顶部或可移式顶部盖框或固定式顶部盖框上的灯具，灯具可以徒手移动； （2）永久固定的水族箱灯具，指固定在水族箱的水缸上或水族箱的固定式顶部盖框上的灯具，且灯具只能使用工具移动	1. 适用标准： GB 7000.1 GB 7000.211 GB/T 17743 GB 17625.1 2. 不包括： （1）非用于照明水族箱内部的灯具； （2）非家用水族箱灯具
		电源插座安装的夜灯	1. 指夜晚为不需要正常照明的区域提供低照度光源的灯具； 2. 适用范围为电源电压高于36V和不超过250V的以电光源为光源的电源插座安装的夜灯； 3. 电源连接方式：整体式插销； 4. 部分适用产品示例：插头直插安装的夜灯	适用标准： GB 7000.1 GB 7000.212 GB/T 17743 GB 17625.1
		地面嵌入式灯具	1. 指电源连接和电气部件在地面以下，适宜于安装到地面内的灯具； 2. 适用范围为电源电压高于36V和不超过1000V的以电光源为光源的地面嵌入式灯具。适于在室内或室外使用，如庭园、院子、非机动车道、停车场、自行车道、人行道、行人徒步区域、游泳池安全特低电压区域以外的区域、托儿所和类似场所； 3. 电源连接方式同固定式通用灯具； 4. 部分适用产品示例： （1）地埋灯，灯具出光面与地表平齐的地面嵌入式灯具； （2）矮柱灯，灯具的电源连接和电气部件在地面以下，预定安装到地面内，但灯具出光面可能高出地表的灯具	1. 适用标准： GB 7000.1 GB 7000.213 GB/T 17743 GB 17625.1 2. 不包括： （1）安装在机动车道的地面嵌入式灯具； （2）机场跑道上的地面嵌入式助航灯具； （3）游泳池或类似场所嵌入池底表面安装的水下灯具

产品种类及代码	对产品种类的描述	产品适用范围	对产品适用范围的描述或列举	说明
		儿童用可移式灯具	1. 指正常使用情况下，连接着电源可从一处移至另一处的灯具，而且灯具设计所提供的安全程度超过符合 GB 7000.204 的可移式通用灯具。儿童用可移式灯具是为使用时可能没有适合的人监护的儿童设计的； 2. 适用范围为电源电压高于 36V 和不超过 250V 的以钨丝灯或单端荧光灯为光源的儿童用可移式灯具； 3. 电源连接方式同可移式通用灯具； 4. 部分适用产品示例：在可移式罩子上面具有人物或动物的三维图形或造型的灯具	1. 适用标准： GB 7000.1 GB 7000.4 GB/T 17743 GB 17625.1 2. 不包括用电池的灯具或者不与电网电源直接连接的灯具
57. 镇流器（1002）	连接在电源和一支或若干支灯之间用来变换电源电压、限制灯的电流至规定值，提供启动电压和预热电流，防止冷启动，校正功率因数或降低无线电干扰的一个或若干个部件	荧光灯用镇流器	1. 指连接在电源和一支或若干支荧光灯之间，利用电感、电容或电感电容的组合将灯电流限制在规定值的装置； 2. 适用范围为采用 36V 以上和 1000V 以下交流电源的荧光灯电感镇流器，与其配套使用的荧光灯包括双端（直管形）荧光灯或单端（环形、H 形、π 形、方形或 2D 形以及多管紧凑型）荧光灯； 3. 部分适用产品示例： （1）电抗式镇流器 （2）谐振式镇流器 （3）漏磁升压式镇流器	1. 适用标准： GB 19510.1 GB 19510.9 GB/T 17743 GB 17625.1 2. 不包括： （1）电阻型荧光灯镇流器； （2）荧光灯试验用基准镇流器； （3）荧光灯寿命试验用镇流器
		放电灯（荧光灯除外）用镇流器	1. 指连接在电源和一支或若干支高强度气体放电灯之间，利用电感、电容或电感电容的组合将灯电流限制在规定值的装置； 2. 适用范围为采用 36V 以上和 1000V 以下交流电源的高强度气体放电灯用电感镇流器，与其配套使用的气体放电灯包括高压汞灯、低压钠灯、高压钠灯和金属卤化物灯； 3. 部分适用产品示例： （1）阻抗式高强度气体放电灯镇流器 （2）漏磁升压式高强度气体放电灯镇流器 （3）超前顶峰式高强度气体放电灯镇流器（又称 CWA 型）	1. 适用标准： GB 19510.1 GB 19510.10 GB/T 17743 GB 17625.1 2. 不包括： （1）高强度气体放电灯试验用基准镇流器； （2）高强度气体放电灯寿命试验用镇流器； （3）霓虹灯变压器

续37

产品种类及代码	对产品种类的描述	产品适用范围	对产品适用范围的描述或列举	说明
		荧光灯用交流电子镇流器	1. 指包含有稳定器件的交流—交流逆变器，其通常在高频下启动并使一支或几支荧光灯工作； 2. 适用范围为采用36V以上和1000V以下交流电源的荧光灯电子镇流器，与其配套使用的荧光灯包括双端（直管形）荧光灯、单端（环形、H形、π形、方形或2D形以及多管紧凑型）荧光灯和无电极荧光灯等； 3. 部分适用产品示例： （1）独立式或内装式的荧光灯用电子镇流器，具有金属外壳或塑料外壳、内部装有电子元件的印刷线路板，用接线端子输出或用导线输出； （2）整体式的荧光灯用电子镇流器，无独立的外壳、有一块或多块装有电子元器件的印刷线路板，具有引出线或接线端子，通常其外面包有一层绝缘衬或用树脂灌封在灯具内，依靠灯具外壳提供防止机械损坏以及防触电保护等； （3）带有调光等控制功能的荧光灯用电子镇流器	1. 适用标准： GB 19510.1 GB 19510.4 GB/T 17743 GB 17625.1 2. 不包括： （1）荧光灯用直流电子镇流器； （2）仅适用于应急照明的荧光灯用电子镇流器； （3）普通照明用自镇流荧光灯内的电子镇流器
		高强度气体放电灯用电子镇流器	1. 指装有触发和稳定部件的转换器，这种转换器能在直流或与电源频率不同的频率下使高强度气体放电灯工作； 2. 适用范围为采用36V以上、250V以下直流电源和/或1000V以下交流电源的高强度气体放电灯用电子镇流器，与其配套使用的气体放电灯包括高压汞灯、低压钠灯、高压钠灯和金属卤化物灯； 3. 部分适用产品示例： （1）独立式或内装式的高强度气体放电灯用电子镇流器，具有金属外壳或塑料外壳、内部装有电子元件的印刷线路板，用接线端子输出或用导线输出； （2）整体式的高强度气体放电灯用电子镇流器，无独立的外壳、有一块或多块装有电子元器件的印刷线路板，具有引出线或接线端子，通常其外面包有一层绝缘衬或用树脂灌封在灯具内，依靠灯具外壳提供防止机械损坏以及防触电保护等； （3）带有调光等控制功能的高强度气体放电灯用电子镇流器	1. 适用标准： GB 19510.1 GB 19510.13 GB/T 17743 GB 17625.1 2. 不包括： （1）高强度气体放电灯寿命试验用电子镇流器； （2）霓虹灯电子变压器； （3）剧院和机动车辆用特种灯用的镇流器

续38

产品种类及代码	对产品种类的描述	产品适用范围	对产品适用范围的描述或列举	说明
		LED模块用直流或交流电子控制装置	1. 指置于电源和一个或多个LED模块之间，为LED模块提供额定电压或电流的装置。此装置可以由一个或多个独立的部件组成，并且可以具有调光、校正功率因数和抑制无线电干扰的功能； 2. 适用范围为采用36V以上、250V以下直流电源和/或1000V以下交流电源的LED模块用电子控制装置； 3. 部分适用产品示例： （1）独立式或内装式的LED模块用电子控制装置，具有金属外壳或塑料外壳、内部装有电子元件的印刷线路板，用接线端子输出或用导线输出； （2）整体式的LED模块用电子控制装置，无独立的外壳、有一块或多块装有电子元器件的印刷线路板，具有引出线或接线端子，通常其外面包有一层绝缘衬或用树脂灌封在灯具内，依靠灯具外壳提供防止机械损坏以及防触电保护等； （3）带有调光等控制功能的LED模块用电子控制装置	1. 适用标准：GB 19510.1 GB 19510.14 GB/T 17743 GB 17625.1 2. 不包括普通照明用自镇流LED灯、双端LED灯（替换直管荧光灯用）等光源内的LED模块用电子控制装置

十、车辆及安全附件（13种）
1. 在中国公路及城市道路上行驶的M类汽车、N类汽车和O类挂车（须上普通牌照的车辆）及安全附件；
2. 在中国公路及城市道路上行驶的摩托车及安全附件；
3. 电动自行车

产品种类及代码	对产品种类的描述	产品适用范围	对产品适用范围的描述或列举	说明
58. 汽车（1101）	1. 由动力驱动，具有四个或四个以上车轮的非轨道承载车辆； 2. 设计和制造上需要由汽车牵引，才能在道路上正常使用的无动力道路车辆	M类汽车	至少有四个车轮并且用于载客的机动车辆。 1. M1类：包括驾驶员座位在内，座位数不超过九座的载客车辆； 2. M2类：包括驾驶员座位在内，座位数超过九个，且最大设计总质量不超过5000kg的载客车辆； 3. M3类：包括驾驶员座位在内，座位数超过九个，且最大设计总质量超过5000kg的载客车辆	1. 车辆分类应符合GB/T 15089标准规定 2. 车辆定义应符合GB/T 3730.1标准规定 3. 专用车辆定义应符合GB/T 17350标准规定。 4. 不包括： （1）三类底盘、缺少车身或驾驶室、货箱（车厢）的汽车； （2）GB 7258中规定的低速汽车（三轮汽车和低速货车的总称）； （3）无轨电车； （4）在轨道上行驶的车辆、农业与林业用拖拉机和各种工程机械以及其他设计上不在道路上行驶和使用而主要用于封闭道路和场所作业施工的轮式专用机械车
		N类汽车	至少有四个车轮并且用于载货的机动车辆。 1. N1类：最大设计总质量不超过3500kg的载货车辆； 2. N2类：最大设计总质量超过3500kg，但不超过12000kg的载货车辆； 3. N3类：最大设计总质量超过12000kg的载货车辆	
		O类挂车	挂车（包括半挂车）。 1. O1类：最大设计总质量不超过750kg的挂车； 2. O2类：最大设计总质量超过750kg，但不超过3500kg的挂车； 3. O3类：最大设计总质量超过3500kg，但不超过10000kg的挂车； 4. O4类：最大设计总质量超过10000kg的挂车	

续39

产品种类及代码	对产品种类的描述	产品适用范围	对产品适用范围的描述或列举	说明
59. 摩托车（1102）	由动力装置驱动的，具有两个或三个车轮的道路车辆	L1类（两轮轻便摩托车）	无论采用何种驱动方式，其最大设计车速不大于50km/h的摩托车，且： ——如使用内燃机，其排量不大于50mL； ——如使用电驱动，其电机额定功率总和不大于4kW； ——车辆纵向中心平面上装有两个车轮的轻便摩托车	1. 车辆分类及定义应符合GB 7258及GB/T 15089标准规定。 2. 不包括： （1）整车整备质量超过400kg、不带驾驶室、用于载运货物的三轮车辆； （2）整车整备质量超过600kg、不带驾驶室、不具有载运货物结构或功能且设计和制造上最多乘坐2人（包括驾驶人）的三轮车辆； （3）整车整备质量超过600kg的带驾驶室的三轮车辆； （4）最大设计车速、整车整备质量、外廓尺寸等指标符合相关国家标准和规定的，专供残疾人驾驶的机动轮椅车； （5）符合电动自行车国家标准规定的车辆； （6）电驱动的，最大设计车速不大于20km/h的三轮车辆。 3. 对于电驱动的正三轮轻便摩托车（L2类）、边三轮摩托车（L4类）和正三轮摩托车（L5类），其整车整备质量不包含动力蓄电池的质量
		L2类（正三轮轻便摩托车）	无论采用何种驱动方式，其最大设计车速不大于50km/h的摩托车，且： ——如使用内燃机，其排量不大于50mL； ——如使用电驱动，其电机额定功率总和不大于4kW； ——装有与前轮对称分布的两个后轮的轻便摩托车	
		L3类（两轮普通摩托车）	无论采用何种驱动方式，其最大设计车速大于50km/h，或如使用内燃机，其排量大于50mL，或如使用电驱动，其电机额定功率总和大于4kW，车辆纵向中心平面上装有两个车轮的摩托车	
		L4类（边三轮摩托车）	无论采用何种驱动方式，其最大设计车速大于50km/h，或如使用内燃机，其排量大于50mL，或如使用电驱动，其电机额定功率总和大于4kW的，在两轮普通摩托车的右侧装有边车的摩托车	
		L5类（正三轮摩托车）	无论采用何种驱动方式，其最大设计车速大于50km/h，或如使用内燃机，其排量大于50mL，或如使用电驱动，其电机额定功率总和大于4kW，装有三个车轮，其中一个车轮在纵向中心平面上，另外两个车轮与纵向中心平面对称布置的普通摩托车，包括： （1）装有与前轮对称分布的两个后轮的摩托车，且如设计和制造上允许载运货物或超过2名乘员（含驾驶人），其最大设计车速小于70km/h； （2）装有与后轮对称分布的两个前轮、设计和制造上不具有载运货物结构且最多乘坐2人（包括驾驶人）的摩托车	

工业产品 第十二章

587

续40

产品种类及代码	对产品种类的描述	产品适用范围	对产品适用范围的描述或列举	说明
60. 电动自行车（1119）	以车载蓄电池作为辅助能源，具有脚踏骑行能力，能实现电助动或/和电驱动功能的两轮自行车	电动自行车	电动自行车应符合下列要求： （1）具有脚踏骑行能力； （2）具有电驱动或/和电助动功能； （3）电驱动行驶时，最高设计车速不超过25km/h；电助动行驶时，车速超过25km/h，电动机不得提供动力输出； （4）装配完整的电动自行车的整车质量小于或等于55kg； （5）蓄电池标称电压小于或等于48V （6）电动机额定连续输出功率小于或等于400W	适用标准：GB 17761
61. 机动车辆轮胎（1201、1202）	安装在机动车辆车轮上，供机动车辆行驶使用的圆环形弹性制品。新的机动车辆充气轮胎，包括轿车轮胎、载重汽车轮胎、摩托车轮胎，其原始设计的目的是在M、N、O和L类的机动车辆（车辆类别定义参见GB/T 15089）上使用的机动车辆轮胎。不包括翻新轮胎、专为竞赛设计的轮胎	轿车子午线轮胎（1201）	新的轿车充气子午线轮胎	适用标准：GB 9743
		轿车斜交轮胎（1201）	新的轿车充气斜交轮胎	
		载重汽车子午线轮胎（1201）	新的载重汽车充气子午线轮胎	适用标准：GB 9744
		载重汽车斜交轮胎（1201）	新的载重汽车充气斜交轮胎	
		摩托车轮胎（1202）	新的摩托车充气轮胎	适用标准：GB 518
62. 摩托车乘员头盔（1105）	摩托车乘员（包括驾驶人及乘坐人员）佩戴的头盔	摩托车乘员头盔	在事故中降低摩托车乘员头部伤害的装具，应由壳体、缓冲层、舒适衬垫、佩戴装置、护目镜等组成	适用标准：GB 811
63. 汽车用制动器衬片（1120）	汽车鼓式或盘式制动器的部件，分别压靠在制动鼓或制动盘面而产生摩擦力的摩擦材料部件	汽车用制动器衬片	M1、M2、M3、N1、N2、N3、O1、O2、O3、O4类车辆制动器上使用的制动衬片	适用标准：GB 5763

续41

产品种类及代码	对产品种类的描述	产品适用范围	对产品适用范围的描述或列举	说明
**64.汽车安全玻璃（1301）	由无机材料、无机材料与有机材料经复合或处理而成的产品，当这类产品用于车辆上时，能最大限度地减少人员伤害的可能性，且应具有视野、强度和耐磨性等特殊要求的产品	汽车夹层玻璃	用于汽车、工程车辆或农用车辆上的，由两层或多层玻璃与一层或多层有机材料黏结而成的安全玻璃，也称夹胶玻璃	1.适用标准：GB 9656 2.不包括车辆前风窗以外用刚性塑料材料
		汽车区域钢化玻璃	用于汽车、工程车辆或农用车辆上的，分区域控制碎片颗粒的特殊钢化玻璃	
		汽车钢化玻璃	用于汽车、工程车辆或农用车辆上的，通过适当处理的安全玻璃材料，一旦破碎其碎片可以最大程度减少对人体的伤害	
		汽车塑玻复合材料	用于汽车、工程车辆或农用车辆上的，由玻璃与有机塑料材料复合而成的材料，通常在车内侧面为有机塑料材料	
		汽车中空玻璃	用于汽车、工程车辆或农用车辆上的，由两层或多层钢化或夹层玻璃组合而成的中空玻璃	
**65.汽车安全带（1104）	汽车安全带	汽车安全带	安装在M、N类车辆的座椅上，作为成年乘员独立装备单独使用的安全带产品，如腰带、三点式安全带、全背带式安全带等	1.适用标准：GB 14166 GB 8410 2.不包括： （1）用于特定车辆类型的约束系统； （2）儿童乘员使用的安全带和约束系统； （3）构成安全带总成或约束系统的零部件（如：安全带织带、卷收器、带扣、预紧装置、调节装置等）

续42

产品种类及代码	对产品种类的描述	产品适用范围	对产品适用范围的描述或列举	说明
**66. 机动车外部照明及光信号装置（1109、1116）	M类、N类、O类和L类机动车辆使用的外部照明及光信号装置。外部照明及光信号装置：设计用于照明道路或向其他使用道路者发出光信号的装置（简称灯具）	汽车用外部照明及光信号装置（汽车灯具）（1109）	1. 汽车用的前照灯、前雾灯、后雾灯、前位灯、后位灯、示廓灯、制动灯、倒车灯、转向信号灯、昼间行驶灯、角灯、驻车灯、侧标志灯、后牌照板照明装置、自适应照明系统（AFS）、回复反射器和尾部标志板等； 2. 仅仅不带灯泡和/或插座的灯具装置	1. 各种类型灯具的定义见GB 4785和GB 18100。 2. 不包括： （1）构成灯具总成的零件（如反射镜、配光镜、灯泡、壳体，可制成回复反射器或尾部标志板的光学单元材料等）； （2）单独使用成形的回复反射器产品； （3）外部装饰性灯具（如绿色、蓝色等装饰灯）和汽车内部照明灯具（如阅读灯、踏步灯等）
		摩托车用外部照明及光信号装置（摩托车灯具）（1116）	1. 摩托车用的前照灯、前位灯、后位灯、制动灯、转向信号灯、后牌照板灯、前雾灯、后雾灯、倒车灯和回复反射器等； 2. 仅仅不带灯泡和/或插座的灯具装置	
**67. 机动车辆间接视野装置（1110、1115）	安装在M类、N类和L类机动车辆上的间接视野装置。间接视野装置：驾驶员用来观察直接视野无法观察到的车辆邻近交通区域的装置	汽车视镜（1110）	通过反射面在规定的视野内看清车辆后方和侧方图像各类内视镜、外视镜和监视镜等光学视镜总成	1. 适用标准：GB 15084 GB 17352 2. 不包括： （1）构成视镜总成的零件（如镜片、支架、壳体等）； （2）起类似间接视野作用的雷达等装置； （3）潜望镜等复杂光学系统； （4）通过摄像机与监视器组成的系统，看清车辆邻近区域图像的装置。包括摄像机、监视器、记录装置等，具体定义见GB 15084
		摩托车后视镜（1115）	用于提供清晰后方视野的摩托车和轻便摩托车的后视镜总成	

续43

产品种类及代码	对产品种类的描述	产品适用范围	对产品适用范围的描述或列举	说明
**68. 汽车座椅及座椅头枕（1114）	汽车座椅及座椅头枕	1. 汽车座椅； 2. 座椅头枕	1. M、N类汽车的座椅； 2. 上述座椅使用的头枕（如其单独出厂、销售或进口）	1. 适用标准： GB 15083 GB 11550 GB 13057 GB 24406 GB 8410 2. 不包括： （1）后向座椅及其在这些座椅上安装的头枕； （2）儿童乘员使用的座椅系统； （3）客车和卡车的卧铺； （4）构成座椅总成的零件，如座椅骨架、座椅护面等； （5）构成头枕总成（如其单独出厂、销售或进口）的零件，如头枕骨架、头枕护面等
**69. 汽车行驶记录仪（1117）	对车辆行驶速度、时间、里程、位置以及有关车辆行驶的其他状态信息进行记录、存储并可通过数据通信实现数据输出的数字式电子记录装置	1. 汽车行驶记录仪； 2. 具有行驶记录功能且行驶记录功能符合GB/T 19056要求的卫星定位装置	GB 7258规定的所有客车、危险货物运输货车、半挂牵引车和总质量大于等于12000kg的货车等车辆安装使用的汽车行驶记录仪（包括具有行驶记录功能的卫星定位装置）	适用标准： GB/T 19056 GB 7258
**70. 车身反光标识（1118）	为增强车辆的可识别性而设置在车身表面的反光材料的组合	车身反光标识	1. 半挂牵引车在驾驶室后部上方设置的能体现驾驶室的宽度和高度的车身反光标识，其他货车（多用途货车除外）、货车底盘改装的专项作业车和挂车（设置有符合规定的车辆尾部标志板的专项作业车和挂车，以及旅居挂车除外）在后部设置的车身反光标识； 2. 所有货车（半挂牵引车、多用途货车除外）、货车底盘改装的专项作业车和挂车（旅居挂车除外）在侧面设置的车身反光标识	适用标准： GB 23254 GB 7258

续44

产品种类及代码	对产品种类的描述	产品适用范围	对产品适用范围的描述或列举	说明
十一、农机产品（2种）				
71. 植物保护机械（1401）	通过液力、气力、热力等分散并喷射农药，用于防治植物病、虫、害和/或其他生物侵害的机具	背负式喷雾喷粉机	1. 由操作者背负，利用汽油机驱动高速离心风机产生的气流进行喷雾或喷粉的机器； 2. 主要由汽油机、药箱总成、风机总成、机架等组成	适用标准：GB 10395.1（仅适用于自走式、牵引式、悬挂式、半悬挂式、风送式植保机械） GB 10395.6
		背负式动力喷雾机	1. 由操作者背负，由汽油机驱动小型液泵利用液力进行喷雾的机器； 2. 主要由汽油机、药液箱、液泵、机架等组成	
		背负式喷雾器	1. 由操作者背负，用手摇杠杆驱动液泵利用液力进行喷雾的机器； 2. 主要由药箱、空气室、液泵、喷射部件等组成	
		背负式电动喷雾器	1. 由操作者背负，以蓄电泊为能源，驱动微型直流电机，带动液泵进行喷雾的机器； 2. 主要由微型电机、液泵、蓄电池、药箱、喷射部件等组成	
		压缩式喷雾器	1. 用手动气泵（打气筒）向药液箱内充入压缩气体，使机具中的药液具有压力并从喷头喷出的机器； 2. 主要由药箱、气泵、喷射部件、压力表等部件组成	
		踏板式喷雾器	1. 扳动加长杠杆驱动装在脚踏板上的液泵进行喷雾的机器； 2. 主要由液泵、气室、喷射部件和杠杆组件组成	
		烟雾机	1. 利用热能或利用空气压缩机的气体压力能使药液雾化成烟雾微粒散布的喷雾机器； 2. 烟雾机按雾化原理分为热烟雾机和常温烟雾机。热烟雾机是利用热能使油剂农药在烟化管内发生蒸发、裂化形成烟雾；常温烟雾机是利用空气压缩机产生的压缩空气的压力能使药液与高速气流混合，在常温下形成烟雾	
		动力喷雾机	1. 由发动机或电机驱动液泵进行液力喷雾的机器； 2. 按照机架型式和携带方式又可分为担架式、手推车式、手提式和车载式等。主要组成部件为内燃机、液泵、喷射部件和药液箱。其中担架式和手提式机动喷雾机没有药液箱	
		喷杆式喷雾机	1. 用装有喷头的喷杆喷洒药液的机器，分为悬挂式、牵引式、车载式和自走式等； 2. 其主要工作部件为：药液箱、液泵、喷杆、喷头、调压阀和控制阀等。工作时由动力驱动液泵，将药液箱中的药液以一定的压力通过控制阀和输液管路输往喷杆，当喷头处的喷雾液体压力达到预定值时，防滴装置便自动开启，药液以雾状喷出	

续45

产品种类及代码	对产品种类的描述	产品适用范围	对产品适用范围的描述或列举	说明
		风送式喷雾机	1. 靠风机产生的高速气流雾化药液或辅助雾化药液，并输送雾滴的喷雾机器，分为悬挂式、牵引式、车载式和自走式等； 2. 工作时内燃机或电动机驱动风机和液泵，液泵将药液箱中的药液以一定的压力输往喷筒上的多个喷头，喷头喷出的药液在高速气流的作用下，进一步雾化成细小的雾滴并被定向送往目标物	
		电动气力超低量喷雾器	由高速电机驱动风机，产生高速气流，通过气液流喷头雾化成极小雾粒的机器	
72. 轮式拖拉机（1402）	通过车轮行走，具有两轴（或多轴），用于牵引、推动、携带或/和驱动配套农机具进行作业的自走式动力机械	以单缸柴油机或功率不大于18.40kW（25马力）的多缸柴油机为动力的轮式拖拉机	1. 一般由柴油机、底盘和电器系统组成； 2. 拖拉机底盘由传动系、行走系、转向系、制动系和工作装置组成； 3. 工作装置主要用来连接或吊挂农机具，以便和各种农机具配套完成不同作业	1. 适用标准：GB 18447.1 GB 18447.4 2. 不包括手扶拖拉机
十二、消防产品（3种）				
73. 火灾报警产品（1801）	点型感烟火灾探测器	点型感烟火灾探测器	1. 对悬浮在大气中的燃烧和/或热解产生的固体或液体微粒敏感的点型火灾探测器； 2. 点型感烟火灾探测器、点型离子感烟火灾探测器、点型光电感烟火灾探测器	适用标准：GB 4715
	点型感温火灾探测器	点型感温火灾探测器	1. 对温度和/或升温速率和/或温度变化响应的点型火灾探测器； 2. 点型感温火灾探测器	适用标准：GB 4716
	独立式感烟火灾探测报警器	独立式感烟火灾探测报警器	1. 一个包括感烟探测、电源和报警器件的报警器，主要用于家庭住宅的火灾探测和报警； 2. 独立式感烟火灾探测报警器、独立式光电感烟火灾探测报警器、独立式离子感烟火灾探测报警器	适用标准：GB 20517
	手动火灾报警按钮	手动火灾报警按钮	通过手动启动器件发出火灾报警信号的装置	1. 适用标准：GB 19880 2. 不包括防盗报警按钮
	点型紫外火焰探测器	点型紫外火焰探测器	对火焰中波长小于300nm的紫外光辐射响应的火焰探测器	适用标准：GB 12791

产品种类及代码	对产品种类的描述	产品适用范围	对产品适用范围的描述或列举	说明
	特种火灾探测器	点型红外火焰探测器	对火焰中波长大于850nm的红外光辐射响应的火焰探测器	适用标准：GB 15631
		吸气式感烟火灾探测器	采用吸气工作方式获取探测区域火灾烟参数的感烟火灾探测器	
		图像型火灾探测器	使用摄像机、红外热成像器件等视频设备或它们的组合方式获取监控现场视频信息，进行火灾探测的探测器	
		点型一氧化碳火灾探测器	对一氧化碳响应的点型火灾探测器	
	线型光束感烟火灾探测器	线型光束感烟火灾探测器	应用光束被烟雾粒子吸收而减弱的原理的线型感烟火灾探测器	1. 适用标准：GB 14003 2. 不包括红外光束入侵探测器
	火灾显示盘	火灾显示盘	火灾报警指示设备的一部分。它是接收火灾报警控制器发出的信号，显示发出火警部位或区域，并能发出声光火灾信号的楼层或区域显示盘（显示器）	适用标准：GB 17429
	火灾声和/或光警报器	火灾声光警报器	1. 与火灾报警控制器分开设置，火灾情况下能够发出声和/或光火灾警报信号的装置； 2. 火灾声光警报器、火灾声警报器、火灾光警报器	1. 适用标准：GB 26851 2. 不包括气体释放警报器、民用警告灯
	火灾报警控制器	火灾报警控制器	1. 作为火灾自动报警系统的控制中心，能够接收并发出火灾报警信号和故障信号，同时完成相应的显示和控制功能的设备； 2. 火灾报警控制器、独立型火灾报警控制器、区域型火灾报警控制器、集中型火灾报警控制器、集中区域兼容型火灾报警控制器	1. 适用标准：GB 4717 2. 不包括防盗报警控制器
	家用火灾报警产品	家用火灾报警产品	1. 在家庭住宅户内使用的火灾探测报警产品； 2. 点型家用感烟火灾探测器、点型家用感温火灾探测器、燃气管道专用电动阀、手动报警开关、家用火灾报警控制器、控制中心监控设备	适用标准：GB 22370

续47

产品种类及代码	对产品种类的描述	产品适用范围	对产品适用范围的描述或列举	说明
74. 灭火器（1810）	手提式灭火器	手提式灭火器	1. 能在其内部压力作用下，将所装的灭火剂喷出以扑救火灾，并可手提移动的灭火器具； 2. 手提式干粉灭火器、手提式二氧化碳灭火器、手提式水基型灭火器、手提式洁净气体灭火器	适用标准： GB 4351.1 GB 4351.2
	推车式灭火器	推车式灭火器	1. 装有轮子的可由一人推或拉至火场，并能在其内部压力作用下，将所装的灭火剂喷出以扑救火灾的灭火器具； 2. 总质量大于25kg，但不大于450kg； 3. 推车式水基型灭火器、推车式干粉灭火器、推车式二氧化碳灭火器、推车式洁净气体灭火器	适用标准： GB 8109
	简易式灭火器	简易式灭火器	1. 可任意移动的，由一只手指开启的，不可重复充装使用的一次性贮压式灭火器； 2. 灭火剂充装量小于1000mL（或g）； 3. 简易式水基型灭火器、简易式干粉灭火器、简易式氢氟烃类气体灭火器	适用标准： GA 86
75. 避难逃生产品（1815）	消防应急照明和疏散指示产品	消防应急标志灯具	1. 用图形和/或文字指示疏散方向，指示安全出口、楼层、避难层（间）、灭火器材、消火栓箱、消防电梯、残疾人楼梯位置，指示禁止入内的通道、场所及危险品存放处的消防应急灯具； 2. 消防应急标志灯具、集中电源型消防应急标志灯具、集中控制型消防应急标志灯具、集中电源集中控制型消防应急标志灯具、消防应急照明标志复合灯具	1. 适用标准： GB 17945 2. 不包括疏散用手电筒
		消防应急照明灯具	1. 为人员疏散和/或消防作业提供照明的消防应急灯具； 2. 消防应急照明灯具、集中电源型消防应急照明灯具、集中控制型消防应急照明灯具、集中电源集中控制型消防应急照明灯具、消防应急照明标志复合灯具	
		应急照明控制器	控制并显示集中控制型消防应急灯具、应急照明集中电源、应急照明分配电装置及应急照明配电箱及相关附件等工作状态的控制与显示装置	
		应急照明集中电源	火灾发生时，为集中电源型消防应急灯具供电、以蓄电池为能源的电源	
		应急照明配电箱	为自带电源型消防应急灯具供电的供配电装置	
		应急照明分配电装置	为应急照明集中电源应急输出进行分配电的供配电装置	

续48

产品种类及代码	对产品种类的描述	产品适用范围	对产品适用范围的描述或列举	说明
	逃生产品	逃生缓降器	依靠使用者自重安全下降并能往复使用的缓降器	适用标准：GB 21976.2
		逃生梯	1. 建筑火灾发生时，供被困人员逃生使用的专用逃生梯； 2. 固定式逃生梯、悬挂式逃生梯	适用标准：GB 21976.3
		逃生滑道	建筑火灾发生时，使用者依靠自重以一定速度在其内部滑降逃生，并能反复使用的柔性滑道	适用标准：GB 21976.4
		应急逃生器	建筑火灾发生时，供被困人员一次性使用的专用应急逃生器	适用标准：GB 21976.5
		逃生绳	供发生建筑火灾时单人使用的逃生绳	适用标准：GB 21976.6
	自救呼吸器	过滤式消防自救呼吸器	1. 通过过滤装置吸附、吸收、催化及直接过滤等作用去除一氧化碳、烟雾等有害气体、供人员在发生火灾时逃生用的呼吸器； 2. 发生火灾时空气中氧气浓度不低于17%； 3. 一次性使用	适用标准：GB 21976.7
		化学氧消防自救呼吸器	使人的呼吸器官同大气环境隔绝，利用化学生氧剂产生的氧，供人在发生火灾时缺氧情况下逃生用的呼吸器	1. 适用标准：GA411 2. 不包括作业型、救护型和潜水型呼吸器
	消防安全标志	常规消防安全标志	适用于在基材上通过印刷、喷涂色漆或粘贴普通色膜等方式制成的消防安全标志	适用标准：GA480.1 GA480.2
		蓄光消防安全标志	适用于用蓄光色漆印刷、喷涂或用蓄光色膜粘贴在基材上制成的消防安全标志	适用标准：GA480.1 GA480.3
		逆反射消防安全标志	适用于用逆反射色漆印刷、喷涂或用逆反射色膜粘贴在基材上制成的消防安全标志	适用标准：GA480.1 GA480.4
		荧光消防安全标志	适用于用荧光色漆印刷、喷涂或用荧光色膜粘贴在基材上制成的消防安全标志	适用标准：GA480.1 GA480.5
		其他消防安全标志	适用于在其他基材上通过印刷、喷涂色漆或粘贴普通色膜等方式制成的消防安全标志	适用标准：GA480.1

续49

产品种类及代码	对产品种类的描述	产品适用范围	对产品适用范围的描述或列举	说明
十三、安全防范产品（2种）				
76. 入侵探测器（1901）	对入侵或企图入侵或用户的故意操作作出响应以产生报警状态的装置	主动红外入侵探测器	1. 当发射机与接收机之间的红外辐射光束被完全遮断或按给定的百分比被部分遮断时能产生报警状态的探测装置。一般应由红外发射机与红外接收机组成； 2. 包括主动红外入侵探测器、主动红外护栏，以及主动红外入侵探测器与其他设备集成的产品	适用标准： GB 10408.1 GB 10408.4 GB 16796
		室内用被动红外探测器	1. 由于人在室内探测器覆盖区域内移动引起接收到的红外辐射电平变化而产生报警状态的一种探测器。一般应有一个或多个传感器和一个处理器组成； 2. 包括被动红外入侵探测器、被动红外入侵探测器与其他设备集成的产品	适用标准： GB 10408.1 GB 10408.5 GB 16796
		室内用微波多普勒探测器	1. 由于人体移动使反射的微波辐射频率发生变化而产生报警状态的一种探测器。一般应有一个或多个传感器和一个信号处理器组成； 2. 包括被动微波多普勒探测器、微波多普勒探测器与其他设备集成的产品	适用标准： GB 10408.1 GB 10408.3 GB 16796
		微波和被动红外复合入侵探测器	1. 将微波和被动红外两种单元组合于一体，且两者都感应到人体的移动，同时都处于报警状态时才发出报警信号的装置。一般应由微波单元、被动红外单元和信号处理器组成，并应装在同一机壳内； 2. 包括微波和被动红外复合入侵探测器、微波和被动红外复合入侵探测器与其他设备集成的产品	适用标准： GB 10408.1 GB 10408.6 GB 16796
		振动入侵探测器	1. 在探测范围内能对入侵者引起的机械振动（冲击）产生报警信号的装置。一般应有振动传感器、适调放大器和触发器组成； 2. 包括振动入侵探测器、振动入侵探测器与其他设备集成的产品	适用标准： GB 10408.1 GB/T 10408.8 GB 16796
		室内用被动式玻璃破碎探测器	1. 安装在玻璃防护区域内，能对玻璃破碎时通过玻璃传送的冲击波做出响应的探测装置。一般应有一个或多个传感器和一个信号处理器组成； 2. 包括被动式玻璃破碎探测器、被动式玻璃破碎探测器与其他设备集成的产品	适用标准： GB 10408.1 GB 10408.9 GB 16796
		磁开关入侵探测器	1. 磁开关是由开关盒和磁铁盒构成，当磁铁盒相对于开关盒移至一定距离时，能引起开关状态的变化，控制有关电路而发出报警信号的探测装置； 2. 包括磁开关入侵探测器、磁开关入侵探测器与其他设备集成的产品	适用标准： GB 10408.1 GB 15209 GB 16796
		其他类入侵探测器	1. 用于防盗报警的其他电子入侵探测器； 2. 包括光纤振动入侵探测器、激光入侵探测器等	适用标准： GB 10408.1 GB 16796

续50

产品种类及代码	对产品种类的描述	产品适用范围	对产品适用范围的描述或列举	说明
77. 防盗报警控制器（1902）	在入侵报警系统中实施设置警戒、解除警戒、判断、测试、指示、传送报警信息以及完成某些控制功能的设备	防盗报警控制器	本地报警的防盗报警控制器、异地报警的防盗报警控制器、无线传输防盗报警控制器、安全技术防范集成系统中具备入侵报警功能的防盗报警控制器、防盗报警控制器与其他设备集成的防盗报警产品	适用标准：GB 12663
十四、建材产品（3种）				
78. 溶剂型木器涂料（2101）	适用于室内装饰装修和工厂化涂装用聚氨酯类、硝基类和醇酸类溶剂型木器涂料（包括底漆和面漆）	硝基类涂料	由硝酸和硫酸的混合物与纤维素酯化反应制得的硝酸纤维素为主要成膜物质的一类涂料	1. 适用标准：GB 18581 2. 不包括辐射固化涂料和不饱和聚酯腻子、木器用溶剂型腻子
		醇酸类涂料	由多元酸、脂肪酸（或植物油）与多元醇缩聚制得的醇酸树脂为主要成膜物质的一类涂料	
		聚氨酯类涂料	由多异氰酸酯与含活性氢的化合物反应而成的聚氨(基甲酸)酯树脂为主要成膜物质的一类涂料	
79. 瓷质砖（2102）	1. 用于建筑物装修用的吸水率（E）不超过0.5%的干压陶瓷砖；2. 产品执行 GB/T 4100 标准附录 G	瓷质砖	瓷质砖根据其放射性水平可被认证为：1. A类：产销及使用范围不受限制；2. B类：不可用于住宅、老年公寓、托儿所、医院和学校、办公楼、宾馆等Ⅰ类民用建筑的内饰面，但可用于Ⅱ类民用建筑（如商场、文化娱乐场所、书店、图书馆、展览馆、体育馆和公共交通等候室、餐厅、理发店等）、工业建筑的内饰面和其他一切建筑物的外饰面	适用标准：GB 6566
80. 建筑安全玻璃（1302）	建筑物上使用的，当应用和破坏时对人体伤害程度达到最小的玻璃	建筑夹层玻璃	1. 由两层或多层玻璃与一层或多层有机材料黏结而成的安全玻璃，也称夹胶玻璃；2. 可细分为：建筑钢化夹层玻璃、建筑普通夹层玻璃、建筑用太阳能光伏夹层玻璃；3. 建筑用太阳能光伏夹层玻璃是指由玻璃、太阳电池、中间层、汇流条、绝缘胶带、引出端等材料组成，用中间层分隔并通过处理使其粘接为一体，且具有发电功能的产品统称，俗称双玻组件或三玻组件	适用标准：GB 15763.3（适用于建筑夹层玻璃）GB/T 29551（适用于建筑用太阳能光伏夹层玻璃）
		建筑钢化玻璃	1. 用于建筑物上，经热处理加工的特殊玻璃，一旦破碎其碎片可以最大程度减少对人体的伤害；2. 可细分为：建筑装饰类钢化玻璃、建筑普通钢化玻璃、太阳能光伏组件封装用钢化玻璃；3. 太阳能光伏组件封装用钢化玻璃是指使用在光伏组件的前板玻璃或背板钢化玻璃	1. 适用标准：GB 15763.2 2. 不包括：（1）采用化学方法钢化的玻璃；（2）家具、家电用钢化玻璃
		建筑安全中空玻璃	用于建筑上的内、外侧均由钢化或夹层玻璃组合而成的中空玻璃	1. 适用标准：GB/T 11944 2. 不包括内侧或外侧由普通玻璃组成的中空玻璃

续51

产品种类及代码	对产品种类的描述	产品适用范围	对产品适用范围的描述或列举	说明
十五、儿童用品（3种）				
81. 童车类产品（2201）	设计或预定供运载儿童或供儿童乘骑的童车类产品	儿童自行车	GB 14746标准范围覆盖的所有儿童自行车： 1. 适用于四岁至八岁的儿童骑行； 2. 鞍座的最大高度大于435mm而小于635mm； 3. 仅借儿童的人力，主要以脚蹬通过传动机构驱动后轮的两个车轮的车辆（包括带有平衡轮的车辆）	1. 适用标准：GB 14746 2. 不包括供特技骑行的自行车
		儿童三轮车	GB 14747标准范围覆盖的所有儿童三轮车： 1. 可承载一名或多名儿童，仅借人力脚蹬驱动前轮而行驶的车辆； 2. 各车轮与地面接触点呈三角形或梯形，如为梯形，窄轮距宽度应小于宽轮距的一半	1. 适用标准：GB 14747 2. 不包括玩具三轮车或设计用于其他特殊目的的三轮车（如游乐三轮车）
		儿童推车	GB 14748标准范围覆盖的所有儿童推车： 预定运载一名或多名儿童，由人工推行的车辆	1. 适用标准：GB 14748 2. 不包括玩具推车或设计用于其他特殊用途推车
		婴儿学步车	GB 14749标准范围覆盖的所有婴儿学步车： 1. 车体具有能在脚轮上运转的座架； 2. 婴儿在车内就座后，可以借助框架的支撑、用脚驱动进行任意方向活动的车辆	1. 适用标准：GB 14749 2. 不包括医疗用学步车以及气垫支撑婴儿的学步车
82. 玩具（2202）	设计或预定供14岁以下儿童玩耍时使用的电玩具、塑胶玩具、金属玩具、乘骑车辆玩具。 不包括： 1. 不带电的纸制、竹制、木制、毛绒布制、陶瓷、玻璃、石膏玩具（但套装中具有独立玩耍功能的塑胶或金属部件仍属于强制性产品认证目录范围）；	电玩具	无论由何种材料制成，至少有一种功能需要使用电能的玩具，包括电动玩具、视频玩具、声光玩具、热源玩具、实验型玩具等	1. 适用标准： GB 6675.1 GB 6675.2 GB 6675.3 GB 6675.4 GB 19865（不包括第20章） 2. 不包括变压器、电池充电器

续52

产品种类及代码	对产品种类的描述	产品适用范围	对产品适用范围的描述或列举	说明
	2. 不带电的口动玩具、出牙器（牙胶）、水上玩具、可充气的玩具、彩泥或水晶泥等软体造型玩具（但套装中具有独立玩耍功能的塑胶或金属部件仍属于强制性产品认证目录范围）； 3. 适用 GB 6675.11 的家用秋千、滑梯及类似用途室内、室外活动玩具，适用 GB 6675.12 的玩具滑板车，适用 GB 6675.13 的除实验玩具外的化学套装玩具，适用 GB 6675.14 的指画颜料，适用 GB 26387 的化学及类似活动的实验玩具； 4. 具有玩耍功能的文具； 5. GB 6675.1 标准范围不适用的玩具和不认为是玩具的产品	塑胶玩具	主体或主要玩耍部分由塑胶材料制成的非使用电能的玩具，包括静态塑胶玩具、机动塑胶玩具，含娃娃玩具（至少头部和四肢由非纺织物材质的聚合材料制成，并带有服装或身体由软性材料填充的玩具）、塑胶材质的弹射玩具、"爬爬垫"类产品等	1. 适用标准：GB 6675.1 GB 6675.2 GB 6675.3 GB 6675.4 2. 不包括预定承载儿童体重的玩具
		金属玩具	主体或主要玩耍部分由金属材料制成的非使用电能的玩具，包括静态金属玩具、机动金属玩具，含金属材质的弹射玩具等	1. 适用标准：GB 6675.1 GB 6675.2 GB 6675.3 GB 6675.4 2. 不包括预定承载儿童体重的玩具
		乘骑车辆玩具	设计或预定供儿童乘骑的车辆玩具，包括： 1. 玩具自行车：鞍座的最大高度小于或等于 435mm；仅借儿童的人力、主要以脚蹬通过传动机构来驱动后轮的两轮玩具自行车； 2. 电动童车：由儿童驾驶和或乘坐、以直流电驱动的车辆； 3. 其他车辆玩具：除玩具自行车、电动童车、童车类产品外，由儿童自身力量驱动、预定承载儿童体重的其他乘骑车辆玩具，如滑行车、平衡车、扭扭车等	1. 适用标准：GB 6675.1 GB 6675.2 GB 6675.3 GB 6675.4 GB 19865（不包括第 20 章）
83. 机动车儿童乘员用约束系统（2207）	设计是通过限制儿童乘员身体的移动来减轻在车辆碰撞事故或突然加（减）速情况下对其伤害的机动车儿童乘员用约束系统	机动车儿童乘员用约束系统	安装在三个车轮或三个车轮以上机动车上的儿童乘员用约束系统，包括儿童安全座椅、增高垫、婴儿提篮、便携床等	1. 适用标准：GB 27887 2. 不包括用于安装在折叠座椅或侧向座椅上的儿童乘员用约束系统
十六、防爆电气（17 种） 1. 爆炸性气体环境（Ⅰ类和Ⅱ类）和爆炸性粉尘环境（Ⅲ类）用防爆电气产品； 2. 适用标准：GB 3836.1、GB 3836.2、GB 3836.3、B3836.4、GB/T 3836.5、GB/T 3836.6、GB/T 3836.7、GB 3836.8、GB 3836.9、GB 12476.1、GB 12476.4、GB 12476.5、GB 12476.6、GB 12476.7； 3. 不包括不具有"对产品适用范围的描述或列举"中产品功能的产品			

续53

产品种类及代码	对产品种类的描述	产品适用范围	对产品适用范围的描述或列举	说明
84. 防爆电机（2301）	适用于爆炸性环境，具有防爆安全功能，用于将电能转化为机械能的各类电动机，该类产品通常由定子、转子及其他结构件组成	防爆电机	1. 中心高<160mm 或额定功率<15kW 的各类电动机 2. 160mm<中心高≤280mm 或 15kW≤额定功率≤100kW 的各类电动机 3. 280mm<中心高≤500mm 或 100kW≤额定功率≤500kW 的各类电动机 4. 中心高>500mm 或额定功率>500kW 的各类电动机	—
85. 防爆电泵（2302）	适用于爆炸性环境，具有防爆安全功能，用于将电能转化为机械能，使介质以一定流量和扬程（或压力）传输的各类电驱动的泵产品。该类产品由电驱动部分和泵同轴连接而成	防爆电泵	1. 额定功率≤15kW 的各类电泵 2. 15kW<额定功率≤100kW 的各类电泵 3. 额定功率>100kW 的各类电泵	不包括驱动电机与泵体在结构上各自独立，两者之间借助皮带等传动方式通过现场安装组成的成套产品
86. 防爆配电装置类产品（2303）	适用于爆炸性环境，具有防爆安全功能，用于作为电源或连接在电网上以接受和分配电能、改善电源质量和进行电源变换以使用电设备得到所需电能的电气装置（含作为 Ex 元件使用的此类产品）	防爆配电装置类产品	1. 配电箱（柜） 2. 动力检修箱 3. 接线箱 4. 接线盒 5. 电源（箱） 6. 滤波器（箱） 7. 功率补偿装置 8. 整流器（箱） 9. 电源变换器（切换装置）	
87. 防爆开关、控制及保护产品（2304）	适用于爆炸性环境，具有防爆安全功能，用于通过就地、远程手动控制或通过传感器检测自动控制电路分断与闭合，实现用电设备的开启、控制及过电流、过电压、过热、短路、断相、接地等保护功能的产品（含作为 Ex 元件使用的此类产品）	防爆开关、控制及保护产品	1. 开关（箱、柜） 2. 按钮（盒） 3. 断路器 4. 控制柜（箱、器、台） 5. 继电器 6. 操作（箱、台、柱） 7. 保护器（箱） 8. 保护装置 9. 司钻台 10. 脱扣器 11. 司机控制器 12. 调速控制装置 13. 断电器（仪） 14. 遥控发射器（接收器） 15. 斩波器	

续54

产品种类及代码	对产品种类的描述	产品适用范围	对产品适用范围的描述或列举	说明
88. 防爆起动器类产品（2305）	适用于爆炸性环境，具有防爆安全功能，用于在较大用电设备（通常指电动机）起动过程中通过采用降压、补偿或变频等技术手段以减少起动电流对电网的影响并降低起动过程中对负载的冲击，使电网和机械系统得以保护的产品（含作为Ex元件使用的此类产品）	防爆起动器类产品	1. 起动器 2. 软起动器 3. 变频器（箱） 4. 电抗器	—
89. 防爆变压器类产品（2306）	适用于爆炸性环境，具有防爆安全功能，利用电磁感应原理实现电压、电流变换的能量隔离传输设备，或用于电压、电流测量的互感器类产品。他们通常具有初级线圈、次级线圈和铁芯（磁芯）结构（含作为Ex元件使用的此类产品）	防爆变压器类产品	1. 移动变电站 2. 变压器（箱） 3. 调压器 4. 互感器	—
90. 防爆电动执行机构、电磁阀类产品（2307）	适用于爆炸性环境，具有防爆安全功能，用于安装在管路系统中进行阀门的开关或阀位控制的执行机构及其电气部件（含作为Ex元件使用的此类产品）	防爆电动执行机构、电磁阀类产品	1. 电动执行机构 2. 阀门电动装置 3. 电气阀门定位器 4. 电动阀 5. 电磁阀 6. 电磁铁 7. 电磁头 8. 电磁线圈 9. 电截止阀 10. 电切断阀 11. 调节阀 12. 电/气转换器 13. 制动器 14. 推动器	不包括列入特种设备管理目录的电磁阀产品

产品种类及代码	对产品种类的描述	产品适用范围	对产品适用范围的描述或列举	说明
91. 防爆插接装置（2308）	适用于爆炸性环境，具有防爆安全功能，用于在馈电系统中提供电缆与电缆、电缆与用电设备之间快速连接或断开的联接器、插销/插销开关（含作为Ex元件使用的此类产品）	防爆插接装置	1. 电联接器 2. 插销（含插头、插座） 3. 插销开关	—
92. 防爆监控产品（2309）	适用于爆炸性环境，具有防爆安全功能，用于监控系统中的音视频采集、显示、报警、控制和数据传输、后台数据处理的电气装置（含作为Ex元件使用的此类产品）	防爆监控产品	1. 摄像机（仪） 2. 云台 3. 监视器 4. 监控（分）站 5. 中继器 6. 传输接口 7. 视频服务器 8. 显示器（仪、屏、箱） 9. 计算机、工控机（含附件） 10. 声光（语言、信号、静电）报警装置（器）	—
93. 防爆通讯、信号装置（2310）	适用于爆炸性环境，具有防爆安全功能，用于完成信息传递的通讯系统和信号装置中，实现发信、信号接入、转换、传输、联网、接收、显示/播放等功能的设备（含作为Ex元件使用的此类产品）	防爆通讯、信号装置	1. 对讲机 2. 扬声器（电喇叭） 3. 电话机 4. 播放器 5. 话站 6. 基站（基地台） 7. 交换机 8. 光端机 9. 汇接机 10. 信号耦合器 11. 放大器 12. 分配器 13. 扩展器 14. 网络（线路）终端 15. 隔离器 16. 音箱 17. 打点器（拉点器） 18. 信号装置 19. 电铃（电笛） 20. 通讯接口 21. 信号器（仪、箱） 22. 指示器 23. 网络接入器 24. 网桥（桥接器） 25. 驱动器 26. 网关 27. 发讯机、接收机（器） 28. 信号（光电、数据）转换器	不包括利用基站进行无线信号传输的手机（手持机）等移动终端

续56

产品种类及代码	对产品种类的描述	产品适用范围	对产品适用范围的描述或列举	说明
94. 防爆空调、通风设备（2311）	适用于爆炸性环境，具有防爆安全功能，用于现场环境空气的温、湿度调节设备和通风设备（含作为Ex元件使用的此类产品）	防爆空调、通风设备	1. 制冷（热）空调或机组 2. 除湿机 3. 风机盘管机组 4. 风机 5. 暖风机 6. 电风扇	—
95. 防爆电加热产品（2312）	适用于爆炸性环境，具有防爆安全功能，用于对环境空气或液态、气态介质（或其容器、管路）进行加热以实现保温、升温功能的用电设备（含作为Ex元件使用的此类产品）	防爆电加热产品	1. 电加热器 2. 电暖器 3. 电加热带 4. 电伴热带 5. 电加热棒 6. 电热板 7. 电加热管	—
96. 防爆附件、Ex元件（2313）	适用于爆炸性环境，具有防爆安全功能，通常须与电气设备或系统一起使用	防爆附件、Ex元件	1. 穿线盒 2. 分线盒 3. 密封盒 4. 隔爆外壳 5. 挠性连接管 6. 电缆引入装置 7. 填料函 8. 塑料风扇（叶） 9. 接线端子 10. 端子套 11. 管接头 12. 绝缘子	—
97. 防爆仪器仪表类产品（2314）	适用于爆炸性环境，具有防爆安全功能，用于进行现场数据记录、数据采集和数据传输的仪器仪表类产品（含作为Ex元件使用的此类产品）	防爆仪器仪表类产品	1. 采集器（箱） 2. 计数器 3. 编码器 4. 解码器 5. 读卡器 6. 识别器 7. 标识卡 8. 识别卡	

续57

产品种类及代码	对产品种类的描述	产品适用范围	对产品适用范围的描述或列举	说明
98. 防爆传感器（2315）	适用于爆炸性环境，具有防爆安全功能，用于感知现场各种物理量变化的敏感元件、电路、结构件及外壳组成的传感器产品（含作为Ex元件使用的此类产品）	防爆传感器	1. 光电传感器 2. 速度传感器 3. 温度（湿度）传感器 4. 状态传感器 5. 声（光）控传感器 6. 热释（红外）传感器 7. 张力传感器 8. 烟雾传感器 9. 堆煤（煤位）传感器 10. 触控传感器 11. 撕裂传感器 12. 跑偏传感器 13. 风门传感器 14. 电压（电流）传感器 15. 倾角传感器 16. 磁性（霍尔）传感器 17. 馈电传感器 18. 接近开关（传感器） 19. 延时传感器 20. 开停（急停）传感器 21. 物料传感器 22. 位置（位移、行程）传感器	—
99. 安全栅类产品（2316）	适用于和爆炸性环境中的本质安全型产品相连接以进行电能传输、信号传递或通讯的本安关联设备。该类产品安装于安全场所或由其他防爆型式保护，能够对传递至爆炸性环境中的能量或信号进行有效限制或隔离	安全栅类产品	1. 齐纳安全栅 2. 隔离安全栅 3. 安全限能器（模块） 4. 安全耦合器 5. 本质安全电源	
100. 防爆仪表箱类产品（2317）	适用于爆炸性环境，具有防爆安全功能，用于显示数据的装置。该产品由内装计量仪表、连接或控制电路、结构件及外壳组成（含作为Ex元件使用的此类产品）	防爆仪表箱类产品	1. 仪表箱 2. 仪表盘 3. 仪表柜 4. 电度表箱	—

续58

产品种类及代码	对产品种类的描述	产品适用范围	对产品适用范围的描述或列举	说明
十七、家用燃气器具（3种） 1. 不包括在移动的交通运输工具中使用的燃气器具； 2. 不包括专门在工业生产及工业楼宇等工业过程中使用的燃气器具； 3. 不包括将燃气、太阳能、热泵等能源利用方式结合在一起，且不能单独使用的燃气器具				
101. 家用燃气灶具（2401）	用本身带的支架支撑烹调器皿，并用燃气燃烧的火直接加热烹调器皿的家用器具： 1. 单个燃烧器额定热负荷≤5.23kW的燃气灶； 2. 额定热负荷≤5.82kW的燃气烤箱灶和燃气烘烤灶上的燃气灶部分，且灶的单个燃烧器额定热负荷≤5.23kW； 3. 额定热负荷符合上述1、2规定、电的总额定输入功率≤5.00kW的气电两用灶具的燃气灶部分； 4. 电的总额定输入功率≤5.00kW的集成式燃气灶（集烹饪、吸排油烟、烘烤、消毒（保洁）、贮物等两种或两种以上功能于一体的集成式组合器具）的燃气灶部分，且燃气灶部分的单个燃烧器额定热负荷≤5.23kW	家用燃气灶具	1. 台式燃气灶 2. 嵌入式燃气灶 3. 燃气烤箱灶和燃气烘烤灶上的燃气灶 4. 气电两用灶具的燃气灶部分 5. 集成式燃气灶具的燃气灶部分	1. 适用标准：GB 16410 2. 不包括： （1）燃气烤箱、燃气烘烤器； （2）燃气饭锅； （3）沼气灶； （4）便携式丁烷气灶； （5）以醇醚等非城镇燃气为燃料的灶； （6）商用燃气燃烧器具； （7）室外环境使用的燃气灶（室外是指：会直接受到风吹、雨淋、日晒等气候类型影响的自然环境）

— 606 —

续59

产品种类及代码	对产品种类的描述	产品适用范围	对产品适用范围的描述或列举	说明
102. 家用燃气快速热水器（2402）	通过水、气联动装置启动燃气燃烧，利用燃烧的热量快速加热通过热交换器内流动的水的器具，且符合以下条件：1. 额定热负荷不大于70kW；2. 仅有提供生活热水功能	家用供热水燃气快速热水器	1. 家用供热水燃气快速热水器 2. 冷凝式供热水燃气快速热水器 3. 室外型供热水燃气快速热水器	1. 适用标准：GB 6932 2. 不包括： （1）燃气容积式热水器； （2）家用供暖燃气快速热水器； （3）家用两用型燃气快速热水器
103. 燃气采暖热水炉（2403）	采用燃气密闭式燃烧的热量快速加热通过热交换器内流动的水以用于采暖、或采暖和生活热水两用的器具。且符合以下条件：1. 额定热输入小于等于70kW；2. 最大采暖工作水压小于等于0.3MPa；3. 工作时水温不大于95摄氏度；4. 采用大气式燃烧器或风机辅助式燃烧器或全预混式燃烧器	燃气采暖热水炉	1. 燃气采暖热水炉 2. 冷凝式燃气采暖热水炉 3. 家用供暖燃气快速热水器 4. 家用两用型燃气快速热水器	1. 适用标准：GB 25034 2. 不包括： （1）自然排气烟道式、室外型器具； （2）容积式器具； （3）在同一外壳内采暖和热水分别采用两套独立燃烧系统的器具，包括两者有共同烟道的器具

参考资料3

《强制性产品认证目录》相关技术决议（18个）[①]

TC03—2019—01《关于部分电子产品申请音视频设备、信息技术设备及电信终端设备强制性认证产品界定的决议》

一、机器人形态的电子产品强制性认证产界定

（一）产品背景

目前市场上出现了大量做成机器人形态的电子产品。有用于家庭教育娱乐的；有用于公共场所提供自助服务的；还有通过接受指令运行预置程序，自主移动，协助或取代人的工作提供服务的。在国标 GB/T 12643—2013 标准中对服务机器人给出了定义，且对于这类机器人形态的电子产品在新版 IEC

---

① 引自国家认证认可监督管理委员会官方网站 http://www.cnca.gov.cn。

62368—1 标准的适用范围中明确"服务机器人"不适用于该标准。

> 2.10
> 服务机器人 service robot
> 除工业自动化应用外，能为人类或设备完成有用任务的机器人(2.6)。
> 注 1：工业自动化应用包括(但不限于)制造、检验、包装和装配。
> 注 2：用于生产线的关节机器人(3.15.5)是工业机器人(2.8)，而类似的关节机器人用于供餐的就是服务机器人(2.10)。
>
> 2.11
> 个人服务机器人 personal service robot
> 用于非营利性任务的，一般由非专业人士使用的服务机器人(2.10)。
> 示例：家庭服务机器人，自动轮椅，个人移动助理机器人和小型搬身机器人。
>
> 2.12
> 专用服务机器人 professional service robot
> 用于营利性任务的，一般由培训合格的操作员(2.17)操作的服务机器人(2.10)。
> 示例：用于公共空间的营销机器人，办公室或医院的运送机器人，消防机器人，康复机器人和外科手术机器人。

GB/T12643-2013标准中的定义

（二）界定描述

1. 作为家庭使用，并且仅用于教育或娱乐目的的机器人形态的电子产品需根据其具体功能选择音视频设备 08 类或信息技术设备 09 类或电信终端设备 16 类进行认证。但此类机器人形态的电子产品不可具有诸如：搬运、清洁、移动导引等服务功能。说明书中应明确产品使用场景为家用，并明确产品具体功能。

2. 作为公共场所使用，如：商场、银行、饭店等，由两种或者两种以上强制性认证的信息技术设备或电信终端设备组成的主要用于提供自主服务功能的机器人形态的电子产品可根据其具体功能按照信息技术设备 09 类进行认证。此类机器人形态的电子产品不可具有自主移动能（包括肢体移动）。说明书应明确说明不可自主移动。

3. 对于可根据预置程序进行自主移动并提供服务诸如：移动导引、传送、清洁等功能的机器人形态的电子产品不属于强制性产品认证中音视频设备 08 类，或信息技术设备 09 类，或电信终端设备 16 类范围。

二、关于带实体物品的自助终端类产品强制性认证界定的补充说明

（一）产品背景

国家认监委于 2008 年第 4 号公告明确自助终端类产品为同时具有两种或者两种以上 CCC 目录内信息技术设备或电信终端设备功能的多功能产品，属于强制性产品认证范围。但随着技术进步，市场上出现了越来越多的可传送，放置实物的自助终端类产品，诸如：图书馆自助服务终端、超市自助结算终端、自助游戏币售卖机等。

（二）界定描述

1. 认监委 2008 年第 4 号公告中描述的对于能够提供自助服务的终端类产品，诸如：银行自助终端、触摸/综合查询机、存/取款机、交纳话费、水、电、气费、取号排队机等仍属于强制性产品认证范围。

2. 对带有传送、储存或放置实物的自助服务终端类产品，诸如：图书馆自助服务终端，超市自助称重结算终端，自助游戏币售卖机等，仅主机（或含显示设备等）属于强制性产品认证范围。如主机（或含显示设备等）不单独出厂、销售、进口或在其他经营活动中使用，则无需获得强制性认证。

TC04—2018—02《关于 USB 供电的吸尘器的技术决议》

一款吸尘器产品如下图所示，带有充电电池，并由带 USB 端口的连接线供电，输入电压 5V 直流，销售时有带 USB 端口的连接线，无电源适配器。

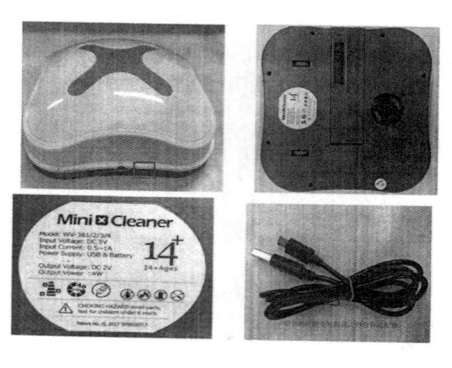

问题：GB 4706.1—2005、GB 4706.7—2014是否适用于该产品？该产品是否属于CCC认证范围？

结论：1. 根据《强制性产品认录描述与界定》，因家用和类似用途设备中明确了"除电动机—压缩机外，如果通过市网供电，单相器具额定电压必须包括220V，额定频率必须包括50Hz，三相器具额定电压必须包括380V，额定频率必须包括50Hz"的范围限定，因此该产品目前应不属于强制性产品认证目录范围。

2. 有关标准适用相关问题建议由问题提出单位提交标委会做出答复。

TC04—2018—03《关于新风系统的技术决议》

新风系统/装置产品，是一种将室外新风引入室内的空气处理装置，有些产品具有空气过滤净化功能，越来越多应用于家庭或类似场所，产品也来越多。

问题：1. 新风系统是否属于CCC认证范围？2. 新风系统若属于CCC认证范围，认证标准是否依据GB 4706.27？3. 带空气过滤净化功能的新风系进行CCC认证时，是否还需要依据GB 4706.45进行检验？

结论：所提问题涉及新风系统，考虑到部分换气扇产品以"新风系统"命名销售的情况，依据《标准化法》"企业应当按照标准组织生产经营活动，其生产的产品、提供的服务应当符合企业公开标准的技术要求"之规定，在CCC认证受理时，应以相关产品对应企业公开标准为判定依据，即：依据GB 4706.27标准设计生产，带有独立风扇结构的（新风系统）产品，应按照电风扇实施强制性产品认证，否则应不属于强制性产品认证目录范围。

TC04—2020—01《国家认监委强制性产品认证技术专家组（TC04）关于电热暖手桌垫CCC认证的技术决议》

有一款电热暖手桌垫，发热元件为电热膜，正面为纺织材料，背面为PVC材料，尺寸小于$0.3m^2$（长为80cm，宽为32cm）。

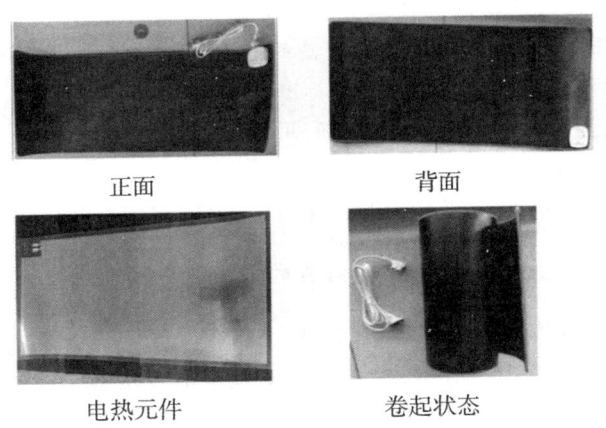

正面　　背面

电热元件　　卷起状态

问题：此类产品是否属于CCC目录范围？

结论：额定电压为交流220V或配有额定电压为交流220V的电源适配器一起销售的此类电热暖手桌垫属于CCC目录范围。

TC05—2018—01《关于带有电光源的地球仪是否属于强制性产品认证目录范围的技术决议》

经全国照明电器标准化技术委员会灯具分技术委员会确认，考虑到现行GB 7000系列标准对于带有电光源的地球仪（俗称"地球仪灯"）的适用性，国家认监委TC05技术专家组对带有电光源的地球仪是否属于强制性产品认证目录范围形成技术决议如下：

如果地球仪中的电光源预定照亮目标是地球仪本身，预定用途仅是使地球仪表面的图案和文字更清晰，则该产品不属于照明电器强制性产认证范围。

附件 《关于"地球仪灯"的标准适用性说明》

《关于"地球仪灯"的标准适用性说明》

强制性产品认证 TC05 技术专家组：

贵专家组来函所图示和文字描述的"地球仪灯"，应按可移式通用灯具标准或儿童用可移式灯具标准考核的问讯，我们说明如下：

这个产品的主要功能是地球仪，应首先符合该产品的相关技术标准。

地球仪内部或外部电光源照亮的目标是地球仪，使由透光材料制成的地球仪表面更亮、文字和图案更清晰。当电光源时未点亮时，该产品已经具有地球仪的功能，点亮内部或外部电光源后，提高了地球仪表面的文字和图案的识别度。

当然，一个透亮的地球仪的周围也会被照亮。当产品声称该地球仪兼有灯具功能时应考虑电器安全的相关要求。图中的地球仪有可移动支架、内部含有电光源，从产品结构上该产品的电器安全特性可以参照可移式通用灯具相关标准 GB 7000.204—2008 进行考核。

按目前 GB 7000.4—2007 的描述，儿童用灯具的界定尚存在很多不确定性。如果把透明球体视作灯罩的话，灯罩具有吸引儿童的三维图案或造型是识别儿童用灯具的要素，而地球仪图案本身是否具有吸引儿童的特质，目前未见相关示例。

附件：关于提请明确"地球仪灯"是否作为可移式灯具开展强制性认证检测的问询函（略）

TC05—2018—02《关于采用 USB 接口作为电源输入的可移式通用灯具是否属于强制性产品认证目录范围的技术决议》

经全国照明电器标准化技术委员会灯具分技术委员会确认，考虑到现行 GB 7000 系列标准对于带 USB 接口灯具的适用性，国家认监委 TC05 技术专家组对采用 USB 接口作为电源输入的可移式通用灯具是否属于强制性产品认证目录范围形成技术决议如下：

1. 灯具不带电源适配器、以 USB 接口作为灯具的电源连接方式，此类可移式通用灯具目前属于非标产品，不适用现有的 CCC 认证依据的灯具国家标准，不属于 CCC 认证目录范围内的产品。

2. 灯具自带电源适配器、电源适配器输入端使用规定的电源连接方式、电源适配器与灯具之间用 USB 接口连接，此类灯具应按要求进行 CCC 认证。

附件 《关于带 USB 接口灯具的标准适用性说明》

《关于带 USB 接口灯具的标准适用性说明》

强制性产品认证 TC05 技术专家组：

目前灯具标准 GB 7000.1—2015 规定的电源连接方式中不包括 USB 接口，而这个接口已经在很多可移式灯具等产品中用作提供电源连接的方式，关于 GB 7000 系列标准对于这类灯具产品的适用性问题，按下述两种情况具体说明如下：

情况 1：灯具不带适配器、以 USB 接口作为灯具的电源连接方式说明：目前灯具产品安全基础标准 GB 7000.1—2015 规定的电源连接方式中不包括 USB 接口，情况 1 的产品不符合规定的电源连接方式，这类产品属于非标产品。

情况 2：灯具带适配器、适配器输入端使用规定的电源连接方式、适配器与灯具之间用 USB 接口连接。

说明：可以按 GB 7000 标准系列检验，USB 接口应满足部件标准（如有的话）和整机标准的要求，整机标准的要求主要包括绝缘、温度和材料等方面。

附件 关于提请明确 USB 电源连接方式的台灯和夹灯是否作为可移式通用灯具开展强制性认证检

测的问询函（略）

TC05—2018—05《关于带充电电池或电池组的可移式通用灯具是否属于强制性产品认证目录范围的技术决议》

带充电电池或电池组的可移式灯具带有充电电池或者电池组，并配有内置充电电路或外置独立的充电装置，可以直接或者间接连接到36V以上电源电压。灯具在外接电源电压的情况下，能够同时提供照明功能和为灯具的电池或电池组充电；也能够在不外接电源电压的情况下，灯具由自带电池或者电池组供电实现照明功能。

经全国照明电器标准化技术委员会灯具分技术委员会确认，考虑到现行GB 7000系列标准对于带充电电池或电池组的可移式通用灯具的适用性，国家认监委TC05术专家组形成技术决议如下：

带充电电池或电池组的可移式灯具内含充电电池或者电池组，并配有内置充电电路或外置独立的充电装置，目前照明电器CCC认证依据的GB 7000.204标准尚未考虑以上部件的安全要求，故带充电电池或电池组的可移式通用灯具暂不列入照明电器强制性认证目录范围，待标准完善后再考虑。

TC05—2018—06《关于"磁悬浮灯"是否属于强制性产品认证范围的技术决议》

近期，市场上出现一种新型照明产品"磁悬浮灯"，该产品有非直接电气连接的结构，主要组成部件包括电转换装置、磁体底座、悬浮模块和发光模块等，如下图所示产品。

图示"磁悬浮灯"工作时须外接电源适配器，额定电源电压220V，其工作原理：

磁体底座和悬浮模块：上方的悬浮模块内含1块永磁体，下方的磁体底座内含1块永磁体和若干块电磁体。上、下两块永磁体提供主要的斥力实现悬浮，磁体底座中电磁体在电源输入时产生变化的磁场，使悬浮模块保持平衡。

发光模块：实现发光的是1只LED灯珠，发光模块工作时，上、下两个铜绕组通过无线感应方式传输电能。

经全国照明电器标准化技术委员会灯具分技术委员会确认，考虑到现行GB 7000系列标准对于"磁悬浮灯"的适用性，国家认监委TC05技术专家组形成技术决议如下：

"磁悬浮灯"在工作时，发光部件可以悬浮于灯具中设定的位置，与常见灯其不同的是，"磁悬浮灯"具有非直接电气连接等特殊结构。目前照明电器CCC认证依据的GB 7000灯具系列标准尚未考虑此种结构和相关安全要求，故"磁悬浮灯"暂不列入照明电器强制性认证目录，待标准完善后再考虑。

TC05—2019—01《关于"灯笼"是否属于强制性产品认证范围的技术决议》

目前市场上有大量使用电光源（钨丝灯或者LED光源等）的"灯笼"，产品内部不带充电电池或者电池组，可直接或间接连接到电源电压220V 50Hz。在工作时，"灯笼"悬挂于室内外提供照明功能。常见产品如下图所示：

经全国照明电器标准化技术委员会灯具分技术委员会确认，考虑到现行 GB 7000 系列标准对于"灯笼"产品的适用性，国家认监委 TC05 技术专家组形成技术决议如下：

上述"灯笼"产品视结构不同，属于照明电器强制性产品认证范围的固定式通用灯具或可移式通用灯具。

附件　《关于"灯笼"产品标准适用性的说明》

《关于"灯笼"产品标准适用性的说明》

强制性产品认证 TC05 技术专家组：

贵专家组日前发出的"关于提请'灯笼'产品是否适用 GB 7000 灯具标准的问询函"收到，根据函中提供的产品信息，灯具分标委就该产品的标准适用性的问询作如下说明。

根据问询函中的照片及相应的描述，目前市场上"灯笼"产品使用电光源、电源电压不超过 1000V，工作时，"灯笼"悬挂于室内外、提供照明功能。

按 GB 7000.1—2015 "范围"的描述，上述"灯笼"产品在 GB 7000 系列标准覆盖的范围内。同时，根据 GB 7000.1—2015 对固定式通用灯具、可移式式通用灯具的定义，视产品结构不同，这类"灯笼"应属于 GB 7000.201 或 GB 7000.204 标准覆盖的范围。

附件　关于提请"灯笼"产品是否适用 GB 7000 灯具标准的问询函（略）

TC05—2019—03《关于"LED 镜灯"是否属于强制性产品认证范围的技术决议》

目前市场上出现一种被称为"LED 镜灯"的产品，该产品以 LED 模块或 LED 灯带作为发光部件，内置 LED 电子控制装置，采用电源线或插头电源线等方式连接到电源电压 220V 50Hz。使用时，"LED 镜灯"被固定安装或悬挂于室内墙壁上，通电后，产品提供照明功能。如下图所示：

经全国照明电器标准化技术委员会灯具分技术委员会确认，考虑到现行 GB 7000 系列标准对于"LED 镜灯"产品的适用性，认监委 TC05 技术专家组形成技术决议如下：

上述"LED 镜灯"应属于照明电器强制性产品认证范围。

TC07—2014—04《关于几种工业用连接器产品是否属于强制性产品认证目录范围的技术决议》

根据器具耦合器（工业用）、插头插座（工业用）产品强制性认证适用标准 GB/T 11918.1—2014《工业用插头插座和耦合器 第1部分：通用要求》和 GB/T 11918.2—2014《工业用插头插座和耦合器 第2部分：带插销和插套的电器附件的尺寸兼容性和互换性要求》，生产者依据非 GB/T 11918.1—2014 和 GB/T 11918.2—2014 标准设计、生产的工业用连接器产品（示例如图1、图2），应不属于强制性产品认证目录范围。

图1　　　　　图2

TC07—2016—02《关于不在现有标准范围内的电器附件产品是否属于强制性产品认证目录范围的技术决议》

经产品标准制定技术组织确认的、不在现有标准范围内的电器附件产品，不适用现有的 CCC 认证依据的电器附件国家标准，不属于 CCC 认证目录范围内产品。

TC07—2017—03《关于对部分延长线插座（电线加长组件）和转换器产品实施强制性认证中相关问题予以解释的决议》

根据《国家认监委关于转换器和延长线插座产品强制性产品认证要求的公告》（2016年第3号）要求。转换器产品（带有国外标准插头或插座的除外）和带有国标组合孔的延长线插座（电线加长组件）产品已纳入强制性认证实施范围。对相关产品执行《国家认监委关于明确带有 USB 充电接口产品强制性产品认证要求的公告》（2016年第2号）》要求的执行中，相关企业理解存在较多疑惑。经强制性产品认证技术专家组器具附件组（TC07）讨论，现形成如下决议：

1. 凡属于国家认监委2014年第45号公告范围内的插头插座产品，若其带有 USB 充电接口，则应按照国家认监委2016年2号公告要求，于2016年12月31日前按照信息技术设备或者音视频设备的 CCC 认证实施规则要求完成补充认证，否则2017年1月1日起不得出厂、销售、进口或在其他经营活动中使用。

2. 转换器产品（带有国外标准插头或插座的除外）和带有国标组合孔的延长线插座（电线加长组件）产品为2016年3号公告明确新纳入强制性认证实施范围的产品，其依据 GB/T 2099.3—2015 和 GB/T 2099.7—2015 标准申请 CCC 认证时，若带有 USB 充电接口，则应按照信息技术设备或者音视频设备的 CCC 认证实施规则要求一并完成认证。

3. 对于执行 GB2099.3—2008 标准的产品，均未列入强制性产品认证目录实施管理。即使其带有 USB 充电接口，也应无须按照信息技术设备或者音视频设备的 CCC 认证规则要求完成补充认证，其应可按新版标准明确提出的过渡期销售。

TC08—2019—01《关于部分额定电压450/750V及以下聚氯乙烯双层绝缘电线电缆暂不列入强制性产品认证目录的决议》

额定电压450/750V及以下聚氯乙烯双层绝缘电线电缆产品（以下简称双层绝缘电线电缆产品），是指产品结构类似于GB/T 5023—2008和JB/T 8734—2016系列标准规定的电线电缆产品，除采用颜色有明显反差的双层绝缘外，导体和护套的结构与GB/T 5023—2008和JB/T 8734—2016系列标准的规定没有差异，但不包括GB/T5023.5—2008规定的60227 IEC 43（SVR）户内装饰照明回路用软线。示例样品见下图。

经强制性产品认证技术专家组电线电缆组研讨、验证，决定双层绝缘电线电缆产品（除GB/T 5023.5—2008规定的60227 IEC 43（SVR）户内装饰照明回路用软线外）暂不列入强制性产品认证目录。

TC23—2014—01《关于搅拌器产品暂不属于强制性产品认证目录范围的技术决议》

搅拌器是一种用于对涂料、腻子、混合泥灰料及类似材料进行搅拌作业的电动工具。其产品结构与电钻类似，也称搅拌钻、搅拌机等。

由于现行有效国家安全标准中未明确包含上述搅拌器产品，因此搅拌器产品目前暂不属于强制性产品认证目录范围。

TC28—2021—01《关于平板电脑等防爆电气产品CCC认证目录界定的技术决议》

按照认监委2020年4月发布的《强制性产品认证目录描述与界定表（2020年修订）》的基本原则，产品名称或主要功能，应涵盖在CCC认证产品目录的17类158种产品种类之中。

为了规范平板电脑等防爆电气产品CCC认证的管理，认监委TC28技术专家组经过讨论，在符合《强制性产品认证目录描述与界定表（2020年修订）》的基本原则下，对于平板电脑等防爆电气产品是否属于CCC认证目录范围，形成的技术决议如下：

1. 明确以下产品属于CCC认证目录范围：
（1）平板电脑（2309）；
（2）防爆信号灯/指示灯/警示灯（仅作为信号指示功能的Ex元件，2304）；
（3）尾端盒（作为电伴热带的附件，2303）；
（4）增安型外壳（2313）；
（5）人机界面（2309）；
（6）插槽/底座模块（具有电气连接功能的插槽/底座模块，2308）；
（7）逆变器（2303）；
（8）防爆伺服电机（2301）；
（9）封堵件、堵头和接头（2313）；
（10）液位传感器（2315）；

（11）具有指示功能的防爆按钮、按钮开关（2304）；
（12）电液执行器/机构/装置（2307）；
（13）正压产品用正压吹扫控制装置（2304）；
（14）监测分站、传输主站（2309）；

2. 明确以下产品不属于CCC认证目录范围：
（1）温度仪表；
（2）压力传感器；
（3）二维码扫描器、防爆智能扫描终端等；
（4）气体传感器；
（5）变送器类；
（6）防爆呼吸阀/排水阀；
（7）用于执法的便携式音视频记录仪；
（8）观察视窗；
（9）可燃气体探测器；
（10）物位计、液位计、流量计。

3. 手持终端，具体产品可按目录界定表规定的功能判断是否属于CCC目录范围。

TC28—2021—06《关于元件CCC认证和管理的技术决议》

对于外购或外协的绝缘套管、接线端子、隔爆外壳等属于关键元器件（或配套件）的元件CCC认证和管理要求不明确，希望各认证机构统一规定，明确操作方法。

对于元件的CCC取证和管理，认监委TC28技术专家组形成的技术决议如下：

元件是否属于CCC目录范围应严格遵守CNCA—C23—01：2019《强制性产品认证实施规则 防爆电气》及《强制性产品认证目录描述与界定表（2020年修订）》的规定。外购Ex元件是指带有防爆铭牌/防爆标志作为独立成品出厂、销售、进口或在其他经营活动中使用的元件，必须要有CCC认证；外协不带防爆铭牌/防爆标志的Ex元件，元件作为外协关键件，可随整机一起进行检测，按各认证机构规定的进行管控。

隔爆外壳按元件的管控要求实施，存在以下三种情况：

1. 隔爆外壳自产自用：不需要单独取得CCC认证证书，外壳防爆性能随整机一起进行型式试验；
2. 隔爆外壳生产厂自行设计制造，作为Ex元件，对外销售：须取得CCC认证证书；
3. 隔爆外壳生产厂作为外协方，根据整机企业设计图纸，进行加工：不需要取得CCC证书，外壳防爆性能随整机一起进行型式检验；对整机企业进行工厂检查时，可延伸到外协方进行工厂检查。或认证机构可根据生产企业对外协方质量管控的有效性进行延伸评审。

TC28—2021—07《关于隔爆型锂离子蓄电池电源装置CCC认证和管理的技术决议》

为了规范隔爆型锂离子蓄电池电源装置的CCC认证和管理，认监委TC28技术专家组形成的技术决议如下：

隔爆型锂离子蓄电池电源装置（2303）类产品，仅限内部使用的锂离子蓄电池和蓄电池组符合GB/T 30426《含碱性或其它非酸性电解质的蓄电池和蓄电池组 便携式锂蓄电池和蓄电池组》标准的产品，否则不属于CCC目录范围产品。

第二节 进口成套设备与旧机电产品

机电产品（含旧机电产品），是指机械设备、电气设备、交通运输工具、电子产品、电器产品、仪器仪表、金属制品等及其零部件、元器件。

旧机电产品，是指具有下列情形之一的机电产品：
1. 已经使用（不含使用前测试、调试的设备），仍具备基本功能和一定使用价值的；
2. 未经使用，但超过质量保证期（非保修期）的；
3. 未经使用，但存放时间过长，部件产生明显有形损耗的；
4. 新旧部件混装的；
5. 经过翻新的。

成套设备，系指完整的生产线、成套装置设施（含工程项目和技术改造项目中的成套装置设施和与国产设备配套组成的成套设备中的进口关键设备）。成套设备属于机电产品的范围，无对应的商品编码范围。机动车辆、医疗器械等产品不属于成套设备；随成套设备进口的化学品（如油漆涂料、润滑剂清洗剂等）也不属于成套设备。

一、资质要求

（一）成套设备

成套设备无企业资质要求。

成套设备如属于旧机电产品（或含有旧机电组件/零件）的，还应同时满足旧机电产品相关要求。

1. 装运前预检验、监造或者监装要求

《中华人民共和国进出口商品检验法实施条例》规定，对属于法定检验范围内的关系国计民生、价值较高、技术复杂的以及其他重要的进口商品和大型成套设备，应当按照对外贸易合同约定监造、装运前检验或者监装。收货人保留到货后最终检验和索赔的权利。

出入境检验检疫机构可以根据需要派出检验人员参加或者组织实施监造、装运前检验或者监装。

2. 设备组件的要求

（1）强制性认证产品要求

新成套设备中列入《强制性产品认证目录》的组件/零件，按照"工厂生产线/成套生产线配套所需的设备/零部件（不含办公用品）"的情形办理《免予办理强制性产品认证证明》后，方可进口，并按照申报用途使用。（详见本章 CCC 强制性认证产品部分。）

（2）特种设备要求

成套设备如属于特种设备（或含有属于特种设备的组件/零件）的，在申报时应提供对应的"特种设备生产许可证"或"特种设备型式试验证书"。（详见本章特种设备部分。）

（二）旧机电产品

商品编号列入《实施检验监管的进口旧机电产品目录》（见表 12-2）的旧机电产品需实施检验监管，本书"进出口货物检验检疫要求查询表"中已列明。

表 12-2　实施检验监管的进口旧机电产品目录

产品类别	涉及的商品编码
一、金属制品	7309、7310、7311、7321、7322、7611、7612（除76121、7612901外）、7613、7615109010
二、机械及设备	第八十四章（除8401、84061、8407101、8407102、8407210、8407290、84091、8409911、8412101090、8412800010、8412800020、8412901020、8412901090、8428909020、8479891、8479901、8483101、84871外）
三、电器及电子产品	第八十五章（除8526101、8526109001、8526109011、8526109091、8526919010、8548100000外）
四、运输工具	第八十六章； 第八十七章（除8710外）
五、仪器仪表	9006～9008、9010～9013、9015（除9015800010、9015800020、9015900010外）、9018～9031、9032（除9032899002、9032900001外）、9033
六、医用家具、办公室用金属家具、各种灯具及照明装置	9402、9405
七、其他（含电子乐器、儿童带轮玩具、带动力装置的玩具及模型、健身器械等）	7011；9207；95043、95045、9504901、9504901、9504029、9506911、9506919、950699、9508

1. 禁止进口

列入《禁止进口的旧机电产品目录》（详见表12-3）的旧机电产品，禁止进口。但属于以下情形的除外：

（1）国家特殊需要的；

（2）在符合环境保护、安全生产的条件下，可以进境维修（含再制造）并复出境的（需商务部门批准）；

（3）我国驻外机构或者境外企业（中方控股）在境外购置（购置时应为新品）的机电产品需调回自用的（需商务部门批准）；

（4）符合TSG 23《气瓶安全技术规程》的技术要求，作为货物包装的周转用气瓶。

表12-3　禁止进口的旧机电产品目录

序号	海关商品编号	货物名称	单位
1	701120	显像管玻壳及其零件	千克
2	7311001000	装压缩或液化气的钢铁容器（指零售包装用）	台/千克
3	7311009000	其他装压缩或液化气的容器（指非零售包装用）	台/千克
4	7321110000	可使用气体燃料的家用炉灶	台/千克
5	7321810000	可使用气体燃料的其他家用器具	台/千克
6	7613009000	非零售装装压缩、液化气体铝容器（铝及铝合金制）	台/千克
7	8402111000	蒸发量在900吨/时及以上的发电用蒸汽水管锅炉	台/千克
8	8402119000	其他蒸发量超过45吨/时的蒸汽水管锅炉	台/千克
9	8402120010	纸浆厂废料锅炉	台/千克

表12-3 续1

序号	海关商品编号	货物名称	单位
10	8402120090	其他蒸发量不超过45吨/时的水管锅炉	台/千克
11	8402190000	其他蒸汽锅炉（包括混合式锅炉）	台/千克
12	8402200000	过热水锅炉	台/千克
13	8403101000	家用型热水锅炉（但品目8402的货品除外）	台/千克
14	8403109000	其他集中供暖用的热水锅炉（但品目8402的货品除外）	台/千克
15	8404101010	使用（可再生）生物质燃料的非水管蒸汽锅炉的辅助设备（例如：节热器、过热器、除灰器、气体回收器）	台/千克
16	8404101090	其他蒸汽锅炉、过热水锅炉的辅助设备（例如：节热器、过热器、除灰器、气体回收器）	台/千克
17	8404102000	集中供暖用热水锅炉的辅助设备（例如：节热器、过热器、除灰器、气体回收器）	台/千克
18	8404200000	水及其他蒸汽动力装置的冷凝器	台/千克
19	84073	点燃往复式活塞内燃发动机（第八十七章所列车辆用）	台/千瓦
20	84082	压燃式活塞内燃发动机（柴油或半柴油发动机，第八十七章所列车辆用）	台/千瓦
21	8416100000	使用液体燃料的炉用燃烧器	台/千克
22	8416201101	溴化锂空调用天然气燃烧机	台/千克
23	8416201190	其他使用天然气的炉用燃烧器	台/千克
24	8416201900	使用其他气的炉用燃烧器	台/千克
25	8416209001	溴化锂空调用复式燃烧机	台/千克
26	8416209090	其他使用粉状固体燃料炉用燃烧器（包括其他复式燃烧器）	台/千克
27	8416300000	机械加煤机及类似装置（包括机械炉篦、机械出灰器）	台/千克
28	8417100000	矿砂、金属的焙烧、熔化用炉（含烘箱及黄铁矿的焙烧、溶化或其他热处理用炉及烘箱）	台/千克
29	8417801000	炼焦炉	台/千克
30	8417802000	放射性废物焚烧炉	台/千克
31	8417805000	垃圾焚烧炉	台/千克
32	8417809010	平均温度超过1000摄氏度的耐腐蚀焚烧炉（为销毁管制化学品或化学弹药用）	台/千克
33	8417809020	热裂解炉	台/千克
34	8417809090	其他非电热的工业用炉及烘箱（包括实验室用炉、烘箱和焚烧炉）	台/千克
35	8519811900	其他使用磁性媒体的声音录制或重放设备	台/千克
36	8519812910	具有录音功能的激光唱机	台/千克
37	8519813100	装有声音重放装置的闪速存储器型声音录制设备	台/千克
38	8519813900	其他使用半导体媒体的声音录制或重放设备	台/千克
39	8519899000	其他声音录制或重放设备（使用磁性、光学或半导体媒体的除外）	台/千克
40	8521909020	光盘型广播级录像机	台/千克
41	8521909090	其他视频信号录制或重放设备（不论是否装有高频调谐放大器）	台/千克

表12-3 续2

序号	海关商品编号	货物名称	单位
42	8528420000	可直接连接且设计用于品目8471的自动数据处理设备的阴极射线管监视器	台/千克
43	8528491000	其他彩色的阴极射线管监视器	台/千克
44	8528499000	其他单色的阴极射线管监视器	台/千克
45	8528521200	其他可直接连接且设计用于品目8471的自动数据处理设备的彩色液晶监视器	台/千克
46	8528521900	其他可直接连接且设计用于品目8471的自动数据处理设备的单色液晶监视器	台/千克
47	8528529200	其他可直接连接且设计用于品目8471的自动数据处理设备的其他彩色监视器	台/千克
48	8528529900	其他可直接连接且设计用于品目8471的自动数据处理设备的其他单色监视器	台/千克
49	8528591010	专用于车载导航仪的液晶监视器	台/千克
50	8528591090	其他彩色的监视器	台/千克
51	8528599000	其他单色的监视器	台/千克
52	8528622000	其他可直接连接且设计用于品目8471的自动数据处理设备的彩色投影机	台/千克
53	8528691000	其他彩色的投影机	台/千克
54	8528721100	其他彩色的模拟电视接收机,带阴极射线显像管的	台/千克
55	8528721200	其他彩色的数字电视接收机,阴极射线显像管的	台/千克
56	8528721900	其他彩色的电视接收机,阴极射线显像管的	台/千克
57	8528730000	其他单色的电视接收机	台/千克
58	8540110000	彩色阴极射线电视显像管(包括视频监视器用阴极射线管)	台/千克
59	8540120000	单色阴极射线电视显像管(包括视频监视器用阴极射线管)	台/千克
60	8540401000	屏幕荧光点间距小于0.4毫米的彩色的数据/图形显示管	台/千克
61	8540402000	屏幕荧光点间距小于0.4毫米的单色的数据/图形显示管	台/千克
62	8540609000	其他阴极射线管	台/千克
63	第八十七章	车类	台/千克
64	9018	旧的医疗、外科、牙科或兽医用仪器及器具(包括闪烁扫描装置、其他电气医疗装置及视力检查仪器)	台/千克
65	9022120000	X射线断层检查仪	台/千克
66	9022130000	其他用于牙科的X射线的应用设备	台/千克
67	9022140010	医用直线加速器	台/千克
68	9022140090	其他用于医疗或兽医的X射线的应用设备	台/千克
69	9022199090	其他X射线的应用设备(X射线全自动燃料芯块检查台、X射线晶圆制造厚度测量设备除外)	台/千克
70	9022210000	用于医疗的α射线、β射线、γ射线的应用设备	台/千克
71	9027500000	使用光学射线(紫外线、可见光、红外线)的其他仪器及装置	台
72	9027809900	其他理化分析仪器及装置(包括测量或检验黏性及类似性能的仪器及装置)	台

2. 装运前检验

涉及人身健康安全、卫生、环境保护的旧机电设备/产品,以及国家特殊需要的旧机电产品应实施装运前检验（进口特殊情况除外）。进口旧机电产品收发货人或者其代理人可通过"中国国际贸易单一窗口"标准版（www.singlewindow.cn/）应用的"检验检疫—进口旧机电产品装运前检验监督管理"系统办理装运前检验。（装运前检验的第三方检验机构的备案详见第十五章第二十三节。）

（1）涉及人身健康安全、卫生、环境保护的旧机电设备/产品共15类（见表12-4）。具体产品清单可登录"中国国际贸易单一窗口"标准版应用—检验检疫—进口旧机电产品装运前检验监督管理"系统进行查询。

表12-4 涉及人身健康安全、卫生、环境保护的旧机电设备/产品

序号	设备/产品名称	设备/产品涉及的范围及描述
1	化工（含石油化工）生产设备	包括但不限于：原油加工设备，乙烯、丙烯装置，合成氨装置，化肥装置，化工原料生产装置，染料生产装置，橡胶、塑料生产设备，化工生产用空气泵或真空泵、压缩机、风机、提净塔、精馏塔、蒸馏塔、热交换装置、液化器、发酵罐、反应器，与以上设备（装置、机械）配套的控制系统、输送系统、检测设备
2	能源、动力设备	包括但不限于：汽轮、水轮、风力、燃气、燃油发电机组，空气及其他气体压缩机械，制冷机组及热泵，与以上设备（机械）配套的控制系统、变压系统、传导系统、检测设备
3	电子工业专用设备	包括但不限于：制造半导体单晶柱或圆晶的设备，制造半导体器件或集成电路用的设备，制造平板显示器用的设备，在印刷电路板上封装元器件的设备，与以上设备配套的控制系统、输送系统、检测设备
4	冶金工业设备	包括但不限于：冶炼设备，压延加工设备，焦化设备，碳素制品设备，耐火材料设备，与以上设备配套的控制系统、输送系统、检测设备
5	通信设备	包括但不限于：光通信设备、移动通信设备、卫星地面站设备，与以上设备配套的控制系统、检测设备
6	建材生产设备	包括但不限于：水泥生产、制品设备，玻璃生产及加工设备，人造纤维板生产设备，与以上设备配套的控制系统、检测设备
7	工程施工机械	包括但不限于：起重机，叉车，升降机，推土机，筑路机及平地机，铲运机，捣固机械及压路机，机械铲，挖掘机及机铲装载机，打桩机及拔桩机，凿岩机及隧道掘进机，工程钻机
8	金属切削机床	包括但不限于：加工中心，单工位组合机床及多工位组合机床，车床（包括车削中心），钻床、镗床、铣床、攻丝机、磨床、刨床、插床、拉床、切齿机、锯床、切断机
9	金属非切削机床	包括但不限于：激光、超声波、放电等处理金属材料的加工机床，锻造或冲压机床，弯曲、折叠、矫直、矫平、剪切、冲孔、开槽机床，液压、机械压力机
10	纺织生产机械	包括但不限于：化纤挤压、拉伸、变形或切割设备，纺织纤维预处理设备，纺纱机械，织机，后整理设备
11	食品加工机械	包括但不限于：奶制品生产设备，饮料生产、灌装设备，糕点生产设备，果蔬加工设备，制糖及糖果生产设备，制酒设备，肉类加工设备
12	农牧林业加工机械	包括但不限于：拖拉机、联合收割机、棉花采摘机、机动植保机械、机动脱粒机、饲料粉碎机、插秧机、铡草机、木材加工设备
13	印刷机械	包括但不限于：制版设备、印刷设备、装订设备
14	纸浆、造纸及纸制品机械	包括但不限于：纸浆设备，造纸设备，纸或纸板整理设备，切纸机，纸、纸板及纸塑包装设备

表12-4 续

序号	设备/产品名称	设备/产品涉及的范围及描述
15	电气产品	包括但不限于：电阻加热炉及烘箱，电阻焊接机器及装置，电弧焊接机器及装置，通过感应或介质损耗对材料进行热处理的设备，粒子加速器，电镀、电解或电泳设备及装置，激光器

（2）国家特殊需要的旧机电产品具体包括：①国家特别许可准予进口的、列入《禁止进口的旧机电产品目录》（详见表12-3）的旧机电产品；②国家特别许可准予进口的、使用了氯氟烃（CFCs）物质的旧机电产品；③省级以上政府管理部门明确批准进口的国家限制投资、限制进口的产业、产品或技术目录内的产业、产品或技术涉及的旧机电产品。

二、申报要求

（一）成套设备

对于机械电子产品，属于成套设备的，应在"货物属性"字段选择"22-成套设备"。

既属于成套设备又属于旧机电产品的，应在"货物属性"字段同时选择"21-旧品"和"22-成套设备"，并同时按照旧机电产品有关规定进行申报。

（二）旧机电产品

1. 基本申报要求

货主或者其代理人应当在旧机电产品进口前或者进口时向海关申报，除贸易合同、提单、装箱单、发票等贸易凭证外，同时按要求提供以下材料。

（1）未列入"检验监管措施清单"的旧机电产品。

未列入"检验监管措施清单"的旧机电产品，应提交《旧机电产品进口声明》（详见后文）及相关必备材料。

（2）列入"检验监管措施清单"的旧机电产品。

①列入"检验监管措施清单"内且属于"出境维修复进口""暂时出口复进口""出口退货复进口""国内转移复进口"4种特殊情况旧机电产品进口时，应提供《免〈进口旧机电产品装运前检验证书〉进口特殊情况声明》（详见后文）及相关必备材料（如原进出口报关单等）。

②列入《禁止进口的旧机电产品目录》的旧机电产品，经国家特别许可的旧机电产品进口的，还应提交《旧机电产品进口特别声明（1）》（详见后文）及相关必备材料。

③商品编码涉及氯氟烃（CFCs）物质，但实际制冷介质为非氟氯烃物质（CFCs）的旧机电产品，还应提交《旧机电产品进口特别声明（2）》（详见后文）及相关必备材料。

2. 其他申报要求

需实施装运前检验的，申报前还应当取得装运前检验证书。装运前检验证书及随附的检验报告应当符合以下要求：

（1）检验依据准确、检验情况明晰、检验结果真实。

（2）有统一、可追溯的编号。

（3）检验报告应当包含检验依据、检验对象、现场检验情况、装运前检验机构及授权签字人签名等要素。

（4）检验证书及随附的检验报告文字应当为中文，若为中外文对照的，以中文为准。

（5）检验证书应当有明确的有效期限，有效期限由签发机构根据进口旧机电产品情况确定，一般为半年或一年。

（6）工程机械的检验报告除满足上述要求外，还应当逐台列明名称、商品编码、规格型号、产地、发动机号/车架号、制造日期（年）、运行时间（小时）、检测报告、维修记录、使用说明书核查情况等内容。

3. 录入要求

对于机械电子产品，符合本节关于旧机电产品任一情形的，无论商品编码是否在《实施检验监管的进口旧机电产品目录》内，均应在"货物属性"字段选择"21-旧品"。

其中实施了装运前检验的旧机电产品，申报时应添加"423-进口旧机电产品装运前检验证书"许可证，并录入证书编号，同时上传"进口旧机电产品装运前检验证书"和"进口旧机电产品装运前检验报告"。

三、产品相关要求

（一）检验地点

成套设备必须在安装使用地实施检验和监督管理。

旧机电产品属于《应逐批实施现场检验的旧机电产品目录》（见表12-5）的，除原生产厂售后服务维修情况外，应在口岸逐批依据相关产品国家技术规范的强制性要求实施现场检验。

表12-5 应逐批实施现场检验的旧机电产品目录

序号	商品编码	商品名称
1	8415.1010~8415.9090	空调
2	8418.1010~8418.9999	电冰箱
3	8471.3010~8471.5090	计算机类设备
4	8528.4100~8528.5990	显示器
5	8443.3211~8443.3219	打印机
6	8471.6040~8471.9000	其他计算机输入输出部件及自动数据处理设备的其他部件
7	8516.5	微波炉
8	8516.603	电饭锅
9	8517.1100~8517.6990	电话机及移动通信设备
10	8443.3110~8443.3190，8443.3290	传真机
11	8469.0011~8469.0030	打字机
12	8521.1011~8521.9019	录像机、放像机及激光视盘机
13	8525.8011~8525.8039	摄像机、摄录一体机及数字相机
14	8528.7110~8528.7300	电视机
15	8534.0010~8534.0090	印刷电路
16	8540.1100~8540.9990	热电子管、冷阴极管或光阴极管等
17	8542.3100~8542.9000	集成电路及微电子组件
18	8443.3911~8443.3924	复印机

（二）通用要求

成套设备、旧机电产品均不得夹带卫生检疫、动植物检疫领域的禁止或限制进境物；也不得夹带气体、液体、固体废物以及其他禁止进境物。

成套设备、旧机电产品（维修再制造的除外）均应符合国家技术规范的强制性要求，详见机电设备、电气设备产品。其中属于特种设备（或含有属于特种设备的组件/零件）的，还应符合特种设备相关要求。

成套设备、旧机电中夹带的、与整机一起安装或配套使用的 CCC 强制性认证产品，无须单独提供认证文件（也无须加施 CCC 标识）。但数量明显超过合理配套数量的，仍需办理相关手续（应加施 CCC 标识）。

四、进口旧机电产品相关声明

《质检总局关于调整进口旧机电产品检验监管的公告》（国家质检总局公告 2014 年第 145 号）要求的进口旧机电产品相关声明如下：

（一）旧机电产品进口声明（145 号公告附件 4）

旧机电产品进口声明

致_____海关：

我单位本次以_____的贸易方式报检进口的货物（发票号：_____，提/运单号：_____）情况如下：

H.S. 编码	货物名称及规格	数量	金额	用途

以上货物未列入"进口旧机电产品检验监管措施清单"。我单位承诺上述货物将按照上述贸易方式进口，对货物使用过程中的质量安全问题承担责任。我单位愿意接受海关的监督检查，并承担相应的法律责任。

经营/收货单位名称（公章）：

经营/收货单位联系人：

联系电话：

日期：

（二）免"进口旧机电产品装运前检验证书"进口特殊情况声明（145 号公告附件 5）

免"进口旧机电产品装运前检验证书"进口特殊情况声明

致_____海关：

我单位本次以_____的贸易方式报检进口的货物（发票号：_____，提/运单号：_____）情况如下：

H.S. 编码	货物名称及规格	数量	金额	用途

以上货物属于_____的特殊情况。我单位承诺上述货物将按照上述贸易方式进口，对货物使用过程中的质量安全问题承担责任。我单位愿意接受海关的监督检查，并承担相应的法律责任。

经营/收货单位名称（公章）：
经营/收货单位联系人：
联系电话：
日期：

（三）旧机电产品进口特别声明（1）（145号公告附件6-1）

旧机电产品进口特别声明（1）

致_____海关：

我单位本次以_____的贸易方式报检进口的货物（发票号：_____，提/运单号：_____）情况如下：

声明进口货物范围	品名	—		
	规格型号		HS编码	—
	商标		数量	—
	序列号			

声明内容：

一、我已获得_____特别许可准予进口上列货物。

二、我承诺上述货物将按照上述贸易方式进口，对货物使用过程中的质量安全问题承担责任。我愿意接受海关的监督检查，并承担相应的法律责任。

三、我自愿遵守国家质检总局《进口旧机电产品检验监管措施清单（2014年版）》管理措施表1禁止进口货物的规定。如有违反，愿意承担相应的法律责任。

申请上述货物进口的理由：

四、上述货物将被如下经销商/使用人所使用：

名　　称：　　　　　　　　　　地　　址：

法人代表：　　　　　　　　　　联系电话：

五、上述声明内容真实有效。

申请单位法人代表（签名）：
加盖公章：
签署日期：

注：凡拟进口涉及"检验监管措施清单"管理措施表1第1项、第2项旧机电产品的，均需填写本声明。

（四）旧机电产品进口特别声明（2）（145号公告附件6-2）

旧机电产品进口特别声明（2）

致_____海关：

我单位本次以_____的贸易方式报检进口的货物（发票号：_____，提/运单号：_____）情况如下：

声明进口货物范围	品名	—		
	规格型号		HS编码	—
	商标		数量	—
	序列号			

续表

声明内容： 　　一、我愿意履行保护臭氧层的国际公约，已经熟知《保护臭氧层维也纳公约》、《关于消耗臭氧层物质的蒙特利尔议定书》（伦敦修正案）、《中国逐步淘汰消耗臭氧层物质国家方案（修订稿）》、《消耗臭氧层物质进出口管理办法》以及商务部、海关总署、质检总局和环保总局联合发布的 2005 年第 117 号公告和环保总局、发改委、商务部、海关总署、质检总局联合发布的公告（环函〔2007〕200 号）的内容，并自愿遵守有关规定。 　　上述货物符合下列第＿＿＿＿条的要求。如有违反，愿意承担相应的法律责任。 　　1. 承诺上述货物不含任何制冷剂、发泡剂，不在禁止进口之列。 　　2. 承诺上述货物不含下列全氯氟烃类制冷剂、发泡剂，不在禁止进口之列。 　　（1）三氯一氟甲烷　　　化学式：$CFCl_3$　　　代码：CFC-11（R11） 　　（2）二氯二氟甲烷　　　化学式：CF_2Cl_2　　　代码：CFC-12（R12） 　　（3）三氯三氟乙烷　　　化学式：$C_2F_3Cl_3$　　　代码：CFC-113（R113） 　　（4）二氯四氟乙烷　　　化学式：$C_2F_4Cl_2$　　　代码：CFC-114（R114） 　　（5）一氯五氟乙烷　　　化学式：C_2F_5Cl　　　代码：CFC-115（R115） 　　（6）一氯三氟甲烷　　　化学式：CF_3Cl　　　代码：CFC-13（R13） 　　3. 承诺上述货物使用的制冷剂、发泡剂为：＿＿＿＿＿＿＿＿，不在禁止进口之列。 　　二、上述货物将被如下经销商/使用人所使用： 　　名　　称：　　　　　　　　　　地　　址： 　　法人代表：　　　　　　　　　　联系电话： 　　三、上述声明内容真实有效
申请单位法人代表（签名）： 加盖公章：　　　　签署日期：

注：凡拟进口涉及"检验监管措施清单"管理措施表 1 第 3 项、第 4 项旧机电产品的，均需填写本声明。

第三节　进口机动车辆及其零部件

　　根据《中华人民共和国道路交通安全法》的规定：机动车是指以动力装置驱动或者牵引，上道路行驶的供人员乘用或者用于运送物品以及进行工程专项作业的轮式车辆。在《中华人民共和国机动车登记办法》中明确："机动车是指由动力装置驱动或者牵引，供乘用、运送物品或者进行专项作业的车辆。包括各种汽车、摩托车、农用运输车、电车、电瓶车、轮式专用机械车、轮式拖拉机车组、手扶拖拉机车组、手扶拖拉机变形运输机以及被牵引的半挂车和全挂车等。"

　　需要说明的是：（1）轮式专用机械车如涉及特种设备的，还应同时符合特种设备相关要求；（2）叉车等场（厂）内专用机动车辆，不属于道路机动车辆，按照特种设备相关规定执行。

一、资质要求

（一）旧机电准入

　　根据《禁止进口的旧机电产品目录》（商务部、海关总署公告 2018 年第 106 号），商品编码列入第八十七章"车类"的旧机电产品，禁止进口。但是，属于"出境维修复进口""暂时出口复进口"

"出口退货复进口""国内转移复进口" 4 种特殊情况的，可按照旧机电产品相关规定办理进口手续。

（二）CCC 强制性认证

国家将汽车、摩托车及安全附件产品列入 CCC 强制性产品认证范围。具体要求详见本章第一节"进口强制性产品认证"有关内容。

（三）进口机动车车辆识别代号入境验证

海关对进口机动车车辆识别代号（VIN）实施入境验证管理。除国家特殊需要并经批准的，以及常驻我国的境外人员、我国驻外使领馆人员自带的情况外，禁止进口 VIN 不符合 GB 16735《道路车辆 车辆识别代号（VIN）》标准的机动车。强制性产品认证证书（CCC 证书）的持有人或其授权人可在进口前向签发 CCC 证书的认证机构提交拟进口的全部机动车 VIN 和相关结构参数资料进行备案，认证机构在对上述资料进行核对、整理后上报，以便入境验证。

《进口机动车辆制造厂名称和车辆品牌中英文对照表（2004 年版）》的最新修订版本可在海关总署商品检验司官方网站（http：//sjs.customs.gov.cn/）的"风险预警信息—其他信息服务"板块下载。

二、申报要求

（一）基本申报要求

货主或者其代理人应当在汽车进口前或者进口时向海关申报，除贸易合同、提单、装箱单、发票等贸易凭证外，同时按要求提供有关技术资料。

（二）录入要求

1. 在产品资质栏目选取"411-强制性产品认证（CCC 认证）证书"，并填写许可证编号等信息；其他特殊情况，参考本章第一节"进口 CCC 强制性产品认证"的录入要求。

2. 在产品资质栏目填写许可证 VIN 信息栏。申报进口已获 3C 认证的机动车辆时，填报机动车车辆识别代码，包括 VIN 序号、车辆识别代码（VIN）、单价、底盘（车架号）、发动机号或电机号、发票所列数量、品名（英文名称）、品名（中文名称）、提运单日期、型号（英文）、质量保质期等 11 项内容。

3. 进口汽车、摩托车制造厂名称和车辆品牌中文译名应该按照《进口机动车辆制造厂名称和车辆品牌中英文对照表（2004 年版）》准确填写。《进口机动车辆制造厂名称和车辆品牌中英文对照表（2004 年版）》的最新修订版本可在海关总署商品检验司官方网站（http：//sjs.customs.gov.cn/）的"风险预警信息—其他信息服务"板块下载。

三、产品相关要求

（一）强制性认证产品验证要求

汽车、摩托车等车辆，农机产品，以及机动车辆轮胎、摩托车乘员头盔、汽车用制动器衬片、汽车安全玻璃、汽车安全带、机动车外部照明及光信号装置、机动车辆间接视野装置、汽车座椅及座椅头枕、汽车行驶记录仪、车身反光标识等车辆安全附件，均属于应实施强制性认证的产品范围。

1. 整车产品验证要求

汽车、摩托车的整车以及农机产品，在强制性产品认证实施规则中对认证标志的使用提出了特定的要求（详见本章第一节"进口强制性产品认证"有关内容），应按规定加施 CCC 认证标识。

汽车、摩托车的整车还应在每一辆获证车辆的随车文件中附带车辆一致性证书（COC），以向消费者或有关部门明示认证产品信息。

2. 车辆安全附件产品验证要求

摩托车乘员头盔、汽车用制动器衬片、汽车安全玻璃、机动车儿童乘员用约束系统等车辆安全附件，在强制性产品认证实施规则中对认证标志的使用提出了特定的要求（详见本章第一节"进口强制性产品认证"有关内容），应按规定加施 CCC 认证标识。

(二) 产品检验要求

1. 机动车整车

机动车辆应符合 GB 7258—2017《机动车运行安全技术条件》、GB 38900—2020《机动车安全技术检验项目和方法》等强制性国家标准的要求。电动汽车还应符合 GB 18384—2020《电动汽车安全要求》、GB 38031—2020《电动汽车用动力蓄电池安全要求》等强制性国家标准的要求。

（1）汽车产品

进口汽车的检验包括：一般项目检验、安全性能检验和品质检验。

①一般项目检验。在进口汽车入境时逐台核查安全标志，并进行规格、型号、数量、外观质量、随车工具、技术文件和零备件等项目的检验。

②安全性能检验。按国家有关汽车的安全环保等法律法规、强制性标准和《进出口汽车安全检验规程》（SN/T 0792—1999）实施检验。

③品质检验。品质检验及其标准、方法等应在合同或合同附件中明确规定，进口合同无规定或规定不明确的，按《进出口汽车品质检验规程》（SN/T 0791—1999）检验。

（2）其他机动车辆产品检验

进口摩托车等其他进口机动车辆参照汽车产品相关要求执行。

2. 机动车发动机

液体燃料发动机（包括压燃式发动机和点燃式发动机），应符合安全、环保（噪声、排放等）以及对应类型发动机所适用的强制性国家技术规范的要求。

3. 机动车零部件

属于应实施强制性产品认证的机动车零部件，其产品要求详见对应的强制性产品认证实施规则。

（1）铝合金车轮

铝合金车轮（含其零部件）的尺寸和基本参数、安全性能、外观质量、标志等应符合相关标准的要求。

（2）轮胎

轮胎的外观质量、标志、安全环保性能、物理机械性能、有毒有害物质含量等应符合相关标准的要求。

第四节　进出口医疗器械

医疗器械，是指直接或者间接用于人体的仪器、设备、器具、体外诊断试剂及校准物、材料以及其他类似或者相关的物品，包括所需要的计算机软件。其效用主要通过物理等方式获得，不是通过药理学、免疫学或者代谢的方式获得，或者虽然有这些方式参与但是只起辅助作用。其目的是：（一）疾病的诊断、预防、监护、治疗或者缓解；（二）损伤的诊断、监护、治疗、缓解或者功能补偿；（三）生理结构或者生理过程的检验、替代、调节或者支持；（四）生命的支持或者维持；（五）妊娠控制；（六）通过对来自人体的样本进行检查，为医疗或者诊断目的提供信息。

医疗器械分类目录和注册备案情况可在国家药品监督管理局网站（https://www.nmpa.gov.cn/datasearch/home-index.html）查询。

一、进口医疗器械

进口三类医疗器械注册证书编号的格式为"国械注进××××3××××××";进口二类医疗器械注册证书编号的格式为"国械注进××××2××××××";进口一类医疗器械备案证书编号的格式为"国械备××××××××号"。(中国香港、澳门和台湾地区的医疗器械注册证书为"国械注许"字。)

(一) 资质要求

1. 准入要求

禁止进口过期、失效、淘汰等已使用过的医疗器械。

2. 医疗器械备案或者注册

(1) 第一类医疗器械实行产品备案管理,第二类、第三类医疗器械实行产品注册管理。办理指南见本书第十四章第十四节。

(2) 进口的医疗器械应当是已注册或者已备案的医疗器械。

医疗机构因临床急需进口少量第二类、第三类医疗器械的,经国务院药品监督管理部门或者国务院授权的省、自治区、直辖市人民政府批准,可以进口。进口的医疗器械应当在指定医疗机构内用于特定医疗目的。

(3) 提供给医疗器械生产企业作为生产资料生产医疗器械的零部件,不需单独办理医疗器械备案或者注册。

3. 捐赠医疗器械

向中国境内捐赠医疗器械的境外捐赠机构,须由其或者其在中国的代理机构向海关办理捐赠机构及其捐赠医疗器械的备案。必要时,海关总署将组织实施装运前预检验。国家特殊需要的,由民政部商海关总署作特殊处理。

进口捐赠医疗器械应当未经使用,且不得夹带有害环境、公共卫生的物品或者其他违禁物品。进口捐赠医疗器械禁止夹带列入我国《禁止进口货物目录》的物品。

(二) 申报要求

1. 基本申报要求

医疗器械进口时,进口医疗器械的收货人或者其代理人应在进口前或者进口时向申报地海关申报,申报时除提供贸易合同、提单、装箱单、发票等贸易凭证外,同时按以下要求申报录入。

2. 其他申报要求

捐赠医疗器械进口时,接受进口捐赠医疗器械的单位或者其代理人应当持相关批准文件向申报地海关申报。

3. 录入要求

对于商品编码涉及医疗器械产品,在申报时,"货物属性"字段必须在"34-Ⅰ类医疗器械""35-Ⅱ类医疗器械""36-Ⅲ类医疗器械""37-医疗器械零部件""38-非医疗器械"等四个选项中选择至少一项。

属于一类医疗器械的,"货物属性"字段应选择"34-Ⅰ类医疗器械";产品资质栏应选择"629-进口医疗器械备案证",并录入许可证书编号等信息。

属于二类医疗器械的,"货物属性"字段应选择"35-Ⅱ类医疗器械";产品资质栏应选"612-进口医疗器械注册证",并录入许可证书编号等信息。

属于三类医疗器械的,"货物属性"字段应选择"36-Ⅲ类医疗器械";产品资质栏应选"612-进口医疗器械注册证",并录入许可证书编号等信息。

用于生产医疗器械的零部件的,"货物属性"字段应选择"37-医疗器械零部件";产品资质栏不应选择"612-进口医疗器械注册证"或者"629-进口医疗器械备案证",需提供必要的证明材料。

不直接或者间接用于人体的,"货物属性"字段应选择"38-非医疗器械";产品资质栏不应选择

"612-进口医疗器械注册证"或者"629-进口医疗器械备案证",需提供必要的证明材料。

医疗器械注册证中"结构及组成"栏内所载明的组合部件,以更换耗材、售后服务、维修等为目的,用于原注册产品的,可以单独销售。申报时使用原注册产品的注册证书。

(三) 产品相关要求

1. 检验地点

进口医疗器械原则上在申报的目的地检验。

对需要结合安装调试实施检验的进口医疗器械,应当在申报时明确使用地,在使用地实施检验。

进口心脏起搏器在指定口岸实施检验。经海南省药品监督管理部门批准的临床急需进口心脏起搏器由海口海关实施法定检验。其他进口心脏起搏器由北京海关、上海海关按相关规定实施检验。

进口心脏起搏器在指定的经国家认可的医疗器械检测机构进行检测。

进口高风险呼吸机在北京、天津、辽宁、上海、浙江、山东、湖北、广东等指定口岸实施检验。进口其他呼吸机按照目的地检验的原则实施检验监管。

2. 产品说明书、标签要求

进口的医疗器械应当有中文说明书、中文标签。说明书中应载明医疗器械的原产地以及境外医疗器械注册人、备案人指定的我国境内企业法人的名称、地址、联系方式。

医疗器械说明书、标签应当标明下列事项:①通用名称、型号、规格;②医疗器械注册人、备案人、受托生产企业的名称、地址以及联系方式;③生产日期,使用期限或者失效日期;④产品性能、主要结构、适用范围;⑤禁忌、注意事项以及其他需要警示或者提示的内容;⑥安装和使用说明或者图示;⑦维护和保养方法,特殊运输、贮存的条件、方法;⑧产品技术要求规定应当标明的其他内容。

第二类、第三类医疗器械还应当标明医疗器械注册证编号。

由消费者个人自行使用的医疗器械还应当具有安全使用的特别说明。

3. 产品技术要求

医用电气设备应符合 GB 9706《医用电气设备》系列标准的强制性要求。

第二类、第三类医疗器械产品应符合医疗器械注册证书载明的产品技术要求(含其引用的国家标准、医药行业标准等)。

4. 进口捐赠医疗器械的特殊要求

(1) 进口捐赠的医疗器械(不论监管证件要求),均应实施检验。

(2) 捐赠的医疗器械应为新品,并且已在中国办理过医疗器械注册,其中不得夹带有害环境、公共卫生和社会道德及政治渗透等违禁物品。

二、出口医疗物资

海关对出口医用口罩、医用防护服、呼吸机实施出口商品检验管理,新型冠状病毒检测试剂按照特殊物品实施卫生检疫。

(一) 资质要求

医疗器械产品注册证书或国外标准认证或注册

申报出口的新型冠状病毒检测试剂、医用口罩、医用防护服、呼吸机、红外体温计需取得我国医疗器械产品注册证书,或者取得国外标准认证或注册。

(二) 申报要求

1. 出口医用口罩、医用防护服、呼吸机,企业无须向属地海关申请出口申报前监管;新型冠状病毒检测试剂需向属地海关申请出口申报前监管。

2. 企业申报新型冠状病毒检测试剂、医用口罩、医用防护服、呼吸机、红外体温计出口,需提供以下材料:

(1) 提供书面或电子声明,承诺出口产品已取得我国医疗器械产品注册证书,符合进口国(地

区）的质量标准要求（适用于产品已取得我国医疗器械产品注册证书的）；或者

（2）提交电子或书面声明，承诺产品符合进口国（地区）质量标准和安全要求（适用于产品取得国外标准认证或注册的）。

（3）新型冠状病毒检测试剂还应符合卫生检疫特殊物品相关规定（详见第二章第一节）。

（三）产品相关要求

出口医用口罩、医用防护服、呼吸机，在口岸实施检验。

出口新型冠状病毒检测试剂、医用口罩、医用防护服、呼吸机、红外体温计，海关凭药品监督管理部门批准的医疗器械产品注册证书，或者商务部提供的取得国外标准认证或注册的生产企业清单（中国医药保健品进出口商会网站 www.cccmhpie.org.cn 动态更新）验放。其中，出口新型冠状病毒检测试剂，还应符合卫生检疫特殊物品相关规定（详见第二章第一节）。

第五节　进口特种设备

特种设备，是指对人身和财产安全有较大危险性的锅炉、压力容器（含气瓶）、压力管道、电梯、起重机械、客运索道、大型游乐设施、场（厂）内专用机动车辆，以及法律、行政法规规定适用《特种设备安全法》的其他特种设备。

现行《特种设备目录》包括"锅炉（1000）、压力容器（2000）、压力管道（8000）、压力管道元件（7000）、电梯（3000）、起重机械（4000）、客运索道（9000）、大型游乐设施（6000）、场（厂）内专用机动车辆（5000）、安全附件（F000）"十个大类（注：类别名称后括号内内容为特种设备分类代码）。部分类别产品的具体定义如下：

锅炉（1000），是指利用各种燃料、电或者其他能源，将所盛装的液体加热到一定的参数，并通过对外输出介质的形式提供热能的设备，其范围规定为设计正常水位容积大于或者等于30L，且额定蒸汽压力大于或者等于0.1MPa（表压）的承压蒸汽锅炉；出口水压大于或者等于0.1MPa（表压），且额定功率大于或者等于0.1MW的承压热水锅炉；额定功率大于或者等于0.1MW的有机热载体锅炉。

压力容器（2000），是指盛装气体或者液体，承载一定压力的密闭设备，其范围规定为最高工作压力大于或者等于0.1MPa（表压）的气体、液化气体和最高工作温度高于或者等于标准沸点的液体、容积大于或者等于30L且内直径（非圆形截面指截面内边界最大几何尺寸）大于或者等于150mm的固定式容器和移动式容器；盛装公称工作压力大于或者等于0.2MPa（表压），且压力与容积的乘积大于或者等于1.0MPa·L的气体、液化气体和标准沸点等于或者低于60摄氏度液体的气瓶；氧舱。

压力管道（8000），是指利用一定的压力，用于输送气体或者液体的管状设备，其范围规定为最高工作压力大于或者等于0.1MPa（表压），介质为气体、液化气体、蒸汽或者可燃、易爆、有毒、有腐蚀性、最高工作温度高于或者等于标准沸点的液体，且公称直径大于或者等于50mm的管道。公称直径小于150mm，且其最高工作压力小于1.6MPa（表压）的输送无毒、不可燃、无腐蚀性气体的管道和设备本体所属管道除外。其中，石油天然气管道的安全监督管理还应按照《中华人民共和国安全生产法》《中华人民共和国石油天然气管道保护法》等法律法规实施。

电梯（3000），是指动力驱动，利用沿刚性导轨运行的箱体或者沿固定线路运行的梯级（踏步），进行升降或者平行运送人、货物的机电设备，包括载人（货）电梯、自动扶梯、自动人行道等。非公共场所安装且仅供单一家庭使用的电梯除外。

起重机械（4000），是指用于垂直升降或者垂直升降并水平移动重物的机电设备，其范围规定为额定起重量大于或者等于 0.5t 的升降机；额定起重量大于或者等于 3t（或额定起重力矩大于或者等于 40t·m 的塔式起重机，或生产率大于或者等于 300t/h 的装卸桥），且提升高度大于或者等于 2m 的起重机；层数大于或者等于 2 层的机械式停车设备。

客运索道（9000），是指动力驱动，利用柔性绳索牵引箱体等运载工具运送人员的机电设备，包括客运架空索道、客运缆车、客运拖牵索道等。非公用客运索道和专用于单位内部通勤的客运索道除外。

大型游乐设施（6000），是指用于经营目的，承载乘客游乐的设施，其范围规定为设计最大运行线速度大于或者等于 2m/s，或者运行高度距地面高于或者等于 2m 的载人大型游乐设施。用于体育运动、文艺演出和非经营活动的大型游乐设施除外。

场（厂）内专用机动车辆（5000），是指除道路交通、农用车辆以外仅在工厂厂区、旅游景区、游乐场所等特定区域使用的专用机动车辆。

一、资质要求

1. 特种设备制造许可

进口的特种设备应当符合我国安全技术规范的要求，并经检验合格；承压类特种设备需要取得我国特种设备制造许可，包括：(1) 锅炉；(2) 压力容器；(3) 气瓶；(4) 安全附件（安全阀、爆破片装置、紧急切断阀、气瓶阀门）；(5) 压力管道元件（压力管道管子、压力管道阀门）。办理指南见本书第十四章第十五节。

2022 年 6 月 1 日起，境外承压类特种设备实施制造许可制度的目录修改为：(1) 锅炉；(2) 压力容器；(3) 气瓶；(4) 安全附件（安全阀、爆破片装置、紧急切断阀、燃气气瓶阀门）；(5) 压力管道元件（压力管道管子、压力管道阀门）。

2. 特种设备型式试验

进口境外机电类特种设备［电梯、起重机械、客运索道、大型游乐设施、场（厂）内专用机动车辆］及其部件，在投入使用前应通过型式试验。

二、申报要求

1. 基本申报要求

货主或者其代理人应当在特种设备进口前或者进口时向海关申报，申报时除贸易合同、提单、装箱单、发票等贸易凭证外，同时按以下要求申报录入。

2. 其他申报要求

作为货物包装的周转用气瓶，申报时还应提供气瓶产权国家（或者地区）官方认可的检验机构出具的安全性能合格证明文件或者我国特种设备检验机构出具的检验报告。

3. 录入要求

对于本书"进出口货物检验检疫要求查询表"部分"检验检疫要求"栏标识为"特种设备"的商品编号下的产品，"货物属性"应选择"39-特种设备""40-非特种设备"中的一项；对于使用其他商品编号的产品，如属于特种设备或含有属于特种设备的组件/零部件，"货物属性"应选择"39-特种设备"。

属于特种设备的，在产品资质栏目选取"430-境外特种设备制造许可证"（承压类特种设备适用）或"429-进口特种设备型式试验证书"（已完成型式试验的机电类特种设备及其部件适用），并填写许可证编号等信息。

三、产品相关要求

进口的特种设备应当符合我国安全技术规范的要求。进口特种设备由海关和国家市场监管总局核准的特种设备检验检测机构分别实施检验。

常用的特种设备安全技术规范见表12-6（使用时应注意相关规范是否已有更新版本）。

表12-6 常用的特种设备安全技术规范

序号	编号	名称	备注
1	TSG 11—2020	《锅炉安全技术规程》	替代TSG G0001、G1001、G5001~5003、G7001~7002、ZB001~002
2	TSG 21—2016	《固定式压力容器安全技术监察规程》	替代TSG R0001~R0004，部分替代R7001、R7004
3	TSG 23—2021	《气瓶安全技术规程》	替代R0006、R0009、R1003、R7002、R7003、RF001
4	TSG 24—2015	《氧舱安全技术监察规程》	部分替代TSG R7001、R7004、R5002
5	TSG D7002—2006	《压力管道元件型式试验规则》	—
6	TSG D7006—2020	《压力管道监督检验规则》	替代TSG D7001
7	TSG N0001—2017	《场（厂）内专用机动车辆安全技术监察规程》	—
8	TSG Q7002—2019	《起重机械型式试验规则》	替代TSG Q7003~7014
9	TSG R0005—2011	《移动式压力容器安全技术监察规程》	—
10	TSG R7004—2013	《压力容器监督检验规则》	—
11	TSG S7001—2013	《客运索道监督检验和定期检验规则》	替代TSG S7002
12	TSG S7003—2005	《客运索道型式试验规则》	—
13	TSG S7004—2005	《客运索道型式试验细则》	—
14	TSG S7005—2005	《客运索道部件型式试验细则》	—
15	TSG T7007—2016	《电梯型式试验规则》	—
16	TSG ZF001—2006	《安全阀安全技术监察规程》	—
17	TSG ZF003—2011	《爆破片装置安全技术监察规程》	—

第六节 进口普通设备（生产设备）

普通设备（生产设备），指生产过程中，为生产、加工、制造、检验、运输、安装、贮存、维修产品而使用的各种机器、设施、装置和器具。

一、资质要求

涉氯氟烃物质设备：我国禁止进口以全氯氟烃物质（简称CFCs）为制冷剂的工业、商业用压缩机；禁止进口以氯氟烃物质为制冷剂、发泡剂的家用电器产品和以氯氟烃为制冷工质的家用电器产品用压缩机。

二、申报要求

（一）基本申报要求

货主或者其代理人应当在生产设备进口前或者进口时向海关申报，申报时应提供合同、发票、提单、装箱单等商业单据。

（二）录入要求

属于旧机电的，货物属性栏应选择"21-旧品"；同时涉及成套设备的，还应选择"22-成套设备"；

属于成套设备的，货物属性栏应选择"22-成套设备"；同时涉及强制性产品认证的，还应按照本章第一节录入要求选择货物属性；

既不属于旧品又不属于成套设备的，货物属性栏应选择"19-正常"；同时涉及强制性产品认证的，还应按照本章第一节录入要求选择货物属性。

三、产品相关要求

（一）生产设备通用要求

商品编号监管条件不包含 A 的生产设备，除属于成套设备或旧机电产品的情况外，不实施进口商品检验。

对于生产设备，如同时属于成套设备或旧机电产品的，还应同时符合对应的要求（详见本章第二节）；属于特种设备的组件/部件，应同时满足特种设备的对应要求（详见本章第五节）。

1. 基本要求

生产设备应符合《生产设备安全卫生设计总则》（GB 5083—1999）的强制性要求。表 12-7 相关标准有关内容已通过在该标准中的引用而成为该强制性标准的要求（使用时应注意相关标准是否已有更新版本）。

表 12-7　被 GB 5083—1999 引用的相关标准

序号	标准号	标准名称
1	GB 2893—2008	安全色
2	GB 2894—2008	安全标志及其使用导则
3	GB/T 15052—2010	起重机 安全标志和危险图形符号 总则
4	GB 4053.1—2009	固定式钢梯及平台安全要求 第1部分：钢直梯
5	GB 4053.2—2009	固定式钢梯及平台安全要求 第2部分：钢斜梯
6	GB 4053.3—2009	固定式钢梯及平台安全要求 第3部分：工业防护栏杆及钢平台
7	GB/T 12265—2021	机械安全 防止人体部位挤压的最小间距
8	GB/T 23821—2009	机械安全 防止上下肢触及危险区的安全距离
9	GB/T 14774—1993	工作座椅一般人类工效学要求
10	GB/T 14775—1993	操纵器一般人类工效学要求
11	GB 12348—2008	工业企业厂界环境噪声排放标准

2. 附加要求

对于机械电气设备，如适用，也应符合表 12-8 所列强制性国家标准的相关要求（使用时应注意相关标准是否已有更新版本）。

表 12-8 机械电气设备常用的检验标准

序号	标准号	标准名称
1	GB 5226.3—2005	机械安全 机械电气设备 第 11 部分：电压高于 1000Va.c. 或 1500Vd.c. 但不超过 36kV 的高压设备的技术条件
2	GB 19436.3—2008	机械电气安全 电敏防护装置 第 3 部分：使用有源光电漫反射防护器件（AOPDDR）设备的特殊要求
3	GB 28526—2012	机械电气安全 安全相关电气、电子和可编程电子控制系统的功能安全
4	GB 27701—2011	阴极射线管机械安全

（二）加工机械的专用要求

部分类型的加工机械已制定了强制性国家标准。常用的强制性国家标准见表 12-9（使用时应注意相关标准是否已有更新版本）。

表 12-9 加工机械常用的检验标准

序号	标准号	标准名称
1	GB 4674—2009	磨削机械安全规程
2	GB 6077—1985	剪切机械安全规程
3	GB 16454—2008	金属锯床 安全防护技术条件
4	GB 17120—2012	锻压机械 安全技术条件
5	GB 20905—2007	铸造机械 安全要求
6	GB 18399—2001	棉花加工机械安全要求
7	GB 16798—1997	食品机械安全卫生
8	GB 22747—2008	食品加工机械 基本概念 卫生要求
9	GB 22748—2008	食品加工机械 立式和面机 安全和卫生要求
10	GB 22749—2008	食品加工机械 切片机 安全和卫生要求
11	GB 23242—2009	食品加工机械 食物切碎机和搅拌机 安全和卫生要求

第七节 进口电气设备

电气设备，指凡按功能和结构适用于电能应用的产品或部件。例如，发电、输电、配电、贮存、测量、控制、调节、转换、监督、保护和消费电能的产品，还包括通信技术领域中的及由它们组合成的电气设备、电气装置、电气器具。

一、资质要求

涉氯氟烃物质设备：我国禁止进口、出口以全氯氟烃物质（简称CFCs）为制冷剂的工业、商业用压缩机；禁止进口、出口以氯氟烃物质为制冷剂、发泡剂的家用电器产品和以氯氟烃为制冷工质的家用电器产品用压缩机。

二、申报要求

（一）基本申报要求

货主或者其代理人应当在电气设备进口前或者进口时向海关申报，申报时应提供合同、发票、提单、装箱单等商业单据。

（二）录入要求

属于旧机电的，货物属性栏应选择"21-旧品"，同时涉及成套设备的，还应选择"22-成套设备"；

属于成套设备的，货物属性栏应选择"22-成套设备"，同时涉及强制性产品认证的，还应按照本章第一节录入要求选择货物属性；

既不属于旧品又不属于成套设备的，货物属性栏应选择"19-正常"；同时涉及强制性产品认证的，还应按照本章第一节录入要求选择货物属性。

三、产品相关要求

商品编号监管条件不包含A的电气设备，除属于成套设备或旧机电产品的情况外，不实施进口商品检验。

同时列入《强制性产品认证目录》的电气设备，应同时符合对应的要求（详见本章第一节）；如同时属于成套设备或旧机电产品的，还应同时符合对应的要求（详见本章第二节）。

（一）国家电气设备安全技术规范要求

GB 19517—2009《国家电气设备安全技术规范》适用于交流额定电压1200V以下，直流额定电压1500V以下的各类电气设备，包括（1）由非专业人员按设计用途使用、接触或直接由使用者手持操作的电气设备；（2）按其结构类型或功能应用于电气作业场或封闭的电气作业场，主要或完全由专业或受过初级训练人员操作的电气设备。

GB 19517—2009《国家电气设备安全技术规范》不适用于以下七种情形对应的产品：（1）用于电气设备的材料和辅助材料；（2）不能独立使用的半成品或初级产品；（3）用于医疗目的的电气设备；（4）爆炸环境中使用的电气设备；（5）电梯；（6）电栅栏激发器；（7）船舶、飞行器和铁路等特殊电气设备。

1. 基本要求

电气设备应符合 GB 19517—2009《国家电气设备安全技术规范》的强制性要求。

2. 特殊要求

GB 19517—2009《国家电气设备安全技术规范》的附录 A 为规范性附录。该附录列明了"低压电器；低压成套开关设备和控制设备；旋转电机；电力变压器、电源装置和类似产品；电动工具；电焊机；自动控制器；量度继电器和保护装置；电器附件；器具开关；电工材料；电力电容器；电力电子器件；小型熔断器；工业电热装置；低压电涌保护器；音频、视频设备；测量、控制和试验室用电气设备"等类别产品所对应的国家标准。

电气设备如适用上述附录所列的标准，则应同时满足 GB 19517—2009《国家电气设备安全技术规范》正文列出的共性要求和列入附件 A 中的具体产品标准所规定的特定要求。

（二）能源效率标识产品相关要求

国家对节能潜力大、使用面广的用能产品实行能效标识管理，对具体产品实行目录管理。

除以下 8 种情形外，列入《中华人民共和国实行能源效率标识的产品目录》（见后文）的用能产品，应在实际产品上加施符合《中国能源效率标识基本样式》要求的"中国能源效率标识"：

①外国驻华使馆、领事馆或者国际组织驻华机构及其外交人员的自用物品；

②香港特别行政区、澳门特别行政区政府驻内地官方机构及其工作人员的自用物品；

③入境人员随身从境外带入境内的自用物品；

④外国政府援助、赠送的物品；

⑤为科研、测试所需的产品；

⑥为考核技术引进生产线所需的零部件；

⑦直接为最终用户维修目的所需的产品；

⑧工厂生产线/成套生产线配套所需的设备/零部件（不包含办公用品）等免予标注能效标识及备案的产品。

1. 能源效率标识产品目录

《第 1~15 批实行能源效率标识管理的产品目录》见表 12-10。

表 12-10　第 1~15 批实行能源效率标识管理的产品目录

批次	序号	产品类别	能效标准
第一批	1	家用电冰箱	GB 12021.2《家用电冰箱耗电量限定值及能效等级》
	2	房间空气调节器	GB 21455《房间空气调节器能效限定值及能效等级》
第二批	3	电动洗衣机	GB 12021.4《电动洗衣机能效水效限定值及等级》
	4	单元式空气调节机	GB 19576《单元式空气调节机能效限定值及能效等级》
第三批	5	普通照明用自镇流荧光灯	GB 19044《普通照明用自镇流荧光灯能效限定值及能效等级》
	6	高压钠灯	GB 19573《高压钠灯能效限定值及能效等级》
	7	冷水机组	GB 19577《冷水机组能效限定值及能效等级》
	8	中小型三相异步电机	GB 18613《中小型三相异步电机能效限定值及能效等级》
	9	家用燃气快速热水器和燃气采暖热水炉	GB 20655《家用燃气快速热水器和燃气采暖热水炉能效限定值及能效等级》

表12-10 续

批次	序号	产品类别	能效标准
第四批	10	转速可控型房间空气调节器	GB 21455《房间空气调节器能效限定值及能效等级》
	11	多联式空调（热泵）机组	GB 21454《多联式空调（热泵）机组能效限定值及能源效率等级》
	12	储水式电热水器	GB 21519《储水式电热水器能效限定值及能效等级》
	13	家用电磁灶	GB 21456《家用电磁灶能效限定值及能效等级》
	14	计算机显示器	GB 21520《计算机显示器能效限定值及能效等级》
	15	复印机、打印机和传真机	GB 21521《复印机、打印机和传真机能效限定值及能效等级》
第五批	16	电饭锅	GB 12021.6《电饭锅能效限定值及能效等级》
	17	交流电风扇	GB 12021.9《交流电风扇能效限定值及能效等级》
	18	交流接触器	GB 21518《交流接触器能效限定值及能效等级》
	19	容积式空气压缩机	GB 19513《容积式空气压缩机能效限定值及能效等级》
第六批	20	电力变压器	GB 24790《电力变压器能效限定值及能效等级》
	21	通风机	GB 19761《通风机能效限定值及能效等级》
第七批	22	平板电视	GB 24580《平板电视能效限定值及能效等级》
	23	家用和类似用途微波炉	GB 24849《家用和类似用途微波炉能效限定值及能效等级》
第八批	24	数字电视接收器	GB 25957《数字电视接收器能效限定值及能效等级》
第九批	25	远置冷凝机组冷藏陈列柜	GB 26920.1《商用制冷器具能效限定值及能效等级 第1部分：远置冷凝机组冷藏陈列柜》
	26	家用太阳能热水系统	GB 26969《家用太阳能热水系统能效限定值及能效等级》
第十批	27	微型计算机	GB 28380《微型计算机能效限定值及能效等级》
第十一批	28	吸油烟机	GB 29539《吸油烟机能效限定值及能效等级》
	29	热泵热水机（器）	GB 29541《热泵热水机（器）能效限定值及能效等级》
第十二批	30	家用燃气灶具	GB 30720《家用燃气灶具能效限定值及能效等级》
	31	商用燃气灶具	GB 30531《商用燃气灶具能效限定值及能效等级》
	32	水（地）源热泵机组	GB 30721《水（地）源热泵机组能效限定值及能效等级》
	33	溴化锂吸收式冷水机组	GB 29540《溴化锂吸收式冷水机组能效限定值及能效等级》
第十三批	34	普通照明用非定向自镇流LED灯	GB 30255《室内照明用LED产品能效限定值及能效等级》
	35	投影机	GB 32028《投影机能效限定值及能效等级》
第十四批	36	家用和类似用途交流换气扇	GB 32049《家用和类似用途交流换气扇能效限定值及能效等级》
	37	自携冷凝机组商用冷柜	GB 26920.2《商用制冷器具能效限定值及能效等级 第2部分：自携冷凝机组商用冷柜》
第十五批	38	永磁同步电动机	GB 30253《永磁同步电动机能效限定值及能效等级》
	39	空气净化器	GB 36893《空气净化器能效限定值及能效等级》
	40	道路和隧道照明用LED灯具	GB 37478《道路和隧道照明用LED灯具能效限定值及能效等级》
	41	风管送风式空调机组	GB 37479《风管送风式空调机组能效限定值及能效等级》
	42	低环境温度空气源热泵（冷水）机组	GB 37480《低环境温度空气源热泵（冷水）机组能效限定值及能效等级》

2. 能源效率标识基本样式

能源效率标识的四种基本样式如图12-4所示。

（a）样式一 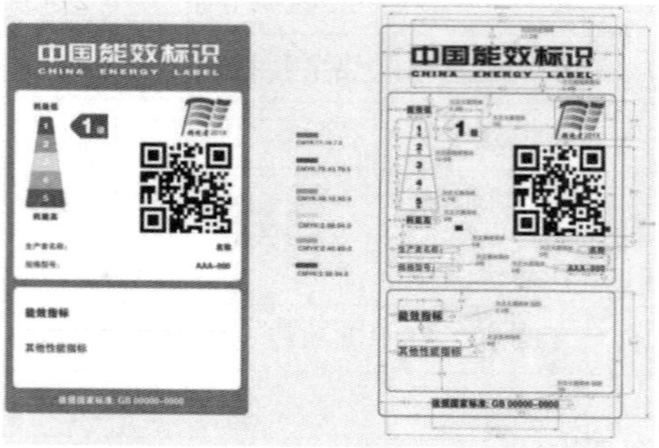　　　　　　　　　　　　（b）样式二

（c）样式三 　　　　　　　　　　　　（d）样式四

图 12-4　能源效率标识的四种基本样式

（三）特定类型产品的专用要求

1. 电线电缆

电线电缆应符合 GB 19517—2009《国家电气设备安全技术规范》的规范性附件中所列明的 GB/T 5013《额定电压 450/750V 及以下橡皮绝缘电缆》系列标准、GB/T 5023《额定电压 450/750V 及以下聚氯乙烯绝缘电缆》、GB/T 12972《矿用橡套软电缆》系列标准、GB/T 12528《交流额定电压 3kV 及以下轨道交通车辆用电缆》、GB/T 13033《额定电压 750V 及以下矿物绝缘电缆及终端》系列标准以及 GB 15934《电器附件 电线组件和互连电线组件》等标准的要求。

部分电线电缆产品属于强制性产品认证范畴，应按规定实施认证（详见本章第一节）。

2. 电池

电池产品常用的国家标准包括但不限于表 12-11 所列（使用时应注意相关标准是否已有更新版本）。

表 12-11　电池产品常用的检验标准

序号	标准号	标准名称	备注
1	GB 8897.4—2008	原电池 第4部分：锂电池的安全要求	—
2	GB 8897.5—2013	原电池 第5部分：水溶液电解质电池的安全要求	—
3	GB 21966—2008	锂原电池和蓄电池在运输中的安全要求	—
4	GB 24427—2021	锌负极原电池汞镉铅含量的限制要求	—

表12-11 续

序号	标准号	标准名称	备注
5	GB 24462—2009	民用原电池安全通用要求	—
6	GB 31241—2014	便携式电子产品用锂离子电池和电池组 安全要求	—
7	GB 38031—2020	电动汽车用动力蓄电池安全要求	—
8	GB 40165—2021	固定式电子设备用锂离子电池和电池组 安全技术规范	2022年5月1日实施

3. 测量、控制和实验室用电气设备（测控仪器）

测量、控制和实验室用电气设备应符合 GB 4793《测量、控制和实验室用电气设备的安全要求》系列标准的要求，现行标准清单见表12-12。

表12-12 测量、控制和实验室用电气设备常用的国家标准

序号	标准号	标准名称	备注
1	GB 4793.1—2007	测量、控制和实验室用电气设备的安全要求 第1部分：通用要求	—
2	GB 4793.2—2008	测量、控制和实验室用电气设备的安全要求 第2部分：电工测量和试验用手持和手操电流传感器的特殊要求	—
3	GB 4793.3—2008	测量、控制和实验室用电气设备的安全要求 第3部分：实验室用混合和搅拌设备的特殊要求	—
4	GB 4793.4—2019	测量、控制和实验室用电气设备的安全要求 第4部分：用于处理医用材料的灭菌器和清洗消毒器的特殊要求	2021年1月1日起替代GB 4793.8—2008
5	GB 4793.5—2008	测量、控制和实验室用电气设备的安全要求 第5部分：电工测量和试验用手持探头组件的安全要求	—
6	GB 4793.6—2008	测量、控制和实验室用电气设备的安全要求 第6部分：实验室用材料加热设备的特殊要求	—
7	GB 4793.7—2008	测量、控制和实验室用电气设备的安全要求 第7部分：实验室用离心机的特殊要求	—
8	GB 4793.9—2013	测量、控制和实验室用电气设备的安全要求 第9部分：实验室用分析和其他目的自动和半自动设备的特殊要求	—

4. 家用和类似用途电器（家用电器）

家用和类似用途电器应符合安全标准 GB 4706《家用和类似用途电器的安全》系列标准的要求。其中部分产品还需同时符合电磁兼容标准 GB 4343.1—2018《家用电器、电动工具和类似器具的电磁兼容要求 第1部分：发射》和 GB 17625.1—2012《电磁兼容 限值 谐波电流发射限值（设备每相输入电流≤16A）》的要求。

5. 信息技术设备

信息技术设备应符合安全标准 GB 4943.1—2011《信息技术设备 安全 第1部分：通用要求》以及电磁兼容标准 GB/T 9254—2008《信息技术设备的无线电骚扰限值和测量方法》和 GB 17625.1—2012《电磁兼容 限值 谐波电流发射限值（设备每相输入电流≤16A）》的要求。

6. 音视频设备

音视频设备应符合安全标准 GB 8898—2011《音频、视频及类似电子设备 安全要求》，以及电磁兼容标准 GB/T 13837—2012《声音和电视广播接收机及有关设备 无线电骚扰特性 限值和测量方

法》和 GB 17625.1—2012《电磁兼容　限值　谐波电流发射限值（设备每相输入电流≤16A）》的要求。

第八节　其他机械、电子产品

一、资质要求

强制性产品认证：对列入《强制性产品认证目录》的进口其他机械、电子产品应当取得强制性产品认证证书。

当前实施强制性产品认证的其他机械、电子产品包括：火灾报警产品、灭火器产品。

二、申报要求

（一）基本申报要求

货主或者其代理人应当在机械、电子产品进口前或者进口时向海关申报，申报时应提供合同、发票、提单、装箱单等商业单据。

（二）录入要求

进口机械、电子产品在申报时，"货物属性"字段必须在"19-正常""21-旧品""22-成套设备"三个选项中选择至少一项。

其中涉及 CCC 强制性认证的：如不属于旧机电产品，应根据货物的实际情况准确录入"货物属性"及相关的许可证信息（详见本章第一节）；如属于旧机电产品，按旧机电相关要求录入。

三、产品相关要求

（一）农林机械

针对农林机械，相关部门已制定了 GB 10395 系列国家标准。现行的 GB 10395 系列标准见表 12-13（使用时应注意相关标准是否已有更新版本）。

表 12-13　农林机械常用的检验标准

序号	标准号	标准名称	备注
1	GB 10395.1—2009	农林机械　安全　第1部分：总则	—
2	GB 10395.2—2010	农林机械　安全　第2部分：自卸挂车	—
3	GB/T 10395.3—2019	农业机械　安全　第3部分：固体肥料撒施机	—
4	GB 10395.5—2013	农林机械　安全　第5部分：驱动式耕作机械	—
5	GB 10395.6—2006	农林拖拉机和机械　安全技术要求　第6部分：植物保护机械	—
6	GB 10395.7—2006	农林拖拉机和机械　安全技术要求　第7部分：联合收割机、饲料和棉花收获机	—

表12-13 续

序号	标准号	标准名称	备注
7	GB 10395.8—2006	农林拖拉机和机械 安全技术要求 第8部分：排灌泵和泵机组	—
8	GB 10395.9—2014	农林机械 安全 第9部分：播种机械	—
9	GB 10395.10—2006	农林拖拉机和机械 安全技术要求 第10部分：手扶微型耕耘机	—
10	GB 10395.12—2005	农林拖拉机和机械 安全技术要求 第12部分：便携式动力绿篱修剪机	—
11	GB 10395.14—2006	农林拖拉机和机械 安全技术要求 第14部分：动力粉碎机和切碎机	—
12	GB 10395.15—2006	农林拖拉机和机械 安全技术要求 第15部分：配刚性切割装置的动力修边机	—
13	GB 10395.16—2010	农林机械 安全 第16部分：马铃薯收获机	—
14	GB 10395.17—2010	农林机械 安全 第17部分：甜菜收获机	—
15	GB 10395.18—2010	农林机械 安全 第18部分：软管牵引绞盘式喷灌机	—
16	GB 10395.19—2010	农林机械 安全 第19部分：中心支轴式和平移式喷灌机	—
17	GB 10395.20—2010	农林机械 安全 第20部分：捡拾打捆机	—
18	GB/T 10395.20—2021	农林机械 安全 第20部分：捡拾打捆机	2022年5月1日实施
19	GB 10395.21—2010	农林机械 安全 第21部分：动力摊晒机和搂草机	—
20	GB/T 10395.21—2021	农林机械 安全 第21部分：旋转式摊晒机和搂草机	2022年5月1日实施
21	GB/T 10395.22—2010	农林机械 安全 第22部分：前装载装置	—
22	GB 10395.23—2010	农林机械 安全 第23部分：固定式圆形青贮窖卸料机	—
23	GB 10395.24—2010	农林机械 安全 第24部分：液体肥料施肥车	—
24	GB/T 10395.25—2020	农林机械 安全 第25部分：旋转式圆盘割草机、转鼓式割草机和甩刀式割草机	—
25	GB/T 10395.26—2020	农林机械 安全 第26部分：大型旋转式割草机	—
26	GB/T 10395.27—2020	农林机械 安全 第27部分：缠膜机	—

（二）土方机械

针对土方机械，相关部门已制定了GB 25684系列国家标准。现行的GB 25684系列标准见表12-14（使用时应注意相关标准是否已有更新版本）。

表12-14 土方机械常用的检验标准

序号	标准号	标准名称
1	GB 25684.1—2010	土方机械 安全 第1部分：通用要求
2	GB 25684.2—2010	土方机械 安全 第2部分：推土机的要求
3	GB 25684.3—2010	土方机械 安全 第3部分：装载机的要求
4	GB 25684.4—2010	土方机械 安全 第4部分：挖掘装载机的要求

表12-14　续

序号	标准号	标准名称
5	GB 25684.5—2010	土方机械　安全　第5部分：液压挖掘机的要求
6	GB 25684.6—2010	土方机械　安全　第6部分：自卸车的要求
7	GB 25684.7—2010	土方机械　安全　第7部分：铲运机的要求
8	GB 25684.8—2010	土方机械　安全　第8部分：平地机的要求
9	GB 25684.9—2010	土方机械　安全　第9部分：吊管机的要求
10	GB 25684.10—2010	土方机械　安全　第10部分：挖沟机的要求
11	GB 25684.11—2010	土方机械　安全　第11部分：土方回填压实机的要求
12	GB 25684.12—2010	土方机械　安全　第12部分：机械挖掘机的要求
13	GB 25684.13—2010	土方机械　安全　第13部分：压路机的要求

除上述安全标准外，土方机械还应符合 GB 20178—2014《土方机械 机器安全标签 通则》和 GB 16710—2010《土方机械 噪声限值》的强制性要求。

（三）金属材料

医疗用途的金属材料应按照实际用途，符合对应的国家标准或医药行业标准的要求。

特种设备用的金属材料（如压力管道管子、牵引用钢丝绳等）应满足对应的 TSG 规程要求。

食品接触用金属材料应符合食品安全相关国家标准的要求。

（四）火灾报警产品和灭火器产品

1. 火灾报警产品

火灾报警产品应按照《强制性产品认证实施规则 火灾报警产品》实施认证。相关产品应符合的标准详见对应的认证实施规则。

2. 灭火器产品

灭火器产品应按照《强制性产品认证实施规则 灭火器产品》实施认证。相关产品应符合的标准详见对应的认证实施规则。

第九节　进口棉花

一、资质要求

棉花境外供货企业登记：海关按照《进口棉花检验监督管理办法》对境外供货企业实施自愿原则登记，并对获准登记的境外供货企业颁发"进口棉花境外供货企业登记证书"。办理指南见本书第十五章第二十一节。

最新的"准予登记的进口棉花境外供货企业名单""准予续延进口棉花境外供货企业登记证书有效期的企业名单""准予变更进口棉花境外供货企业名单"在海关总署商品检验司网站（http://sjs.customs.gov.cn/）"风险预警"栏目上公开发布。

二、申报要求

（一）基本申报要求

货主或者其代理人应当在棉花进口前或者进口时向口岸海关申报，申报时应提供合同、发票、提单、装箱单等商业单据。

（二）录入要求

境外供货企业已实施登记的，应在产品资质栏目选择"416-进口棉花境外供货企业登记"，并填写许可证编号等信息。

进口棉花收货人需要出具棉花品质证书、重量证书的，应在所需证书栏目勾选"11-品质证书""12-重量证书"。

三、产品相关要求

进口棉花产品的动植物检疫、卫生检疫按照法律法规及相关规定执行。

进口棉花按照我国国家技术规范的强制性要求实施检验鉴定。常用的国家标准包括但不限于表12-15所列（使用时应注意相关标准是否已有更新版本）。

表 12-15　进口棉花常用的检验标准

序号	标准号	标准名称
1	GB 1103.1—2012	棉花 第1部分：锯齿加工细绒棉
2	GB 1103.2—2012	棉花 第2部分：皮辊加工细绒棉
3	GB 6975—2013	棉花包装

第十节　进口轻工、纺织产品

一、资质要求

强制性产品认证：对列入《强制性产品认证目录》的进口轻工、纺织产品应当取得强制性产品认证证书（详见本章第一节）。

当前实施强制性产品认证的轻工、纺织产品包括：童车、玩具。

二、申报要求

（一）基本申报要求

货主或者其代理人应当在轻工、纺织产品进口前或者进口时向海关申报，申报时应提供合同、发票、提单、装箱单等商业单据。

其中涉及毒理学项目检测的一次性卫生用品的产品，还应提供经 CNAS 认可相关检测项目的实验室出具的毒理学检测报告；对不能按规定提交毒理学检测报告的，需抽样进行毒理学和卫生项目检验检测，未经检测合格的，不准销售使用。

（二）录入要求

对涉及强制性产品认证的童车、玩具产品，应根据货物的实际情况准确录入"货物属性"及相关的许可证信息（详见本章第一节）。

三、产品相关要求

（一）进口一次性卫生用品

"一次性使用卫生用品"是指"使用一次后即丢弃的、与人体直接或间接接触的并为达到人体生理卫生或卫生保健（抗菌或抑菌）目的而使用的各种日常生活用品，产品性状可以是固体也可以是液体。"

一次性使用卫生用品的安全、卫生指标和外观、包装等必须符合国家标准 GB 15979—2002《一次性使用卫生用品卫生标准》的规定；经检验不符合国家标准规定的，不得进口。

一次性使用卫生用品的中间产品应符合国家标准 GB 15979—2002《一次性使用卫生用品卫生标准》对原材料的卫生要求。

进口一次性使用卫生用品涉及毒理学项目检测的，不能按规定提交毒理学检测报告的，海关对进口产品抽样进行毒理学和卫生项目检验检测。未经检测合格的，不准销售使用。

进口一次性使用卫生用品销售包装应有中文标识。

以"B级品、次级品、二级品"等任何其他名义申报的进口一次性使用卫生用品，严格按照一次性使用卫生用品的检验程序和相关标准实施检验。

（二）进口牙刷

牙刷产品应符合 GB 19342—2013《牙刷》、GB 30002—2013《儿童牙刷》、GB 30003—2013《磨尖丝牙刷》等强制性国家标准要求。

（三）进口纺织产品

"纺织产品"是指"以天然纤维和化学纤维为主要原料，经纺、织、染等加工工艺或再经缝制、复合等工艺而制成的产品，如纱线、织物及其制成品"。其中的"婴幼儿用品"是指"年龄在 36 个月以内的婴幼儿穿着或使用的纺织产品。"

1. 纺织服装

进口纺织服装产品应同时符合 GB 18401—2010《国家纺织产品基本安全技术规范》、GB/T 5296.1—2012《消费品使用说明 第 1 部分：总则》和 GB 5296.4—2012《消费品使用说明 第 4 部分：纺织品和服装》等国家标准的要求。

属于婴幼儿及儿童服装产品的，还应符合 GB 31701—2015《婴幼儿及儿童纺织产品安全技术规范》的要求。

2. 电热毯

电热毯产品应同时符合 GB 18401—2010《国家纺织产品基本安全技术规范》和 GB 4706.8—2008《家用和类似用途电器的安全 电热毯、电热垫及类似柔性发热器具的特殊要求》等强制性国家标准的要求。

（四）进口童鞋

童鞋产品应符合 GB 30585—2014《儿童鞋安全技术规范》等强制性国家标准要求。

其中适用于 GB 25036—2010《布面童胶鞋》国家标准的产品，还应同时符合该强制性标准的要求。

（五）进口玩具

"玩具"是指设计或预定为 14 周岁以下儿童玩耍的所有产品和材料。

1. 检验要求

进口玩具按照我国国家技术规范的强制性要求实施检验。

常用的检验标准包括但不限于表 12-16 所列（使用时应注意相关标准是否已有更新版本）。

表 12-16 进口玩具常用的检验标准

标准编号	标准名称
GB 6675.1—2014	玩具安全　第 1 部分：基本规范
GB 6675.2—2014	玩具安全　第 2 部分：机械与物理性能
GB 6675.3—2014	玩具安全　第 3 部分：易燃性能
GB 6675.4—2014	玩具安全　第 4 部分：特定元素的迁移
GB 6675.11—2014	玩具安全　第 11 部分：家用秋千、滑梯及类似用途室内、室外活动玩具
GB 6675.12—2014	玩具安全　第 12 部分：玩具滑板车
GB 6675.13—2014	玩具安全　第 13 部分：除实验玩具外的化学套装玩具
GB 6675.14—2014	玩具安全　第 14 部分：指画颜料技术要求及测试方法
GB 19865—2005	电玩具的安全
GB 26387—2011	玩具安全　化学及类似活动的实验玩具
GB 24613—2009	玩具用涂料中有害物质限量

2. 验证要求

玩具产品属于 CCC 强制性认证产品范围，还应符合强制性产品认证有关要求（详见本章第一节有关内容）。

（六）进口电动自行车

电动自行车应符合 GB 17761—2018《电动自行车安全技术规范》的强制性要求。

电动自行车的电池还应同时满足电池产品的安全要求（详见本章第七节有关内容）。

（七）其他进口轻工、纺织产品

医疗用途的轻工、纺织类产品应按照实际用途，符合对应的国家标准或医药行业标准的要求。

食品接触用轻工、纺织类产品应符合食品安全相关国家标准的要求。

带有电器功能的家用轻工、纺织类产品应符合 GB 4706《家用和类似用途电器的安全》系列标准中的对应要求。

第十一节　进出口烟花爆竹

烟花爆竹，是以烟火药为主要原料制成，然后通过燃烧或爆炸，产生光、声、色、型、烟雾等效果，用于观赏，具有易燃易爆危险的物品。

一、进口烟花爆竹

(一) 资质要求

无。

(二) 申报要求

货主或者其代理人应当在烟花爆竹进口前或者进口时向海关申报，申报时应提供合同、发票、提单、装箱单等商业单据。

(三) 产品相关要求

进口烟花爆竹应当符合国家法律法规规定的标准要求。

进口烟花爆竹的企业应当按照联合国《关于危险货物运输的建议书 规章范本》和有关法律、法规的规定储存进口烟花爆竹。

二、出口烟花爆竹

(一) 资质要求

海关对出口烟花爆竹的生产企业实施登记管理制度。

(二) 申报要求

烟花爆竹出口前，货主或者其代理人应当向属地海关申报，除按规定申请并提供合同、发票、装箱单等商业单据外，同时提供以下材料：

1. 出境货物运输包装性能检验结果单；

2. 出境危险货物运输包装使用鉴定结果单（同时为出口烟花爆竹的包装申请使用鉴定时可暂不提供）；

3. 生产企业对出口烟花爆竹的质量和安全作出承诺的声明。

(三) 产品相关要求

出口烟花爆竹应当符合国家法律法规规定的标准，对进口国以及贸易合同高于我国法律法规规定标准的，按其标准进行检验。

出口烟花爆竹的生产企业应当按照联合国《关于危险货物运输的建议书 规章范本》和有关法律、法规的规定生产、储存出口烟花爆竹。

1. 检验内容

出口烟花爆竹产品在产地实施检验，包括以下方面的内容：

（1）安全性能检验

对首次出口或者原材料、配方发生变化的烟花爆竹应当实施烟火药剂安全稳定性能检测。对长期出口的烟花爆竹产品，每年应当进行不少于一次的烟火药剂安全性能检验。

针对不同的产品，分别选择对应的标准所列明的方法实施检验。

（2）分类定级测试

在联合国《关于危险货物运输的建议书 规章范本》中，按烟花爆竹具有的危险性或最主要的危险性，将其划入第1类爆炸物。第1类爆炸物又可以划分为1.1、1.2、1.3和1.4项，企业应通过联合国《关于危险货物运输的建议书 试验和标准手册》上的试验对具体的烟花爆竹产品实施分类定级。

（3）常规项目检验

常规项目检验在其烟火药剂安全稳定性能检测合格的基础上逐批进行。

出口烟花爆竹的检验有效期为12个月。

（4）运输包装使用鉴定

盛装出口烟花爆竹的运输包装，应达到Ⅱ类危险品包装要求。

（5）外包装检查

盛装出口烟花爆竹的运输包装，应当标有联合国规定的危险货物包装标记和出口烟花爆竹生产企业的登记代码标记。

盛装出口烟花爆竹的外包装，标识的名称、数量、规格、生产企业登记代码等应与实际一致。

2. 检验证单

凡经检验合格的出口烟花爆竹，按规定出具"出口货物换证凭单"。

3. 口岸查验

出口烟花爆竹在出口口岸实施查验，具体内容主要包括：①货证是否相符；②外包装上是否印刷有烟花爆竹生产企业代码及产品生产批次；③是否有正确的爆炸品运输警示标签；④外包装是否完好无损；⑤是否超检验检疫有效期。

查验不合格的，不予出口放行。

三、进出口烟花爆竹检验标准

烟花爆竹常用的检验标准包括但不限于表12-17所列（使用时应注意相关标准是否已有更新版本）。

表12-17 烟花爆竹常用的检验标准

序号	标准号	标准名称
1	GB 10631—2013	烟花爆竹　安全与质量
2	GB 11652—2012	烟花爆竹　作业安全技术规程
3	GB 19593—2015	烟花爆竹　组合烟花
4	GB 19594—2015	烟花爆竹　礼花弹
5	GB 19595—2004	烟花爆竹　引火线
6	GB 20208—2006	烟花爆竹　礼花弹发射炮筒
7	GB 21552—2008	烟花爆竹　黑火药爆竹（爆竹类产品）
8	GB 21553—2008	烟花爆竹　火箭（升空类产品）
9	GB 21555—2008	烟花爆竹　双响（升空类产品）
10	GB 24426—2015	烟花爆竹　标志
11	GB 31368—2015	烟花爆竹　包装

第十二节　出口打火机、点火枪

打火机，在标准中的定义为：一种手动操作的点火装置，用石化衍生物作燃料，通常用于以特意的方式点燃香烟、雪茄和烟斗，可以预料它也能用来点燃纸、灯芯、蜡烛和灯笼。（打火机并非设计用来当作蜡烛、手电筒或其他需要长时间燃烧的用途。）

点火枪，是指手持并带有手动操作点火系统的点火装置，在充分伸展状态下，长度大于或等于100mm，充灌有24摄氏度时标准蒸汽压超过103kPa的丁烷、异丁烷、丙烷或其他液态烃或其混合物燃料，主要用于点燃下列物品，如蜡烛、燃料壁炉、碳式或气体烧烤炉、露营炉、灯笼、燃气装置或标灯。

一、资质要求

各直属海关对出口打火机、点火枪类商品的生产企业实施登记管理制度。

二、申报要求

打火机、点火枪出口前，货主或者其代理人应当向属地海关申报，除贸易合同、提单、装箱单、发票等贸易凭证外，同时按要求提供以下材料。

1. 出口打火机、点火枪类商品生产企业自我声明报告。
2. 出口打火机、点火枪类商品生产企业登记证。
3. 出口打火机、点火枪类商品的型式试验报告。

三、产品相关要求

（一）检验标准

出口打火机、点火枪的检验应当严格执行国家法律法规规定的标准，对进口国以及贸易合同高于我国法律法规规定标准的，按其标准进行检验。常用的检验标准包括但不限于表12-18所列（使用时应注意相关标准是否已有更新版本）。

表12-18 出口打火机、点火枪常用的检验标准

序号	标准号	标准名称
1	GB 25722—2010	打火机安全与质量
2	GB 25723—2010	点火枪安全与质量

（二）型式试验

出口打火机、点火枪产品需进行型式试验。型式试验项目包括：防止儿童开启试验装置试验、燃烧高度试验、倒置试验、跌落试验、温度试验、持续操作试验、压力试验。

打火机、点火枪类商品首次出口时或其结构、原材料、生产工艺发生变化时，需进行全项型式试验。

对于连续出口的相同结构、原材料、生产工艺的打火机、点火枪类商品：金属外壳打火机、点火枪类商品全项型式试验周期为12个月；塑料外壳打火机、点火枪类商品全项型式试验周期为9个月。

（三）检验内容

出口打火机、点火枪产品在产地实施检验，包括：包装性能检验、包装使用鉴定、充灌量鉴定、渗漏试验等。具体内容详见相关标准。

（四）检验证单

凡经检验合格的出口打火机、点火枪，按规定出具"出口货物换证凭单"。

（五）口岸查验

出口打火机、点火枪在出口口岸实施查验，具体内容主要包括：①封识是否完好，货证是否相符；②货物唛头、标志、批次、编号是否完好，是否与单证一致；③外包装是否完好无损；④是否超检验检疫有效期。

查验不合格的，不予出口放行。

第十三章 资源与化工产品

第一节 进出口危险化学品

海关对列入《危险化学品目录》的进出口危险化学品实施检验。

一、进口危险化学品

（一）资质要求

无。

（二）申报要求

1. 基本申报要求

货主或者其代理人应当在危险化学品进口前或进口时向口岸海关申报，除按规定申请并提供合同、提单、发票、装箱单等商业单据外，还应提供下列材料：

（1）进口危险化学品企业符合性声明（样式见本节后文）；

（2）对需要添加抑制剂或稳定剂的产品，应提供实际添加抑制剂或稳定剂的名称、数量等情况说明；

（3）中文危险公示标签（散装产品除外）、中文安全数据单的样本。

2. 录入要求

（1）填报事项应包括危险类别、包装类别（散装产品除外）、联合国危险货物编号（UN 编号）、联合国危险货物包装标记（包装 UN 标记）（散装产品除外）等，如表 13-1 所示。

表 13-1 进口危险化学品的录入要求

序号	字段	填写方式	备注
1	非危险化学品	属于危险化学品的，选择"0-否"； 不属于危险化学品的，选择"1-是"	—
2	UN 编码	属于危险货物的，填写四位 UN 编码； 不属于危险货物的，留空	散装无须填写
3	危险货物名称	据实填写	—
4	危包类别	Ⅰ类包装：货物具有大的危险性，包装强度要求高。 Ⅱ类包装：货物具有中等危险性，包装强度要求较高。 Ⅲ类包装：货物具有小的危险性，包装强度要求一般。 使用限量包装的可选"无"	散装无须填写

表13-1 续

序号	字段	填写方式	备注
5	危包规格	据实填写。使用限量包装的可填"/"	散装无须填写

国家强制性标准《危险货物品名表》（GB 12268—2012）的附件中提供了危险货物的名称、UN编号、包装类别的对应关系及相关信息。

（2）本书"进出口货物检验检疫要求查询表"部分"检验检疫要求"栏标识为"危险化学品"的产品在申报时，货物属性必须在"31-散装危险化学品""32-件装危险化学品""33-非危险化学品"中选择一项。

（三）产品相关要求

进口危险化学品必须符合以下要求：

（1）我国国家技术规范的强制性要求；

（2）有关国际公约、国际规则、条约、协议、议定书、备忘录等；

（3）海关总署以及国家质检总局指定的技术规范、标准。

1. 危险化学品检验内容

进口危险化学品检验的内容包括：

（1）产品的主要成分/组分信息、物理及化学特性、危险类别应符合前述要求的规定。

（2）产品包装上应有中文危险公示标签，应随附中文安全数据单；危险公示标签、安全数据单的内容是否符合规定。

用作食品、食品添加剂、涂料的进口危险化学品，还应符合食品安全、涂料相关规定。

2. 危险化学品的包装检验内容

进口危险化学品所用包装，检验包装型式、包装标记、包装类别、包装规格、单件重量、包装使用状况等必须符合前述要求的规定。

二、出口危险化学品

（一）资质要求

无。

（二）申报要求

危险化学品出口前，货主或者其代理人应当向属地海关申报，除按规定申请并提供合同、发票、装箱单等商业单据外，还应提供下列材料：

1. 出口危险化学品生产企业符合性声明（样式见本节后文）；
2. 出境货物运输包装性能检验结果单（散装产品及国际规章豁免使用危险货物包装的除外）；
3. 危险特性分类鉴别报告；
4. 危险公示标签（散装产品除外）、安全数据单样本，如是外文样本，应提供对应的中文翻译件；
5. 对需要添加抑制剂或稳定剂的产品，应提供实际添加抑制剂或稳定剂的名称、数量等情况说明。

（三）产品相关要求

危险化学品出口企业应当保证危险化学品符合以下要求：

（1）有关国际公约、国际规则、条约、协议、议定书、备忘录等；

（2）输入国家或者地区技术法规、标准；

（3）海关总署以及国家质检总局指定的技术规范、标准。

1. 危险化学品检验内容

出口危险化学品检验的内容包括：

（1）产品的主要成分/组分信息、物理及化学特性、危险类别等是否符合上述要求的规定。

（2）产品包装上是否有危险公示标签，是否随附安全数据单；危险公示标签、安全数据单的内容是否符合规定。

用作食品、食品添加剂的出口危险化学品，还应符合食品安全相关规定。

2. 危险化学品的包装检验内容

对出口危险化学品的包装，按照海运、空运、公路运输及铁路运输出口危险货物包装检验管理规定、标准实施性能检验和使用鉴定，分别出具出境货物运输包装性能检验结果单、出境危险货物运输包装使用鉴定结果单。

三、进出口危险化学品检验标准

进出口危险化学品常用的检验标准如表13-2所示（使用时应注意相关标准是否已有更新版本）：

表13-2　进出口危险化学品常用检验标准

序号	标准号	标准名称
1	GB 15258—2009	化学品安全标签编写规定
2	GB 13690—2009	化学品分类和危险性公示　通则
3	GB/T 16483—2008	化学品安全技术说明书　内容和项目顺序
4	GB 30000系列标准	化学品分类和标签规范

四、进出口危险化学品企业符合性声明式样

《关于进出口危险化学品及其包装检验监管有关问题的公告》（海关总署公告2020年第129号）要求的进出口危险化学品相关声明如下：

（一）进口危险化学品企业符合性声明式样

进口危险化学品企业符合性声明

（要素）

　（企业名称）申报的（商品名称）（HS编码：_____，化学品正式名称：_____，联合国UN编号：_____），产品的危险化学品危险种类为_____，共_____（桶/袋/箱等）_____（吨/千克），使用包装UN标记_____，从_____国家（或地区）进口至中国。

以上申报货物的危险特性与其要求的包装类别相一致，符合联合国《关于危险货物运输的建议书 规章范本》等国际规章要求，危险公示标签和安全数据单符合中华人民共和国法律、行政法规、规章的规定以及国家标准、行业标准的要求。

上述内容真实无误，本企业对以上声明愿意承担相应的法律责任。

特此声明。

法定代表人或其授权人（签字）：

企业（盖章）：

年　月　日

（二）出口危险化学品生产企业符合性声明式样

出口危险化学品生产企业符合性声明

（要素）

<u>（企业名称）</u>申报的<u>（商品名称）</u>（HS 编码：_____，化学品正式名称：_____，联合国 UN 编号：_____），共_____（桶/袋/箱等）_____（吨/千克），包装 UN 标记_____，出口至_____国家（或地区），与提交的危险化学品分类鉴别报告（报告编号：_____）检测的产品一致，并经自我检验合格。

以上申报货物的安全数据单及危险公示标签符合联合国《全球化学品统一分类和标签制度》（GHS）基本要求，使用包装符合联合国《关于危险货物运输的建议书 规章范本》（TDG）的相关要求。

上述内容真实无误，本企业对以上声明愿意承担相应的法律责任。

特此声明。

法定代表人或其授权人（签字）：

企业（盖章）：

年　　月　　日

第二节　进口涂料产品

一、资质要求

进口涂料的生产商、进口商和进口代理商根据需要，可以向备案机构申请进口涂料备案。备案申请应在涂料入境之前至少两个月向备案机构提出申请。办理指南见本书第十四章第十节。

二、申报要求

货主或者其代理人应当于涂料产品进口前或者进口时向海关申报，申报时除提供合同、发票、提单、装箱单等商业单据外，已经备案的涂料应同时提交进口涂料备案书或其复印件。

属于危险化学品的涂料，应同时满足危险化学品相关要求（详见本章第一节）。

三、产品相关要求

进口涂料产品按照我国国家技术规范的强制性要求实施检验。常用的检验标准包括但不限于表 13-3 所列（使用时应注意相关标准是否已有更新版本）：

表 13-3　进口涂料产品常用检验标准

序号	标准号	标准名称
1	GB 12441—2018	饰面型防火涂料
2	GB 14907—2018	钢结构防火涂料
3	GB 18581—2020	木器涂料中有害物质限量
4	GB 18582—2020	建筑用墙面涂料中有害物质限量
5	GB 19457—2009	危险货物涂料包装检验安全规范
6	GB 24408—2009	建筑用外墙涂料中有害物质限量
7	GB 24409—2020	车辆涂料中有害物质限量
8	GB 24410—2009	室内装饰装修材料 水性木器涂料中有害物质限量
9	GB 24613—2009	玩具用涂料中有害物质限量
10	GB 28374—2012	电缆防火涂料
11	GB 28375—2012	混凝土结构防火涂料
12	GB 30981—2020	工业防护涂料中有害物质限量
13	GB 37824—2019	涂料、油墨及胶粘剂工业大气污染物排放标准
14	GB 38468—2019	室内地坪涂料中有害物质限量
15	GB 38469—2019	船舶涂料中有害物质限量
16	GB 5369—2008	船用饮水舱涂料通用技术条件

进口涂料产品属于危险化学品的，应同时符合对应要求。（详见本章第一节）

进口涂料产品用于食品接触产品的，应同时符合对应要求。（详见第十章第二节）

第三节　进口非金属矿产品

一、资质要求

无。

二、申报要求

货主或者其代理人应当在石材、煤炭产品进口前或者进口时向海关申报，申报时应提供合同、发票、提单、装箱单等商业单据。

三、产品相关要求

（一）进口石材

进口石材的环境控制要求必须符合《民用建筑工程室内环境污染控制标准》（GB 50325—2020）

和《建筑材料放射性核素限量》（GB 6566—2010）的要求。

（二）进口煤炭

进口煤炭常用的检验标准，包括但不限于表 13-4 所列（使用时应注意相关标准是否已有更新版本）：

表 13-4　进口煤炭常用检验标准

序号	标准号	标准名称
1	GB 34169—2017	商品煤质量　民用散煤
2	GB 34170—2017	商品煤质量　民用型煤

商品煤还应符合《商品煤质量管理暂行办法》第六条至第十条的具体要求。

1. 商品煤应当满足的基本要求：
（1）灰分（Ad）褐煤≤30%，其他煤种≤40%。
（2）硫分（St, d）褐煤≤1.5%，其他煤种≤3%。
（3）其他指标　汞（Hgd）≤0.6μg/g，砷（Asd）≤80μg/g，磷（Pd）≤0.15%，氯（Cld）≤0.3%，氟（Fd）≤200μg/g。

2. 在中国境内远距离运输（运距超过 600 公里）的商品煤除在满足基本要求外，还应当同时满足下列要求：
（1）褐煤-发热量（Qnet, ar）≥16.5MJ/kg，灰分（Ad）≤20%，硫分（St, d）≤1%。
（2）其他煤种-发热量（Qnet, ar）≥18MJ/kg，灰分（Ad）≤30%，硫分（St, d）≤2%。
上述运距是指从货物进境口岸到消费地距离。

3. 对于供应给具备高效脱硫、废弃物处理、硫资源回收等设施的化工、电力及炼焦等用户的商品煤，可适当放宽其商品煤供应和使用的含硫标准，具体办法由国家煤炭管理部门商有关部门制定。

4. 京津冀及周边地区、长三角、珠三角限制销售和使用灰分（Ad）≥16%、硫分（St, d）≥1%的散煤。

5. 进口的煤炭应按照《商品煤标识》（GB/T 25209—2010）进行标识，标识内容应与实际煤质相符。

（三）进口硅酸盐水泥

进口硅酸盐水泥应符合《通用硅酸盐水泥》（GB 175—2007）的强制性要求。

第四节　进口金属矿产品

一、资质要求

无。

二、申报要求

货主或者其代理人应当在金属矿产品进口前或者进口时向海关申报，申报时应提供合同、发票、提单、装箱单等商业单据。

三、产品相关要求

进口金属矿产品不应夹带固体废物，也不应夹杂土壤、杂草、动植物病残体等检疫风险物质。

1. 放射性检测

海关对进口矿产品放射性实施检验监管：铜、铅、锌、锡、镍、钴等有色金属矿产品依据《有色金属矿产品的天然放射性限值》（GB 20664—2006）执行。其他矿产品的放射性核素活度浓度应符合《可免于辐射防护监管的物料中放射性核素活度浓度》（GB 27742—2011）的规定。

2. 有害元素检测

海关对进口铜精矿实施有毒有害元素（铅、砷、氟、镉、汞）检测。

第五节 进口再生金属原料产品

一、资质要求

无。

二、申报要求

货主或者其代理人应当在再生金属原料产品进口前或者进口时向海关申报，申报时应提供合同、发票、提单、装箱单等商业单据。

三、产品相关要求

符合国家标准的再生黄铜原料、再生铜原料、再生铸造铝合金原料、再生钢铁原料不属于固体废物，可自由进口。

相关产品适用的标准分别为《再生黄铜原料》（GB/T 38470—2019）、《再生铜原料》（GB/T 38471—2019）、《再生铸造铝合金原料》（GB/T 38472—2019）和《再生钢铁原料》（GB/T 39733—2020）。

不符合对应国家标准要求的，禁止进口。

第六节　进口复合橡胶

一、资质要求

无。

二、申报要求

货主或者其代理人应当在石材产品进口前或者进口时向海关申报，申报时应提供合同、发票、提单、装箱单等商业单据，同时提供以下材料：

1. 产品合格证。
2. 质量报告和配料表。其中，质量报告为产品出厂的详细报告；配料表为复合橡胶所包含的生橡胶及配合剂的名称和含量的列表。

三、产品相关要求

进口复合橡胶的外观、生橡胶含量等项目应符合《复合橡胶通用技术规范》（GB/T 31357—2014）的要求。

第七节　其他资源与化工产品

一、进口其他资源与化工产品

（一）资质要求

无。

（二）申报要求

货主或者其代理人应当在产品进口前或者进口时向海关申报，申报时应提供合同、发票、提单、装箱单等商业单据。

其中属于危险化学品的，应同时满足危险化学品相关要求（详见本章第一节）。

（三）产品相关要求

进口产品应符合我国法律、法规，以及国家技术规范的强制性要求。部分产品应符合的强制性国家标准如下（使用时应注意相关标准是否已有更新版本）：

1. **食品洗涤剂、消毒剂**

属于食品洗涤剂、消毒剂的，应符合 GB 14930 系列食品安全国家标准（具体标准见本书附录2）

的强制性要求。

2. 燃料、矿物油及类似品

实际产品如适用以下相关标准，则应符合对应的强制性要求，如表 13-5 所示。

表 13-5　燃料、矿物油及类似品适用的相关标准

序号	标准号	标准名称
1	GB 253—2008	煤油
2	GB 1922—2006	油漆及清洗用溶剂油
3	GB 2536—2011	电工流体 变压器和开关用的未使用过的矿物绝缘油
4	GB 5903—2011	工业闭式齿轮油
5	GB 9053—2013	稳定轻烃
6	GB 11118.1—2011	液压油（L-HL、L-HM、L-HV、L-HS、L-HG）
7	GB 11120—2011	涡轮机油
8	GB 11121—2006	汽油机油
9	GB 11122—2006	柴油机油
10	GB 13895—2018	重负荷车辆齿轮油（GL-5）
11	GB 15179—1994	食品机械润滑脂
12	GB 16663—1996	醇基液体燃料
13	GB 17411—2015	船用燃料油
14	GB 17930—2016	车用汽油
15	GB 18350—2013	变性燃料乙醇
16	GB 18351—2017	车用乙醇汽油（E10）
17	GB 19147—2016	车用柴油
18	GB 19592—2019	车用汽油清净剂
19	GB 20419—2006	农用柴油机油
20	GB 22030—2017	车用乙醇汽油调合组分油
21	GB 23971—2009	有机热载体
22	GB 25199—2017	B5 柴油
23	GB 25989—2010	炉用燃料油
24	GB 35793—2018	车用乙醇汽油 E85

3. 肥料

实际产品如适用以下相关标准，则应符合对应的强制性要求，如表 13-6 所示。

表 13-6 肥料适用的相关标准

序号	标准号	标准名称	备注
1	GB 18382—2001	肥料标识　内容和要求	
	GB 18382—2021	肥料标识　内容和要求	2022年5月1日起实施
2	GB 38400—2019	肥料中有毒有害物质的限量要求	—
3	GB 8921—2011	磷肥及其复合肥中226镭限量卫生标准	

4. 农药

实际产品如适用以下相关标准，则应符合对应的强制性要求，如表 13-7 所示。

表 13-7 农药适用的相关标准

序号	标准号	标准名称
1	GB 3796—2018	农药包装通则
2	GB 4838—2018	农药乳油包装
3	GB 4839—2009	农药中文通用名称
4	GB 20813—2006	农药产品标签通则

二、出口其他资源与化工产品

（一）资质要求

无。

（二）申报要求

出口商或者其代理人应当按照规定，凭合同、发票、装箱单、出厂合格证明等必要的文件，向生产企业所在地海关或者组货地海关提出出口申报前监管申请。

其中属于危险化学品的，应同时满足危险化学品相关要求（详见本章第一节）。

（三）产品相关要求

生产企业应当保证其出口产品符合进口国家（地区）的标准或者合同要求。

第三部分
资质办理指南及检验鉴定

第十四章

海关检验检疫业务相关产品资质办理指南

第一节 入/出境特殊物品卫生检疫审批

一、办理事项

入/出境特殊物品卫生检疫审批单。

二、办理方式

网上办理或现场办理。

网上办理：申请人登录"互联网+海关"全国一体化在线政务服务平台（http://online.customs.gov.cn/），进入"行政审批"版块，点击"更多"，选择"出入境特殊物品卫生检疫审批"功能，按要求填写申报单。

窗口办理：申请人到各直属海关现场相关业务窗口办理。

三、申请条件

1. 法律法规规定须获得相关部门批准文件的，应当获得相应批准文件。
2. 具备与出入境特殊物品相适应的生物安全控制能力。

四、提交材料

1. 线上填写申请材料，无须提交纸本申请材料。
2. 申请特殊物品审批的，货主或者其代理人应当按照以下规定提供相应材料：

①入/出境特殊物品卫生检疫审批申请表；

②出入境特殊物品描述性材料，包括特殊物品中英文名称、类别、成分、来源、用途、主要销售渠道、输出输入的国家或者地区、生产商等；

③入境用于预防、诊断、治疗人类疾病的生物制品、人体血液制品，应当提供国务院药品监督管理部门发给的进口注册证书；

④入境、出境特殊物品含有或者可能含有病原微生物的，应当提供病原微生物的学名（中文和拉丁文）、生物学特性的说明性文件（中英文对照件），及生产经营者或者使用者具备相应生物安全防控水平的证明文件；

⑤出境用于预防、诊断、治疗的人类疾病的生物制品、人体血液制品，应当提供药品监督管理部门出具的销售证明；

⑥出境特殊物品涉及人类遗传资源管理范畴的，应当取得人类遗传资源管理部门出具的批准文件，海关对有关批准文件电子数据进行系统自动比对验核；

⑦使用含有或者可能含有病原微生物的出入境特殊物品的单位，应当提供与生物安全风险等级相适应的生物安全实验室资质证明，BSL-3 级以上实验室必须获得有关国家机构的认可；

⑧出入境高致病性病原微生物菌（毒）种或者样本的，应当提供省级以上人民政府卫生主管部门的批准文件。

3. 申请人为单位的，首次申请特殊物品审批时，除提供上述第 2 项所规定的材料以外，还应当提供单位基本情况，如单位管理体系认证情况、单位地址、生产场所、实验室设置、仓储设施设备、产品加工情况、生产过程或者工艺流程、平面图等。生物安全实验室应提供实验室生物安全资质证明文件。

4. 申请人为自然人的，应当提供身份证复印件。出入境病原微生物或者可能含有病原微生物的特殊物品，其申请人不得为自然人。

五、办理流程

1. 申请（网上办理，全天）。
2. 受理（申请人发现申请错误需要补正的，可以在海关受理前自行撤回修改）。
3. 初审（必要时组织风险评估）。
4. 复核和决定（自受理之日起 20 个工作日，不含风险评估和实验室检测时间）。
5. 办结。

六、办理时限

现场办理。办理时间为各直属海关现场审批窗口部门工作时间或拨打 12360 海关服务热线查询。

网上办理。企业申请时间：24 小时。海关审核时间：周一至周五，各直属海关或隶属海关工作时间。

受理机构自受理之日起 20 个工作日内作出是否准予许可的决定。20 个工作日不能作出决定的，经本行政机关负责人批准，延长 10 个工作日。

专家资料审核、现场评估、实验室检测等时间不纳入法定办结时限，但须尽快开展。原则上专家资料审核不超过 20 个工作日，境内现场评估不超过 2 个月，实验室检测时间视检测项目和方法而定，不宜超过 2 个月。

七、受理机构

各直属海关卫生检疫主管部门。

第二节 进境（过境）动物及其产品检疫审批（行政许可）

一、办理事项

进境动植物检疫许可证。

二、办理方式

网上办理：申请人登录"互联网+海关"全国一体化在线政务服务平台（http：//online.customs.gov.cn/），进入"行政审批"版块办理。

三、申请条件

1. 申请办理检疫审批手续的单位应当是具有独立法人资格并直接对外签订贸易合同或者协议的单位（单位法人资格证明文件不再验核）。
2. 输出和途经国家或者地区无相关的动物疫情。
3. 符合中国有关动植物检疫法律法规和部门规章的规定。
4. 符合中国与输出国家或者地区签订的双边检疫协定（包括检疫协议、议定书、备忘录等）。
5. 饲料及饲料添加剂、非食用动物产品、活动物、肉类及其产品、蛋类、燕窝、乳品、可食用骨蹄角及其产品、动物源性中药材、水产品的输出国家（地区）和生产企业应在海关总署公布的相关检验检疫准入名单内。

注：（1）须向海关申请办理检疫审批的动物及其产品范围见本书附录2。

（2）禁止从动物疫病流行国家地区输入的动物及其产品一览表，见本书附录2。申请人也可登录海关总署动植物检疫司网站（http：//dzs.customs.gov.cn/），进入首页，点击"检疫要求和警示信息"栏目查询。

四、提交材料

在线填写申请表，并根据随附单证要求上传扫描件。随附单证要求如下：

（一）动物及动物产品部分

1. 进境动物

（1）中华人民共和国进出境动物指定隔离检疫场使用证（食用水生动物除外）。

（2）进境水生动物自输出国家或者地区出境后中转第三方国家或者地区进境的，收货人或者其代理人办理检疫许可证时应当提供运输路线及在第三方国家或者地区中转处理情况，包括是否离开海关监管区、更换运输工具、拆换包装以及进入第三方国家或者地区水体环境等。

2. 过境动物

（1）说明过境路线。

（2）提供输出国家或者地区官方检疫部门出具的动物卫生证书（复印件）。

（3）输入国家或者地区官方检疫部门出具的准许动物进境的证明文件。

3. 进境动物遗传物质

代理进口的，提供与货主签订的代理进口合同或者协议复印件。

4. 进境饲料和饲料添加剂

Ⅰ级风险的饲料和饲料添加剂需提供生产、加工、存放单位证明材料（申请单位与生产、加工、存放单位不一致的，需提供申请单位与指定企业签订的生产、加工、存放合同）。

注：具体审批要求见《质检总局关于修订进出口饲料和饲料添加剂风险级别及检验检疫监管方式的公告》（国家质检总局公告2015年第144号）。

5. 进境非食用动物产品

Ⅰ级风险的非食用动物产品需提供加工、存放单位证明材料（申请单位与生产、加工、存放单位不一致的，需提供申请单位与指定企业签订的生产、加工、存放合同）。

6. 进境生物材料

进口Ⅰ级和Ⅱ级风险产品的，应提交以下材料：

（1）说明数量、用途、引进方式、进境后防疫措施的书面申请；
（2）科学研究的立项报告及相关主管部门的批准立项证明文件。

注：生物材料的相关要求按照《质检总局关于推广京津冀沪进境生物材料监管试点经验及开展新一轮试点的公告》（国家质检总局公告 2017 年第 94 号）执行。

7. 特许审批

因科学研究等特殊需要，引进《中华人民共和国进出境动植物检疫法》第五条第一款所列禁止进境物的，应提交以下材料：

（1）提交申请，说明其数量、用途、引进方式、进境后的防疫措施；
（2）科学研究的立项报告及相关主管部门的批准立项证明文件。

（二）食品部分

进境肠衣和毛燕等应由海关总署公布的定点企业生产、加工、存放的（详见第十五章第十四节进境肠衣定点加工企业备案、第十五章第十六节进口毛燕指定加工企业备案），申请单位需提供与定点企业签订的生产、加工、存放合同（如申请单位与定点企业一致的，无须提供）。

材料说明：申请无固定格式，申请人自拟即可。

五、办理流程

1. 申请单位登录"互联网+海关"全国一体化在线政务服务平台（http：//pre.chinaport.gov.cn/car）向海关提交材料。海关向申请人出具受理单或不予受理通知书。

2. 海关相关部门受理申请后，根据法定条件和程序进行全面审查，自受理申请之日起 20 个工作日内作出准予许可或不予许可的决定。

3. 依法作出许可决定的，签发中华人民共和国进境动植物检疫审批许可证，或者依法作出不予许可的决定。

六、办理时限

海关相关部门自受理申请之日起 20 个工作日内作出准予许可或不予许可的决定；20 个工作日内不能作出决定的，经本行政机关负责人批准，延长 10 个工作日。

七、受理机构

海关总署或经海关总署授权的直属海关。

第三节　进境（过境）植物及其产品检疫审批（行政许可）

一、办理事项

进境动植物检疫许可证。

二、办理方式

网上办理：申请人登录"互联网+海关"全国一体化在线政务服务平台（http：//online.customs.gov.cn/），进入"行政审批"版块办理。

三、申请条件

1. 申请办理检疫审批手续的单位应当是具有独立法人资格并直接对外签订贸易合同或者协议的单位（单位法人资格证明文件不再验核）。

2. 输出和途经国家或者地区无相关的动植物疫情。

3. 符合中国有关动植物检疫法律法规和部门规章的规定。

4. 符合中国与输出国家或者地区签订的双边检疫协定（包括检疫协议、议定书、备忘录等）。

5. 水果、烟草、粮食、饲料及饲料添加剂、杂豆、杂粮、茄科类蔬菜、植物源性中药材的输出国家（地区）和生产企业应在海关总署公布的相关检验检疫准入名单内。

6. 办理栽培介质进境检疫审批手续必须符合下列条件：

（1）栽培介质输出国或者地区无重大植物疫情发生；

（2）栽培介质必须是新合成或加工的，从工厂出品至运抵中国国境要求不超过四个月，且未经使用；

（3）进境栽培介质中不得带有土壤；

（4）使用进境栽培介质的单位应当如实填写海关进境动植物检疫许可证申请表，并附具栽培介质的成分检验、加工工艺流程、防止有害生物及土壤感染的措施、有害生物检疫报告等有关材料；

（5）对首次进口的栽培介质，进口单位办理审批时，应同时将经特许审批进口的样品每份1.5~5千克，送至海关总署指定的实验室检验，并由其出具有关检验结果和风险评估报告。

注：须向海关申请办理检疫审批的植物及其产品范围见本书附录2。

四、提交材料

在线填写申请表，并根据随附单证要求上传扫描件。随附单证要求如下：

（一）植物及植物产品部分

1. 进境粮食

生产加工存放单位考核报告原件扫描件。

2. 进境水果

指定冷库证明文件原件扫描件（申请单位与存放单位不一致的，还须提交与备案冷库签订的仓储协议）。

3. 进境烟叶

生产加工存放单位考核报告原件扫描件。

4. 进境饲料

Ⅰ级风险的饲料和饲料添加剂需提供生产、加工、存放单位证明材料原件扫描件（申请单位与生产、加工、存放单位不一致的，需提供申请单位与指定企业签订的生产、加工、存放合同）。

注：具体审批要求见《质检总局关于修订进出口饲料和饲料添加剂风险级别及检验检疫监管方式的公告》（国家质检总局公告2015年第144号）。

（二）食品部分

进境粮食应由海关总署公布的定点企业生产、加工、存放的（详见第十五章第八节进境粮食存放、加工过程的检疫监督），申请单位需提供与定点企业签订的生产、加工、存放合同（如申请单位与定点企业一致的，则无须提供）。

五、办理流程

1. 申请单位登录"互联网+海关"全国一体化在线政务服务平台（http://pre.chinaport.gov.cn/car）向海关提交材料。海关向申请人出具受理单或不予受理通知书。

2. 受理申请后，根据法定条件和程序进行全面审查，自受理申请之日起 20 个工作日内作出准予许可或不予许可的决定。

3. 依法作出许可决定的，签发中华人民共和国进境动植物检疫审批许可证，或者依法作出不予许可的决定。

六、办理时限

海关相关部门自受理申请之日起 20 个工作日内作出准予许可或不予许可的决定；20 个工作日内不能作出决定的，经本行政机关负责人批准，延长 10 个工作日。

七、受理机构

海关总署或经海关总署授权的直属海关。

第四节 引进农业种子、苗木检疫审批（行政许可）

一、办理事项

从国外引进农业种子、苗木检疫审批。

二、办理方式

接收单位：农业农村部政务服务大厅种业窗口。
联系电话：010-59191810。
办公地址：北京市朝阳区农展馆南里 11 号。
传真：010-59191808。
网址：http://zwfw.moa.gov.cn。

三、申请条件

经省级植物检疫机构签署审查意见。

四、提交材料

1. 引进国外植物种苗检疫审批申请书原件 1 份。
2. 经农业种业行政主管部门批准的进（出）口农作物种子（苗）审批表或草种行政管理部门批准的草种进（出）口审批表原件 1 份。
3. 首次引种的（从未引进或连续三年没有引进），需提供引进种苗原产地病虫害发生情况说明原件 1 份。

五、办理流程

1. 农业农村部政务服务大厅种业窗口审查引进国外植物种苗检疫审批申请书及相关材料，申请材料齐全的予以受理。
2. 全国农业技术推广服务中心进行评审，必要时组织专家进行评审或风险分析。

3. 全国农业技术推广服务中心根据国家有关法律法规审批后办理批件。

六、办理时限

15个工作日（需要专家评审的，评审时间不超过2个月）。

七、受理机构

农业农村部政务服务大厅。

第五节　引进林草种子、苗木检疫审批（行政许可）

一、办理事项

国务院有关部门所属的在京单位从国外引进林草种子、苗木检疫审批。

二、办理方式

1. 国务院有关部门所属的在京单位向国家林业和草原局提出林草引种检疫申请。申请人可通过直接报送或邮寄的方式提交材料。

（1）窗口接收

接收部门：国家林业和草原局政务服务中心。

地址：北京市东城区和平里东街18号。

（2）信函接收

接收部门：国家林业和草原局政务服务中心。

地址：北京市东城区和平里东街18号。

邮政编码：100714。

联系电话：010-84239633。

（3）网上办理

办理入口：http://www.forestry.gov.cn/xzsp.html。

2. 其他申请林草引种的单位或者个人（以下简称"申请人"）申请引进需要隔离试种的种类时，应当向隔离试种地的省级林业和草原主管部门所属的植物检疫机构提出林草引种检疫申请；引进不需要隔离试种的种类时，应当向申请人所在地省级林业和草原主管部门所属的植物检疫机构提出林草引种检疫申请。

办理方式以各省林业和草原局相关网站办事指南公布为准。

3. 企业用户在"中国国际贸易单一窗口"（https://www.singlewindow.cn/）通过账号密码或者卡介质登录系统，进入"标准版应用"，点击"许可证件"，选择"引进林木种子、苗木检疫审批单"，显示业务办理入口选择：当用户为国务院有关部门所属的在京单位，需要向国家林业和草原局提出引进林木种子、苗木检疫审批申请，选择"国务院有关部门所属在京单位"，点击进入；当用户为国务院有关部门所属在京单位外的其他单位，需要向省级林业和草原主管部门或所属的植物检疫机构提出引进林木种子、苗木检疫审批申请，则选择"其他单位"，点击进入。

三、申请条件

申请人需为具有国家认定的普及型国外引种试种苗圃资格的种植地的国务院有关部门所属在京单位；属于科研引种或者政府、团体、科研、教学部门交换、交流引种但不具备上述种植条件的申请人，需具有达到国家林业和草原局国外引种隔离试种苗圃认定条件的种植地，具体要求如下：

1. 具有独立承担民事责任的能力；
2. 具有对引进林木种子、苗木进行隔离试种的条件和能力；
3. 需要进行风险评估和引种地风险查定的，应经风险评估或者引种地风险查定符合引进条件的；
4. 属于经营性引种的，具有林木种苗进出口经营资格；
5. 属于科研引种以及政府、团体、科研、教学部门交流、交换引种的，具有科研项目任务书、合同、协议书、隔离措施等材料的；
6. 属于展览引种的，具有展会批准文件、展览期间的管理措施、展览结束后的处理措施，以及展览区域安全性评定等材料。

四、提交材料

申请人申请林草引种检疫时，除提交引进林草种子、苗木检疫审批申请表以外，还应当根据以下情况，提交相应的材料：

1. 属于科研引进以及政府、团体、科研、教学部门交流、交换引进的，申请人应当提交科研项目任务书、合同、协议书、隔离措施等材料；
2. 属于展览引进的，申请人应当提交展会批准文件、展览期间的管理措施、展览结束后的处理措施，以及展览区域安全性评定等材料；
3. 属于首次申请引进的和每年第一次申请引进的，申请人应当出示企业营业执照或者个人身份证，并提交复印件；
4. 属于国内首次引进以及国内、省内首次引种国家和地区的，为便于及时准确进行审批，申请人可提供拟引进种类在原产地的有害生物发生危害情况的材料；在首次引进隔离试种期满后，申请人应当提交首次引进种类的疫情监测情况的材料。隔离试种成功后，申请人方可再次引进同一种类。

五、办理流程

（一）新办

1. 一般程序

（1）申请

申请人向国家林业和草原局提交申请。

（2）受理

收到材料后进行收文登记，并进行形式审查。对材料齐全、符合法定形式的予以受理；对材料不齐全或者不符合法定形式的，在5日内出具国家林业和草原局行政许可申请补正材料通知书，并送达申请人。在申请人将材料补齐后，予以受理。

（3）审查与决定

根据有关规定，对材料进行实质性审查，作出许可决定。

审查过程中，需要对申请材料的实质内容进行核实的，按程序出具并向申请人送达国家林业和草原局行政许可需要听证、招标、拍卖、检验、检测、检疫、鉴定和专家评审通知书，在规定时限内进行现场核查、风险评估、引种地风险查定，并出具现场核查报告、风险评估报告及引种地风险查定报告。根据上述报告的实质性审查结果作出准予或不予许可的决定。

（4）证件（文书）制作与送达

对于准予许可的，印制引进林草种子、苗木检疫审批单；对于不予许可的，印制国家林业和草原局不予行政许可决定书，告知复议或者诉讼的权利。许可决定可通过直接送达或邮寄的方式送达被许可人。

2. 当场决定

无。

3. 并联审批

无。

4. 特殊程序

无。

（二）依申请变更

被许可人变更引进林草种子、苗木检疫审批单入境口岸的，按一般程序办理。变更引进种类、类型、数量、用途、引种地、输出国（地区）、供货商、种植地点等审批信息的，应当重新办理检疫审批手续。

（三）补证

被许可人遗失引进林草种子、苗木检疫审批单的，向国家林业和草原局提交补发申请，国家林业和草原局核实情况后进行补发。

（四）延续

许可决定有效期届满需要延续的，被许可人需要在有效期届满30日前提出申请，报国家林业和草原局，按一般程序办理。

六、办理时限

20个工作日。其中依法需要听证、招标、拍卖、检验、检测、检疫、鉴定、风险评估和引种地风险查定的所需时间不计入时限。

七、受理机构

国家林业和草原局政务服务中心及各省林业和草原局政务服务中心。

第六节 肥料登记证（行政许可）

一、办理事项

肥料登记。

二、办理方式

（一）纸质材料

接收单位：农业农村部政务服务大厅肥料窗口。

联系电话：010-59191736。

邮编：100125。

地址：北京市朝阳区农展馆南里 11 号。
传真：010-59191808。
网址：http：//zwfw.moa.gov.cn。

（二）肥料样品
接收单位：农业农村部肥料登记评审委员会秘书处。
联系电话：010-82107213（化学肥料）。
010-82106734（微生物肥料）。
邮编：100081。
地址：北京市海淀区中关村南大街 12 号中国农科院资源区划所区划楼 226 房间。
传真：010-82107897。

三、申请条件

1. 申请人应是经行政管理机关正式注册，具有法人资格的肥料生产企业。国外及中国香港、澳门、台湾地区申请人可直接办理，也可由其在中国境内设立的办事机构或委托的中国境内代理机构办理。

2. 经省级农业农村部门初审（国外及中国香港、澳门、台湾地区申请人除外）（"省级单位意见"处仅有公章、无明确审核意见的，视为审核同意）。

注：禁止性要求。
（1）没有生产国使用证明（登记注册）的国外产品。
（2）不符合国家产业政策的产品。
（3）知识产权有争议的产品。
（4）不符合国家有关安全、卫生、环保等国家或行业标准要求的产品。
（5）申请人隐瞒有关情况或提供虚假材料申请肥料登记，农业农村部作出不予受理或者不予批准决定未满 1 年的。
（6）产品登记审批办结前，同一申请人提交同一产品登记申请的。

四、提交材料

1. 肥料登记申请书（1 份、纸质材料、原件、申请人自备）。

2. 企业证明文件。境内申请人应提交标注社会统一信用代码的企业注册证明文件复印件（加盖企业公章）。国外及中国香港、澳门、台湾地区申请人应提交所在国（地区）政府签发的企业注册证书和肥料管理机构批准的生产、销售证明。国外肥料生产企业的注册证书和生产销售证明还需经中华人民共和国驻企业所在国（地区）使馆（或领事馆）确认。国外及中国香港、澳门、台湾地区申请人还需提交委托代理协议，代理协议应明确境内代理机构或国外及中国香港、澳门、台湾地区企业常驻代表机构职责，确定其能全权办理在中华人民共和国境内的肥料登记、包装、进口肥料等业务，并承担相应的法律责任。

3. 省级农业农村部门初审意见表。

4. 生产企业考核表。境内申请人应提交所在地省级农业农村部门或其委托单位出具的肥料生产企业考核表，并附企业生产和质量检测设备设施（包括检验仪器）图片等资料；国外及中国香港、澳门、台湾地区申请人应提交相应的企业生产和质量检测设备设施（包括检验仪器）图片等资料。

5. 产品安全性资料。安全性风险较高的产品，申请人还应按要求提交产品对土壤、作物、水体、人体等方面的安全性风险评价资料。

6. 产品有效性资料。
（1）田间试验报告。申请人应按相关技术要求在中国境内开展规范的田间试验，提交每一种作物

1年2个（含）以上不同地区或同一地区2年（含）以上的试验报告。肥料田间试验应客观准确反映供试产品的应用效果，有确定的试验地点、科学的试验设计和规范的田间操作，由具有农艺师（中级）以上职称人员主持并签字认可。田间试验报告需注明试验主持人并附职称证明材料、承担田间试验的农户姓名和联系方式，相关试验记录和影像资料要留存备查。土壤调理剂（含土壤修复微生物菌剂）试验应针对土壤障碍因素选择有代表性的2个地点开展，提交连续3年（含）以上的试验结果；专用于有机物料堆沤或堆腐的有机物料腐熟剂产品提交2次（点）堆沤或堆腐试验结果。申请人可按要求自行或委托有关机构开展肥料田间试验。受托开展田间试验的机构可视情况要求委托方提交供试产品的检测报告。

（2）产品执行标准。申请人应提交申请登记产品的执行标准。境内企业标准应当经所在地标准化行政主管部门备案。

7. 产品标签样式。

申请人应提交符合《肥料登记管理办法》《肥料登记资料要求》规定的产品标签样式。

8. 企业及产品基本信息。

（1）生产企业基本情况资料。包括企业的基本概况、人员组成、技术力量、生产规模、设计产能等。

（2）产品研发报告。包括研发背景、目标、过程、原料组成、技术指标、检验方法、应用效果及产品适用范围等。微生物肥料还应提交生产用菌种来源、分类地位（种名）、培养条件、菌种安全性等方面资料。

（3）生产工艺资料。包括原料组成、工艺流程、主要设备配置、生产控制措施。

9. 肥料样品。

（1）产品质量检验和急性经口毒性试验应提交同一批次的肥料样品2份，每份样品不少于600克（毫升），颗粒剂型产品不少于1000克。

（2）抗爆性试验需提交1份不少于9000克的样品。

（3）包膜降解试验需提交1份不少于1000克的包膜材料。微生物肥料菌种鉴定需提交试管斜面两支。

（4）样品应采用无任何标记的瓶（袋）包装。样品抽样单应标注生产企业名称、产品名称、有效成分及含量、生产日期等信息。境内产品由申请人所在省级农业主管部门或其委托的单位抽取肥料样品并封口，在封条上签字、加盖封样单位公章。

五、办理流程

1. 省级农业农村部门受理辖区肥料生产企业肥料登记申请，对企业生产条件进行考核，提出初审意见。

2. 农业农村部政务服务大厅肥料窗口审查申请人递交的肥料登记相关资料，农业农村部肥料登记评审委员会秘书处核验申请人提交的肥料样品，申请资料齐全符合法定形式且肥料样品符合要求的予以受理。

3. 农业农村部肥料登记评审委员会秘书处根据有关规定对申请资料进行技术审查并组织开展产品质量检测和安全性评价试验。

4. 产品质量检测或安全性评价试验结果不符合要求的，申请人自收到农业农村部肥料登记评审委员会秘书处书面通知之日起15日内，可提出一次复检申请。

5. 农业农村部肥料登记评审委员会对申请登记产品进行评审。

6. 农业农村部种植业管理司按照有关规定，根据技术审查和评审意见提出审批方案，按程序报批。

7. 农业农村部种植业管理司根据签批文件办理批件，制作肥料登记证。

六、办理时限

1. 农业农村部自受理申请或收到省级农业农村部门报送的初审意见之日起，在 9 个月内由农业农村部肥料登记评审委员会秘书处完成技术审查，并将审查意见提交肥料登记评审委员会评审。
2. 农业农村部收到肥料登记评审委员会评审意见后，在 20 个工作日内作出审批决定。

七、受理机构

农业农村部政务服务大厅农业农村部肥料登记评审委员会。

第七节 进口保健食品备案

一、办理事项

进口保健食品备案凭证。

二、办理方式

窗口接收。

办理地址：北京市丰台区南四环西路 188 号十二区 29 号楼。

时间：工作日上午 9：00—11：30，下午 13：00—16：30；每周三、周五下午不办理现场受理、发证等业务。

联系电话：010-53815833。

三、申请条件

进口保健食品备案人应当是上市保健食品境外生产厂商。

四、提交材料

备案人除应按国产产品提交相关材料外，还应提交以下材料：

1. 备案人主体登记证明文件。

产品生产国（地区）政府主管部门或者法律服务机构出具的备案人为上市保健食品境外生产厂商的资质证明文件。应载明出具文件机构名称、生产厂商名称地址、产品名称和出具文件的日期等。

2. 备案产品上市销售一年以上证明文件。

产品生产国（地区）政府主管部门或者法律服务机构出具的保健食品类似产品上市销售一年以上的证明文件，或者产品境外销售以及人群食用情况的安全性报告。

上市销售一年以上的证明文件，应为在产品生产国（地区）作为保健食品类似产品销售一年以上的证明文件，应载明文件出具机构的名称、备案人名称地址、生产企业名称地址、产品名称和出具文件的日期，应明确标明该产品符合产品生产国（地区）法律和相关技术法规、标准，允许在该国（地区）生产销售。同时提供产品功能作用、食用人群等与申请备案产品声称相对应、保证食用安全的相关材料。

产品出口国（地区）实施批准的，还应当出具出口国（地区）主管部门准许上市销售的证明文件。

3. 产品生产国（地区）或者国际组织与备案保健食品相关的技术法规或者标准原文。境外生产厂商保证向我国出口的保健食品符合我国有关法律、行政法规的规定和食品安全国家标准的要求的说明，以及保证生产质量管理体系有效运行的自查报告。

申请材料涉及提交产品生产企业质量管理体系文件的，应当提交产品生产国（地区）政府主管部门或者政府主管部门指定的承担法律责任的有关部门出具的，符合良好生产质量管理规范的证明文件，应载明出具文件机构名称、产品名称、生产企业名称和出具文件的日期。

4. 备案人应确保检验用样品的来源清晰、可溯源，进口备案产品应为产品生产国（地区）上市销售的产品。

5. 产品在产品生产国（地区）上市的包装、标签说明书实样。

应提供与产品生产国（地区）上市销售的产品一致的标签说明书实样及照片，以及经境内公证机构公证、与原文内容一致的中文译本。

6. 由境外备案人常驻中国代表机构办理备案事务的，应当提交外国企业常驻中国代表机构登记证扫描件。

境外备案人委托境内的代理机构办理备案事项的，应当提交经过公证的委托书原件以及受委托的代理机构营业执照扫描件。委托书应载明备案人、被委托单位名称、产品名称、委托事项及委托书出具日期。

7. 备案材料应使用中文，外文材料附后。外文证明性文件、外文标签说明书等中文译本应当由中国境内公证机构进行公证，与原文内容一致。

8. 境外机构出具的证明文件、委托书（协议）等应为原件，应使用产品生产国（地区）的官方文字，备案人盖章或法人代表（或其授权人）签字，需经所在国（地区）的公证机构公证和中国驻所在国使领馆确认。证明文件、委托书（协议）等载明有效期的，应在有效期内使用。

9. 提供生产和销售证明文件、质量管理体系或良好生产规范的证明文件、委托加工协议等证明文件可以同时列明多个产品。这些产品同时备案时，允许一个产品使用原件，其他产品使用复印件，并书面说明原件所在的备案产品名称；这些产品不同时备案时，一个产品使用原件，其他产品需使用经公证后的复印件，并书面说明原件所在的备案产品名称。

五、办理流程

1. 申请人备案信息填报提交。
2. 国家市场监督管理总局食品审评中心核对材料。
3. 国家市场监督管理总局出局备案凭证。

六、办理时限

当场备案，当场出具。

七、受理机构

国家市场监督管理总局食品审评中心。

第八节　进口特殊医学用途配方食品注册（行政许可）

一、办理事项

特殊医学用途配方食品注册证书。

二、办理方式

现场办理。

办理地址：北京市丰台区南四环西路188号十二区29号楼。

时间：工作日上午9：00—11：30，下午13：00—16：30。每周三、周五下午不办理现场受理、发证等业务。

联系电话：010-53815833。

三、申请条件

注册申请人应当为拟在我国境内生产并销售特殊医学用途配方食品的生产企业和拟向我国境内出口特殊医学用途配方食品的境外生产企业。

四、提交材料

1. 申请人在提交纸质申请材料之前，应先完成电子申请程序。

申请人通过国家市场监督管理总局网站（http：//www.samr.gov.cn/）或国家市场监督管理总局食品审评中心网站（www.cfe-samr.org.cn/）进入特殊医学用途配方食品注册申请系统，按规定格式和内容填写并打印注册申请书。

各项申请材料应逐页或骑缝加盖申请人公章或印章，并扫描成电子版上传至特殊医学用途配方食品注册申请系统。

2. 申请人需按照《特殊医学用途配方食品注册申请材料项目与要求（试行）》提交纸质申请材料。

五、办理流程

申请人申请、国家市场监督管理总局食品审评中心审查并受理、国家市场监督管理总局食品审评中心技术审评、国家市场监督管理总局审批并作出许可决定、国家市场监督管理总局食品审评中心制作注册证书并将决定送达申请人。

六、办理时限

1. 受理：5个工作日。
2. 行政许可决定：20个工作日（不含技术审评、抽样检验、现场核查、复审所需的时间）。

七、受理机构

国家市场监督管理总局食品审评中心。

第九节　进口婴幼儿配方乳粉产品配方注册（行政许可）

一、办理事项

婴幼儿配方乳粉产品配方注册证书。

二、办理方式

窗口接收；信函接收。

办理地址：北京市丰台区南四环西路 188 号十二区 29 号楼。

时间：工作日上午 9：00—11：30，下午 13：00—16：30。每周三、周五下午不办理现场受理、发证等业务。

联系电话：010-53815833

三、申请条件

拟在中华人民共和国境内生产并销售婴幼儿配方乳粉的生产企业或者拟向中华人民共和国出口婴幼儿配方乳粉的境外生产企业。

四、提交材料

申请人在到受理大厅提交纸质版的申请材料之前，应先完成电子申请程序。

申请人通过国家市场监督管理总局网站（http://www.samr.gov.cn/）或国家市场监督管理总局食品审评中心网站（www.cfe-samr.org.cn/）进入婴幼儿配方乳粉产品配方注册申请系统，按规定格式和内容填写并打印申请书。

（一）婴幼儿配方乳粉产品配方注册

1. 申请材料清单

（1）婴幼儿配方乳粉产品配方注册申请书；

（2）申请人主体资质证明文件；

（3）原辅料的质量安全标准；

（4）产品配方；

（5）产品配方研发论证报告；

（6）生产工艺说明；

（7）产品检验报告；

（8）研发能力、生产能力、检验能力的证明材料；

（9）标签和说明书样稿及其声称的说明、证明材料。

2. 申请材料一般要求

（1）申请材料使用 A4 规格纸张打印（中文不得小于宋体小四号字，英文不得小于 12 号字），内容应完整、清楚，不得涂改。

（2）申请人应当同时提交申请材料的原件 1 份、复印件 5 份和电子版本；审评过程中需要申请人补正材料的，应提供补正材料原件 1 份、复印件 4 份和电子版本。

3. 对申报资料的具体要求

（1）除注册申请书和检验机构出具的检验报告外，申请材料应逐页或骑缝加盖申请人公章或印章，境外申请人无公章或印章的，应加盖驻中国代表机构或境内代理机构公章或印章，公章或印章应加盖在文字处。

（2）申请材料中填写的申请人名称、地址、法定代表人等内容应当与申请人主体资质证明文件中相关信息一致，申请材料中同一内容（如申请人名称、地址、产品名称等）的填写应前后一致。加盖的公章或印章应与申请人名称一致（驻中国代表机构或境内代理机构除外）。

（3）申请人主体资质证明材料、原辅料的质量安全标准、产品配方、生产工艺、检验报告、标签和说明书样稿及有关证明文件等申请材料中的外文，均应译为规范的中文；外文参考文献（技术文件）中的摘要、关键词及与配方科学性、安全性有关部分的内容应译为规范的中文（外国人名、地址除外），外文资料附后。申请人应当确保译本的真实性、准确性与一致性。

（二）产品配方变更注册申请材料项目及要求

1. 婴幼儿配方乳粉产品配方注册变更申请书。
2. 婴幼儿配方乳粉产品配方注册证书及附件复印件。
3. 与变更事项有关的证明材料如下：

（1）境外申请人委托办理变更事项的，参照产品配方注册提交委托相关证明材料；

（2）申请人合法有效的主体资质证明文件复印件（如营业执照、组织机构代码和境外申请人注册资质等）；

（3）变更事项的具体名称、理由及依据：

①申请商品名称变更的，拟变更的商品名应符合相关命名规定；

②申请企业名称、生产地址名称和法定代表人变更的，应当提交当地政府主管部门出具的相关变更证明材料；

③申请产品配方变更的，列表标注拟变更和变更后内容。提交变更的必要性、安全性、科学性论证报告。对于影响产品配方科学性、安全性的变更，应当根据实际需要按照首次申请注册要求提交变更注册申请材料。

（三）产品配方延续注册申请材料项目及要求

1. 婴幼儿配方乳粉产品配方延续注册申请书。
2. 申请人主体资质证明文件复印件。
3. 企业研发能力、生产能力、检验能力情况。
4. 生产企业质量管理体系自查报告。
5. 产品营养、安全方面的跟踪评价情况：包括五年内产品生产（或进口）、销售、监管部门抽检和企业检验情况总结以及对产品不合格情况的说明，产品配方上市后人群食用及跟踪评价情况的分析报告，食品原料、食品添加剂等可能含有的危害物质的研究和控制说明。
6. 申请人所在地省、自治区、直辖市市场监督管理部门延续注册意见书。
7. 婴幼儿配方乳粉产品配方注册证书及附件复印件。

五、办理流程

申请人申请、国家市场监督管理总局食品审评中心审查并受理、国家市场监督管理总局食品审评中心技术审评、国家市场监督管理总局审批并作出许可决定、国家市场监督管理总局食品审评中心制作注册证书并将决定送达申请人。

六、办理时限

1. 受理：5个工作日。

2. 行政许可决定：20个工作日（不含技术审评、抽样检验、现场核查、申请人补充资料及补充资料审评所需的时间）。

七、受理机构

国家市场监督管理总局食品审评中心。

第十节　进口涂料备案

一、办理事项

进口涂料备案书。

二、办理方式

现场办理。

三、申请条件

进口涂料的生产商、进口商或者进口代理商根据需要，可以向备案机构申请进口涂料备案。

四、提交材料

1. 进口涂料备案申请表。
2. 备案申请人的"企业法人营业执照"的复印件（加盖印章），需分装的进口涂料的分装厂商"企业法人营业执照"的复印件（加盖印章）。
3. 进口涂料生产商对其产品中有害物质含量符合中华人民共和国国家技术规范要求的声明。
4. 关于进口涂料产品的基本组成成分、品牌、型号、产地、外观、标签及标记、分装厂商和地点、分装产品标签等有关材料（以中文文本为准）。
5. 其他需要提供的材料。

五、办理流程

（一）备案申请

备案申请应当在涂料进口至少2个月前向备案机构提出，同时备案申请人应当提交申请资料。

（二）备案受理

备案机构接到备案申请后，对备案申请人的资格及提供的材料进行审核，在5个工作日内，向备案申请人签发"进口涂料备案申请受理情况通知书"。

（三）专项检测

备案申请人收到"进口涂料备案申请受理情况通知书"后，受理申请的，由备案申请人将被检样品送指定的专项检测实验室，备案申请人提供的样品应当与实际进口涂料一致，样品数量应当满足专项检测和留样需要；未受理申请的，可按照"进口涂料备案申请受理情况通知书"的要求进行补充和整改后，可重新提出申请。

(四) 备案书签发

专项检测实验室应当在接到样品 15 个工作日内，完成对样品的专项检测及进口涂料专项检测报告，并将报告提交备案机构。

备案机构应当在收到进口涂料专项检测报告 3 个工作日内，根据有关规定及专项检测报告进行审核，经审核合格的签发进口涂料备案书；经审核不合格的，书面通知备案申请人。

六、办理时限

无。

七、受理机构

海关总署指定的进口涂料备案机构，包括北京海关、天津海关、大连海关、上海海关、南京海关、宁波海关、厦门海关、青岛海关、广州海关、深圳海关、拱北海关。

第十一节 强制性产品认证（认证模式）

一、办理事项

强制性产品认证证书。

二、办理方式

申请企业登录国家市场监督管理总局全国认证认可信息公共服务平台（http：//cx.cnca.cn/），选择国家市场监督管理总局认证监督管理司公布的强制性产品认证指定认证机构和实验室名录所列机构，申请强制性产品认证。

三、申请条件

根据《强制性产品认证管理规定》第十条规定：列入目录产品的生产者或者销售者、进口商（以下统称认证委托人）应当委托经国家认监委指定的认证机构（以下简称认证机构）对其生产、销售或者进口的产品进行认证。

委托其他企业生产列入目录产品的，委托企业或者被委托企业均可以向认证机构进行认证委托。

四、提交材料

认证委托人应当按照具体产品认证规则的规定，向认证机构提供相关技术材料。

销售者、进口商作为认证委托人时，还应当向认证机构提供销售者与生产者或者进口商与生产者订立的相关合同副本。

委托其他企业生产列入目录产品的，认证委托人还应当向认证机构提供委托企业与被委托企业订立的相关合同副本。

五、办理流程

申请人的申请一般包括如下程序：

1. 认证申请和受理。
2. 型式试验。
3. 工厂审查。
4. 抽样检测。
5. 认证结果评价和批准。
6. 获得认证后的监督。

具体办理流程：登录（http：//www.cnca.gov.cn/zl/qzxcprz/ssgz/）—强制性产品认证专栏—实施规则—强制性产品认证实施规则汇总—参照具体通用规则的有关内容执行。

六、办理时限

指定认证机构在一般情况下，应当自受理申请人认证申请的 90 日内，作出认证决定并通知申请人。

七、受理机构

国家市场监督管理总局认证监督管理司主管，指定认证机构负责受理。

第十二节　强制性产品认证（自我声明模式）

一、办理事项

强制性认证产品符合性自我声明。

二、办理方式

在国家市场监督管理总局自我声明符合性信息报送系统（http：//sdoc.cnca.cn/）报送产品符合性信息。产品符合性信息报送成功后，系统生成"强制性认证产品符合性自我声明"视同获得强制性产品认证证书，后续监督管理要求相同。

三、申请条件

适用强制性产品认证自我声明评价方式的产品清单如表 14-1 所示。

表 14-1 适用强制性产品认证自我声明评价方式的产品清单

序号	产品名称 产品大类	产品名称 产品种类和代码	程序 A/B
1	电动工具	电钻（0501）	自我声明程序 A（自选实验室型式试验+自我声明）
2	电动工具	电动砂轮机（0503）	自我声明程序 A（自选实验室型式试验+自我声明）
3	电动工具	电锤（0506）	自我声明程序 A（自选实验室型式试验+自我声明）
4	电焊机	直流弧焊机（0603）	自我声明程序 A（自选实验室型式试验+自我声明）
5	电焊机	TIG 弧焊机（0604）	自我声明程序 A（自选实验室型式试验+自我声明）
6	电焊机	MIG/MAG 弧焊机（0605）	自我声明程序 A（自选实验室型式试验+自我声明）
7	电焊机	等离子弧切割机（0607）	自我声明程序 A（自选实验室型式试验+自我声明）
8	电路开关及保护或连接用电器装置	热熔断体（0205）	自我声明程序 B（指定实验室型式试验+自我声明）
9	电路开关及保护或连接用电器装置	小型熔断器的管状熔断体（0207）	自我声明程序 B（指定实验室型式试验+自我声明）
10	低压电器	漏电保护器（0306）	自我声明程序 B（指定实验室型式试验+自我声明）
11	低压电器	断路器（0307）	自我声明程序 B（指定实验室型式试验+自我声明）
12	低压电器	熔断器（0308）	自我声明程序 B（指定实验室型式试验+自我声明）
13	低压电器	低压开关（隔离器、隔离开关、熔断器组合电器）（0302）	自我声明程序 B（指定实验室型式试验+自我声明）
14	低压电器	其他电路保护装置（0304、0307、0309）	自我声明程序 B（指定实验室型式试验+自我声明）
15	低压电器	继电器（0303）	自我声明程序 B（指定实验室型式试验+自我声明）
16	低压电器	其他开关（0305）	自我声明程序 B（指定实验室型式试验+自我声明）
17	低压电器	其他装置（0304、0305）	自我声明程序 B（指定实验室型式试验+自我声明）
18	低压电器	低压成套开关设备（0301）	自我声明程序 B（指定实验室型式试验+自我声明）
19	小功率电动机	小功率电动机（0401）	自我声明程序 B（指定实验室型式试验+自我声明）
20	家用和类似用途设备	电动机—压缩机（0704）	自我声明程序 B（指定实验室型式试验+自我声明）
21	机动车辆及安全附件	汽车安全带（1104）	自我声明程序 B（指定实验室型式试验+自我声明）
22	机动车辆及安全附件	机动车外部照明及光信号装置（1109、1116）	自我声明程序 B（指定实验室型式试验+自我声明）
23	机动车辆及安全附件	汽车座椅及座椅头枕（1114）	自我声明程序 B（指定实验室型式试验+自我声明）
24	机动车辆及安全附件	机动车辆间接视野装置（1110、1115）	自我声明程序 B（指定实验室型式试验+自我声明）
25	机动车辆及安全附件	汽车行驶记录仪（1117）	自我声明程序 B（指定实验室型式试验+自我声明）
26	机动车辆及安全附件	车身反光标识（1118）	自我声明程序 B（指定实验室型式试验+自我声明）
27	安全玻璃	汽车安全玻璃（1301）	自我声明程序 B（指定实验室型式试验+自我声明）
	信息技术设备、音视频设备	标称额定电压小于等于 5VDC，标称额定消耗功率小于 15W（或 15VA），且无可充电电池的设备（Ⅲ类设备）	自我声明程序 A（自选实验室型式试验+自我声明）

四、提交材料

适用强制性产品认证自我声明评价方式的产品，只能采用自我声明评价方式，不再发放强制性产品认证证书。企业应依据《强制性产品认证自我声明实施规则》要求完成自我评价，在国家市场监督管理总局自我声明符合性信息报送系统（http：//sdoc.cnca.cn/）报送产品符合性信息，并对产品加施强制性产品认证标志后，方可出厂、销售、进口或者在其他经营活动中使用。

五、办理流程

具体办理流程：登录 http：//www.cnca.gov.cn/zl/qzxcprz/ssgz/—强制性产品认证专栏—实施规则—强制性产品认证实施规则汇总—参照《强制性产品认证实施规则 自我声明》（CNCA-00C-008：2019）有关内容执行。

六、办理时限

无。

七、受理机构

国家市场监督管理总局认证监督管理司。

第十三节　免于办理强制性产品认证

一、办理事项

免予办理强制请产品认证（简称 CCC 免办）证明。

二、办理方式

CCC 免办证明的受理、审核，实现全程电子化申请和管理，登录国家市场监督管理总局 CCC 免办及特殊用途进口产品检测处理管理系统（http：//cccmb.cnca.cn/），提交有关资料，申请人无须到现场办理。

三、申请条件

1. 为科研、测试和认证检测所需的产品和样品。

本款所称科研，是指对该产品进行科学研究，以开发、生产出相关产品所需的产品，并不是指进行研究工作所需的科研器材；本款所称测试，是指对该产品进行测试以获得测试数据，或测试某一产品的部分性能所必须用到的产品（如开发测试某一型号的打印机软件，需进口少量该型号打印机）；本款所称认证检测，是指 CCC 认证所进行型式试验的样品。

2. 直接为最终用户维修目的所需的零部件/产品。
3. 工厂生产线/成套生产线配套所需的设备/零部件（不含办公用品）。
4. 仅用于商业展示但不销售的产品。
5. 以整机全数出口为目的进口的零部件。
6. 其他因特殊用途免予办理强制性产品认证的情形。

四、提交材料

符合 CCC 免办条件的申请人，应当向所在地市场监管部门提交 CCC 免办申请。申请人应提交的材料以及后续监管要求，详见表 14-2。

表 14-2　CCC 免办应提交的材料以及后续监管要求

免办条件	申请人要求	申请 CCC 免办提交的材料（每份材料均须加盖公章）	后续监管要求
条件 1：为科研、测试和认证检测所需的产品和样品	对此类产品进行研究、开发、测试的机构；CCC 认证委托人	1. 申请人营业执照；2. 后续管理承诺书；3. 本次研究、开发、测试计划书/项目书；4. 附有产品明细的进口合同、发票或提单；5. CCC 指定认证机构出具的 CCC 认证送样通知书（含认证委托人、样品全称、规格型号、数量等信息）	1. 销毁处理的，申请人须保留销毁处理证明材料（如视频、照片等）；2. 退运的，申请人须留存"出口报关单"等证明材料
条件 2：直接为最终用户维修目的所需的零部件/产品	维修单位（包括整机/整车集中采购商/仓储商/其指定的零部件采购商）或者最终用户	1. 申请人营业执照；2. 后续管理承诺书；3. 附有产品明细的进口合同、发票或提单；4. 关于相应产品符合国内安全标准的承诺	无须出口核销
条件 3：工厂生产线/成套生产线配套所需的设备/零部件（不含办公用品）	使用此类设备/零部件的工厂/公司	1. 申请人营业执照；2. 后续管理承诺书；3. 该工厂生产线/成套设备生产线的相关证明材料；4. 附有产品明细的进口合同、发票或提单	无须出口核销
条件 4：仅用于商业展示但不销售的产品	负责商业展示的公司	1. 申请人营业执照；2. 后续管理承诺书；3. 附有产品明细的进口合同、发票或提单；4. 关于相应产品符合国内安全标准的承诺	1. 销毁处理的，申请人须保留销毁处理证明材料（如视频、照片等）；2. 退运的，申请人须留存"出口报关单"等证明材料
条件 5：以整机全数出口为目的进口的零部件	使用此类零部件的工厂/公司	1. 申请人营业执照；2. 后续管理承诺书；3. 成品出口合同；4. 附有产品明细的进口合同、发票或提单	申请人须留存"出口报关单"等证明材料
各地市场监管部门可要求申请人留存相应的加盖企业公章的申请资料（含各类证明性资料），留存期 2 年，以备市场监管部门核查				

CCC 免办相关要求具体说明如下：

1. 为科研、测试和认证检测所需的产品和样品。此类产品的免办申请人必须是对此类产品进行研究、开发、测试的机构。CCC 认证检测样品的免办申请人必须是 CCC 认证委托人。此类产品和样品均不得销售或提供给普通消费者使用。

2. 直接为最终用户维修目的所需的零部件/产品。此类零部件/产品的免办申请人必须是维修单位（包括整机/整车集中采购商/仓储商/其指定的零部件采购商）或者最终用户。零部件/产品的数量应当控制在合理范围内。

3. 工厂生产线/成套生产线配套所需的设备/零部件（不含办公用品）。此类设备/零部件的免办申请人必须是使用此类设备/零部件的工厂/公司。

4. 仅用于商业展示但不销售的产品。此类产品的免办申请人必须是负责商业展示的公司，申请人应当在申请资料中表明展示的时间及展示后该产品的处理方式（不得销售或提供给普通消费者使用），保证其不改变产品的用途。

5. 以整机全数出口为目的进口的零部件。此类零部件的免办申请人必须是使用此类零部件的工厂/公司。申请人应当在申请材料中承诺成品出口后两周内向市场监管部门办理核销手续，以备市场监管部门核查。

五、办理流程

（一）企业网上申请

企业登录国家市场监督管理总局 CCC 免办及特殊用途进口产品检测处理管理系统（http://ccc-mb.cnca.cn/），注册账号后，符合"《强制性产品认证目录》描述与界定表"的产品名称及适用范围等要求的，提交申请免办的相关证明材料（每份材料均须加盖公章），"产品信息"中的"产品特点描述"一栏请按照"《强制性产品认证目录》描述与界定表"中对应的产品名称、适用标准及产品详细信息进行填写。

（二）初审

初审人员根据企业提交的申请，对企业提交的申请材料予以初审，确认提交的材料要件是否齐备（若申请免办产品不在 CCC 目录内或申请不符合免办条件，退回申请并告知企业；若材料不足或企业填写错误，告知企业补正，再次提交申请），初审合格后，提交复审。

（三）复审

复审人员对通过初审的申请予以复审，确认材料的符合性（若材料不足或企业填写错误，告知企业补正，再次提交申请），复审合格后，提交发证。

（四）签发免办证明

发证人员对通过复审的申请，予以签发免办证明。

六、办理时限

5 个工作日。

七、受理机构

CCC 免办工作由各省、自治区、直辖市及新疆生产建设兵团市场监管局（厅、委）实施，或者视情况下放给下级市场监管部门实施。

第十四节　医疗器械注册证书（行政许可）

一、办理事项

进口医疗器械注册申请。

二、办理方式

窗口办理；快递申请。

申请人需登录国家药品监督管理局网上办事大厅首页（https://zwfw.nmpa.gov.cn/）（国家药品

监督管理局行政受理服务大厅网上预约受理系统），如无账号需先进行注册。相关操作可参考《关于启用总局行政受理服务大厅网上预约受理系统的公告》（国家食品药品监督管理总局第 192 号）。

办理地址：北京市西城区宣武门西大街 28 号大成广场 3 门一层，国家药品监督管理局行政受理服务大厅 4—7 号窗口。

时间：工作日上午：9：00—11：30；下午：13：00—16：30（周三、周五下午不对外受理）。

三、申请条件

境外申请人、备案人应当指定中国境内的企业法人作为代理人，办理相关医疗器械注册、备案事项。代理人应当依法协助注册人、备案人履行《医疗器械监督管理条例》第二十条第一款规定的义务，并协助境外注册人、备案人落实相应法律责任。

1. 进口第一类医疗器械备案，备案人向国家药品监督管理局提交备案资料。
2. 进口第二类、第三类医疗器械由国家药品监督管理局审查，批准后发给医疗器械注册证。
3. 申请注册或者进行备案，应当按照国家药品监督管理局有关注册、备案的要求提交相关资料，申请人、备案人对资料的真实性负责。

注册、备案资料应当使用中文。根据外文资料翻译的，应当同时提供原文。引用未公开发表的文献资料时，应当提供资料权利人许可使用的文件。

4. 申请进口医疗器械注册、办理进口医疗器械备案，应当提交申请人、备案人注册地或者生产地所在国家（地区）主管部门准许该医疗器械上市销售的证明文件。

申请人、备案人注册地或者生产地所在国家（地区）未将该产品作为医疗器械管理的，申请人、备案人需提供相关文件，包括注册地或者生产地所在国家（地区）准许该产品上市销售的证明文件。

未在申请人、备案人注册地或者生产地所在国家（地区）上市的创新医疗器械，不需提交相关文件。

5. 医疗器械应当符合适用的强制性标准。产品结构特征、预期用途、使用方式等与强制性标准的适用范围不一致的，申请人、备案人应当提出不适用强制性标准的说明，并提供相关资料。

没有强制性标准的，鼓励申请人、备案人采用推荐性标准。

四、提交材料

申请人应当在完成支持医疗器械注册的安全性、有效性研究，做好接受质量管理体系核查的准备后，提出医疗器械注册申请，并按照相关要求，通过在线注册申请等途径向药品监督管理部门提交下列注册申请资料：

1. 产品风险分析资料；
2. 产品技术要求；
3. 产品检验报告；
4. 临床评价资料；
5. 产品说明书以及标签样稿；
6. 与产品研制、生产有关的质量管理体系文件；
7. 证明产品安全、有效所需的其他资料。具体包括：申请表、证明性文件、医疗器械安全有效基本要求清单、综述资料、研究资料、生产制造信息、临床评价资料、产品风险分析资料、产品技术要求、产品注册检验报告、说明书和标签样稿、符合性声明等。

五、办理流程

（一）受理

申请人通过医疗器械注册电子申报信息化系统申报，无须提交纸质资料，申请资料应当符合相应医疗器械注册申请电子提交技术指南要求。

提交纸质资料的应当与相应医疗器械注册申请电子提交技术指南规定的电子申报目录形式一致，同时需提交相应资料电子文档。

受理人员根据申报事项按照国家食品药品监督管理总局《关于公布医疗器械注册申报资料要求和批准证明文件格式的公告》（2021年第121号）、《国家药监局关于印发境内第三类和进口医疗器械注册审批操作规范的通知》（国药监械注〔2021〕53号）的要求对申报资料进行形式审查。

国家药品监督管理局医疗器械技术审评中心在受理环节，对产品注册、变更注册、临床试验审批申请事项按照立卷审查要求对相应申请的注册申请资料进行审核，对相应注册申请资料进入技术审评环节的完整性、合规性、一致性进行判断。对其余申请事项按照形式审核要求进行审核。

1. 对申请人提交的注册申请资料进行签收，并根据受理审核操作规范分配受理及审评路径。

2. 根据受理审核操作规范，对申请事项开展审核。对产品注册、变更注册、临床试验审批申请事项由审评人员根据相应立卷审查标准进行受理审核。对于其他申请事项由审评人员根据形式审核要求进行受理审核。

3. 申请事项属于本行政机关职权范围，申请资料齐全、符合受理要求，予以受理，出具受理通知书，需要申请人缴纳费用的，出具缴费通知书，受理通知书和缴费通知书应当加盖本行政机关专用章并注明日期。

4. 申请资料存在可以当场更正的错误的，应当允许申请人当场更正。

5. 申请资料不齐全或者不符合受理要求的，应当在5个工作日内一次告知申请人需要补正的全部内容，并出具补正材料通知书，逾期不告知的，自收到申请资料之日起即为受理。

6. 对申请事项依法不属于本行政机关职权范围的，应当即时做出不予受理的决定，出具不予受理通知书，加盖本行政机关专用章并注明日期。

7. 自受理申请之日起3个工作日内，由国家药品监督管理局医疗器械技术审评中心开展技术审评。

（二）技术审评（60/90个工作日）

国家药品监督管理局医疗器械技术审评中心对进口第二类、第三类医疗器械产品注册、变更注册、延续注册、临床试验审批项目进行技术审评，并提出技术审评意见。

（三）行政审批（20个工作日）

对进口第二类、三类医疗器械产品注册、变更注册、延续注册、临床试验审批的受理、技术审评的审查内容和审评过程进行行政复核，并根据技术审评结论作出批准注册或不予行政许可的决定。其中变更注册、延续注册、临床试验审批的行政审批由国家药品监督管理局医疗器械技术审评中心开展，按照其操作规范办理。审评报告签发后即完成行政审批。

（四）批件（文件）制作（10个工作日）

国家药品监督管理局行政事项受理服务和投诉举报中心负责批件（文件）制作。制证人员应当按照行政审批结论制作批件（文件）。

六、办理时限

1. 受理：5个工作日，自受理之日起3个工作日内将申报资料转交技术审评机构。

2. 审评：技术审评机构应当在60个工作日内完成第二类医疗器械注册的技术审评工作，应当在90个工作日内完成第三类医疗器械注册的技术审评工作。需要外聘专家审评、药械组合产品需与药品审评机构联合审评的，所需时间不计算在内，技术审评机构应当将所需时间书面告知申请人。质量管理体系核查的时间和申请人补充资料的时间，不计算在审评时限内，技术审评机构应当自收到补充资料之日起60个工作日内完成技术审评。

3. 许可决定：20个工作日。

4. 送达：10个工作日。

全部办理时限共计188个工作日。

七、受理机构

国家药品监督管理局医疗器械技术审评中心负责需进行临床试验审批的医疗器械临床试验申请以及境内第三类和进口第二类、第三类医疗器械产品注册申请、变更注册申请、延续注册申请等的技术审评工作。

国家药品监督管理局医疗器械标准管理中心、中国食品药品检定研究院、国家药品监督管理局食品药品审核查验中心、国家药品监督管理局药品评价中心、国家药品监督管理局行政事项受理服务和投诉举报中心、国家药品监督管理局信息中心等其他专业技术机构，依职责承担实施医疗器械监督管理所需的医疗器械标准管理、分类界定、检验、核查、监测与评价、制证送达以及相应的信息化建设与管理等相关工作。

第十五节　中华人民共和国特种设备制造许可证（行政许可）

一、办理事项

特种设备制造许可证。

二、办理方式

网上受理：http://sepsclient.cnse.samr.gov.cn/。

现场办理地址：北京市海淀区马甸东路9号一层办事大厅。

时间：周一至周五上午8：30—11：30；下午13：30—17：00（法定节假日除外）。

联系电话：010-82261762（锅炉、压力容器），010-82261763（压力管道元件、压力管道设计、安全附件），010-82260344（起重机械），010-82260381（电梯、大型游乐设施、客运索道、厂车）、010-82261672（压力管道安装、特种设备检验检测机构）。

三、申请条件

申请单位应当具有以下与许可范围相适应，并且满足生产需要的资源条件：

1. 人员，包括管理人员、技术人员、检测人员、作业人员等；
2. 工作场所，包括场地、厂房、办公场所、仓库等；
3. 设备设施，包括生产（充装）设备、工艺装备、检测仪器、试验装置等；
4. 技术资料，包括涉及文件、工艺文件、施工方案、检验规程等；
5. 法规标准，包括法律、法规、规章、安全技术规范及相关标准。

具体资源条件和要求，见《特种设备生产和充装单位许可规则》（TSG 07—2019）附件B至附件L。

四、提交材料

1. 申请书（在系统中填写并提交）；

2. 申请单位营业执照（无法在线核验时，可在系统内提交）；

3. 申请书中的"申请许可项目表"［经申请单位法定代表人（主要负责人）签字，并且加盖单位公章，扫描后在系统提交］；

4. 原许可证（仅申请增项、改变许可级别或者换证，且无法在线核验时）；

5. 公司法人书面授权文件（分公司单独申请的）纸质原件1份。

五、办理流程

1. 首次申请、申请增项（增加制造地址除外）或者申请提高许可参数级别如下：

（1）发证机关收到申请资料后，对于资料齐全、符合法定形式的，应当在5个工作日内予以受理，出具特种设备行政许可受理决定书。

（2）发证机关在收到申请资料后，对于申请资料不齐全或者不符合法定形式的，应当在5个工作日内一次性告知申请单位需要补正的全部内容，出具特种设备行政许可申请资料补正告知书。

（3）发证机关收到申请资料后，凡有下列情形之一的，应当在5个工作日内向申请单位发出特种设备行政许可不予决定书：

①申请项目不属于特种设备许可范围的；

②隐瞒有关情况或者提供虚假申请资料被发现的；

③被依法吊（撤）销许可证，并且自吊（撤）销许可证之日起不满3年的。

（4）鉴定评审机构接到发证机关委托后，应当在10个工作日内与申请单位商定鉴定评审日期。

（5）鉴定评审组在备忘录中提出整改要求，整改时间不得超过6个月。

（6）发证机关在收到鉴定评审机构上报的鉴定评审报告和相关资料后，应当在20个工作日内，对鉴定评审报告和相关资料进行审查，符合发证条件的，向申请单位颁发相应许可证；不符合发证条件的，向申请单位发出特种设备不予许可决定书。

2. 许可证变更。

（1）持证单位改变单位名称或者地址更名，应当在30个工作日内向原发证机关提出变更许可证申请。

（2）发证机关应当自收到变更申请资料之日起20个工作日内作出是否准予变更的决定。

3. 许可证延续。

（1）持证单位在其许可证有效期届满后，需要继续从事相应活动的，应当在其许可有效期届满的6个月以前（并且不超过12个月），向发证机关提出许可证延续申请；未及时提出申请的，应当在换证申请时书面说明理由。

（2）持证单位在其许可证有效期届满前，因改制或者批准的场地搬迁等需要延期换证的，应当提前6个月向发证机关提出延期换证申请，并且填报许可证申请变更表。

六、办理时限

在20个工作日内办结。其中，办理过程中所需的鉴定评审和型式试验时间（不含申请单位工作准备、整改等时间）一般不超过12个月，其不计入时限。

七、受理机构

国家市场监督管理总局特种设备安全监察局。

第十五章

海关检验检疫业务相关企业资质办理指南

第一节 进境动物产品国外生产、加工、存放单位注册登记（行政许可）

一、办理事项

进境动物产品国外生产、加工、存放单位注册登记。

二、办理方式

登录"互联网+海关"全国一体化在线政务服务平台（http://online.customs.gov.cn/），或输出国家或者地区主管部门直接或通过输出国家或者地区驻华使馆，以函件、邮件等方式向海关总署推荐。

1. 网上办理：登录"互联网+海关"全国一体化在线政务服务平台（http://online.customs.gov.cn/），进入"行政审批"版块，点击"更多"，选择"进境动物产品国外生产、加工、存放单位注册登记"后办理。

2. 输出国家或者地区主管部门直接或通过输出国家或者地区驻华使馆，以函件、邮件等方式向海关总署推荐。

三、申请条件

向中国输出动物产品的境外生产加工企业应当符合输出国家或者地区相关法律法规和标准要求，并达到中国有关法律法规和强制性标准要求。

1. 产品种类：动物遗传物质（精液、胚胎）、动物源性饲料（水生动物蛋白、陆生动物蛋白、动物油脂、宠物食品等）、高中风险非食用动物产品（生皮毛、水洗羽毛羽绒、热处理动物骨等）、饲料添加剂、生物材料（牛血液制品）等。

2. 国外动物产品生产、加工、存放单位的注册登记首次、延续、变更和注销申请。

3. 动物产品已获准入资质。

四、提交材料

（一）注册登记

1. 输出国家或者地区相关动物疫情防控、兽医卫生管理、兽药残留控制、生产企业注册管理等方面的法律法规和标准规范。

2. 输出国家或者地区主管部门机构设置、实验室检测体系以及管理和技术人员配置情况。

3. 输出国家或者地区主管部门对其推荐企业的检验检疫、兽医卫生控制情况的评估。

4. 生产、加工、存放企业信息（企业名称、地址、官方批准编号）、注册产品信息（产品名称、主要原料、用途等）、企业产品允许在输出国家或者地区自由销售的官方证明。

（二）延续

材料同注册登记。

（三）变更

输出国家或者地区主管部门对已注册登记企业信息变更的证明性材料。

（四）注销

注册登记的境外生产加工存放企业不再向中国输出动物产品的，输出国家或者地区主管部门书面通报海关总署。

五、办理流程

（一）推荐

实施注册登记管理的动物产品境外生产、加工、存放企业，经输出国家或者地区主管部门审查合格后向海关总署推荐。

（二）审查

海关总署对推荐材料进行审查，必要时经与输出国家或者地区主管部门协商，派出专家到输出国家或者地区对申请注册登记的企业进行检查评估。

海关总署动植物检疫司负责进境动物产品国外生产、加工、存放单位注册审查，所有关键环节包括申请受理、文件审查、组建专家组、专家评审（包括文件审查及境外现场评审）、审核、结果反馈。

（三）注册登记

符合要求的国家或者地区的境外生产加工存放企业，经检查合格的予以注册登记。不符合要求的国家或者地区的境外生产加工存放企业，不予注册登记。

符合要求的国家或者地区的境外生产加工存放企业，经检查合格的予以注册登记。不符合要求的国家或者地区的境外生产加工存放企业，不予注册登记。

六、办理时限

自受理之日起20个工作日内作出决定；不能作出决定的，经负责人批准，可以延长10个工作日。涉及首次输华检疫准入事项的除外。

七、受理机构

海关总署动植物检疫司。

第二节 进境植物产品国外生产、加工、存放单位注册登记（行政许可）

一、办理事项

进境植物产品国外生产、加工、存放单位注册登记。

二、办理方式

"互联网+海关"全国一体化在线政务服务平台（http：//online.customs.gov.cn/），或输出国家或者地区主管部门直接或通过输出国家或者地区驻华使馆，以函件、邮件等方式向海关总署推荐。

1. 网上办理：登录"互联网+海关"全国一体化在线政务服务平台（http：//online.customs.gov.cn/），进入"行政审批"版块，点击"更多"，选择"进境植物产品国外生产、加工、存放单位注册登记"后办理。

2. 输出国家或者地区主管部门直接或通过输出国家或者地区驻华使馆，以函件、邮件等方式向海关总署推荐，具体地址为：海关总署，北京市东城区建国门内大街6号。

三、申请条件

1. 产品种类：粮食（大豆、小麦、大麦、油菜籽、玉米等）、水果、植物源性饲料（粕类饲料、饲草等）等。
2. 国外植物产品生产、加工、存放单位的注册登记首次、延续、变更和注销申请。
3. 植物产品已获准入资质。

四、提交材料

（一）首次申请

1. 所在国（地区）相关的动植物疫情、兽医卫生、植物保护、农药兽药残留、生产企业注册管理和卫生要求等方面的法律法规和标准规范；
2. 所在国（地区）主管当局机构设置和人员情况；
3. 企业信息：企业名称、地址、官方批准编号；
4. 注册产品信息：注册产品名称、主要原料、用途等；
5. 所在国家（地区）主管当局对其推荐企业的检验检疫、卫生控制实际情况的评估答卷。

（二）延续申请

材料同注册登记。

（三）变更申请

提交出口国（地区）官方出具的更改证明性材料。

（四）注销申请

出口国（地区）官方出具注销申请。

五、办理流程

（一）推荐

实施注册登记管理的植物产品境外生产、加工、存放企业，经输出国家或者地区主管部门审查合格后向海关总署推荐。

（二）审查

海关总署对推荐材料进行审查，必要时经与输出国家或者地区主管部门协商，派出专家到输出国家或者地区对申请注册登记的企业进行检查评估。

海关总署动植物检疫司负责进境植物产品国外生产、加工、存放单位注册审查，所有关键环节包括申请受理、文件审查、组建专家组、专家评审（包括文件审查及境外现场评审）、审核、结果反馈。

（三）注册登记

符合要求的国家或者地区的境外生产、加工、存放企业，经检查合格的予以注册登记；不符合要求的国家或者地区的境外生产加工存放企业，不予注册登记。

六、办理时限

自收到国外官方推荐的注册企业名单 20 个工作日内办结。如有特殊情况，经负责人批准，可延长 10 个工作日。涉及首次输华检疫准入事项的除外。

七、受理机构

海关总署动植物检疫司。

第三节 出境动物及其产品、其他检疫物的生产、加工、存放单位注册登记（行政许可）

一、办理事项

出境动物及其产品、其他检疫物的生产、加工、存放单位注册登记。

二、办理方式

登录"互联网+海关"全国一体化在线政务服务平台（http://online.customs.gov.cn/），进入"行政审批"模块，点击"更多"，选择"出境动物及其产品、其他检疫物的生产、加工、存放单位注册登记"后办理，或到各直属海关、隶属海关现场相关业务窗口办理。

三、申请条件

（一）供港澳活羊中转场

1. 具有独立企业法人资格。不具备独立企业法人资格者，由其具有独立企业法人资格的上级主管部门提出申请。
2. 具有稳定的货源供应，与活羊养殖单位或供应单位签订有长期供货合同或协议。
3. 中转场设计存栏数量不得少于 200 只。
4. 中转场内具有正常照明设施和稳定电源供应。
5. 建立动物卫生防疫制度、饲养管理制度，并符合下列供港澳活羊中转场动物卫生防疫要求：
（1）中转场周围 500 米范围内无其他动物饲养场、医院、牲畜交易市场、屠宰厂；
（2）设有以中转场负责人为组长的动物卫生防疫领导小组，至少有一名经海关培训、考核、认可的兽医；
（3）在过去 21 天内，中转场未发生过一类传染病和炭疽；
（4）中转场工作人员无结核病、布氏杆菌病等人畜共患病；
（5）具有健全的动物卫生防疫制度（包括疫情报告制度、防疫消毒制度、用药制度）和饲养管理制度（包括活羊入出场登记制度、饲料饲草及添加剂使用登记制度）；
（6）中转场周围设有围墙，场内分设健康羊圈舍和与其远离的病羊隔离舍；
（7）中转场内清洁卫生，大门口设置有车辆消毒池及喷雾消毒设施，人行通道入口设有消毒池或消毒垫；

（8）中转场内水源充足，水质符合国家规定的饮用水卫生标准；
（9）中转场内不得有除羊和守卫犬以外的其他动物，用于守卫的犬只应拴养；
（10）所用饲料及饲料添加剂不含违禁药品。

（二）供港澳活牛育肥场

1. 具有独立企业法人资格。
2. 在过去 6 个月内育肥场及其周围 10 千米范围内未发生过口蹄疫，场内未发生过炭疽、结核病和布氏杆菌病。
3. 育肥场设计存栏数量及实际存栏量均不得少于 200 头。
4. 建立动物卫生防疫制度、饲养管理制度，并符合下列供港澳活牛育肥场动物卫生防疫要求：
（1）育肥场周围 500 米范围内无其他动物饲养场、医院、牲畜交易市场、屠宰场；
（2）设有以育肥场负责人为组长的动物卫生防疫领导小组及相应职责；
（3）须配备有经海关培训、考核、认可的兽医；
（4）具有健全的动物卫生防疫制度（包括日常卫生管理制度、疫病防治制度、用药管理制度）和饲养管理制度（包括活牛入出场管理制度、饲料及添加剂使用管理制度）及相应的记录表册；
（5）场区设置有兽医室和日常防疫消毒及诊疗用器械；
（6）育肥场周围设有围墙（围栏或铁丝网），并设有专人看守的大门；
（7）场区整洁，生产区与人员生活区严格，生产区内设置有饲料加工及存放区分开、进出场隔离检疫区、育肥区、兽医室、病畜隔离区等，不同功能区分开，布局合理；
（8）设有入场架子牛和出场育肥牛隔离检疫区。入场隔离检疫区为专用或兼用检疫圈舍，距离育肥区至少 50 米；
（9）生产区出入口须设置：
①与门同宽、长 2~3 米、深 10~15 厘米的车辆消毒池及喷雾消毒设施；
②淋浴室或更衣室；
③人行通道设有消毒池或消毒垫。
（10）场区工作人员无结核病、布氏杆菌病等人畜共患病；
（11）育肥场内水源充足、水质符合国家规定的饮用水卫生标准；
（12）场区内具有粪便、污水处理设施；
（13）生产区内不得有除牛及守卫犬以外的其他动物，用于守卫的犬必须拴住；
（14）所有饲料及饲料添加剂不含违禁药品。

（三）供港澳活牛中转仓

1. 具有独立企业法人资格。不具备独立企业法人资格者，由其具有独立法人资格的主管部门提出申请。
2. 中转仓过去 21 天内未发生过一类传染病。
3. 中转仓设计存栏数量不得少于 20 头。
4. 建立动物卫生防疫制度、饲养管理制度，并符合下列供港澳活牛中转仓动物卫生防疫要求：
（1）中转场周围 500 米范围内无其他动物饲养场、医院、牲畜交易市场、屠宰场；
（2）中转仓周围设有围墙，内设用实心墙相互隔离并编有序号（1 号圈、2 号圈等）的圈舍，用于隔离来自不同注册育肥场的牛；
（3）设有以中转仓负责人为组长的动物卫生防疫领导小组，至少配备一名经海关培训、考核、认可的兽医；
（4）中转仓工作人员无结核病、布氏杆菌病等人畜共患病；
（5）具有健全的动物卫生防疫制度（包括疫情报告制度、防疫消毒制度、用药制度）和饲养管理制度（包括活牛出入仓登记制度、饲料及饲料添加剂使用登记制度）；

（6）中转仓内清洁卫生；中转仓大门设置有车辆消毒池及喷雾消毒设施；人行通道入口设有消毒池或消毒垫；

（7）中转仓内水源充足，水质符合国家规定的饮用水卫生标准；

（8）具有符合无害化处理要求的死畜、粪便和污水处理设施；

（9）中转仓内不得饲养除牛及守卫犬以外的其他动物，用于守卫的犬必须拴养；

（10）所有饲料及饲料添加剂不含违禁药品。

（四）供港澳活禽饲养场

1. 存栏 3 万只以上。

2. 建立饲养场动物防疫制度、饲养管理制度或者全面质量保证（管理）体系，并符合下列供港澳活禽饲养场动物卫生基本要求：

（1）设有以饲养场负责人为组长的动物卫生防疫领导小组；

（2）配备有经海关培训、考核、认可的兽医；

（3）场区工作人员无结核病等人畜共患病；

（4）具有健全的动物卫生防疫制度、饲养管理制度及管理手册；

（5）饲养场周围 1000 米范围内无其他禽类饲养场、动物医院、畜禽交易市场、屠宰场；

（6）在过去 6 个月内，饲养场及其半径 10 千米范围内未暴发禽流感、新城疫；

（7）饲养场周围设有围墙或围栏；

（8）场内除圈养禽类外，没有饲养飞禽。在同一饲养场内没有同时饲养水禽、其他禽类和猪；

（9）场区整洁，生产区与生活区严格分开，生产区内设置有饲料加工及存放区、活禽出场隔离检疫区、育雏区、兽医室、病死禽隔离处理区和独立的种禽引进隔离区等，不同功能区分开，布局合理；

（10）饲养场及其生产区出入口设置与门同宽、长 3~5 米、深 10~15 厘米的车辆消毒池及喷雾消毒设施。生产区入口设有更衣室。每栋禽舍门口设有消毒池或消毒垫。人行通道设有消毒池或消毒垫；

（11）兽医室内药物放置规范，记录详细，无禁用药物、疫苗、兴奋剂和激素等，且配备必要的诊疗设施；

（12）生产区内水源充足，水质符合国家规定的饮用水卫生标准；

（13）所用饲料及饲料添加剂不含违禁药物；

（14）场区具有与生产相配套的粪便、污水处理设施；

（15）水禽饲养场可根据实际情况，参照本要求执行。

（五）供港澳活猪饲养场

应当建立饲养场饲养管理制度以及动物卫生防疫制度，并符合下列供港澳活猪注册饲养场的条件和动物卫生基本要求：

1. 年出栏 10000 头以上，并实行自繁自养。

2. 设有以饲养场负责人为组长的动物卫生防疫领导小组。

3. 配备经海关培训、考核、认可的兽医。

4. 具有健全的动物卫生防疫制度（包括日常卫生管理制度、疫病防治制度、用药管理制度）和饲养管理制度（包括种猪引进管理制度、饲料及添加剂使用管理制度）及相关的记录表册。

5. 饲养场周围 1000 米范围内无动物饲养场、医院、牲畜交易市场、屠宰场。

6. 饲养场周围设有围墙，并设有专人看守的大门。

7. 场区整洁，布局合理，生产区与生活区严格分开，生产区内设置有饲料加工及存放区、活猪出场隔离区、饲养区、兽医室、病死畜隔离处理区、粪便处理区和独立的种猪引进隔离区等，不同功能区分开。

8. 饲养场及其生产区出入口处以及生产区中饲料加工及存放区、病死畜隔离处理区、粪便处理区与饲养区之间均有隔离屏障，且须设置：

（1）各出入口设置与门同宽、长 3~5 米、深 10~15 厘米的车辆消毒池及喷雾消毒设施；

（2）生产区入口具有淋浴室和更衣室；

（3）出入口人行通道设有消毒池或消毒垫。

9. 兽医室内药物放置规范，记录详细，无禁用药品，配备必要的诊疗设施。

10. 每栋猪舍门口设有消毒池或消毒垫。

11. 生产区内运料通道和粪道分布合理，不互相交叉。

12. 场区工作人员健康，无结核病、布氏杆菌病等人畜共患病。

13. 生产区内水源充足，水质符合国家规定的饮用水卫生标准。

14. 具有与生产相配套的粪便、污水处理设施。

15. 生产区内没有饲养其他动物。

16. 所用饲料及饲料添加剂不含违禁药品。

（六）出境水生动物养殖场、中转场

1. 周边和场内卫生环境良好，无工业、生活垃圾等污染源和水产品加工厂，场区布局合理，分区科学，有明确的标识。

2. 具有符合检验检疫要求的养殖、包装、防疫、饲料和药物存放等设施、设备和材料。

3. 具有符合检验检疫要求的养殖、包装、防疫、疫情报告、饲料和药物存放及使用、废弃物和废水处理、人员管理、引进水生动物等专项管理制度。

4. 中转场的场区面积、中转能力应当与出口数量相适应。

（七）出境食用水生动物非开放性水域养殖场、中转场

1. 周边和场内卫生环境良好，无工业、生活垃圾等污染源和水产品加工厂，场区布局合理，分区科学，有明确的标识。

2. 具有符合检验检疫要求的养殖、包装、防疫、饲料和药物存放等设施、设备和材料。

3. 具有符合检验检疫要求的养殖、包装、防疫、疫情报告、饲料和药物存放及使用、废弃物和废水处理、人员管理、引进水生动物等专项管理制度。

4. 中转场的场区面积、中转能力应当与出口数量相适应。

5. 具有与外部环境隔离或者限制无关人员和动物自由进出的设施，如隔离墙、网、栅栏等。

6. 养殖场养殖水面应当具备一定规模，一般水泥池养殖面积不少于 20 亩，土池养殖面积不少于 100 亩。

7. 养殖场具有独立的引进水生动物的隔离池；各养殖池具有独立的进水和排水渠道；养殖场的进水和排水渠道分设。

（八）出境食用水生动物开放性水域养殖场、中转场

1. 周边和场内卫生环境良好，无工业、生活垃圾等污染源和水产品加工厂，场区布局合理，分区科学，有明确的标识。

2. 具有符合检验检疫要求的养殖、包装、防疫、饲料和药物存放等设施、设备和材料。

3. 具有符合检验检疫要求的养殖、包装、防疫、疫情报告、饲料和药物存放及使用、废弃物和废水处理、人员管理、引进水生动物等专项管理制度。

4. 中转场的场区面积、中转能力应当与出口数量相适应。

5. 养殖、中转、包装区域无规定的水生动物疫病。

6. 养殖场养殖水域面积不少于 500 亩，网箱养殖的网箱数一般不少于 20 个。

（九）出境观赏用和种用水生动物养殖场、中转场

1. 周边和场内卫生环境良好，无工业、生活垃圾等污染源和水产品加工厂，场区布局合理，分区科学，有明确的标识。

2. 具有符合检验检疫要求的养殖、包装、防疫、饲料和药物存放等设施、设备和材料。

3. 具有符合检验检疫要求的养殖、包装、防疫、疫情报告、饲料和药物存放及使用、废弃物和废水处理、人员管理、引进水生动物等专项管理制度。

4. 中转场的场区面积、中转能力应当与出口数量相适应。

5. 场区位于水生动物疫病的非疫区，过去 2 年内没有发生世界动物卫生组织（OIE）规定应当通报和农业农村部规定应当上报的水生动物疾病。

6. 养殖场具有独立的引进水生动物的隔离池和水生动物出口前的隔离养殖池，各养殖池具有独立的进水和排水渠道。养殖场的进水和排水渠道分设。

7. 具有与外部环境隔离或者限制无关人员和动物自由进出的设施，如隔离墙、网、栅栏等。

8. 养殖场的水泥池养殖面积不少于 20 亩，土池养殖面积不少于 100 亩。

9. 出口淡水水生动物的包装用水必须符合饮用水标准；出口海水水生动物的包装用水必须清洁、透明并经有效消毒处理。

10. 养殖场有自繁自养能力，并有与养殖规模相适应的种用水生动物。

11. 不得养殖食用水生动物。

（十）出境非食用动物产品生产加工企业

应当符合进境国家或者地区的法律法规规定，并遵守下列要求：

1. 建立并维持进境国家或者地区有关法律法规规定的注册登记要求；
2. 按照建立的兽医卫生防疫制度组织生产；
3. 按照建立的合格原料供应商评价制度组织生产；
4. 建立并维护企业档案，确保原料、产品可追溯；
5. 如实填写《出境非食用动物产品生产、加工、存放注册登记企业监管手册》；
6. 符合中国其他法律法规规定的要求：

（1）具有独立企业法人资格，不具备独立企业法人资格者，由其具有独立法人资格的上级主管部门提出申请；

（2）申请单位符合中国动植物检验检疫要求并符合输入国家或地区的检验检疫要求。

四、提交材料

1. 申请供港澳活羊中转场，活牛育肥场、中转仓，活禽、活猪饲养场：

（1）注册登记申请表；

（2）企业厂区平面图及简要说明；

（3）育肥场、中转仓的动物卫生防疫制度、饲养管理制度。

2. 申请出境水生动物养殖场、中转场：

（1）注册登记申请表；

（2）企业厂区平面示意图及彩色照片；

（3）养殖许可证；水生动物卫生防疫和疫情报告制度；从场外引进水生动物的管理制度；养殖、药物使用、饲料使用、包装物料管理制度；废弃物、废水处理程序；

（4）进口国家或者地区对水生动物疾病有明确检测要求的，需提供有关检测报告；

（5）专业人员资质证明。

3. 申请出境非食用动物产品生产、加工企业：

（1）出境非食用动物产品生产、加工、存放企业检验检疫注册登记申请表；

（2）企业厂区平面图及简要说明；

（3）涉及环保要求的，须提供县级或者县级以上环保部门出具的环保合格证明；

（4）兽医卫生防疫制度；

（5）工艺流程图，包括生产、加工的温度、使用化学试剂的种类、浓度和 pH 值、处理的时间和使用的有关设备等情况。

五、办理流程

1. 企业登录"互联网+海关"全国一体化在线政务服务平台（http：//online.customs.gov.cn/），向所在地直属海关或隶属海关提出网上申请，提交电子版申请材料。

2. 所在地直属海关或隶属海关受理申请后，应当根据法定条件和程序进行全面审查，自受理之日起 20 个工作日内作出决定。审核工作参照"出境动植物及其产品、其他检疫物的生产、加工、存放单位注册登记"审查工作细则实施。

3. 经审查符合许可条件的，依法作出准予注册登记许可的书面决定，并送达申请人，同时核发注册登记证书。经审查不符合许可条件的，出具不予许可决定书。

六、办理时限

自受理申请之日起 20 个工作日内作出是否核准的决定；20 个工作日内不能作出决定的，经直属海关负责人批准，可以延长 10 个工作日，并将延长期限的理由书面告知申请单位。

七、受理机构

各直属海关、隶属海关。

第四节 出境植物及其产品、其他检疫物的生产、加工、存放单位注册登记（行政许可）

一、办理事项

出境植物及其产品、其他检疫物的生产、加工、存放单位注册登记。

二、办理方式

登录"互联网+海关"全国一体化在线政务服务平台（http：//online.customs.gov.cn/），进入"行政审批"模块，点击"更多"，选择"出境植物及其产品、其他检疫物的生产、加工、存放单位注册登记"后办理，或到各直属海关、隶属海关现场相关业务窗口办理。

三、申请条件

（一）出境饲料生产、加工、存放企业

1. 厂房、工艺、设备和设施：
（1）厂址应当避开工业污染源，与养殖场、屠宰场、居民点保持适当距离；
（2）厂房、车间布局合理，生产区与生活区、办公区分开；
（3）工艺设计合理，符合安全卫生要求；
（4）具备与生产能力相适应的厂房、设备及仓储设施；
（5）具备有害生物（啮齿动物、苍蝇、仓储害虫、鸟类等）防控设施。

2. 具有与其所生产产品相适应的质量管理机构和专业技术人员。

3. 具有与安全卫生控制相适应的检测能力。

4. 管理制度：

（1）岗位责任制度；

（2）人员培训制度；

（3）从业人员健康检查制度；

（4）按照危害分析与关键控制点（HACCP）原理建立质量管理体系，在风险分析的基础上开展自检自控；

（5）卫生标准操作规范（SSOP）；

（6）原辅料、包装材料合格供应商评价和验收制度；

（7）饲料标签管理制度和产品追溯制度；

（8）废弃物、废水处理制度；

（9）客户投诉处理制度；

（10）质量安全突发事件应急管理制度。

5. 海关总署按照饲料产品种类分别制定的出口检验检疫要求。审查合格，准予注册登记；审查不合格，不予注册登记。

6. 根据《海关总署关于调整部分进出口货物监管要求的公告》（2020 年第 99 号）的要求，出境饲料及饲料添加剂生产企业，输入国家或地区无注册登记要求的，免于向海关注册登记。

（二）出境新鲜水果（含冷冻水果）果园和包装厂

1. 申请注册出境新鲜水果（含冷冻水果）果园须符合下列要求：

（1）连片种植，面积在 100 亩以上；

（2）周围无影响水果生产的污染源；

（3）有专职或者兼职植保专业技术人员，负责果园有害生物监测防治等工作；

（4）建立完善的质量管理体系。质量管理体系文件包括组织机构、人员培训、农用化学品使用管理、良好农业操作规范等有关资料；

（5）近两年未发生重大植物疫情；

（6）双边协议、议定书或输入国家或地区法律法规对注册登记有特别规定的，还须符合其规定。

2. 申请注册出境新鲜水果（含冷冻水果）包装厂须符合下列要求：

（1）厂区整洁卫生，有满足水果贮存要求的原料场、成品库；

（2）水果存放、加工、处理、储藏等功能区相对独立、布局合理，且与生活区采取隔离措施并有适当的距离；

（3）具有符合检疫要求的清洗、加工、防虫防病及除害处理设施；

（4）加工水果所使用的水源及使用的农用化学品均须符合有关食品卫生要求及输入国家或地区的要求；

（5）有完善的卫生质量管理体系，包括对水果供货、加工、包装、储运等环节的管理；对水果溯源信息、防疫监控措施等信息有详细记录；

（6）配备专职或者兼职植保专业技术人员，负责原料水果验收、加工、包装、存放等环节防疫措施的落实、有毒有害物质的控制、弃果处理和成品水果自检等工作；

（7）有与其加工能力相适应的提供水果货源的果园，或与供货果园建有固定的供货关系；

（8）双边协议、议定书或输入国家或地区法律法规对注册登记有特别规定的，还须符合其规定。

（三）出境种苗花卉生产企业

1. 申请注册出境种苗花卉种植基地须符合下列要求：

（1）应符合中国和输入国家或地区规定的植物卫生防疫要求；

（2）近两年未发生重大植物疫情，未出现重大质量安全事故；
（3）应建立完善的质量管理体系。质量管理体系文件包括组织机构、人员培训、有害生物监测与控制、农用化学品使用管理、良好农业操作规范、溯源体系等有关资料；
（4）建立种植档案，对种苗花卉来源流向、种植收获时间、有害生物监测防治措施等日常管理情况进行详细记录；
（5）应配备专职或者兼职植保专业技术人员，负责基地有害生物监测、报告、防治等工作；
（6）符合其他相关规定。

2. 申请注册出境种苗花卉加工包装厂及储存库须符合下列要求：
（1）厂区整洁卫生，有满足种苗花卉贮存要求的原料场、成品库；
（2）存放、加工、处理、储藏等功能区相对独立、布局合理，且与生活区采取隔离措施并有适当的距离；
（3）具有符合检疫要求的清洗、加工、防虫防病及必要的除害处理设施；
（4）加工种苗花卉所使用的水源及使用的农用化学品均须符合中国和输入国家或地区有关卫生环保要求；
（5）建立完善的质量管理体系，包括对种苗花卉加工、包装、储运等相关环节疫情防控措施、应急处置措施、人员培训等内容；
（6）建立产品进货和销售台账，种苗花卉各个环节溯源信息要有详细记录；
（7）出境种苗花卉包装材料应干净卫生，不得二次使用，在包装箱上标明货物名称、数量、生产经营企业注册登记号、生产批号等信息；
（8）配备专职或者兼职植保专业技术人员，负责原料种苗花卉验收、加工、包装、存放等环节防疫措施的落实、质量安全控制、成品自检等工作；
（9）有与其加工能力相适应的提供种苗花卉货源的种植基地，或与经注册登记的种植基地建有固定的供货关系。

（四）出境竹木草制品生产企业

1. 厂区整洁卫生、道路及场地地面硬化、无积水。
2. 厂区布局合理，原料存放区、生产加工区、包装及成品存放区划分明显，相对隔离。
3. 有相对独立的成品存放场所，成品库/区干净卫生，产品堆垛整齐，标识清晰。
4. 具备相应的防疫除害处理措施，防疫除害处理能力与出口数量相适应。
5. 配备经海关培训合格的厂检员，熟悉生产工艺，并能按要求做好相关防疫和自检工作。
6. 建立质量管理体系或制度，包括卫生防疫制度、原辅料合格供方评价制度、溯源管理制度、厂检员管理制度、自检自控制度等。

（五）出境货物木质包装除害处理标识加施企业

1. 热处理条件及设施应符合下列要求：
（1）热处理库应保温，密闭性能良好，具备供热、调湿、强制循环设备，如采用非湿热装置提供热源的，需安装加湿设备；
（2）配备木材中心温度检测仪或耐高温的干湿球温度检测仪，且具备自动打印、不可人为修改或数据实时传输功能；
（3）供热装置的选址与建造应符合环保、劳动、消防、技术监督等部门的要求；
（4）热处理库外具备一定面积的水泥地面周转场地；
（5）设备运行能达到热处理技术指标要求。

2. 熏蒸处理条件及设施应符合下列要求：
（1）具备经海关考核合格的熏蒸队伍或签约委托的经海关考核合格的熏蒸队伍；
（2）熏蒸库应符合《熏蒸库中植物有害生物熏蒸处理操作规程》（SN/T 1143-2013）的要求，密闭性能良好，具备低温下的加热设施，并配备相关熏蒸气体检测设备；

（3）具备相应的水泥硬化地面周转场地；

（4）配备足够的消防设施及安全防护用具。

3. 厂区环境与布局应符合下列要求：

（1）厂区道路及场地应平整、硬化，热处理库、熏蒸库、成品库及周围应为水泥地面。厂区内无杂草、积水，树皮等下脚料集中存放处理；

（2）热处理库、熏蒸库和成品库与原料存放场所、加工车间及办公、生活区域有效隔离。成品库应配备必要的防疫设施，防止有害生物再次侵染；

（3）配备相应的灭虫药械，定期进行灭虫防疫并做好记录。

4. 组织机构及人员管理应符合下列要求：

（1）建立职责明确的防疫管理小组，成员由企业负责人、相关部门负责人、除害处理技术人员等组成。防疫小组成员应熟悉有关检验检疫法律法规；

（2）配备经海关考核合格的协管员，应掌握木质包装检疫要求及除害处理效果验收标准，协助海关做好监管工作。协管员应为防疫管理小组成员；

（3）主要管理和操作人员应经海关培训并考核合格。除害处理技术及操作人员应掌握除害处理操作规程。

5. 防疫、质量管理体系应符合下列要求：

（1）明确生产质量方针和目标，将除害处理质量纳入质量管理目标；

（2）制定原料采购质量控制要求，建立原料采购台账，注明来源、材种、数量等；

（3）制定木质包装检疫及除害处理操作流程及质量控制要求，进行自检和除害处理效果检查，并做好记录；

（4）制定标识加施管理及成品库防疫管理要求，并做好进出库、销售记录，保证有效追溯产品流向；

（5）制定环境防疫控制要求，定期做好下脚料处理、环境防疫并做好记录；

（6）建立异常情况的处置和报告程序。

（六）出境粮食加工、仓储企业

1. 具有法人资格，在工商行政管理部门注册，持有企业法人营业执照，并具有粮食仓储经营的资格。

2. 仓储区域布局合理，不得建在有碍粮食卫生和易受有害生物侵染的区域，仓储区内不得兼营、生产、存放有毒有害物质。具有足够的粮食储存库房和场地，库场地面平整、无积水，货场应硬化，无裸露土地面。

3. 在装卸、验收、储存、出口等全过程建立仓储管理制度和质量管理体系，并运行有效。仓储企业的各台账记录应清晰完整，能准确反映出入库粮食物流信息及在储粮食信息，具备追溯性。台账在粮食出库后的保存期限至少为2年。

4. 建立完善的有害生物监控体系，制定有害生物监测计划及储存库场防疫措施（如垛位间隔距离、场地卫生、防虫计划、防虫设施等），保留监测记录；制订有效的防鼠计划，储存库场及周围应当具备防鼠、灭鼠设施，保留防鼠记录；具有必要的防鸟设施。

5. 制订仓储粮食检疫处理计划，出现疫情时应及时上报海关，在海关的监管下由海关认可的检疫处理部门进行除害处理，并做好除害处理记录。

6. 建立质量安全事件快速反应机制，对储存期间及出入库时发现的撒漏、水湿、发霉、污染、掺伪、虫害等情况，能及时通知货主、妥善处理、做好记录，并向海关报告，未经海关允许不得将有问题的货物码入垛内或出库。

7. 仓储粮食应集中分类存放，离地、离墙、堆垛之间应保留适当的间距，并以标牌示明货物的名称、规格、发站、发货人、收货人、车号、批号、垛位号及入库日期等。不同货物不得混杂堆放。

8. 应具备与业务量相适应的粮食检验检疫实验室，实验室具备品质、安全卫生常规项目检验能力及常见仓储害虫检疫鉴定能力。

9. 配备满足需要的仓库保管员和实验室检验员。经过海关培训并考核合格，能熟练完成仓储管理、疫情监控及实验室检测及检疫鉴定工作。

出口粮食中转、暂存库房、场地、货运堆场等设施的所属企业，应符合以上 第2、4、5、6、7条要求。

（七）出境烟叶加工、仓储企业

1. 申请出口烟叶加工企业须符合下列要求：

（1）具有法人资格，在工商行政管理部门注册，持有企业法人营业执照，并具有烟叶及其副产品经营的资格；

（2）具有健全的质量管理体系，有完整的生产加工过程产品质量控制记录，获得质量体系认证或者具备相应的质量保证能力，且运行有效；

（3）了解原料烟叶产地、种植期间的质量和安全状况，并对原料烟种植安全卫生管理提出要求，并提供技术指导和协助；

（4）具有完善的厂区及周边有害生物监测体系，监测人员应经过海关培训，监测设施齐备，具有监测计划、监测记录及检疫处理预案等；

（5）产品所使用的原料、辅料、添加剂应符合进口国家或地区法律、行政法规的规定和强制性标准；

（6）产品形成一定的规模，产品质量稳定，信誉良好，企业诚信度高；

（7）具有原料进货和产品销售台账，且至少保存至成品出口后2年。进货台账包括货物名称、规格、等级、数重量、批次号、来源地区、供货商及其联系方式、进货时间、除害处理时间、药剂及浓度等，销售台账包括货物名称、规格、等级、数量、批次号、进口国家或地区、收货人及其联系方式、加工时间、出口时间、除害处理时间、药剂及浓度等。在出口烟叶及其副产品的外包装和厂检合格单上标明检验检疫批次编号，完善溯源记录。

2. 申请注册出口烟叶仓储企业须符合下列要求：

（1）具有法人资格，在工商行政管理部门注册，持有企业法人营业执照，并具有烟叶及其副产品经营的资格；

（2）仓储场地应保持整洁、仓库密闭情况良好，检疫处理场所和设施等应符合安全防护措施要求；

（3）国内销售烟草、出口烟草应分区分仓存放，出口烟草按种类堆垛整齐，并注明检验检疫批次号、数重量、生产厂、等级、生产年份，对已加工的烟草和未加工的烟草应分仓仓储；

（4）建立烟草仓储害虫监控体系，监测人员应经过海关培训，监测设施齐备，具有监测计划、监测记录及检疫处理预案等，定期将本单位仓储的虫情发生情况及所采取的防疫处理措施上报当地海关；

（5）仓库能够进行温度、湿度监测与控制，仓库温度、湿度数据能够记录，确保适应烟叶及其副产品储存安全的温度和湿度，必要时采取降温、排湿措施。

3. 申请注册出口烟叶中转、暂存场所须符合下列要求：

（1）仓储场地应保持整洁，具有防雨、防潮、防虫设施；

（2）出口烟草应按种类、检验检疫批次号分别堆码、堆垛整齐；

（3）具有有效的烟草仓储害虫监测措施、监测记录和检疫处理预案。

四、提交材料

（一）首次申请

1. 出境饲料生产、加工、存放企业

（1）出境饲料生产、加工、存放企业检验检疫注册登记申请表。

（2）国家饲料主管部门有审查、生产许可、产品批准文号等要求的，须提供获得批准的相关证明文件。

（3）生产工艺流程图，并标明必要的工艺参数（涉及商业秘密的除外）。

（4）厂区平面图，并提供重点区域的照片或者视频资料。

以上材料，申请表提供一份原件，其他材料均提供一份复印件。

2. 出境新鲜水果（含冷冻水果）果园和包装厂

（1）出境水果果园申请材料如下：

①出境水果果园注册登记申请表；

②果园示意图、平面图；

③植保专业技术人员的资格证明或者相应技术学历证书复印件。

（2）出境水果包装厂申请材料如下：

①出境水果包装厂注册登记申请表；

②包装厂厂区平面图，包装厂工艺流程及简要说明；

③提供水果货源的果园名单及包装厂与果园签订的有关水果生产、收购合约复印件。

以上材料，申请表提供一份原件，其他材料均提供一份复印件。

3. 出境种苗花卉生产企业

（1）出境种苗花卉生产经营企业注册登记申请表。

（2）种植基地及加工包装厂布局示意图、检测实验室平面图，以及主要生产加工区域、除害处理设施的照片。

（3）植保专业技术人员、质量监督员及企业实验室检测人员培训证明及相应资质、资格证件。

以上材料，申请表提供一份原件，其他材料均提供一份复印件。

4. 出境竹木草制品生产企业

（1）出境竹木草制品生产企业注册登记申请表。

（2）企业厂区平面图及简要说明。

（3）生产工艺流程图，包括各环节的技术指标及相关说明。

（4）生产加工过程中所使用主要原辅料清单、自检自控计划。

以上材料，申请表提供一份原件，其他材料均提供一份复印件。

5. 出境货物木质包装除害处理标识加施企业

（1）出境货物木质包装除害处理标识加施资格申请考核表。

（2）企业厂区平面图及简要说明。

（3）热处理或者熏蒸处理等除害设施及相关技术、管理人员的资料。

以上材料，申请表提供一份原件，其他材料均提供一份复印件。

6. 出境粮食加工、存储企业

（1）出境其他植物生产、加工、存放企业注册登记申请表。

（2）企业厂区平面图及简要说明。

（3）涉及本企业粮食业务的全流程管理制度、质量安全控制措施和溯源管理体系说明。

（4）有害生物监测与控制措施（包括配备满足防疫需求的人员，具有对虫、鼠、鸟等的防疫措施及能力）。

以上材料，申请表提供一份原件，其他材料均提供一份复印件。

7. 出境烟叶加工、仓储企业

（1）出境其他植物产品生产、加工、存放企业注册登记申请表。

（2）企业厂区平面图及简要说明。

（3）生产加工情况的说明材料。

以上材料，申请表提供一份原件，其他材料均提供一份复印件。

（二）变更申请

1. 出口动植物产品生产、加工、存放企业注册登记变更申请。

2. 与变更内容相关的资料（变更项目的生产工艺说明、产业政策证明材料）。

以上材料，申请表提供一份原件，其他材料均提供一份复印件。

（三）延续申请

企业延期申请书。

以上材料，申请表提供一份原件，其他材料均提供一份复印件。

（四）注销申请

注销申请书。

企业取得准予注销许可后应当一并交回原注册登记证书。

以上材料，申请表提供一份原件，其他材料均提供一份复印件。

五、办理流程

1. 企业登录"互联网+海关"全国一体化在线政务服务平台（http：//online.customs.gov.cn/）向所在地直属海关或隶属海关提出网上申请，提交电子版申请材料。

2. 所在地直属海关或隶属海关受理申请后，应当根据法定条件和程序进行全面审查，自受理之日起20个工作日内作出决定。审核工作参照"出境动植物及其产品、其他检疫物的生产、加工、存放单位注册登记"审查工作细则实施。

3. 经审查符合许可条件的，依法作出准予注册登记许可的书面决定，并送达申请人，同时核发注册登记证书；经审查不符合许可条件的，出具不予许可决定书。

六、办理时限

自受理申请之日起20个工作日内作出是否核准的决定。20个工作日内不能作出决定的，经直属海关负责人批准，可以延长10个工作日，并将延长期限的理由书面告知申请单位。

七、受理机构

各直属海关、隶属海关。

第五节　进境动物遗传物质使用单位备案

一、办理事项

进境动物遗传物质使用单位备案。

二、办理方式

用户登录"互联网+海关"全国一体化在线政务服务平台，进入"动植物检疫"模块；或到各直属海关、隶属海关现场相关业务窗口办理。

三、申请条件

1. 动物遗传物质进口目的国或地区与中国签订过双边检疫协定。
2. 输入动物遗传物质的货主或代理人应持有贸易合同或者协议等有效单证。

四、提交材料

1. 进境动物遗传物质使用单位备案表（法定代表人签字、盖章）。
2. 单位法人资格证明文件复印件（加盖公章）。
3. 熟悉动物遗传物质保存、运输、使用技术的专业人员证明文件复印件（加盖公章）。
4. 进境动物遗传物质的专用存放场所及其他必要的设施的图片资料（加盖公章）。

注：以上材料网上办理提供电子材料；现场办理提供纸质材料。

五、办理流程

1. 进境动物遗传物质使用单位首次申请进境动植物检疫许可证前，应向直属海关申请办理进境动物遗传物质使用单位备案，并提交有关材料。
2. 直属海关对申请单位提交的申请材料在5个工作日内完成受理审核，材料符合申请要求的，予以受理；不符合要求的，一次性告知需补正的材料。材料符合要求正式受理后，直属海关依据《进境动物遗传物质检疫管理办法》及海关总署的有关要求进行备案。
3. 备案完成后，直属海关应将已备案的使用单位报告海关总署。

六、办理时限

自受理之日起20个工作日内作出准予备案或者不予备案的决定。

七、受理机构

各直属海关。

第六节　进境非食用动物产品生产、加工、存放过程的检疫监督

一、办理事项

进境非食用动物产品生产、加工指定企业。

二、办理方式

登录"互联网+海关"全国一体化在线政务服务平台（http://online.customs.gov.cn/），选择"动植物检疫"模块办理。

三、申请条件

符合进境非食用动物产品生产、加工、存放企业兽医卫生基本要求。

四、提交材料

（一）新申请指定

1. 进境非食用动物产品生产、加工、存放指定企业申请表。
2. 厂区平面图，并提供重点区域的照片或者视频资料。
3. 工艺流程图，包括加工的温度、使用化学试剂的种类、浓度和pH值、处理的时间和使用的有关设备等情况。（此项不适用于存放企业）
4. 规章制度：应涵盖生产、加工、存放各环节，包括兽医卫生防疫工作领导小组及其职责、出入库及加工登记管理制度、防疫处理制度、检疫处理药物管理制度、出入库登记及加工登记制度、人员管理制度、疫情应急处置预案以及有效的防火、防盗、防鸟、防虫、灭鼠等安全保障制度。

（二）申请变更

1. 进境非食用动物产品生产、加工、存放指定企业申请表。
2. 企业改建或扩建平面图（适用于调整加工、存放能力及加工产品种类）。
3. 工艺流程图，包括加工的温度、使用化学试剂的种类、浓度和pH值、处理的时间和使用的有关设备等情况。（此项不适用于存放企业）
4. 图片资料：有关生产、加工、存放设施布局发生变更的情况。

五、办理流程

1. 企业登录"互联网+海关"全国一体化在线政务服务平台（http://online.customs.gov.cn/），向所在地直属海关申请，提交电子版申请材料。
2. 直属海关收到申请后对申请材料进行审查，不符合受理条件的不予受理，材料符合或经补正合格的予以受理。
3. 直属海关受理申请后，组织进行现场评估，评估合格的，上报海关总署备案；评估不合格的，不予核准。
4. 全国进境非食用动物产品指定企业名单可在海关总署动植物检疫司网站（http://dzs.customs.gov.cn/）"企业信息—动物产品类—非食用动物产品"栏目查询。

六、办理时限

自受理申请之日起20个工作日之内。

七、受理机构

各直属海关。

第七节 进境 I 级风险饲料原料存放、生产、加工过程的检疫监督

一、办理事项

进境 I 级风险饲料原料存放、生产、加工指定企业。

二、办理方式

登录"互联网+海关"全国一体化在线政务服务平台（http://online.customs.gov.cn/），选择"动植物检疫"办理。

三、申请条件

（一）动物源性饲料原料存放、生产、加工指定企业条件

1. 企业选址及环境要求

（1）生产、加工、存放企业的选址应符合动物卫生防疫要求；企业应远离动物饲养场、兽医站、屠宰厂和水源等，以厂区或库区为中心半径1千米范围内没有饲养家畜、家禽。

（2）企业应有围墙，厂区布局合理，存放加工生产区和生活区须分开。加工存放区按产品进厂、原料存放、深加工等工艺流程单向布局。

（3）厂区环境应保持干净、整洁，物品堆放整齐，有专门的垃圾存放场所和杂物堆放区。

（4）厂区路面应硬化，车间、库房等墙面、地面应不渗水、不积水，易于清洗消毒。

2. 防疫消毒设施及设备要求

（1）加工存放区入口处的人员与车辆通道应分设；车辆进出通道须设置与门等宽、长度不少于4米、深度不低于0.2米的消毒池，或其他等效设施；人员进出通道应设置与门等宽、长度不少于2米的消毒池（垫）。工作人员和车辆凭证经此进出，无关人员和车辆不得随意进出。

（2）原料库的出入口和加工车间的入口处应设有与门等宽、长度不少于2米的消毒池（垫）。

（3）原料库应设更衣室，配有与防疫消毒员数量相适应的更衣柜、消毒杀菌装置、洗手消毒设施、带锁的防疫消毒药品和器械存放柜。日常衣物和工作服应分柜放置。

（4）加工存放区应设更衣室、盥洗室和浴室。更衣室应配有消毒杀菌装置，与工作人员数量相适应的更衣柜，日常衣物和工作服应分柜放置；盥洗室内应有洗手消毒设施、防护用品、清洗消毒的设备。

（5）接触原料的工作人员应配备工作服、工作鞋、帽、手套、口罩等必要的防护用品，并有相应的清洗消毒设施。

（6）配备与加工存放产品类别、加工存放能力相适应的防疫消毒器械和防疫消毒药品，并存放在专人保管的专用存放场所。

（7）配备必要的突发疫情应急处置设施和物资。

（8）须有对进境动物源性饲料包装物或铺垫材料、加工过程中产生的下脚料与废弃物等进行无害化处理的设施。

（9）存放仓库及加工车间有防火、防盗、防鸟、防虫、灭鼠设施。

（10）具有与其加工能力相适应的加工设备，有经检验检疫审核符合兽医卫生防疫要求、经过加工能使疫病传播风险降低到可接受水平的加工工艺及设施。

（11）具有专用存放库，库容量应与生产加工能力相适应。仓库应有与产品储存要求相适应的温度保持系统，必要时应建有冷库。

（12）厂区显著位置设立防疫知识宣传栏。

3. 规章制度及措施

（1）成立以单位主要负责人任组长的兽医卫生防疫领导小组，明确职责，制定相关管理制度。

（2）建立防疫处理制度，包括对包装物、铺垫材料和加工过程中产生的下脚料、废弃物等进行防疫处理所用药物名称及浓度、负责及操作岗位或人员、处理操作程序等。

（3）建立出入库登记及加工登记制度。

（4）建立检疫处理药物管理制度，包括采购、存放保管、使用、回收等。

（5）建立人员管理制度，包括出入人员登记、人员防护、员工培训及体检等。

（6）制定详细的疫情应急处置预案。

（7）有防火、防盗、防鸟、防虫、灭鼠等安全保障制度。

4. 日常管理及相关记录

（1）进境产品流向记录，包括出入库记录、加工记录、下脚料流向记录等。

（2）产品与车辆防疫处理记录等。

（3）产品包装物、铺垫材料和加工过程中产生的下脚料、废弃物的防疫处理记录、场地日常防疫处理记录等记录。

（4）药物使用及管理记录，包括采购、存放保管、使用、回收等记录。

（5）员工体检及培训记录。

（6）有防火、防盗、防鸟、防虫、灭鼠等措施的落实记录。

（二）植物源性饲料原料存放、生产、加工指定企业条件

1. 存放企业

（1）厂区布局合理，整洁卫生，地面硬化，设施良好，具有防疫条件及设施，与生活区有适当距离，并采取隔离措施。

（2）具有完善的质量管理体系并有效运行。建立进口饲料进口装卸、运输、入库、出库等全过程质量安全管理措施，并实施可溯源的登记管理制度。

（3）存储能力与申请进口数量相适应。

（4）进口饲料不得与其他货物混存混运，且相对隔离，避免交叉污染。

（5）具备疫情防控、监测设施，建立外来有害生物防疫制度及措施，并有效运行。

2. 生产、加工企业

（1）企业周围由实体围墙与周边环境隔离。

（2）企业布局合理，整洁卫生，地面硬化，设施良好。接卸、储存、加工等场所应与周边环境相对隔离，能有效防止进口植物源性饲料撒漏和疫情扩散。

（3）运输工具应采取密封措施，防止进口植物源性饲料撒漏。

（4）生产、加工指定企业应具有经海关认可的无害化处理设施，处理能力与加工能力相匹配。

（5）具有植物疫情防控、监测设施及措施，建立进口饲料突发应急处置措施，并有效运行。

四、提交材料

1. 进境Ⅰ级风险动物源性饲料原料存放、生产、加工指定企业申请表（原件）。

2. 厂区平面图，并提供重点区域的照片或者视频资料（原件）。

3. 工艺流程图，包括加工的温度、使用化学试剂的种类、浓度和 pH 值、处理的时间和使用的有关设备等情况（复印件）。（此项不适用于存放企业）

4. 规章制度（复印件）。

5. 企业改建或扩建平面图（适用于调整加工、存放能力及加工产品种类）（原件）。

6. 图片资料（有关生产、加工、存放设施布局发生变更的情况）（原件）。

7. 进境 I 级风险植物源性饲料原料存放、生产、加工指定企业申请表（原件）。

8. 进口植物源性饲料原料企业检验检疫考核申请（复印件）。

9. 工艺流程、关键技术指标、下脚料处理方法（复印件）。

10. 接卸、运输、储存、加工、下脚料处理能力说明（复印件）。

11. 进口植物源性饲料原料从装卸码头、中转库到加工企业的运输方式和路线示意图（复印件）。

12. 质量管理体系（ISO 9001）或 HACCP 证书（复印件）。（非必要）

13. 质量管理体系中涉及进口植物源性饲料原料疫情防控的相关制度（复印件）。

14. 企业防疫领导小组人员名单及质量监督员培训合格证明（复印件）。

五、办理流程

1. 企业登录"互联网+海关"全国一体化在线政务服务平台（http：//online. customs. gov. cn/），向所在地直属海关提出申请，提交电子版申请材料。

2. 直属海关收到申请后对申请材料进行审查，不符合受理条件的不予受理，材料符合或经补正合格的予以受理。

3. 直属海关受理申请后，组织进行现场评估。评估合格的，上报海关总署备案；评估不合格的，不予核准。

4. 全国进境风险饲料原料存放、生产、加工指定企业名单可在海关总署动植物检疫司网站（http：//dzs. customs. gov. cn/）"企业信息—动物产品类—动物源性饲料"栏目查询，或"企业信息—植物产品类—植物源性饲料"栏目查询。

六、办理时限

20 个工作日。

七、受理机构

各直属海关。

第八节　进境粮食存放、加工过程的检疫监督

一、办理事项

进境粮食存放、加工指定场证明。

二、办理方式

登录"互联网+海关"全国一体化在线政务服务平台（http：//online. customs. gov. cn/），向所在

地直属海关或隶属海关申请办理。

三、申请条件

（一）进口粮食定点加工厂应具备条件

1. 加工厂周围有实体围墙与周边环境隔离。
2. 加工厂布局合理，整洁卫生，地面硬化，设施良好；接卸、储存、加工等场所应与周边环境相对隔离，能有效防止疫情扩散。
3. 进口粮进入加工厂的运输工具及运输路线应经所在地海关确认。运输工具应采取密封措施，防止进口粮撒漏。
4. 加工过程应具有过筛清杂设施，加工工艺流程满足检疫性病菌或杂草灭活的要求。
5. 加工厂应具有对下脚料焚烧、深埋或其他经海关认可的无害化处理设施，处理能力与加工能力相匹配。
6. 具有完善的进口粮加工质量安全管理制度及措施，建立进口粮突发疫情应急处置措施，并有效运行。

（二）进口粮食中转库应具备条件

1. 位于进境口岸港区内。
2. 库区布局合理，整洁卫生，地面硬化，设施良好，满足进口粮储存条件。
3. 具有完善的质量安全管理及防疫措施，并有效运行。
4. 进口粮不得与其他货物混存混运，且相对隔离，避免交叉污染。
5. 仓储能力与申请进口数量相适应。

（三）进口粮储备库应具备条件

1. 被列入国家进口储备粮接收计划名单。
2. 库区布局合理，整洁卫生，地面硬化，设施良好，满足进口粮储存条件，符合进口储备粮库统一标准及管理要求。
3. 具有防疫条件及设施，与生活区有适当距离，并采取隔离措施。
4. 具有完善的质量管理体系，并有效运行。建立进口储备粮进口装卸、运输、入库、出库等全过程质量安全管理措施，并实施可溯源的登记管理制度。
5. 储备库存储能力与申请进口数量相适应。
6. 与进口储备粮中转库、出库加工企业等保持稳定、良好的合作关系。
7. 具备疫情防控、监测设施，建立外来有害生物防疫制度及措施，并有效运行。
8. 具有进口储备粮检验检疫应急突发处置制度及措施。

四、提交材料

（一）加工厂

1. 拟加工进口粮的企业，向所在地海关提出书面申请，填写进口粮食加工企业考核申请表。
2. 加工企业平面图及主要设施照片。
3. 加工工艺流程、关键技术指标、下脚料处理方法。
4. 接卸、运输、储存、加工、下脚料处理能力说明。
5. 进口粮食从装卸码头、中转库到加工企业的运输方式和路线示意图。
6. 质量管理体系（ISO 9001）或 HACCP 证书。
7. 质量管理体系中涉及进口粮食疫情防控的相关制度。
8. 企业防疫领导小组人员名单及质量监督员培训合格证明。

以上材料，申请表为一份原件，其他材料均为一份复印件。

（二）中转库

1. 进口储备粮需使用港口中转库临时储存的，向进境口岸所在地海关提出书面申请，填写进口粮储备库、中转库考核申请表。
2. 储备库提供国家进口储备粮接收计划名单，储备库、中转库的法人代码证、工商注册证等文件。
3. 接卸、运输、仓储、下脚料处理的设施照片及能力说明。
4. 从卸货码头到储备库、中转库的运输方式和路线示意图。
5. 仓库平面图（包括各仓库的大小、容量）。
6. 质量管理体系文件。
7. 防疫体系文件和外来有害生物监测体系（包括监测制度和监测设施）。
8. 企业防疫领导小组人员名单。
9. 进口粮入库、储存、出库流程。

以上材料，申请表为一份原件，其他材料均为一份复印件。

（三）储备库

1. 列入国家进口储备粮接收计划名单的进口粮储备库，向所在地海关提出书面申请，填写进口粮储备库、中转库考核申请表。
2. 储备库提供国家进口储备粮接收计划名单，储备库、中转库的法人代码证、工商注册证等文件。
3. 从卸货码头到储备库、中转库的运输方式和路线示意图。
4. 仓库平面图（包括各仓库的大小、容量）。
5. 接卸、运输、仓储、下脚料处理的设施照片及能力说明。
6. 质量管理体系文件。
7. 防疫体系文件和外来有害生物监测体系（包括监测制度和监测设施）。
8. 企业防疫领导小组人员名单。
9. 进口粮入库、储存、出库流程。

以上材料，申请表为一份原件，其他材料均为一份复印件。

五、办理流程

1. 企业登录"互联网+海关"全国一体化在线政务服务平台（http://online.customs.gov.cn/），向所在地直属海关或隶属海关申请，提交电子版申请材料。
2. 直属海关或隶属海关收到申请后对申请材料进行审查，不符合受理条件的不予受理，材料符合或经补正合格的予以受理。
3. 直属海关或隶属海关受理申请后，组织进行现场评估。评估合格的，由直属海关上报海关总署备案；评估不合格的，不予核准。
4. 海关总署在官网公布指定企业名单。

六、办理时限

自受理申请之日起 20 个工作日内作出是否批准的决定。20 个工作日内不能作出决定的，经直属海关负责人批准，可以延长 10 个工作日，并将延长期限的理由书面告知申请单位。

七、受理机构

各直属海关、隶属海关。

第九节　进境动物指定隔离检疫场使用核准

一、办理事项

中华人民共和国进出境动物指定隔离检疫场使用证。

二、办理方式

用户登录"互联网+海关"全国一体化在线政务服务平台（http：// online. customs. gov. cn/），进入"动植物检疫"模块；或到各隶属海关现场相关业务窗口办理。

三、申请条件

申请人应为申请使用隔离场的单位或个人。

（一）进境大中动物指定隔离场基本要求

牛、羊指定隔离场应当符合《进境牛羊临时隔离场建设的要求》（SN/T 1491—2004）标准；猪指定隔离场应当符合《进境种猪指定检疫场建设规范》（SN/T 2032—2019）；马、驴等其他大中动物指定隔离场参照牛、羊指定隔离场标准执行。

（二）进境小动物指定隔离检疫场基本要求

1. 具有完善的动物饲养管理制度、卫生防疫管理制度等。
2. 配备兽医专业技术人员。
3. 须远离相应的动物饲养场、屠宰加工厂、兽医院、居民生活区及交通主干道、动物交易市场等场所至少3千米。
4. 四周必须有实心围墙，能够有效防止人员、车辆和其他动物进入隔离场。如果隔离场具有良好的自然隔离条件，如环山、环水等，可以用铁丝网代替外围墙。
5. 隔离场大门及其显著位置须设立隔离检疫警示标志。入口处须设有消毒池（垫）。
6. 场内应有必要的供水、供电、保温及通风等设施，水质符合国家饮用水标准。
7. 场内应分设生活办公区和隔离区，各区之间须有实心墙分隔。隔离区内应包括隔离饲养区（或种蛋孵化区）、病畜禽隔离区、粪便污水处理区、草料区、兽医诊疗室等。
8. 与外界及各区间的通道应设有消毒池（垫）、用于进出人员脚底和车辆等的消毒设施，通道应避免交叉污染。
9. 人员进出隔离区的通道要设更衣室、淋浴室。备有专用工作服、鞋、帽。淋浴室应能满足人员进出洗浴的要求。
10. 隔离饲养舍应满足不同动物的生活习性需要，与其他栏舍及外界相对封闭，且有必要的饲喂、饮水、保温、通气等设施，能够满足动物饲养、生存及福利等基本需要。
11. 须配备供存放和运输样品、死亡动物的设备；场内设有死亡动物及废弃物无害化处理设施。
12. 有供海关工作人员工作和休息的场所，并配备电话、电脑等必要的办公设备。

（三）进境陆生野生动物指定隔离检疫场基本要求

1. 具有完善的动物饲养管理制度、卫生防疫管理制度等。
2. 配备兽医专业技术人员。
3. 须远离相应的动物饲养场、屠宰加工厂、兽医院、居民生活区及交通主干道、动物交易市场等场所。

4. 四周须有实心围墙或与外界环境隔离的设施，并有醒目的警示标志。

5. 人员进出隔离区的通道要设更衣室。备有专用工作服、鞋、帽。

6. 场内具备与申请进境野生动物种类和数量相适应的饲养条件和隔离检疫设施，具有安全的防逃逸装置。

7. 场内设有污水处理和粪便储存场所。

8. 场内应具有捕捉、固定动物所需场地和设施。

9. 场内应有必要的供水、电、保温及通风等设施，水质符合国家饮用水标准。

10. 隔离检疫区与生活办公区严格分开。隔离场和隔离舍入口均须设有消毒池（垫）。

11. 场内须配备供存放和运输样品、死亡动物的设备。场内须有死亡动物及废弃物无害化处理设施。

12. 有供海关人员工作和休息的场所，并配备电话、电脑等必要的办公设备。

（四）进境演艺、竞技、展览及伴侣动物指定隔离检疫场基本要求

1. 具有完善的动物饲养管理制度、卫生防疫管理制度等。

2. 配备兽医专业技术人员。

3. 须远离相应的动物饲养场、屠宰加工厂、兽医院、交通主干道及动物交易市场等场所。

4. 四周须有与外界环境隔离的设施，并有醒目的警示标志，入口须设有消毒池（垫）。

5. 具备与申请进境演艺、竞技、展览及伴侣动物种类和数量相适应的饲养条件和隔离舍，具有安全的防逃逸装置。

6. 设有污水和粪便集中消毒处理的场所。

7. 有专用捕捉、固定动物所需的场地和设施。

8. 场内应有必要的供水、供电、保温及通风等设施，水质符合国家饮用水标准。

9. 配备供存放和运输样品、死亡动物的设备。

10. 有供海关人员工作和休息的场所，并配备电话、电脑等必要的办公设备。

（五）进境水生动物指定隔离检疫场基本要求

1. 具有完善的动物饲养管理制度、卫生防疫管理制度等。

2. 配备水产养殖专业技术人员。

3. 须远离其他水生动物养殖场、水产加工厂及居民生活区等场所。

4. 四周须有与外界环境隔离的设施，并有醒目的警示标志。

5. 具有独立的供水系统及消毒设施。水源无污染，养殖用水应符合中国渔业水域水质标准，并经过滤净化处理。

6. 有可靠的供电系统、良好的增氧设备，具备与申请进出境动物种类和数量相适应的养殖环境和条件，必要时还应有可调控水温的设备。

7. 排水系统完全独立，并具有无害化处理设施。

8. 隔离检疫区与生活区严格分开。隔离场和隔离池舍入口均须设有消毒池（垫）。

9. 具有防逃逸设施。

10. 配备供存放和运输样品、死亡动物的设备。

11. 有供海关人员工作和休息的场所，并配备电话、电脑等必要的办公设备。

（六）进境实验动物隔离场基本要求

实验动物隔离场，应当符合《实验动物 环境及设施》（GB 14925—2010）标准，该标准未涉及的其他实验动物参照该标准执行。

四、提交材料

1. 中华人民共和国进出境动物指定隔离检疫场使用申请表。
2. 对外贸易经营权证明材料。
3. 隔离检疫场整体平面图及显示隔离场主要设施和环境的照片。
4. 隔离检疫场动物防疫、饲养管理等制度。
5. 县级或者县级以上兽医行政主管部门出具的隔离检疫场所在地未发生《中华人民共和国进境动物检疫疫病名录》《中华人民共和国一、二、三类动物疫病病种名录》中规定的与隔离检疫动物相关的一类动物传染病证明。
6. 进境动物从入境口岸进入隔离场的运输安排计划和运输路线。
7. 当隔离场的使用人与所有人不一致时，使用人还须提供与所有人签订的隔离场使用协议。
8. 主管海关要求的其他材料。

五、办理流程

1. 受理。申请使用人向直属海关递交中华人民共和国进出境动物指定隔离检疫场使用申请表和相关随附资料，隔离场使用人申请材料不齐全或者不符合法定形式的，应当当场或者在5个工作日内一次告知使用人需要补正的全部内容，逾期不告知的，自收到申请材料之日起即为受理。
2. 审核考核。受理申请后，直属海关对使用人提供的有关材料进行审核，并对申请使用的隔离场组织实地考核。
3. 批准。现场考核通过或整改验收合格后，进境大中动物指定隔离场由直属海关提出审核意见，报海关总署批准，其他动物指定隔离场的申请企业向直属海关领取"中华人民共和国进出境动物指定隔离检疫场使用证"。
4. 进境动物隔离检疫场名单可在海关总署动植物检疫司网站（http：//dzs.customs.gov.cn/）"企业信息—活动物类—陆生动物"栏目查询。

六、办理时限

自受理申请之日起20个工作日内做出书面审批意见（现场考核评审时间不计入20个工作日）。20个工作日内不能作出决定的，经本机构负责人批准，可以延长10个工作日。

七、受理机构

海关总署（国家级隔离场）、直属海关及各隶属海关（非国家级隔离场）。

第十节 进境植物繁殖材料地方隔离检疫圃指定

一、办理事项

进境植物繁殖材料地方隔离检疫圃指定。

二、办理方式

窗口办理。

三、申请条件

具有独立法人资格的隔离检疫圃经营企业。

四、提交材料

1. 进境植物繁殖材料临时隔离检疫圃指定申请表。
2. 营业执照。
3. 隔离检疫圃位置及平面图（标注主要设施设备及周边作物）。
4. 进境植物繁殖材料从入境口岸进入隔离检疫圃的运输安排计划和运输路线说明。
5. 拟进境植物繁殖材料背景材料（如生物学分类、形态特征、主要发生的病虫害等）。
6. 防疫管理制度。

五、办理流程

在直属海关网站上予以公布。

六、办理时限

5~20个工作日。（以各关规定为准）

七、受理机构

各直属海关或指定的隶属海关。

第十一节 进口食品境外生产企业注册（行政许可）

一、办理事项

进口食品境外生产企业注册。

二、办理方式

（一）进口食品境外生产企业注册方式包括所在国家（地区）主管当局推荐注册和企业申请注册

海关总署根据对食品的原料来源、生产加工工艺、食品安全历史数据、消费人群、食用方式等因素的分析，并结合国际惯例确定进口食品境外生产企业注册方式和申请材料。

经风险分析或者有证据表明某类食品的风险发生变化的，海关总署可以对相应食品的境外生产企业注册方式和申请材料进行调整。

（二）国外官方推荐注册

下列食品的境外生产企业由所在国家（地区）主管当局向海关总署推荐注册：肉与肉制品、肠衣、水产品、乳品、燕窝与燕窝制品、蜂产品、蛋与蛋制品、食用油脂和油料、包馅面食、食用谷物、谷物制粉工业产品和麦芽、保鲜和脱水蔬菜以及干豆、调味料、坚果与籽类、干果、未烘焙的咖啡豆与可可豆、特殊膳食食品、保健食品（共18类）。

（三）企业申请注册

除上款所述18种以外的其他食品种类。包括：蔬菜及其制品（保鲜和脱水蔬菜除外）、粮食制品以及其他产品、茶叶类、坚果及籽类制品、酒类、饮料及冷冻饮品、饼干糕点面包、糖类（包括原糖、食糖、乳糖、糖浆等）、糖果巧克力（包括巧克力、代可可脂巧克力及其制品）、调味品（不包括食糖）、经烘焙的咖啡豆、可可豆及其制品（不包括巧克力）、水果制品、其他杂项食品、中药材等。

除相关国家（地区）主管当局与海关总署就申请方式和申请材料另有约定的，进口食品境外生产企业注册、变更、延续、注销的申请，应通过进口食品境外生产企业注册管理系统（https://cifer.singlewindow.cn/）或"中国国际贸易单一窗口"（https://www.singlewindow.cn/）的"标准版应用"办理。

申请材料递交至：北京市建国门内大街6号，中华人民共和国海关总署进出口食品安全局（以下简称海关总署食品局），邮编100005。

三、申请条件

所有向中国境内出口食品的境外生产、加工、贮存企业都应当申请并获得海关总署的注册；食品添加剂、食品相关产品的企业不在注册范围之内；根据《中华人民共和国食品安全法》，食品相关产品是指用于食品的包装材料、容器、洗涤剂、消毒剂和用于食品生产经营的工具、设备：

1. 所在国家（地区）的食品安全管理体系通过海关总署等效性评估、审查；
2. 经所在国家（地区）主管当局批准设立并在其有效监管下；
3. 建立有效的食品安全卫生管理和防护体系，在所在国家（地区）合法生产和出口，保证向中国境内出口的食品符合中国相关法律法规和食品安全国家标准；
4. 符合海关总署与所在国家（地区）主管当局商定的相关检验检疫要求。

四、提交材料

（一）首次申请

1. 所在国家（地区）主管当局应当对其推荐注册的企业进行审核检查，确认符合注册要求后，向海关总署推荐注册并提交以下申请材料：

（1）所在国家（地区）主管当局推荐函；
（2）企业名单与企业注册申请书；
（3）企业身份证明文件，如所在国家（地区）主管当局颁发的营业执照等；
（4）所在国家（地区）主管当局推荐企业符合本规定要求的声明；
（5）所在国家（地区）主管当局对相关企业进行审核检查的审查报告。

必要时，海关总署可以要求提供企业食品安全卫生和防护体系文件，如企业厂区、车间、冷库的平面图，以及工艺流程图等。

2. 办理方式（二）所列食品以外的其他食品境外生产企业，应当自行或者委托代理人向海关总署提出注册申请并提交以下申请材料：

（1）企业注册申请书；
（2）企业身份证明文件，如所在国家（地区）主管当局颁发的营业执照等；
（3）企业承诺符合本规定要求的声明。

3. 企业注册申请书内容应当包括企业名称、所在国家（地区）、生产场所地址、法定代表人、联系人、联系方式、所在国家（地区）主管当局批准的注册编号、申请注册食品种类、生产类型、生产能力等信息。

4. 注册申请材料应当用中文或者英文提交，相关国家（地区）与中国就注册方式和申请材料另有约定的，按照双方约定执行。

5. 所在国家（地区）主管当局或进口食品境外生产企业应当对提交材料的真实性、完整性、合法性负责。

（二）变更申请

1. 在注册有效期内，进口食品境外生产企业注册信息发生变化的，应当通过注册申请途径，向海关总署提交变更申请，并提交以下材料：

（1）注册事项变更信息对照表；

（2）与变更信息有关的证明材料。

2. 海关总署评估后认为可以变更的，予以变更。

3. 生产场所迁址、法定代表人变更或者所在国家（地区）授予的注册编号改变的应当重新申请注册，在华注册编号自动失效。

（三）延续申请

1. 进口食品境外生产企业需要延续注册的，应当在注册有效期届满前3至6个月内，通过注册申请途径，向海关总署提出延续注册申请。

2. 延续注册申请材料包括：

（1）延续注册申请书；

（2）承诺持续符合注册要求的声明。

3. 海关总署对符合注册要求的企业予以延续注册，注册有效期延长5年。

（四）注销申请

已注册进口食品境外生产企业有下列情形之一的，海关总署注销其注册，通知其所在国家（地区）主管当局或进口食品境外生产企业，并予以公布：

（1）未按规定申请延续注册的；

（2）所在国家（地区）主管当局或进口食品境外生产企业主动申请注销的；

（3）不再符合申请条件第2项要求的。

（五）整改

1. 进口食品境外生产企业所在国家（地区）主管当局应当对已注册企业实施有效监管，督促已注册企业持续符合注册要求，发现不符合注册要求的，应当立即采取控制措施，暂停相关企业向中国出口食品，直至整改符合注册要求。

2. 进口食品境外生产企业自行发现不符合注册要求时，应当主动暂停向中国出口食品，立即采取整改措施，直至符合注册要求。

3. 海关总署发现已注册进口食品境外生产企业不再符合注册要求的，应当责令其在规定期限内进行整改，整改期间暂停相关企业食品进口。

所在国家（地区）主管当局推荐注册的企业被暂停进口的，主管当局应当监督相关企业在规定期限内完成整改，并向海关总署提交书面整改报告和符合注册要求的书面声明。

自行或者委托代理人申请注册的企业被暂停进口的，应当在规定期限内完成整改，并向海关总署提交书面整改报告和符合注册要求的书面声明。

海关总署应当对企业整改情况进行审查，审查合格的，恢复相关企业食品进口。

（六）撤销

已注册的进口食品境外生产企业有下列情形之一的，海关总署撤销其注册并予以公告：

1. 因企业自身原因致使进口食品发生重大食品安全事故的；

2. 向中国境内出口的食品在进境检验检疫中被发现食品安全问题，情节严重的；

3. 企业食品安全卫生管理存在重大问题，不能保证其向中国境内出口食品符合安全卫生要求的；

4. 经整改后仍不符合注册要求的;
5. 提供虚假材料、隐瞒有关情况的;
6. 拒不配合海关总署开展复查与事故调查的;
7. 出租、出借、转让、倒卖、冒用注册编号的。

五、办理流程

（一）注册

登录"中国国际贸易单一窗口"（https://www.singlewindow.cn/），选择"标准版应用"，未注册企业注册后登录。选择"应用列表—境外企业—进口食品境外生产企业注册管理系统"（见图15-1）。

图 15-1 "中国国际贸易单一窗口"界面

（二）提交进口食品境外企业注册申请

进入进口食品境外生产企业注册管理系统，点击"注册申请"，根据推荐注册、企业申请注册方式选择注册产品类别，同时上传相关文件，向海关总署发送信息。

（三）海关总署收到申请材料后进行处理

受理海关总署食品局收到申请材料后，根据下列情况分别作出处理：

1. 材料符合要求的，予以受理；
2. 材料不符合法定形式或者不齐全的，自收到申请材料之日起20个工作日内，一次性告知所在国家（地区）主管当局或进口食品境外生产企业需补正的全部内容；
3. 不属于《中华人民共和国进口食品境外生产企业注册管理规定》（海关总署令第248号）要求实施注册管理的，不予受理，并告知所在国家（地区）主管当局或进口食品境外生产企业；
4. 发现申请注册境外企业提供虚假材料的，不予受理，并告知所在国家（地区）主管当局或进口食品境外生产企业；发现已注册境外企业提供虚假材料的，按《中华人民共和国进口食品境外生产企业注册管理规定》（海关总署令第248号）第二十四条相关要求办理。

海关总署食品局可通过书面函件、传真文书、电子邮件或信息化系统等形式，向所在国家（地区）主管当局或进口食品境外生产企业反馈受理情况。

（四）海关总署评估审查

海关总署自行或者委托有关机构组织评审组，通过书面检查、视频检查、现场检查等形式及其组合，对申请注册的进口食品境外生产企业实施评估审查。评审组由2名以上评估审查人员组成。

1. 书面检查：海关总署组织评审组，通过对所递交申请文件材料的审阅，对所在国家（地区）主管当局或境外生产企业提交申请文件材料实施检查。根据申请文件材料情况，海关总署可以要求申请国家（地区）的主管当局或境外生产企业补充缺少的信息或者材料。
2. 视频检查：海关总署组织评审组，通过互联网视频连线的方式，对企业食品安全卫生管理体系及其食品安全卫生状况等实施检查。接受视频检查的企业及所在国家（地区）主管当局，应当为视频检查提供必要的协助。对于视频检查中发现的相关问题，海关总署可以要求接受视频检查的企业及所在国家（地区）主管当局进行整改并提交相应整改情况。

3. 现场检查：海关总署组织评审组，赴境外到申请注册的境外生产企业实地现场，对企业食品安全卫生管理体系及其食品安全卫生状况等实施检查验证。接受现场检查的企业及所在国家（地区）主管当局，应当为现场检查提供必要的协助。对于现场检查中发现的相关问题，海关总署可要求被现场检查的企业及所在国家（地区）主管当局进行整改并提交相应整改情况。

评估审查的内容和标准，将根据世界贸易组织（WTO）三姐妹组织（OIE、IPPC、CAC）相关指南、海关总署与所在国家（地区）主管当局商定的相关检验检疫要求、中国相关法律法规和食品安全国家标准执行。

海关总署食品局组织评审组开展视频检查、现场检查，将根据风险分析及国际惯例，并与企业所在国家（地区）主管当局提前沟通协商。

进口食品境外生产企业和所在国家（地区）主管当局应当协助开展上述评估审查工作。

（五）审核

海关总署进出口食品安全局对评审组工作报告进行审核。

（六）予以注册

海关总署根据评估审查情况，对符合要求的进口食品境外生产企业予以注册并给予在华注册编号，通知所在国家（地区）主管当局或进口食品境外生产企业；对不符合要求的进口食品境外生产企业不予注册，通知所在国家（地区）主管当局或进口食品境外生产企业。

海关总署进出口食品安全局可通过书面函件、传真文书、电子邮件或信息化系统等形式，通知所在国家（地区）主管当局或进口食品境外生产企业。已获得注册的企业向中国境内出口食品时，应当在食品的内、外包装上标注在华注册编号或者所在国家（地区）主管当局批准的注册编号。

（七）查询网址

企业可在海关总署进出口食品安全局网站（http：//jckspj.customs.gov.cn/）"信息服务—业务信息—进口食品境外生产企业注册信息"栏目查询进口食品境外生产企业注册信息。

（八）有效期

进口食品境外生产企业注册有效期为5年，海关总署在对进口食品境外生产企业予以注册时，应当确定注册有效期的起止日期。

2022年1月1日前已获得注册的进口食品境外生产企业在注册有效期内继续有效。

（九）注册事项变更

已注册境外企业的注册事项发生变更时，应当由所在国家（地区）主管当局或进口食品境外生产企业，按照注册申请途径，递交相应的变更申请材料。

经评估审查，如认为变更事项不涉及境外企业食品安全卫生管理控制（例如企业名称改变等），确认符合变更要求的，予以变更；经评估审查，如认为相关变更调整可能影响境外企业食品安全卫生管理控制的，不予变更并通知所在国家（地区）主管当局或进口食品境外生产企业按照申请途径，提交新的注册申请。新的注册申请通过后，原有在华注册编号将自动失效，注册资格被注销。

企业生产场所迁址、法定代表人变更或是所在国家（地区）授予的注册编号改变等，应提交新的注册申请。新的注册申请通过后，原有的在华注册编号将自动失效，注册资格被注销。

生产场所迁址，指向中国出口食品的实际生产场所（厂区）实施搬迁。管理人员办公场所变化不属于生产场所迁址。法定代表人变更，指境外企业的实际拥有者发生变化。如果境外企业实际拥有者不变，但代表实际拥有者执行企业生产场所（厂区）管理的人员发生变化的，生产企业可先申请变更，海关总署评估相应变更对企业食品安全卫生管理控制的实际影响，决定是否予以变更。

(十) 延续注册

已注册境外企业，应在其注册有效期届满前 3 至 6 个月，由所在国家（地区）主管当局或进口食品境外生产企业，按照注册申请途径，递交相应的延续注册申请材料。

经评估审查，确认符合延续注册要求的，予以延续注册；如不符合要求的，不予延续并书面通知所在国家（地区）主管当局或进口食品境外生产企业，原有在华注册编号将到期自动失效，注册资格被注销。

海关总署进出口食品安全局可通过书面函件、传真文书、电子邮件或信息化系统等形式，通知所在国家（地区）主管当局或进口食品境外生产企业。

(十一) 注销注册

已注册进口食品境外生产企业申请注销其资格时，应当由所在国家（地区）主管当局或进口食品境外生产企业，按照注册申请途径，递交相应的注销申请材料。

海关总署进出口食品安全局对符合注销要求的予以注销，通知所在国家（地区）主管当局或进口食品境外生产企业，并予以公布。

六、办理时限

无。

七、受理机构

海关总署进出口食品安全局。

第十二节　进口食品进口商备案

一、办理事项

进口食品进口商备案。

二、办理方式

1. 网上提交申请："互联网+海关"全国一体化在线政务服务平台（http://online.customs.gov.cn/）。
2. 现场提交申请：各主管海关业务现场。

三、申请条件

1. 取得营业执照（进口食品的进口商办理备案时不再验核对外贸易经营者备案登记表、进口食品进口商工商营业执照）。
2. 营业执照的经营范围涵盖拟进口的食品种类。

四、提交材料

1. 进口食品收货人备案申请表。
2. 与食品安全相关的组织机构设置、部门职能和岗位职责。
3. 拟经营的食品种类、存放地点。

4. 2年内曾从事食品进口、加工和销售的，应当提供相关说明（食品品种、数量）。

上述资料除申请表可为电子版外，其他均为纸质版，需加盖申请单位公章，一式一份。

五、办理流程

1. 企业向所在地主管海关提交备案申请。
2. 企业所在地主管海关审核，符合要求的报海关总署审核，不符合要求的退回企业（企业可以修改申请信息后重新提交）。

六、办理时限

5个工作日。

七、受理机构

主管海关负责企业管理工作的部门。

第十三节　进口食品境外出口商、代理商备案

一、办理事项

进口食品境外出口商、代理商备案。

二、办理方式

"互联网+海关"全国一体化在线政务服务平台（http://online.customs.gov.cn/），进入"企业管理和稽查"版块办理。

三、申请条件

从事进口食品的境外出口商或代理商。

四、提交材料

线上填写进口食品境外出口商或代理商备案申请表单。

五、办理流程

1. 出口商或者代理商在"互联网+海关"全国一体化在线政务服务平台（http://online.customs.gov.cn/）进行注册，使用用户、密码登录。
2. 完整填写申请表单并提交。
3. 海关总署审核，符合要求的予以备案并公布境外出口商名单，不符合要求的退回企业。

六、办理时限

5个工作日。

七、受理机构

各主管海关负责企业管理工作的部门。

第十四节 进境肠衣定点加工企业备案

一、办理事项

进境肠衣定点加工企业备案。

二、办理方式

1. 网上办理：用户登录"互联网+海关"全国一体化在线政务服务平台（http://online.customs.gov.cn/），进入"动植物检疫"版块办理，或登录"中国国际贸易单一窗口"（https://www.singlewindow.cn/）办理。
2. 窗口办理：各主管海关业务现场，具体地址可通过主管海关网站查询。

三、申请条件

1. 获得出口肠衣生产企业备案资质。
2. 应建立健全防疫体系，完善防疫设施。

四、提交材料

1. 进境肠衣类加工、存放企业申请表。
2. 厂区平面示意图（应注明卫生防疫设施分布情况）及车间平面图原件。
3. 加工工艺流程图原件。
4. 卫生防疫工作领导小组名单及职责原件。
5. 卫生防疫制度原件。

上述资料均为纸质版，需加盖申请单位公章，一式两份。

五、办理流程

1. 申请进境肠衣定点加工、存放企业向主管海关提交申请材料。
2. 主管海关成立专家组对申请企业防疫条件考核验收。
3. 对审核通过的企业在网站上予以公布。
4. 可在海关总署企业管理和稽查司的中国海关企业进出口信用信息公示平台（http://credit.customs.gov.cn/）"特定资质行政相对人名录—进境肠衣定点加工、存放企业名单"栏目查询。

六、办理时限

无。

七、受理机构

主管海关负责企业管理工作的部门。

第十五节 进境中药材指定存放、加工企业备案

一、办理事项

进境中药材指定存放、加工企业备案。

二、办理方式

1. 网上办理：用户登录"互联网+海关"全国一体化在线政务服务平台（http://online.customs.gov.cn/），进入"动植物检疫"版块办理，或登录"中国国际贸易单一窗口"（https://www.singlewindow.cn/）办理。

2. 窗口办理：各主管海关业务现场，具体地址可通过主管海关网站查询。

三、申请条件

具有独立法人资格和符合相应防疫要求的企业可以作为申请人。

四、提交材料

1. 进境中药材存放、加工单位申请表。
2. 拟存放、加工单位所建立的各项制度。
3. 厂区平面图，并提供重点区域的照片或者视频资料。
4. 产品加工工艺。

上述资料为纸质版（视频资料除外）或电子版，需加盖申请单位公章，一式两份。

五、办理流程

1. 申请人提交材料齐全的，主管海关应当受理备案申请。申请人提交材料不齐全的，主管海关应当当场或者在接到申请后5个工作日内一次性书面告知申请人需补正的全部内容，以申请人补正材料之日为受理日期。

2. 主管海关应当自受理备案申请之日起20个工作日内，组织评审组完成评审工作，并出具评审报告。

3. 主管海关对经评审合格的企业给予指定并编号。该编号自发布之日起，有效期为4年。进境动物源性中药材存放、加工指定企业名单将在网站上公布。

4. 可在海关总署企业管理和稽查司的中国海关企业进出口信用信息公示平台（http://credit.customs.gov.cn/）"特定资质行政相对人名录—进境动物源性中药材存放、加工指定企业名单"栏目查询。

六、办理时限

20 个工作日。

七、受理机构

主管海关负责企业管理工作的部门。

第十六节 进口毛燕指定加工企业备案

一、办理事项

进口毛燕指定加工企业备案。

二、办理方式

企业所在地主管海关现场办理或登录"互联网+海关"全国一体化在线政务服务平台（http：//online.customs.gov.cn/）办理。

三、申请条件

具有独立法人资格和符合相应防疫要求的企业。

四、提交材料

1. 进口毛燕指定加工企业申请表（原件）。
2. 企业食品生产许可证或兽医防疫许可证（复印件）。
3. 企业功能区域布局平面图原件。
4. 企业全景、正门、生产车间、仓库等区域，以及主要生产加工、防疫处理设备设施等照片原件。
5. 企业管理组织机构图原件。
6. 生产工艺流程图原件。
7. 企业防疫管理体系文件原件。上述资料均为纸质版，需加盖申请单位公章，一式两份。

五、办理流程

1. 申请人向所在地主管海关申请进口毛燕指定加工企业资质，并提交申请材料。
2. 主管海关成立专家组对申请企业防疫条件考核验收，对存在问题的企业应书面通知其限期整改，并跟踪整改情况，整改结束后做出是否符合防疫要求的意见。
3. 对审核通过的企业在网站上予以公布。
4. 可在海关总署企业管理和稽查司的中国海关企业进出口信用信息公示平台（http：//credit.customs.gov.cn/）"特定资质行政相对人名录—进口毛燕指定加工企业名单"栏目查询。

六、办理时限

无。

七、受理机构

主管海关负责企业管理工作的部门。

第十七节 出口食品生产企业备案

一、办理事项

出口食品生产企业备案核准。

二、办理方式

1. 中国出口食品生产企业备案管理系统（http：//qgs. customs. gov. cn：10081/efpe/login）。

2. "中国出口食品生产企业备案管理系统"已与互联网+海关一体化平台集成，现企业可通过如下方式登录：

（1）登录"互联网+海关"全国一体化在线政务服务平台（http：//online. custoums. gov. cn/）—企业管理和稽查—更多—出口食品生产企业备案核准。

（2）登录"中国国际贸易单一窗口"（https：//www. singlewindow. cn/）—标准版应用—企业资质—出口食品生产企业备案核准。

三、申请条件

1. 中华人民共和国境内拟从事出口的食品生产企业。

2. 已建立和实施以危害分析和预防控制措施为核心的食品安全卫生控制体系，该体系还应当包括食品防护计划。出口食品生产企业应当保证食品安全卫生控制体系有效运行，确保出口食品生产、加工、储存过程持续符合我国相关法律法规和出口食品生产企业安全卫生要求，以及进口国（地区）相关法律法规要求。

四、提交材料

出口食品生产企业备案申请书。

五、办理流程

（一）申请备案

1. 申请人通过中国出口食品生产企业备案管理系统（http：//qgs. customs. gov. cn：10081/efpe/login）向所在地主管海关提出申请并上传材料。

2. 主管海关对申请人提出的申请进行审核，对材料齐全、符合法定条件的，核发出口食品生产企业备案证明。

3. 出口食品生产企业备案名单可在海关总署企业管理和稽查司网站（http：//qgjcs. cus-

toms. gov. cn/）"信息服务—出口食品生产企业备案名单"栏目查询。

（二）备案变更

出口食品生产企业的名称、法定代表人、生产企业地址发生变化的，申请人应当自发生变更之日起15日内，通过中国出口食品生产企业备案管理系统（http：//qgs.customs.gov.cn：10081/efpe/login）向原发证海关递交申请材料（出口食品生产企业备案信息变更申请单），原发证海关对申请变更内容进行审核。变更申请材料齐全、证明材料真实有效的，准予变更。

（三）备案的注销

申请人需要注销备案证明的，向主管海关提出书面申请，经主管海关审核后，办理注销手续。

六、办理时限

5个工作日。

七、受理机构

各主管海关负责企业管理工作的部门。

第十八节 出口食品生产企业对外推荐注册

一、办理事项

出口食品生产企业对外推荐注册。

二、办理方式

登录"互联网+海关"全国一体化在线政务服务平台（http：//online.customs.gov.cn/）办理。

三、申请条件

1. 已完成出口食品生产企业备案手续。
2. 建立完善可追溯的食品安全卫生控制体系，保证食品安全卫生控制体系有效运行，确保出口食品生产、加工、贮存过程持续符合中国相关法律法规、出口食品生产企业安全卫生要求。
3. 进口国家（地区）相关法律法规和相关国际条约、协定有特殊要求的，还应当符合相关要求。
4. 切实履行企业主体责任，诚信自律、规范经营，且信用状况为非海关失信企业。
5. 一年内未因企业自身安全卫生方面的问题被进口国（地区）主管当局通报。

四、提交材料

出口食品生产企业申请境外注册时，应当通过信息化系统向住所地海关提出申请，提供以下申请材料并对其真实性负责：

1. 出口食品生产企业境外注册申请书；
2. 出口食品生产企业申请境外注册自我评估表；
3. 企业生产条件（包括但不限于厂区布局图、车间平面图、人流、物流图、水流/气流图、关键工序图片等）、生产工艺等基本情况；

4. 企业建立的可追溯的食品安全卫生控制体系文件；

5. 进口国家（地区）要求的随附资料。

五、办理流程

1. 申请人通过中国出口食品生产企业备案管理系统（http://qgs.customs.gov.cn：10081/efpe/login）登录后查看首页的"对外推荐注册"模块，点击"对外推荐申请"向所在地主管海关提出申请并上传材料。

2. 海关根据企业申请组织评审，结合企业信用、监督管理、出口食品安全等情况，符合条件的向进口国家（地区）主管当局推荐。

3. 需经进口国家（地区）主管当局现场检查合格方能获得注册资格的，出口食品生产企业应当按照进口国家（地区）的要求配合做好相关检查工作。

4. 获国外（境外）注册的食品生产企业名单可在海关总署企业管理和稽查司网站（http://qgjcs.customs.gov.cn/）"信息服务—获国外（境外）注册的食品生产企业名单"栏目查询。

六、办理时限

无。

七、受理机构

各主管海关负责企业管理工作的部门。

第十九节　出口食品原料种植场备案

一、办理事项

出口食品原料种植场备案。

二、办理方式

1. 网上办理：申请人登录"互联网+海关"全国一体化在线政务服务平台（http://online.customs.gov.cn/），进入"企业管理和稽查"版块，或者登录"中国国际贸易单一窗口"（https://www.singlewindow.cn/）办理。

2. 窗口办理：各主管海关业务现场办理，具体地址可通过主管海关网站查询。

三、申请条件

（一）出口食品原料种植场

具有独立法人资格的出口食品生产加工企业、种植场、农民专业合作经济组织或者行业协会等组织均可申请。申请备案的种植场应当具备以下条件：

1. 有合法经营种植用地的证明文件。

2. 土地相对固定连片，周围具有天然或者人工的隔离带（网），符合当地检验检疫机构根据实际情况确定的土地面积要求。

3. 大气、土壤和灌溉用水符合国家有关标准，种植场及周边无影响种植原料质量安全的污染源。

4. 有专门部门或者专人负责农药等农业投入品的管理，有适宜的农业投入品存放场所，农业投入品符合中国或者进口国家（地区）有关法规要求。

5. 有完善的质量安全管理制度，应当包括组织机构、农业投入品使用管理制度、疫情疫病监测制度、有毒有害物质控制制度、生产和追溯记录制度等。

6. 配置与生产规模相适应、具有植物保护基本知识的专职或者兼职植保员。

7. 法律法规规定的其他条件。

（二）供港澳蔬菜种植基地

具有独立法人资格的种植基地、生产加工企业或者农民专业合作经济组织均可申请。对实施区域化管理的种植基地，可以由地方政府有关部门向海关推荐备案。申请备案的种植基地应当具备以下条件：

1. 有合法用地的证明文件。

2. 土地固定连片，周围具有天然或者人工的隔离带（网），符合各地海关根据实际情况确定的土地面积要求。

3. 土壤和灌溉用水符合国家有关标准的要求，周边无影响蔬菜质量安全的污染源。

4. 有专门部门或者专人负责农药等农业投入品的管理，有专人管理的农业投入品存放场所；有专用的农药喷洒工具及其他农用器具。

5. 有完善的质量安全管理体系，包括组织机构、农业投入品使用管理制度、有毒有害物质监控制度等。

6. 有植物保护基本知识的专职或者兼职管理人员。

7. 有农药残留检测能力。

四、提交材料

（一）出口食品原料种植场

1. 出口食品原料种植场备案申请表。

2. 种植场平面图。

3. 种植场的土壤和灌溉用水的检测报告。

4. 要求种植场建立的各项质量安全管理制度，包括组织机构、农业投入品管理制度、疫情疫病监测制度、有毒有害物质控制制度、生产和追溯记录制度等。

5. 种植场负责人或者经营者身份证。

6. 种植场常用农业化学品清单。

（二）供港澳蔬菜种植基地

1. 出口食品原料种植场备案申请表。

2. 种植基地示意图、平面图。

上述资料均为书面材料，需加盖申请单位公章，一式两份。

五、办理流程

1. 种植场向所在主管海关申请备案。

2. 种植场所在地主管海关受理申请后应当进行文件审核，必要时可以实施现场审核。

3. 审核符合条件的，予以备案。

4. 可在海关总署企业管理和稽查司的中国海关企业进出口信用信息公示平台（http：//credit. customs. gov. cn/）"特定资质行政相对人名录—相关备案种植场名单"栏目查询。

六、办理时限

无。

七、受理机构

主管海关负责企业管理工作的部门。

第二十节 出口食品原料养殖场备案

一、办理事项

出口食品原料养殖场备案。

二、办理方式

1. 网上办理：申请人登录"互联网+海关"全国一体化在线政务服务平台（http://online.customs.gov.cn/），进入"企业管理和稽查"版块，或者登录"中国国际贸易单一窗口"（https://www.singlewindow.cn/）办理。

2. 窗口办理：各主管海关业务现场办理，具体地址可通过主管海关网站查询。

三、申请条件

1. 养殖场获得农业主管部门养殖许可。
2. 养殖场与出口食品生产企业签订供货协议。

四、提交材料

（一）水产品

1. 出口加工用水产养殖场备案申请书。
2. 养殖场水产养殖质量控制体系文件。
3. 养殖场法人代表/承包人的身份证件。
4. 中华人民共和国国家水域滩涂养殖使用证（必要时）。
5. 养殖场平面示意图及彩色照片（包括场区全貌、养殖池、药房、饲料房、进排水设施等）。
6. 养殖塘（池）分布示意图及编号。
7. 水质检测报告。
8. 所用饲料的品名、成分、生产企业许可证号及生产企业备案证。
9. 所使用药物（含消毒剂）品名、成分、批准号、生产企业、停药期清单原件。
10. 养殖技术员、质量监督员的资质材料。

（二）蜂产品

1. "出口蜂产品原料备案养殖场申请表"。
2. 申请单位对养蜂场的各项管理制度，主要包括养蜂场管理制度、管理机构名称和设置、养蜂用药管理制度及相关记录（购买、贮存、发放等）、养蜂用药督查制度及相应的督查记录、养蜂现场跟踪监督指导计划、蜜蜂养殖操作规范、养蜂户投售原料标识卡（样张）、养蜂户档案、养蜂日志（样本）、蜂蜜及蜂王浆追溯管理制度等。

3. 养蜂场管理负责人、管理人员及技术人员的名单和相关资格证明材料。

4. 各养蜂生产小组所属区域及养蜂户数、蜂群数清单。

5. 企业和养蜂场签订的供货合同。

（三）畜禽原料

1. 出口禽肉原料养殖场备案表。

2. 农业行政部门颁发的防疫条件合格证。

3. 场区平面图和行政区划位置图。

4. 动物卫生防疫管理制度，包括日常卫生管理制度、消毒制度、疫病防治制度、人员和车辆进出控制、病死动物处理、疫情报告等。

5. 饲养用药管理制度，包括饲料和添加剂使用管理制度、用药管理制度等。

6. 饲养场和出口企业签订的合同（适用于合同饲养场）。

（四）蛋禽原料

1. 出口禽蛋原料养殖场备案申请表"。

2. 动物防疫条件合格证。

3. 动物卫生防疫制度，包括日常卫生管理制度、疫病防治制度、用药管理制度。

4. 饲养管理制度，包括饲料和添加剂使用管理制度、活禽出入场管理制度。

5. 养殖场行政区划位置图、场区平面示意图原件（标明大门、禽舍、生活区、水域、饲料库、药品库等）。

6. 养殖场和出口加工企业签订的合同（适用于合同养殖场）。

7. 由拟供货出口食品生产企业代为办理的，需提供养殖场委托生产企业办理的授权委托书。

上述资料均为纸质版，需加盖申请单位公章，一式两份。

五、办理流程

1. 养殖场向所在地主管海关提交备案申请。

2. 养殖场所在地主管海关受理申请后进行审核。

3. 审核符合条件的，予以备案。

4. 可在海关总署企业管理和稽查司的中国海关企业进出口信用信息公示平台（http：//credit.customs.gov.cn/）"特定资质行政相对人名录—相关备案养殖场及加工企业名单"栏目查询。

六、办理时限

无。

七、受理机构

主管海关负责企业管理工作的部门。

第二十一节　进口棉花境外供货企业登记

一、办理事项

进口棉花境外供货企业登记证书。

二、办理方式

1. 邮寄办理：010-82023324，海关总署商品检验司，北京市东城区建国门内大街6号。
2. 网上办理：登录"互联网+海关"全国一体化在线政务服务平台（https：//online.customs.gov.cn/）。

三、申请条件

1. 具有所在国家或者地区合法经营资质。
2. 具有固定经营场所。
3. 具有稳定供货来源，并有相应质量控制体系。
4. 熟悉中国进口棉花检验相关规定。

四、提交材料

1. 进口棉花境外供货企业登记申请表原件1份。
2. 合法商业经营资质证明文件的公证件原件1份。
3. 组织机构图及经营场所平面图原件1份。
4. 质量控制体系的相关材料原件1份。
5. 质量承诺书原件1份。

五、办理流程

1. 申请：申请人向海关总署提交申请材料。
2. 海关总署受理：海关总署对申请人提交的书面申请材料是否齐全进行审查。如果申请人缺少相关资料需一次性告知申请人，要求其补充材料。
3. 海关总署审核、决定：海关总署对受理的申请材料组织书面评审，必要时开展现场评审。经审核合格的，对外公告企业名单。经审核不合格的，不予登记，并书面告知境外供货企业。
4. "进口棉花境外供货企业名单"可在海关总署商品检验司网站（http：//sjs.customs.gov.cn/）"风险预警—进口棉花境外供货企业名单"栏目查询。

六、办理时限

自受理之日起3个月内完成评审。

七、受理机构

海关总署商品检验司。

第二十二节　出口危险货物包装生产企业登记

一、办理事项

出口危险货物包装容器生产企业代码。

二、办理方式

所属地海关现场办理。

三、申请条件

出口危险货物包装容器生产企业。

四、提交材料

1. 申请书。
2. 营业执照副本复印件（加盖企业公章）。
3. 现行的质量手册或质量管理文件。
4. 企业按《出口危险货物包装容器生产企业代码现场审核实施细则》进行自查的报告（加盖企业公章）。
5. 企业申请产品的生产工艺流程图。
6. 企业厂区平面图。
7. 原代码证书（或出口危险货物包装容器质量许可证）原件（换证复查企业提供）。

以上材料，初次申请企业提交一式两份，换证复查企业提交一式一份。

五、办理流程

1. 申请企业应提供相关材料。
2. 直属海关主管部门或其他指定部门负责申报材料的受理、审核。审核不合格的，不予受理；审核合格的，及时安排现场考核。
3. 直属海关主管部门组成考核组对企业进行现场考核。考核合格的，予以发证。考核不合格，不予发证。
4. 直属海关主管部门对符合要求的企业颁发代码证书。

六、办理时限

以各直属海关主管部门公布时限为准。

七、受理机构

直属海关商品检验处或其他指定部门。

第二十三节 进口旧机电产品装运前检验的第三方检验机构备案

一、办理事项

进口旧机电产品装运前检验的第三方检验机构备案。

二、办理方式

登录进口旧机电产品装运前检验监督管理系统（https：//swapp.singlewindow.cn/psiiumewebserver/static/home.html）办理。

三、申请条件

1. 为所在国家（地区）合法注册的第三方检验机构。
2. 具备固定的办公地点或经营场所。
3. 通过 ISO/IEC17020 体系认证，认证范围涵盖进口旧机电产品装运前检验作业。
4. 设立与进口旧机电产品装运前检验活动相适应的作业岗位和审核岗位。

四、提交材料

1. 进口旧机电产品装运前检验机构备案表。
2. 所在国家（地区）合法注册的第三方检验机构资质证明。
3. ISO/IEC17020 体系认证证明材料，认证范围应涵盖进口旧机电产品装运前检验作业。
4. 装运前检验证书授权签字人信息及印签样本。

上述材料应当使用中文，若为中外文对照的，以中文为准。

五、办理流程

1. 装运前检验机构提交的材料符合要求的，予以备案。
2. 海关总署应当对外公开已备案的装运前检验机构信息，公开内容包括：
（1）备案编号；
（2）装运前检验机构名称（中外文）；
（3）注册国别/地区；
（4）公司地址、联系方式。
3. 装运前检验机构的机构名称、商业登记地址、法定代表人、出资方、所有权或检验证书授权签字人等重要信息发生变化的，应当向海关总署重新办理备案手续。
4. 装运前检验机构的联系电话、传真、电子邮件等发生变化的，应当在变化后的 5 个工作日内告知海关总署，海关总署及时更新备案信息。

六、办理时限

无。

七、受理机构

海关总署商品检验司。

第十六章 检验鉴定

检验鉴定机构通过检验、鉴别、认定事实状况，出具检验鉴定证书，供有关方面解决、处理有关经济贸易、运输、保险、税务等方面的各种问题的纠纷、诉讼，维护对外经济贸易各方的合法权益和国家的信誉，促进生产和对外经济贸易的发展。

第一节 数重量鉴定

一、业务范围

海关实施数重量鉴定的范围是：
（1）列入海关实施检验检疫的进出境商品目录内的进出口商品；
（2）法律、行政法规规定必须经海关检验的其他进出口商品；
（3）进出口危险品和废旧物品；
（4）实行验证管理、配额管理，并需由海关检验的进出口商品；
（5）涉嫌有欺诈行为的进出口商品；
（6）双边、多边协议协定、国际条约规定或者国际组织委托、指定的进出口商品；
（7）国际政府间协定规定或者国内外司法机构、仲裁机构和国际组织委托、指定的进出口商品。
海关根据国家规定对上述规定以外的进出口商品数量、重量实施抽查检验。

二、申请要求

进口大宗商品收货人或其代理人需要海关出具重量证书的，收货人或代理人通过"中国国际贸易单一窗口"等申报平台填写申报信息时，应在所需单证栏勾选"12-重量证书"，同时勾选"需要重量证书"选项进行申请。

选择"两步申报"通关模式的，概要申报时，在"中国国际贸易单一窗口"勾选"需要重量证书"，海关依企业申请实施重量鉴定；完整申报后，出具重量鉴定证书。

三、实施方式

海关对进口大宗商品重量鉴定依企业申请实施；必要时，海关依职权实施。

进口大宗商品收货人或者代理人需要海关出具重量证书的，向海关提出申请，海关依企业申请实施重量鉴定并出具重量证书；进口大宗商品收货人或者代理人不需要海关出具重量证书的，海关不再实施重量鉴定。

第二节 残损鉴定

一、业务范围

海关负责对法定检验进口商品的残损检验鉴定工作。法定检验商品以外的其他进口商品发生残损需要进行残损检验鉴定的，对外贸易关系人可以向海关申请残损检验鉴定，也可以向经海关总署许可的检验机构申请残损检验鉴定。

海关根据需要对有残损的下列进口商品实施残损检验鉴定：
（1）列入海关必须实施检验检疫的进出境商品目录内的进出口商品；
（2）法定检验以外的进口商品收货人或者其他贸易关系人，发现进口商品质量不合格或者残损、短缺，申请出证的；
（3）进口的危险品、废旧物品；
（4）实行验证管理、配额管理，并需由海关检验的进口商品；
（5）涉嫌有欺诈行为的进口商品；
（6）收货人或者其他贸易关系人需要海关出证索赔的进口商品；
（7）双边、多边协议协定、国际条约规定或者国际组织委托、指定的进出口商品；
（8）相关法律、行政法规规定须经海关检验的其他进口商品。

二、申请要求

进口商品的收货人或者其他贸易关系人可以自行向海关申请残损检验鉴定，也可以委托办理申请手续。

申请残损鉴定的，应提供合同、发票、提单、装箱单等商业单据，同时还应根据情况提交必要的相关资料：
（1）申请舱口检视、载损鉴定和监视卸载的，应提供舱单、积载图、航海日志及（或）海事声明等。
（2）申请海损鉴定的，应提供舱单、积载图、提单、海事报告、事故报告等。
（3）申请验残的，应提供合同、提单、发票、装箱单、理货残损单、说明书、重量明细单、品质证书等。
（4）申请拆箱鉴定的，应提供合同、提单、发票、装箱单、重量明细单、品质证书等。

（一）申请残损鉴定的时间

残损鉴定申请应在索赔有效期内并应留有充分的检验时间。具体时间要求为：
（1）舱口检视、载损鉴定、监视卸载应在船舶开舱卸货前申请。
（2）海损鉴定一般应在残损货物卸货前申请。
（3）验残的申请时间为：
①卸货时发现包装或外表残损的进口商品，应在发现残损时或在船方签残后提出申请，最迟应在提货前申请鉴定。
②需要登轮了解受损情况，确定受损范围和判定致损原因的，应在卸货前或发现残损时申请鉴定。
③对易腐、易变、易扩大损失的残损商品，发现残损应立即申请鉴定。
④需申请到货地海关鉴定的残损商品，应在索赔期满二十天前申请鉴定。

⑤为了能够明确残损货物的致损原因，集装箱货物应在拆箱前申请拆箱鉴定。

（二）申请残损鉴定的地点

①卸货时发现包装或货物、集装箱外表残损的进口商品，向卸货口岸海关申请鉴定申请。

②包装外表完整但有隐蔽性缺陷，向到货地海关申请鉴定；集装箱外表完好但箱内货物残损的，向拆箱地海关申请鉴定。

第三节 适载检验

一、业务范围

对装运出口的易腐烂变质食品、冷冻品的集装箱、船舱、飞机、车辆等运载工具，承运人、装箱单位或者其代理人应当在装运前向海关申请清洁、卫生、冷藏、密固等适载检验。未经检验或者经检验不合格的，不准装运。

二、申请要求

装运出口易腐烂变质食品、冷冻品的集装箱应实施适载检验，集装箱应在装货前向所在地海关申报，未经海关许可，不准装运。

三、适载检验要求

（一）一般要求

1. 集装箱箱体必须清晰牢固地标明集装箱的识别系统、尺寸和箱型代码及相关标记。
2. 集装箱应符合国际集装箱安全公约（CSC）的规定，取得有关机构的认证，处在检验有效期内或按规定实施了经批准的连续检验计划（ACEP）。

（二）检疫要求

集装箱不应发现病媒生物、活害虫及其他有害生物，应符合卫生检疫及动植物检疫相关要求。

（三）检验要求

1. 集装箱箱体完整，无漏洞、裂缝、明显变形等。
2. 集装箱的活动部分、胶垫、箱门开关和风雨密状况良好。
3. 集装箱内无可致货物受损的条件或异常情况。
4. 集装箱箱内清洁卫生、干燥、无异味。
5. 冷藏集装箱绝热设备、冷藏效能良好。箱内温度应达到和保持运输契约和贸易合同规定的要求，并能保护拟装货物的品质。
6. 罐式集装箱还要核查前一次所装货物是否为有毒、有害货物。

（四）签发证书

经检验判定为适载性检验合格的，按照规定签发检验检疫证明或合格证书（集装箱检验检疫结果单）。

经检验判定为适载性检验不合格的，签发相应的检验检疫证单。

第四节 出口危险货物包装容器检验鉴定

一、出口危险货物包装容器性能检验

出口危险货物包装容器的生产企业，应当向所在地海关申请包装容器的性能鉴定。包装容器经鉴定合格并取得性能鉴定证书的，方可用于包装危险货物。

（一）申请要求

1. 基本申报要求

为出口危险货物生产运输包装容器的企业，必须向所在地海关申请运输包装容器性能检验。

申请危险货物运输包装容器的性能检验时，应按规定填写"出入境货物包装检验申请单"，并提交以下单证：

（1）该批运输包装容器的生产标准；

（2）该批运输包装容器的设计工艺、材料检验标准等技术资料。

2. 其他申报要求

（1）首次用于盛装危险货物出口的包装容器，企业需提供包装容器的设计、工艺、原材料合格单。

（2）申请空运危险货物包装性能检验时，对于盛装液体的包装容器还须提供每个包装容器气密试验合格单。

（二）性能鉴定实施要求

危险货物包装性能检验目的，是为了检查危险货物包装能否满足安全运输危险货物的需要。

1. 出口危险货物包装生产企业责任

出口危险货物包装生产企业应当按照联合国《关于危险货物运输的建议书规章范本》及我国相关强制性标准的要求，在经检验合格的包装容器上铸压或者印刷"联合国规定的危险货物包装标记""出口危险货物包装生产企业代码""生产批号"等信息。其中，"出口危险货物包装生产企业代码"应向当地海关登记申领。办理指南详见第十五章第二十二节。

出口危险货物包装生产企业应针对相应运输形式，参照国际海事组织《国际海运危险货物规则》（IMDG Code）、国际民航组织《危险物品航空安全运输技术导则》（ICAO-TI）、铁路合作组织《国际铁路运输危险货物规则》（RID）、《国际公路运输危险货物协定》（ADR）、《国际内河运输危险货物协定》（ADN）等国际规则，以及中国交通运输部《危险货物道路运输规则》（JT/T 617）的相关要求，组织危险货物包装的生产，建立检验制度，配备检验人员和检验设备，加强质量管理和产品检验工作。

出口危险货物包装生产企业对危险货物包装负有主体责任，应根据法律、法规和有关规定正确地设计、制造危险货物包装，建立健全生产验收制度。

2. 性能鉴定实施

出境危险货物包装容器性能检验采取周期检验和检验周期内不定期质量抽查相结合的方式。

经性能检验合格，在核定的检验周期之内，生产企业可凭周期检测报告、厂检合格单、企业质量声明等文件资料办理同一设计型号的危险货物运输包装的"出入境货物包装性能检验结果单"。检验人员通过审核有关材料，进行符合性评判后，如符合要求可直接办理，如经材料审核发现存在不确定因素，则需采取现场质量抽查检验，确认符合要求后方可办理。

3. 性能鉴定签证

（1）签证有效期

"出入境货物包装性能检验结果单"有效期根据货物预期运输形式、包装容器的材料性质和所装危险货物性质确定，自"出入境货物包装性能检验结果单"签发之日起计算，终止日期在"出入境货物包装性能检验结果单"上注明。

①海运、铁路、公路运输危险货物包装"出入境货物包装性能检验结果单"有效期：钢桶、复合桶、纤维板桶、纸板桶盛装固体货物的"出入境货物包装性能检验结果单"有效期为18个月，盛装液体货物的有效期为12个月；其他包装容器的"出入境货物包装性能检验结果单"有效期为12个月。

②空运出口危险货物包装"出入境货物包装性能检验结果单"有效期为：玻璃、陶瓷制包装容器为2年，金属、木、纸制包装容器为1年，塑料包装容器为半年。

（2）延期与分证

出口危险货物包装如未能在"出入境货物包装性能检验结果单"有效期内使用完毕，生产企业可重新申请包装容器性能检验，经检验合格后海关出具新的"出入境货物包装性能检验结果单"，其有效期自重新检验完毕日期起计算不超过6个月。

当一批包装容器有两个以上使用单位时，生产企业可凭"出入境货物包装性能检验结果单"在签证机构办理分证。

二、出口危险货物包装使用鉴定

出口危险货物的生产企业，应当向所在地海关申请危险货物包装容器的使用鉴定。使用未经鉴定或者经鉴定不合格的包装容器的危险货物，不准出口。

（一）申请要求

1. 基本申报要求

申请危险货物包装使用鉴定时，应按规定填写"出入境货物包装检验申请单"，并提交以下单证：

（1）出入境货物包装性能检验结果单；

（2）危险货物包装使用企业出具的厂检单。

2. 其他申报要求

（1）首次出口的危险品应提供具备资质的检验机构出具的危险品分类定级报告。

（2）首次使用塑料容器，塑料复合容器及有涂（镀）层的容器，需提供"相容性试验报告"。

（二）使用鉴定实施要求

1. 出口危险货物包装使用企业责任

出口危险货物包装使用企业选用的容器的包装类别应等于或高于盛装的危险货物要求的包装类别；选用的容器应与所装危险货物的性质相适应，容器和与之相接触的危险货物不得发生任何影响容器强度及发生危险的化学反应；选用的容器的性能应符合相应性能检验标准的要求，并附有相应的性能检验结果单正本。

出口危险货物包装使用企业应提供危险货物的危险特性分类鉴别报告、安全数据表（SDS）、危险信息公示标签中文版样本；应提供六个月以上内装物与包装相容性试验报告或相容性自我声明；应对使用的包装容器应进行留样，留样保存期限至少为半年。

出口危险货物包装使用企业应当提供符合相关安全要求的环境和安全防护条件。如：应设有安全通道、符合要求的照明和通风条件；在储罐或槽车要有防止摔落的安全设施及防止堆垛容器和散装货物的倒塌；港口危险化学品码头应设有安全通道及应急安全消防设施；危险化学品运输船舶应设定危险化学品抽/采样工作区域。

2. 使用鉴定实施

出口危险货物包装使用鉴定以同一类型、材料和规格的包装容器盛装的同一品种、组分、含量的危险货物作为一个检验批，按照检验批实施逐批检验。

出口危险货物包装使用鉴定内容任意一项不合格，则该批危险货物包装容器使用鉴定不合格。经检验鉴定不合格的报检批，且不合格包装件数量在允许复检的范围以内，可经返工整理或剔除不合格的包装件后，在自检合格的基础上重新申报检验。再次检验时，其严格度不变。再次检验不合格的包装，不允许用于出口。

对需加贴危险公示标签的出口危险货物，如经检验，危险公示信息不符合要求的，可进行整改，经重新检验合格后方可签发相关单证；经重新检验仍不合格的，不准用于出口。

常见危险公示信息不符合的情况有：①不能提供有效的危险性分类鉴别报告或危险公示信息与申报资料不符；②包装件上未加贴危险公示标签（散装除外），或标签的内容不真实、不完整、不准确等；③未随附安全数据单或安全数据单的信息不真实、不完整、不准确。

3. 使用鉴定签证

（1）海运、铁路、公路运输签证有效期

海运、铁路、公路运输出口危险货物，其"出境货物运输包装使用鉴定结果单"有效期为：

①对盛装非腐蚀性危险货物的，应与其对应的出境危险货物包装容器性能检验结果单有效期一致，不能超过该批出境危险货物包装性能检验结果单证书有效期。

②盛装腐蚀性危险货物的，从货物灌装之日起计算不应超过6个月，但不能超过该批出境危险货物包装性能检验结果单证书有效期。

（2）空运运输签证有效期

空运出口危险货物，其"出境货物运输包装使用鉴定结果单"有效期暂定为3个月，但"出境货物运输包装使用鉴定结果单"有效期不超过"出入境货物包装性能检验结果单"有效期。

三、出口危险货物包装检验鉴定技术规范

出口危险货物的包装应当严格执行对应的安全规范。常用的检验标准见表16-1（使用时应注意相关标准是否已有更新版本）。

表16-1 常用的检验标准

序号	标准号	标准名称
1	GB 190—2009	危险货物包装标志
2	GB 19269—2009	公路运输危险货物包装检验安全规范
3	GB 19270—2009	水路运输危险货物包装检验安全规范
4	GB 19359—2009	铁路运输危险货物包装检验安全规范
5	GB 19432—2009	危险货物大包装检验安全规范
6	GB 19433—2009	空运危险货物包装检验安全规范
7	GB 19358—2003	黄磷包装安全规范 使用鉴定
8	GB 19434—2009	危险货物中型散装容器检验安全规范
9	GB 19453—2009	危险货物电石包装检验安全规范
10	GB 19454—2009	危险货物便携式罐体检验安全规范
11	GB 19457—2009	危险货物涂料包装检验安全规范

四、出口危险货物包装运输标签式样

目前，中国危险化学品管理标准化技术委员会（TC251）已经将联合国《关于危险货物运输的建议书规章范本》相关内容非等效转化为我国国家标准GB 190—2009《危险货物包装标志》强制实施。

(一) 第 1 类~第 9 类运输标签

以下给出常用的标签式样（见表 16-2~表 16-17）便于使用。标签形状应为呈 45°角的正方形（菱形），尺寸最小为 100mm×100mm。

第 1 类：爆炸性物质或物品。

表 16-2　1.1 项、1.2 项、1.3 项

1.1 项	1.2 项	1.3 项
符号（爆炸的炸弹）：黑色； 底色：橙色；数字"1"写在底角		

表 16-3　1.4 项、1.5 项、1.6 项

1.4 项	1.5 项	1.6 项
底色：橙色； 数字：黑色；数字高约 30mm，宽约 5mm；数字"1"写在底角； *：配装组字母的位置		

第 2 类：气体。

表 16-4　2.1 项

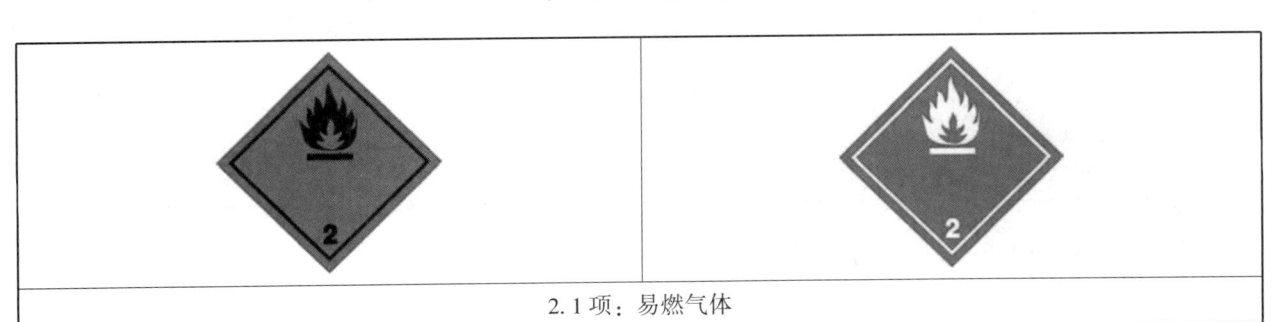

2.1 项：易燃气体	
符号（火焰）：黑色或白色； 底色：红色；数字"2"写在底角	

表 16-5　2.2 项

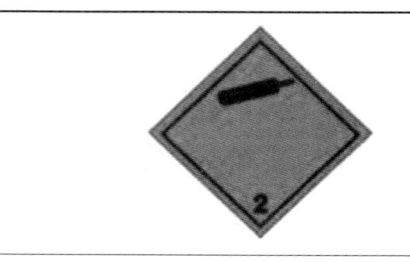

2.2 项：非易燃无毒气体	

符号（气瓶）：黑色或白色；
底色：绿色；数字"2"写在底角

表 16-6　2.3 项

2.3 项：有毒气体

符号（骷髅和两根交叉的大腿骨）：黑色；
底色：白色；数字"2"写在底角

第 3 类：易燃液体。

表 16-7　3 项

3 项：易燃气体	

符号（火焰）：黑色或白色
底色：红色；数字"3"写在底角

第 4 类：易燃固体；易于自燃的物质；遇水放出易燃气体的物质。

表 16-8　4.1 项、4.2 项

4.1 项：易燃固体	4.2 项：易于自燃的物质
符号（火焰）：黑色； 底色：白色，带有七条垂直的红色条纹；数字"4"写在底角	符号（火焰）：黑色 底色：上半部分为白色，下半部分为红色；数字"4"写在底角

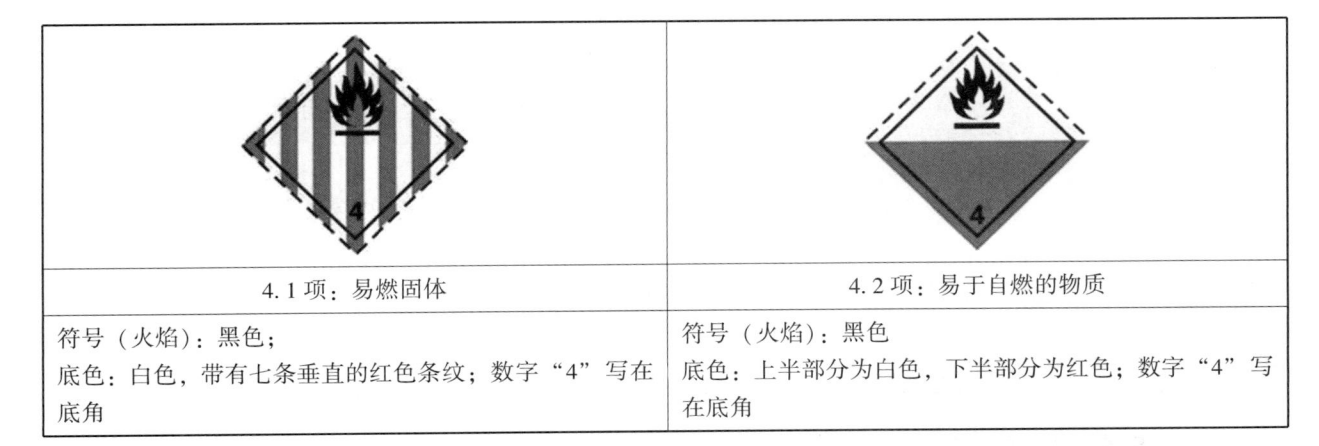

表 16-9　4.3 项

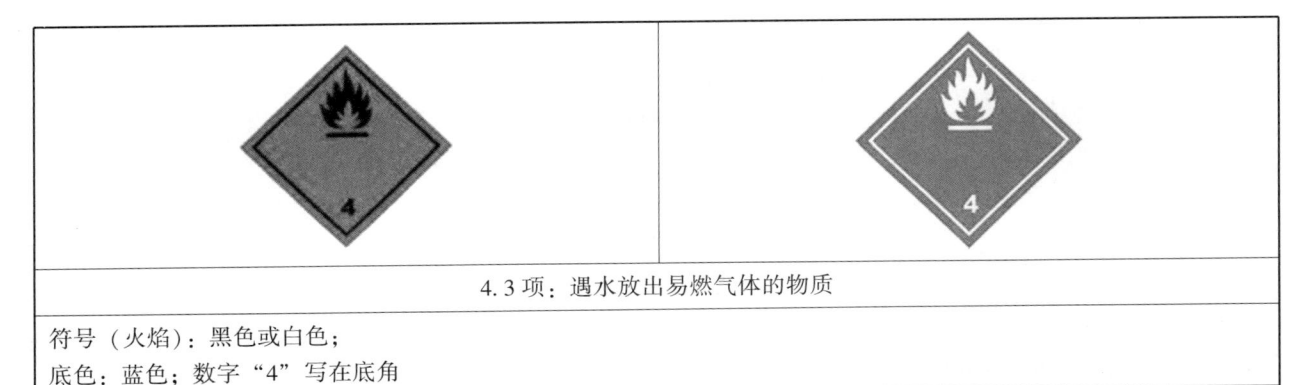

4.3 项：遇水放出易燃气体的物质	
符号（火焰）：黑色或白色； 底色：蓝色；数字"4"写在底角	

第 5 类：氧化性物质和有机过氧化物。

表 16-10　5.1 项

5.1 项：氧化性物质
符号（圆圈上火焰）：黑色； 底色：黄色；数字"5.1"写在底角

表 16-11　5.2 项

5.2 项：有机过氧化物	
符号（圆圈上火焰）：黑色或白色； 底色：上半部红色、下半部黄色；数字"5.2"写在底角	

第 6 类：毒性物质和感染性物品。

表 16-12　6.1 项

6.1 项：毒性物质
符号（骷髅和两根交叉的大腿骨）：黑色； 底色：白色；数字"6"写在底角

表 16-13　6.2 项

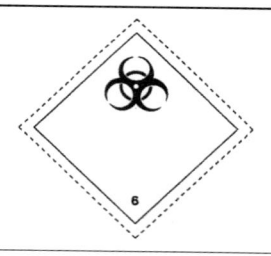

6.2 项：感染性物质
符号（三个新月形重叠在一个圆圈上）和印文：黑色； 底色：白色； 数字"6"写在底角

第 7 类：放射性物质。

表 16-14　7A 项、7B 项、7C 项

7A 项	7B 项	7C 项

符号（三页形）：黑色；
底色：Ⅰ类白色；Ⅱ类（Ⅲ类）上半部分黄色带白边，下半部分白色；
文字（应有）：黑色，在标签下半部分写上："放射性（加红字标明的类别）""内装物……""放射性强度……"。在一个黑边框格内写上："运输指南"；
数字"7"写在底角

表 16-15　7E 项

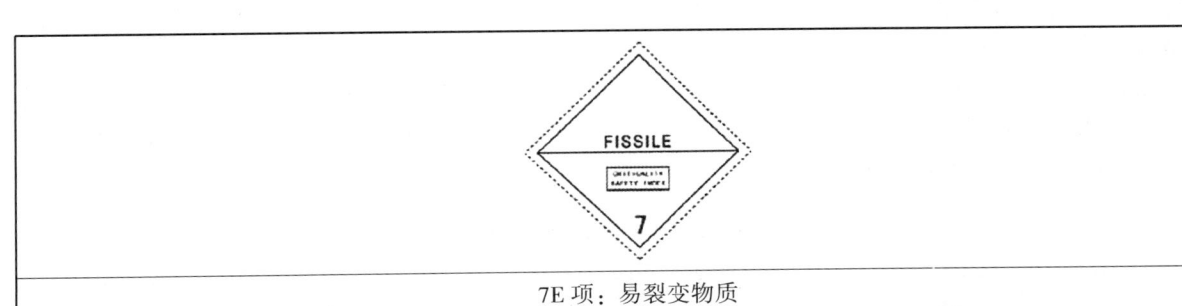

7E 项：易裂变物质

底色：白色；
文字（应有）：黑色，在标签上半部分写上"易裂变"，在标签下半部分写上"临界安全系数"；
数字"7"写在底角

第 8 类：腐蚀性物质。

表 16-16　8 项

8 项：腐蚀性物质

符号（从两个玻璃器皿中溢出的液体腐蚀着一只手和一块金属）：黑色；
底色：上半部分为白色，下半部分为黑色带白边；
数字"8"写在底角

第 9 类：杂项危险物质和物品，包括危害环境物质。

表 16-17　9 项

9 项：杂项危险物质和物品，包括危害环境物质
符号（上半部分有七条垂直条纹）：黑色； 底色：白色； 数字"9"下边划线，写在底角

（二）有限数量标记和例外数量标记

1. 有限数量标记

内装有限数量危险货物的包件必须显示规定的标记。标记必须明显、清晰，并能承受露天暴露而不明显减低效果。

上下部分和边线应为黑色，中心区域为白色或适当反差底色。最小尺寸为 100 毫米×100 毫米，菱形边的最小宽度为 2 毫米。符号"Y"置于标记中央，须清晰可见。如包件的大小需要，可缩小尺寸，但不得小于 50 毫米×50 毫米，且标记仍必须清晰可见。（见表 16-18）

表 16-18　有限数量标记

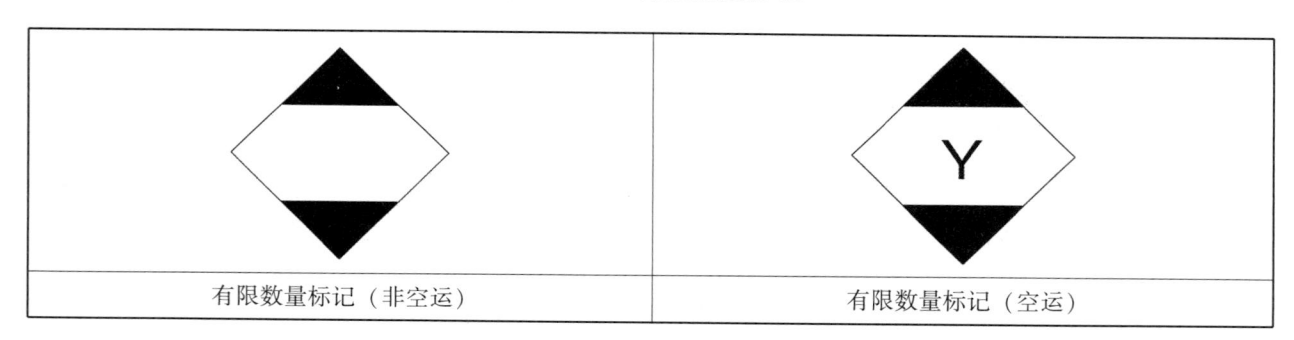

有限数量标记（非空运）	有限数量标记（空运）

当装有有限数量危险货物的包件被放在一个外包装内时，外包装必须标明"外包装"字样及本章所要求的标记，除非外包装内每一项危险货物的标记均清晰可见。

2. 例外数量标记

装有例外数量危险货物的包件，应永久、清楚地做上表 16-19 中显示的标记。标记应显示主要危险类别；如果危险类别已经划定，应显示包件内所装每一项危险货物所属的项。如果包件没有在其他地方显示发货人或收货人的姓名，这个信息也应列入标记内。

标记的尺寸应至少为 100 毫米×100 毫米。

表 16-19　例外数量标记

（图示：例外数量标记符号）
例外数量标记
影线和符号使用同一颜色，黑或红，白底或适当反差底色。 ＊此处显示分类；如果已经划定，显示项目编号。 ＊＊如果包件没有在其他位置显示发货人或收货人的姓名，则在此处显示

装有例外数量危险货物的外包装，也应作出标记，除非可以清楚地从外包装看到内包件上的这一标记。

第五节　出口装运前检验

一、出口塞拉利昂货物的装运前检验

（一）管理要求

为保证出口商品质量、数量和价格的真实性，制止欺诈行为，打击假冒伪劣产品出口，方便进出口贸易，促进中非贸易的顺利发展，我国与塞拉利昂签署了质检合作协议，于 2004 年 2 月 1 日起对中华人民共和国出口至塞拉利昂的出口产品实施装运前检验。

出口塞拉利昂的每批次价值在 2000 美元以上的所有贸易性出口产品，需实施装运前检验。

（二）申报要求

买卖双方签订出口合同后，在规定的时间内，出口商或其代理人到当地海关申报。出口商或其代理人在申报时应提供合同以及相应的文件和商业单证的电子信息。

二、出口埃塞俄比亚货物的装运前检验

（一）管理要求

为保证出口商品质量、数量和价格的真实性，制止欺诈行为，打击假冒伪劣产品出口，方便进出口贸易，促进中非贸易的顺利发展，我国与埃塞俄比亚签署了质检合作协议，于 2006 年 10 月 1 日对中华人民共和国出口至埃塞俄比亚的出口产品实施装运前检验。

出口埃塞俄比亚的每批次价值在 2000 美元以上的所有贸易性出口产品，需实施装运前检验。

（二）申报要求

买卖双方签订出口合同后，在规定的时间内，出口商或其代理人到当地海关申报。出口商或其代理人在申报时应提供合同以及相应的文件和商业单证的电子信息。

三、出口伊朗工业产品的装运前检验

（一）管理要求

为保证出口伊朗工业产品的质量，防止欺诈行为发生和假冒伪劣产品出口，维护我国出口产品质量信誉，避免产品质量纠纷和影响中伊经贸关系，我国与伊朗签署谅解备忘录，自 2011 年 12 月 1 日起对中国出口伊朗列入法检目录内的工业产品实施装运前检验。

商品编号第 25 章至第 29 章、第 31 章至第 97 章、海关监管条件包含 B、检验检疫类别包含 N 的所有产品，需实施装运前检验。

（二）申请要求

申报人应提供合同及相关单据的电子信息。

四、出口也门工业产品的装运前检验

（一）管理要求

为打击进出口假冒伪劣商品行为，保证出口产品质量，促进中国和也门之间贸易的健康发展，我国与也门签署了谅解备忘录，自 2014 年 3 月 1 日起，对中国出口也门工业产品实施装运前检验。

商品编号第 25 章至第 29 章和第 31 章至第 97 章的产品，需实施装运前检验。

（二）申请要求

申报人应提供合同及相关单据的电子信息。

第四部分
附 录

附录 1

海关检验检疫法律法规规章

附录 1-1　检验检疫法律法规

序号	法律法规	发布文号
1	中华人民共和国进出口商品检验法	中华人民共和国主席令第 14 号（1989 年 2 月 21 日第七届全国人民代表大会常务委员会第六次会议通过；根据 2002 年 4 月 28 日第九届全国人民代表大会常务委员会第二十七次会议《关于修改〈中华人民共和国进出口商品检验法〉的决定》第一次修正；根据 2013 年 6 月 29 日第十二届全国人民代表大会常务委员会第三次会议《关于修改〈中华人民共和国文物保护法〉等十二部法律的决定》第二次修正；根据 2018 年 4 月 27 日第十三届全国人民代表大会常务委员会第二次会议《关于修改〈中华人民共和国国境卫生检疫法〉等六部法律的决定》第三次修正；根据 2018 年 12 月 29 日第十三届全国人民代表大会常务委员会第七次会议《关于修改〈中华人民共和国产品质量法〉等五部法律的决定》第四次修正；根据 2021 年 4 月 29 日第十三届全国人民代表大会常务委员会第二十八次会议《关于修改〈中华人民共和国道路交通安全法〉等八部法律的决定》第五次修正）
2	中华人民共和国进出口商品检验法实施条例	中华人民共和国国务院令第 447 号（2005 年 8 月 31 日由国务院发布；根据 2013 年 7 月 18 日《国务院关于废止和修改部分行政法规的决定》第一次修订；根据 2016 年 2 月 6 日《国务院关于修改部分行政法规的决定》第二次修订；根据 2017 年 3 月 1 日《国务院关于修改和废止部分行政法规的决定》第三次修订；根据 2019 年 3 月 2 日《国务院关于修改和废止部分行政法规的决定》第四次修订）
3	中华人民共和国进出境动植物检疫法	中华人民共和国主席令第 53 号（1991 年 10 月 30 日第七届全国人民代表大会常务委员会第二十二次会议通过；根据 2009 年 8 月 27 日第十一届全国人民代表大会常务委员会第十次会议《全国人民代表大会常务委员会关于修改部分法律的决定》修正）
4	中华人民共和国进出境动植物检疫法实施条例	中华人民共和国国务院令第 206 号（1996 年 12 月 2 日由国务院发布）
5	中华人民共和国国境卫生检疫法	中华人民共和国主席令第 46 号（1986 年 12 月 2 日第六届全国人民代表大会常务委员会第十八次会议通过；根据 2007 年 12 月 29 日第十届全国人民代表大会常务委员会第三十一次会议《关于修改〈中华人民共和国国境卫生检疫法〉的决定》第一次修正；根据 2009 年 8 月 27 日第十一届全国人民代表大会常务委员会第十次会议《关于修改部分法律的决定》第二次修正；根据 2018 年 4 月 27 日第十三届全国人民代表大会常务委员会第二次会议《关于修改〈中华人民共和国国境卫生检疫法〉等六部法律的决定》第三次修正）
6	中华人民共和国国境卫生检疫法实施细则	中华人民共和国卫生部令第 2 号（根据 2010 年 4 月 24 日《国务院关于修改〈中华人民共和国国境卫生检疫法实施细则〉的决定》第一次修订；根据 2016 年 2 月 6 日《国务院关于修改部分行政法规的决定》第二次修订；根据 2019 年 3 月 2 日《国务院关于修改部分行政法规的决定》第三次修订）

附录1-1 续

序号	法律法规	发布文号
7	中华人民共和国食品安全法	中华人民共和国主席令第9号（2009年2月28日第十一届全国人民代表大会常务委员会第七次会议通过；2015年4月24日第十二届全国人民代表大会常务委员会第十四次会议修订；根据2018年12月29日第十三届全国人民代表大会常务委员会第七次会议《关于修改〈中华人民共和国产品质量法〉等五部法律的决定》修正；根据2021年4月29日第十三届全国人民代表大会常务委员会第二十八次会议《关于修改〈中华人民共和国道路交通安全法〉等八部法律的决定》第二次修正）
8	中华人民共和国食品安全法实施条例	中华人民共和国国务院令第557号（2009年7月20日中华人民共和国国务院令第557号公布；根据2016年2月6日《国务院关于修改部分行政法规的决定》修订；2019年3月26日国务院第42次常务会议修订通过）
9	中华人民共和国生物安全法	中华人民共和国主席令第56号（2020年10月17日第十三届全国人民代表大会常务委员会第二十二次会议通过）
10	中华人民共和国进出口货物原产地条例	中华人民共和国国务院令第416号（2004年9月3日由国务院发布；根据2019年3月2日《国务院关于修改部分行政法规的决定》修订）

附录1-2 检验检疫规章

序号	规章名称	发布文号
\multicolumn{3}{c}{一、综合类}
1	出入境检验检疫报检规定	国家出入境检验检疫局令第16号
2	进出境集装箱检验检疫管理办法	国家出入境检验检疫局令第17号
3	出入境检验检疫封识管理办法	国家出入境检验检疫局令第22号
4	出入境检验检疫风险预警及快速反应管理规定	国家质检总局令第1号
5	出入境快件检验检疫管理办法	国家质检总局令第3号
6	中华人民共和国实施金伯利进程国际证书制度管理规定	国家质检总局令第42号
7	沙头角边境特别管理区进出物品检验检疫管理规定	国家质检总局令第55号
8	保税区检验检疫监督管理办法	国家质检总局令第71号
9	进出口商品复验办法	国家质检总局令第77号
10	进口商品残损检验鉴定管理办法	国家质检总局令第97号
11	进出口商品数量重量检验鉴定管理办法	国家质检总局令第103号
12	出入境检验检疫查封、扣押管理规定	国家质检总局令第108号
13	出入境人员携带物检疫管理办法	国家质检总局令第146号
14	出入境检验检疫报检企业管理办法	国家质检总局令第161号
15	出入境检疫处理单位和人员管理办法	国家质检总局令第181号
\multicolumn{3}{c}{二、动植类}
16	供港澳活羊检验检疫管理办法	国家出入境检验检疫局令第3号
17	供港澳活牛检验检疫管理办法	国家出入境检验检疫局令第4号

附录1-2 续1

序号	规章名称	发布文号
18	进境植物繁殖材料检疫管理办法	国家出入境检验检疫局令第10号
19	进境植物繁殖材料隔离检疫圃管理办法	国家出入境检验检疫局令第11号
20	进境栽培介质检疫管理办法	国家出入境检验检疫局令第13号
21	供港澳活禽检验检疫管理办法	国家出入境检验检疫局令第26号
22	供港澳活猪检验检疫管理办法	国家出入境检验检疫局令第27号
23	进境动植物检疫审批管理办法	国家质检总局令第25号
24	进境动物和动物产品风险分析管理规定	国家质检总局令第40号
25	进境植物和植物产品风险分析管理规定	国家质检总局令第41号
26	出境竹木草制品检疫管理办法	国家质检总局令第45号
27	进境动物遗传物质检疫管理办法	国家质检总局令第47号
28	进出境转基因产品检验检疫管理办法	国家质检总局令第62号
29	进境水果检验检疫监督管理办法	国家质检总局令第68号
30	出境货物木质包装检疫处理管理办法	国家质检总局令第69号
31	进境货物木质包装检疫监督管理办法	国家质检总局令第84号
32	出境水果检验检疫监督管理办法	国家质检总局令第91号
33	出境水生动物检验检疫监督管理办法	国家质检总局令第99号
34	进出口饲料和饲料添加剂检验检疫监督管理办法	国家质检总局令第118号
35	进境动物隔离检疫场使用监督管理办法	国家质检总局令第122号
36	进出境非食用动物产品检验检疫监督管理办法	国家质检总局令第159号
37	进出境粮食检验检疫监督管理办法	国家质检总局令第177号
38	进境水生动物检验检疫监督管理办法	国家质检总局令第183号
三、食品化妆品类		
39	供港澳蔬菜检验检疫监督管理办法	国家质检总局令第120号
40	进出口化妆品检验检疫监督管理办法	国家质检总局令第143号
41	进出境中药材检疫监督管理办法	国家质检总局令第169号
42	进出境粮食检验检疫监督管理办法	国家质检总局令第177号
43	中华人民共和国进口食品境外生产企业注册管理规定	海关总署令248号
44	中华人民共和国进出口食品安全管理办法	海关总署令249号
四、工业品类		
45	进口汽车检验管理办法	国家出入境检验检疫局令第1号
46	出口烟花爆竹检验管理办法	国家出入境检验检疫局令第9号
47	进口许可制度民用商品入境验证管理办法	国家质检总局令第6号
48	进口涂料检验监督管理办法	国家质检总局令第18号
49	进出口商品免验办法	国家质检总局令第23号
50	进出口商品抽查检验管理办法	国家质检总局令第39号

附录1-2　续2

序号	规章名称	发布文号
51	汽车运输出境危险货物包装容器检验管理办法	国家质检总局、交通部、国家发展改革委、商务部令第48号
52	进出口煤炭检验管理办法	国家质检总局令第90号
53	进出口玩具检验监督管理办法	国家质检总局令第111号
54	进口棉花检验监督管理办法	国家质检总局令第151号
55	进口旧机电产品检验监督管理办法	国家质检总局令第171号
56	进出口工业品风险管理办法	国家质检总局令第188号
57	重点旧机电产品进口管理办法	商务部、海关总署、国家质检总局令2008年第5号
58	机电产品进口管理办法	商务部、海关总署、国家质检总局令2008年第7号
59	电器电子产品有害物质限制使用管理办法	工业和信息化部、国家发展改革委、科技部、财政部、环保部、商务部、海关总署、国家质检总局令第32号
60	商品煤质量管理暂行办法	国家发展改革委、环保部、商务部、海关总署、国家工商行政管理总局、国家质检总局令第16号
五、特殊物品类		
61	出入境特殊物品卫生检疫管理规定	国家质检总局令第160号
62	出入境尸体骸骨卫生检疫管理办法	国家质检总局令第189号
63	进出口环保用微生物菌剂环境安全管理办法	环保部、国家质检总局令第10号
64	尸体出入境和尸体处理的管理规定	卫生部、科技部、公安部、民政部、司法部、商务部、海关总署、国家工商行政管理总局、国家质检总局令第47号

附录 2
相关名录及货物范围

附录 2-1 中华人民共和国进境动物检疫疫病名录
List of Quarantine Diseases for the Animals Imported to the People's Republic of China

一类传染病、寄生虫病（16 种）List A diseases

口蹄疫　Infection with foot and mouth disease virus
猪水泡病　Swine vesicular disease
猪瘟　Infection with classical swine fever virus
非洲猪瘟　Infection with African swine fever virus
尼帕病　Nipah virus encephalitis
非洲马瘟　Infection with African horse sickness virus
牛传染性胸膜肺炎　Infection with Mycoplasma mycoides subsp. mycoides SC（contagious bovine pleuropneumonia）
牛海绵状脑病　Bovine spongiform encephalopathy
痒病　Scrapie
蓝舌病　Infection with bluetongue virus
小反刍兽疫　Infection with peste des petits ruminants virus
绵羊痘和山羊痘　Sheep pox and Goat pox
高致病性禽流感　Infection with highly pathogenic avian influenza
新城疫　Infection with Newcastle disease virus
埃博拉出血热　Ebola haemorrhagic fever

二类传染病、寄生虫病（154 种）List B diseases

共患病（29 种）Multiple species diseases

狂犬病　Infection with rabies virus
布鲁氏菌病　Infection with Brucella abortus, Brucella melit-ensis and Brucella suis
炭疽　Anthrax
伪狂犬病　Aujeszky's disease（Pseudorabies）
魏氏梭菌感染　Clostridium perfringens infections
副结核病　Paratuberculosis（Johne's disease）
弓形虫病　Toxoplasmosis
棘球蚴病　Infection with Echinococcus granulosus, Infection with Echinococcus multilocularis
钩端螺旋体病　Leptospirosis
施马伦贝格病　Schmallenberg disease
梨形虫病　Piroplasmosis
日本脑炎　Japanese encephalitis
旋毛虫病　Infection with Trichinella spp.
土拉杆菌病　Tularemia
水泡性口炎　Vesicular stomatitis
西尼罗热　West Nile fever

裂谷热　Infection with Rift Valley fever virus
结核病　Infection with Mycobacterium tuberculosis complex
新大陆螺旋蝇蛆病（嗜人锥蝇）New world screwworm (*Cochliomyia hominivorax*)
旧大陆螺旋蝇蛆病（倍赞氏金蝇）Old world screwworm (*Chrysomya bezziana*)
Q热　Q Fever
克里米亚刚果出血热　Crimean Congo hemorrhagic fever
伊氏锥虫感染（包括苏拉病）Trypanosoma Evansi infection (including Surra)
利什曼原虫病　Leishmaniasis
巴氏杆菌病　Pasteurellosis
心水病　Heartwater
类鼻疽　Malioidosis
流行性出血病感染　Infection with epizootic haemorrhagicdis-ease
小肠结肠炎耶尔森菌病（Yersinia enterocolitica）

牛病（11种）Bovine diseases
牛传染性鼻气管炎/传染性脓疱性阴户阴道炎　Infectious bo-vine rhinotracheitis/Infectious pustular vulvovaginitis
牛恶性卡他热　Malignant catarrhal fever
牛白血病　Enzootic bovine leukosis
牛无浆体病　Bovine anaplasmosis
牛生殖道弯曲杆菌病　Bovine genital campylobacteriosis
牛病毒性腹泻/粘膜病　Bovine viral diarrhoea/Mucosal disease
赤羽病　Akabane disease
牛皮蝇蛆病　Cattle Hypodermosis
牛巴贝斯虫病　Bovine babesiosis
出血性败血症　Haemorrhagic septicaemia
泰勒虫病　Theileriosis
牛结节性皮肤病　Infection with lumpy skin disease virus①

马病（11种）Equine diseases
马传染性贫血　Equine infectious anaemia
马流行性淋巴管炎　Epizootic lymphangitis
马鼻疽　Infection with Burkholderia mallei (Glanders)
马病毒性动脉炎　Infection with equine arteritis virus
委内瑞拉马脑脊髓炎　Venezuelan equine encephalomyelitis
马脑脊髓炎（东部和西部）Equine encephalomyelitis (East-ern and Western)
马传染性子宫炎　Contagious equine metritis
亨德拉病　Hendra virus disease
马腺疫　Equine strangles
溃疡性淋巴管炎　Equine ulcerative lymphangitis
马疱疹病毒-1型感染　Infection with equid herpesvirus-1 (EHV-1)

猪病（16种）Swine diseases
猪繁殖与呼吸道综合征　Infection with porcine reproductive and respiratory syndrome virus
猪细小病毒感染　Porcine parvovirus infection
猪丹毒　Swine erysipelas
猪链球菌病　Swine streptococosis
猪萎缩性鼻炎　Atrophic rhinitis of swine
猪支原体肺炎　Mycoplasmal hyopneumonia

---

① 根据农业农村部、海关总署公告第521号修改。

猪圆环病毒感染　Porcine circovirus infection
革拉泽氏病（副猪嗜血杆菌）　Glaesser's disease（Haemoph-ilus parasuis）
猪流行性感冒　Swine influenza
猪传染性胃肠炎　Transmissible gastroenteritis of swine
猪铁士古病毒性脑脊髓炎（原称猪肠病毒脑脊髓炎、捷申或塔尔凡病）　Teschovirus encephalomyelitis（previously Enterovirus encephalomyelitis or Teschen/Talfan disease）
猪密螺旋体痢疾　Swine dysentery
猪传染性胸膜肺炎　Infectious pleuropneumonia of swine
猪带绦虫感染/猪囊虫病　Infection with Taenia solium（Porcine cysticercosis）
塞内卡病毒病　（Infection with Seneca virus）
猪δ冠状病毒（德尔塔冠状病毒）　Porcine deltacorona virus（PDCoV）

禽病（21种）Avian diseases
鸭病毒性肠炎（鸭瘟）　Duck virus enteritis
鸡传染性喉气管炎　Avian infectious laryngotracheitis
鸡传染性支气管炎　Avian infectious bronchitis
传染性法氏囊病　Infectious bursal disease
马立克氏病　Marek's disease
鸡产蛋下降综合征　Avian egg drop syndrome
禽白血病　Avian leukosis
禽痘　Fowl pox
鸭病毒性肝炎　Duck virus hepatitis
鹅细小病毒感染（小鹅瘟）　Goose parvovirus infection
鸡白痢　Pullorum disease
禽伤寒　Fowl typhoid
禽支原体病（鸡败血支原体、滑液囊支原体）　Avian mycoplasmosis（*Mycoplasma Gallisepticum*, *M. synoviae*）
低致病性禽流感　Infection with Low pathogenic avian influenza
禽网状内皮组织增殖症　Reticuloendotheliosis
禽衣原体病（鹦鹉热）　Avian chlamydiosis
鸡病毒性关节炎　Avian viral arthritis
禽螺旋体病　Avian spirochaetosis
住白细胞原虫病（急性白冠病）　Leucocytozoonosis
禽副伤寒　Avian paratyphoid
火鸡鼻气管炎（禽偏肺病毒感染）　Turkey rhinotracheitis（avian metapneumovirus）

羊病（4种）Sheep and goat diseases
山羊关节炎/脑炎　Caprine arthritis/encephalitis
梅迪-维斯纳病　Maedi-visna
边界病　Border disease
羊传染性脓疱皮炎　Contagious pustular dermertitis（Contagious Echyma）

水生动物病（43种）Aquatic animal diseases
鲤春病毒血症　Infection with spring viraemia of carp virus
流行性造血器官坏死病　Epizootic haematopoietic necrosis
传染性造血器官坏死病　Infection with infectious haematopoietic necrosis
病毒性出血性败血症　Infection with viral haemorrhagic septicaemia virus
流行性溃疡综合征　Infection with Aphanomyces invadans（epizootic ulcerative syndrome）
鲑鱼三代虫感染　Infection with Gyrodactylus Salaris
真鲷虹彩病毒病　Infection with red sea bream iridovirus
锦鲤疱疹病毒病　Infection with koi herpesvirus

鲑传染性贫血　Infection with HPR-deleted or HPRO infectious salmon anaemia virus
病毒性神经坏死病　Viral nervous necrosis
斑点叉尾鮰病毒病　Channel catfish virus disease
鲍疱疹样病毒感染　Infection with abalone herpesvirus
牡蛎包拉米虫感染　Infection with Bonamia Ostreae
杀蛎包拉米虫感染　Infection with Bonamia Exitiosa
折光马尔太虫感染　Infection with Marteilia Refringens
奥尔森派琴虫感染　Infection with Perkinsus Olseni
海水派琴虫感染　Infection with Perkinsus Marinus
加州立克次体感染　Infection with Xenohaliotis Californiensis
白斑综合征　Infection with white spot syndrome virus
传染性皮下和造血器官坏死病　Infection with infectious hypodermal and haematopoietic necrosis virus
传染性肌肉坏死病　Infection with infectious myonecrosis virus
桃拉综合征　Infection with Taura syndrome virus
罗氏沼虾白尾病　Infection with Macrobrachium rosenbergii nodavirus（white tail disease）
黄头病　Infection with yellow head virus genotype 1
螯虾瘟　Infection with Aphanomyces astaci（crayfish plague）
箭毒蛙壶菌感染　Infection with Batrachochytrium Dendrobatidis
蛙病毒感染　Infection with Ranavirus species
异尖线虫病　Anisakiasis
坏死性肝胰腺炎　Infection with Hepatobacter penaei（necrotising hepatopancreatitis）
传染性脾肾坏死病　Infectious spleen and kidney necrosis
刺激隐核虫病　Cryptocaryoniasis
淡水鱼细菌性败血症　Freshwater fish bacteria septicemia
鮰类肠败血症　Enteric septicaemia of catfish
迟缓爱德华氏菌病　Edwardsiellasis
鱼链球菌病　Fish streptococcosis
蛙脑膜炎败血金黄杆菌病　Chryseobacterium meningsepticum of frog（Rana spp.）
鲑鱼甲病毒感染　Infection with salmonid alphavirus
蝾螈壶菌感染　Infection with Batrachochytrium salamandrivorans
鲤浮肿病毒病　Carp edema virus disease
罗非鱼湖病毒病　Tilapia Lake virus disease
细菌性肾病　Bacterial kidney disease
急性肝胰腺坏死　Acute hepatopancreatic necrosis disease
十足目虹彩病毒1感染　Infection with Decapod iridescent virus 1

蜂病（6种）Bee diseases
蜜蜂盾螨病　Acarapisosis of honey bees
美洲蜂幼虫腐臭病　Infection of honey bees with Paenibacillus larvae（American foulbrood）
欧洲蜂幼虫腐臭病　Infection of honey bees with Melissococcus plutonius（European foulbrood）
蜜蜂瓦螨病　Varroosis of honey bees
蜂房小甲虫病（蜂窝甲虫）　Small hive beetle infestation（*Aethina tumida*）
蜜蜂亮热厉螨病　Tropilaelaps infestation of honey bees

其他动物病（13种）Diseases of other animals
鹿慢性消耗性疾病　Chronic wasting disease of deer
兔粘液瘤病　Myxomatosis
兔出血症　Rabbit haemorrhagic disease
猴痘　Monkey pox

猴疱疹病毒 I 型（B 病毒）感染症　Cercopithecine Herpesvirus Type I（B virus）infectious diseases
猴病毒性免疫缺陷综合征　Simian virus immunodeficiency syndrome
马尔堡出血热　Marburg haemorrhagic fever
犬瘟热　Canine distemper
犬传染性肝炎　Infectious canine hepatitis
犬细小病毒感染　Canine parvovirus infection
水貂阿留申病　Mink aleutian disease
水貂病毒性肠炎　Mink viral enteritis
猫泛白细胞减少症（猫传染性肠炎）　Feline panleucopenia（Feline infectious enteritis）

其他传染病、寄生虫病（41 种）Other diseases

共患病（9 种）Multiple species diseases
大肠杆菌病　Colibacillosis
李斯特菌病　Listeriosis
放线菌病　Actinomycosis
肝片吸虫病　Fasciolasis
丝虫病　Filariasis
附红细胞体病　Eperythrozoonosis
葡萄球菌病　Staphylococcosis
血吸虫病　Schistosomiasis
疥癣　Mange

牛病（5 种）Bovine diseases
牛流行热　Bovine ephemeral fever
毛滴虫病　Trichomonosis
中山病　Chuzan disease
茨城病　Ibaraki disease
嗜皮菌病　Dermatophilosis

马病（3 种）Equine diseases
马流行性感冒　Equine influenza
马媾疫　Dourine
马副伤寒（马流产沙门氏菌）　Equine paratyphoid（*Salmonella Abortus Equi.*）

猪病（2 种）Swine diseases
猪副伤寒　Swine salmonellosis
猪流行性腹泻　Porcine epizootic diarrhea

禽病（5 种）Avian diseases
禽传染性脑脊髓炎　Avian infectious encephalomyelitis
传染性鼻炎　Infectious coryza
禽肾炎　Avian nephritis
鸡球虫病　Avian coccidiosis
鸭疫里默氏杆菌感染（鸭浆膜炎）　Riemerella anatipestifer infection

绵羊和山羊病（7 种）Sheep and goat diseases
羊肺腺瘤病　Ovine pulmonary adenocarcinoma
干酪性淋巴结炎　Caseous lymphadenitis
绵羊地方性流产（绵羊衣原体病）　Infection with Chlamydophila abortus（Enzootic abortion of ewes, ovine chlamydiosis）
传染性无乳症　Contagious agalactia
山羊传染性胸膜肺炎　Contagious caprine pleuropneumonia

羊沙门氏菌病（流产沙门氏菌）　Salmonellosis（S. abortusovis）
内罗毕羊病　Nairobi sheep disease

蜂病（2种）Bee diseases
蜜蜂孢子虫病　Nosemosis of honey bees
蜜蜂白垩病　Chalkbrood of honey bees

其他动物病（8种）Diseases of other animals
兔球虫病　Rabbit coccidiosis
骆驼痘　Camel pox
家蚕微粒子病　Pebrine disease of Chinese silkworm
蚕白僵病　Bombyx mori white muscardine
淋巴细胞性脉络丛脑膜炎　Lymphocytic choriomeningitis
鼠痘　Mouse pox
鼠仙台病毒感染症　Sendai virus infectious disease
小鼠肝炎　Mouse hepatitis

附录2-2　中华人民共和国进境植物检疫性有害生物名录[①]

CATALOGUE OF QUARANTINE PESTS FOR IMPORT PLANTS TO THE PEOPLE'S REPUBLIC OF CHINA

序号	拉丁名	中文名
昆虫		
1	*Acanthocinus carinulatus*（Gebler）	白带长角天牛
2	*Acanthoscelides obtectus*（Say）	菜豆象
3	*Acleris variana*（Fernald）	黑头长翅卷蛾
4	*Agrilus* spp.（non-Chinese）	窄吉丁（非中国种）
5	*Aleurodicus dispersus* Russell	螺旋粉虱
6	*Anastrepha* Schiner	按实蝇属
7	*Anthonomus grandis* Boheman	墨西哥棉铃象
8	*Anthonomus quadrigibbus* Say	苹果花象
9	*Aonidiella comperei* McKenzie	香蕉肾盾蚧
10	*Apate monachus* Fabricius	咖啡黑长蠹
11	*Aphanostigma piri*（Cholodkovsky）	梨矮蚜
12	*Arhopalus syriacus* Reitter	辐射松幽天牛
13	*Bactrocera* Macquart	果实蝇属
14	*Baris granulipennis*（Tournier）	西瓜船象
15	*Batocera* spp.（non-Chinese）	白条天牛（非中国种）
16	*Brontispa longissima*（Gestro）	椰心叶甲
17	*Bruchidius incarnates*（Boheman）	埃及豌豆象
18	*Bruchophagus roddi* Gussak	苜蓿籽蜂
19	*Bruchus* spp.（non-Chinese）	豆象（属）（非中国种）
20	*Cacoecimorpha pronubana*（Hübner）	荷兰石竹卷蛾

[①] 2007年5月28日发布435种（属），2009年2月3日增补1种、2010年10月20日增补1种、2011年6月20日增补2种（属）、2012年9月17日增补1种、2013年3月6日增补1种、2021年4月9日增补5种。

附录2-2 续1

序号	拉丁名	中文名
21	*Callosobruchus* spp.［*maculatus*（F.）and non-Chinese］	瘤背豆象（四纹豆象和非中国种）
22	*Carpomya incompleta*（Becker）	欧非枣实蝇
23	*Carpomya vesuviana* Costa	枣实蝇
24	*Carulaspis juniperi*（Bouchè）	松唐盾蚧
25	*Caulophilus oryzae*（Gyllenhal）	阔鼻谷象
26	*Ceratitis* Macleay	小条实蝇属
27	*Ceroplastes rusci*（L.）	无花果蜡蚧
28	*Chionaspis pinifoliae*（Fitch）	松针盾蚧
29	*Choristoneura fumiferana*（Clemens）	云杉色卷蛾
30	*Conotrachelus* Schoenherr	鳄梨象属
31	*Contarinia sorghicola*（Coquillett）	高粱瘿蚊
32	*Coptotermes* spp.（non-Chinese）	乳白蚁（非中国种）
33	*Craponius inaequalis*（Say）	葡萄象
34	*Crossotarsus* spp.（non-Chinese）	异胫长小蠹（非中国种）
35	*Cryptophlebia leucotreta*（Meyrick）	苹果异形小卷蛾
36	*Cryptorrhynchus lapathi* L.	杨干象
37	*Cryptotermes brevis*（Walker）	麻头砂白蚁
38	*Ctenopseustis obliquana*（Walker）	斜纹卷蛾
39	*Curculio elephas*（Gyllenhal）	欧洲栗象
40	*Cydia janthinana*（Duponchel）	山楂小卷蛾
41	*Cydia packardi*（Zeller）	樱小卷蛾
42	*Cydia pomonella*（L.）	苹果蠹蛾
43	*Cydia prunivora*（Walsh）	杏小卷蛾
44	*Cydia pyrivora*（Danilevskii）	梨小卷蛾
45	*Dacus* spp.（non-Chinese）	寡鬃实蝇（非中国种）
46	*Dasineura mali*（Kieffer）	苹果瘿蚊
47	*Dendroctonus* spp.（*valens* LeConte and non-Chinese）	大小蠹（红脂大小蠹和非中国种）
48	*Deudorix isocrates* Fabricius	石榴小灰蝶
49	*Diabrotica* Chevrolat	根萤叶甲属
50	*Diaphania nitidalis*（Stoll）	黄瓜绢野螟
51	*Diaprepes abbreviata*（L.）	蔗根象
52	*Diatraea saccharalis*（Fabricius）	小蔗螟
53	*Dryocoetes confusus* Swaine	混点毛小蠹
54	*Dysmicoccus grassi* Leonari	香蕉灰粉蚧
55	*Dysmicoccus neobrevipes* Beardsley	新菠萝灰粉蚧
56	*Ectomyelois ceratoniae*（Zeller）	石榴螟
57	*Epidiaspis leperii*（Signoret）	桃白圆盾蚧
58	*Eriosoma lanigerum*（Hausmann）	苹果绵蚜
59	*Eulecanium gigantea*（Shinji）	枣大球蚧
60	*Eurytoma amygdali* Enderlein	扁桃仁蜂
61	*Eurytoma schreineri* Schreiner	李仁蜂
62	*Gonipterus scutellatus* Gyllenhal	桉象

附录2-2　续2

序号	拉丁名	中文名
63	*Helicoverpa zea*（Boddie）	谷实夜蛾
64	*Hemerocampa leucostigma*（Smith）	合毒蛾
65	*Hemiberlesia pitysophila* Takagi	松突圆蚧
66	*Heterobostrychus aequalis*（Waterhouse）	双钩异翅长蠹
67	*Hoplocampa flava*（L.）	李叶蜂
68	*Hoplocampa testudinea*（Klug）	苹叶蜂
69	*Hoplocerambyx spinicornis*（Newman）	刺角沟额天牛
70	*Hylobius pales*（Herbst）	苍白树皮象
71	*Hylotrupes bajulus*（L.）	家天牛
72	*Hylurgopinus rufipes*（Eichhoff）	美洲榆小蠹
73	*Hylurgus ligniperda* Fabricius	长林小蠹
74	*Hyphantria cunea*（Drury）	美国白蛾
75	*Hypothenemus hampei*（Ferrari）	咖啡果小蠹
76	*Incisitermes minor*（Hagen）	小楹白蚁
77	*Ips* spp.（non-Chinese）	齿小蠹（非中国种）
78	*Ischnaspis longirostris*（Signoret）	黑丝盾蚧
79	*Lepidosaphes tapleyi* Williams	芒果蛎蚧
80	*Lepidosaphes tokionis*（Kuwana）	东京蛎蚧
81	*Lepidosaphes ulmi*（L.）	榆蛎蚧
82	*Leptinotarsa decemlineata*（Say）	马铃薯甲虫
83	*Leucoptera coffeella*（Guérin-Méneville）	咖啡潜叶蛾
84	*Liriomyza trifolii*（Burgess）	三叶斑潜蝇
85	*Lissorhoptrus oryzophilus* Kuschel	稻水象甲
86	*Listronotus bonariensis*（Kuschel）	阿根廷茎象甲
87	*Lobesia botrana*（Denis et Schiffermuller）	葡萄花翅小卷蛾
88	*Mayetiola destructor*（Say）	黑森瘿蚊
89	*Mercetaspis halli*（Green）	霍氏长盾蚧
90	*Monacrostichus citricola* Bezzi	桔实锤腹实蝇
91	*Monochamus* spp.（non-Chinese）	墨天牛（非中国种）
92	*Myiopardalis pardalina*（Bigot）	甜瓜迷实蝇
93	*Naupactus leucoloma*（Boheman）	白缘象甲
94	*Neoclytus acuminatus*（Fabricius）	黑腹尼虎天牛
95	*Opogona sacchari*（Bojer）	蔗扁蛾
96	*Pantomorus cervinus*（Boheman）	玫瑰短喙象
97	*Parlatoria crypta* Mckenzie	灰白片盾蚧
98	*Pharaxonotha kirschi* Reither	谷拟叩甲
99	*Phenacoccus manihoti* Matile-Ferrero	木薯绵粉蚧
100	*Phenacoccus solenopsis* Tinsley	扶桑绵粉蚧
101	*Phloeosinus cupressi* Hopkins	美柏肤小蠹
102	*Phoracantha semipunctata*（Fabricius）	桉天牛
103	*Pissodes* Germar	木蠹象属
104	*Planococcuslilacius* Cockerell	南洋臀纹粉蚧

附录2-2 续3

序号	拉丁名	中文名
105	*Planococcus minor*（Maskell）	大洋臀纹粉蚧
106	*Platypus* spp.（non-Chinese）	长小蠹（属）（非中国种）
107	*Popillia japonica* Newman	日本金龟子
108	*Prays citri* Milliere	桔花巢蛾
109	*Promecotheca cumingi* Baly	椰子缢胸叶甲
110	*Prostephanustruncatus*（Horn）	大谷蠹
111	*Ptinus tectus* Boieldieu	澳洲蛛甲
112	*Quadrastichus erythrinae* Kim	刺桐姬小蜂
113	*Reticulitermes lucifugus*（Rossi）	欧洲散白蚁
114	*Rhabdoscelus lineaticollis*（Heller）	褐纹甘蔗象
115	*Rhabdoscelus obscurus*（Boisduval）	几内亚甘蔗象
116	*Rhagoletis* spp.（non-Chinese）	绕实蝇（非中国种）
117	*Rhynchites aequatus*（L.）	苹虎象
118	*Rhynchites bacchus* L.	欧洲苹虎象
119	*Rhynchites cupreus* L.	李虎象
120	*Rhynchites heros* Roelofs	日本苹虎象
121	*Rhynchophorus ferrugineus*（Olivier）	红棕象甲
122	*Rhynchophorus palmarum*（L.）	棕榈象甲
123	*Rhynchophorus phoenicis*（Fabricius）	紫棕象甲
124	*Rhynchophorus vulneratus*（Panzer）	亚棕象甲
125	*Sahlbergella singularis* Haglund	可可盲蝽象
126	*Saperda* spp.（non-Chinese）	楔天牛（非中国种）
127	*Scolytus multistriatus*（Marsham）	欧洲榆小蠹
128	*Scolytus scolytus*（Fabricius）	欧洲大榆小蠹
129	*Scyphophorus acupunctatus* Gyllenhal	剑麻象甲
130	*Selenaspidus articulatus* Morgan	刺盾蚧
131	*Sinoxylon* spp.（non-Chinese）	双棘长蠹（非中国种）
132	*Sirex noctilio* Fabricius	云杉树蜂
133	*Solenopsis invicta* Buren	红火蚁
134	*Spodoptera littoralis*（Boisduval）	海灰翅夜蛾
135	*Stathmopoda skelloni* Butler	猕猴桃举肢蛾
136	*Sternochetus* Pierce	芒果象属
137	*Taeniothrips inconsequens*（Uzel）	梨蓟马
138	*Tetropium* spp.（non-Chinese）	断眼天牛（非中国种）
139	*Thaumetopoea pityocampa*（Denis et Schiffermuller）	松异带蛾
140	*Toxotrypana curvicauda* Gerstaecker	番木瓜长尾实蝇
141	*Tribolium destructor* Uyttenboogaart	褐拟谷盗
142	*Trogoderma* spp.（non-Chinese）	斑皮蠹（非中国种）
143	*Vesperus* Latreile	暗天牛属
144	*Vinsonia stellifera*（Westwood）	七角星蜡蚧
145	*Viteus vitifoliae*（Fitch）	葡萄根瘤蚜
146	*Xyleborus* spp.（non-Chinese）	材小蠹（非中国种）

附录2-2 续4

序号	拉丁名	中文名
147	*Xylotrechus rusticus* L.	青杨脊虎天牛
148	*Zabrotes subfasciatus*（Boheman）	巴西豆象
软体动物		
149	*Achatina fulica* Bowdich	非洲大蜗牛
150	*Acusta despecta* Gray	硫球球壳蜗牛
151	*Cepaea hortensis* Müller	花园葱蜗牛
152	*Cernuella virgata* Da Costa	地中海白蜗牛
153	*Euglandina rosea*（Ferussac）	玫瑰蜗牛
154	*Helix aspersa* Müller	散大蜗牛
155	*Helix pomatia* Linnaeus	盖罩大蜗牛
156	*Otala lactea*（Müller）	乳状耳形螺
157	*Theba pisana* Müller	比萨茶蜗牛
真菌		
158	*Albugo tragopogi*（Persoon）Schröter var. *helianthi* Novotelnova	向日葵白锈病菌
159	*Alternaria triticina* Prasada et Prabhu	小麦叶疫病菌
160	*Anisogramma anomala*（Peck）E. Muller	榛子东部枯萎病菌
161	*Apiosporina morbosa*（Schweinitz）von Arx	李黑节病菌
162	*Atropellis pinicola* Zaller et Goodding	松生枝干溃疡病菌
163	*Atropellis piniphila*（Weir）Lohman et Cash	嗜松枝干溃疡病菌
164	*Botryosphaeria laricina*（K. Sawada）Y. Zhong	落叶松枯梢病菌
165	*Botryosphaeria stevensii* Shoemaker	苹果壳色单隔孢溃疡病菌
166	*Cephalosporium gramineum* Nisikado et Ikata	麦类条斑病菌
167	*Cephalosporium maydis* Samra, Sabet et Hingorani	玉米晚枯病菌
168	*Cephalosporium sacchari* E. J. Butler et Hafiz Khan	甘蔗凋萎病菌
169	*Ceratocystis fagacearum*（Bretz）Hunt	栎枯萎病菌
170	*Chalara fraxinea* T. Kowalski	白蜡鞘孢菌
171	*Chrysomyxa arctostaphyli* Dietel	云杉帚锈病菌
172	*Ciborinia camelliae* Kohn	山茶花腐病菌
173	*Cladosporium cucumerinum* Ellis et Arthur	黄瓜黑星病菌
174	*Colletotrichum kahawae* J. M. Waller et Bridge	咖啡浆果炭疽病菌
175	*Crinipellis perniciosa*（Stahel）Singer	可可丛枝病菌
176	*Cronartium coleosporioides* J. C. Arthur	油松疱锈病菌
177	*Cronartium comandrae* Peck	北美松疱锈病菌
178	*Cronartium conigenum* Hedgcock et Hunt	松球果锈病菌
179	*Cronartium fusiforme* Hedgcock et Hunt ex Cummins	松纺锤瘤锈病菌
180	*Cronartium ribicola* J. C. Fisch.	松疱锈病菌
181	*Cryphonectria cubensis*（Bruner）Hodges	桉树溃疡病菌
182	*Cylindrocladium parasiticum* Crous, Wingfield et Alfenas	花生黑腐病菌
183	*Diaporthe helianthi* Muntanola-Cvetkovic Mihaljcevic et Petrov	向日葵茎溃疡病菌
184	*Diaporthe perniciosa* É. J. Marchal	苹果果腐病菌
185	*Diaporthe phaseolorum*（Cooke et Ell.）Sacc. var. *caulivora* Athow et Caldwell	大豆北方茎溃疡病菌
186	*Diaporthe phaseolorum*（Cooke et Ell.）Sacc. var. *meridionalis* F. A. Fernandez	大豆南方茎溃疡病菌
187	*Diaporthe vaccinii* Shear	蓝莓果腐病菌
188	*Didymella ligulicola*（K. F. Baker, Dimock et L. H. Davis）von Arx	菊花花枯病菌
189	*Didymella lycopersici* Klebahn	番茄亚隔孢壳茎腐病菌
190	*Endocronartium harknessii*（J. P. Moore）Y. Hiratsuka	松瘤锈病菌

附录2-2 续5

序号	拉丁名	中文名
191	*Eutypalata*（Pers.）TuL. et C. TuL.	葡萄藤猝倒病菌
192	*Fusarium circinatum* Nirenberg et O'Donnell	松树脂溃疡病菌
193	*Fusarium oxysporum* Schlecht. f. sp. *apii* Snyd. et Hans	芹菜枯萎病菌
194	*Fusarium oxysporum* Schlecht. f. sp. *asparagi* Cohen et Heald	芦笋枯萎病菌
195	*Fusarium oxysporum* Schlecht. f. sp. *cubense*（E. F. Sm.）Snyd. et Hans（Race 4 non-Chinese races）	香蕉枯萎病菌（4号小种和非中国小种）
196	*Fusarium oxysporum* Schlecht. f. sp. *elaeidis* Toovey	油棕枯萎病菌
197	*Fusarium oxysporum* Schlecht. f. sp. *fragariae* Winks et Williams	草莓枯萎病菌
198	*Fusarium tucumaniae* T. Aoki, O'Donnell, Yos. Homma et Lattanzi	南美大豆猝死综合征病菌
199	*Fusarium virguliforme* O'Donnell et T. Aoki	北美大豆猝死综合征病菌
200	*Gaeumannomyces graminis*（Sacc.）Arx et D. Olivier var. *avenae*（E. M. Turner）Dennis	燕麦全蚀病菌
201	*Greeneria uvicola*（Berk. et M. A. Curtis）Punithalingam	葡萄苦腐病菌
202	*Gremmeniella abietina*（Lagerberg）Morelet	冷杉枯梢病菌
203	*Gymnosporangium clavipes*（Cooke et Peck）Cooke et Peck	楂梓锈病菌
204	*Gymnosporangium fuscum* R. Hedw.	欧洲梨锈病菌
205	*Gymnosporangium globosum*（Farlow）Farlow	美洲山楂锈病菌
206	*Gymnosporangium juniperi-virginianae* Schwein	美洲苹果锈病菌
207	*Helminthosporium solani* Durieu et Mont.	马铃薯银屑病菌
208	*Hypoxylon mammatum*（Wahlenberg）J. Miller	杨树炭团溃疡病菌
209	*Inonotus weirii*（Murrill）Kotlaba et Pouzar	松干基褐腐病菌
210	*Leptosphaeria libanotis*（Fuckel）Sacc.	胡萝卜褐腐病菌
211	*Leptosphaeria maculans*（Desm.）Ces. et De Not.	十字花科蔬菜黑胫病菌
212	*Leptosphaeria lindquistii* Frezzi	向日葵黑茎病菌
213	*Leucostoma cincta*（Fr.：Fr.）Hohn.	苹果溃疡病菌
214	*Melampsora farlowii*（J. C. Arthur）J. J. Davis	铁杉叶锈病菌
215	*Melampsora medusae* Thumen	杨树叶锈病菌
216	*Microcyclus ulei*（P. Henn.）von Arx	橡胶南美叶疫病菌
217	*Monilinia fructicola*（Winter）Honey	美澳型核果褐腐病菌
218	*Moniliophthora roreri*（Ciferri et Parodi）Evans	可可链疫孢荚腐病菌
219	*Monosporascus cannonballus* Pollack et Uecker	甜瓜黑点根腐病菌
220	*Mycena citricolor*（Berk. et Curt.）Sacc.	咖啡美洲叶斑病菌
221	*Mycocentrospora acerina*（Hartig）Deighton	香菜腐烂病菌
222	*Mycosphaerella dearnessii* M. E. Barr	松针褐斑病菌
223	*Mycosphaerella fijiensis* Morelet	香蕉黑条叶斑病菌
224	*Mycosphaerella gibsonii* H. C. Evans	松针褐枯病菌
225	*Mycosphaerella linicola* Naumov	亚麻褐斑病菌
226	*Mycosphaerella musicola* J. L. Mulder	香蕉黄条叶斑病菌
227	*Mycosphaerella pini* E. Rostrup	松针红斑病菌
228	*Nectria rigidiuscula* Berk. et Broome	可可花瘿病菌
229	*Ophiostoma novo-ulmi* Brasier	新榆枯萎病菌
230	*Ophiostoma ulmi*（Buisman）Nannf.	榆枯萎病菌
231	*Ophiostoma wageneri*（Goheen et Cobb）Harrington	针叶松黑根病菌
232	*Ovulinia azaleae* Weiss	杜鹃花枯萎病菌
233	*Periconia circinata*（M. Mangin）Sacc.	高粱根腐病菌
234	*Peronosclerospora* spp.（non-Chinese）	玉米霜霉病菌（非中国种）

附录2-2 续6

序号	拉丁名	中文名
235	*Peronospora farinosa*（Fries：Fries）Fries f. sp. *betae* Byford	甜菜霜霉病菌
236	*Peronospora hyoscyamide* Bary f. sp. *tabacina*（Adam）Skalicky	烟草霜霉病菌
237	*Pezicula malicorticis*（Jacks.）Nannfeld	苹果树炭疽病菌
238	*Phaeoramularia angolensis*（T. Carvalho et O. Mendes）P. M. Kirk	柑橘斑点病菌
239	*Phellinus noxius*（Corner）G. H. Cunn.	木层孔褐根腐病菌
240	*Phialophora gregata*（Allington et Chamberlain）W. Gams	大豆茎褐腐病菌
241	*Phialophora malorum*（Kidd et Beaum.）McColloch	苹果边腐病菌
242	*Phomaexigua* Desmazières f. sp. *foveata*（Foister）Boerema	马铃薯坏疽病菌
243	*Phoma glomerata*（Corda）Wollenweber et Hochapfel	葡萄茎枯病菌
244	*Phoma pinodella*（L. K. Jones）Morgan-Jones et K. B. Burch	豌豆脚腐病菌
245	*Phoma tracheiphila*（Petri）L. A. Kantsch. et Gikaschvili	柠檬干枯病菌
246	*Phomopsis sclerotioides* van Kesteren	黄瓜黑色根腐病菌
247	*Phymatotrichopsis omnivora*（Duggar）Hennebert	棉根腐病菌
248	*Phytophthora cambivora*（Petri）Buisman	栗疫霉黑水病菌
249	*Phytophthora erythroseptica* Pethybridge	马铃薯疫霉绯腐病菌
250	*Phytophthora fragariae* Hickman	草莓疫霉红心病菌
251	*Phytophthora fragariae* Hickman var. *rubi* W. F. Wilcox et J. M. Duncan	树莓疫霉根腐病菌
252	*Phytophthora hibernalis* Carne	柑橘冬生疫霉褐腐病菌
253	*Phytophthora lateralis* Tucker et Milbrath	雪松疫霉根腐病菌
254	*Phytophthora medicaginis* E. M. Hans. et D. P. Maxwell	苜蓿疫霉根腐病菌
255	*Phytophthora phaseoli* Thaxter	菜豆疫霉病菌
256	*Phytophthora ramorum* Werres，De Cock et Man in't Veld	栎树猝死病菌
257	*Phytophthora sojae* Kaufmann et Gerdemann	大豆疫霉病菌
258	*Phytophthora syringae*（Klebahn）Klebahn	丁香疫霉病菌
259	*Polyscytalum pustulans*（M. N. Owen et Wakef.）M. B. Ellis	马铃薯皮斑病菌
260	*Protomyces macrosporus* Unger	香菜茎瘿病菌
261	*Pseudocercosporella herpotrichoides*（Fron）Deighton	小麦基腐病菌
262	*Pseudopezicula tracheiphila*（Müller-Thurgau）Korf et Zhuang	葡萄角斑叶焦病菌
263	*Puccinia pelargonii-zonalis* Doidge	天竺葵锈病菌
264	*Pycnostysanus azaleae*（Peck）Mason	杜鹃芽枯病菌
265	*Pyrenochaeta terrestris*（Hansen）Gorenz，Walker et Larson	洋葱粉色根腐病菌
266	*Pythium splendens* Braun	油棕猝倒病菌
267	*Ramularia beticola* Fautr. et Lambotte	甜菜叶斑病菌
268	*Rhizoctonia fragariae* Husain et W. E. McKeen	草莓花枯病菌
269	*Rigidoporus lignosus*（Klotzsch）Imaz.	橡胶白根病菌
270	*Sclerophthora rayssiae* Kenneth，Kaltin et Wahl var. *zeae* Payak et Renfro	玉米褐条霜霉病菌
271	*Septoria petroselini*（Lib.）Desm.	欧芹壳针孢叶斑病菌
272	*Sphaeropsis pyriputrescens* Xiao et J. D. Rogers	苹果球壳孢腐烂病菌
273	*Sphaeropsis tumefaciens* Hedges	柑橘枝瘤病菌
274	*Stagonospora avenae* Bissett f. sp. *triticea* T. Johnson	麦类壳多胞斑点病菌
275	*Stagonospora sacchari* Lo et Ling	甘蔗壳多胞叶枯病菌
276	*Synchytrium endobioticum*（Schilberszky）Percival	马铃薯癌肿病菌
277	*Thecaphora solani*（Thirumalachar et M. J. O'Brien）Mordue	马铃薯黑粉病菌
278	*Tilletia controversa* Kühn	小麦矮腥黑穗病菌
279	*Tilletia indica* Mitra	小麦印度腥黑穗病菌
280	*Urocystis cepulae* Frost	葱类黑粉病菌
281	*Uromyces transversalis*（Thümen）Winter	唐菖蒲横点锈病菌

附录2-2 续7

序号	拉丁名	中文名
282	*Venturia inaequalis* (Cooke) Winter	苹果黑星病菌
283	*Verticillium albo-atrum* Reinke et Berthold	苜蓿黄萎病菌
284	*Verticillium dahliae* Kleb.	棉花黄萎病菌
原核生物		
285	*Acidovorax avenae* subsp. *cattleyae* (Pavarino) Willems et aL.	兰花褐斑病菌
286	*Acidovorax avenae* subsp. *citrulli* (Schaad et aL.) Willems et aL.	瓜类果斑病菌
287	*Acidovorax konjaci* (Goto) Willems et aL.	魔芋细菌性叶斑病菌
288	Alder yellows phytoplasma	桤树黄化植原体
289	Apple proliferation phytoplasma	苹果丛生植原体
290	Apricot chlorotic leafroll phtoplasma	杏褪绿卷叶植原体
291	Ash yellows phytoplasma	白蜡树黄化植原体
292	Blueberry stunt phytoplasma	蓝莓矮化植原体
293	*Burkholderia caryophylli* (Burkholder) Yabuuchi et aL.	香石竹细菌性萎蔫病菌
294	*Burkholderia gladioli* pv. *alliicola* (Burkholder) Urakami et aL.	洋葱腐烂病菌
295	*Burkholderia glumae* (Kurita et Tabei) Urakami et aL.	水稻细菌性谷枯病菌
296	*Candidatus Liberobacter africanum* Jagoueix et aL.	非洲柑桔黄龙病菌
297	*Candidatus Liberobacter asiaticum* Jagoueix et aL.	亚洲柑桔黄龙病菌
298	*Candidatus* Liberibacter solanacearum Liefting et aL.	马铃薯斑纹片病菌
299	*Candidatus* Phytoplasma australiense	澳大利亚植原体候选种
300	*Clavibacter michiganensis* subsp. *insidiosus* (McCulloch) Davis et aL.	苜蓿细菌性萎蔫病菌
301	*Clavibacter michiganensis* subsp. *michiganensis* (Smith) Davis et aL.	番茄溃疡病菌
302	*Clavibacter michiganensis* subsp. *nebraskensis* (Vidaver et aL.) Davis et aL.	玉米内州萎蔫病菌
303	*Clavibacter michiganensis* subsp. *sepedonicus* (Spieckermann et aL.) Davis et aL.	马铃薯环腐病菌
304	Coconut lethal yellowing phytoplasma	椰子致死黄化植原体
305	*Curtobacterium flaccumfaciens* pv. *flaccumfaciens* (Hedges) Collins et Jones	菜豆细菌性萎蔫病菌
306	*Curtobacterium flaccumfaciens* pv. *oortii* (Saaltink et aL.) Collins et Jones	郁金香黄色疱斑病菌
307	Elm phloem necrosis phytoplasma	榆韧皮部坏死植原体
308	*Enterobacter cancerogenus* (Urosevi) Dickey et Zumoff	杨树枯萎病菌
309	*Erwinia amylovora* (Burrill) Winslow et aL.	梨火疫病菌
310	*Erwinia chrysanthemi* Burkhodler et aL.	菊基腐病菌
311	*Erwinia pyrifoliae* Kim, Gardan, Rhim et Geider	亚洲梨火疫病菌
312	Grapevine flavescence dorée phytoplasma	葡萄金黄化植原体
313	Lime witches' broom phytoplasma	来檬丛枝植原体
314	*Pantoea stewartii* subsp. *stewartii* (Smith) Mergaert et aL.	玉米细菌性枯萎病菌
315	Peach X-disease phytoplasma	桃X病植原体
316	Pear decline phytoplasma	梨衰退植原体
317	Potato witches' broom phytoplasma	马铃薯丛枝植原体
318	*Pseudomonas savastanoi* pv. *phaseolicola* (Burkholder) Gardan et aL.	菜豆晕疫病菌
319	*Pseudomonas syringae* pv. *morsprunorum* (Wormald) Young et aL.	核果树溃疡病菌
320	*Pseudomonas syringae* pv. *persicae* (Prunier et aL.) Young et aL.	桃树溃疡病菌
321	*Pseudomonas syringae* pv. *pisi* (Sackett) Young et aL.	豌豆细菌性疫病菌
322	*Pseudomonas syringae* pv. *maculicola* (McCulloch) Young et aL.	十字花科黑斑病菌
323	*Pseudomonas syringae* pv. *tomato* (Okabe) Young et aL.	番茄细菌性叶斑病菌
324	*Ralstonia solanacearum* (Smith) Yabuuchi et aL. (race 2)	香蕉细菌性枯萎病菌(2号小种)

附录2-2 续8

序号	拉丁名	中文名
325	*Rathayibacter rathayi*（Smith）Zgurskaya et aL.	鸭茅蜜穗病菌
326	*Spiroplasma citri* Saglio et aL.	柑橘顽固病螺原体
327	Strawberry multiplier phytoplasma	草莓簇生植原体
328	*Xanthomonas albilineans*（Ashby）Dowson	甘蔗白色条纹病菌
329	*Xanthomonas arboricola* pv. *celebensis*（Gaumann）Vauterin et aL.	香蕉坏死条纹病菌
330	*Xanthomonas axonopodis* pv. *betlicola*（Patel et aL.）Vauterin et aL.	胡椒叶斑病菌
331	*Xanthomonas axonopodis* pv. *citri*（Hasse）Vauterin et aL.	柑橘溃疡病菌
332	*Xanthomonas axonopodis* pv. *manihotis*（Bondar）Vauterin et aL.	木薯细菌性萎蔫病菌
333	*Xanthomonas axonopodis* pv. *vasculorum*（Cobb）Vauterin et aL.	甘蔗流胶病菌
334	*Xanthomonas campestris* pv. *mangiferaeindicae*（Patel et aL.）Robbs et aL.	芒果黑斑病菌
335	*Xanthomonas campestris* pv. *musacearum*（Yirgou et Bradbury）Dye	香蕉细菌性萎蔫病菌
336	*Xanthomonas cassavae*（exWieheet Dowson）Vauterin et aL.	木薯细菌性叶斑病菌
337	*Xanthomonas fragariae* Kennedy et King	草莓角斑病菌
338	*Xanthomonas hyacinthi*（Wakker）Vauterin et aL.	风信子黄腐病菌
339	*Xanthomonas oryzae* pv. *oryzae*（Ishiyama）Swings et aL.	水稻白叶枯病菌
340	*Xanthomonas oryzae* pv. *oryzicola*（Fang et aL.）Swings et aL.	水稻细菌性条斑病菌
341	*Xanthomonas populi*（ex Ride）Ride et Ride	杨树细菌性溃疡病菌
342	*Xylella fastidiosa* Wells et aL.	木质部难养细菌
343	*Xylophilus ampelinus*（Panagopoulos）Willems et aL.	葡萄细菌性疫病菌
线虫		
344	*Anguina agrostis*（Steinbuch）Filipjev	剪股颖粒线虫
345	*Aphelenchoides fragariae*（RitzemaBos）Christie	草莓滑刃线虫
346	*Aphelenchoides ritzemabosi*（Schwartz）Steiner et Bührer	菊花滑刃线虫
347	*Bursaphelenchus cocophilus*（Cobb）Baujard	椰子红环腐线虫
348	*Bursaphelenchus xylophilus*（Steineret Bührer）Nickle	松材线虫
349	*Ditylenchus angustus*（Butler）Filipjev	水稻茎线虫
350	*Ditylenchus destructor* Thorne	腐烂茎线虫
351	*Ditylenchus dipsaci*（Kühn）Filipjev	鳞球茎茎线虫
352	*Globodera pallida*（Stone）Behrens	马铃薯白线虫
353	*Globodera rostochiensis*（Wollenweber）Behrens	马铃薯金线虫
354	*Heterodera schachtii* Schmidt	甜菜胞囊线虫
355	*Longidorus*（Filipjev）Micoletzky（The species transmit viruses）	长针线虫属（传毒种类）
356	*Meloidogyne* Goeldi（non-Chinese species）	根结线虫属（非中国种）
357	*Nacobbus abberans*（Thorne）Thorne et Allen	异常珍珠线虫
358	*Paralongidorus maximus*（Bütschli）Siddiqi	最大拟长针线虫
359	*Paratrichodorus* Siddiqi（The species transmit viruses）	拟毛刺线虫属（传毒种类）
360	*Pratylenchus* Filipjev（non-Chinese species）	短体线虫（非中国种）
361	*Radopholus similis*（Cobb）Thorne	香蕉穿孔线虫
362	*Trichodorus* Cobb（The species transmit viruses）	毛刺线虫属（传毒种类）
363	*Xiphinema* Cobb（The species transmit viruses）	剑线虫属（传毒种类）
病毒及类病毒		
364	*African cassava mosaic virus*，ACMV	非洲木薯花叶病毒（类）
365	*Apple stem grooving virus*，ASPV	苹果茎沟病毒
366	*Arabis mosaic virus*，ArMV	南芥菜花叶病毒
367	*Banana bract mosaic virus*，BBrMV	香蕉苞片花叶病毒

附录2-2　续9

序号	拉丁名	中文名
368	*Beanpod mottle virus*, BPMV	菜豆荚斑驳病毒
369	*Broad beanstain virus*, BBSV	蚕豆染色病毒
370	*Cacao swollen shoot virus*, CSSV	可可肿枝病毒
371	*Carnation ringspot virus*, CRSV	香石竹环斑病毒
372	*Cotton leaf crumple virus*, CLCrV	棉花皱叶病毒
373	*Cotton leaf curl virus*, CLCuV	棉花曲叶病毒
374	*Cowpea severe mosaic virus*, CPSMV	豇豆重花叶病毒
375	*Cucumber green mottle mosaic virus*, CGMMV	黄瓜绿斑驳花叶病毒
376	*Maize chlorotic dwarf virus*, MCDV	玉米褪绿矮缩病毒
377	*Maize chlorotic mottle virus*, MCMV	玉米褪绿斑驳病毒
378	*Maize dwarf mosaic virus*	玉米矮花叶病毒
379	*Oat mosaic virus*, OMV	燕麦花叶病毒
380	*Peach rosette mosaic virus*, PRMV	桃丛簇花叶病毒
381	*Peanut stunt virus*, PSV	花生矮化病毒
382	*Plum pox virus*, PPV	李痘病毒
383	*Potato mop-top virus*, PMTV	马铃薯帚顶病毒
384	*Potato virus A*, PVA	马铃薯A病毒
385	*Potato virus V*, PVV	马铃薯V病毒
386	*Potato yellow dwarf virus*, PYDV	马铃薯黄矮病毒
387	*Prunus necrotic ringspot virus*, PNRSV	李属坏死环斑病毒
388	*Southern bean mosaic virus*, SBMV	南方菜豆花叶病毒
389	*Sowbane mosaic virus*, SoMV	藜草花叶病毒
390	*Strawberry latent ringspot virus*, SLRSV	草莓潜隐环斑病毒
391	*Sugarcane streak virus*, SSV	甘蔗线条病毒
392	*Tobacco ringspot virus*, TRSV	烟草环斑病毒
393	*Tomato black ring virus*, TBRV	番茄黑环病毒
394	*Tomato brown rugose fruit virus*	番茄褐色皱果病毒
395	*Tomato ringspot virus*, ToRSV	番茄环斑病毒
396	*Tomato spotted wilt virus*, TSWV	番茄斑萎病毒
397	*Wheat streak mosaic virus*, WSMV	小麦线条花叶病毒
398	*Apple fruit crinkle viroid*, AFCVd	苹果皱果类病毒
399	*Avocado sunblotch viroid*, ASBVd	鳄梨日斑类病毒
400	*Coconut cadang-cadang viroid*, CCCVd	椰子死亡类病毒
401	*Coconut tinangaja viroid*, CTiVd	椰子败生类病毒
402	*Hop latent viroid*, HLVd	啤酒花潜隐类病毒
403	*Pear blister canker viroid*, PBCVd	梨疱症溃疡类病毒
404	*Potato spindle tuber viroid*, PSTVd	马铃薯纺锤块茎类病毒
杂草		
405	*Aegilops cylindrica* Horst	具节山羊草
406	*Aegilops squarrosa* L.	节节麦
407	*Ambrosia* spp.	豚草（属）
408	*Ammi majus* L.	大阿米芹
409	*Avena barbata* Brot.	细茎野燕麦
410	*Avena ludoviciana* Durien	法国野燕麦
411	*Avena sterilis* L.	不实野燕麦

附录2-2　续10

序号	拉丁名	中文名
412	*Bromus rigidus* Roth	硬雀麦
413	*Bunias orientalis* L.	疣果匙荠
414	*Caucalis latifolia* L.	宽叶高加利
415	*Cenchrus* spp.（non-Chinese species）	蒺藜草（属）（非中国种）
416	*Centaurea diffusa* Lamarck	铺散矢车菊
417	*Centaurea repens* L.	匍匐矢车菊
418	*Crotalaria spectabilis* Roth	美丽猪屎豆
419	*Cuscuta* spp.	菟丝子（属）
420	*Emex australis* Steinh.	南方三棘果
421	*Emex spinosa*（L.）Campd.	刺亦模
422	*Eupatorium adenophorum* Spreng.	紫茎泽兰
423	*Eupatorium odoratum* L.	飞机草
424	*Euphorbia dentata* Michx.	齿裂大戟
425	*Flaveria bidentis*（L.）Kuntze	黄顶菊
426	*Ipomoea pandurata*（L.）G. F. W. Mey.	提琴叶牵牛花
427	*Iva axillaris* Pursh	小花假苍耳
428	*Iva xanthifolia* Nutt.	假苍耳
429	*Knautia arvensis*（L.）Coulter	欧洲山萝卜
430	*Lactuca pulchella*（Pursh）DC.	野莴苣
431	*Lactuca serriola* L.	毒莴苣
432	*Lolium temulentum* L.	毒麦
433	*Mikania micrantha* Kunth	薇甘菊
434	*Orobanche* spp.	列当（属）
435	*Oxalis latifolia* Kubth	宽叶酢浆草
436	*Senecio jacobaea* L.	臭千里光
437	*Solanum carolinense* L.	北美刺龙葵
438	*Solanum elaeagnifolium* Cay.	银毛龙葵
439	*Solanum rostratum* DunaL.	刺萼龙葵
440	*Solanum torvum* Swartz	刺茄
441	*Sorghum almum* Parodi.	黑高粱
442	*Sorghum halepense*（L.）Pers.（Johnsongrass and its cross breeds）	假高粱（及其杂交种）
443	*Striga* spp.（non-Chinese species）	独脚金（属）（非中国种）
444	*Subgen Acnida* L.	异株苋亚属
445	*Tribulus alatus* Delile	翅蒺藜
446	*Xanthium* spp.（non-Chinese species）	苍耳（属）（非中国种）

备注1：非中国种是指中国未有发生的种；

备注2：非中国小种是指中国未有发生的小种；

备注3：传毒种类是指可以作为植物病毒传播介体的线虫种类。

附录 2-3　须向海关申请办理进境动植物检疫审批的货物范围[①]

一、动物及其产品检疫审批

1. 活动物：动物（指饲养、野生的活动物如畜、禽、兽、蛇、水生动物、蚕、蜂等）、胚胎、精液、受精卵、种蛋及其他动物遗传物质。

2. 食用性动物产品：肉类及其产品（含脏器、肠衣）、鲜蛋类（含食用鲜乌龟蛋、食用甲鱼蛋）、乳品（包括生乳、生乳制品、巴氏杀菌乳、巴氏杀菌工艺生产的调制乳）。食品部分包括可食用骨蹄角及其产品、动物源性中药材、燕窝等动物源性食品。

3. 非食用性动物产品：皮张类（蓝湿皮、蓝干皮、已鞣制皮毛除外）、毛类（不包括洗净毛、碳化毛、毛条）、骨蹄角及其产品、蚕茧、饲料用乳清粉、鱼粉、肉粉、骨粉、肉骨粉、油脂、血粉、血液等动物源性饲料，以及含有动物成分的有机肥料。

4. 水产品：两栖类（如蛙等）、爬行类（如鳄鱼、龟、鳖、蛇等）、水生哺乳类（如鲸等）、其他养殖水产品及其非熟制加工品（如养殖三文鱼，包括如下商品编码的产品：0302130090、0303110000、0303120000、0304410000、0305412000）、日本输华水产品（包括如下商品编码的产品：0302110000~0307999090）等。

二、植物及其产品检疫审批

1. 各种杂豆、杂粮、茄科类蔬菜、植物源性中药材等具有疫情疫病传播风险的植物源性食品。

2. 果蔬类：新鲜水果、番茄、茄子、辣椒果实。

3. 烟草类：烟叶及烟草薄片。

4. 粮谷类：小麦、玉米、稻谷、大麦、黑麦、燕麦、高粱等（不包括粮食加工品，如：大米、面粉、米粉、淀粉等）。

5. 豆类：大豆、绿豆、豌豆、赤豆、蚕豆、鹰嘴豆等。

6. 薯类：马铃薯、木薯、甘薯等（不包括薯类加工品，如：马铃薯细粉、冷冻马铃薯条、冷冻马铃薯球、冷冻马铃薯饼、冷冻马铃薯坯、冷冻油炸马铃薯条等）。

7. 饲料类：麦麸、豆饼、豆粕等。

8. 其他类：植物栽培介质〔不包括陶瓷土粉和植物生长营养液（不含动物成分或未经加工的植物成分和有毒有害物质）〕。

三、特许审批

动植物病原体（包括菌种、毒种等）、害虫及其他有害生物，动植物疫情流行国家和地区的有关动植物、动植物产品和其他检疫物，动物尸体，土壤（有关动物及其产品可参考附录 2-4 "禁止从动物疫病流行国家地区输入的动物及其产品一览表"；有关植物按照附录 2-5《中华人民共和国进境植物检疫禁止进境物名录》执行）。

四、过境动物检疫审批

过境动物。

[①] 以下范围（截至 2022 年 1 月 4 日）系编写组多年经验积累，须向海关申请办理检疫审批的货物范围以海关总署最新公告为准。海关总署最近一次调整为《关于取消部分产品进境动植物检疫审批的公告》（海关总署公告 2018 年第 51 号）。

附录 2-4 禁止从动物疫病流行国家/地区输入的动物及其产品一览表

（2021 年 10 月 13 日更新）

洲别	国家或地区	疫病	禁止进口货物名称及禁令/通告发布日期
亚洲	阿富汗	口蹄疫	偶蹄动物及其产品
		禽流感	禽类及其产品
	缅甸	口蹄疫	偶蹄动物及其产品
		非洲猪瘟	猪、野猪及其产品
		禽流感	禽类及其产品
		牛结节性皮肤病	牛及其相关产品
	巴基斯坦	口蹄疫	偶蹄动物及其产品
		禽流感	禽类及其产品
	不丹	口蹄疫	偶蹄动物及其产品
		绵羊痘和山羊痘	绵羊、山羊及其相关产品
		牛结节性皮肤病	牛及其相关产品（源于牛未经加工或者虽经加工但仍有可能传播疫病的产品）
		非洲猪瘟	猪、野猪及其产品
		猪瘟	猪、野猪及其产品
		禽流感	禽类及其产品
	老挝	口蹄疫	偶蹄动物及其产品（老挝南塔省勐新县部分区域除外，详见海关总署农业农村部公告 2021 年第 7 号）
		禽流感	禽类及其产品
		牛结节性皮肤病	牛及其相关产品（源于牛未经加工或者虽经加工但仍有可能传播疫病的产品）
		非洲猪瘟	猪、野猪及其产品
	印度尼西亚	非洲猪瘟	猪、野猪及其产品
		禽流感	禽类及其产品
	尼泊尔	口蹄疫	偶蹄动物及其产品
		禽流感	禽类及其产品
		牛结节性皮肤病	牛及其相关产品
	斯里兰卡	牛结节性皮肤病	牛及其相关产品
	孟加拉国	禽流感	禽类及其产品
		牛结节性皮肤病	牛及其相关产品

附录2-4 续1

洲别	国家或地区	疫病	禁止进口货物名称及禁令/通告发布日期
亚洲	印度	口蹄疫	偶蹄动物及其产品
		禽流感	禽类及其产品
		牛结节性皮肤病	牛及相关产品（源于牛未经加工或虽经加工但仍有可能传播疫病的产品）
		非洲猪瘟	猪、野猪及其产品
	越南	口蹄疫	偶蹄动物及其产品
		非洲猪瘟	猪、野猪及其产品
		牛结节性皮肤病	牛及其相关产品（源于牛未经加工或者虽经加工但仍有可能传播疫病的产品）
		禽流感	禽类及其产品
	中国香港	口蹄疫	偶蹄动物及其产品
	朝鲜	禽流感	禽类及其产品
		口蹄疫	偶蹄动物及其产品
		非洲猪瘟	猪、野猪及其产品
	泰国	口蹄疫	偶蹄动物及其产品
		非洲马瘟	马属动物及其相关产品
		小反刍兽疫	绵羊、山羊及其产品
		牛结节性皮肤病	牛及其相关产品（源于牛未经加工或者虽经加工但仍有可能传播疫病的产品）
	柬埔寨	禽流感	禽类及其产品
		牛结节性皮肤病	牛及其相关产品（源于牛未经加工或者虽经加工但仍有可能传播疫病的产品）
		非洲猪瘟	猪、野猪及其产品
	巴林	口蹄疫	偶蹄动物及其产品
	科威特	口蹄疫	偶蹄动物及其产品
		禽流感	禽类及其产品
		野生候鸟禽流感	观赏鸟、野生鸟类及其产品
	以色列	口蹄疫	偶蹄动物及其产品
		痒病	羊、羊胚胎、羊精液、羊内脏（含肠衣）及其制品、肉骨粉、骨粉、羊脂（油）以及含羊蛋白的动物饲料
		新城疫	禽类及其产品
		禽流感	禽类及其产品
		小反刍兽疫	绵羊、山羊及其产品
		牛海绵状脑病（疯牛病）	牛及相关产品 *
		绵羊痘和山羊痘	绵羊、山羊及其相关产品

附录2-4　续2

洲别	国家或地区	疫病	禁止进口货物名称及禁令/通告发布日期
亚洲	马来西亚	日本脑炎	猪及其产品
		口蹄疫	偶蹄动物及其产品
		禽流感	禽类及其相关产品
		非洲猪瘟	猪、野猪及其产品
		牛结节性皮肤病	牛及其相关产品（源于牛未经加工或者虽经加工但仍有可能传播疫病的产品）
		非洲马瘟	马属动物及其相关产品
	吉尔吉斯斯坦	口蹄疫	偶蹄动物及其产品
	土库曼斯坦	口蹄疫	偶蹄动物及其产品
	约旦	禽流感	禽类及其产品
		口蹄疫	偶蹄动物及其产品
		小反刍兽疫	绵羊、山羊及其产品
		绵羊痘和山羊痘	绵羊、山羊及其产品
	伊朗	口蹄疫	偶蹄动物及其产品
		野生候鸟禽流感	观赏鸟、野生鸟类及其产品
		高致病性禽流感	禽类及其产品
	伊拉克	禽流感	禽类及其产品
	菲律宾	口蹄疫	偶蹄动物及其产品
		雷斯顿埃博拉病毒	猪及其产品
		非洲猪瘟	猪、野猪及其产品
		高致病性禽流感	禽及其相关产品
	哈萨克斯坦	禽流感	禽类及其产品
		绵羊痘和山羊痘	绵羊、山羊及其产品
	土耳其	口蹄疫	偶蹄动物及其产品
		蓝舌病	羊、牛及其产品
	日本	痒病	羊、羊胚胎、羊精液、羊内脏（含肠衣）及其制品、肉骨粉、骨粉、羊脂（油）以及含羊蛋白的动物饲料
		古典猪瘟	猪、野猪及其产品
		牛海绵状脑病（疯牛病）	牛及相关产品＊（30月龄以下剔骨牛肉除外）
		禽流感	禽类及其产品

洲别	国家或地区	疫病	禁止进口货物名称及禁令/通告发布日期
亚洲	蒙古国	口蹄疫	偶蹄动物及其相关产品（东戈壁省扎门乌德市部分区域除外；乌布苏省、扎布汗省、戈壁阿尔泰省、库苏古尔省、巴彦洪格尔省5省牛羊肉除外）
		非洲猪瘟	猪、野猪及其产品
		禽流感	禽类及其产品
		猪瘟	猪、野猪及其产品
		小反刍兽疫	牛羊及其相关产品（东戈壁省扎门乌德市部分区域以外）
		牛结节性皮肤病	牛及其相关产品（源于牛未经加工或者虽经加工但仍有可能传播疫病的产品）
	塔吉克斯坦	口蹄疫	偶蹄动物及其产品
	阿塞拜疆	野生候鸟禽流感	观赏鸟、野生鸟类及其产品
		牛结节性皮肤病	牛及其相关产品（源于牛未经加工或者虽经加工但仍有可能传播疫病的产品）
		禽流感	禽类及其产品
		非洲猪瘟	猪、野猪及其产品
	沙特阿拉伯	口蹄疫	偶蹄动物及其产品
		牛结节性皮肤病	牛及其相关产品
		禽流感	禽类及其产品
	韩国	禽流感	禽类及其产品
		古典猪瘟	猪及其产品
		口蹄疫	偶蹄动物及其产品
		非洲猪瘟	猪、野猪及其产品
	亚美尼亚	非洲猪瘟	猪、野猪及其产品
	阿曼	牛海绵状脑病（疯牛病）	牛及相关产品*
	东帝汶	非洲猪瘟	猪、野猪及其产品
欧洲	立陶宛	非洲猪瘟	猪、野猪及其产品
		高致病性禽流感	禽类及其产品（源于禽类未经加工或者虽经加工但仍有可能传播疫病的产品）
	爱沙尼亚	非洲猪瘟	猪、野猪及其产品

附录2-4　续4

洲别	国家或地区	疫病	禁止进口货物名称及禁令/通告发布日期
欧洲	意大利	施马伦贝格病	牛胚胎、羊精液、羊胚胎（禁止直接或间接输入2011年6月1日后生产的牛精液、牛胚胎、羊精液、羊胚胎）
		猪水泡病	猪及其产品。利古里亚（Liguria）、皮埃蒙特（Piemonte）、瓦莱·达奥斯塔（Valle d'Aosta）、伦巴第（Lombardia）、特伦蒂诺—上阿迪杰（Trentino-Alto Adige）、弗留利—威尼斯朱利亚（Friuli-Venezia Giulia）、威尼托（Veneto）、艾米利亚—罗马涅（Emilia-Romagna）、马尔凯（Marche）等9个大区（自治大区）除外
		禽流感	禽类及其产品
		新城疫	禽类及其相关产品（仅限托斯卡纳大区）
		牛海绵状脑病（疯牛病）	牛及相关产品*（30月龄以下剔骨牛肉除外）
		非洲猪瘟	仅限撒丁岛产猪及其产品
	马耳他	非洲猪瘟	猪及其产品
	葡萄牙	牛海绵状脑病（疯牛病）	牛及相关产品*
		低致病性禽流感	禽类及其产品（限于阿连特茹省）
		新城疫	禽类及其相关产品（2017年7月14日发布，限于科英布拉区）
	西班牙	痒病	羊及其相关产品
		施马伦贝格病	牛精液、牛胚胎、羊精液、羊胚胎（禁止直接或间接输入2011年6月1日后生产的牛精液、牛胚胎、羊精液、羊胚胎）
		牛海绵状脑病（疯牛病）	牛及相关产品*
		蓝舌病	反刍动物及其相关产品
	克罗地亚	古典猪瘟	猪及其产品
		禽流感	禽类及其产品
	保加利亚	古典猪瘟	猪及其产品
		非洲猪瘟	猪、野猪及其产品
		禽流感	禽类及其产品
		新城疫	禽类及其产品（限克尔贾利州、维丁州）
		小反刍兽疫	牛、羊及其相关产品
		口蹄疫	偶蹄动物及其产品
	英国	施马伦贝格病	牛胚胎、羊精液、羊胚胎（禁止直接或间接输入2011年6月1日后生产的牛胚胎、羊精液、羊胚胎）
		牛海绵状脑病（疯牛病）	牛及相关产品*
		痒病	羊、羊胚胎、羊精液、羊内脏（含肠衣）及其制品、肉骨粉、骨粉、羊脂（油）以及含羊蛋白的动物饲料
		高致病性禽流感	禽类及其产品
		野生候鸟禽流感	观赏鸟、野生鸟类及其产品
		低致病性禽流感	禽类及其产品（仅限汉普郡）

附录2-4 续5

洲别	国家或地区	疫病	禁止进口货物名称及禁令/通告发布日期
欧洲	荷兰	施马伦贝格病	牛胚胎、羊精液、羊胚胎（禁止直接或间接输入2011年6月1日后生产的牛胚胎、羊精液、羊胚胎）
		牛海绵状脑病（疯牛病）	牛及相关产品*（12月龄以下小牛肉除外）
		痒病	羊、羊胚胎、羊精液、羊内脏（含肠衣）及其制品、肉骨粉、骨粉、羊脂（油）以及含羊蛋白的动物饲料
		高致病性禽流感	禽类及其产品
	比利时	施马伦贝格病	牛胚胎、羊精液、羊胚胎（禁止直接或间接输入2011年6月1日后生产的牛胚胎、羊精液、羊胚胎）
		非洲猪瘟	猪、野猪及其产品
		古典猪瘟	野猪及其产品
		高致病性禽流感	禽类及其产品（源于禽类未经加工或者虽经加工但仍有可能传播疫病的产品）
		新城疫	禽类及其产品（限东佛兰德省、西佛兰德省）
		牛海绵状脑病（疯牛病）	牛及相关产品*
		痒病	羊、羊胚胎、羊精液、羊内脏（含肠衣）及其制品、肉骨粉、骨粉、羊脂（油）以及含羊蛋白的动物饲料
	挪威	痒病	羊、羊胚胎、羊精液、羊内脏（含肠衣）及其制品、肉骨粉、骨粉、羊脂（油）以及含羊蛋白的动物饲料
		牛海绵状脑病（疯牛病）	牛及相关产品*
	塞浦路斯	痒病	羊、羊胚胎、羊精液、羊内脏（含肠衣）及其制品、肉骨粉、骨粉、羊脂（油）以及含羊蛋白的动物饲料
		口蹄疫	偶蹄动物及其产品
		野生候鸟禽流感	观赏鸟、野生鸟类及其产品
	冰岛	痒病	羊、羊胚胎、羊精液、羊内脏（含肠衣）及其制品、肉骨粉、骨粉、羊脂（油）以及含羊蛋白的动物饲料
	瑞典	牛海绵状脑病	牛及相关产品*
		施马伦贝格病	牛胚胎、羊精液、羊胚胎（禁止直接或间接输入2011年6月1日后生产的牛胚胎、羊精液、羊胚胎）
		痒病	羊、羊胚胎、羊精液、羊内脏（含肠衣）及其制品、肉骨粉、骨粉、羊脂（油）以及含羊蛋白的动物饲料
		新城疫	禽类及其产品（仅限哥特兰省、东约特兰省）
		家禽高致病性禽流感	禽类及其产品

附录2-4　续6

洲别	国家或地区	疫病	禁止进口货物名称及禁令/通告发布日期
欧洲	法国	施马伦贝格病	牛胚胎、羊精液、羊胚胎（禁止直接或间接输入2011年6月1日后生产的牛胚胎、羊精液、羊胚胎）
		痒病	羊、羊胚胎、羊精液、羊内脏（含肠衣）及其制品、肉骨粉、骨粉、羊脂（油）以及含羊蛋白的动物饲料
		牛海绵状脑病（疯牛病）	牛及相关产品*（30月龄以下剔骨牛肉除外）
		高致病性禽流感	禽类及其产品（源于禽类未经加工或者虽经加工但仍有可能传播疫病的产品）
		新城疫	禽类及其产品（仅限于莫尔比昂省）
	丹麦	牛海绵状脑病（疯牛病）	牛及相关产品*（30月龄以下剔骨牛肉除外）
		施马伦贝格病	牛胚胎、羊精液、羊胚胎（禁止直接或间接输入2011年6月1日后生产的牛胚胎、羊精液、羊胚胎）
		家禽高致病性禽流感	禽类及其产品
		野禽高致病性禽流感	观赏鸟、野生鸟类及其产品
	格鲁吉亚	野生候鸟禽流感	观赏鸟、野生鸟类及其产品
		非洲猪瘟	猪、野猪及其产品
		牛结节性皮肤病	牛及其相关产品
	黑山共和国	牛结节性皮肤病	牛及其相关产品
	塞尔维亚	野生候鸟禽流感	观赏鸟、野生鸟类及其产品
		家禽高致病性禽流感	禽类及其相关产品
		牛结节性皮肤病	牛及其相关产品
		非洲猪瘟	猪、野猪及其产品
	爱尔兰	痒病	羊、羊胚胎、羊精液、羊内脏（含肠衣）及其制品、肉骨粉、骨粉、羊脂（以及含羊蛋白的动物饲料）
		牛海绵状脑病（疯牛病）	牛及相关产品*（30月龄以下剔骨牛肉除外）
		高致病性禽流感	禽类及其产品（源于禽类未经加工或者虽经加工但仍有可能传播疫病的产品）
	瑞士	痒病	羊、羊胚胎、羊精液、羊内脏（含肠衣）及其制品、肉骨粉、骨粉、羊脂（油）以及含羊蛋白的动物饲料
		蓝舌病	反刍动物及其相关产品（源于反刍动物未经加工或者虽经加工但仍有可能传播疫病的产品）
		施马伦贝格病	牛精液、牛胚胎、羊精液、羊胚胎（禁止直接或间接输入2011年6月1日后生产的牛精液、牛胚胎、羊精液、羊胚胎）
		牛海绵状脑病（疯牛病）	牛及相关产品*
		野生候鸟禽流感	观赏鸟、野生鸟类及其产品

附录2-4 续7

洲别	国家或地区	疫病	禁止进口货物名称及禁令/通告发布日期
欧洲	德国	施马伦贝格病	牛胚胎、羊精液、羊胚胎（禁止直接或间接输入2011年6月1日后生产的牛胚胎、羊精液、羊胚胎）
		牛海绵状脑病（疯牛病）	牛及相关产品*
		蓝舌病	反刍动物及其相关产品（源于反刍动物未经加工或者虽经加工但仍有可能传播疫病的产品）
		痒病	羊、羊胚胎、羊精液、羊内脏（含肠衣）及其制品、肉骨粉、骨粉、羊脂（油）以及含羊蛋白的动物饲料
		高致病性禽流感	禽及其相关产品
		非洲猪瘟	猪、野猪及其产品
	卢森堡	施马伦贝格病	牛精液、牛胚胎、羊精液、羊胚胎（禁止直接或间接输入2011年6月1日后生产的牛精液、牛胚胎、羊精液、羊胚胎）
		新城疫	禽类及其产品
		蓝舌病	反刍动物及其相关产品（源于反刍动物未经加工或者虽经加工但仍有可能传播疫病的产品）
		牛海绵状脑病（疯牛病）	牛及相关产品*
	捷克	野生候鸟禽流感	观赏鸟、野生鸟类及其产品
		禽流感	禽类及其产品
		痒病	羊、羊胚胎、羊精液、羊内脏（含肠衣）及其制品、肉骨粉、骨粉、羊脂（油）以及含羊蛋白的动物饲料
		牛海绵状脑病（疯牛病）	牛及相关产品*（30月龄以下剔骨牛肉除外）
		施马伦贝格病	牛胚胎、牛精液、羊精液、羊胚胎
		非洲猪瘟	猪及其产品
	俄罗斯	口蹄疫	偶蹄动物及其产品（俄罗斯阿尔汉格尔斯克州等48个地区除外，详见海关总署公告2019年第99号）
		绵羊痘和山羊痘	绵羊、山羊及其产品
		禽流感	观赏鸟和野生鸟类
		家禽高致病性禽流感	禽类及其相关产品（符合禽流感生物隔离区划标准的禽类及相关产品除外）
		新城疫	禽类及其相关产品（仅限克拉斯诺达尔边疆区）
		非洲猪瘟	猪、野猪及其产品
		牛结节性皮肤病	牛及其产品
	乌克兰	非洲猪瘟	猪、野猪及其产品
		高致病性禽流感	禽及其相关产品
	列支敦士登	牛海绵状脑病（疯牛病）	牛及相关产品*
	斯洛伐克	牛海绵状脑病（疯牛病）	牛及相关产品*
		非洲猪瘟	猪、野猪及其产品
		高致病性禽流感	禽及其相关产品

附录2-4 续8

洲别	国家或地区	疫病	禁止进口货物名称及禁令/通告发布日期
欧洲	斯洛文尼亚	牛海绵状脑病（疯牛病）	牛及相关产品*
		野生候鸟禽流感	观赏鸟、野生鸟类及其产品
	奥地利	牛海绵状脑病（疯牛病）	牛及相关产品*
		新城疫	禽及其产品
		痒病	羊、羊胚胎、羊精液、羊内脏（含肠衣）及其制品、肉骨粉、骨粉、羊脂（油）以及含羊蛋白的动物饲料
		野生候鸟禽流感	观赏鸟、野生鸟类及其产品
		家禽高致病性禽流感	禽类及其相关产品
	匈牙利	非洲猪瘟	猪、野猪及其产品
		高致病性禽流感	禽及相关产品
	拉脱维亚	非洲猪瘟	猪、野猪及其产品
	波黑	野生候鸟禽流感	观赏鸟、野生鸟类及其产品
	波兰	牛海绵状脑病（疯牛病）	牛及相关产品*
		非洲猪瘟	猪、野猪及其产品
		高致病性禽流感	禽及相关产品
	芬兰	牛海绵状脑病（疯牛病）	牛及相关产品*
		痒病	羊及其产品
	罗马尼亚	痒病	羊及其产品
		牛海绵状脑病（疯牛病）	牛及相关产品*
		禽流感	禽类及其产品
		新城疫	禽类及其产品（仅限亚雅洛米察县）
		非洲猪瘟	猪及其相关产品
	白俄罗斯	非洲猪瘟	猪及其产品
	希腊	牛结节性皮肤病	牛及其产品
		非洲猪瘟	猪及其产品
	摩尔多瓦	非洲猪瘟	猪、野猪及其产品
	北马其顿	新城疫	禽类及其相关产品（仅限斯科普里大区 Skopje District）
整个欧盟	整个欧盟国家	牛海绵状脑病（疯牛病）	反刍动物源性饲料
非洲	吉布提	禽流感	禽类及其产品
		牛结节性皮肤病	牛及其相关产品
	苏丹	禽流感	禽类及其产品
	乍得	非洲马瘟	马属动物及其相关产品
	斯威士兰	非洲马瘟	马属动物及其相关产品
	多哥	禽流感	禽类及其产品

洲别	国家或地区	疫病	禁止进口货物名称及禁令/通告发布日期
非洲	毛里求斯	口蹄疫	偶蹄动物及其相关产品（源于偶蹄动物未经加工或者虽经加工但仍有可能传播疫病的产品）
	马拉维	口蹄疫	偶蹄动物及其产品
	尼日尔	禽流感	禽类及其产品
	阿尔巴尼亚	禽流感	禽类及其产品
		牛结节性皮肤病	牛及其相关产品
	埃及	野生候鸟禽流感	观赏鸟、野生鸟类及其产品
		口蹄疫	偶蹄动物及其产品
		禽流感	禽类及其产品
	阿尔及利亚	口蹄疫	偶蹄动物及其产品
		小反刍兽疫	绵羊、山羊及其相关产品（源于绵羊、山羊未经加工或者虽经加工但仍有可能传播疫病的产品）
		高致病性禽流感	禽类及其产品（源于禽类未经加工或者虽经加工但仍有可能传播疫病的产品）
	突尼斯	口蹄疫	偶蹄动物及其产品
		痒病	羊、羊胚胎、羊精液、羊内脏（含肠衣）及其制品、肉骨粉、骨粉、羊脂（油）以及含羊蛋白的动物饲料
	摩洛哥	口蹄疫	偶蹄动物及其产品
	布基纳法索	禽流感	禽类及其产品
	几内亚	口蹄疫	偶蹄动物及其产品
		埃博拉病	猴子、猩猩等灵长类动物
	赞比亚	口蹄疫	偶蹄动物及其产品
	博茨瓦纳	非洲猪瘟	猪及其产品
		口蹄疫	牛及其产品（部分地区除外，详见海关总署 农业农村部公告2020年第27号）
		高致病性禽流感	禽类及其产品（源于禽类未经加工或者虽经加工但仍有可能传播疫病的产品）
	马达加斯加	非洲猪瘟	猪及其产品
	塞内加尔	非洲猪瘟	猪及其产品
		高致病性禽流感	禽类及其产品（源于禽类未经加工或者虽经加工但仍有可能传播疫病的产品）
	尼日利亚	禽流感	禽类及其产品
	加纳	非洲猪瘟	猪及其产品
		痒病	羊、羊胚胎、羊精液、羊内脏（含肠衣）及其制品、肉骨粉、骨粉、羊脂（油）以及含羊蛋白的动物饲料

附录2-4 续10

洲别	国家或地区	疫病	禁止进口货物名称及禁令/通告发布日期
非洲	南非	禽流感	禽类及其产品
		痒病	羊、羊胚胎、羊精液、羊内脏（含肠衣）及其制品、肉骨粉、骨粉、羊脂（油）以及含羊蛋白的动物饲料
		非洲马瘟	马属动物及其产品
		禽流感	禽类及其产品
		口蹄疫	偶蹄动物及其相关产品（1. 满足OIE技术手册有关口蹄疫病毒灭活技术要求及中国相关法律法规规定的动物皮张和羊毛除外；2. 海关总署、农业农村部公告2019年122号解禁的地区除外）
		牛结节性皮肤病	牛及其相关产品
	纳米比亚	口蹄疫	偶蹄动物及其产品［纳米比亚兽医警戒围栏（Veterinary Cordon Fence, VCF）以南地区包括Otjozondjupa、Omaheke、Khomas、Erongo、Hardap、Karas等6个省，以及Kunene和Oshikoto省获得OIE认可的南部地区除外］
		牛结节性皮肤病	牛及其相关产品
	津巴布韦	非洲马瘟	马属动物及其产品
		禽流感	禽类及其产品
		口蹄疫	偶蹄动物及其相关产品
	刚果（金）（扎伊尔）	埃博拉病	猴子、猩猩等灵长类动物
	加蓬	埃博拉病	猴子、猩猩等灵长类动物
	科特迪瓦	禽流感	禽类及其产品
	喀麦隆	禽流感	禽类及其产品
	卢旺达	口蹄疫	偶蹄动物及其相关产品
	莫桑比克	口蹄疫	偶蹄动物及其相关产品
	马里	高致病性禽流感	禽类及其产品（源于禽类未经加工或者虽经加工但仍有可能传播疫病的产品）
	莱索托	高致病性禽流感	禽类及其产品（源于禽类未经加工或者虽经加工但仍有可能传播疫病的产品）
	贝宁	高致病性禽流感	禽类及其产品（源于禽类未经加工或者虽经加工但仍有可能传播疫病的产品）
	整个非洲	非洲猪瘟	猪及其产品
		猴痘	草原犬鼠、冈比亚大鼠、松鼠等啮齿动物、野兔及其产品
大洋洲	澳大利亚	低致病性禽流感	禽类及其相关产品（仅限于维多利亚州）
		高致病性禽流感	禽类及其相关产品
	巴布亚新几内亚	非洲猪瘟	猪、野猪及其产品

附录2-4 续11

洲别	国家或地区	疫病	禁止进口货物名称及禁令/通告发布日期
美洲	墨西哥	高致病性禽流感	禽类及其相关产品
		新城疫	禽类及其产品
	美国	猴痘	草原犬鼠、冈比亚大鼠、松鼠等啮齿动物、野兔及其产品
		牛海绵状脑病（疯牛病）	牛及相关产品*（自2006年6月29日起恢复进口美国30月龄以下牛的剔骨牛肉，2020年2月19日解除进口美国牛肉及牛肉产品月龄限制，解除对美国含反刍动物成分宠物食品的限制）
		兔病毒性出血症	兔及其产品（仅限于纽约州、衣阿华州、犹他州、伊利诺华州）
		痒病	羊、羊胚胎、羊精液、羊内脏（含肠衣）及其制品、肉骨粉、骨粉、羊脂（油）以及含羊蛋白的动物饲料
	加拿大	痒病	羊、羊胚胎、羊精液、羊内脏（含肠衣）及其制品、肉骨粉、骨粉、羊脂（油）以及含羊蛋白的动物饲料
		蓝舌病、鹿流行性出血热	牛、来自屠宰场的牛体外授精胚胎、羊、羊精液、羊胚胎（限奥拉山谷内；其周围25公里地区可在10月1日至翌年4月1日间出口）
		牛海绵状脑病（疯牛病）	牛及相关产品*（30月龄以下剔骨牛肉除外）
		牛海绵状脑病（疯牛病）	牛及相关产品*（30月龄以下剔骨牛肉除外）
	巴西	口蹄疫	偶蹄动物及其产品［Santa Catarina 州，Acre 州，Bahia 州（不包括设定的缓冲区和监测区），Espírito Santo 州，Goiás 州，联邦区（Distrito Federal），Minas Gerais 州，Mato Grosso 州，Mato Grosso do Sul 州（不包括设定的缓冲区和监测区），Paraná 州，Rondônia 州（不包括设定的缓冲区和监测区），Rio Grande do Sul 州，Rio de Janeiro 州，Sergipe 州，São Paulo 州，Tocantins 州（不包括设定的缓冲区和监测区）和 Pará 州获得 OIE 认可的中南部地区除外］
		痒病	羊、羊胚胎、羊精液、羊内脏（含肠衣）及其制品、肉骨粉、骨粉、羊脂（油）以及含羊蛋白的动物饲料
	阿根廷	口蹄疫	偶蹄动物及其产品（仅限于阿根廷北部长度约2200公里，宽度为15公里的边境区域）
	哥伦比亚	痒病	羊、羊胚胎、羊精液、羊内脏（含肠衣）及其制品、肉骨粉、骨粉、羊脂（油）以及含羊蛋白的动物饲料
		古典猪瘟	猪及其产品
		口蹄疫	偶蹄动物及其产品
	厄瓜多尔	口蹄疫	偶蹄动物及其产品
	巴拉圭	口蹄疫	偶蹄动物及其产品
	委内瑞拉	口蹄疫	偶蹄动物及其产品
	秘鲁	口蹄疫	偶蹄动物及其产品
	多米尼加	低致病性禽流感	禽类及其相关产品（仅限普拉塔岗省）
		非洲猪瘟	猪、野猪及其产品
	玻利维亚	新城疫	禽类及其产品（仅限拉巴斯省）

附录2-4 续12

洲别	国家或地区	疫病	禁止进口货物名称及禁令/通告发布日期
	海地	非洲猪瘟	猪、野猪及其产品

注：

* 指除牛皮、牛奶及奶制品、牛精液、牛胚胎、无蛋白油脂及其产品、骨制磷酸氢钙（不含蛋白或油脂）、完全由皮革或皮张加工的工业用明胶和胶原、照相用明胶、非反刍动物源性饲料及产品（出口国家或地区禁止使用的除外）、牛血液制品（收集前供体牛没有接受过向颅腔中注射压缩空气和气体或脊髓刺毁）以外的牛及牛产品；严格按照OIE法典有关技术标准生产的水洗羽绒羽毛不受禽流感疫情禁令限制，国际兽医卫生证书应标明水洗温度、持续时间等详细加工参数且清洁度、耗氧量应符合有关国标要求。

1. 本表根据发布的禁令公告、风险警示通告及双边议定书整理而成，将根据国际动物疫情及相应的最新公告、通告适时调整。
2. 本表仅作为实施进境动物及其相关产品检验检疫依据。
3. 相关产品指源于相关动物未经加工或者虽经加工但仍有可能传播疫病的产品。
4. 更新内容依据：

2018年6月26日海关总署 农业农村部公告2018年第66号《关于解除英国30月龄以下剔骨牛肉禁令的公告》
2018年7月2日海关总署 农业农村部公告2018年第86号《关于解除德国禽流感疫情禁令的公告》
2018年7月26日海关总署 农业农村部公告2018年第99号《关于防止保加利亚小反刍兽疫传入我国的公告》
2018年8月10日海关总署 农业农村部公告2018年第105号《关于防止比利时部分地区新城疫传入我国的公告》
2018年8月14日署办动植函23号《海关总署办公厅关于进一步加强非洲猪瘟防控工作的通知》
2018年8月31日海关总署 农业农村部公告2018年第114号《关于解除捷克30月龄以下剔骨牛肉禁令的公告》
2018年9月28日海关总署 农业农村部公告2018年第123号《关于防止日本古典猪瘟疫情传入我国的公告》
2018年9月28日海关总署 农业农村部公告2018年第126号《关于防止保加利亚非洲猪瘟传入我国的公告》
2018年9月29日海关总署 农业农村部公告2018年第124号《关于防止比利时非洲猪瘟传入我国的公告》
2018年10月15日海关总署 农业农村部公告2018年第133号《关于防止摩尔多瓦非洲猪瘟传入我国的公告》
2018年10月22日海关总署 农业农村部公告2018年第139号《关于解除玻利维亚口蹄疫禁令的公告》
2018年10月30日海关总署 农业农村部公告2018年第158号《关于防止哥伦比亚口蹄疫传入我国的公告》
2019年1月28日海关总署 农业农村部公告2019年第24号《关于解除蒙古国部分地区口蹄疫疫情禁令的公告》
2019年1月29日海关总署 农业农村部公告2019年第25号《关于防止蒙古国非洲猪瘟传入我国的公告》
2019年2月21日海关总署 农业农村部公告2019年第34号《关于防止南非口蹄疫传入我国的公告》
2019年1月30日海关总署公告2019年第23号《关于解除哈萨克斯坦牛结节性皮肤病风险警示的公告》
2019年3月6日海关总署 农业农村部公告2019年第42号《关于防止越南非洲猪瘟传入我国的公告》
2019年3月27日海关总署 农业农村部公告2019年第55号《关于解除法国禽流感疫情禁令的公告》
2019年3月27日海关总署 公告2019年第59号《关于解除蒙古国部分地区小反刍兽疫风险警示的公告》
2019年4月26日海关总署 农业农村部公告2019年第42号《关于防止柬埔寨非洲猪瘟传入我国的公告》
2019年5月8日海关总署 农业农村部公告2019年第82号《关于防止斯威士兰非洲马瘟传入我国的公告》
2019年5月8日海关总署 农业农村部公告2019年第83号《关于防止乍得非洲马瘟传入我国的公告》
2019年5月8日海关总署 农业农村部公告2019年第86号《关于解除南非动物皮张和羊毛口蹄疫禁令限制的公告》
2019年5月24日海关总署 农业农村部公告2019年第97号《关于防止哈萨克斯坦绵羊痘和山羊痘传入我国的公告》
2019年5月30日海关总署公告2019年第99号《关于解除俄罗斯部分地区口蹄疫风险警示的公告》
2019年6月12日海关总署 农业农村部公告2019年第100号《关于防止朝鲜非洲猪瘟传入我国的公告》
2019年6月21日海关总署 农业农村部公告2019年第117号《关于防止老挝非洲猪瘟传入我国的公告》
2019年7月23日海关总署 农业农村部公告2019年第122号《关于解除南非部分区域口蹄疫禁令的公告》
2019年8月6日海关总署 农业农村部公告2019年第130号《关于防止斯洛伐克非洲猪瘟传入我国的公告》
2019年8月23日海关总署 农业农村部公告2019年第137号《关于防止塞尔维亚非洲猪瘟传入我国的公告》
2019年8月26日海关总署 农业农村部公告2019年第138号《关于防止缅甸非洲猪瘟传入我国的公告》

2019 年 9 月 18 日海关总署 农业农村部公告 2019 年 149 号《关于防止菲律宾、韩国非洲猪瘟传入我国的公告》
2019 年 10 月 12 日海关总署 农业农村部公告 2019 年 154 号《关于防止东帝汶非洲猪瘟传入我国的公告》
2019 年 12 月 6 日海关总署 农业农村部公告 2019 年第 192 号《关于防止印度牛结节性皮肤病传入我国的公告》
2019 年 12 月 22 日海关总署 农业农村部公告 2019 年第 200 号《关于解除日本口蹄疫禁令的公告》
2019 年 12 月 22 日海关总署 农业农村部公告 2019 年第 202 号《关于解除日本疯牛病禁令的公告》
2019 年 12 月 26 日海关总署 农业农村部公告 2019 年第 224 号《关于防止印度尼西亚非洲猪瘟传入我国的公告》
2020 年 1 月 17 日海关总署 农业农村部公告 2020 年第 26 号《关于解除博茨瓦纳传染性胸膜肺炎禁令的公告》
2020 年 1 月 17 日海关总署 农业农村部公告 2020 年第 27 号《关于解除博茨瓦纳部分地区口蹄疫禁令的公告》
2020 年 1 月 17 日海关总署 农业农村部公告 2020 年第 28 号《关于防止希腊非洲猪瘟传入我国的公告》
2020 年 1 月 21 日海关总署 农业农村部公告 2020 年第 11 号《关于防止波兰高致病性禽流感传入我国的公告》
2020 年 2 月 14 日海关总署 农业农村部公告 2020 年第 25 号《关于解除美国禽类和禽类产品进口限制的公告》
2020 年 2 月 21 日海关总署 农业农村部公告 2020 年第 31 号《关于防止斯洛伐克、匈牙利、德国和乌克兰高致病性禽流感传入我国的公告》
2020 年 2 月 19 日海关总署 农业农村部公告 2020 年第 30 号《关于解除美国含反刍动物成分宠物食品进口限制的公告》
2020 年 2 月 19 日海关总署 农业农村部公告 2020 年第 34 号《关于解除进口美国牛肉及牛肉产品月龄限制的公告》
2020 年 3 月 17 日海关总署 农业农村部公告 2020 年第 41 号《关于防止孟加拉国牛结节性皮肤病传入我国的公告》
2020 年 3 月 27 日海关总署 农业农村部公告 2020 年第 47 号《关于防止菲律宾高致病性禽流感传入我国的公告》
2020 年 4 月 1 日海关总署 农业农村部公告 2020 年第 48 号《关于防止泰国非洲马瘟传入我国的公告》
2020 年 4 月 3 日海关总署 农业农村部公告 2020 年第 51 号《关于防止巴布亚新几内亚非洲猪瘟传入我国的公告》
2020 年 4 月 27 日海关总署 农业农村部公告 2020 年第 61 号《关于防止北马其顿新城疫传入我国的公告》
2020 年 5 月 27 日海关总署 农业农村部公告 2020 年第 71 号《关于防止印度非洲猪瘟传入我国的公告》
2020 年 7 月 6 日海关总署 农业农村部公告 2020 年第 82 号《关于防止以色列绵羊痘和山羊痘传入我国的公告》
2020 年 7 月 3 日海关总署 农业农村部公告 2020 年第 83 号《关于防止卢旺达口蹄疫传入我国的公告》
2020 年 7 月 10 日海关总署 农业农村部公告 2020 年第 85 号《关于防止葡萄牙痒病 传入我国的公告》
2020 年 7 月 28 日海关总署 农业农村部公告 2020 年第 88 号《关于防止保加利亚新城疫传入我国的公告》
2020 年 8 月 20 日海关总署 农业农村部公告 2020 年第 96 号《关于防止莫桑比克口蹄疫传入我国的公告》
2020 年 9 月 11 日海关总署 农业农村部公告 2020 年第 104 号《关于防止德国非洲猪瘟传入我国的公告》
2020 年 9 月 11 日海关总署 农业农村部公告 2020 年第 105 号《关于防止马来西亚非洲马瘟传入我国的公告》
2020 年 12 月 8 日海关总署 农业农村部公告 2020 年第 125 号《关于防止比利时高致病性禽流感传入我国的公告》
2020 年 12 月 25 日海关总署 农业农村部公告 2020 年第 131 号《关于防止爱尔兰高致病性禽流感传入我国的公告》
2021 年 1 月 6 日海关总署 农业农村部公告 2021 年第 2 号《关于防止法国高致病性禽流感传入我国的公告》
2021 年 1 月 19 日海关总署 农业农村部公告 2021 年第 6 号《关于防止塞内加尔高致病性禽流感传入我国的公告》
2021 年 1 月 20 日海关总署 农业农村部公告 2021 年第 7 号《关于解除老挝部分地区口蹄疫疫情禁令的公告》
2021 年 1 月 25 日海关总署 农业农村部公告 2021 年第 10 号《关于防止立陶宛高致病性禽流感传入我国的公告》
2021 年 1 月 25 日署办动植函〔2021〕2 号《海关总署办公厅 农业农村部办公厅关于防止不丹绵羊痘和山羊痘传入我国的通知》
2021 年 1 月 28 日海关总署 农业农村部公告 2021 年第 12 号《关于防止斯里兰卡牛结节性皮肤病传入我国的公告》
2021 年 2 月 19 日署办动植函〔2021〕4 号《海关总署办公厅 农业农村部办公厅关于防止泰国小反刍兽疫传入我国的通知》
2021 年 2 月 20 日海关总署 农业农村部公告 2021 年第 15 号《关于防止阿尔及利亚高致病性禽流感传入我国的公告》
2021 年 2 月 26 日海关总署 农业农村部公告 2021 年第 19 号《关于防止芬兰高致病性禽流感传入我国的公告》
2021 年 3 月 1 日海关总署 农业农村部公告 2021 年第 20 号《关于防止爱沙尼亚高致病性禽流感传入我国的公告》
2021 年 3 月 8 日海关总署 农业农村部公告 2021 年第 24 号《关于防止马来西亚非洲猪瘟传入我国的公告》
2021 年 4 月 2 日署办动植函〔2021〕7 号《海关总署办公厅 农业农村部办公厅关于防止阿尔及利亚小反刍兽疫传入我国的通知》

2021年4月6日海关总署 农业农村部公告2021年第29号《关于防止毛里求斯口蹄疫传入我国的公告》

2021年4月19日海关总署 农业农村部公告2021年第32号《关于防止玻利维亚新城疫传入我国的公告》

2021年4月19日署办动植函〔2021〕8号《海关总署办公厅 农业农村部办公厅关于防止泰国牛结节性皮肤病传入我国的通知》

2021年4月26日海关总署 农业农村部公告2021年第35号《关于防止马里高致病性禽流感传入我国的公告》

2021年6月9日海关总署 农业农村部公告2021年第40号《关于防止莱索托高致病性禽流感传入我国的公告》

2021年6月9日署办动植函〔2021〕11号《海关总署办公厅 农业农村部办公厅关于防止不丹非洲猪瘟传入我国的通知》

2021年6月25日海关总署 农业农村部公告2021年第48号《关于防止柬埔寨牛结节性皮肤病传入我国的公告》

2021年7月7日署办动植函〔2021〕16号《海关总署办公厅 农业农村部办公厅关于防止马来西亚牛结节性皮肤病传入我国的通知》

2021年7月15日海关总署 农业农村部公告2021年第58号《关于防止老挝牛结节性皮肤病传入我国的公告》

2021年7月16日署办动植函〔2021〕17号《海关总署办公厅 农业农村部办公厅关于防止不丹猪瘟传入我国的通知》

2021年8月18日海关总署 农业农村部公告2021年第63号《关于防止多米尼加非洲猪瘟传入我国的公告》

2021年9月1日海关总署 农业农村部公告2021年67号《关于防止贝宁高致病性禽流感传入我国的公告》

2021年9月14日海关总署 农业农村部公告2021年第71号《关于防止博茨瓦纳高致病性禽流感传入我国的公告》

2021年9月26日海关总署 农业农村部公告2021年第75号《关于防止蒙古牛结节性皮肤病传入我国的公告》

2021年9月29日海关总署 农业农村部公告2021年第76号《关于防止海地非洲猪瘟传入我国的公告》

2021年9月29日海关总署 农业农村部公告2021年第77号《关于禁止英国30月龄以下剔骨牛肉进口的公告》

附录2-5　中华人民共和国进境植物检疫禁止进境物名录

（农业部公告第72号，农业农村部公告第176号确认为现行有效规范性文件）

禁止进境物	禁止进境的原因 （防止传入的危险性病虫害）	禁止的国家或地区
玉米（Zea mays）种子	玉米细菌性枯萎病菌 Erwinia stewartii（E. F. Smith）Dye	亚洲：越南、泰国 欧洲：独联体、波兰、瑞士、意大利、罗马尼亚、南斯拉夫 美洲：加拿大、美国、墨西哥
大豆（Glycine max）种子	大豆疫病菌 Phytophthora megasperma（D.）f. sp. glycinea K. & E.	亚洲：日本 欧洲：英国、法国、独联体、德国 美洲：加拿大、美国 大洋洲：澳大利亚，新西兰
马铃薯（Solanum tuberosum）块茎及其繁殖材料	马铃薯黄矮病毒 Potato yellow dwarf virus 马铃薯帚顶病毒 Potato mop-top virus 马薯金线虫 Clobodera rostochiensis（Wollen.）Skarbilovich 马铃薯白线虫 Globodera pallida（Stone）Mulvey & Stone 马铃薯癌肿病菌 Synchytrium endobioticum（Schilb.）Percival	亚洲：日本、印度、巴勒斯坦、黎巴嫩、尼泊尔、以色列、缅甸 欧洲：丹麦、挪威、瑞典、独联体、波兰、捷克、斯洛伐克、匈牙利、保加利亚、芬兰、冰岛、德国、奥地利、瑞士、荷兰、比利时、英国、爱尔兰、法国、西班牙、葡萄牙、意大利 非洲：突尼斯、阿尔及利亚、南非、肯尼亚、坦桑尼亚、津巴布韦 美洲：加拿大、美国、墨西哥、巴拿马、委内瑞拉、秘鲁、阿根廷、巴西、厄瓜多尔、玻利维亚、智利 大洋洲：澳大利亚、新西兰

附录2-5 续1

禁止进境物	禁止进境的原因（防止传入的危险性病虫害）	禁止的国家或地区
榆属（Ulmus spp.）苗、插条	榆枯萎病菌 Ceratocystis ulmi（Buisman）Moreall	亚洲：印度、伊朗、土耳其 欧洲：各国 美洲：加拿大、美国
松属（Pinus spp.）苗、接穗	松材线虫 Bursaphelenchusxylophilus（Steiner & Buhrer）Nckle 松突圆蚧 Hemiberlesia pitysophila Takagi	亚洲：朝鲜、日本、中国香港、中国澳门 欧洲：法国 美洲：加拿大、美国
橡胶属（Hevea spp.）芽、苗、籽	橡胶南美叶疫病菌 Microcyclus ulei（P. Henn.）Von Arx.	美洲：墨西哥、中美洲及南美洲各国
烟属（Nicotiana spp.）繁殖材料烟叶	烟霜霉病菌 Peronospora hyoscyami de Bary f. sp. tabacia（Adam.）Skalicky	亚洲：缅甸、伊朗、也门、伊拉克、叙利亚、黎巴嫩、约旦、以色列、土耳其 欧洲：各国 非洲：埃及、利比亚、突尼斯、阿尔及利亚、摩洛哥 美洲：加拿大、美国、墨西哥、危地马拉、萨尔瓦多、古巴、多米尼加、巴西、智利、阿根廷、乌拉圭 大洋洲：各国
小麦（商品）	小麦矮腥黑穗病菌 Tilletia ControversaKuehn 小麦印度腥黑穗病菌 Tilletia indica Mitra	亚洲：印度、巴基斯坦、阿富汗、尼泊尔、伊朗、伊拉克、土耳其、沙特阿拉伯 欧洲：独联体、捷克、斯洛伐克、保加利亚、匈牙利、波兰（海乌姆、卢步林、普热梅布尔、热舒夫、塔尔诺布热格、扎莫希奇）、罗马尼亚、阿尔巴尼亚、南斯拉夫、德国、奥地利、比利时、瑞士、瑞典、意大利、法国（罗讷—阿尔卑斯） 非洲：利比亚、阿尔及利亚 美洲：乌拉圭、阿根廷（布宜诺斯艾利斯、圣非）、巴西、墨西哥、加拿大（安大略）、美国（华盛顿、怀俄明、蒙大拿、科罗拉多、爱达荷、俄勒冈、犹他及其他有小麦印度腥黑穗病发生的地区）
水果及茄子、辣椒、番茄果实	地中海实蝇 Ceratitis capitata（Wiedemann）	亚洲：印度、伊朗、沙特阿拉伯、叙利亚、黎巴嫩、约旦、巴勒斯坦、以色列、塞浦路斯、土耳其 欧洲：匈牙利、德国、奥地利、比利时、法国、西班牙、葡萄牙、意大利、马耳他、南斯拉夫、阿尔巴尼亚、希腊 非洲：埃及、利比亚、突尼斯、阿尔及利亚、摩洛哥、塞内加尔、布基纳法索、马里、几内亚、塞拉利昂、利比里亚、加纳、多哥、贝宁、尼日尔、尼日利亚、喀麦隆、苏丹、埃塞俄比亚、肯尼亚、乌干达、坦桑尼亚、卢旺达、布隆迪、扎伊尔、安哥拉、赞比亚、马拉维、莫桑比克、马达加斯加、毛里求斯、留尼汪、津巴布韦、博茨瓦纳、南非 美洲：美国（包括夏威夷）、墨西哥、危地马拉、萨尔瓦多、洪都拉斯、尼加拉瓜、厄瓜多尔、哥斯达黎加、巴拿马、牙买加、委内瑞拉、秘鲁、巴西、玻利维亚、智利、阿根廷、乌拉圭、哥伦比亚 大洋洲：澳大利亚、新西兰（北岛）

附录2-5 续2

禁止进境物	禁止进境的原因 （防止传入的危险性病虫害）	禁止的国家或地区
植物病原体（包括菌种、毒种）、害虫生物体及其他转基因生物材料	根据《中华人民共和国进出境动植物检疫法》第5条规定	所有国家或地区
土壤	同上	所有国家或地区

注：因科学研究等特殊原因需要引进本表所列禁止进境的物品，必须事先提出申请，经海关总署批准。

附录2-6 食品安全国家标准目录

（不含检测方法标准，截至2021年9月）

附录2-6-1 通用标准13项

序号	标准名称	标准号
1	食品安全国家标准 食品中真菌毒素限量	GB 2761—2017
2	食品安全国家标准 食品中污染物限量	GB 2762—2017
3	食品安全国家标准 食品中农药最大残留限量	GB 2763—2021
4	食品安全国家标准 食品中兽药最大残留限量	GB 31650—2019
5	食品安全国家标准 预包装食品中致病菌限量	GB 29921—2021
6	食品安全国家标准 散装即食食品中致病菌限量	GB 31607—2021
7	食品安全国家标准 食品添加剂使用标准	GB 2760—2014
8	食品安全国家标准 食品接触材料及制品用添加剂使用标准	GB 9685—2016
9	食品安全国家标准 食品营养强化剂使用标准	GB 14880—2012
10	食品安全国家标准 预包装食品标签通则	GB 7718—2011
11	食品安全国家标准 预包装食品营养标签通则	GB 28050—2011
12	食品安全国家标准 预包装特殊膳食用食品标签	GB 13432—2013
13	食品安全国家标准 食品添加剂标识通则	GB 29924—2013

附录2-6-2 食品产品标准70项

序号	标准名称	标准号
1	食品安全国家标准 干酪	GB 5420—2021
2	食品安全国家标准 乳清粉和乳清蛋白粉	GB 11674—2010
3	食品安全国家标准 炼乳	GB 13102—2010
4	食品安全国家标准 生乳	GB 19301—2010
5	食品安全国家标准 发酵乳	GB 19302—2010
6	食品安全国家标准 乳粉	GB 19644—2010
7	食品安全国家标准 巴氏杀菌乳	GB 19645—2010
8	食品安全国家标准 稀奶油、奶油和无水奶油	GB 19646—2010

附录2-6-2 续1

序号	标准名称		标准号
9	食品安全国家标准	灭菌乳	GB 25190—2010
10	食品安全国家标准	调制乳	GB 25191—2010
11	食品安全国家标准	再制干酪	GB 25192—2010
12	食品安全国家标准	蜂蜜	GB 14963—2011
13	食品安全国家标准	速冻面米与调制食品	GB 19295—2021
14	食品安全国家标准	食用盐碘含量	GB 26878—2011
15	食品安全国家标准	蒸馏酒及其配制酒	GB 2757—2012
16	食品安全国家标准	发酵酒及其配制酒	GB 2758—2012
17	食品安全国家标准	面筋制品	GB 2711—2014
18	食品安全国家标准	豆制品	GB 2712—2014
19	食品安全国家标准	酿造酱	GB 2718—2014
20	食品安全国家标准	食用菌及其制品	GB 7096—2014
21	食品安全国家标准	巧克力、代可可脂巧克力及其制品	GB 9678.2—2014
22	食品安全国家标准	水产调味品	GB 10133—2014
23	食品安全国家标准	食糖	GB 13104—2014
24	食品安全国家标准	淀粉糖	GB 15203—2014
25	食品安全国家标准	保健食品	GB 16740—2014
26	食品安全国家标准	膨化食品	GB 17401—2014
27	食品安全国家标准	包装饮用水	GB 19298—2014
28	食品安全国家标准	坚果与籽类食品	GB 19300—2014
29	食品安全国家标准	淀粉制品	GB 2713—2015
30	食品安全国家标准	酱腌菜	GB 2714—2015
31	食品安全国家标准	味精	GB 2720—2015
32	食品安全国家标准	食用盐	GB 2721—2015
33	食品安全国家标准	腌腊肉制品	GB 2730—2015
34	食品安全国家标准	鲜、冻动物性水产品	GB 2733—2015
35	食品安全国家标准	蛋与蛋制品	GB 2749—2015
36	食品安全国家标准	冷冻饮品和制作料	GB 2759—2015
37	食品安全国家标准	罐头食品	GB 7098—2015
38	食品安全国家标准	糕点、面包	GB 7099—2015
39	食品安全国家标准	饼干	GB 7100—2015
40	食品安全国家标准	饮料	GB 7101—2015
41	食品安全国家标准	动物性水产制品	GB 10136—2015
42	食品安全国家标准	食用动物油脂	GB 10146—2015
43	食品安全国家标准	胶原蛋白肠衣	GB 14967—2015
44	食品安全国家标准	食用油脂制品	GB 15196—2015
45	食品安全国家标准	食品工业用浓缩液（汁、浆）	GB 17325—2015

附录2-6-2 续2

序号	标准名称	标准号
46	食品安全国家标准　方便面	GB 17400—2015
47	食品安全国家标准　果冻	GB 19299—2015
48	食品安全国家标准　食用植物油料	GB 19641—2015
49	食品安全国家标准　干海参	GB 31602—2015
50	食品安全国家标准　鲜（冻）畜、禽产品	GB 2707—2016
51	食品安全国家标准　粮食	GB 2715—2016
52	食品安全国家标准　熟肉制品	GB 2726—2016
53	食品安全国家标准　蜜饯	GB 14884—2016
54	食品安全国家标准　食品加工用粕类	GB 14932—2016
55	食品安全国家标准　糖果	GB 17399—2016
56	食品安全国家标准　冲调谷物制品	GB 19640—2016
57	食品安全国家标准　藻类及其制品	GB 19643—2016
58	食品安全国家标准　食品加工用植物蛋白	GB 20371—2016
59	食品安全国家标准　花粉	GB 31636—2016
60	食品安全国家标准　食用淀粉	GB 31637—2016
61	食品安全国家标准　酪蛋白	GB 31638—2016
62	食品安全国家标准　食品加工用酵母	GB 31639—2016
63	食品安全国家标准　食用酒精	GB 31640—2016
64	食品安全国家标准　植物油	GB 2716—2018
65	食品安全国家标准　酱油	GB 2717—2018
66	食品安全国家标准　食醋	GB 2719—2018
67	食品安全国家标准　饮用天然矿泉水	GB 8537—2018
68	食品安全国家标准　乳糖	GB 25595—2018
69	食品安全国家标准　复合调味料	GB 31644—2018
70	食品安全国家标准　胶原蛋白肽	GB 31645—2018

附录2-6-3　特殊膳食食品标准10项

序号	标准名称	标准号
1	食品安全国家标准　婴儿配方食品	GB 10765—2021
2	食品安全国家标准　较大婴儿配方食品	GB 10766—2021
3	食品安全国家标准　幼儿配方食品	GB 10767—2021
4	食品安全国家标准　婴幼儿谷类辅助食品	GB 10769—2010
5	食品安全国家标准　婴幼儿罐装辅助食品	GB 10770—2010
6	食品安全国家标准　特殊医学用途婴儿配方食品通则	GB 25596—2010
7	食品安全国家标准　特殊医学用途配方食品通则	GB 29922—2013
8	食品安全国家标准　辅食营养补充品	GB 22570—2014

附录2-6-3 续

序号	标准名称	标准号
9	食品安全国家标准 运动营养食品通则	GB 24154—2015
10	食品安全国家标准 孕妇及乳母营养补充食品	GB 31601—2015

附录2-6-4 生产经营规范标准34项

序号	标准名称	标准号
1	食品安全国家标准 食品生产通用卫生规范	GB 14881—2013
2	食品安全国家标准 食品经营过程卫生规范	GB 31621—2014
3	食品安全国家标准 乳制品良好生产规范	GB 12693—2010
4	食品安全国家标准 粉状婴幼儿配方食品良好生产规范	GB 23790—2010
5	食品安全国家标准 特殊医学用途配方食品良好生产规范	GB 29923—2013
6	食品安全国家标准 食品接触材料及制品生产通用卫生规范	GB 31603—2015
7	食品安全国家标准 罐头食品生产卫生规范	GB 8950—2016
8	食品安全国家标准 蒸馏酒及其配制酒生产卫生规范	GB 8951—2016
9	食品安全国家标准 啤酒生产卫生规范	GB 8952—2016
10	食品安全国家标准 食醋生产卫生规范	GB 8954—2016
11	食品安全国家标准 食用植物油及其制品生产卫生规范	GB 8955—2016
12	食品安全国家标准 蜜饯生产卫生规范	GB 8956—2016
13	食品安全国家标准 糕点、面包卫生规范	GB 8957—2016
14	食品安全国家标准 畜禽屠宰加工卫生规范	GB 12694—2016
15	食品安全国家标准 饮料生产卫生规范	GB 12695—2016
16	食品安全国家标准 谷物加工卫生规范	GB 13122—2016
17	食品安全国家标准 糖果巧克力生产卫生规范	GB 17403—2016
18	食品安全国家标准 膨化食品生产卫生规范	GB 17404—2016
19	食品安全国家标准 食品辐照加工卫生规范	GB 18524—2016
20	食品安全国家标准 蛋与蛋制品生产卫生规范	GB 21710—2016
21	食品安全国家标准 发酵酒及其配制酒生产卫生规范	GB 12696—2016
22	食品安全国家标准 原粮储运卫生规范	GB 22508—2016
23	食品安全国家标准 水产制品生产卫生规范	GB 20941—2016
24	食品安全国家标准 肉和肉制品经营卫生规范	GB 20799—2016
25	食品安全国家标准 食品冷链物流卫生规范	GB 31605—2020
26	食品安全国家标准 航空食品卫生规范	GB 31641—2016
27	食品安全国家标准 酱油生产卫生规范	GB8953—2018
28	食品安全国家标准 包装饮用水生产卫生规范	GB 19304—2018
29	食品安全国家标准 速冻食品生产和经营卫生规范	GB 31646—2018
30	食品安全国家标准 食品添加剂生产通用卫生规范	GB 31647—2018

附录2-6-4 续

序号	标准名称	标准号
31	食品安全国家标准　食品中黄曲霉毒素污染控制规范	GB 31653—2021
32	食品安全国家标准　餐（饮）具集中消毒卫生规范	GB 31651—2021
33	食品安全国家标准　即食鲜切果蔬加工卫生规范	GB 31652—2021
34	食品安全国家标准　餐饮服务通用卫生规范	GB 31654—2021

附录2-6-5　食品添加剂质量规格及相关标准646项

序号	标准名称	标准号
1	食品安全国家标准　复配食品添加剂通则	GB 26687—2011
2	食品安全国家标准　食品用香料通则	GB 29938—2020
3	食品安全国家标准　食品用香精	GB 30616—2020
4	食品安全国家标准　食品添加剂　碳酸钠	GB 1886.1—2021
5	食品安全国家标准　食品添加剂　碳酸氢钠	GB 1886.2—2015
6	食品安全国家标准　食品添加剂　磷酸氢钙	GB 1886.3—2021
7	食品安全国家标准　食品添加剂　六偏磷酸钠	GB 1886.4—2020
8	食品安全国家标准　食品添加剂　硝酸钠	GB 1886.5—2015
9	食品安全国家标准　食品添加剂　硫酸钙	GB 1886.6—2016
10	食品安全国家标准　食品添加剂　焦亚硫酸钠	GB 1886.7—2015
11	食品安全国家标准　食品添加剂　亚硫酸钠	GB 1886.8—2015
12	食品安全国家标准　食品添加剂　盐酸	GB 1886.9—2016
13	食品安全国家标准　食品添加剂　冰乙酸（又名冰醋酸）	GB 1886.10—2015
14	食品安全国家标准　食品添加剂　亚硝酸钠	GB 1886.11—2016
15	食品安全国家标准　食品添加剂　丁基羟基茴香醚（BHA）	GB 1886.12—2015
16	食品安全国家标准　食品添加剂　高锰酸钾	GB 1886.13—2015
17	食品安全国家标准　食品添加剂　没食子酸丙酯	GB 1886.14—2015
18	食品安全国家标准　食品添加剂　磷酸	GB 1886.15—2015
19	食品安全国家标准　食品添加剂　香兰素	GB 1886.16—2015
20	食品安全国家标准　食品添加剂　紫胶红（又名虫胶红）	GB 1886.17—2015
21	食品安全国家标准　食品添加剂　糖精钠	GB 1886.18—2015
22	食品安全国家标准　食品添加剂　红曲米	GB 1886.19—2015
23	食品安全国家标准　食品添加剂　氢氧化钠	GB 1886.20—2016
24	食品安全国家标准　食品添加剂　乳酸钙	GB 1886.21—2016
25	食品安全国家标准　食品添加剂　柠檬油	GB 1886.22—2016
26	食品安全国家标准　食品添加剂　小花茉莉浸膏	GB 1886.23—2015
27	食品安全国家标准　食品添加剂　桂花浸膏	GB 1886.24—2015
28	食品安全国家标准　食品添加剂　柠檬酸钠	GB 1886.25—2016

附录2-6-5 续1

序号	标准名称		标准号
29	食品安全国家标准	食品添加剂 石蜡	GB 1886.26—2016
30	食品安全国家标准	食品添加剂 蔗糖脂肪酸酯	GB 1886.27—2015
31	食品安全国家标准	食品添加剂 D-异抗坏血酸钠	GB 1886.28—2016
32	食品安全国家标准	食品添加剂 生姜油	GB 1886.29—2015
33	食品安全国家标准	食品添加剂 可可壳色	GB 1886.30—2015
34	食品安全国家标准	食品添加剂 对羟基苯甲酸乙酯	GB 1886.31—2015
35	食品安全国家标准	食品添加剂 高粱红	GB 1886.32—2015
36	食品安全国家标准	食品添加剂 桉叶油（蓝桉油）	GB 1886.33—2015
37	食品安全国家标准	食品添加剂 辣椒红	GB 1886.34—2015
38	食品安全国家标准	食品添加剂 山苍子油	GB 1886.35—2015
39	食品安全国家标准	食品添加剂 留兰香油	GB 1886.36—2015
40	食品安全国家标准	食品添加剂 环己基氨基磺酸钠（又名甜蜜素）	GB 1886.37—2015
41	食品安全国家标准	食品添加剂 薰衣草油	GB 1886.38—2015
42	食品安全国家标准	食品添加剂 山梨酸钾	GB 1886.39—2015
43	食品安全国家标准	食品添加剂 L-苹果酸	GB 1886.40—2015
44	食品安全国家标准	食品添加剂 黄原胶	GB 1886.41—2015
45	食品安全国家标准	食品添加剂 dl-酒石酸	GB 1886.42—2015
46	食品安全国家标准	食品添加剂 抗坏血酸钙	GB 1886.43—2015
47	食品安全国家标准	食品添加剂 抗坏血酸钠	GB 1886.44—2016
48	食品安全国家标准	食品添加剂 氯化钙	GB 1886.45—2016
49	食品安全国家标准	食品添加剂 低亚硫酸钠	GB 1886.46—2015
50	食品安全国家标准	食品添加剂 天门冬酰苯丙氨酸甲酯（又名阿斯巴甜）	GB 1886.47—2016
51	食品安全国家标准	食品添加剂 玫瑰油	GB 1886.48—2015
52	食品安全国家标准	食品添加剂 D-异抗坏血酸	GB 1886.49—2016
53	食品安全国家标准	食品添加剂 2-甲基-3-巯基呋喃	GB 1886.50—2015
54	食品安全国家标准	食品添加剂 2，3-丁二酮	GB 1886.51—2015
55	食品安全国家标准	食品添加剂 植物油抽提溶剂（又名己烷类溶剂）	GB 1886.52—2015
56	食品安全国家标准	食品添加剂 己二酸	GB 1886.53—2015
57	食品安全国家标准	食品添加剂 丙烷	GB 1886.54—2015
58	食品安全国家标准	食品添加剂 丁烷	GB 1886.55—2015
59	食品安全国家标准	食品添加剂 1-丁醇（正丁醇）	GB 1886.56—2015
60	食品安全国家标准	食品添加剂 单辛酸甘油酯	GB 1886.57—2016
61	食品安全国家标准	食品添加剂 乙醚	GB 1886.58—2015
62	食品安全国家标准	食品添加剂 石油醚	GB 1886.59—2015
63	食品安全国家标准	食品添加剂 姜黄	GB 1886.60—2015

附录2-6-5 续2

序号	标准名称			标准号
64	食品安全国家标准	食品添加剂	红花黄	GB 1886.61—2015
65	食品安全国家标准	食品添加剂	硅酸镁	GB 1886.62—2015
66	食品安全国家标准	食品添加剂	膨润土	GB 1886.63—2015
67	食品安全国家标准	食品添加剂	焦糖色	GB 1886.64—2015
68	食品安全国家标准	食品添加剂	单,双甘油脂肪酸酯	GB 1886.65—2015
69	食品安全国家标准	食品添加剂	红曲黄色素	GB 1886.66—2015
70	食品安全国家标准	食品添加剂	皂荚糖胶	GB 1886.67—2015
71	食品安全国家标准	食品添加剂	二甲基二碳酸盐（又名维果灵）	GB 1886.68—2015
72	食品安全国家标准	食品添加剂	天门冬酰苯丙氨酸甲酯乙酰磺胺酸	GB 1886.69—2016
73	食品安全国家标准	食品添加剂	沙蒿胶	GB 1886.70—2015
74	食品安全国家标准	食品添加剂 1,2-二氯乙烷		GB 1886.71—2015
75	食品安全国家标准	食品添加剂	聚氧乙烯聚氧丙烯胺醚	GB 1886.72—2016
76	食品安全国家标准	食品添加剂	不溶性聚乙烯聚吡咯烷酮	GB 1886.73—2015
77	食品安全国家标准	食品添加剂	柠檬酸钾	GB 1886.74—2015
78	食品安全国家标准	食品添加剂	L-半胱氨酸盐酸盐	GB 1886.75—2016
79	食品安全国家标准	食品添加剂	姜黄素	GB 1886.76—2015
80	食品安全国家标准	食品添加剂	罗汉果甜苷	GB 1886.77—2016
81	食品安全国家标准	食品添加剂	番茄红素（合成）	GB 1886.78—2016
82	食品安全国家标准	食品添加剂	硫代二丙酸二月桂酯	GB 1886.79—2015
83	食品安全国家标准	食品添加剂	乙酰化单、双甘油脂肪酸酯	GB 1886.80—2015
84	食品安全国家标准	食品添加剂	月桂酸	GB 1886.81—2015
85	食品安全国家标准	食品添加剂	铵磷脂	GB 1886.83—2016
86	食品安全国家标准	食品添加剂	巴西棕榈蜡	GB 1886.84—2015
87	食品安全国家标准	食品添加剂	冰乙酸（低压羰基化法）	GB 1886.85—2016
88	食品安全国家标准	食品添加剂	刺云实胶	GB 1886.86—2015
89	食品安全国家标准	食品添加剂	蜂蜡	GB 1886.87—2015
90	食品安全国家标准	食品添加剂	富马酸一钠	GB 1886.88—2015
91	食品安全国家标准	食品添加剂	甘草抗氧化物	GB 1886.89—2015
92	食品安全国家标准	食品添加剂	硅酸钙	GB 1886.90—2015
93	食品安全国家标准	食品添加剂	硬脂酸镁	GB 1886.91—2016
94	食品安全国家标准	食品添加剂	硬脂酰乳酸钠	GB 1886.92—2016
95	食品安全国家标准	食品添加剂	乳酸脂肪酸甘油酯	GB 1886.93—2015
96	食品安全国家标准	食品添加剂	亚硝酸钾	GB 1886.94—2016
97	食品安全国家标准	食品添加剂	聚甘油蓖麻醇酸酯（PGPR）	GB 1886.95—2015
98	食品安全国家标准	食品添加剂	松香季戊四醇酯	GB 1886.96—2016

附录2-6-5 续3

序号	标准名称		标准号
99	食品安全国家标准 食品添加剂	5′-肌苷酸二钠	GB 1886.97—2015
100	食品安全国家标准 食品添加剂	乳糖醇（又名4-β-D吡喃半乳糖-D-山梨醇）	GB 1886.98—2016
101	食品安全国家标准 食品添加剂	L-α-天冬氨酰-N-（2,2,4,4-四甲基-3-硫化三亚甲基）-D-丙氨酰胺（又名阿力甜）	GB 1886.99—2015
102	食品安全国家标准 食品添加剂	乙二胺四乙酸二钠	GB 1886.100—2015
103	食品安全国家标准 食品添加剂	硬脂酸（又名十八烷酸）	GB 1886.101—2016
104	食品安全国家标准 食品添加剂	硬脂酸钙	GB 1886.102—2016
105	食品安全国家标准 食品添加剂	微晶纤维素	GB 1886.103—2015
106	食品安全国家标准 食品添加剂	喹啉黄	GB 1886.104—2015
107	食品安全国家标准 食品添加剂	辣椒橙	GB 1886.105—2016
108	食品安全国家标准 食品添加剂	罗望子多糖胶	GB 1886.106—2015
109	食品安全国家标准 食品添加剂	柠檬酸一钠	GB 1886.107—2015
110	食品安全国家标准 食品添加剂	偶氮甲酰胺	GB 1886.108—2015
111	食品安全国家标准 食品添加剂	羟丙基甲基纤维素（HPMC）	GB 1886.109—2015
112	食品安全国家标准 食品添加剂	天然苋菜红	GB 1886.110—2015
113	食品安全国家标准 食品添加剂	甜菜红	GB 1886.111—2015
114	食品安全国家标准 食品添加剂	聚氧乙烯木糖醇酐单硬脂酸酯	GB 1886.112—2015
115	食品安全国家标准 食品添加剂	菊花黄浸膏	GB 1886.113—2015
116	食品安全国家标准 食品添加剂	紫胶（又名虫胶）	GB 1886.114—2015
117	食品安全国家标准 食品添加剂	黑豆红	GB 1886.115—2015
118	食品安全国家标准 食品添加剂	木糖醇酐单硬脂酸酯	GB 1886.116—2015
119	食品安全国家标准 食品添加剂	羟基香茅醛	GB 1886.117—2015
120	食品安全国家标准 食品添加剂	杭白菊花浸膏	GB 1886.118—2015
121	食品安全国家标准 食品添加剂	1,8-桉叶素	GB 1886.119—2015
122	食品安全国家标准 食品添加剂	己酸	GB 1886.120—2015
123	食品安全国家标准 食品添加剂	丁酸	GB 1886.121—2015
124	食品安全国家标准 食品添加剂	桃醛（又名γ-十一烷内酯）	GB 1886.122—2015
125	食品安全国家标准 食品添加剂	α-己基肉桂醛	GB 1886.123—2015
126	食品安全国家标准 食品添加剂	广藿香油	GB 1886.124—2015
127	食品安全国家标准 食品添加剂	肉桂醇	GB 1886.125—2015
128	食品安全国家标准 食品添加剂	乙酸芳樟酯	GB 1886.126—2015
129	食品安全国家标准 食品添加剂	山楂核烟熏香味料Ⅰ号、Ⅱ号	GB 1886.127—2016
130	食品安全国家标准 食品添加剂	甲基环戊烯醇酮（又名3-甲基-2-羟基-2-环戊烯-1-酮）	GB 1886.128—2015
131	食品安全国家标准 食品添加剂	丁香酚	GB 1886.129—2015
132	食品安全国家标准 食品添加剂	庚酸乙酯	GB 1886.130—2015

附录2-6-5 续4

序号	标准名称			标准号
133	食品安全国家标准	食品添加剂	α-戊基肉桂醛	GB 1886.131—2015
134	食品安全国家标准	食品添加剂	己酸烯丙酯	GB 1886.132—2015
135	食品安全国家标准	食品添加剂	枣子酊	GB 1886.133—2015
136	食品安全国家标准	食品添加剂	γ-壬内酯	GB 1886.134—2015
137	食品安全国家标准	食品添加剂	苯甲醇	GB 1886.135—2015
138	食品安全国家标准	食品添加剂	丁酸苄酯	GB 1886.136—2015
139	食品安全国家标准	食品添加剂	十六醛（又名杨梅醛）	GB 1886.137—2015
140	食品安全国家标准	食品添加剂	2-乙酰基吡嗪	GB 1886.138—2015
141	食品安全国家标准	食品添加剂	百里香酚	GB 1886.139—2015
142	食品安全国家标准	食品添加剂	八角茴香油	GB 1886.140—2015
143	食品安全国家标准	食品添加剂	d-核糖	GB 1886.141—2016
144	食品安全国家标准	食品添加剂	α-紫罗兰酮	GB 1886.142—2015
145	食品安全国家标准	食品添加剂	γ-癸内酯	GB 1886.143—2015
146	食品安全国家标准	食品添加剂	γ-己内酯	GB 1886.144—2015
147	食品安全国家标准	食品添加剂	δ-癸内酯	GB 1886.145—2015
148	食品安全国家标准	食品添加剂	δ-十二内酯	GB 1886.146—2015
149	食品安全国家标准	食品添加剂	二氢香芹醇	GB 1886.147—2015
150	食品安全国家标准	食品添加剂	芳樟醇	GB 1886.148—2015
151	食品安全国家标准	食品添加剂	己醛	GB 1886.149—2015
152	食品安全国家标准	食品添加剂	甲酸香茅酯	GB 1886.150—2015
153	食品安全国家标准	食品添加剂	甲酸香叶酯	GB 1886.151—2015
154	食品安全国家标准	食品添加剂	辛酸乙酯	GB 1886.152—2015
155	食品安全国家标准	食品添加剂	乙酸 2-甲基丁酯	GB 1886.153—2015
156	食品安全国家标准	食品添加剂	乙酸丙酯	GB 1886.154—2015
157	食品安全国家标准	食品添加剂	乙酸橙花酯	GB 1886.155—2015
158	食品安全国家标准	食品添加剂	乙酸松油酯	GB 1886.156—2015
159	食品安全国家标准	食品添加剂	乙酸香叶酯	GB 1886.157—2015
160	食品安全国家标准	食品添加剂	异丁酸乙酯	GB 1886.158—2015
161	食品安全国家标准	食品添加剂	异戊酸 3-己烯酯	GB 1886.159—2015
162	食品安全国家标准	食品添加剂	正癸醛（又名癸醛）	GB 1886.160—2015
163	食品安全国家标准	食品添加剂	棕榈酸乙酯	GB 1886.161—2015
164	食品安全国家标准	食品添加剂	2,6-二甲基-5-庚烯醛	GB 1886.162—2015
165	食品安全国家标准	食品添加剂	2-甲基-4-戊烯酸	GB 1886.163—2015
166	食品安全国家标准	食品添加剂	2-甲基丁酸 2-甲基丁酯	GB 1886.164—2015
167	食品安全国家标准	食品添加剂	2-甲基丁酸 3-己烯酯	GB 1886.165—2015

附录2-6-5　续5

序号	标准名称			标准号
168	食品安全国家标准	食品添加剂	γ-庚内酯	GB 1886.166—2015
169	食品安全国家标准	食品添加剂	大茴香脑	GB 1886.167—2015
170	食品安全国家标准	食品添加剂	γ-十二内酯	GB 1886.168—2015
171	食品安全国家标准	食品添加剂	卡拉胶	GB 1886.169—2016
172	食品安全国家标准	食品添加剂	5'-鸟苷酸二钠	GB 1886.170—2016
173	食品安全国家标准	食品添加剂	5'-呈味核苷酸二钠（又名呈味核苷酸二钠）	GB 1886.171—2016
174	食品安全国家标准	食品添加剂	迷迭香提取物	GB 1886.172—2016
175	食品安全国家标准	食品添加剂	乳酸	GB 1886.173—2016
176	食品安全国家标准	食品添加剂	食品工业用酶制剂	GB 1886.174—2016
177	食品安全国家标准	食品添加剂	亚麻籽胶（又名富兰克胶）	GB 1886.175—2016
178	食品安全国家标准	食品添加剂	异构化乳糖液	GB 1886.176—2016
179	食品安全国家标准	食品添加剂	D-甘露糖醇	GB 1886.177—2016
180	食品安全国家标准	食品添加剂	聚甘油脂肪酸酯	GB 1886.178—2016
181	食品安全国家标准	食品添加剂	硬脂酰乳酸钙	GB 1886.179—2016
182	食品安全国家标准	食品添加剂	β-环状糊精	GB 1886.180—2016
183	食品安全国家标准	食品添加剂	红曲红	GB 1886.181—2016
184	食品安全国家标准	食品添加剂	异麦芽酮糖	GB 1886.182—2016
185	食品安全国家标准	食品添加剂	苯甲酸	GB 1886.183—2016
186	食品安全国家标准	食品添加剂	苯甲酸钠	GB 1886.184—2016
187	食品安全国家标准	食品添加剂	琥珀酸单甘油酯	GB 1886.185—2016
188	食品安全国家标准	食品添加剂	山梨酸	GB 1886.186—2016
189	食品安全国家标准	食品添加剂	山梨糖醇和山梨糖醇液	GB 1886.187—2016
190	食品安全国家标准	食品添加剂	田菁胶	GB 1886.188—2016
191	食品安全国家标准	食品添加剂	3-环己基丙酸烯丙酯	GB 1886.189—2016
192	食品安全国家标准	食品添加剂	乙酸乙酯	GB 1886.190—2016
193	食品安全国家标准	食品添加剂	柠檬醛	GB 1886.191—2016
194	食品安全国家标准	食品添加剂	苯乙醇	GB 1886.192—2016
195	食品安全国家标准	食品添加剂	丙酸乙酯	GB 1886.193—2016
196	食品安全国家标准	食品添加剂	丁酸乙酯	GB 1886.194—2016
197	食品安全国家标准	食品添加剂	丁酸异戊酯	GB 1886.195—2016
198	食品安全国家标准	食品添加剂	己酸乙酯	GB 1886.196—2016
199	食品安全国家标准	食品添加剂	乳酸乙酯	GB 1886.197—2016
200	食品安全国家标准	食品添加剂	α-松油醇	GB 1886.198—2016
201	食品安全国家标准	食品添加剂	天然薄荷脑	GB 1886.199—2016
202	食品安全国家标准	食品添加剂	香叶油（又名玫瑰香叶油）	GB 1886.200—2016

附录2-6-5 续6

序号	标准名称			标准号
203	食品安全国家标准	食品添加剂	乙酸苄酯	GB 1886.201—2016
204	食品安全国家标准	食品添加剂	乙酸异戊酯	GB 1886.202—2016
205	食品安全国家标准	食品添加剂	异戊酸异戊酯	GB 1886.203—2016
206	食品安全国家标准	食品添加剂	亚洲薄荷素油	GB 1886.204—2016
207	食品安全国家标准	食品添加剂	d-香芹酮	GB 1886.205—2016
208	食品安全国家标准	食品添加剂	l-香芹酮	GB 1886.206—2016
209	食品安全国家标准	食品添加剂	中国肉桂油	GB 1886.207—2016
210	食品安全国家标准	食品添加剂	乙基麦芽酚	GB 1886.208—2016
211	食品安全国家标准	食品添加剂	正丁醇	GB 1886.209—2016
212	食品安全国家标准	食品添加剂	丙酸	GB 1886.210—2016
213	食品安全国家标准	食品添加剂	茶多酚（又名维多酚）	GB 1886.211—2016
214	食品安全国家标准	食品添加剂	酪蛋白酸钠（又名酪朊酸钠）	GB 1886.212—2016
215	食品安全国家标准	食品添加剂	二氧化硫	GB 1886.213—2016
216	食品安全国家标准	食品添加剂	碳酸钙（包括轻质和重质碳酸钙）	GB 1886.214—2016
217	食品安全国家标准	食品添加剂	白油（又名液体石蜡）	GB 1886.215—2016
218	食品安全国家标准	食品添加剂	氧化镁（包括重质和轻质）	GB 1886.216—2016
219	食品安全国家标准	食品添加剂	亮蓝	GB 1886.217—2016
220	食品安全国家标准	食品添加剂	亮蓝铝色淀	GB 1886.218—2016
221	食品安全国家标准	食品添加剂	苋菜红铝色淀	GB 1886.219—2016
222	食品安全国家标准	食品添加剂	胭脂红	GB 1886.220—2016
223	食品安全国家标准	食品添加剂	胭脂红铝色淀	GB 1886.221—2016
224	食品安全国家标准	食品添加剂	诱惑红	GB 1886.222—2016
225	食品安全国家标准	食品添加剂	诱惑红铝色淀	GB 1886.223—2016
226	食品安全国家标准	食品添加剂	日落黄铝色淀	GB 1886.224—2016
227	食品安全国家标准	食品添加剂	乙氧基喹	GB 1886.225—2016
228	食品安全国家标准	食品添加剂	海藻酸丙二醇酯	GB 1886.226—2016
229	食品安全国家标准	食品添加剂	吗啉脂肪酸盐果蜡	GB 1886.227—2016
230	食品安全国家标准	食品添加剂	二氧化碳	GB 1886.228—2016
231	食品安全国家标准	食品添加剂	硫酸铝钾（又名钾明矾）	GB 1886.229—2016
232	食品安全国家标准	食品添加剂	抗坏血酸棕榈酸酯	GB 1886.230—2016
233	食品安全国家标准	食品添加剂	乳酸链球菌素	GB 1886.231—2016
234	食品安全国家标准	食品添加剂	羧甲基纤维素钠	GB 1886.232—2016
235	食品安全国家标准	食品添加剂	维生素E	GB 1886.233—2016
236	食品安全国家标准	食品添加剂	木糖醇	GB 1886.234—2016
237	食品安全国家标准	食品添加剂	柠檬酸	GB 1886.235—2016

附录2-6-5 续7

序号	标准名称			标准号
238	食品安全国家标准	食品添加剂	丙二醇脂肪酸酯	GB 1886.236—2016
239	食品安全国家标准	食品添加剂	植酸（又名肌醇六磷酸）	GB 1886.237—2016
240	食品安全国家标准	食品添加剂	改性大豆磷脂	GB 1886.238—2016
241	食品安全国家标准	食品添加剂	琼脂	GB 1886.239—2016
242	食品安全国家标准	食品添加剂	甘草酸一钾	GB 1886.240—2016
243	食品安全国家标准	食品添加剂	甘草酸三钾	GB 1886.241—2016
244	食品安全国家标准	食品添加剂	甘草酸铵	GB 1886.242—2016
245	食品安全国家标准	食品添加剂	海藻酸钠（又名褐藻酸钠）	GB 1886.243—2016
246	食品安全国家标准	食品添加剂	紫甘薯色素	GB 1886.244—2016
247	食品安全国家标准	食品添加剂	复配膨松剂	GB 1886.245—2016
248	食品安全国家标准	食品添加剂	滑石粉	GB 1886.246—2016
249	食品安全国家标准	食品添加剂	碳酸氢钾	GB 1886.247—2016
250	食品安全国家标准	食品添加剂	稳定态二氧化氯	GB 1886.248—2016
251	食品安全国家标准	食品添加剂	4-己基间苯二酚	GB 1886.249—2016
252	食品安全国家标准	食品添加剂	植酸钠	GB 1886.250—2016
253	食品安全国家标准	食品添加剂	氧化铁黑	GB 1886.251—2016
254	食品安全国家标准	食品添加剂	氧化铁红	GB 1886.252—2016
255	食品安全国家标准	食品添加剂	羟基硬脂精（又名氧化硬脂精）	GB 1886.253—2016
256	食品安全国家标准	食品添加剂	刺梧桐胶	GB 1886.254—2016
257	食品安全国家标准	食品添加剂	活性炭	GB 1886.255—2016
258	食品安全国家标准	食品添加剂	甲基纤维素	GB 1886.256—2016
259	食品安全国家标准	食品添加剂	溶菌酶	GB 1886.257—2016
260	食品安全国家标准	食品添加剂	正己烷	GB 1886.258—2016
261	食品安全国家标准	食品添加剂	蔗糖聚丙烯醚	GB 1886.259—2016
262	食品安全国家标准	食品添加剂	橙皮素	GB 1886.260—2016
263	食品安全国家标准	食品添加剂	根皮素	GB 1886.261—2016
264	食品安全国家标准	食品添加剂	柚苷（柚皮甙提取物）	GB 1886.262—2016
265	食品安全国家标准	食品添加剂	玫瑰净油	GB 1886.263—2016
266	食品安全国家标准	食品添加剂	小花茉莉净油	GB 1886.264—2016
267	食品安全国家标准	食品添加剂	桂花净油	GB 1886.265—2016
268	食品安全国家标准	食品添加剂	红茶酊	GB 1886.266—2016
269	食品安全国家标准	食品添加剂	绿茶酊	GB 1886.267—2016
270	食品安全国家标准	食品添加剂	罗汉果酊	GB 1886.268—2016
271	食品安全国家标准	食品添加剂	黄芥末提取物	GB 1886.269—2016
272	食品安全国家标准	食品添加剂	茶树油（又名互叶白千层油）	GB 1886.270—2016

附录2-6-5　续8

序号	标准名称			标准号
273	食品安全国家标准	食品添加剂	香茅油	GB 1886.271—2016
274	食品安全国家标准	食品添加剂	大蒜油	GB 1886.272—2016
275	食品安全国家标准	食品添加剂	丁香花蕾油	GB 1886.273—2016
276	食品安全国家标准	食品添加剂	杭白菊花油	GB 1886.274—2016
277	食品安全国家标准	食品添加剂	白兰花油	GB 1886.275—2016
278	食品安全国家标准	食品添加剂	白兰叶油	GB 1886.276—2016
279	食品安全国家标准	食品添加剂	树兰花油	GB 1886.277—2016
280	食品安全国家标准	食品添加剂	椒样薄荷油	GB 1886.278—2016
281	食品安全国家标准	食品添加剂	洋茉莉醛（又名胡椒醛）	GB 1886.279—2016
282	食品安全国家标准	食品添加剂	2-甲基戊酸乙酯	GB 1886.280—2016
283	食品安全国家标准	食品添加剂	香茅醛	GB 1886.281—2016
284	食品安全国家标准	食品添加剂	麦芽酚	GB 1886.282—2016
285	食品安全国家标准	食品添加剂	乙基香兰素	GB 1886.283—2016
286	食品安全国家标准	食品添加剂	覆盆子酮（又名悬钩子酮）	GB 1886.284—2016
287	食品安全国家标准	食品添加剂	丙酸苄酯	GB 1886.285—2016
288	食品安全国家标准	食品添加剂	丁酸丁酯	GB 1886.286—2016
289	食品安全国家标准	食品添加剂	异戊酸乙酯	GB 1886.287—2016
290	食品安全国家标准	食品添加剂	苯甲酸乙酯	GB 1886.288—2016
291	食品安全国家标准	食品添加剂	苯甲酸苄酯	GB 1886.289—2016
292	食品安全国家标准	食品添加剂	2-甲基吡嗪	GB 1886.290—2016
293	食品安全国家标准	食品添加剂	2,3-二甲基吡嗪	GB 1886.291—2016
294	食品安全国家标准	食品添加剂	2,3,5-三甲基吡嗪	GB 1886.292—2016
295	食品安全国家标准	食品添加剂	5-羟乙基-4-甲基噻唑	GB 1886.293—2016
296	食品安全国家标准	食品添加剂	2-乙酰基噻唑	GB 1886.294—2016
297	食品安全国家标准	食品添加剂	2,3,5,6-四甲基吡嗪	GB 1886.295—2016
298	食品安全国家标准	食品添加剂	柠檬酸铁铵	GB 1886.296—2016
299	食品安全国家标准	食品添加剂	聚氧丙烯甘油醚	GB 1886.297—2018
300	食品安全国家标准	食品添加剂	聚氧丙烯氧化乙烯甘油醚	GB 1886.298—2018
301	食品安全国家标准	食品添加剂	冰结构蛋白	GB 1886.299—2018
302	食品安全国家标准	食品添加剂	离子交换树脂	GB 1886.300—2018
303	食品安全国家标准	食品添加剂	半乳甘露聚糖	GB 1886.301—2018
304	食品安全国家标准	食品添加剂	聚乙二醇	GB1886.302—2021
305	食品安全国家标准	食品添加剂	食用单宁	GB1886.303—2021
306	食品安全国家标准	食品添加剂	磷酸（湿法）	GB 1886.304—2020
307	食品安全国家标准	食品添加剂	D-木糖	GB 1886.305—2020

附录2-6-5 续9

序号	标准名称			标准号
308	食品安全国家标准	食品添加剂	谷氨酸钠	GB 1886.306—2020
309	食品安全国家标准	食品添加剂	叶绿素铜钾盐	GB 1886.307—2020
310	食品安全国家标准	食品添加剂	海藻酸钙（又名褐藻酸钙）	GB 1886.308—2020
311	食品安全国家标准	食品添加剂	藻蓝	GB 1886.309—2020
312	食品安全国家标准	食品添加剂	金樱子棕	GB 1886.310—2020
313	食品安全国家标准	食品添加剂	黑加仑红	GB 1886.311—2020
314	食品安全国家标准	食品添加剂	甲壳素	GB 1886.312—2020
315	食品安全国家标准	食品添加剂	联苯醚（又名二苯醚）	GB 1886.313—2020
316	食品安全国家标准	食品添加剂	乙二胺四乙酸二钠钙	GB 1886.314—2020
317	食品安全国家标准	食品添加剂	胭脂虫红及其铝色淀	GB 1886.315—2021
318	食品安全国家标准	食品添加剂	胭脂树橙	GB 1886.316—2021
319	食品安全国家标准	食品添加剂	β-胡萝卜素（盐藻来源）	GB 1886.317—2021
320	食品安全国家标准	食品添加剂	玉米黄	GB 1886.318—2021
321	食品安全国家标准	食品添加剂	沙棘黄	GB 1886.319—2021
322	食品安全国家标准	食品添加剂	葡萄糖酸钠	GB 1886.320—2021
323	食品安全国家标准	食品添加剂	索马甜	GB 1886.321—2021
324	食品安全国家标准	食品添加剂	可溶性大豆多糖	GB 1886.322—2021
325	食品安全国家标准	食品添加剂	花生衣红	GB 1886.323—2021
326	食品安全国家标准	食品添加剂	偏酒石酸	GB 1886.324—2021
327	食品安全国家标准	食品添加剂	聚偏磷酸钾	GB 1886.325—2021
328	食品安全国家标准	食品添加剂	酸式焦磷酸钙	GB 1886.326—2021
329	食品安全国家标准	食品添加剂	磷酸三钾	GB 1886.327—2021
330	食品安全国家标准	食品添加剂	焦磷酸二氢二钠	GB 1886.328—2021
331	食品安全国家标准	食品添加剂	磷酸氢二钠	GB 1886.329—2021
332	食品安全国家标准	食品添加剂	磷酸二氢铵	GB 1886.330—2021
333	食品安全国家标准	食品添加剂	磷酸氢二铵	GB 1886.331—2021
334	食品安全国家标准	食品添加剂	磷酸三钙	GB 1886.332—2021
335	食品安全国家标准	食品添加剂	磷酸二氢钙	GB 1886.333—2021
336	食品安全国家标准	食品添加剂	磷酸氢二钾	GB 1886.334—2021
337	食品安全国家标准	食品添加剂	三聚磷酸钠	GB 1886.335—2021
338	食品安全国家标准	食品添加剂	磷酸二氢钠	GB 1886.336—2021
339	食品安全国家标准	食品添加剂	磷酸二氢钾	GB 1886.337—2021
340	食品安全国家标准	食品添加剂	磷酸三钠	GB 1886.338—2021
341	食品安全国家标准	食品添加剂	焦磷酸钠	GB 1886.339—2021
342	食品安全国家标准	食品添加剂	焦磷酸四钾	GB 1886.340—2021

序号	标准名称			标准号
343	食品安全国家标准	食品添加剂	二氧化钛	GB 1886.341—2021
344	食品安全国家标准	食品添加剂	硫酸铝铵	GB 1886.342—2021
345	食品安全国家标准	食品添加剂	L-苏氨酸	GB 1886.343—2021
346	食品安全国家标准	食品添加剂	DL-丙氨酸	GB 1886.344—2021
347	食品安全国家标准	食品添加剂	桑椹红	GB 1886.345—2021
348	食品安全国家标准	食品添加剂	柑橘黄	GB 1886.346—2021
349	食品安全国家标准	食品添加剂	4-氨基-5,6-二甲基噻吩并[2,3-d]嘧啶-2(1H)-酮盐酸盐	GB 1886.347—2021
350	食品安全国家标准	食品添加剂	焦磷酸一氢三钠	GB 1886.348—2021
351	食品安全国家标准	食品添加剂	碳酸氢铵	GB 1888—2014
352	食品安全国家标准	食品添加剂	二丁基羟基甲苯（BHT）	GB 1900—2010
353	食品安全国家标准	食品添加剂	硫磺	GB 3150—2010
354	食品安全国家标准	食品添加剂	苋菜红	GB 4479.1—2010
355	食品安全国家标准	食品添加剂	柠檬黄	GB 4481.1—2010
356	食品安全国家标准	食品添加剂	柠檬黄铝色淀	GB 4481.2—2010
357	食品安全国家标准	食品添加剂	日落黄	GB 6227.1—2010
358	食品安全国家标准	食品添加剂	明胶	GB 6783—2013
359	食品安全国家标准	食品添加剂	葡萄糖酸-δ-内酯	GB 7657—2020
360	食品安全国家标准	食品添加剂	栀子黄	GB 7912—2010
361	食品安全国家标准	食品添加剂	甜菊糖苷	GB 8270—2014
362	食品安全国家标准	食品添加剂	葡萄糖酸锌	GB 8820—2010
363	食品安全国家标准	食品添加剂	β-胡萝卜素	GB 8821—2011
364	食品安全国家标准	食品添加剂	松香甘油酯和氢化松香甘油酯	GB 10287—2012
365	食品安全国家标准	食品添加剂	山梨醇酐单硬脂酸酯（司盘60）	GB 13481—2011
366	食品安全国家标准	食品添加剂	山梨醇酐单油酸酯（司盘80）	GB 13482—2011
367	食品安全国家标准	食品添加剂	维生素A	GB 14750—2010
368	食品安全国家标准	食品添加剂	维生素B_1（盐酸硫胺）	GB 14751—2010
369	食品安全国家标准	食品添加剂	维生素B_2（核黄素）	GB 14752—2010
370	食品安全国家标准	食品添加剂	维生素B_6（盐酸吡哆醇）	GB 14753—2010
371	食品安全国家标准	食品添加剂	维生素C（抗坏血酸）	GB 14754—2010
372	食品安全国家标准	食品添加剂	维生素D_2（麦角钙化醇）	GB 14755—2010
373	食品安全国家标准	食品添加剂	维生素E（dl-α-醋酸生育酚）	GB 14756—2010
374	食品安全国家标准	食品添加剂	烟酸	GB 14757—2010
375	食品安全国家标准	食品添加剂	咖啡因	GB 14758—2010
376	食品安全国家标准	食品添加剂	牛磺酸	GB 14759—2010

附录2-6-5 续11

序号	标准名称			标准号
377	食品安全国家标准	食品添加剂	新红	GB 14888.1—2010
378	食品安全国家标准	食品添加剂	新红铝色淀	GB 14888.2—2010
379	食品安全国家标准	食品添加剂	硅藻土	GB 14936—2012
380	食品安全国家标准	食品添加剂	叶酸	GB 15570—2010
381	食品安全国家标准	食品添加剂	葡萄糖酸钙	GB 15571—2010
382	食品安全国家标准	食品添加剂	赤藓红	GB 17512.1—2010
383	食品安全国家标准	食品添加剂	赤藓红铝色淀	GB 17512.2—2010
384	食品安全国家标准	食品添加剂	L-苏糖酸钙	GB 17779—2010
385	食品安全国家标准	食品添加剂	过氧化氢	GB 22216—2020
386	食品安全国家标准	食品添加剂	三氯蔗糖	GB 25531—2010
387	食品安全国家标准	食品添加剂	纳他霉素	GB 25532—2010
388	食品安全国家标准	食品添加剂	果胶	GB 25533—2010
389	食品安全国家标准	食品添加剂	红米红	GB 25534—2010
390	食品安全国家标准	食品添加剂	结冷胶	GB 25535—2010
391	食品安全国家标准	食品添加剂	萝卜红	GB 25536—2010
392	食品安全国家标准	食品添加剂	乳酸钠（溶液）	GB 25537—2010
393	食品安全国家标准	食品添加剂	双乙酸钠	GB 25538—2010
394	食品安全国家标准	食品添加剂	双乙酰酒石酸单双甘油酯	GB 25539—2010
395	食品安全国家标准	食品添加剂	乙酰磺胺酸钾	GB 25540—2010
396	食品安全国家标准	食品添加剂	聚葡萄糖	GB 25541—2010
397	食品安全国家标准	食品添加剂	甘氨酸（氨基乙酸）	GB 25542—2010
398	食品安全国家标准	食品添加剂	L-丙氨酸	GB 25543—2010
399	食品安全国家标准	食品添加剂	DL-苹果酸	GB 25544—2010
400	食品安全国家标准	食品添加剂	L（+）-酒石酸	GB 25545—2010
401	食品安全国家标准	食品添加剂	富马酸	GB 25546—2010
402	食品安全国家标准	食品添加剂	脱氢乙酸钠	GB 25547—2010
403	食品安全国家标准	食品添加剂	丙酸钙	GB 25548—2010
404	食品安全国家标准	食品添加剂	丙酸钠	GB 25549—2010
405	食品安全国家标准	食品添加剂	L-肉碱酒石酸盐	GB 25550—2010
406	食品安全国家标准	食品添加剂	山梨醇酐单月桂酸酯（司盘20）	GB 25551—2010
407	食品安全国家标准	食品添加剂	山梨醇酐单棕榈酸酯（司盘40）	GB 25552—2010
408	食品安全国家标准	食品添加剂	聚氧乙烯（20）山梨醇酐单硬脂酸酯（吐温60）	GB 25553—2010
409	食品安全国家标准	食品添加剂	聚氧乙烯（20）山梨醇酐单油酸酯（吐温80）	GB 25554—2010
410	食品安全国家标准	食品添加剂	L-乳酸钙	GB 25555—2010
411	食品安全国家标准	食品添加剂	酒石酸氢钾	GB 25556—2010

附录2-6-5 续12

序号	标准名称			标准号
412	食品安全国家标准	食品添加剂	焦磷酸钠	GB 25557—2010
413	食品安全国家标准	食品添加剂	磷酸三钙	GB 25558—2010
414	食品安全国家标准	食品添加剂	磷酸二氢钙	GB 25559—2010
415	食品安全国家标准	食品添加剂	磷酸二氢钾	GB 25560—2010
416	食品安全国家标准	食品添加剂	磷酸氢二钾	GB 25561—2010
417	食品安全国家标准	食品添加剂	焦磷酸四钾	GB 25562—2010
418	食品安全国家标准	食品添加剂	磷酸三钾	GB 25563—2010
419	食品安全国家标准	食品添加剂	磷酸二氢钠	GB 25564—2010
420	食品安全国家标准	食品添加剂	磷酸三钠	GB 25565—2010
421	食品安全国家标准	食品添加剂	三聚磷酸钠	GB 25566—2010
422	食品安全国家标准	食品添加剂	焦磷酸二氢二钠	GB 25567—2010
423	食品安全国家标准	食品添加剂	磷酸氢二钠	GB 25568—2010
424	食品安全国家标准	食品添加剂	磷酸二氢铵	GB 25569—2010
425	食品安全国家标准	食品添加剂	焦亚硫酸钾	GB 25570—2010
426	食品安全国家标准	食品添加剂	活性白土	GB 25571—2011
427	食品安全国家标准	食品添加剂	氢氧化钙	GB 25572—2010
428	食品安全国家标准	食品添加剂	过氧化钙	GB 25573—2010
429	食品安全国家标准	食品添加剂	次氯酸钠	GB 25574—2010
430	食品安全国家标准	食品添加剂	氢氧化钾	GB 25575—2010
431	食品安全国家标准	食品添加剂	二氧化硅	GB 25576—2020
432	食品安全国家标准	食品添加剂	二氧化钛	GB 25577—2010
433	食品安全国家标准	食品添加剂	硫酸锌	GB 25579—2010
434	食品安全国家标准	食品添加剂	亚铁氰化钾（黄血盐钾）	GB 25581—2010
435	食品安全国家标准	食品添加剂	硅酸钙铝	GB 25582—2010
436	食品安全国家标准	食品添加剂	硅铝酸钠	GB 25583—2010
437	食品安全国家标准	食品添加剂	氯化镁	GB 25584—2010
438	食品安全国家标准	食品添加剂	氯化钾	GB 25585—2010
439	食品安全国家标准	食品添加剂	碳酸氢三钠（倍半碳酸钠）	GB 25586—2010
440	食品安全国家标准	食品添加剂	碳酸镁	GB 25587—2010
441	食品安全国家标准	食品添加剂	碳酸钾	GB 25588—2010
442	食品安全国家标准	食品添加剂	亚硫酸氢钠	GB 25590—2010
443	食品安全国家标准	食品添加剂	硫酸铝铵	GB 25592—2010
444	食品安全国家标准	食品添加剂	N,2,3-三甲基-2-异丙基丁酰胺	GB 25593—2010
445	食品安全国家标准	食品添加剂	二十二碳六烯酸油脂（发酵法）	GB 26400—2011
446	食品安全国家标准	食品添加剂	花生四烯酸油脂（发酵法）	GB 26401—2011

附录2-6-5 续13

序号	标准名称			标准号
447	食品安全国家标准	食品添加剂	碘酸钾	GB 26402—2011
448	食品安全国家标准	食品添加剂	特丁基对苯二酚	GB 26403—2011
449	食品安全国家标准	食品添加剂	赤藓糖醇	GB 26404—2011
450	食品安全国家标准	食品添加剂	叶黄素	GB 26405—2011
451	食品安全国家标准	食品添加剂	叶绿素铜钠盐	GB 26406—2011
452	食品安全国家标准	食品添加剂	核黄素 5'-磷酸钠	GB 28301—2012
453	食品安全国家标准	食品添加剂	辛，癸酸甘油酯	GB 28302—2012
454	食品安全国家标准	食品添加剂	辛烯基琥珀酸淀粉钠	GB 28303—2012
455	食品安全国家标准	食品添加剂	可得然胶	GB 28304—2012
456	食品安全国家标准	食品添加剂	乳酸钾	GB 28305—2012
457	食品安全国家标准	食品添加剂	L-精氨酸	GB 28306—2012
458	食品安全国家标准	食品添加剂	麦芽糖醇和麦芽糖醇液	GB 28307—2012
459	食品安全国家标准	食品添加剂	植物炭黑	GB 28308—2012
460	食品安全国家标准	食品添加剂	酸性红（偶氮玉红）	GB 28309—2012
461	食品安全国家标准	食品添加剂	β-胡萝卜素（发酵法）	GB 28310—2012
462	食品安全国家标准	食品添加剂	栀子蓝	GB 28311—2012
463	食品安全国家标准	食品添加剂	玫瑰茄红	GB 28312—2012
464	食品安全国家标准	食品添加剂	葡萄皮红	GB 28313—2012
465	食品安全国家标准	食品添加剂	辣椒油树脂	GB 28314—2012
466	食品安全国家标准	食品添加剂	紫草红	GB 28315—2012
467	食品安全国家标准	食品添加剂	番茄红	GB 28316—2012
468	食品安全国家标准	食品添加剂	靛蓝	GB 28317—2012
469	食品安全国家标准	食品添加剂	靛蓝铝色淀	GB 28318—2012
470	食品安全国家标准	食品添加剂	庚酸烯丙酯	GB 28319—2012
471	食品安全国家标准	食品添加剂	苯甲醛	GB 28320—2012
472	食品安全国家标准	食品添加剂	十二酸乙酯（月桂酸乙酯）	GB 28321—2012
473	食品安全国家标准	食品添加剂	十四酸乙酯（肉豆蔻酸乙酯）	GB 28322—2012
474	食品安全国家标准	食品添加剂	乙酸香茅酯	GB 28323—2012
475	食品安全国家标准	食品添加剂	丁酸香叶酯	GB 28324—2012
476	食品安全国家标准	食品添加剂	乙酸丁酯	GB 28325—2012
477	食品安全国家标准	食品添加剂	乙酸己酯	GB 28326—2012
478	食品安全国家标准	食品添加剂	乙酸辛酯	GB 28327—2012
479	食品安全国家标准	食品添加剂	乙酸癸酯	GB 28328—2012
480	食品安全国家标准	食品添加剂	顺式-3-己烯醇乙酸酯（乙酸叶醇酯）	GB 28329—2012
481	食品安全国家标准	食品添加剂	乙酸异丁酯	GB 28330—2012

附录2-6-5 续14

序号	标准名称		标准号
482	食品安全国家标准 食品添加剂	丁酸戊酯	GB 28331—2012
483	食品安全国家标准 食品添加剂	丁酸己酯	GB 28332—2012
484	食品安全国家标准 食品添加剂	顺式-3-己烯醇丁酸酯（丁酸叶醇酯）	GB 28333—2012
485	食品安全国家标准 食品添加剂	顺式-3-己烯醇己酸酯（己酸叶醇酯）	GB 28334—2012
486	食品安全国家标准 食品添加剂	2-甲基丁酸乙酯	GB 28335—2012
487	食品安全国家标准 食品添加剂	2-甲基丁酸	GB 28336—2012
488	食品安全国家标准 食品添加剂	乙酸薄荷酯	GB 28337—2012
489	食品安全国家标准 食品添加剂	乳酸1-薄荷酯	GB 28338—2012
490	食品安全国家标准 食品添加剂	二甲基硫醚	GB 28339—2012
491	食品安全国家标准 食品添加剂	3-甲硫基丙醇	GB 28340—2012
492	食品安全国家标准 食品添加剂	3-甲硫基丙醛	GB 28341—2012
493	食品安全国家标准 食品添加剂	3-甲硫基丙酸甲酯	GB 28342—2012
494	食品安全国家标准 食品添加剂	3-甲硫基丙酸乙酯	GB 28343—2012
495	食品安全国家标准 食品添加剂	乙酰乙酸乙酯	GB 28344—2012
496	食品安全国家标准 食品添加剂	乙酸肉桂酯	GB 28345—2012
497	食品安全国家标准 食品添加剂	肉桂醛	GB 28346—2012
498	食品安全国家标准 食品添加剂	肉桂酸	GB 28347—2012
499	食品安全国家标准 食品添加剂	肉桂酸甲酯	GB 28348—2012
500	食品安全国家标准 食品添加剂	肉桂酸乙酯	GB 28349—2012
501	食品安全国家标准 食品添加剂	肉桂酸苯乙酯	GB 28350—2012
502	食品安全国家标准 食品添加剂	5-甲基糠醛	GB 28351—2012
503	食品安全国家标准 食品添加剂	苯甲酸甲酯	GB 28352—2012
504	食品安全国家标准 食品添加剂	茴香醇	GB 28353—2012
505	食品安全国家标准 食品添加剂	大茴香醛	GB 28354—2012
506	食品安全国家标准 食品添加剂	水杨酸甲酯（柳酸甲酯）	GB 28355—2012
507	食品安全国家标准 食品添加剂	水杨酸乙酯（柳酸乙酯）	GB 28356—2012
508	食品安全国家标准 食品添加剂	水杨酸异戊酯（柳酸异戊酯）	GB 28357—2012
509	食品安全国家标准 食品添加剂	丁酰乳酸丁酯	GB 28358—2012
510	食品安全国家标准 食品添加剂	乙酸苯乙酯	GB 28359—2012
511	食品安全国家标准 食品添加剂	苯乙酸苯乙酯	GB 28360—2012
512	食品安全国家标准 食品添加剂	苯乙酸乙酯	GB 28361—2012
513	食品安全国家标准 食品添加剂	苯氧乙酸烯丙酯	GB 28362—2012
514	食品安全国家标准 食品添加剂	二氢香豆素	GB 28363—2012
515	食品安全国家标准 食品添加剂	2-甲基-2-戊烯酸（草莓酸）	GB 28364—2012
516	食品安全国家标准 食品添加剂	4-羟基-2,5-二甲基-3（2H）呋喃酮	GB 28365—2012

附录2-6-5 续15

序号	标准名称			标准号
517	食品安全国家标准	食品添加剂	2-乙基-4-羟基-5-甲基-3（2H）-呋喃酮	GB 28366—2012
518	食品安全国家标准	食品添加剂	4-羟基-5-甲基-3（2H）呋喃酮	GB 28367—2012
519	食品安全国家标准	食品添加剂	2,3-戊二酮	GB 28368—2012
520	食品安全国家标准	食品添加剂	磷脂	GB 28401—2012
521	食品安全国家标准	食品添加剂	普鲁兰多糖	GB 28402—2012
522	食品安全国家标准	食品添加剂	瓜尔胶	GB 28403—2012
523	食品安全国家标准	食品添加剂	氨水及液氨	GB 29201—2020
524	食品安全国家标准	食品添加剂	氮气	GB 29202—2012
525	食品安全国家标准	食品添加剂	碘化钾	GB 29203—2012
526	食品安全国家标准	食品添加剂	硅胶	GB 29204—2012
527	食品安全国家标准	食品添加剂	硫酸	GB 29205—2012
528	食品安全国家标准	食品添加剂	硫酸铵	GB 29206—2012
529	食品安全国家标准	食品添加剂	硫酸镁	GB 29207—2012
530	食品安全国家标准	食品添加剂	硫酸锰	GB 29208—2012
531	食品安全国家标准	食品添加剂	硫酸钠	GB 29209—2012
532	食品安全国家标准	食品添加剂	硫酸铜	GB 29210—2012
533	食品安全国家标准	食品添加剂	硫酸亚铁	GB 29211—2012
534	食品安全国家标准	食品添加剂	羰基铁粉	GB 29212—2012
535	食品安全国家标准	食品添加剂	硝酸钾	GB 29213—2012
536	食品安全国家标准	食品添加剂	亚铁氰化钠	GB 29214—2012
537	食品安全国家标准	食品添加剂	植物活性炭（木质活性炭）	GB 29215—2012
538	食品安全国家标准	食品添加剂	丙二醇	GB 29216—2012
539	食品安全国家标准	食品添加剂	环己基氨基磺酸钙	GB 29217—2012
540	食品安全国家标准	食品添加剂	甲醇	GB 29218—2012
541	食品安全国家标准	食品添加剂	山梨醇酐三硬脂酸酯（司盘65）	GB 29220—2012
542	食品安全国家标准	食品添加剂	聚氧乙烯（20）山梨醇酐单月桂酸酯（吐温20）	GB 29221—2012
543	食品安全国家标准	食品添加剂	聚氧乙烯（20）山梨醇酐单棕榈酸酯（吐温40）	GB 29222—2012
544	食品安全国家标准	食品添加剂	脱氢乙酸	GB 29223—2012
545	食品安全国家标准	食品添加剂	凹凸棒粘土	GB 29225—2012
546	食品安全国家标准	食品添加剂	天门冬氨酸钙	GB 29226—2012
547	食品安全国家标准	食品添加剂	丙酮	GB 29227—2012
548	食品安全国家标准	食品添加剂	醋酸酯淀粉	GB 29925—2013
549	食品安全国家标准	食品添加剂	磷酸酯双淀粉	GB 29926—2013
550	食品安全国家标准	食品添加剂	氧化淀粉	GB 29927—2013
551	食品安全国家标准	食品添加剂	酸处理淀粉	GB 29928—2013

附录2-6-5　续16

序号	标准名称	标准号
552	食品安全国家标准　食品添加剂　乙酰化二淀粉磷酸酯	GB 29929—2013
553	食品安全国家标准　食品添加剂　羟丙基淀粉	GB 29930—2013
554	食品安全国家标准　食品添加剂　羟丙基二淀粉磷酸酯	GB 29931—2013
555	食品安全国家标准　食品添加剂　乙酰化双淀粉己二酸酯	GB 29932—2013
556	食品安全国家标准　食品添加剂　氧化羟丙基淀粉	GB 29933—2013
557	食品安全国家标准　食品添加剂　辛烯基琥珀酸铝淀粉	GB 29934—2013
558	食品安全国家标准　食品添加剂　磷酸化二淀粉磷酸酯	GB 29935—2013
559	食品安全国家标准　食品添加剂　淀粉磷酸酯钠	GB 29936—2013
560	食品安全国家标准　食品添加剂　羧甲基淀粉钠	GB 29937—2013
561	食品安全国家标准　食品添加剂　琥珀酸二钠	GB 29939—2013
562	食品安全国家标准　食品添加剂　柠檬酸亚锡二钠	GB 29940—2013
563	食品安全国家标准　食品添加剂　脱乙酰甲壳素（壳聚糖）	GB 29941—2013
564	食品安全国家标准　食品添加剂　维生素 E（dl-α-生育酚）	GB 29942—2013
565	食品安全国家标准　食品添加剂　棕榈酸视黄酯（棕榈酸维生素 A）	GB 29943—2013
566	食品安全国家标准　食品添加剂　N-［N-（3,3-二甲基丁基）］-L-α-天门冬氨-L-苯丙氨酸1-甲酯（纽甜）	GB 29944—2013
567	食品安全国家标准　食品添加剂　槐豆胶（刺槐豆胶）	GB 29945—2013
568	食品安全国家标准　食品添加剂　纤维素	GB 29946—2013
569	食品安全国家标准　食品添加剂　萜烯树脂	GB 29947—2013
570	食品安全国家标准　食品添加剂　聚丙烯酸钠	GB 29948—2013
571	食品安全国家标准　食品添加剂　阿拉伯胶	GB 29949—2013
572	食品安全国家标准　食品添加剂　甘油	GB 29950—2013
573	食品安全国家标准　食品添加剂　柠檬酸脂肪酸甘油酯	GB 29951—2013
574	食品安全国家标准　食品添加剂　γ-辛内酯	GB 29952—2013
575	食品安全国家标准　食品添加剂　δ-辛内酯	GB 29953—2013
576	食品安全国家标准　食品添加剂　δ-壬内酯	GB 29954—2013
577	食品安全国家标准　食品添加剂　δ-十一内酯	GB 29955—2013
578	食品安全国家标准　食品添加剂　δ-突厥酮	GB 29956—2013
579	食品安全国家标准　食品添加剂　二氢-β-紫罗兰酮	GB 29957—2013
580	食品安全国家标准　食品添加剂　l-薄荷醇丙二醇碳酸酯	GB 29958—2013
581	食品安全国家标准　食品添加剂　d,l-薄荷酮甘油缩酮	GB 29959—2013
582	食品安全国家标准　食品添加剂　二烯丙基硫醚	GB 29960—2013
583	食品安全国家标准　食品添加剂　4,5-二氢-3（2H）噻吩酮（四氢噻吩-3-酮）	GB 29961—2013
584	食品安全国家标准　食品添加剂　2-巯基-3-丁醇	GB 29962—2013
585	食品安全国家标准　食品添加剂　3-巯基-2-丁酮（3-巯基-丁-2-酮）	GB 29963—2013

附录2-6-5 续17

序号	标准名称			标准号
586	食品安全国家标准	食品添加剂	二甲基二硫醚	GB 29964—2013
587	食品安全国家标准	食品添加剂	二丙基二硫醚	GB 29965—2013
588	食品安全国家标准	食品添加剂	烯丙基二硫醚	GB 29966—2013
589	食品安全国家标准	食品添加剂	柠檬酸三乙酯	GB 29967—2013
590	食品安全国家标准	食品添加剂	肉桂酸苄酯	GB 29968—2013
591	食品安全国家标准	食品添加剂	肉桂酸肉桂酯	GB 29969—2013
592	食品安全国家标准	食品添加剂	2,5-二甲基吡嗪	GB 29970—2013
593	食品安全国家标准	食品添加剂	苯甲醛丙二醇缩醛	GB 29971—2013
594	食品安全国家标准	食品添加剂	乙醛二乙缩醛	GB 29972—2013
595	食品安全国家标准	食品添加剂	2-异丙基-4-甲基噻唑	GB 29973—2013
596	食品安全国家标准	食品添加剂	糠基硫醇（咖啡醛）	GB 29974—2013
597	食品安全国家标准	食品添加剂	二糠基二硫醚	GB 29975—2013
598	食品安全国家标准	食品添加剂	1-辛烯-3-醇	GB 29976—2013
599	食品安全国家标准	食品添加剂	2-乙酰基吡咯	GB 29977—2013
600	食品安全国家标准	食品添加剂	2-己烯醛（叶醛）	GB 29978—2013
601	食品安全国家标准	食品添加剂	氧化芳樟醇	GB 29979—2013
602	食品安全国家标准	食品添加剂	异硫氰酸烯丙酯	GB 29980—2013
603	食品安全国家标准	食品添加剂	N-乙基-2-异丙基-5-甲基-环己烷甲酰胺	GB 29981—2013
604	食品安全国家标准	食品添加剂	δ-己内酯	GB 29982—2013
605	食品安全国家标准	食品添加剂	δ-十四内酯	GB 29983—2013
606	食品安全国家标准	食品添加剂	四氢芳樟醇	GB 29984—2013
607	食品安全国家标准	食品添加剂	叶醇（顺式-3-己烯-1-醇）	GB 29985—2013
608	食品安全国家标准	食品添加剂	6-甲基-5-庚烯-2-酮	GB 29986—2013
609	食品安全国家标准	食品添加剂	胶基及其配料	GB 29987—2014
610	食品安全国家标准	食品添加剂	海藻酸钾（褐藻酸钾）	GB 29988—2013
611	食品安全国家标准	食品添加剂	对羟基苯甲酸甲酯钠	GB 30601—2014
612	食品安全国家标准	食品添加剂	对羟基苯甲酸乙酯钠	GB 30602—2014
613	食品安全国家标准	食品添加剂	乙酸钠	GB 30603—2014
614	食品安全国家标准	食品添加剂	甘氨酸钙	GB 30605—2014
615	食品安全国家标准	食品添加剂	甘氨酸亚铁	GB 30606—2014
616	食品安全国家标准	食品添加剂	酶解大豆磷脂	GB 30607—2014
617	食品安全国家标准	食品添加剂	DL-苹果酸钠	GB 30608—2014
618	食品安全国家标准	食品添加剂	聚氧乙烯聚氧丙烯季戊四醇醚	GB 30609—2014
619	食品安全国家标准	食品添加剂	乙醇	GB 30610—2014
620	食品安全国家标准	食品添加剂	异丙醇	GB 30611—2014

附录2-6-5　续18

序号	标准名称	标准号
621	食品安全国家标准　食品添加剂　聚二甲基硅氧烷及其乳液	GB 30612—2014
622	食品安全国家标准　食品添加剂　磷酸氢二铵	GB 30613—2014
623	食品安全国家标准　食品添加剂　氧化钙	GB 30614—2014
624	食品安全国家标准　食品添加剂　竹叶抗氧化物	GB 30615—2014
625	食品安全国家标准　食品添加剂　决明胶	GB 31619—2014
626	食品安全国家标准　食品添加剂　β-阿朴-8′-胡萝卜素醛	GB 31620—2014
627	食品安全国家标准　食品添加剂　杨梅红	GB 31622—2014
628	食品安全国家标准　食品添加剂　硬脂酸钾	GB 31623—2014
629	食品安全国家标准　食品添加剂　天然胡萝卜素	GB 31624—2014
630	食品安全国家标准　食品添加剂　二氢茉莉酮酸甲酯	GB 31625—2014
631	食品安全国家标准　食品添加剂　水杨酸苄酯（柳酸苄酯）	GB 31626—2014
632	食品安全国家标准　食品添加剂　香芹酚	GB 31627—2014
633	食品安全国家标准　食品添加剂　高岭土	GB 31628—2014
634	食品安全国家标准　食品添加剂　聚丙烯酰胺	GB 31629—2014
635	食品安全国家标准　食品添加剂　聚乙烯醇	GB 31630—2014
636	食品安全国家标准　食品添加剂　氯化铵	GB 31631—2014
637	食品安全国家标准　食品添加剂　镍	GB 31632—2014
638	食品安全国家标准　食品添加剂　氢气	GB 31633—2014
639	食品安全国家标准　食品添加剂　珍珠岩	GB 31634—2014
640	食品安全国家标准　食品添加剂　聚苯乙烯	GB 31635—2014
641	食品安全国家标准　食品添加剂　γ-环状糊精	GB 1886.353—2021
642	食品安全国家标准　食品添加剂　3-［（4-氨基-2,2-二氧-1H-2,1,3-苯并噻二嗪-5-基）氧］-2,2-二甲基-N-丙基丙酰胺	GB 1886.354—2021
643	食品安全国家标准　食品添加剂　β-环状糊精	GB 1886.352—2021
644	食品安全国家标准　食品添加剂　α-环状糊精	GB 1886.351—2021
645	食品安全国家标准　食品添加剂　五碳双缩醛（又名戊二醛）	GB 1886.349—2021
646	食品安全国家标准　食品添加剂　氧化亚氮	GB 1886.350—2021

附录2-6-6　食品营养强化剂质量规格标准53项

序号	标准名称	标准号
1	食品安全国家标准　食品营养强化剂　5'-尿苷酸二钠	GB 1886.82—2015
2	食品安全国家标准　食品营养强化剂　L-盐酸赖氨酸	GB 1903.1—2015
3	食品安全国家标准　食品营养强化剂　甘氨酸锌	GB 1903.2—2015
4	食品安全国家标准　食品营养强化剂　5'-单磷酸腺苷	GB 1903.3—2015
5	食品安全国家标准　食品营养强化剂　氧化锌	GB 1903.4—2015

附录2-6-6 续1

序号	标准名称			标准号
6	食品安全国家标准	食品营养强化剂	5'-胞苷酸二钠	GB 1903.5—2016
7	食品安全国家标准	食品营养强化剂	维生素E琥珀酸钙	GB 1903.6—2015
8	食品安全国家标准	食品营养强化剂	葡萄糖酸锰	GB 1903.7—2015
9	食品安全国家标准	食品营养强化剂	葡萄糖酸铜	GB 1903.8—2015
10	食品安全国家标准	食品营养强化剂	亚硒酸钠	GB 1903.9—2015
11	食品安全国家标准	食品营养强化剂	葡萄糖酸亚铁	GB 1903.10—2015
12	食品安全国家标准	食品营养强化剂	乳酸锌	GB 1903.11—2015
13	食品安全国家标准	食品营养强化剂	L-硒-甲基硒代半胱氨酸	GB 1903.12—2015
14	食品安全国家标准	食品营养强化剂	左旋肉碱（L-肉碱）	GB 1903.13—2016
15	食品安全国家标准	食品营养强化剂	柠檬酸钙	GB 1903.14—2016
16	食品安全国家标准	食品营养强化剂	醋酸钙（乙酸钙）	GB 1903.15—2016
17	食品安全国家标准	食品营养强化剂	焦磷酸铁	GB 1903.16—2016
18	食品安全国家标准	食品营养强化剂	乳铁蛋白	GB 1903.17—2016
19	食品安全国家标准	食品营养强化剂	柠檬酸苹果酸钙	GB 1903.18—2016
20	食品安全国家标准	食品营养强化剂	骨粉	GB 1903.19—2016
21	食品安全国家标准	食品营养强化剂	硝酸硫胺素	GB 1903.20—2016
22	食品安全国家标准	食品营养强化剂	富硒酵母	GB 1903.21—2016
23	食品安全国家标准	食品营养强化剂	富硒食用菌粉	GB 1903.22—2016
24	食品安全国家标准	食品营养强化剂	硒化卡拉胶	GB 1903.23—2016
25	食品安全国家标准	食品营养强化剂	维生素C磷酸酯镁	GB 1903.24—2016
26	食品安全国家标准	食品营养强化剂	D-生物素	GB 1903.25—2016
27	食品安全国家标准	食品营养强化剂	1,3-二油酸-2-棕榈酸甘油三酯	GB 30604—2015
28	食品安全国家标准	食品营养强化剂	酪蛋白磷酸肽	GB 31617—2014
29	食品安全国家标准	食品营养强化剂	棉子糖	GB 31618—2014
30	食品安全国家标准	食品营养强化剂	硒蛋白	GB 1903.28—2018
31	食品安全国家标准	食品营养强化剂	葡萄糖酸镁	GB 1903.29—2018
32	食品安全国家标准	食品营养强化剂	醋酸视黄酯（醋酸维生素A）	GB 1903.31—2018
33	食品安全国家标准	食品营养强化剂	D-泛酸钠	GB 1903.32—2018
34	食品安全国家标准	食品营养强化剂	氯化锌	GB 1903.34—2018
35	食品安全国家标准	食品营养强化剂	乙酸锌	GB 1903.35—2018
36	食品安全国家标准	食品营养强化剂	氯化胆碱	GB 1903.36—2018
37	食品安全国家标准	食品营养强化剂	柠檬酸铁	GB 1903.37—2018
38	食品安全国家标准	食品营养强化剂	琥珀酸亚铁	GB 1903.38—2018
39	食品安全国家标准	食品营养强化剂	海藻碘	GB 1903.39—2018
40	食品安全国家标准	食品营养强化剂	葡萄糖酸钾	GB 1903.41—2018

附录2-6-6 续2

序号	标准名称	标准号
41	食品安全国家标准　食品营养强化剂　肌醇（环己六醇）	GB 1903.42—2020
42	食品安全国家标准　食品营养强化剂　氰钴胺	GB 1903.43—2020
43	食品安全国家标准　食品营养强化剂　羟钴胺	GB 1903.44—2020
44	食品安全国家标准　食品营养强化剂　烟酰胺	GB 1903.45—2020
45	食品安全国家标准　食品营养强化剂　富马酸亚铁	GB 1903.46—2020
46	食品安全国家标准　食品营养强化剂　乳酸亚铁	GB 1903.47—2020
47	食品安全国家标准　食品营养强化剂　磷酸氢镁	GB 1903.48—2020
48	食品安全国家标准　食品营养强化剂　柠檬酸锌	GB 1903.49—2020
49	食品安全国家标准　食品营养强化剂　胆钙化醇（维生素D_3）	GB 1903.50—2020
50	食品安全国家标准　食品营养强化剂　碘化钠	GB 1903.51—2020
51	食品安全国家标准　食品营养强化剂　D-泛酸钙	GB 1903.53—2021
52	食品安全国家标准　食品营养强化剂　酒石酸氢胆碱	GB 1903.54—2021
53	食品安全国家标准　食品营养强化剂　氯化高铁血红素	GB 1903.52—2021

附录2-6-7　食品相关产品标准15项

序号	标准名称	标准号
1	食品安全国家标准　洗涤剂	GB 14930.1—2015
2	食品安全国家标准　消毒剂	GB 14930.2—2012
3	食品安全国家标准　食品接触材料及制品迁移试验通则	GB 31604.1—2015
4	食品安全国家标准　食品接触材料及制品通用安全要求	GB 4806.1—2016
5	食品安全国家标准　奶嘴	GB 4806.2—2015
6	食品安全国家标准　搪瓷制品	GB 4806.3—2016
7	食品安全国家标准　陶瓷制品	GB 4806.4—2016
8	食品安全国家标准　玻璃制品	GB 4806.5—2016
9	食品安全国家标准　食品接触用塑料树脂	GB 4806.6—2016
10	食品安全国家标准　食品接触用塑料材料及制品	GB 4806.7—2016
11	食品安全国家标准　食品接触用纸和纸板材料及制品	GB 4806.8—2016
12	食品安全国家标准　食品接触用金属材料及制品	GB 4806.9—2016
13	食品安全国家标准　食品接触用涂料及涂层	GB 4806.10—2016
14	食品安全国家标准　食品接触用橡胶材料及制品	GB 4806.11—2016
15	食品安全国家标准　消毒餐（饮）具	GB 14934—2016

附录 2-6-8　被替代（拟替代）和已废止（待废止）标准 44 项

序号	标准名称	时间	标准号
1	食品安全国家标准　食品添加剂　β-胡萝卜素	2011年12月21日被替代	GB 8821—2010
2	食品安全国家标准　食品添加剂　山梨醇酐单硬脂酸酯（司盘60）	2011年12月21日被替代	GB 13481—2010
3	食品安全国家标准　食品添加剂　山梨醇酐单油酸酯（司盘80）	2011年12月21日被替代	GB 13482—2010
4	食品安全国家标准　食品添加剂　活性白土	2011年12月21日被替代	GB 25571—2010
5	食品安全国家标准　硅藻土	2013年1月25日被替代	GB 14936—2012
6	食品安全国家标准　食品中百菌清等12种农药最大残留限量	2013年3月1日废止	GB 25193—2010
7	食品安全国家标准　食品中百草枯等54种农药最大残留限量	2013年3月1日废止	GB 26130—2010
8	食品安全国家标准　食品中阿维菌素等85种农药最大残留限量	2013年3月1日废止	GB 28260—2011
9	食品安全国家标准　食品中农药最大残留限量	2014年8月1日被替代	GB 2763—2012
10	食品安全国家标准　食品添加剂使用标准	2015年5月24日被替代	GB 2760—2011
11	食品安全国家标准　食品添加剂　丁苯橡胶	2015年5月24日被替代	GB 29987—2013
12	食品安全国家标准　食品添加剂　琼脂（琼胶）	2017年1月1日废止	GB 1975—2010
13	食品安全国家标准　食品添加剂　乙基麦芽酚	2017年1月1日废止	GB 12487—2010
14	食品安全国家标准　食品添加剂　吗啉脂肪酸盐果蜡	2017年1月1日废止	GB 12489—2010
15	食品安全国家标准　食品添加剂　滑石粉	2017年1月1日废止	GB 25578—2010
16	食品安全国家标准　食品添加剂　稳定态二氧化氯溶液	2017年1月1日废止	GB 25580—2010
17	食品安全国家标准　食品添加剂　碳酸氢钾	2017年1月1日废止	GB 25589—2010
18	食品安全国家标准　食品添加剂　复合膨松剂	2017年1月1日废止	GB 25591—2010
19	食品安全国家标准　食品工业用酶制剂	2017年1月1日废止	GB 25594—2010
20	食品安全国家标准　食品添加剂　山梨糖醇	2017年1月1日废止	GB 29219—2012
21	食品安全国家标准　食品添加剂　乙酸乙酯	2017年1月1日废止	GB 29224—2012
22	食品安全国家标准　不锈钢制品	2017年4月19日被替代	GB 9684—2011
23	食品安全国家标准　内壁环氧聚酰胺树脂涂料	2017年4月19日被替代	GB 9686—2012
24	食品安全国家标准　有机硅防粘涂料	2017年4月19日被替代	GB 11676—2012
25	食品安全国家标准　易拉罐内壁水基改性环氧树脂涂料	2017年4月19日被替代	GB 11677—2012
26	食品安全国家标准　食品中农药最大残留限量	2017年6月18日被替代	GB 2763—2014
27	食品安全国家标准　食品中真菌毒素限量	2017年9月17日被替代	GB 2761—2011
28	食品安全国家标准　食品中污染物限量	2017年9月17日被替代	GB2762—2012
29	食品安全国家标准　乳糖	2018年12月21日被替代	GB 25595—2010

附录2-6-8 续

序号	标准名称	时间	标准号
30	食品安全国家标准 食品中农药最大残留限量	2020年2月28日被替代	GB 2763—2016
31	食品安全国家标准 食品中百草枯等43种农药最大残留限量	2020年2月28日被替代	GB 2763.1—2018
32	食品安全国家标准 食品添加剂 六偏磷酸钠	2021年3月11日被替代	GB 1886.4—2015
33	食品安全国家标准 食品添加剂 二氧化硅	2021年3月11日被替代	GB 25576—2010
34	食品安全国家标准 食品添加剂 氨水	2021年3月11日被替代	GB 29201—2012
35	食品安全国家标准 食品用香料通则	2021年3月11日被替代	GB 29938—2013
36	食品安全国家标准 食品用香精	2021年3月11日被替代	GB 30616—2014
37	食品安全国家标准 干酪	2021年11月22日被替代	GB 5420—2010
38	食品安全国家标准 婴儿配方食品	2023年2月22日被替代	GB 10765—2010
39	食品安全国家标准 较大婴儿和幼儿配方食品	2023年2月22日被替代	GB 10767—2010
40	食品安全国家标准 食品添加剂 碳酸钠	2021年8月22日被替代	GB 1886.1—2015
41	食品安全国家标准 食品添加剂 磷酸氢钙	2021年8月22日被替代	GB 1886.3—2016
42	食品安全国家标准 食品中农药最大残留限量	2021年9月5日被替代	GB 2763—2019
43	食品安全国家标准 食品中致病菌限量	2021年11月22日被替代	GB 29921—2013
44	食品安全国家标准 速冻面米制品	2022年3月7日被替代	GB 19295—2011

附录 3

通用代码表

附录 3-1　关区代码及对应的检验检疫机关代码对照表

关区代码	关区名称	关区简称	检验检疫机关代码	关区代码	关区名称	关区简称	检验检疫机关代码
0000	海关总署/全部关区	海关总署	—	0128	顺义海关	顺义海关	116200
0100	北京关区	北京关区	—	0129	天竺海关	天竺海关	116400
0101	首都机场海关	京机场关	115100	0130	北京亦庄保税物流中心	亦庄物流	116301
0102	京监管处	京监管处	—	0131	北京大兴国际机场综合保税区	大兴综保	—
0103	京关展览	京关展览	—
0104	北京西城海关	京西城关	115800	0200	天津关区	天津关区	—
0105	北京会展中心海关	京会展关	116700	0201	南开海关	南开海关	127400
0106	北京大兴国际机场海关	大兴机场	115300	0202	新港海关	新港海关	127100
0107	机场库区	机场库区	—	0203	塘沽海关	塘沽海关	125200
0108	北京海关综合业务处	京综合处	—	0204	东港海关	东港海关	—
0109	机场旅检	机场旅检	—	0205	津塘沽办	津塘沽办	—
0110	平谷海关	平谷海关	116600	0206	天津邮局海关	邮局海关	126800
0111	北京车站海关	京车站关	115400	0207	津机场办（天津滨海机场海关）	津机场办	126700
0112	北京邮局海关	京邮局关	115500
0113	京中关村	京中关村	115600	0208	津保税区	津保税区	—
0114	海淀海关	海淀海关	116000	0209	蓟州海关	津蓟州关	125500
0115	北京东城海关	京东城关	115700	0210	武清海关	武清海关	126300
0116	大兴机场旅检	大兴旅检	—	0211	天津泰达综合保税区	泰达综保	—
0117	亦庄海关	亦庄海关	116300	0212	天津保税物流园区	津物流园	—
0118	北京朝阳海关	京朝阳关	116500	0213	天津东疆综合保税区	东疆综保	—
0119	通州海关	通州海关	116100	0214	天津滨海新区综合保税区	津滨综保	—
0121	京稽查处	京稽查处	—	0215	天津机场海关快件监管中心	津机快件	—
0123	机场调技	机场调技	—	0216	天津经济技术开发区保税物流中心	津开物流	—
0124	北京站	北京站	—
0125	西客站	西客站	—	0217	天津东疆海关	东疆海关	126500
0126	丰台海关	丰台海关	115900	0218	静海海关	静海海关	125400
0127	京快件	京快件	—	0219	北辰海关	津北辰关	126200

— 813 —

附录 3-1 续 1

关区代码	关区名称	关区简称	检验检疫机关代码	关区代码	关区名称	关区简称	检验检疫机关代码
0220	津关税处	津关税处	—	0421	正定海关	正定海关	136400
0221	宁河海关	津宁河关	125700	0422	京唐港海关	京唐港关	136700
0222	天津大港海关	津大港关	126900	0423	雄安海关	雄安海关	136800
0223	天津临港海关	津临港关	125800	0424	黄骅港海关	黄骅港关	136100
0224	天津南疆海关	津南疆关	126000	0425	辛集保税物流中心（B型）	辛集物流	—
0225	西青海关	津西青关	127200	0426	北戴河海关	北戴河关	136500
0226	北塘海关	津北塘关	127000	0500	太原关区	太原关区	—
0227	天津河西海关	津河西关	127500	0501	晋阳海关	晋阳海关	145800
0228	天津东丽海关	津东丽关	127300	0502	太原机场海关	并机场关	145500
0229	蓟州保税物流中心（B型）	津蓟物流	—	0503	大同海关	大同海关	145100
0230	天津保税区海关	津保税关	127600	0504	临汾海关	临汾海关	145400
0400	石家庄区	石家庄区	—	0505	山西方略保税物流中心	方略物流	—
0401	鹿泉海关	鹿泉海关	136300	0506	太原武宿综合保税区	太原综保	—
0402	秦皇岛关	秦皇岛关	135100	0507	运城海关	运城海关	145600
0403	唐山海关	唐山海关	135200	0508	晋城海关	晋城海关	146000
0404	廊坊海关	廊坊海关	135700	0509	山西兰花保税物流中心（B型）	兰花物流	—
0405	保定海关	保定海关	135900
0406	中华人民共和国邯郸海关	邯郸海关	135300	0510	太原国际邮件处理中心	太原邮件	—
0407	秦皇岛综合保税区	秦综保区	—	0511	武宿海关	武宿海关	145900
0408	中华人民共和国沧州海关	沧州海关	135600	0512	长治海关	长治海关	145300
0409	廊坊综合保税区	廊坊综保	—	0513	阳泉海关	阳泉海关	145200
0410	石家庄机场海关	石机场关	136200	0514	朔州海关	朔州海关	145700
0411	中华人民共和国张家口海关	张家口关	135500	0515	忻州海关	忻州海关	146100
0412	曹妃甸海关	曹妃甸关	136600	0516	大同国际陆港保税物流中心（B型）	大同保B	—
0413	邢台海关	邢台海关	135800
0414	曹妃甸综合保税区	曹综保区	—	0600	满洲里关	满洲里关	—
0415	衡水海关	衡水海关	136000	0601	海拉尔关	海拉尔关	165400
0416	石家庄国际快件监管中心	石关快件	—	0602	额尔古纳	额尔古纳	165500
0417	中华人民共和国承德海关	承德海关	135400	0603	满洲里十八里海关	满十八里	165300
0418	石家庄综合保税区	石综保区	—	0604	赤峰海关	赤峰海关	166000
0419	河北武安保税物流中心（B型）	武安物流	—	0605	通辽海关	通辽海关	165900
				0606	阿日哈沙特海关	满哈沙特	165700
0420	唐山港京唐港区保税物流中心（B型）	京唐物流	—	0607	满室韦	满室韦	—
				0608	满互贸区	满互贸区	—

附录 3-1 续 2

关区代码	关区名称	关区简称	检验检疫机关代码	关区代码	关区名称	关区简称	检验检疫机关代码
0609	满洲里车站海关	满铁路	165200	0721	阿拉善海关	阿拉善关	156500
0610	满市区	满市区	—	0800	沈阳关区	沈阳关区	—
0611	满洲里机场海关	满机场	165100	0801	浑南海关	浑南海关	245100
0612	阿尔山海关	阿尔山关	165800	0802	锦州海关	锦州海关	245200
0613	赤峰保税物流中心	赤峰物流	—	0803	沈阳邮局海关	沈邮局关	245300
0614	额布都格海关	额布都格	165600	0804	抚顺海关	抚顺海关	245400
0615	满洲里综合保税区	满综保区	—	0805	铁西海关	铁西海关	245500
0616	满洲里国际邮件互换局兼交换站	满关邮办	—	0806	辽阳海关	辽阳海关	245600
				0807	沈阳桃仙机场海关	沈机海关	245700
0700	呼特关区	呼特关区	—	0808	辽中海关	辽中海关	245800
0701	赛罕海关	塞罕海关	156600	0809	沈阳国际快件监管中心	沈快件	—
0702	二连海关驻铁路口岸办事处	二关铁路	—	0810	葫芦岛关	葫芦岛关	246000
0703	包头海关	包头海关	155400	0811	辽宁朝阳海关	辽宁朝阳	246100
0704	呼关邮办	呼关邮办	—	0812	沈抚新区海关	沈抚新区	246200
0705	二连海关驻公路口岸办事处	二关公路	—	0813	铁岭海关	铁岭海关	246400
0706	包头海关驻国际集装箱中转站办事处	包头箱站	—	0814	铁岭保税物流中心（B型）	铁保（B型）	—
0707	额济纳海关	额济纳关	155900	0815	阜新海关	阜新海关	245900
0708	乌拉特海关	乌拉特关	156100	0816	锦州港保税物流中心（B型）	锦港保B	—
0709	满都拉口岸	满达口岸	—				
0710	东乌海关	东乌海关	156000	0900	大连海关	大连海关	—
0711	呼和浩特白塔机场海关	机场海关	156700	0901	大连港湾海关	大连港湾	215800
0712	呼和浩特综合保税区	呼综保区	—	0902	大连机场	大连机场	215200
0713	鄂尔多斯海关	鄂尔多斯	156800	0903	连开发区	连开发区	—
0714	集宁海关	集宁海关	156300	0904	大连湾里综合保税区	湾里综保	—
0715	乌海海关	乌海海关	156400	0905	北良港海关	北良港关	215300
0716	鄂尔多斯综合保税区	鄂综保区	—	0906	连保税区	连保税区	—
0717	包头保税物流中心（B型）	包头保B	—	0907	大连保税物流园区	连物流园	—
				0908	连大窑湾	连大窑湾	215100
0718	巴彦淖尔市保税物流中心（B型）	巴市保B	—	0909	大连邮局海关	连邮局关	215400
				0910	大连大窑湾综合保税区	连窑综保	—
0719	二关公路口岸直通	二关公直	—	0911	大连长兴岛海关	长兴岛关	216100
0720	七苏木保税物流中心（B型）	七苏保B	—	0912	大连国际快件监管中心	大连快件	—
				0915	庄河海关	庄河海关	216000

815

附录 3-1　续 3

关区代码	关区名称	关区简称	检验检疫机关代码	关区代码	关区名称	关区简称	检验检疫机关代码
0916	七贤岭海关	七贤岭关	215500	1518	吉林海关驻车站办事处	吉关车办	—
0917	旅顺海关	旅顺海关	215900	1519	图们海关三合口岸	图们三合	—
0919	金石滩海关	金石滩关	215700	1521	一汽场站	一汽场站	—
0930	丹东海关	丹东海关	216700	1522	长白山海关	长白山海关	226700
0931	本溪海关	本溪海关	216800	1523	四平关	四平海关	226400
0932	太平湾海关	丹太平湾	—	1524	辽源海关	辽源海关	226500
0940	营口海关	营口海关	216200	1525	图们桥办	图们桥办	—
0941	盘锦海关	盘锦海关	216400	1526	通集青石	通集青石	—
0942	盘锦港保税物流中心（B型）	盘港物流	—	1527	珲春圈河	珲春圈河	—
0943	营口综合保税区	营口综保	—	1528	吉林市保税物流中心（B型）	吉林物流	—
0950	鲅鱼圈关	鲅鱼圈关	216300	1529	延吉南坪	延吉南坪	—
0951	营口港保税物流中心	营港物流	—	1531	长春兴隆铁路集装箱场站	兴隆铁路	—
0953	鲅鱼圈海关驻仙人岛办事处	仙人岛办	216310	1536	通化海关驻集安车站办事处	通集铁路	—
0960	大东港关	大东港关	216600	1537	珲沙坨子	珲沙坨子	—
0980	鞍山海关	鞍山海关	216500	1539	图们海关开山屯口岸	图开山屯	—
1500	长春关区	长春关区	—	1546	通化海关集安公路口岸	通集公路	—
1501	长春绿园海关	绿园海关	226000	1547	珲春综合保税区	珲综保区	—
1502	长春兴隆海关	兴隆海关	226100	1549	延古城里	延古城里	—
1503	长白海关	长白海关	225600	1557	珲春海关驻车站办事处	珲春车办	—
1504	白山海关临江口岸	临江口岸	—	1559	延吉邮办	延吉邮办	—
1505	图们海关	图们海关	225900	1567	珲春综合保税区口岸作业区	珲综口岸	—
1506	通化海关	通化海关	225400	1569	延吉海关驻机场办事处	延吉机办	—
1507	珲春海关	珲春海关	225200	1579	延吉空港海关快件监管中心	延关快件	—
1508	吉林海关	吉林海关	225700	1589	延吉国际空港经济技术开发区保税物流中心（B型）	延吉保B	—
1509	延吉海关	延吉海关	225100
1510	长春兴隆综合保税区	长春综保	—	1591	长春邮局海关	长邮办	226200
1511	长春龙嘉机场海关	龙嘉机场	225800	1593	长白邮办	长白邮办	—
1512	松原海关	松原海关	226300	1595	图们邮办	图们邮办	—
1513	白城海关	白城海关	225300	1596	通集邮办	通集邮办	—
1514	白山海关	白山海关	226600	1900	哈尔滨区	哈尔滨区	—
1515	图们车办	图们车办	—	1901	哈尔滨关	哈尔滨关	—
1516	通海关村	通海关村	—	1902	绥关铁路	绥关铁路	—
1517	珲长岭子	珲长岭子	—	1903	黑河海关	黑河海关	236700

附录 3-1 续 4

关区代码	关区名称	关区简称	检验检疫机关代码	关区代码	关区名称	关区简称	检验检疫机关代码
1904	同江海关	同江海关	235900	2202	吴淞海关	吴淞海关	317300
1905	佳木斯海关	佳木斯关	235700	2203	上海虹桥机场海关	虹桥机场	315400
1906	牡丹江关	牡丹江关	235400	2204	闵开发区	闵开发区	—
1907	东宁海关	东宁海关	235600	2205	上海车站海关	车站海关	315900
1908	逊克海关	逊克海关	236800	2206	上海邮局海关	邮局海关	316000
1909	齐齐哈尔	齐齐哈尔	235300	2207	洋山海关	洋山海关	315800
1910	大庆海关	大庆海关	236000	2208	宝山海关	宝山海关	315700
1911	密山海关	密山海关	236100	2209	龙吴海关	龙吴海关	317400
1912	虎林海关	虎林海关	236200	2210	浦东海关	浦东海关	315200
1913	同江海关富锦口岸监管点	同江富锦	—	2211	卢湾监管	卢湾监管	—
1914	抚远海关	抚远海关	235800	2212	奉贤海关	奉贤海关	317000
1915	漠河海关	漠河海关	237000	2213	莘庄海关	莘庄海关	316500
1916	萝北海关	萝北海关	236600	2214	漕河泾发	漕河泾发	—
1917	嘉荫海关	嘉荫海关	236400	2215	上海西北物流园区	西北物流	—
1918	饶河海关	饶河海关	236300	2216	上海浦东机场综合保税区	浦机综保	—
1919	冰城海关驻香坊办事处	冰城香办	235110	2217	嘉定海关	嘉定海关	316600
1921	黑龙江绥芬河综合保税区	绥综保区	—	2218	外高桥关	外高桥关	—
1922	冰城海关驻邮局办事处	冰城邮办	235120	2219	杨浦海关	沪杨浦关	316400
1924	哈尔滨太平机场海关	哈关机场	235200	2220	金山海关	金山海关	316700
1925	绥关公路	绥关公路	235510	2221	松江海关	松江海关	316800
1926	哈尔滨综合保税区	哈综保区	—	2222	青浦海关	青浦海关	316900
1927	哈尔滨综合保税区口岸作业区	哈综口岸	—	2223	上海科创中心海关	沪科创关	317600
				2224	崇明海关	崇明海关	317100
1928	绥芬河综合保税区口岸作业区	绥综口岸	—	2225	外港海关	外港海关	315600
				2226	贸易网点	贸易网点	—
1929	牡丹江保税物流中心（B型）	牡保B型	—	2227	普陀区站	普陀区站	—
				2228	上海会展中心海关	沪会战关	317200
1930	冰城海关	冰城海关	235100	2229	航交办	航交办	—
1931	鹤岗海关	鹤岗海关	236500	2230	徐汇海关	沪徐汇关	316200
1932	黑河物流保税中心（B型）	黑河保B	—	2231	洋山海关驻市内报关点	洋山市内	—
				2232	上海嘉定综合保税区	嘉定综保	—
1933	绥化海关	绥化海关	236900	2233	浦东机场	浦东机场	315100
2200	上海海关	上海海关	—	2234	上海钻石交易所海关	沪钻交所	317700
2201	浦江海关	浦江海关	315500	2235	上海松江综合保税区A区	松江综A	

附录 3-1 续 5

关区代码	关区名称	关区简称	检验检疫机关代码	关区代码	关区名称	关区简称	检验检疫机关代码
2236	洋山海关驻芦潮港铁路集装箱中心站监管点	洋山芦潮	—	2314	苏工业区	苏工业区	325300
2237	上海松江综合保税区 B 区	松江综 B	—	2315	淮安海关	淮安海关	326600
2238	上海青浦综合保税区	青浦综保	—	2316	泰州海关	泰州海关	326800
2239	上海奉贤综合保税区	奉贤综保	—	2317	南京禄口机场海关	禄口机场	325500
2240	上海漕河泾综合保税区	漕河泾综	—	2318	金陵海关驻江北办事处	金陵江北	325130
2241	黄埔海关	黄埔海关	316100	2319	如皋海关	如皋海关	326900
2242	沪业二处	沪业二处	—	2320	无锡海关驻机场办事处	锡关机办	325410
2243	虹口海关	沪虹口关	316300	2321	常溧阳办	常溧阳办	326310
2244	上海快件	上海快件	—	2322	镇丹阳办	镇丹阳办	326210
2245	上海金桥综合保税区	金桥综保	—	2323	金陵海关	金陵海关	325100
2246	上海外高桥港综合保税区	外高桥综	—	2324	常熟海关	常熟海关	327500
2247	上海海关驻化学工业区办事处	沪化工区	—	2325	昆山海关	昆山海关	327600
				2326	吴江海关	吴江海关	327700
				2327	太仓海关	太仓海关	327400
2248	洋山海关（港区）	洋山港区	—	2328	苏州海关驻吴中办事处	苏吴中办	325230
2249	洋山特殊综合保税区	洋山特综	—	2329	启东海关	启东海关	327300
2250	驻空港区域办事处	沪空港办	—	2330	泰州海关驻泰兴办事处	泰泰兴办	326810
2251	驻金桥办事处	沪金桥办	—	2331	宜兴海关	宜兴海关	327800
2252	虹桥商务区保税物流中心（B 型）	虹桥 B 保	—	2332	锡锡山办	锡锡山办	325420
				2333	南通关办	南通关办	—
2300	南京海关	南京海关	—	2334	新沂报税物流中心（B 型）	新沂保 B	—
2301	连云港关	连云港关	325800	2335	昆山加工	昆山加工	—
2302	南通海关	南通海关	325900	2336	苏园加工	苏园加工	—
2303	苏州海关	苏州海关	325200	2337	徐州综合保税区	徐州综保	—
2304	无锡海关	无锡海关	325400	2338	苏关邮办	苏关邮办	325210
2305	张家港关	张家港关	326000	2339	南通海关驻出口加工区办事处	南通加工	
2306	常州海关	常州海关	326300				
2307	镇江海关	镇江海关	326200	2340	无锡海关驻出口加工区办事处	无锡加工	
2308	新生圩关	新生圩关	325600				
2309	盐城海关	盐城海关	326500	2341	连云港海关驻连云港出口加工区办事处	连关加工	
2310	扬州海关	扬州海关	326700				
2311	徐州海关	徐州海关	326400	2342	连云港海关驻赣榆办事处	连赣榆办	325820
2312	江阴海关	江阴海关	325700	2343	南京海关驻江苏南京出口加工区（南区）办事处	宁南加工	—
2313	张保税区	张保税区	—				

附录3-1 续6

关区代码	关区名称	关区简称	检验检疫机关代码	关区代码	关区名称	关区简称	检验检疫机关代码
2344	苏州海关驻苏州高新区出口加工区办事处	苏高加工	—	2365	张家港保税港区	张保税港	—
				2366	中华人民共和国宿迁海关	宿迁海关	327000
2345	镇江海关驻镇江出口加工区办事处	镇江加工	—	2367	泰州海关驻出口加工区办事处	泰出加区	—
2346	连云港综合保税区	连关综保	—	2368	苏州高新技术产业开发区综合保税区	苏高综保	—
2347	苏州工业园区海关驻苏州工业园区出口加工区B区办事处	苏园B区	—	2369	昆山综合保税区	昆山综保	—
				2370	连云港保税物流中心	连关物流	—
2348	金港海关	金港海关	326100	2371	盐城海关驻机场办事处	盐机场办	326510
2349	金陵海关驻邮局办事处	金陵邮办	325110	2372	盐城综合保税区	盐城综保	—
2350	苏州高新区保税物流中心（B型）	苏高物流	—	2373	淮安综合保税区	淮安综保	—
				2374	无锡高新区综合保税区	锡高综保	—
2351	金陵海关驻江宁办事处	金陵江宁	325120	2375	靖江海关	靖江海关	327100
2352	南京空港保税物流中心（B型）	宁空保B	—	2376	南通综合保税区	南通综保	—
				2377	南京综合保税区（龙潭片）	龙潭综保	—
2353	常州海关驻出口加工区办事处	常关出加	—	2378	南京综合保税区（江宁片）	江宁综保	—
2354	扬州海关驻出口加工区办事处	扬关出加	—	2379	苏州海关驻相城办事处	苏相城办	325240
2355	常熟海关驻出口加工区办事处	常熟出加	—	2380	太仓港综合保税区	太仓综保	—
				2381	苏州工业园综合保税区贸易功能区	苏园贸易	—
2356	吴江海关驻出口加工区办事处	吴江出加	—	2382	苏州海关驻虎丘办事处	苏虎丘办	325220
2357	常州海关驻武进办事处	常关武办	326320	2383	如东海关	如东海关	327200
2358	苏州工业园综合保税区	苏园保税	—	2384	如皋港保税物流中心	如皋物流	—
2359	苏州海关驻吴中出口加工区办事处	吴中出加	—	2385	泰州综合保税区	泰州综保	—
				2386	镇江综合保税区	镇江综保	—
2360	盐城海关驻大丰港办事处	盐关港办	326520	2387	常州综合保税区	常州综保	—
2361	淮安海关驻出口加工区办事处	淮关出加	—	2388	武进综合保税区	武进综保	—
				2389	常熟综合保税区	常熟综保	—
2362	江阴保税物流中心	澄关物流	—	2390	吴江综合保税区	吴江综保	—
2363	靖江保税物流中心（B型）	靖江物流	—	2391	徐州保税物流中心	徐州物流	—
				2392	南通海关驻海门办事处	通海门办	325910
2364	江苏武进出口加工区	武进出加	—	2393	南通海关驻海安办事处	通海安办	325920

附录 3-1　续 7

关区代码	关区名称	关区简称	检验检疫机关代码	关区代码	关区名称	关区简称	检验检疫机关代码
2394	吴中综合保税区	吴中综保	—	2929	钱江海关驻建德办事处	钱关建办	338340
2395	大丰港保税物流中心	大丰物流	—	2931	温关邮办	温关邮办	—
2396	海安保税物流中心（B型）	海安物流	—	2932	温经开关	温经开关	—
				2933	温关机办	温关机办	—
2397	江阴综合保税区	江阴综保	—	2934	温关鳌办	温关鳌办	—
2398	扬州综合保税区	扬州综保	—	2935	温州海关驻瑞安办事处	温关瑞办	335150
2900	杭州关区	杭州关区	—	2936	温州海关驻乐清办事处	温关乐办	335120
2901	钱江海关综合业务三处	钱综三处	—	2937	温州保税物流中心（B型）	温州物流	—
2902	钱江海关	钱江海关	338300				
2903	温州海关	温州海关	335100	2938	温州综合保税区	温州综保	—
2904	舟山海关	舟山海关	335300	2941	嵊泗海关	嵊泗海关	335400
2905	台州海关	台州海关	335500	2942	舟山海关金塘监管科	舟关金塘	—
2906	绍兴海关	绍兴海关	335600	2943	舟山海关驻舟山港综合保税区办事处	舟关综保	—
2907	湖州海关	湖州海关	335800				
2908	嘉兴海关	嘉兴海关	335700	2951	台州海关驻临海办事处	台关临办	335510
2909	钱江海关驻下沙办事处	钱关下沙	338320	2952	台州海关驻温岭办事处	台关温办	—
2910	杭州萧山机场海关	杭州机场	336300	2953	台州海关驻玉环办事处	台关玉办	335530
2911	钱江海关驻邮局办事处	钱关邮办	338310	2961	绍兴海关驻上虞办事处	绍关虞办	—
2912	钱江海关驻萧然办事处	钱关萧办	338350	2962	绍兴海关驻诸暨办事处	绍关诸办	335620
2915	丽水海关	丽水海关	336000	2963	绍兴海关驻新嵊办事处	绍关新办	335630
2916	杭州萧山机场海关快件监管中心	杭州快件	—	2964	绍兴综合保税区	绍兴综保	—
				2971	湖州海关驻安吉办事处	湖关安办	335830
2917	衢州海关	衢州海关	335900	2972	湖州海关驻德清办事处	湖关德办	335810
2918	钱江海关驻余杭办事处	钱关余办	338330	2973	湖州德清保税物流中心（B型）	德清保B	—
2919	钱江海关驻富阳办事处	钱关富办	338360				
2920	金华海关	金华海关	335200	2979	湖州物流报税中心（B型）	湖州保B	—
2921	义乌海关	义乌海关	336200				
2922	金华海关驻永康办事处	金关永办	335220	2981	嘉关乍办	嘉关乍办	335710
2923	义乌保税物流中心	义乌物流	—	2982	嘉兴海关驻嘉善办事处	嘉关善办	335720
2924	金义综合保税区	金义综保	—	2983	嘉兴综合保税区	嘉兴综保	—
2925	义乌综合保税区	义务综保	—	2984	嘉兴海关驻海宁办事处	嘉关宁办	—
2927	义乌海关驻机场办事处	义关机办	336210	2985	嘉兴海关驻桐乡办事处	嘉兴桐办	—
2928	杭州跨境电子商务海关监管中心	杭关电商	—	2986	嘉兴综合保税区（B）区	嘉综B区	—
				2991	杭州综合保税区	杭州综保	—

附录 3-1 续 8

关区代码	关区名称	关区简称	检验检疫机关代码	关区代码	关区名称	关区简称	检验检疫机关代码
2992	杭州保税物流中心（B型）	杭州物流	—	3300	合肥海关	合肥海关	—
				3301	芜湖海关	芜湖海关	345100
3100	宁波关区	宁波关区	—	3302	安庆海关	安庆海关	345200
3101	海曙海关	海曙海关	386400	3303	马鞍山海关	马鞍山关	345400
3102	镇海海关	镇海海关	385300	3304	黄山海关	黄山海关	345700
3103	北仑海关驻甬城办事处	甬北城办	385410	3305	蚌埠海关	蚌埠海关	345500
3104	北仑海关	北仑海关	385400	3306	铜陵海关	铜陵海关	345300
3105	宁波保税区海关	甬保税区	386500	3307	阜阳海关	阜阳海关	345600
3106	大榭海关	大榭海关	385500	3308	池州海关	池州海关	345800
3107	余姚海关	余姚海关	386300	3309	滁州海关	滁州海关	345900
3108	慈溪海关	慈溪海关	386200	3310	庐州海关	庐州海关	346100
3109	宁波机场海关	甬机场关	385100	3311	合肥新桥机场海关	新桥机场	346500
3110	象山海关	象山海关	385700	3312	芜湖综合保税区	芜湖综保	—
3111	宁波保税区海关驻出口加工区办事处	甬加工区	—	3313	合肥出口加工区	合关加办	—
				3315	宣城海关	宣城海关	346000
3112	宁波保税物流园区	甬物流区	—	3316	蚌埠（皖北）保税物流中心（B型）	蚌埠物流	—
3113	浙江慈溪出口加工区	慈加工区	—				
3114	鄞州海关	鄞州海关	385900	3317	合肥综合保税区	合肥综保	—
3115	栎社海关	栎社海关	386600	3318	淮南海关	淮南海关	346700
3116	宁波梅山保税港区港口功能区	梅山港区	—	3319	宿州海关	宿州海关	346300
				3320	合肥新桥国际机场海关监管快件中心	合关快件	—
3117	宁波梅山保税港区保税加工物流功能区	梅山保税	—				
				3321	安庆（皖西南）保税物流中心（B型）	安庆物流	—
3118	宁波栎社国际机场快件监管中心	宁波快件	—				
				3322	安徽皖东南保税物流中心（B型）	宣城物流	—
3119	宁波邮局海关	甬邮局关	385200				
3120	宁波镇海保税物流中心（B型）	镇海物流	—	3323	合肥空港保税物流中心（B型）	空港物流	—
3121	北仑海关驻临港办事处	甬北港办	385420	3324	马鞍山综合保税区	马综保区	—
3122	北仑海关驻穿山办事处	甬北穿办	385430	3325	六安海关	六安海关	346400
3123	甬江海关	甬江海关	385800	3326	淮北海关	淮北海关	346200
3124	奉化海关	奉化海关	386000	3327	亳州海关	亳州海关	346600
3125	宁海海关	宁海海关	386100	3328	铜陵（皖中南）保税物流中心（B型）	铜陵物流	—
3126	杭州湾新区海关	甬新区关	386700				

附录 3-1　续 9

关区代码	关区名称	关区简称	检验检疫机关代码	关区代码	关区名称	关区简称	检验检疫机关代码
3500	福州关区	福州关区	—	3712	海沧海关	海沧海关	395100
3501	马尾海关	马尾海关	355300	3713	厦门邮局海关	邮局海关	395600
3502	榕城海关驻福清办事处	榕福清办	355130	3714	象屿保税	象屿保税	—
3503	宁德海关	宁德海关	355400	3715	厦门机场海关	机场海关	395200
3504	三明海关	三明海关	355500	3716	集同海关	集同海关	395800
3505	榕城海关驻罗源湾办事处	榕罗源办	355140	3717	象屿综合保税区	象屿综保	—
3506	莆田海关	莆田海关	355600	3718	泉州综合保税区	泉综保区	—
3507	福州长乐机场海关	长乐机场	355200	3719	厦门加工	厦门加工	—
3508	福州江阴港区港口功能区	榕江阴港	—	3720	厦门火炬（翔安）保税物流中心	厦门物流	—
3509	榕城海关驻邮局办事处	榕邮局办	355110				
3510	南平海关	南平海关	355700	3722	翔安海关大嶝监管科	大嶝监管	395901
3511	武夷山关	武夷山关	355900	3723	泉州海关驻晋江办事处	泉晋江办	395440
3512	黄岐对台小额贸易监管点	黄岐监管	—	3724	厦门邮轮港海关	邮轮海关	395500
3513	榕城海关驻快安办事处	榕快安办	355120	3725	翔安海关	翔安海关	395900
3515	平潭港区港口功能区	平潭港区	—	3726	泉州海关驻晋江办事处陆地港监管科	泉陆地港	395441
3516	平潭海关	平潭海关	355800				
3520	福州综合保税区	福州综保	—	3727	古雷海关	古雷海关	396100
3521	翔福保税物流中心（B）	榕翔保 B	—	3728	泉州海关驻安溪办事处	泉安溪办	395420
3522	福州保税物流园区	福物流园	—	3729	泉州海关驻南安办事处	泉南安办	—
3523	福州江阴港综合保税区	榕江阴综	—	3730	厦门邮轮港海关驻五通办事处	厦五通办	395510
3700	厦门关区	厦门关区	—				
3701	厦门海关	厦门海关	—	3731	漳州海关驻招银办事处	漳招银办	395310
3702	泉州海关驻刺桐办事处	泉刺桐办	395430	3732	泉州海关	泉州海关	395400
3703	漳州海关	漳州海关	395300	3733	漳州台商投资区保税物流中心	漳州保 B	—
3704	东山海关	东山海关	396200				
3705	泉州海关驻石狮办事处	泉石狮办	—	3735	泉州石湖港保税物流中心	泉州保 B	—
3706	龙岩海关	龙岩海关	396300	4000	南昌关区	南昌关区	—
3707	泉州海关驻泉港办事处	泉泉港办	395410	4001	赣江新区海关	赣江海关	366000
3708	厦门海沧保税港区港口功能区	海沧港区	—	4002	九江海关	九江海关	365100
				4003	赣州海关	赣州海关	365300
3709	厦门海沧保税港区保税加工物流功能区	海沧保税	—	4004	景德镇关	景德镇关	365200
				4005	吉安海关	吉安海关	365600
3710	高崎海关	高崎海关	395700	4006	南昌昌北机场海关	昌北机场	365700
3711	厦门东渡海关	东渡海关	396000	4007	青山湖海关	青山湖关	365900

附录 3-1 续 10

关区代码	关区名称	关区简称	检验检疫机关代码	关区代码	关区名称	关区简称	检验检疫机关代码
4008	龙南海关	龙南海关	366400	4214	青前湾港	青前湾港	—
4009	新余海关	新余海关	365800	4215	菏泽海关	菏泽海关	376400
4010	九江海关驻出口加工区办事处	浔关区办	—	4217	枣庄海关	枣庄海关	376700
				4218	青开发区	青开发区	—
4011	南昌海关驻出口加工区办事处	洪关区办	—	4219	蓬莱海关	蓬莱海关	377400
				4220	青机场关	青机场关	377300
4012	赣州海关驻出口加工区办事处	虔关区办	—	4221	烟机场办	烟机场办	375340
				4222	莱州海关	莱州海关	375600
4013	上饶海关	上饶海关	365400	4223	青岛邮局海关	青岛邮关	377800
4014	南昌保税物流中心	南昌物流	—	4224	烟台海关驻长岛办事处	烟关长办	—
4015	井冈山出口加工区	吉井加工	—	4225	威海海关驻海港办事处	威海港办	376250
4016	鹰潭海关	鹰潭海关	366300	4226	青岛海关驻聊城办事处	青聊城办	—
4017	赣州综合保税区	赣州综保	—	4227	青岛大港	青岛大港	375100
4018	宜春海关	宜春海关	365500	4228	烟关快件	烟关快件	—
4019	南昌综合保税区	南昌综保	—	4230	青岛前湾保税港区保税功能区	前湾保税	—
4020	龙南保税物流中心	龙南物流	—				
4021	萍乡海关	萍乡海关	366100	4231	烟开发区	烟开发区	—
4022	抚州海关	福州海关	366200	4232	日岚山办	日岚山办	376010
4023	九江综合保税区	九江综保	—	4236	荣成海关驻龙眼港办事处	荣龙眼办	375410
4024	南昌昌北机场海关快件监管中心	南昌快件	—	4237	现场业务处	现场业务	—
				4238	威海海关驻邮局办事处	威邮局办	376240
4025	南昌昌北机场海关邮件监管中心	南昌邮件	—	4240	青岛海关快件监管中心	青关快件	—
				4241	烟台综合保税区东区	烟综保东	—
4026	井冈山综合保税区	吉井综保	—	4242	威加工区	威加工区	—
4200	青岛海关	青岛海关	—	4243	济宁海关驻曲阜办事处	济曲阜办	375810
4201	烟台海关	烟台海关	375300	4244	青岛海关驻滨州办事处	青滨州办	—
4202	日照海关	日照海关	376000	4245	烟台海关驻邮局办事处	烟台邮办	375390
4203	龙口海关	龙口海关	375500	4246	青岛胶州湾综合保税区	青胶综保	—
4204	威海海关	威海海关	376200	4247	威海海关驻机场办事处	威机场办	376220
4208	烟台综合保税区西区	烟综保西	—	4248	青岛海关驻莱芜办事处	青莱芜办	—
4209	荣成海关	荣成海关	375400	4250	青岛西海岸综合保税区	青西综区	—
4210	青保税区	青保税区	—	4253	日照保税物流中心	日照物流	—
4211	济宁海关	济宁海关	375800	4254	青岛保税物流中心	青岛物流	—
4213	临沂海关	临沂海关	376800				

附录 3-1　续 11

关区代码	关区名称	关区简称	检验检疫机关代码	关区代码	关区名称	关区简称	检验检疫机关代码
4256	威海国际物流园快件监管中心	威港快件	—	4310	潍坊海关	潍坊海关	405500
				4311	潍诸城办	潍诸城办	405520
4257	临沂综合保税区	临综保区	—	4312	潍坊综合保税区	潍综保区	—
4258	青岛前湾保税港区口岸作业区	前湾口岸	—	4313	潍坊海关驻寿光办事处	潍寿光办	405510
				4315	诸城保税物流中心	诸城物流	—
4259	黄岛海关快件监管中心	黄关快件	—	4320	淄博海关	淄博海关	405400
4260	青岛国际陆港快件监管中心	青港快件	—	4321	淄博保税物流中心	淄博物流	
4261	烟台国际陆港快件监管中心	烟港快件	—	4322	淄博综合保税区	淄博综保	
4263	海阳海关	海阳海关	377500	4330	泰安海关	泰安海关	405600
4264	烟台海关驻莱阳办事处	烟莱阳办	375380	4341	济南机场海关快件监管现场	济机快件	—
4265	胶州海关	胶州海关	378000	4342	济南邮局海关快件监管现场	济邮快件	—
4266	即墨海关	寂寞海关	377900	4350	东营海关	东营海关	405700
4267	烟台海关驻招远办事处	烟招远办	375330	4351	东营综合保税区	东营综保	
4268	董家口海关	青董港关	377600	4360	聊城海关	聊城海关	406000
4269	石岛新港国际快件中心	石港快件	—	4370	德州海关	德州海关	405800
4270	威海海关驻文登办事处	威文登办	376210	4380	滨州海关	滨州海关	405900
4271	日照综合保税区	日照综保	376001	4381	滨州保税物流中心	滨州物流	—
4272	青岛大港 H986 快件监管中心	大港快件	—	4390	莱芜海关	莱芜海关	406100
				4600	郑州关区	郑州关区	
4273	青岛即墨综合保税区	即墨综保	—	4601	金水海关	金水海关	416600
4274	烟台福山回里保税物流中心（B 型）	烟福保 B	—	4602	洛阳海关	洛阳海关	415100
				4603	南阳海关	南阳海关	415600
4275	烟台海关驻芝罘办事处	烟芝办	375350	4604	郑州机场海关	郑机场关	416300
4276	菏泽内陆港保税物流中心（B 型）	菏港保税		4605	郑州邮局海关	郑邮局关	416500
				4606	郑州车站海关	郑车站关	416400
4277	青岛西海岸新区保税物流中心（B 型）	青西保 B	—	4607	安阳海关	安阳海关	415300
				4608	郑州新区海关	新区海关	416700
4288	烟台海关驻八角办事处	烟八角办	375320	4609	商丘海关	商丘海关	415400
4300	济南海关	济南海关		4610	周口海关	周口海关	416800
4301	泉城海关	泉城海关	405300	4611	郑州经开综合保税区	经开综保	—
4302	济南机场海关	济机场关	405100	4612	新郑海关	新郑海关	415900
4303	济南综合保税区	济综保区		4613	郑州海关航空进出境快件监管中心	郑州空港	
4305	济南邮局海关	济邮局关	405200				
4306	济南章锦综合保税区	章锦综保	—	4614	焦作海关	焦作海关	415200

附录 3-1 续 12

关区代码	关区名称	关区简称	检验检疫机关代码	关区代码	关区名称	关区简称	检验检疫机关代码
4615	三门峡海关	三门峡关	415800	4712	武关机场	武关机场	425100
4616	新乡海关	新乡海关	416100	4713	武汉邮局海关	邮局海关	425300
4617	信阳海关	信阳海关	415700	4714	新港海关	新港海关	425200
4618	鹤壁海关	鹤壁海关	416200	4715	汉口海关	汉口海关	425600
4619	河南德众保税物流中心	德众物流	—	4716	十堰海关	十堰海关	426000
4620	郑州航空港经济综合实验区	郑州空港	—	4718	武昌海关	武昌海关	425500
4621	中华人民共和国许昌海关	许昌海关	416000	4719	武汉东湖综合保税区	东湖综保	—
4622	南阳卧龙综合保税区	南阳综保	—	4720	黄石棋盘洲保税物流中心	黄石物流	—
4623	河南商丘保税物流中心（B型）	商丘物流	—	4721	仙桃海关	仙桃海关	426600
4624	漯河海关	漯河海关	415500	4722	武汉东湖综合保税区口岸作业区	东湖陆港	
4625	濮阳海关	濮阳海关	417000	4723	宜昌三峡保税物流中心（B型）	宜昌物流	
4626	商丘海关驻民权办事处	民权办	415410				
4627	河南民权保税物流中心（B型）	民权保B	—	4724	襄阳保税物流中心（B型）	襄阳物流	
4628	济源海关	济源海关	417300	4725	武汉新港空港综合保税区东西湖园区	空港综保	
4629	驻马店海关	驻马店海关	417200				
4630	平顶山海关	平顶山海关	416900	4726	武汉新港空港综合保税区阳逻港园区	新港综保	
4631	开封海关	开封海关	417100				
4632	河南许昌保税物流中心（B型）	许昌保B	—	4727	荆门海关	荆门海关	426200
				4728	鄂州海关	鄂州海关	426300
4700	武汉海关	武汉海关	—	4729	随州海关	随州海关	426400
4701	宜昌海关	宜昌海关	425800	4730	恩施海关	恩施海关	426500
4702	荆州海关	荆州海关	426100	4731	武汉经开综合保税区	经开综保	—
4703	襄阳海关	襄阳海关	425700	4732	仙桃保税物流中心（B）	仙桃保B	—
4704	黄石海关	黄石海关	425900	4733	荆门保税物流中心（B型）	荆门保B	—
4705	汉阳海关	汉阳海关	425400				
4706	宜三峡办	宜三峡办	—	4734	宜昌综合保税区	宜昌综保	—
4707	鄂加工区	鄂加工区	—	4900	长沙关区	长沙关区	—
4708	现场业务一处	现场一处	—	4901	衡阳海关	衡阳海关	435900
4709	武汉海关驻江汉办事处东西湖保税物流中心	武江物流		4902	岳阳海关	岳阳海关	435600
				4903	郴州海关	郴州海关	436000
4710	武关货管	武关货管	—	4904	星沙海关霞凝辖区	星关霞办	
4711	武汉海关快件监管中心	武关快件	—	4905	长沙海关	长沙海关	

关区代码	关区名称	关区简称	检验检疫机关代码	关区代码	关区名称	关区简称	检验检疫机关代码
4906	株洲海关	株洲海关	436100	5108	肇庆德庆	肇庆德庆	—
4907	韶山海关	韶山海关	436400	5109	滘心审核业务科	海珠滘心	—
4908	长沙黄花机场海关	湘机场关	435200	5110	南海海关	南海海关	—
4909	株洲海关驻醴陵办事处	株关醴办	436110	5111	南海官窑	南海官窑	—
4910	郴州综合保税区	郴州综保	—	5112	南海九江	南海九江	—
4911	永州海关	永州海关	435300	5113	南海北村	南海北村	—
4913	长沙金霞保税物流中心	金霞物流	—	5114	南海平洲	南海平洲	—
4914	张家界海关	张家界关	435100	5115	荔湾海关	荔湾海关	448900
4915	衡阳综合保税区	衡阳综保	—	5116	南海业务	南海业务	—
4916	星沙海关	星沙海关	436200	5117	桂江货柜车场	桂江车场	—
4917	湘潭综合保税区	湘潭综保	—	5118	平洲旅检	平洲旅检	—
4918	星沙海关驻浏阳办事处	星关浏办	436210	5119	南海三山	南海三山	—
4919	岳阳城陵矶综合保税区	岳阳综保	—	5120	海珠海关	海珠海关	448800
4920	长沙邮局海关	湘邮海关	436300	5121	内港芳村	内港芳村	—
4921	长沙黄花综合保税区	黄花综保	—	5122	内港洲嘴	内港洲嘴	—
4922	株洲铜塘湾保税物流中心（B型）	株洲物流	—	5123	内港四仓	内港四仓	—
				5124	罗定监管科	双东车场	—
4923	邵阳海关	邵阳海关	435500	5125	从化海关	从化海关	447700
4924	益阳海关	益阳海关	435400	5126	内港赤航	内港赤航	—
4925	怀化海关	怀化海关	435800	5130	广州萝岗	广州萝岗	—
4926	湘西海关	湘西海关	436500	5131	花都海关	花都海关	447500
4927	星沙海关长沙国际铁路港监管作业区	星关铁运	—	5132	花都码头	花都码头	—
				5133	广州海关中新知识城	穗知识城	—
4928	中华人民共和国娄底海关	娄底海关	436600	5134	穗保税处	穗保税处	—
5000	广东分署	广东分署	—	5135	天河海关驻市政务中心监管点	天河海关	445100（天河海关）
5100	广州海关	广州海关	—				
5101	内港新风	内港新风	—				
5102	越秀海关	越秀海关	448700	5136	穗统计处	穗统计处	—
5103	清远海关	清远海关	446800	5137	穗价格处	穗价格处	—
5104	清远英德	清远英德	—	5138	高明食出	高明食出	—
5105	查检二科	天河保税	—	5139	穗监管处	穗监管处	—
5106	南沙海关散货码头监管科	南沙散货	—	5140	穗关税处	穗关税处	—
5107	肇庆高新区大旺进出境货运车辆检查场	肇庆大旺	—	5141	广州机场	广州机场	447300
				5142	民航快件	民航快件	—

附录3-1 续14

关区代码	关区名称	关区简称	检验检疫机关代码	关区代码	关区名称	关区简称	检验检疫机关代码
5143	广州车站	广州车站	447200	5175	肇庆码头	肇庆码头	—
5144	广州白云机场综合保税区	穗机综保	—	5176	肇庆四会	肇庆四会	—
5145	广州邮办	广州邮办	448500（广州邮局海关）	5177	肇庆三榕	肇庆三榕	—
				5178	云浮海关	云浮海关	448300
				5179	罗定海关	罗定海关	449100
5146	驻会展中心办事处	穗关会展	448600（广州会展中心海关）	5180	佛山海关	佛山海关	445600
				5181	高明海关	高明海关	—
				5182	佛山澜石	佛山澜石	—
5147	穗邮办监	穗邮办监	—	5183	三水码头	三水码头	—
5148	穗大郎站	穗大郎站	—	5184	佛山窖口	佛山窖口	—
5149	大铲海关	大铲海关	449000	5185	佛山海关快件监管现场	佛山快件	—
5150	顺德海关	顺德海关	—	5186	佛山保税	佛山保税	—
5151	顺德海关加工贸易监管科	顺德保税	—	5187	佛山车场	佛山车场	—
5152	顺德食出	顺德食出	—	5188	佛山火车	佛山火车	—
5153	顺德车场	顺德车场	—	5189	佛山新港	佛山新港	—
5154	北窖车场	北窖车场	—	5190	韶关海关	韶关海关	445200
5155	顺德旅检	顺德旅检	—	5191	韶关乐昌	韶关乐昌	—
5157	顺德陈村港澳货柜车检查场	陈村车场	—	5192	三水海关	三水海关	—
5158	顺德勒流	顺德勒流	—	5193	三水车场	三水车场	—
5160	番禺海关	番禺海关	447400	5194	三水港	三水港	—
5161	沙湾车场	沙湾车场	—	5195	审单中心	审单中心	—
5162	番禺旅检	番禺旅检	—	5196	云浮新港	云浮新港	—
5163	番禺货柜	番禺货柜	—	5197	广州白云机场海关驻跨境电商监管中心办事处	白云电商	447310
5164	番禺船舶	番禺船舶	—				
5165	南沙海关保税港区监管点	南沙保税	—	5198	穗河源关	穗河源关	446600
5166	南沙海关南沙港区监管点	南沙新港	—	5199	穗技术处	穗技术处	—
5167	南沙货港	南沙货港	—	5200	黄埔关区	黄埔关区	—
5168	南沙海关汽车码头监管点	南沙汽车	—	5201	黄埔老港海关	埔老港关	565100
5169	南沙海关	南沙海关	448400	5202	黄埔新港海关	埔新港关	565200
5170	肇庆海关	肇庆海关	446200	5203	增城海关	增城海关	565300
5171	肇庆高要	肇庆高要	—	5204	东莞海关	东莞海关	565400
5172	肇庆车场	肇庆车场	—	5205	太平海关	太平海关	565500
5173	肇庆新港	肇庆新港	—	5207	凤岗海关	凤岗海关	565700
5174	肇庆旅检	肇庆旅检	—	5208	穗东海关	穗东海关	565800

附录 3-1　续 15

关区代码	关区名称	关区简称	检验检疫机关代码	关区代码	关区名称	关区简称	检验检疫机关代码
5209	东江口海关	埔东海关	565900	5317	深关宝安机场	深机场关	476000
5210	埔红海办	埔红海办	—	5318	梅林海关	梅林海关	477300
5212	新沙海关	新沙海关	566200	5319	同乐海关	同乐海关	475800
5213	东莞长安海关	埔长安关	566300	5320	文锦渡关	文锦渡关	475400
5214	常平海关	常平海关	566400	5321	福田海关	福田海关	476100
5216	沙田海关	沙田海关	566600	5322	沙保税关	沙保税关	—
5217	东莞海关寮步车检场	寮步车场	—	5323	深审单处	深审单处	—
5218	新塘海关江龙车检场	江龙车场	—	5324	深审价办	深审价办	—
5219	广州黄埔综合保税区	黄埔综保	—	5325	深关税处	深关税处	—
5220	东莞保税物流中心（B型）	东莞物流	—	5326	深数统处	深数统处	—
				5327	深法规处	深法规处	—
5221	增城海关驻荔城办事处	埔荔城办	565310	5328	深规范处	深规范处	—
5222	东莞清溪保税物流中心（B型）	清溪物流	—	5329	深保税处	深保税处	—
				5330	盐保税关	盐保税关	—
5223	东莞海关驻邮局办事处	东莞邮办	565410	5331	三门岛办	三门岛办	477200（三门岛海关）
5224	萝岗海关	萝岗海关	567400				
5225	东莞虎门港综合保税区	虎门综保	—				
5300	深圳海关	深圳海关	—	5332	深财务处	深财务处	—
5301	皇岗海关	皇岗海关	475200	5333	深侦查局	深侦查局	—
5302	罗湖海关	罗湖海关	475300	5334	深稽查处	深稽查处	—
5303	沙头角关	沙头角关	475500	5335	深技术处	深技术处	—
5304	蛇口海关	蛇口海关	475100	5336	深办公室	深办公室	—
5305	福强海关	福强海关	477400	5337	大亚湾核	大亚湾核	—
5306	笋岗海关	笋岗海关	475900	5338	惠州港关	惠州港关	478000
5307	南头海关	南头海关	477600	5339	坪山海关	坪山海关	476300
5308	龙岗海关	龙岗海关	475700	5340	沙湾海关	沙湾海关	477500
5309	布吉海关	布吉海关	477800	5341	深惠州关	深惠州关	477900
5310	淡水办	淡水办	477910	5342	深红海办	深红海办	—
5311	深关车站	深关车站	—	5343	深圳盐田港保税物流园区	深盐物流	—
5312	深监管处	深监管处	—	5344	惠州港海关驻大亚湾石化区办事处	惠石化办	—
5313	深调查局	深调查局	—				
5314	深关邮局	深关邮局	476200	5345	深圳湾海关	深圳湾关	476400
5315	惠东海关	惠东海关	478100	5346	深圳机场海关快件监管中心	深机快件	—
5316	大鹏海关	大鹏海关	475600	5348	大铲湾海关	深关大铲	476600

附录3-1 续16

关区代码	关区名称	关区简称	检验检疫机关代码	关区代码	关区名称	关区简称	检验检疫机关代码
5349	深圳前海湾保税港区口岸作业区	前海港区	—	5788	港珠澳大桥海关	大桥海关	485500
5350	大运物资通关服务中心	大运通关	—	5790	青茂海关	青茂海关	486200
5351	深圳前海湾保税港区保税功能区	前海保税	—	5791	珠澳跨境工业区珠海园区海关办事机构	拱跨工区	—
				5792	拱保税区	拱保税区	—
5352	梅沙海关	梅沙海关	476900	5793	万山海关	万山海关	485300
5353	西九龙站海关	西九龙关	477000	5794	万山海关桂山中途监管站	桂山中途	
5354	莲塘海关	莲塘海关	477100	5795	横琴海关	横琴海关	485400
5355	福中海关	福中海关	477700	5796	澳门大学新校区临时监管区	澳大校区	
5356	前海海关	前海海关	476800				
5357	观澜海关	观澜海关	476500	5798	拱关邮检	公关邮检	—
5358	西沥海关	西沥海关	476700	5799	南屏快件	南屏快件	
5700	拱北关区	拱北关区	—	6000	汕头海关	汕头海关	
5701	拱稽查处	拱稽查处		6004	潮汕机场海关	潮汕机场	575100
5710	闸口海关	闸口海关	485600	6008	濠江海关	濠江海关	575600
5720	中山海关	中山海关	486000	6009	汕关邮包	汕关邮包	
5721	中山港	中山港	486100	6010	汕头保税物流中心	汕保物流	—
5724	中石岐办	中石岐办	486010	6011	揭阳海关	揭阳海关	576100
5725	坦洲货场	坦洲货场	—	6012	普宁海关	普宁海关	576400
5726	中山保税物流中心	中山物流		6013	澄海海关	澄海海关	575400
5727	小榄港	小榄港	—	6014	广澳海关	广澳海关	575300
5728	神湾港	神湾港		6015	南澳海关	南澳海关	
5729	中山国际快件监管中心	中山快件		6016	濠江海关业务现场	濠江现场	
5730	香洲海关	香洲海关	485900	6018	揭阳海关驻惠来办事处	揭关惠来	576110
5740	湾仔海关	湾仔海关	485800	6019	龙湖海关	龙湖海关	575500
5741	湾仔船舶	湾仔船舶	—	6020	汕头港海关	汕港海关	575200
5750	九洲海关	九洲海关	485700	6021	潮州海关	潮州海关	576000
5760	拱白石办	拱白石办	—	6022	饶平海关	饶平海关	576200
5770	斗门海关	斗门海关	485100	6026	汕头综合保税区	汕头综保	—
5771	斗井岸办	斗井岸办	—	6028	潮阳海关	潮阳海关	575700
5772	斗平沙办	斗平沙办	—	6031	汕尾海关	汕尾海关	575900
5780	高栏海关	高栏海关	485200	6032	海城海关	海城海关	576300
5781	高栏港综合保税区	高综保区	—	6033	汕尾海关驻陆丰办事处	尾关陆丰	575910
5782	宏达码头	宏达码头	—	6041	梅州海关	梅州海关	575800

— 829 —

附录 3-1 续 17

关区代码	关区名称	关区简称	检验检疫机关代码	关区代码	关区名称	关区简称	检验检疫机关代码
6046	梅州综合保税区	梅州综保	—	6716	湛江保税物流中心	湛江物流	—
6400	海口关区	海口关区	—	6717	湛江调顺	湛江调顺	—
6401	海口港海关	海口港	465600	6718	遂溪北部湾园区	湛江遂溪	—
6402	三亚海关	三亚海关	465100	6719	湛江综合保税区	湛江综保	—
6403	八所海关	八所海关	465200	6800	江门关区	江门关区	—
6404	洋浦经济开发区海关	洋浦区关	465300	6810	江门海关	江门海关	—
6405	海保税区	海保税区	—	6811	高沙海关	高沙海关	595200
6406	文昌海关	文昌海关	465400	6812	外海海关	外海海关	595100
6407	美兰机场	美兰机场	465500	6813	江门旅检	江门旅检	—
6408	洋浦港海关	洋浦港	465800	6815	江门跨境电商快件分拣清关中心	外海电商	—
6409	海口综合保税区园区	海口综保	—	6816	江门市进出境货运车辆检查场	江门车场	—
6410	马村港海关	马村港	466000				
6411	椰城海关	椰城海关	465700				
6412	三沙海关	三沙海关	466100	6820	新会海关	新会海关	595300
6413	博鳌机场海关	博鳌机场	465900	6821	新会港	新会港	595310
6414	海口空港综合保税区	海空综保	—	6830	台山海关	台山海关	595600
6415	三亚市保税物流中心（B型）	三亚B保	—	6831	台公益港	台公益港	—
				6840	开平海关	开平海关	595500
6700	湛江关区	湛江关区	—	6841	开平码头	开平码头	—
6701	湛江海关	湛江海关	—	6847	开平电商	开平电商	—
6702	茂名海关	茂名海关	585800	6850	恩平海关	恩平海关	595700
6703	徐闻海关	徐闻海关	585500	6851	恩平港	恩平港	—
6704	海东新区海关	海东海关	585400	6860	鹤山海关	鹤山海关	595400
6705	茂名海关驻水东办事处	茂名水东	—	6861	鹤山码头	鹤山码头	—
6706	湛江吴川	湛江吴川	—	6866	鹤山南方跨境电商快件分拣清关中心	南方电商	—
6707	廉江海关	廉江海关	585700				
6708	茂名高州	茂名高州	—	6867	万年松电商	鹤松电商	—
6709	茂名信宜	茂名信宜	—	6870	阳江海关	阳江海关	595800
6710	东海岛海关	东海岛关	585300	6871	阳江港	阳江港	595810
6711	霞山海关	霞山海关	585200	6872	阳江车场	阳江车场	—
6712	霞海海关	霞海海关	585600	7200	南宁关区	南宁关区	—
6713	湛江机场海关	湛江机场	585100	7201	邕州海关	邕州海关	456500
6714	湛江博贺	湛江博贺	—	7202	北海海关	北海海关	455200
6715	湛江进出境快件监管中心	湛江快件	—	7203	梧州海关	梧州海关	455100

附录3-1 续18

关区代码	关区名称	关区简称	检验检疫机关代码	关区代码	关区名称	关区简称	检验检疫机关代码
7204	桂林海关	桂林海关	455800	7904	攀枝花海关	蓉攀关	515800
7205	柳州海关	柳州海关	455900	7905	绵阳海关	蓉绵关	515600
7206	防城海关	防城海关	455300	7906	成都邮局海关	蓉邮关	515200
7207	东兴海关	东兴海关	455600	7907	自贡海关	蓉盐关	515700
7208	凭祥海关	凭祥海关	455400	7908	内江海关	蓉内关	516300
7209	贵港海关	贵港海关	456100	7909	成都公路国际物流中心监管场站	公路场站	—
7210	水口海关	水口海关	455500				
7211	龙邦海关	龙邦海关	456200	7910	成都双流机场海关非邮政快件监管点	蓉机快件	—
7212	钦州海关	钦州海关	455700				
7213	桂林机办	桂林机办	455810	7911	泸州海关	蓉泸关	515900
7214	北海综合保税区	北海综保	—	7912	宜宾海关	蓉戎关	516500
7215	钦州综合保税区	钦州综保	—	7913	南充海关	蓉南关	516600
7216	南宁综合保税区	南宁综保	—	7914	绵阳出口加工区	蓉绵加工	—
7217	钦州港海关	钦州海关	456300	7915	锦城海关	蓉锦关	515400
7218	玉林海关	玉林海关	456000	7916	成都高新综合保税区	蓉锦西区	—
7219	广西凭祥综合保税区	南凭综保	—	7917	遂宁海关	蓉遂关	516200
7220	友谊关海关	友谊关	457200	7918	德阳海关	蓉旌关	516000
7221	南宁吴圩机场海关	邕机场关	—	7919	达州海关	蓉通关	516700
7222	南宁邮局海关	邕邮局关	456900	7920	成都空港保税物流中心	蓉机保B	—
7223	贺州海关	贺州海关	456600	7921	泸州港保税物流中心	蓉泸保B	—
7224	河池海关	河池海关	456400	7922	成都高新综合保税区双流园区	蓉锦双流	—
7225	爱店海关	爱店海关	457100				
7226	峒中海关	峒中海关	457000	7923	宜宾港保税物流中心	蓉戎保B	—
7227	平孟海关	平孟海关	456700	7924	成都铁路保税物流中心	蓉青保	—
7227	防城港保税物流中心（B型）海关	防港保B	—	7925	天府新区海关	蓉新关	515500
				7926	广元海关	蓉利关	516100
7228	中华人民共和国硕龙海关	硕龙海关	456800	7927	天府新区成都片区保税物流中心（B型）	蓉新物流	—
7230	柳州保税物流中心（B型）	柳州保B	—				
				7928	成都国际铁路港综合保税区	蓉青综保	—
7231	梧州综合保税区	梧州综保	—				
7900	成都关区	成都关区	—	7929	泸州综合保税区	蓉泸综保	—
7901	青白江海关	蓉青关	515300	7930	宜宾综合保税区	蓉戎综保	—
7902	成都双流机场海关	蓉机双流	515100	7931	程度高新西园综合保税区	蓉锦综保	—
7903	乐山海关	蓉乐山关	516400	7932	绵阳综合保税区	蓉绵综保	—

关区代码	关区名称	关区简称	检验检疫机关代码	关区代码	关区名称	关区简称	检验检疫机关代码
7933	南充保税物流中心	蓉南保B	—	8302	贵阳龙洞堡机场海关	黔机场关	525300
7934	广安海关	蓉賨关	516800	8303	中华人民共和国遵义海关	遵义海关	525100
8000	重庆关区	重庆关区	—	8304	筑城海关贵阳综合保税区功能区	贵阳综保	—
8001	重庆海关	重庆海关	—				
8002	两江海关	两江海关	506100	8305	贵阳现场	贵阳现场	—
8003	重庆江北机场海关	重庆机场	505600	8306	贵安新区海关贵安综合保税区功能区	贵安综保	—
8004	重庆邮局海关	重庆邮局	505800				
8005	万州海关	万州海关	505100	8307	贵安新区海关	贵安海关	525500
8006	渝州海关	渝州海关	505900	8308	中华人民共和国六盘水海关	六盘水关	525600
8007	重庆港海关	重庆水港	505200				
8008	渝加工区	渝加工区	—	8309	遵义综合保税区	遵义综保	—
8009	涪陵海关	涪陵海关	505300	8310	凯里海关	凯里海关	525700
8010	重庆两路寸滩保税港区水港功能区	寸滩水港	—	8311	毕节海关	毕节海关	525800
				8312	兴义海关	兴义海关	525200
8011	重庆江北机场国际快件中心	渝关快件	—	8313	铜仁海关	铜仁海关	525900
				8600	昆明关区	昆明关区	—
8012	两路寸滩海关	两寸海关	505400	8601	滇中海关	滇中海关	535300
8013	重庆西永综合保税区	西永综保	—	8602	畹町海关	畹町海关	535500
8014	重庆西永海关	西永海关	505500	8603	瑞丽海关	瑞丽海关	535400
8015	两路寸滩保税港区贸易功能区	渝贸园区	—	8604	章凤海关	章凤海关	535800
				8605	盈江海关	盈江海关	535700
8016	重庆铁路保税物流中心	渝铁物流	—	8606	孟连海关	孟连海关	537200
8017	重庆南彭公路保税物流中心（B型）	渝公物流	—	8607	南伞海关	南伞海关	536500
				8608	孟定海关	孟定海关	536400
8018	黔江海关	黔江海关	505700	8609	打洛海关	打洛海关	536800
8019	重庆江津综合保税区	江津综保	—	8610	腾冲海关	腾冲海关	535900
8020	永川海关	永川海关	506000	8611	沧源海关	沧源海关	536600
8021	重庆涪陵综合保税区	涪陵综保	—	8612	勐腊海关	勐腊海关	536900
8022	重庆果园保税物流中心（B型）	果园保B	—	8613	河口海关	河口海关	537300
				8614	金水河关	金水河关	537500
8023	重庆万州综合保税区	万州综保	—	8615	天保海关	天保海关	537600
8024	重庆永川综合保税区	永川综保	—	8616	田蓬海关	田蓬海关	537800
8300	贵阳海关	贵阳海关	—	8617	大理海关	大理海关	536000
8301	筑城海关	筑城海关	525400	8618	芒市海关	芒市海关	535600

附录3-1 续20

关区代码	关区名称	关区简称	检验检疫机关代码	关区代码	关区名称	关区简称	检验检疫机关代码
8619	腾冲海关驻阳隆办事处	腾驻隆阳	535910	8647	曲靖海关	曲靖海关	537900
8620	昆明机场	昆明机场	535100	8648	玉溪海关	玉溪海关	538000
8621	昆明邮局海关	邮局海关	535200	8649	云南磨憨铁路口岸	磨憨铁路	—
8622	西双版纳	西双版纳	536700	8800	拉萨海关	拉萨海关	—
8623	丽江海关	丽江海关	536200	8801	聂拉木关	聂拉木关	545300
8624	思茅海关	思茅海关	537000	8802	日喀则关	日喀则关	545700
8625	河口海关驻山腰办事处	河口山腰	537310	8803	狮泉河关	狮泉河关	545800
8626	怒江海关	怒江海关	536100	8804	拉萨贡嘎机场海关	机场海关	545100
8627	昆明海关现场业务处开发区监管科	昆明高新	—	8805	八廓海关	八廓海关	545200
				8806	普兰海关	普兰海关	545500
8628	云南昆明出口加工区	昆明加工	—	8807	亚东海关	亚东海关	545600
8629	香格里拉海关	香格里拉	536300	8808	吉隆海关	吉隆海关	545400
8631	勐康海关	勐康海关	537100	8809	林芝海关	林芝海关	545900
8632	昆明国际快件监管中心	昆明快件	—	8810	拉萨综合保税区	拉萨综保	—
8633	红河综合保税区	红河综保	—	9000	西安关区	西安关区	—
8634	昆明综合保税区	昆明综保	—	9001	关中海关	关中海关	615800
8635	昆明综合保税区口岸作业区	昆综口岸	—	9002	咸阳机场	咸阳机场	615400
				9003	宝鸡海关	宝鸡海关	615200
8636	昆明高新保税物流中心（B型）	高新物流	—	9004	西安邮局海关	邮局海关	615900
				9005	西安关中综合保税区A区	关中综A	—
8637	红河综合保税区口岸作业区	红综口岸	—	9006	西安关中综合保税区B区	关中综B	—
				9007	西安综合保税区	西安综保	—
8638	磨憨口岸国际快件监管中心	磨憨快件	—	9008	西安高新综合保税区	高新综保	—
				9009	西安车站海关	车站海关	615700
8639	昆明机场跨境电子商务直购监管中心	机场电商	—	9010	延安海关	延安海关	615500
				9011	渭南海关	渭南海关	615600
8640	腾俊国际陆港保税物流中心（B型）	腾俊物流	—	9012	榆林海关	榆林海关	615100
				9013	山西西咸空港综合保税区	西咸综保	—
8641	都龙海关	都龙海关	537700	9014	汉中海关	汉中海关	615300
8642	瑞丽海关驻姐告办事处	瑞驻姐告	535410	9015	商洛海关	商洛海关	616000
8643	瑞丽海关驻弄岛办事处	瑞驻弄岛	535420	9016	西安航空基地综合保税区	航空综保	—
8644	孟定海关驻临翔办事处	孟驻临翔	536410	9017	宝鸡综合保税区	宝鸡综保	—
8645	西双版纳海关驻关累办事处	西驻关累	536710	9018	陕西杨凌综合保税区	杨凌综保	—
8646	蒙自海关	蒙自海关	537400	9400	乌关区	乌关区	—

附录 3-1　续 21

关区代码	关区名称	关区简称	检验检疫机关代码	关区代码	关区名称	关区简称	检验检疫机关代码
9401	乌昌海关公路现场	乌昌公路	—	9427	中哈霍尔果斯国际边境合作中心中方配套区	中哈合作中心配套区	—
9402	霍尔果斯	霍尔果斯	655500
9403	吐尔尕特	吐尔尕特	655900	9428	乌鲁木齐邮局海关	乌邮局关	656700
9404	阿拉山口	阿拉山口	655300	9429	乌鲁木齐综合保税区	乌综保区	—
9405	塔城海关	塔城海关	655200
9406	伊宁海关	伊宁海关	655400	9430	阿克苏海关	阿克苏关	655600
9407	吉木乃海关	吉木乃关	656000	9500	兰州关区	兰州关区	
9408	喀什海关	喀什海关	655800	9501	金城海关	金城海关	625600
9409	红其拉甫	红其拉甫	656800
9410	乌鲁木齐海关隶属阿勒泰海关	阿勒泰关	655100	9502	酒泉海关	酒泉海关	625100
				9503	兰州中川机场海关	中川机场	625700
				9504	武威保税物流中心	武威物流	—
9411	塔克什肯	塔克什肯	655110	9505	天水海关	天水海关	625200
9412	乌拉斯太	乌拉斯太	—	9506	金昌海关	金昌海关	625400
9413	哈密海关	哈密海关	656400	9507	兰州海关驻兰州新区综合保税区监管组	兰州综保	—
9414	红山嘴	红山嘴	
9415	伊尔克什	伊尔克什	656900	9508	敦煌机场海关	敦煌机场	625500
				9509	平凉海关	平凉海关	625300
9416	库尔勒海关	库尔勒关	655700	9600	银川海关	银川海关	—
9417	乌鲁木齐地窝堡机场海关	乌机场关	656600	9601	兴庆海关	兴庆海关	645200
9418	乌鲁木齐海关驻出口加工区办事处	乌加工区	—	9602	银川河东机场海关	河东机场	645100
				9603	石嘴山海关	石嘴山关	645300
				9604	银川综合保税区	银川综保	
9419	都拉塔海关	都拉塔关	657000	9605	银川海关快件中心	银关快件	
9420	乌昌海关	乌昌海关	656500	9606	石嘴山保税物流中心（B型）	石嘴山物流	
9421	霍尔果斯国际边境合作中心海关	霍中心A	656300
				9607	中卫海关	中卫海关	645400
9422	石河子海关	石河子关	656200	9700	西宁关区	西宁关区	
9423	阿拉山口综合保税区	山口综保	—	9701	西海海关	西海海关	635200
9424	喀什综合保税区	喀什综保	—	9702	青海曹家堡保税物流中心（B型）	青海物流	—
9425	卡拉苏海关	卡拉苏关	656100
9426	奎屯保税物流中心	奎屯物流	—	9703	西宁曹家堡机场海关	西宁机场	635100
				9704	格尔木海关	格尔木海关	635300
				9705	西宁综合保税区	西宁综保	

附录3-2 中国行政区划代码表

说明：本表根据海关总署网站、民政部网站整理。有关备注的说明如下：
1. 通用：该编码为方便海关申报而设，并非独立的行政区划；
2. 新增：该编码为现行有效的代码，但申报系统可能未更新；
3. 作废：该编码已作废，但申报系统可能还保留。
申报过程中，上述三类代码如何选择，请咨询当地海关。

代码	中文名称	备注	代码	中文名称	备注
110000	北京市	—	120112	天津市津南区	—
110100	北京市市辖区	通用	120113	天津市北辰区	—
110101	北京市东城区	—	120114	天津市武清区	—
110102	北京市西城区	—	120115	天津市宝坻区	—
110105	北京市朝阳区	—	120116	天津市滨海新区	—
110106	北京市丰台区	—	120117	天津市宁河区	—
110107	北京市石景山区	—	120118	天津市静海区	—
110108	北京市海淀区	—	120119	天津市蓟州区	—
110109	北京市门头沟区	—	120200	天津市县	通用
110111	北京市房山区	—	130000	河北省	—
110112	北京市通州区	—	130100	河北省石家庄市	—
110113	北京市顺义区	—	130101	石家庄市市辖区	通用
110114	北京市昌平区	—	130102	石家庄市长安区	—
110115	北京市大兴区	—	130104	石家庄市桥西区	—
110116	北京市怀柔区	—	130105	石家庄市新华区	—
110117	北京市平谷区	—	130107	石家庄市井陉矿区	—
110118	北京市密云区	—	130108	石家庄市裕华区	—
110119	北京市延庆区	—	130109	石家庄市藁城区	—
120000	天津市	—	130110	石家庄市鹿泉区	—
120100	天津市市辖区	通用	130111	石家庄市栾城区	—
120101	天津市和平区	—	130121	石家庄市井陉县	—
120102	天津市河东区	—	130123	石家庄市正定县	—
120103	天津市河西区	—	130125	石家庄市行唐县	—
120104	天津市南开区	—	130126	石家庄市灵寿县	—
120105	天津市河北区	—	130127	石家庄市高邑县	—
120106	天津市红桥区	—	130128	石家庄市深泽县	—
120110	天津市东丽区	—	130129	石家庄市赞皇县	—
120111	天津市西青区	—	130130	石家庄市无极县	—

附录 3-2 续 1

代码	中文名称	备注	代码	中文名称	备注
130131	石家庄市平山县	—	130402	邯郸市邯山区	—
130132	石家庄市元氏县	—	130403	邯郸市丛台区	—
130133	石家庄市赵县	—	130404	邯郸市复兴区	—
130181	石家庄市辛集市	—	130406	邯郸市峰峰矿区	—
130183	石家庄市晋州市	—	130407	邯郸市肥乡区	—
130184	石家庄市新乐市	—	130408	邯郸市永年区	—
130200	河北省唐山市	—	130421	邯郸市邯郸县	作废
130201	唐山市市辖区	通用	130423	邯郸市临漳县	—
130202	唐山市路南区	—	130424	邯郸市成安县	—
130203	唐山市路北区	—	130425	邯郸市大名县	—
130204	唐山市古冶区	—	130426	邯郸市涉县	—
130205	唐山市开平区	—	130427	邯郸市磁县	—
130207	唐山市丰南区	—	130428	邯郸市肥乡县	作废
130208	唐山市丰润区	—	130429	邯郸市永年县	作废
130209	唐山市曹妃甸区	—	130430	邯郸市邱县	—
130223	唐山市滦县	作废	130431	邯郸市鸡泽县	—
130224	唐山市滦南县	—	130432	邯郸市广平县	—
130225	唐山市乐亭县	—	130433	邯郸市馆陶县	—
130227	唐山市迁西县	—	130434	邯郸市魏县	—
130229	唐山市玉田县	—	130435	邯郸市曲周县	—
130281	唐山市遵化市	—	130481	邯郸市武安市	—
130283	唐山市迁安市	—	130500	河北省邢台市	—
130284	唐山市滦州市	新增	130501	邢台市市辖区	通用
130300	河北省秦皇岛市	—	130502	邢台市桥东区	—
130301	秦皇岛市市辖区	通用	130503	邢台市桥西区	—
130302	秦皇岛市海港区	—	130505	邢台市任泽区	新增
130303	秦皇岛市山海关区	—	130506	邢台市南和区	新增
130304	秦皇岛市北戴河区	—	130521	邢台市邢台县	作废
130306	秦皇岛市抚宁区	—	130522	邢台市临城县	—
130321	秦皇岛市青龙满族自治县	—	130523	邢台市内丘县	—
130322	秦皇岛市昌黎县	—	130524	邢台市柏乡县	—
130324	秦皇岛市卢龙县	—	130525	邢台市隆尧县	—
130400	河北省邯郸市	—	130526	邢台市任县	作废
130401	邯郸市市辖区	通用	130527	邢台市南和县	作废

附录3-2 续2

代码	中文名称	备注	代码	中文名称	备注
130528	邢台市宁晋县	—	130682	保定市定州市	—
130529	邢台市巨鹿县	—	130683	保定市安国市	—
130530	邢台市新河县	—	130684	保定市高碑店市	—
130531	邢台市广宗县	—	130700	河北省张家口市	—
130532	邢台市平乡县	—	130701	张家口市市辖区	通用
130533	邢台市威县	—	130702	张家口市桥东区	—
130534	邢台市清河县	—	130703	张家口市桥西区	—
130535	邢台市临西县	—	130705	张家口市宣化区	—
130581	邢台市南宫市	—	130706	张家口市下花园区	—
130582	邢台市沙河市	—	130708	张家口市万全区	—
130600	河北省保定市	—	130709	张家口市崇礼区	—
130601	保定市市辖区	通用	130722	张家口市张北县	—
130602	保定市竞秀区	—	130723	张家口市康保县	—
130604	保定市南市区	作废	130724	张家口市沽源县	—
130606	保定市莲池区	—	130725	张家口市尚义县	—
130607	保定市满城区	—	130726	张家口市蔚县	—
130608	保定市清苑区	—	130727	张家口市阳原县	—
130609	保定市徐水区	—	130728	张家口市怀安县	—
130623	保定市涞水县	—	130730	张家口市怀来县	—
130624	保定市阜平县	—	130731	张家口市涿鹿县	—
130626	保定市定兴县	—	130732	张家口市赤城县	—
130627	保定市唐县	—	130800	河北省承德市	—
130628	保定市高阳县	—	130801	承德市市辖区	通用
130629	保定市容城县	—	130802	承德市双桥区	—
130630	保定市涞源县	—	130803	承德市双滦区	—
130631	保定市望都县	—	130804	承德市鹰手营子矿区	—
130632	保定市安新县	—	130821	承德市承德县	—
130633	保定市易县	—	130822	承德市兴隆县	—
130634	保定市曲阳县	—	130823	承德市平泉县	作废
130635	保定市蠡县	—	130824	承德市滦平县	—
130636	保定市顺平县	—	130825	承德市隆化县	—
130637	保定市博野县	—	130826	承德市丰宁满族自治县	—
130638	保定市雄县	—	130827	承德市宽城满族自治县	—
130681	保定市涿州市	—	130828	承德市围场满族蒙古族自治县	—

附录 3-2 续 3

代码	中文名称	备注	代码	中文名称	备注
130881	承德市平泉市	新增	131103	衡水市冀州区	—
130900	河北省沧州市	—	131121	衡水市枣强县	—
130901	沧州市市辖区	通用	131122	衡水市武邑县	—
130902	沧州市新华区	—	131123	衡水市武强县	—
130903	沧州市运河区	—	131124	衡水市饶阳县	—
130921	沧州市沧县	—	131125	衡水市安平县	—
130922	沧州市青县	—	131126	衡水市故城县	—
130923	沧州市东光县	—	131127	衡水市景县	—
130924	沧州市海兴县	—	131128	衡水市阜城县	—
130925	沧州市盐山县	—	131182	衡水市深州市	—
130926	沧州市肃宁县	—	140000	山西省	—
130927	沧州市南皮县	—	140100	山西省太原市	—
130928	沧州市吴桥县	—	140101	太原市市辖区	通用
130929	沧州市献县	—	140105	太原市小店区	—
130930	沧州市孟村回族自治县	—	140106	太原市迎泽区	—
130981	沧州市泊头市	—	140107	太原市杏花岭区	—
130982	沧州市任丘市	—	140108	太原市尖草坪区	—
130983	沧州市黄骅市	—	140109	太原市万柏林区	—
130984	沧州市河间市	—	140110	太原市晋源区	—
131000	河北省廊坊市	—	140121	太原市清徐县	—
131001	廊坊市市辖区	通用	140122	太原市阳曲县	—
131002	廊坊市安次区	—	140123	太原市娄烦县	—
131003	廊坊市广阳区	—	140181	太原市古交市	—
131022	廊坊市固安县	—	140200	山西省大同市	—
131023	廊坊市永清县	—	140201	大同市市辖区	通用
131024	廊坊市香河县	—	140202	大同市城区	作废
131025	廊坊市大城县	—	140203	大同市矿区	作废
131026	廊坊市文安县	—	140211	大同市南郊区	作废
131028	廊坊市大厂回族自治县	—	140212	大同市新荣区	—
131081	廊坊市霸州市	—	140213	大同市平城区	新增
131082	廊坊市三河市	—	140214	大同市云冈区	新增
131100	河北省衡水市	—	140215	大同市云州区	新增
131101	衡水市市辖区	通用	140221	大同市阳高县	—
131102	衡水市桃城区	—	140222	大同市天镇县	—

附录3-2　续4

代码	中文名称	备注	代码	中文名称	备注
140223	大同市广灵县	—	140521	晋城市沁水县	—
140224	大同市灵丘县	—	140522	晋城市阳城县	—
140225	大同市浑源县	—	140524	晋城市陵川县	—
140226	大同市左云县	—	140525	晋城市泽州县	—
140227	大同市大同县	作废	140581	晋城市高平市	—
140300	山西省阳泉市	—	140600	山西省朔州市	—
140301	阳泉市市辖区	通用	140601	朔州市市辖区	通用
140302	阳泉市城区	—	140602	朔州市朔城区	—
140303	阳泉市矿区	—	140603	朔州市平鲁区	—
140311	阳泉市郊区	—	140621	朔州市山阴县	—
140321	阳泉市平定县	—	140622	朔州市应县	—
140322	阳泉市盂县	—	140623	朔州市右玉县	—
140400	山西省长治市	—	140624	朔州市怀仁县	作废
140401	长治市市辖区	通用	140681	朔州市怀仁市	新增
140402	长治市城区	作废	140700	山西省晋中市	—
140403	长治市潞州区	新增	140701	晋中市市辖区	通用
140404	长治市上党区	新增	140702	晋中市榆次区	—
140405	长治市屯留区	新增	140703	晋中市太谷区	新增
140406	长治市潞城区	新增	140721	晋中市榆社县	—
140411	长治市郊区	作废	140722	晋中市左权县	—
140421	长治市长治县	作废	140723	晋中市和顺县	—
140423	长治市襄垣县	—	140724	晋中市昔阳县	—
140424	长治市屯留县	作废	140725	晋中市寿阳县	—
140425	长治市平顺县	—	140726	晋中市太谷县	作废
140426	长治市黎城县	—	140727	晋中市祁县	—
140427	长治市壶关县	—	140728	晋中市平遥县	—
140428	长治市长子县	—	140729	晋中市灵石县	—
140429	长治市武乡县	—	140781	晋中市介休市	—
140430	长治市沁县	—	140800	山西省运城市	—
140431	长治市沁源县	—	140801	运城市市辖区	通用
140481	长治市潞城市	作废	140802	运城市盐湖区	—
140500	山西省晋城市	—	140821	运城市临猗县	—
140501	晋城市市辖区	通用	140822	运城市万荣县	—
140502	晋城市城区	—	140823	运城市闻喜县	—

附录 3-2 续 5

代码	中文名称	备注	代码	中文名称	备注
140824	运城市稷山县	—	141027	临汾市浮山县	—
140825	运城市新绛县	—	141028	临汾市吉县	—
140826	运城市绛县	—	141029	临汾市乡宁县	—
140827	运城市垣曲县	—	141030	临汾市大宁县	—
140828	运城市夏县	—	141031	临汾市隰县	—
140829	运城市平陆县	—	141032	临汾市永和县	—
140830	运城市芮城县	—	141033	临汾市蒲县	—
140881	运城市永济市	—	141034	临汾市汾西县	—
140882	运城市河津市	—	141081	临汾市侯马市	—
140900	山西省忻州市	—	141082	临汾市霍州市	—
140901	忻州市市辖区	通用	141100	山西省吕梁市	—
140902	忻州市忻府区	—	141101	吕梁市市辖区	通用
140921	忻州市定襄县	—	141102	吕梁市离石区	—
140922	忻州市五台县	—	141121	吕梁市文水县	—
140923	忻州市代县	—	141122	吕梁市交城县	—
140924	忻州市繁峙县	—	141123	吕梁市兴县	—
140925	忻州市宁武县	—	141124	吕梁市临县	—
140926	忻州市静乐县	—	141125	吕梁市柳林县	—
140927	忻州市神池县	—	141126	吕梁市石楼县	—
140928	忻州市五寨县	—	141127	吕梁市岚县	—
140929	忻州市岢岚县	—	141128	吕梁市方山县	—
140930	忻州市河曲县	—	141129	吕梁市中阳县	—
140931	忻州市保德县	—	141130	吕梁市交口县	—
140932	忻州市偏关县	—	141181	吕梁市孝义市	—
140981	忻州市原平市	—	141182	吕梁市汾阳市	—
141000	山西省临汾市	—	150000	内蒙古自治区	—
141001	临汾市市辖区	通用	150100	内蒙古自治区呼和浩特市	—
141002	临汾市尧都区	—	150101	呼和浩特市市辖区	通用
141021	临汾市曲沃县	—	150102	呼和浩特市新城区	—
141022	临汾市翼城县	—	150103	呼和浩特市回民区	—
141023	临汾市襄汾县	—	150104	呼和浩特市玉泉区	—
141024	临汾市洪洞县	—	150105	呼和浩特市赛罕区	—
141025	临汾市古县	—	150121	呼和浩特市土默特左旗	—
141026	临汾市安泽县	—	150122	呼和浩特市托克托县	—

附录 3-2　续 6

代码	中文名称	备注	代码	中文名称	备注
150123	呼和浩特市和林格尔县	—	150501	通辽市市辖区	通用
150124	呼和浩特市清水河县	—	150502	通辽市科尔沁区	—
150125	呼和浩特市武川县	—	150521	通辽市科尔沁左翼中旗	—
150200	内蒙古自治区包头市	—	150522	通辽市科尔沁左翼后旗	—
150201	包头市市辖区	通用	150523	通辽市开鲁县	—
150202	包头市东河区	—	150524	通辽市库伦旗	—
150203	包头市昆都仑区	—	150525	通辽市奈曼旗	—
150204	包头市青山区	—	150526	通辽市扎鲁特旗	—
150205	包头市石拐区	—	150581	通辽市霍林郭勒市	—
150206	包头市白云鄂博矿区	—	150600	内蒙古自治区鄂尔多斯市	—
150207	包头市九原区	—	150601	鄂尔多斯市市辖区	通用
150221	包头市土默特右旗	—	150602	鄂尔多斯市东胜区	—
150222	包头市固阳县	—	150603	鄂尔多斯市康巴什区	—
150223	包头市达尔罕茂明安联合旗	—	150621	鄂尔多斯市达拉特旗	—
150300	内蒙古自治区乌海市	—	150622	鄂尔多斯市准格尔旗	—
150301	乌海市市辖区	通用	150623	鄂尔多斯市鄂托克前旗	—
150302	乌海市海勃湾区	—	150624	鄂尔多斯市鄂托克旗	—
150303	乌海市海南区	—	150625	鄂尔多斯市杭锦旗	—
150304	乌海市乌达区	—	150626	鄂尔多斯市乌审旗	—
150400	内蒙古自治区赤峰市	—	150627	鄂尔多斯市伊金霍洛旗	—
150401	赤峰市市辖区	通用	150700	内蒙古自治区呼伦贝尔市	—
150402	赤峰市红山区	—	150701	呼伦贝尔市市辖区	通用
150403	赤峰市元宝山区	—	150702	呼伦贝尔市海拉尔区	—
150404	赤峰市松山区	—	150703	呼伦贝尔市扎赉诺尔区	—
150421	赤峰市阿鲁科尔沁旗	—	150721	呼伦贝尔市阿荣旗	—
150422	赤峰市巴林左旗	—	150722	呼伦贝尔市莫力达瓦达斡尔族自治旗	—
150423	赤峰市巴林右旗	—	150723	呼伦贝尔市鄂伦春自治旗	—
150424	赤峰市林西县	—	150724	呼伦贝尔市鄂温克族自治旗	—
150425	赤峰市克什克腾旗	—	150725	呼伦贝尔市陈巴尔虎旗	—
150426	赤峰市翁牛特旗	—	150726	呼伦贝尔市新巴尔虎左旗	—
150428	赤峰市喀喇沁旗	—	150727	呼伦贝尔市新巴尔虎右旗	—
150429	赤峰市宁城县	—	150781	呼伦贝尔市满洲里市	—
150430	赤峰市敖汉旗	—	150782	呼伦贝尔市牙克石市	—
150500	内蒙古自治区通辽市	—	150783	呼伦贝尔市扎兰屯市	—

附录 3-2　续 7

代码	中文名称	备注	代码	中文名称	备注
150784	呼伦贝尔市额尔古纳市	—	152522	锡林郭勒盟阿巴嘎旗	—
150785	呼伦贝尔市根河市	—	152523	锡林郭勒盟苏尼特左旗	—
150800	内蒙古自治区巴彦淖尔市	—	152524	锡林郭勒盟苏尼特右旗	—
150801	巴彦淖尔市市辖区	通用	152525	锡林郭勒盟东乌珠穆沁旗	—
150802	巴彦淖尔市临河区	—	152526	锡林郭勒盟西乌珠穆沁旗	—
150821	巴彦淖尔市五原县	—	152527	锡林郭勒盟太仆寺旗	—
150822	巴彦淖尔市磴口县	—	152528	锡林郭勒盟镶黄旗	—
150823	巴彦淖尔市乌拉特前旗	—	152529	锡林郭勒盟正镶白旗	—
150824	巴彦淖尔市乌拉特中旗	—	152530	锡林郭勒盟正蓝旗	—
150825	巴彦淖尔市乌拉特后旗	—	152531	锡林郭勒盟多伦县	—
150826	巴彦淖尔市杭锦后旗	—	152900	内蒙古自治区阿拉善盟	—
150900	内蒙古自治区乌兰察布市	—	152921	阿拉善盟阿拉善左旗	—
150901	乌兰察布市市辖区	通用	152922	阿拉善盟阿拉善右旗	—
150902	乌兰察布市集宁区	—	152923	阿拉善盟额济纳旗	—
150921	乌兰察布市卓资县	—	210000	辽宁省	—
150922	乌兰察布市化德县	—	210100	辽宁省沈阳市	—
150923	乌兰察布市商都县	—	210101	沈阳市市辖区	通用
150924	乌兰察布市兴和县	—	210102	沈阳市和平区	—
150925	乌兰察布市凉城县	—	210103	沈阳市沈河区	—
150926	乌兰察布市察哈尔右翼前旗	—	210104	沈阳市大东区	—
150927	乌兰察布市察哈尔右翼中旗	—	210105	沈阳市皇姑区	—
150928	乌兰察布市察哈尔右翼后旗	—	210106	沈阳市铁西区	—
150929	乌兰察布市四子王旗	—	210111	沈阳市苏家屯区	—
150981	乌兰察布市丰镇市	—	210112	沈阳市浑南区	—
152200	内蒙古自治区兴安盟	—	210113	沈阳市沈北新区	—
152201	兴安盟乌兰浩特市	—	210114	沈阳市于洪区	—
152202	兴安盟阿尔山市	—	210115	沈阳市辽中区	—
152221	兴安盟科尔沁右翼前旗	—	210123	沈阳市康平县	—
152222	兴安盟科尔沁右翼中旗	—	210124	沈阳市法库县	—
152223	兴安盟扎赉特旗	—	210181	沈阳市新民市	—
152224	兴安盟突泉县	—	210200	辽宁省大连市	—
152500	内蒙古自治区锡林郭勒盟	—	210201	大连市市辖区	通用
152501	锡林郭勒盟二连浩特市	—	210202	大连市中山区	—
152502	锡林郭勒盟锡林浩特市	—	210203	大连市西岗区	—

附录3-2 续8

代码	中文名称	备注	代码	中文名称	备注
210204	大连市沙河口区	—	210600	辽宁省丹东市	—
210211	大连市甘井子区	—	210601	丹东市市辖区	通用
210212	大连市旅顺口区	—	210602	丹东市元宝区	—
210213	大连市金州区	—	210603	丹东市振兴区	—
210214	大连市普兰店区	—	210604	丹东市振安区	—
210224	大连市长海县	—	210624	丹东市宽甸满族自治县	—
210281	大连市瓦房店市	—	210681	丹东市东港市	—
210283	大连市庄河市	—	210682	丹东市凤城市	—
210300	辽宁省鞍山市	—	210700	辽宁省锦州市	—
210301	鞍山市市辖区	通用	210701	锦州市市辖区	通用
210302	鞍山市铁东区	—	210702	锦州市古塔区	—
210303	鞍山市铁西区	—	210703	锦州市凌河区	—
210304	鞍山市立山区	—	210711	锦州市太和区	—
210311	鞍山市千山区	—	210726	锦州市黑山县	—
210321	鞍山市台安县	—	210727	锦州市义县	—
210323	鞍山市岫岩满族自治县	—	210781	锦州市凌海市	—
210381	鞍山市海城市	—	210782	锦州市北镇市	—
210400	辽宁省抚顺市	—	210800	辽宁省营口市	—
210401	抚顺市市辖区	通用	210801	营口市市辖区	通用
210402	抚顺市新抚区	—	210802	营口市站前区	—
210403	抚顺市东洲区	—	210803	营口市西市区	—
210404	抚顺市望花区	—	210804	营口市鲅鱼圈区	—
210411	抚顺市顺城区	—	210811	营口市老边区	—
210421	抚顺市抚顺县	—	210881	营口市盖州市	—
210422	抚顺市新宾满族自治县	—	210882	营口市大石桥市	—
210423	抚顺市清原满族自治县	—	210900	辽宁省阜新市	—
210500	辽宁省本溪市	—	210901	阜新市市辖区	通用
210501	本溪市市辖区	通用	210902	阜新市海州区	—
210502	本溪市平山区	—	210903	阜新市新邱区	—
210503	本溪市溪湖区	—	210904	阜新市太平区	—
210504	本溪市明山区	—	210905	阜新市清河门区	—
210505	本溪市南芬区	—	210911	阜新市细河区	—
210521	本溪市本溪满族自治县	—	210921	阜新市阜新蒙古族自治县	—
210522	本溪市桓仁满族自治县	—	210922	阜新市彰武县	—

附录 3-2　续 9

代码	中文名称	备注	代码	中文名称	备注
211000	辽宁省辽阳市	—	211401	葫芦岛市市辖区	通用
211001	辽阳市市辖区	通用	211402	葫芦岛市连山区	—
211002	辽阳市白塔区	—	211403	葫芦岛市龙港区	—
211003	辽阳市文圣区	—	211404	葫芦岛市南票区	—
211004	辽阳市宏伟区	—	211421	葫芦岛市绥中县	—
211005	辽阳市弓长岭区	—	211422	葫芦岛市建昌县	—
211011	辽阳市太子河区	—	211481	葫芦岛市兴城市	—
211021	辽阳市辽阳县	—	220000	吉林省	—
211081	辽阳市灯塔市	—	220100	吉林省长春市	—
211100	辽宁省盘锦市	—	220101	长春市市辖区	通用
211101	盘锦市市辖区	通用	220102	长春市南关区	—
211102	盘锦市双台子区	—	220103	长春市宽城区	—
211103	盘锦市兴隆台区	—	220104	长春市朝阳区	—
211104	盘锦市大洼区	—	220105	长春市二道区	—
211122	盘锦市盘山县	—	220106	长春市绿园区	—
211200	辽宁省铁岭市	—	220112	长春市双阳区	—
211201	铁岭市市辖区	通用	220113	长春市九台区	—
211202	铁岭市银州区	—	220122	长春市农安县	—
211204	铁岭市清河区	—	220182	长春市榆树市	—
211221	铁岭市铁岭县	—	220183	长春市德惠市	—
211223	铁岭市西丰县	—	220184	长春市公主岭市	新增
211224	铁岭市昌图县	—	220200	吉林省吉林市	—
211281	铁岭市调兵山市	—	220201	吉林市市辖区	通用
211282	铁岭市开原市	—	220202	吉林市昌邑区	—
211300	辽宁省朝阳市	—	220203	吉林市龙潭区	—
211301	朝阳市市辖区	通用	220204	吉林市船营区	—
211302	朝阳市双塔区	—	220211	吉林市丰满区	—
211303	朝阳市龙城区	—	220221	吉林市永吉县	—
211321	朝阳市朝阳县	—	220281	吉林市蛟河市	—
211322	朝阳市建平县	—	220282	吉林市桦甸市	—
211324	朝阳市喀喇沁左翼蒙古族自治县	—	220283	吉林市舒兰市	—
211381	朝阳市北票市	—	220284	吉林市磐石市	—
211382	朝阳市凌源市	—	220300	吉林省四平市	—
211400	辽宁省葫芦岛市	—	220301	四平市市辖区	通用

附录 3-2　续 10

代码	中文名称	备注	代码	中文名称	备注
220302	四平市铁西区	—	220723	松原市乾安县	—
220303	四平市铁东区	—	220781	松原市扶余市	—
220322	四平市梨树县	—	220800	吉林省白城市	—
220323	四平市伊通满族自治县	—	220801	白城市市辖区	通用
220381	四平市公主岭市	作废	220802	白城市洮北区	—
220382	四平市双辽市	—	220821	白城市镇赉县	—
220400	吉林省辽源市	—	220822	白城市通榆县	—
220401	辽源市市辖区	通用	220881	白城市洮南市	—
220402	辽源市龙山区	—	220882	白城市大安市	—
220403	辽源市西安区	—	222400	吉林省延边朝鲜族自治州	—
220421	辽源市东丰县	—	222401	延边朝鲜族自治州延吉市	—
220422	辽源市东辽县	—	222402	延边朝鲜族自治州图们市	—
220500	吉林省通化市	—	222403	延边朝鲜族自治州敦化市	—
220501	通化市市辖区	通用	222404	延边朝鲜族自治州珲春市	—
220502	通化市东昌区	—	222405	延边朝鲜族自治州龙井市	—
220503	通化市二道江区	—	222406	延边朝鲜族自治州和龙市	—
220521	通化市通化县	—	222424	延边朝鲜族自治州汪清县	—
220523	通化市辉南县	—	222426	延边朝鲜族自治州安图县	—
220524	通化市柳河县	—	230000	黑龙江省	—
220581	通化市梅河口市	—	230100	黑龙江省哈尔滨市	—
220582	通化市集安市	—	230101	哈尔滨市市辖区	通用
220600	吉林省白山市	—	230102	哈尔滨市道里区	—
220601	白山市市辖区	通用	230103	哈尔滨市南岗区	—
220602	白山市浑江区	—	230104	哈尔滨市道外区	—
220605	白山市江源区	—	230108	哈尔滨市平房区	—
220621	白山市抚松县	—	230109	哈尔滨市松北区	—
220622	白山市靖宇县	—	230110	哈尔滨市香坊区	—
220623	白山市长白朝鲜族自治县	—	230111	哈尔滨市呼兰区	—
220681	白山市临江市	—	230112	哈尔滨市阿城区	—
220700	吉林省松原市	—	230113	哈尔滨市双城区	—
220701	松原市市辖区	通用	230123	哈尔滨市依兰县	—
220702	松原市宁江区	—	230124	哈尔滨市方正县	—
220721	松原市前郭尔罗斯蒙古族自治县	—	230125	哈尔滨市宾县	—
220722	松原市长岭县	—	230126	哈尔滨市巴彦县	—

附录 3-2 续 11

代码	中文名称	备注	代码	中文名称	备注
230127	哈尔滨市木兰县	—	230400	黑龙江省鹤岗市	—
230128	哈尔滨市通河县	—	230401	鹤岗市市辖区	通用
230129	哈尔滨市延寿县	—	230402	鹤岗市向阳区	—
230183	哈尔滨市尚志市	—	230403	鹤岗市工农区	—
230184	哈尔滨市五常市	—	230404	鹤岗市南山区	—
230200	黑龙江省齐齐哈尔市	—	230405	鹤岗市兴安区	—
230201	齐齐哈尔市市辖区	通用	230406	鹤岗市东山区	—
230202	齐齐哈尔市龙沙区	—	230407	鹤岗市兴山区	—
230203	齐齐哈尔市建华区	—	230421	鹤岗市萝北县	—
230204	齐齐哈尔市铁锋区	—	230422	鹤岗市绥滨县	—
230205	齐齐哈尔市昂昂溪区	—	230500	黑龙江省双鸭山市	—
230206	齐齐哈尔市富拉尔基区	—	230501	双鸭山市市辖区	通用
230207	齐齐哈尔市碾子山区	—	230502	双鸭山市尖山区	—
230208	齐齐哈尔市梅里斯达斡尔族区	—	230503	双鸭山市岭东区	—
230221	齐齐哈尔市龙江县	—	230505	双鸭山市四方台区	—
230223	齐齐哈尔市依安县	—	230506	双鸭山市宝山区	—
230224	齐齐哈尔市泰来县	—	230521	双鸭山市集贤县	—
230225	齐齐哈尔市甘南县	—	230522	双鸭山市友谊县	—
230227	齐齐哈尔市富裕县	—	230523	双鸭山市宝清县	—
230229	齐齐哈尔市克山县	—	230524	双鸭山市饶河县	—
230230	齐齐哈尔市克东县	—	230600	黑龙江省大庆市	—
230231	齐齐哈尔市拜泉县	—	230601	大庆市市辖区	通用
230281	齐齐哈尔市讷河市	—	230602	大庆市萨尔图区	—
230300	黑龙江省鸡西市	—	230603	大庆市龙凤区	—
230301	鸡西市市辖区	通用	230604	大庆市让胡路区	—
230302	鸡西市鸡冠区	—	230605	大庆市红岗区	—
230303	鸡西市恒山区	—	230606	大庆市大同区	—
230304	鸡西市滴道区	—	230621	大庆市肇州县	—
230305	鸡西市梨树区	—	230622	大庆市肇源县	—
230306	鸡西市城子河区	—	230623	大庆市林甸县	—
230307	鸡西市麻山区	—	230624	大庆市杜尔伯特蒙古族自治县	—
230321	鸡西市鸡东县	—	230700	黑龙江省伊春市	—
230381	鸡西市虎林市	—	230701	伊春市市辖区	通用
230382	鸡西市密山市	—	230702	伊春市伊春区	作废

附录 3-2 续 12

代码	中文名称	备注	代码	中文名称	备注
230703	伊春市南岔区	作废	230882	佳木斯市富锦市	—
230704	伊春市友好区	作废	230883	佳木斯市抚远市	—
230705	伊春市西林区	作废	230900	黑龙江省七台河市	—
230706	伊春市翠峦区	作废	230901	七台河市市辖区	通用
230707	伊春市新青区	作废	230902	七台河市新兴区	—
230708	伊春市美溪区	作废	230903	七台河市桃山区	—
230709	伊春市金山屯区	作废	230904	七台河市茄子河区	—
230710	伊春市五营区	作废	230921	七台河市勃利县	—
230711	伊春市乌马河区	作废	231000	黑龙江省牡丹江市	—
230712	伊春市汤旺河区	作废	231001	牡丹江市市辖区	通用
230713	伊春市带岭区	作废	231002	牡丹江市东安区	—
230714	伊春市乌伊岭区	作废	231003	牡丹江市阳明区	—
230715	伊春市红星区	作废	231004	牡丹江市爱民区	—
230716	伊春市上甘岭区	作废	231005	牡丹江市西安区	—
230717	伊春市伊美区	新增	231025	牡丹江市林口县	—
230718	伊春市乌翠区	新增	231081	牡丹江市绥芬河市	—
230719	伊春市友好区	新增	231083	牡丹江市海林市	—
230722	伊春市嘉荫县	—	231084	牡丹江市宁安市	—
230723	伊春市汤旺县	新增	231085	牡丹江市穆棱市	—
230724	伊春市丰林县	新增	231086	牡丹江市东宁市	—
230725	伊春市大箐山县	新增	231100	黑龙江省黑河市	—
230726	伊春市南岔县	新增	231101	黑河市市辖区	通用
230751	伊春市金林区	新增	231102	黑河市爱辉区	—
230781	伊春市铁力市	—	231121	黑河市嫩江县	作废
230800	黑龙江省佳木斯市	—	231123	黑河市逊克县	—
230801	佳木斯市市辖区	通用	231124	黑河市孙吴县	—
230803	佳木斯市向阳区	—	231181	黑河市北安市	—
230804	佳木斯市前进区	—	231182	黑河市五大连池市	—
230805	佳木斯市东风区	—	231183	黑河市嫩江市	新增
230811	佳木斯市郊区	—	231200	黑龙江省绥化市	—
230822	佳木斯市桦南县	—	231201	绥化市市辖区	通用
230826	佳木斯市桦川县	—	231202	绥化市北林区	—
230828	佳木斯市汤原县	—	231221	绥化市望奎县	—
230881	佳木斯市同江市	—	231222	绥化市兰西县	—

附录 3-2 续 13

代码	中文名称	备注	代码	中文名称	备注
231223	绥化市青冈县	—	320102	南京市玄武区	—
231224	绥化市庆安县	—	320104	南京市秦淮区	—
231225	绥化市明水县	—	320105	南京市建邺区	—
231226	绥化市绥棱县	—	320106	南京市鼓楼区	—
231281	绥化市安达市	—	320111	南京市浦口区	—
231282	绥化市肇东市	—	320113	南京市栖霞区	—
231283	绥化市海伦市	—	320114	南京市雨花台区	—
232700	黑龙江省大兴安岭地区	—	320115	南京市江宁区	—
232701	大兴安岭地区漠河市	新增	320116	南京市六合区	—
232721	大兴安岭地区呼玛县	—	320117	南京市溧水区	—
232722	大兴安岭地区塔河县	—	320118	南京市高淳区	—
232723	大兴安岭地区漠河县	作废	320200	江苏省无锡市	—
310000	上海市	—	320201	无锡市市辖区	通用
310100	上海市市辖区	通用	320205	无锡市锡山区	—
310101	上海市黄浦区	—	320206	无锡市惠山区	—
310104	上海市徐汇区	—	320211	无锡市滨湖区	—
310105	上海市长宁区	—	320213	无锡市梁溪区	—
310106	上海市静安区	—	320214	无锡市新吴区	—
310107	上海市普陀区	—	320281	无锡市江阴市	—
310109	上海市虹口区	—	320282	无锡市宜兴市	—
310110	上海市杨浦区	—	320300	江苏省徐州市	—
310112	上海市闵行区	—	320301	徐州市市辖区	通用
310113	上海市宝山区	—	320302	徐州市鼓楼区	—
310114	上海市嘉定区	—	320303	徐州市云龙区	—
310115	上海市浦东新区	—	320305	徐州市贾汪区	—
310116	上海市金山区	—	320311	徐州市泉山区	—
310117	上海市松江区	—	320312	徐州市铜山区	—
310118	上海市青浦区	—	320321	徐州市丰县	—
310120	上海市奉贤区	—	320322	徐州市沛县	—
310151	上海市崇明区	—	320324	徐州市睢宁县	—
310200	上海市县	通用	320381	徐州市新沂市	—
320000	江苏省	—	320382	徐州市邳州市	—
320100	江苏省南京市	—	320400	江苏省常州市	—
320101	南京市市辖区	通用	320401	常州市市辖区	通用

附录 3-2　续 14

代码	中文名称	备注	代码	中文名称	备注
320402	常州市天宁区	—	320707	连云港市赣榆区	—
320404	常州市钟楼区	—	320722	连云港市东海县	—
320411	常州市新北区	—	320723	连云港市灌云县	—
320412	常州市武进区	—	320724	连云港市灌南县	—
320413	常州市金坛区	—	320800	江苏省淮安市	—
320481	常州市溧阳市	—	320801	淮安市市辖区	通用
320500	江苏省苏州市	—	320803	淮安市淮安区	—
320501	苏州市市辖区	通用	320804	淮安市淮阴区	—
320505	苏州市虎丘区	—	320812	淮安市清江浦区	—
320506	苏州市吴中区	—	320813	淮安市洪泽区	—
320507	苏州市相城区	—	320826	淮安市涟水县	—
320508	苏州市姑苏区	—	320830	淮安市盱眙县	—
320509	苏州市吴江区	—	320831	淮安市金湖县	—
320581	苏州市常熟市	—	320900	江苏省盐城市	—
320582	苏州市张家港市	—	320901	盐城市市辖区	通用
320583	苏州市昆山市	—	320902	盐城市亭湖区	—
320585	苏州市太仓市	—	320903	盐城市盐都区	—
320600	江苏省南通市	—	320904	盐城市大丰区	—
320601	南通市市辖区	通用	320921	盐城市响水县	—
320602	南通市崇川区	作废	320922	盐城市滨海县	—
320611	南通市港闸区	作废	320923	盐城市阜宁县	—
320612	南通市通州区	—	320924	盐城市射阳县	—
320613	南通市崇川区	新增	320925	盐城市建湖县	—
320614	南通市海门区	新增	320981	盐城市东台市	—
320621	南通市海安县	作废	321000	江苏省扬州市	—
320623	南通市如东县	—	321001	扬州市市辖区	通用
320681	南通市启东市	—	321002	扬州市广陵区	—
320682	南通市如皋市	—	321003	扬州市邗江区	—
320684	南通市海门市	作废	321012	扬州市江都区	—
320685	南通市海安市	新增	321023	扬州市宝应县	—
320700	江苏省连云港市	—	321081	扬州市仪征市	—
320701	连云港市市辖区	通用	321084	扬州市高邮市	—
320703	连云港市连云区	—	321100	江苏省镇江市	—
320706	连云港市海州区	—	321101	镇江市市辖区	通用

— 849 —

附录 3-2 续 15

代码	中文名称	备注	代码	中文名称	备注
321102	镇江市京口区	—	330122	杭州市桐庐县	—
321111	镇江市润州区	—	330127	杭州市淳安县	—
321112	镇江市丹徒区	—	330182	杭州市建德市	—
321181	镇江市丹阳市	—	330185	杭州市临安市	作废
321182	镇江市扬中市	—	330200	浙江省宁波市	—
321183	镇江市句容市	—	330201	宁波市市辖区	通用
321200	江苏省泰州市	—	330203	宁波市海曙区	—
321201	泰州市市辖区	通用	330204	宁波市江东区	作废
321202	泰州市海陵区	—	330205	宁波市江北区	—
321203	泰州市高港区	—	330206	宁波市北仑区	—
321204	泰州市姜堰区	—	330211	宁波市镇海区	—
321281	泰州市兴化市	—	330212	宁波市鄞州区	—
321282	泰州市靖江市	—	330213	宁波市奉化区	—
321283	泰州市泰兴市	—	330225	宁波市象山县	—
321300	江苏省宿迁市	—	330226	宁波市宁海县	—
321301	宿迁市市辖区	通用	330281	宁波市余姚市	—
321302	宿迁市宿城区	—	330282	宁波市慈溪市	—
321311	宿迁市宿豫区	—	330283	宁波市奉化市	作废
321322	宿迁市沭阳县	—	330300	浙江省温州市	—
321323	宿迁市泗阳县	—	330301	温州市市辖区	通用
321324	宿迁市泗洪县	—	330302	温州市鹿城区	—
330000	浙江省	—	330303	温州市龙湾区	—
330100	浙江省杭州市	—	330304	温州市瓯海区	—
330101	杭州市市辖区	通用	330305	温州市洞头区	—
330102	杭州市上城区	—	330324	温州市永嘉县	—
330103	杭州市下城区	—	330326	温州市平阳县	—
330104	杭州市江干区	—	330327	温州市苍南县	—
330105	杭州市拱墅区	—	330328	温州市文成县	—
330106	杭州市西湖区	—	330329	温州市泰顺县	—
330108	杭州市滨江区	—	330381	温州市瑞安市	—
330109	杭州市萧山区	—	330382	温州市乐清市	—
330110	杭州市余杭区	—	330383	温州市龙港市	新增
330111	杭州市富阳区	—	330400	浙江省嘉兴市	—
330112	杭州市临安区	新增	330401	嘉兴市市辖区	通用

代码	中文名称	备注	代码	中文名称	备注
330402	嘉兴市南湖区	—	330801	衢州市市辖区	通用
330411	嘉兴市秀洲区	—	330802	衢州市柯城区	—
330421	嘉兴市嘉善县	—	330803	衢州市衢江区	—
330424	嘉兴市海盐县	—	330822	衢州市常山县	—
330481	嘉兴市海宁市	—	330824	衢州市开化县	—
330482	嘉兴市平湖市	—	330825	衢州市龙游县	—
330483	嘉兴市桐乡市	—	330881	衢州市江山市	—
330500	浙江省湖州市	—	330900	浙江省舟山市	—
330501	湖州市市辖区	通用	330901	舟山市市辖区	通用
330502	湖州市吴兴区	—	330902	舟山市定海区	—
330503	湖州市南浔区	—	330903	舟山市普陀区	—
330521	湖州市德清县	—	330921	舟山市岱山县	—
330522	湖州市长兴县	—	330922	舟山市嵊泗县	—
330523	湖州市安吉县	—	331000	浙江省台州市	—
330600	浙江省绍兴市	—	331001	台州市市辖区	通用
330601	绍兴市市辖区	通用	331002	台州市椒江区	—
330602	绍兴市越城区	—	331003	台州市黄岩区	—
330603	绍兴市柯桥区	—	331004	台州市路桥区	—
330604	绍兴市上虞区	—	331021	台州市玉环县	作废
330624	绍兴市新昌县	—	331022	台州市三门县	—
330681	绍兴市诸暨市	—	331023	台州市天台县	—
330683	绍兴市嵊州市	—	331024	台州市仙居县	—
330700	浙江省金华市	—	331081	台州市温岭市	—
330701	金华市市辖区	通用	331082	台州市临海市	—
330702	金华市婺城区	—	331083	台州市玉环市	新增
330703	金华市金东区	—	331100	浙江省丽水市	—
330723	金华市武义县	—	331101	丽水市市辖区	通用
330726	金华市浦江县	—	331102	丽水市莲都区	—
330727	金华市磐安县	—	331121	丽水市青田县	—
330781	金华市兰溪市	—	331122	丽水市缙云县	—
330782	金华市义乌市	—	331123	丽水市遂昌县	—
330783	金华市东阳市	—	331124	丽水市松阳县	—
330784	金华市永康市	—	331125	丽水市云和县	—
330800	浙江省衢州市	—	331126	丽水市庆元县	—

附录 3-2　续 17

代码	中文名称	备注	代码	中文名称	备注
331127	丽水市景宁畲族自治县	—	340321	蚌埠市怀远县	—
331181	丽水市龙泉市	—	340322	蚌埠市五河县	—
340000	安徽省	—	340323	蚌埠市固镇县	—
340100	安徽省合肥市	—	340400	安徽省淮南市	—
340101	合肥市市辖区	通用	340401	淮南市市辖区	通用
340102	合肥市瑶海区	—	340402	淮南市大通区	—
340103	合肥市庐阳区	—	340403	淮南市田家庵区	—
340104	合肥市蜀山区	—	340404	淮南市谢家集区	—
340111	合肥市包河区	—	340405	淮南市八公山区	—
340121	合肥市长丰县	—	340406	淮南市潘集区	—
340122	合肥市肥东县	—	340421	淮南市凤台县	—
340123	合肥市肥西县	—	340422	淮南市寿县	—
340124	合肥市庐江县	—	340500	安徽省马鞍山市	—
340181	合肥市巢湖市	—	340501	马鞍山市市辖区	通用
340200	安徽省芜湖市	—	340503	马鞍山市花山区	—
340201	芜湖市市辖区	通用	340504	马鞍山市雨山区	—
340202	芜湖市镜湖区	—	340506	马鞍山市博望区	—
340203	芜湖市弋江区	作废	340521	马鞍山市当涂县	—
340207	芜湖市鸠江区	—	340522	马鞍山市含山县	—
340208	芜湖市三山区	作废	340523	马鞍山市和县	—
340209	芜湖市弋江区	新增	340600	安徽省淮北市	—
340210	芜湖市湾沚区	新增	340601	淮北市市辖区	通用
340212	芜湖市繁昌区	新增	340602	淮北市杜集区	—
340221	芜湖市芜湖县	作废	340603	淮北市相山区	—
340222	芜湖市繁昌县	作废	340604	淮北市烈山区	—
340223	芜湖市南陵县	—	340621	淮北市濉溪县	—
340225	芜湖市无为县	作废	340700	安徽省铜陵市	—
340281	芜湖市无为市	新增	340701	铜陵市市辖区	通用
340300	安徽省蚌埠市	—	340705	铜陵市铜官区	—
340301	蚌埠市市辖区	通用	340706	铜陵市义安区	—
340302	蚌埠市龙子湖区	—	340711	铜陵市郊区	—
340303	蚌埠市蚌山区	—	340722	铜陵市枞阳县	—
340304	蚌埠市禹会区	—	340800	安徽省安庆市	—
340311	蚌埠市淮上区	—	340801	安庆市市辖区	通用

附录 3-2　续 18

代码	中文名称	备注	代码	中文名称	备注
340802	安庆市迎江区	—	341204	阜阳市颍泉区	—
340803	安庆市大观区	—	341221	阜阳市临泉县	—
340811	安庆市宜秀区	—	341222	阜阳市太和县	—
340822	安庆市怀宁县	—	341225	阜阳市阜南县	—
340824	安庆市潜山县	作废	341226	阜阳市颍上县	—
340825	安庆市太湖县	—	341282	阜阳市界首市	—
340826	安庆市宿松县	—	341300	安徽省宿州市	—
340827	安庆市望江县	—	341301	宿州市市辖区	通用
340828	安庆市岳西县	—	341302	宿州市埇桥区	—
340881	安庆市桐城市	—	341321	宿州市砀山县	—
340882	安庆市潜山市	新增	341322	宿州市萧县	—
341000	安徽省黄山市	—	341323	宿州市灵璧县	—
341001	黄山市市辖区	通用	341324	宿州市泗县	—
341002	黄山市屯溪区	—	341500	安徽省六安市	—
341003	黄山市黄山区	—	341501	六安市市辖区	通用
341004	黄山市徽州区	—	341502	六安市金安区	—
341021	黄山市歙县	—	341503	六安市裕安区	—
341022	黄山市休宁县	—	341504	六安市叶集区	—
341023	黄山市黟县	—	341522	六安市霍邱县	—
341024	黄山市祁门县	—	341523	六安市舒城县	—
341100	安徽省滁州市	—	341524	六安市金寨县	—
341101	滁州市市辖区	通用	341525	六安市霍山县	—
341102	滁州市琅琊区	—	341600	安徽省亳州市	—
341103	滁州市南谯区	—	341601	亳州市市辖区	通用
341122	滁州市来安县	—	341602	亳州市谯城区	—
341124	滁州市全椒县	—	341621	亳州市涡阳县	—
341125	滁州市定远县	—	341622	亳州市蒙城县	—
341126	滁州市凤阳县	—	341623	亳州市利辛县	—
341181	滁州市天长市	—	341700	安徽省池州市	—
341182	滁州市明光市	—	341701	池州市市辖区	通用
341200	安徽省阜阳市	—	341702	池州市贵池区	—
341201	阜阳市市辖区	通用	341721	池州市东至县	—
341202	阜阳市颍州区	—	341722	池州市石台县	—
341203	阜阳市颍东区	—	341723	池州市青阳县	—

附录 3-2　续 19

代码	中文名称	备注	代码	中文名称	备注
341800	安徽省宣城市	—	350213	厦门市翔安区	—
341801	宣城市市辖区	通用	350300	福建省莆田市	—
341802	宣城市宣州区	—	350301	莆田市市辖区	通用
341821	宣城市郎溪县	—	350302	莆田市城厢区	—
341822	宣城市广德县	作废	350303	莆田市涵江区	—
341823	宣城市泾县	—	350304	莆田市荔城区	—
341824	宣城市绩溪县	—	350305	莆田市秀屿区	—
341825	宣城市旌德县	—	350322	莆田市仙游县	—
341881	宣城市宁国市	—	350400	福建省三明市	—
341882	宣城市广德市	新增	350401	三明市市辖区	通用
350000	福建省	—	350402	三明市梅列区	—
350100	福建省福州市	—	350403	三明市三元区	—
350101	福州市市辖区	通用	350421	三明市明溪县	—
350102	福州市鼓楼区	—	350423	三明市清流县	—
350103	福州市台江区	—	350424	三明市宁化县	—
350104	福州市仓山区	—	350425	三明市大田县	—
350105	福州市马尾区	—	350426	三明市尤溪县	—
350111	福州市晋安区	—	350427	三明市沙县	—
350112	福州市长乐区	新增	350428	三明市将乐县	—
350121	福州市闽侯县	—	350429	三明市泰宁县	—
350122	福州市连江县	—	350430	三明市建宁县	—
350123	福州市罗源县	—	350481	三明市永安市	—
350124	福州市闽清县	—	350500	福建省泉州市	—
350125	福州市永泰县	—	350501	泉州市市辖区	通用
350128	福州市平潭县	—	350502	泉州市鲤城区	—
350181	福州市福清市	—	350503	泉州市丰泽区	—
350182	福州市长乐市	作废	350504	泉州市洛江区	—
350200	福建省厦门市	—	350505	泉州市泉港区	—
350201	厦门市市辖区	通用	350521	泉州市惠安县	—
350203	厦门市思明区	—	350524	泉州市安溪县	—
350205	厦门市海沧区	—	350525	泉州市永春县	—
350206	厦门市湖里区	—	350526	泉州市德化县	—
350211	厦门市集美区	—	350527	泉州市金门县	—
350212	厦门市同安区	—	350581	泉州市石狮市	—

代码	中文名称	备注	代码	中文名称	备注
350582	泉州市晋江市	—	350825	龙岩市连城县	—
350583	泉州市南安市	—	350881	龙岩市漳平市	—
350600	福建省漳州市	—	350900	福建省宁德市	—
350601	漳州市市辖区	通用	350901	宁德市市辖区	通用
350602	漳州市芗城区	—	350902	宁德市蕉城区	—
350603	漳州市龙文区	—	350921	宁德市霞浦县	—
350622	漳州市云霄县	—	350922	宁德市古田县	—
350623	漳州市漳浦县	—	350923	宁德市屏南县	—
350624	漳州市诏安县	—	350924	宁德市寿宁县	—
350625	漳州市长泰县	—	350925	宁德市周宁县	—
350626	漳州市东山县	—	350926	宁德市柘荣县	—
350627	漳州市南靖县	—	350981	宁德市福安市	—
350628	漳州市平和县	—	350982	宁德市福鼎市	—
350629	漳州市华安县	—	360000	江西省	—
350681	漳州市龙海市	—	360100	江西省南昌市	—
350700	福建省南平市	—	360101	南昌市市辖区	通用
350701	南平市市辖区	通用	360102	南昌市东湖区	—
350702	南平市延平区	—	360103	南昌市西湖区	—
350703	南平市建阳区	—	360104	南昌市青云谱区	—
350721	南平市顺昌县	—	360105	南昌市湾里区	作废
350722	南平市浦城县	—	360111	南昌市青山湖区	—
350723	南平市光泽县	—	360112	南昌市新建区	—
350724	南平市松溪县	—	360113	南昌市红谷滩区	新增
350725	南平市政和县	—	360121	南昌市南昌县	—
350781	南平市邵武市	—	360123	南昌市安义县	—
350782	南平市武夷山市	—	360124	南昌市进贤县	—
350783	南平市建瓯市	—	360200	江西省景德镇市	—
350800	福建省龙岩市	—	360201	景德镇市市辖区	通用
350801	龙岩市市辖区	通用	360202	景德镇市昌江区	—
350802	龙岩市新罗区	—	360203	景德镇市珠山区	—
350803	龙岩市永定区	—	360222	景德镇市浮梁县	—
350821	龙岩市长汀县	—	360281	景德镇市乐平市	—
350823	龙岩市上杭县	—	360300	江西省萍乡市	—
350824	龙岩市武平县	—	360301	萍乡市市辖区	通用

附录 3-2 续 21

代码	中文名称	备注	代码	中文名称	备注
360302	萍乡市安源区	—	360703	赣州市南康区	—
360313	萍乡市湘东区	—	360704	赣州市赣县区	—
360321	萍乡市莲花县	—	360721	赣州市赣县	作废
360322	萍乡市上栗县	—	360722	赣州市信丰县	—
360323	萍乡市芦溪县	—	360723	赣州市大余县	—
360400	江西省九江市	—	360724	赣州市上犹县	—
360401	九江市市辖区	通用	360725	赣州市崇义县	—
360402	九江市濂溪区	—	360726	赣州市安远县	—
360403	九江市浔阳区	—	360727	赣州市龙南县	作废
360404	九江市柴桑区	新增	360728	赣州市定南县	—
360421	九江市九江县	作废	360729	赣州市全南县	—
360423	九江市武宁县	—	360730	赣州市宁都县	—
360424	九江市修水县	—	360731	赣州市于都县	—
360425	九江市永修县	—	360732	赣州市兴国县	—
360426	九江市德安县	—	360733	赣州市会昌县	—
360428	九江市都昌县	—	360734	赣州市寻乌县	—
360429	九江市湖口县	—	360735	赣州市石城县	—
360430	九江市彭泽县	—	360781	赣州市瑞金市	—
360481	九江市瑞昌市	—	360783	赣州市龙南市	新增
360482	九江市共青城市	—	360800	江西省吉安市	—
360483	九江市庐山市	—	360801	吉安市市辖区	通用
360500	江西省新余市	—	360802	吉安市吉州区	—
360501	新余市市辖区	通用	360803	吉安市青原区	—
360502	新余市渝水区	—	360821	吉安市吉安县	—
360521	新余市分宜县	—	360822	吉安市吉水县	—
360600	江西省鹰潭市	—	360823	吉安市峡江县	—
360601	鹰潭市市辖区	通用	360824	吉安市新干县	—
360602	鹰潭市月湖区	—	360825	吉安市永丰县	—
360603	鹰潭市余江区	新增	360826	吉安市泰和县	—
360622	鹰潭市余江县	作废	360827	吉安市遂川县	—
360681	鹰潭市贵溪市	—	360828	吉安市万安县	—
360700	江西省赣州市	—	360829	吉安市安福县	—
360701	赣州市市辖区	通用	360830	吉安市永新县	—
360702	赣州市章贡区	—	360881	吉安市井冈山市	—

代码	中文名称	备注	代码	中文名称	备注
360900	江西省宜春市	—	361125	上饶市横峰县	—
360901	宜春市市辖区	通用	361126	上饶市弋阳县	—
360902	宜春市袁州区	—	361127	上饶市余干县	—
360921	宜春市奉新县	—	361128	上饶市鄱阳县	—
360922	宜春市万载县	—	361129	上饶市万年县	—
360923	宜春市上高县	—	361130	上饶市婺源县	—
360924	宜春市宜丰县	—	361181	上饶市德兴市	—
360925	宜春市靖安县	—	370000	山东省	—
360926	宜春市铜鼓县	—	370100	山东省济南市	—
360981	宜春市丰城市	—	370101	济南市市辖区	通用
360982	宜春市樟树市	—	370102	济南市历下区	—
360983	宜春市高安市	—	370103	济南市市中区	—
361000	江西省抚州市	—	370104	济南市槐荫区	—
361001	抚州市市辖区	通用	370105	济南市天桥区	—
361002	抚州市临川区	—	370112	济南市历城区	—
361003	抚州市东乡区	—	370113	济南市长清区	—
361021	抚州市南城县	—	370114	济南市章丘区	—
361022	抚州市黎川县	—	370115	济南市济阳区	新增
361023	抚州市南丰县	—	370116	济南市莱芜区	新增
361024	抚州市崇仁县	—	370117	济南市钢城区	新增
361025	抚州市乐安县	—	370124	济南市平阴县	—
361026	抚州市宜黄县	—	370125	济南市济阳县	作废
361027	抚州市金溪县	—	370126	济南市商河县	—
361028	抚州市资溪县	—	370181	济南市章丘市	作废
361029	抚州市东乡县	作废	370200	山东省青岛市	—
361030	抚州市广昌县	—	370201	青岛市市辖区	通用
361100	江西省上饶市	—	370202	青岛市市南区	—
361101	上饶市市辖区	通用	370203	青岛市市北区	—
361102	上饶市信州区	—	370211	青岛市黄岛区	—
361103	上饶市广丰区	—	370212	青岛市崂山区	—
361104	上饶市广信区	新增	370213	青岛市李沧区	—
361121	上饶市上饶县	作废	370214	青岛市城阳区	—
361123	上饶市玉山县	—	370215	青岛市即墨区	新增
361124	上饶市铅山县	—	370281	青岛市胶州市	—

附录 3-2 续 23

代码	中文名称	备注	代码	中文名称	备注
370282	青岛市即墨市	作废	370614	烟台市蓬莱区	新增
370283	青岛市平度市	—	370634	烟台市长岛县	作废
370285	青岛市莱西市	—	370681	烟台市龙口市	—
370300	山东省淄博市	—	370682	烟台市莱阳市	—
370301	淄博市市辖区	通用	370683	烟台市莱州市	—
370302	淄博市淄川区	—	370684	烟台市蓬莱市	作废
370303	淄博市张店区	—	370685	烟台市招远市	—
370304	淄博市博山区	—	370686	烟台市栖霞市	—
370305	淄博市临淄区	—	370687	烟台市海阳市	—
370306	淄博市周村区	—	370700	山东省潍坊市	—
370321	淄博市桓台县	—	370701	潍坊市市辖区	通用
370322	淄博市高青县	—	370702	潍坊市潍城区	—
370323	淄博市沂源县	—	370703	潍坊市寒亭区	—
370400	山东省枣庄市	—	370704	潍坊市坊子区	—
370401	枣庄市市辖区	通用	370705	潍坊市奎文区	—
370402	枣庄市市中区	—	370724	潍坊市临朐县	—
370403	枣庄市薛城区	—	370725	潍坊市昌乐县	—
370404	枣庄市峄城区	—	370781	潍坊市青州市	—
370405	枣庄市台儿庄区	—	370782	潍坊市诸城市	—
370406	枣庄市山亭区	—	370783	潍坊市寿光市	—
370481	枣庄市滕州市	—	370784	潍坊市安丘市	—
370500	山东省东营市	—	370785	潍坊市高密市	—
370501	东营市市辖区	通用	370786	潍坊市昌邑市	—
370502	东营市东营区	—	370800	山东省济宁市	—
370503	东营市河口区	—	370801	济宁市市辖区	通用
370505	东营市垦利区	—	370811	济宁市任城区	—
370522	东营市利津县	—	370812	济宁市兖州区	—
370523	东营市广饶县	—	370826	济宁市微山县	—
370600	山东省烟台市	—	370827	济宁市鱼台县	—
370601	烟台市市辖区	通用	370828	济宁市金乡县	—
370602	烟台市芝罘区	—	370829	济宁市嘉祥县	—
370611	烟台市福山区	—	370830	济宁市汶上县	—
370612	烟台市牟平区	—	370831	济宁市泗水县	—
370613	烟台市莱山区	—	370832	济宁市梁山县	—

代码	中文名称	备注	代码	中文名称	备注
370881	济宁市曲阜市	—	371324	临沂市兰陵县	—
370883	济宁市邹城市	—	371325	临沂市费县	—
370900	山东省泰安市	—	371326	临沂市平邑县	—
370901	泰安市市辖区	通用	371327	临沂市莒南县	—
370902	泰安市泰山区	—	371328	临沂市蒙阴县	—
370911	泰安市岱岳区	—	371329	临沂市临沭县	—
370921	泰安市宁阳县	—	371400	山东省德州市	—
370923	泰安市东平县	—	371401	德州市市辖区	通用
370982	泰安市新泰市	—	371402	德州市德城区	—
370983	泰安市肥城市	—	371403	德州市陵城区	—
371000	山东省威海市	—	371422	德州市宁津县	—
371001	威海市市辖区	通用	371423	德州市庆云县	—
371002	威海市环翠区	—	371424	德州市临邑县	—
371003	威海市文登区	—	371425	德州市齐河县	—
371082	威海市荣成市	—	371426	德州市平原县	—
371083	威海市乳山市	—	371427	德州市夏津县	—
371100	山东省日照市	—	371428	德州市武城县	—
371101	日照市市辖区	通用	371481	德州市乐陵市	—
371102	日照市东港区	—	371482	德州市禹城市	—
371103	日照市岚山区	—	371500	山东省聊城市	—
371121	日照市五莲县	—	371501	聊城市市辖区	通用
371122	日照市莒县	—	371502	聊城市东昌府区	—
371200	山东省莱芜市	作废	371503	聊城市茌平区	新增
371201	莱芜市市辖区	作废	371521	聊城市阳谷县	—
371202	莱芜市莱城区	作废	371522	聊城市莘县	—
371203	莱芜市钢城区	作废	371523	聊城市茌平县	作废
371300	山东省临沂市	—	371524	聊城市东阿县	—
371301	临沂市市辖区	通用	371525	聊城市冠县	—
371302	临沂市兰山区	—	371526	聊城市高唐县	—
371311	临沂市罗庄区	—	371581	聊城市临清市	—
371312	临沂市河东区	—	371600	山东省滨州市	—
371321	临沂市沂南县	—	371601	滨州市市辖区	通用
371322	临沂市郯城县	—	371602	滨州市滨城区	—
371323	临沂市沂水县	—	371603	滨州市沾化区	—

代码	中文名称	备注	代码	中文名称	备注
371621	滨州市惠民县	—	410202	开封市龙亭区	—
371622	滨州市阳信县	—	410203	开封市顺河回族区	—
371623	滨州市无棣县	—	410204	开封市鼓楼区	—
371625	滨州市博兴县	—	410205	开封市禹王台区	—
371626	滨州市邹平县	作废	410212	开封市祥符区	—
371681	滨州市邹平市	新增	410221	开封市杞县	—
371700	山东省菏泽市	—	410222	开封市通许县	—
371701	菏泽市市辖区	通用	410223	开封市尉氏县	—
371702	菏泽市牡丹区	—	410225	开封市兰考县	—
371703	菏泽市定陶区	—	410300	河南省洛阳市	—
371721	菏泽市曹县	—	410301	洛阳市市辖区	通用
371722	菏泽市单县	—	410302	洛阳市老城区	—
371723	菏泽市成武县	—	410303	洛阳市西工区	—
371724	菏泽市巨野县	—	410304	洛阳市瀍河回族区	—
371725	菏泽市郓城县	—	410305	洛阳市涧西区	—
371726	菏泽市鄄城县	—	410306	洛阳市吉利区	—
371728	菏泽市东明县	—	410311	洛阳市洛龙区	—
410000	河南省	—	410322	洛阳市孟津县	—
410100	河南省郑州市	—	410323	洛阳市新安县	—
410101	郑州市市辖区	通用	410324	洛阳市栾川县	—
410102	郑州市中原区	—	410325	洛阳市嵩县	—
410103	郑州市二七区	—	410326	洛阳市汝阳县	—
410104	郑州市管城回族区	—	410327	洛阳市宜阳县	—
410105	郑州市金水区	—	410328	洛阳市洛宁县	—
410106	郑州市上街区	—	410329	洛阳市伊川县	—
410108	郑州市惠济区	—	410381	洛阳市偃师市	—
410122	郑州市中牟县	—	410400	河南省平顶山市	—
410181	郑州市巩义市	—	410401	平顶山市市辖区	通用
410182	郑州市荥阳市	—	410402	平顶山市新华区	—
410183	郑州市新密市	—	410403	平顶山市卫东区	—
410184	郑州市新郑市	—	410404	平顶山市石龙区	—
410185	郑州市登封市	—	410411	平顶山市湛河区	—
410200	河南省开封市	—	410421	平顶山市宝丰县	—
410201	开封市市辖区	通用	410422	平顶山市叶县	—

附录 3-2 续 26

代码	中文名称	备注	代码	中文名称	备注
410423	平顶山市鲁山县	—	410781	新乡市卫辉市	—
410425	平顶山市郏县	—	410782	新乡市辉县市	—
410481	平顶山市舞钢市	—	410783	新乡市长垣市	新增
410482	平顶山市汝州市	—	410800	河南省焦作市	—
410500	河南省安阳市	—	410801	焦作市市辖区	通用
410501	安阳市市辖区	通用	410802	焦作市解放区	—
410502	安阳市文峰区	—	410803	焦作市中站区	—
410503	安阳市北关区	—	410804	焦作市马村区	—
410505	安阳市殷都区	—	410811	焦作市山阳区	—
410506	安阳市龙安区	—	410821	焦作市修武县	—
410522	安阳市安阳县	—	410822	焦作市博爱县	—
410523	安阳市汤阴县	—	410823	焦作市武陟县	—
410526	安阳市滑县	—	410825	焦作市温县	—
410527	安阳市内黄县	—	410882	焦作市沁阳市	—
410581	安阳市林州市	—	410883	焦作市孟州市	—
410600	河南省鹤壁市	—	410900	河南省濮阳市	—
410601	鹤壁市市辖区	通用	410901	濮阳市市辖区	通用
410602	鹤壁市鹤山区	—	410902	濮阳市华龙区	—
410603	鹤壁市山城区	—	410922	濮阳市清丰县	—
410611	鹤壁市淇滨区	—	410923	濮阳市南乐县	—
410621	鹤壁市浚县	—	410926	濮阳市范县	—
410622	鹤壁市淇县	—	410927	濮阳市台前县	—
410700	河南省新乡市	—	410928	濮阳市濮阳县	—
410701	新乡市市辖区	通用	411000	河南省许昌市	—
410702	新乡市红旗区	—	411001	许昌市市辖区	通用
410703	新乡市卫滨区	—	411002	许昌市魏都区	—
410704	新乡市凤泉区	—	411003	许昌市建安区	—
410711	新乡市牧野区	—	411023	许昌市许昌县	作废
410721	新乡市新乡县	—	411024	许昌市鄢陵县	—
410724	新乡市获嘉县	—	411025	许昌市襄城县	—
410725	新乡市原阳县	—	411081	许昌市禹州市	—
410726	新乡市延津县	—	411082	许昌市长葛市	—
410727	新乡市封丘县	—	411100	河南省漯河市	—
410728	新乡市长垣县	作废	411101	漯河市市辖区	通用

附录 3-2　续 27

代码	中文名称	备注	代码	中文名称	备注
411102	漯河市源汇区	—	411423	商丘市宁陵县	—
411103	漯河市郾城区	—	411424	商丘市柘城县	—
411104	漯河市召陵区	—	411425	商丘市虞城县	—
411121	漯河市舞阳县	—	411426	商丘市夏邑县	—
411122	漯河市临颍县	—	411481	商丘市永城市	—
411200	河南省三门峡市	—	411500	河南省信阳市	—
411201	三门峡市市辖区	通用	411501	信阳市市辖区	通用
411202	三门峡市湖滨区	—	411502	信阳市浉河区	—
411203	三门峡市陕州区	—	411503	信阳市平桥区	—
411221	三门峡市渑池县	—	411521	信阳市罗山县	—
411224	三门峡市卢氏县	—	411522	信阳市光山县	—
411281	三门峡市义马市	—	411523	信阳市新县	—
411282	三门峡市灵宝市	—	411524	信阳市商城县	—
411300	河南省南阳市	—	411525	信阳市固始县	—
411301	南阳市市辖区	通用	411526	信阳市潢川县	—
411302	南阳市宛城区	—	411527	信阳市淮滨县	—
411303	南阳市卧龙区	—	411528	信阳市息县	—
411321	南阳市南召县	—	411600	河南省周口市	—
411322	南阳市方城县	—	411601	周口市市辖区	通用
411323	南阳市西峡县	—	411602	周口市川汇区	—
411324	南阳市镇平县	—	411603	周口市淮阳区	新增
411325	南阳市内乡县	—	411621	周口市扶沟县	—
411326	南阳市淅川县	—	411622	周口市西华县	—
411327	南阳市社旗县	—	411623	周口市商水县	—
411328	南阳市唐河县	—	411624	周口市沈丘县	—
411329	南阳市新野县	—	411625	周口市郸城县	—
411330	南阳市桐柏县	—	411626	周口市淮阳县	作废
411381	南阳市邓州市	—	411627	周口市太康县	—
411400	河南省商丘市	—	411628	周口市鹿邑县	—
411401	商丘市市辖区	通用	411681	周口市项城市	—
411402	商丘市梁园区	—	411700	河南省驻马店市	—
411403	商丘市睢阳区	—	411701	驻马店市市辖区	通用
411421	商丘市民权县	—	411702	驻马店市驿城区	—
411422	商丘市睢县	—	411721	驻马店市西平县	—

附录 3-2　续 28

代码	中文名称	备注	代码	中文名称	备注
411722	驻马店市上蔡县	—	420300	湖北省十堰市	—
411723	驻马店市平舆县	—	420301	十堰市市辖区	通用
411724	驻马店市正阳县	—	420302	十堰市茅箭区	—
411725	驻马店市确山县	—	420303	十堰市张湾区	—
411726	驻马店市泌阳县	—	420304	十堰市郧阳区	—
411727	驻马店市汝南县	—	420322	十堰市郧西县	—
411728	驻马店市遂平县	—	420323	十堰市竹山县	—
411729	驻马店市新蔡县	—	420324	十堰市竹溪县	—
419000	河南省省直辖县级行政区划	通用	420325	十堰市房县	—
419001	河南省省直辖县级行政区划济源市	—	420381	十堰市丹江口市	—
420000	湖北省	—	420500	湖北省宜昌市	—
420100	湖北省武汉市	—	420501	宜昌市市辖区	通用
420101	武汉市市辖区	通用	420502	宜昌市西陵区	—
420102	武汉市江岸区	—	420503	宜昌市伍家岗区	—
420103	武汉市江汉区	—	420504	宜昌市点军区	—
420104	武汉市硚口区	—	420505	宜昌市猇亭区	—
420105	武汉市汉阳区	—	420506	宜昌市夷陵区	—
420106	武汉市武昌区	—	420525	宜昌市远安县	—
420107	武汉市青山区	—	420526	宜昌市兴山县	—
420111	武汉市洪山区	—	420527	宜昌市秭归县	—
420112	武汉市东西湖区	—	420528	宜昌市长阳土家族自治县	—
420113	武汉市汉南区	—	420529	宜昌市五峰土家族自治县	—
420114	武汉市蔡甸区	—	420581	宜昌市宜都市	—
420115	武汉市江夏区	—	420582	宜昌市当阳市	—
420116	武汉市黄陂区	—	420583	宜昌市枝江市	—
420117	武汉市新洲区	—	420600	湖北省襄阳市	—
420200	湖北省黄石市	—	420601	襄阳市市辖区	通用
420201	黄石市市辖区	通用	420602	襄阳市襄城区	—
420202	黄石市黄石港区	—	420606	襄阳市樊城区	—
420203	黄石市西塞山区	—	420607	襄阳市襄州区	—
420204	黄石市下陆区	—	420624	襄阳市南漳县	—
420205	黄石市铁山区	—	420625	襄阳市谷城县	—
420222	黄石市阳新县	—	420626	襄阳市保康县	—
420281	黄石市大冶市	—	420682	襄阳市老河口市	—

附录 3-2　续 29

代码	中文名称	备注	代码	中文名称	备注
420683	襄阳市枣阳市	—	421088	荆州市监利市	新增
420684	襄阳市宜城市	—	421100	湖北省黄冈市	—
420700	湖北省鄂州市	—	421101	黄冈市市辖区	通用
420701	鄂州市市辖区	通用	421102	黄冈市黄州区	—
420702	鄂州市梁子湖区	—	421121	黄冈市团风县	—
420703	鄂州市华容区	—	421122	黄冈市红安县	—
420704	鄂州市鄂城区	—	421123	黄冈市罗田县	—
420800	湖北省荆门市	—	421124	黄冈市英山县	—
420801	荆门市市辖区	通用	421125	黄冈市浠水县	—
420802	荆门市东宝区	—	421126	黄冈市蕲春县	—
420804	荆门市掇刀区	—	421127	黄冈市黄梅县	—
420821	荆门市京山县	作废	421181	黄冈市麻城市	—
420822	荆门市沙洋县	—	421182	黄冈市武穴市	—
420881	荆门市钟祥市	—	421200	湖北省咸宁市	—
420882	荆门市京山市	新增	421201	咸宁市市辖区	通用
420900	湖北省孝感市	—	421202	咸宁市咸安区	—
420901	孝感市市辖区	通用	421221	咸宁市嘉鱼县	—
420902	孝感市孝南区	—	421222	咸宁市通城县	—
420921	孝感市孝昌县	—	421223	咸宁市崇阳县	—
420922	孝感市大悟县	—	421224	咸宁市通山县	—
420923	孝感市云梦县	—	421281	咸宁市赤壁市	—
420981	孝感市应城市	—	421300	湖北省随州市	—
420982	孝感市安陆市	—	421301	随州市市辖区	通用
420984	孝感市汉川市	—	421303	随州市曾都区	—
421000	湖北省荆州市	—	421321	随州市随县	—
421001	荆州市市辖区	通用	421381	随州市广水市	—
421002	荆州市沙市区	—	422800	湖北省恩施土家族苗族自治州	—
421003	荆州市荆州区	—	422801	恩施土家族苗族自治州恩施市	—
421022	荆州市公安县	—	422802	恩施土家族苗族自治州利川市	—
421023	荆州市监利县	作废	422822	恩施土家族苗族自治州建始县	—
421024	荆州市江陵县	—	422823	恩施土家族苗族自治州巴东县	—
421081	荆州市石首市	—	422825	恩施土家族苗族自治州宣恩县	—
421083	荆州市洪湖市	—	422826	恩施土家族苗族自治州咸丰县	—
421087	荆州市松滋市	—	422827	恩施土家族苗族自治州来凤县	—

附录3-2 续30

代码	中文名称	备注	代码	中文名称	备注
422828	恩施土家族苗族自治州鹤峰县	—	430302	湘潭市雨湖区	—
429000	湖北省省直辖县级行政区划	通用	430304	湘潭市岳塘区	—
429004	湖北省省直辖县级行政区划仙桃市	—	430321	湘潭市湘潭县	—
429005	湖北省省直辖县级行政区划潜江市	—	430381	湘潭市湘乡市	—
429006	湖北省省直辖县级行政区划天门市	—	430382	湘潭市韶山市	—
429021	湖北省省直辖县级行政区划神农架林区	—	430400	湖南省衡阳市	—
			430401	衡阳市市辖区	通用
430000	湖南省	—	430405	衡阳市珠晖区	—
430100	湖南省长沙市	—	430406	衡阳市雁峰区	—
430101	长沙市市辖区	通用	430407	衡阳市石鼓区	—
430102	长沙市芙蓉区	—	430408	衡阳市蒸湘区	—
430103	长沙市天心区	—	430412	衡阳市南岳区	—
430104	长沙市岳麓区	—	430421	衡阳市衡阳县	—
430105	长沙市开福区	—	430422	衡阳市衡南县	—
430111	长沙市雨花区	—	430423	衡阳市衡山县	—
430112	长沙市望城区	—	430424	衡阳市衡东县	—
430121	长沙市长沙县	—	430426	衡阳市祁东县	—
430124	长沙市宁乡县	作废	430481	衡阳市耒阳市	—
430181	长沙市浏阳市	—	430482	衡阳市常宁市	—
430182	长沙市宁乡市	新增	430500	湖南省邵阳市	—
430200	湖南省株洲市	—	430501	邵阳市市辖区	通用
430201	株洲市市辖区	通用	430502	邵阳市双清区	—
430202	株洲市荷塘区	—	430503	邵阳市大祥区	—
430203	株洲市芦淞区	—	430511	邵阳市北塔区	—
430204	株洲市石峰区	—	430521	邵阳市邵东县	作废
430211	株洲市天元区	—	430522	邵阳市新邵县	—
430212	株洲市渌口区	新增	430523	邵阳市邵阳县	—
430221	株洲市株洲县	作废	430524	邵阳市隆回县	—
430223	株洲市攸县	—	430525	邵阳市洞口县	—
430224	株洲市茶陵县	—	430527	邵阳市绥宁县	—
430225	株洲市炎陵县	—	430528	邵阳市新宁县	—
430281	株洲市醴陵市	—	430529	邵阳市城步苗族自治县	—
430300	湖南省湘潭市	—	430581	邵阳市武冈市	—
430301	湘潭市市辖区	通用	430582	邵阳市邵东市	新增

代码	中文名称	备注	代码	中文名称	备注
430600	湖南省岳阳市	—	430923	益阳市安化县	—
430601	岳阳市市辖区	通用	430981	益阳市沅江市	—
430602	岳阳市岳阳楼区	—	431000	湖南省郴州市	—
430603	岳阳市云溪区	—	431001	郴州市市辖区	通用
430611	岳阳市君山区	—	431002	郴州市北湖区	—
430621	岳阳市岳阳县	—	431003	郴州市苏仙区	—
430623	岳阳市华容县	—	431021	郴州市桂阳县	—
430624	岳阳市湘阴县	—	431022	郴州市宜章县	—
430626	岳阳市平江县	—	431023	郴州市永兴县	—
430681	岳阳市汨罗市	—	431024	郴州市嘉禾县	—
430682	岳阳市临湘市	—	431025	郴州市临武县	—
430700	湖南省常德市	—	431026	郴州市汝城县	—
430701	常德市市辖区	通用	431027	郴州市桂东县	—
430702	常德市武陵区	—	431028	郴州市安仁县	—
430703	常德市鼎城区	—	431081	郴州市资兴市	—
430721	常德市安乡县	—	431100	湖南省永州市	—
430722	常德市汉寿县	—	431101	永州市市辖区	通用
430723	常德市澧县	—	431102	永州市零陵区	—
430724	常德市临澧县	—	431103	永州市冷水滩区	—
430725	常德市桃源县	—	431121	永州市祁阳县	—
430726	常德市石门县	—	431122	永州市东安县	—
430781	常德市津市市	—	431123	永州市双牌县	—
430800	湖南省张家界市	—	431124	永州市道县	—
430801	张家界市市辖区	通用	431125	永州市江永县	—
430802	张家界市永定区	—	431126	永州市宁远县	—
430811	张家界市武陵源区	—	431127	永州市蓝山县	—
430821	张家界市慈利县	—	431128	永州市新田县	—
430822	张家界市桑植县	—	431129	永州市江华瑶族自治县	—
430900	湖南省益阳市	—	431200	湖南省怀化市	—
430901	益阳市市辖区	通用	431201	怀化市市辖区	通用
430902	益阳市资阳区	—	431202	怀化市鹤城区	—
430903	益阳市赫山区	—	431221	怀化市中方县	—
430921	益阳市南县	—	431222	怀化市沅陵县	—
430922	益阳市桃江县	—	431223	怀化市辰溪县	—

附录3-2 续32

代码	中文名称	备注	代码	中文名称	备注
431224	怀化市溆浦县	—	440114	广州市花都区	—
431225	怀化市会同县	—	440115	广州市南沙区	—
431226	怀化市麻阳苗族自治县	—	440117	广州市从化区	—
431227	怀化市新晃侗族自治县	—	440118	广州市增城区	—
431228	怀化市芷江侗族自治县	—	440200	广东省韶关市	—
431229	怀化市靖州苗族侗族自治县	—	440201	韶关市市辖区	通用
431230	怀化市通道侗族自治县	—	440203	韶关市武江区	—
431281	怀化市洪江市	—	440204	韶关市浈江区	—
431300	湖南省娄底市	—	440205	韶关市曲江区	—
431301	娄底市市辖区	通用	440222	韶关市始兴县	—
431302	娄底市娄星区	—	440224	韶关市仁化县	—
431321	娄底市双峰县	—	440229	韶关市翁源县	—
431322	娄底市新化县	—	440232	韶关市乳源瑶族自治县	—
431381	娄底市冷水江市	—	440233	韶关市新丰县	—
431382	娄底市涟源市	—	440281	韶关市乐昌市	—
433100	湖南省湘西土家族苗族自治州	—	440282	韶关市南雄市	—
433101	湘西土家族苗族自治州吉首市	—	440300	广东省深圳市	—
433122	湘西土家族苗族自治州泸溪县	—	440301	深圳市市辖区	通用
433123	湘西土家族苗族自治州凤凰县	—	440303	深圳市罗湖区	—
433124	湘西土家族苗族自治州花垣县	—	440304	深圳市福田区	—
433125	湘西土家族苗族自治州保靖县	—	440305	深圳市南山区	—
433126	湘西土家族苗族自治州古丈县	—	440306	深圳市宝安区	—
433127	湘西土家族苗族自治州永顺县	—	440307	深圳市龙岗区	—
433130	湘西土家族苗族自治州龙山县	—	440308	深圳市盐田区	—
440000	广东省	—	440309	深圳市龙华区	—
440100	广东省广州市	—	440310	深圳市坪山区	—
440101	广州市市辖区	通用	440311	深圳市光明区	新增
440103	广州市荔湾区	—	440400	广东省珠海市	—
440104	广州市越秀区	—	440401	珠海市市辖区	通用
440105	广州市海珠区	—	440402	珠海市香洲区	—
440106	广州市天河区	—	440403	珠海市斗门区	—
440111	广州市白云区	—	440404	珠海市金湾区	—
440112	广州市黄埔区	—	440500	广东省汕头市	—
440113	广州市番禺区	—	440501	汕头市市辖区	通用

附录 3-2　续 33

代码	中文名称	备注	代码	中文名称	备注
440507	汕头市龙湖区	—	440900	广东省茂名市	—
440511	汕头市金平区	—	440901	茂名市市辖区	通用
440512	汕头市濠江区	—	440902	茂名市茂南区	—
440513	汕头市潮阳区	—	440904	茂名市电白区	—
440514	汕头市潮南区	—	440981	茂名市高州市	—
440515	汕头市澄海区	—	440982	茂名市化州市	—
440523	汕头市南澳县	—	440983	茂名市信宜市	—
440600	广东省佛山市	—	441200	广东省肇庆市	—
440601	佛山市市辖区	通用	441201	肇庆市市辖区	通用
440604	佛山市禅城区	—	441202	肇庆市端州区	—
440605	佛山市南海区	—	441203	肇庆市鼎湖区	—
440606	佛山市顺德区	—	441204	肇庆市高要区	—
440607	佛山市三水区	—	441223	肇庆市广宁县	—
440608	佛山市高明区	—	441224	肇庆市怀集县	—
440700	广东省江门市	—	441225	肇庆市封开县	—
440701	江门市市辖区	通用	441226	肇庆市德庆县	—
440703	江门市蓬江区	—	441284	肇庆市四会市	—
440704	江门市江海区	—	441300	广东省惠州市	—
440705	江门市新会区	—	441301	惠州市市辖区	通用
440781	江门市台山市	—	441302	惠州市惠城区	—
440783	江门市开平市	—	441303	惠州市惠阳区	—
440784	江门市鹤山市	—	441322	惠州市博罗县	—
440785	江门市恩平市	—	441323	惠州市惠东县	—
440800	广东省湛江市	—	441324	惠州市龙门县	—
440801	湛江市市辖区	通用	441400	广东省梅州市	—
440802	湛江市赤坎区	—	441401	梅州市市辖区	通用
440803	湛江市霞山区	—	441402	梅州市梅江区	—
440804	湛江市坡头区	—	441403	梅州市梅县区	—
440811	湛江市麻章区	—	441422	梅州市大埔县	—
440823	湛江市遂溪县	—	441423	梅州市丰顺县	—
440825	湛江市徐闻县	—	441424	梅州市五华县	—
440881	湛江市廉江市	—	441426	梅州市平远县	—
440882	湛江市雷州市	—	441427	梅州市蕉岭县	—
440883	湛江市吴川市	—	441481	梅州市兴宁市	—

代码	中文名称	备注	代码	中文名称	备注
441500	广东省汕尾市	—	445102	潮州市湘桥区	—
441501	汕尾市市辖区	通用	445103	潮州市潮安区	—
441502	汕尾市城区	—	445122	潮州市饶平县	—
441521	汕尾市海丰县	—	445200	广东省揭阳市	—
441523	汕尾市陆河县	—	445201	揭阳市市辖区	通用
441581	汕尾市陆丰市	—	445202	揭阳市榕城区	—
441600	广东省河源市	—	445203	揭阳市揭东区	—
441601	河源市市辖区	通用	445222	揭阳市揭西县	—
441602	河源市源城区	—	445224	揭阳市惠来县	—
441621	河源市紫金县	—	445281	揭阳市普宁市	—
441622	河源市龙川县	—	445300	广东省云浮市	—
441623	河源市连平县	—	445301	云浮市市辖区	通用
441624	河源市和平县	—	445302	云浮市云城区	—
441625	河源市东源县	—	445303	云浮市云安区	—
441700	广东省阳江市	—	445321	云浮市新兴县	—
441701	阳江市市辖区	通用	445322	云浮市郁南县	—
441702	阳江市江城区	—	445381	云浮市罗定市	—
441704	阳江市阳东区	—	450000	广西壮族自治区	—
441721	阳江市阳西县	—	450100	广西壮族自治区南宁市	—
441781	阳江市阳春市	—	450101	南宁市市辖区	通用
441800	广东省清远市	—	450102	南宁市兴宁区	—
441801	清远市市辖区	通用	450103	南宁市青秀区	—
441802	清远市清城区	—	450105	南宁市江南区	—
441803	清远市清新区	—	450107	南宁市西乡塘区	—
441821	清远市佛冈县	—	450108	南宁市良庆区	—
441823	清远市阳山县	—	450109	南宁市邕宁区	—
441825	清远市连山壮族瑶族自治县	—	450110	南宁市武鸣区	—
441826	清远市连南瑶族自治县	—	450123	南宁市隆安县	—
441881	清远市英德市	—	450124	南宁市马山县	—
441882	清远市连州市	—	450125	南宁市上林县	—
441900	广东省东莞市	—	450126	南宁市宾阳县	—
442000	广东省中山市	—	450127	南宁市横县	—
445100	广东省潮州市	—	450200	广西壮族自治区柳州市	—
445101	潮州市市辖区	通用	450201	柳州市市辖区	通用

附录 3-2 续 35

代码	中文名称	备注	代码	中文名称	备注
450202	柳州市城中区	—	450406	梧州市龙圩区	—
450203	柳州市鱼峰区	—	450421	梧州市苍梧县	—
450204	柳州市柳南区	—	450422	梧州市藤县	—
450205	柳州市柳北区	—	450423	梧州市蒙山县	—
450206	柳州市柳江区	—	450481	梧州市岑溪市	—
450222	柳州市柳城县	—	450500	广西壮族自治区北海市	—
450223	柳州市鹿寨县	—	450501	北海市市辖区	通用
450224	柳州市融安县	—	450502	北海市海城区	—
450225	柳州市融水苗族自治县	—	450503	北海市银海区	—
450226	柳州市三江侗族自治县	—	450512	北海市铁山港区	—
450300	广西壮族自治区桂林市	—	450521	北海市合浦县	—
450301	桂林市市辖区	通用	450600	广西壮族自治区防城港市	—
450302	桂林市秀峰区	—	450601	防城港市市辖区	通用
450303	桂林市叠彩区	—	450602	防城港市港口区	—
450304	桂林市象山区	—	450603	防城港市防城区	—
450305	桂林市七星区	—	450621	防城港市上思县	—
450311	桂林市雁山区	—	450681	防城港市东兴市	—
450312	桂林市临桂区	—	450700	广西壮族自治区钦州市	—
450321	桂林市阳朔县	—	450701	钦州市市辖区	通用
450323	桂林市灵川县	—	450702	钦州市钦南区	—
450324	桂林市全州县	—	450703	钦州市钦北区	—
450325	桂林市兴安县	—	450721	钦州市灵山县	—
450326	桂林市永福县	—	450722	钦州市浦北县	—
450327	桂林市灌阳县	—	450800	广西壮族自治区贵港市	—
450328	桂林市龙胜各族自治县	—	450801	贵港市市辖区	通用
450329	桂林市资源县	—	450802	贵港市港北区	—
450330	桂林市平乐县	—	450803	贵港市港南区	—
450331	桂林市荔浦县	作废	450804	贵港市覃塘区	—
450332	桂林市恭城瑶族自治县	—	450821	贵港市平南县	—
450381	桂林市荔浦市	新增	450881	贵港市桂平市	—
450400	广西壮族自治区梧州市	—	450900	广西壮族自治区玉林市	—
450401	梧州市市辖区	通用	450901	玉林市市辖区	通用
450403	梧州市万秀区	—	450902	玉林市玉州区	—
450405	梧州市长洲区	—	450903	玉林市福绵区	—

附录3-2 续36

代码	中文名称	备注	代码	中文名称	备注
450921	玉林市容县	—	451223	河池市凤山县	—
450922	玉林市陆川县	—	451224	河池市东兰县	—
450923	玉林市博白县	—	451225	河池市罗城仫佬族自治县	—
450924	玉林市兴业县	—	451226	河池市环江毛南族自治县	—
450981	玉林市北流市	—	451227	河池市巴马瑶族自治县	—
451000	广西壮族自治区百色市	—	451228	河池市都安瑶族自治县	—
451001	百色市市辖区	通用	451229	河池市大化瑶族自治县	—
451002	百色市右江区	—	451281	河池市宜州市	作废
451003	百色市田阳区	新增	451300	广西壮族自治区来宾市	—
451021	百色市田阳县	作废	451301	来宾市市辖区	通用
451022	百色市田东县	—	451302	来宾市兴宾区	—
451023	百色市平果县	作废	451321	来宾市忻城县	—
451024	百色市德保县	—	451322	来宾市象州县	—
451026	百色市那坡县	—	451323	来宾市武宣县	—
451027	百色市凌云县	—	451324	来宾市金秀瑶族自治县	—
451028	百色市乐业县	—	451381	来宾市合山市	—
451029	百色市田林县	—	451400	广西壮族自治区崇左市	—
451030	百色市西林县	—	451401	崇左市市辖区	通用
451031	百色市隆林各族自治县	—	451402	崇左市江州区	—
451081	百色市靖西市	—	451421	崇左市扶绥县	—
451082	百色市平果市	新增	451422	崇左市宁明县	—
451100	广西壮族自治区贺州市	—	451423	崇左市龙州县	—
451101	贺州市市辖区	通用	451424	崇左市大新县	—
451102	贺州市八步区	—	451425	崇左市天等县	—
451103	贺州市平桂区	—	451481	崇左市凭祥市	—
451121	贺州市昭平县	—	460000	海南省	—
451122	贺州市钟山县	—	460100	海南省海口市	—
451123	贺州市富川瑶族自治县	—	460101	海口市市辖区	通用
451200	广西壮族自治区河池市	—	460105	海口市秀英区	—
451201	河池市市辖区	通用	460106	海口市龙华区	—
451202	河池市金城江区	—	460107	海口市琼山区	—
451203	河池市宜州区	—	460108	海口市美兰区	—
451221	河池市南丹县	—	460200	海南省三亚市	—
451222	河池市天峨县	—	460201	三亚市市辖区	通用

附录 3-2 续 37

代码	中文名称	备注	代码	中文名称	备注
460202	三亚市海棠区	—	500103	重庆市渝中区	—
460203	三亚市吉阳区	—	500104	重庆市大渡口区	—
460204	三亚市天涯区	—	500105	重庆市江北区	—
460205	三亚市崖州区	—	500106	重庆市沙坪坝区	—
460300	海南省三沙市	—	500107	重庆市九龙坡区	—
	西沙区	新增	500108	重庆市南岸区	—
	南沙区	新增	500109	重庆市北碚区	—
460400	海南省儋州市	—	500110	重庆市綦江区	—
469000	海南省省直辖县级行政区划	通用	500111	重庆市大足区	—
469001	海南省省直辖县级行政区划五指山市	—	500112	重庆市渝北区	—
469002	海南省省直辖县级行政区划琼海市	—	500113	重庆市巴南区	—
469005	海南省省直辖县级行政区划文昌市	—	500114	重庆市黔江区	—
469006	海南省省直辖县级行政区划万宁市	—	500115	重庆市长寿区	—
469007	海南省省直辖县级行政区划东方市	—	500116	重庆市江津区	—
469021	海南省省直辖县级行政区划定安县	—	500117	重庆市合川区	—
469022	海南省省直辖县级行政区划屯昌县	—	500118	重庆市永川区	—
469023	海南省省直辖县级行政区划澄迈县	—	500119	重庆市南川区	—
469024	海南省省直辖县级行政区划临高县	—	500120	重庆市璧山区	—
469025	海南省省直辖县级行政区划白沙黎族自治县	—	500151	重庆市铜梁区	—
			500152	重庆市潼南区	—
469026	海南省省直辖县级行政区划昌江黎族自治县	—	500153	重庆市荣昌区	—
			500154	重庆市开州区	—
469027	海南省省直辖县级行政区划乐东黎族自治县	—	500155	重庆市梁平区	—
			500156	重庆市武隆区	—
469028	海南省省直辖县级行政区划陵水黎族自治县	—	500200	重庆市县	通用
			500228	重庆市梁平县	作废
469029	海南省省直辖县级行政区划保亭黎族苗族自治县	—	500229	重庆市城口县	—
			500230	重庆市丰都县	—
469030	海南省省直辖县级行政区划琼中黎族苗族自治县	—	500231	重庆市垫江县	—
			500232	重庆市武隆县	作废
500000	重庆市	—	500233	重庆市忠县	—
500100	重庆市市辖区	通用	500235	重庆市云阳县	—
500101	重庆市万州区	—	500236	重庆市奉节县	—
500102	重庆市涪陵区	—	500237	重庆市巫山县	—

附录 3-2 续 38

代码	中文名称	备注	代码	中文名称	备注
500238	重庆市巫溪县	—	510304	自贡市大安区	—
500240	重庆市石柱土家族自治县	—	510311	自贡市沿滩区	—
500241	重庆市秀山土家族苗族自治县	—	510321	自贡市荣县	—
500242	重庆市酉阳土家族苗族自治县	—	510322	自贡市富顺县	—
500243	重庆市彭水苗族土家族自治县	—	510400	四川省攀枝花市	—
510000	四川省	—	510401	攀枝花市市辖区	通用
510100	四川省成都市	—	510402	攀枝花市东区	—
510101	成都市市辖区	通用	510403	攀枝花市西区	—
510104	成都市锦江区	—	510411	攀枝花市仁和区	—
510105	成都市青羊区	—	510421	攀枝花市米易县	—
510106	成都市金牛区	—	510422	攀枝花市盐边县	—
510107	成都市武侯区	—	510500	四川省泸州市	—
510108	成都市成华区	—	510501	泸州市市辖区	通用
510112	成都市龙泉驿区	—	510502	泸州市江阳区	—
510113	成都市青白江区	—	510503	泸州市纳溪区	—
510114	成都市新都区	—	510504	泸州市龙马潭区	—
510115	成都市温江区	—	510521	泸州市泸县	—
510116	成都市双流区	—	510522	泸州市合江县	—
510117	成都市郫都区	—	510524	泸州市叙永县	—
510118	成都市新津区	新增	510525	泸州市古蔺县	—
510121	成都市金堂县	—	510600	四川省德阳市	—
510124	成都市郫县	作废	510601	德阳市市辖区	通用
510129	成都市大邑县	—	510603	德阳市旌阳区	—
510131	成都市蒲江县	—	510604	德阳市罗江区	新增
510132	成都市新津县	作废	510623	德阳市中江县	—
510181	成都市都江堰市	—	510626	德阳市罗江县	作废
510182	成都市彭州市	—	510681	德阳市广汉市	—
510183	成都市邛崃市	—	510682	德阳市什邡市	—
510184	成都市崇州市	—	510683	德阳市绵竹市	—
510185	成都市简阳市	—	510700	四川省绵阳市	—
510300	四川省自贡市	—	510701	绵阳市市辖区	通用
510301	自贡市市辖区	通用	510703	绵阳市涪城区	—
510302	自贡市自流井区	—	510704	绵阳市游仙区	—
510303	自贡市贡井区	—	510705	绵阳市安州区	—

附录 3-2　续 39

代码	中文名称	备注	代码	中文名称	备注
510722	绵阳市三台县	—	511111	乐山市沙湾区	—
510723	绵阳市盐亭县	—	511112	乐山市五通桥区	—
510725	绵阳市梓潼县	—	511113	乐山市金口河区	—
510726	绵阳市北川羌族自治县	—	511123	乐山市犍为县	—
510727	绵阳市平武县	—	511124	乐山市井研县	—
510781	绵阳市江油市	—	511126	乐山市夹江县	—
510800	四川省广元市	—	511129	乐山市沐川县	—
510801	广元市市辖区	通用	511132	乐山市峨边彝族自治县	—
510802	广元市利州区	—	511133	乐山市马边彝族自治县	—
510811	广元市昭化区	—	511181	乐山市峨眉山市	—
510812	广元市朝天区	—	511300	四川省南充市	—
510821	广元市旺苍县	—	511301	南充市市辖区	通用
510822	广元市青川县	—	511302	南充市顺庆区	—
510823	广元市剑阁县	—	511303	南充市高坪区	—
510824	广元市苍溪县	—	511304	南充市嘉陵区	—
510900	四川省遂宁市	—	511321	南充市南部县	—
510901	遂宁市市辖区	通用	511322	南充市营山县	—
510903	遂宁市船山区	—	511323	南充市蓬安县	—
510904	遂宁市安居区	—	511324	南充市仪陇县	—
510921	遂宁市蓬溪县	—	511325	南充市西充县	—
510922	遂宁市射洪县	作废	511381	南充市阆中市	—
510923	遂宁市大英县	—	511400	四川省眉山市	—
510981	遂宁市射洪市	新增	511401	眉山市市辖区	通用
511000	四川省内江市	—	511402	眉山市东坡区	—
511001	内江市市辖区	通用	511403	眉山市彭山区	—
511002	内江市市中区	—	511421	眉山市仁寿县	—
511011	内江市东兴区	—	511423	眉山市洪雅县	—
511024	内江市威远县	—	511424	眉山市丹棱县	—
511025	内江市资中县	—	511425	眉山市青神县	—
511028	内江市隆昌县	作废	511500	四川省宜宾市	—
511083	内江市隆昌市	新增	511501	宜宾市市辖区	通用
511100	四川省乐山市	—	511502	宜宾市翠屏区	—
511101	乐山市市辖区	通用	511503	宜宾市南溪区	—
511102	乐山市市中区	—	511504	宜宾市叙州区	新增

代码	中文名称	备注	代码	中文名称	备注
511521	宜宾市宜宾县	作废	511827	雅安市宝兴县	—
511523	宜宾市江安县	—	511900	四川省巴中市	—
511524	宜宾市长宁县	—	511901	巴中市市辖区	通用
511525	宜宾市高县	—	511902	巴中市巴州区	—
511526	宜宾市珙县	—	511903	巴中市恩阳区	—
511527	宜宾市筠连县	—	511921	巴中市通江县	—
511528	宜宾市兴文县	—	511922	巴中市南江县	—
511529	宜宾市屏山县	—	511923	巴中市平昌县	—
511600	四川省广安市	—	512000	四川省资阳市	—
511601	广安市市辖区	通用	512001	资阳市市辖区	通用
511602	广安市广安区	—	512002	资阳市雁江区	—
511603	广安市前锋区	—	512021	资阳市安岳县	—
511621	广安市岳池县	—	512022	资阳市乐至县	—
511622	广安市武胜县	—	513200	四川省阿坝藏族羌族自治州	—
511623	广安市邻水县	—	513201	阿坝藏族羌族自治州马尔康市	—
511681	广安市华蓥市	—	513221	阿坝藏族羌族自治州汶川县	—
511700	四川省达州市	—	513222	阿坝藏族羌族自治州理县	—
511701	达州市市辖区	通用	513223	阿坝藏族羌族自治州茂县	—
511702	达州市通川区	—	513224	阿坝藏族羌族自治州松潘县	—
511703	达州市达川区	—	513225	阿坝藏族羌族自治州九寨沟县	—
511722	达州市宣汉县	—	513226	阿坝藏族羌族自治州金川县	—
511723	达州市开江县	—	513227	阿坝藏族羌族自治州小金县	—
511724	达州市大竹县	—	513228	阿坝藏族羌族自治州黑水县	—
511725	达州市渠县	—	513230	阿坝藏族羌族自治州壤塘县	—
511781	达州市万源市	—	513231	阿坝藏族羌族自治州阿坝县	—
511800	四川省雅安市	—	513232	阿坝藏族羌族自治州若尔盖县	—
511801	雅安市市辖区	通用	513233	阿坝藏族羌族自治州红原县	—
511802	雅安市雨城区	—	513300	四川省甘孜藏族自治州	—
511803	雅安市名山区	—	513301	甘孜藏族自治州康定市	—
511822	雅安市荥经县	—	513322	甘孜藏族自治州泸定县	—
511823	雅安市汉源县	—	513323	甘孜藏族自治州丹巴县	—
511824	雅安市石棉县	—	513324	甘孜藏族自治州九龙县	—
511825	雅安市天全县	—	513325	甘孜藏族自治州雅江县	—
511826	雅安市芦山县	—	513326	甘孜藏族自治州道孚县	—

附录 3-2 续 41

代码	中文名称	备注	代码	中文名称	备注
513327	甘孜藏族自治州炉霍县	—	520103	贵阳市云岩区	—
513328	甘孜藏族自治州甘孜县	—	520111	贵阳市花溪区	—
513329	甘孜藏族自治州新龙县	—	520112	贵阳市乌当区	—
513330	甘孜藏族自治州德格县	—	520113	贵阳市白云区	—
513331	甘孜藏族自治州白玉县	—	520115	贵阳市观山湖区	—
513332	甘孜藏族自治州石渠县	—	520121	贵阳市开阳县	—
513333	甘孜藏族自治州色达县	—	520122	贵阳市息烽县	—
513334	甘孜藏族自治州理塘县	—	520123	贵阳市修文县	—
513335	甘孜藏族自治州巴塘县	—	520181	贵阳市清镇市	—
513336	甘孜藏族自治州乡城县	—	520200	贵州省六盘水市	—
513337	甘孜藏族自治州稻城县	—	520201	六盘水市钟山区	—
513338	甘孜藏族自治州得荣县	—	520203	六盘水市六枝特区	—
513400	四川省凉山彝族自治州	—	520204	六盘水市水城区	新增
513401	凉山彝族自治州西昌市	—	520221	六盘水市水城县	作废
513422	凉山彝族自治州木里藏族自治县	—	520222	六盘水市盘县	作废
513423	凉山彝族自治州盐源县	—	520281	六盘水市盘州市	新增
513424	凉山彝族自治州德昌县	—	520300	贵州省遵义市	—
513425	凉山彝族自治州会理县	—	520301	遵义市市辖区	通用
513426	凉山彝族自治州会东县	—	520302	遵义市红花岗区	—
513427	凉山彝族自治州宁南县	—	520303	遵义市汇川区	—
513428	凉山彝族自治州普格县	—	520304	遵义市播州区	—
513429	凉山彝族自治州布拖县	—	520322	遵义市桐梓县	—
513430	凉山彝族自治州金阳县	—	520323	遵义市绥阳县	—
513431	凉山彝族自治州昭觉县	—	520324	遵义市正安县	—
513432	凉山彝族自治州喜德县	—	520325	遵义市道真仡佬族苗族自治县	—
513433	凉山彝族自治州冕宁县	—	520326	遵义市务川仡佬族苗族自治县	—
513434	凉山彝族自治州越西县	—	520327	遵义市凤冈县	—
513435	凉山彝族自治州甘洛县	—	520328	遵义市湄潭县	—
513436	凉山彝族自治州美姑县	—	520329	遵义市余庆县	—
513437	凉山彝族自治州雷波县	—	520330	遵义市习水县	—
520000	贵州省	—	520381	遵义市赤水市	—
520100	贵州省贵阳市	—	520382	遵义市仁怀市	—
520101	贵阳市市辖区	通用	520400	贵州省安顺市	—
520102	贵阳市南明区	—	520401	安顺市市辖区	通用

附录 3-2　续 42

代码	中文名称	备注	代码	中文名称	备注
520402	安顺市西秀区	—	522325	黔西南布依族苗族自治州贞丰县	—
520403	安顺市平坝区	—	522326	黔西南布依族苗族自治州望谟县	—
520422	安顺市普定县	—	522327	黔西南布依族苗族自治州册亨县	—
520423	安顺市镇宁布依族苗族自治县	—	522328	黔西南布依族苗族自治州安龙县	—
520424	安顺市关岭布依族苗族自治县	—	522600	贵州省黔东南苗族侗族自治州	—
520425	安顺市紫云苗族布依族自治县	—	522601	黔东南苗族侗族自治州凯里市	—
520500	贵州省毕节市	—	522622	黔东南苗族侗族自治州黄平县	—
520501	毕节市市辖区	通用	522623	黔东南苗族侗族自治州施秉县	—
520502	毕节市七星关区	—	522624	黔东南苗族侗族自治州三穗县	—
520521	毕节市大方县	—	522625	黔东南苗族侗族自治州镇远县	—
520522	毕节市黔西县	—	522626	黔东南苗族侗族自治州岑巩县	—
520523	毕节市金沙县	—	522627	黔东南苗族侗族自治州天柱县	—
520524	毕节市织金县	—	522628	黔东南苗族侗族自治州锦屏县	—
520525	毕节市纳雍县	—	522629	黔东南苗族侗族自治州剑河县	—
520526	毕节市威宁彝族回族苗族自治县	—	522630	黔东南苗族侗族自治州台江县	—
520527	毕节市赫章县	—	522631	黔东南苗族侗族自治州黎平县	—
520600	贵州省铜仁市	—	522632	黔东南苗族侗族自治州榕江县	—
520601	铜仁市市辖区	通用	522633	黔东南苗族侗族自治州从江县	—
520602	铜仁市碧江区	—	522634	黔东南苗族侗族自治州雷山县	—
520603	铜仁市万山区	—	522635	黔东南苗族侗族自治州麻江县	—
520621	铜仁市江口县	—	522636	黔东南苗族侗族自治州丹寨县	—
520622	铜仁市玉屏侗族自治县	—	522700	贵州省黔南布依族苗族自治州	—
520623	铜仁市石阡县	—	522701	黔南布依族苗族自治州都匀市	—
520624	铜仁市思南县	—	522702	黔南布依族苗族自治州福泉市	—
520625	铜仁市印江土家族苗族自治县	—	522722	黔南布依族苗族自治州荔波县	—
520626	铜仁市德江县	—	522723	黔南布依族苗族自治州贵定县	—
520627	铜仁市沿河土家族自治县	—	522725	黔南布依族苗族自治州瓮安县	—
520628	铜仁市松桃苗族自治县	—	522726	黔南布依族苗族自治州独山县	—
522300	贵州省黔西南布依族苗族自治州	—	522727	黔南布依族苗族自治州平塘县	—
522301	黔西南布依族苗族自治州兴义市	—	522728	黔南布依族苗族自治州罗甸县	—
522302	黔西南布依族苗族自治州兴仁市	新增	522729	黔南布依族苗族自治州长顺县	—
522322	黔西南布依族苗族自治州兴仁县	作废	522730	黔南布依族苗族自治州龙里县	—
522323	黔西南布依族苗族自治州普安县	—	522731	黔南布依族苗族自治州惠水县	—
522324	黔西南布依族苗族自治州晴隆县	—			

附录 3-2　续 43

代码	中文名称	备注	代码	中文名称	备注
522732	黔南布依族苗族自治州三都水族自治县	—	530402	玉溪市红塔区	—
			530403	玉溪市江川区	—
530000	云南省	—	530422	玉溪市澄江县	作废
530100	云南省昆明市	—	530423	玉溪市通海县	—
530101	昆明市市辖区	通用	530424	玉溪市华宁县	—
530102	昆明市五华区	—	530425	玉溪市易门县	—
530103	昆明市盘龙区	—	530426	玉溪市峨山彝族自治县	—
530111	昆明市官渡区	—	530427	玉溪市新平彝族傣族自治县	—
530112	昆明市西山区	—	530428	玉溪市元江哈尼族彝族傣族自治县	—
530113	昆明市东川区	—	530481	玉溪市澄江市	新增
530114	昆明市呈贡区	—	530500	云南省保山市	—
530115	昆明市晋宁区	—	530501	保山市市辖区	通用
530122	昆明市晋宁县	作废	530502	保山市隆阳区	—
530124	昆明市富民县	—	530521	保山市施甸县	—
530125	昆明市宜良县	—	530523	保山市龙陵县	—
530126	昆明市石林彝族自治县	—	530524	保山市昌宁县	—
530127	昆明市嵩明县	—	530581	保山市腾冲市	—
530128	昆明市禄劝彝族苗族自治县	—	530600	云南省昭通市	—
530129	昆明市寻甸回族彝族自治县	—	530601	昭通市市辖区	通用
530181	昆明市安宁市	—	530602	昭通市昭阳区	—
530300	云南省曲靖市	—	530621	昭通市鲁甸县	—
530301	曲靖市市辖区	通用	530622	昭通市巧家县	—
530302	曲靖市麒麟区	—	530623	昭通市盐津县	—
530303	曲靖市沾益区	—	530624	昭通市大关县	—
530304	曲靖市马龙区	新增	530625	昭通市永善县	—
530321	曲靖市马龙县	作废	530626	昭通市绥江县	—
530322	曲靖市陆良县	—	530627	昭通市镇雄县	—
530323	曲靖市师宗县	—	530628	昭通市彝良县	—
530324	曲靖市罗平县	—	530629	昭通市威信县	—
530325	曲靖市富源县	—	530630	昭通市水富县	作废
530326	曲靖市会泽县	—	530681	昭通市水富市	新增
530381	曲靖市宣威市	—	530700	云南省丽江市	—
530400	云南省玉溪市	—	530701	丽江市市辖区	通用
530401	玉溪市市辖区	通用	530702	丽江市古城区	—

代码	中文名称	备注	代码	中文名称	备注
530721	丽江市玉龙纳西族自治县	—	532327	楚雄彝族自治州永仁县	—
530722	丽江市永胜县	—	532328	楚雄彝族自治州元谋县	—
530723	丽江市华坪县	—	532329	楚雄彝族自治州武定县	—
530724	丽江市宁蒗彝族自治县	—	532331	楚雄彝族自治州禄丰县	—
530800	云南省普洱市	—	532500	云南省红河哈尼族彝族自治州	—
530801	普洱市市辖区	通用	532501	红河哈尼族彝族自治州个旧市	—
530802	普洱市思茅区	—	532502	红河哈尼族彝族自治州开远市	—
530821	普洱市宁洱哈尼族彝族自治县	—	532503	红河哈尼族彝族自治州蒙自市	—
530822	普洱市墨江哈尼族自治县	—	532504	红河哈尼族彝族自治州弥勒市	—
530823	普洱市景东彝族自治县	—	532523	红河哈尼族彝族自治州屏边苗族自治县	—
530824	普洱市景谷傣族彝族自治县	—
530825	普洱市镇沅彝族哈尼族拉祜族自治县	—	532524	红河哈尼族彝族自治州建水县	—
530826	普洱市江城哈尼族彝族自治县	—	532525	红河哈尼族彝族自治州石屏县	—
530827	普洱市孟连傣族拉祜族佤族自治县	—	532527	红河哈尼族彝族自治州泸西县	—
530828	普洱市澜沧拉祜族自治县	—	532528	红河哈尼族彝族自治州元阳县	—
530829	普洱市西盟佤族自治县	—	532529	红河哈尼族彝族自治州红河县	—
530900	云南省临沧市	—	532530	红河哈尼族彝族自治州金平苗族瑶族傣族自治县	—
530901	临沧市市辖区	通用
530902	临沧市临翔区	—	532531	红河哈尼族彝族自治州绿春县	—
530921	临沧市凤庆县	—	532532	红河哈尼族彝族自治州河口瑶族自治县	—
530922	临沧市云县	—
530923	临沧市永德县	—	532600	云南省文山壮族苗族自治州	—
530924	临沧市镇康县	—	532601	文山壮族苗族自治州文山市	—
530925	临沧市双江拉祜族佤族布朗族傣族自治县	—	532622	文山壮族苗族自治州砚山县	—
532623	文山壮族苗族自治州西畴县	—
530926	临沧市耿马傣族佤族自治县	—	532624	文山壮族苗族自治州麻栗坡县	—
530927	临沧市沧源佤族自治县	—	532625	文山壮族苗族自治州马关县	—
532300	云南省楚雄彝族自治州	—	532626	文山壮族苗族自治州丘北县	—
532301	楚雄彝族自治州楚雄市	—	532627	文山壮族苗族自治州广南县	—
532322	楚雄彝族自治州双柏县	—	532628	文山壮族苗族自治州富宁县	—
532323	楚雄彝族自治州牟定县	—	532800	云南省西双版纳傣族自治州	—
532324	楚雄彝族自治州南华县	—	532801	西双版纳傣族自治州景洪市	—
532325	楚雄彝族自治州姚安县	—	532822	西双版纳傣族自治州勐海县	—
532326	楚雄彝族自治州大姚县	—	532823	西双版纳傣族自治州勐腊县	—

附录 3-2 续 45

代码	中文名称	备注	代码	中文名称	备注
532900	云南省大理白族自治州	—	540103	拉萨市堆龙德庆区	—
532901	大理白族自治州大理市	—	540104	拉萨市达孜区	新增
532922	大理白族自治州漾濞彝族自治县	—	540121	拉萨市林周县	—
532923	大理白族自治州祥云县	—	540122	拉萨市当雄县	—
532924	大理白族自治州宾川县	—	540123	拉萨市尼木县	—
532925	大理白族自治州弥渡县	—	540124	拉萨市曲水县	—
532926	大理白族自治州南涧彝族自治县	—	540126	拉萨市达孜县	作废
532927	大理白族自治州巍山彝族回族自治县	—	540127	拉萨市墨竹工卡县	—
532928	大理白族自治州永平县	—	540200	西藏自治区日喀则市	—
532929	大理白族自治州云龙县	—	540201	日喀则市市辖区	通用
532930	大理白族自治州洱源县	—	540202	日喀则市桑珠孜区	—
532931	大理白族自治州剑川县	—	540221	日喀则市南木林县	—
532932	大理白族自治州鹤庆县	—	540222	日喀则市江孜县	—
533100	云南省德宏傣族景颇族自治州	—	540223	日喀则市定日县	—
533102	德宏傣族景颇族自治州瑞丽市	—	540224	日喀则市萨迦县	—
533103	德宏傣族景颇族自治州芒市	—	540225	日喀则市拉孜县	—
533122	德宏傣族景颇族自治州梁河县	—	540226	日喀则市昂仁县	—
533123	德宏傣族景颇族自治州盈江县	—	540227	日喀则市谢通门县	—
533124	德宏傣族景颇族自治州陇川县	—	540228	日喀则市白朗县	—
533300	云南省怒江傈僳族自治州	—	540229	日喀则市仁布县	—
533301	怒江傈僳族自治州泸水市	—	540230	日喀则市康马县	—
533323	怒江傈僳族自治州福贡县	—	540231	日喀则市定结县	—
533324	怒江傈僳族自治州贡山独龙族怒族自治县	—	540232	日喀则市仲巴县	—
			540233	日喀则市亚东县	—
533325	怒江傈僳族自治州兰坪白族普米族自治县	—	540234	日喀则市吉隆县	—
			540235	日喀则市聂拉木县	—
533400	云南省迪庆藏族自治州	—	540236	日喀则市萨嘎县	—
533401	迪庆藏族自治州香格里拉市	—	540237	日喀则市岗巴县	—
533422	迪庆藏族自治州德钦县	—	540300	西藏自治区昌都市	—
533423	迪庆藏族自治州维西傈僳族自治县	—	540301	昌都市市辖区	通用
540000	西藏自治区	—	540302	昌都市卡若区	—
540100	西藏自治区拉萨市	—	540321	昌都市江达县	—
540101	拉萨市市辖区	通用	540322	昌都市贡觉县	—
540102	拉萨市城关区	—	540323	昌都市类乌齐县	—

附录 3-2 续 46

代码	中文名称	备注	代码	中文名称	备注
540324	昌都市丁青县	—	540624	那曲市安多县	新增
540325	昌都市察雅县	—	540625	那曲市申扎县	新增
540326	昌都市八宿县	—	540626	那曲市索县	新增
540327	昌都市左贡县	—	540627	那曲市班戈县	新增
540328	昌都市芒康县	—	540628	那曲市巴青县	新增
540329	昌都市洛隆县	—	540629	那曲市尼玛县	新增
540330	昌都市边坝县	—	540630	那曲市双湖县	新增
540400	西藏自治区林芝市	—	542400	西藏自治区那曲地区	作废
540401	林芝市市辖区	通用	542421	那曲地区那曲县	作废
540402	林芝市巴宜区	—	542422	那曲地区嘉黎县	作废
540421	林芝市工布江达县	—	542423	那曲地区比如县	作废
540422	林芝市米林县	—	542424	那曲地区聂荣县	作废
540423	林芝市墨脱县	—	542425	那曲地区安多县	作废
540424	林芝市波密县	—	542426	那曲地区申扎县	作废
540425	林芝市察隅县	—	542427	那曲地区索县	作废
540426	林芝市朗县	—	542428	那曲地区班戈县	作废
540500	西藏自治区山南市	—	542429	那曲地区巴青县	作废
540502	山南市乃东区	—	542430	那曲地区尼玛县	作废
540521	山南市扎囊县	—	542431	那曲地区双湖县	作废
540522	山南市贡嘎县	—	542500	西藏自治区阿里地区	—
540523	山南市桑日县	—	542521	阿里地区普兰县	—
540524	山南市琼结县	—	542522	阿里地区札达县	—
540525	山南市曲松县	—	542523	阿里地区噶尔县	—
540526	山南市措美县	—	542524	阿里地区日土县	—
540527	山南市洛扎县	—	542525	阿里地区革吉县	—
540528	山南市加查县	—	542526	阿里地区改则县	—
540529	山南市隆子县	—	542527	阿里地区措勤县	—
540530	山南市错那县	—	610000	陕西省	—
540531	山南市浪卡子县	—	610100	陕西省西安市	—
540600	那曲市	新增	610101	西安市市辖区	通用
540602	那曲市色尼区	新增	610102	西安市新城区	—
540621	那曲市嘉黎县	新增	610103	西安市碑林区	—
540622	那曲市比如县	新增	610104	西安市莲湖区	—
540623	那曲市聂荣县	新增	610111	西安市灞桥区	—

附录 3-2　续 47

代码	中文名称	备注	代码	中文名称	备注
610112	西安市未央区	—	610404	咸阳市渭城区	—
610113	西安市雁塔区	—	610422	咸阳市三原县	—
610114	西安市阎良区	—	610423	咸阳市泾阳县	—
610115	西安市临潼区	—	610424	咸阳市乾县	—
610116	西安市长安区	—	610425	咸阳市礼泉县	—
610117	西安市高陵区	—	610426	咸阳市永寿县	—
610118	西安市鄠邑区	—	610427	咸阳市彬县	作废
610122	西安市蓝田县	—	610428	咸阳市长武县	—
610124	西安市周至县	—	610429	咸阳市旬邑县	—
610125	西安市户县	作废	610430	咸阳市淳化县	—
610200	陕西省铜川市	—	610431	咸阳市武功县	—
610201	铜川市市辖区	通用	610481	咸阳市兴平市	—
610202	铜川市王益区	—	610482	咸阳市彬州市	新增
610203	铜川市印台区	—	610500	陕西省渭南市	—
610204	铜川市耀州区	—	610501	渭南市市辖区	通用
610222	铜川市宜君县	—	610502	渭南市临渭区	—
610300	陕西省宝鸡市	—	610503	渭南市华州区	—
610301	宝鸡市市辖区	通用	610522	渭南市潼关县	—
610302	宝鸡市渭滨区	—	610523	渭南市大荔县	—
610303	宝鸡市金台区	—	610524	渭南市合阳县	—
610304	宝鸡市陈仓区	—	610525	渭南市澄城县	—
610322	宝鸡市凤翔县	—	610526	渭南市蒲城县	—
610323	宝鸡市岐山县	—	610527	渭南市白水县	—
610324	宝鸡市扶风县	—	610528	渭南市富平县	—
610326	宝鸡市眉县	—	610581	渭南市韩城市	—
610327	宝鸡市陇县	—	610582	渭南市华阴市	—
610328	宝鸡市千阳县	—	610600	陕西省延安市	—
610329	宝鸡市麟游县	—	610601	延安市市辖区	通用
610330	宝鸡市凤县	—	610602	延安市宝塔区	—
610331	宝鸡市太白县	—	610603	延安市安塞区	—
610400	陕西省咸阳市	—	610621	延安市延长县	—
610401	咸阳市市辖区	通用	610622	延安市延川县	—
610402	咸阳市秦都区	—	610623	延安市子长县	作废
610403	咸阳市杨陵区	—	610625	延安市志丹县	—

附录3-2　续48

代码	中文名称	备注	代码	中文名称	备注
610626	延安市吴起县	—	610830	榆林市清涧县	—
610627	延安市甘泉县	—	610831	榆林市子洲县	—
610628	延安市富县	—	610881	榆林市神木市	新增
610629	延安市洛川县	—	610900	陕西省安康市	—
610630	延安市宜川县	—	610901	安康市市辖区	通用
610631	延安市黄龙县	—	610902	安康市汉滨区	—
610632	延安市黄陵县	—	610921	安康市汉阴县	—
610681	延安市子长市	新增	610922	安康市石泉县	—
610700	陕西省汉中市	—	610923	安康市宁陕县	—
610701	汉中市市辖区	通用	610924	安康市紫阳县	—
610702	汉中市汉台区	—	610925	安康市岚皋县	—
610703	汉中市南郑区	新增	610926	安康市平利县	—
610721	汉中市南郑县	作废	610927	安康市镇坪县	—
610722	汉中市城固县	—	610928	安康市旬阳县	—
610723	汉中市洋县	—	610929	安康市白河县	—
610724	汉中市西乡县	—	611000	陕西省商洛市	—
610725	汉中市勉县	—	611001	商洛市市辖区	通用
610726	汉中市宁强县	—	611002	商洛市商州区	—
610727	汉中市略阳县	—	611021	商洛市洛南县	—
610728	汉中市镇巴县	—	611022	商洛市丹凤县	—
610729	汉中市留坝县	—	611023	商洛市商南县	—
610730	汉中市佛坪县	—	611024	商洛市山阳县	—
610800	陕西省榆林市	—	611025	商洛市镇安县	—
610801	榆林市市辖区	通用	611026	商洛市柞水县	—
610802	榆林市榆阳区	—	620000	甘肃省	—
610803	榆林市横山区	—	620100	甘肃省兰州市	—
610821	榆林市神木县	作废	620101	兰州市市辖区	通用
610822	榆林市府谷县	—	620102	兰州市城关区	—
610824	榆林市靖边县	—	620103	兰州市七里河区	—
610825	榆林市定边县	—	620104	兰州市西固区	—
610826	榆林市绥德县	—	620105	兰州市安宁区	—
610827	榆林市米脂县	—	620111	兰州市红古区	—
610828	榆林市佳县	—	620121	兰州市永登县	—
610829	榆林市吴堡县	—	620122	兰州市皋兰县	—

附录 3-2 续 49

代码	中文名称	备注	代码	中文名称	备注
620123	兰州市榆中县	—	620723	张掖市临泽县	—
620200	甘肃省嘉峪关市	—	620724	张掖市高台县	—
620201	嘉峪关市市辖区	通用	620725	张掖市山丹县	—
620300	甘肃省金昌市	—	620800	甘肃省平凉市	—
620301	金昌市市辖区	通用	620801	平凉市市辖区	通用
620302	金昌市金川区	—	620802	平凉市崆峒区	—
620321	金昌市永昌县	—	620821	平凉市泾川县	—
620400	甘肃省白银市	—	620822	平凉市灵台县	—
620401	白银市市辖区	通用	620823	平凉市崇信县	—
620402	白银市白银区	—	620824	平凉市华亭县	作废
620403	白银市平川区	—	620825	平凉市庄浪县	—
620421	白银市靖远县	—	620826	平凉市静宁县	—
620422	白银市会宁县	—	620881	平凉市华亭市	新增
620423	白银市景泰县	—	620900	甘肃省酒泉市	—
620500	甘肃省天水市	—	620901	酒泉市市辖区	通用
620501	天水市市辖区	通用	620902	酒泉市肃州区	—
620502	天水市秦州区	—	620921	酒泉市金塔县	—
620503	天水市麦积区	—	620922	酒泉市瓜州县	—
620521	天水市清水县	—	620923	酒泉市肃北蒙古族自治县	—
620522	天水市秦安县	—	620924	酒泉市阿克塞哈萨克族自治县	—
620523	天水市甘谷县	—	620981	酒泉市玉门市	—
620524	天水市武山县	—	620982	酒泉市敦煌市	—
620525	天水市张家川回族自治县	—	621000	甘肃省庆阳市	—
620600	甘肃省武威市	—	621001	庆阳市市辖区	通用
620601	武威市市辖区	通用	621002	庆阳市西峰区	—
620602	武威市凉州区	—	621021	庆阳市庆城县	—
620621	武威市民勤县	—	621022	庆阳市环县	—
620622	武威市古浪县	—	621023	庆阳市华池县	—
620623	武威市天祝藏族自治县	—	621024	庆阳市合水县	—
620700	甘肃省张掖市	—	621025	庆阳市正宁县	—
620701	张掖市市辖区	通用	621026	庆阳市宁县	—
620702	张掖市甘州区	—	621027	庆阳市镇原县	—
620721	张掖市肃南裕固族自治县	—	621100	甘肃省定西市	—
620722	张掖市民乐县	—	621101	定西市市辖区	通用

代码	中文名称	备注	代码	中文名称	备注
621102	定西市安定区	—	623025	甘南藏族自治州玛曲县	—
621121	定西市通渭县	—	623026	甘南藏族自治州碌曲县	—
621122	定西市陇西县	—	623027	甘南藏族自治州夏河县	—
621123	定西市渭源县	—	630000	青海省	
621124	定西市临洮县	—	630100	青海省西宁市	—
621125	定西市漳县	—	630101	西宁市市辖区	通用
621126	定西市岷县	—	630102	西宁市城东区	—
621200	甘肃省陇南市	—	630103	西宁市城中区	—
621201	陇南市市辖区	通用	630104	西宁市城西区	—
621202	陇南市武都区	—	630105	西宁市城北区	—
621221	陇南市成县	—	630106	西宁市湟中区	新增
621222	陇南市文县	—	630121	西宁市大通回族土族自治县	—
621223	陇南市宕昌县	—	630122	西宁市湟中县	作废
621224	陇南市康县	—	630123	西宁市湟源县	—
621225	陇南市西和县	—	630200	青海省海东市	—
621226	陇南市礼县	—	630202	海东市乐都区	—
621227	陇南市徽县	—	630203	海东市平安区	—
621228	陇南市两当县	—	630222	海东市民和回族土族自治县	—
622900	甘肃省临夏回族自治州	—	630223	海东市互助土族自治县	—
622901	临夏回族自治州临夏市	—	630224	海东市化隆回族自治县	—
622921	临夏回族自治州临夏县	—	630225	海东市循化撒拉族自治县	—
622922	临夏回族自治州康乐县	—	632200	青海省海北藏族自治州	—
622923	临夏回族自治州永靖县	—	632221	海北藏族自治州门源回族自治县	—
622924	临夏回族自治州广河县	—	632222	海北藏族自治州祁连县	—
622925	临夏回族自治州和政县	—	632223	海北藏族自治州海晏县	—
622926	临夏回族自治州东乡族自治县	—	632224	海北藏族自治州刚察县	—
622927	临夏回族自治州积石山保安族东乡族撒拉族自治县		632300	青海省黄南藏族自治州	
			632301	黄南藏族自治州同仁市	新增
623000	甘肃省甘南藏族自治州	—	632321	黄南藏族自治州同仁县	作废
623001	甘南藏族自治州合作市	—	632322	黄南藏族自治州尖扎县	—
623021	甘南藏族自治州临潭县	—	632323	黄南藏族自治州泽库县	—
623022	甘南藏族自治州卓尼县	—	632324	黄南藏族自治州河南蒙古族自治县	—
623023	甘南藏族自治州舟曲县	—	632500	青海省海南藏族自治州	—
623024	甘南藏族自治州迭部县	—	632521	海南藏族自治州共和县	—

附录 3-2   续 51

代码	中文名称	备注	代码	中文名称	备注
632522	海南藏族自治州同德县	—	640200	宁夏回族自治区石嘴山市	—
632523	海南藏族自治州贵德县	—	640201	石嘴山市市辖区	通用
632524	海南藏族自治州兴海县	—	640202	石嘴山市大武口区	—
632525	海南藏族自治州贵南县	—	640205	石嘴山市惠农区	—
632600	青海省果洛藏族自治州	—	640221	石嘴山市平罗县	—
632621	果洛藏族自治州玛沁县	—	640300	宁夏回族自治区吴忠市	—
632622	果洛藏族自治州班玛县	—	640301	吴忠市市辖区	通用
632623	果洛藏族自治州甘德县	—	640302	吴忠市利通区	—
632624	果洛藏族自治州达日县	—	640303	吴忠市红寺堡区	—
632625	果洛藏族自治州久治县	—	640323	吴忠市盐池县	—
632626	果洛藏族自治州玛多县	—	640324	吴忠市同心县	—
632700	青海省玉树藏族自治州	—	640381	吴忠市青铜峡市	—
632701	玉树藏族自治州玉树市	—	640400	宁夏回族自治区固原市	—
632722	玉树藏族自治州杂多县	—	640401	固原市市辖区	通用
632723	玉树藏族自治州称多县	—	640402	固原市原州区	—
632724	玉树藏族自治州治多县	—	640422	固原市西吉县	—
632725	玉树藏族自治州囊谦县	—	640423	固原市隆德县	—
632726	玉树藏族自治州曲麻莱县	—	640424	固原市泾源县	—
632800	青海省海西蒙古族藏族自治州	—	640425	固原市彭阳县	—
632801	海西蒙古族藏族自治州格尔木市	—	640500	宁夏回族自治区中卫市	—
632802	海西蒙古族藏族自治州德令哈市	—	640501	中卫市市辖区	通用
632803	海西蒙古族藏族自治州茫崖市	新增	640502	中卫市沙坡头区	—
632821	海西蒙古族藏族自治州乌兰县	—	640521	中卫市中宁县	—
632822	海西蒙古族藏族自治州都兰县	—	640522	中卫市海原县	—
632823	海西蒙古族藏族自治州天峻县	—	650000	新疆维吾尔自治区	—
640000	宁夏回族自治区	—	650100	新疆维吾尔自治区乌鲁木齐市	—
640100	宁夏回族自治区银川市	—	650101	乌鲁木齐市市辖区	通用
640101	银川市市辖区	通用	650102	乌鲁木齐市天山区	—
640104	银川市兴庆区	—	650103	乌鲁木齐市沙依巴克区	—
640105	银川市西夏区	—	650104	乌鲁木齐市新市区	—
640106	银川市金凤区	—	650105	乌鲁木齐市水磨沟区	—
640121	银川市永宁县	—	650106	乌鲁木齐市头屯河区	—
640122	银川市贺兰县	—	650107	乌鲁木齐市达坂城区	—
640181	银川市灵武市	—	650109	乌鲁木齐市米东区	—

附录3-2 续52

代码	中文名称	备注	代码	中文名称	备注
650121	乌鲁木齐市乌鲁木齐县	—	652823	巴音郭楞蒙古自治州尉犁县	—
650200	新疆维吾尔自治区克拉玛依市	—	652824	巴音郭楞蒙古自治州若羌县	—
650201	克拉玛依市市辖区	通用	652825	巴音郭楞蒙古自治州且末县	—
650202	克拉玛依市独山子区	—	652826	巴音郭楞蒙古自治州焉耆回族自治县	—
650203	克拉玛依市克拉玛依区	—	652827	巴音郭楞蒙古自治州和静县	—
650204	克拉玛依市白碱滩区	—	652828	巴音郭楞蒙古自治州和硕县	—
650205	克拉玛依市乌尔禾区	—	652829	巴音郭楞蒙古自治州博湖县	—
650400	新疆维吾尔自治区吐鲁番市	—	652900	新疆维吾尔自治区阿克苏地区	—
650401	吐鲁番市市辖区	通用	652901	阿克苏地区阿克苏市	—
650402	吐鲁番市高昌区	—	652902	阿克苏地区库车市	新增
650421	吐鲁番市鄯善县	—	652922	阿克苏地区温宿县	—
650422	吐鲁番市托克逊县	—	652923	阿克苏地区库车县	作废
650500	新疆维吾尔自治区哈密市	—	652924	阿克苏地区沙雅县	—
650502	哈密市伊州区	—	652925	阿克苏地区新和县	—
650521	哈密市巴里坤哈萨克自治县	—	652926	阿克苏地区拜城县	—
650522	哈密市伊吾县	—	652927	阿克苏地区乌什县	—
652300	新疆维吾尔自治区昌吉回族自治州	—	652928	阿克苏地区阿瓦提县	—
652301	昌吉回族自治州昌吉市	—	652929	阿克苏地区柯坪县	—
652302	昌吉回族自治州阜康市	—	653000	新疆维吾尔自治区克孜勒苏柯尔克孜自治州	—
652323	昌吉回族自治州呼图壁县	—			
652324	昌吉回族自治州玛纳斯县	—	653001	克孜勒苏柯尔克孜自治州阿图什市	—
652325	昌吉回族自治州奇台县	—	653022	克孜勒苏柯尔克孜自治州阿克陶县	—
652327	昌吉回族自治州吉木萨尔县	—	653023	克孜勒苏柯尔克孜自治州阿合奇县	—
652328	昌吉回族自治州木垒哈萨克自治县	—	653024	克孜勒苏柯尔克孜自治州乌恰县	—
652700	新疆维吾尔自治区博尔塔拉蒙古自治州	—	653100	新疆维吾尔自治区喀什地区	—
			653101	喀什地区喀什市	—
652701	博尔塔拉蒙古自治州博乐市	—	653121	喀什地区疏附县	—
652702	博尔塔拉蒙古自治州阿拉山口市	—	653122	喀什地区疏勒县	—
652722	博尔塔拉蒙古自治州精河县	—	653123	喀什地区英吉沙县	—
652723	博尔塔拉蒙古自治州温泉县	—	653124	喀什地区泽普县	—
652800	新疆维吾尔自治区巴音郭楞蒙古自治州	—	653125	喀什地区莎车县	—
			653126	喀什地区叶城县	—
652801	巴音郭楞蒙古自治州库尔勒市	—	653127	喀什地区麦盖提县	—
652822	巴音郭楞蒙古自治州轮台县	—	653128	喀什地区岳普湖县	—

附录 3-2 续 53

代码	中文名称	备注	代码	中文名称	备注
653129	喀什地区伽师县	—	654300	新疆维吾尔自治区阿勒泰地区	—
653130	喀什地区巴楚县	—	654301	阿勒泰地区阿勒泰市	—
653131	喀什地区塔什库尔干塔吉克自治县	—	654321	阿勒泰地区布尔津县	—
653200	新疆维吾尔自治区和田地区	—	654322	阿勒泰地区富蕴县	—
653201	和田地区和田市	—	654323	阿勒泰地区福海县	—
653221	和田地区和田县	—	654324	阿勒泰地区哈巴河县	—
653222	和田地区墨玉县	—	654325	阿勒泰地区青河县	—
653223	和田地区皮山县	—	654326	阿勒泰地区吉木乃县	—
653224	和田地区洛浦县	—	659000	新疆维吾尔自治区自治区直辖县级行政单位	通用
653225	和田地区策勒县	—			
653226	和田地区于田县	—	659001	新疆维吾尔自治区省直辖行政区划石河子市	—
653227	和田地区民丰县	—			
654000	新疆维吾尔自治区伊犁哈萨克自治州	—	659002	新疆维吾尔自治区省直辖县级行政单位阿拉尔市	—
654002	伊犁哈萨克自治州伊宁市	—			
654003	伊犁哈萨克自治州奎屯市	—	659003	新疆维吾尔自治区省直辖县级行政单位图木舒克市	—
654004	伊犁哈萨克自治州霍尔果斯市	—			
654021	伊犁哈萨克自治州伊宁县	—	659004	新疆维吾尔自治区省直辖县级行政单位五家渠市	—
654022	伊犁哈萨克自治州察布查尔锡伯自治县	—			
654023	伊犁哈萨克自治州霍城县	—	659005	新疆维吾尔自治区省直辖县级行政单位北屯市	—
654024	伊犁哈萨克自治州巩留县	—			
654025	伊犁哈萨克自治州新源县	—	659006	新疆维吾尔自治区省直辖县级行政单位铁门关市	—
654026	伊犁哈萨克自治州昭苏县	—			
654027	伊犁哈萨克自治州特克斯县	—	659007	新疆维吾尔自治区省直辖县级行政单位双河市	—
654028	伊犁哈萨克自治州尼勒克县	—			
654200	新疆维吾尔自治区塔城地区	—	659008	新疆维吾尔自治区省直辖县级行政单位可克达拉市	—
654201	塔城地区塔城市	—			
654202	塔城地区乌苏市	—	659009	新疆维吾尔自治区省直辖县级行政单位昆玉市	—
654221	塔城地区额敏县	—			
654223	塔城地区沙湾县	—	659010	新疆维吾尔自治区省直辖县级行政单位胡杨河市	新增
654224	塔城地区托里县	—	710000	台湾省	—
654225	塔城地区裕民县	—	810000	香港特别行政区	—
654226	塔城地区和布克赛尔蒙古自治县	—	820000	澳门特别行政区	—

注：中国的代码为 910000（通用），境外的代码为 920000（通用）。中国台湾省、香港特别行政区和澳门特别行政区暂缺地市和区县信息。

附录 3-3 世界国家和地区代码表

说明：

1. 三字符代码：用于进出口报关单中国家和地区的申报；
2. 数字代码：用于属地出口前申报中国家和地区的申报。

海关代码	三字符代码	数字代码	中文名称	英文名称
101	AFG	004	阿富汗	Afghanistan
102	BHR	048	巴林	Bahrain
103	BGD	050	孟加拉	Bangladesh
104	BTN	064	不丹	Bhutan
105	BRN	096	文莱	Brunei Darussalam
106	MMR	104	缅甸	Myanmar
107	KHM	116	柬埔寨	Cambodia
108	CYP	196	塞浦路斯	Cyprus
109	PRK	408	朝鲜	Korea (the Democratic People's Republic of)
110	HKG	344	中国香港	Hong Kong
111	IND	356	印度	India
112	IDN	360	印度尼西亚	Indonesia
113	IRN	364	伊朗	Iran (Islamic Republic of)
114	IRQ	368	伊拉克	Iraq
115	ISR	376	以色列	Israel
116	JPN	392	日本	Japan
117	JOR	400	约旦	Jordan
118	KWT	414	科威特	Kuwait
119	LAO	418	老挝	Lao People's Democratic Republic (the)
120	LBN	422	黎巴嫩	Lebanon
121	MAC	446	中国澳门	Macao
122	MYS	458	马来西亚	Malaysia
123	MDV	462	马尔代夫	Maldives
124	MNG	496	蒙古国	Mongolia
125	NPL	524	尼泊尔	Nepal
126	OMN	512	阿曼	Oman
127	PAK	586	巴基斯坦	Pakistan
128	PSE	275	巴勒斯坦	Palestine, State of
129	PHL	608	菲律宾	Philippines (the)
130	QAT	634	卡塔尔	Qatar
131	SAU	682	沙特阿拉伯	Saudi Arabia

海关代码	三字符代码	数字代码	中文名称	英文名称
132	SGP	702	新加坡	Singapore
133	KOR	410	韩国	Korea (the Republic of)
134	LKA	144	斯里兰卡	Sri Lanka
135	SYR	760	叙利亚	Syrian Arab Republic
136	THA	764	泰国	Thailand
137	TUR	792	土耳其	Turkey
138	ARE	784	阿联酋	United Arab Emirates (the)
139	YEM	887	也门	Yemen
141	VNM	704	越南	Viet Nam
142	CHN	156	中国	China
143	TWN	158	中国台湾	Taiwan (Province of China)
144	TLS	626	东帝汶	Timor-Leste
145	KAZ	398	哈萨克斯坦	Kazakhstan
146	KGZ	417	吉尔吉斯斯坦	Kyrgyzstan
147	TJK	762	塔吉克斯坦	Tajikistan
148	TKM	795	土库曼斯坦	Turkmenistan
149	UZB	860	乌兹别克斯坦	Uzbekistan
199	ZAS	903	亚洲其他国家（地区）	Asia other
201	DZA	012	阿尔及利亚	Algeria
202	AGO	024	安哥拉	Angola
203	BEN	204	贝宁	Benin
204	BWA	072	博茨瓦纳	Botswana
205	BDI	108	布隆迪	Burundi
206	CMR	120	喀麦隆	Cameroon
207	CAI	999	加那利群岛	Canary Islands
208	CPV	132	佛得角	Cabo Verde
209	CAF	140	中非	Central African Republic (the)
210	CEU	142	休达	Ceuta
211	TCD	148	乍得	Chad
212	COM	174	科摩罗	Comoros (the)
213	COG	178	刚果（布）	Congo (the)
214	DJI	262	吉布提	Djibouti
215	EGY	818	埃及	Egypt
216	GNQ	226	赤道几内亚	Equatorial Guinea
217	ETH	231	埃塞俄比亚	Ethiopia

附录3-3 续2

海关代码	三字符代码	数字代码	中文名称	英文名称
218	GAB	266	加蓬	Gabon
219	GMB	270	冈比亚	Gambia (the)
220	GHA	288	加纳	Ghana
221	GIN	324	几内亚	Guinea
222	GNB	624	几内亚比绍	Guinea-Bissau
223	CIV	384	科特迪瓦	Côte d'Ivoire
224	KEN	404	肯尼亚	Kenya
225	LBR	430	利比里亚	Liberia
226	LBY	434	利比亚	Libya
227	MDG	450	马达加斯加	Madagascar
228	MWI	454	马拉维	Malawi
229	MLI	466	马里	Mali
230	MRT	478	毛里塔尼亚	Mauritania
231	MUS	480	毛里求斯	Mauritius
232	MAR	504	摩洛哥	Morocco
233	MOZ	508	莫桑比克	Mozambique
234	NAM	516	纳米比亚	Namibia
235	NER	562	尼日尔	Niger (the)
236	NGA	566	尼日利亚	Nigeria
237	REU	638	留尼汪	Réunion
238	RWA	646	卢旺达	Rwanda
239	STP	678	圣多美和普林西比	Sao Tome and Principe
240	SEN	686	塞内加尔	Senegal
241	SYC	690	塞舌尔	Seychelles
242	SLE	694	塞拉利昂	Sierra Leone
243	SOM	706	索马里	Somalia
244	ZAF	710	南非	South Africa
245	ESH	732	西撒哈拉	Western Sahara
246	SDN	729	苏丹	Sudan (the)
247	TZA	834	坦桑尼亚	Tanzania, United Republic of
248	TGO	768	多哥	Togo
249	TUN	788	突尼斯	Tunisia
250	UGA	800	乌干达	Uganda
251	BFA	854	布基纳法索	Burkina Faso
252	COD	180	刚果（金）	Congo (the Democratic Republic of the)

附录3-3 续3

海关代码	三字符代码	数字代码	中文名称	英文名称
253	ZMB	894	赞比亚	Zambia
254	ZWE	716	津巴布韦	Zimbabwe
255	LSO	426	莱索托	Lesotho
256	MEL	482	梅利利亚	Melilla
257	SWZ	748	斯威士兰	Swaziland
258	ERI	232	厄立特里亚	Eritrea
259	MYT	175	马约特	Mayotte
260	SSD	728	南苏丹	South Sudan
299	ATF	260	法属南部领地	French Southern Territories（the）
299	IOT	086	英属印度洋领地	British Indian Ocean Territory（the）
299	SHN	654	圣赫勒拿	Saint Helena, Ascension and Tristan ca Cunha
299	ZAO	906	非洲其他国家（地区）	Africa other
301	BEL	056	比利时	Belgium
302	DNK	208	丹麦	Denmark
303	GBR	826	英国	United Kingdom of Great Britain and Northern Ireland（the）
304	DEU	276	德国	Germany
305	FRA	250	法国	France
306	IRL	372	爱尔兰	Ireland
307	ITA	380	意大利	Italy
308	LUX	442	卢森堡	Luxembourg
309	NLD	528	荷兰	Netherlands（the）
310	GRC	300	希腊	Greece
311	PRT	620	葡萄牙	Portugal
312	ESP	724	西班牙	Spain
313	ALB	008	阿尔巴尼亚	Albania
314	AND	020	安道尔	Andorra
315	AUT	040	奥地利	Austria
316	BGR	100	保加利亚	Bulgaria
318	FIN	246	芬兰	Finland
320	GIB	292	直布罗陀	Gibraltar
321	HUN	348	匈牙利	Hungary
322	ISL	352	冰岛	Iceland
323	LIE	438	列支敦士登	Liechtenstein
324	MLT	470	马耳他	Malta

附录3-3　续4

海关代码	三字符代码	数字代码	中文名称	英文名称
325	MCO	492	摩纳哥	Monaco
326	BVT	074	布维岛	Bouvet Island
326	NOR	578	挪威	Norway
327	POL	616	波兰	Poland
328	ROU	642	罗马尼亚	Romania
329	SMR	674	圣马力诺	San Marino
330	SWE	752	瑞典	Sweden
331	CHE	756	瑞士	Switzerland
334	EST	233	爱沙尼亚	Estonia
335	LVA	428	拉脱维亚	Latvia
336	LTU	440	立陶宛	Lithuania
337	GEO	268	格鲁吉亚	Georgia
338	ARM	051	亚美尼亚	Armenia
339	AZE	031	阿塞拜疆	Azerbaijan
340	BLR	112	白俄罗斯	Belarus
343	MDA	498	摩尔多瓦	Moldova (the Republic of)
344	RUS	643	俄罗斯联邦	Russian Federation (the)
347	UKR	804	乌克兰	Ukraine
350	SVN	705	斯洛文尼亚	Slovenia
351	HRV	191	克罗地亚	Croatia
352	CZE	203	捷克	Czechia
353	SVK	703	斯洛伐克	Slovakia
354	MKD	807	马其顿	Macedonia (the former Yugoslav Republic of)
355	BIH	070	波斯尼亚和黑塞哥维那	Bosnia and Herzegovina
356	VAT	336	梵蒂冈	Holy See (the)
357	FRO	234	法罗群岛	Faroe Islands (the)
358	SRB	688	塞尔维亚共和国	Serbia
359	MNE	499	黑山共和国	Montenegro
399	ALA	248	阿兰群岛（波罗的海中芬兰所属群岛）	Åland Islands
399	GGY	831	根西岛	Guernsey
399	IMN	833	马恩岛	Isle of Man
399	JEY	832	泽西岛	Jersey
399	SJM	744	斯瓦尔巴岛和扬马延岛	Svalbard and Jan Mayen
399	ZEU	909	欧洲其他国家（地区）	Europe other

附录3-3　续5

海关代码	三字符代码	数字代码	中文名称	英文名称
401	ATG	028	安提瓜和巴布达	Antigua and Barbuda
402	ARG	032	阿根廷	Argentina
403	ABW	533	阿鲁巴	Aruba
404	BHS	044	巴哈马	Bahamas（the）
405	BRB	052	巴巴多斯	Barbados
406	BLZ	084	伯利兹	Belize
408	BOL	068	玻利维亚	Bolivia（Plurinational State of）
410	BRA	076	巴西	Brazil
411	CYM	136	开曼群岛	Cayman Islands（the）
412	CHL	152	智利	Chile
413	COL	170	哥伦比亚	Colombia
414	DMA	212	多米尼克	Dominica
415	CRI	188	哥斯达黎加	Costa Rica
416	CUB	192	古巴	Cuba
417	CUW	531	库腊索岛	Curaçao
418	DOM	214	多米尼加	Dominican Republic（the）
419	ECU	218	厄瓜多尔	Ecuador
420	GUF	254	法属圭亚那	French Guiana
421	GRD	308	格林纳达	Grenada
422	GLP	312	瓜德罗普	Guadeloupe
423	GTM	320	危地马拉	Guatemala
424	GUY	328	圭亚那	Guyana
425	HTI	332	海地	Haiti
426	HND	340	洪都拉斯	Honduras
427	JAM	388	牙买加	Jamaica
428	MTQ	474	马提尼克	Martinique
429	MEX	484	墨西哥	Mexico
430	MSR	500	蒙特塞拉特	Montserrat
431	NIC	558	尼加拉瓜	Nicaragua
432	PAN	591	巴拿马	Panama
433	PRY	600	巴拉圭	Paraguay
434	PER	604	秘鲁	Peru
435	PRI	630	波多黎各	Puerto Rico
437	LCA	662	圣卢西亚	Saint Lucia
438	MAF	663	圣马丁（法国）	Saint Martin（French part）

附录3-3　续6

海关代码	三字符代码	数字代码	中文名称	英文名称
439	VCT	670	圣文森特和格林纳丁斯	Saint Vincent and the Grenadines
440	SLV	222	萨尔瓦多	El Salvador
441	SUR	740	苏里南	Suriname
442	TTO	780	特立尼达和多巴哥	Trinidad and Tobago
443	TCA	796	特克斯和凯科斯群岛	Turks and Caicos Islands（the）
444	URY	858	乌拉圭	Uruguay
445	VEN	862	委内瑞拉	Venezuela（Bolivarian Republic of）
446	VGB	092	英属维尔京群岛	Virgin Islands（British）
447	KNA	659	圣基茨和尼维斯	Saint Kitts and Nevis
448	SPM	666	圣皮埃尔和密克隆	Saint Pierre and Miquelon
449	BES	535	博内尔岛、圣尤斯特歇斯岛和萨巴岛	Bonaire，Sint Eustatius and Saba
449	SXM	534	荷属圣马丁岛	Sint Maarten（Dutch part）
499	AIA	660	安圭拉	Anguilla
499	BLM	652	加勒比海圣巴特岛	Saint Barthélemy
499	FLK	238	福克兰群岛（马尔维纳斯）	Falkland Islands（the）［Malvinas］
499	SGS	239	南乔治亚岛和南桑德韦奇岛	South Georgia and the South Sandwich Islands
499	VIR	850	美属维尔京群岛	Virgin Islands（U.S.）
499	ZSA	912	拉丁美洲其他国家（地区）	South America other
501	CAN	124	加拿大	Canada
502	USA	840	美国	United States of America（the）
503	GRL	304	格陵兰	Greenland
504	BMU	060	百慕大	Bermuda
599	ZNA	915	北美洲其他国家（地区）	North America other
601	AUS	036	澳大利亚	Australia
602	COK	184	库克群岛	Cook Islands（the）
603	FJI	242	斐济	Fiji
604	GAM	999	盖比群岛	Gambier Islands
605	MAI	999	马克萨斯群岛	Marquesas Islands
606	NRU	520	瑙鲁	Nauru
607	NCL	540	新喀里多尼亚	New Caledonia
608	VUT	548	瓦努阿图	Vanuatu
609	NZL	554	新西兰	New Zealand
610	NFK	574	诺福克岛	Norfolk Island
611	PNG	598	巴布亚新几内亚	Papua New Guinea

附录3-3 续7

海关代码	三字符代码	数字代码	中文名称	英文名称
612	SOC	999	社会群岛	Society Islands
613	SLB	090	所罗门群岛	Solomon Islands
614	TON	776	汤加	Tonga
615	TUA	999	土阿莫土群岛	Tuamotu Islands
616	TUB	999	土布艾群岛	Tubai Islands
617	WSM	882	萨摩亚	Samoa
618	KIR	296	基里巴斯	Kiribati
619	TUV	798	图瓦卢	Tuvalu
620	FSM	583	密克罗尼西亚（联邦）	Micronesia（Federated States of）
621	MHL	584	马绍尔群岛	Marshall Islands（the）
622	PLW	585	帕劳	Palau
623	PYF	258	法属波利尼西亚	French Polynesia
625	WLF	876	瓦利斯和富图纳	Wallis and Futuna
699	ASM	016	美属萨摩亚	American Samoa
699	CCK	166	科科斯（基林）群岛	Cocos（Keeling）Islands（the）
699	CXR	162	圣诞岛	Christmas Island
699	GUM	316	关岛	Guam
699	HMD	334	赫德岛和麦克唐纳岛	Heard Island and McDonald Islands
699	MNP	580	北马里亚纳自由联邦	Northern Mariana Islands（the）
699	NIU	570	纽埃	Niue
699	PCN	612	皮特凯恩	Pitcairn
699	TKL	772	托克劳	Tokelau
699	UMI	581	美国本土外小岛屿	United States Minor Outlying Islands（the）
699	ZOC	918	大洋洲其他国家（地区）	Oceania other
701	ATA	010	南极洲	Antarctica
701	ZZZ	999	国（地）别不详	Countries（reg.）unknow
702	ZUN	998	联合国及机构和国际组织	UN and oth. int'l org

附录3-4 计量单位代码表

计量单位代码	计量单位名称	对应统计计量单位代码	换算率
1	台	—	1
2	座	—	1
3	辆	—	1
4	艘	—	1

附录3-4 续1

计量单位代码	计量单位名称	对应统计计量单位代码	换算率
5	架	—	1
6	套	—	1
7	个	—	1
8	只	—	1
9	头	—	1
10	张	—	1
11	件	—	1
12	支	—	1
13	枝	—	1
14	根	—	1
15	条	—	1
16	把	—	1
17	块	—	1
18	卷	—	1
19	副	—	1
20	片	—	1
21	组	—	0
22	份	—	0
23	幅	—	1
25	双	—	1
26	对	—	1
27	棵	—	0
28	株	—	1
29	井	—	0
30	米	—	1
31	盘	—	0
32	平方米	—	1
33	立方米	—	1
34	筒	—	0
35	千克	—	1
36	克	—	1
37	盆	—	0
38	万个	7	10000
39	具	—	0
40	百副	—	1

附录3-4 续2

计量单位代码	计量单位名称	对应统计计量单位代码	换算率
41	百支	—	1
42	百把	—	1
43	百个	—	1
44	百片	—	1
45	刀	—	0
46	疋	—	0
47	公担	35	100
48	扇	—	0
49	百枝	—	1
50	千只	—	1
51	千块	—	1
52	千盒	—	1
53	千枝	—	1
54	千个	—	1
55	亿支	—	0
56	亿个	—	0
57	万套	6	10000
58	千张	10	1000
59	万张	10	10000
60	千伏安	—	1
61	千瓦	—	1
62	千瓦时	—	1
63	千升	—	0
67	英尺	30	0.3048
70	吨	35	1000
71	长吨	35	1016
72	短吨	35	907.2
73	司马担	35	60.5
74	司马斤	35	0.605
75	斤	35	0.5
76	磅	35	0.4536
77	担	35	100
78	英担	35	50.8024
79	短担	35	45.36
80	两	35	0.05

附录3-4　续3

计量单位代码	计量单位名称	对应统计计量单位代码	换算率
81	市担	35	50
83	盎司	36	31.1
84	克拉	36	0.2
85	市尺	30	0.3333
86	码	30	0.9144
88	英寸	30	0.0254
89	寸	30	0.0333
95	升	—	1
96	毫升	95	0.001
97	英加仑	33	0.0045
98	美加仑	33	0.0037
99	立方英尺	33	0.0283
101	立方尺	33	0.037
110	平方码	32	0.8361
111	平方英尺	32	0.0929
112	平方尺	32	0.111
115	英制马力	61	0.7463
116	公制马力	61	0.7353
118	令	—	0
120	箱	—	0
121	批	—	0
122	罐	—	0
123	桶	—	0
124	扎	—	0
125	包	—	0
126	筹	—	0
127	打	11	12
128	筐	—	0
129	罗	7	144
130	匹	—	0
131	册	—	0
132	本	—	0
133	发	—	0
134	枚	—	0
135	捆	—	0

附录3-4　续4

计量单位代码	计量单位名称	对应统计计量单位代码	换算率
136	袋	—	0
139	粒	—	0
140	盒	—	0
141	合	—	0
142	瓶	—	0
143	千支	—	1
144	万双	25	10000
145	万粒	—	0
146	千粒	—	0
147	千米	30	1000
148	千英尺	30	304.8
149	百万贝可	63	1
163	部	1	1
164	亿株	71	1

附录3-5　货币单位代码表

代码	中文名称	英文名称	属地申报用
AUD	澳大利亚元	Australian Dollar	36
CAD	加拿大元	Canadian Dollar	124
CHF	瑞士法郎	Swiss Franc	756
CNY	人民币	Yuan Renminbi	156
DKK	丹麦克朗	Danish Krone	208
EUR	欧元	Euro	910
GBP	英镑	Pound Sterling	826
HKD	港币	Hong Kong Dollar	344
IDR	印度尼西亚卢比	Rupiah	360
JPY	日本元	Yen	392
KRW	韩国圆	Won	410
MOP	澳门元	Pataca	446
MYR	马来西亚林吉特	Malaysian Ringgit	458
NOK	挪威克朗	Norwegian Krone	578
NZD	新西兰元	New Zealand Dollar	554
PHP	菲律宾比索	Philippine Piso	608
RUB	俄罗斯卢布	Russian Ruble	643

附录3-5　续

代码	中文名称	英文名称	属地申报用
SEK	瑞典克朗	Swedish Krona	752
SGD	新加坡元	Singapore Dollar	702
THB	泰国铢	Baht	764
TWD	新台币	New Taiwan Dollar	158
USD	美元	US Dollar	840

附录 3-6　集装箱规格代码表、包装种类代码表、危险货物运输包装规格表

附录 3-6-1　集装箱规格代码表

代码	中文名称	代码	中文名称
11	普通2*标准箱（L）	23	罐式标准箱（S）
12	冷藏2*标准箱（L）	31	其他标准箱（S）
13	罐式2*标准箱（L）	32	其他2*标准箱（L）
21	普通标准箱（S）	N	非集装箱
22	冷藏标准箱（S）		

附录 3-6-2　包装种类代码表

代码	中文名称	代码	中文名称
00	散装	32	纸制或纤维板制桶
01	裸装	33	木制或竹藤等植物性材料制桶
04	球状罐类	39	其他材料制桶
06	包/袋	92	再生木托
22	纸制或纤维板制盒/箱	93	天然木托
23	木制或竹藤等植物性材料制盒/箱	98	植物性铺垫材料
29	其他材料制盒/箱	99	其他包装

附录 3-6-3　危险货物运输包装规格表

代码	中文名称	中文简称
1A1	钢制不可拆装桶顶圆桶	闭口钢桶
1A2	钢制可拆装桶顶圆桶	开口钢桶
1B1	铝制不可拆装桶顶圆桶	闭口铝桶
1B2	铝制可拆装桶顶圆桶	开口铝桶
1D	胶合板圆桶	胶板圆桶
1G	纤维圆桶	纤维圆桶
1H1	塑料不可拆装桶顶圆桶	闭口塑料圆桶
1H2	塑料可拆装桶顶圆桶	开口塑料圆桶

附录3-6-3 续1

代码	中文名称	中文简称
2C1	塞式木琵琶桶	木琵琶桶
2C2	非水密型木琵琶桶	木琵琶桶
3A1	钢制不可拆装罐顶罐	闭口钢罐
3A2	钢制可拆装罐顶罐	开口钢罐
3B1	铝制不可拆装罐顶罐	闭口铝罐
3B2	铝制可拆装罐顶罐	开口铝罐
3H1	塑料制不可拆装罐顶罐	闭口塑料罐
3H2	塑料制可拆装罐顶罐	开口塑料罐
4A	钢箱	钢箱
4B	铝箱	铝箱
4C1	大木箱	大木箱
4C2	箱壁防撒漏木箱	防漏木箱
4D	胶合板箱	胶合板箱
4F	再生木木箱	再生木木箱
4G	纤维板箱	纤维板箱
4H1	膨胀的塑料箱	塑料箱
4H2	硬质的塑料箱	塑料箱
5H	塑料编织袋	塑料编织袋
5H1	塑料编织无内衬或涂层的袋	塑料编织袋
5H2	塑料编织防撒漏的袋	塑料编织袋
5H3	塑料编织防水的袋	塑料编织袋
5H4	塑料薄膜袋	塑料薄膜袋
5L1	无内衬或涂层的纺织品编织袋	纺织品编织袋
5L2	纺织品防撒漏的纺织品编织袋	纺织品编织袋
5L3	纺织品防水的纺织品编织袋	纺织品编织袋
5M1	多层的纸袋	纸袋
5M2	多层防水纸袋	纸袋
6HA1	塑料容器在钢桶内复合包装	钢桶塑料复包
6HA2	塑料容器在钢条或钢皮箱内复合包装	钢皮箱塑料复包
6HB	塑料容器在铝桶内复合包装	铝桶塑料复包
6HB2	塑料容器在铝条或铝皮箱内复合包装	铝皮箱塑料复包
6HC	塑料容器在木箱内复合包装	木箱塑料复包
6HD1	塑料容器在胶合板桶内复合包装	胶板桶塑料复包
6HD2	塑料容器在胶合板箱内复合包装	胶板箱塑料复包
6HG1	塑料容器在纤维桶内复合包装	纤维桶塑料复包
6HG2	塑料容器在纤维板箱内复合包装	纤维板箱塑料复包
6HH1	塑料容器在塑料桶内复合包装	塑料桶塑料复包
6HH2	塑料容器在硬塑料箱内复合包装	硬塑料箱复包
6PA1	玻璃、陶瓷、粗陶器在钢桶内复合包装	玻璃钢桶复包

附录3-6-3 续2

代码	中文名称	中文简称
6PA2	玻璃、陶瓷、粗陶器在钢条或钢皮箱内复合包装	玻璃陶瓷钢皮箱复包
6PB1	玻璃、陶瓷、粗陶器在铝桶内复合包装	玻璃陶瓷铝桶复包
6PB2	玻璃、陶瓷、粗陶器在铝条或铝皮箱内复合包装	玻璃陶瓷铝皮箱复包
6PC	玻璃、陶瓷、粗陶器在木箱内复合包装	玻璃陶瓷木箱复包
6PD1	玻璃、陶瓷、粗陶器在胶合板内复合包装	玻璃陶瓷胶板复包
6PD2	玻璃、陶瓷、粗陶器在柳条筐内复合包装	玻璃陶瓷柳条筐复包
6PG1	玻璃、陶瓷、粗陶器在纤维桶内复合包装	玻璃陶瓷纤维桶复包
6PG2	玻璃、陶瓷、粗陶器在纤维板箱内复合包装	玻璃陶瓷纤维板复包
6PH1	玻璃、陶瓷、粗陶器在膨胀塑料包装内复合包	玻璃陶瓷膨塑复包
6PH2	玻璃、陶瓷、粗陶器在硬塑料包装内复合包装	玻璃陶瓷硬塑复包

附录3-7 货物属性代码表、用途代码表

附录3-7-1 货物属性代码表

代码	中文名称	代码	中文名称
11	3C目录[①]内	28	D级特殊物品
12	3C目录外	29	V/W非特殊物品
13	无须办理3C认证	30	市场采购
14	预包装	31	散装危险化学品
15	非预包装	32	件装危险化学品
16	转基因产品	33	非危险化学品
17	非转基因产品	34	Ⅰ类医疗器械
18	首次进出口	35	Ⅱ类医疗器械
19	正常	36	Ⅲ类医疗器械
20	废品	37	医疗器械零部件
21	旧品	38	非医疗器械
22	成套设备	39	特种设备
23	带皮木材/板材	40	非特种设备
24	不带皮木材/板材	41	真空包装等货物
25	A级特殊物品	42	办理进口登记用饲料和饲料添加剂样品
26	B级特殊物品	43	科研用饲料和饲料添加剂样品
27	C级特殊物品	44	其他用途饲料和饲料添加剂样品

[①] 指CCC目录。

附录3-7-2　货物用途代码表

代码	中文名称	代码	中文名称
11	种用或繁殖	23	食品容器
12	食用	24	食品洗涤剂
13	奶用	25	食品消毒剂
14	观赏或演艺	26	仅工业用途
15	伴侣	27	化妆品
16	实验	28	化妆品原料
17	药用	29	肥料
18	饲用	30	保健品
19	食品包装材料	31	治疗、预防、诊断
20	食品加工设备	32	科研
21	食品添加剂	33	展览展示
22	介质土	99	其他

附录3-8　检验检疫单证代码表

单证代码	单证名称	单证代码	单证名称
11	品质证书	21	入境货物检验检疫证明（申请出具）
12	重量证书	22	出境货物不合格通知单
13	数量证书	23	集装箱检验检疫结果单
14	兽医卫生证书	24	入境货物检验检疫证明（申请不出具）
15	健康证书	94	电子底账
16	卫生证书	95	入境货物调离通知单
17	动物卫生证书	96	出境货物检验检疫工作联系单
18	植物检疫证书	98	其他单
19	熏蒸/消毒证书	99	其他证书
20	出境货物换证凭单		